中华人民共和国地方志丛书

磁县志

CI XIAN ZHI

（1999—2018）

磁县地方志编纂委员会　编

方志出版社
Publishing House of Local Records

图书在版编目（CIP）数据

磁县志：1999—2018 / 磁县地方志编纂委员会编
. --北京：方志出版社，2022.2
ISBN 978-7-5144-4326-4

Ⅰ.①磁… Ⅱ.①磁… Ⅲ.①磁县—地方志—1999—
2018 Ⅳ. ①K292.24
中国版本图书馆CIP数据核字（2022）第023738号

磁县志（1999—2018）

编　　者： 磁县地方志编纂委员会
责任编辑： 王海荣

出 版 者： 方志出版社
地址　北京市朝阳区潘家园东里9号（国家方志馆4层）
邮编　100021
网址　http://www.zgfzcb.cn
发　　行： 方志出版社图书经销中心
电话（010）67110500
经　　销： 各地新华书店
印　　刷： 山东黄氏印务有限公司

开　　本： 889×1194　　1/16
印　　张： 65.25
字　　数： 1650千字
版　　次： 2022年2月第1版　　2022年2月第1次印刷
印　　数： 0001～5000册

ISBN 978-7-5144-4326-4　　**定　价：** 960.00元

磁县地方志编纂委员会

（2018.04—2019.08）

磁县地方志编纂委员会

（2019.08—2021.05）

磁县地方志编纂委员会

（2021.05—）

名 誉 主 任：陈珍礼

主　　　任：闫欣欣

常务副主任：牛健英

副 主 任：李永清　陈志强　李晓亮　郑学军　刘　锐

成　　　员：刘海民　史用和　赵　霞　赵海涛　韩永方

李常伟　侯戮延　武日亮　郭士杰　李　敬

郭建鸣　赵志强　李全海　沈　彬　赵为红

张洪彬　赵海军　杨瑞新　陈在田　王　喆

韩成家　张保龙　刘长明　蔺祥军　王国栋

陈　伟　程金秀　房淑萍　杜文晓　崔利民

李虎臣　李韶明

磁县地方志编纂委员会办公室

主　任：李韶明

副主任：郭红霞

成　员：苗少青

《磁县志（1999—2018）》编纂成员

总　　编：李晓亮

副 总 编：郭士杰

主　　编：李韶明

编　　辑：郭红霞　苗少青　侯成龙　郑月廷　申玲晓　辛慧宁

特邀编辑：孔令德　李少学　刘天喜　蔺祥龙　陈玉璋

业务指导：王广才　姜海明　张西服

《磁县志（1999—2018）》市级专家评审成员

杨富中　申凤鸣　侯廷生　师振志　李春社　樊春楼

《磁县志（1999—2018）》省级暨国家级专家评审成员

邱新立　杨洪进　任丽英　杨富中　王广才　孙继民　任根珠
丁爱军　王卫明　孙进柱

《磁县志（1999—2018）》省级终审专家成员

杨洪进　赵俊丽　郑小明　阴记东　刘建洲　张建辉

中共磁县县委书记　陈珍礼

序

盛世修志，志载盛世。适逢“三个圆满收官”如期实现、市旅发大会精彩承办、全面建设现代化磁县新征程稳健开局起步之时，备受关注的《磁县志（1999—2018）》付梓，这是全县人民生活中的一件大事、好事、善事，也是集中展现磁县“四个文明”建设的重要成果，它告慰先人，功在当代，利于千秋，可喜可贺！

“治天下者以史为鉴，治郡国者以志为鉴。”2001 年问世的中华人民共和国成立后的首部《磁县志》，在助力磁县政治、经济、文化和社会建设方面发挥出不可替代的重要作用。《磁县志（1999—2018）》续修首部县志，旨在存史以鉴兴衰成败之理，资治以寓因革损益之训，教化以启爱国爱乡之情。该志融思想性、资料性、科学性、地方性、时代性于一体，精心谋篇，广征博采，科学考证，去伪存真，图文并茂，系统记载 1999—2018 年，磁县县委、县政府贯彻落实上级方针、政策，全面加强干部队伍建设，团结带领全县人民艰苦奋斗，在自然改造、经济发展、政治文明、文化繁荣和社会服务诸方面的发展变化；客观记录磁县 60 万儿女“怀雄心壮志，教日月换天”的万丈豪情，上下一心，奋力拼搏，爬坡过坎的动人事迹；真实反映全县始终坚持以人民为中心的发展理念，扩大改革开放，抢抓发展机遇，全力推动项目建设，加快经济转型、增强发展后劲的宝贵经验。更值得称道的是，本志中收录特色鲜明、内容丰富的“磁州窑文化”“北朝墓群”“崔府君文化”“红色文化”“姓氏文化”等文化版块，既彰

磁县人民政府县长　闫欣欣

显地方特色，又增强可读性。应该说，该志卷帙浩繁，包罗万象，堪称磁县的“百科全书”。

“志书，一域之重典；修志，一方之盛事。”著书修志，是中华民族的优良传统。明成化十五年（1479年）后，磁县历史上编修《磁州（县）志》达13次之多，充分体现了磁县人文鼎盛的辉煌历史。“江山代有才人出，各领风骚数百年。”时至今日，我们有幸主持此事，深感荣光。赖修志人员勤勉敬业，呕心沥血，磨砺成稿；蒙各级领导、专家和社会各界关怀厚爱及各部门、单位通力协作，众手成志。在此，我们谨代表中共磁县县委、磁县人民政府向为志书编纂工作付出艰辛努力的各位编辑、供稿等人员致以崇高的敬意和衷心的感谢！

修志问道，以启未来。值此新编《磁县志》成书之际，惟愿全县广大人民认真研读该志，熟知县情，亲近先贤，以“知之深则爱之切”的情怀和境界，树牢“劳动创造美、幸福靠奋斗”人生理念，践行“转变作风树正气、团结一致加油干”，奋力谱写“富强文明美丽的现代化新磁县建设”的壮丽新篇章。

中共磁县县委书记

磁县人民政府县长

2021年7月

2020 年 7 月，参加《磁县志（1999—2018）》全国专家评审会的领导、专家和编纂人员合影

前排左起：孙进柱　王广才　孙继民　任丽英　杨玉兴　杨富中　薛顺利　任根珠　丁爱军

后排左起：苗少青　申玲晓　李少学　王立源　李韶明　郭士杰　姜海明　郑月廷　郭红霞　侯成龙

2020年7月，《磁县志（1999—2018）》全国专家评审会召开

2020 年 7 月，《磁县志》编辑部人员合影

左起：侯成龙　郭红霞　李少学　郭士杰　薛顺利　姜海明　李韶明　申玲晓　郑月廷　苗少青

观天佛——国内发现的第七座天然巨佛（韩为民　2019年6月3日　摄）

睡美人山——传说为女娲化身（韩为民　2019年3月15日　摄）

贺兰山——岳飞《满江红》词中所指地（马爱平　2020年4月8日　摄）

县内最高峰——炉峰山，磁州八景之首“炉峰朝霭”即指此处（阎洪图　2020 年 10 月 21 日　摄）

县内第一大河——漳河，发源于山西省境内，县内长 55 千米、流域面积 491 平方千米（韩为民　2015 年 5 月 31 日　摄）

县内第二大河——滏阳河，发源于峰峰矿区，县内长 22 千米、流域面积 158 平方千米（阎洪图　2020 年 6 月 13 日　摄）

滏阳河景点——开河马头（韩为民　2020 年 9 月 21 日　摄）

滏阳河景点——开河马头夜景（阎洪图　2020 年 9 月 20 日　摄）

险峰渡槽，为亚洲单孔跨度最大的石拱渡槽（阎洪图　2020 年 9 月 25 日　摄）

南水北调中线渠，县内长 22 千米（吴松涛　2017 年 5 月 4 日　摄）

岳城水库，亚洲最大的土坝水库，库容 13 亿立方米（韩为民　2020 年 9 月 14 日　摄）

溢泉湖，库容 1.615 亿立方米，有“鸟的天堂”之美誉（韩为民　2020 年 11 月 10 日　摄）

如意湖，综合性生态湿地公园（阎洪图　2020 年 8 月 21 日　摄）

方特国色春秋——中华文化成语博览园，由邯郸市政府与深圳华强集团合办（韩为民　2020 年 8 月 24 日　摄）

磁州酒业——省内唯一一家大曲酱香型酿酒企业（阎洪图　2020 年 6 月 13 日　摄）

“光热 +”能源基地（阎洪图　2020 年 12 月 4 日　摄）

◆河北磁县经济开发区◆

河北磁县经济开发区鸟瞰图（韩为民　2019 年 10 月 3 日　摄）

中化滏恒公司（阎洪图　2004 年 2 月 9 日 摄）

鑫盛煤化工企业（阎洪图　2019 年 10 月 20 日　摄）

黑猫企业（阎洪图　2019 年 10 月 3 日　摄）

鑫宝化工公司（阎洪图　2021 年 1 月 12 日　摄）

◆磁县童装城园区◆

童装城全景图（韩为民　2020 年 8 月 4 日　摄）

森仕集团（杨志刚　摄）

美乐制衣（杨志刚　摄）

彩帆制衣（刘海清　摄）

亿瑞服装（杨志刚　2019 年 6 月 12 日　摄）

博联服装（刘海清　摄）

比比童服装（杨志刚　摄）

金彩靓尔制衣（杨志刚　摄）

昊林（原杰克服饰）（杨志刚　摄）

溢泉湖浮桥

磁州水墨园（韩为民　2019年9月25日　摄）

薰衣草庄园（刘海清　2015 年 9 月 2 日　摄）

水上冲浪（赵成轮　2017 年 5 月 16 日　摄）

溢泉湖观雁（汪振海　2017年5月31日　摄）

归雁（汪振海　2017年3月1日　摄）

◆特色农产品◆

金银花（张金山　摄）

岳城银鱼（张金柱　2004 年 2 月 11 日　摄）

脱毒甘薯（张金柱　摄）

磁州白莲藕（张金柱　2004 年 2 月 8 日　摄）

讲武城遗址（何绍熙　摄）

北羊城遗址（王志强　摄）

蔺相如庙（李韶明　2019 年 11 月 19 日　摄）

廉颇墓（王志强　2019 年　摄）

中国磁州窑博物馆（韩为民　2007 年 5 月 28 日　摄）

白地黑花龙纹大盆(韩为民　2007 年 9 月 14 日　摄）

金代白地黑花芦雁纹腰圆形枕（韩为民　摄）

元白地黑花“火烧博望”三国故事长方枕(韩为民　摄）

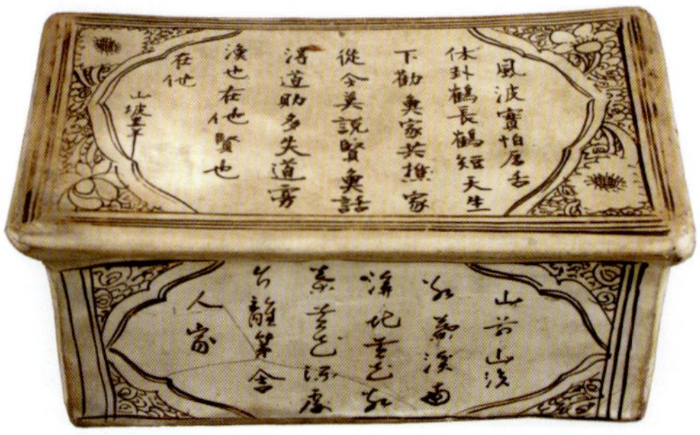

元白地黑花《山坡里羊》长方形枕（韩为民　摄）

彭城磁州窑旧址（赵学锋　2004 年　摄）

北齐青釉龙柄鸡首壶（韩为民　摄）

金代白地黑花缠枝牡丹纹梅瓶（韩为民　摄）

金代白地黑花缠枝芍药纹长颈花口瓶（韩为民　摄）

金代白地黑花缠枝栀子纹梅瓶（韩为民　摄）

北朝考古博物馆（王志勇　2020 年 9 月 14 日　摄）

天子冢（王玉良　2007 年 8 月 27 日　摄）

兰陵王墓（张金山　摄）

按盾武士俑（王志强　摄）

金币（王志强　摄）

骑士俑（王志强　摄）

东魏陶骆驼（王志强　摄）

小兵马俑（王志强　摄）

壁画（王志强 摄）

南关石桥（韩为民　摄）

城隍庙（韩为民　2016 年 4 月 14 日　摄）

鼓楼（韩为民　摄）

直南党史馆（阎洪图　摄）

同义白龙庙（韩为民　2016 年 2 月 25 日　摄）

中共磁县特别支部、中共磁县执委会成立旧址
——磁县西小屋小学旧址（赵成轮　摄）

北贾壁磁县抗日民主政府旧址（阎洪图　摄）

一二九师手榴弹厂旧址（李韶明　2019 年　摄）

县城东部（阎洪图　2020 年 8 月 10 日　摄）

脱毒甘薯产业扶贫基地

蒲公英产业扶贫基地产品——蒲公英茶

双孢菇产业扶贫基地

艾草产业扶贫基地

技能培训（2019 年 5 月 16 日　摄）

和谐小区（2019 年 7 月 2 日　摄）

嘉实城小区（2019 年 7 月 9 日　摄）

磁县第一中学（2015 年 6 月 6 日　摄）

磁县崇文学校（2015 年 11 月 7 日　摄）

磁县中心敬老院（2012年4月8日　摄）

健身

寝室

娱乐

阅读

◆医疗◆

磁县人民医院（2019 年 8 月 8 日　摄）

磁县中医院（2018 年 11 月 19 日　摄）

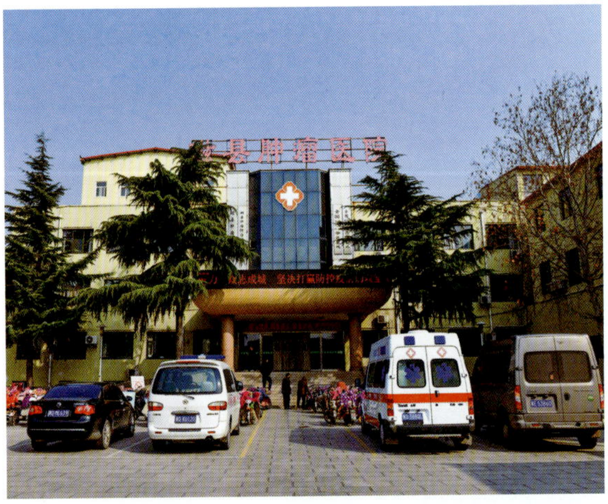

磁县肿瘤医院（2021 年 4 月 7 日　摄）

磁县妇幼保健院（2021 年 4 月 7 日　摄）

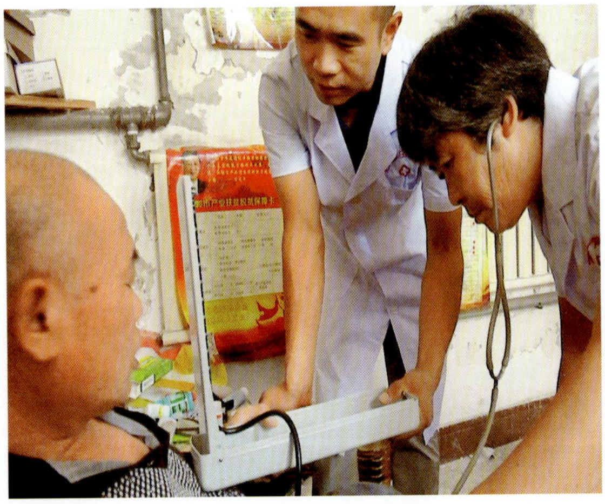
深入贫困户家庭体检

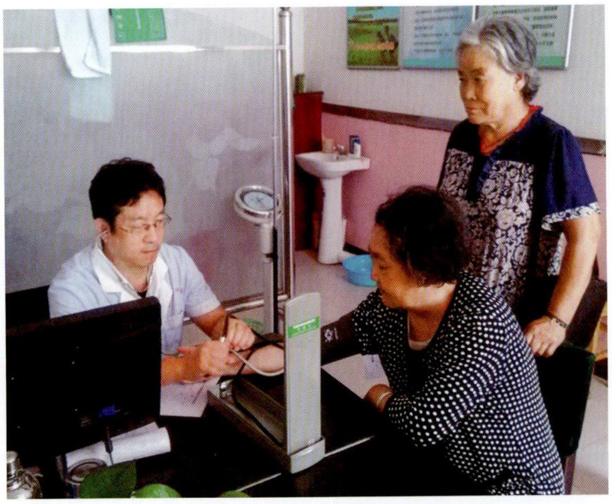
为老年人体检

中盛国贸广场（2019 年 9 月 30 日　摄）

美食林超市（2018 年 5 月 29 日　摄）

磁县新世纪广场（2021 年 4 月 7 日　摄）

第一届磁县县直乡（镇）干部职工运动会开幕式（2009 年 5 月 5 日　摄）

第一届磁县县直乡（镇）干部职工运动会长跑
（2009 年 5 月 7 日　摄）

第二届磁县县直乡（镇）干部职工运动会象棋比赛
（2011 年 6 月 3 日　摄）

第二届磁县县直乡（镇）干部职工运动会太极拳表演（2011 年 5 月 30 日　摄）

磁县好声音青年歌手大奖赛（2014 年 8 月 14 日　摄）

广场舞大赛（2015 年 9 月 19 日　摄）

古筝汇演（2019 年 5 月 20 日　摄）

集体婚礼婚博会（2018 年 10 月 26 日　摄）

磁县首届集体婚礼（2018 年 5 月 4 日　摄）

东武仕村村民办事大厅（2015 年　摄）

凡　例

一、指导思想　以马克思列宁主义、毛泽东思想、邓小平理论、“三个代表”重要思想、科学发展观、习近平新时代中国特色社会主义思想为指导，坚持辩证唯物主义和历史唯物主义基本观点，客观反映磁县历史发展轨迹，发挥地方志“资治、存史、育人”功能。

二、时间断限　本志为《磁县志》2001年版的续修志书，上限承接前志，起于1999年，下限止于2018年，时间跨度为20年。为保持记述的连续性和完整性，少数内容适当上溯下延，前部志书漏记的内容进行补记。

三、记述范围　以磁县2018年行政区域为记述范围，统一称“磁县”，或以“县”“全县”“县内”“县境”代称。凡2018年磁县行政区域内（包括所有驻县单位）的情况，均按照属地原则和地方志的分类方法加以记述，对2016年9月划出的区域适当记述。

四、体例层次　本志采用中小编结合的体例框架。为体现地方特色，部分内容适当升格，如“磁州窑文化”“北朝墓群”“崔府君文化”“红色文化”等。坚持“横分门类、纵述史实”“横不缺要项、纵不断主线”原则。全书总体结构分为志首、各主体分志、志末三大版块。志首设总述、大事记。各主体分志采用编章节目结构形式。编下设章，章下设节，节下设条目，以条目为主要记述实体，部分含量大的条目下设子目。志末设附录、索引和后记。

五、体裁运用　采用现代汉语规范的语体文，以志体为主，同时采用述、记、传、图、表、录等体裁。志首设总述，编首设概述，以反映所记事物的整体性及相关联系。大事记采用编年体，时间跨度大的事件则用纪事本末体。图、表、录随文附于相关内容中。除总述、概述外，一般述而不论。

六、文字使用　以国家语言文字工作委员会正式公布的规范汉字为准。对于人名、地名、书名及古籍文句中个别使用简化字可能引起歧义者，则保持原来使用的繁体字或异体字。

七、纪年方法　清代及其以前采用各朝代纪年，括注公元纪年；民国时期，采用民国纪年，括注公元纪年，必要时直接采用公元纪年；1949年10月1日中华人民共和国成立后，采用公元纪年。凡以“年代”表述时间者，均于自然段首次使用时标明所属世纪，尔后酌情处理，以不产生歧义为度。

八、标点、数字、计量单位用法　标点符号、数字用法，均按照2011年国家标准《标点符号用法》《出版物上数字用法》书写。计量单位（除引文和行业习惯外），执行国家计量单位标准；中华人民共和国成立之前的计量单位，沿用当时的计量单位。

九、人地称谓　采用第三人称记述。地名、机构、职官、党派名称均按当时称谓，不加褒贬。遇古地名，加注今名或今属地域。历史上县、州辖区泛指时称域内。对称谓较长、频繁使用的名称首次使用时用全称，括注简称，后用简称。如“中华民国”简称为“民国”，“中国共产党”简称为“中共”。1945年10月2日磁县解放，之前、之后分别简写为解放前、解放后。“文化大革命”期间系指1966年

5 月至 1976 年 10 月，“中共十一届三中全会”系指 1978 年 12 月召开的中国共产党第十一届中央委员会第三次全体会议，“改革开放”系指 1978 年。

十、人物名录 坚持生不立传的原则，对有特殊贡献和一定影响力的人物予以收录，设立人物传和人物表。录入人物以生年排序，女性标注“女”，少数民族标注族名。职官名录以年岁大小先后为序。对首轮新编《磁县志》漏记人物予以补记，其他对磁县经济社会发展有贡献的人物，采用以事系人方法记述。

十一、资料来源 取自磁县历年档案、统计年鉴数据、资料汇编、相关书刊、各承编单位档案、调查记录。所采用资料除摘录史籍文献外，一般不注明出处。对于史籍记载不一之处，诸说并存。

目 录

第四编　城乡建设

第五编　水利　电力

第六编　道路交通

第七编　信息传媒

第八编　环境保护

第九编　农　业

第十编　工业　建筑业

第十一编　商贸　旅游

第十二编　金　融

第十三编　经济园区

第十四编 财政 税务

第十五编 综合经济管理

第十六编　中国共产党地方组织

第十七编　地方人民代表大会

第十八编 地方人民政府

第十九编 政协地方组织

第二十编 社会团体

第二十一编　公检法司

第二十二编　军　事

第二十三编　人力资源和社会保障

第二十四编　民　政

第二十五编　教育　科技

第二十六编 文化 体育

第二十七编 磁州窑文化

第二十八编　北朝墓群

第二十九编　崔府君文化

第三十编　红色文化

第三十一编　卫　生

第三十二编　史志　档案

第三十三编　精神文明建设

第三十四编　民俗　宗教　语言

第三十五编 人 物

附 录

索 引

编后记

总 述

磁县隶属河北省邯郸市。

磁县古称磁州，县境自西周时商纣王之子殷侯武庚统辖始，至中华人民共和国成立时止，其间更名变域达29次。中华人民共和国成立后，至此次续志下限为止，县境与周边县（市、区）间的乡（镇）、村区划调整及县内乡（镇）更名变域达25次。其间较大的两次发生在1950年5月和2016年9月。2018年年底，县域管辖12个乡(镇)(其中含峰峰矿区托管的西固义乡)、267个行政村（其中含18个社区居委会和西固义乡的9个行政村）、49.23万人（户籍人口，含峰峰矿区托管的磁县西固义乡9个村，不含磁县托管的邯山区甘草营、十里铺、曲沟、溢泉4个村）。

磁县位居河北省南端，县廓呈“哑铃”状。扼晋、冀、鲁、豫四省之要冲，距4个省省会均约200千米。境域面积695.08平方千米。西部太行山区峰峦叠嶂、林木茂密、泉水叮咚，俨然一道天然屏障，堪称人间胜景；中部丘陵地区沟壑纵横，岭谷连绵，地下蕴藏丰富的煤炭等矿产资源;东部平原地区土地肥沃，灌溉便利，物产丰富。域内多条河渠密布成网，包括亚洲最大的土坝水库——岳城水库在内的多座水库镶嵌其间；交通四通八达，国道省道纵横穿越。处暖温带半湿润地带，避江南之湿热，免塞外之风寒，四季分明，气候温和宜人。

得天独厚的自然禀赋和综合优势，使磁县成为一方宝地

美丽富饶之地。集中体现美丽景观的“磁州八景”，如炉峰朝霭、官路荷风和滏桥秋月等至今亮丽；漳河三峡漂流嬉戏清水、观赏美景；国家级水利风景区——溢泉湖快艇冲浪、木船垂钓，湖光潋滟，水天一色。煤炭、石灰石、耐火黏土等矿产20余种，总资源储量32亿吨；小麦、棉花等粮食、经济作物种植品种多、产量高；畜禽养殖历史久远。尤其是马头大米、磁州莲藕远近闻名。

兵家必争之地。战国时赵简子首筑磁州城，逐击对手，抵抗强秦；汉光武帝刘秀与王郎在此交战；曹操在滏口山大胜袁尚统率的援邺军兵；北魏大将军尔朱荣与葛荣义军滏口之战；隋末沧州刺史窦宗与窦建德义军苍鬼山之战；岳飞在岳城一带驻扎练兵；知州宗泽守城抗击金兵长达一年之久；抗日战争时期，八路军在西部山区建立抗日革命根据地，成为晋冀鲁豫抗日革命根据地的一部分；解放战争时期，平汉战役发生地。

交通要道之地。自古南北官道、西方官道和东方古道兴盛。自商汤七世王祖王亥由殷驱牛车途经北上长途商业运输始，此后历代公文传递、仕宦往来和货物运送均经此。如商纣王西顶降香、秦始皇巡行碣石、隋末李世民南下少林和招安瓦岗群英、康王赵构赴金营议和、康熙帝西狩返京、乾隆帝南巡、慈禧太后和光绪帝由西安返京等。还有，宋代磁州窑成型后，顺滏阳河水道舟楫远航直达津沽，商贾往来，贸易繁荣。近现代时期，随着铁路、公路的快速建成通车，密集成网的道路更成为人员往来、货物流通的重要支撑。

文化丰厚之地。磁州窑：磁山文化时期已能生产陶瓷，秦汉以后烧制技术提高、品种丰富，宋、金时成为中国北方最大的窑场。元代烧制中心由观台移向彭城，明初全国仅有南方的景德镇和北方的彭城瓷窑。其后兴衰起伏。中华人民共和国成立后获得新的发展。磁州窑器物呈白地黑花、铁锈花为主要特点的独特装饰风格，纹样具有浓郁的民间文化色彩。繁多器物品类中，尤以瓷枕的工艺水平最为著名。磁州窑系分布在周边7个省（区）的数十地窑场，工艺技术和产品享

誉世界各地。2006年建成的中国磁州窑博物馆（简称“磁州窑博物馆”）为国家二级博物馆。北朝墓群：全国重点文物保护单位，包括孝静帝陵（亦称“天子冢”）、兰陵王墓等，计有大小墓冢134个，从中抢救发掘出许多珍贵的文物，对研究北朝时期的社会文化状况具有重要意义。古建筑：主要有纪念唐朝滏阳县令崔珏的府君庙，金代的滏阳桥，元代建筑云摩寨，明初的鼓楼、城隍庙大殿等。石窟：有隋朝的赵王庙石窟、东艾口石窟等。碑刻：兰陵王墓碑、金朝的唐帝庙石碑、元朝的天保寨摩崖石刻等极具史料价值。古遗存：主要是殷商遗存、赵国遗存和建安北朝遗存。红色旧址：主要有西小屋村的中共直南第一个党支部旧址，北贾璧村的华北第一个抗日民主县政府旧址，同义村白龙庙的刘少奇组织领导工运纪念地，花驼村的八路军一二九师兵工厂，徐家沟的抗日地道等。此外，地方文献史料编修、留存俱佳，文学艺术作品内容丰富、数量众多。

英才辈出之地。燕赵自古多慷慨悲壮之士。长期以来，家乡英雄儿女中不乏忠贞爱国、智勇双全和为国家兴亡、民族独立及人民幸福挺身而出、勇担重任之重臣名将、杰出人物。其中，古代有完璧归赵、两屈强秦、和衷柔傲帅的战国名相蔺相如，卧苫尽孝、投笏进谏、勇救宰相的唐代礼部尚书崔玄亮，忠君爱民、仕五朝、官六卿、自奉如寒士的金代“三坛盟主”（诗、书、画）赵秉文，文武兼备、靖边靖疆、孝亲归养的明代兵部尚书张镜心；现代有少立壮志、投身革命、长期驰骋在当代列国外交战线的全国人大常委会副委员长黄华；首燃西小屋燎原星火、开创直南“六个第一”（第一个共产党员、第一个共产党小组、第一个中共支部、第一个中共县委、第一个共青团组织和第一个出席全国党代会代表）的革命先烈王子清，发动磁县窑工罢工、组织“小车社”暴动、被陈赓将军誉为“越狱大王”的最高人民法院副院长王维纲等。

中华人民共和国成立后，历史翻开崭新的一页。中国共产党领导人民翻身做了国家的主人。社会主义制度的优越性空前体现，新的社会生产关系建立，极大促进了生产力的发展。

1978年党的十一届三中全会后，随着改革开放的不断深入，磁县的经济社会获得新的发展。

1999—2018年，是磁县历史进程中发展最快、变化最大的时期之一。

物质文明建设持续发展，质效提升

磁县煤炭开采历史久远，主要经济来源长期依靠煤炭业。1998年，煤炭业产值19.95亿元，占全县工业总产值33%。

经济发展走向呈“N”形。县内生产总值：1999年36.4亿元，2014年增至248.5亿元，到2016年降到底点81.9亿元，2018年达86.5亿元。财政收入：1999年1.4688亿元，到2010年、2011年分别增至20.59亿元、27亿元时，连续两年跻身河北省县域综合实力30强内。到2012年增至巅峰值28.7亿元时，却未入30强内。到2017年降到底点12.49亿元，2018年完成14.39亿元，同比增长15.2%。1999年，全县17个重点项目，完成投资2.29亿元；2011—2015年，全县千万元以上重点项目575个，完成投资700亿元；2018年，全县千万元以上重点项目94个，完成投资67.5亿元。煤炭业作为全县经济的支柱产业对县财政收入贡献率，以2007年为例可窥见一斑：全县财政收入11.3亿元，其中六合、申家庄两个煤矿实现利税8.3亿元。

农业和服务业稳中发展。1999年，全县粮食总产达24.3万吨。自2000年起，减粮扩种经济作物，提高养殖业占农业总产值的比重。粮食经济作物比例，由1997年3∶1调整到2002年1.04∶1，农业产业化经营率达30.8%，农业总产值达13.2亿元。2016年粮食总产达20.3万吨，实现“十三年连丰”。产业比例由2002年17.4∶48.5∶34.1调整到2011年9.1∶51∶39.9。2018年，农业产业化经营率达67.3%，被评为国家农产品质量安全县、全国率先基本实现主要农作物生产全程机械化示范县。服务业增加值占全县生产总值比重达41.9%。旅游业总收入增长140%，服务业增加值增长10%。

招商引资促发展。通过承办海峡两岸中小企业合作发展论坛和参与其他会展活动等平台，提升了开放度、知名度和影响力。以优惠政策吸引

客商，先后成功引进中化等央企和黑猫、华强等大型企业。工业园区承载能力明显提升，产业聚集效应更加显现。

*城建步伐加快。*2000年始，尤其是和谐大道高架桥及其东西延伸、中华大街南延和磁西公路等骨干道路的建成通车，拉开了城市框架，县城面积由2005年不足9平方千米，到2015年扩至29平方千米；城镇化率由1999年8.5%增至2018年53%；2015年、2016年连年被评为“省级园林县城”、荣获“省人居环境进步奖”。

*道路建设加强。*1999年起，特别是邢都、魏峰等县域骨干道路的竣工通车，加快乡村与干线之间公路的修复、特别是西部资源区道路建设步伐，明显促进运输业发展。全县公路里程由2005年428千米延长到2018年926.91千米，公路密度由2005年0.41千米/平方千米增至1.29千米/平方千米。

*居民收入连年提高。*城镇居民人均可支配收入、农民人均纯收入分别由1999年4900元、2637元增至2018年30298元、15081元，分别增长5.18倍、4.72倍。城乡居民的生活质量与消费结构发生明显变化。生活环境和住房条件明显改善，文化娱乐和服务性消费增势较大，城镇居民消费的恩格尔系数由1999年41.1%降至2018年25.4%，农村居民消费的恩格尔系数由1999年43.3%降至2018年26.2%。

政治文明建设持续强化，治理科学

*实施依法治县。*2001年，县委制订《深化依法治县实施意见》，县人大常委会制订《深化依法治县的决议》，县政府下发《关于进一步加强行政执法队伍建设的意见》《磁县2001年依法行政工作要点》，为全县的改革、发展与稳定创造良好的法治基础和氛围。2003年，按照县委《深化依法治县实施意见》、县人大常委会《深化依法治县的决议》要求，把依法治县的理念融入到制订决策和部署工作、提高干部队伍素质、为经济发展营造良好环境、维护社会和谐稳定的具体实践中。

*加强政治协商和民主监督。*1999年起，县政协努力发挥自身优势，积极参政议政，职能作用得到发挥。2005年，根据《中共磁县县委关于进一步加强政协工作的意见》《县政府关于加强政府与政协工作联系的制度》规定，各乡（镇）和县直单位专门配备一名副职负责与政协的工作联系，促进政治协商和民主监督工作更好开展。

*抓好基层民主政治建设。*依据《磁县2001年政务公开工作意见》要求，全县开展政务、村务、厂务和校务公开活动。其后抓经常、抓巩固、抓质量、抓规范，全面提高公开的质量和水平。2012年，全县376个村选举产生村民监督委员会，构建村级重要事务“党支部领导、村代会决策、村委会执行、村监会监督”的管理模式。当年共听证村级决策事项297项，提出合理化建议395条，群众满意率达90%以上。国家、省、市多家媒体刊播这一做法，中央、省、市领导批示肯定，并要求总结推广。

*科学施政。*2003年，健全完善《县委书记办公会、县委常委会、县党政联席会、县四套班子联席会》议事规则，提高民主科学决策水平。工作中自觉接受法律监督、工作监督、民主监督和舆论监督，完善重大事项集体决策制、专家咨询论证制、公民听证制和社会公示制，提高行政决策的科学性。把握正确的用人导向，深化干部人事制度改革。实行干部任用试用期制度、考察预告制、任前公示制，充分发挥并落实群众对干部选拔任用的知情权、参与权、选择权和监督权。其后，加大干部人事制度改革，公开公平、竞争择优，对部分副科级干部进行公开选拔，一批优秀干部脱颖而出。2017年，明确在“项目建设一线、维护稳定一线、为民服务一线”考察干部的标准，选拔干部89人次，安排使用34人次。出台《关于调整不胜任现职领导干部职务的办法》，在干部的能上能下政策实施方面迈出实质性步伐。持续正风肃纪，强力推进“一问责八清理”专项行动暨基层“微腐败”专项整治，2017年发现问题1886个，纪律处分104人。政治生态持续好转。同时，全面贯彻落实好党的民族政策和宗教政策。

此外，夺取2016年“7·19”抗洪抢险救灾的全面胜利，灾后重建任务高标准完成，灾区群众的生产生活条件明显超过灾前水平。

精神文明建设持续推进，素质提高

培育践行社会主义核心价值观。在1999年加强公民道德素质教育基础上，2001年，认真贯彻《公民道德建设实施纲要》，强化公民诚实守信的道德教育，倡导做诚信公民、创诚信单位，建设“诚信磁县”。2006年，深入贯彻“八荣八耻”要求，全面落实《公民道德建设实施纲要》，完善和落实公民守则、村规民约和行业道德准则。2013年，评选“十大道德模范”“十大和谐家庭”“十大感动人物”，弘扬主旋律，传播正能量。2014年，倡导践行社会主义核心价值观、新时期磁县人文精神，先后涌现出“爱心代理妈妈”陈玉文等先进典型，进一步凝聚社会正能量。

精神文明创建结硕果。2003年起，推进以“诚信磁县”为重点的精神文明创建活动，涌现出一大批文明行业、文明单位、文明村镇和文明社区和先进个人。

教育事业较快发展。1999年，全县基本普及九年义务教育，职业教育、成人教育、民间办学较快发展。2004年起，投巨资加强硬件建设：1400万元在全市率先建成教育城域网，77所中小学直接共享全国优质教育资源。2008年“新一中”建成投用，结束磁县无省级示范性高中的历史。另外，还先后投资4500万元，实施农村中小学布局调整暨标准化学校建设工程。到2014年，全县“校安工程”在184所学校完工投用，来村中学等10多所标准化学校建成投用。其后，衡水第一中学邯郸分校和第三实验学校相继完工投用。2005年起，中考成绩在邯郸市领先，高考翻身仗连年取得阶段性成果。2018年，高、中考成绩均创历史最好水平。

文化事业发展较快。1999年起，继续加大文化设施投入，促进文化事业繁荣。到2016年，建成农村文化广场209个，持续促进“彩色周末”“欢乐乡村”等文体活动深入开展，群众文化生活不断丰富。2003年完成广电光缆联网一期工程，10万人收看电视不再难。2018年，普及有线数字电视87432户、宽带116051户。2007年，磁州窑博物馆“黑与白的艺术”陈列获第七届“全国博物馆十大陈列展览精品奖”。自2011年建成6所乡（镇）文化站始，至2016年乡（镇）综合文化站实现全覆盖。作为全省第二个文物大县，在积极做好馆藏文物陈列展览的同时，努力做好野外文物的巡护及发掘、清理和保管工作。

文史编创成果丰硕。一大批讴歌时代、反映当地光辉历程的不同体裁作品面世，使人们既丰富精神生活又受到传统教育。有两个标志性的成果集中反映出这一时期的繁荣景象。一是2001年，中华人民共和国成立后第一部《磁县志》付梓。二是在2004卷《中共磁县年鉴》、2015卷《磁县年鉴》连年编印的基础上，2018年启动《磁县志》续修，并于当年基本搜集整理成稿。

科技兴县力度加大。2003年，科技对经济的贡献率为46%。其后进一步加强科技创新、推广和服务，2013年顺利通过“全国科技进步县”考核。地震工作在2007年获“全国县级防震减灾先进单位”称号基础上，2014年建成磁县地震台，被授予“全国县级防震减灾工作综合考核先进单位”称号。

卫生事业长足发展。2004年，建成全国首家癌症普查中心。首次对3300人开展食管癌早诊早治普查。2009年，食管癌和妇女“两癌”普查11403例、新生儿“两病”筛查8885例，眼病普查10742例。2007年始，对乡（镇）卫生院和村卫生所进行达标改造。到2016年，村标准化卫生室实现全覆盖，新县人民医院建成投用。2018年，县中医院改造竣工投用，并获“全国基层中医药工作先进单位”称号。2007年投入2200万元推进新型农村合作医疗，当年参合率达82.8%。2016年完成城乡居民医保制度整合，2017年参保率达97%以上。

优抚工作成绩显著。自2007年起，连续九年保持“全省民政工作先进县”称号。2012年，309个农村互助幸福院建成投用，中心敬老院获“全国模范敬老院”称号。幸福家庭创建等经验在全国推广。2013年，新建农村互助幸福院30所、社区居家养老服务站15所，连续四届获“省双拥模范县”称号。持续扶贫，到2016年实现2万人脱贫。2017年认定建档立卡贫困人口2004户、4558人，并实现“一对一”结对帮扶全覆盖。

2018年，又有1303户、2861人脱贫。

生态文明建设持续开展，环境优化

治理水土流失大见成效。自2002年修复跃峰渠始，经过多年的奋战，至2017年，累计清淤渠道385千米，治理水土流失面积100平方千米，退耕还林2600公顷，造林50万公顷，封山育林8667公顷，绿化道路、水网714.4千米。县城绿化面积达560.5万平方米。全县森林覆盖率达29%。中华慈大街绿化模式在全省得到推广。2011年起，连续两年被评为省级园林县城。

治理水体污染实效明显。2009年，封堵滏阳河沿岸3家企业的排污口。2011年，污水处理厂和垃圾处理场达标投运。至2016年，县城污水和垃圾集中处理率均升至100%。2013年，全面清理东武仕水库1.59万箱网箱养鱼，保障邯郸市生产生活用水安全。2018年，截污清淤改造4800余米的护城河，根治“黑臭”顽疾。“三级河长治水”机制全面落实，河湖“清四乱”专项行动扎实开展、周边违规项目整治高标准完成，“两大水库”和滏阳河水系动态监测全部达标。

治理空气污染成效巨大。1999年，小煤矿治理整顿、“五小”企业停产关闭达到预期目标。其后继续加大力度，至2016年，累计关闭21家小煤矿，充填、毁闭各类矿井、矿点1084处。查处环境违法企业66家，取缔“三小”（小煤窑、小焦窑、小石灰窑）企业1084家，淘汰落后产能125万吨，淘汰改造燃煤锅炉394台，治理餐饮油烟单位167家，淘汰老旧车5308辆，清理散煤4000余吨，集中供热面积达235万平方米，集中供水、供气普及率分别达100%、91%，全县单位GDP能耗、二氧化硫排放量、化学需氧量等大幅降低、削减。环境空气质量改善幅度名列全省前茅。2018年，全面落实国家去产能政策。在企业错峰生产、差别化管控基础上，实施“气代煤”“电代煤”4.39万户，全面拓宽除尘领域，优化除尘设施，加大除尘力度，全县空气质量综合指数7.7，同比下降18.78%，PM2.5平均浓度72微克／立方米，圆满完成年度任务。

群众生活环境持续安全。从2004年完成县水厂二期改造保障县城居民全天候饮用优质水开始，大力实施“村村通自来水”工程。至2014年，解决169个村、26.52万人饮水安全问题。2015年，南水北调配套水厂在全省率先建成并供水，县城居民饮用长江水，实现“共饮长江水”的千年梦想。人口自然增长率多年控制在6.68‰以内，被评为全国计划生育优质服务先进县。

20年间，在推进全县的物质文明、政治文明、精神文明和生态文明建设中打破许多桎梏，破解许多难题。回顾与总结这段历程，对磁县今后各项事业的发展具有重大意义

全面把握住正确的前进方向。始终坚持中国特色社会主义理论体系为指导不动摇，在推进政治、经济、文化和社会各项事业中，全面贯彻落实中央、省、市决策部署，并保障在磁县落地见效，对引领磁县经济社会加快发展意义重大。

全面加强对各项工作的领导。无论是常规性地推进全县各项事业的发展，还是科学应对处置先后出现的抗击“非典”疫情、漳河上游苯胺泄漏事件、“7·19”洪灾等突发事件，都在第一时间成立高规格领导机构，按照预案要求有条不紊地开展工作，赢得主动，保障实效。

牢固树立以人民为中心的执政理念。始终坚持以人民为中心，无论县财政的经费支出多么紧张，做到基本保证公教人员工资发放和各项增资政策落实，保证离退休人员“两费”需要，并集中财力坚持每年为人民办成一批实事好事。在后几年当中，这一点尤其能够坚持。坚决打赢蓝天保卫战，保障人民在安全舒适的环境中工作、生活。

妥善处理改革、发展和稳定的关系。在一切工作摆布中，坚持把改革的力度、发展的速度和社会的承受度统一全面考虑，真正实现以稳定为前提、以改革为动力、以发展为目的。通过实施一系列改革促进全县经济社会发展，保持并巩固长期的政治安定和社会稳定。

20年间，改革开放带来的经济社会发展变化，不仅是对全县各级领导班子工作的记录和展现，而且对此后的工作有着重要的启示和借鉴

启示之一。干部队伍建设永远在路上。正确路线确定之后，干部就是决定性因素。这20年，历届县委、县政府在对往年工作总结中，都敏锐地洞察到并一针见血地指出：干部队伍的作风和能力与繁重的发展任务相比还不能完全适应。这足以表明历届县委、县政府的政治警醒度之高。在事业成功的任何因素中，人的作用无可替代并始终是第一位的。而其中的干部队伍担负着组织领导职能，但是，部分单位个别人员作风简单粗暴、甚至违法乱纪，在人民群众中造成不好的影响。在未来的征途中，还会遇到复杂多变的风险挑战，任何时候都需要一支堪负重任的干部队伍，才能不辜负党和国家以及磁县人民的重托，把全县的各项事业推向前进。因此，必须以巨大的政治勇气一刻不停地抓好干部队伍建设。

启示之二。产业结构调整永远在路上。正确理论指导实践，笃行实干方能成功。1999 年，受亚洲金融危机影响，县内的煤炭资源优势相对弱化，相关产业急剧萎缩。县政府提出“地下转地上、粗放初级转向高精深加工，优化经济结构。”长期内，煤炭业对促进磁县的经济发展、社会进步起到重要的支撑作用。随着国家经济转型升级，进行产业结构调整。不可否认，历届县政府都在抓。事实上，煤炭形势差时抓得紧些、好时抓得松些，反反复复，紧紧松松。造成新旧动能转换不够快，支柱产业断档，结构调整阵痛凸显。经济下行压力加大，财政收支矛盾突出。假如从 1999 年提出调整产业结构开始，始终不渝地抓下去，今天磁县会是什么样？“地下转地上、粗初转精深”的景象将不再是口号，而早已成为现实；“新时代业强民富美丽幸福新磁县”也将是磁县的真实写照了。因此，只要是理清的事，只要是正确的路，只要是看准的目标，就应该一如既往地抓下去，一任接着一任干，直至抓出成效，抓到成功为止。

启示之三。立足县情发展产业永远在路上。适者生存四海皆准，合规对路可达目标。立足县情发展产业就是突出本县的比较优势，打特色牌。2000 年，县政府提出“加快发展已有一定基础的童装业和旅游业。”2004 年旅游收入超过 300 万元。2014 年，县政府提出“做大做强纺织服装业，做优文化旅游业。铁腕整治大气污染，以‘削煤、减排、控车、降尘、增绿’为重点。”2017 年，县政府指出“推进申家庄煤矿、六合公司有序关停；以童装城为平台，打造四省交界区域纺织服装集散地；加快发展全域旅游。”2018 年，去产能任务提前完成。从中明显看出：县政府充分立足县情，认识到位、思路清楚；依赖的煤炭业优势在逐步弱化，替代产业正逐步壮大。最终结果证明，当初立足县情选定发展这两个产业是正确的。20 年间，磁县的招商引资工作有成功的经验，也有失败的教训。因此，选定发展什么产业，一定要立足县情实际，真正助推经济社会发展。

变则通，通则久。回首往事，磁县在改革开放中发展进步。展望未来，磁县必将在改革创新中继续快速发展。

磁县的未来一定会更加美好！

扫二维码　赏《多娇磁县》

大事记

1999 年

1 月 25—27 日 教育部原国家督学尹玉心一行 5 人对磁县教育“两基”（基本普及九年义务教育，基本扫除青壮年文盲）工作进行复查验收。磁县被评为“两基”复查验收达标县。

3 月 7 日 观台小煤矿发生重大透水事故，死亡 32 人。

3 月 10 日 龙泉寺万亩生态绿化工程一期开发建设任务完成。整修水平条田 666.67 公顷，挖坑 50 多万个，栽植各种树木 30 万株，新开道路 50 千米。

4 月 30 日 由共产主义青年团河北省委员会（简称“团省委”）、省水利厅组织实施的“保护母亲河行动”省级重点工程——磁县溢泉岭项目暨青年小流域综合治理工程在磁县举行揭碑仪式。

5 月 6—7 日 中央文献研究室原主任李琦回到家乡，参观城隍庙、鼓楼、兰陵王陵园等地，中国共产党（简称“中共”）磁县委员会（简称“县委”）书记刘学敬等陪同。

5 月 16 日 获全国第四届“跨世纪人才十大新闻人物”“九九年度十大杰出跨世纪人才”称号的申家庄煤矿矿长王俊杰到北京钓鱼台国宾馆出席颁奖仪式。

5 月 磁县与吉尔吉斯斯坦奥什州友好关系签字仪式在磁县宾馆举行。

6 月 16 日 磁县汽车站改建工程举行奠基仪式。该工程投资 304 万元，建筑面积 2120 平方米。

6 月 19 日 北京—磁县联谊会在北京海关大酒店召开。全国人民代表大会常务委员会（简称“全国人大常委会”）原副委员长黄华、中共中央文献研究室原主任李琦等 50 多位磁县籍在京人士和县委书记刘学敬、磁县人民政府县长（简称“县长”）贾红军等县领导参加联谊会。会后，李琦向磁县图书馆捐赠图书 1500 余册。

7 月 31 日 陶泉乡申家沟村发生爆竹爆炸事故，致死 6 人、伤 1 人。

7 月 磁县政府门户网站——“磁县人民政府”网站建成运行，由政府信息中心负责维护运行。

7 月 全县 1533.33 公顷玉米因旱灾绝收。

9 月 30 日 《革命先烈王子清》出版，共 8.5 万余字，图片 25 张。

10 月 磁县被评为全国民政宣传工作先进县。

11 月 3 日 中央电视台（简称“央视”）《中国旅游》栏目摄制组到磁县摄制以北朝文化为主题内容的“旅游风光”专题片。

11 月 9 日 河北省中学体育卫生工作现场会在磁县实验学校召开。

11 月 17 日 河北省人民代表大会常务委员会（简称“省人大常委会”）副主任李炳良考察磁县农业综合开发区，并听取磁县人民代表大会常务委员会（简称“县人大常委会”）推行“一体两翼”执法监督情况工作汇报。邯郸市人民代表大会常务委员会（简称“市人大常委会”）主任朱志武、副主任靳立文，县领导刘学敬、贾红军等陪同。

11 月 26 日 县冀南煤焦联营公司煤矿发生瓦斯爆炸事故，死亡 32 人。

12 月 21 日 磁县被授予“全国国道地名标志设置先进单位”称号。

是年 朝阳路北延工程完工，铺设道路油面 1.6 万平方米。

2000 年

1 月 24 日　县文化教育体育委员会(简称“文教体委”）获 1999 年“全国教育系统关心下一代工作先进集体”称号。

2 月 12 日　国家广播电影电视总局授予磁县“全国广播电视先进县”称号。

2 月 23 日　讲武城国家粮食储备库启用。

2 月　磁县被民政部确定为全国推行城乡地名标牌国家标准试点县。

3 月　全县 5185.13 公顷麦苗因旱灾枯死，旱灾严重的乡（镇）主要有陶泉乡、北贾壁乡、白土镇、黄沙镇、都党乡。

5 月 11 日　国家“九五”食管癌综合防治研究课题攻关报告会在磁县肿瘤医院举行。

6 月 4 日　农业部副部长张宝文到磁县考察联合收割机跨区作业安全服务工作，省农业厅副厅长李大北、邯郸市人民政府（简称“市政府”）副市长张文生、市农业局局长韩族、县长贾红军等陪同。

6 月 28 日　“中共直南第一个党支部”纪念馆在西小屋村开馆。中国共产党河北省委员会(简称“省委”）常务委员（简称“常委”)、组织部部长刘德旺为纪念馆题写牌匾。

6 月 30 日　磁县抗日民主政府旧址修缮完成。

7 月 3—7 日　全县连降大到暴雨，平均降雨 303 毫米，最高累计降雨 492 毫米，造成积水农田 4.2 公顷，成灾 8670 公顷，绝收 7.33 公顷，冲毁桥 35 座、水窖 680 眼、公路 87 千米，冲走房屋 301 间，损坏 1.7 万间，184 个村 36 万人受灾，死亡 2 人、伤病 2300 人。直接经济损失达 1.75 亿元。

7 月 13 日　省委常委、省军区司令员考察岳城、东武仕两大水库（简称“两大水库”）防汛工作，中国共产党邯郸市委员会（简称“市委”）副书记王光龙、军分区政委刘兴顺、司令员高军虎、参谋长吴焕奇、县长贾红军等陪同。

7 月　磁县肿瘤登记处向国际癌症登记处上报磁县 1993—1997 年恶性肿瘤发病登记资料，被正式收录在《五大洲癌症发病率》第八卷。

9 月 9 日　申家庄煤矿被中国煤炭工业协会评为“煤矿支护先进单位”。

10 月　磁县第一所民办公助高中学校——滏滨中学开学。

10 月 7 日　央视《新闻 30 分》栏目播出题为《磁县干部身体力行，群众奔富劲足》的报道。县委书记刘学敬就“磁县党政领导干部勇担风险，带领群众闯市场”做法接受采访。

10 月 15 日　中国人民政治协商会议河北省委员会（简称“省政协”）主席吕传赞率领省政协视察团，先后视察磁州园中园、棉企集团、天子冢、兰陵王陵园等地，市领导王光龙、赵凤楼、陈子明及县委书记刘学敬等陪同。

10 月 25—28 日　县绒画工艺美术厂生产的“磁州绒画”系列产品在中原旅游商品博览会上获“旅游精品”奖。

10 月 27 日　水利部副部长张基尧率“南水北调”中线考察团到磁县考察，河北省人民政府(简称“省政府”）副省长郭庚茂、副秘书长孙凯、市长宋恩华、副市长张文生、县委书记刘学敬等陪同。

12 月　县绒画工艺品赴京参加由国际商报社、外经贸部和部分驻华使馆合办的“21 世纪中国企业对外经贸项目对接会”。

2001 年

2 月　磁县利民公共交通有限公司成立。

4 月　申家庄煤矿矿长王俊杰获全国五一劳动奖章。

6 月 26 日　县委在综合办公大楼前举行庆祝中共建党 80 周年“心中的歌儿献给党”大型演唱会。县党政领导登台合唱《没有共产党就没有新中国》。

6 月　《磁县志》获河北省志书成果评比一等奖。《磁县志》由孙作家主编，2001 年 1 月由新华出版社出版发行，是中华人民共和国成立后磁

县首部县志。

是月 迎宾路西段改造工程竣工，该路段长540米，投资120万元，拓宽铺设油面1.12万平方米。

7月1日 磁县开始建筑企业资质就位检查工作。

7月25日 县委党史研究室编写的《王维纲狱中勇斗国民党》先后在《党史博采》《干部党员人才》杂志发表。

7月31日 中国残疾人联合会授予磁县残疾人联合会（简称“县残联”）“全国残疾人按比例就业工作先进单位”称号。

12月30日 县政府档案室通过省一级标准档案室验收，被河北省档案馆授予“省一级档案室”称号。

是年 磁县获“全国农田保护先进县”“全省绿色通道建设先进县”称号。县长贾红军在全省表彰大会上作典型发言。

是年 磁县人民检察院（简称“县检察院”）在漳河监狱建立警示教育基地。

2002年

4月 《磁州文化》一书由新华出版社出版，主编孔令德。

4月 河北恒泰集团有限公司总经理尹玉新获“全国五一劳动奖章”称号。

5月15—17日 全省铁路护路联防大队长会议在磁县召开，省市领导对磁县的护路及创建安全文明铁道线工作予以肯定。

6月 全县党政系统进行机构改革，32个部门、单位名称或职能发生变化。

6月 受经营状况影响，同时根据《广告法》等法律法规的要求，磁县人民广播电台停播，时间长达5年，后于2008年2月28日复播，频率为调频90.1兆赫。

6月 磁县被省委、省政府、省军区授予“双拥模范县”称号。

8月9日 溢泉湖度假区举行开业典礼仪式。

9月1日 经县政府批准，将乐善街、司前街、西城街、滏阳街、明德街、监（前写作“鉴”）上街、阜才街7个街道居委会和粮斗庄、辛家庄、二里铺、北孟庄、关后、陈家庄、务本街、台庄、敦化街、固城、兴礼街11个村委会改设社区居委会，至此全县有18个社区居委会。

9月 全县结核病控制“卫五”项目结束（卫五：世界银行贷款中国结核病控制项目，1993年3月开始，对涂阳肺结核病人实行免费治疗）。累计接诊病人9000余人次，治疗、管理肺结核病人1300余人，治愈率87%。

9月 磁县被省政府评为“全省民政工作先进县”。

10月1日至12月8日 磁州窑118件（组）标本瓷片参加日本大阪市立美术馆《白与黑的竞演——中国磁州窑的瓷器世界》文物展。这是邯郸市磁州窑文物首次出国展出。

10月9日 日本山形县兰陵王雅乐专访团百余人到磁县兰陵王墓地祭祀，并进行拜谒演出。

10月 磁县肿瘤登记数据列入联合国世界卫生组织癌症研究中心统计范围。磁县被中国医学科学院肿瘤医院肿瘤研究所、全国肿瘤防治研究办公室授予“全国肿瘤登记中心示范基地”称号。

11月 全县中小学布局调整，取消所有戴帽初级中学（简称“初中”）和教学点，下放时村营中学、岔口中学、贾壁中学、南城中学、林坛中学、高臾中学、李庄中学7所国办中学归所在乡（镇）管理。县级仅保留阜才中学和白土中学两所国办中学。

12月25日 极端最低气温达-18.1℃。

2003年

4月26日 全县中小学受非典型肺炎（简称“非典”）疫情影响，全面停课放假。

6月10日 “非典”疫情得到控制后，城区学校和农村初中三年级（简称“初三”）学生复课。

6月19日 历时1年零3个月的河北省重点文物保护单位、邯郸域内唯一保存完好的明代单体建筑——城隍庙维修工程竣工，投资80余万元，用木料120余立方米，建筑面积200余平方米。

7月3日 省政协副主席刘健生到磁县调研基层文化设施、农村卫生防疫及文明生态村建设情况，中国人民政治协商会议邯郸市委员会（简称“市政协”）主席王光龙、副市长彭学增、市政协副主席董永寿、县委书记刘学敬等陪同。

7月20—22日 中共磁县第八次代表大会举行，选举产生第八届县委和中国共产党磁县纪律检查委员会（简称“县纪委”）。中共磁县八届一次全会选举刘学敬为县委书记。

8月15—18日 政协磁县第九届委员会第一次会议举行，选举产生第九届县政协领导班子，秦玉亮当选为政协主席。

8月16—19日 磁县第十三届人民代表大会第一次会议举行，选举产生县第十三届人大常委会和县政府领导班子。辛志宏当选为人大常委会主任，陈平当选为政府县长。选举产生法院院长和检察院检察长。

9月8日 磁县残联理事长张福林参加残联第四次全国代表大会、第三次全国自强模范暨扶残助残先进集体和个人表彰大会，受到中共中央总书记胡锦涛等党和国家领导人接见，并合影留念。

10月1日 取消各乡（镇）婚姻登记权限，改为县民政局婚姻登记。

是年 磁县气象局安装气象卫星单收站，使用MICAPS2.0系统可查看全部地面图、高空天气图、卫星云图、水汽图等多种图表。2020年10月，安装天气现象视频智能观测仪，提升天气现象自动化观测能力。

是年 开始人工影响天气。

2004年

1月 “引岳济淀”（调岳城水库水输向白洋淀）生态补水应急工程在磁县民有渠跌水闸开工典礼。水利部海委防办主任马文魁、省水利厅副厅长刘凯军、副市长曹素华、县长陈平等出席。此工程是水利部和省委、省政府确定的重点工程；是华北地区首次跨水系生态补水。

3月10日 团省委牵头组织的“同饮一江水，共护母亲河”采风团到磁县第一高级中学（简称“县一中”）举行千名青年环保志愿者签名仪式，团省委书记赵险峰、共产主义青年团邯郸市委员会（简称“团市委”）书记刘文萍、县人大常委会副主任索成贵等人员出席。该活动为“南水北调中线工程”在河北段的顺利实施营造良好的氛围。

3月15日 国家文物局局长单霁翔到磁县察看北朝墓群和兰陵王墓址，了解南水北调中线工程涉及磁县北朝墓群文物保护有关情况。省文物局局长张立柱、市委副书记陈会新、副市长辛宝山、县长陈平等陪同。

3月25日 一枚抗日战争时期未爆的航空炸弹在磁县漳河河滩内被成功引爆。此炸弹被当地农民发现后上报：长1.5米，直径65厘米，内装药量500～600千克。专家认定，此弹为当时国内发现的最大规格的航空炸弹。市政府副市长彭学增、邯郸军分区参谋长武超英、市公安局局长李桂洪、县委副书记张跃峰等人到场督导。

4月14日 县城北三环路（平安路）建设工程举行奠基仪式，县委书记刘学敬等县领导和邯郸山川房地产开发公司董事长何宪臣等人参加。

4月28日 河北省肿瘤高发现场防治座谈会、县肿瘤防治研究队成立30周年暨病房楼落成剪彩仪式在县肿瘤医院举行。中国医学科学院、肿瘤研究所、肿瘤医院、全国肿瘤防办、中国抗癌研究所、河北医科大学、河北医科大学第四医院、河北省肿瘤研究所、河北省其他3个防治点、市卫生局、县四套班子（县委、县人大、县政府、县政协）领导等人员出席，县直各医疗卫生单位参加。

5月 县文化教育体育局（简称“文教体局”）引资1418万元在全市率先建成设备一流的“教育城域网”。次年5月，建有电子备课室和网络教室的71所学校共享优质教育资源。

6月13日 国家南水北调工程总指挥部办公室主任张基尧一行到磁县考察南水北调穿漳河渡

槽工程。副省长宋恩华、代市长王三堂、副市长曹素华、县长陈平等陪同。

6月20日 磁县遭受冰雹灾害，持续30分钟，冰雹最大直径达80毫米。全县13个乡（镇）、195个村、5万户、30万人受灾。13.33公顷农田受灾，经济损失6000万元。

12月14日 县档案局上报全国重点档案抢救内容：革命历史档案，糊裱复制破损档案150卷；中华人民共和国成立后档案30卷；民国时期磁县志、州志重新修订100套。

2005年

1月7日 磁县开展向印度洋地震及海啸受灾国募捐活动，县四套班子领导和县机关综合办公大楼工作人员当场捐款6000余元。

1月8日 县供电公司生产调度大楼落成剪彩。县长陈平等人员出席仪式。

1月10日 中国红十字会领导、省领导孙士彬在省、市红十字会领导及市领导杨慧、县长陈平等陪同下，到水库移民村——路村营乡南郭村慰问救助，所送物资金额达5万元，救助对象250户。

3月4日 副省长付双建到申家庄煤矿督导安全生产工作，副市长宋春婴、县长陈平等陪同。

3月18日 磁州窑博物馆在磁州路中段北侧动工兴建。该项目总投资1700万元，建筑面积5000平方米。

4月15日 在岳城水库举行鱼类人工增殖放养活动。这是岳城水库20多年间规模最大、数量最多、品种最全的一次政府投资惠农活动，共投放1000多千克8万尾鱼苗。

4月15日 全国人民法庭优秀法官代表——磁县人民法院（简称“县法院”）岳城人民法庭庭长胡长春在广东省佛山市召开的全国人民法庭工作会议上受到表彰。

4月27日 卫生部、中国癌症研究基金会在县肿瘤医院举行“食管癌早诊早治示范基地”授牌、赠药、义诊仪式。国家、省、市有关领导，县委书记刘学敬等县领导出席。

5月2日 12时15分，存有8.4吨火药的县二一九工厂周转仓库1号仓库发生火情。副市长彭学增、县委书记刘学敬等有关领导带领县安监、县公安、县消防等部门人员赶赴现场组织扑救抢险工作。13时30分，大火被扑灭，无人员伤亡。

5月3日 国家文物局局长单霁翔带领国家文物局、水利部、国务院南水北调办、国家发改委、全国政协教科文卫委等单位有关负责人员组成的调研组就南水北调磁县文物保护工作进行调研，副省长孙士彬，市委副书记杨慧、副市长辛宝山、县长陈平等陪同调研组先后到北朝墓群63号墓和讲武城遗址察看。

5月29日 磁县六合工业有限公司井下2306工作面机尾处发生冒顶事故，3名矿工遇难。事发后，该矿立即开展自救。县委书记刘学敬等县领导及有关部门负责人立即赶到现场组织抢救，到医院看望遇险人员。

是月 磁县交通警察大队（简称“县交警队”）在107国道设立3处便民服务站，备有饮水机、修车工具、急救箱等物品。并强化打击上路拦截、强砸机车、敲诈机手财务等不法行为，保障南下收割机顺利过境。先后提供服务20余次，护送南下小麦收割机1200余辆。

6月 考生侯广东以680分的总成绩获得河北省高考理科状元，他是磁县籍第一个获此殊荣者。

6月21日至7月底 对西固义乡12个自然村进行食管癌普查，实检人数2084人，普查率71%，其中查出中晚期癌症患者19人、可疑患者71人。

9月8日 省政协副主席王建忠带领省政协提案委员会主任张三发到滏泉湖度假村等地考察，市政协副主席董永寿、县委书记刘学敬等陪同。

10月18日 磁县污水处理厂开工仪式举行，县委书记刘学敬等县领导和江苏省景明服装水洗有限公司董事长张景明出席，磁县环境保护局（简称“县环保局”）等部门负责人及磁州镇有关人员共400余人参加。

12月1日 省委常委、省总工会主席臧胜业带领省总工会党组副书记、副主席刘进昌，秘书长卢彦君到申家庄煤矿、陆顺焦化有限公司、恒泰有限公司、童装批发市场、雪驰童装城等地调研，市委副书记李石，市人大常委会副主任、总工会主席张家学，县委书记刘学敬等陪同。

12月8日 县动物疫情测报站在省验收活动中被评为河北省南部标准样板站。

12月22日 国家发改委副主任杜鹰到岳城水库就水库移民问题和完善国家有关水库移民政策进行调研，省发改委副主任谢占海、县委书记刘学敬等陪同。

12月26日 省级示范性高中建设项目开工奠基。县委书记刘学敬、县长陈平等县领导出席仪式，市教育局和省建筑设计院有关负责人应邀出席。县直有关部门、磁州镇负责人及县文教体局机关干部、县直教育单位的干部和县一中、第二高级中学（简称“县二中”)、职业技术教育中心（简称“职教中心”)的部分教师和学生代表参加。该工程投资2.66亿元，占地15公顷，建筑面积10万余平方米。

2006年

1月12日 磁县被中国纺织工业协会、中国服装协会授予“中国童装加工名城”称号，被列为纺织工业第四批产业集群试点县。

3月2日 12时55分，黄沙镇黄沙煤矿发生爆炸，致死6人、伤9人，25人被困井下。接报后，县委书记刘学敬等人员赶赴现场，迅速抢险。省政府副秘书长于万魁，省安全生产监督管理局（简称“安监局”）局长付文才，煤监局局长秦文昌，市长王三堂，市委常委、政法委书记张有祥，副市长崔永斌及市公安局、政府办公厅、安监局等部门主要负责人也赶赴现场，指导抢险。

是月 县人民医院、县中医院、县肿瘤医院、县妇幼保健所4家县级医疗机构均设立2～4个扶贫病房，贫困患者可享受免收普通挂号费、治疗费减免5%、检查费减免20%、手术费减免30%、床位费减免50%的优惠待遇。

4月 杨华云任政府代县长。

5月9日 中国磁县雪驰童装城开工建设奠基仪式举行。县四套班子领导及雪驰集团领导出席，县直有关单位负责人、磁州镇党政班子领导和涉及村党支部书记、县童装协会会长和副会长、童装户代表参加。

5月16—17日 磁县“村村通”广播电视工程通过省验收。累计投资320余万元，圆满完成“村村通”广播电视工程建设任务，解决7000多户、3万人收听收看广播电视难问题。

5月22日 陶泉乡一非法生产鞭炮点发生火药燃烧，致死1人、伤11人。伤者送入邯郸市第四医院治疗。接报后，县委书记陈平等人员赶赴现场勘察，调查处理案情。经查，系陶泉乡索庄村一村民利用废弃院落非法加工鞭炮时发生燃烧所致。

5月29日 磁县第十三届人民代表大会第五次会议举行，选举杨华云为政府县长。

7月5—7日 中共磁县第九次代表大会举行，选举产生第九届县委和县纪委。中共磁县九届一次全会选举陈平为县委书记。

7月 县建设局、县民政局联合编绘并公开出版发行首版磁县城区图。

是月 国防科工委组织五省、市安全专家联查组对县二一九工厂进行安全系统评查，综合得分931.91分，安全等级为一级，在5省、区民爆行业中名列前茅。

8月9日 东槐树信用社驸马沟分社营业厅发生爆炸。县委副书记赵文波等县领导及县公安局局长带领刑侦人员赶赴现场，省公安厅派爆破专家指导破案，市、县公安机关成立“8·09”爆炸案专案组开展侦破。11—13日，先后在峰峰矿区一游戏厅将犯罪嫌疑人王某某及涉案人员王某某、王某某抓获，在武安市伯延镇杨二庄村将犯罪嫌疑人孔某某、涉案人员席某某抓获，并将涉案人员马某某、刘某某抓获。

8月16日 溢泉湖被水利部命名为第六批国家级水利风景区。

8月 申家庄煤矿被中国煤炭工业协会评为2005年度全国煤炭百强企业，在全国煤炭百强企业中排名居首位。

9月14日 省长季允石带领省政府副秘书长崔长征到磁县考察工作，市委书记聂辰席、市长王三堂、县委书记陈平等陪同。

10月中旬 邯郸新赵都磁县超市在朝阳大街和中山西路交会口（原朝阳蔬菜市场）动工建设。该项目投资2500余万元，占地3000平方米，建筑面积6522平方米，营业场所分3层，墙体采用钢架结构，属磁县第一座大型超市。

10月 磁县宇航出租汽车有限公司、磁县顺发汽车有限公司成立，第一批40辆“吉利优利欧”牌出租车投入运营。

是月 磁县成立第一个业主委员会——滏西小区业主委员会。

11月 磁县医院投巨资引进美国“γ——适形刀”新技术，是河北省第二家有此医疗技术的单位。举办“γ——适形刀”诊疗肿瘤新技术知识讲座，邀请全国肿瘤放疗专家、博士生导师、河北医科大学第四医院教授祝淑钗和美国拓能公司中国北方区域经理、医学硕士田卫忠，为全县乡村医务工作者讲解“γ——适形刀”肿瘤治疗新技术的常规适应症和诊疗原理。

11月18日 省委书记白克明到磁县考察工作，省委常委、邯郸市委书记聂辰席及县委书记陈平等陪同。

11月29日 水利部副部长周英到磁县岳城水库考察水库建设和移民情况，县委副书记张家宝等陪同。

是月 在全国新时期广播电视村村通工作电视电话会议上，县广播电视局（简称“广电局”）局长张子全获“全国广播电视村村通工作先进个人”称号。

12月13日 河北省博物馆学会2006年年会暨学术研讨会在磁州窑博物馆召开。省文物局、省博物馆等领导、专家及县有关领导出席。来自省内各市的博物馆馆长、文物专家学者及媒体记者共计60余人参加。与会的专家学者共同研究探讨新落成的磁州窑博物馆及馆藏磁州窑文物的陈列问题。

12月14日 省人大常委会副主任杨新农先后到天子冢、兰陵王陵园和磁州窑博物馆考察，市领导董强、杨慧，县长杨华云等人员陪同。

12月31日 老干部活动中心落成剪彩。县委书记陈平等县四套班子领导出席仪式，县民政局、县林业局等39个部门负责人参加。

2007年

1月1日 磁县气象局由国家一般气象站升为国家气象观测二级站。

2月10—11日 清华大学台湾研究所所长刘震涛教授到磁县参加磁县与清华大学台湾研究所合作签字仪式。10日，刘震涛先后到林坛工业园区、光禄塑料市场、磁州窑博物馆、景明污水处理厂、商都童装市场、雪驰童装城等地参观考察。11日，县四套班子领导及县直各单位主要负责人、各乡（镇）党委书记参加“河北磁县——清华大学台湾研究所合作签字仪式”。刘震涛就如何做好对台招商工作授课并回答与会人员的有关问题。

4月3日 磁县被国务院残疾人工作协调委员会授予“第二次全国残疾人抽样调查先进县”称号。

4月7日 国家文物局副局长张柏带领国家文物博物馆司副司长李耀申到磁州窑博物馆视察，省文物局副局长、博物馆馆长谷同伟，省文物局副局长李恩佳、市文物局局长王兴、县长杨华云等陪同。

4月18日 全国人大常委会委员、教科文卫委员会委员李树文，教科文卫委员会委员李宏规等人到磁县调研职业病防治执法情况，先后考察磁州窑博物馆、河北中化滏恒股份有限公司、磁县雪驰制衣有限公司等单位。省人大常委会委员刘德运、人大常委会副秘书长陈新华，市领导杨慧、董强、张金山、辛宝山，县委书记陈平等陪同。

4月26日 磁县“一分钱创安”二期工程实施动员大会在县委大礼堂召开。县委书记陈平等县领导出席，各乡（镇）党委书记、主管副职、二期创安村党支部书记，县公安、检察、法院、司法全体干警，对口包建帮扶单位主要负责人参加。

5月18日 由国家文物局主办、中国博物馆学会、西安市人民政府、《中国文物报》社合办的第七届“全国博物馆十大陈列展览精品奖”在陕西省西安市揭晓，磁州窑博物馆获“黑与白的艺术”陈列精品奖。这是全省唯一获此荣誉的博物馆，也是全国唯一获此荣誉的县级博物馆。

5月29日 省委书记白克明及省委常委、秘书长张力到磁县考察磁州雪驰童装制衣有限公司和磁州窑博物馆，市委书记孙瑞彬、市长赵国岭、县委书记陈平等陪同。

是月 磁县地方税务局（简称“县地税局”）局长江明文被全国总工会评为2006年度全国知识型职工优秀个人。

6月8日 在全国文化遗产保护工作表彰大会上，磁县文物保管所被文化部、国家文物局授予“全国文物系统先进集体”称号，是全省唯一获此殊荣的县级文保所。

6月 李德进任县委书记。

7月10日 省长郭庚茂到磁州窑博物馆调研，市委书记孙瑞彬、市长赵国岭，县委书记李德进、县长杨华云等陪同。

8月10日 省委常委、宣传部部长聂辰席到磁州窑博物馆调研，市委书记孙瑞彬、市长赵国岭，县委书记李德进、县长杨华云等陪同。

8月15—17日 政协磁县第十届委员会第一次会议举行，选举产生第十届县政协领导班子。刘树清当选为政协主席。

8月27日 18时25分，高臾镇发生57人疑似食物中毒。接报后，县主管领导赶赴现场，指导救助中毒人员，并组织有关部门开展流行病学调查，查明致病原因。县委书记李德进、县长杨华云等赶赴县医院、县中医院、高臾镇卫生院等收治点逐一看望患者，慰问家属，研究部署救治工作及后续处置措施。

8月28日 青兰高速公路建设磁县段征迁工作动员会在县委小礼堂召开。县长杨华云等县领导出席，青兰高速公路磁县段建设指挥部全体成员和所涉部门、乡（镇）、村有关人员参加。

9月5日 省委书记张云川及省委常委、秘书长张力到雪驰制衣有限公司、磁州窑博物馆、讲武城镇刘庄村调研，市委书记孙瑞彬、市长赵国岭，县委书记李德进、县长杨华云等陪同。

9月13日 省人大常委会副主任张群生到磁县就《中华人民共和国文物保护法》贯彻执行情况进行调研，市领导杨慧、董强，县委书记李德进、县长杨华云等陪同。

9月16日 中国人民政治协商会议全国委员会（简称“全国政协”）副秘书长、民建中央副主席陈明德，省政协副主席、民建河北省委主委武四海，市政协副主席、民建邯郸市委主委范社岭及河南、山西、山东省4省政协、民建主委60余人参观磁州窑博物馆，县委副书记张家宝等陪同。

是月 磁县莲藕国家级农业标准化示范区以97.8分的成绩通过验收。

是月 农业部授予讲武城镇小寨村两农户“全国粮食生产大户”称号。该两户承包部队农场土地24.5公顷，是年产粮385吨。此次全国共评出1000个粮食生产大户。

是月 磁县第一个校园警务室在磁县第二中学挂牌成立。

10月16—21日 在澳门“第四届世界华商高峰会”“第十二届澳门国际贸易投资展览会”会展活动中，磁县参展的北来村“创新规划设计新农村建设”获得“新农村发展贡献奖”。澳门特别行政区行政长官何厚铧颁奖。

10月22日 由世界卫生组织国际癌症研究中心、美国国立卫生研究院国家癌症研究所、中国癌症基金会、中国医学科学院肿瘤研究所联合组织，来自美国、英国、法国、意大利、澳大利亚、伊朗、芬兰、巴西、瑞典、荷兰10国的36位食管癌防治研究专家组成的医学代表团，到县肿瘤医院参观食管癌防治工作，卫生部有关领导及县委书记李德进等陪同。

10月23日 磁州窑博物馆被评为AAA级旅游景区。

11月10—12日 在山西省太原市召开的2007年中外企业文化太原峰会上，磁县六合公司被中国企业文化研究会授予“全国企业文化优秀单位”称号。

11月13日 磁县首家农民专业合作社——

磁县旭升山蝎专业合作社在都党乡辛四庄村揭牌，市农协总会专职会长乔明文、县委副书记张家宝出席。各乡（镇）长、农协专职副会长、县直涉农部门、都党乡全体干部参加。该社由辛四庄村15户农民自发组成。

11月22日 省中小企业局在县职教中心召开全省中小企业人才教育培训现场观摩会，确定磁县职教中心为全省首家“河北省中小企业局教育培训示范机构”，举行揭牌仪式。省中小企业局副局长王建勋、市中小企业局局长允殿魁，县委书记李德进等出席。省内各市中小企业局主管人才教育的副局长、处室负责人、中小企业培训中心主任等参加。

12月5日 首期磁县县委、县政府机关报——《磁县发展》编印发行。2016年2月8日，《磁县发展》更名为《新干线》。2017年12月，《新干线》更名为《新磁县》。

12月11日 省政协原副主席郭洪岐参观磁州窑博物馆，市领导杨慧、王光龙、董永寿，县长杨华云等陪同。

12月20日 在文化部、国家文物局组织召开的“全国文物工作先进县表彰大会”上，磁县被授予“全国文物工作先进县”称号。县主管领导郭安等参加。

12月26日 滏泉湖度假村举行滏泉湖观雁周活动启动仪式。省、市有关单位领导，县委副书记张家宝等县领导出席，省、市级新闻媒体，市、县旅游局、旅行社等人员参加。2017年12月15日，央视《新闻直播间》以“万余大雁飞抵磁县滏泉湖”为题，报道雁群到该湖栖息过冬情况。

2008年

1月1日 磁县启动城镇居民基本医疗保险制度。成年居民每人每年筹资标准为300元，其中个人缴费120元，财政补助180元。未成年居民每人每年筹资标准为160元，其中个人缴费30元，财政补助130元。城镇低保对象、重度残疾人员和低收入家庭60周岁以上老年人，个人缴费由财政全额补助。

3月 磁西公路动工，二级公路标准，长21.3千米。2013年11月竣工。

4月 开展全国第二次经济普查，磁县参与普查人员1169名，审核单位2103个、产业活动单位2725个、个体工商户2.2万户。

5月16日 全县支援四川省汶川特大地震灾区捐款活动动员会在县委小礼堂召开，县四套班子领导现场捐款。

5月27—28日 在县卫生、公安等部门配合下，对原磁县肿瘤研究所在深井内存放的放射源钴6048枚、铯13744枚现场起获、监测后，运送到省辐射管理站储存，彻底清除闲置放射源的威胁。

10月7日至12月4日 西光禄镇发生44例甲肝病例（西光禄村22例，东光禄村11例，曲沟村8例，李家岗村2例，滏泉村1例）。除3例为居家儿童外，其余人员为幼儿园或在校学生。经流行病学调查分析，此次甲肝疫情因人与人之间密切接触传播。及时采取相关措施，并开展应急预防接种甲肝疫苗30253人份。此次疫情造成直接经济损失240万元，间接损失28万余元。

10月至2009年2月 全县小麦经历50年一遇秋冬连续干旱，受旱面积14333.33公顷，成灾面积11600公顷，粮食减产3万吨，直接经济损失5000万元。

12月 县法院副院长胡长春被最高人民法院评为全国优秀法官。

12月 《磁州窑文化》由新华出版社出版，主编郭守福。

12月 全县开展甲肝疫情防控。

2009年

1月 磁县停征机动车公路养路费，停收运管费、客运附加费、货运附加费。

是月 磁县义务教育阶段学校教师实行绩效

工资。

3月26日 实行70岁以上老人免费乘坐县城公交车。

3月 磁县档案局获省档案局颁发的河北省国家档案馆建设“特别贡献奖”。

3月 磁县污水处理厂开工建设，9月竣工。2013年11月23日，磁县污水处理厂进行升级改造。

5月5—8日 磁县第一届县直乡（镇）机关干部职工运动会在县一中体育场举办。全县122个代表队、近7000名运动员参加，角逐7个大项、11个小项项目，是磁县体育运动史上规模最大、规格最高、涉及面最广、参加人数最多的一次运动会。

5月23日 防止手足口及甲型H1N1病毒发生，开展城区大消毒行动。

6月25日 极端最高气温达43.4℃。

10月 磁县卫民垃圾处理厂开工建设。

11月11—12日 磁县出现暴雪天气，降雪量41.1毫米，最大积雪深度达270毫米；1.2万人受灾；285公顷农作物受灾，10公顷农田绝收；损坏房屋39间；直接经济损失940万元。

11月 滏泉湖被评为省级湿地公园。

12月 磁县、临漳县文保所联合发掘曹村窑遗址。经研究其器物得出结论：该处是磁州窑的开端。

是年 讲武城镇滏阳营村教师陈玉文成为河北省首位“爱心代理妈妈”。

2010年

1月15日 磁县获“全国白内障无障碍县”称号。

2月 林元达任政府代县长。

3月3—5日 磁县第十四届人民代表大会第四次会议举行，补选林元达为政府县长。

3月 平安公园开工建设，6月建成。

5月8日 引滏入城南北两线通水，实现护城河彻底变清和城区水系大循环。

6月1日 南水北调磁县段开工建设。

8月23—24日 首届海峡两岸中小企业合作发展论坛在滏泉湖度假村国际会议中心举办，主题为“两岸经济发展新趋势与两岸中小企业合作发展新契机”。来自北京、上海、重庆、辽宁省等11个省（自治区、直辖市）和中国台湾地区的嘉宾代表及新华社、中经网、中央人民广播电台、中国台湾网、《河北日报》等25家媒体记者共计400余人参加。2012年9月25—27日，第三届海峡两岸中小企业合作发展论坛在磁县嵩景楼举办，围绕“经略中原战略：邯郸冀南新区”主题，为两岸经贸交流合作创造新的契机。两岸中小企业代表及专家学者200余人参会，集中签约重点项目24个，总投资209.7亿元，引进资金206亿元。

9月 县标游园建成，城标雕塑“陶冶”落成。

10月24日 首届国际磁州窑论坛举办。

11月1日 零时，第六次人口普查完成。

是年 炉峰山、漳河三峡旅游路投入使用。

2011年

1月1日 全县统一实行网上执法办案，即办理的各类案件实行网上流转、网上审核审批、网上签名。

3月1—3日 磁县第十四届人民代表大会第五次会议举行，选举李孟山为县人大常委会主任。

3月28日 全国信访系统“创先争优·能力建设活动”现场观摩会观摩组分三批到磁县观摩。国务院副秘书长、国家信访局局长王学军带领全体与会人员观摩磁县联合接访中心，省委副书记付志方，市领导回建、冯连生、贾永清，县委书记李德进等陪同。

3月31日 全国农村精神文明建设观摩会在磁县召开。

4月8日 全省人口计生基层群众自治暨“诚信计生”观摩推进会议在磁县召开。省人口计生委主任赵新，有关市人口计生委主任，各市人口计生

委相关负责人、部分县人口计生局局长，邯郸市人口计生委、计生协领导班子成员、各处室负责人和市内各县（市、区）人口计生局局长、计生协常务副会长，副市长侯华梅、县委书记李德进等县领导及县人口计生局、计生协相关负责人，各乡（镇）专职领导和计生站站长共计200余人参加。

4月13日 国务院南水北调办公室主任鄂竟平到穿漳工程磁县段施工现场，看穿漳河倒虹吸工程的每个建成部分，听取项目施工单位汇报，询问土方平衡、质量控制等施工重点难点问题解决情况，并就进一步加快工程进度、保证工程质量提出指导性意见。省政府顾问，国务院南水北调中线干线建管局局长石春先，省南水北调办公室主任袁福，副市长赵险峰，县委书记李德进等陪同。

5月30日 磁县创建文明城动员暨第二届县直乡（镇）机关干部职工运动会举行开幕式。市委常委、宣传部部长贾永清，市体育局、市总工会有关领导和县四套班子领导出席。省、市多家新闻媒体记者到会采访报道。

6月1日 县电视台（简称“县台”）到陶泉乡对全国第一个抗日儿童团有关资料进行采访挖掘上报后，央视《朝闻天下》以“六一儿童节里的红色风景”为题播出，省电视台（简称“省台”）《新闻联播》随后播出。

6月18日 电价实行分档递增。

6月20日 中共邯郸历史巡回展暨磁县“直南党史馆”建设启动仪式在宣传文化中心举行。市委常委、组织部部长陈平，市委党史办主任张永年，县四套班子领导出席。各乡（镇）党委书记、县直单位主要负责人和有关单位干部职工、大学生村官参加。

7月13日 磁县文博影院落成典礼暨《建党伟业》展映启动仪式举行。县长林元达等县领导和县直有关部门干部职工共计200余人参加。

7月25日 清华大学和台湾师范大学学生到磁县支教活动启动仪式在来村中学举行。县委书记李德进、县长林元达等县领导，渝台综合性经济合作交流促进会主席刘治宏，台湾师范大学教师孟繁琳、钟芷品，清华大学博士马健铨出席。县直有关部门和乡（镇）人员，台湾师范大学、清华大学支教师生，县接受支教的两所中学校长及师生代表参加。大学生支教代表、中学生代表和接受支教学校校长代表分别发言。李德进宣布“踏寻孔子行脚”两岸大学生暑期支教活动启动。

8月 穆伟利任政府代县长。

9月9—11日 中共磁县第十次代表大会举行，选举产生第十届县委和县纪委。中共磁县十届一次全会选举李德进为县委书记。

10月24日 全国政协副主席张梅颖一行到磁州窑博物馆考察。全国政协常委、经济委员会副主任胡德平，全国政协常委、社会和法制委员会副主任张俊九，全国政协常委、社会和法制委员会副主任季允石参加。省政协副主席田向利，市政协主席彭学增，市委常委、秘书长魏吉平，市政协副主席李士杰、申玉娥，县委副书记李凯林等陪同。

11月2日 副省长孙士彬带领省有关部门领导到磁县调研医改工作，副市长王进江，市发改局、市卫生局等部门负责人，县委书记李德进等县领导及有关部门负责人陪同。孙士彬一行先后深入辛庄营乡卫生院和辛庄营乡北豆公村第二卫生室查看基层医改工作，听取情况汇报，与一线医务人员交谈。在嵩景楼会议室召开的调研座谈会上，孙士彬肯定磁县的基层医改工作。

是日 磁县首批廉租房入住仪式在民生家园小区举行。县四套班子主要领导等出席，县住房和城乡建设局、磁州镇等部门、乡（镇）主要负责人及部分中层干部参加。2013年8月27日振兴小区276套廉租住房分配在县纪检、监察、公证处等部门全程监督下，分配到最亟需的困难群体手中。

12月7日 省人大常委会副主任王增力一行到磁县就森林覆盖率净增量目标进行考核，先后到中华慈大街与和谐大道交叉口检查道路景观防护林绿化、到城市雕塑公园检查公园绿化、到中华慈大街讲武城镇东陈村段检查生态防护林绿化、到御景园检查庭院绿化。王增力充分肯定磁县森林绿化工作。市委常委、农工委书记范国珍，市人大常委会副主任董庆民，县委书记李德进等陪同。

12 月 9 日 国务院南水北调办公室副主任蒋旭光到磁县调研，察看讲岳铁路倒虹吸及渠道填方段和衬砌段工程建设情况，听取施工情况和工程征迁、临时占地情况汇报后，肯定磁县南水北调征迁、临时占地和为施工单位创造良好施工环境工作。省南水北调办公室主任袁福，市委常委、农工委书记范国珍，县长穆伟利等陪同。

12 月 20 日 经过 4 个月的施工，磁县数字化城管系统建设工程竣工。2012 年 3 月，磁县数字化城管系统平台投入使用。5 月 9 日，磁县数字化城市管理系统与市级平台实现无缝对接、联网运行，将城市管理信息纳入市数字化城管平台互通共享，成为邯郸市“1+6”组团城市中第一个与市级平台对接的县（区）。

12 月 26 日 在国务院召开的全国粮食生产表彰奖励大会上，观台镇崔伏喜被授予“全国种粮售粮大户”奖章，还获奖大型拖拉机 1 台。

是月 全县集体土地所有权、集体建设用地使用权、宅基地使用权进行确权登记发证工作启动。

是月 滏泉湖风景区被省政府评为第四批省级风景名胜区。

2012 年

1 月 12—15 日 政协磁县第十一届委员会第一次会议举行，选举产生第十一届县政协领导班子。刘树清当选为政协主席。

1 月 14—16 日 磁县第十五届人民代表大会第一次会议举行，选举产生县第十五届人大常委会和县政府领导班子。李孟山当选为人大常委会主任，穆伟利当选为政府县长。选举产生法院院长和检察院检察长。

2 月 28 日 磁县基层医疗机构实施一般诊疗费暨村卫生室药品零差率销售启动大会在县委大礼堂召开，市卫生局副局长郭和平，县委常委、常务副县长吴从江等参加。

3 月 29 日 全国养老服务体系建设工作会观摩团一行 300 余人，在民政部有关人员带领下，观摩磁县民政事业服务中心，市领导回建、王进江，县委书记李德进等陪同。

4 月 14 日 中国共产党中央纪律检查委员会（简称“中纪委”）原常务副书记侯宗宾参观磁州窑博物馆、规划展览馆等。市委常委、秘书长魏吉平，县委书记李德进等陪同。

4 月 17 日 全国人大常委会副委员长韩启德带领文物保护法执法检查组到磁州窑博物馆检查指导工作。省人大常委会副主任宋太平，市领导贾永清、魏吉平、武十周、侯华梅，县委书记李德进等陪同。

4 月 申家庄煤矿矿长李军、磁县经济作物专业协会王保圣分别获“全国五一劳动奖章”称号。

7 月 2 日 国家人口计生委副主任崔丽一行，在省政府副秘书长李璞，省人口计生委主任赵新，市委书记郭大建，市委常委、宣传部部长贾永清，市委常委、秘书长魏吉平，副市长侯华梅，县委书记李德进等人员陪同下，到磁县专题调研姚明河的先进事迹。崔丽深入到东城营村姚明河家中，看望慰问姚明河的遗属。

7 月 4 日 副省长沈小平带领省政府副秘书长曹振国、农业厅厅长赵国岭、水利厅厅长李清林、发改委副主任于明、财政厅副厅长牛金禄等部门领导，到磁县调研农业和防汛工作。市委常委、农工委书记范国珍，副市长王进江，县长穆伟利及市有关部门负责人等陪同。

7 月 11—12 日 河北省科学院与邯郸冀南新区管委会、县政府举行科技合作框架协议签约仪式。省政协副主席、省科学院院长王刚，省科学院党委书记王新民，省科学院副院长赵明轩、张德强，副市长侯华梅、县委书记李德进等县领导及相关县直单位负责人员出席。12 日，王刚带领省科学院有关人员到磁峰工业聚集区调研指导工作，县有关领导陪同。

是月 磁县被省委、省政府评为 2010—2011 年度省级文明县城。

8 月 14 日 省政协副主席刘永瑞带领省政协常委、教科文卫体委员会主任刘进昌及省政协常委、社会和法制委员会主任王宽，先后到磁州窑

文化创意产业园、紫海芳庭薰衣草庄园调研，市领导郭大建、彭学增、魏吉平、侯华梅、贾红军，县委书记李德进等陪同。

8月23—24日 冀晋邯（邯郸）长（长治）两市八县（市）防治重大动物疫病第十五届联防会议在磁县召开，县委副书记李凯林，邯郸市农业局、畜牧水产局，长治市畜牧兽医局等领导出席。磁县、涉县、武安、永年、黎城、潞城、壶关、平顺8个县（市）畜牧水产（农牧）局有关人员共计50余人参加。会上，邯长两市八县（市）动物防疫工作主要负责人交流重大动物疫病防控工作。

9月16日 中盛国贸广场举行开业典礼仪式，国家纺织工业联合会规划发展部主任谢立人、产业集群委员会秘书长赵跃进，省国际商会副会长张清华，省国际贸促会会务部部长李照辉，市领导史增海、李士杰，县委书记李德进等参加。会上，李德进向李照辉颁发磁县发展荣誉勋章。

10月19日 冀南新区挂牌成立。

10月30日 省人大常委会副主任谢计来带领省人大常委会视察组一行，先后到磁州窑博物馆、规划展示馆、行政服务中心、磁峰工业聚集区、天子冢等地视察，市领导黄月芳、张巍，冀南新区·磁县（简称“区·县”）领导李德进等陪同。

10月 省政府批复磁峰工业聚集区为省级经济开发区，为全市唯一纳入省级开发区管理序列的园区。

11月 磁州窑博物馆被中国科协命名为“全国科普教育基地”。这是该馆继“邯郸市科普教育基地”“河北省科普教育基地”称号后获得的又一殊荣。

12月 磁县实现城乡公交客运一体化。

12月 北贾壁村、北岔口村、花驼村、南王庄村4个传统古村落入选国家首批传统古村落名录。

2013年

1月5日 接到山西省长治市潞城市境内的潞安天脊煤化工厂发生苯胺泄漏入漳河事件通报后，按照市政府的指示要求，磁县对浊漳河上游突发性水污染事件应急处置工作进行紧急调度和部署。8日晚，副市长崔永彬在县长穆伟利等陪同下，察看申家庄村南筑坝堵水工程。10日，磁县安排部署跃峰渠堵水、漳河上游磁县段增设拦水土坝、加大向县跃峰渠抽水力度、加强水质检测等工作。

1月31日 区·县党政领导李德进、穆伟利等，部分单位主要负责人及亲属代表参加河北省纪念黄华同志诞辰100周年座谈会。

1—2月 磁县连续30多天出现雾霾天气。

4月3日 省政协副主席、省林业厅副厅长葛会波到磁县检查森林防火工作，深入陶泉乡炉峰山林区看森林防火基础设施建设和防火物资储备时提出指导性意见。代市长回建、副市长王进江，区·县领导李德进等陪同。

5月7日 磁县在县行政服务中心会议室召开纪念王子清同志诞辰110周年座谈会。县委副书记李凯林等领导，市委党校、市委党史研究室、市政协文史委、邯郸学院、大名师范学校等市直部门人员、院校专家学者，县委组织部、岳城镇等相关部门、乡（镇）人员参加。

5月15日 磁县在县职教中心举行“河北磁县爱心就业技能培训基地”揭牌仪式，县委常委、副县长郭安，省司法厅、市司法局有关负责人出席，县委政法委等单位人员参加。同时，磁县第一期刑释解教人员和社区矫正人员就业技能培训班开班上课，培训班有63名刑释解教人员和社区矫正人员参加培训。

是日 副省长杨汭带领省政府副秘书长曹汝涛、住建厅厅长朱正举先后到磁州窑博物馆、规划展示馆、直南党史馆、行政服务中心、凤凰山—滏泉湖风景度假区调研。杨汭就城市建设和管理讲了意见。副市长武金良、区·县领导李德进等陪同。

5月28日 磁县第三届县直乡（镇）机关干部职工运动会开幕式在县第一中学体育场举行，市人大常委会副主任李惠玲、市政协副主席申玉娥及市总工会、体育局、工委负责人，区·县领导班子成员、漳河园区领导班子成员出席，113个单位、5000余名干部职工组队参加。

7月2日 国务院南水北调办公室副主任于幼军到磁县检查南水北调工程防汛和安全生产工作，分别到双庙沟排水倒虹吸、南城西沟排水倒虹吸、牤牛河北支倒虹吸现场检查。省南水北调办公室主任袁福、副市长王进江、区·县领导李德进等陪同。

8月30日 磁县召开依法取缔清理东武仕水库网箱养鱼工作动员会。县四套班子领导出席，县公安局局长、检察院检察长、法院院长，邯郸市东武仕水库管理处处长，县直单位包村包户全体人员，网箱清理总指挥部及各指挥部工作人员，参与网箱清理的县财政、审计、法院、检察院工作人员及公安干警，路村营乡参与网箱清理工作的乡党政干部及涉及网箱清理工作的村两委成员共计600余人参加。该活动共清理网箱鱼2449万千克、网箱1.59万个。

9月26日 磁县举行“数字磁县”地理框架建设项目启动仪式。省地理信息局、市国土资源局、武安市、峰峰矿区等6个县（市、区）国土资源局相关负责人，磁县相关县直单位及乡（镇）负责人等100余人参加。省、市地理信息局与县政府共同签署《数字磁县地理空间框架共建共享项目协议书》。2015年10月19日，投资300余万元的“数字磁县”地理空间框架建设项目通过专家验收。省地理信息局副局长王明才、市地理信息局相关人员，区·县领导吴从江等110余人参加验收会议。

10月 漳河大桥拆除重建完成。

11月26日 省政协主席付志方带领省政协秘书长郭大建到冀南新区·磁县调研，先后察看新兴铸管、恒天、远建工住等项目建设情况，并听取县委、县政府关于东武仕水库网箱清理情况汇报。市领导魏吉平、贾宝仓，区·县领导李德进等陪同。

11月27日 在嵩景楼宾馆举行市直部门与冀南新区行政执法权委托签署仪式。邯郸冀南新区党工委书记、管委会主任、磁县县委书记李德进分别与市发改委等30个市直部门代表签署行政执法权委托协议书。市委常委、常务副市长何江海就行政执法权委托工作提出要求。相关市直部门主要负责人、冀南新区副县级以上领导干部，磁县四套班子领导等参加。

11月 吴从江任政府代县长。

11月 辛庄营乡的大狼营、小狼营、徐庄、辛庄营、王庄、小马庄和西光禄镇的东黄鼠、西黄鼠、中黄鼠、杜村、杏园及高臾镇的南西、中马头南街、中马头北街14个村划归邯郸市马头工业城托管。

12月3日 磁县地震监测站挂牌运行，升级改造后实现数字化全自动监测传输。该项目由市财政投入资金15万元。

12月3日 磁县在中国磁州窑博物馆广场（简称“博物馆广场”）举行“打盗抢、压发案”专项行动追缴物品退还大会。共返还被盗抢车辆11辆、三马车9辆、摩托车18辆、电动车38辆、电脑19台、手机20部，现金40万元，为失主挽回经济损失180余万元。

12月10日 省委常委、纪委书记臧胜业到磁县调研，分别到磁县公共资源交易中心、行政服务中心、直南党史馆、磁州镇敦化社区村监会、磁县经济开发区、重点项目调度中心等地看经济社会发展和反腐倡廉工作，并参观东武仕水库网箱清理图片展。市领导杨长新、魏吉平，区·县领导李德进等陪同。

12月 在全国纺织产业集群工作会议上，磁县再次被授予“中国童装加工名城”称号，为全国北方唯一获此殊荣的纺织产业集群试点地区。

2014年

1月21—23日 磁县第十五届人民代表大会第三次会议举行，补选吴从江为政府县长。

4月 西固义乡的南留旺、东固义、西固义、西河、西赵庄、韦武庄、谷驼、北神岗、韩庄村9个村划归峰峰矿区托管，行政区划不变。其余的陈家沟、徐家沟、侯家沟一街、侯家沟二街、侯家沟三街、西驸马沟一街、西驸马沟二街、东

驸马沟一街、东驸马沟二街、大盆沟、小盆沟、西窑头村 12 个村划归磁州镇管辖。

4 月 六合工业有限公司董事长赵俊楼获“全国五一劳动奖章”称号。

6 月 12 日 磁县地震台挂牌运行，从此淘汰原始、落后的人工监测手段，进入现代化、数字化、科学监测的全新里程。该局获 2014 年度“河北省防震减灾先进集体”称号，被中国地震局授予 2014 年度“全国县级防震减灾工作综合考核先进单位”称号。这是该局连续 5 年获河北省防震减灾先进集体称号。

6 月 15 日 直南党史馆被省委命名为“河北省中共党史教育基地”。

9 月 磁县人口计生局转发省、市关于实施单独两孩政策指导意见的通知。

11 月 30 日 县委党史研究室完成《中共磁县历史（1949—1978）》资料征集、整理出版工作，计 30 多幅照片、80 余万字。

12 月 31 日 经县工商部门批准，注册成立“磁县志成热力有限公司”全资企业，专业经营磁县城区集中供热项目。省住建厅为该公司颁发供热许可证。

2015 年

1 月 12 日 磁县体育运动学校被省体育局评为“四星级业余体校”，成为 2014 年全市唯一被命名的全省四星级业余体校。

1 月 28 日 河北省首家公用型保税仓库获河北省石家庄海关批准，落户磁县“邯郸法蓝瓷磁州窑研发中心”。该公用型保税仓库面积 3096.87 平方米。

1 月 磁县紫海芳庭薰衣草庄园开园。

3 月 20 日 深圳华强集团执行总裁等人到冀南新区·磁县考察项目选址，分别到三处备选地块实地考察。市委常委、副市长王进江，市国土资源局、商务局等单位主要负责人，区·县领导李德进等陪同。2016 年 4 月 17 日，市委书记带领市直有关部门负责人到华强项目现场办公，要求相关部门克服一切困难，加快推进项目建设，早日实现开园运营。

3 月 22 日 副省长、省公安厅厅长董仚生先后到磁县南左良村警务室、县公安局在建业务技术用房工地、县巡特警大队等处调研。市领导王会勇、刘德明、艾文庆，区·县领导李德进等陪同。

4 月 4 日 申家庄煤矿被全国总工会、国家安全生产监督管理总局联合授予“全国安康杯优胜单位”称号，已连续 6 年获此殊荣。

4 月 9 日 省政协副主席卢晓光带领省政协常委、研究室主任王冠军到磁县调研城乡教育公平工作，先后调研来村中学、槐树中学，随后在县一中五楼会议室召开座谈会。省教育厅副厅长李胜利，市人大常委会副主任李惠玲、政协副主席赵浩军，区·县领导李德进等陪同。

4 月 15 日 河北医科大学第四医院肿瘤防治协作医院在磁县肿瘤医院挂牌成立，河北医科大学第四医院和河北抗癌协会、省四院 20 余位专家教授和县主管领导出席。河北医科大学第四医院唯一一所肿瘤防治协作医院落户磁县肿瘤医院。

4 月 27 日 省委原书记、省推进京津冀协同发展专家咨询委员会主任叶连松到冀南新区中邯硼业、新兴铸管调研。市委常委、常务副市长曹子玉，区·县领导李德进等陪同。

是月 磁县电视台开办“掌上磁县”微信平台，重点传播时政、社会、人文、时尚、生活、娱乐等方面信息，后更名为“精彩磁县”。

是月 六合公司回采区采煤一队被中华全国总工会、国家安全生产监督管理总局授予“全国‘安康杯’竞赛优胜班组”称号。

5 月 20 日至 6 月 15 日 冀南新区·磁县第四届县直乡（镇）机关干部职工运动会举行，市总工会、体育局、工委领导，区·县领导李德进等出席。115 个单位、2800 余名干部职工组成 23 个赛团参加。

5 月 25 日 县供销合作社“磁县新型职业农民培训中心”挂牌成立，填补磁县专业农民培训机构的空白。

6月20日 县疾控中心获“全国脑血管病流行病学专项调查工作先进集体”称号。

6月23日 磁县经济开发区河北中化滏恒股份有限公司获2015年“河北省技术创新示范企业”称号。次月荣获“河北省AAA级劳动关系和谐企业（单位）”称号。

6月25日 县环保局、公安局荣获全省打击环境污染违法犯罪“利剑斩污”专项行动先进单位，位列全市第一。

7月31日 磁县民企“河北金路专用车制造有限公司”在上海股权托管交易中心挂牌上市。

9月28日 县南水北调地表水厂向城区通水。

9月29日 磁县经济开发区邯郸市裕泰燃气有限公司获2015年“河北省高新技术企业”称号。

10月5日 尼泊尔驻华大使马赫什·库马尔·马斯基及夫人一行到漳河生态科技园区考察，先后到邺城佛造像出土地、邺城博物馆和魏晋文化旅游创意产业区项目等处，观看漳河生态科技园区和魏晋古城项目宣传片，了解园区区位交通、发展历程、建设成就及远期规划等情况，高度评价园区在农牧、高新科技产业方面的建设成就。市民宗局局长马宏志、县长吴从江等陪同。

10月27日 国务院南水北调办公室副主任张野一行到磁县调研南水北调配套水厂建设情况。省南水北调办公室主任张铁龙，市、县领导等陪同。

10月27—29日 宁夏回族自治区社会科学院原副院长、史志专家吴忠礼与区地方志编纂委员会办公室（简称“方志办”）主任一行，在省、市方志办及县有关人员陪同下，专程对磁县境内贺兰山进行实地调研，并就磁县的贺兰山是否为岳飞《满江红》诗词中所指的“贺兰山”等座谈交流。

10月28日 磁县经济开发区裕泰燃气公司“焦炉气甲烷化制天然气技术开发及产业化应用”项目获中国石油和化工科技进步奖一等奖。

11月20日 在河北省迎接国家义务教育发展基本均衡评估总结会上，磁县通过评估验收，并被评为国家义务教育均衡发展示范县。

12月1日 磁县颁发全省第一本不动产权证书，这标志着河北省不动产登记颁证工作启动。

12月11日 国务院南水北调办公室副主任王仲田一行到磁县调研，赴槐树屯北桥看干渠一级保护区内养猪场、养鸡场污水散排情况。市长王会勇、副市长王进江，县长吴从江等陪同。

12月25日 磁县经济开发区中化滏恒股份有限公司获“河北省质量效益型企业”称号。是月还获“河北省高新技术企业”称号。

12月26日 由爱康集团苏州爱康能源工程技术股份有限公司投资建设的磁县品佑50兆瓦地面光伏发电项目，在白土镇张二庄村开工建设。该项目总投资4.8亿元、总装机容量50兆瓦，其中一期装机容量20兆瓦。

2016年

1月1日 “全面两孩”政策落地。县人口计生局统一印制“全面两孩”政策解读宣传折页5万余份，利用元旦、春节、重大节日纪念日、“三下乡”活动等在城乡开展宣传服务活动。

1月8日 磁县首批90部新能源纯电动公交车投入运营，公交迈入“零污染”纯电动时代。

1月16日 由国家体育总局游泳运动管理中心、中国游泳协会冬泳委员会和世界华人运动会支持，市体育局、冀南新区·磁县联合主办的首届晋冀鲁豫“滏泉湖冬泳文化节”暨世界华人运动会（邯郸站）新年冬泳大会在滏泉湖举行。此活动以“畅游滏泉湖、共筑中国梦”为主题，来自全国25个省（市）的33支队近600名冬泳爱好者参加。

1月20日 由磁县农牧局推介的“磁州白莲藕”“磁州甘薯”入选农业部优质农产品开发服务中心公布的《2015年度全国名特优新农产品目录》。

1月26日 省人大常委会副主任王刚一行，先后到冀南新区城南办事处小马庄村五保户马保田家、低保户马天新家、冀南新区困难企业金狮棉机走访慰问。市长王会勇、市人大常委会主任彭学增，区·县领导张永顺等陪同。

1月27—29日 磁县第十五届人民代表大会第五次会议举行，补选郝红燕为县人大常委会主任。

1月28日 县政务服务中心管委会被国家机关事务管理局、国家发改委、财政部授予第二批全国“节约型公共机构示范单位”称号，为全市唯一获此称号的县级以下公共机构单位。

是月 改革居民用水计价方式，对超过基本用水量的部分，按用水量阶梯式提高价格，实施阶梯水价，污水处理费和水资源费不实行阶梯价格。

2月14日 县法院成功协助台湾苗栗地方法院向辖区内的受害人王某送达一起电信诈骗案件的刑事判决书，为该院首次协助台湾地区送达法律文书。

2月17日 磁县被住建部等五部门授予“全国无障碍建设示范县”称号。

2月24日 磁县汽车客运中心主站楼启动建设。该项目占地3.8公顷，建筑面积9255平方米，总投资7000万元。是全省唯一一家县（区）境内省级客运站。

3月8—10日 县内部分农村信用社网点先后发生存款异常支取现象，市、县及联社紧急应对处置，制止事态发展。市、县领导深入部分网点现场疏导群众外，还实施“1+3”工作机制，维护现场秩序，增设营业窗口，方便群众取款，累计取款2.2亿元。

3月17日 第三实验学校新建工程开工。新校区在滏阳大街与振兴路交叉口东北处，幸福城西侧，划拨面积1.8公顷，设计四轨制24个教学班，校舍面积近1.3万平方米，项目总投资4882万元。

3月17日 国家级科研项目黄淮海夏玉米机械收粒品种对比试验基地落户磁县。该项目由天道益农邯郸农业科技有限公司组织实施，基地位于讲武城镇滏阳营村，占地面积12公顷，共进行14个机械收粒品种对比试验。

是月 中华慈大街带状公园建设竣工。公园面积93万平方米，在道路原有50米绿地内新建公厕4座，铺设园路7654米、小广场10个，沿途安装果皮箱120个、休闲石凳150个，与荷花仙子景观、自行车慢行道项目连接呼应，为一处开放式景区。公园因地制宜设计微地形，栽植乔木、灌木和地被植物，推广乡土树种。已补植补栽黄杨、石楠、金叶女贞等3.5万余株，种植蔷薇10万余株，增加色块（油菜花）17公顷。

4月1日 磁县滏阳河综合治理·环城水系暨北部路网项目开工仪式在古御街与明理路交叉口举行。市水利局局长申志海，市水投公司、中海外建设邯郸有限公司领导，县领导郝红燕等参加。2018年4月13日，磁县与市水利水电建设有限公司在嵩景楼会议室签约滏阳河综合治理工程暨磁安康养小镇项目，市水利局、市水利水电建设有限公司、县主要领导等出席。

4月13日 国务院南水北调办公室主任鄂竟平到磁县检查防汛工作，赴穿漳倒虹吸工程南水北调中线干渠0+000—2+400段高填方工程点检查。副省长沈小平、副市长武金良，省、市水利部门和南水北调办公室负责人，县长吴从江等陪同。

4月14日 全省推进县级统战力量整合现场会与会人员观摩磁县合署办公用房、办公设备、科室设置及职责、人员配备、制度完善等情况。省委统战部副巡视员朱纪刚、省工商联常务副主席范少明、省民宗厅副厅长崔晓辉、省台办副主任郭若定、省侨联副主席季加宇，保定市25个县（市、区）常委统战部长参加，区·县领导赵鹏飞等陪同。

4月20日 磁县举行公务用车制度改革保留车辆集中喷涂标识仪式。县主管领导、县四套班子办公室、县综合办公大楼内各单位相关负责人参加。

5月15日 中史村革命烈士女儿成千珍家庭获全国“最美家庭”称号；她在人民大会堂举行的2016全国“最美家庭”揭晓表彰大会上作典型代表发言，全省唯一。

6月8日 铁西大街主车道通车。该项目南起恒泰路、北至磁州路西延段，道路全长1767米、宽25米，总投资1300万元，主要实施道路、雨污水、给水、路灯等基础设施工程。

6月15日 固城地穿桥开始封闭施工。10

月1日，该工程竣工通车。该项目是贯通魏峰线道路的交通必经节点，全长430米，东起107国道公路，西至地穿桥出口处，总投资645万元，包括机动车道、非机动车道、人行便道铺设，防撞护栏、照明设施、景观照明、公共配套设施排水设施与交通标志、广告标示等附属设施。

6月21日 副省长王晓东到磁县检查指导防汛工作，先后看滏阳河综合治理施工现场、东武仕水库大坝及泄洪洞等地。省政府办公厅、水利厅、商务厅、市、县有关领导等陪同。

是月 磁县利用“切割砖体”技法，历经18个月时间，完成北宋大将韩令坤墓葬出土的千年壁画修复工作，对同类壁画保护与修复起到借鉴作用。

7月18—20日 磁县遭遇百年一遇的持续特大暴雨，西部山区陶泉乡降雨量达783.6毫米。县委、县政府迅速启动防汛应急预案，全力以赴组织抗洪抢险救灾。县级领导全部到分包乡（镇）防汛现场，一线指挥抢险救灾，转移救援受困群众，加快道路、通信、电力抢修，加快物资投放。

7月22日 市委书记，民政部救灾司、省民政厅领导到陶泉乡指导防汛抗洪抢险救灾工作。到中岔口村、五里河村村中街巷察看灾情和应急抢险情况。

7月23日 磁县在县委大院举行“7·19”抗洪救灾“众志成城重建家园”捐款活动，县级领导及县综合办公楼干部职工200余人参加，募集善款7.19万元。

7月23日 副省长姜德果一行到磁县调研水毁公路抢修重建工作，市、区·县领导及县有关部门负责人参加。姜德果慰问参与物资空投的中部战区某陆航大队直升机机组人员。

7月24日 晚，央视《新闻联播》播出的抗洪救灾报道中，采用县台拍摄的磁县、邯郸武警抢险救援画面。县台摄制的“磁县不分昼夜打通南王庄道路”在省台《河北新闻联播》中播出。

7月26日 副省长姜德果到磁县调研灾后重建工作，到五里河村、中岔口村察看灾情，在陶泉乡政府召开座谈会。

7月27日 市委书记到磁县调研灾后防疫工作，市、区·县、岳城镇、岳城水库管理局负责人参加。实地看岳城水库卫生防疫及畜禽尸体无害化处理情况，要求再下功夫、再增力量，集中清理库区漂浮物，同时加强水质监测，保障水源安全。

7月28日 省军区副司令员到磁县调研灾后重建工作，市、区·县、都党乡负责人陪同。到都党乡中莲花村察看河道两侧道路、房屋损毁情况，代表省军区向都党乡捐款10万元。

7月28日 央视七套《聚焦三农》播出“大灾人有情，孤岛人不孤”；省台播出“磁县举行赈灾义演”；市台播出“电力、通讯、交通恢复畅通”。

8月1日 副省长沈小平到磁县调研救灾和灾后重建工作，察看陶泉乡中岔口村固防坝水毁情况，入户了解受灾情况，鼓励村民积极开展生产自救，重建家园。市、区·县领导陪同。

8月2日 磁县启动洪涝灾害损毁农民住房调查核实和安全鉴定工作。由省住房和城乡建设（简称“住建”）厅选派工作组，会同市住建局、县住建局、县民政局组成32个工作小组，对全县18个乡（镇）损毁住房安全状况进行全面排查。

8月3日 省委宣传部授予磁县五里河村党支部书记赵金文“2016抗洪救灾最美河北人”称号。

8月6日 副省长许宁到磁县调研受灾学校、卫生院（室）恢复重建及卫生防疫工作，察看陶泉乡五里河小学、彗峪小学受灾损毁及灾后重建情况，到彗峪村卫生院了解受灾情况并指导卫生防疫工作。随后，在嵩景楼会议室召开座谈会，了解磁县各项工作开展情况。

8月11日 副省长姜德果一行到磁县指导灾后重建工作，在嵩景楼会议室召开座谈会。市、省驻邯郸工作组，市驻磁县工作组，县、乡等负责人参加。

8月11日 磁县“7·19”特大洪水灾害灾后重建工作动员大会召开。县四套班子领导，人武部部长、政委，公安局局长、检察院检察长、法院院长，各乡（镇）党委书记，县直有关部门负责人，县发改局等部门领导班子成员在主会场

参加。各乡（镇）乡（镇）长、乡（镇）全体干部、各村党支部书记及西部6个乡（镇）驻村工作组组长在各乡（镇）分会场参加。会议对磁县“7•19”特大洪水灾害灾后重建工作安排部署。会上观看磁县“7•19”防汛抗洪抢险救灾情况纪录片。

8月12日 省委宣传部授予都党乡村民志愿服务队“2016抗灾救灾和灾后重建最美河北人”称号。

8月31日 磁县列入全国独立工矿区，国家将在项目建设方面加大资金投入，中央财政将安排财力性转移支付资金。

9月8日 磁县中医院国医堂大楼举行奠基仪式，标志磁县中医院搬迁改造工程启动。该工程总投资6000万元。

9月8—9日 全省特种设备使用安全管理标准化现场会在磁县召开。省质量技术监督局（简称“质监局”）和县有关领导，各市质监局负责人及部分省内企业代表共计90余人参加。与会人员到邯郸鑫宝煤化能源科技有限公司观摩特种设备安全使用管理标准化情况。

9月19日 第四届国际磁州窑论坛在滏泉湖望海楼国际会议中心开幕。中国古陶瓷学会，省、市文物局，县有关领导等参加。近百名国内外专家学者及陶瓷文化产业界的大师到场。本论坛由省文物局和磁县共同主办，主题为“磁州窑文化之传承与创新”。21日下午，该论坛闭幕，中国古陶瓷学会作学术总结。

9月19日 磁县首次公务用车制度改革取消车辆拍卖会在县政务服务中心举行，公开拍卖34辆车，起拍总价37.2万元，成交价达57.4万元。

9月22日 磁县“7•19”特大洪水灾害抗洪抢险救灾总结表彰大会在县委大礼堂召开。市委领导，县四套班子领导，武装部党政正职，公安局局长、检察院检察长、法院院长，各乡（镇）、县直单位负责人，西部6个乡（镇）各村党支部书记，受表彰的先进集体和先进个人代表，县防汛指挥部全体成员、成员单位领导班子成员，县防汛办全体成员，武装部、公安民警、消防大队、预备役、武警中队代表约500人参加。

9月26日 县残联获“‘十二五’全国残疾人工作先进单位”称号，全市唯一。

9月26日 磁县农村产权交易中心成功办理全省首笔农村产权抵押贷款业务。

9月30日 邯郸市部分行政区划调整动员大会暨邯郸市部分行政区域委托管理动员大会在邯郸工人剧院召开。冀南新区班子领导，磁县四套班子领导，武装部主要负责人；磁县涉及区划调整的7个乡（镇）党政主要负责人参加。

9月 吴从江任县委书记。

10月10—11日 河北省南部市、县人防指挥系统秋季大练兵活动在磁县举行。省人防办、市人防办领导和石家庄、保定、衡水、邢台市及定州、辛集市，磁县、峰峰矿区、涉县、武安、永年、鸡泽、肥乡县等县（市、区）人防办参训人员共计100余人参加。

10月16日 河北省抗洪抢险救灾工作总结大会上，白土镇党委被评为先进集体，陶泉乡五里河村党支部书记赵金文被评为先进个人。

10月20日 经省委全面深化改革领导小组第二十二次会议审议通过，磁县自2017年1月1日起，纳入省财政直管范围，实行省财政直接管理体制。

10月 刘浩峰任政府代县长。

11月9日 省军区副政委在邯郸陆军预备役炮兵旅领导陪同下，到磁县预备役三营检查指导“四个秩序”规范化建设工作。察看营部宿舍、办公场所、荣誉室、器材库、视频值班室、食堂、资料室等基础设施建设情况，查阅三营“四个秩序”规范化建设档案资料，就进一步做好“四个秩序”规范化建设工作提出指导性意见。

11月15日 河北中岳城市建设投资有限公司12亿元棚户区改造工程项目收益债券由中国债券登记结算有限公司发行，票面利率4.1%，申购倍数2.39。

12月1日 滏泉北大街全线通车，北起和谐大道西延，南至平安路西延，道路全长1170余米、宽80米，总投资2087.5万元，道路等级为Ⅰ级城市道路主干道，方便黄华中学（衡水第一中学邯郸分校）及周边居民出行。

12月16日 河北省第二十一届省直文化科

技卫生下乡（简称“三下乡”）集中服务活动在磁县举行，省委常委、宣传部部长田向利，省委宣传部、省直“三下乡”单位负责人，市、县领导等参加。期间，田向利到路村营乡东武仕村就移风易俗工作实地调研，给予充分肯定。

12 月 23 日　县地震局被中国地震局评为 2016 年度全国县级防震减灾工作先进单位，全市唯一；县地震局局长李抒声被评为全国市县防震减灾先进工作者。

12 月 29 日　市公安局、磁县侦破“12·22”专案总结表彰大会在溢泉湖望海楼国际会议中心召开。市公安局领导，磁县四套班子领导，公安局局长、检察院检察长、法院院长，各乡（镇）党委书记、县直各单位主要负责人，各乡（镇）主抓政法工作副职，观台镇党政领导班子成员、6 名村党支部书记代表；市内各县（市、区）公安局主管刑侦副局长、刑警大队队长；磁县公安局民警、辅警参加。

是年　磁县首家创新创业孵化基地成立，该基地由河北艾业科技有限公司负责运营，为大学生和创业者提供孵化场所。

2017 年

2 月 22—24 日　中共磁县第十一次代表大会举行，选举产生第十一届县委和县纪委。中共磁县十一届一次全会选举吴从江为县委书记。

2 月 24—27 日　政协磁县第十二届委员会第一次会议举行，选举产生第十二届县政协领导班子。董贵星当选为政协主席。

2 月 26—28 日　磁县第十六届人民代表大会第一次会议举行，选举产生县第十六届人大常委会和县政府领导班子。郝红燕当选为人大常委会主任，刘浩峰当选为政府县长。选举产生法院院长和检察院检察长。

2 月 27 日至 3 月 3 日　在迪拜残疾人举重世界杯比赛中，磁县籍女运动员郭玲玲获 1 枚金牌。

3 月 10 日　磁县被农业部列入第二批国家农产品质量安全县创建试点单位名单，全市唯一。

3 月 21 日　“全国知名品牌示范区建设暨 2016 年区域品牌价值评价发布会”在北京召开，磁县经济开发区“精细化工产业”以 22.69 亿元的区域品牌价值登上榜单，获 2016 年区域品牌价值评价证书。

是日　水利部副部长陆桂华带领国家防讯抗旱总指挥部检查组一行到磁县检查岳城水库防汛抗旱工作，市、县领导等陪同。

4 月 7 日　首都医科大学附属复兴医院—磁县中医院远程宫腔镜诊治中心成立暨揭牌仪式在县中医院举行。北京复兴医院、玉泉医院、北京远程中卫妇科管理有限公司领导及专家，县主管领导及县政府办、卫生局、中医院负责人参加。

4 月 28 日　磁县第五届县直乡（镇）机关干部职工运动会开幕式在县一中体育场举行，市有关部门领导、县四套班子领导及漳河经济开发区班子领导出席，101 个单位、3000 余名干部职工参加。

4 月 30 日　省委书记赵克志到磁县“邯郸·中华成语文化博览园”调研。省委常委、秘书长商黎光，市、县党政主要领导等参加。

是月　在白土镇发现一处北齐摩崖石刻，初步考证为北齐时期邺下高僧僧稠的遗迹，摩崖石刻已有 1460 余年历史。

5 月 8 日　磁县磁州窑文化创意产业园项目入选国家旅游局《2017 全国优选旅游项目》名单。

5 月 9 日　白土镇吴家河村、五合村，北贾壁乡岗西村被住建部等国家七部门列入 2017 年中央财政支持范围中国传统村落名单。

5 月　在花驼村外群山中发现一处天然巨佛——观天佛，为国内发现的第七座天然巨佛。

6 月 2 日　省人大常委会副主任王刚带领省防洪法律法规贯彻实施情况执法检查组一行，到磁县岳城水库检查防洪有关工作。省水利厅、市人大常委会、县领导等陪同。

6 月 13 日　磁县与衡水第一中学邯郸分校合作办学协议签约活动在嵩景楼会议室举行。县长刘浩峰，县委常委、县纪律检查委员会（简称“县纪委”）书记吴耀锋，县委常委、县委办公室主任李勇，副县长万晓方，市教育局副局长郭矿生，

河北宏达集团董事长、衡水第一中学邯郸分校董事长郭红，副董事长郭美珍参加签约活动。

6月18日　副省长王晓东一行到磁县调研防汛工作，先后看岳城水库大坝调研点和前港水库山洪灾害非工程措施监测点，就防汛预案完善、防汛设备维护、防汛物资储备、强化汛情预警、加强应急演练等方面提出指导性意见。市、县领导，省、市水利、防汛系统，岳城水库管理局负责人等参加。

6月24日　省委常委、宣传部部长田向利带领省委宣传部、省水利厅、省南水北调办、省防汛抗旱指挥部办公室负责人到东武仕水库调研指导防汛工作。市、县领导，东武仕水库管理处负责人等参加。

是月　开展露天烧烤专项整治工作，城区露天烧烤全部被取缔。

7月6日　磁县公共资源交易中心被中国公共资源交易跨区域合作联盟秘书处、公共采购网络电视台评为2017年度全国公共资源交易平台整合优秀基层单位。

7月24日　陶泉乡太行深山区打出第一眼水井，井深500余米，每小时出水量30余立方米，解决花驼、西韩沟两村200余口人饮用水和天保寨景区用水问题。

8月1日　总投资2300万元、全长1513米、红线宽度60米的衡水第一中学邯郸分校周边道路油面铺设完成并通车。

是日　在京津冀首届中药材产业发展大会上，磁县金益农生物科技开发有限公司“蒲公英保健茶”获京津冀首届中药材产业发展大会优秀奖。

是月　全县11个乡（镇）空气站建成。9月21日安装小型空气质量自动监测设备并联网运行，实现对细颗粒物和二氧化硫两项主要指标监测全覆盖。

9月11日　磁县法院首次利用远程视频开庭审理刑事案件。

是月　中国民族建筑研究会组织实施第七批“中国传统建筑文化旅游目的地”评选工作，磁县被授予“中国传统建筑文化旅游目的地”称号，全省唯一。

10月11日　全国第三十一届中华诗词研讨会暨磁县“中华诗词之乡”授牌仪式在嵩景楼会议室举行。中华诗词学会会长郑欣淼，常务副会长李文朝、副会长罗辉，省诗词协会、市文联、县主要领导等参加。

11月18日　中央电视台《星光大道》栏目组走进都党乡石场村，开展宣传十九大精神文艺进乡村活动。市、县领导出席，县有关部门和乡（镇）负责人参加。演出前，该栏目组还到五保户和老党员家中慰问，宣传中共十九大精神。

11月21日　磁县太行机械铸造有限公司、河北中化滏恒股份有限公司、河北联恒机械科技有限公司3家企业被省工信厅确定为河北省第二批“专精特新”中小企业。

是月　磁县改制为6镇5乡，辖18个居民委员会、240个行政村。

12月5日　河北省渔业资源增殖放流项目在岳城水库实施，此次投资20万元，投放优质花白鲢鱼种2.1万千克、约42万尾。是年共在岳城水库组织渔业资源增殖放流活动2次，投入资金140万元，投放鳙鱼、草鱼、花白鲢等各类鱼苗242万尾。

12月6日　在墨西哥2017年残疾人举重世锦赛上，磁县籍女运动员郭玲玲在女子45公斤级比赛中，以110公斤成绩夺冠并打破世界纪录。

12月20日　水利部公示“2017年度绿色小水电站”名单，东武仕水电站上榜，是河北省唯一上榜的绿色小水电站。

12月22日　磁县县直机关幼儿园被省教育厅评为省级示范幼儿园。

是年　县内校安工程全部竣工。

2018年

1月10—11日　经省农村土地确权验收组综合评定，磁县农村土地承包经营权确权登记颁证工作通过验收。市农工委、县、冀南新区农办领导参加。

1月15日 县供销社赵成兵在全国供销合作社系统先进集体、劳动模范和先进工作者表彰大会上，获“全国供销合作社系统劳动模范”称号，全市唯一。

2月1日 磁县医保结算系统与全国联网直接结算平台对接，参保职工外出住院实现出院即报。

是月 磁县2个项目被列为省重点项目。其中，总投资14.5亿元的中华成语文化博览园项目列入保投产项目，总投资20亿元的中化集团新材料中间相碳微球项目列入前期项目。

4月1日 凌晨，磁县地税局成功开出2笔环保税税收缴款书，税款18万元。标志磁县环境保护税申报征收工作成功启动，环境保护费税制度转换落地。

4月2日 《磁县志（1999—2018）》修志启动工作会议在县委大礼堂召开。5月15—16日，《磁县志（1999—2018）》撰稿业务培训会在政务服务中心会议室举行，特邀省地方志编纂委员会办公室（简称“方志办”）原副主任王广才等专家授课。县地方志编纂委员会副主任陈志强、李学安主持培训会，《磁县志》编辑、各乡（镇）、县直各单位主管领导、撰稿人及顾问共288人参加。《磁县志（1999—2018）》2019年11月通过市级专家评审、2020年7月通过省级暨国家级专家评审、2021年6月通过省级专家终审。

5月4日 磁县在紫海芳庭薰衣草庄园举办首届“从‘磁’与你一‘骑’同行”集体婚礼活动。市文明办、县有关领导等及60对青年男女参加。

5月16日 磁县第十六届人大常委会召开第十二次会议。会议接受磁县人民政府县长刘浩峰辞去职务。

5月21日 磁县童装商贸城被中国纺织工业协会流通分会、中国服装协会授予“2018年度中国服装品牌孵化基地”称号，为期3年。已是第三次获得此项称号。

5月 县人民医院成功完成磁县首例永久双腔起搏器植入手术。

5月 磁县经济开发区被国家发改委、科技部、国土资源部、住房和城乡建设部、商务部、海关总署列入2018年版《中国开发区审核公告目录》省级开发区名单。

5月 磁县向国家商标局申报的“磁县白莲藕”国家地理标志证明商标通过审核，成为邯郸市第6个获得国家地理标志证明商标的县（区），实现磁县地理标志商标“零”的突破。

6月3日 磁县党政机关办公室系统“业务大练兵”集中业务培训开班活动在县政务服务中心会议室举行，县委主管领导，县委办、政府办全体人员，县直各部门办公室主任、各乡（镇）党政办主任及相关工作人员参加。市政府办公厅法规与管理处处长作公文制发知识及注意事项的开班首讲。该集中培训活动于9月15日结束。

6月5日 黄淮海地区粮食高效生产全程机械化推进活动现场观摩会在西陈村举行，农业农村部农业机械化管理司、技术开发推广站，省农业厅、市、县领导参加。

6月27日 省妇联组织河北省百名乡（镇）、村妇联干部到磁县磁州镇区域化建设示范点和小营店村观摩学习妇联组织区域化建设工作。省妇联组织联络部、市妇联、县领导等参加活动。

7月22日 县城主城区关停最后一眼地下水源井，全部居民用上南水北调长江水。

8月8日 省军区副司令员到磁县督查征兵及防汛工作时，到县人民医院看望体检工作人员和应征青年，察看征兵体检流程。还到岳城水库实地察看汛情。县领导等参加。

8月29日 磁县火车站客运列车取消，客运仅保留售票业务。

8月31日 磁县在六合公司举行六合工业有限公司矿井及矸石电厂关停仪式，县有关领导等参加。

9月14日 第五届国际磁州窑论坛在磁县举行，中国古陶瓷学会、省文物局、市文物局，江西省吉安市博物馆、磁县领导参加开幕式。

10月7日 磁县籍女运动员郭玲玲在第三届亚洲残疾人运动会女子举重45公斤级比赛中，以115公斤的成绩夺冠，并两破世界纪录，是河北省选手在本届亚残运会上获得的首金。

10 月 邯郸市区划调整：邯山区西光禄镇曲沟村、滏泉村和高臾镇甘草营村、十里铺村四个村划归磁县磁州镇托管。

11 月 磁县双和村、西花园村、齐家岭村、西苗庄村 4 个村列入第五批中国传统村落目录；磁县南王庄、北岔口村 2 个村列入中国第七批历史文化名村目录。

12 月 19 日 磁县企事业单位公务用车制度改革启动。

12 月 张力超任政府代县长。

是年 通往磁县西部山区的旅游道路投入使用。著名旅游景点——天保寨的登山步道投入使用。

2019 年

1 月 3 日 磁县入选全国第三批率先基本实现主要农作物生产全程机械化示范县（市、区）名单。

1 月 10 日 按照全县深化党政机构改革工作统一部署，县信访局、县发展和改革局、县应急管理局、县委巡察工作领导小组办公室、县委机构编制委员会办公室、县文化广电和旅游局、县网络安全和信息化委员会办公室、县档案馆、县教育体育局、县科技和工业信息化局、县农业农村局、县市场监督管理局、县卫生健康局、县医疗保障局、县退役军人事务局、县自然资源和规划局等党政机构集中挂牌，县党政班子部分领导成员分别参加相关挂牌活动。

1 月 15 日 磁县在县一中举行国防班授旗仪式，县委书记吴从江等县领导参加。代县长张力超为县一中、二中、职教中心国防班授旗。参加仪式的国防班学员进行集体宣誓。

1 月 21 日 磁县第十六届人民代表大会第三次会议举行，选举张力超为政府县长。

1 月 30 日 在司法部召开的全国司法行政系统表彰大会上，路村营司法所被评为“全国先进司法所”。

1 月 30 日 陶泉乡南王庄村、北岔口村，被住房和城乡建设部、国家文物局列入“第七批中国历史文化名镇名村”名单。

4 月 26 日 磁县县直乡（镇）机关干部职工运动会开幕式在县一中体育场举行，市总工会党组成员、副主席范承英，市直工委副书记王东升，市体育局副局长许雷，市教育局副调研员刘士杰，县四套班子领导及漳河经济开发区领导班子成员出席。开幕式上，表演大型腰鼓、青春校园舞、第九套广播体操、跆拳道、太极拳、青春啦啦操，演唱运动会主题歌。本届运动会于 5 月 22 日闭幕，共设广播操、象棋、羽毛球、乒乓球、篮球、趣味运动等 10 个大项比赛项目，3000 余名干部职工参加比赛。

5 月 9 日 第二届中国玉米深加工大会暨原料峰会在磁县开幕，河北省粮食行业协会常务副会长宋保垒出席并讲话，县长张力超致辞，中国玉米淀粉专委会秘书长、中粮集团生化事业部风控部总经理助理朱勇生主持。同济大学特聘教授、国家粮食安全咨询专家委员会委员程国强及有关县领导等参加。

5 月 13 日 宋元磁萃——“金铤斋”藏磁州窑（系）文物及标本展在磁州窑博物馆开幕。河北省古陶瓷学会会长穆青、邯郸市文物局局长李拥军、邯郸市磁州窑研究学会会长庞洪奇、县长张力超等县领导出席。本次展览由磁州窑博物馆、邯郸磁州窑学会、山东省聊城市冠县“金铤斋”瓷片标本博物馆合办。

5 月 26 日 2019 年河北省青少年赛艇、皮划艇冠军赛暨河北省陆上赛艇锦标赛在滏泉湖举行，河北省体育局水上项目管理中心主任刘钢，邯郸市体育局局长于新中，县长张力超等出席开幕式。本次活动由河北省体育局水上运动管理中心、河北省水上运动协会主办，邯郸市体育局、磁县人民政府承办，共设 67 个项目，来自省内 8 个市的 300 余名运动员参加比赛。

5 月 27 日 2019 年河北省道路运输防汛应急保障演练在磁县举行，河北省运管局副局长孙虎，邯郸市交通运输局局长杨万春，县长张力超等县领导，全省 11 个设区市，定州、辛集市运管、客运站（处）防汛工作负责人及邯郸市各县（市、区）运管部门负责人现场观摩应急保障演练。

6月5日 邯郸市检察机关红色教育基地揭牌仪式在磁县直南党史馆举行，市检察院党组书记、检察长张尚震，县委书记吴从江等县领导参加。张尚震、吴从江为“邯郸市检察机关红色教育基地”揭牌。

6月28日 磁县举行融媒体中心揭牌成立仪式，市委宣传部副部长、新闻出版局局长丛健，县委书记吴从江等县领导参加。丛健、吴从江为县融媒体中心揭牌。

7月20日 中国国际广播电台原台长王庚年、中国教育电视台频道中心主任李红根、《国学传承人》栏目总导演茹化琴一行到邯郸方特国色春秋项目调研文旅工作，邯郸市文化广电和旅游局局长王秀峰，邯郸市广播电视台总编李华，磁县县委书记、漳河经济开发区党工委书记吴从江等参加。

7月25日 副省长张古江带领省人资社保厅、住建厅、总工会负责人就“不忘初心、牢记使命”主题教育活动到磁县调研，先后到磁县环卫之家、磁县创业孵化基地了解磁县农民工工作进展情况。河北省委第八巡回指导组组长刘云峰，邯郸市委常委、副市长王俊舫，县委书记吴从江等参加。

7月30日 副省长时清霜到磁县检查防汛抗旱工作，深入东武仕水库大坝和泄洪闸看水库蓄水、泄洪闸运行、汛期调度、应急处置等情况。副市长杜树杰，县长张力超等参加。

8月1日 邯郸方特国色春秋盛大开园。副市长张学军，市建设投资集团董事长邢海平，华强方特集团总裁刘道强，县委书记吴从江等相关领导，以及国家、省、市、县百名媒体记者出席。

8月5日 省部共建食管癌防治国家重点实验室现场研究基地在磁县人民医院揭牌，省部共建食管癌防治重点实验室王立东教授团队、县卫生健康局、县人民医院有关人员出席活动。

9月7日 张才芳任县委书记。

9月17日 晚，第四届邯郸市旅游产业发展大会圆满闭幕。在第四届邯郸市旅游产业发展工作推进会上，市委、市政府决定，磁县与广平县、复兴区联合承办第五届邯郸市旅游产业发展大会。市委书记分别向县委书记张才芳等承办县（区）领导授发旅发大会会旗，磁县等3地成为第五届邯郸市旅游产业发展大会承办地。县长张力超等县领导参加。

9月20日 磁县在县一中体育场举办“礼赞新中国　奋进新磁县”大合唱展演活动，全县2000余名党员干部职工唱红歌、颂党恩，抒发爱国情、奋斗志。99个参赛单位组成的26支合唱队依次登台演唱。展演活动在全体人员共同唱响的《我和我的祖国》歌声中落下帷幕。结束时，张才芳等县领导为合唱队颁奖。

10月13日 河北省2019年玉米新品种机收籽粒现场观摩会在讲武城镇东小屋青武家庭农场举行。省农业农村厅种植业处副处长郭文娟，省农业机械化管理局副局长郭恒，市农业农村局副局长高绪朝，河北省玉米产业体系首席专家、河北农业大学教授崔彦宏等出席。

10月25日 省军区司令员到磁县人武部检查指导工作，察看磁县人武部战备值勤室、装备器材库、荣誉室等，了解磁县人武部整体建设、编兵整组、民兵训练、应急抢险、国防教育等相关情况，并听取县人武部工作情况汇报。随后，还到直南党史馆参观。邯郸军分区司令员，邯郸市委常委、军分区政委，县领导张才芳等参加。

10月28日 邯郸市委书记，市长张维亮带领市城乡建设观摩团到磁县集中观摩城乡建设工作。观摩团先后到讲武城镇刘庄村和如意湖公园观摩，对磁县的城乡建设、人居环境提升工作给予充分肯定。县领导张才芳、张力超参加观摩活动。

10月30日 “四至六世纪墓葬考古、历史、艺术暨磁县文旅融合发展推介会”开幕式在御景楼宾馆二楼会议室举行。河北省文物研究所所长张文瑞，河北省文物局总工程师刘智敏先后致辞。中国社会科学院考古研究所原副所长、研究员、国家文物局考古专家组成员徐光冀，中国社会科学院考古研究所副所长、中国考古学会秘书长朱岩石，邯郸市文化广电和旅游局局长王秀峰，县委书记张才芳等县领导以及来自全国各地的北朝文物考古界专家、学者代表出席。

11月1—3日 农业农村部在江苏省徐州市举办“第二届国家农产品质量安全县与农产品经

销企业产销对接活动”中，授予磁县“国家农产品质量安全县”称号，全市唯一。

11月2—4日 省政府教育督导评估组对磁县履行教育职责和语言文字工作进行评价评估验收。通过听、看、查、访对政府履行教育职责情况和语言文字工作实地检查。经过对检查情况的汇总、分析和讨论，评估组一致通过磁县政府履行教育职责评价和语言文字工作评估验收。会上，县委书记张才芳作表态发言。市政府副县级督学张书明、县长张力超等人员参加有关活动。

12月3日 经省政府批准，磁县西固义乡9个村（南留旺、东固义、西固义、西河、西赵庄、韦武庄、谷驼、北神岗、韩庄）由2014年4月峰峰矿区托管改为划归峰峰矿区管辖。

12月15日 第七届中原脱毒甘薯产业发展研讨会在磁县举行。来自河北、河南、山东、山西省等12个省的200多位专家、教授、企业家、种植户围绕甘薯种植、销售、加工参加研讨。县委书记张才芳出席开幕式并致辞。会上，省农业农村厅总农艺师郑红维致辞；禾下土有限公司董事长王玉文作甘薯产业主题报告；国家甘薯产业技术体系首席科学家马代夫作专题授课。有关县领导参加。

12月29日 邯郸市委书记，市长张维亮带领全市重点项目建设观摩团一行先后到河北亿超汽车零配件研发与智能制造工厂、中化滏鼎光引发剂、嘉鸿精细化工、磁州水墨园（磁州窑文化创意中心）等项目现场，观摩交流指导重点项目建设工作，对磁县项目建设工作进展及取得的成效给予肯定，并就做好下步工作提出指导意见。市四套班子领导及市直有关单位，各县（市、区）党委书记、县（市、区）长等130余人参加活动。县委书记张才芳、县长张力超随团观摩。

12月 慈兴大道开工建设，路宽7.5米，全长47千米，投资3.7亿元。施工中，把道路建设与荒山绿化、山体保护相结合，将沿途旅游景点、历史遗迹、传统村落串点成线，实现公路与景色互相融合。2020年9月中旬完工，惠及7个乡(镇)、25个村、13万人。

2020年

1月21日 收听收看河北省新型冠状病毒感染的肺炎（简称“新冠”）疫情联防联控工作电视电话会议后，磁县迅速采取措施联防联控新冠疫情。各村、社区登记排查外来人员。排查汽车站、商场等人员密集场所。各医院制定严密的防控措施，储备应急物资。宣传病毒防控方法，严防传播不实信息。1月25日始，实行疫情信息日报告、零报告制度。1月27日，对外切断疫情输入；对内划分网格，以村、社区为单位，各村（社区）出入口设置关卡，测量体温、人流管控；存在敏感人员的村庄适时封路；做好医疗救治准备；县级领导深入分包乡（镇）督导防控工作。1月30日召集疫情防控专家会商，研究部署下一阶段疫情防控工作。1月31日，入户筛查武汉返乡及密切接触人员、发热人员等，有2例患者被送入定点医院隔离治疗；加强重点区域管控、定期消毒，阻断疫情传播。2月1日晚，县城区外围设置5个疫情监测点，交通管制进出车辆、人员。2月8日，落实市、县企事业单位复工复业疫情防控会议精神，严格复工企业审核验收程序，预复工人员出具健康证明或隔离观察14天；帮助因防护物资短缺达不到复工要求的企业解决困难，实现早日复工，夺取疫情防控和经济社会发展的双胜利。2月26日，推动重点项目、续建项目复工复产。3月10日，加强境外到磁返磁人员的排查防控，对近期计划从境外返磁的精准建立台账，安排专人“一对一”包联；对已经从境外返磁的人员强化隔离管控，并及时进行核酸检测。推动餐饮、住宿等服务业复工复业，尽快恢复正常的生产生活秩序。3月11日恢复正常医疗秩序。3月12日，指导辖区宾馆复业。3月18日，疫情防控重点转入排查管控境外返回人员。3月24日，根据省、市疫情防控工作精神，继续抓紧抓实抓细各项防控工作，加快推进经济社会发展步入正常轨道。3月26日，取消小区出入证管理，不再限

制人员进出；取消农村推土封路、车辆围挡等“硬隔离”措施；小区、农村出入口继续实行24小时对进出人员和车辆管控，落实体温检测、车辆消毒等措施；落实“健康通行码”全国互用互通要求。至3月26日，县内523家餐饮单位中复业488家；95家药品经营企业均正常营业。4月10日起，精细化管控入境、涉鄂涉武返磁重点人员，精准防控无症状感染者；在常态化疫情防控中加快推进生产生活秩序全面恢复。4月12日始，做实做细高三年级开学复课准备工作，对高中学校开学条件进行核查验收；加强口罩、测温枪等防控物资储备；围绕学生返校报到、宿舍入住、食堂就餐等开展演练；准备好开学后疫情防控“第一课”。引导涉鄂涉武返磁人员进行两次核酸检测和一次血清抗体检测。对境外返磁人员集中隔离医学观察14天，在外地做核酸检测不够两次者返磁后做两次核酸检测。5月16日后，做好各级各类学校开学复课准备，加强发热门诊和核酸实验室建设。6月15日起，加大对生鲜市场测温排查、卫生整治、环境消杀。加紧做好从京返磁人员核酸检测和从京返磁人员排查。6月24日后，对涉京人员严格落实核酸检测、集中医学隔离措施。对超市、农贸市场、餐饮企业从业人员进行核酸检测，对全县农副产品和进口食品等全面进行检疫检测。学校对在校生进行核酸检测，特别是围绕高考做好各项防疫措施落实。继续全面落实常态化防控各项要求。8月22日，落实全市秋冬季疫情防控工作精神，发挥发热门诊、乡镇卫生院、村卫生室、个体诊所、药店等哨点作用，严格落实首诊负责制。强化重点地区到磁人员的防疫和管理，对从中高风险地区到磁返磁人员提前预警提醒。严格落实属地、部门、单位、个人“四方责任”。11月13日始，密切关注国内疫情动态和全国疫情风险等级调整，全面摸排中高风险地区到磁返磁人员，执行流调溯源、集中隔离、核酸检测、社区（村）网格化管理等管控措施，提升应急处置能力，实现保障全县人民生命健康安全的目标。

2月3日 20名隔离病区医护人员入党宣誓仪式在磁州镇中心卫生院举行。县人民医院和磁州镇中心卫生院是新冠肺炎的收治定点医院。疫情严峻时刻，县人民医院和磁州镇中心卫生院多名医护人员冲锋在一线。医院党总支结合他们一贯的表现经过充分讨论并报上级党组织批准，接受这20名医护人员一线入党。

是日 磁县经济开发区邯郸鑫盛燃气集团捐款30万元，助力打赢疫情防控阻击战。

2月15日 磁县援鄂医疗队10名医护人员出征武汉，共同抗击新冠疫情。县委书记张才芳等县领导为“白衣战士”壮行。他们来自县人民医院，其中医生、护士各5人，均有丰富的临床经验。2月26日，县委书记张才芳等县领导分别看望慰问他们的家属。3月7日，县委书记张才芳、县长张力超在县委小礼堂视频连线了解工作情况并慰问他们。援鄂医疗队队长汇报在鄂期间的工作生活情况。磁县援鄂医疗队10名队员3月18日返邯、4月1日结束为期14天的集中隔离休养归磁。4月26日，磁县在县委小礼堂举行援鄂医疗队座谈会。会议听取援鄂工作情况汇报。县委书记张才芳主持会议并在讲话中号召全县学习、宣传和弘扬援鄂医疗队的无私奉献精神。4月30日，副县长乔顺平到县医院看望慰问援鄂医疗队队员。

2月23日 磁县定制班线恢复运营。3月2日，县内恢复4路、6路、7路、802路、803路公交线路和部分客运出租汽车，磁县汽车站开放运营，其他城乡班线筹备物资准备开通。

2月28日 华源医药有限公司捐赠磁县两辆负压救护车仪式在县医院举行。县委书记张才芳、县长张力超、华源医药有限公司副总经理祝海强等出席捐赠仪式。

3月2日 磁县2020年春季项目集中开工活动在磁县经济开发区举行，总投资40.8亿元的7个项目集中开工。高和平宣布项目开工。县委书记张才芳介绍集中开工项目情况。县长张力超主持开工活动。市政府副秘书长马聚军、市应急管理局局长王保江、磁县有关领导、相关乡（镇）和县直单位主要负责人、项目施工单位、项目业主单位人员参加。

3月11日 省委副书记赵一德到磁县调研，先后深入讲武城镇西陈村、磁州镇小营店村察看

农村疫情防控和春耕生产、产业扶贫等工作后给予肯定并强调指出，要强化力量下沉，加强督促检查，统筹抓好疫情防控和经济社会发展，确保党中央和省委省政府决策部署落地见效，奋力夺取疫情防控和经济社会发展双胜利。市、县有关领导参加。

3 月 27 日 市委书记、市长张维亮带领各县（市、区）和市直有关部门负责人，到磁县观摩造林绿化工作。市领导樊成华、崔永斌、王进江、卢健、杜树杰，县领导张才芳等参加活动。

3 月 29 日 磁县首个农村生活垃圾分类试点在讲武城镇前港村启动。每户配备 2 个分装可腐烂、不可腐烂的不同颜色垃圾桶，实现生活垃圾分类收集、运输、处理。

4 月 1 日 磁县与河北农业大学签署县校战略合作框架协议仪式在河北农业大学校园举行。河北农业大学校长申书兴，县委书记张才芳等县领导出席活动。县长张力超、河北农大副校长赵邦宏共同签署校县战略合作协议。

4 月 21 日 磁县深化乡（镇）改革工作动员部署会在县委小礼堂召开。会议宣读《磁县深化乡镇改革工作推进方案》，县委书记张才芳出席会议并讲话。有关县领导、各乡（镇）和县直单位负责人参加会议。会后，各位县级领导出席分包乡（镇）机构改革新设立工作机构揭牌仪式。

6 月 磁县公安局打掉一个利用境外网站开设赌场犯罪团伙，抓获 6 名犯罪嫌疑人，缴获 7 台作案电脑、53 部手机、80 余张银行卡、51 个 U 盾，涉案金额上亿元。

7 月 3 日 在第二届中国童装产业博览会上，“磁州童装”被中国纺织品商业协会授予“最具特色童装产业集群”奖。这是近 500 家参展单位中获此奖项的 3 家单位之一，全市唯一。

7 月 7 日 省委常委、统战部部长冉万祥到磁县检查指导防汛工作并调研统战工作时，查看东武仕水库和滏阳河综合治理工程，了解备汛情况，还到民营企业中调研统战工作，对磁县做法给予肯定。市领导张才、杜树杰，县领导张才芳等参加。

7 月 13 日 省政协副主席、省文联主席边发吉到磁县检查指导文化旅游产业发展工作时，先后察看磁州水墨园、溢泉湖环湖生态绿廊等重点项目，听取磁县文化创意、旅游发展等情况汇报，对磁县做法给予肯定。市政协副主席董卫，县领导张才芳等参加。

8 月 16 日 磁县在游客集散中心项目现场召开筹备第五届邯郸市旅游产业发展大会冲刺攻坚誓师大会。县委书记张才芳带领与会人员集体宣誓。会议对旅游产业项目建设冲刺攻坚工作安排部署。责任单位、项目建设单位、志愿者及讲解员代表先后表态发言。县长张力超主持大会。会议以现场直播形式进行，设主会场和分会场。县四套班子领导，县法、检“两长”；漳河经济开发区、磁县经济开发区副县级以上领导；各乡（镇）党委书记、乡（镇）长，县直各单位党政主要负责人等在主会场参加会议。县直各单位中层以上干部职工、各乡（镇）干部职工在各分会场参加会议。

8 月 17 日 省政协主席叶冬松到磁县调研时，先后察看太阳能“光热 +”综合开发示范项目、禾下土脱毒甘薯产业扶贫基地、直南党史馆、旅游产业项目等地，了解乡村振兴战略实施、生态文明建设、基层党组织建设等情况。市委书记，市政协主席王进江，市委常委、秘书长卢健，县领导张才芳等参加。

是月 磁县警方破获一起省公安厅挂牌督办的特大网络开设赌场案，在山东、湖南、广东省多地抓获犯罪嫌疑人 15 名，涉案资金高达 20 余亿元。

是月 磁县经济开发区河北中化滏鼎化工科技有限公司、河北太行动力机械科技有限公司、河北德熙化工有限公司、邯郸市嘉鸿化工有限公司 4 家企业入选“河北省科技型中小企业”名单。

9 月 10 日 河北省推进基层政务公开标准化规范化工作观摩会在磁县召开。省政务公开办公室主任石惠峰，副主任尹伟涛、孙宏涛，邯郸市政府副秘书长马聚军，省内各市政府、雄安新区管委会政务公开工作机构和基层政务公开标准化规范化创新示范区政务公开工作机构负责人及县领导张力超等参加。会上，张力超、马聚军分别致辞；孙宏涛主持会议。磁县、丛台区、复兴区分别作经验交流发言。会后，石惠峰一行观摩磁县政务公开标准化规范化试点工作开展情况及做法。

9月18日 经县园林绿化中心组织实施，“哈啰出行”共享助力车落户磁县投入运营。城区共享助力车站点主要分布在磁州路东头、嘉实城、金辉小区、鼓楼广场、博物馆广场、新市场口、新世纪、美食林等多个地点，首批投放200余辆。

9月19日 北朝考古博物馆举行开馆仪式。仪式上，中国考古学会秘书长、中国社科院考古所副所长朱岩石向北朝考古博物馆建成并开馆表示祝贺。省文物局副局长韩立森在讲话中肯定磁县北朝考古博物馆的落成开馆为河北省增添一座展示北朝文化的主题博物馆，为广大专家学者和历史爱好者提供了一个研究交流北朝文化的学术平台。中国社会科学院考古研究所副研究员、邺城考古队副队长何利群宣读国家文物局考古专家组成员、中国社会科学院考古研究员徐光冀的贺信。市文化广电和旅游局副调研员李松涛讲意见。县委副书记亢存生致辞。县长张力超主持开馆仪式。仪式结束后，与会领导和嘉宾参观北朝考古博物馆，对博物馆的陈列布展工作给予高度评价。中国考古学会宗教考古专业委员会常务副主任、中国社会科学院考古研究所研究员李裕群，省社科院原副院长周振国，县领导张才芳等参加。

9月20日 磁县举行2020年“中国农民丰收节”暨开河马头启航仪式。县委书记张才芳致欢迎词。县长张力超主持农民丰收节暨开河马头启航仪式。随后，与会领导和嘉宾参观“春华秋实”农特产品展销和开河马头商业街建设情况。市农业农村局党组书记冯树民、县有关领导参加。

9月27日 第五届邯郸市旅游产业发展大会在磁县开幕。市委书记、市长张维亮出席并宣布大会开幕，市委副书记樊成华、省文化和旅游厅二级巡视员梁扉致辞。副市长张学军主持开幕式。县委书记张才芳推介磁县的旅游资源。市文化广电和旅游局主要负责人推介邯郸文化旅游资源，广平县、复兴区主要负责人分别推介该县（区）旅游资源。市四套班子领导、市法院院长、市检察院检察长、省第十一督查组有关领导和部分客商、专家学者参加。开幕式以视频会议形式召开，各县（市、区）设分会场。开幕式上举行邯郸市旅游产业发展大会会旗交接仪式，张维亮向鸡泽县、曲周县、邱县三县县委书记授予第六届邯郸市旅游产业发展大会会旗。当晚，与会人员共同观看《千年窑火　磁州记忆》文艺演出，观摩团到开河马头和磁州水墨园观摩。本届大会由市委、市政府主办，磁县、广平县、复兴区和邯郸市文化广电和旅游局承办。

扫二维码　赏《第五届邯郸市（磁县）旅发大会宣传片》

9月30日 磁县在革命烈士陵园举行“烈士纪念日”公祭烈士活动。仪式由县委副书记亢存生主持。县四套班子领导、人武部部长和法院院长、检察院检察长，漳河经济开发区、磁县经济开发区副县级领导干部，县直单位、乡（镇）党政主要负责人，漳河经济开发区党政办主要负责人，公安干警、驻磁部队官兵、消防员、工人、学生等社会各界代表参加。

11月3日 省委组织部、省委非公经济和社会组织工委主办的全省百强民企党组织书记培训班在磁县举办。开班仪式由省委组织部组织三处副处长韩庆涛主持。组织三处处长高胜利作开班动员，市委常委、组织部部长、统战部部长张才，县委书记张才芳等出席。

11月11—15日 在广西壮族自治区桂林市举办的2020（第三届）全国公共资源交易平台整合高峰论坛暨首届全国公共资源交易百强县榜单发布仪式上，磁县获“全国公共资源交易百强县”称号。

11月13日 冀晋邯长两市八县（市、区）防治重大动物疫病联防会议在磁县召开。来自冀晋两省八个县（市、区）相关部门负责人共40余人参加，副县长乔顺平出席会议并致欢迎词。会议由邯郸市农业农村局副局长胡洪达主持。与会人员分别就各

自2020年重大动物疫病防治工作开展情况交流发言；观看邯郸市及各县（市、区）动物疫病预防控制中心规范提升工作宣传片。会议指出，各县（市、区）要继续巩固联防联控工作成果，进一步完善防疫体系建设，细化技术方案，强化综合措施，保障重大动物疫病联防联控工作再上台阶。

是月 中国政府网《政务公开工作交流》以“邯郸市磁县政务公开县乡村三级全覆盖用心服务基层群众”为题介绍磁县做法。

12月3日 省委书记、省人大常委会主任王东峰到磁县调研时，先后察看磁州水墨园、滏泉湖环湖生态绿廊、滏阳河环境综合治理工程现场，了解生态环境治理和修复情况。王东峰指出，要提升全民保护生态意识，持续改善生态环境质量。扎实推进生态与文化、旅游等产业深度融合，科学布局和建设特色小镇、美丽乡村，发展新兴业态，推动生态效益、社会效益、经济效益共赢。省领导袁桐利、高志立，市领导张维亮，县领导张才芳等参加。

12月22日 市委书记、市长张维亮带领市四套班子领导成员、各县（市、区）党政主要负责人、部分市直单位主要负责人组成的观摩团，观摩磁县鑫盛煤化工有限公司干熄焦余热回收发电项目和河北中化滏鼎化工科技有限公司WBT光引发剂新材料项目，现场听取项目建设情况介绍，对磁县取得的成绩给予肯定。

2021年

1月 磁县继续做好常态化疫情防控。倡导红事缓办、白事简办，减少集体聚餐。各村（社区）执行卡点规定，对到磁返磁人员进行排查、测温、登记、验码和车辆消毒，利用“村村响”、微信矩阵等方式，教育引导群众不扎堆、不聚集，勤洗手、戴口罩。加强机器设备物料排查，特别是对进口和高中风险地区设备物料严格管控。2月，实现居民健康码全覆盖目标。4月始，推广新冠病毒疫苗接种。5月，为23家企业发放稳岗返还补贴136万元，惠及职工3800人次。

4月13日 中国老科协副会长、省老科协会长、省委原常委、省纪委原书记臧胜业一行到磁县考察，先后深入方特国色春秋、禾下土种业有限公司种苗基地老科技工作者服务站等地。市领导张维亮、樊成华、向辉、武金良、侯华梅、李海平，县领导张才芳等参加。

4月27日 县行政审批局和河南省安阳县政务服务和大数据管理局举行政务服务“跨省通办”战略合作签约仪式。标志两地建立政务服务跨省合作机制，结束两地群众异地办事“多头跑”“往返跑”的历史。

是月 省政府将磁县列入重点革命老区之一。

5月11日 磁县举行“国奶养育工程”项目启动仪式。国奶养育工程是磁县联合北京联慈健康扶贫基金会组织实施的公益慈善项目。通过对磁县建档立卡脱贫户婴幼儿按每月一桶奶粉捐赠至3岁，同时视实际情况对一般家庭7—36个月的婴幼儿进行差额资助国产奶粉。6月1日发放奶粉。项目实施三年内连续向磁县捐赠、资助总价值5356余万元的婴幼儿优质配方奶粉。

5月14日 磁县南水北调引江水用量累计突破2300万立方米，近22万城乡居民受益。2014年12月南水北调中线工程通水后，磁县引江水量由2016年290万立方米到2020年增至453万立方米。2021年1—4月，磁县引江水用量达212万立方米，同比增长43.3%，创历史最高。

5月18日 陈珍礼任县委书记。

5月21日 闫欣欣任政府代县长。

7月17—19日 中共磁县第十二次代表大会举行，选举产生第十二届县委和县纪委。中共磁县十二届一次全会选举陈珍礼为县委书记。

7月19—21日 政协磁县第十三届一次会议举行，选举产生第十三届县政协领导班子。蔺宝斌当选为政协主席。

7月20—23日 磁县第十七届人民代表大会第一次会议举行，选举产生县第十七届人大常委会和县政府领导班子。王清龙当选为人大常委会主任，闫欣欣当选为政府县长。选举产生法院院长和检察院检察长。

7月24日 水利部部长李国英、省长许勤查

看岳城水库运行、泄洪情况时，要求科学精细调度大中型水库运行，充分发挥拦洪削峰作用，减轻下游防洪压力。检查前港小型水库责任人制度落实情况时，叮嘱陪同的省、市、县领导要加强小水库巡查，发现问题及时组织群众转移。确保人员不伤亡、水库不垮坝、堤防不决口、重要基础设施不受损。

7 月 31 日 县内遭遇暴雨并伴随冰雹、短时大风等强对流天气。最大降水量 29 毫米，最大小时雨强 28.7 毫米 / 小时。17 时 49 分瞬时风速 10.5 米 / 秒、达 6 级，18 时 33 分最大瞬时风速 28.8 米 / 秒、达 10 级。18 时 02 分城区降冰雹，最大直径约 1 厘米，时长约 10 分钟。东部乡（镇）受灾较重。2.3 万余人受灾，树木倒伏 6012 棵，农作物倒伏 539 公顷，水利、电力等方面受损，直接经济损失 770 余万元。

8 月 河北省住房和城乡建设厅通报 2020 年度洁净城市（区）创建评估及 2016 年度洁净城市（区）复核情况，磁县通过“洁净城市（区）”评估，全市唯一。

9 月 28 日至 10 月 21 日 受上游强降雨影响，漳河发生自 1951 年有记录后罕见秋汛，入岳城水库流量增加，10 月 7 日 12 时达峰值 2150 立方米 / 秒，库区水位持续速涨，最高达 152.30 米，超警戒水位 3.8 米，刷新历史记录。水利部海委科学运行，最高控制水位由 152.10 米升至 152.35 米，泄量由 1000 立方米 / 秒减至 850 立方米 / 秒，拦蓄洪水，减少下游淹没损失和群众转移。该库周边岳城镇、黄沙镇、都党乡、观台镇 18 个村 6752 人受灾，121 户 1.65 万平方米房屋受损，淹没耕地 554 公顷，经济损失 1972.78 万元。县内提前转移 123 户、217 人，保障下游群众生命财产安全。

10 月 1 日至 12 月 31 日 全县开展“全域拆违治乱”活动，累计拆除城乡违法建筑、危旧建筑 2678 处，拆除建筑物面积 137.78 万平方米，腾出土地 229.49 万平方米。

10 月 18 日 省政协副主席孙瑞彬调研河北中化滏恒股份有限公司时强调，要抓好生态环境保护、安全生产和服务企业工作，增强职工的获得感、幸福感、安全感。市、县有关领导参加活动。

11 月 12 日至 12 月 16 日 《磁县志（1999—2018）》（样书）以纸质版征求县领导、各乡（镇）和县党政部门单位意见建议的同时，电子版全文发布在磁县人民政府网上公开征求县内外社会各界人士的意见建议，为全国首例。累计收到意见建议 1800 余条，采纳 540 条。

11 月 28 日 磁县籍残疾人举重运动员郭玲玲在格鲁吉亚首都第比利斯举行的残疾人举重世锦赛女子 41 公斤级举重项目中，以 105 公斤的成绩夺冠，第四次试举以 109.5 公斤的成绩再次刷新自己保持的世界纪录。是年 5 月 12 日，她在全国第十一届残运会暨第八届特奥会女子举重 45 公斤级比赛中以 120 公斤的成绩夺冠，以 126 公斤的成绩破全国纪录，并以 120 公斤和 126 公斤的成绩两次打破世界纪录。6 月 19 日，她在迪拜举行的残疾人举重世界杯赛中成功试举 105、106、107 公斤，三次打破世界纪录，斩获金牌 1 枚。8 月 26 日，首次参加残奥会的郭玲玲在第 16 届东京残奥会女子 41 公斤级举重项目中，先后四次举重，分别以 105 公斤的成绩打破残奥会举重纪录；以 108 公斤的成绩夺冠，并刷新由她自己保持的 107 公斤的世界纪录；以 109 公斤的成绩再次刷新世界纪录。9 月 10 日，她被中华全国总工会授予全国五一劳动奖章。经中国残联推荐，她被全国妇联授予全国三八红旗手称号；她被共青团中央、全国青联授予“中国青年五四奖章”。

12 月 7 日 县内累计优良天数 230 天，同比增 40 天，全省排第 8 位，提前 24 天完成年度优良天数目标（230 天）；PM2.5 浓度值 39 微克 / 立方米，同比降 32.76%，改善率省、市排名“双第一”；综合指数 4.87，同比降 19.64%，改善率排全省第 16 位、全市第 5 位；PM10 浓度值 86 微克 / 立方米，同比降 18.87%，改善率排全省第 17 位、全市第 8 位。

12 月 17 日 县财政收入累计完成 17.19 亿元，占年计划 108.87%，同比增长 20.46%。

是年 生态环境部“美丽河湖优秀案例”征集活动中，河北省有 5 个优秀案例入选，滏阳河（磁县段）是邯郸市唯一入选者。

第一编　地理环境

磁县，春秋时为晋地，战国时归赵，秦时属邯郸郡，汉始置梁期县，隋开皇十年（590年）置慈州，唐永泰元年（765年）复置磁州，至民国2年（1913年），降磁州为磁县，属直隶省冀南道。后几经变化。1993年7月，邯郸地区行署与邯郸市合并，磁县隶属邯郸市，改为市辖县。2003年后经过几次区划调整，至2018年年底，全县辖12个乡（镇）（含峰峰矿区托管的西固义乡），249个行政村（简称“村”）、18个社区。

磁县位于河北省南端，太行山东麓，为河北省“南大门”。磁县西部属太行山东麓，东部位于河北平原南部，属山前冲积平原，地势西高东低。地形自西向东由山区、丘陵、平原三部分构成。漳河、滏阳河穿境而过，境内有岳城水库、东武仕水库两座大型水库。京广铁路、107国道、京港澳高速公路纵贯县境。交通便利，地理位置优越。

磁县历史悠久。早在6500年前新石器时期，就有先民在此繁衍生息，从事原始渔猎业与种植业，逐渐形成许多具有历史文化特色的自然村落。2012年始，先后有北贾壁村、北岔口村、花驼村、南王庄村、北王庄村、吴家河村、五合村、同义村、岗西村、西花园村、齐家岭村、双和村、西苗庄村13个村被列入中国传统村落名录；2014年花驼村被列为中国历史文化名村，2018年南王庄村、北岔口村被列为中国历史文化名村。

磁县自然资源丰富多样。已探明矿产资源17种，以煤炭资源为主。多样的地形为生物多样性创造了条件，全县野生植物资源有59科、198个种类，其中一级濒危物种有野生蒜、黄檗（黄柏）等，二级濒危物种有野生韭菜（冀韭）、远志等，三级濒危物种有酸枣等。磁县境内有单棵古树86棵，名木2棵，有古树群1处，约有2000棵柏树，树龄100～200年，炉峰山大果榉树龄2000多年，有“华夏第一榆”美誉。

磁县位于暖温带半湿润地区，属大陆性季风气候。水热同季，干湿季明显，四季分明。暴雨洪涝多发生于夏季，其中2016年7月19—20日，磁县陶泉乡降雨量达783.6毫米，是磁县有气象记录后的极值；冬春季节易发生持续干旱。西部中低山区具备发育崩塌、滑坡、泥石流等地质灾害的自然条件，需重点关注。丘陵地带煤炭资源丰富，由采煤引发的地面塌陷和地裂缝等现象也有发生。另外，磁县地处太行山山前断裂带和大名—磁县断裂带交会处，具有发生中强地震的构造条件，是国家公布的21个值得关注的地震重点监测区域之一。

第一章　政区建置

第一节　区位　区划

区位

磁县地处河北省南端，太行山东麓。东与临漳县为邻，南接河南省安阳市安阳县，西与涉县毗连，北与武安市、峰峰矿区、复兴区、邯山区接壤。地理坐标北纬36°15′～36°33′，东经113°54′～114°26′。2018年最大纵距29.84千米，最大横距49.48千米，面积716.25平方千米（含峰峰矿区托管的西固义乡9个村，不含甘草营、十里铺、曲沟、溢泉4个村）。县政府机关驻地磁州镇，地理坐标北纬36°22′48″，东经114°22′48″。县城北距邯郸市33千米，北至省会石家庄市186千米，北偏东至首都北京462千米。京广铁路、107国道、京港澳高速公路纵贯县境。

区划变更

2003年10月，辛庄营乡（大狼营、小狼营、徐庄、辛庄营、王庄、小马庄）、西光禄镇（东黄鼠、西黄鼠、中黄鼠、杜村、杏园）、高臾镇（南西、中马头南街、中马头北街）14个村划归邯郸市马头工业城托管（2016年划归邯山区）。

2014年4月，西固义乡9个村（南留旺、东固义、西固义、西河、西赵庄、韦武庄、谷驼、北神岗、韩庄）划归峰峰矿区托管，行政区划不变。其余12个村（陈家沟、徐家沟、侯家沟一街、侯家沟二街、侯家沟三街、西驸马沟一街、西驸马沟二街、东驸马沟一街、东驸马沟二街、大盆沟、小盆沟、西窑头）划归磁州镇管辖。

2016年9月，高臾镇15个村（高臾一街、高臾二街、高臾三街、高臾四街、高臾五街、高臾六街、阿庄、十里铺、甘草营、白塔、柳儿营、兴善、西玉曹、东玉曹、赵庄）、西光禄镇7个村（西光禄、东光禄、李家岗、尧丰、尧王庄、溢泉、曲沟）、辛庄营乡6个村（太平、大马庄、南豆公、李家庄、北豆公、郭小屯）、花官营乡13个村（花官营、阎浅、王家村、路庄、所坊营、兴小营、石桥、东城营、屯庄、北左良、南左良、郑庄、吴庄）、台城乡15个村（台城、河北、赵拔庄、西郝、中郝、东郝、西城基、中城基、东城基、林峰、车角、严庄、西贺兰、东贺兰、白村）共计56个村划归邯山区管辖；林坛镇28个村（林坛、东彭厢、西彭厢、杨洼、苗庄、常家庄、裴村、高家庄、军营、西王女、东王女、暴家屯、桑庄、关庄、袁庄、范村、洛子、前李兵庄、后李兵庄、东古佛、西古佛、西佛店、东佛店、梁庄、上蒋、南蒋、西野狸岗、东野狸岗）、南城乡25个村（南城、东南城、西南城、北南城、中南城、西陆开、东陆开、任庄、安河、后羌、前羌、西河口、中河口、东河口、北城、中北城、前北城、西北城、孟洼、前史、后史、中史、北谷拖、后塔、前塔）共计53个村划归复兴区管辖。

2018年11月，邯山区甘草营、十里铺、曲沟、溢泉4个村由磁县托管。

2018年，全县辖12个乡（镇）（含峰峰矿区托管的西固义乡），249个村、18个社区。

2018年磁县各乡（镇）辖村（社区）一览表

表1-1

乡（镇）		村（社区）
磁州镇	18个社区	阜才、西城、滏阳、乐善、司前、明德、务本、监上、敦化、兴礼、二里铺、粮斗庄、辛家庄、北孟庄、陈家庄、关后、台庄、固城

续表

乡（镇）	村（社区）
磁州镇　54个村	南来村、北来村、西来村、黄官营、大营、小营店、兴仁街、八里铺、纪庄、五里铺、龙王庙、南磨、永旺、响水亮、李庄、白家庄、张庄、魏庄、南开河、北开河、东候召、西候召、小候召、后张庄、东王庄、西王庄、朱庄、沙营、常庄、兴王庄、三里屯、东槐树、西槐树、槐树屯、尹家桥、张杨庄、东窑头、前湾漳、后湾漳、湾漳营、湾子、磨里、东驸马沟一街、东驸马沟二街、西驸马沟一街、西驸马沟二街、徐家沟一街、徐家沟二街、侯家沟一街、侯家沟二街、侯家沟三街、陈家沟、大盆沟、西窑头
白土镇（20个村）	白土一街、白土二街、白土三街、白土四街、白土五街、白土六街、大水头一街、大水头二街、大水头三街、青碗窑、南涧城、吴家河、杨花庄、张二庄、北羊城、池上、五合、新合、三义、上寨
黄沙镇（10个村）	南黄沙一街、南黄沙二街、南黄沙三街、北黄沙、水池、南上庄、马家荒、申家庄、前辛安、后辛安
岳城镇（21个村）	岳城、马水涧、梧桐庄、南神岗、漳村、水鱼岗、界段营、钟离、柿园、旺南、里青、潘汪、香水、马家坟、东风寨、张屯头、付（前写成“傅”）屯头、刘屯头、王屯头、大庄、小庄
讲武城镇（26个村）	讲武城、东小屋、双庙、孟庄、南白道、北白道、王家店、高庄、南营、朝冠、申庄、前港、后港、刘庄、滏阳营、东李庄、大冢营、东高录（1996年前为“禄”）、西高录、中高录、八里冢、东曹庄、南十里铺、东陈、西陈、小寨
观台镇（14个村）	观台一街、观台二街、观台三街、东艾口、西艾口、前岭、后岭、东保障、西保障、岗子窑、乞伏、东清流、西清流、中清流
北贾壁乡（25个村）	岗西、西上庄、西庄、双和、新华、北贾壁、中贾壁、南贾壁、青碗河、大红脑、南峧、杨家峧、北峧、柳树池、柴庄、杨家堂、水峪、田家庄、周庄、大湾、巩庄、岩家峪、前天濠、后天濠、西苗庄
陶泉乡（22个村）	韩家沟、索庄、杨庄、霍王庄、申家沟、塔湾、彗峪、南王庄、北王庄、齐家岭、辉水、南岔口、北岔口、中岔口、东花园、西花园、后花园、十步槽、高穴、五里河、西韩沟、花驼
路村营乡（20个村）	肖庄、东武仕、张家店、于家店、押涧、徐家村、下庄店、下庄、西田井、圣水洼、上庄、泥河、南郭、路村营、路村店、九龙口、合山、东田井、常凝、北郭
都党乡（12个村）	台子寨、石场、冶子、辛庄、同义、双合、辛四庄、南莲花、中莲花、北莲花、辛五庄、三合
时村营乡（16个村）	时村营、西小屋、陈庄、西曹庄、撒谷、上七垣、下七垣、武吉、西李庄、小屯洼、牛尾岗、庆和峪、上陈、白庄、田庄、小盆沟
西固义乡（9个村，由峰峰矿区托管）	南留旺、东固义、西固义、西河、西赵庄、韦武庄、谷驼、北神岗、韩庄

边界勘测

1997年7月，磁县成立勘界工作领导小组，利用5年时间完成磁成(成安县)线、磁临(临漳县)线、磁峰（峰峰矿区）线、磁涉（涉县）线、磁武（武安市）线、磁邯（邯郸县）线、磁邯山（邯郸市邯山区）线、冀（河北省）豫（河南省）线8条线全长313.4千米的勘界测绘任务，其中冀豫线

磁县—峰峰界碑（2018年 摄）

85千米，并埋设界桩。2002年后出现界桩损坏或文字不清等现象，采取描红或重立界桩等措施全部修复。2016年9月区划调整后，边界线改为7条，分别是磁临线、磁邯山线、磁复（邯郸市复兴区）线、磁峰线、磁武线、磁涉线、冀豫线。2017—2018年，利用两年时间对磁峰线、磁复线、磁邯山线进行勘测，明确北部边界新界线，埋设界桩，对文字不清的界碑描红修复。

第二节 建置沿革

古代

春秋为晋地。

战国归赵。

秦属邯郸郡地。

汉（公元前206—220年）置梁期县（治今花官营乡东城营村），属冀州魏郡。

三国省梁期县，于魏黄初三年（222年）析武安县及邺县，置临水县，属冀州广平郡。因城临滏水得名。

晋泰始二年（266年），临水属司州广平郡。

北魏天赐元年（404年），涉县并入临水县，属司州魏尹。

北魏太平真君六年（445年），省临水入邺县。

北魏太平真君十一年（450年），由临水县析出原涉县地并入刘陵县。

北魏太和二十一年（497年），分邺县置临水县。

北齐天保元年（550年），临水县徙治松釜（今峰峰矿区临水）。

北周保定元年（561年），析临水县，置滏阳县（以城在滏水之阳而名）和成安郡。

北周建德六年（577年），临水徙治涉县。属相州魏郡。

隋开皇七年（587年），临水徙治涉县西戌，隶相州。

隋开皇十年（590年），由临水县析出原涉县地复置涉县。临水县还治松釜，并废成安郡，于今磁县置慈州（以县西90里有磁山出磁石，州治又为磁石集散地而得名）。领滏阳、临水二县。

隋开皇十六年（596年），邯郸县隶属于慈州。

隋大业二年（606年），废慈州。临水、滏阳二县改属相州，邯郸县归河北道洺州。

唐武德元年（618年），复置慈州。领滏阳、临水、成安三县。

唐贞观元年（627年），省慈州。滏阳、临水、成安三县归属河北道相州。

唐永泰元年（765年），临水县改称昭义县。同年复置磁州。因与河东慈州重名，故加石字旁。隶河北道，磁州领滏阳、昭义、武安、邯郸四县。

唐天祐三年（906年），以与河东慈州音相同，将磁州改名惠州。

后梁贞明二年（916年）复为磁州。

北宋太平兴国元年（976年），太宗赵光义即位后，为避讳“义”字，改昭义县为昭德县。

北宋熙宁六年（1073年），省昭德县入滏阳县为镇。同年磁州属河北西路，领滏阳、武安、邯郸三县。滏阳县领观台、昭德、台城、二祖四镇。

北宋政和三年（1113年），改“磁州”为“磁州”。

金收国元年至贞祐二年（1115—1214年）属河北西路彰德府。

元太祖十年（1215 年），属中书省真定路。

元太宗八年（1236 年），属中书省邢洺路。

元宪宗二年（1252 年），属中书省洺磁路。

元至元十年（1273 年），属中书省广平路。磁州领滏阳、武安、邯郸、成安四县。

元末，州县俱废。

明洪武元年（1368 年），复置磁州，属广平府。

明洪武二年（1369 年），省滏阳县入磁州。改属河南彰德府，磁州领武安、涉县二县。

清雍正四年（1726 年），复属直隶广平府。州不再领县。

近代

民国 2 年（1913 年），降磁州为磁县，属直隶省冀南道。

民国 3 年（1914 年），属直隶省大名道。

民国 17 年（1928 年），废道，直属于河北省。

民国 26 年（1937 年），属河北省第十六督察区，专署驻邢台。

民国 26 年（1937 年）11 月，磁县抗日民主政府在北贾壁村成立。

民国 27 年（1938 年），磁县日伪政府（驻今磁州镇）成立，属日伪河北省冀南道尹公署。

民国 30 年（1941 年），磁县抗日民主政府属晋冀鲁豫边区太行区五专署。

民国 31 年（1942 年），由磁县与武安县、邯郸县部分地区组成磁武县，仍属太行区第五专区。

民国 34 年（1945 年），全县解放，恢复原磁县建制。隶属晋冀鲁豫边区太行区第六专署。县政府驻彭城。是年，所辖马头区、商城区划归成磁县。

民国 35 年（1946 年）5 月 2 日，改属太行区三专区。

民国 36 年（1947 年）1 月，改属太行区五专区。

民国 37 年（1948 年）1 月，改属太行区六专区。是年 9 月属华北行政区太行区六专区。

现代

1949 年，属河北省邯郸专区。县政府驻磁州镇。

1950—1958 年，先后将彭城、峰峰、黑龙洞、苏村、南台、刘起沟等 10 个村和林坛等 9 个乡（镇）划归峰峰矿区；将南城等 9 个乡和车骑关、关东洼两村划归邯郸市。

1955 年 9 月，将李家庄、东城营、杜村等 39 个村，由成安县划回磁县。

1958 年 11 月，撤销临漳、成安二县并入磁县，称磁县。

1959 年，九龙口、泥河等 9 个村由峰峰矿区划回磁县。

1960 年 5 月，撤销邯郸专区，磁县属邯郸市。

1961 年，恢复邯郸专区建制，复属邯郸专区。

1961 年 5 月，析磁县复置成安、临漳二县，恢复原建制。

1961 年，林坛、东古佛、史村等 35 个村由峰峰矿区划归磁县，东城基、南城、林峰等 23 个村由邯郸市划回磁县。

1965 年，观台、西固义、花官营、东城营 4 个公社，分别由峰峰矿区、邯郸市划归磁县，辖 34 个公社和城关镇。

1970 年，邯郸专区改为邯郸地区，磁县仍属之。

1984 年，改置为 6 镇 29 乡。

1993 年 7 月，邯郸地区行署与邯郸市合并，隶属邯郸市，改为市辖县。

1996 年 1 月，改置为 6 镇 13 乡。

1998 年 11 月，改置为 9 镇 10 乡。

2002 年 9 月 1 日，务本、敦化、兴礼、二里铺、粮斗庄、辛家庄、北孟庄、陈家庄、关后、台庄、固城 11 个村委会改设社区居委会，加上原阜才、西城、滏阳、乐善、司前、明德、监上 7 个居委会，共有 18 个社区居委会。

2003 年 10 月，辛庄营乡、西光禄镇、高臾镇 14 个村划归邯郸市马头工业城托管。

2013 年，全县 9 个镇、10 个乡，18 个社区、358 个村。

2014 年 4 月，西固义乡 9 个村划归峰峰矿区托管。

2016 年 9 月，高臾镇、西光禄镇、辛庄营乡、花官营乡、台城乡 56 个村划归邯山区管辖；林坛镇、南城乡 53 个村划归复兴区管辖。

2017 年 11 月，改置为 6 镇 6 乡（含峰峰矿区托管的西固义乡），18 个社区、249 个村（含西固义乡 9 个村）。

2018年11月，邯山区甘草营、十里铺、曲沟、溢泉4个村由磁县托管。

2018年12月，磁县辖6镇6乡，18个社区、253个村（含托管的4个村）。

第三节　乡　镇

磁州镇

磁州镇位于磁县东部，是全县政治、经济、文化中心，主要党政机关、文教卫生单位、各类大型商场等均驻镇内，2018年“全国综合实力千强镇”排名第513位。东邻临漳县，南连讲武城镇、时村营乡、岳城镇，西依路村营乡、西固义乡（峰峰矿区托管），北接邯山区。镇政府位于磁州路55号。2014年3月，西固义乡徐家沟一街等12个村合并到磁州镇。2018年11月，邯山区西光禄镇曲沟村、溢泉村和邯山区高臾镇甘草营村、十里铺村改由磁县磁州镇委托管理。2018年，全镇辖72个村（社区），39718户，164914人，总面积117平方千米，耕地6781.79公顷。少数民族有回族、满族、黎族等。107国道、京广铁路、京港澳高速公路南北贯穿，魏峰路东西过境。滏阳河流经全镇25个村，南水北调中线纵贯西部。民有渠四支渠和西闸北干、南干渠穿境而过。有小型水库1座。

该镇西部为丘陵、东部为平原。海拔70～340米，地下水位3～80米。土壤有潮褐土、石灰性褐土和潮土3类。主要农作物为小麦、玉米、谷子、棉花，有湾漳营、张杨庄、沙营村等蔬菜专业村，有莲藕种植基地和脱毒甘薯种植基地。2018年，全镇种植大户27户，家庭农场8个，粮食产量6.02万吨，农业总产值7.63亿元。养殖业以养猪、养鸡为主，徐家沟、驸马沟一带形成养殖区域，其中徐家沟二街村标准化养猪场实现生态循环养殖模式。2018年全镇养殖大户254户，猪存栏6.28万头，鸡存栏292万只。

2018年，全镇拥有中小企业7491家，其中规模以上工业企业16家，规模以上工业企业总产值11.11亿元。以商都为中心的童装制造企业450余家，以溢泉村为中心的劳保制品企业500余家，形成两大特色产业。

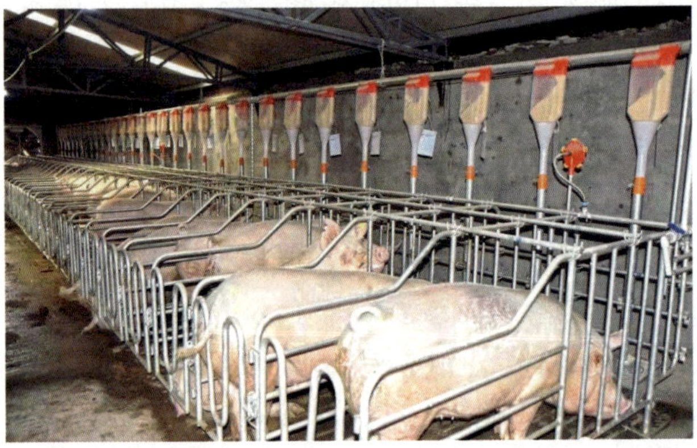

徐家沟二街村养猪场（2018年9月　摄）

1999年，磁州镇有初中4所，小学60所。2005年，对全镇教育资源进行整合。2018年，全镇有幼儿园、托儿所104所，小学28所，初中2所，在校生30722人，教师1037人。

2018年，磁州镇有医疗卫生机构276个，其中包括县级医院4家，镇卫生院5所，村卫生所64所；医疗卫生机构床位数1939张，执业（助理）医师794人，农村医疗保险覆盖率95%以上。

全镇有文化站1处——磁州镇文化服务中心，2014—2017年连续被评为全国一级文化中心；72个农村、社区均创建农家书屋和社区文化服务室，46个村、社区组建老年秧歌队、广场舞队。2018年，全镇有152支文化活动队伍。

镇内文物古迹众多，主要有城隍庙、崔府君庙、北朝墓群、南关石桥、滏阳河西闸、鼓楼、东关石桥、南开河石桥、明万历年间石碑等。

2018 年磁州镇各村（社区）基本情况一览表

表 1-2

单位：户、人、个、亩、吨、万元、所、家

村名	位置	村名由来简介	户数	人口	劳动力	总耕地	粮食总产量	主要经济来源	年人均收入	学校及师生数量	卫生室数量	商店数量	企业类型与数量
二里铺社区	镇政府驻地	因村距县衙二里半，故名二里半铺。沿用中简称二里铺，2002 年改为二里铺社区	577	2140	435	0	0	务工、经商	1.2	无	0	5	无
北孟庄社区	镇政府东南 0.2 千米处	孟姓人家在此繁衍成村，得名孟庄。明朝时山西洪洞县张姓人家迁入，孟姓断代，但仍称孟家庄。1982 年，为区别讲武城镇孟庄，改称北孟庄，2002 年改为北孟庄社区	239	967	245	0	0	务工、经商	1.1	无	3	5	无
粮斗庄社区	镇政府南 0.5 千米处	昔时，此地建有粮台，分发粮食，以斗为量具，故名量斗庄，沿用中写成粮斗庄，2002 年改为粮斗庄社区	1919	6587	833	0	0	务工、经商、房租	1.5	小学 1 所，学生 1200 人，教师 55 人	5	280	无
辛家庄社区	镇政府南 0.5 千米处	沧州辛氏兄弟 10 人反皇上未成，四散避祸，其中 1 人到此，繁衍成村，故名辛家庄，2002 年改为辛家庄社区	569	1998	404	0	0	务工、房租、童装生产	1.8	幼儿园 1 所，幼儿 60 人，教师 12 人	3	4	无
陈家庄社区	镇政府南 0.6 千米处	明代，山西洪洞县陈姓人家迁此，繁衍成村，故名陈家庄，沿用中简称陈庄。因区别时村营乡陈庄，1982 年改称陈家庄，2002 年改为辛家庄社区	562	1873	469	0	0	务工、经商、房租	0.6	无	1	4	无
关后社区	镇政府南 0.8 千米处	因位于北关之后，故名关后。又因村中主街东北—西南走向，俗称斜街，2002 年改为关后社区	184	748	375	0	0	务工、经商	1.2	无	1	2	无
台庄社区	镇政府南 1 千米处	台姓人家在此建村，故名台庄。后桑、王、霍三姓人家迁入，台姓家族迁往商城，仍名台庄，2002 年改为台庄社区	471	3113	423	0	0	无	1	小学 1 所	2	1	无

续表

村名	位　置	村名由来简介	户数	人口	劳动力	总耕地	粮食总产量	主要经济来源	年人均收入	学校及师生数量	卫生室数量	商店数量	企业类型与数量
务本社区	镇政府南 1.1 千米处	战国时建村。尊崇孔孟之道“务农为民生之本”，起名务本。1966 年改为跃进大队，1982 年复为务本，2002 年改为务本社区	1093	3627	885	0	0	务工、经商	1.2	小学 1 所，学生 550 人，教师 18 人	2	7	无
阜才社区	镇政府南 1.2 千米处	战国时建村，取名迎恩铺。明代，该铺多人取得功名被称为出人才之地，故名阜才铺。1966 年改名红星大队。1982 年复为阜才，2002 年改为阜才社区	1178	3867	883	0	0	经商、房租	2	小学 1 所，学生 2800 人，教师 85 人	2	11	无
监上社区	镇政府南 1.2 千米处	东汉时，曹操在此造箭，得名箭厂。明朝时改为鑑上。1966 年改为永胜大队。1982 年复为鑑上，后改称监上，2002 年改为监上社区	868	2825	441	0	0	经商、房租	1.8	无	1	25	无
滏阳社区	镇政府南 1.2 千米处	战国时，在此处滏阳河西岸建村。清朝时称滏阳铺，民国时称滏阳里，后改为滏阳，2002 年改为滏阳社区	1415	4705	1179	98	61	务工、经商、房租	1.2	小学 1 所，学生 500 人，教师 25 人	2	35	无
西城社区	镇政府南 1.2 千米处	战国时建村。因位于城内西北隅，故称西城铺。1966 年改为红光大队，1982 年复为西城，2002 年改为西城社区	980	3356	870	0	0	务工、经商、房租	1.5	无	3	3	无
司前社区	镇政府南 1.4 千米处	因村位于县衙之前，故名司前铺。1966 年改名前进大队。1982 年复为司前，2002 年改为司前社区	995	3242	861	0	0	经商、房租	3	无	2	2	无
乐善社区	镇政府南 1.8 千米处	战国时建村。因尊崇孔孟之道，乐于行善，起名乐善铺，1966 年改为先进大队，1982 年复为乐善，2002 年改为乐善社区	844	2767	738	0	0	务工、经商、房租	1.5	小学 1 所	2	75	无

续表

村名	位　置	村名由来简介	户数	人口	劳动力	总耕地	粮食总产量	主要经济来源	年人均收入	学校及师生数量	卫生室数量	商店数量	企业类型与数量
固城社区	镇政府南2千米处	因村东临护城堤，得名护城，沿用中改称固城，2002年改为固城社区	1074	4227	1274	303	80	养猪业、务工、经商	1.5	小学1所，学生357人，教师20人	3	3	无
明德社区	镇政府南2千米处	战国时建村。尊崇孔孟之道“明理有德”，起名明德铺。1966年改为东风大队，1982年复为明德，2002年改为明德社区	923	2982	838	0	0	经商、房租	1.5	无	1	6	无
敦化社区	镇政府南2.2千米处	战国时建村，名南关。清朝时仿敦煌石窟女神建慈云阁1座化灾除难，改名敦化铺。1966年改为曙光大队，1982年复为敦化，2002年改为敦化社区	883	3284	912	73	62	务工、经商	1.6	无	1	1	无
兴礼社区	镇政府南3千米处	遵循孔孟之道，起名兴礼铺，后改称兴礼，2002年改为兴礼社区	1389	5373	1505	1131	1150	种植业、务工	1.1	无	4	5	鞋厂、面粉厂、香油房、锅炉厂各1家
纪庄	镇政府西北1.5千米处	一纪姓人家在此看坟，岁久成村，故名纪庄。清康熙年间，上寨和城里马、李等姓人家迁入，清末纪姓人家迁往讲武城村，村名未变	306	1232	658	345	312	种植业、务工、经商	1.5	无	1	5	无
五里铺	镇政府北1.5千米处	冯姓人家迁此发展成村，得名冯家庄。村距县衙五里，又名五里铺。解放后，定名五里铺	79	319	171	0	0	务工	1.2	无	0	2	无

续表

村名	位置	村名由来简介	户数	人口	劳动力	总耕地	粮食总产量	主要经济来源	年人均收入	学校及师生数量	卫生室数量	商店数量	企业类型与数量
东王庄	镇政府北1.5千米处	明朝时，山西洪洞县王姓人家迁此，繁衍成村，得名王庄。解放后，该村分为两个村。按方位分别称东王庄	130	535	285	80	10	务工、经商	1.2	无	1	3	门业公司1家
西王庄	镇政府北2千米处	（前半部内容同上）按方位分别称西王庄	204	826	441	800	640	种植业、养殖业、务工	1.2	无	1	4	无
后张庄	镇政府北3千米处	张姓人家迁此，繁衍成村，因村位于西王庄之北，故名后张庄	68	274	146	490	100	种植业、务工	1	无	1	1	无
南来村●	镇政府西3千米处	明初，此处为坟地，只住1个看坟人。一天，南方1个赶考举子途经因病住下，日久不愈。考期过，银两尽，写信求援无地名，故写成“难来村”。后发展成村，因举子得名南来村	701	2995	1600	2384	2340	种植业、养殖业、务工、经商	1.3	小学1所，学生126人，教师8人	5	8	粘合剂厂、化工公司各2家
北来村	镇政府北2.2千米处	因村位于南来村北面，故名北来村	669	2713	1449	650	650	服装业、务工	1.5	小学1所，学生650人，教师23人	4	13	无
西来村	镇政府西北3.5千米处	明朝前，聂氏人家迁此，繁衍成村，故名聂庄。后聂姓绝户，因村位于南来村西面，改名西来村	395	1596	852	600	400	种植业、养殖业、务工	1.5	小学1所，学生110人，教师12人	2	6	无
八里铺	镇政府北3.2千米处	此处原为十里铺杨姓家田，建有13座储粮楼，得名杨家楼。衰落后，马、黎二姓人家迁此定居。解放后，以距县城八里，改称八里铺	229	924	493	1456	1747	种植业、务工	1.1	无	4	3	无

续表

村名	位　置	村名由来简介	户数	人口	劳动力	总耕地	粮食总产量	主要经济来源	年人均收入	学校及师生数量	卫生室数量	商店数量	企业类型与数量
甘草营	镇政府北4.5千米处	东汉末建村。曹操在此囤积的粮草中以谷草为主，谷草在当地称甘草，因此得名甘草营	1100	5100	3000	4700	4800	种植业、务工、服装加工	1	小学1所，学生50人，教师8人	7	6	无
小营店	镇政府西北4.6千米处	东汉末，曹操在此建兵营，因驻兵较少，得名小营。1830年因发生地震，村向西南迁0.5千米至路边，路边有一饭店，得名小营店	282	1197	639	1200	1200	种植业、务工、服装加工	1.4	小学1所，学生16人，教师4人	4	5	制衣公司1家
大营	镇政府西北5千米处	明朝，安徽太湖县黄官升（四品护卫）奉命到此戡乱，设3个兵营。此营较大，又在黄官营西，故名西大营，沿用中简称大营	381	1657	884	1515	1700	种植业、务工、劳保用品生产	1.5	小学1所，学生65人，教师8人	1	5	腻子粉厂、劳保服装厂各1家
黄官营	镇政府北5.3千米处	明朝，安徽太湖县黄官升（四品护卫）奉命到此戡乱，设3个兵营。后发展成村，故名黄官营	286	1161	620	2100	2500	种植业、务工、劳保服装生产	1.5	幼儿园1所，幼儿40人，教师4人	2	7	劳保服装公司2家、养猪场1家
十里铺	镇政府北5.5千米处	曾名备申铺。因在县衙北十里，改称十里铺	634	2970	1268	2000	2000	种植业、务工、劳保用品加工	1	无	4	8	无

续表

村名	位　置	村名由来简介	户数	人口	劳动力	总耕地	粮食总产量	主要经济来源	年人均收入	学校及师生数量	卫生室数量	商店数量	企业类型与数量
朱庄	镇政府东南1千米处	朱姓人家迁此，繁衍成村，故名朱家庄。1982年改称朱庄	200	805	430	0	0	种植业、务工	1.5	无	1	3	无
东候召	镇政府东南1.4千米处	宋代，岳飞转战太行山一带抗击金兵，连战连捷，威名远扬，在此候旨，得名候召。按方位分别称东候召	391	1584	846	1540	1250	种植业、务工	0.7	小学1所，学生1350人，教师40人	1	8	无
西候召	镇政府东南1.3千米处	宋代，岳飞转战太行山一带抗击金兵，连战连捷，威名远扬，在此候旨，得名候召。按方位分别称西候召	383	1545	825	940	540	种植业、务工、经商	1.2	小学1所，学生760人，教师36人	4	7	纸箱厂3家
小候召	镇政府东南1.2千米处	此地原为花园，后发展成村。因村小且临近西候召，故名小候召	132	534	285	275	180	种植业、务工	1.4	无	2	2	液化气站1家
南开河	镇政府东南3千米处	原漳、滏二河在此合流，明成化年间疏滏北流，村居二水分开处，得名开河村。按方位分别称南开河、中开河。南、中二开河后连成一个村，统称南开河	1091	4535	2422	4100	4000	种植业、务工	1	小学1所，学生530人，教师50人	8	12	无
北开河	镇政府东3.5千米处	（前半部内容同上）按方位分别称北开河	921	3808	2033	3300	3000	种植业、务工、食品产销	1.2	小学1所，学生150人，教师10人	4	10	无
沙营	镇政府东南5千米处	地处漳河故道，村四周皆为沙土，历史上曾扎营驻兵，故名沙营	390	1604	856	2340	1800	种植业、务工	0.5	小学1所，学生386人，教师32人	3	7	无

续表

村名	位 置	村名由来简介	户数	人口	劳动力	总耕地	粮食总产量	主要经济来源	年人均收入	学校及师生数量	卫生室数量	商店数量	企业类型与数量
常庄	镇政府南3千米处	明朝时，常姓人家从山西洪洞县迁此，繁衍成村，故名常家庄。沿用中简称常庄	274	1108	592	820	680	种植业、务工、经商	1	幼儿园1所，幼儿30人，教师6人	3	4	驾校1家
魏庄	镇政府南3.2千米处	河南省魏姓二兄弟迁此，发展成村，故名魏家庄。1982年改称魏庄	244	984	525	1140	1400	种植业、养殖业、务工、	0.9	无	3	3	无
兴仁街	镇政府南3.3千米处	战国时建村，取名南关。因遵循孔孟之道，后改称兴仁	470	1979	1057	1185	1200	种植业、务工	1.1	小学1所，学生430人，教师21人	2	5	养殖场、食品销售公司各1家
磨里	镇政府南4.5千米处	村北的滏阳河湾曾建有1盘水磨，经营水磨的人家在此定居，繁衍成村，故名磨里	307	1252	669	500	500	种植业、务工、经商	2	无	1	3	门帘厂3家
兴王庄	镇政府南4.5千米处	明朝时，山西洪洞县王姓人家迁此建村，故名王家庄。因在东、西王庄之南，改名南王庄。为区别陶泉乡南王庄，1982年改称兴王庄	92	376	200	322	358	种植业、务工	1.4	无	1	1	无
湾子	镇政府南4.5千米处	明朝前建村。滏阳河流至村东北向南绕“几”字形湾，故名湾子村	135	547	292	527	527	种植业、务工	0.8	无	1	0	无

续表

村名	位置	村名由来简介	户数	人口	劳动力	总耕地	粮食总产量	主要经济来源	年人均收入	学校及师生数量	卫生室数量	商店数量	企业类型与数量
前湾漳	镇政府南 4.8 千米处	明朝前建村，漳河从村东南绕流而过，故名前湾漳	243	981	524	1000	1000	种植业、养鸡业、务工	0.8	小学 1 所，学生 168 人，教师 11 人；幼儿园 1 所，幼儿 90 人，教师 7 人	3	4	无
后湾漳	镇政府南 4.6 千米处	村址在前湾漳北边，故名后湾漳	234	950	508	1200	1000	种植业、务工	1.5	小学 1 所，学生 150 人，教师 8 人	1	4	无
湾漳营	镇政府南 5 千米处	明朝前建村，漳河从村东绕湾流过，旧时在此扎过兵营，故名湾漳营	461	1867	997	2445	2445	种植业、务工	2.2	小学 1 所	1	3	无
三里屯	镇政府南 6 千米处	村距县城南关东小街东泰山庙三里，故名三里屯	622	2510	1341	3600	162	种植业、务工	1.5	小学 1 所，学生 110 人，教师 8 人	4	4	无
张庄	镇政府西南 1.3 千米处	明万历年间，山西洪洞县张成迁此，繁衍成村，故名张家庄，沿用中简称张庄	347	1401	748	350	260	种植业、务工	1	小学 1 所	3	3	家具销售公司 10 家
白家庄	镇政府西南 1.5 千米处	明代，山西洪洞县白、武、申三姓人家迁此，白姓居多，故名白家庄。1966 年改名永红庄。1982 年复为白家庄	338	1402	754	420	300	种植业、务工	0.8	无	1	1	无

续表

村名	位　置	村名由来简介	户数	人口	劳动力	总耕地	粮食总产量	主要经济来源	年人均收入	学校及师生数量	卫生室数量	商店数量	企业类型与数量
李庄	镇政府西南2千米处	清康熙年间，城北李家庄李蓬阳迁此，繁衍成村，故名李庄	142	574	307	255	260	种植业、务工、童装加工	1	无	2	1	无
张杨庄	镇政府西南2.5千米处	明末，南城张姓、磁州镇兴仁街杨姓人家到此看坟地，后发展成两个村，称张庄、杨庄。后两村合并称张杨庄	278	1352	879	800	400	种植业、养殖业	1	无	1	3	无
响水亮	镇政府西南2.5千米处	明代，山西洪洞县伍姓人家迁此，得名伍村。后村北开渠建分水闸，因闸梁行人、流水声响，更名响水梁。清末，水声宏亮，改名响水亮	164	658	352	410	410	务工、童装产销、布料绣花	1.5	无	2	3	无
尹家桥▲	镇政府西南3.2千米处	明朝时，山西洪洞县尹姓人家迁此，繁衍成村，因村东北临滏阳河桥，得名尹家桥	189	764	409	660	660	种植业、务工	1.3	无	1	3	无
东槐树	镇政府西南4千米处	因此地槐树多，村民遇灾荒时到槐树下拾槐连豆充饥活命，故得名槐树。按方位分别称东槐树	265	1076	575	1100	1100	种植业、务工	1.4	无	1	5	无
槐树屯	镇政府西南4.2千米处	因此地槐树多，村民遇灾荒时到槐树下拾槐连豆充饥活命，得名槐树。聚居地取名槐树屯	460	1911	1021	3400	3000	种植业、养殖业、务工、运输业、	0.9	小学1所，学生37人，教师3人	2	20	无
西槐树■	镇政府西5千米处	因此地槐树多，村民遇灾荒时到槐树下拾槐连豆充饥活命，得名槐树。按方位分别称西槐树	313	1266	676	1347	550	种植业、运输业	1.5	小学1所，学生98人，教师8人	2	8	无

续表

村名	位置	村名由来简介	户数	人口	劳动力	总耕地	粮食总产量	主要经济来源	年人均收入	学校及师生数量	卫生室数量	商店数量	企业类型与数量
东窑头	镇政府西南6千米处	明初，河南林县石匠到此打窑挖煤，只挖到一寸厚的煤层，放弃后移至岗东开采也未果，断定煤挖到尽头，起名窑头。岗东建村称东窑头	243	974	520	1900	1500	种植业、务工	1.1	小学1所，学生60人，教师4人	2	5	无
西窑头	镇政府西南8千米处	（前半部内容同上）岗西建村称西窑头	384	1391	743	5000	5000	种植业、养猪业、务工、	2.8	无	2	6	建材公司1家、农场1家
大盆沟	镇政府西南9千米处	清朝时，建村于一处四周高的山洼，得名盆沟。后因比部分村民迁至异地建村的人多，改称大盆沟	17	45	36	622	311	种植业、养猪业、务工	0.5	无	0	0	养殖公司2家
徐家沟一街	镇政府西南8.2千米处	村北八十岗西原有千家店，地震时倒塌，村民迁至岗下，以姓氏得名徐家沟，统称驸马沟。1937年单独成村，称徐家沟	90	446	147	570	140	种植业、务工、经商	0.4	无	0	2	无
徐家沟二街	镇政府西南8.2千米处	（同上）	323	1470	445	2170	1050	种植业、养殖业、运输业	1.2	无	2	4	无
东驸马沟一街	镇政府西南8.5千米处	村北千家店地震时倒塌，村民迁岗下，居住点以姓氏得名弓家沟和李、刘、常、张、魏家岸。后因村民韩洪成为驸马，统称驸马沟。1946年，按方位分别称东驸马沟	284	1281	352	1543	1100	种植业、养殖业、务工	1.5	幼儿园1所	2	3	无
东驸马沟二街	镇政府西南8.5千米处	（同上）	305	1324	400	1511	1300	种植业、养殖业、务工	1.3	无	3	3	无

续表

村名	位　置	村名由来简介	户数	人口	劳动力	总耕地	粮食总产量	主要经济来源	年人均收入	学校及师生数量	卫生室数量	商店数量	企业类型与数量
西驸马沟一街	镇政府西南 10 千米处	（前半部内容同上）按方位分别称西驸马沟	98	389	194	586	293	种植业、养猪业、务工、运输业	1	无	0	2	无
西驸马沟二街	镇政府西南 10 千米处	（同上）	177	790	278	1110	400	种植业、养殖业、务工	0.7	无	1	1	养殖场 4 家
陈家沟	镇政府西南 9 千米处	村南八十岗西原有千家店，地震时倒塌，村民迁至岗下，以姓氏得名陈家沟，统称驸马沟。1937 年单独成村，称陈家沟	182	763	270	1350	460	种植业、务工	0	无	1	1	无
侯家沟一街	镇政府西南 11 千米处	明朝时，山西洪洞县侯姓兄弟三人迁此，繁衍成村。因处沟地，得名侯家沟	269	1188	365	1490	500	种植业、养猪业、务工	1.2	无	1	2	无
侯家沟二街	镇政府西南 11 千米处	（同上）	224	1022	430	1880	550	种植业、养猪业、务工	0.4	无	1	3	无
侯家沟三街	镇政府西南 11 千米处	（同上）	147	538	287	1400	500	种植业、养猪业、务工	1.2	无	1	1	无
永旺	镇政府西 3.9 千米处	因村临滏阳河，水冲塌岸，故名塌河。岁久塌半村，后街成前街。村民忧水灾而向往平安兴旺，故改名永旺	330	1441	769	1305	980	种植业、务工	1	小学 1 所	2	3	无
龙王庙	镇政府西 4 千米处	明朝时，山西洪洞县赵姓人家迁此建村，得名赵家店。村西北的龙王庙远近闻名，每年二月二官民祭祀，故改名龙王庙。1966 年改称四新，1983 年复为龙王庙	138	560	299	780	780	种植业、务工、运输业	1.5	无	2	3	无

续表

村名	位　置	村名由来简介	户数	人口	劳动力	总耕地	粮食总产量	主要经济来源	年人均收入	学校及师生数量	卫生室数量	商店数量	企业类型与数量
南磨	镇政府西3.9千米处	明代，龙王庙赵姓人家在滏阳河上建水磨加工米面，后磨房处发展成村。因在龙王庙村南，故名南磨	84	341	212	247	247	种植业、务工	1.2	无	1	2	无
曲沟	镇政府西北7千米处	唐朝时建村。清康熙《磁州志》载：曲沟在州北十五里，水流盘曲，故名曲沟	1158	5286	2316	2600	1040	种植业、务工、经商	2	小学1所，学生327人，教师9人	4	9	劳保制衣厂3家、手套厂5家
溢泉■	镇政府西北8.2千米处	唐朝时建村。唐将罗成打仗到此，马渴求饮，以蹄掘坑，泉水溢出，故名溢泉	878	4038	2551	3250	3200	种植业、劳保用品产销	1.6	小学1所，学生131人，教师9人	2	9	服装厂8家，劳保、塑料制品厂25家、手套厂16家

备注：移民村■；零散移民村▲；间接移民村●（以下各乡镇同此）

白土镇

白土镇位于磁县西部太行山区，镇政府驻地白土村距县城40千米。东邻峰峰矿区，南连都党乡、河南省安阳县，西依陶泉乡、涉县，北接北贾壁乡。2018年，全镇辖20个村，6877户，25359人，总面积66.75平方千米，耕地1321公顷。漳河经吴家河、北羊城两个村入岳城水库。地下资源有煤炭、铁矿等。

该镇东部为浅山区和台地、西部为深山区。海拔300～900米，地下水位140～200米。土壤有石灰性褐土、钙质石质土两类。主要农作物为玉米、谷子、甘薯等，特产有花椒、核桃、柿子等，农业耕作方式以人工为主，2018年粮食产量5757吨，农业总产值8802万元。居民收入主要来自外出务工。2015年在张二庄村北山坡建成装机容量20兆瓦的磁县品佑光伏发电项目，全镇700余户受益。

白土镇书画协会荣誉

2012年在池上村建成4栋商品楼，在山区农村开创商品楼先例。2007年、2008年、2017年先后对全镇各村水网改造升级，保障村民饮用安全水。2016年7月特大洪水将境内主要道路冲毁，2017年按照省级公路标准完成重修。

2018年，全镇有幼儿园6所，小学5所，在校生1561人，教师116人。

1999年，全镇有乡村医生25人，有4个村为空白点。2014—2016年对全镇的村卫生室升级改造。2017年白土中心卫生院迁址重建，设备升级。2018年全镇医疗卫生机构32家，执业（助理）医师14人。其中镇卫生院1所，村卫生室实现全覆盖。

2013年建成白土镇综合文化站，被评为全国百佳文化站，2014年被评为全国一级文化站。

白土镇书画协会组织学生参观学习（2015年 摄）

为纪念39名烈士，2015年在白土村西修建烈士亭。白土书画协会1993年成立，初期会员25人，2018年会员68人，3件书画作品被国家书画院收藏。2003年南涧城村赵姓、2004年大水头村唐姓、2008年白土村索姓整理出各自姓氏家谱。

镇内有虎皮脑奥陶纪地质遗迹。张二庄村南的“险峰渡槽”全长310米，高32米，单孔跨径106米，排名亚洲第一、世界第三位。

2018 年白土镇各村基本情况一览表

表 1-3 单位：户、人、个、亩、吨、万元、所、家

村名	位　置	村名由来简介	户数	人口	劳动力	总耕地	粮食总产量	主要经济来源	年人均收入	学校及师生数量	卫生室数量	商店数量	企业类型与数量
白土一街	镇政府东 1 千米处	明万历《磁州志》载：白土山在州西北七十里，以地产白土，如粉可绘，故名。因聚落紧依白土山得名白土	304	1072	551	640	424	种植业、养殖业、务工	1.5	无	0	0	无
白土二街	镇政府东 1.5 千米处	（同上）	305	1112	587	410	399	种植业、养殖业、务工	1.5	中学 1 所，学生 120 人，教师 16 人	0	15	无
白土三街	镇政府驻地	（同上）	298	1003	524	580	397	种植业、养殖业、务工	1.5	小学 2 所，学生 274 人，教师 17 人；幼儿园 1 所，幼儿 119 人，教师 7 人	0	45	无
白土四街	镇政府西南 150 米处	（同上）	232	839	423	354	351	种植业、养殖业、务工	1.5	无	0	5	无
白土五街	镇政府南 2.5 千米处	（同上）	322	1069	549	591	451	种植业、养殖业、务工	1.5	无	1	0	无
白土六街	镇政府南 2.5 千米处	（同上）	266	1000	536	590	398	种植业、养殖业、务工	1.5	无	0	0	无

续表

村名	位　置	村名由来简介	户数	人口	劳动力	总耕地	粮食总产量	主要经济来源	年人均收入	学校及师生数量	卫生室数量	商店数量	企业类型与数量
南涧城	镇政府北1千米处	由南庄、涧南、城的3个居民点合成1个村，取各自首字，得名南涧城	424	1719	897	995	567	种植业、养殖业、务工	1.5	小学1所，学生1人，教师1人	0	3	无
池上	镇政府北1.5千米处	明朝时，涉县更乐村赵姓人家迁此建村。因村北高处的水池长年蓄水，得名池上	451	1673	856	1165	504	种植业、养殖业、务工	1.5	小学1所，学生133人，教师12人	2	2	无
张二庄	镇政府北2千米处	明朝时，张、章二姓人家自十步槽迁此。因二姓同音，沿用中统写为张，为示二姓，取名张二庄	1222	4459	2358	2950	1086	种植业、养殖业、务工	1.5	无	0	0	无
青碗窑	镇政府北2.1千米处	隋末，瓷窑工张铁汉一家逃难至此。使用当地硷土原料烧碗。后收徒、建房，发展成村，因烧制青碗扬名而得名	559	2163	1103	2103	567	种植业、养殖业、务工	1.5	无	0	0	无
大水头一街	镇政府南3.5千米处	清朝时建村，窑工挖煤至此煤尽，称窑头。又系泉源，故名大水头	297	1130	569	810	496	种植业、养殖业、务工	1.5	小学1所，学生68人，教师10人	1	1	种植、养殖公司各1家
大水头二街	镇政府南3.5千米处	（同上）	248	949	496	660	440	种植业、养殖业、务工	1.5	小学1所，学生64人，教师10人	1	4	无
大水头三街	镇政府西南3.5千米处	（同上）	132	478	246	605	192	种植业、养殖业、务工	1.5	小学1所，学生40人，教师5人	1	1	无

续表

村名	位　置	村名由来简介	户数	人口	劳动力	总耕地	粮食总产量	主要经济来源	年人均收入	学校及师生数量	卫生室数量	商店数量	企业类型与数量
上寨	镇政府南4千米处	村东一山寨称东大寨，寨顶容4000人。四周村民遇匪乱逃此避难。后在寨西繁衍成村，得名上寨	1003	3649	1899	2900	1246	种植业、养殖业、务工	1.5	小学1所，学生256人，教师15人	0	9	养殖公司、种植公司、电商公司各1家
五合	镇政府南5千米处	1949年，寨壑沟、老闷沟、砚壑沟、小拷栳、南崖壑5个居民点合成1村，故名五合	139	451	245	667	51	种植业、养殖业、务工	1.5	无	0	0	无
杨花庄	镇政府南5千米处	原名春西洼，隶属北羊城。1984年划出时以“羊”译“杨”“划”译“花”，故名杨花庄	184	739	398	421	172	种植业、养殖业、务工	1.5	小学1所，学生4人，教师1人	0	2	无
北羊城	镇政府南5千米处	明朝时，山西洪洞县王姓、齐家岭齐姓人家等迁此定居。因相对漳河南岸的南羊城，故名北羊城	275	1170	612	1227	424	种植业、养殖业、务工	1.5	无	0	5	无
新合	镇政府西南5.5千米处	1945年，上寨辖属的峡谷沟、红洞沟、六里水等27个居民点合成1村，故名新合	59	130	79	360	16	种植业、养殖业、务工	1.5	无	0	0	无
三义	镇政府西南6千米处	1946年，辖属上寨的梨树坪、北沟、路下岩3个居民点合成1个村，故名三义	61	140	82	260	10	种植业、养殖业、务工	1.5	无	0	0	无
吴家河	镇政府西南6.5千米处	清朝时，涉县丁岩村孟奎仁等5家迁此建村。因位于漳河边，得名五家河，沿用中改成吴家河	97	394	204	487	160	种植业、养殖业、务工	1.5	无	0	2	无

黄沙镇

黄沙镇位于磁县西南部，镇政府驻地南黄沙村距县城21.5千米。东临岳城镇，南隔岳城水库与观台镇相望，西连都党乡，北接峰峰矿区。2018年辖10个村，3804户，16969人，总面积20.82平方千米，耕地面积1059.4公顷，居民人均收入10135元。峰煤集团专用铁路线从西部穿越，省道邢都公路、县道从峰线、乡道观黄线和环矿路（环申家庄煤矿）相互交叉，交通便利。

该镇地处卵石丘陵区，地势东西较高，中部由北向南缓平，海拔80～300米，地下水位50～80米。土壤有石灰性褐土和钙质石质土两类。主要农作物为小麦、玉米，2018年粮食产量3869吨，农业总产值2076万元。养殖业以养猪、养鸡为主，成立黄沙镇养猪协会，建成马家荒瘦肉型猪养殖基地和南上庄、水池蛋鸡养殖基地。2018年，全镇畜禽养殖大户37家，生猪存栏9020头，鸡存栏5.32万只。

2000—2016年，申家庄煤矿拉动黄沙镇经济高速增长，带动运输、餐饮、物流等相关产业发展。2016年工业企业22家，从业人员6344人，工业企业收入24.69亿元，缴税金8.87亿元。2017年申家庄煤矿停产转型，相关产业衰落。2018年，全镇工业总产值2.03亿元，规模以上企业仅保留1家。

2018年，全镇有幼儿园、托儿所6所，小学6所，中学1所，在校生747人，教师101人。有卫生院1所，村级卫生室35所，执业（助理）医师23人。有锣鼓队、秧歌队、军乐队、舞蹈队等20支群众文艺队伍。镇内文物有明朝建筑昭福寺等。（黄沙镇各村基本情况一览表见下页）

昭福寺

岳城镇

岳城镇位于磁县西南部，镇政府驻地岳城村距县城16.5千米。东邻时村营乡，南与观台镇、河南省安阳县隔漳河、岳城水库相望，西连黄沙镇，北接磁州镇、西固义乡、峰峰矿区。2018年，岳城镇辖21个村，9429户，41505人。少数民族有回族、满族等。耕地面积3366.6公顷，总面积95.31平方千米。村民大多外出务工，2018年全镇劳动力约2万人，从事工、农、林、牧、渔业人员所占比重各约为20%。境内有讲岳公路（讲武城—岳城）、环库（岳城水库）公路和岳峰公路（岳城镇—峰峰矿区），交通便利。

该镇地处卵石丘陵区，海拔80～340米，地下水位10～40米。土壤有石灰性褐土、潮褐土及褐土3类。主要农作物为小麦、玉米，农业耕作方式以人工为主。1999年，全镇耕地面积2000余公顷，小麦亩产190千克，玉米亩产225千克。2018年，小麦亩产500千克，玉米亩产600千克。全镇有农业专业合作社11个，种植大户8个，养殖大户49个，家庭农场13个，粮食产量2.19亿吨，农业总产值1.22亿元，农民人均可支配收入14738元。

镇内煤炭资源丰富，有峰峰集团梧桐庄煤矿和天成、旭源、昱武4个矿业公司。2012年，全镇工业总产值17.54亿元。2015年始，清理小散乱污企业，工业产值下降。2018年，全镇工业总产值13.52亿元，规模以上工业企业11家，规模以上工业总产值12.35亿元。

1999年，全镇有中学1所，小学21所，教师80余人。教师中，多以民办、代课教师为主。2018年，全镇有幼儿园、托儿所10所，小学12所，中学1所，在校生3518人，教师207人。教师队伍中，专科学历占55%，本科学历占38%，研究生学历占2%。

2018年，全镇有中心卫生院1所，村卫生室21所，其他医疗卫生机构55家。镇文化站1个，村文化室21个，文化广场20个。

2018年黄沙镇各村基本情况一览表

表 1-4　　　　单位：户、人、个、亩、吨、万元、所、家

村名	位置	村名由来简介	户数	人口	劳动力	总耕地	粮食总产量	主要经济来源	年人均收入	学校及师生数量	卫生室数量	商店数量	企业类型与数量
南黄沙一街■	西南邻镇政府	明朝时建村，因四周皆黄土夹沙，故取名黄沙。按方位分别称南黄沙	368	1594	650	1990	796	种植业、务工	0.8	小学1所，学生35人，教师5人	2	2	无
南黄沙二街■	镇政府所在地	（同上）	268	1147	229	1101	225	种植业、务工	0.9	无	1	6	无
南黄沙三街	东邻镇政府	（同上）	460	2017	960	1870	422	种植业、务工	0.6	小学1所	1	7	建材公司3家
北黄沙	镇政府北2千米处	明朝时建村，因四周皆黄土夹沙，故取名黄沙。按方位分别称北黄沙	318	1239	747	1300	314	种植业、务工	0.8	小学1所，学生14人，教师5人	2	2	无
马家荒	镇政府东3千米处	明朝时建村。原为梧桐庄马家的坟地，魏姓人家在此看坟，繁衍成村。因地处荒野，故名马家荒	394	1700	513	1792	507	种植业、务工	0.8	小学1所，学生41人，教师6人	3	3	无

续表

村名	位　置	村名由来简介	户数	人口	劳动力	总耕地	粮食总产量	主要经济来源	年人均收入	学校及师生数量	卫生室数量	商店数量	企业类型与数量
前辛安■	镇政府南2千米处	村外的马二岭形似马鞍，故名辛安。按方位分别称前辛安	441	2107	1420	470	200	种植业、务工、经商、运输业	0.9	小学1所，学生30人，教师6人	1	3	无
后辛安■	镇政府南2千米处	村外的马二岭形似马鞍，故名辛安。按方位分别称后辛安	138	688	280	325	325	种植业、务工	0.9	无	1	1	无
申家庄■	镇政府西南2.5千米处	明朝时建村，申、聂、段姓人家为老户，申姓为大族，故名申家庄	591	2913	1800	900	600	务工、运输业	0.6	小学1所，学生42人，教师7人	2	4	洗选公司1家
水池	镇政府西2.5千米处	因原村中有1处活水池，故名水池	272	1185	750	970	250	种植业、务工	0.9	无	1	3	无
南上庄	镇政府西北1.7千米处	村南、北、东均为河沟，高处建村，故名上庄。因区别彭城上庄，改称南上庄	554	2311	700	1106	532	种植业、务工	0.6	小学1所，学生75人，教师8人	1	7	经济合作社、煤矿各1家

2018年岳城镇各村基本情况一览表

表1-5　　单位：户、人、个、亩、吨、万元、所、家

村名	位　置	村名由来简介	户数	人口	劳动力	总耕地	粮食总产量	主要经济来源	年人均收入	学校及师生数量	卫生室数量	商店数量	企业类型与数量
岳城■	镇政府驻地	据清康熙《磁州志》载：在县西南45里，宋建炎初，岳武穆岳飞曾驻兵于此"，故村名岳城	1510	6286	3505	3400	1700	种植业、养猪业、务工、经商、运输业	0.3	小学1所，学生400人，教师18人	7	102	无
香水■	镇政府北1千米处	明朝时，山西洪洞县明姓人家迁此，因桑树、水沟多，故得名桑水。后桑树减少，村南有条香水河，更名香水	279	1197	725	1340	1000	种植业、务工	0.7	无	2	5	耐火公司1家
钟离■	镇政府北4千米处	汉朝时，钟离权曾在西岗上修行成道，故取复姓钟离为村名	725	3332	1803	2436	1300	种植业、务工	0.8	小学1所，学生89人，教师10人	5	8	洗煤公司1家
南神岗	镇政府北6千米处	该村在玉皇岗附近，又与北神岗相对，故名南神岗	523	2442	1180	1700	1500	种植业、务工	0.5	小学1所，学生130人，教师7人	1	0	无
里青	镇政府东北2.5千米处	村东北圣水寺的水清，李姓为大族，故名李清。明朝时，山西洪洞县赵秀亭和宋姓人家迁入。后李姓衰，泉水滞流，改称里青	345	1702	744	5500	6000	种植业、务工	0.5	小学1所，学生180人，教师7人	1	0	无
旺南	镇政府东北2.5千米处	明朝时，山西洪洞县董姓兄弟二人迁此。只有村南土质肥沃，丰收在望，故名望南，沿用中改为旺南	235	1077	593	1650	1485	种植业、务工	0.7	小学1所，学生40人，教师8人	1	3	无
水鱼岗	镇政府东北5千米处	明朝时，山西洪洞县梁姓人家迁此，建村岗上，因西沟长年流水，得名水峪岗。水中有鱼，改名水鱼岗	197	985	510	3000	1050	种植业、务工	0.4	无	1	2	无

续表

村名	位　置	村名由来简介	户数	人口	劳动力	总耕地	粮食总产量	主要经济来源	年人均收入	学校及师生数量	卫生室数量	商店数量	企业类型与数量
马水涧	镇政府东北 5.6 千米处	清朝时建村。据传，唐朝窦建德在村北凉马沟扎营，用涧水饮马，故名马水涧	270	1301	714	2020	980	种植业、务工	0.7	无	2	2	无
马家坟	镇政府东南 2 千米处	据清《磁州志》载：元御史马天骥墓在此。故村名马家坟	285	1315	1252	592	590	种植业、务工	0.9	幼儿园 1 所，幼儿 120 人，教师 8 人	1	6	无
张屯头	镇政府东南 2 千米处	传此地是曹操屯兵的东头，也说是岳飞屯兵的东头，故名屯头。1937 年后，大庄、小庄称南屯头，其他 5 村称北屯头。1961 年单独建村时，北屯头其中 1 村多张姓，故名张屯头	91	337	223	521	503	务工	0.6	无	1	0	无
付屯头	镇政府东南 2 千米处	（前半部内容同上）其中 1 村以傅姓居多，故名傅屯头，后改称付屯头	185	818	427	485	486	种植业、务工、运输业	0.5	小学 1 所，学生 50 人，教师 24 人	1	0	无
刘屯头	镇政府东南 2 千米处	（前半部内容同上）其中 1 村以刘姓居多，故名刘屯头	119	581	300	335	20	务工	0.6	无	1	0	无
王屯头	镇政府东南 2.5 千米处	（前半部内容同上）其中 1 村以王姓居多，故名王屯头	283	1230	669	455	455	种植业、务工、运输业	1	小学 1 所	1	5	无
小庄	镇政府东南 3 千米处	（前半部内容同上）南屯头中人口少的村取名小庄	203	1011	514	731	7104	种植业、养猪业、务工	0.3	无	2	2	无
大庄■	镇政府东南 3 千米处	（前半部内容同上）南屯头中人口多的村取名大庄	206	986	520	800	800	种植业、养殖业、务工	0.8	无	1	3	无

续表

村名	位　置	村名由来简介	户数	人口	劳动力	总耕地	粮食总产量	主要经济来源	年人均收入	学校及师生数量	卫生室数量	商店数量	企业类型与数量
东风寨	镇政府东南2.5千米处	以村中土寨形似狗，得名黑狗寨。1958年建岳城水库时，成安县民工营驻此，以毛泽东“东风压倒西风”改村名东风寨	125	543	393	371	371	种植业、务工、运输业	1	小学1所	2	1	便道砖厂、混凝土公司各 1家
潘汪■	镇政府西北2.5千米处	分上、下潘汪，下潘汪东南湾水一片汪洋，加之潘姓，得名潘汪。建岳城水库时，上潘汪村民多数迁大社镇及时村营乡上七垣村。下潘汪北迁1.5千米，仍名潘汪	206	842	447	829	360	种植业、务工	0.6	小学1所，学生30人，教师6人	2	0	无
柿园■	镇政府西北3千米处	明朝时，山西洪洞县苏姓人家迁此建村，因村外柿树多，故名柿园	323	1516	748	1800	1200	种植业、养猪业、洗煤业、运输业	1.4	小学1所，学生90人，教师8人	1	5	洗煤公司1家、贸易公司2家
界段营■	镇政府西北7千米处	传曹操在此扎营，也传是岳飞的兵营最西边，故名界段营	574	2459	1358	1500	750	种植业、养猪业、务工、运输业	0.4	小学1所，学生100人，教师9人	4	6	煤矿公司3家
梧桐庄	镇政府西北5.3千米处	明朝时，肖、平、秦三姓人家从山西洪洞县迁此建村，梧桐树种植多且木质好，故名梧桐庄	707	3504	1769	3530	1500	种植业、务工、经商	1.3	小学1所，学生300人，教师17人	1	9	无
漳村■	镇政府西北10千米处	昔时，保障和漳村是一个村，后被漳河冲开，留南岸的称保障，留北岸的得名漳村	585	2688	1593	3200	1600	种植业、务工	0.6	小学1所	1	12	无

讲武城镇

讲武城镇位于磁县南部，镇政府驻地讲武城村距县城9千米。东邻临漳县，南与河南省安阳县隔漳河相望，西连时村营乡，北接磁州镇。2018年，全镇辖26个村，15637户，60057人，总面积74.52平方千米。少数民族有回族62户，252人，聚居于南十里铺村。京广铁路、107国道、京港澳高速公路纵穿境内，京港澳高速公路邺城下道口衔接横贯境内的从峰公路。

以107国道为界，该镇西部为丘陵、东部为平原，海拔80～300米，地下水位5～30米。土壤有石灰性褐土、潮褐土和盐化潮土3类。1999年，全镇耕地面积3703.13公顷，小麦亩产200千克，玉米亩产240千克。2014年开始中低产田改造。是年，小麦亩产522千克，玉米亩产594千克。2018年耕地面积5033.4公顷，农业专业合作社56个，种植大户28个，养殖大户84个，家庭农场25个，粮食总产量4.41万吨，农业总产值3.05亿元。农副产品有甘薯、油葵、双孢菇、花卉、蒲公英等，其中八里冢村蒲公英种植形成产业化体系。

1999年，全镇有黏土砖厂11家、造纸厂3家、焦化厂1家、乙炔气厂1家、面粉加工厂5家、化工厂1家、塑料鞋厂1家、木材加工企业9家、建筑企业20多家，解决就业2500余人。随着环保治理的推进，全镇黏土砖厂、造纸厂、焦化厂、乙炔气厂、化工厂等重污染企业先后被取缔。2018年，全镇保留有面粉加工厂1家、酒精厂1家、酒厂1家、鞋厂1家。国营新生农场、漳河林场和中央直属粮库——磁县讲武城库坐落该镇境内。

1999年，全镇有小学26所，在校生4000余人。2018年，全镇有幼儿园18所（包括民办），小学19所，中学1所，在校生5614人，教师244人。该镇重视文化阵地建设。其中，2012年，刘庄村农家书屋被评为“河北省示范农家书屋”。2018年全镇有卫生院1所，个体诊所80个，执业（助理）医师24人。

刘庄村民在农家书屋阅览图书

镇内文物古迹众多，有讲武城遗址、龙山文化遗址、商代文化遗址、北朝墓群、北朝皇陵文化宫、抗日烈士纪念碑等。位于前港村南的天子冢是北朝墓群中最高、最大之墓，年客流量20余万人次。

（讲武城镇各村基本情况一览表见下页）

观台镇

观台镇位于磁县西南部，镇政府驻地观台镇三街村距县城40千米。东、南、西三面邻河南省安阳县，北隔漳河、岳城水库与都党乡、黄沙镇、岳城镇相望。2018年，全镇辖14个村（其中9个移民村），9761户，34957人，总面积41.05平方千米，耕地1721.1公顷。省道邢峰公路南延段从镇中部穿过。

该镇地处卵石丘陵区，自南向北渐趋平坦，海拔80～340米，地下水位50～80米。土壤有石灰性褐土、潮褐土及褐土3类。主要农作物为小麦、玉米。2018年，全镇有农业专业合作社10个，种植大户3个，养殖大户43个，家庭农场2个，粮食产量1.08万吨，农业总产值1.23亿元。

镇内有丰富的煤、石灰石、耐火土、铁矿石等资源。工业以煤炭为主，磁县六合工业有限公司坐落于镇内。2010年，全镇工业总产值18亿元。2018年，全镇规模以上工业企业6家，规模以上工业产值15.44亿元。

2018年，全镇有幼儿园、托儿所11所，小学7所，中学1所，教学点2个，在校生2256人，教师264人。2018年，全镇医疗卫生机构53家，执业（助理）医师34人。其中镇卫生院1所，村卫生室14个。

镇内文物古迹众多，有磁州窑观台窑遗址、观兵台遗址、六河沟煤矿旧址、观台六河沟煤矿烈士纪念碑等。

六河沟煤矿电厂灯房遗存

2018年讲武城镇各村基本情况一览表

表 1-6　　单位：户、人、个、亩、吨、万元、所、家

村名	位　置	村名由来简介	户数	人口	劳动力	总耕地	粮食总产量	主要经济来源	年人均收入	学校及师生数量	卫生室数量	商店数量	企业类型与数量
讲武城	镇政府驻地	战国时建村，称武城。东汉时曹操在此筑城讲武练兵，宋代改为讲武城	672	2759	1851	2662	2945	种植业、养猪业、务工、经商、运输业	1	小学1所，学生96人，教师7人	3	5	无
孟庄■	镇政府北1千米处	三国时，孟姓人家在此建村，名孟家庄。因在此驻兵，又称孟家营、北营，后改称孟庄	795	3279	1842	3406	3000	种植业、务工	0.6	小学1所，学生156人，教师10人	3	2	无
东曹庄	镇政府北3千米处	清朝时，八里冢曹姓人家迁此，得名曹庄。与时村营乡西曹庄相对，故称东曹庄	383	1618	862	1369	1050	种植业、务工、经商、运输业	1.2	幼儿园1所，幼儿135人，教师6人	1	4	无
八里冢	镇政府北3.3千米处	南北朝时建村，因村边有三、四个大冢，且距县衙八里，故名八里冢	535	2273	1288	1810	1530	种植业、务工	0.8	小学1所，学生369人，教师17人	5	5	种植、养殖公司各1家，专业合作社1家
申庄	镇政府北3.5千米处	明初，山西洪洞县申氏兄弟中1人迁此定居，故名申庄	506	2132	1170	2300	2300	种植业、务工	0.8	小学1所，学生250人，教师14人	1	6	无
刘庄	镇政府北4.2千米处	泉水流过村边沟渠，渠上三块板搭桥，故名三板桥。后村中刘姓人家献粮济贫救灾，村民报恩，更名刘庄	411	1785	1053	1640	1640	种植业、务工	0.8	小学1所，学生180人，教师14人	1	4	无

续表

村名	位　置	村名由来简介	户数	人口	劳动力	总耕地	粮食总产量	主要经济来源	年人均收入	学校及师生数量	卫生室数量	商店数量	企业类型与数量
滏阳营	镇政府东北5千米处	明初，山西洪洞县迁民到滏阳河西闸南渠的南端建村，后此地扎过兵营，故名滏阳营	636	2421	1424	2048	2048	种植业、务工	0.5	小学1所，学生100人，教师9人	1	7	无
王家店	镇政府东北0.5千米处	清朝时建村，原名槐荫铺。后乾隆帝南巡时在此留宿一夜。为纪念此事，改称王家店	373	1615	987	970	1200	种植业、务工	1.3	小学1所，学生40人，教师5人	2	3	无
北白道	镇政府东北3千米处	南北朝时建村，因此地白塔寺取村名白塔。村民打死寺内一作恶和尚并驱赶其余和尚后，改为白道。后扩为2村，按方位分别称北白道	797	3844	2695	5347	4812	种植业、养殖业、务工、经商、运输业	2.8	小学1所，学生750人，教师33人	4	10	家具厂2家、面粉厂1家、种植养殖公司1家
南白道	镇政府东1千米处	（前半部内容同上）按方位分别称南白道	533	2240	1507	1810	900	种植业、务工	0.8	小学1所，学生40人，教师5人	4	7	无
西陈	镇政府东北4千米处	三国时，陈姓人家在此建村，故名陈庄。后发展成两个村，按方位分别称西陈	646	3072	1627	2600	2600	种植业、务工	1.3	小学1所，学生207人，教师13人	2	5	无
东陈	镇政府东北6千米处	（前半部内容同上）按方位分别称东陈	499	1817	1030	1388	1388	种植业、务工、经商	1.3	小学1所，学生87人，教师6人	2	2	无
南十里铺	镇政府东北6.1千米处	清朝时，刘、李、杨3家回民在此开车马店，发展成村。距县衙十里，故名十里铺。为区别城北十里铺，改称南十里铺	62	252	142	214	220	种植业、养牛羊与屠宰加工、经营清真饭店和肉食店	1.5	无	1	1	无

续表

村名	位置	村名由来简介	户数	人口	劳动力	总耕地	粮食总产量	主要经济来源	年人均收入	学校及师生数量	卫生室数量	商店数量	企业类型与数量
小寨	镇政府东北6.5千米处	三国时建村，因村东、西两头有土寨，故名小寨	378	1810	820	1377	1400	种植业、务工	0.7	小学1所，学生270人，教师5人	1	7	无
西高录	镇政府东北6.7千米处	汉朝时建村。该地一土楼称高楼，得村名高楼。后地震楼倒，村民为吉祥改名高禄。按方位分别称西高禄，1996年改称西高录	156	631	546	357	360	种植业、养猪业	1	无	1	0	无
中高录	镇政府东北6.8千米处	（前半部内容同上）按方位分别称中高禄，1996年改称中高录	211	1007	465	1136	1100	种植业、务工	1	无	1	2	无
东高录	镇政府东北6.9千米处	（前半部内容同上）按方位分别称东高禄，1996年改称东高录	482	1900	1112	2400	2410	种植业、服装加工、务工	1.3	小学1所，学生112人，教师10人	1	4	无
东李庄	镇政府东北7千米处	清初，李姓人家在此建村，得名李庄。为区别县内其他李庄，按方位称东李庄	213	719	404	800	943	种植业、养殖业、务工、经商、运输业	0.8	无	1	5	无
大冢营	镇政府东北7.5千米处	北齐时，看墓冢的人家在此发展成村，故名大冢村。后因扎兵营，更名大冢营	302	1339	787	1316	1520	种植业、务工、经商	1	幼儿园1所，幼儿20人，教师1人	2	5	无
高庄	镇政府东0.3千米处	明末，临漳县高家楼一对姓高的夫妇到此开饭铺，后发展成村，故称高庄	272	1241	671	961	900	种植业、务工	1.5	小学1所，无师生	2	4	家具厂1家、围栏厂1家

续表

村名	位　置	村名由来简介	户数	人口	劳动力	总耕地	粮食总产量	主要经济来源	年人均收入	学校及师生数量	卫生室数量	商店数量	企业类型与数量
南营■	镇政府西南2.5千米处	三国时建村。初有讲武城营和窑底两个居民点，后讲武城营简称讲武营。孟庄称北营时，讲武营改称南营。1949年，窑底村并入南营	883	3606	2138	2973	3000	种植业、养猪业、运输业	1.2	小学1所，学生210人，教师10人	4	8	养殖厂2家
朝冠	镇政府西南5.2千米处	明初，山西洪洞县迁民到此定居，因村西有个太监（朝廷内官）墓，起名朝官，沿用中写成朝冠	708	2884	1700	2557	2560	种植业、务工、经商、运输业	0.7	小学1所，学生213人，教师11人	4	8	无
东小屋	镇政府西3千米处	明初，山西孙姓人家迁此定居，因在西小屋东，得名东小屋	587	2131	1424	4032	1535	种植业、养殖业、务工、经商、运输业	1	小学1所，学生100人，教师5人	1	5	无
双庙	镇政府西北3千米处	宋朝时建村，村中的沟两边住人家，各修一庙，故名双庙	481	1759	1173	1900	960	种植业、务工	0.7	小学1所，学生71人，教师7人	2	4	无
后港	镇政府西北5.3千米处	唐朝时建村，村前有条小河沟，河沟也称港，故名后港	494	2177	1241	5273	5400	种植业、务工	1.1	小学1所，学生230人，教师18人	1	7	无
前港■	镇政府西北4千米处	清朝时建村，因位于后港南面，故称前港	235	912	549	1800	1980	种植业、务工	1.2	幼儿园1所（未用）	1	1	无

2018年观台镇各村基本情况一览表

表1-7　　单位：户、人、个、亩、吨、万元、所、家

村名	位　置	村名由来简介	户数	人口	劳动力	总耕地	粮食总产量	主要经济来源	年人均收入	学校及师生数量	卫生室数量	商店数量	企业类型与数量
观台一街■	镇政府西0.2千米处	史料载：传观台为曹操所筑，以观三台者。一说为石虎所建，以观漳水者。均无考。唯高台尚存台。村庄北依观台而得此名	1050	3639	1974	1707	750	种植业、务工	1.1	小学1所，学生368人，教师9人	3	43	耐火厂、商贸公司各2家，白灰厂、化肥公司、电力能源公司、养猪专业合作社、矿业公司、污水处理厂、铸造厂、洗煤厂、化工厂各1家
观台二街■	镇政府西北0.9千米处	（同上）	1192	4076	1911	1688	478	种植业、务工、经商	1.1	小学1所，学生404人，教师21人	6	45	养殖场5家，铸造厂、建材公司、洗煤厂各2家，养猪合作社、水电公司、塑料制品厂、种植合作社、食品厂各1家
观台三街■	镇政府驻地	（同上）	1032	3603	1925	1503	495	种植业、务工、经商	1.2	无	2	63	煤炭洗选厂2家，焦化厂、养殖场、耐火厂各1家
西保障■	镇政府东南3.4千米处	东汉末年，曹操在村西北角设行军“宝帐”，故名西保障	1203	4763	2553	3428	992	养殖业、务工、经商	0.9	小学1所，学生319人，教师16人	3	23	养殖公司、洗煤公司、养殖专业合作社各1家

续表

村名	位置	村名由来简介	户数	人口	劳动力	总耕地	粮食总产量	主要经济来源	年人均收入	学校及师生数量	卫生室数量	商店数量	企业类型与数量
东保障■	镇政府东南5.1千米处	三国时建村，位于西保障东，故名东保障	224	891	451	1057	518	种植业、务工	0.8	无	1	2	铸造公司1家、食品公司1家
乞伏■	镇政府东南6.2千米处	昔时，几户逃荒人家在此建村，初名祈福，后改称乞伏	378	1465	835	894	564	务工、火锅经营	1.1	无	1	2	建材公司、养殖专业合作社、种植公司各1家
东清流■	镇政府东南12千米处	战国时建村。天爷岗下清泉东称东清流、西称西清流。因建岳城水库，部分村民外迁，留者仍名东清流	232	952	461	980	378	种植业、务工	0.9	无	1	2	种植专业合作社1家、养殖公司1家、种植公司1家
西清流■	镇政府东南11千米处	（前半部内容同上）西清流南迁1千米，村名未变	213	846	416	387	232	种植业、务工	0.9	无	2	2	种植专业合作社1家
中清流■	镇政府东南11千米处	因建岳城水库迁出的东清流村民返回，在东、西清流之间建村，故名中清流	182	711	357	890	492	种植业、务工	1	小学1所，学生42人，教师3人	1	2	种植养殖公司3家，物业公司、饮用水制造厂、选煤厂、林业开发公司、蔬菜种植公司、酒业公司各1家
后岭	镇政府南5.2千米处	明末，秦、杨、武三家到冢子岭上开荒，繁衍成村。按方位分别称后岭	297	1085	551	1424	352	种植业、务工	1.2	无	1	2	运输公司1家、建筑公司1家

续表

村名	位　置	村名由来简介	户数	人口	劳动力	总耕地	粮食总产量	主要经济来源	年人均收入	学校及师生数量	卫生室数量	商店数量	企业类型与数量
前岭	镇政府南5.6千米处	（前半部内容同上）按方位分别称前岭	511	1890	947	2415	457	种植业、务工	1.3	小学1所，学生300人，教师13人	3	8	洗选厂2家、种植养殖公司1家、型煤公司1家
岗子窑	镇政府西南8.9千米处	明朝前，因村外有座杠子桥，取名杠子桥。后迁至环山岗之侧，建石灰窑和煤窑，煤以质优闻名，故改称岗子窑	840	3105	1501	3136	562	种植业、务工	1.2	小学1所，学生166人，教师9人	3	4	煤炭洗选公司2家、建材公司4家、铁矿公司1家、服装加工公司1家
东艾口■	镇政府西3.7千米处	宋代，此地艾山的瓷窑产品运销各地。以艾山取名艾山镇，后改称艾口。按方位分别称东艾口	530	1792	953	1360	266	种植业、务工	0.9	小学1所，学生18人，教师4人	2	10	养殖公司3家、商贸公司2家、矿业公司1家
西艾口■	镇政府西5.8千米处	（前半部内容同上）按方位分别称西艾口	825	3450	1515	2800	1052	种植业、务工	1	小学1所，学生164人，教师9人	4	15	煤焦公司1家、洗煤公司1家

北贾壁乡

北贾壁乡位于磁县西北部，乡政府驻地北贾壁村距县城30千米。东邻峰峰矿区，南连白土镇、陶泉乡，西依陶泉乡、武安市，北接峰峰矿区、武安市。2018年，全乡辖25个村，8827户，34347人。全乡面积72.95平方千米，耕地2256.4公顷，山场6660余公顷。矿产资源丰富，探明矿产10余种，主要为石灰石、方解石，储量2亿吨以上。2018年国民生产总值15.98亿元，较1998年增长5.7倍，人均纯收入5160元，较1998年增长2.8倍。

乡内属低山区，海拔500～1000米，地下水位120～220米。西部有板山、荞麦山，海拔均在700米以上。土壤有石灰性褐土和钙质石质土两类。主要农作物有谷子、玉米、甘薯、豆类等，盛产柿子、花椒、木橑、酸枣。由于干旱、劳动力外出务工等原因，全乡小麦种植面积降幅较大，2016年仅种植22公顷，2018年基本无农户种植。2011年扩大核桃、花椒种植规模，支持种植大户扩大谷子、绿豆、甘薯等小杂粮种植规模，形成小杂粮、花椒、核桃3个面积过万亩的种植基地，形成经济支柱产业。2018年，全乡粮食产量7126吨，农业总产值8344万元。

1998年，全乡60%的村有机井设备，村民就近用地下水。2014年安全饮水项目建成，全乡饮水状况改善。2018年年底，全乡有机井21眼。

1998年，全乡有耐火厂、陶瓷厂、焦厂、砖厂、石料厂等中小企业14家，年总产值3000万元。2000年后逐步关停。

全乡有多个商品流通集散地，以北贾壁村古河商贸街、十字街口商贸街，索井村商贸街为代表的3个商贸街容纳120余家个体商贸户，年销售额1500万元，为周边3.3万人提供便利。

1998年，全乡有县办中学1所，乡办中学2所，小学25所。2018年，全乡有幼儿园、托儿所14所，小学6所（其中九年一贯制学校1所），中学1所，教学点4个，在校生1837人，教师132人。2018年，全乡有乡卫生院1所，村卫生室48所，执业医师50人。

乡内文物古迹众多，有北朝古瓷窑址、隋代弥陀寺（南峧寺）、清代庙碑、华北第一个抗日民主县政府旧址、田裕民纪念碑等。自然景观有龙凤山、卧龙险峰、青峰溶洞等。（北贾壁乡各村基本情况一览表见下页）

华北第一个抗日民主县政府旧址

陶泉乡

陶泉乡位于磁县西部山区，乡政府驻地韩家沟村距县城50千米。东、北邻北贾壁乡，南接白土镇，西依涉县，北连武安市。2018年，全乡辖22个村，5753户，20789人。总面积96.87平方千米，耕地1428.8公顷。2018年国民生产总值9.04亿元。乡西南部的炉峰山海拔1087.6米，为全县最高峰。

该乡属于深山区，海拔500～1000米，地下水位190～200米。土壤有石灰性褐土和钙质石质土两类。主要农作物有谷子、小麦、玉米、油葵、甘薯，果产品有核桃、柿子、花椒、黑枣。2018年，全乡粮食产量2157吨，农业总产值8354万元。

2018年，全乡有幼儿园、托儿所5所，小学3所，在校生859人，教师64人。2018年，全乡医疗卫生机构33个。其中乡卫生院1所，村卫生室22所。2016年洪水将全乡的乡村道路冲毁，2018年道路恢复重建。

乡内旅游资源丰富，开发初具规模。2016年，陶泉乡与邯郸乾展荣开发公司达成合作意向，投资约7亿元对炉峰山景区相关设施改造完善；2017年，花驼村与申家庄煤矿生态旅游开发有限公司合作开发村内一二九师军火库旧址、天保寨、睡美人山等景区。

2018年北贾壁乡各村基本情况一览表

表 1-8　　单位：户、人、个、亩、吨、万元、所、家

村名	位置	村名由来简介	户数	人口	劳动力	总耕地	粮食总产量	主要经济来源	年人均收入	学校及师生数量	卫生室数量	商店数量	企业类型与数量
北贾壁	乡政府驻地	汉光武帝刘秀远见村头西坡石条为石碑，近看无字，道："原是块假碑。"后以音取字称贾壁，按方位分别称北贾壁	1468	5681	783	5222	1671	种植业、务工	1	中学、小学、幼儿园各1所，学生（幼儿）1060人，教师75人	6	40	无
南贾壁	乡政府南3千米处	（前半部内容同上）按方位分别称南贾壁	515	1997	243	2135	683	种植业、务工	0.8	小学1所，学生60人，教师6人	3	4	无
中贾壁	乡政府东南1.5千米处	原名土台村。因位于南、北贾壁之间，后改称中贾壁	632	2380	271	1625	520	种植业、务工	0.9	小学1所，学生12人，教师2人	2	4	无
新华	乡政府北3千米处	新华、西庄、西上庄、双和村合称索井村。据传，村北后井沟有1眼井被锁住，故名锁井，后改为索井	875	3148	378	2220	710	种植业、务工	0.8	小学1所，幼儿园4所，学生（幼儿）730人，教师50人	5	5	无
双和	乡政府北2.8千米处	（同上）	706	3254	378	2709	867	种植业、务工	1	无	3	5	无
西上庄	乡政府北3.1千米处	（同上）	592	2334	284	1507	482	种植业、务工	1	无	4	6	无
西庄	乡政府北3.2千米处	（同上）	509	1987	243	1241	397	种植业、务工	0.8	无	2	5	无
岗西	乡政府北5千米处	武安县石洞村韩姓人家迁此，发展成村，取名韩庄。后武安县西洞村段姓人家迁入、人口超韩姓。以村居岗西，得名段岗西，后改称岗西	858	2923	378	3170	1014	种植业、务工	0.7	小学1所，学生18人，教师2人	2	5	无

续表

村名	位　置	村名由来简介	户数	人口	劳动力	总耕地	粮食总产量	主要经济来源	年人均收入	学校及师生数量	卫生室数量	商店数量	企业类型与数量
大红脑	乡政府东南2.6千米处	传武安县柏寺村许姓人家藏金马驹未献朝廷被问罪被迫外逃，其中1人在此定居。因位于红土岗上，故名大红脑	97	285	26	427	137	种植业、务工	0.8	无	1	1	无
青碗河	乡政府南3.5千米处	隋朝时，有人家在旱河沟的南岸青碗瓷窑处定居并发展成村，故名青碗河	224	922	108	198	63	种植业、务工	0.9	无	1	1	无
西苗庄	乡政府西2.2千米处	清朝时，苗姓人家逃荒至此，发展成村，取名苗庄。为区别林坛镇苗庄，1982年改称西苗庄	143	543	81	492	157	种植业、务工	0.7	无	1	0	无
大湾	乡政府西北1.8千米处	清朝时，李姓兄弟逃荒至此，繁衍成村。因处山湾中，故名大湾	153	877	105	456	146	种植业、务工	0.7	无	0	3	无
前天濠	乡政府西北2千米处	明初，山西洪洞县苗姓人家迁此，繁衍成村，村前有一石濠，故名前天濠	295	946	122	1114	356	种植业、务工	0.8	小学1所，学生120人，教师8人	1	8	无
后天濠	乡政府西北2.1千米处	明朝时，范、郭二姓人家迁此，繁衍成村。1960年河南林县崔姓人家迁入。该村处前天濠北，故名后天濠	108	416	54	421	135	种植业、务工	0.8	无	1	2	无
巩庄	乡政府西北2.1千米处	明初，山西洪洞县巩姓人家迁此，发展成村，故名巩庄	97	619	84	406	130	种植业、务工	0.8	无	1	1	无
周庄	乡政府西北2.2千米处	明朝时建村，山西榆次县砖井村周云逃荒至此，发展成村，故名周庄	103	411	54	455	146	种植业、务工	0.8	无	1	6	无

续表

村名	位置	村名由来简介	户数	人口	劳动力	总耕地	粮食总产量	主要经济来源	年人均收入	学校及师生数量	卫生室数量	商店数量	企业类型与数量
田家庄	乡政府西北2.2千米处	明初，山西洪洞县田家嘴田姓人家迁此，发展成村，故名田庄。1982年，改称田家庄	182	747	86	666	213	种植业、务工	0.8	小学1所，学生160人，教师9人	1	2	无
岩家峪	乡政府西北3千米处	清朝时，石、张二姓人家迁此，发展成村。因三面环山，只能站山顶看见村庄，故名岩家峪	85	312	27	318	102	种植业、务工	0.8	无	1	1	无
杨家堂	乡政府西北3.1千米处	明初，山西洪洞县杨姓人家迁此后，儿女满堂，故名杨家堂	142	638	84	107	34	种植业、务工	0.8	无	2	1	无
水峪	乡政府西北4千米处	明初，山西洪洞县柴姓人家迁至火石岗之侧，取名火石岗。后认为柴遇火不吉利，改称水峪	204	841	108	1050	336	种植业、务工	0.8	无	1	2	无
柴庄	乡政府西北5千米处	明朝时，山西洪洞县柴姓人家迁至，后移居小岭山麓下，故名小岭底，1965年更名柴庄	178	504	76	615	197	种植业、务工	0.9	无	1	1	无
南峧	乡政府西北5千米处	明朝时建村，因位于南山沟，故名南峧	74	258	30	650	208	种植业、务工	0.7	小学1所，学生3人，教师1人	1	0	无
北峧	乡政府西北6.4千米处	清朝时，柳树池王姓人家迁此，繁衍成村。因位于南峧对面的北沟里，故名北峧	50	166	14	253	81	种植业、务工	0.7	无	1	0	无
杨家峧	乡政府西北6.2千米处	明代，刘、马、杨、王四家迁此，后发展成村。因地处形似槽状山沟中，故名槽四峧。后杨姓居多，改称杨家峧	59	153	16	253	81	种植业、务工	0.7	无	1	0	无
柳树池	乡政府西北6.2千米处	清朝时，山西王继东、王继仓兄弟逃荒至此。在村东旱河中建一水池蓄水，并植柳成荫，故名柳树池	38	50	8	357	114	种植业、务工	0.7	无	1	1	无

2018 年陶泉乡各村基本情况一览表

表 1-9　　　　单位：户、人、个、亩、吨、万元、所、家

村名	位　置	村名由来简介	户数	人口	劳动力	总耕地	粮食总产量	主要经济来源	年人均收入	学校及师生数量	卫生室数量	商店数量	企业类型与数量
韩家沟	乡政府驻地	明朝时，山西洪洞县韩思、韩念兄弟迁此，繁衍成村，故名韩家沟。沿用中亦称韩庄	449	1462	778	770	130	种植业、务工	1.4	幼儿园 1 所，幼儿 113 人，教师 8 人	1	6	无
霍王庄	乡政府北 0.6 千米处	明代，霍、王两家由彗峪迁此成两村，分别取名霍庄、主庄。后两村合并成 1 村，称霍王庄	552	1853	1133	1659	200	种植业、务工	1.4	幼儿园 1 所，幼儿 123 人，教师 7 人	3	5	无
五里河	乡政府北 2 千米处	清朝时，史姓人家迁此，后北岔口赵姓人家迁入，繁衍成村。以村中的旱河沟距北岔口五里，得名五里河	246	776	504	855	30	种植业、务工	1.4	小学 1 所，学生 13 人，教师 3 人	1	2	钢铁厂 1 家
东花园	乡政府北 4 千米处	清朝时，张姓人家在此建村，因村东花园得名花园村。后分为两个村，按方位分别称东花园	178	552	405	786	70	种植业、务工	1.4	无	1	3	无
西花园	乡政府北 4 千米处	（前半部内容同上）按方位分别称西花园	221	662	426	892	120	种植业、务工	1.4	无	1	3	无
后花园	乡政府北 7.5 千米处	清朝时，北岔口赵姓人家迁此，发展成村。因位于西花园北，得名后花园	70	345	234	325	20	种植业、务工	1.3	无	1	1	无
高穴	乡政府北 5 千米处	清朝时，赵姓人家迁此建村，听闻村西山洞里是一穴风水宝地，故名高穴	229	776	427	1127	180	种植业、务工	1.4	无	2	3	无
十步槽	乡政府北 7.4 千米处	明代，武安县行孝村张姓人家与磁县青碗窑张姓人家迁此建村。清朝时，武安县刘庄村刘姓人家迁入。因村南头有十步长的石槽，故名十步槽	302	918	602	1420	120	种植业、务工	1.4	无	2	4	无

续表

村名	位置	村名由来简介	户数	人口	劳动力	总耕地	粮食总产量	主要经济来源	年人均收入	学校及师生数量	卫生室数量	商店数量	企业类型与数量
申家沟	乡政府东0.3千米处	明代，山西洪洞县申姓人家迁此，繁衍成村，故名申家沟。后易名申庄。1982年，复为申家沟	280	1397	927	1570	146	种植业、务工	1.5	小学1所，学生183人，教师10人	1	12	无
索庄	乡政府东0.8千米处	明代，索姓人家迁此建村，故名索庄	544	1816	1096	1365	310	种植业、务工	1.5	小学2所，学生357人，教师25人	2	13	无
杨庄	乡政府东1千米处	明朝时，杨姓人家迁此，繁衍成村，故名杨庄	215	736	351	719	82	种植业、务工	1.4	无	2	5	无
塔湾	乡政府东1.3千米处	明末，白土索姓人家迁至此处山湾中的塔东边，故名塔湾	162	579	286	282	75	种植业、务工	1.4	无	0	2	无
彗峪	乡政府南2.5千米处	明代，山西洪洞县王、霍、李三姓人家迁此，经垦荒种地，嫁接果树，收入提高，人称“钱圪蹈”。但山高沟深，人烟稀少，故名彗峪	149	462	300	368	80	种植业、务工	1.4	无	2	1	无
齐家岭	乡政府南4.6千米处	清朝时，齐姓人家迁此，发展成村。因位于山岭上，故名齐家岭	278	945	471	730	80	种植业、务工	1.4	无	3	1	无
北王庄	乡政府西6千米处	明朝时，阎、侯、张三姓人家迁此建村，张姓居多，得名张家庄。清康熙年间，南王庄王姓村民迁入后居多数，因在南王庄北，改称北王庄	259	968	653	999	110	种植业、务工	1.4	小学1所，学生3人，教师2人	1	3	无
南王庄	乡政府南6千米处	明代，山西洪洞县王家增、王家林兄弟二人迁居野狐泉，取村名小井。后改为王家庄。清康熙年间，部分王姓村民迁小井沟北张家庄后，按方位改称南王庄	325	1035	715	1462	15	种植业、务工	1.4	无	1	2	无

续表

村名	位　置	村名由来简介	户数	人口	劳动力	总耕地	粮食总产量	主要经济来源	年人均收入	学校及师生数量	卫生室数量	商店数量	企业类型与数量
辉水	乡政府南8千米处	村民依山坡而居，烧火留下的柴灰倒入村前1数丈深的山沟，故沟底成为灰沟底。厚厚的柴灰雨季里随水而下，洁水变为灰水，故得名灰水，沿用中改为辉水	120	504	327	601	90	种植业、务工、旅游业	1.4	小学1所，学生5人，教师2人	1	1	无
南岔口	乡政府西3千米处	明朝前，暴、张二姓人家迁此建村。明初，山西洪洞县刘、李二姓人家迁入，后白土索姓人家迁入。因处旱河南岸的山岔中，以向东、南岔开得名南两岔口。1945年，更名南岔口	223	779	456	681	100	种植业、务工	1.4	无	1	2	无
北岔口	乡政府西3千米处	明朝前，朱、薛、宋等姓人家迁此建村。明初，山西洪洞县赵姓人家迁入。清代，涉县王堡村王姓人家迁入。因处旱河北岸山岔中，以向东、北岔开得名北两岔口。1945年，更名北岔口	570	1763	1017	2097	230	种植业、务工	1.4	无	1	5	无
中岔口	乡政府西3千米处	明代，刘姓人家在南岭上居住，故名岭上。清代，周庄周姓、白土索姓人家迁入。因处南、北岔口之间，改名中两岔口，后改称中岔口	542	1876	876	1549	210	种植业、务工	1.4	幼儿园1所，幼儿112人，教师9人	3	18	无
花驼	乡政府西4千米处	明代，山西洪洞县郭姓人家迁此建村，名欢儿驼。清朝时，以村北山似骆驼，百花争艳，改名花驼	55	264	236	306	10	种植业、务工、旅游业	1.4	无	1	1	无
西韩沟	乡政府西5千米处	明朝前，韩姓人家迁此建村，得名韩家沟。明初，山西洪洞县李姓、董姓、郭姓人家迁入。为区别同乡韩家沟，1985年改称西韩沟	165	498	293	871	30	种植业、务工、旅游业	1.4	无	1	6	无

路村营乡

路村营乡位于磁县中部，乡政府驻地路村营村距县城7千米。东、南邻磁州镇，西连西固义乡、峰峰矿区，北接复兴区、邯山区。2018年，全乡辖20个村，6450户，28828人（其中库区移民4800户，2.1万人），总面积38.52平方千米。2018年国民生产总值16.77亿元。境内河渠密布，主要有东武仕水库、滏阳河、高级渠。省道魏峰线横穿而过。

该乡海拔80～300米，地下水位10～17米。土壤有石灰性褐土、褐土性土和潮褐土3类。1999年全乡耕地803.53公顷，小麦亩产280千克，玉米亩产292千克。2018年耕地1132.59公顷，小麦亩产365千克，玉米亩产424千克，农业总产值1.17亿元。全乡多数村为移民村，耕地面积少，人均耕地仅0.4亩。1999年，村民多以东武仕水库网箱养鱼为生。2016年，为保障防汛安全和改善水体环境，清理东武仕水库网箱养鱼。是年渔业总产量2600吨，2017年降至1113吨。渔业为主的产业结构被打破，村民大多外出务工。

东武仕村新貌

2008年，依托东武仕水库修建的滏泉湖风景旅游度假区是河北省重点旅游项目，附近村民发展相适应的生态农家乐、采摘园、苗圃业等，逐渐形成新的产业。2018年新建的塑料资源处理再生项目为经济发展提供新路径。2018年全乡规模以上工业企业3家，规模以上工业产值1.11亿元。

2018年，全乡有幼儿园2所，小学7所，中学1所，教学点2个，在校生1309人，教师116人。2018年，全乡医疗卫生机构45个。其中乡卫生院2所，村卫生室20所，执业医师7人。（路村营乡各村基本情况一览表见下页）

都党乡

都党乡位于磁县西部，乡政府驻地中莲花村距县城35千米。东邻峰峰矿区、黄沙镇，南与观台镇、河南省安阳县相望，西、北接白土镇。2018年，全乡辖12个村，4714户，15893人，总面积40.95平方千米，耕地面积1098.02公顷。省道邢峰线南延段从东部穿过。漳河从南部自西向东过境。已探明矿产资源有煤、耐火黏土等20多种。

乡内地势西北高东南低，海拔300～600米，地下水位20～300米。土壤有石灰性褐土和钙质石质土两类。主要农作物为玉米、谷子、甘薯等，耕作方式以人工为主。2018年粮食产量3953吨，农业总产值4741万元。

都党乡原中小企业有钢厂、水泥厂、耐火材料厂、焦厂等，均于2007年前关停。2018年，全乡规模以上工业企业有2家，规模以上工业总产值2786万元。

2018年，全乡有幼儿园7所，小学7所，中学1所，在校生1062人，教师82人。2018年，全乡有医疗卫生机构19个，其中乡卫生院1所，村卫生室18所。

乡内文物古迹众多，主要有磁州窑遗址多处、白龙庙红色旧址、千年古刹——凤凰寺等。

凤凰寺

2018年路村营乡各村基本情况一览表

表 1-10　　　　单位：户、人、个、亩、吨、万元、所、家

村名	位置	村名由来简介	户数	人口	劳动力	总耕地	粮食总产量	主要经济来源	年人均收入	学校及师生数量	卫生室数量	商店数量	企业类型与数量
路村营■	乡政府驻地	宋代，杨六郎在此屯兵。后村庄地处磁县至彭城大道上，故名路村营	538	2520	1300	125	100	养猪业、务工	1.2	小学1所	1	2	无
徐家村■	乡政府北3千米处	明朝时，徐姓人家迁此，繁衍成村，故名徐家店，后改为徐家村	100	443	260	60	25	务工	0.6	无	1	0	无
北郭■	乡政府北4千米处	清代，郭姓人家在滏阳河北岸湾内居住，故名北郭村湾。1958年，更名北郭	272	1256	650	98	50	务工	1	无	1	4	无
下庄店■	乡政府北4千米处	因临近磁彭大道，村中开有饭店、车马店，西有上庄，故名下庄店	282	1214	680	1908	134	种植业、务工	0.8	无	1	3	无
下庄■	乡政府北4千米处	明朝时，韩姓人家迁此建村。因位于上庄偏东南附近的低处，故名下庄	215	900	641	280	90	务工、运输业	1.2	无	0	1	缝纫设备公司1家
上庄■	乡政府北4千米处	明朝时，山西洪洞县杨姓人家迁此建村。因位于丘陵岗上，故名上庄	406	1644	800	280	500	种植业、务工	1.1	小学1所，学生50人，教师9人	1	8	建筑公司1家
泥河■	乡政府东北5千米处	据传，唐将罗成与敌兵大战于此，因马踩淤泥河中受困，中箭身亡。建村时取河名为村名，故称泥河	315	1423	800	780	120	务工、服装与劳保用品加工	1	小学1所	1	3	无

续表

村名	位置	村名由来简介	户数	人口	劳动力	总耕地	粮食总产量	主要经济来源	年人均收入	学校及师生数量	卫生室数量	商店数量	企业类型与数量
肖庄■	乡政府东北5千米处	明朝时，肖姓人家迁此，发展成村，以姓氏得名肖家庄。1982年改称肖庄	112	542	190	375	120	务工、运输业	1	无	0	1	无
东田井■	乡政府东2千米处	曾名天敬，西田井原名赵家店。明末，磁州知州途经此地进茶馆解渴，感到水甜，吩咐两村改称“甜井”。沿用中改为田井。1946年分开单独成村，按方位分别称东田井	345	1530	730	365	96	种植业、务工	0.6	小学、幼儿园各1所，学生（幼儿）160人，教师20人	3	5	饲料公司1家、商砼公司1家
西田井■	乡政府东1千米处	（前半部内容同上）按方位分别称西田井	181	885	310	385	96	种植业、务工	0.8	无	1	3	无
合山■	乡政府东3千米处	原址陶泉乡西端高山上，因山头众多，故名合山。1996年洪灾使村民无法生活，经县政府安排，迁至现址，仍称合山	88	343	120	无	0	外出务工	0.5	无	0	1	无
东武仕■	乡政府东4千米处	因此地出过武官，村位于滏阳河东岸，故名东武仕	527	2008	1140	600	1440	种植业、务工	0.9	无	3	4	
张家店■	乡政府东4.5千米处	磁彭大道途经此地，张姓人家在道旁开店，发展成村，故名张家店	224	976	466	400	440	种植业、养猪业、务工、经商、运输业	0.6	小学1所，学生72人，教师14人	1	5	饮用水制造厂1家
于家店■	乡政府东4.8千米处	磁彭大道途经此地，于姓人家在道旁开店，发展成村，故名于家店	130	516	390	101	110	务工	1	小学1所，学生620人，教师30人	1	0	无

续表

村名	位置	村名由来简介	户数	人口	劳动力	总耕地	粮食总产量	主要经济来源	年人均收入	学校及师生数量	卫生室数量	商店数量	企业类型与数量
路村店■	乡政府南0.5千米处	明朝时建村，磁彭大道途经村旁，村民开店较多，故名路村店	306	1336	645	418	160	务工、运输业	0.8	无	1	2	无
圣水洼■	乡政府南1千米处	明朝时，山西洪洞县杜姓人家迁至圣泉山旁，发展成村，故名圣泉山，后改名杜家洼。因村里地下水位浅，改称圣水洼	406	1489	1066	1535	700	种植业、务工	0.5	幼儿园1所，幼儿150人，教师10人	1	4	建材厂1家
押涧■	乡政府西2千米处	据传，宋朝杨七郎箭落于此，故名落箭。后因“三道沟、两道岭，守着一盘井，长年流水，地下押涧水”传说而改称押涧	247	1031	550	1250	62	种植业、务工	0.6	无	1	3	塑料公司1家
南郭■	乡政府西北3千米处	因村位于滏阳河南岸湾内，与北岸的北郭村湾相对，故名南郭村湾，后改称南郭	276	1183	800	70	16	务工	0.3	无	1	3	无
常凝■	乡政府西北5千米处	清初，建村于滏阳河南岸。因受洪水侵袭数次搬迁。村民向往安宁，故取名常凝	516	2366	1200	0	0	种植业、务工、运输业	0.7	小学1所，学生100人，教师11人	2	7	无
九龙口■	乡政府西北8千米处	商朝时，九侯在此建城，名较城。因有9条路通向四方，得名九路口。后因路碑面刻9条龙，改称九龙口	477	2073	1250	0	0	务工	1	无	2	4	无

2018 年都党乡各村基本情况一览表

表 1-11　　单位：户、人、个、亩、吨、万元、所、家

村名	位置	村名由来简介	户数	人口	劳动力	总耕地	粮食总产量	主要经济来源	年人均收入	学校及师生数量	卫生室数量	商店数量	企业类型与数量
南莲花	乡政府西 0.2 千米处	宋朝时建村。昔时，土匪入村抢劫被村民堵挡击退。故得名堵挡，沿用中写成都党。为便于管理，分为 3 个村。因村东莲花山，按方位分别称南莲花	433	1552	932	1350	200	种植业、务工	0.4	幼儿园、小学各 1 所，学生 71 人，教师 4 人	3	8	无
中莲花	乡政府驻地	（前半部内容同上）按方位分别称中莲花	842	2620	1261	1995	40	种植业、务工	0.3	幼儿园、小学各 1 所，学生 260 人，教师 16 人	4	33	无
北莲花	乡政府西北 0.5 千米处	（前半部内容同上）按方位分别称北莲花	523	1836	920	1169	263	种植业、务工	1.1	幼儿园、小学各 1 所，学生 71 人，教师 6 人	1	3	无
三合	乡政府北 4 千米处	1943 年，为适应抗日战争需要，老毛沟、南街、大洼 3 个居民点合成 1 个村，故名三合	298	993	542	982	100	务工	0.9	无	1	2	石料厂 1 家
辛庄	乡政府南 1.5 千米处	原名莲花寨，位于村东沟土梁上。后村被洪水冲毁，村民迁居现址，取名辛庄	449	1459	879	1016	460	务工	0.9	幼儿园、小学各 1 所，学生 77 人，教师 6 人	3	4	无
台子寨	乡政府南 3 千米处	因村建在临漳河的一个数丈高的土台上，故名台子寨	356	1128	700	1701	2562	务工	1.3	幼儿园、小学各 1 所，学生 89 人，教师 6 人	1	4	运输公司、建材厂各 1 家

续表

村名	位置	村名由来简介	户数	人口	劳动力	总耕地	粮食总产量	主要经济来源	年人均收入	学校及师生数量	卫生室数量	商店数量	企业类型与数量
冶子■	乡政府南6千米处	原冶子、石场隔凤凰沟南北毗邻。宋代陶瓷业兴盛，冶子专管烧制，石场专管采料，故分别取名冶子、石场	539	1859	1009	1620	400	种植业、运输业、务工	0.6	幼儿园、小学各1所，学生89人，教师6人	1	6	无
石场■	乡政府南3千米处	（同上）	538	1982	1156	874	880	种植业、务工	0.5	幼儿园、小学各1所，学生94人，教师7人	1	4	无
同义	乡政府南3千米处	1943年，为适应抗日战争需要，冶子、石场、辛庄3个村所辖的山地居民点合成1个村，取名同义	303	927	648	724	980	务工	1.1	无	1	2	无
辛四庄	乡政府西0.5千米处	1943年，为适应抗日战争需要，辛庄所辖的大曹皎、小曹皎、暴家旺、仓龙庙4个山地居民点合成1个村，故名辛四庄	196	756	460	234	3.5	务工	1	无	1	0	无
双合	乡政府西4千米处	1943年，为适应抗日战争需要，上寨辖属的大东沟、韭菜沟两个居民点合成1个村，故名双合	45	123	65	200	4	务工	1	无	0	0	无
辛五庄	乡政府西北2千米处	1943年，为适应抗日战争需要，都党、白土管辖的5个山地居民点合为1个村，因与辛庄相对，得名辛五庄	192	658	405	640	150	务工	0.7	无	1	0	石料厂1家

2018年时村营乡各村基本情况一览表

表 1-12 单位：户、人、个、亩、吨、万元、所、家

村名	位置	村名由来简介	户数	人口	劳动力	总耕地	粮食总产量	主要经济来源	年人均收入	学校及师生数量	卫生室数量	商店数量	企业类型与数量
时村营	乡政府驻地	东汉时，时姓人家在此建村，故名时村。东汉末，曹操在此建军营。后改称时村营	1375	4494	2276	5300	5300	种植业、务工	1.6	幼儿园3所、小学2所	7	4	无
西曹庄	乡政府北0.3千米处	明朝时，山西洪洞县曹姓人家迁此建村，得名曹家庄，简称曹庄。后改为西曹庄	315	1386	702	1694	1694	种植业、务工	0.3	无	1	0	无
陈庄	乡政府北1千米处	明朝时，东姓人家在此建村，取名东庄。明末，河南杞县陈策迁入，后人口居多，改称陈家庄。1949年后，简称陈庄	533	2266	1147	450	550	种植业、务工	0.7	无	1	22	无
庆和峪	乡政府北5千米处	明朝时建村。村四面环岗，村西清水长流，得名清河峪。后因庄稼丰收，改名庆贺峪。沿用中改为庆和峪	491	2116	1072	5500	11000	种植业、养殖业、务工	2	小学1所	1	5	无
牛尾岗	乡政府北6千米处	明朝前建村，原名千家店。传说朱元璋童年住在外祖父家，同小伙伴给地主放牛。一天，他们杀头牛烤吃后，牛尾埋土中、头埋在屯头、骨撒到撒谷，并约好对策。回家后，地主追问少牛之事，他们如是回答。地主不信，逼着验证牛钻地处，结果找到牛尾。朱元璋往外拔，地下传出牛叫声，地主无奈作罢。为纪念此事，埋牛尾之处取名牛尾岗，千家店改称牛尾岗村	353	1485	752	4100	2484	种植业、务工	0.6	小学1所，学生46人，教师3人	2	7	无

续表

村名	位置	村名由来简介	户数	人口	劳动力	总耕地	粮食总产量	主要经济来源	年人均收入	学校及师生数量	卫生室数量	商店数量	企业类型与数量
撒谷	乡政府西1千米处	（前半部内容同上）牛骨撒到此村附近，得名撒骨，后因盛产谷子，改名撒谷	162	744	512	697	49	种植业、务工	1.1	小学1所	1	4	无
上陈	乡政府北10千米处	清朝时，建村岗坡上。因村里陈姓人家多，得名上陈	407	1538	779	4877	968	种植业、务工	0.7	小学1所，学生102人，教师7人	2	8	无
田庄	乡政府北10千米处	汉朝时，田姓人家迁此建村，故名田庄	354	1473	746	4784	986	种植业、务工	0.6	小学1所，学生96人，教师5人	1	3	无
白庄	乡政府北10千米处	明初，山西洪洞县白姓人家迁此建村，故名白家庄，后改称白庄	141	610	309	1200	480	种植业、务工	0.6	无	2	2	养殖场2家
小盆沟	乡政府北11千米处	清朝时建村，村民原籍大盆沟，因家庭纠纷迁此，发展成村。因较大盆沟人口少，故名小盆沟	109	496	251	1098	800	种植业、养猪业、务工	0.6	无	2	2	无
西小屋	乡政府东2千米处	三国时建村。曹操武城练兵时，更房设于1条小溪旁，门头题“溪晓悟”3字。清初，村民所用布袋上印“溪小悟”3字，沿用中写成西小屋	655	2705	1370	3011	3100	种植业、务工	1.3	小学1所	1	6	无
武吉	乡政府南3千米处	明朝时，一习武者领人在此练武。皓月当空夜，漳河边星光、刀光辉映，古人以为祥兆，故取名武吉	373	1555	787	1723	1672	种植业、养猪业、务工、经商、运输业	0.6	无	1	4	竹制品公司1家

续表

村名	位置	村名由来简介	户数	人口	劳动力	总耕地	粮食总产量	主要经济来源	年人均收入	学校及师生数量	卫生室数量	商店数量	企业类型与数量
上七垣	乡政府南3千米处	商代建村，因近漳河，为防洪灾，在村西南筑一道高墙，取名漆垣。沿用中写成七垣。后发展成两个村。按方位分别称上七垣	315	1487	753	102	9	种植业、务工	0.8	小学1所，学生30人，教师6人	2	3	床垫厂1家
下七垣■	乡政府南2千米处	（前半部内容同上）按方位分别称下七垣	616	2656	1345	2360	1180	种植业、务工	0.9	小学1所，学生38人，教师3人；幼儿园1所，幼儿26人	3	6	无
西李庄	乡政府西2千米处	明朝时，李姓人家在此建村，故名李庄，后改称西李庄	337	1327	673	1132	2264	种植业、务工	0.5	小学1所，学生130人，教师11人	2	14	无
小屯洼■	乡政府西北2.5千米处	清朝时建村，曾名小屯庄。因位于低洼处，改称小屯洼	181	808	410	1283	836	种植业、务工	0.6	无	1	2	种植公司1家

时村营乡

时村营乡位于磁县南部，乡政府驻地时村营村距县城17千米。东邻讲武城镇，南隔漳河与河南省安阳县相望，西依岳城镇，北接磁州镇。2018年，全乡辖16个村，7442户，31002人，总面积45.92平方千米，耕地3175.3公顷。2018年，全乡国民生产总值19.88亿元，财政收入1021万元。讲岳公路横穿而过，磁西公路纵贯乡境，交通便利。

乡内南部为丘前倾斜平原，北部为丘陵，平原、丘陵各半。海拔80～340米，地下水位15～25米。土壤有石灰性褐土和褐性土两类。时村营乡是传统农业大乡，种植业是支柱产业，主要种植小麦、玉米、谷子、大豆、甘薯等。2016年，全乡引进新优品种、调整种植结构，推广小麦优种1866.67公顷、玉米优种2000公顷；形成小屯洼村生姜种植基地和小盆沟村生姜、芋头种植基地。2018年，全乡有种植大户16个，小麦单产550千克，玉米单产659千克，粮食产量2.7万吨。养殖业为第二大产业，2018年，有规模化养殖企业3家，养殖大户74个，肉、蛋、奶产量分别为1794.9吨、1149.6吨、895.6吨，全乡农业产业化经营率达62%。农业总产值8440万元。

磁县经济开发区坐落于乡内，带动全乡交通运输、商贸流通、住宿餐饮等产业发展。2018年，全乡新增交通运输、商贸批零、住宿餐饮娱乐、居民服务等经营单位150多家，新增从业人员800余人。是年，全乡有规模以上工业企业10家，规模以上工业总产值39.6亿元。

小盆沟村芋头种植基地田间管理（2020年6月　摄）

2018年，全乡有幼儿园2所，小学6所，中学1所，在校生2500余人，教师260人。2018年，全乡有医疗卫生机构44个，其中乡卫生院1所，村卫生室16所，执业医师17人。

乡内文物古迹众多，主要有商代遗址、北朝墓群、中共直南第一个党支部旧址等。

第四节　传统文化名村与社区简介

传统村落与历史文化名村简介

2012年12月，北贾壁村、北岔口村、花驼村、南王庄村4个村列入第一批中国传统村落名录。2014年2月，花驼村列入第六批中国历史文化名村名录。是年11月，北王庄村列入第三批中国传统村落名录。2016年12月，吴家河村、五合村、同义村、岗西村列入第四批中国传统村落名录。2017年3月1日，北岔口村、南王庄村列入河北省第四批历史文化名村；9月，磁县被中国民族建筑研究会授予“中国传统建筑文化旅游目的地”称号，列入中国传统建筑文化旅游目的地；10月，磁县传统村落宣传片入选全国首届“传统村落保护发展国际大会”。2019年1月21日，南王庄、北岔口2个村列入第七批中国历史文化名村名录，6月21日，双和村、西花园村、齐家岭村、西苗庄村4个村列入第五批中国传统村落名录。磁县先后有13个村列入中国传统村落名录、3个村列入中国历史文化名村名录。

北岔口村　北岔口村属陶泉乡管辖，距县城50千米，占地23.33万平方米，有1768人。村四周环山，森林密布，最高海拔788米。村庄始建于公元前1058年，原名“东岭底”，是冀南地区建村最早的古村落之一。村庄坐落在一个向阳的山凹，房屋集中，传统建筑以明清、民国时期为主，建筑群占地18.67万平方米，保存完好率85%以上。村内6条街道均以青石铺设，长3000米。村内民居多为平屋顶、二层建筑、石砖木结构。门楼以雕刻作为装饰，檐角和水口多为整块青石雕刻而成，房屋圈顶拱门为料石浆砌，是冀南地区南部保存最完整、最典型的传统村落。村内文物遗迹有烽火台遗址、赵长城遗址、唐代御路、

北岔口村村北券

北岔口村石板街道

北岔口村传统民居

赵家祠堂；有石十字圈1处、丁字圈2处、古戏楼1处、北寨遗址1处、岗楼4处、古石碑12处、古井86处、古石街8处、古寺庙10处、古石庵120处、古槽碾1处、古炮楼1处；有御患楼、冀南银行旧址、磁县抗日民主县政府驻地旧址、陈赓兵团司令部旧址、太行五分区司令部旧址等红色文化遗迹。

花驼村　花驼村属陶泉乡管辖，距县城50千米，四周环山，进村需翻过一条盘山公路。村庄占地约2.4万平方米，有186人，常住76人，有荒山333.33公顷，耕地约20公顷，土薄石厚，盛产柿子、苹果、山楂、花椒等。最高海拔987米。东魏高欢专权时，阁老郭莱因遭奸臣陷害，带领全家逃到此地，以北边山岭像人耳故，取名观耳驼。北齐天保元年（550年），观耳驼改名为花驼村。

花驼村民居依山势地形修建，布局错落有致。村口有花驼村碑记，村内4条街道均以青石铺设，长1200米。传统建筑以明清、民国石砌建筑为主，建筑群占地2.2万平方米，建筑面积7600平方米，保存完好率85%以上。村内有千年古槐2棵、水池2座、唐代古槽碾1处、水窖56处、炮楼5处。村外有石庵50余处、寺庙8处、古碑刻12处，古树众多，保留原始生态环境。村域有市级文物保护单位1处，县级文物保护单位3处。村内有一二九师兵工厂、毛巾毛衣厂、肥皂厂、枪支组装厂等10余处旧址，均保存完整。村南有云台山（又称睡美人山）。

附：花驼村打虎英雄郭祥

郭祥，花驼村村民。清光绪年间，年方18周岁的郭祥在正月初一早饭后，登山到天保寨烧香求平安。当他与同伴刚到天保寨大门口时，忽起狂风，而后，“扑”的一声响，乱树后跳出一雄一雌两只斑斓猛虎！郭祥二人“啊呀”一声，急忙奔向天保寨大殿。郭祥在后，还未入大殿，殿门已关闭。雌虎在一旁注视着，雄虎恶狠狠从空中扑来，郭祥急忙一闪，到雄虎背后。雄虎往后一掀，又被郭祥躲过。接着，那铁棒一般的虎尾扫来，仍没碰到郭祥。此时，他握拳寻机出击。雄老虎又迎面扑来，郭祥往后一跳，老虎正好落在面前。郭祥两手用力按住虎头，往虎的脸面、眼睛里一阵乱打。虎痛得咆哮起来，爪子刨出一个土坑。郭祥哪肯放松，按得老虎渐渐用尽力气。这时他腾出右手，朝虎头打上五、六十拳，老虎七窍流血，动弹不得，只

扫二维码　赏《花驼村景》

剩喘气。雌虎见状就跑，郭祥拔腿就追，近山崖边时飞脚踢出，雌虎后退，坠崖毙命。其时，崖下一郭姓之人正打柴，忽见山上飞落猛虎，吓得拔腿就跑，回村叫人。众人至虎亡处，方知郭祥所为。为此，村人称郭祥为“打虎英雄”，后人在村中为他建祠堂一座。郭祥打虎佳话至今传颂。

南王庄村　南王庄村属陶泉乡管辖，距县城65千米。村庄面积2平方千米。有1030人，耕地46.67公顷，宜林荒山2133.33公顷。有10多处山泉，其中较大的有东寺泉、西寺泉、水池泉、仙狐泉、马刨泉。树龄百年以上的古树123株，其中树龄600年古槐5棵。村西北有20多公顷原始森林。村内街道以青石铺设，长1500米，以石板桥为界分东庄、西庄两个自然村。明洪武年间（1368—1370年），王万书携家人从山西洪洞迁此地，在仙狐泉外的关帝庙旁落户，取名小井村，后人口增多，迁于现在的西庄，改名王家庄。

村内文物古迹有唐代古槽碾1处、水池6座、古泉水5处、古石桥6处、石磨50处、古河道2处、古石街5处、古井9处、水窖250多座，有明清古碑刻32通，清末民居100多座，有明清时期修建的流泉寺、弥陀寺等古寺庙遗址4座，古戏楼1处。村外有石庵150余处、寺庙12处、古碑刻100多处。总计有省级文物保护单位1处、县级文物保护单位8处。主要旅游景点有王天亮古坟、天书岩、天墨岩瀑布、炉峰山石门、一线天、龙泉吐珠、卧佛山、济公山、南天门、石梯山等。

南王庄村石碾

北贾壁村　北贾壁村属北贾壁乡管辖，全村有1343户，5336人。村域面积21平方千米，耕地面积321.33公顷。村边有龙凤山文化、生态旅游景区。

北贾壁村已有一千余年历史，村内有磁州窑遗址。传统建筑呈现元、明、清、民国等不同时期的建筑风格，占村庄面积一半。古民宅、古庙、古街道、古石桥、古胡同、古石磨石碾、古石碓臼保存较完整。

村内蔺氏家族为蔺相如后裔，明代大学士、两代帝师（明宣宗、明英宗）蔺从善出自蔺氏家族。

北王庄村　北王庄村属陶泉乡管辖，距县城55千米。村庄面积1平方千米，有1015人，耕地60公顷，荒山1666.67公顷。东邻天保寨，西连炉峰山，南有井沟泉，北有窟窿峧泉。炉峰山半山腰有树龄两千多年的古青榆树，山顶有明清亭台、庙宇和宫殿建筑遗址，古石碑70余通，“炉峰朝霭”是磁州八景之一。

现存古民居主要为明清时期建筑，有89户300余栋，占地3.47万平方米，建筑面积1.06万平方米，保存完好率85%以上。村内有石圈4座、古戏楼1处、古庙8处、炮楼11处、古石庵320处、

南王庄村古树

北王庄村石券

北王庄村石碾

北王庄村石板路

窑洞15处、碾坊1处、古井106眼、石磨26处、石碾28处、石桥2座、古树160棵、古河道3处、古石碑115通、古碑房1座、古池塘3处。民居依山势走向呈带形延展，东西纵深依坡势递级而建。村东有土地庙、灵官庙、玄坛庙，村西有龙王庙、山神庙，村南有关帝庙、菩萨庙，村北有玄帝庙。村东西南北建有4个石券。

岗西村　岗西村属北贾壁乡管辖，地势西高东低，距县城40千米。村庄占地33.33万平方米，有3000人。据村西净土寺碑记载，村落形成于元代。据《河北省地名志》记载，岗西村原名西韩庄，后由段姓发展成大户，且又居村东清龙岗西，故名段岗西，简称岗西。

村内有保存完整的明代卧龙山圣母殿、奶奶庙、九龙庙、吕祖庙等传统建筑，清代石板街、石碾、石磨等。村中有古戏楼，石柱、石檐口依稀可见。有一棵直径1.5米的古皂角树。村南方有七星石桥旧址。村东魁星阁楼重新修缮，保持原貌。

同义村　同义村属都党乡管辖，距县城27千米，海拔750米，盘山路穿山洞入村。该村986人，耕地48.27公顷，山场面积16平方千米，建村700余年。

该村（原址）坐落在四面相连的深山上，山上有战壕遗址，居民分散居住在各个山头及山坡上，主要由9个居民点组成。有海洋古生物化石地质遗址、虎皮脑中奥陶统地质遗址。

民居依山而建，多以石砌洞为主，古窗、古拱门、古门墩、古石雕多种多样。村内有古庙3处，其中白龙庙是明代建筑，全部由石头砌成，无梁无柱，在晋冀鲁豫地区独具一格，人称“无梁殿”。古戏楼实木结构，青瓦盖顶，正前方4个石柱挺立。村内的古老建筑完好率达80%，村内有古石磨、古石碾、古碓臼、古纺织等古物。

村内有刘少奇开展地下工作的办公室旧址，王维纲智斗土匪和战斗的旧址，有八路军驻军旧址，有中华人民共和国成立后营部驻地旧址。白龙庙为磁县“红色旅游”文化教育基地。

岗西村古街道

同义村传统民居

吴家河村　吴家河村属白土镇管辖，位于漳河北岸，距县城60千米，村域面积8平方千米，村庄占地9.8万平方米，全村400人，由木笔沟和吴家河两个居民点组成。村民利用漳河水浇灌便利优势，种植水稻、莲藕、玉米等作物，盛产酸枣、柿子、苹果、秋梨等，部分村民以打鱼为生。

吴家河村背靠太行山，村民面水而居。传统民居建筑1.6万平方米，保存完整率80%以上。秀才街为村内主要街道，以村下古槐树为起点，至秀才门石牌坊，然后呈“Y”字形向村西北、西南方向延伸，将村分成三部分。街道两侧分布着古建筑群、龙王庙和土地庙。沿街分布有秀才门、千年古槐、石碾、土窑洞、石券、南北炮楼、拴马橛和东西寨楼。东西寨楼上有炮眼，与街道南北炮楼互相配合，为防御性建筑。传统民居以二层石砌为主，街道以石块铺砌，村庄有大量石磨、石碾等传统器具。传统民居以孟氏秀才大院和孟家大院（即南十间楼）最为典型。秀才大院占地250平方米，门楼砌有石雕，街门内收成“八”字形。秀才大院东侧的孟家大院为二层石楼建筑，临街为石券门洞，全部由青石砌成，顶部为石拱券门，高约2.5米，深约3.5米，底部为6级台阶。街道北侧主要有孟氏兄弟院和北十间楼。

吴家河村传统民居

吴家河村古树

五合村　五合村属白土镇管辖，平均海拔580米，村四面环山，村民主要集中在5个居民点。全村有139户，451人。传统民居以石砌平房为主，集中分布在小栲栳、寨壑、西南壑3个居民点，保存基本完整。街道以石块铺砌。村内有大量石磨、石碾和传统油坊等，主要建筑有古炮楼3处、庙2处、石券2个等。20世纪60年代，村民在村北山间发现一处溶洞群。

跃峰渠从村中山崖间贯穿而过，村内长度约3.4千米，有渡槽1个，跨度50米，穿透3座山峰；涵洞4个，其中愚公洞800余米，好汉洞500余米。村东斗天闸，与都党乡长江渠相接，上书“牵漳穿太行，灌溉万亩田”标语。村下有十里洞，全长5186米。

五合村传统民居

双和村　双和村属北贾壁乡管辖，俗称“双河”，距县城30千米。村地处太行山深山区与浅山丘陵结合部，四面环山，地势西高东低，是古代出入滏口陉的交通要道。村域面积4.75平方千米，村庄占地约50万平方米，有600余户，2500

双和村传统民居

西花园村状元府邸

双和村艮方石桥

西花园村士元大院

人，以王姓为主。

村中有古河道、古石桥、石券、古寺庙、古石街等传统建筑。民居以明清、民国时期石、砖、木结构建筑为主，规模宏大，保存完整。主要有“贞节牌坊”“石拱桥”“黑龙庙”“索井老学堂”“马鞍山兵寨遗址”“清代环境整治碑刻”等。周氏雕塑、周氏石雕、马氏竹马、“黑龙爷出庙”敬驾大巡游等非物质文化遗产和民俗文化传承较好。

西花园村　西花园村属陶泉乡管辖，距县城50千米。村域面积2平方千米，该村占地2公顷，有172户，666人，以张姓为主。村庄始建于清康熙年间（1662—1722年），由张二庄村张氏4兄弟迁居此地繁衍成村，距今300余年。地处太行山东麓，西连涉县，北接武安市，南与炉峰山相望，地理位置重要，古为通商要道。

村落坐北朝南，四面环山，一条古河道自北向南穿村而过，村内主道修于岸旁，传统民居分布在河道两侧，依山就势，梯次而建。村庄建筑、街道全是石头砌筑、铺垫而成，房前屋后，多植果树和国槐等。

村内最具特色的建筑群有2处：张家状元府邸和士元大院。张家状元府邸（清同治年间，张氏第七代后人张守富参加武举夺魁成为武状元。朝廷拨专款在张守富家乡修建状元府）占地8000多平方米，近200间房屋，保存完整的院落有7个大院、2个炮楼。日升院和日兴院合称为士元大院，占地5000多平方米，拥有房屋120余间。

齐家岭村　齐家岭村属陶泉乡管辖，距县城65千米，海拔600多米。村四周环山，仅有一条盘山公路通村。该村占地约17.67万平方米，有278户，945人。传统民居依山而建，主要以明清、民国时期建筑为主，保存完好率80%以上，建筑均为石、砖砌筑，木质屋顶结构。街道以青石板铺砌。村内有古门楼、石桌、石凳、石槽、石碾、石磨、石窑洞、古寺庙、古水池、古树等。

西苗庄村　西苗庄村属北贾壁乡管辖，距县城50千米，村域面积2.2平方千米，村庄占地11万平方米，有114户，508人。村落坐北朝南，

西苗庄村全貌

四面环山，传统民居依山就势，梯次而建。村东穿山隧道是出入该村唯一通道。全村民居建筑、街道均为石头砌筑、铺垫而成，房前屋后多植果树和国槐等树木。村内特色建筑有惩人处、古瓦房、人工穿山石洞。全村均为苗姓。

社区简介

1984年3月，县城的乐善街、司前街、西城街、滏阳街、明德街、监上街、阜才街7个街道改称居民委员会（简称“居委会”），属城关镇管辖。1989年4月24日，城关镇改称磁州镇。2002年9月1日，经县政府批准，将原7个居委会和粮斗庄、辛家庄、二里铺、北孟庄、关后、陈家庄、务本街、台庄、敦化街、固城、兴礼街11个村委会改设社区居委会，属磁州镇管辖。至此，全县有18个社区居委会。1999年，7个居民委员会辖1700户，6255人。2002年，18个社区辖5205户，19391人。2018年，18个社区辖9000余户，3.6万人，常住人口81605人。各社区主要街道实现硬化、亮化、绿化。社区均配有洒水车以及专业的卫生清扫保洁队伍。各社区建有综合服务站、居民互助中心、居民呼回应点、退役军人服务站、治安巡逻队伍、民调小组、红白理事会等组织。社区60岁以上老人均享受社会养老保障权益。

北孟庄社区　位于县城主城区，社区居民160户，680人。辖区面积0.9平方千米。社区设党支部1个，有党员33名。社区设有退伍军人服务站、图书室、残疾人服务站、居民综合服务中心、公共法律服务站，为社区群众提供服务。设卫生室1所、幼儿园1所，建体育广场1处，并配有健身器材。社区有东西向3条大路，南北向9条大街。

陈家庄社区　位于县城中心，安康路西段两侧。社区有3个村民小组，356户，1236人。辖区面积0.46平方千米。社区党支部有4个党小组，党员95名。社区建卫生室1所，内设儿科、妇科、中医科。建体育健身场所1处，面积150平方米，配备9种健身器材。图书阅览室面积30平方米，有图书2000余册。有党员远程教育室、未成年人活动室各1处。社区设有警务室、治安小组、民调小组等为居民提供服务。

敦化社区　位于县城南关，迎宾路中段北侧，社区居民686户，2760人。辖区面积2.5平方千米，划分为4个居民小区，12个居民互助小组。社区党支部下设4个党小组，有党员101名。社区居委会由3人组成，下设民调、妇联、民政、环保、城建、物业管理、民兵连、红白理事会、综合服务站等机构。社区设卫生室2所，从业人员5人。为社区老年人、儿童、残疾人、优抚对象建立健康档案，免费测量血压、血糖及慢性病检查，提供预防、治疗、防疫等服务。社区建有文化广场和敦化小游园，方便群众业余文化生活。

二里铺社区　位于县城主城区，振兴路北侧、磁州路南侧、古御街东西两侧，社区居民304户，1020人。社区党支部有党员37名。社区内建有未成年人活动室，建有老年人、残疾人、优抚对象及低保对象3个服务窗口。设医疗室1所。建有30平方米的室外体育锻炼场地、25平方米的室内娱乐场地及60平方米的科普中心、普法教育中心。

滏阳社区　位于县城东关，社区居民920户，3150人，辖区面积0.6平方千米，耕地6.52公顷。社区集体年收入30余万元，以土地、房屋租赁为主。社区党总支下设党支部4个（社区支部、老年支部、众益公司党支部和春满苑红色联合支部），有党员224名，设党群活动中心。有退伍军人服务站、残疾人服务站和残疾人健身室及2000余平方米的居家养老服务中心。设卫生室2所，从医人员2人。设幼儿园2所，小学1所。设图书室1个，藏书万余册。建体育广场3处，均配有健身器材，方便群众活动，还成立“滏阳春”艺术团和“威风锣鼓队”等群众文化组织。设有公共法律服务站，配有专职律师给群众提供法律咨询和帮助。设有流动人口管理办公室，配合磁州镇派出所登记、管理辖区流动人口。

阜才社区　位于县城中心，鼓楼北侧。社区常住人口2640人，其中60岁及以上280人。以张姓、李姓为主。辖区面积0.3平方千米。居民多外出经商和务工。社区党支部有党员78名。社区建有综合服务站、党群服务中心。社区设卫生室1所。

固城社区　位于县城西南部，107国道、京广铁路纵贯村东部，316省道横穿村北部，交通便利。社区内有2个居民小区（固城新区、拐角楼小区），有1200余户，4000人。辖区面积0.5平方千米。社区集体经济来源主要是房屋租赁收入，居民主要从事搬运装卸、县城附近打工和门面出租等。社区党支部有党员115名，其中女党员26名。建有18平方米的群众服务室。社区设卫生室3所，从医人员3人。有幼儿园、学龄前儿童活动中心各1处。建图书室1个，藏书千余册。有体育健身活动广场2处，方便群众活动。

关后社区　位于县城北部，振兴路中段南侧。社区居民200余户，568人。辖区面积0.17平方千米。社区党支部有党员51名。2014年建立标准卫生所1个。2016年修建体育健身场所1处，安装健身器材。

监上社区　位于县城西关，中山西路两侧。社区居民405户，1287人。辖区面积0.3平方千米。社区集体经济收入主要来源于门市和场地租赁收入。居民经济来源靠门市出租、外出打工或经商。社区党总支下设2个支部：监上社区党支部，有党员110名；青泽园联合党支部，有党员23名。社区建有综合服务站、居民互助中心、居民呼回应点、退役军人服务站，为群众提供政策宣传、问题解答等服务。社区设卫生室1所，设健身场所1处。

乐善社区　位于县城中心，鼓楼南侧。社区有5个居民小区（顺景豪庭、财政局小区、工商局小区、乐善小区、滨河小区）。有居民958户，4068人。辖区面积0.5平方千米。社区居民依托老城商业区优势，多以商贸为主。社区党总支下设4个支部委员会：乐善社区党支部，有党员98名；邯郸市林达纸业有限公司党支部，有党员14名；磁县先进纸箱厂党支部，有党员7名；磁县顺景豪庭联合党支部，有党员166名。社区建有为民办事综合服务中心、党群活动中心、村民互助中心、矛盾调处中心、退役军人服务站、公共法律服务工作站。有卫生室2所，从医人员4人。设幼儿园2所，小学1所。有图书室、体育健身广场，方便群众读书和户外活动。

粮斗庄社区　位于主城区，磁州路南侧，朝阳大街纵贯社区。社区分4个居民小组，有居民425户，2200人。社区党支部有党员70名。社区管辖滏苑小区、慈荷A区等28个居民小区。设卫生室2所。社区建有综合服务站，为群众提供政策宣传、问题解答等服务。

明德社区　位于县城鼓楼南大街两侧，包括衙门街、皮场庙街、董家街、司明街、马王庙街、明义里6条街道。社区分6个居民互助组，有居民368户，1086人。辖区面积0.6平方千米。社区集体经济来源主要靠场地租赁收入。居民收入来源主要靠务工和经商。社区党支部有党员99名。设卫生室1所。

司前社区　位于县城南部。社区分6个居民互助组，有居民338户，1068人。辖区面积0.6平方千米。社区集体经济来源主要靠场地、店面租赁收入。居民收入来源靠个体经商、服装加工。社区党支部有党员92名。设卫生室1所。

台庄社区　位于主城区，滏阳北大街南段西侧，安康路东段北侧。社区居民387户，1287人。辖区面积0.16平方千米。社区党支部有党员41名，其中女党员9名。设卫生室1所，建体育健身场所1处，方便群众活动。设幼儿园1所，方便学龄前儿童就近入学。

务本社区　位于县城安康路北侧，朝阳大街纵贯村中，交通便利。社区分9个居民小区，有居民900户，3500人。辖区面积0.64平方千米。居民经济收入来源于小商品经营、服装加工、务工等。社区党支部有党员93名。居委会成员3人。

设幼儿园4所，卫生室2所。建200平方米的体育健身广场1处，配备12套健身器材。

西城社区　位于县城内城隍庙广场西侧。社区居民592户，2800余人。辖区面积0.26平方千米。社区管辖3个小区：光明小区、和谐小区、二建家属楼。社区党支部下设7个党小组，有党员68名。设卫生室1所，建体育健身广场1处。

辛家庄社区　位于县城内友谊北大街东侧，交通便利。社区居民1200户，5000余人。社区管辖2个居民小区：金辉小区、滏西小区。辖区面积0.5平方千米。辖区内有童装加工基地，社区集体经济来源主要靠房屋租赁收入。居民收入主要靠童装加工、门面出租等。社区设立2个党支部：辛家庄社区党支部，有党员83名；滏西小区红色物业党支部，有党员40名。设卫生室3所，从医人员3人，为社区居民提供预防、治疗、防疫等服务。设幼儿园、小学各1所，并建有学龄前儿童活动中心。设藏书2000余册的图书室1个，建体育健身场所1处，方便群众活动。

兴礼社区　位于县城内迎宾路南侧，友谊南大街东侧。社区分3个居民小区，有居民896户，4860人。辖区面积1平方千米。居民主要在县城附近打工。社区设2个党支部：兴礼社区党支部，有党员69名，其中女党员10名；老年党支部，有党员44名，其中女党员11名。社区建有标准的社区办公室、群众服务室。设卫生室3所，从医人员3人。为高血压、糖尿病、精神病患者等群体定期随访，65岁以上老年人每年体检1次。设小学、初中、高中各1所。

第二章　自然环境

第一节　地质地貌

地质

地层　磁县地层发育比较齐全，出露地层自西向东依次为长城系、寒武系、奥陶系、石炭系、二叠系、三叠系、第三系及第四系。其中长城系地层出露不全，石炭系、二叠系、三叠系和第三系多被第四系所覆盖，寒武系、奥陶系地层出露完整。地层走向大致为北东—北北东向，倾向东南，倾角8～25度。地层特点为在中元古界之上沉积稳定的海相寒武系和奥陶系，从晚奥陶世起直至中石炭世之前，沉积缺失；中石炭世和三叠纪出现海陆交互相至陆相沉积，三叠世始，直至古新世，出现沉积间断；自始新世始，地壳发生不均衡下沉，山区零星出现彰武组，平原区整体下沉，沉积物厚度巨大；第四纪山丘区主要为冰川—冰水堆积物，平原区以湖泊、河流沉积为主。

构造　磁县大地构造位置属于中朝准地台的Ⅱ级构造单元山西断隆与华北断拗的过渡地带，其主要部分处于山西断隆构造单元内。两构造单元以邢台—安阳深断隆裂为界，地理位置大体在邯郸—光禄—双庙一线上。磁县的地域轮廓似“凹”字形，大部分处于太行山拱断束Ⅲ级构造单元的南部。由于经历多次构造活动，生成一系列具有不同形态、不同规模、不同序次、不同力学性质的构造行踪。这些不同时期，来自不同方向的应力，产生的各个构造形态相互交织在一起，使得区内构造复杂化。北北东向、南北向基底断裂发育，且被北西西向基底断裂切割，构成冀南地区的基本构造格架。燕山期陆台活化。井陉—长治深断裂、邢台—安阳深大断裂、郯庐深断裂再次活跃；太行山拱升起和华北断拗的大幅度沉降，特别是磁县正处在武安凹断束Ⅲ级构造单元向南的收敛端，断凹束两侧的南北向、北北东向断裂向南聚集，西达、北岔口相对隆起，应力相对集中，致使断层密布。尤其是都党以东，梧桐庄、九龙口以西，南北向、北北东向断裂形成众多紧密排列的地垒、地堑断块。而东西两侧由于受力边界条件不同，应力方向改变和应力相对变弱，形成北东向和北西向断裂，且主要为北东向。在西达—北岔口一带北东向断层被北西向断层切割。

地貌

磁县地处漳河北岸，东部位于河北平原南部，属山前冲积平原；西部属太行山东翼，地势西高东低。地形自西向东由山区、丘陵、平原三部分构成。

山 区　面积 33649.82 公顷，占总面积 47.11%，分布于黄沙镇西街和观台镇北街的西北方，包括陶泉乡、北贾壁乡、白土镇、都党乡 4 个乡（镇），海拔 300 ～ 1000 米，最高海拔 1087.6 米，相对高差 200 ～ 500 米，平均坡降 11% ～ 21%，峰峦叠嶂，地形崎岖，交通不便。

丘 陵　面积 27406.60 公顷，占总面积 38.37%，分布于县域中部地带，包括路村营乡、西固义乡、观台镇、黄沙镇 4 个乡（镇）全部和磁州镇、时村营乡、岳城镇、讲武城镇等乡（镇）西部部分地区。地势自南向北依次递降，海拔 80 ～ 300 米，相对高度 100 ～ 250 米，坡降在 10% 以下。丘体浑圆，地表切割破碎。以牤牛河为界，北部为土石质丘陵区，南部为卵石丘陵区。2016 年区划调整后，境内无土石质丘陵区。

平 原　面积 10369.70 公顷，占总面积 14.52%，分布于高级渠东侧，包括岳城镇、时村营乡、讲武城镇、磁州镇 4 个乡（镇）的部分地区，由漳河、滏阳河及牤牛河冲积而成。地势自南向北倾斜，海拔由 80 米向 57 米依次递降。县境东侧由于历史上漳河携带泥沙量较大，河床淤积抬升，曾造成多次决口改道，向北形成条状带固定沙包，较滏阳河两侧抬高 1 ～ 2 米。平原区西侧，为黄土堆积的倾斜地貌，滏阳河两侧为槽带状洼地。

第二节　气候　水文

气候

四季特征　磁县位于暖温带半湿润地区，属大陆性季风气候。依据物候，以 3—5 月为春季，6—8 月为夏季，9—11 月为秋季，12 月至次年 2 月为冬季。按温度标准划分，则冬季（日均气温＜ 10℃）初日为 10 月 29 日，终日为 4 月 4 日，间隔日数 158 天；春季（10℃≤日均气温＜ 20℃）初日为 4 月 5 日，终日为 5 月 16 日，间隔日数 42 天；夏季（日均气温≥ 20℃）初日为 5 月 17 日，终日为 9 月 12 日，间隔日数 119 天；秋季（10℃≤日均气温＜ 20℃）初日为 9 月 13 日，终日为 10 月 28 日，间隔日数 46 天。主要特点：水热同季，干湿季明显，四季分明。春季干旱多风，回暖迅速，光照充足，太阳辐射强，气温日较差大。夏季炎热多雨，盛行偏南风。秋季降温快，气温日较差大，太阳辐射减弱，气候凉爽。冬季盛行偏北风，寒冷干燥，雨雪较少。

光照　1999—2018 年，全县年日照时数平均 2321.4 小时，年日照百分率平均 52%。5 月日照时数最高，达 257.9 小时，日照百分率为 59%；12 月日照最少，为 145.3 小时，日照百分率为 49%；4 月、5 月日照百分率最大，为 59%；7 月最小，为 45%。

1999—2018 年磁县各月平均日照时数及百分率统计表

表 1-13　　单位：小时、%

月份	日照时数	百分率	月份	日照时数	百分率	月份	日照时数	百分率
1	150.7	49	6	239.4	55	11	159.7	53
2	154.2	50	7	198.3	45	12	145.3	49
3	193.6	52	8	210.9	51	全年	2321.4	52.33
4	233.5	59	9	191.4	52	—	—	—
5	257.9	59	10	186.5	54	—	—	—

气温　1999—2018 年，磁县全年平均气温 13.4℃。1 月最低，平均 -2.0℃；7 月最高，平均 26.7℃。极端最高气温 43.4℃（2009 年 6 月 25 日），极端最低气温 -18.1℃（2002 年 12 月 25 日）。

1999—2018 年磁县气温统计表

表 1-14　　单位：℃

年份	年平均气温	年极端最高气温		年极端最低气温	
		温度	时间	温度	时间
1999	13.9	39.3	7 月 2 日	-11.6	12 月 22 日
2000	13.2	40.3	7 月 1 日	-17	1 月 14 日
2001	13.5	40.3	7 月 1 日	-15.8	1 月 15 日
2002	13.9	41.2	7 月 15 日	-18.1	12 月 25 日
2003	13	37.7	6 月 7 日	-14.1	1 月 5 日
2004	13.8	38	6 月 28 日	-15.9	12 月 31 日
2005	13.6	41.8	6 月 22 日	-15.3	1 月 1 日
2006	14.2	41.1	6 月 16 日	-12	1 月 6 日
2007	14.1	38.5	6 月 13 日	-9.5	2 月 1 日
2008	14	37.8	6 月 7 日	-13.4	1 月 24 日
2009	13.8	43.4	6 月 25 日	-13.6	11 月 13 日
2010	13.4	40.5	7 月 6 日	-15.3	1 月 13 日
2011	13.4	38	6 月 30 日	-14.7	1 月 16 日
2012	13.5	39.6	6 月 13 日	-12.4	1 月 22 日
2013	14	38.7	7 月 3 日	-14.5	1 月 4 日
2014	15.1	39.3	5 月 29 日	-12.7	2 月 10 日
2015	14.8	39.9	7 月 13 日	-9.7	11 月 26 日
2016	14.9	37.3	6 月 17 日	-13.5	1 月 24 日
2017	15	38.7	5 月 28 日	-5.8	1 月 12 日
2018	15.1	40.6	6 月 27 日	-11.2	12 月 29 日

积温　1999—2018 年，磁县日平均气温稳定通过 0℃日期平均为 2 月 8 日，一般终止于 12 月 7 日，间隔日数 302 天，累计积温平均 5142.3℃。90% 的年份日平均气温稳定通过 0℃的初日为 2 月 7 日，终日为 12 月 6 日，间隔日数 302 天，积温 5144.8℃。

地温　地温随季节变化而不同。1999—2018 年，磁县年均地面温度最高为 20.3℃（2017 年），最低为 12.3℃（2016 年）。地面最高温度为 69.3℃（2002 年 7 月 15 日），地面最低温度为 -22.1℃（2002 年 12 月 26 日）。

1999—2018年磁县地面温度统计表

表 1-15　　　　单位：℃

年份	地面平均温度	地面最高温度		地面最低温度		平均地中温度			
		温度	时间	温度	时间	5 厘米	10 厘米	15 厘米	20 厘米
1999	15.7	60.2	7月2日	-13.9	1月12日	15	15	15.2	15.3
2000	15.1	63.5	6月8日	-21.3	1月19日	14.4	14.4	14.7	14.6
2001	15.5	63	6月1日	-19.7	1月15日	14.6	14.8	15.2	14.8
2002	15.9	69.3	7月15日	-22.1	12月26日	14.9	15	15.3	15.3
2003	14.2	59.3	6月6日	-18.3	1月5日	13.2	13.2	13.7	13.7
2004	15.3	58.5	6月10日	-19.8	12月31日	14.2	14.2	14.6	14.4
2005	15.5	60.9	6月23日	-17.2	1月1日	14.7	14.6	15	14.8
2006	16.2	59.4	6月19日	-13.3	1月6日	15.3	15.1	15.6	15.3
2007	16.1	61.9	7月3日	-11	12月30日	14.9	14.8	15.2	15
2008	15.4	57.9	5月28日	-15.6	12月22日	14.6	14.5	14.9	14.7
2009	15.7	64.9	6月24日	-16	11月15日	14.9	14.8	15.1	15.1
2010	15.6	66.1	7月6日	-16	1月13日	14.3	14.3	14.7	14.7
2011	15.3	63.1	6月19日	-18	1月16日	14.3	14.5	14.5	14.4
2012	15.4	65.9	6月12日	-11.3	12月9日	13.4	14.5	14.5	14.4
2013	16.5	66.1	7月3日	-15.8	12月27日	15.2	15.5	15.4	15.4
2014	17	66.5	5月29日	-13.4	1月18日	16.1	16.2	16.1	16.2
2015	16.7	66.9	6月12日	-12.9	1月15日	15.8	15.8	15.8	15.8
2016	12.3	60	6月16日	-17.6	1月24日	11.2	11.1	11	10.9
2017	20.3	62.5	7月14日	-11.5	12月23日	19.5	19.5	19.4	19.3
2018	16.9	59.3	7月7日	-17.3	12月30日	16.6	16.8	16.6	16.6

冻土　冬季冻土层一般厚18厘米，最深达32厘米（2013年1月11日）。土壤冻结平均日期为12月24日，最早为11月28日，最晚为1月27日。土壤解冻平均日期为2月14日，最早为1月27日，最晚为3月4日。

1999—2018 年磁县冻土情况统计表

表 1-16　　单位：厘米

年份	年极值最大冻土深度	年极值最大冻土深度出现日期	年份	年极值最大冻土深度	年极值最大冻土深度出现日期	年份	年极值最大冻土深度	年极值最大冻土深度出现日期
1999	17	12 月 2 日	2006	10	1 月 4 日	2013	32	1 月 11 日
2000	26	2 月 3 日	2007	9	1 月 3 日	2014	18	1 月 18 日
2001	19	12 月 28 日	2008	17	2 月 10 日	2015	8	12 月 27 日
2002	15	1 月 2 日	2009	17	1 月 13 日	2016	13	1 月 5 日
2003	29	1 月 9 日	2010	30	1 月 4 日	2017	15	1 月 2 日
2004	12	12 月 31 日	2011	31	1 月 6 日	2018	17	2 月 6 日
2005	21	1 月 2 日	2012	21	12 月 3 日	—	—	—

无霜期　1999—2018 年，磁县历年平均无霜期 238 天，最长为 284 天（2014 年），最短为 203 天（2009 年）。初霜平均日期为 11 月 20 日，最早为 11 月 1 日（2009 年），最晚为 12 月 17 日（2014 年）。终霜平均日期为 3 月 22 日，最早为 3 月 7 日（2004 年、2008 年、2017 年），最晚为 4 月 20 日（2013 年）。

1999—2018 年磁县初霜终霜日统计表

表 1-17

年份	1999	2000	2001	2002	2003	2004	2005	2006	2007	2008
初霜日	11. 17	11. 07	11. 06	11. 29	11. 08	11. 12	11. 20	11. 06	11. 11	11. 10
终霜日	03. 27	03. 29	03. 31	04. 09	03. 22	03. 07	03. 24	03. 28	03. 13	03. 07

年份	2009	2010	2011	2012	2013	2014	2015	2016	2017	2018
初霜日	11. 01	11. 15	11. 20	11. 5	11. 12	12. 17	11. 22	11. 21	11. 15	11. 19
终霜日	04. 01	04. 13	04. 03	03. 19	04. 20	03. 09	03. 11	03. 14	03. 07	03. 16

降水　1999—2018 年，磁县历年平均降水量 517. 57 毫米。降水最多年份为 2003 年，降水量 909. 8 毫米；降水最少年份为 2002 年，降水量 320. 8 毫米。年际间相差 589 毫米。累计有 10 年降水量在 500 毫米以上，保证率 50%；有 14 年降水量在 400 毫米以上，保证率 70%。

季节分配：1999—2018 年，全县春季（3—5 月）平均降水量 75 毫米，占全年降水量 14. 49%；夏季（6—8 月）平均降水量 324. 8 毫米，占全年降水量 62. 76%；秋季（9—11 月）平均降水量

102.14 毫米，占全年降水量 19.73%；冬季（12 月至次年 2 月）平均降水量 15.64 毫米，占全年降水量 3.02%。

1999—2018 年磁县年际、季节降水统计表

表 1-18　　单位：毫米

年份	降水总量	单日最大降水		降水季节分配			
		降水量	时间	春季	夏季	秋季	冬季
1999	521	85.6	8 月 9 日	76.9	395	49.1	0
2000	857.4	143.3	7 月 5 日	10.1	605.4	226.8	15.1
2001	387.1	74.8	7 月 27 日	10.8	261.5	70.7	44.1
2002	320.8	31.1	7 月 1 日	84.5	159.5	52.3	24.5
2003	909.8	133.6	6 月 9 日	82.9	514.9	298.4	13.6
2004	563.2	35.2	6 月 19 日	103.3	366.2	76.4	17.3
2005	505.2	76.6	9 月 2 日	41.6	270.4	180.7	12.5
2006	364.2	41.8	8 月 29 日	85.9	222.4	44.8	11.1
2007	478.3	131.5	7 月 29 日	101.7	310.3	58.1	8.2
2008	610	56.1	8 月 13 日	106.6	448	41.4	14
2009	419.2	49.2	8 月 4 日	98.7	195.9	109.4	15.2
2010	363.4	46	9 月 7 日	51.4	198	104.2	9.8
2011	503.5	46.5	7 月 29 日	35.1	251.6	200.1	16.7
2012	538.8	84	7 月 31 日	59	410.3	56.9	12.6
2013	362.6	36.7	7 月 13 日	67	225.8	49.3	20.5
2014	536.2	88.9	7 月 4 日	81.1	284	149.9	21.2
2015	479.5	79.1	7 月 21 日	138.8	229.4	106.1	5.2
2016	728.6	140	7 月 2 日	36	579.3	85.6	27.7
2017	471.6	71.7	8 月 2 日	73	335.3	47	16.3
2018	430.9	94.4	7 月 14 日	155.5	232.8	35.5	7.1

降水量月分配：1999—2018 年，全县 7 月降水最多，平均降水 176.59 毫米；8 月次之，平均降水 89.3 毫米。7 月、8 月两个月降水量占年降水量 51.37%。1 月降水最少，平均降水量 3.12 毫米。

1999—2018年磁县月降水量统计表

表 1-19　　　　　单位：毫米

时间	1月	2月	3月	4月	5月	6月	7月	8月	9月	10月	11月	12月
1999	0	0	11	43	22.9	157.6	139	98.4	13.6	31.6	3.9	0
2000	14.1	1	0	4.2	5.9	31	504	70.4	86.9	126.7	13.2	0
2001	18.6	22.2	0	9.4	1.4	26.2	168.4	66.9	26.2	41.4	3.1	3.3
2002	0	0.5	4.3	17.2	63	80.7	70	8.8	45.1	7.2	0	24
2003	0.7	6.8	25.2	37.1	20.6	181.2	157.9	175.8	178.8	100.9	18.7	6.1
2004	0	6.8	0	38.8	64.5	94.3	184.6	87.3	46.5	5	24.9	10.5
2005	0	11.5	2	3.4	36.2	79.7	115.1	75.6	162.3	12.8	5.6	1
2006	2.2	6.5	0.9	17.7	67.3	35.4	76.6	110.4	15.6	2.3	26.9	2.4
2007	0	5.3	44.6	3.4	53.7	13.9	202.7	93.7	34.2	22.7	1.2	2.9
2008	6.7	7.3	5.3	47	54.3	81	255.3	111.7	38.6	2.1	0.7	0
2009	0	14.9	12	27.6	59.1	19.8	64.8	111.3	56.2	12.1	41.1	0.3
2010	0.3	9.5	5.6	16.9	28.9	16.1	55.9	126	92.7	11.5	0	0
2011	0	13.1	1.9	4.8	28.4	30.4	111.8	109.4	111.7	22.9	65.5	3.6
2012	3.1	0	16.2	34.8	8	43.7	254.1	112.5	36.9	9.2	10.8	9.5
2013	3.8	16.7	0	7.8	59.2	19.1	168	38.7	29.4	9.8	10.1	0
2014	0	21.2	0.8	48.6	31.7	50.5	159.2	74.3	142.4	4.8	2.7	0
2015	2.8	2.4	2.6	51.7	84.5	37.2	122	70.2	29.4	18.8	57.9	0
2016	0.2	16.1	0	12	24	102.5	388.1	88.7	5.7	63.8	16.1	11.4
2017	9	6	3.3	31.1	38.6	48.8	182.3	104.2	25.8	21.2	0	1.3
2018	0.8	5.1	6.1	109.6	39.8	29.2	152	51.6	29.5	1.2	4.8	1.2

降水强度：月降水量最大达388.1毫米（2016年7月）；月降水量最少为0毫米。历年一日内最大降水量为143.3毫米（2000年7月5日）；连续降水最长日数为12天(2016年7月12—23日)；连续无降水最长日数为107天（2010年10月25日至2011年2月9日）。

风　县域为大陆季风气候，风力资源较为丰富，且随季节变化盛行不同风向。春季多为偏南风；夏季受海洋暖湿气流影响多为东风；秋季多为偏西风；冬季受北方干冷气团控制，多为寒冷干燥的西北风。全年最多风向为偏南风。年平均风速2.1米/秒。极端最大风速21米/秒（2011年6月6日）。

1999—2018年磁县季风情况统计表

表1-20　　　　风速：米/秒

观测时间	平均风速	最大风速	风向	观测时间	平均风速	最大风速	风向
1999	2.1	13.3	东南偏南	2009	2	17	西北偏西
2000	2	16.7	西北偏西	2010	2	18.3	西北偏西
2001	2	16.3	东北偏北	2011	2	11.1	北
2002	2.5	13	西北偏北	2012	1.9	11	西北偏西
2003	2.1	14.3	西北偏北	2013	2	10.8	东北偏北
2004	2.3	15.7	西北	2014	1.9	10.5	东北
2005	2	16	西北	2015	1.8	8.6	东北偏北
2006	2	14	东北偏北	2016	2.1	10.3	南
2007	2	12	东北偏北	2017	1.9	10.7	东北偏北
2008	1.9	16	东北偏北	2018	2.2	14.6	北

视程障碍类天气　磁县春季干旱且多大风天气，容易形成视程障碍类天气，多为扬沙与浮尘等视程轻度障碍类天气。1999—2018年，视程严重障碍类天气沙尘暴出现6次，分别为2000年4月9日、2001年4月19日、2005年5月10日和6月19日、2006年3月27日、2013年3月9日。

物候

植物候　小麦：9月下旬至10月上旬播种，次年3月上旬返青，4月上旬拔节，4月底抽穗，6月中旬收割。

玉米：春玉米4月下旬至5月上旬播种，9月上旬收割；夏玉米6月上旬播种，9月下旬收割。

毛白杨：发芽期3月5—20日，落叶期10月5—25日。

柳：发芽期3月15—25日，落叶期10月20—31日。

梨：4月初发芽，4月中旬开花，9月收摘。

动物候　大雁：3月下旬至4月上旬来，10月上旬南飞。

燕子：4月上旬来，10月上旬南飞，农谚“春暖花开，小燕归来”。

蝉：始鸣6月上旬，绝鸣9月上旬。

布谷鸟：5月上旬来，10月上旬去。

蛇：4月上旬出洞，10月中旬入洞冬眠。

蛙：4月上旬出土，10月中旬冬眠。

水文

地表水

漳河　漳河发源于山西省东南部太行山腹地，由清漳、浊漳及漳河干流三部分组成，全长459千米，流域面积1.91万平方千米。从涉县与磁县交界的马鞍绝处入境，横穿县西南部，流经白土、都党、观台、黄沙、岳城、时村营、讲武城镇7个乡（镇），境内长55千米。沿漳河有市跃峰渠、县跃峰渠、民有渠和沿河小渠及扬水站等引漳灌溉工程，可灌土地13333.33公顷。漳河的岳城水库上游水量变化较大，通过岳城水库拦蓄，下游河道行洪较平稳。1956年8月4日，观台站实测最大洪峰流量9700立方米/秒。

滏阳河　滏阳河发源于太行山脉东麓的峰峰矿区黑龙洞，是一条防洪、灌溉、排涝等综合利用的骨干河道。地处邯郸市腹心地带，西部为太行山余脉的丘陵区，地势西高东低，地面纵坡1/400～1/1000，东部为冲积平原区，地面纵坡1/3000～1/5000。县境内（从东武仕电站至磁州镇

北开河村）22 千米，流经路村营乡、磁州镇 2 个乡（镇），上游有东武仕水库调洪。河道左堤 24.9 千米，右堤 20.3 千米，右堤高于左堤 0.1 ～ 1 米。滏阳河最大下泄流量 152 立方米 / 秒（1963 年 8 月 6 日）。

南水北调中线渠磁县段　起自河北省与河南省交界处的漳河北岸，经南营村南沿北偏东方向行至双庙村东，在东武仕水库下游过滏阳河，至凤凰路东武仕防汛桥与邯郸市邯山区曲沟村交界处，长 21 千米。总干渠永久占地宽度 92.09 ～ 173.36 米，干渠两侧各设计 5 米宽的道路、8 米宽的绿化带、截流沟等附属设施。工程于 2010 年 6 月 1 日开工建设，2014 年 12 月 12 日通水。水源水质各项指标均达到饮用水Ⅱ类以上标准，水质甘甜。

磁县跃峰渠（详见第五编第二章跃峰渠）

地下水

山区　山区多为古生代奥陶纪各种灰岩，地下水多储存在破碎断裂带中的空隙和溶隙间，水位多在 200 米以下，出水量小，不易开采。河谷浅滩、小盆地中的浅层地下水是本区的主要水源。水位一般埋深 50 ～ 60 米，矿化度小于 1.0 克 / 升，且出水量较大，水质良好，宜于开采。

丘陵区　地下水隔水层多为页岩，透水条件不好。只有在断裂、破碎发育的地区，由大气降水补给形成的地下水经这些孔道储存于砂岩中。地下水埋深一般在 120 ～ 150 米，越往南地下水量越大，到漳河附近水量最大。

丘陵区含水空间有 2 层，一层在 20 ～ 30 米，另一层在 80 ～ 120 米，属深浅混合开采区。浅层水多在河滩沟谷中，矿化度小于 1 克 / 升，水量丰富，水质良好，易开采。

东部平原区　地下水存于第四纪松散岩层中，主要受降水和地表水体渗入补给及山前潜水的侧向补给。排泄方式以人工开采为主，其次有侧向流出和潜水蒸发。

第三节　土壤　植被

土壤

土壤类型　1999 年，按照河北省土壤分类系统，全县土壤类型共分 7 个土类，13 个亚类，29 个土种。褐土，面积占全县土壤面积 59.1%，包括石灰性褐土、褐土性土、潮褐土 3 个亚类，分别占全县土壤面积 46.7%、8.5% 和 3.9%，分布在平原区、丘陵区和山区。石质土，占全县土壤面积 19.5%，属于钙质石质土，主要分布在西部山区。潮土，占全县土壤面积 12.8%，主要分布在低洼平原和漳河河滩。粗骨土占全县土壤面积 4.8%，主要分布在西部山区。风沙土，占全县土壤面积 2.0%，主要分布在漳河沿岸。水稻土，占全县土壤面积 1.7%，主要分布在低洼平原。沼泽土，占全县土壤面积 0.06%，主要分布在磁州镇。

土壤质地　1999 年，全县土壤耕层厚度一般为 0 ～ 20 厘米，耕层质地有壤质土壤、黏质土壤和沙土土壤，以壤质土壤为主，占土壤面积 97.78%，保水保肥，通气透水性良好，是农业生产较理想的土壤质地类型，又分为沙壤、轻壤、中壤、重壤。沙土面积占土壤面积 2.0%，漏水漏肥，易风蚀、沙化。黏土面积很小，土壤容重高，旱时土硬雨后泥黏，不易劳作，不发小苗发老苗。

2009 年，因长期使用化肥、旋耕机浅耕、焚烧秸秆等因素，导致土壤板结，肥力下降，并形成 5 ～ 10 厘米紧实的犁底层。

2010—2018 年，通过持续实施测土配方施肥、秸秆还田综合利用和农机深松等，耕层厚度维持在 0 ～ 25 厘米，耕层土壤结构比例趋于合理，土壤紧实度、空隙度、保水性、代换量、肥力水平等土壤质地指标明显提高。

土壤养分　1999 年，耕层土壤：有机质含量 17.4 克 / 千克，全氮量 0.9 克 / 千克，碱解氮 94 毫克 / 千克，速效磷 5.1 毫克 / 千克，速效钾 123.03 毫克 / 千克。

2008—2010 年，在全县采集 6768 个土壤样品化验检测，耕层土壤：有机质含量 24.15 克 / 千克，全氮量 1.16 克 / 千克，碱解氮 96 毫克 / 千克，速效磷 16.7 毫克 / 千克，速效钾 123.3 毫克 / 千克。与第二次土壤普查相比，耕层土壤养分含量普遍提高。

2018 年，全县耕层土壤：养分含量一般为有机质 17 ～ 30 毫克 / 千克，碱解氮 60 ～ 120 毫克／千克，速效磷 5 ～ 20 毫克／千克，速效钾 50 ～ 150 毫克／千克，土壤有机质、氮、磷、钾、铜、铁和锌的含量普遍提高——土壤有机质含量提高 27.3%，全氮含量提高 28.3%，碱解氮含量提高 2.13%，速效磷含量提高 2.3 倍，速效钾含量提高 0.2%；微量元素有效锰含量由原 5.36 毫克／千克降至 4.35 毫克／千克，降低 18.9%，有效铜含量提高 1.4 倍，有效锌含量提高 1.7 倍，有效铁含量提高 15.3%。

土壤性状　1999 年，全县耕层土壤容重平均值 1.25 克／立方厘米、变幅 1 ～ 1.8 克／立方厘米，土壤空隙度 44% ～ 50%，平均土壤吸湿水 3.19%，土壤代换量 4.9 ～ 23.3 毫克当量 /100 克，土壤 pH 值 7.5 ～ 8.7。

2008—2018 年，田间调查取样检验测定对照全国第二次土壤普查数据，主要理化性状数值和区域性变化不大，土壤属弱碱性、石灰性土壤，耕层土壤 pH 值平均为 8.1，适宜各种作物种植。

土壤等级　按照农业部耕地质量调查和评价的规程和分级标准，磁县耕地地力分为五等。

一等地 IFI（土壤综合肥力）值为 0.82，面积 8982.33 公顷，占全县耕地面积 16.2%。主要分布在平原区、丘陵区。基本特征：地形平缓，通体均质轻壤或蒙金型，耕层深厚，一般在 20 厘米左右；农田水利灌排条件优越，旱涝保收。

二等地 IFI 值为 0.775，面积 18176.13 公顷，占全县耕地面积 32.8%。全县均有分布。基本特征：土壤理化性状较好，保水保肥性和通气透水性较强，土壤土性温暖，不热不寒，适宜多种农作物实现稳产高产。

三等地 IFI 值为 0.75，面积 15391.4 公顷，占全县耕地面积 27.8%。主要分布在丘陵区。基本特征：土壤稍有结构、表土已有屑粒或小粒状，有的地块出现碎粒状。经过长期耕作，土壤熟化，以种植春玉米、谷子、花生、甘薯、棉花为主。因所处地势高燥，土壤通透性强、保水保肥能力虽有所提高，仍属于漏水漏肥的瘠薄地。作物生长表现是发小苗不养老苗，土壤肥劲是前劲足后劲小。

四等地 IFI 值为 0.72，面积 10607.33 公顷，占全县耕地面积 19.2%。分布于林坛镇、时村营乡、南城乡、台城乡。基本特征：沙壤质草甸褐土土体，构型以通体沙质为主，部分地方心土或底土有轻壤或沙土间层，是沙质草甸褐土向轻壤质草甸褐土过渡的土种。共同特点是土层厚度中等，土壤质地轻疏，底层渗漏，夹沙，水源短缺，地力中下等，耕性较差。

五等地（无具体数值）　面积 2200.6 公顷，占全县耕地面积 4%。主要分布在黄沙镇、都党乡、白土镇、北贾壁乡等乡（镇）及漳河古道流域的沙滩地。土层较厚，地势不平，田面坡度大，无水利设施，耕层养分含量一般；干旱、水土流失、保水保肥能力差；特点是质地疏松，土石相混，土薄石厚，坡度较大，侵蚀严重，干旱缺水，宜发展杂粮、中药材、林果业。

植被

磁县植物区系以暖温带华北地区系为主，兼有亚热带华中区系成分，南北区系过渡特色明显。全县野生植物资源有 59 科，198 个种类。其中乔木植物有杨、柳、榆、槐、椿、楝、柏、松、柿、枣、木了、苹果、梨、桃、杏、李等 40 余种针阔叶树种；灌木植物有荆条、酸枣、花椒、皂角、胡枝子等 20 余种。

全县分山地植被区、岗丘植被区和平原植被区，植被主要为林木植被、草本植被和人工耕作植被。山地植被区主要是林木植被、草本植被和少量人工耕作植被；山区林木植被有松、柏、桐、核桃、柿树、花椒、荆条、酸枣等，草本植被有羊胡子草、白草、茵陈蒿、黄背草等，少量人工耕作植被有玉米、豆类、谷子、油菜等。

岗丘植被区占优势的林木植被是灌木、草本植被及农田人工耕作植被；岗丘区灌木种类有荆条、酸枣等，草本植被有白草、蒿类、狗尾草、狗牙根、藜、蓼、麻、大蓟等，人工栽培植被有小麦、玉米、棉花、大豆、甘薯、谷子、金银花等。

平原植被区主要是人工耕作植被，栽培作物主要有小麦、玉米、花生、豆类、甘薯等，林木植被有人工种植的以苹果、梨、桃、葡萄为主的果园，槐、榆、桐、杨、柳等人工林及冬青等绿化苗木，草本植被主要分布在漳河冲积扇平原东

部沙土区，有茅草、狼尾蒿、茵陈蒿、蒺藜、蓟等，另有人工栽培的花卉及中药材。

第三章　自然资源

第一节　土地资源

土地资源概况

磁县西部属太行山东麓，地类多以林地、其他草地、沟渠、裸地为主，耕地数量较少；京广铁路西至太行山东麓为丘陵区，地形以荒岗、荒坡为主，地类以耕地、其他草地、沟渠为主，包括岳城水库、东武仕水库及其他小水库。京广铁路东为冲积平原区，平原区潮土广布，其间散布有部分沙土，自然条件好，交通便利。地类多为耕地、果园及沙地。2007 年 10 月至 2009 年年底，磁县完成全县第二次土地调查。调查结果显示，磁县总面积 103487.17 公顷。其中，耕地 51424.20 公顷，占总面积 49.69%；园地 750.24 公顷，占总面积 0.72%；林地 3447.22 公顷，占总面积 3.33%；草地 5138.33 公顷，占总面积 4.96%；城镇村及工矿用地 12794.88 公顷，占总面积 12.36%；交通运输用地 2979.39 公顷，占总面积 2.88%；水域及水利设施用地 8297.95 公顷，占总面积 8.02%；其他土地 18654.96 公顷，占总面积 18.02%。

土地资源分类

2015 年磁县农村土地利用状况二级分类面积统计表

表 1-21　　单位：公顷

行政区域		耕地	园地	林地	草地	城镇村及工矿用地	交通运输用地	水域及水利设施用地	其他土地
名称	总面积								
磁县	103487.17	50677.07	441.60	3377.21	4488.53	14071.49	3167.38	8420.36	18843.53
磁州镇	8034.72	4531.65	30.64	254.18	70.63	2265.44	514.61	266.88	100.69
高臾镇	5110.20	3840.36	148.92	119.91	0.79	651.51	219.11	101.17	28.43
西光禄镇	5262.92	3022.74	21.91	126.97	173.39	1229.76	382.40	213.88	91.87
讲武城镇	7451.99	5049.88	21.68	531.51	39.43	1067.36	305.11	380.48	56.54
岳城镇	9531.15	3333.38	9.90	395.26	450.19	924.46	109.44	4087.16	221.36
观台镇	4105.29	1686.93	2.29	253.12	1064.19	786.66	79.46	48.30	184.34
林坛镇	5736.49	4094.56	8.51	39.89	204.70	749.97	203.49	365.98	69.39
白土镇	6675.29	1331.45	6.35	146.78	259.65	352.18	46.55	142.98	4389.35
黄沙镇	2082.12	994.61	3.37	49.14	298.87	476.49	48.08	21.85	189.71
路村营乡	3852.33	1122.02	54.98	65.12	135.64	534.63	57.08	1822.46	60.40
西固义乡	4439.05	2686.19	13.67	144.69	520.73	678.62	83.58	124.86	186.71
辛庄营乡	3404.93	2142.21	64.40	121.34	4.22	743.59	172.27	78.99	77.91

续表

行政区域		耕地	园地	林地	草地	城镇村及工矿用地	交通运输用地	水域及水利设施用地	其他土地
名称	总面积								
花官营乡	3348.99	2180.26	1.65	152.69	1.09	686.35	166.54	140.58	19.83
时村营乡	4592.11	3170.60	15.50	73.35	255.57	755.92	80.72	127.58	112.87
南城乡	5516.77	4263.52	5.74	23.19	236.94	502.33	205.46	139.05	140.54
台城乡	3555.58	2238.10	15.11	53.96	67.79	559.53	358.48	230.95	31.66
陶泉乡	9687.88	1429.53	2.81	467.99	397.99	288.34	43.74	11.93	7045.55
都党乡	3804.36	1100.32	11.37	9.37	183.99	337.69	44.51	94.38	2022.73
北贾壁乡	7295.00	2458.76	2.80	348.75	122.73	480.66	46.75	20.90	3813.65

2017年磁县农村土地利用状况二级分类面积统计表

表 1-22　　单位：公顷

行政区域		耕地	园地	林地	草地	城镇村及工矿用地	交通运输用地	水域及水利设施用地	其他土地
名称	总面积								
磁县	71551.17	28976.91	174.61	2721.66	3477.76	9103.13	1491.61	7250.58	18354.91
磁州镇	8034.71	4444.73	30.57	245.50	69.96	2363.53	526.73	267.27	86.42
讲武城镇	7452.01	5033.37	21.66	529.55	5.26	1111.87	309.03	380.48	60.79
岳城镇	9531.12	3366.56	9.81	394.96	347.28	928.15	110.84	4181.95	191.57
观台镇	4105.28	1721.12	2.29	252.86	1016.51	799.89	80.02	48.07	184.52
白土镇	6675.31	1321.04	6.35	146.61	259.13	355.27	47.81	151.68	4387.42
黄沙镇	2082.10	1059.42	3.37	49.14	272.78	435.82	48.30	21.85	191.42
路村营乡	3852.33	1129.93	54.76	64.71	123.16	540.69	59.16	1819.94	59.98
西固义乡	4439.09	2741.23	13.36	144.03	448.80	682.25	86.63	124.81	197.98
时村营乡	4592.12	3175.29	15.50	68.50	230.64	773.99	86.47	127.52	114.21
陶泉乡	9687.81	1428.79	2.81	467.79	397.82	289.03	45.09	11.80	7044.68
都党乡	3804.36	1099.22	11.37	9.29	183.83	339.56	44.59	94.37	2022.13
北贾壁乡	7294.93	2456.21	2.76	348.72	122.59	483.08	46.94	20.84	3813.79

第二节　矿产资源

磁县矿产资源较丰富。已发现矿产中，有能源矿产 3 种（煤、煤层气、地热）、黑色金属矿产 2 种（铁、锰）、有色金属矿产 1 种（铝）、贵金属矿产 1 种（银）、非金属矿产 10 余种。非金属矿产包括硅石、石灰石、白云岩、硫、灰岩、黏土、石英砂岩、大理石、高岭土、耐火黏土、膨润土、钙质珊瑚礁（上水石）、矿泉水等。

上水石雕刻（2020 年　摄）

煤炭

煤炭是磁县第一大矿产，主要分布在观台镇、黄沙镇、岳城镇、都党乡、白土镇，磁西预测区（远景储量）包含岳城镇、西固义乡、路村营乡、磁州镇西部。煤炭资源储量 13.52 亿吨，远景储量 15 亿吨。县域内煤质品种齐全，有褐煤、无烟煤、贫煤、瘦煤、肥煤和焦煤。磁县煤炭保有量的资源储量居邯郸市第三位。

矿泉水

在路村营乡东武仕村、南城乡后羌村、西固义乡韩家庄村均有发现。经原地矿部矿泉水质检中心分析测试，达到饮用矿泉水的国家标准。东武仕矿泉水于 2004 年已开发利用。

第三节　自然动植物

动物

除家养动物外，主要有：

脊椎动物：鸟类有麻雀、燕子、喜鹊、水鸭子、乌鸦、鸽子、黄鹂、斑鸠、鹄鹰、雕、秃鹫、鹳、野鸭子、苇莺、翠鸟、石鸪、鹌鹑、啄木鸟、布谷鸟、雁、白鹭、夜鹭、猫头鹰、雉鸡等。哺乳类有狐、狸、松鼠、黄鼠狼（黄鼬）、獾、刺猬、田鼠、野兔、鼯鼠、蝙蝠等。爬行类有鳖（鼋鱼、团鱼、甲鱼），分布在滏阳河、岳城水库和东武仕水库；蛇，有草蛇、水蛇、七寸蛇、花斑蛇等；壁虎，蜥蜴。两栖类有青蛙、蟾蜍。鱼类有草鱼、鲶鱼、鲤鱼、鲫鱼、鲢鱼、大银鱼、泥鳅、鳝鱼、鮰鱼、黄颡鱼、黑鱼。

无脊椎动物：甲壳类主要有虾、蟹、水虱；多足类有蜈蚣、蚰蜒、马陆；昆虫类有蝗虫、蜻蜓、蟋蟀、蝈蝈、蟑螂、螳螂、萤火虫、蜢、蝼蛄、蝶、蛾、蚊、蝇、蜂、马蜂、臭虫、跳蚤、蝉、天牛（水牛）、瓢虫、蚜虫、蛉、蜣螂、蚂蚁、蚱蜢、蚕、蜚蠊（土鳖、簸箕虫）、斑潜蝇等。环节动物有蚯蚓、水蛭（蚂蟥）、大麦虫。软体动物有蜗牛、蚌、田螺。

植物

磁县野生植物资源分为蔬菜、中药材和果树 3 大类。莲科、芸香科、远志科、无患子科、五加科、木犀科、车前科、桔梗科、天南星科、百合科等 41 个科属。生境面积 2 万余公顷。

杂草类主要有禾本科、豆科、菊科、莎草科、百合科、大戟科、旋花科、鼠李科、蔷薇科、茄科、萝摩科、毛茛科、锦葵科、车前科、木犀科、苋科、蓼科、藜科、石竹科、罂粟科、天南星科、堇菜科、败酱科、马齿苋科、云寥科、木贼科、唇形科、蒺藜科、马鞭草科、葡萄科、卫茅科、葫芦科、卷柏科、芸香科、伞形科、夹竹桃科、千层菜科、柴葳科、桑科、十字花科、报春花科等 40 多个科属。种类有白草、黄背草、蒿类、扫帚苗、茅草、马兰草、蒺藜、鬼圪针、抓地蔓、草枸杞、苦苦菜、星星菜、猪生、毛菜、鬼灯笼、野葡萄、山葱、山韭菜、燕衣、山蒜、牵牛花、露水花、狗牙根、马唐、狗尾草、飞蓬、牛筋草、扁蓄、斑种草、地锦、苋菜、蓟菜、稗草、苍耳、青麻、小飞莲、野豌豆、葎草、田旋花、刺儿菜、虎尾草、菟丝子、藜、马齿苋、鹅绒藤、节节麦、野燕麦、星星草、罔草、雀麦、看麦娘、灰绿藜、谷莠、黑麦草、马唐、猪殃殃、麦家公、麦瓶草、芥菜、播娘蒿、黄顶菊。

药材类种植品种主要有柴胡、志母、连翘、

生地、薄荷、枸杞、远志、葛根、瓜篓、黑芝麻、板蓝根、杜仲、半夏、益母草、丹参、防风。其他药用杂草包括天花粉、地肤、茴香、蒲公英、车前子、山豆根、香附、天门冬、狼毒、桑白皮、黄白皮、山丹皮、地骨皮、石榴皮、透骨草、石花、桑叶、毛腊、桃红、枣红、毛竹、扁豆、紫草、络石藤、元胡、一枝黄花、地丁、射干等。

花木类主要有君子兰、仙人掌、菊、牡丹、月季、美人蕉、芍药、文竹、秋海棠、一品红、鸡冠、丁香、葵花、玫瑰、水仙、紫罗兰、米兰、夹竹桃、腊梅、蔷薇、桂花、山丹花、石竹、榆梅、西番莲、紫蝴蝶、茉莉、百日红、夜来香、扶桑、冬青、含羞草、海棠、凤仙、杜鹃、木槿等。

水生类主要有蔗草、薄罗藓、金鱼藻、榆叶孤星藻、黑藻、苦藻、龙须眼子菜、竹叶眼子菜、荷花、芦苇、菖蒲、睡莲、浮萍等。

保护物种

野生蔬菜　主要有野生蒜、野生韭菜、野生莲等。野生蒜（小蒜），主要分布在北贾壁、白土、时村营、路村营乡等乡（镇），以北贾壁乡和时村营乡居多，分布于丘区半坡阳面和较平缓的浅山区，生境面积 1333.33 公顷，属一级濒危野生物种。野生韭菜（冀韭），主要分布在山区，以炉峰山区较为集中，山区阴面居多，生境面积 2000 公顷，属二级濒危物种。野生莲主要分布在滏阳河上游腹地的低洼平原，几近绝灭。

野生药材　磁县野生中药材种类较多，且相互伴生，包括远志、知母、柴胡、刺五加、半夏、连翘、车前、透骨草、米口袋、党参、黄檗、生地、元胡、枸杞等省级保护物种。以远志科远志，伞形科柴胡，百合科知母居多，主要分布在山区。远志主要生长在山区南侧半坡阳面，柴胡主要生长在山北侧西侧阴面半坡，知母以山北侧阴面居多，3 种植物面积逐年减少，属二级濒危物种。国家二级野生保护植物黄檗（黄柏），属芸香科，主要分布在炉峰山区一带，散生面积 6.67 公顷，属一级濒危野生物种。杜仲，属国家二级保护物种，主要分布在炉峰山区一带，散生面积 46.67 公顷。国家二级保护野生植物穿龙薯蓣，薯蓣科，主要分布在炉峰山区一带，散生面积 1 公顷。

野生果树　主要有酸枣、黑枣、野核桃树等，其中酸枣分布较广，遍布山、丘区，面积 13333.33 公顷，逐年减少，属三级濒危物种。

古树名木　磁县有单棵古树 86 棵，名木 2 棵。另有古树群一处——南峧寺古树群，约有 2000 棵柏树，树龄 100 ～ 200 年。

附：炉峰山大果榉

大果榉，别名青榆、小叶榉，属榆科，榉属。炉峰山大果榉位于炉峰山海拔 950 米平坦处，树高 14 米，平均冠幅 17 米，胸围 430 厘米，相传树龄 2000 多年，树干高 3 米处有 4 个主枝向四方延伸，

大果榉（2018 年 8 月 8 日　摄）

树体硕大，结实量多，覆盖面积 300 平方米，在大果榉树干分枝处有一株自然生长的油松，形成天然的“榆抱松”景观。相传公元前 203 年，刘邦被项羽打败后，率数十骑逃至此地，得以喘息，刘邦建立西汉王朝后，在此植下此树，以表纪念。东汉光武帝刘秀也曾在此拴马歇脚，树下青石饮马池，马蹄印尚存。

第四节　水资源

降水量

由 1956—2005 年降水量统计结果显示：磁县多年平均降水量 552.5 毫米，降水总量 5.6024 亿立方米。其中，20%、50%、75% 和 95% 保证率的降水量分别为 708.9 毫米、521.4 毫米、401.8 毫米和 278.0 毫米。

水资源分区情况：多年间，平均年降水量以

漳河山区 578.9 毫米为最大；滏阳河山区次之，为 552.7 毫米；滏西平原区最小，为 523.0 毫米。

过境水量

1980—2005 年，磁县年平均入境水量 62308 万立方米，年平均出境水量 50261 万立方米。

水质

全县地下水除硬度超标外，各项目均符合生活饮用水标准。2018 年城区居民用水来自南水北调工程，水质均符合标准。

第四章　自然灾害

第一节　气象灾害

暴雨

2000 年 7 月 3 日，暴雨冲毁桥 35 座、公路 87 千米、水窖 680 眼。184 个村 36 万人受灾，死亡 2 人，伤 2300 人，损坏房屋 1.7 万间。

2003 年 6 月 8 日，特大暴雨，并伴有冰雹，直径达 20 ～ 30 毫米。灾情涉及 7 个乡（镇）143 个村，受灾作物面积 11533.33 公顷，直接经济损失 5500 万元。

2003 年 6 月 11 日 21—22 时，磁县北部降暴雨和冰雹，冰雹直径 5 ～ 10 毫米，灾情涉及 8 个乡(镇)，受灾作物面积 7666.67 公顷，经济损失 2000 万元。

2007 年 7 月 28 日夜，暴雨，伴随大风。多数乡（镇）降雨量 80 毫米以上，城区降雨量 101.2 毫米，时村营乡降雨量最大，达 159.2 毫米。

2016 年 7 月 19—20 日，磁县遭遇持续特大暴雨，其中陶泉乡降雨量达 783.6 毫米。

2017 年 5 月 22 日，强降雨伴随大风，造成全县大部分麦田倒伏；6 月 5 日强降雨，加重小麦受灾程度。全县小麦 1.42 万公顷中，倒伏 8666.67 公顷，成灾 7200 公顷；小麦减产 1.43 万吨，经济损失 2860 万元。

2018 年 4 月 22 日，暴雨，全县受灾面积 45.46 公顷，减产粮食 200 吨。

干旱

1999 年夏，因旱造成全县 1437.5 公顷玉米绝收，灾情主要分布在北贾壁乡和时村营乡。

2000 年春，因旱造成全县 5133.33 公顷小麦绝收，灾情主要分布在陶泉乡、北贾壁乡、白土镇、黄沙镇、都党乡等乡（镇）。

2008 年 10 月至 2009 年 2 月，干旱少雨，小麦经历 50 年一遇秋冬连续干旱，全县受旱面积 14333.33 公顷，成灾面积达 11600 公顷，减产粮食 3 万吨，直接经济损失 5000 万元。

2010 年 10 月 26 日至 2011 年 2 月 8 日连续 106 天无有效降水，造成严重干旱。

2015 年，夏秋干旱，全县玉米受旱面积 1 万公顷，成灾面积 1000 公顷，绝收面积 333.33 公顷。

2016 年春，干旱，小麦受灾面积 1866.67 公顷，成灾面积 1200 公顷。

2017 年冬至 2018 年 4 月，持续干旱，全县小麦受旱面积 5333.33 公顷，成灾面积 2333.33 公顷，涉及 7 个乡（镇）70 个村。减产粮食 5495 吨，经济损失 1099 万元。

冰雹

2004 年 6 月 20 日，磁县遭受冰雹灾害，持续 30 分钟，最大直径达 80 毫米。13 个乡（镇）、195 个村、5 万户、30 万人受灾；农田受灾面积 13333.33 公顷，经济损失 6000 万元。

2007 年 6 月 25 日，磁县部分地区突降冰雹，最大直径 30 毫米，农作物受灾面积 3333.33 公顷，成灾面积 666.67 公顷。

2010 年 5 月 29 日，冰雹，全县农作物受灾面积 1013.33 公顷，成灾面积 580 公顷，粮食减产 1000 吨，经济损失 250 余万元。

2014 年 7 月 3 日，高臾镇柳儿营一带突降冰雹，持续约 18 分钟，冰雹大小 10 ～ 20 毫米，受灾面积 1000 公顷，受灾农户 1.3 万余户。

2015 年 7 月 24 日，岳城水库西部一带突降冰雹，持续约 30 分钟，冰雹大小 20 毫米左右，农作物受灾面积 2606.67 公顷，成灾面积 1833.33 公顷，绝收面积 260 公顷。

风灾

2000 年 9 月 4—5 日，风力 4 ～ 5 级，最大

风力7级以上，农作物倒伏面积7866.67公顷，经济损失1500多万元。

2013年8月11日晚，雷阵雨伴大风，全县19个乡（镇）均有不同程度倒伏，受灾面积1800公顷，成灾面积1080公顷。

暴雪

2009年11月11—12日，降雪量41.1毫米，最大积雪深度达270毫米，造成1.2万人受灾，农作物受灾面积285公顷，绝收10公顷；损坏房屋39间，直接经济损失940万元。

低温冻害

2001年3月27日全县降小雪，气温降至0℃以下。

2006年3月13—14日、3月26—27日两次气温骤降，使小麦、露地蔬菜及小拱棚西瓜等受害严重，讲武城镇受灾最为严重。

2018年4月4—6日，最低气温3℃以下，形成低温灾害，成灾面积304.27公顷，减产粮食800吨，经济损失160万元。

冻雨

2013年4月19日凌晨突降冻雨，蔬菜成灾面积达40公顷，程度三级，减产幅度10%～20%，主要受灾作物为露地豆角、黄瓜，平原区小拱棚西瓜、西葫芦等十字花科作物。

雾霾

2013年1—2月，连续30多天雾霾，越冬蔬菜灰霉病、黄花病、霜霉病等病害发生严重，改种率90%以上，减产幅度达50%。

雷击

2005年6月11日，县医院遭受雷击，损坏电脑12台，打印机4台，电热恒温水箱1台，电解质分析仪1台，切版漂烘温控仪1台，程控电话交换机1台，网卡12张，直接经济损失14.3万元。

是年6月12日下午，县城出现雷暴天气，县公安局110、120、119三套系统设备被击，交换机通信接口损坏，12台路由监控设备断电。

是年8月3日17时左右，台城乡1名中学生在回家路上遭雷击身亡。

2008年6月29日18时，时村营乡西小屋村村民王某某在回家路上遭雷击身亡。

附：磁县“7·19”抗洪抢险救灾专记

2016年7月19日至7月20日20时，磁县遭遇百年一遇的特大暴雨。

降雨受灾情况

降雨及河道、水库水情：7月19日至7月20日20时，全县各乡（镇）降雨量均超过200毫米，西部6个乡（镇）降雨量均在300毫米以上，其中陶泉乡784毫米，为全县有气象记录后极值。

暴雨引发磁县境内漳河、牤牛河河流水势普遍上涨，出现较大洪水。漳河上游及岳城水库入库最大洪峰流量达5200立方米/秒（接近10年一遇），截至20日8时，已入库洪水2.3亿立方米。牤牛河335立方米/秒，多个小型水库、塘坝库满溢流。

受灾情况：“7•19”暴雨是受全球厄尔尼诺现象影响，在太行山区出现强对流、持续灾害性天气，与“63•8（1963年8月洪灾）”“96•8（1996年8月洪灾）”相比，“7•19”暴雨洪水具有降雨强度大、洪水来势猛、灾害性大的特点。

全县18个乡（镇）均不同程度受灾，其中西部6个乡（镇）最严重，出现山洪险情，冲毁房屋多处，交通、电力、通信中断。据初步核查，全县受灾人口327697人，死亡16人，失踪2人。房屋倒塌2806户、10080间，其中倒塌农房1568户、6261间；严重损坏房屋1680户、6783间，其中严重损坏农房1012户、5486间；一般损坏房屋3871户、16857间，其中一般损坏农房3416户、15045间。冲毁道路515千米，桥梁80座，隧道800米，79个村交通中断。停电达173个村，6.5万户。损毁通信基站119处，103个村通信中断。受灾农作物2.36万公顷，其中成灾面积1.26万公顷，绝收面积0.59万公顷。累计造成直接经济损失21.41亿元，其中农业损失2.98亿元、工矿企业损失0.16亿元、基础设施损失16.5亿元、公益设施损失0.31亿元、家庭财产损失1.46亿元。

防洪抢险救灾情况

精心科学部署，强化组织指挥。发生特大暴雨灾害后，磁县及时启动防汛工作预案，迅速成立前、后方两个指挥部，灾情趋稳后，又及时调整全县防汛抢险救灾指挥部，下设综合协调、基础设施恢复、后勤保障、抢险救灾、灾后重建5个工作组，

全力开展防汛和抢险救灾工作。县级领导深入一线，与所分包乡（镇）一起研究汛情，制订对策；县公安、水利、交通、电力、通信、消防、武警支队等部门及时组成抢险突击队，深入灾区开展抢险救援；乡、村两级干部不等不靠，积极抗洪灾、堵险点、组织转移群众。磁县这次抗洪抢险救灾工作得到省、市领导的高度关注和省军区、邯郸军分区的大力支持和帮助。市委书记第一时间对磁县防汛抗洪抢险救灾工作提出明确要求；市长王会勇连续两个昼夜坐镇磁县组织、协调、指挥抢险救灾工作；省军区张副司令员、邯郸军分区刘司令员组织带领部队及时奔赴抗灾一线；市政府副市长宋仁堂携带卫星电话带领抢险队伍，历经8个小时到达前方指挥部，一线坐镇指挥。副省长姜德果和国家减灾办副主任、民政部救灾司副司长杨晓东先后到磁县受灾一线调研水毁公路抢修重建工作和灾情核实。同时，市公安、水利、交通、电力、移动、联通、电信、消防、武警等应急救援队伍及时赶赴现场开展抢险救援。

迅速转移群众，全力抢险救援。7月18日接到县防汛、气象部门暴雨预警后，磁县县委、县政府立即下发文件，要求各乡（镇）、部门保持高度警惕，做好防汛物资、群众转移、应急值守等各项防汛准备工作。19日早晨专门召开主汛期防汛工作紧急动员会，县级干部全部赶赴分包乡（镇），与乡（镇）、村党员干部一道对孤寡老人、危旧房屋、行洪道两侧、水库下游、地质灾害点进行拉网式排查并动员组织群众转移，全县共转移群众9191人，最大限度减少人员伤亡和财产损失。灾情发生后，第一时间动员各方力量，迅速组成6支抢险队伍、500名抢险队员，分头进入6个受灾乡（镇）。其中，省军区、邯郸军分区组织官兵200人在县公安部门的配合下，重点支援受灾最严重的陶泉乡；全县200名干警和100名预备役官兵分成5支队伍，重点支援其余5个重灾乡（镇）。由于组织有力、转移有序、抢险有效，及时有效排除8处重大险情。

南王庄险情。19日中午，暴雨导致南王庄村道路、通信、电力全部中断，1000多名群众失联，邯郸市委、市政府高度重视，市委书记提出要千方百计组织力量进入受灾村；市长王会勇在磁县连夜研究抢险救灾方案；省军区张副司令员、邯郸军分区刘司令员连夜紧急组织200余名武装官兵，军地联合抢险突击队经过8个多小时艰难行进，20日上午11时到达南王庄村，开展抢险救援，转移安置受灾群众120名。

石场村险情。19日14时，都党乡石场村3名群众被困渔场孤岛，漳河水道峰值达1600立方米/秒，3人距最近岸边400米，且水中夹裹杂物，冲锋舟无法下水。省军区立即组织50余名官兵、干警及乡村干部尝试一切办法，经过16个小时不懈努力，凌晨3时成功解救被困群众。

老刁沟险情。19日23时，2车8人因山体塌方被困老刁沟龙凤山附近，当时暴雨正猛，随时危及8人生命安全。接到报警后，当地民警以及北贾壁村干部带领人员立即赶往老刁沟进行解救，经过1个多小时奋战，成功解救8名被困人员。

常庄塘坝险情。19日19时，林坛镇常庄村塘坝发生溃坝险情。镇、村干部第一时间赶赴溃坝现场，迅速组织河道两侧群众转移，并及时通知下游地区组织群众转移。截至20日凌晨4时，转移下游13个村、384人。

南水北调渠险情。19日19时，南水北调主干渠牤牛河北支北南城段出现近100米滑坡现象，南水北调面临决堤的危险。险情就是命令，南城乡迅速组织出动2部铲车、5辆三马车、40多名干部群众，投入到抢险工作中，经过8个多小时奋战，险情得到控制。

高级渠险情。19日5时，磁县高级渠东小屋段大水漫坝冲村，缺口30余米，威胁南水北调主干渠和沿岸6万余名群众生命财产安全。磁县组织230余人，连续奋战15个小时，基本排除险情。

牤牛河险情。19日晚，由于牤牛河水势上涨过快，花官营乡兴小营村双孢菇基地94人被困。乡干部迅速集中群众开展自救。次日上午，94名群众互相帮扶、齐心协力，徒步涉水2.5千米后得到铲车接应，未出现人员伤亡。

邯郸机场险情。19日9时，邯郸机场附近高级渠出现20多米宽决口，危及飞机起降安全。磁县迅速组织水利系统、乡村干部，全力疏通渠道，保障机场安全。经数次成功抢险，有效减轻洪水对周边及下游群众的危害，避免大规模的群众转移。

妥善安置群众，保障基本生活。洪灾过后，磁县把安置灾民生活摆在工作首位，共设立集中安置点16个，集中安置群众314人，分散安置8877人。受灾群众转移安置期间，及时调配面包、方便面、火腿肠、纯净水等饮食品和药品运往灾区，对道路未抢通的村庄，专门组织机关干部200余人组成给养保障分队，徒步20千米，运输生活给养，协调军队出动直升机8架次，投放救灾物资13吨，切实做到灾区群众有房住、有饭吃、有衣穿、有水喝、有病能医疗。简易道路打通后，坚持“灾区缺什么送什么，需要什么给什么”原则，实施精准救灾，累计运送大米、面粉、蔬菜、灶具、色拉油等救灾物资价值240余万元。为保障受灾群众的基本生活，累计拨付救灾资金3866万元，其中，民政救灾资金2216万元，道路抢修资金800万元，农牧、卫生防疫资金50万元，重点乡（镇）应急救灾资金800万元。灾区秩序井然，灾民情绪稳定，实现无一起刑事案件，无一起信访案件，无一人外出乞讨，无一例疫病发生，党群干群关系融洽。

集中各界力量，合力开展攻坚。道路上，市、县交通部门组织车辆、设备70多台（套）和200余人的工程队伍，昼夜施工，合力攻坚。截至7月26日19时，最后1个交通“孤岛村”南王庄实现简易通车，全县79个“孤岛村”全部抢通。电力上，市、县供电部门投入抢修人员360人、抢修车辆72辆、发电车1辆、发电机5台及时到达现场，加快线杆、断线的修复。截至7月27日22时，全县173个村、6.5万户全部恢复供电。通信上，县移动、联通、电信、铁塔等部门第一时间派出50余人的抢险队伍携带发电机、电缆抢修器材6套设备、4部车辆进入灾区，对通信设备进行检修。截至7月27日，6个乡（镇）通信全部恢复。对简易通行道路进行路基加固和路面拓宽，全面排查供电、通信死角死面，着力解决电压不稳和乡（镇）区间信号不稳问题。同时，县国土资源局在全面加强地质灾害监测预警的同时，配合省地理信息局专家，利用大型无人机对西部山区进行大范围航拍，为地质灾害防治提供科学依据，有效避免地质次生灾害发生。

做好灾后防疫，保障健康安全。卫生防疫上，积极发动驻村工作组及卫生院、村医700余人，成立6支防疫分队，深入11个片区全面开展卫生防疫消杀。对西部6个乡（镇）103个村、3.6万户、3.4万个水窖、4.5万个厕所、1659个垃圾点、647个公共场所全面杀毒，并发放灾后防病知识宣传单、明白纸5万份，发放84消毒液550千克、漂粉精1775千克、消毒片5.1万片、消毒粉40千克、杀虫剂405千克。累计消杀面积886.3万平方米。从当地群众就医情况看，传染病与往年同期相比无明显增加。畜禽尸体无害化处理上，组织农牧系统620人、民兵预备役200人、临漳县支援突击队180人、省级专家4人，成立11个工作组，下设50个防疫小分队、8个应急队、2个突击队，出动车辆140辆，动用喷雾器550台（具），电动喷雾设备13套，对两大水库和三大河流进行搜寻打捞。全县162914头（只）畜禽尸体全部按要求无害化处理到位（猪3548头、牛113头、羊1533只、家禽145062只、其他动物12658只）。其中，岳城水库库面杂物清理，累计出动船只633艘次，水面作业人员5390人次，清理垃圾111710立方米。

积极动员干群，开展自建家园。灾情发生后，西部6个乡（镇）不等不靠，自力更生，广泛发动党员干部、民兵、突击队积极开展“七清”活动。累计清理淤泥8.3万立方米、垃圾2.6万立方米、杂物1.1万立方米、路障346处、畜禽尸体9万头（只）、庭院1.7万户、河障5.6万方。累计修复简易道路7750米，清理农田积水420公顷，修缮加固房屋852间，企业恢复生产4家，涌现出一批先进典型，掀起生产自救高潮。按照每个乡（镇）由联系乡（镇）县级领导任组长、县直部门主要负责人任副组长，每个村由一名科级干部任组长的要求标准，派出42个驻村工作组220人，进驻受灾重点乡（镇），协助做好防汛抢险救灾和群众心理疏导。同时，加强社会面和自媒体管控，引导媒体客观公正报道。灾区群众对抢险救灾充分认可、情绪稳定，全县社会大局稳定。（上述统计时间：2016年8月6日）

灾后重建情况（统计时间：2016年12月16日）

受灾群众得到妥善安置。洪灾过后，第一时间安抚遇难人员家属并发放抚恤金，转移和过渡安

置阶段累计发放救助金110余万元；进入冬春及延续救助阶段后，将338名受灾群众纳入救助范畴，逐户建档立卡，按照每人1套被褥、棉衣裤，每户1吨救助取暖煤的标准，发放救灾资金15.49万元；按照每人每月15千克口粮、1千克食用油的标准，发放15个月的基本生活用品。

受损农房全面开工建设。县委、县政府多措并举，广泛动员群众自力更生、不等不靠，及时修缮重建受损房屋。积极协调金融机构，增加贷款额度；对恢复重建中采用装配式住宅的农户，在省、市补贴的基础上，县财政对每户再补贴2万元建设资金，进一步破解受灾群众在倒塌农房原址重建和易地迁建中的资金难题；针对西部山区可利用土地少的问题，实施“空心村改造，闲置房屋回购，统一规划设计”方法，解决迁建农房土地问题；组织县国土、住建、规划等部门，加强受损房屋修缮、加固及重建技术指导，保障房屋建设质量。受损的1034户农房中，已完工1023户，剩余11户正加紧施工。

受损学校和卫生机构建筑修建较快。为保障学生按时就学入园、灾区群众就医，县委、县政府加大资金倾斜与支持，全力推进重建工作。受损的75所学校中，需修缮的46所已完成，需重建加固的29所中19所主体已完工。受损的21家卫生医疗机构已修缮20家，异地迁建的白土中心卫生院正进行施工图设计。同时，为保障工程质量，对已完成修缮的设施，组织相关部门进行质量验收。

受损基础设施重建提档升级。道路：受损道路全部打通，并进一步平整提升，能够满足灾区群众生产生活通行；受损的国、省道路已修复完工，并恢复到灾前通行能力；受损的110.19千米农村公路，已修缮恢复37.88千米，需重建的72.31千米10条道路设计招标已完成，其中5条道路施工已网上招标；349省道建设项目，涉及磁县19.6千米的道路改造方案已获省交通厅批准，正协调县国土部门出具用地意见书。电力设施：全县因灾断电的173个村已恢复供电，受损的电力设施正修缮恢复，其中：10千伏电网建设项目、电能计量装置项目、非生产性大修项目已完工，35千伏电网建设项目已开工。通信设施：因灾中断的103个村的网络、通信已恢复，正对受损设施进行提档升级。水利设施：受损的117个村供水工程已抢修完毕，累计抢修管道21.99万米，恢复3.16万户15.78万人饮水。农村饮水安全工程灾后重建实施方案已编制完成，各项前期手续正跑办。磁县跃峰渠灌区干渠清淤疏浚基本完成，节点工程羊城渡槽及过村段设计方案已编制，羊城渡槽正施工。

完成受损产业年度任务。农牧业：指导农户开展水淹地排水10173公顷，田间追肥1000公顷，叶面喷施33.3公顷，病害预防53.3公顷，发放救灾种子1.07万千克，改种农田播种740公顷，累计修复大棚785个；修复养殖圈舍90个、2.2万平方米；恢复水产养殖基础设施65.1公顷，恢复生产池塘94个，补放鱼苗406万尾。林果业：完成受涝灾林地排水266.7公顷，扶正培土1000公顷，林业有害生物防治1666.7公顷，完成重建苗木补植1000公顷。工业企业：受灾的26家规上工业企业已恢复生产，因灾停产的3家企业已恢复生产。

对口援建帮扶工作有效开展。临漳县对口援建观台镇西艾口、东艾口2个村3座桥梁，总投资约200万元，已竣工并投用；成安县援建陶泉乡五里河至中岔口水毁道路，长4.6千米，总投资500余万元，已平整道路路基；邯郸市第一医院和大名县、邱县、馆陶县、魏县、曲周县、成安县6个县中医院，对口帮扶白土、陶泉、观台、来村、岳城等7家受灾乡（镇）卫生院，援助价值11万元的药品及医疗设备，邯郸市第一医院还组织专家深入白土镇开展义诊，并对白土卫生院技术人员进行业务培训。

主要工作措施

强化组织领导，统筹指挥协调。组织成立以县委书记任政委，县长任指挥长，相关县领导任副指挥长，相关部门为成员的灾后重建工作指挥部，统筹协调解决重建工作中的问题，制订加快推进灾后重建工作的措施。同时，组织成立由相关县领导任指挥长的13个灾后恢复重建专项指挥部，各乡（镇）、相关部门成立相应的领导机构，进一步明确责任主体，全力推进灾后重建各项工作。

科学制订方案，明确重建工作目标。按照省、市关于灾后重建工作的安排部署，制订《磁县“7•19”

特大洪水灾害灾后重建总体实施方案》及8个专项方案，重点实施受损学校幼儿园、卫生机构、农村住房、农村饮水和水利工程、交通路网、电力通信、文化设施、产业生产、城市基础设施等九大领域的恢复重建；2016年8月1日始，按照“动员、实施、总结”三个阶段推进，明确9月1日、入冬前和2017年春节前、汛期前、年底前5个时间节点，力争用1—2年时间全面完成重建任务。

深入灾区一线，全面摸清底数。各乡（镇）、相关部门第一时间深入灾区统计灾情，建立档案，为领导科学决策和编制灾后重建方案及重建规划提供依据；县民政部门结合各乡（镇），进村入户统计受灾群众底数，为救助提供翔实数据，保障受灾群众得到妥善安置；实行初期每日、后期每周上报信息制度，为领导科学安排重建工作提供一手资料，推动重建工作有序开展。

多方筹措资金，推进灾后项目建设。积极争取上级对磁县灾后恢复重建资金和项目支持，争取上级专项资金13564.95万元；谋划灾后重建项目，积极争取国开行、农发行等金融机构贷款16.32亿元；收到上级部门、兄弟县（市）及社会各界捐款1695.05万元。通过多方筹措资金，解决受损基础设施重建资金难题，加快推进灾后项目建设。

建立工作机制，推动工作落实。建立“县级领导包乡、乡（镇）领导包村、村干部包户”工作机制，保障灾后重建扎实有序推进；全面动员、合理调配各方资源，把有限的资金、重要设备和物资、技术骨干等向灾后重建的重点领域和关键环节倾斜，以重点带全局，以关键促全面；加快工作节奏，优化工作流程，简化工作程序，提高工作效率，保障灾后恢复重建高效务实、忙而不乱；加强信息沟通和对外宣传，营造灾后恢复重建的良好氛围。

扫二维码　观看《7·19抗洪抢险救灾纪实》

加强调度督导，全面推进灾后重建。重建工作启动后，县委、县政府主要领导主持召开5次灾后重建专题调度会，安排部署重建工作，明确目标任务，责任落实到位；县领导多次深入一线调研指导，协调解决问题，有序推进重建工作；县重建办及时收集汇总受灾乡（镇）、责任部门最新工作进展，第一时间汇报下情、传达上情，促进工作开展；县委、县政府督查室将各乡（镇）、各有关部门灾后恢复重建工作纳入督查重点，对各乡（镇）、部门所承担的重建工作定期督导，保障各项工作按照时间节点有序推进。

第二节　生物灾害

1999—2018年，大宗农作物常见和新发生的病虫草害种类150余种。其中，小麦病虫害23种，玉米病虫害22种，谷子病虫害5种，水稻病虫害8种，红薯病虫害3种，大豆病虫害9种，棉花病虫害14种，花生病虫害9种，油菜病虫害4种，芝麻病虫害2种，蔬菜病虫害19种；麦田杂草16种，秋作物田杂草22种。受作物种类、推广品种、苗情墒情、栽培管理、病虫基数、气候条件等因素影响，不同年份间发生病虫害的种类、密度、危害程度有别。总体上呈现常发病虫害间歇性发生、新发病虫害不断涌现、个别病虫害局部暴发成灾的特点。

小麦病虫害

1999—2009年，小麦白粉病、叶锈病、纹枯病、黑穗病为主要病害，麦蚜、小麦吸浆虫、麦蜘蛛、麦叶蜂、棉铃虫、麦秆蝇和地下害虫（蛴螬、蝼蛄、金针虫）为主要虫害，发生程度中等。其中，1999年、2003年、2004年、2005年、2008年中等偏重发生。其它病虫零星点片发生。2010—2018年，小麦纹枯病、根腐病、赤霉病、白粉病为主要病害，小麦蚜虫、吸浆虫、麦秆蝇、麦蜘蛛为主要虫害，发生程度中等偏轻。

小麦吸浆虫　2003年、2008年在磁州镇三里屯村、西光禄镇曲沟村、岳城镇大庄村出现，平均56头/样方（10厘米×10厘米×20厘米），最高达320头/样方，减产损失80%以上地块发生面积14余公顷，减产小麦8.4万千克。2011—2012年在时村营乡时村营村、西光禄镇溢泉村和尧丰村再次出现，减产80%，减收约20吨。

小麦赤霉病　2003年、2012年、2017年中

等偏重发生，危害面积 3333 公顷，病穗率 0.3%，最高 5%，减产小麦约 100 万千克。

小麦全蚀病　2006 年夏，在磁州镇三里屯村、西槐树村首次发生，面积 300 余平方米。2009 年，在磁州镇槐树屯等村再次发生。面积 67 公顷。

小麦孢囊线虫病　2010 年，首次在磁州镇、讲武城镇发生，危害面积 2000 公顷，减产率 10% 以上，减产 120 万千克。

小麦条锈病　2015 年 5 月 23 日，在漳河农场首次发现。2017 年，在讲武城镇南营村、孟庄村等地偏重发生，危害面积 667 公顷。

麦蜘蛛　2004 年、2008 年冬春持续干旱，导致麦蜘蛛偏重发生，面积 3333 公顷，一般 250 头／尺／单行，高者达 2000 头／尺／单行。

玉米病虫害

1999—2005 年，玉米粗缩病中等偏重发生，年均面积 1.3 万余公顷以上。2005 年，首次发生玉米顶腐病、瑞典蝇。2009 年，首次发生茎基腐病、根葵粉芥。2011 年，首次发生二点委夜蛾危害，2012—2014 年偏重发生。2014 年 6 月 20 日至 7 月 15 日，全县麦茬夏玉米遭受粘虫、二点委夜蛾、棉铃虫、玉米螟突发性蚕食危害，磁州镇黄官营村、岳城镇里青村、林坛镇军营村等重发地块二点委夜蛾 15 头／株、粘虫及其它害虫 20 ～ 30 头／百株，出现严重缺苗断垄和毁种现象，全县发生面积 2000 余公顷，一般减产 20% ～ 30%，重者 50% 以上。2015—2018 年，玉米病虫害中等偏轻发生。2019 年 8 月 19 日，首次发生 1.27 公顷晚播玉米田发生草地贪夜蛾（幼虫）危害。其中磁州镇西窑头村 0.27 公顷，讲武城镇南白道村 1 公顷，病株率 3%。

棉花病虫害

1999 年，棉花立枯病、瘁倒病、枯萎病、黄萎病、烂铃病为主要病害，棉蚜、棉铃虫、红蜘蛛、盲蝽象、造桥虫为主要虫害，发生危害程度中等。2000 年引进推广转基因抗虫棉，棉铃虫有效扼制。2004—2008 年棉花枯黄萎病、烂铃病、棉花炭疽病偏重，发生面积 200 公顷，一般减产损失 15 ～ 20%，亩均减产籽棉 60 ～ 100 千克。2009 年、2011 年棉蚜、棉红蜘蛛偏重发生，发生面积 1667 公顷，一般减产损失 10% ～ 15%，亩均减产籽棉 50 ～ 80 千克。2012 年，棉花病虫害发生整体中等偏轻，棉花红叶茎枯病呈上升趋势。2018 年，全县棉花种植面积不足 133 公顷，停止棉花病虫害监测、调查。

蝗虫

蝗虫主要分布在县内“两库三河八渠”（岳城水库、东武仕水库，漳河、滏阳河、邙牛河，跃峰渠、民有渠、排灌渠、泄洪渠等）领域两岸，宜蝗面积 1 万公顷左右。一年发生两代，即夏蝗、秋蝗。1999—2009 年，蝗虫发生基本平稳，常年发生面积 10 万亩次以上，达标防治面积 8 万亩次左右。2010—2018 年，蝗虫密度、危害程度、发生面积呈现下降趋势，常年发生面积 5 万亩以上，达标防治面积约 4 ～ 5 万亩。2016 年 7 月 19 日全县遭遇特大洪灾，库区秋蝗未发生。

草害

麦田杂草　县内麦田杂草 16 种以上，分为阔叶类杂草和禾本科杂草。阔叶类杂草主要包括：播娘蒿、荠菜、麦瓶草、麦家公、藜、猪秧秧、田旋花、打碗花、刺儿菜、律草、婆婆纳等。禾本科杂草主要包括：节节麦、雀麦、野燕麦、星星草、罔草、硬草。2000—2002 年始，野燕麦、节节麦因跨区作业和引种传入麦田。2009 年，节节麦、播娘蒿成为麦田主要恶性杂草种群。2010—2015 年，节节麦、雀麦、野燕麦混合，面积大、危害重，个别高密度地块达 300 ～ 500 株／平方米。2011 年始，葎草侵入麦田。至 2018 年，节节麦、雀麦、播娘蒿、猪秧秧、麦家公仍是主要杂草种群。

玉米田杂草　玉米田杂草 22 种。主要有：马唐、狗尾草、虎尾草、稗草、龙葵、灰绿藜、马齿苋、田旋花、香附子、牛筋草、芦苇、葎草、猪毛菜等。

第三节　地质灾害

地质灾害概况

磁县西部中、低山区主要发育崩塌、滑坡、泥石流等自然形成的地质灾害，发生一般集中在汛期。在丘陵地带，由采煤引发的地面塌陷和地面裂缝等也较普遍。2019 年，磁县共发现地质灾害隐患点 36 处。其中，有 16 处为县重点地灾隐患监测点，威胁 13 个村 487 户 2235 人、3405 间房屋安全。

2019年磁县发生崩塌隐患点一览表

表1-23　　　　单位：人、间

位置	灾害规模	稳定性	威胁对象			险情等级	备注
			常住人口	房屋	公共设施		
观台镇西艾口村南	小型	基本稳定	—	—	道路	小型	重点监测
观台镇西艾口村西南角	小型	基本稳定	26	36	—	小型	重点监测
都党乡中莲花村	小型	基本稳定	15	17	—	小型	重点监测
白土镇杨花庄村	小型	不稳定	9	30	—	小型	
白土镇吴家河村	小型	不稳定	—	16	道路	小型	
陶泉乡彗峪村南	小型	不稳定	35	80	耕地	小型	重点监测
陶泉乡彗峪村西	小型	不稳定	10	55	耕地	小型	重点监测
陶泉乡北王庄村北	小型	不稳定	32	45	—	小型	重点监测
陶泉乡北王庄村西	小型	不稳定	20	30	—	小型	重点监测
陶泉乡南王庄村东北	小型	不稳定	80	24	—	小型	重点监测
北贾壁乡北贾壁村	小型	不稳定	33	94	—	小型	重点监测

2019年磁县发生地面裂缝隐患点一览表

表1-24　　　　单位：人、间

位置	灾害规模	稳定性	威胁对象			险情等级	备注
			常住人口	房屋	公共设施		
观台镇观台村	小型	基本稳定	—	12	耕地	小型	
观台镇蚂蚁沟	小型	稳定	—	—	耕地	小型	
黄沙镇申家庄村	小型	稳定	—	15	耕地	小型	
都党乡辛庄村	小型	稳定	—	—	耕地	小型	
都党乡台子寨村	小型	稳定	—	—	耕地	小型	
都党乡石场村	小型	稳定	—	40	耕地	小型	
北贾壁乡岗西村	小型	稳定	8	6	耕地	小型	
岳城镇梧桐庄村	小型	稳定	5	—	耕地	小型	
岳城镇南神岗村	小型	不稳定	460	400	耕地	大型	重点监测
岳城镇马水涧村	小型	稳定	600	700	耕地	小型	重点监测

2019 年磁县发生地面塌陷隐患点一览表

表 1-25

单位：人、间

位置	灾害规模	稳定性	威胁对象			险情等级	备注
			常住人口	房屋	公共设施		
观台镇观台村	小型	基本稳定	—	—	耕地	小型	
观台镇前岭村	小型	基本稳定	500	千余间	耕地	大型	
观台镇岗子窑村	小型	稳定	—	600	耕地	小型	
黄沙镇南黄沙三街	小型	稳定	—	—	耕地	小型	
黄沙镇北黄沙村	小型	稳定	—	—	耕地	小型	
黄沙镇前辛安村	小型	稳定	—	—	耕地	小型	
白土镇白土二街	小型	稳定	—	—	矿山	小型	
都党乡北莲花村	小型	稳定	—	500	耕地	小型	
岳城镇漳村	小型	不稳定	600	700	耕地	大型	重点监测
路村营乡常凝村	中型	基本稳定	—	400	耕地	中型	重点监测

2019 年磁县发生滑坡隐患点一览表

表 1-26

单位：人、间

位置	灾害规模	稳定性	威胁对象			险情等级	备注
			常住人口	房屋	公共设施		
都党乡三合村	小型	基本稳定	—	—	道路	小型	
白土镇北羊城村	小型	不稳定	22	26	—	小型	重点监测

2019 年磁县发生泥石流隐患点一览表

表 1-27

单位：人、间

位置	灾害规模	稳定性	威胁对象			险情等级	备注
			常住人口	房屋	公共设施		
北贾壁乡后天濠村	小型	中易发	10	—	道路、耕地	小型	
北贾壁乡柴庄村	小型	中易发	100	—	道路、耕地	大型	
北贾壁乡柳树池村	小型	中易发	34	36	耕地	中型	重点监测

柴庄泥石流灾害

北贾壁乡柴庄村地处磁县西部偏僻深山区，其周边地质条件为侵蚀构造低山区，共有泥石流沟3条，其中大沟1条、小沟2条。大沟山谷“V”形，小沟山谷“U”形，流域面积约1.2平方千米。20世纪70年代开挖隧道，造成柴庄村村西3条沟谷中的雨水携带石块通过隧道流入村内，形成泥石流。1996年柴庄村曾暴发泥石流，冲毁农田2.3公顷，导致6间房屋倒塌，对30多间民房造成不同程度破坏，毁坏道路1200米。2000年7月，由于连降大雨，柴庄村再次暴发泥石流，破坏耕地8公顷、桥梁一座，导致13间房屋倒塌，对32间房屋造成严重破坏，冲毁道路1500米。

漳村地面塌陷

2003年1月，岳城镇漳村村西出现长160米、宽0.45米、深1.5米塌陷区。漳村地面塌陷区由冀中能源峰峰集团有限公司辛安矿开采煤炭造成地下采空引发。2006—2007年，地面裂缝和塌陷面积增大，呈逐年递增趋势。2010—2011年，漳村大面积房屋出现不同程度裂缝。2018年漳村地面塌陷面积26.7公顷，村内700余户居民有400余户房屋被鉴定为危房。

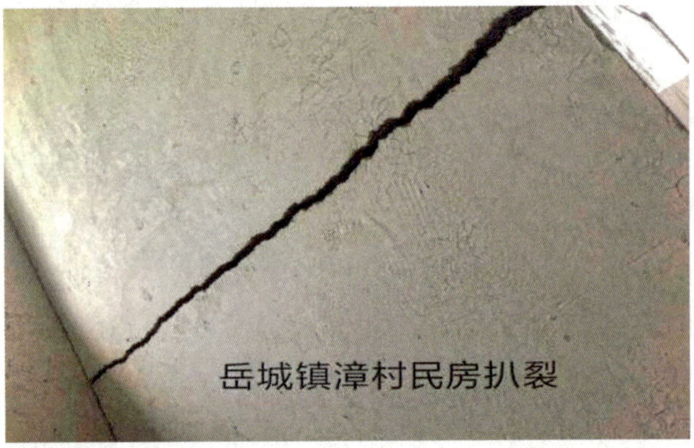
岳城镇漳村民房扒裂

地震

磁县地处太行山山前断裂带和大名—磁县断裂带交会处，具有发生中强地震的构造条件，是国家公布的21个值得关注的地震重点监测区域之一。1830年6月12日，发生在县内的7.5级特大地震，被列为近代中国史上10大地震之一。县内的两大地震断裂带属于华北平原地震带的两支，而华北平原地震带则是华北窗体底端地震区4大地震带最活跃的一支。1830年的磁县7.5级地震、1966年的邢台7.2级地震、1976年的唐山7.8级地震都发生在这个带上。

1999—2018年，县内发生震级2.6级以下地震8次，未造成地震灾害。

附：清道光十年五月磁州一带地震谕

道光十年五月谕军机大臣等：据那彦成奏，磁州一带自闰月二十三日以后地常微动，本月初七日又复大动，将前次被震所剩房屋全行坍塌。因居民先期露处，或搭盖席棚栖止，是以尚未伤毙人口。复饬藩司筹拨银五万两，委员解往备用，等语。磁州等处地震情形甚重，应行抚恤各事宜，既据该督筹拨银两，分别办理，俱著照所议妥办，俾免灾黎失所。至该处地方现已安静，前经派往文武各员自无须多人在彼。除正定镇总兵官荣玉材业经回任外，其余各员弁著该督的留应用人数，足敷查办弹压，余即撤回，以免滋扰。将此谕令知之。

第二编 居 民

据考古发现，早在新石器时代，境内已有先民居住。因生产力低下及战争、瘟疫、灾害等因素，人民生活困苦，人口增长缓慢。中华人民共和国成立时，磁县人口 27.1 万人。此后，政治社会稳定，百姓安居乐业，人民生活水平不断提高，人口数量增长迅速。

2000 年，第五次人口普查显示：全县有 150381 户、634470 人（其中城镇居民 94503 人，农村居民 539967 人），平均每户 4.13 人，人口密度每平方千米 646 人，男女性别比 103.5，人口自然增长率 6.53‰。人口特点是男性总数多于女性，女性整体寿命高于男性。2000 年后，随着经济和社会各项事业的发展，全县城乡居民结构发生巨大变化。城镇居民呈增加趋势，西部山区人口呈下降趋势。县内外人口流动性加强。

2010 年第六次人口普查显示：全县人口 157232 户、633163 人，户均 4.03 人，比 2000 年第五次人口普查 4.13 人减少 0.1 人，人口自然增长率 7.26‰，人口自然增长率长期保持在较低水平。人口寿命增长，60 岁及以上人口 63238 人，占总人口数 10%，比重上升 2.1 个百分点，其中 65 岁及以上人口为 38356 人，占总人口数 6.1%，比重上升 0.7 个百分点，社会向老龄化发展。文化素质提高，粗文盲率由 2000 年的 7.32% 降至 2.8%，大学以上人口比重由 2000 年的 0.9% 升至 2.7%。

2018 年，全县居民生活水平上升到一个新的高度。城镇居民年人均可支配收入、年人均消费支出、人居住房面积分别是 1999 年的 6.24 倍、4.78 倍、2.17 倍，恩格尔系数下降 15.7 个百分点。农村居民年人均可支配收入、年人均消费支出、人均住房面积分别是 1999 年的 5.72 倍、8.44 倍、1.73 倍，恩格尔系数下降 17.1 个百分点。居住支出占居民消费支出的主要组成部分，教育文化娱乐和医疗保健支出不断提升，居民消费观念和消费方式不断变化。电脑、手机成为家庭常用消费品，汽车拥有量不断提升。随着经济发展和行业差别，收入差距也在逐渐增大，城乡之间、行业之间收入水平差距明显。

1999—2018 年，磁县居民家庭规模和结构趋于小型化、核心化，一人户和二人户增长明显。3 ～ 5 人户不断减少，但仍是家庭户的主体。随着科技的发展和居民生活水平的提高，人口老龄化趋势较为明显，四代户和五代户数目上升。居民的家庭观念和婚姻观念随着社会文明的进步发生变化，男女平等、亲子平等、优生优育等现代家庭观念逐渐成为社会主流。

1999—2018 年，全县人口计划生育工作随着机构的建立健全和政策的调整，计生服务更加优化，优生优育观念成为主流。2016 年全面二胎政策落地后，计划生育工作转向计生全面服务阶段，人口出生率仍保持稳定。磁县计划生育工作长期保持先进水平，多次受到国家、省、市的肯定和表彰。

第一章 人口聚徙

第一节 人口规模

人口总量

1999 年全县常住人口 616462 人。2000 年第五次人口普查显示，全县总人口 634470 人，与第四次人口普查 575231 人相比，10 年零 4 个月增加 59239 人，年平均增长率 0.98%。

2003 年 10 月，辛庄营乡、西光禄镇、高臾镇 14 个村委托邯郸市马头工业城管理，人口总数减少。2010 年第六次人口普查显示，全县总人口 633163 人。2014 年 4 月，西固义乡 9 个村委托峰峰矿区管理，划拨人口 13089 人（常住人口）。2016 年行政区划调整，划拨人口 236415 人。2018 年全县户籍人口 122611 户、492292 人（含西固义乡 9 个村，不含甘草营、十里铺、曲沟、滏泉 4 个村）；常住人口 435255 人（不含甘草营、十里铺、曲沟、滏泉 4 个村 16300 人）。

1999—2018 年磁县常住人口统计表

表 2-1　　单位：人

年份	常住人口	年份	常住人口	年份	常住人口	年份	常住人口
1999	616462	2004	604020	2009	631567	2014	634669
2000	634470	2005	608106	2010	633163	2015	639041
2001	636013	2006	607051	2011	637548	2016	431570
2002	637247	2007	609751	2012	640991	2017	434475
2003	640381	2008	622172	2013	643751	2018	435255

人口密度与分布

2000 年第五次人口普查资料显示，全县人口密度 646 人 / 平方千米。2010 年第六次人口普查资料显示，全县人口密度 645 人 / 平方千米。2018 年全县人口密度 626 人 / 平方千米（以常住人口计算）。

人口密度受经济发展程度和地形影响。从地理分布看，东部平原地区人口多，密度大，县城所在地磁州镇人口总量与人口密度逐渐增加，2018 年磁州镇人口占全县人口 42.85%，人口密度 1788 人 / 平方千米。西部山区地广人稀，人口总量与密度逐渐降低。陶泉乡人口密度 20 年间均为全县最低，2018 年仅 132 人 / 平方千米。

2000 年、2010 年、2018 年磁县各乡（镇）人口总数及密度情况统计表

表 2-2　　单位：人、%、人 / 平方千米

乡（镇）	2000 年			2010 年			2018 年		
	人口	占比	人口密度	人口	占比	人口密度	人口	占比	人口密度
总计	634470	100	646	633163	100	645	435255	100	626
磁州镇	124082	19.6	1544	143465	22.7	1785	186528	42.85	1788
高臾镇	39877	6.3	830	39114	6.2	814	—	—	—

续表

乡（镇）	2000 年			2010 年			2018 年		
	人口	占比	人口密度	人口	占比	人口密度	人口	占比	人口密度
西光禄镇	35585	5.6	1027	24708	3.9	713	—	—	—
讲武城镇	46581	7.3	831	48065	7.6	857	42799	10.06	587
岳城镇	32983	5.2	348	35428	5.6	373	36196	8.32	379
观台镇	31946	5	791	32198	5.1	797	27551	6.33	671
林坛镇	30566	4.8	531	31123	4.9	541	—	—	—
白土镇	21863	3.4	343	21135	3.3	331	21895	5.03	327
黄沙镇	16447	2.6	812	16579	2.6	818	19589	4.5	940
路村营乡	21913	3.5	499	23815	3.8	543	24344	5.59	631
西固义乡	21005	3.3	471	21795	3.4	489	12500	2.87	280
辛庄营乡	39400	6.2	1677	23606	3.7	1005	—	—	—
花官营乡	32769	5.2	950	34947	5.5	1013	—	—	—
时村营乡	25310	4	551	26392	4.2	574	24991	5.74	544
南城乡	24173	3.8	440	23057	3.6	420	—	—	—
台城乡	23998	3.8	716	26647	4.2	795	—	—	—
陶泉乡	19691	3.1	221	16478	2.6	185	12843	2.95	132
都党乡	16547	2.6	404	16009	2.5	391	12521	2.88	328
北贾壁乡	29734	4.7	397	28602	4.5	382	24998	5.74	342

第二节 人口构成

性别构成

2000 年第五次人口普查全县总人口 634470 人。其中，男性 322668 人，女性 311802 人，男女性别比 103.5。

2010 年第六次人口普查全县总人口 633163 人。其中，男性 320021 人，女性 313142 人，男女性别比 102.2，较 2000 年下降 1.3，性别趋于均衡。

2018 年，全县 492292 人（户籍人口）。其中，男性 252326 人，女性 239966 人，男女性别比 105.2。

年龄构成

2000 年全县人口中，0～14 岁人口 165703 人，占 26.1%；15～59 岁人口 418469 人，占 66%；60 岁及以上人口 50298 人，占 7.9%，其中 65 岁及以上人口 33965 人，占 5.4%。

2010 年全县人口中，0～14 岁人口 129365 人，占 20.4%；15～59 岁人口 449560 人，占 69.6%；60 岁及以上人口 63238 人，占 10%，其中 65 岁及以上人口 38356 人，占 6.1%。同 2000 年第五次全国人口普查相比，0～14 岁人口的比重下降 5.7

个百分点，15～59岁人口的比重上升3.6个百分点，60岁及以上人口的比重上升2.1个百分点，65岁及以上人口的比重上升0.7个百分点。

2018年户籍人口492292人。其中，0～17岁134587人，18～34岁123269人，35～59岁160957人，60岁以上73479人。其中，60岁以上人口占比14.93%，同2010年相比，比重上升4.93个百分点。

2000年磁县人口普查年龄与性别情况统计表

表2-3　　单位：人

年龄组	人口数			性别比	年龄组	人口数			性别比
	合计	男	女			合计	男	女	
总计	634470	322668	311802	103.14	50～54	30898	15032	15866	94.74
0～4	34034	18825	15209	123.78	55～59	19819	9710	10109	96.05
5～9	49340	26177	23163	113.01	60～64	16333	8452	7881	107.25
10～14	82329	41928	40401	103.78	65～69	14265	6948	7317	94.96
15～19	73500	37362	36138	103.39	70～74	10191	4372	5819	75.13
20～24	46872	23943	22929	104.42	75～79	6014	2382	3632	65.58
25～29	52762	27072	25690	105.38	80～84	2474	844	1630	51.78
30～34	62663	32417	30246	107.18	85～89	826	223	603	36.98
35～39	49413	25244	24169	104.45	90～94	172	33	139	23.74
40～44	40452	20730	19722	105.11	95～99	23	5	18	27.78
45～49	42090	20969	21121	99.28	100及以上	—	—	—	—

2010年磁县人口普查年龄与性别情况统计表

表2-4　　单位：人

年龄组	人口数			性别比	年龄组	人口数			性别比
	合计	男	女			合计	男	女	
总计	633163	320021	313142	102.2	40～44	55196	28187	27009	104.36
0～4	57353	31577	25776	122.51	45～49	43889	21932	21957	99.89
5～9	45821	25514	20307	125.64	50～54	35578	17937	17641	101.68
10～14	26191	14113	12078	116.85	55～59	35535	17285	18250	94.71
15～19	53013	27475	25538	107.58	60～64	24882	11627	13255	87.72
20～24	71841	34709	37132	93.47	65～69	14852	6779	8073	83.97
25～29	60001	29202	30799	94.81	70～74	10316	4881	5435	89.81
30～34	40738	21026	19712	106.67	75～79	7569	3216	4353	73.88
35～39	44769	22730	22039	103.14	80～84	3867	1350	2517	53.64

续表

年龄组	人口数			性别比	年龄组	人口数			性别比
	合计	男	女			合计	男	女	
85～89	1410	407	1003	40.58	95～99	46	10	36	27.78
90～94	294	64	230	27.83	100及以上	2	0	2	—

民族构成

2000年，磁县少数民族有17个、1001人。2010年，磁县少数民族有18个、757人。2018年，磁县少数民族有15个、1117人（男性621人、女性496人）。其中，回族897人，蒙古族20人，满族42人，壮族25人，苗族32人，土家族30人，布依族5人，彝族31人，侗族9人，瑶族13人，朝鲜族3人，哈尼族2人，仡佬族5人，拉祜族2人，布朗族1人。主要分布在磁州镇阜才、乐善、明德、滏阳、司前等社区，以及讲武城镇南十里铺村（县内唯一民族村，全部为回民）。

县内回族居民主要是清代大名、邱县、临清等地回民因经商、逃荒、婚配迁至，其他少数民族居民多是中华人民共和国成立后因工作调动、毕业分配、军队转业或婚配等定居磁县。2000年后迁居磁县的少数民族主要来自南方，多因经商定居磁县，且多为女性。回族仍保留传统风俗习惯外，其他少数民族的风俗习惯基本同汉族融合。

少数民族居民大多从事经商、餐饮、屠宰、养殖等行业。至2018年，全县回族居民创办的企业有邯郸火炬车厢有限公司、立通机动车检测有限公司、民族汽车修理厂、兴顺斋清真食品有限公司、穆兴肉羊养殖场和兴伊肉羊养殖场。少数民族名牌产品主要有磁县"回头香"香油（回族）。

2000年、2010年磁县第五第六次人口普查少数民族构成情况统计表

表2-5　　　　单位：人

民族	第五次（2000年）			第六次（2010年）		
	男	女	总	男	女	总
蒙古族	28	83	111	4	5	9
回族	343	316	659	307	326	633
藏族	10	13	23	—	—	—
维吾尔族	9	5	14	—	—	—
苗族	10	21	31	3	12	15
彝族	12	21	33	2	4	6
壮族	8	23	31	0	21	21
布依族	5	9	14	0	7	7
朝鲜族	13	3	16	0	1	1
满族	10	15	25	12	21	33
侗族	5	14	19	0	6	6
土家族	3	14	17	2	12	14
哈尼族	0	1	1	0	1	1

续表

民族	第五次（2000年）			第六次（2010年）		
	男	女	总	男	女	总
佤族	1	1	2	—	—	—
畲族	1	0	1	—	—	—
达斡尔族	0	1	1	—	—	—
塔吉克族	1	0	1	—	—	—
瑶族	—	—	—	0	3	3
傣族	—	—	—	0	2	2
黎族	—	—	—	0	1	1
拉祜族	—	—	—	0	1	1
羌族	—	—	—	0	2	2
布朗族	—	—	—	0	1	1
仡佬族	—	—	—	1	0	1
其他	0	2	2	—	—	—
合计	459	542	1001	331	426	757

附：磁县唯一回民村——南十里铺村

南十里铺村位于县城南5千米处，属讲武城镇管辖，西临107国道。至2018年，全村有居民62户、252人，均为回族，约占全县回族居民的四分之一。2012年该村被省民族宗教厅评为“民族工作示范村”“国家级少数民族特色村寨”。

相传，清朝时御路从此通过，十里设铺，五里设屯，因距离城区县衙十里，故得名十里铺。又因其与城北十里铺重名，1982年改称南十里铺。该村始由刘、李、杨三户回民在此开车马店，后逐渐发展成村。后大名、邱县等地回民由于经商、逃荒、婚配等留居该村，逐渐形成现在的南十里铺村。村里刘、李、杨姓为大姓，人数较多，其他姓氏有：马、白、石、何、袁等（按照笔划排序）。口音与磁县其他区域大致相同，略带口音。

南十里铺村不论男婚还是女嫁，配偶不论是回族还是其他民族，都要随回族的风俗习惯，子女亦须为回族。由于严格的饮食禁忌，该村少有人外出务工。70%的村民从事养殖业、屠宰业和饮食服务业，且子女大多承接父母的生意。30%的村民从事种植业。该村高中生多在食堂设有回民窗口的磁县第一中学、磁县第二中学就读；初中生和小学生均为走读。

饮食上，遵守回族饮食习惯，主食以米、面、杂粮为主，喜食油炸或油煎面食。“油香”为面食，只在生子、丧事和节日时食用。过节时，村民在村清真寺内集体制作“油香”，然后逐户分发。“糤（馓）”为粥食，只在丧事和节日时搭配“油香”食用。肉食以牛、羊、鸡、鸭、鹅为主。禁食猪、狗、驴、猫、鹰、鸹等及自死动物、血。凡不流不净之水不饮用，忌讳在饮水源旁洗澡、洗衣服、倒污水。

1999年，107国道至南十里铺村的乡间道路被纳入“村村通”工程，磁县投资修建进村公路2千米。2011年由省拨付专项资金6万元建设村内沼气池。2012年该村被定为省民族工作示范村和国家民委少数民族特色村寨保护与发展试点村，并由省拨付专项资金25万元，打机井2眼、修建村委会办公室、建村西民族牌坊等。2013年由省拨付专项资金30万元，安装太阳能、修建村文化

广场与配套设施门楼、购买图书、装修图书室、修街道。2014 年由省拨付专项资金 48 万元，安装摄像头、修建村内道路。2015 年由省拨付专项资金 30 万元，硬化村西至申庄道路。2016 年由省拨付专项资金 30 万元，安装天然气、清理排污渠、铺设 U 形渠、村庄绿化、铺设便道砖。2017 年由省拨付专项资金 28 万元，修建影壁墙、田间道路、村东回族特色牌坊。2018 年由省拨付专项资金 18 万元修建文化墙。

职业构成

人口普查资料显示，2010 年与 2000 年相比，全县从事农、林、牧、渔、水利业生产人员比重下降约 27 个百分点，其他职业人员比重均有不同程度提高。其中，从事生产、运输设备操作人员比重增 21 个百分点，从事商业、服务业人员比重增 4 个百分点。

2000 年、2010 年磁县各职业人口占全县从业人口比重对比情况统计表

表 2-6　　　　单位：%

职业	2000 年	2010 年	增减百分比
国家机关、党群组织、企事业单位负责人	1.00	1.06	0.06
专业技术人员	3.13	3.35	0.22
办事人员和有关人员	1.51	2.65	1.14
商业、服务业人员	4.06	8.08	4.02
农林牧渔水利业生产人员	79.58	52.90	-26.68
生产、运输设备操作人员及有关人员	10.72	31.96	21.24

备注：此表系 10% 抽样资料

女性就业人数增加。女性择业观念的变化和文化程度的提高及妇女权益方面政策的落实，均为女性就业提供条件。2010 年与 2000 年相比，除农林牧渔水利业外，女性在各个行业的就业人数占比均提高。增加最多的工种是生产、运输设备操作人员及有关人员，其次是商业、服务业人员，女性专业技术人员超过男性。

2000 年、2010 年磁县分性别各职业人口占同职业比重统计表

表 2-7　　　　单位：人、%

职业	2000 年				2010 年			
	男性		女性		男性		女性	
	人数	比重	人数	比重	人数	比重	人数	比重
国家机关、党群组织、企事业单位负责人	301	86.99	45	13.01	300	86.71	46	13.29
专业技术人员	558	51.67	522	48.33	519	47.44	575	52.56
办事人员和有关人员	381	73.27	139	26.73	619	71.48	247	28.52
商业、服务业人员	809	57.87	589	42.13	1360	51.55	1278	48.45
农林牧渔水利业生产人员	14058	51.25	13372	48.75	9000	52.08	8280	47.92
生产、运输设备操作人员及有关人员	3059	82.81	635	17.19	8012	76.77	2425	23.23

备注：此表系 10% 抽样资料

2010年人口普查资料显示，初中以下文化程度人口大部分为农业生产人员，其次是生产、运输设备操作人员及有关人员。大专以上文化程度人口大部分在文教、卫生、金融、保险等需要专业技术水平的领域工作，其次是国家机关、党群组织和企事业单位的从业人员，农、林、牧、渔、水利业从业人员较少。

2010年磁县各职业人口受教育程度统计表

表2-8　　单位：人

受教育程度	国家机关、党群组织、企事业单位负责人	专业技术人员	办事人员和有关人员	商业、服务业人员	农业生产人员	生产、运输设备操作人员及有关人员	不便分类的其他人员
未上过学	—	1	4	14	453	71	—
小学	18	14	51	268	4118	1319	—
初中	166	272	239	1768	11215	7731	1
高中	102	309	256	494	1403	1184	—
大学专科	36	351	204	88	82	115	—
大学本科	21	147	111	6	8	16	—
研究生及以上	3	—	1	—	1	1	—
合计	346	1094	866	2638	17280	10437	1

备注：此表系10%抽样资料

第三节　人口素质

文化素质

2000年，全县大学（大专以上）文化程度以上5897人，占总人口0.9%；高中（含中专）文化程度50228人，占总人口7.9%；初中文化程度264009人，占总人口41.6%；小学文化程度217892人，占总人口34.3%。同1990年相比，每10万人中大学文化程度由217人升至931人；高中文化程度由5729人升至7929人；初中文化程度由24102人升至41677人。文盲人口（15岁及以上不识字的人）为46512人，同1990年相比，粗文盲率由16.68%降至7.32%，下降9.36个百分点。

2010年，全县大学（大专以上）文化程度人口16901人，占总人口2.7%；高中（含中专）文化程度人口57379人，占总人口9.1%；初中文化程度人口307485人，占总人口48.6%；小学文化程度人口163680人，占总人口25.9%。同2000年相比，每10万人中大学文化程度由931人升至2669人；高中文化程度由7929人升至9062人；初中文化程度由41677人升至48563人。文盲人口（15岁及以上不识字的人）为17832人，同2000年相比，粗文盲率由7.32%降至2.8%，下降4.52个百分点。

身体素质

人口平均寿命　随着社会经济、科技的发展，营养、保健、医疗等水平不断提高，磁县人民的寿命越来越长。据2010年第六次人口普查资料推算，全县人口的平均寿命达72岁，比2000年人口普查时增长4岁。其中，男人平均寿命为69岁，女人平均寿命为75岁。

残疾人口　1999年，全县有残疾人2.52万人，占全县总人口4.2%。2018年，全县有持证残疾人1.20万人，占总人口2.75%。其中，听力残疾545人，肢体残疾7551人，视力残疾1084人，智力残疾954人，精神残疾944人，言语残疾136人，综合（多重）残疾745人。肢体残疾人数最多，其中45～65岁男性占多数。据统计，疾病、交通事故、工伤是造成肢体残疾的主要原因。县残联开展康复、就业、扶贫等工作，推动

残疾人事业发展。至2018年，安排就业1200余人，扶持自主创业实现脱贫2000余户。

老年人口　2000年人口普查资料显示，全县65岁以上人口33965人，占总人口5.4%。2010年增至38356人，占总人口6.1%，升0.7个百分点。2017年31543人，占总人口6.4%，老年人口比例进一步上升。2000年全县80岁以上老人3495人，占总人口0.55%，其中90～99岁195人。2010年全县80岁以上老人5619人，占总人口0.88%，比2000年增2124人，其中90～99岁342人，比2000年增147人，百岁以上老人2人。2018年全县80岁以上老人5080人，占户籍人口1.03%，其中90～99岁524人，比2010年增182人，百岁以上老人9人，比2010年增7人。2020年磁县在世的百岁老人6人。其中，女性5人，男性1人。

百岁老人简介（采访时间为2020年）

白清荣，女，生于1912年4月，都党乡辛四庄村人。育有四儿两女，和小儿子生活在一起。

白清荣老人

张论，生于1917年12月，讲武城镇东曹庄村人。自幼跟随其二哥在彭城学习银饰制作，后回磁县县城制作和经营首饰。抗日战争期间经营无法维持，回村种田为生。老人性格开朗，幽默风趣，生活简朴，不拘小节，处处与人为善，遇事不争高低。生活起居规律，坚持早睡早起。饮食以素食为主，不偏食，经常参加劳动，习惯散步锻炼身体。2017年百岁时，老人耳聪目明，行动敏捷，经常与人谈笑风生，能够演练完整的武术套路。是全村公认的快乐老人。

张论老人

杨菊的，女，生于1918年5月，观台镇前岭村人。18岁结婚后随丈夫学医，经常为村里人免费看病上药。老人一生艰苦朴素，幼年随父母种田干活，成家后起早贪黑，辛勤劳作。她生活节俭，吃剩饭、穿旧衣的习惯一直保持到百岁。她为人和蔼宽厚，脾气随和，结婚80多年从未与人吵过架、生过气，是全村公认的好脾气。

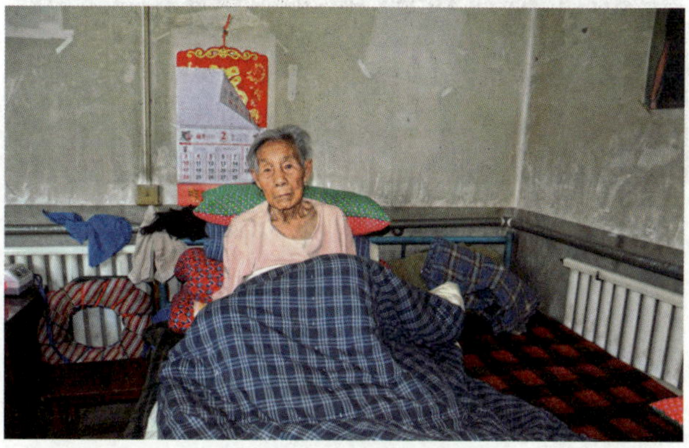

杨菊的老人

秦秀荣，女，生于1919年2月，讲武城镇小寨村人，22岁与兴礼街张尚文结婚，育有两子。

秦秀荣老人

老人一生生活节俭，有好吃、好穿的优先给孩子们，平时生活饮食以清淡为主，为人大度乐观，热情随和。

申贵香，女，生于1919年7月19日，北贾壁乡南贾壁村人。2019年百岁时生活能自理，能独立行走，听力良好，与人交谈时思路清晰。老人生活规律，早睡早起，吃饭不挑食，喝豆奶粉的习惯保持30多年。饭后习惯行走锻炼。遇事不争，脾气随和。儿孙孝顺，邻里和睦。2020年新型冠状病毒肺炎疫情发生时，老人捐出积攒多年的500元钱。

张金花老人

申贵香老人（右四）为抗击新冠肺炎疫情捐款

张金花，女，生于1919年9月，都党乡台子寨村人。老人101周岁时还经常自己做饭，洗衣服。喜欢饭后散步。

第四节　人口变动

自然变动

出生率　1999—2014年，全县人口出生率总体呈上升趋势。1999年人口出生率9.54‰，2014年人口出生率最高、达15.46‰。2015—2017年人口出生率略有下降，仍在14.9‰以上。2018年人口出生率降至10.9‰。

死亡率　1999年人口死亡率3.74‰，2014年人口死亡率最高、达8‰，2018年人口死亡率4.5‰。总体看，出生率与死亡率变化趋势基本一致。

自然增长率　1999年全县人口自然增长率5.8‰，2018年全县人口自然增长率6.4‰。全县20年间人口自然增长率呈波动起伏状，2003年最低，为4.32‰；2017年最高，为8.76‰。

1999—2018年磁县人口自然变动情况统计表

表2-9　　单位：人、‰

年份	人口	出生人数	出生率	死亡人数	死亡率	自然增长人数	自然增长率
1999	630862	5924	9.54	2324	3.74	3600	5.8
2000	634773	6278	9.92	2148	3.39	4130	6.53
2001	637046	6811	10.43	3271	5.15	3540	5.57
2002	641090	7131	11.16	3837	6	3294	5.15
2003	644178	6667	10.37	3893	6.06	2774	4.32
2004	613091	6671	10.95	3679	6.04	2992	4.91
2005	619494	7466	12.11	4037	6.55	3429	5.56

续表

年份	人口	出生人数	出生率	死亡人数	死亡率	自然增长人数	自然增长率
2006	623085	7684	12.37	4138	6.66	3546	5.71
2007	630910	7692	12.27	3997	6.37	3695	5.89
2008	636523	8743	13.8	4109	6.48	4634	7.31
2009	644731	8805	13.8	3925	6.15	4880	7.65
2010	641270	9073	14.14	4412	6.88	4661	7.26
2011	645124	8743	13.61	4450	6.93	4293	6.68
2012	648924	9018	14	4190	6.49	4828	7.47
2013	663739	10097	15.38	4835	7.37	5262	8.02
2014	674543	10325	15.46	5342	8	4982	7.46
2015	749796	11173	14.99	5516	7.4	5657	7.59
2016	734724	10922	14.94	5227	7.15	5695	7.79
2017	494597	7381	14.92	3050	6.17	4331	8.76
2018	499502	5421	10.9	2239	4.5	3182	6.4

备注：此表为县计生部门数据，2016 年人口数包含划出去的 7 个乡（镇）

机械变动

磁县公安局数据显示，1999—2018 年，全县净迁入人口 12391 人。2009 年净迁入人口 14168 人，为 20 年最高值；2010 年净迁入人口 -4385 人，为 20 年最低值。

1999—2018 年磁县人口机械变动情况统计表

表 2-10　　单位：人

年份	迁入数	迁出数	净迁入	年份	迁入数	迁出数	净迁入
1999	2587	3188	-601	2009	17384	3216	14168
2000	3606	3817	-211	2010	2743	7128	-4385
2001	2240	4226	-1986	2011	2805	4265	-1460
2002	2638	4061	-1423	2012	6795	3838	2957
2003	2623	3236	-613	2013	7173	2804	4369
2004	1817	3002	-1185	2014	1631	955	676
2005	2563	2876	-313	2015	538	271	267
2006	2848	3592	-744	2016	1193	2354	-1161
2007	2162	2508	-346	2017	1050	3026	-1976
2008	10854	2656	8198	2018	4731	6571	-1840

人口流动

县内人口流动 县内人口流动呈现明显特点：由农村向城镇集中，由西部山区向东部平原集中。磁州镇常住人口：2000年124082人，2018年186528人。其中，粮斗庄社区常住人口：2000年3088人，2018年15891人，增4.15倍。陶泉、都党、北贾壁3个乡人口减少。其中，陶泉乡常住人口:2000年19691人,2018年13719人。

外来人口 2000年全县外来人口6612人。其中，男性5043人、占76.27%，女性1569人、占23.73%。外来人口以周边县（市、区）和省内为主，外省人口来自全国27个省（自治区、直辖市），其中四川省最多，为444人。其次为河南省438人，陕西省131人，其他省份人数较为零散。外来人口主要集中在交通便利、经济较发达的磁州镇、观台镇和黄沙镇。

2010年全县外来人口6886人。男性比例有所下降，占56.14%，女性比例增加，占43.86%，所占比重比2000年增20.13个百分点。外来人口以周边县（市、区）和省内为主。外省人口总数变化不大，来自全国30个省（自治区、直辖市）。其中,河南省434人,四川省112人,陕西省144人,集中分布于磁州镇。

2000年磁县各乡（镇）户口登记外来人口数量情况统计表

表2-11　　单位：人

乡镇	合计			磁县			省内县（市、区）			省外		
	合计	男	女	小计	男	女	小计	男	女	小计	男	女
合计	18418	12824	5594	11806	7781	4025	5191	4065	1126	1421	978	443
磁州镇	6524	3727	2797	5347	2970	2377	846	522	324	331	235	96
高臾镇	117	72	45	101	59	42	11	10	1	5	3	2
西光禄镇	410	309	101	307	229	78	89	72	17	14	8	6
讲武城镇	185	88	97	166	77	89	10	5	5	9	6	3
岳城镇	803	533	270	302	209	93	464	303	161	37	21	16
观台镇	1971	1596	375	781	606	175	754	696	58	436	294	142
林坛镇	673	542	131	254	203	51	205	171	34	214	168	46
白土镇	580	457	123	429	347	82	133	105	28	18	5	13
黄沙镇	1920	1611	309	1025	790	235	855	793	62	40	28	12
路村营乡	336	218	118	61	45	16	271	172	99	4	1	3
西固义乡	313	226	87	180	128	52	124	91	33	9	7	2
辛庄营乡	874	695	179	366	287	79	473	387	86	35	21	14
花官营乡	333	240	93	294	212	82	34	25	9	5	3	2
时村营乡	598	424	174	549	399	150	32	20	12	17	5	12
南城乡	558	412	146	222	158	64	139	103	36	197	151	46
台城乡	675	421	254	484	299	185	186	120	66	5	2	3
陶泉乡	186	154	32	146	124	22	37	29	8	3	1	2
都党乡	435	344	91	273	216	57	134	114	20	28	14	14
北贾壁乡	927	755	172	519	423	96	394	327	67	14	5	9

2010 年磁县各乡（镇）户口登记外来人口数量情况统计表

表 2-12　　　　单位：人

乡镇	合计			磁县			省内县（市、区）			省外		
	合计	男	女	小计	男	女	小计	男	女	小计	男	女
合计	37014	20457	16557	30128	16591	13537	5419	3233	2186	1467	633	834
磁州镇	22665	11855	10810	20692	10691	10001	1511	932	579	462	232	230
高臾镇	339	130	209	243	89	154	75	29	46	21	12	9
西光禄镇	625	271	354	342	112	230	144	80	64	139	79	60
讲武城镇	418	234	184	249	130	119	129	84	45	40	20	20
岳城镇	528	245	283	341	150	191	134	87	47	53	8	45
观台镇	1776	1350	426	1482	1172	310	169	134	35	125	44	81
林坛镇	1170	641	529	483	264	219	573	336	237	114	41	73
白土镇	753	557	196	466	339	127	265	210	55	22	8	14
黄沙镇	2183	1732	451	1809	1499	310	313	203	110	61	30	31
路村营乡	507	224	283	339	131	208	143	86	57	25	7	18
西固义乡	644	309	335	395	166	229	22	135	85	29	8	21
辛庄营乡	369	149	220	169	61	108	142	64	78	58	24	34
花官营乡	971	406	565	404	157	247	498	214	284	69	35	34
时村营乡	544	218	326	421	180	241	64	28	36	59	10	49
南城乡	574	269	305	305	144	161	197	95	102	72	30	42
台城乡	1137	524	613	594	260	334	480	236	244	63	28	35
陶泉乡	391	297	94	301	238	63	78	56	22	12	3	9
都党乡	519	361	158	454	321	133	41	30	11	24	10	14
北贾壁乡	901	685	216	639	487	152	243	194	49	19	4	15

第二章　计划生育

第一节　机　构

管理机构

1973 年磁县卫生局设立计划生育办公室，1984 年成立磁县计划生育委员会。2002 年 6 月，磁县计划生育委员会更名为磁县计划生育局。2007 年 9 月，磁县计划生育局更名为磁县人口和计划生育局，设 8 个行政股室，下辖县人口和计划生育宣传指导站、技术服务站、药具站、流动人口服务中心和 19 个乡（镇）计划生育服务站等事业单位，负责全县人口和计划生育行政管理服务工作。2011 年 8 月乡（镇）计划生育服务站由各乡(镇)定编为计划生育服务中心。2015 年 7 月，磁县人口和计划生育局与磁县卫生局合并为磁县卫生计生局。2016 年区划调整后，乡（镇）计划生育服务中心保留 11 个。

基层组织

1988年全县各乡（镇）配备计划生育专职助理员，县直86个单位明确计划生育专人。1991年全县各乡（镇）设立计划生育工作站，全部建起标准化的手术室、化验室、药具室、宣传活动室、人口学校，配齐医疗器械。全县计生工作人员3072人。其中，村计生专干396人，育龄妇女小组长2362人，乡（镇）计生站工作人员314人。2002年乡（镇）计生工作站改为服务站。2004年后，县委、县政府加大对人口计生工作投入，全县19个乡（镇）计生服务站实现独门独院办公，并为每个计生服务站配备1部计生服务车。人员待遇由县财政拨付。村专干享受正村级待遇，小组长工资每月不低于100元。基层组织建设走在全市前列。

第二节　计划生育政策

一孩政策

政策规定　1999—2006年，磁县执行《中华人民共和国人口和计划生育法》《河北省人口和计划生育条例》等法律法规。2007年，在此基础上，县委、县政府推行七项计划生育惠民规定：农村独生子女家庭参加新农合费用由县财政负担；农村独生子女父母及子女患重大疾病或遭受不可抗拒的自然灾害，除享受民政部门的救助资金外，县财政对独男户、独女户家庭每年分别再救助2000元、3000元；独生子女家庭从事奶牛养殖，县财政对独男户、独女户分别一次性补助1000元、1500元；农村独生子女在义务教育阶段，学杂费、书费由县财政负担；农村独生子女考上二本及以上学校，县财政一次性补助5000元；农村独生子女大学毕业后，回磁县优先安排就业；农村独生子女家庭在落实国家粮食直补政策基础上，县财政对独男户、独女户家庭分别每亩再增补5元、8元。除七项优惠政策之外，县委、县政府还出台《磁县对失去独生子女家庭实施关怀扶助的办法》等优惠政策。

政策实施与结果　1999—2015年，县委、县政府每年年初召开全县人口计生工作三级干部大会，总结上年度人口计生工作，安排部署是年人口计生工作。各乡（镇）、县直单位主要负责人和计生主管副职，各村党支部书记、村计生专干，育龄妇女小组长参加会议。会上，表彰上年度先进单位和个人、颁发荣誉证书，后进单位通报批评并作大会表态发言。每年表彰红旗单位、先进单位、优秀乡（镇）党委书记、县直单位主要负责人各5名，优秀村党支部书记40名，村计生专干，育龄妇女小组长100名。

2008年，在兑现七项优惠政策的同时，对3名独生子女意外病残家庭实施每户1万元救助，对31户独生子女困难家庭实施女孩户每户3000元、男孩户每户2000元救助，对10户双女孩户实施每户500元扶助。2008年10月17日《人民日报》报道磁县做法。

2008年10月，邯郸市人口计生创新工作现场经验交流会在磁县召开。2010年邯郸市争先创优工作现场会在磁县召开。2011年4月，河北省人口计生基层群众自治暨诚信计生观摩推进会在磁县召开。是年，磁县获评“全国计划生育优质服务先进县”。此后，多次被评为省、市人口计生工作先进县。《人民日报》《中国人口报》《河北日报》《邯郸日报》等多家媒体先后报道磁县做法。

二孩政策

政策宣传服务　2016年1月1日，国家实施全面两孩政策。磁县计生部门统一印制“全面两孩”政策解读宣传折页5万余份，利用元旦、春节、重大节日、“三下乡”活动之机在县城、乡村的繁华地段以“婚育新风进万家”活动为载体开展集中宣传服务活动时发放，使这一政策家喻户晓。磁县人口计生工作由季度普查服务转向计生全面服务阶段。一胎、二胎生育证件由市县审批办理下放至乡（镇）计生服务站办理。

政策影响　从人口出生率看，全面两孩政策的实施对全县新生儿总体数量影响不明显。从新生儿结构来看，一孩数量1999—2012年呈逐步上升趋势，2013年后逐渐减少，比重逐渐降低；二孩数量1999—2018年呈波动上升趋势，比重逐渐上升，2015年后二孩数量超过一孩，成为新生儿的主体部分。多孩1999—2015年变化不大，2016年后出现明显增长。

1999—2018 年磁县新生儿数量情况统计表

表 2-13

单位：‰、人

年份	出生率	合计	一孩	二孩	多孩
1999	9.54	5924	4399	1421	104
2000	12.5	6278	4445	1741	92
2001	10.43	6811	4512	2186	113
2002	11.16	7131	4646	2372	113
2003	10.37	6667	4626	1958	83
2004	10.95	6671	4845	1764	62
2005	12.11	7466	4746	2640	80
2006	12.37	7684	5121	2500	63
2007	12.27	7692	5081	2531	80
2008	13.8	8743	5740	2898	105
2009	13.8	8805	5919	2797	89
2010	14.14	9073	6171	2831	71
2011	13.61	8743	6293	3410	40
2012	14	9018	6601	2382	35
2013	15.38	10097	6218	3838	41
2014	15.46	10325	5796	4450	79
2015	14.99	11173	5018	6048	107
2016	14.94	10922	4288	5785	849
2017	14.92	7381	2434	4306	641
2018	10.9	5421	1729	3020	672

备注：此表为计生部门统计数据，2016 年数额含划出 7 个乡（镇）

第三节 宣传教育

1984 年，磁县计划生育宣传指导站成立。宣传教育作为计划生育的一项主要工作，自此开始。20 世纪 90 年代，主要以广播、板报、会议等形式开展计划生育宣传教育工作。1998 年后，全县开展各村宣传一条街、乡村人口学校创建活动。宣传内容主要是计划生育“三为主”“三结合”“婚育新风进万家”等。1999 年磁县计生局宣传站被评为省级优秀宣传站。2000 年后，注重开展城乡大型宣传活动，每年利用“4·22”世界地球日、《关于控制我国人口增长问题致全体共产党员共青团员的公开信》发表纪念日（9 月 25 日）、《河北计划生育条例》颁布月等重要节日节点组织大型宣传活动。2001 年磁县被评为河北省“婚育新风进万家”活动先进单位。2003 年后，计生宣传形式和内容更加丰富多样，在县电视台开设《人口瞭望》专题栏目，专门讲解宣传和报道人口计生政策、法规及县乡工作进展情况，形成电台有声、报纸有文、电视有影的浓厚宣传氛围。2005年后，生殖健康、优生优育、流动人口计生服务等新知识成为计生宣传的主要内容。

计划生育“三下乡”宣传活动（2012年2月　摄）

2007年全县各村均建立瓷砖贴面、融优生优育优教、奖励扶助、政策法规于一体的高标准计划生育宣传一条街，实现直观美观易懂的宣传效果。2008年，县电视台《人口瞭望》栏目更名为《人口在线》，宣传内容以《中华人民共和国人口和计划生育法》为重点。2015年，磁县推出“磁县计生”微信公众号和微博，宣传形式、内容更加丰富多彩。

乡村计生文艺汇演（2012年8月　摄）

第四节　计划生育措施

普查

1991年后，磁县对已婚育龄妇女实行一年四季普查。2007年，磁县推行“异地普查、轮岗服务、责任追究”十二字工作法。“异地普查”，即实行乡（镇）互查，打破原先自查的模式；“轮岗服务”，即B超员、监督员每天换一个岗位，改变以往岗位不变的做法；“责任追究”即发现弄虚作假行为，追究有关人员的责任。此法实施后，乡（镇）普查站求实率由95%升至99%，省人口计生委主任赵新对此作出肯定性批示后在全省推广。

技术服务队到建筑工地为流动人口免费检查身体并发放计生资料和用品（2012年8月　摄）

流动人口计生服务

2000年，县计生委增设流动人口股，负责汇总各乡（镇）上报的流出、流入人口婚姻、生育情况，并上报市计生部门签发《婚育证明》。2001年后，流动人口计生服务工作进一步加强。实行流动人口计划生育“一证管多证”和流出、流入地双向服务制度，流动人口到公安、工商、劳动等部门办理暂住证、营业执照、就业证时必须出具婚育证明。2008年，磁县创新流动人口计生服务方法，建立“划线服务、归口负责、以房管人”的三位一体工作机制。“划线服务”，即县城内以粮油市场、商都童装城、磁州新市场3大市场为重点，以街道划分为3个服务管理区域，设立3个流动人口服务管理站，流动人口流入哪个区域就由哪个服务站管理；乡（镇）以村为界线，流动人口流入哪个乡（镇）就由所在乡（镇）具体管理。“归口负责”，即根据流动人员从业类别、经营项目，由所属职能部门协助管理，并实行信息共享制度。“以房管人”，凡流动人口居住的小区、家属楼或租赁的房屋，由原开发单位、所属乡（镇）、社区或租赁受益方负责服务管理。此方法实现全县流动人口计划生育无缝隙服务管理，并在全省推广。2010年9月9日，国家人口计生委在广西南宁召开“全国流动人口计生服务管理区域‘一盘棋’工作座谈会”，将磁县的经验材料在会上印发交流。2011—2018年，磁县按照“三位一体”工作机制，全县流动人口计生服务工作实现常态化。《中国人口报》先后5次报道磁县做法。

第五节　生育服务

婚前服务

2006年后，磁县由育龄女性的婚后服务转变为婚前服务，重点围绕育龄青年身体保健、婚育知识、生殖健康、优生优育等方面开展工作。在全县各村人口学校放置青春期教育为主要内容的书籍和光盘，由育龄妇女小组长定期组织阅读书籍、观看光盘，进行集中学习培训。2008年，全县组织培训30万人次。2009年起，每年分两次在中学内举办青春期健康知识讲座，2009—2010年培训20万人次。2010年起，县民政局婚姻登记处向前来办理结婚登记的青年男女分发生殖保健、孕期保健知识手册。2011年发放300多套，增加群众的生殖保健知识。

婚后服务

1996年后，计划生育工作逐步从以前的集中活动转向经常性工作，计划生育“三为主”（宣传教育为主、避孕节育为主、经常性工作为主）“三结合”（计划生育与发展农村经济相结合、与帮助农民勤劳致富相结合、与建设文明幸福家庭相结合）工作机制开始实施。按照《河北省计划生育条例》要求，逐步落实独生子女户、双女户、60岁以上独生子女户和双女户父母优抚奖励政策，开展综合服务，对全县3000多户符合奖励优抚政策的计生家庭进行奖励。2000年始，县计划生育技术服务站和各乡（镇）计生服务站，每年定期开展育龄妇女生殖健康服务。2005年后，全县开展农村已婚育龄妇女生殖健康免费检查服务。2012年始，以生殖健康检查为依托，磁县创新实施“5512”工作法（为育龄妇女落实五项服务，拓宽五项生殖健康检查服务，开展一项咨询服务，设立一个休息室和一个征询意见台）。由县人口计生局技术服务站牵头，每年免费为全县育龄妇女开展生殖健康服务10万人次以上，查出疾病免费治疗。

第六节　计划生育协会

组织

1985年，磁县计划生育协会成立，在县计生委设立秘书处，开展日常工作。2018年，全县发展计生协会组织473个（含冀南新区）。其中，县级1个、乡级19个、村级390个、县直单位60个、企事业单位3个。

活动

1985—1997年，磁县计划生育协会县、乡、村三级组织成员发挥身在基层与育龄群众同在一起的优势，走村串户，广泛宣传“少生孩子快致富”“女儿也是传后人”“生男生女一样好”等内容。在“少生孩子快致富”活动中起到带头作用。1998—2009年，在计划生育“三为主”“三结合”工作中，带头开展活动，促使“三为主”“三结合”工作在全县深入开展。2010年，全县开展“创建计划生育星级诚信村活动”，努力实现计划生育“以人为本，村民自治”。该活动中制订3个星级评定标准和与之相应的优惠政策。如对诚信村、社区参加新农合、新城合人员由县财政负担，给予其5%以上的报销补贴，鼓励引导广大群众积极参与创建。此活动受到省人口计生委、计生协的充分肯定。2011年在中国计生协第七次委员代表大会上印发磁县诚信计生工作经验。2012年9月，在浙江省宁波市召开的全国创建幸福家庭活动经验交流会上，磁县作为全国唯一县级代表在大会上发言，得到中国人口福利基金会、国家人口计生委领导的充分肯定。是年，磁县被中国计划生育协会授予“全国计划生育协会先进县”称号，被省计划生育协会评为先进县。2016年5月18日中国计生协第八次全国代表大会暨先进表彰会上，磁县讲武城镇八里冢村被授予“2011—2015年度全国计划生育协会先进单位”称号。

第三章 婚姻 家庭

第一节 婚 姻

婚姻状况

2000年人口普查10%抽样调查资料显示，全县15岁以上受调查人口46155人。其中，男23109人，女23046人；未婚11063人（男6070人，女4993人），初婚有配偶31527人（男15640人，女15887人），再婚有配偶623人（男260人，女363人），离婚289人（男232人，女57人），丧偶2653人（男907人，女1746人）。

2010年人口普查10%抽样调查资料显示，全县15岁以上受调查人口50424人。其中，男24814人，女25610人；未婚10781人（男5820人，女4961人），有配偶36461人（男17827人，女18634人），离婚422人（男308人，女114人），丧偶2760人（男859人，女1901人）。

离婚再婚

城镇化、工业化程度提高带来的社会效应之一便是离婚率的提高。价值观和生活方式相对开放和多元，职业和地域流动比较频繁，因人口迁移、两地分居等因素导致家庭亲和力减弱，夫妻关系受到影响。

2001—2018年，全县离婚人口呈增加趋势，感情不和、家庭暴力和不良嗜好是离婚的主要原因。离婚年龄呈现低龄化趋势，结婚两年之内离婚的增多，许多离婚者往往是因为一次争吵互不相让所导致。

再婚呈现出老夫少妻的趋势。老年人再婚往往会先分割财产，商定好赡养甚至终老的责任和处理方案。以实践来看，离婚人数增长的同时，复婚人数也在迅速增加。

2001—2018年磁县婚姻登记情况统计表

表2-14　　单位：对

年份	结婚	离婚	年份	结婚	离婚
2001	4180	124	2010	7882	560
2002	5489	123	2011	7805	590
2003	6518	136	2012	7524	694
2004	6004	141	2013	7797	744
2005	6220	770	2014	6808	993
2006	7531	489	2015	6076	1150
2007	6069	355	2016	4777	1223
2008	7362	410	2017	2711	891
2009	6892	485	2018	2541	1051

第二节 家 庭

家庭户规模

2000年第五次人口普查数据显示：全县有家庭户150381户，平均每个家庭户4.13人，比1990年第四次人口普查4.19人减少0.06人。全县3～5人家庭户较为集中，有105369户，占总家庭户70.07%。

2010年第六次人口普查资料显示：全县有

家庭户157232户，平均每个家庭户4.03人，比2000年第五次人口普查4.13人减少0.1人。全县3～5人家庭户较为集中，有97391户，比2000年减少7978户；占总家庭户61.94%，比2000年降低8.13%。一人户和二人户明显增加，其中一人户比2000年增加4533户，二人户增加最多，达7330户；八人以上家庭户也呈增长趋势；五人户减少最为明显，达8518户。

2018年，全县户籍人口122611户、492292人，平均每户4.02人。

2000年家庭户类别

2000年全县150381个家庭户中，一代户16497户，占10.97%；二代户96391户，占64.1%；三代户35868户，占23.85%；四代户1622户，占1.08%；五代户及五代以上户3户。数据显示：二代户和三代户家庭是家庭户的主体，合计132259户，占总家庭户87.95%，其中二代户的小家庭占家庭户的一半多。有60岁以上人口的家庭37460户，占总家庭户24.91%。有一个60岁以上人口的家庭25247户，其中单身老人户3197户；有两个60岁以上人口的家庭11913户，其中只有一对老年夫妇3910户。在150381个家庭户中，男性户主133016户，女性户主17365户；从户主5岁一档年龄结构看，14岁以下户主410人，15～19岁户主447人，20～24岁户主2023人，25～29岁户主12987人，30～34岁户主24965人，35～39岁户主23045人，40～44岁户主20096人，45～49岁户主21176人，50～54岁户主15647人，55～59岁户主9695人，60～64岁户主7664人，65岁及其以上户主12226人。从以上数据看出，多数青年人结婚后，与父母分开成立单独家庭。

2000年磁县不同规模家庭户类别情况统计表

表2-15 单位：户

规模＼类别	合计	一代户	二代户	三代户	四代户	五代户及五代以上户
总计	150381	16497	96391	35868	1622	3
一人户	6796	6796	—	—	—	—
二人户	13874	9295	4579	—	—	—
三人户	29036	267	27855	914	—	—
四人户	40961	65	35121	5752	23	—
五人户	35372	43	22538	12602	189	—
六人户	13592	14	5149	9797	431	1
七人户	6123	10	982	4634	497	—
八人户	1890	3	128	1461	296	2
九人户	601	2	26	461	112	—
十人及十人以上户	336	2	13	247	74	—

2010年家庭户类别

2010年全县157232个家庭户中，一代户26850户，占17.08%，比2000年增加10353户；二代户81191户，占51.64%，比2000年减少15200户；三代户46930户，占29.85%，比2000年增加11062户；四代户2257户，占1.44%，比2000年增加635户；五代户及五代以上户4户，比2000年增加1户。数据显示，二代户和三代户

家庭是家庭户的主体，合计128121户，占总家庭户81.49%；一代户和三代户增加，二代户减少。有60岁以上人口的家庭45282户，占总家庭户28.79%。有一个60岁以上人口的家庭27878户，其中单身老人户363户；有两个60岁以上人口的家庭17003户，其中只有一对老年夫妇400户。有三个60岁及以上老人的家庭381户。

2010年磁县不同规模家庭户类别情况统计表

表2-16　　单位：户

规模＼类别	合计	一代户	二代户	三代户	四代户	五代户及五代以上户
总计	157232	26850	81191	46930	2257	4
一人户	11329	11329	—	—	—	—
二人户	21204	14991	6213	—	—	—
三人户	28570	342	26961	1267	—	—
四人户	42507	98	35788	6590	31	—
五人户	26854	54	10169	16372	259	—
六人户	16386	11	1602	14126	647	—
七人户	6324	11	327	5288	697	1
八人户	2314	8	87	1833	385	1
九人户	1011	2	28	844	136	1
十人及十人以上户	733	4	16	610	102	1

第四章　居民生活

第一节　城镇居民生活

就业状况

统计资料显示：1999年，全县在岗职工2.83万人。其中，国有单位在岗职工1.96万人，城镇集体单位在岗职工0.44万人，其他经济单位在岗0.43万人。随着企业改革的推进，城镇集体单位职工逐渐减少。2005年，全县在岗职工2.7万人。其中，国有单位2万人；城镇集体单位0.25万人，比1999年减少0.19万人;其他经济单位0.48万人。2010年，全县在岗职工2.69万人。其中，国有单位2.1万人，城镇集体单位0.13万人，人数继续减少；其他经济单位0.46万人。

2015年，全县在岗职工3.3万人。其中，企业1.5万人，机关事业单位1.8万人。2016年由于区划调整以及2017、2018年申家庄煤矿和六合公司相继关停，企业在岗职工人数下降较大。2018年，全县城镇在岗职工1.85万人。其中，企业0.47万人，机关事业单位1.38万人。

收入水平

1999年，城镇居民人均可支配收入4856元。其中，工资性收入1748元，占36%；经营净收入1845元，占38%；财产净收入583元，占12%；转移性收入680元，占14%。城镇居民收入主要以工资性收入和经营收入为主。

2005年，城镇居民人均可支配收入7819元。

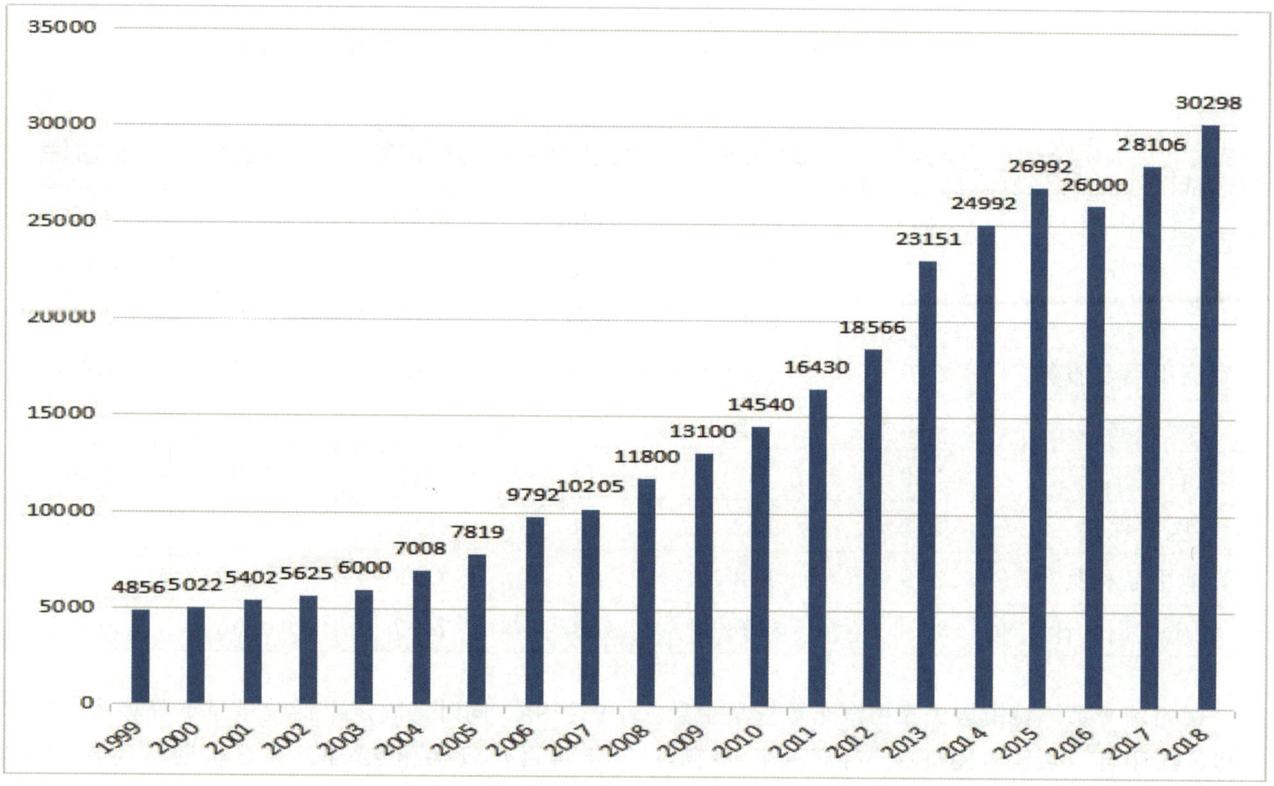

1999—2018 年磁县城镇居民人均可支配收入示意图　单位：元

其中，工资性收入 2815 元，占 36%；经营净收入 2580 元，占 33%；财产净收入 571 元，占 7.3%；转移性收入 1853 元，占 23.7%。转移性收入增长较快，比重较 1999 年提高 9.7 个百分点。

2007 年，城镇居民人均可支配收入突破万元。

2018 年，城镇居民人均可支配收入 30298 元。其中，工资性收入 16026 元，占 52.9%；经营净收入 -29 元，出现负值；财产净收入 5170 元，占 17%；转移性收入 9131 元，占 30.1%。工资性收入占比有较大幅度提高，同时转移性收入比重继续提升。从变化趋势看，工资性收入是城镇居民收入的主要来源。

消费支出

人均生活消费支出　1999 年，城镇居民人均生活消费支出 3672 元。其中，食品烟酒支出 1511 元，占生活消费支出 41%；其次是衣着消费支出 624 元，占生活消费支出 17%，这两项支出占整个生活消费支出 58%。

2005 年，城镇居民人均生活消费支出 4698 元。其中，食品烟酒支出 1862 元，占 40%；居住支出 611 元，占 13%，衣着消费支出 564 元，占 12%。

2018 年，城镇居民人均生活消费支出 17545 元。居住支出排首位，人均达 7142 元，占 41%，较 1999 年增 32 个百分点。1999 年后，城镇居民居住消费支出比重逐年提升，城镇居民住房建筑面积逐年增大。人均居住面积，由 1999 年 22 平方米增至 2005 年 25.9 平方米，2010 年达 35.3 平方米，2018 年达 47.8 平方米。其次是食品烟酒支出，人均达 4450 元，占 25.4%，较 1999 年降 15.6 个百分点。

恩格尔系数　随着经济发展，食品支出在整个生活消费支出中比重下降，恩格尔系数呈逐步降低趋势。1999 年，城镇居民恩格尔系数 41.1，2005 年降至 39.6，2018 年降至 25.4，较 1999 年降 15.7 个百分点。

1999—2018 年部分年份磁县城镇居民人均生活消费支出情况统计表

表 2-17 单位：元

项目＼年份	1999 年	2000 年	2005 年	2010 年	2015 年	2018 年
食品烟酒	1511	1451	1862	2675	2969	4450
衣着	607	626	545	682	820	1014
居住	322	506	629	2303	3977	7142
生活用品及服务	279	180	231	275	319	1095
交通通信	263	199	324	711	1098	1292
教育文化娱乐	329	167	262	381	499	916
医疗保健	212	198	388	335	283	899
其他用品和服务	149	172	457	334	731	737
消费支出合计	3672	3498	4698	7697	10696	17545

耐用消费品　城镇居民家用汽车数量呈上升趋势。2010 年，城镇居民每百户拥有汽车 19 辆。至 2018 年，城镇居民每百户拥有汽车 34 辆。移动电话数量飞速增长，2010 年城镇居民每百户拥有移动电话 135 部，2018 年增至 260 部，增长 92.59%。同时，固定电话数量呈下降趋势，2018 年每百户仅保留 22 部。计算机数量明显增加，2018 年城镇居民每百户拥有 64 台，成为家庭常见消费品。

1999—2018 年部分年份磁县城镇居民每百户拥有耐用消费品数量情况统计表

表 2-18 单位：辆、台、部

项目＼年份	2010 年	2015 年	2018 年
家用汽车	19	33	34
摩托车	—	30	0
助力车	—	70	88
洗衣机	—	107	102
电冰箱（柜）	—	97	106
微波炉	—	60	42
彩色电视机	103	123	110
空调	—	107	158
热水器	—	80	100
排油烟机	—	43	80
固定电话	—	43	22
移动电话	135	200	260
计算机	43	37	64

第二节　农村居民生活

就业状况

1999 年，全县乡村从业人员 29.2 万人。其中，第一产业从业人员 17.9 万人，第二产业从业人员 7 万人，第三产业从业人员 4.3 万人。2005 年，全县乡村从业人员 27.3 万人。其中，第一产业从业人员 11.7 万人，较 1999 年减少 6.2 万人；第二产业从业人员 8.5 万人，较 1999 年增长 1.5 万人；第三产业从业人员 7.1 万人，较 2000 年增长 2.8 万人。

2010 年，全县乡村从业人员 28.2 万人。其中，第一产业从业人员 10 万人，较 2005 年减少 1.7 万人；第二产业从业人员 11.2 万人，较 2005 年增长 2.7 万人；第三产业从业人员 7 万人，与 2005 年基本持平。

受国家去产能政策影响，磁县第二产业从业人员减少。2015 年，全县乡村从业人员 28.5 万人。其中，第一产业从业人员 7 万人，较 2010 年减少 3 万人；第二产业从业人员 9.8 万人，较 2010 年减少 1.4 万人；第三产业从业人员 11.7 万人，较 2010 年增长 4.7 万人。

受 2016 年区划调整影响，全县乡村就业人员总数减少。2018 年，全县乡村从业人员 17 万人。其中，第一产业从业人员 4.4 万人，第二产业从业人员 6.1 万人，第三产业从业人员 6.5 万人。

收入水平

1999 年，农村居民人均可支配收入 2637 元。其中，工资性收入 1047 元，占 39.7%；经营净收入 1438 元，占 54.5%；财产净收入 116 元，占 4.4%；转移性收入 36 元，占 1.4%。农村居民收入主要以工资性收入和经营收入为主。

2005 年，农村居民人均可支配收入 3976 元。其中，工资性收入 2159 元，占 54.3%；经营净收入 1551 元，占 39%；财产净收入 157 元，占 3.9%；转移性收入 109 元，占 2.7%。

2018 年，农村居民人均可支配收入 15081 元。其中，工资性收入 7145 元，占 47.4%；经营净收入 2421 元，占 16.1%；财产净收入 1115 元，占 7.4%；

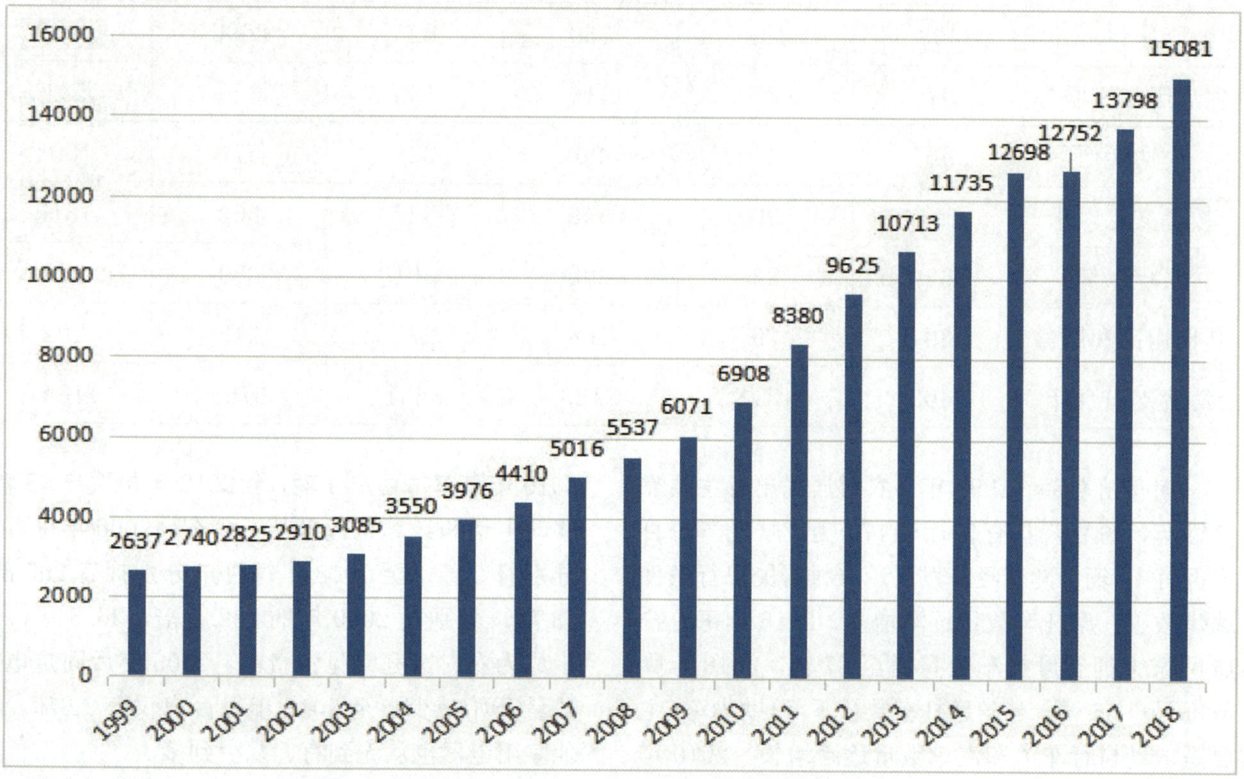

1999—2018 年磁县农村居民人均可支配收入示意图　单位：元

转移性收入 4400 元，占 29.2%。由于农村居民以企业打工和个体经营为主，工资性收入和经营净收入占较大份额；外出打工农民群体收入增长较快，转移性收入比重提高。

消费支出

人均生活消费支出　1999 年，农村居民人均生活消费支出 1403 元。其中，食品烟酒支出 608 元，占 43.3%；其次是居住消费支出 303 元，占 21.6%，这两项支出占整个生活消费支出 64.9%。

2005 年，农村居民人均生活消费支出 2123 元。其中，食品烟酒支出 640 元，占 30.1%；居住支出 369 元，占 17.4%；教育文化娱乐消费支出 346 元，占 16.3%。

2018 年，农村居民人均生活消费支出 11841 元。居住支出排首位，人均达 3949 元，占 33.3%，较 1999 年增 11.7 个百分点。1999 年后，农村居民居住消费支出比重逐年提升，住房面积逐渐增大。人均居住面积，由 1999 年 28 平方米增至 2005 年 30.5 平方米，2010 年达 37 平方米，2018 年达 48.4 平方米。其次是食品烟酒支出，人均达 3106 元，占 26.2%。1999 年后，人均消费支出中食品烟酒支出一直占较大份额，但比重逐年减小，较 1999 年降 17.1 个百分点。

恩格尔系数　农村居民恩格尔系数呈逐步降低趋势。1999 年，农村居民恩格尔系数 43.3，2005 年降至 30.1，2018 年已降至 26.2，较 1999 年降 17.1 个百分点。

1999—2018 年部分年份磁县农村居民人均生活消费支出情况统计表

表 2-19　　　　单位：元

项目 \ 年份	1999 年	2000 年	2005 年	2010 年	2015 年	2018 年
食品烟酒	608	612	640	992	2010	3106
衣着	127	122	197	312	499	812
居住	303	192	369	625	2096	3949
生活用品及服务	97	87	116	198	326	541
交通通信	46	43	80	221	571	1004
教育文化娱乐	115	96	346	328	662	1319
医疗保健	68	82	206	301	389	908
其他用品和服务	39	79	168	275	213	202
消费支出合计	1403	1313	2123	3251	6765	11841

耐用消费品　1999 年，农村居民出行主要靠自行车，每百户拥有自行车 176 辆，摩托车每百户拥有 17 辆。随着经济发展，农村居民出行条件逐步改善，摩托车数量逐渐增多，2015 年每百户居民家中拥有摩托车数量增至 87 辆，2018 年降至每百户 55 辆。伴随摩托车数量下降，助力车（主要是电动自行车）和汽车数量逐渐增长。2010 年助力车每百户 42 辆，至 2018 年每百户 145 辆。2010 年汽车每百户 4 辆，至 2018 年每百户 35 辆。移动电话和计算机数量从无到有，2000 年每百户分别有 2 部，至 2018 年每百户分别拥有 265 部、53 部，分别是 2000 年的 132.5 倍、26.5 倍，逐步成为农村家庭常见消费品。2005 年后固定电话数量开始减少，至 2018 年每百户仅有 12 部。其他家用电器也从无到有、从少到多。

1999—2018年部分年份磁县农村居民每百户拥有耐用消费品数量情况统计表

表2-20　　单位：辆、台、部

年份/项目	1999年	2000年	2005年	2010年	2015年	2018年
家用汽车	—	0	0	4	29	35
摩托车	17	43	67	49	87	55
助力车	—	—	—	42	99	145
洗衣机	66	67	83	98	93	97
电冰箱（柜）	23	9	18	43	81	95
微波炉	—	2	1	4	23	28
彩色电视机	49	66	111	118	120	127
空调	—	2	2	23	73	112
热水器	—	0	5	34	67	77
排油烟机	4	0	2	10	36	43
固定电话	—	32	64	52	27	12
移动电话	—	2	25	108	234	265
计算机	—	2	11	16	29	53

第三节　收入差距

城乡居民收入差距

1999年，农村居民人均可支配收入2637元，城镇居民人均可支配收入4856元，农村居民人均可支配收入占城镇居民54.3%。至2018年，农村居民人均可支配收入15081元，城镇居民人均可支配收入30298元，农村居民人均可支配收入占城镇居民49.8%。总体看，农村居民收入与城镇居民收入差距逐渐增大。随着城镇化的发展，农民进城务工落户，农民转变为城镇居民，留在农村的多为收入较低的住户。

不同行业国有职工工资收入差距

1999年，全县国有职工平均工资6202元。工资最低的是批发和零售贸易餐饮业，人均工资3372元；最高行业为科学研究和综合技术服务业，人均工资9133元，两者比例为1：2.7，绝对额相差5761元。2009年，全县国有职工平均工资27543元，是1999年的4.4倍。工资最低的是制造业，人均工资7781元；工资最高的是采矿业，人均工资54560元，两者比例为1：7，绝对额相差46779元。行业工资差距明显。

2018年，全县国有职工平均工资59815元，是2009年的2.17倍、1999年的9.64倍。工资最低的是住宿业和餐饮业，人均工资18792元；工资最高的是金融业，人均工资81163元，两者比例为1：4，绝对额相差62371元。

不同经济类型职工平均工资差距

1999年，国有单位职工平均工资6202元，城镇集体从业人员平均工资3599元，其他经济类型从业人员平均工资4564元。2009年，国有单位职工平均工资27543元，城镇集体从业人员平均工资6614元，其他经济类型从业人员平均工资

24076元。

2018年，全县国有职工平均工资59815元，城镇集体从业人员平均工资18916元，其他经济类型从业人员平均工资44782元。总体看，国有单位和其他经济类型从业人员的工资水平增长较快，城镇集体从业人员的工资水平增长较慢。

附：磁县居民生活方式变化情况调查

居民生活方式变化是时代发展的鲜明烙印，为了客观真实地了解磁县城乡居民的生活方式变化，此报告采用深入访谈和问卷调查方式进行，采访城乡居民11名，发放问卷105份，回收有效问卷101份。调查问卷以衣食住行、休闲娱乐、婚丧嫁娶、社会交往为一级指标，共设计问题38个，能够较全面反映出磁县城乡居民生活方式变化情况。总体结论是：随着经济社会发展，磁县居民生活方式发生了巨大变化，在个别领域也存在不尽如人意的地方。

一、生活方式改变的物质基础

生活方式变迁研究专家王毅杰、方心清认为“现代化的生活方式是工业化、市场化发展的必然结果”。改革开放后，特别是1999年以后，磁县城乡居民收入不断提升，城镇化迅猛发展，基础设施条件不断改善。截至2018年，磁县城镇居民人均可支配收入30298元，是1999年的6.24倍；农村居民人均纯收入15081元，是1999年的5.72倍；城镇化率53%，比1999年提高25个百分点；公路里程927千米。这些深刻影响城乡居民日常生活、消费行为、社会交往、网络生活等生活方式，集中表现在生活花费上，样本显示每年消费支出情况：4%的人在5万元以上，45.5%的人在1～5万元之间，13.9%的人在5000～10000元之间，18.8%的人在3000～5000元之间，17.8%的人在3000元以下。

二、生活方式变化的具体体现

（一）衣食住行方面　在着衣上，99%的人表示自己会去购买成品衣服，不会选择买衣料做衣服，购衣支出在生活总支出中占有较高比例：10%以下的有21人，10%～20%的有32人，20%～30%的有35人，30%～40%的有8人，40%～50%的有2人，50%以上的有1人，2人未回答此问题。购衣价格区间主要集中在50～200元之间，9%的人表示会买50元以下衣服，23%的人买50～100元的衣服，42%的人买100～200元的衣服，23%的人买200～500元的衣服，3%的人买500元以上衣服，其中40岁以上的人倾向100～200元及以下价格区间，40岁以下的人倾向200～500元价格区间。大多数人每年会买两件以上新衣，8.9%的人每年购衣数量为1～2件，56.4%的人为3～5件，34.7%的人为5件以上。

在饮食上，居民主副食消费占有较大比重，主食消费占生活总支出比重10%以下的有15人，10%～20%的有31人，20%～30%的有32人，30%～40%的有13人，40%以上的10人，副食消费占生活总支出比重10%以下的有15人，10%～20%的有33人，20%～30%的有37人，30%～40%的有10人，40%以上的6人。人们开始注重饮水质量，64%的人饮用自来水，9%的人饮用井水，26%的饮用桶装水，对饮料的选择也更加健康，74.2%的人表示自己会饮用茶水，1人表示自己经常饮用咖啡。对酒水的选择人们热衷于白酒和啤酒，74.5%的人表示自己饮用较多的是白酒，13.9%的人表示自己饮用较多的是啤酒，1人表示自己喜欢喝红酒。从就餐方式看，74.3%的人选择在家就餐，25.7%的人选择经常在外就餐。

在居住上，城乡居民的居住条件呈现重大改观，住房结构由原来的砖瓦结构变为钢筋混凝土结构，样本显示55%的家庭住房为钢筋混凝土结构，26%的人居住城市单元房，17%的人居住砖瓦房，2%的人居住石头房。住房面积主要集中在90～150平方米，5.1%的人住房面积在50平方米以下，2%的人住房面积50～70平方米，8.2%的人住房面积70～90平方米，22.4%的人住房面积90～100平方米，27.6%的人住房面积100～120平方米，28.6%的人住房面积120～150平方米，6.1%的人住房面积在150平方米以上。人均住房面积主要集中在30平方米左右，20平方米以下的占21.2%，20～40平方米的占62.6%，40～60平方米的占12.1%，60平方米以上的占4.1%。

在出行上，家用汽车、摩托车、电动车是城乡居民普遍选择的交通工具。受访人中拥有汽车的占49%，拥有电动车的占47%，拥有摩托车的占0.03%。

出行采用自驾车的占受访人的28%，采用摩托车或电动车的占47%，骑自行车的占6%，乘车的占2%，步行的占17%。其中自驾车男性高于女性，占70.4%，31～50岁人群高于其他年龄段，占77.8%，县城高于农村，占64.3%；骑摩托车或电动车的男女比例相当，31～50岁人群高于其他年龄段，占55.3%，农村高于县城，占57.4%，选择步行的多是居住在县城或城乡结合部的41～50岁男性。

（二）休闲娱乐方面　城乡居民休闲娱乐方式不断丰富，上网、看电视、看电影成为人们主要娱乐方式，占有较高比例，分别为：46.5%、24.8%、10.9%。听广播、下棋、打牌、打麻将、广场舞是少数居民的娱乐方式。不同类型居民选择的休闲娱乐方式有所不同，选择上网为娱乐方式的人集中在30～50岁之间、初中以上学历的已婚男性，城乡和职业的区分度不大；选择看电视为娱乐方式的人集中在30～50岁之间、大专以上学历的已婚受访者，其中男性略高于女性，城乡和职业区分度不明显；选择看电影为娱乐方式的人集中在20～40岁之间、大专以上学历、党政机关和事业单位工作人员、城市打工者和个体经营者等受访者中，其中男性高于女性，县城高于乡村，已婚者高于未婚者；选择听广播的人集中在20～40之间、大学本科学历、县城党政机关工作的女性受访者。

（三）婚丧嫁娶方面　在婚姻上，访谈中了解到男女双方关系的建立主要渠道是自由恋爱和中间人牵线，职业媒婆在慢慢消失。结婚仪式采取车队迎亲方式，婚礼细节程序多是沿用传统做法，城乡略有不同，县城青年的婚礼多是在酒店举行，乡村青年婚礼多是在家举行。城乡居民对彩礼和结婚费用比较关注，多数人认为彩礼和结婚花费较多，样本显示：3.1%的人回答当地的彩礼价位在5万元以下，9.2%的人回答5～8万元之间，32.7%的人回答8～10万元之间，28.6%的人回答10～15万元之间，21.4%的人回答15～20万元之间，5.1%的人回答20万元以上，彩礼价位城乡基本一致。8.1%的人回答当地人结婚费用（包括建房、购房和购车）5～10万元之间，17.2%的人回答10～20万元之间，15.2%的人回答20～30万元之间，14.1%的人回答30～50万元之间，37.4%的人回答50～100万元之间，8.1%的人回答100万元以上。结婚花费数额区间城乡略有差别，样本显示结婚费用10～20万元的乡村高于县城，20～30万元的县城高于乡村，30～50万元的县城高于乡村，50～100万元的乡村略高于县城，100万元以上的县城高于乡村。对婚姻状态的回答，受访者普遍表示农村婚龄女孩减少，婚龄单身男青年较多。

在丧事上，丧葬仪式还是沿用传统方式，丧葬具体事宜逐渐简化，88.8%的人认为当地丧葬方式比以前简化很多，7.1%的人认为和以前差不多，4.1%的人认为比以前更隆重。火葬取代土葬已经被城乡居民接受，84.8%的人表示会对逝者以火葬方式安葬，14.1%的表示还会选择土葬方式，1%的人未回答此问题。

（四）社会交往方面　受访者普遍表示结婚、生子、探望病人、丧事慰问是社会交往的主要领域，婚丧随礼多采用现金形式，生子多采用现金或现金加实物形式，探望病人多采用实物形式，礼金数额集中在100～200元之间。样本显示：结婚礼金数额13.2%的人回答在100元以下，57.6%的人回答100元，26.3%的人回答200元，2.9%的人回答200元以上；生子礼金数额13.3%的人回答在100元以下，60.2%的人回答100元，24.5%的人回答200元，2%的人回答200元以上；探望病人花销8%的人回答50元以下，76%的人回答100～200元之间，16%的人回答200元以上；丧事上礼9.1%的人回答50元以下，3%的回答50～80元，64.6%的人回答100元，23.2%的人回答200元。

三、生活方式变革对行为方式和价值观念的影响

（一）劳动方式更加积极向上　随着农业生产力的提高，农村富余劳动力开始到城市务工，逐渐接受城市文明洗礼，通过合法劳动增加收入，改善家庭生活条件。

（二）日常饮食更加注重营养　物资供给已经从相对紧缺步入丰富多样的时代，城乡居民饮食结构出现变化，肉、蛋、奶、蔬菜、水果开始进入寻常百姓家，身体营养补充得到大的改观。

（三）居住条件得到大大改观　住房结构开始由砖瓦结构变为钢筋混凝土结构，房屋坚实程度极大改善，屋内家电设施与城市差别不大，暖气、燃气开始进入农村家庭。部分农村居民开始在城市购房，以期享受更好的公共服务。

（四）休闲娱乐更加趋向健康　随着休闲娱乐产品增多，休闲娱乐方式日益多样化，与自身健康相关的娱乐方式开始被城乡居民慢慢接受，上网、看影视、广场舞、太极拳、散步等休闲娱乐活动开始增多。

（五）网络生活更加丰富多彩　随着互联网的普及和城乡居民持有智能移动终端增多，人们的网络生活空间不断扩展。居民开始在网络上观看新闻、影视，收听广播、音乐，接受外界信息，购买日常用品，处理日常活动。

同时也应注意到，过量的肉食和油盐的摄入，高血压、高血脂、糖尿病等慢性病人群数量增加，给人们的身体健康带来新的挑战。过重的功利思想催生了“天价彩礼”和巨额结婚费用，社会上出现两种说法：一是婚前“一二三四五”，二是婚后“两甩”;“一二三四五”，即一套院落、二层小楼、三斤100元人民币、四轮汽车、五十岁以上老人；“两甩，即甩公婆、甩债务。过度沉迷于游戏玩乐。受访者中，每天玩网络游戏1小时的占59.3%，1～2小时的占22%，3～4小时的占12.1%，4～5小时的占6.6%。

（省社科院社会学所　执笔人：王立源）

第三编　国土资源管理

解放前，土地私有且多集中在地主手中。解放后，中国共产党领导穷人打倒地主分得土地，生活才有保障。中华人民共和国成立前，县内工业厂矿较少，耕地减少微弱。中华人民共和国成立后，磁县为快速发展经济，改善人民生活，办厂矿、修道路，加之改革开放后乡镇、个体企业迅猛发展及农村建房等原因，土地被大量占用。至1998年，县内耕地减少1.66万亩，人均耕地面积由1950年的3亩降至1.12亩。为有序保护利用土地，1986年1月，国家颁布实施《土地管理法》，县政府也先后出台相关规定；1987年6月成立县土地管理局，各乡镇成立土地管理所，加强城镇、农村土地管理。采取开源、节流、保护“三管齐下”措施，实现占地、造地动态平稳。开源方面，实行优惠政策，资金上扶持、技术上指导，收到较好效果。1989—1998年，投入开发资金3517.13万元，开发荒地5253公顷，其中开发耕地1540公顷。节流方面，对国家和集体建设用地统一征地，杜绝批少占多现象。1989—1998年，上级下达用地指标426公顷，实际用地259公顷，节约167公顷。保护方面，建立基本农田保护区，对城乡地政实行“五统一”（统一规划、统一征地、统一开发、统一管理、统一出让）集中管理，加强执法监督。1989—1998年，清理自发交易459宗、违法占地12公顷。

1999年后，磁县强化土地有限资源意识，依靠科学技术提高土地管理水平。认真开展土地调查和登记工作，完善《磁县土地利用总体规划》，将全县土地划分为允许建设区、有条件建设区、限制建设区和禁止建设区，优化资源利用结构，增加土地使用率。加强土地开发整理，完善土地交易市场，实现耕地总量动态平衡。2013年，磁县被评为“河北省地籍管理系统建设示范县”。

坚持基本农田保护原则，统筹经济建设与土地保护，科学合理使用土地。建立健全土地征收制度和使用制度，严格控制城乡非农用地规模。严格土地有偿使用，促进社会事业发展。至2018年，累计出让土地167宗、面积578.41公顷，收取出让金37.85亿元。2002年7月1日起执行《河北省农村宅基地管理办法》。引导土地集约化经营，2010年后进一步完善县、乡、村三级农村土地流转服务机构的功能作用，加快农村土地经营权流转，提高土地综合效益。

建立健全土地执法监察机构和县、乡、村三级土地监察网络，不断加强土地、矿产资源与测绘管理。先后开展非农用地、国有土地、农村宅基地、砖瓦窑占地、荒地、废弃矿井等专项清理整治和“空心村”治理，查处各种土地违法行为，遏制乱占、浪费土地等现象，维护国家法规的严肃性。至2018年，查处违法占地行为1000余起，依法拆除违章建筑3.62万余平方米，涉及土地1000公顷。

第一章　土地使用

第一节　土地使用制度

集体土地使用制度

农村企业建设用地制度　中华人民共和国成立后，发展经济占用土地主要有集体和国有两种类型。集体企业限于当时的资金、技术、经济薄弱等原因，上马快下马也快，占地方式较为简单，只要选准适宜地块，用多少占多少，然后报公社批准即可。1987年1月1日《中华人民共和国土地管理法》实施后，企业占地根据规模大小、占地多少，由企业提出申请，县土地局进行丈量。征用耕地3亩以下、其他土地10亩以下的，由县政府批准。耕地3亩以上、其他土地10亩以上的报省政府批准，然后办理乡（镇）企业土地使用证。十一届三中全会后，至20世纪90年代后期，非公有制经济逐渐成为主体，占地形式改为国家征用，土地权属由集体转为国有。

宅基地使用制度　20世纪50年代，村民需要宅基地向村大队提出申请，村大队根据情况研究后报公社批准，可无偿使用宅基地。1983年，为制止农村滥占耕地建房，县政府发布《磁县村镇建房用地管理实施细则（试行）》，规定每户宅基地面积不得超过3分（200平方米），新规划宅基地要缴纳占地补偿费，超过限额的用地要增收2～5倍的补偿费。1987年12月，县土地管理局对全县农村宅基地进行确权发证。凡有房屋的进行丈量发证，未建房的空闲地统一归集体所有，并规定宅基地使用证为个人使用土地的唯一法律依据，土地使用权纠纷一律以宅基地使用证为准，宅基地所有权归集体所有，个人只有使用权。2002年7月1日起执行《河北省农村宅基地管理办法》。

农村土地流转规范　1999年，二轮土地延包到期后，部分乡（镇）、村陆续出现互换、转包、出租等多种形式的土地流转。2002年8月21日，根据上级要求，磁县对土地流转工作进行规范。2004年3月11日，县委、县政府印发《关于进一步规范农户承包地使用权流转工作意见》，明确土地流转原则和规范流转工作要求。2009年5月18日，县委办、县政府办印发《关于推进农村土地承包经营权流转、发展适度规模经营的意见》，鼓励农村土地承包经营权流转，加大扶持力度，建立健全服务机制，强化农村土地承包管理，夯实土地流转家庭承包基础。2010年后，磁县进一步完善县、乡、村三级农村土地流转服务机构的功能作用，积极引导农村土地经营权流转，以省农业厅农经总站土地流转信息平台为基础，强化全县土地流转的管理与服务。县内土地流转主要集中在磁州镇、讲武城镇、时村营乡、岳城镇、黄沙镇等乡（镇）。土地流转价格：山区300～400元/亩，丘区约500元/亩，平原800～1000元/亩。至2018年，全县土地流转累计6867公顷。

国有土地使用制度

1950—1987年，对土地只作资源管理，企事业单位使用国有土地均为行政无偿划拨，无限期、无流动使用。1990年《中华人民共和国城镇国有土地使用权出租和转让暂行条例》《河北省城镇国有土地出租和转让实施办法》出台后，国有土地使用权出租和转让有章可循。1993年县政府出台《关于加强城镇土地管理的若干规定（试行）》中，对集体所有土地的出让、作价入股等作出明确规定。符合划拨用地目录范围的国有建设用地，可以划拨方式使用；不符合划拨用地目录的，为有偿使用。国有土地出让实行“五统一”（统一规划、统一征地、统一开发、统一管理、统一出让）管理。

第二节　集体土地征收与国有土地划拨

集体土地征收

土地征收价格　1993年6月30日，县政府印发《县城周围35个村（街）统一征地价格暂行规定》，并测算每个村的土地价格。1999年起执行《中华人民共和国土地管理法》《河北省土地管理条例》。2009年根据《河北省人民政府关于实行征地区片价的通知》规定，磁县分5个区片价，平均区片价

为30907元／亩。2012年1月1日起执行《河北省人民政府关于修订征地区片价的通知》，全县平均区片价为43216元／亩。按照2015年5月29日《河北省人民政府关于修订征地区片价的通知》要求，磁县分为4个区片价，全县平均区片价为64071.2元／亩。地上附着物价格从2000年3月起执行《邯郸市国家建设征地补偿标准》，建筑物拆迁补偿标准参照《邯郸市城市房屋拆迁补偿补助标准》执行。

土地征收数额　1999—2018年，全县征收土地3581.11公顷。其中，耕地947.17公顷，非耕地2633.94公顷。

1999—2018年磁县国家建设用地征收土地情况统计表

表3-1　　　　单位：公顷

年份	面积			年份	面积		
	耕地	非耕地	合计		耕地	非耕地	合计
1999	110.43	7.89	118.32	2009	54.83	103.24	158.08
2000	12.92	0	12.92	2010	19.2	97.59	116.85
2001	0	17.5	17.52	2011	14.27	103.80	118.06
2002	33.82	0	33.82	2012	88.85	102.02	190.87
2003	14.70	0	14.70	2013	43.5	71.00	114.52
2004	0	0	0	2014	74.20	60.49	134.69
2005	15.24	37.66	52.90	2015	135.78	9.42	145.20
2006	14.67	0	14.67	2016	59.51	1757.15	1816.67
2007	38.46	107.90	146.36	2017	74.49	12.14	86.62
2008	25.56	116.99	142.54	2018	116.66	29.16	145.81

国有土地划拨

1999—2018年，磁县划拨土地82宗、面积189.17公顷。其中，采矿用地划拨9宗、13公顷，公用设施用地划拨9宗、8.14公顷，机关团体用地划拨30宗、28.03公顷，公路交通用地划拨2宗、15.31公顷，铁路建设用地划拨1宗、26公顷，教育用地划拨10宗、31.69公顷，医疗卫生建设用地划拨12宗、21.56公顷，住宅用地划拨9宗、45.45公顷。划拨土地宗数以2013—2015年较集中，3年划拨38宗。

1999—2018年磁县国有土地划拨情况统计表

表3-2

年份	项目用地单位	用途	面积（公顷）
1999	县交通局运输管理站	宿办楼	0.14
	县技工学校	教学楼	0.34
	县民政局	光荣院	0.45
	县供电公司	变电站	0.19
2000	北京铁路局石家庄铁路分局	铁路	26.00
2003	邯郸市长远天然气有限责任公司	公用设施	0.48
2004	县医院	医疗卫生	2.52
	慈荷花园	住宅	6.63
	县建设局	交通	13.27

续表

年份	项目用地单位	用途	面积（公顷）
2004	县疾病防控中心	机关团体	0.40
	滏苑小区	住宅	4.63
2005	中石化磁县石油分公司	公用设施	0.80
2007	峰峰集团公司黄沙矿	采矿	1.05
2008	峰峰集团公司羊渠河矿	采矿	3.57
	峰峰集团公司黄沙矿	采矿	1.20
2009	县职教中心	教育	1.64
	邯郸供电公司	公用设施	0.68
2010	县绿野测绘有限公司	机关团体	0.78
	县卫生学校	医疗卫生	0.83
	磁州中心卫生院	医疗卫生	0.85
	峰峰集团公司黄沙矿	采矿	0.17
	峰峰集团公司小屯矿	采矿	1.27
	安阳市主焦煤业公司	采矿	1.70
2011	县环保局	机关团体	0.40
	县质监局	机关团体	0.40
	县住建局	住宅	2.30
	县医院	医疗卫生	6.33
	县第二中学	教育	1.65
2012	县第二中学	教育	4.67
	磁县交通局公路管理站	机关团体	3.92
	邯郸市检察院	机关团体	2.63
2013	县六合公司	住宅	8.07
	县申家庄煤矿	住宅	6.18
	县城北小学	教育	2.18
	县公安局	机关团体	0.67
	河北天林房地产开发公司	医疗卫生	2.66
	河北天林房地产开发公司	医疗卫生	0.22
	河北天林房地产开发公司	医疗卫生	0.46
	县第二中学	教育	0.46
	峰峰集团公司九龙矿	采矿	1.38
	县公安消防大队	机关团体	0.48
	峰峰集团公司黄沙矿	采矿	1.66
2014	县大用供水公司	公用设施	3.66
	县六合工业公司	住宅	7.96
	县申家庄煤矿	住宅	6.10
	县住建局	机关团体	0.13

续表

年份	项目用地单位	用途	面积（公顷）
2014	县住建局	机关团体	0.44
	县国土资源局	机关团体	0.23
	县第一中学	教育	3.60
	县申家庄煤矿	住宅	1.55
	县六合工业公司	住宅	2.02
	县殡葬管理所	机关团体	2.24
	县法院	机关团体	0.75
2015	峰峰集团公司梧桐庄矿	采矿	1.00
	县法院	机关团体	0.28
	县法院	机关团体	0.41
	县公安局	机关团体	0.56
	县公安局	机关团体	1.12
	邯郸天兆老年康疗中心	医疗卫生	3.10
	邯郸天兆老年康疗中心	医疗卫生	0.24
	西固义乡学区	教育	2.00
	县国土资源局	机关团体	0.31
	国网河北省邯郸供电分公司	公用设施	0.57
	县文旅体局	机关团体	1.72
	县文旅体局	机关团体	0.33
	县住建局	机关团体	1.51
	国网河北省邯郸供电分公司	公用设施	0.38
	磁州镇学区	教育用地	1.80
	县法院	机关团体	0.55
2016	县中医院	医疗卫生	3.56
	县公安局	机关团体	0.34
	国网河北省邯郸供电分公司	公用设施	1.02
	县第二中学	教育	13.37
	县司法局	机关团体	0.45
	县医院	机关团体	5.63
2017	县妇幼保健医院	医疗卫生	0.28
	白土中心卫生院	医疗卫生	0.51
2018	县监察委员会	机关团体	0.50
	县公安局	机关团体	0.12
	县公安局	机关团体	0.12
	国网河北省邯郸分公司	公用设施	0.37
	磁县新天地投资开发公司	交通运输	2.05

备注：2001年、2002年、2006年无土地划拨

第三节　土地有偿使用

土地出让

1993年年初，县政府建设磁州商都。按照“五统一”集中管理原则，以每亩1.9万元的价格，将8.67公顷集体土地征为国有，把其中近7万平方米土地的使用权出让给280家个体、集体和国有企业，使用期40年，收取出让资金600万元，作为磁州商都的基础建设资金。这是磁县国有土地出让的第一次尝试。

1993—1996年，县土地管理局以协议形式出让土地使用权给5个单位，以拍卖形式出让土地使用权给王玉凤等183户，以招标形式出让土地使用权给5个单位，共出让土地使用权面积11.76公顷，收取出让金2243.36万元。

1995年，磁州新市场按规划分为186宗，逐宗拍卖，是磁县首次以拍卖形式出让土地，出让底价为1058元/平方米，142家商户参加竞标。6月20—21日为第一次拍卖，1号地块经过15轮竞价，以7.1万元成交，高出底价1.7万元，敲响磁县土地拍卖第一锤。35号地块经过11轮竞争，以14.4万元成交，合2950元/平方米。历时两天，共拍卖出让土地134宗，总成交额1020万元。7月21日和9月16日，分别举行第二次、第三次拍卖，拍卖地块49宗，成交额332万元。临街大楼用地2400平方米，协议出让地价180万元。磁州新市场土地拍卖出让共收取出让金1547万元。除水、电、暖、路等公共设施投资和征地费用外，纯收入达800万元，磁县土地首次拍卖圆满结束。央视、省台等媒体对此报道。

1996年年初，县委、县政府决定修建磁州路（北二环路），县土地管理局根据磁县城镇国有土地“五统一”管理精神，将磁州路两侧土地142.21亩征收、出让。至1999年完成出让，创收近1400万元，保障磁州路顺利修建。

1999—2018年，磁县累计出让土地167宗、土地面积578.41公顷，收取出让金37.85亿元。其中2014年2月28日，邯郸市闽台商贸城建设开发有限公司以1.16亿元竞得友谊路以东、平安路以北地块，面积为8.35公顷，成为磁县以招、拍、挂方式出让面积最大、成交金额最高的1宗地。

1999—2018年磁县出让土地情况统计表

表3-3　　　　单位：公顷、万元

年份	宗	面积	收入	年份	宗	面积	收入
1999	3	1.11	224.32	2009	2	7.66	10200.00
2000	—	—	—	2010	14	77.58	32339.01
2001	6	7.10	399.78	2011	11	25.90	19647.00
2002	10	7.31	574.31	2012	16	65.41	13517.00
2003	1	0.48	336.60	2013	29	91.29	65869.45
2004	5	2.48	189.85	2014	18	56.85	45326.00
2005	2	2.08	153.60	2015	20	59.06	40110.00
2006	1	6.67	1200.00	2016	8	48.02	37624.00
2007	1	4.88	1000.00	2017	11	41.82	48740.00
2008	—	—	—	2018	9	72.69	61078.00

土地收购储备

2001年8月1日磁县土地储备中心成立。2007—2016年，先后5次收回中国水利水电第五工程局、岳城化工厂闲置多年的土地，合计收储土地54.09公顷。

按照《土地储备管理办法》要求，根据《磁县土地利用总体规划》和土地利用情况，2017年，申请国家土地储备专项债券4000万元，用于兑付和谐大道南、友谊大街东、朝阳大街西、闽台商城北收储项目26.33公顷的地上构筑物、建筑物、征地补偿款等，债券于2018年12月兑付完成。2018年，申请国家土地储备专项债券2亿元，用于兑付和谐大道南友谊大街东、磁县经济开发区等5个土地收储项目的地上构筑物、建筑物、征地补偿款等。截至2018年年底，已兑付滏阳北大街东和谐大道南、磁县经济开发区2个收储项目，使用债券资金4500万元。

第二章　土地管理

第一节　土地规划

规划指标

《磁县土地利用总体规划（2010—2020年）》于2011年7月编制完成，并于2012年6月按照省自然资源厅统一部署，完成与全国第二次土地调查数据的衔接完善工作。该规划实施后，2013—2015年间修改调整过3次，2016—2017年进行规划中期评估及调整完善，2018年再次调整后，全县各项指标情况为：耕地保有量规划期末不少于28196.67公顷，且耕地质量逐年提高；基本农田保护面积规划期末不低于21793.33公顷；城乡建设用地规模规划期末控制在7421.92公顷内；新增建设用地规划期内控制在1215.47公顷内；人均城镇工矿用地规划期末控制在117平方米内；新增建设占用耕地规划期末控制在828.01公顷内；土地开发、整理、复垦补充耕地规模规划期内1390.07公顷。

规划区域

为协调好用地增长与土地资源保护之间的关系，保护农用地，控制城镇用地盲目扩张，将全县土地划分为允许建设区、有条件建设区、限制建设区和禁止建设区。

允许建设区面积为7433.90公顷。区内土地主导用途为城乡建设发展空间，区内新增城乡建设用地受规划指标和年度计划指标双重控制。在面积不改变的前提下，其空间布局形态可调整。允许建设区边界的调整，须报规划审批机关同级国土资源部门审查批准。

有条件建设区面积为1414.69公顷。区内土地符合规定的，可依程序办理建设用地审批手续，同时相应核减允许建设区用地规模；规划期内建设用地扩展边界如需调整，按规划修改处理，严格论证，报规划审批机关批准。

限制建设区面积为60630.99公顷。区内土地主导用途为农业生产空间，是开展土地整理复垦开发和基本农田建设的主要区域；未经批准，区内不得进行城、镇、村新增建设，严格控制线性基础设施和独立建设新增用地。

禁止建设区面积为2071.52公顷。区所包含的空间范围内具有重要资源、生态、环境和历史文化价值，属于禁止与主导功能不相符的各类建设开发的区域。

第二节　土地调查登记与不动产登记

土地调查

第一次土地调查　1984年，国务院作出“关于进一步开展土地资源调查”指示。1990年8月至1992年10月，磁县完成全县土地利用现状调查。数据显示：全县土地面积103849.81公顷。其中，耕地53766.91公顷，占51.8%；园地1209.18公顷，占1.2%；林地2284.19公顷，占2.2%；牧草地695.13公顷，占0.6%；居民点及工矿用地9840.27公顷，占9.5%；交通用地1615.95公顷，占1.5%；水域8879.73公顷，占8.6%；未利用土地25558.45公顷，占24.6%。

第二次土地调查　根据《国务院关于开展第

二次全国土地调查的通知》要求，2007年10月至2009年12月，磁县完成全县第二次土地调查。

数据显示：磁县土地面积103487.17公顷。其中，耕地51424.20公顷，占49.69%；园地750.24公顷，占0.72%；林地3447.22公顷，占3.33%；草地5138.33公顷，占4.96%；城镇村及工矿用地12794.88公顷，占12.36%；交通运输用地2979.39公顷，占2.88%；水域及水利设施用地8297.95公顷，占8.02%；其他土地18654.96公顷，占18.02%。

第三次国土调查 根据《国务院关于开展第三次全国土地调查的通知》要求，2018年4月28日，磁县印发第三次全国土地调查实施方案。根据2018年8月29日《国务院办公厅关于调整成立国务院第三次全国国土调查领导小组的通知》等要求，磁县第三次全国土地调查调整为磁县第三次全国国土调查。

数据显示：至2018年12月，磁县土地面积（含托管的甘草营村、曲沟村、十里铺村、溢泉村，不含原西固义乡9个村）为71426.12公顷。其中，耕地29152.6公顷，占40.82%；园地170.78公顷，占0.23%；林地2669.11公顷，占3.74%；草地3268.34公顷，占4.58%；城镇村及工矿用地9067.84公顷，占12.69%；交通运输用地1564.74公顷，占2.19%；水域及水利设施用地7242.83公顷，占10.14%；其他土地18289.88公顷，占25.61%。

土地登记

中华人民共和国成立后，磁县首轮土地登记于1952年完成，发证5.5万余份，占当时全县总户数81%。1980年5月始，对全县土地普查登记，历时两年多，查出漏报耕地5333公顷。1987年12月，全县开展非农建设用地清理、丈量、登记、确权发证，查清全县非农建设用地状况。其中，国有企事业用地417宗，乡（镇）集体用地2.2万余宗，农村宅基地13.7万余处。发证13.1万余本。1991年9月，县土地管理局对全县6个建制镇、独立工矿区的非农建设用地情况申报登记。共申报登记1.1万余片，面积765万余平方米。其中国有土地537.5万余平方米，集体土地227.4万余平方米。1994—1996年，全县农村宅基地确权发证14.1万余处。

2002年后，规范土地权属、房地产交易变更登记制度，建立城镇变更地籍调查制度。完成城镇初始地籍调查和城镇个人住房土地登记，建立地籍信息系统和土地利用数据库。2003年3月，改用新版土地证书。

2010年，继续推进土地登记规范化、信息化建设，规范管理土地登记各个环节，配置电脑、证书、打印机及发证软件，实现表证管理、查询统计、输入输出等自动化。是年，完成土地登记3805宗。其中，国有土地使用权登记109宗，集体土地使用权登记3645宗，抵押登记56宗。2011年，土地登记申请、受理、审核、注册登记等业务实现网上办理。是年，办理土地登记4257宗。其中农村宅基地使用权登记4128宗，集体建设用地使用权登记17宗，国有土地使用权登记70宗。

2011年12月始，对全县“三权”（集体土地所有权、集体建设用地使用权、宅基地使用权）确权登记发证。至2018年，全县集体土地使用证登记4.5万余个。其中，国有土地使用证登记3075个，集体土地所有权证登记4.2万余个。

1999—2018年磁县国有土地登记情况统计表

表3-4　　单位：宗、平方米

年份	发放宗数	使用权面积	年份	发放宗数	使用权面积
1999	140	2229012.42	2003	177	791991.34
2000	162	514241.65	2004	333	3918045.34
2001	226	425881.21	2005	153	2924192.97
2002	131	3061925.04	2006	152	3032923.97

续表

年份	发放宗数	使用权面积	年份	发放宗数	使用权面积
2007	151	828401.16	2013	72	1128007.87
2008	13	16920.36	2014	93	6317304.92
2009	243	2891189.21	2015	55	6842411.54
2010	109	3391299.36	2016	21	896273.78
2011	70	4261194.04	2017	10	671311
2012	67	2739118.49	2018	16	589657.68

不动产登记

1999年至2015年11月，县住建局房地产交易所负责县内房屋初始登记、变更登记、转移登记及证书换发等。县林业局负责县内国家所有和集体所有森林、树木和林地及个人所有、使用林木的林地登记发放证书。

邯郸金街房地产开发有限公司领取河北省第一张不动产权证书（2015年12月1日　摄）

2015年12月，根据县政府办公室《关于印发不动产统一登记工作实施方案的通知》要求，在县国土资源局设立不动产登记局，组建不动产登记中心，负责全县不动产土地登记、房屋登记、林地登记等工作。成为全省第一个县级不动产登记中心。2015年12月至2018年年底，为企事业单位、个人办理不动产权证书、不动产权证明等各类业务6万余件。为提高登记效率，2017年9月不动产登记一般业务由原20个工作日减至15个工作日，2018年11月又减至7个工作日。

第三节　地籍信息化管理

数字国土工程建设

2007年12月，县国土资源局设立政务信息中心，负责全县国土资源系统信息化建设规划、网站建设维护，对国土资源门户网站的政务、业务、党务信息发布进行审核，保障国土审批事项的联网审批和行政权力公开透明运行。2008年设立政务信息中心机房。2010年1月启动门户网站建设，5月开通使用，门户网站成为磁县国土资源政务公开渠道、在线管理平台和服务公众桥梁。2012年3月始，磁县建设永久性基本农田数据库。2015年5月，根据《国土资源部、农业部关于进一步做好永久基本农田划定工作的通知》要求，完善基本农田数据库。

网上审批系统

2014年7月1日启用网上审批系统，将国有土地抵押、使用权登记与转让、土地预审、划拨等行政许可和公共服务审批事项转由县政务服务中心办理，形成网上申报查询、统一受理、限时办结、统一收费、窗口现场评价、实时电子监察、网上审批的服务机制，实现国土审批事项“零障碍”服务。原35项合并缩减为15项，审批时限缩短三分之一。

宗地统一代码编制

2012年2月，磁县被列入河北省宗地统一代码编制试点县。5月，完成宗地统一代码编制工作。全县划分为42个地籍区、430个地籍子区（2016

年区划调整后为13个地籍区、275个地籍子区），对19万余宗地块进行统一代码编制，并制作新旧代码转换对照表，地籍管理标准化、信息化实现规范运行。2013年，磁县被省国土资源厅评为“地籍管理系统建设示范县”。

土地登记信息公开查询

2012年，对历史登记档案资料进行扫描电子化。8月底，完成全县宅基地档案信息和国有土地档案信息采集工作，搭建覆盖全县19个乡（镇）376个村的19万余宗土地登记信息数据库。2012年9月，对外开放土地登记信息公开查询服务。

第四节　基本农田保护

保护区面积

1991年5月，全县设置基本农田保护区面积3.7万余公顷。其中，一级5566.93公顷，二级1.4万余公顷，三级1.7万余公顷。分类情况：粮田面积2.5万余公顷，棉田面积5287.8公顷，油料面积1587.63公顷，粮棉一体面积2294.67公顷，蔬菜面积1503.09公顷，其他种植面积1217.61公顷。

1994年9月，基本农田保护区面积调整为4.5万公顷。1996年，磁县基本农田划定保护区19个，保护块数1024个，设定永久性保护标志670块。有粮田面积3.1万余公顷、棉田面积4500公顷、油料面积1935公顷、粮棉一体面积2925公顷、蔬菜面积2295公顷、其他种植面积2115公顷。

2009年，磁县土地利用总体规划下达基本农田保护面积为4.5万公顷，按照《第二次全国土地调查基本农田上图技术规定》上图后，基本农田图斑净面积4.4万余公顷。其中，水浇地2.6万余公顷，旱地1.6万余公顷，水田地1667.26公顷。

2016年行政区划调整后，磁县基本农田保护面积2.1万余公顷。其中，水田地0.11公顷，水浇地1.3万余公顷，旱地8836.21公顷，基本农田平均保护率100%。

2018年磁县基本农田分布情况统计表

表3-5　　　　单位：公顷、%

乡　镇	总面积	耕地面积	基本农田面积	基本农田所占耕地比例
磁州镇	8034.74	4444.74	3074.35	69.16
讲武城镇	7451.98	5030.52	3957.37	78.66
岳城镇	9531.10	3412.83	2708.30	79.35
观台镇	4105.29	1733.23	1442.31	83.21
白土镇	6675.31	1320.96	999.63	75.67
黄沙镇	2082.14	1075.89	834.62	77.57
路村营乡	3852.32	1137.29	931.61	81.91
西固义乡	4439.07	2741.21	2396.59	87.42
时村营乡	4592.10	3197.05	2465.19	77.10
陶泉乡	9687.8	1427.14	31.73	2.22
都党乡	3804.37	1098.02	920.51	83.83
北贾璧乡	7294.95	2455.63	2166.08	88.20
总计	71551.17	29085.35	21928.29	75.39

保护措施

1998年，制订《磁县基本农田保护管理措施》，调整和扩展原有保护区，并把基本农田保护工作作为乡（镇）的考核指标。2001年6月，国土资源部、农业部授予磁县“全国基本农田保护工作先进单位”称号。

2003年后，县政府与市政府每年签订基本农田保护责任状。2015年，完善有关制度的同时，县国土资源局成立执法监察动态巡查领导小组，加强工作领导。局执法监察大队结合各基层国土分局做到每日巡查，巡查情况详细登记。全县基本农田得到有效保护。

农田保护区标识

2018年，县内国、省道沿线乡（镇）、村建立大型基本农田保护标志牌42块，其他乡（镇）、村新建中型基本农田保护标志牌400余块。各乡（镇）之间、各村之间建界桩400余根。基本农田保护图、表、卡的内容及标志牌坐标等纳入数据库管理。

第五节　土地开发整理

土地复垦

砖厂复垦　2006—2018年，先后实施讲武城镇讲武城村砖厂、王家店村砖厂、西陈村砖厂，西固义乡徐家沟二街砖厂，林坛镇梁庄村砖厂、苗庄村砖厂、上蒋村砖厂，时村营乡下七垣村砖厂，高臾镇柳儿营村砖厂，南城乡东南城村砖厂，磁州镇沙营村砖厂11个废弃砖厂复垦项目，复垦土地52.92公顷，其中新增耕地49.95公顷。

砖瓦窑复垦　磁县砖瓦窑大部分建于20世纪70—80年代，多分布于丘陵区的耕地。

1988年，通过集中治理，砖瓦窑数由103个减至65个，复垦土地16.7公顷。1992年后，随着城乡建设速度加快，新建砖厂和旧砖厂复产现象不断出现。1997年4月，全县砖瓦窑97个（其中新建5个），占地51.3公顷。通过整合取缔后，保留65个，土地复垦19.3公顷。根据上级要求，2007年4月12日，县政府出台《关于开展查处各类违法占地行为活动的通知》，重点查处2005年1月1日后新建、扩建、改建的砖瓦窑。

2009年后，建筑材料市场需求扩大，部分关停的砖瓦窑逐步恢复生产，增至86家。2014年，根据《磁县清理整顿砖瓦窑实施方案》等要求，依法取缔砖瓦窑33家，保留53家。是年1月28日，磁县第一批城乡建设用地增减挂钩试点项目（砖瓦窑复垦）经省政府批准实施，项目拆旧区共18个砖瓦窑地块，分别位于西固义乡韩家庄村、侯家沟三街、东驸马沟一街、西驸马沟一街、西驸马沟二街、徐家沟二街，磁州镇西槐树村、前湾漳村、湾漳营村，岳城镇岳城村、付屯头村、王屯头村、小庄村、张屯头村，台城乡台城村、东郝村，南城乡西北城村、中北城村，时村营乡田庄村。2014年4月始，经3个月施工，复垦11个砖瓦窑（其余7个不再实施），9月16日通过省国土资源厅验收，新增耕地28.27公顷。2015年，全县实心砖瓦窑全部取缔，2016年复垦取缔的砖瓦窑废弃场地。至2018年，复垦土地162.67公顷。

工矿废弃地复垦　2017—2018年，完成磁州镇侯家沟一街村、侯家沟二街村、侯家沟三街村、东驸马沟二街村、西驸马沟二街村、西来村、西槐树村，路村营乡圣水洼村，黄沙镇水池村，讲武城镇滏阳营村、双庙村，时村营乡武吉村、田庄村、小盆沟村，白土镇大水头二街村15个工矿废弃地复垦项目，新增耕地79.9公顷。

谷驼村旧址复垦　西固义乡谷驼村旧址地处丘陵区，居住环境较差，村民陆续迁离。至2002年，旧址已无人居住。2004年4月9日，县国土

资源局向市国土资源局申请立项为县级补充耕地项目，项目规模293亩，投资44.5万元。2006年7月施工，2007年1月竣工，开发土地19.53公顷，其中新增耕地18.13公顷，项目区土地利用率由0%增至100%。

废弃铁路专用线复垦　2009年6月，对中国水利水电第五工程局涿州基地分局大铁专用线（讲岳铁路专用线）复垦，是年7月完工。土地复垦面积6.34公顷，新增耕地面积6.34公顷。

土地整理

2000年5月，磁县成立土地开发整理中心，对全县土地开发项目全程管理。

2003—2010年，全县被批准立项的土地整理项目有8个：西光禄镇尧丰村土地整理为国家级土地整理项目、李家岗村土地整理为省级土地整理项目；台城乡赵拔庄村，黄沙镇南黄沙一街村，时村营乡时村营村，林坛镇东野狸岗村，南城乡中河口村，高臾镇白塔村6个土地整理为市级土地整理项目。总规模2334.93公顷，净增耕地266.88公顷。

土地整治示范工程

按照《河北省太行山山前平原农村土地整治示范社区建设实施方案》要求，磁县是2011年河北省第二批启动土地整治示范工程的17个县（市）之一。

讲武城镇等3个乡（镇）、讲武城村等14个村土地整治项目和南城乡等3个乡（镇）、东陆开村等38个村土地整治项目是河北省太行山前平原农村土地整治项目的两个子项目。2012年经省国土资源厅批准，由国家投资承担。2012年7月24日开工建设，2013年8月20日项目竣工，是磁县最具规模的农村土地整治项目。

讲武城镇等3个乡（镇）土地整治项目　项目区包括讲武城镇讲武城、双庙、东小屋、南营、王家店、孟庄、东曹庄、八里冢、刘庄、滏阳营、前港、后港，时村营乡西小屋，磁州镇东窑头14个村，地貌类型为丘陵。项目区原有耕地2327.83公顷，90%以上为井灌。机井多为当地村民自行建设的深30～50米的浅井，年久失修，灌溉保障率低。渠道边坡坍塌、渗漏严重。电网配备差。防护林不健全。缺乏护坡措施，雨季危害农田。部分村庄道路为土路，坑洼难行。

2012年4月25日，经省国土资源厅批准立项，项目规模3191.15公顷，新增耕地104.22公顷，工程总造价1.01亿元。建设内容：整治土方平整7.3万余立方米，田埂修筑6.6万余立方米；新修“U”形渠道2231米，梯形渠道873米；修建管涵120米，新打机井120眼，新建井房120座，铺设输水管道14.2万余米，配套潜水泵120台；新架设低压线4753米、高压线3.5万余米，新增单井磁卡表计量系统120套，安装及调试变压器113台；新修田间道路4.8万余米，新增田间道路涵管2座、板式桥1座；公路整修5358米；新修村庄道路1.8万余米、生产路2万余米；种植毛白杨7.9万余株，水土保持工程18.20公顷。

2011年14村土地整治前投入产出情况统计表

表3-6　　单位：公顷、千克、元、元/千克

作物	耕种面积	亩产	总产量	单价	总收益	亩均成本	总成本	纯收益
小麦	2327.83	400	13966980	1.9	26537262	377	13163878.65	13373383
玉米	2327.83	450	15712852.5	1.8	28283134.5	560	19553772	8729362.5
合计	2327.83	—	29679832.5	—	54820396.5	—	32717650.65	22102746

2012 年 14 村土地整治后投入产出情况统计表

表 3-7　　单位：公顷、千克、元、元 / 千克

作物	耕种面积	亩产	总产量	单价	总收益	亩均成本	总成本	纯收益
小麦	2425.48	450	16371990	1.9	31106781	377	13716089.4	17390692
玉米	2425.48	550	20010210	1.8	36018378	560	20374032	15644346
合计	2425.48	—	36382200	—	67125159	—	34090121.4	33035038

南城乡等 3 个乡（镇）土地整治项目　项目区包括南城乡东南城、南城、中南城、北谷拖等村，林坛镇洛子、东王女、东佛店等村，台城乡台城、西贺兰等 3 个乡（镇）的 38 个村。总体地势平坦，局部地区面积坡度较大，耕地零散，难以实现机械化作业。

2012 年 6 月 11 日，经省国土资源厅批准立项，总规模 6703.83 公顷，净增耕地 201.54 公顷，工程总投资 2.2 亿元。建设内容：整治平整土方 74.2 万余立方米，梯田工程 18.8 万余立方米；安装输水管道 49.4 万余米；新打机井 364 眼，新建井房 364 座，配套潜水泵 364 台；架设低压线 1 万余米、高压线 11.5 万余米，安装及调试变压器 356 台；新建田间道路 9 万余米、生产路 6.5 万余米，村庄道路整修 2.1 万余米，种植毛白杨 6.7 万余株。

2011 年 38 村土地整治前投入产出情况统计表

表 3-8　　单位：公顷、千克、元、元 / 千克

作物	耕种面积	亩产	总产量	单价	总收益	亩均成本	总成本	纯收益
小麦	5297.74	400	31786440	1.9	60394236	377	29958719.7	30435516.3
玉米	5297.74	450	35759745	1.8	64367541	560	44501016	19866525
合计	10595.48	—	67546185	—	124761777	—	74459735.7	50302041.3

2012 年 38 村土地整治后投入产出情况统计表

表 3-9　　单位：公顷、千克、元、元 / 千克

作物	耕种面积	亩产	总产量	单价	总收益	亩均成本	总成本	纯收益
小麦	5499.28	450	37120140	1.9	70528266	377	31098428.4	39429837.6
玉米	5499.28	550	45369060	1.8	81664308	560	46193952	35470356
合计	10998.56	—	82489200	—	152192574	—	77292380.4	74900193.6

第六节　土地交易市场

1994 年 5 月，磁县土地管理局地产交易所成立。2013 年 1 月，地产交易所更名为磁县国土资源局市场分局。

1994—2001 年，磁县清理城镇土地隐形市场，整顿自发性交易、变相买卖土地行为，清理非法转让土地 7.2 公顷。对其中有转让价格的按转让价格 40% 收取出让金，无转让价格的按磁县综合评估地

价每10万元的40%收取出让金,收取642.24万元。清理国有土地出租34户、总面积7662平方米，按土地租金收益35%收取出让金33.49万元。

2001—2018年，全县依法转让国有土地298宗、728.3公顷。其中，最大的宗地转让事主是万合集团股份有限公司转让于河北万合物流股份有限公司，面积为23.64公顷。

第三章　矿业与测绘管理

第一节　矿业管理

矿业整顿

1998年始，逐步关闭3万吨以下的煤矿。同时,聘请地勘单位对全县运行的矿山企业月检、季测，提交储量动态监测报告书。建立和完善矿山储量管理台账并录入储量管理数据库，防止越层越界采挖。2006—2008年，集中充填废弃矿井961眼。2007年3月，县政府编制上报《磁县矿区煤炭资源整合总体规划方案》，2009年10月获省政府批准。煤矿资源整合前，磁县2家国营煤矿为中型企业,其余11家均为小型企业（生产规模均不足9万吨/年）。2010年，县政府与冀中能源峰峰集团有限公司签订整合重组磁县煤矿协议书，注册成立冀中能源峰峰集团邯郸磁州煤业有限公司，申家庄煤矿和六合工业公司成为其子公司。申家庄煤矿、六合工业公司以控股方式对磁县保留的小煤矿进行整合。2013年年底煤炭资源重组整合完成后，全县保留煤矿9家。生产规模整体提升，均超15万吨。2014年，对14家矿山的采矿证有效期情况进行公示，制订并细化越层越界开采的整改方案。随着国家去产能政策的实施，2017年10月申家庄煤矿关井停产，2018年年底六合工业有限公司关井停产。2018年，全县保留煤矿6座。其中，2座煤矿井下整改,4座煤矿停产整改。保留建筑石料厂3座。保留铁矿1座。

矿山地质环境治理

2007—2016年，煤矿采煤塌陷区土地恢复治理面积310公顷，其中复垦143公顷。矿山废弃物排放达标，废水排放达标率80%，固体废弃物综合利用率60%。煤矸石堆放场、排土石场合格率80%，地质灾害治理率75%。重大地质灾害基本得到防治。

2017—2018年，矿山地质环境治理客土、覆土4.8万余立方米，原土平整5303平方米，填土碾压5.5万余平方米，机械破碎石方965立方米。拆除废弃建筑物68.3平方米，栽灌木7284穴、双季槐7419株。治理区内矿山地质环境得到改善。

第二节　测绘管理

管理机构

1995年4月，测绘标志的保护工作由磁县武装部移交到磁县城乡建设环境保护局。2005年9月，成立磁县国土资源局测绘管理办公室，管理全县测绘相关工作。2014年6月4日，磁县国土资源局加挂“磁县地理信息局”牌。2014年10月30日，成立磁县国土资源测绘中心，磁县地理信息局职责由磁县国土资源测绘中心履行。

测绘

2013年4月，布设全县GPS平面网、四等导线网，建立、改造和加密1034.8平方千米的D级GPS网。

2013年8月28日，磁县被列为河北省2013年县级数字城市地理空间框架建设试点城市。次年12月26日在磁县公共资源交易中心公开招标，河北中色测绘有限公司中标。2015年10月19日，河北省地理信息局在磁县组织召开“数字磁县地理空间框架建设项目”验收会。项目完成磁县中心城区和漳河生态科技园区、磁县煤化工园区、林坛工业园区、溢泉湖文化产业园区4个园区共27.5平方千米1:500地形图数据和地名地址数据、35.4平方千米的三维模型数据采集，建成25平方千米正射影像和数字高程模型制作，整合磁县县域1:10000和1:50000地形图数据，建立覆盖县域的多尺度、多类型的基础地理信息数据库。数据成果符合国家规范和项目涉及要求。

管理

2014 年 10 月，整治全县测绘管理工作，检查辖区各等级测量标志 73 个。

2017 年，检查地理信息及地图市场，对全县中、小学校悬挂的地图和使用的教学辅导用书进行 3 次检查和清理，合格率达 100%，有效规范全县中小学校图、书使用。2018 年 6 月，检查辖区书店、学校、宾馆、火车站等销售和张贴地图的场所，强化国家规范版图的使用意识。

第四章　执法监察与专项治理

第一节　执法监察

信访接待

2008 年 10 月 6 日，磁县国土资源局成立信访室，设主任 1 名、副主任 1 名，配备工作人员 3 名，负责信访接待工作。2008—2018 年，共接到国土资源信访案件 600 件。其中，上级交办案件 200 件，群众来信来访 400 件。依据“属地管理、一岗双责”原则，依法查处和化解 504 件，移交其他部门 96 件，案件结案率 100%。

违法案件查处

2008 年后，磁县国土资源局强化执法监察力量，重点查处破坏耕地违法行为，做到及时发现、及时制止、及时查处。2002—2018 年，共巡查发现违法占地行为 1000 起。其中，及时制止 220 起，立案查处 780 起。依法拆除违章建筑 3.62 万余平方米，涉及土地 1000 余公顷。

违法案件行政复议与诉讼

2000 年前，全县土地诉讼案件稀少。2000 年后，随着经济发展，土地作为生产要素重要性突显，土地方面的行政复议和行政诉讼案件呈逐年上升趋势，其中起诉撤销土地证的案件占绝大多数。所有土地违法案件行政复议与诉讼分别由国土资源执法大队、合议庭、政策法规股分别应诉。2009 年后，逐步由县国土资源局政策法规股负责处理行政复议、行政诉讼案件。

2009—2018 年，全县土地违法案件行政复议 30 件。其中，维持 24 件，撤销 6 件。行政诉讼 130 件。其中，胜诉 110 件，败诉 10 件，10 件审理中。

第二节　专项治理

砖瓦窑治理

（详见本编第二章第五节子目砖瓦窑复垦）

空心村治理

改革开放后，部分村民在路边建房、圈大院，村内旧宅闲置，造成土地资源浪费。1998 年始，对 134 个村进行空心村治理。采取靠宣传转变农民占地意识、靠规划约束占地、靠法律强化管理、靠典型引导带动的办法，使“空心村”治理取得较大成绩。2001 年 4 月 17 日《河北国土资源简报》刊载磁县的做法。1998—2018 年通过集中治理，共填补空闲宅基地 1329 片，利用空闲地 26.53 公顷。

花官营乡路庄村地处东部平原，土地肥沃、水源充足，但人均耕地较少，土地后备资源匮乏。通过规划治理，村内形成纵横街道 15 条，全部铺设水泥路面。道路两侧种植葡萄树，既美观又有效利用空闲地增收。引导农户向空中发展，盖二层以上楼房。村内改建楼房户数达全村户 60% 以上，未向村外扩建一处宅基地。

都党乡冶子村地处西部山区，人均耕地不足 0.05 公顷，居民居住分散，原村庄地势低洼不平，水土条件较好。大部分村民在山坡建房，原村房屋长期无人居住。通过县乡村三级联合规划，利用两年多时间，组织剩余农户迁上山坡，并将旧村开垦成耕地 6 公顷。

西固义乡谷驼村地处中部丘陵地带，西靠梧桐庄煤矿，人均耕地不足 0.7 公顷。原村址在低洼处，临近水源。梧桐庄煤矿采煤造成村中地面下陷，房屋裂纹，给村民的生产和生活带来诸多不便。经过选址和统一规划，他们搬村上岗，旧村开垦为耕地。

林坛镇苗庄村、南城乡北城村，村内各有破旧危房 200 多间。通过统一拆除、统一规划后，这两个村 20 年内未向村外扩建一处宅基地。

“千矿万亩”治理

2003年，为贯彻落实“十分珍惜，合理利用土地和切实保护耕地”基本国策，邯郸市国土资源局安排部署“千矿万亩”治理工程。总体原则：宜耕则耕，宜林则林。经整理恢复耕种条件的，交由当地村民耕种；荒岗荒坡，开发成坡式梯田；不具备耕种条件的，用作林地或草地；距水源较近的废弃小矿山旧址作为畜禽养殖基地。

1999年始，根据国家关井压产政策，磁县关闭各类矿山企业300余家，连同取缔无证矿山，共涉及占地710公顷，分布在黄沙、观台、都党、白土、岳城、西固义、林坛镇等乡（镇）。2003—2006年，县国土资源局争取上级治理资金加上筹集资金达1000万元。治理后，适合耕种土地400余公顷；利用剩余荒岗荒坡，当地村民建成养殖基地20余个，占地20余公顷，促进当地经济发展。

地灾隐患工程治理

陶泉乡南王庄村山体崩塌治理　陶泉乡南王庄村依山而建，民居顺山坡呈“人”字形分布。北侧山体相对高度300～400米，民宅紧邻坡脚建设。20世纪90年代，因岩石风化，北侧有“道士帽”之称的山峰发生体积约16立方米的岩石崩落，沿山坡翻滚至坡脚，砸毁一处民宅屋顶，所幸未造成人员伤亡。此后虽未发生崩落，但在各种地质作用尤其受降水、冻融影响，存在崩塌隐患。2004年2月18日，河北建设勘察研究院有限公司受县国土资源局委托对南王庄北侧山坡的五梁四沟约1平方千米范围进行崩塌治理勘察，并于2005年12月提出治理方案。治理工程于2006年4月8日开工，筑起四道防护墙（1、2、3、4号防护墙分别长29.5米、37.5米、25米、61.5米），6月20日完工，投资25万元。雨季泄水通畅，墙体稳定，达到预期目的。2007年5月22日，通过省国土资源厅和项目管理单位验收。

北贾壁乡柴庄村泥石流地质灾害治理　2010年9月6日，北贾壁乡柴庄村泥石流地质灾害治理项目获省国土资源厅批准，由磁县国土资源局组织实施。工程于2011年1月2日开工，是年7月2日竣工，总投资143.8万元。自隧道西口始，建有1条长85米的石拱涵，与原隧道相接，直至西侧公路。主要治理工程包括浆砌石2336.9立方米，开挖土方1.7万余立方米，填方工程量1.5万余立方米。2012年10月10日，通过省国土资源厅验收。

漳村地面塌陷灾害治理

2012年，经漳村村民委员会与冀中能源峰峰集团有限公司辛安矿协商，由辛安矿对漳村扒裂房屋进行补偿。2019年，辛安矿出资1.5亿元专项资金，用于漳村原址安置房建设项目。

第四编　城乡建设

据《磁州志》记载，战国赵简子初筑古城，隋开皇十年（590年）改筑，宋知州宗泽修。明代重建、增修7次，古城达到一定规模：周围长8里26步，高2.5丈，广1丈，陴堞5尺，垛3000余。东、西、南、北4门并4个月城，城头有4个门楼。城濠深广各3丈，堤高1丈8尺、广1丈。堤外插柳万余株。清代，又多次重修，部分方面有所扩建：城周围长1485丈（9.9里），南北各3个月城，东西各2个月城。引滏阳河水入城濠，濠内种植莲藕。民国以后战事频仍，无人管理，古城倾圮日甚，荷柳荡然无存。

清代，城区由县城及南、北关组成。南、北官道把县城及南、北关串联起来，为城区的中枢干道，也是城区的商业带。鼓楼至衙门街东口为城区的商业繁华路段。街、巷沿主干道向东西两侧辐射。清光绪三十二年（1906年），京汉铁路修通，城西设站后，依车站东西两侧，逐渐形成由数家客栈为主组成的商业小区。民国年间，全县城乡呈自然发展状态。1945年10月磁县城解放。是月，迫于战争形势，适应战备需要，县政府组织民众拆毁城墙，留存残垣断壁。后彻底铲平城墙。

中华人民共和国成立后，磁县创造条件便利群众出行，改善居住环境，在城区先后开通建设路西段、建设路东段、安康路、磁州路4条横道和铁西大街、朝阳大街中段、朝阳大街北延、滏阳大街北段、滏阳大街北延5条纵道，形成五纵四横道路格局。道路建设的同时，雨污管网、照明设施建设与之配套进行。至1998年年底，新建、拓建道路总长20.38千米，修建排水沟总长23.2千米，安装路灯884盏，县城建成区面积发展到6平方千米。同时，全县乡村建设也有较大进步。

1999年起，结合磁县实际和上级要求，磁县科学划分区域功能，找准发展定位，先后多次进行全县城乡发展规划，为建设宜居宜游城市、美丽幸福新农村指明方向。到2015年，城区面积扩大到25平方千米，是1998年的4.8倍；城镇化率由2005年不足30%增长为2015年的46.9%；2015、2016年连年被评为“省级园林县城”，获“省人居环境进步奖”。广大农村人居环境也明显改善。到2018年年底，城区住宅小区建筑面积达220万平方米，集聚近10万人口。城区路灯计20910盏（包括道路、社区、景观灯）。

第一章　城乡规划建设

第一节　城乡规划

城乡发展定位

1983年，磁县第一期城市总体规划《磁县城市总体规划（1981—2000年）》编制完成。规划确定县城为全县政治、经济、文化中心。1995年，委托邯郸市规划设计院编制完成二期规划《磁县县城总体规划（1994—2010年）》，经邯郸市政府批复并实施，规划确定县城城市性质为县域的政治、经济、文化中心，是以发展商贸、轻工和机械加工业为主的开发型小城市。

2007年，邯郸市提出构建“1＋6”（邯郸县、永年县、磁县、成安县、肥乡县、峰峰矿区6个县区纳入中心城区管理范围）中心城市格局，将磁县确定为邯郸市都市圈的有机组成部分。基于市发展规划调整，磁县委托上海同济城市规划设计研究院对城市总体规划进行第三期编制。2009年《磁县城市总体规划（2006—2020年）》编制完成，该期规划确定磁县城市性质为“荷花水城”“磁州窑文化发祥地”之称的现代化、生态宜居型中等城市，邯郸市都市圈南部重要的组团之一。

2012年10月冀南新区成立，磁县纳入冀南新区发展范畴，磁县城乡总体规划与冀南新区总体规划并轨编制。基于区县一体的发展思路，磁县委托邯郸市规划设计院开展第四期总体规划编制。2015年12月，第四期《磁县城乡总体规划（2013—2030年）》编制完成，经邯郸市政府批复并实施。该期规划将磁县确定为全国重要的先进装备制造业基地，晋冀鲁豫交界地区现代物流枢纽中心，山、水、田、文相融的生态宜居城市。中心城区确定为邯郸市都市区组团之一，以旅游服务业为主、田水相融的宜居宜业城市。城乡产业定位以现代装备制造业、现代物流业和现代旅游业为主导，现代生态农业和现代服务业配套的现代产业体系。规划形成“一城、两港、五园区、一基地”的县域产业总体布局，即：磁县中心城区；北部依托铁路建设内陆港，依托邯郸机场建设航空港；林坛工业园区、临港产业园区、生态农业观光园区、磁县经济开发区和漳河经济开发区；依托西部山水旅游资源，建设磁县西部生态涵养旅游示范区基地。结合产业园区发展布局，最终在县域范围内形成“两带、三轴、六心”的城镇总体空间布局结构，即沿南北方向主要交通干线形成的城镇空间发展带、沿东西向成峰公路形成的产业发展带；沿南北向主要交通干线形成的城镇空间主轴、沿东西方向从峰路形成的城镇空间次轴、沿成峰公路形成的城镇空间次轴；中心城区、花官营乡、白土镇、讲武城镇、林坛工业园、磁县经济开发区“一主五次”6个城镇空间核心。

县城规划

1983年《磁县城市总体规划（1981—2000年）》规划县城范围：东、南至护城河，西至固城、张庄村，北至辛庄、粮斗庄、台庄村，控制面积7平方千米。规划期末县城区面积达4.33平方千米，人口规模发展到40959人。1995年《磁县县城总体规划（1994—2010年）》规划城市建设用地规模，2000年为8.09平方千米，2010年为14.1平方千米。城区发展方向主要向北，适当向东、向西发展，控制向南发展。

2009年《磁县城市总体规划（2006—2020年）》规划城区范围：东至京港澳高速公路，北至邯郸市外环、马峰铁路和磁峰公路南线，西至南水北调中线渠，南至磁县县域行政边界，计137平方千米。中心城区空间边界增长控制：东至中华慈大街，西至南水北调渠东岸和滏阳河西岸，南至滏阳河南岸，北至磁州路。中心城区规划面积40.7平方千米。规划期末，城市建设用地达21.89平方千米。规划中心城区人口规模近期（2010年）为13万人，远期（2020年）为22.5万人。城市建设用地安排：近期以西北方向发展为主，向北注重与邯郸市城区接轨，结合中华慈大街拉动城区向东、东北发展，控制向南发展。规划县城布局结构为“两环、四心、四轴、四片、八横九纵”，即形成由滏阳河、和谐大道北侧沿线水系和铁路西侧南北向水系所构成的大环水系及护城河水系2套环状水系；形成城

北商贸物流金融中心，城北行政办公中心，城东科教文体中心，城西娱乐休闲中心 4 处城市功能中心；以已有的磁州路县政府、镇政府为依托，发展磁州路行政文化发展轴，沿滏阳大街发展文化休闲商业发展轴，和谐大道商贸金融休闲发展轴，中华慈大街对接邯郸发展轴；古城区片，铁西工业、居住综合区片，童装城主导产业发展区片，滏阳河滨水风貌区片；8 条东西向主要道路，9 条南北向主干道。城市空间布局核心发展分为 3 个主要区块，即中心城区 2 块（铁路东区和铁路西区）和溢泉湖丘陵区域。

2015 年《磁县城乡总体规划（2013—2030 年）》城市区范围：北至邯郸市南绕城高速，东至京港澳高速，南至磁州镇边界，西至县域边界，面积 163.9 平方千米。中心城区范围：东起滏阳河东岸，西至东武仕水库，北到光禄北路，南至滏阳河南岸，面积 74.9 平方千米。中心城区由南部老城组团、铁西新城组团、北部新城组团和溢泉湖组团 4 部分组成，空间结构为“两轴、三心、四区”：鼓楼至北部新城的行政文化发展轴，北部新城沿明理路的滨水景观商业文化轴；北部新城中心，南部老城中心，溢泉湖服务中心；溢泉湖旅游度假会议区、北部新城行政商务核心区、磁县老城区生活配套服务区、铁西现代居住产业服务区。发展方向为“北进、西跨、南联、东拓”。至 2015 年，中心城区建设用地规模为 24 平方千米，2020 年为 35.3 平方千米，2030 年为 54 平方千米。至 2015 年，县城人口规模为 22 万人，2020 年为 33 万人，2030 年为 51 万人。

2016 年，按照省市有关城市建设用地控制性详细规划全覆盖要求，编制完成《磁县中心城区控制性详细规划（2016—2030 年）》：面积 74.9 平方千米，建设用地面积 54.9 平方千米。

专项规划和控制性详细规划

2010 年，在第三期县城总体规划的基础上，编制完成磁县中心城区污水、雨水、供热、道路、供水、燃气、消防、绿地、环卫、灾防、人防等 14 项专项规划和磁县古城区控制性详细规划。

2016 年，根据《磁县城乡总体规划（2013—2030 年）》，对消防、绿地、人防、燃气、供水、道路、供热等 7 项规划修编。新编公共服务设施、地下空间、管线综合、排水工程、抗震防灾 5 项规划，为全县基础设施建设日趋完善起到支撑作用。

乡（镇）村规划

2001 年，重点抓好省小城镇建设试点（岳城镇）、市小城镇建设试点（磁州镇和西光禄镇）的规划建设。2002 年，调整西光禄镇、台城乡、高臾镇、花官营乡、辛庄营乡、讲武城镇等规划，完成 50 个村规划。2003 年，全县 71 个村规划调编，80 个村规划编制。2004 年，按照省、市、县创建生态文明村总体要求，制订全县 38 个文明生态村建设规划。2006 年，县建设局配合省测绘规划院对西光禄镇、辛庄营乡、花官营乡、林坛镇、高臾镇、磁州镇 6 个乡（镇）中的 15 个生态文明村勘测规划。

2007 年，《磁县县域村庄空间布局规划（2006—2020 年）》通过专家评审，内容包括空间布局、产业结构、教育资源调整、迁村并村等。编制《南左良村建设规划》《东城基村建设规划》《肖庄建设规划》《西光禄镇总体规划》，完善《刘庄建设规划》。指导编制的《北来村新农村建设规划》在澳门“第四届世界华商高峰会”上获“新农村发展贡献奖”。

2009 年，县政府出台《磁县 2009 年新农村建设示范乡（镇）村规划编制工作实施方案》，安排 18 个乡（镇）总体规划和 100 个社会主义新农村规划编制，完成观台镇、西光禄镇总体规划编制和 10 个乡（镇）的 40 个新农村规划编制。其中，观台镇委托河北诚致规划建筑设计有限公司编制的《观台镇总体规划（2008—2020 年）》，面积 42 平方千米，期末人口达 40300 人，城镇性质是以发展煤炭开发、煤炭运销和商贸业为主的工贸型城镇。

2010 年，委托河北信达城乡规划设计院编制《磁县县域镇村体系规划（2010—2020 年）》。规划范围与行政管辖范围一致，包括 9 个镇、10 个乡，376 个村，面积 1015 平方千米。规划近期（2015 年）县域总人口达 68.5 万人，城镇人口为 33.2 万人，城镇化水平达 48.5%；规划末期（2020 年）总人口达 70 万人，城镇人口为 40.6 万人，城镇化水平达 58%。形成“一主、三副、两轴、多点”的镇村体系空间结构，即县城为主中心；林坛镇、讲武城镇、都党乡为副中心；中心村、基层村为基础点；

107 国道、从峰线为发展轴。为推进磁县城乡一体化发展指明方向。

2011 年，西光禄镇、岳城镇、西固义乡、辛庄营乡、南城乡、白土镇等乡（镇）总体规划编制完成。其中岳城镇、西光禄镇总体规划分别获全省优秀城乡规划编制成果一、二等奖。

2012 年，《磁县城乡总体规划（2013—2030年）》对城乡空间布局进一步优化：至 2015 年，磁县城镇化率达 49%；至 2020 年，城镇化率达 58%；至 2030 年，城镇化率达 71%。形成“1 个中心城区、3 个中心镇、12 个一般乡（镇）、34 个中心村、193 个基层村”的镇村体系结构。

2013 年，磁县编制农村面貌改造提升规划。

2016 年，聘请国内 7 家规划设计单位，按照《河北省美丽乡村规划设计技术导则》要求，编制 28 个省、市、县美丽乡村规划设计方案；编制《滏泉湖片区总体规划方案》，面积 30.17 平方千米，涉及 3 个乡（镇）12 个村。

2018 年，岳城镇、观台镇修编本镇总体规划（2018—2035 年）。

第二节 城区建设

旧城改造

县城新、旧城区以磁州路为界，南侧为旧城区，北侧为新城区。1999 年始，改造旧城区，内容以基础设施建设、容貌综合整治为主。2000 年，按照《关于调高城镇建设定位加强城镇建设与管理的实施意见》要求，整治县城容貌。先后出动 3000 人（次）、车辆 400 辆（次），拆除违章建筑物、构筑物 330 处，清理占道经营摊点 500 余家、电话亭 90 个、建筑堆放物料 1500 余立方米，清淤排水沟 3300 米，硬化便道 2230 平方米，返新、修复路面 1280 平方米，砌排水沟 2303 米。2002 年，火车站站前综合改造工程、鼓楼环周拓宽改造工程、东海公园一期建设工程相继完工，旧城区承载服务功能大幅度提升。

2008—2010 年，磁县出台《磁县城市房屋拆迁补偿安置办法》《磁县人民政府关于城中村和旧城区拆迁改造的实施意见》等文件，开展“抢抓新机遇，对接大城区，建设新磁县”为目标的城乡面貌三年大变样活动，累计投资 230 亿元，实施各类城市建设项目 216 个。先后完成县剧场、西城社区

鼓楼北大街（ 2002 年 5 月 1 日 摄）

居委会、图书馆、轴承厂、火车站、金三角、老武装部院、老交通局院征迁，拆除建筑物面积达 170 余万平方米，腾地 193.33 公顷。旧城区改造 80 万平方米，新建居民小区 56 万平方米，新建廉租房 3300 平方米。保护与修复鼓楼、城隍庙、崔府君庙、南关石桥、古御街等文物。友谊大街、磁州路、滏阳大街、迎宾路 4 条道路高标准绿化、美化、亮化。城市基础设施、环境质量、居住条件明显改善，承载能力进一步提升。

2011 年始，开展三年上水平活动，磁县出台《磁县城市房屋征收补偿安置办法（暂行）》，启动三都商贸城、城隍庙文化广场、京都国际广场征迁改造。征迁面积 2.28 万平方米，腾出土地 13.33 公顷。2012 年后，顺景豪庭、瑞鼎国际、民生家园、青泽园等旧城改造小区和京都广场、美食林购物广场等商业综合楼相继竣工投用，老城区面貌改观。

新城建设

居民住宅区建设　1999 年始，建设滏苑小区。2011 年，和谐大道全线贯通，新城区进一步扩容。通过规划引导、集中建设等，逐步实现人流、物流、信息流向新城区集中。2018 年，新城区已成规模，以磁州路、平安路等城区主干道为轴线，建有幸福城、嘉实城、锦绣佳苑、永

安名都、领秀华庭、盛世名门等住宅小区，建筑面积达220万平方米，集聚近10万人口；规划建设富力院士廷、万腾观澜城住宅小区及临街文体公园，新增建筑面积50多万平方米。

1999—2018年磁县住宅小区情况统计表

表4-1　　　　单位：栋、平方米、户

小区名称	楼栋数	建成年份	建设规模	居住户数	备注
滏苑小区	30	2003	133390	1260	另建10套别墅
慈荷A区	12	2008	80000	628	
顺景豪庭小区	6	2008	3400	276	
民生家园A区	10	2009	38730	413	含60户廉租房
荷城佳苑小区	15	2010	157376	1087	
青泽园小区	9	2010	69000	471	
平安小区	7	2010	54000	442	
金辉小区	7	2010	100000	742	
世纪城小区	25	2011	300000	1800	其中A区6栋450户
振兴小区	6	2011	42000	810	
盛世名门	10	2011	113796	852	
瑞鼎国际	15	2012	300000	1800	
永安名都	8	2013	167000	949	
锦绣佳苑	5	2014	129696	778	含44户保障房
幸福城	16	2014	96090	1700	

盛世名门小区

幸福城小区

城区道路建设　2000年后，实施四路北延、六路新建工程，新建道路158千米，全方位拉开城市框架，县城建成区面积由不足9平方千米扩至15平方千米，形成“六纵九横”的城市道路框架格局。六纵：中华大街南延（中华慈大街）、滏阳大街、古御街、朝阳大街、友谊大街、磁西路。九横：和谐大道、平安路、仁和路、磁州路、振兴路、安康路、中山路、建设路、迎宾路。改

磁州路

中华慈大街（2014 年 10 月　摄）

造铁西大街、滏泉北大街、明理路、和谐南路、利民路等道路。改造健康路、马王庙街、司明街、西湖小街、石桥北大街、阜新街、太平街、衙门街、阜东巷、皮场庙街等 35 条老城区小街巷。

1999—2018 年部分年份县城区主要道路建设情况统计表

表 4-2　　单位：米、万元

项目名称	宽度	长度	投资额	修建年份	类别	范围
朝阳路北延	—	—	—	1999	主干道	安康路至磁州路
迎宾路西段改造	—	540	120	2001	主干道	友谊南大街至滏阳南大街
磁西路	45	13700	7500	2005	主干道	讲岳公路至滏泉湖
仁和路	25	3360	1343	2006	次干道	107 国道至古漳北大街
平安路	60	4500	3970	2007	主干道	107 国道至中华慈大街
和谐大道	60	7790	25910	2007	主干道	磁西路至中华慈大街
磁州路东延	60	1330	877	2007	主干道	滏阳大街至中华慈大街
滏阳大街北延	40	1050	558	2007	主干道	平安路至和谐大道
朝阳大街北延	45	1100	1104	2007	主干道	磁州路至平安路
友谊大街改造	45	2900	1945	2007	主干道	滏阳河桥至磁州路
友谊大街北延	45	2550	1297	2008	主干道	磁州路至和谐大道
中华慈大街	60	18100	45000	2008	主干道	青兰高速至漳河园区
朝阳大街南延	30	490	243	2009	主干道	滏阳河至迎宾路
107 国道拓宽改造	45	1680	919	2009	主干道	磁州路至平安路
迎宾大道	60	1890	2890	2009	主干道	中华慈大街至京珠高速下道口
恒泰路拓宽改造	50	2350	1500	2009	主干道	固城口至滏阳河桥
友谊大街北延	60	5230	8000	2010	主干道	和谐大道至青兰高速路
仁和路东延	25	430	504	2012	次干道	古漳北大街至中华慈大街
机场路	45	5270	14600	2013	主干道	和谐大道至青兰高速路
明理路东西延	60	2485	6850	2016	主干道	友谊大街至机场路，古御街至中华慈大街
平安路西延	60	1512	5210	2016	主干道	衡中分校门前路段

民生保障房建设　2005年后，磁县制订《住房保障实施方案》，明确申请、审核、公示程序，完善实物配租评分标准、准入、退出、监管机制，实现廉租住房公开化、公平化、系统化、规范化管理。2010年，廉租房补贴131户，保障面积37090平方米，发放补贴资金105696元。民生小区（原轴承厂）配建66套廉租住房并分配到户。2013年8月27日，完成振兴小区276套廉租住房分配。

公共设施配套建设　2007年后，投资3.3亿元，建设城乡规划展馆、行政服务中心、美食林磁州宾馆（御景楼）、敬老院、平安公园、城标广场等工程；投资13.6亿元，建设古御园、汽车客运新站、新县人民医院等工程。累计投资120亿元，新建污水处理厂2座，城市污水处理率达85%以上；新建无害化垃圾处理厂1座，生活垃圾无害化处理率100%；新增城市供水、排水管道210千米，城区全部实现雨污分流。供水普及率100%，供气普及率61.3%以上，集中供热普及率52.1%以上。新建标准垃圾中转站和公厕20座。南水北调水厂项目总投资7858.85万元，供水能力8.4万立方米/天。

磁县城乡规划馆内景

城区绿化建设　2008年后，累计投资10亿多元，建成10公顷以上综合性公园3个、小游园16个，新增绿化面积560万平方米，主干道绿地率达23.3%，城区绿地率达36.8%，绿化覆盖率达41.3%。

城区水网建设　滏阳河生态治理、护城河整治、引滏入城作为"荷韵水城"重点工程打造。2008年，投资3200余万元，完成滏阳河生态综合治理和南湖公园、迎宾湖公园建设。投资2300万元，引滏入城南北两线2010年5月8日通水，实现护城河彻底变清和城区水系大循环。

附：磁县"荷花城"称谓由来考

宋代，是一个崇尚莲花的时代。当时的洛学大师周敦颐一篇《爱莲说》风行天下，将莲的形象、色泽、品格推向极致，使达官贵人、文人雅士为彰显自己"出淤泥而不染，濯清涟而不妖"的圣洁、高尚而争相种植；民间也因其兼有观赏性、实用性于农田种植。那时江南城乡遍地荷花，都城临安尤为兴盛，从杨万里的《晓出净慈寺送林子方》诗中可略见一斑："毕竟西湖六月中，风光不与四时同，接天荷叶无穷碧，映日荷花别样红。"

磁州的植荷可追溯到宋代。据志书载，宋仁宗庆历年间，宋代大儒程珦（1006—1090）任磁州知州。在任期间，他廉洁奉公、勤政为民、政绩卓著。为防止滏河泛滥成灾，淹没城池，组织民众修建自留旺、田井至县城的数十里大堤，后人称为"程公堤"。当时磁州经五代蹂躏，县城及其周围水井均被破坏，他便相度地形，打井13眼，使民喜得甘泉，后人称为"程井"。程珦是宋代程朱理学的奠基人程颢、程颐的父亲，与洛学大师周敦颐交游甚密，便让二子拜周敦颐为师。周敦颐的《爱莲说》为程珦十分称道，便在其衙内"逸园"躬行挖池种莲。在任期间，其二子随父任读书于滏阳书院，建有"读书台"。程珦在读书台周围掘壕、放水、植荷，使这一读书之地，清水涟漪、荷花飘香，进而坚其志、勉其学、砺其品，终使二子成为程朱理学大儒。后人便将滏阳书院改为二程书院（二程书院建在文庙，内有读书台、二程祠，位于原县一中院内）。清代的二程书院山长孙砚香在追忆这一段美好岁月时，写道："琴几芸窗面面开，荷花香绕读书台。风流有意归宏讲，问字何须载酒来。"此诗说明磁县宋时程珦任知州期间，受周敦颐的影响而植荷成景。同时也说明，磁县荷花的始植年代可追溯至北宋庆历年间（1041—1048年），距今1000多年。

金代，磁州观台出现一株"祥莲"。明嘉靖三十二年（1553年）《磁州志》载："祥莲，昔金明昌年间（1190—1196年），磁州观台有京兆运判刘轨家的沼池中产红莲一茎，开花十三，芷香与色俱异常。至元大德七年（1303年），刘轨之甥、刑部尚书马熙复求名人诗友以褒美之……"当时，马熙的同行和文人雅士观后，曾感叹不已，咏诗歌之。其中，陈偐赋《祥莲》诗曰：“刘郎种得不计年，庭前池水清且涟，当年长出玉井莲，中有脉脉春无边。一茎秀出十三葩，锦绣妩媚凌轻烟。……恨无大笔如修椽，为君别赋祥莲篇。”还有元代名士周驰、王辉等也即席赋诗。据民间传说，当时的彰德府知府专程到刘轨家看莲，并到磁州城隍庙祈祷，以求境内多降祥瑞，物阜民安。还倡导民间多植莲藕，此时磁州城周围出现种植莲藕的小高峰。

明代，莲荷观赏性得到普遍认可。由于其品格圣洁、高尚，官员把荷种植在衙署、庙宇、儒学等神圣地方，文人雅士也在自己的书斋、室圃、园囿栽植荷柳。明人胡祗遹《采芹亭记》中写到：“神宇外门之南，俯视芰荷平湖，长广数十亩，蒲柳龟鱼，溪光山影，城市中得江湖趣，湖亭曰采芹”。足见城内种荷之多、荷湖之盛。同时，莲藕作为食物，其种植也开始大面积推广。明洪武十三年（1380年），知州包宗达组织民众，于响水亮、槐树里一带开挖五条分流滏阳河的支渠，叫五爪渠。此渠旱可浇田，涝可排水，正常年景，春植莲荷，夏采荷菱，初冬挖掘藕块，并用于土特产对外交流。传说还作为贡品进京。

清代，磁州知州蒋擢重修并延伸五爪渠。这一水利成果和民间种荷的传统受到人们的重视和怀念。清道光年间(1821—1850年)的磁州进士、雅近苏（东坡）韩（愈）的文士、商州知州张镂作《乘上竹枝间》十首，其中一首写到“渠分五爪自谁开，包父前头蒋后来。响水亮和槐树里，恩波滢折几千回。”

清代官民植荷形成一个大高潮，史志多有记载。一是磁州城开始植荷种柳美化城池。清康熙二十四年（1685年），知州任塾重修磁州城，重浚护城河，始导滏河水入壕，植柳2000株，以固堤身，并在北郭外“官路荷风”的起首处重修“赏荷亭”。清康熙三十八年（1699年），知州蒋擢重修城四门楼及洞券。捐俸疏浚护城河道，并劝同城文武沿壕种莲，以壮观瞻，始开城池美化之先河。清同治十二年（1873年）知州程光滢继之修筑，劝谕捐输，设局重修，阅十月完工。并捐资浚壕，一律深广仍旧，重植荷柳，渐复旧观。二是逐步完善磁州八景，形成四十里“官路荷风”。八景雏形曾为“滏水冬温、鏖山樵唱、西鼓凤仪、三台烟雨、漳河古渡、贺兰积雪、脱甲晴岚、台城避暑”。到清代，磁州八景趋于成熟、逐步得到公认，即炉峰朝霭、响堂晚钟、台城烟柳、官路荷风、龙洞珠泉、贺兰积雪、漳渡晴澜、滏桥秋月。志书上对“官路荷风”的记载是“北郭之外官路两旁，夹植荷花。每逢夏季，菡萏怒放，翠盖齐举，绿柳婆娑，燕语莺啼，行人飘飘欲仙，恍若置身西湖”。此时游宦磁州的达官贵人和文人墨客多以诗咏之。当时应邀来彰德府知府的华亭人廖风征的诗《磁州道上》写出了当时官路荷风的壮阔和诗情画意。诗曰：“夹岸垂柳四十里，方塘似镜藕花香。前汀一雁惊飞起，人坐红桥古寺旁。”三是官路上来往的官员十分赞赏荷景，并倡导兴修水利、植荷种柳。清时，林则徐三次途经磁州。第一次是清嘉庆二十四年（1819年），在官道上南行经磁。他在日记中写道：“官路两旁，渠水夹道，其清如镜，芰荷出水，芦苇掩隐，一幅天然图画也。”后来，得知这渠水稻荷是清康熙年间（1662—1722年）的知州蒋擢治理滏阳河而引渠为利的，而且这一带的稻田仍还用此渠水浇灌，便赞叹：“啊！哪里都可以为民兴利，关键是看当地的官员如何去做了！”

民国10年（1921年），县长刘孟扬开挖城渠，引滏河水入城，使城内死海变为活水，始开磁县治污先河，并沿岸植柳，池中种荷，并创居民观赏宜居之首举。至此，磁县城内署衙、名胜院内荷花遍布、城壕荷花连片；城郊近有赏荷亭，远有官路荷风；纵观内外，俨然一荷城也。

磁县千年植荷史，百年荷花城。磁县植荷始于宋代，磁县荷城形成于民国。这源于大自然的恩赐和劳动人民的创造，应该为荷城磁县而骄傲、自豪。在新时代的新作为中，全县人民应努力让荷城磁县走向全国，走向世界，为磁县赢得更大辉煌。

（孔令德）

第三节　城镇住房制度改革

公房管理

出售福利公房　1998年，县内有公房4.78万平方米。其中，378户干部、职工居住用房2.15万平方米。1999年，根据《国务院关于进一步深化城镇住房制度改革加快住房建设的通知》要求，县城乡建设局落实新的房改政策，出售政府投资建设的福利公房 2.15 万平方米。

拆除公房　2002 年，县政府实施旧城改造，在鼓楼周边修建鼓楼广场，拆除鼓楼周围公房 309 间、7197 平方米。2013 年，因建设大型商业综合体及综合购物中心—京都国际广场的需要，县住建局印发《2013 年重点项目建设责任分解表》通知，拆除位于朝阳大街东侧、串海街西侧、建设路北侧的公房，面积达 1900.52 平方米。

租赁保留公房　1998 年，县内公房 4.78 万平方米中，用于出租工商企业用房 2.63 万平方米。截至 2019 年，保留公房 7568.78 平方米，仍公开对外租赁，实现保值增值。

廉租住房保障

2010 年 7 月，县住建局成立廉租住房和经济适用住房管理中心，启动公租房（廉租房）建设工作，先后在 4 个住宅小区建设 1200 余套保障性住房，解决部分低收入居民的住房困难。

2011 年 1 月 24 日，根据省、市相关要求，县政府制订《关于健全住房保障制度加快保障性安居工程建设的实施意见》，明确执行标准和条件：租住房保障对象具有当地城市常住户口；享受城市最低生活保障或家庭人均可支配收入在当地上年年底人均可支配收入的 0.8 倍（含）以下；家庭人均住房建筑面积在 15 平方米以下且家庭住房总建筑面积在 50 平方米以下。保障标准为人均住房建筑面积 15 平方米，每户最低保障标准 30 平方米，最高保障标准 50 平方米。保障方式以发放租赁住房货币补贴为主，实物配租和租金核减为辅。货币补贴是指县政府向申请廉租住房保障的城市低保、低收入住房困难家庭发放租赁住房补贴，由其自行承租住房。补贴标准：低保家庭保障面积内每平方米每月补贴 4.3 元，低收入家庭保障面积内每平方米每月补贴 2.7 元。实物配租是指县政府向申请廉租住房保障的城市低收入住房困难家庭提供住房，并按照规定标准收取租金。租金标准：廉租住房保障面积内每平方米每月 1.6 元，保障外面积每平方米每月 4.3 元。

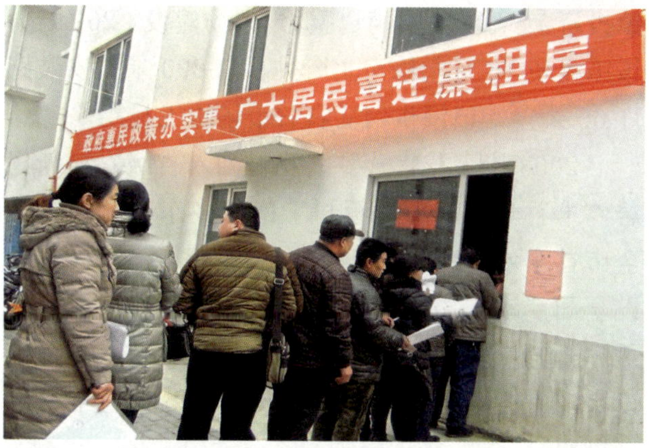

居民办理廉租房分配入住事宜（2011 年 2 月 8 日　摄）

2010—2018 年磁县廉租住房建设和配租情况统计表

表 4-3　　单位：平方米、万元

廉租房小区	建设年份	建筑面积	投资金额	住房数量	首次分配	分配时间
民生家园	2010	2940.57	360	60 套	—	2011 年 10 月
振兴小区	2011	35835.06	6800	6 栋 660 套	2018 年前 610 套	2018 年 11 月 10 日
锦绣佳苑	2014	9701.52	1850	133 套	—	2017 年 11 月 25 日
和谐小区	2015	19995.57	6800	2 栋 400 套	2017 年 11 月 27 日分配 336 套	2018 年 11 月 10 日

第四节　镇村建设

示范镇村建设

2000 年，按照县政府要求，镇村建设重点抓好磁州镇、讲武城镇、西光禄镇、岳城镇 4 个样板镇建设。是年，投资 40 余万元，完成西光禄镇两横一纵道路配套建设，新修排水沟 6000 米，硬化便道 2400 米，安装路灯 60 盏；投资 30 余万元，修复改造岳城镇水利大街。2002 年，西光禄镇投资70万元开展街道整修、市场建设。2004年，该镇投资15万元修南北街排水沟800米，安装路灯60余盏，该镇供销社农贸市场竣工投用。

2008年，花官营乡闫浅村列入省级农村新民居“十百千”工程样板村；南城乡东南城村列为全市首个农村新民居样板村。2009年，新民居建设全面启动，磁州镇北来村7栋住宅楼完成二层主体建设；东南城60套新民居完成主体工程建设；花官营乡东城营、南左良村各6栋住宅楼竣工投用。

农村面貌提升

2007年，全县查处镇村违章建筑。立案查处违法建设4起、违法加油站15个、违法砖厂18个，解决建房纠纷11起。有效遏制镇村违法乱建行为。

2012年，全县38个“基层建设年”帮扶村共建垃圾收集点125个，配备保洁员125名、垃圾清运车41辆，垃圾清理、清运率达100%，均建立垃圾长效管理机制，通过省、市验收。

2013年，24个农村面貌提升村建成垃圾点150个，配备保洁员150名、清运车辆40辆，节能改造768户，均建立垃圾处理长效管理机制。29个“基层建设年”帮扶村建成垃圾点110个，推行一体化垃圾处理模式。

2014年，按照《磁县农村面貌改造提升行动实施方案》要求，完成省、市下达的16个重点村垃圾处理设施建设任务。共建设垃圾收集点48个，配备保洁员48名，购置垃圾运输车16辆。

农村危房改造

2011年，落实《磁县危房改造工作方案》要求，按照“农户申请、村级初审、乡级审查、县级核查”工作步骤，严格补助对象、补助标准、改造标准和方式，全年改造504户。

2013年，全县确定农村危房改造840户。其中24个农村面貌提升村确定94户。年底全部竣工，均达到住房和城乡建设部《农村危房改造最低建设要求》居住标准。

2014年，全县改造危房645户，完成年度目标任务。同时，完成全县367个村的农村危房调查及人居环境信息采集工作。

第五节　民房建筑

县方志办委托县住建局在全县11个乡（镇）中，通过各抽查1个民房建筑在当地有代表性、人口数量中等规模的村，基本掌握全县各村的民房建筑有关情况。

抽查的11个村具体是大营（磁州镇）、常凝（路村营乡）、陈庄（时村营乡）、西陈（讲武城镇）、香水（岳城镇）、前岭（观台镇）、池上（白土镇）、索庄（陶泉乡）、石场（都党乡）、前辛安（黄沙镇）、中贾壁（北贾壁乡）。

从建筑时间来说，各村民房中现存的首座房至2018年建筑房屋类型分为4种：布袋条式房屋、前檐甩袖后插式房屋、四室一厅式房屋、楼房式房屋。

布袋条式房屋

首座现存房位于中贾壁村，始建于1935年，建筑面积228平方米，墙体材料青砖、石头，门窗材料木质，屋顶材料木质上覆炉渣。此后80余年间，此式房屋不断建筑在县内山区、丘陵、平原地区各村中，20世纪90年代前居主流地位。随着时间推移和经济发展，墙体材料由砖、坯混用（山区是砖、石混用）替换成砖进而到砖、水泥立柱混用；门窗材料由木质替换成铝合金或塑钢；屋顶材料由木质上覆炉渣替换成预制板、钢筋混凝土；建筑面积、门窗面积总体趋势逐渐变大。末座房位于陈庄村，建于2018年，墙体材料红砖，门窗材料铝合金，屋顶材料钢筋混凝土。

布袋条式房屋（2018年6月6日　摄）

此式房在有的村短暂时兴，如池上村建筑时间为1985—1989年，前辛安村建筑时间为1963—1966年。而在有的村则长期时兴，如陈庄村建筑时间为1940—2018年，中贾壁村建筑时间为1935—2008年，索庄村建筑时间为1951—2015年。较明显的是，香水村布袋条式房主大多在外地买房。

前檐甩袖后插式房屋

首座现存房位于索庄村，始建于1978年，建筑面积228平方米，墙体材料砖、石头，门窗材料塑钢，屋顶材料木质上覆炉渣。此后40年间，此式房屋不断建筑在县内山区、丘陵、平原地区的多数村中。20世纪90年代后，成为布袋条式房屋的替代者，居主流地位。随着村民眼界的开阔和经济的发展，墙体材料由砖（山区是砖、石混用）替换成砖、水泥立柱混用；门窗材料由多数木质、少数铝合金或塑钢替换成全部铝合金或塑钢；屋顶材料由部分木质上覆炉渣、部分钢筋混凝土替换成全部钢筋混凝土；建筑面积、门窗面积逐渐变大。末座房位于陈庄、香水村二村。建于2018年，陈庄房门窗材料木质、香水房门窗材料铝合金，余者墙体材料都是红砖，屋顶材料都是钢筋混凝土。此式房在有的村短暂时兴，如池上村建筑时间为1991—1997年，西陈村建筑时间为1990—1998年。而在有的村则长期时兴，如索庄村建筑时间为1978—2015年，前岭村建筑时间为1980—2016年，陈庄村建筑时间为1981—2018年。

前檐甩袖后插式房屋（2018年6月6日　摄）

四室一厅式房屋

首座现存房位于陈庄村，始建于1975年，建筑面积135平方米，墙体材料砖，门窗材料木质，屋顶材料木质上覆炉渣。此后40余年间，此式房屋稍晚于前檐甩袖后插式房屋，建筑在县内山区、丘陵、平原地区的多数村中。20世纪90年代后，与前檐甩袖后插式房屋共同成为布袋条式的替代者。随着村民眼界的开阔和经济的发展，墙体材料由砖（山区是砖、石混用）替换成砖、水泥立柱混用；门窗材料由部分木质、部分铝合金或塑钢替换成全部铝合金或塑钢；屋顶材料由部分木质上覆炉渣、部分钢筋混凝土替换成全部钢筋混凝土；建筑面积、门窗面积总体与前檐甩袖后插式房屋持平。末座房位于池上、常凝、香水村三村。建于2018年，三村房屋的门窗材料都是铝合金，墙体材料都是红砖，屋顶材料都是钢筋混凝土。此式房在有的村短暂时兴，如大营村建筑时间为2004—2011年，常凝村建筑时间为2010—2018年，前岭村只在1990年建筑1座，面积220平方米，墙体材料红砖，门窗材料木质，屋顶材料预制板。而在有的村则长期时兴，如陈庄村建筑时间为1975—2017年，索庄村建筑时间为1980—2016年，中贾壁村建筑时间为1985—2016年。

四室一厅式房屋（2018年6月6日　摄）

楼房式房屋

首座现存房位于索庄村，建于1982年，建筑面积135平方米，墙体材料是砖、石，门窗材料木质，屋顶材料钢筋混凝土。此后近40年间，此式房屋在县内山区、丘陵、平原地区的所有村中建筑起来。21世纪初起，随着城乡差距的缩小和经济的发展，建筑数量渐多。墙体材料由砖（山区是砖、石混用）替换成砖、水泥立柱混用；门窗材料由少数木质、多数铝合金或塑钢替换成

楼房式房屋（2018年6月6日　摄）

全部铝合金、断桥铝；屋顶材料由少数预制板、多数钢筋混凝土替换成全部钢筋混凝土；建筑面积、门窗面积总体增大。末座房位于陈庄、索庄村二村。建于2018年，二村房屋的门窗材料都是铝合金，墙体材料陈庄是砖、索庄是砖石混，屋顶材料都是钢筋混凝土。此式房在有的村建筑早，如石场村建筑时间为1988年，再者是常凝、香水村建筑时间为1993年。有的村稍晚些，如西陈村建筑时间为2010年，大营村建筑时间为2011年。11个村的楼房式住宅户均面积194.9平方米、人均住房面积30.2平方米。其中，最大的是中贾壁村，人均住宅面积55.5平方米。

2018年磁县11个村民房4种建筑样式数量情况统计表

表4-4　　　　单位：座

村名	布袋条式	前檐甩袖后插式	四室一厅式	楼房式	村名	布袋条式	前檐甩袖后插式	四室一厅式	楼房式
大营村	59	67	72	46	前辛安村	78	205	142	13
常凝村	465	10	5	40	石场村	10	280	100	25
西陈村	58	58	538	29	池上村	9	139	165	28
陈庄村	169	233	146	55	中贾壁村	240	46	168	38
香水村	10	280	24	6	索庄村	194	121	33	52
前岭村	84	211	1	4	合　计	1376	1650	1394	336

第二章　城区绿化美化

第一节　园林城市建设

省级园林城市建设

1999年，磁县城区面积9平方千米，绿化面积仅1万余平方米。2000年后，磁县不断加强城市绿化工作。2008年建成迎宾湖公园、南湖公园，增加绿地面积5公顷。2010年，磁县申报“省级园林县城”。启动平安公园、中华慈带状公园项目建设。2011年，县城绿地率达32.2%、人均公园面积达10.55平方米，被省政府评为“省级园林县城”。2013—2015年实施“绿美磁县”攻坚行动，建设森林公园、磁州窑文化创意园、明理湖公园等，完成朝阳大街北延、古御街北段、机场路南延等廊道绿化工程，新增绿化面积5.33公顷。2017年，县城建成区面积扩至25平方千米，绿化面积967.2公顷，绿地率38.68%，人均公园面积12.76平方米。形成“绿荫环城、林随路型、一街一景、人在画中”的园林景观。2018年，县城建成区绿化面积1016.26公顷，绿地率40.65%，人均公园面积14.10平方米。

园林式单位（小区、街道）建设

磁县园林式单位（小区、街道）创建活动始于2004年。截至2018年，共创建省级园林式单位15个、小区5个、街道5条；市级园林式单位17个、小区12个、街道3条。

2004—2018 年部分年份磁县省级园林式单位（小区、街道）情况统计表

表 4-5

年份	省级园林式单位	省级园林式小区	省级园林式街道
2004	磁州镇政府、县建设局、县武装部	—	—
2006	县供电公司、县财政局	滏苑小区	磁州路、平安路
2007	县气象局	—	—
2010	县第一中学、县污水处理厂、嵩景楼宾馆、县检察院	慈荷花园 A 区、县财政局生活区	中华慈大街、和谐大道、迎宾路
2013	县事管局	—	—
2014	邯郸市东武仕水库管理处	—	—
2017	县自来水公司、县公安局、县医院	盛世名门	—
2018	—	世纪城 B 区	—

第二节　广　场

鼓楼广场

鼓楼位于县城鼓楼大街与中山路交叉口处，是磁县标志性建筑，被誉为冀南第一楼，是河北省重点文物保护单位。现鼓楼为1993年重建。2003年，县政府投资 1500 万元，按照修旧如旧的原则，对鼓楼实施修复和广场拓宽，建成面积 1.75 万平方米的鼓楼广场。四周建成二层仿古建筑物，与鼓楼风格和谐统一。2006 年投资 58 万元实施二期改造工程，建成花池 22 座，安装中华灯 12 组、仿古宫灯 8 组、中国结灯 16 组，周边建筑环绕安装彩灯。2015 年县城建设攻坚活动中，重点治理鼓楼广场环境，拆除周边的 16 座儿童游乐设施、各类违章广告牌匾，修复损坏的台阶、道沿、景观灯、射灯等，实施绿化，使鼓楼广场“绿、美、亮”。

中国磁州窑博物馆广场

位于磁州路中段北侧，占地 7.2 公顷，绿化面积 4000 平方米，2006 年 12 月竣工。主体建筑为中国磁州窑博物馆，位于广场北半部。广场中安置有天然黑白相间纹理的风景石，其前有黑色石质卧碑，碑文记述磁州窑生产历史和国际影响。西北部为群众休闲健身区，配置各种健身器材。2006 年 12 月 13 日开放后，成为群众文化活动中心，县内重大节日、文艺活动在这里举行。

城隍庙广场

位于城隍庙大殿对面，南北长 165 米，东西宽 153 米，2012 年 5 月竣工。广场内有牌坊、戏楼、文化墙、仿古商业街等，元宵节城隍出城的民俗活动在这里举办，逢传统节假日有戏曲表演活动。

城隍庙广场戏楼（2015 年 9 月 2 日　摄）

附：城隍庙广场修建记

磁县城隍庙，位于县城中心鼓楼西侧。始建于明洪武三年（1370 年），前有戏楼，中为大殿，后为奶奶楼。嘉靖四十五年（1566 年），省祭官王瑶奏封磁州城隍为灵佑侯。清康熙二十一年（1665 年），州人孙振建坊于庙门；三十八年（1682 年）知州蒋擢捐资修正殿、抱厦、廊庑，葺而新之，形成磁州城主大街上与鼓楼、文庙东西并峙的三

大建筑之一，使之成为官方善化教民、示劝存慰的风化要地，亦为民众追求吉祥、惩凶避恶的祈福灵佑之所。该庙现为河北省重点文物保护单位。

磁县城隍庙文化广场，位于城隍庙前。南北长165米，东西宽153米，总占地35亩，大部面积位于原城隍庙的基址上。该项目于戊子年（2008年）秋，在推进城镇化中将庙前戏院拆除。辛卯年（2011年）5月，县委政府成立城隍庙文化广场筹建指挥部，明确磁县住房和城乡建设局为主办单位，招标河北省彦平古建有限公司承建，作为优化古城区的民生工程正式营建。由于民心所向，政策到位，居民配合，先后搬迁67户，腾出土地30余亩。该广场于同年农历11月29日奠基动工，经过6个多月的努力，总投资1900余万元，于壬辰年(2012年)5月27日基本竣工。先后恢复重建汉白玉仿古石坊，青石浮雕麒麟影壁，标志性的中心建筑古戏楼，并增建“城隍庙会图”汉白玉文化墙、磁州八景浮雕等。通过古建设施、景观喷泉、水池花园、艺术灯饰、草坪绿化、茶肆店铺等细目落实，形成文化景观、娱乐休闲、公共活动、滨水生态、商业贸易五大功能区，体现了古代传统文化与现代民生需求的高度融合，极大地提升了城市形象，使这一自古以来的灵秀之地更加生态宜居。

古镇千秋民生卷，盛世奇景入画来。当我们置身在城隍庙前，西海湖畔，广场之中，随着时光的斗转星移，那春的绿意、夏的烟雨、秋的明月、冬的银装，人们尽情地享受着大自然的美好；当清晨的一抹朝霞迎来了崭新的一天，那乐曲声中的翩翩起舞，丝竹声中的引亢高歌，散步人群的川流不息，演练太极的动静自如，集会贸易的人涌如潮，人们又都在享受着改革开放带来的成果。古人云，吏治民生之最切者，饱暖、蒙化、怡情三要者也。该文化广场不正是以人为本、关注民生、国泰民安的真实写照吗？

美哉广场！壮哉广场！福哉广场！

（孔令德）

商都西广场

位于磁州商都市场西侧，毗邻107国道，占地7000余平方米，总投资134.2万元，2018年5月8日开工，是年6月7日竣工。改造后的商都西广场提升商都市场形象。

第三节　县城雕塑

“陶冶”雕塑

位于磁县京港澳高速进出道口西约100米处的县标公园内，2010年9月落成。主体高16米，矗立于直径50米、高3.2米的圆形平台上，底座周边墙体饰以兰陵王脸谱图案。雕塑由荷花瓶（磁州窑的经典代表器物）和燃烧的窑火组成。主雕荷花瓶，瓶口与颈是一朵盛开的荷花，寓意和谐美好；瓶体嵌含经纬线覆盖的地球，寓意磁县开放胸怀、走向世界；瓶底周边饰以缠枝牡丹，预示富贵吉祥、连绵不断。荷花瓶置于熊熊燃烧的窑火之中，象征着磁州窑文化传承不息。

“陶冶”雕塑（2015年8月19日　摄）

海峡两岸碑刻墙

位于平安公园内，设立于2010年首届海峡两岸中小企业合作发展论坛期间。以古代书简为造型，汇集海峡两岸诗词大家和书法名家的精品。其中，西部为大陆名家作品54幅，东部为台湾名家作品58幅，中间以一座拱桥连接，象征海峡两岸的血脉亲情。112幅作品集诗词、楹联、书法于一体，碑刻内容包括李白、苏轼、陆游、纳兰容若等人诗词作品，也有陆机、孙虔礼、王文治、康有为等人的书法文章，还有《论语》《礼记》《菜根谭》《中述》等哲理警句。字体种类有楷书、草书、隶书、篆书、行书等，形成一道文化氛围浓郁的风景线。

荷花仙子雕塑

2015年3月，在高臾镇南1千米中华慈大街

荷花仙子组雕（2016 年 4 月 19 日　摄）

东侧藕塘内，设置汉白玉荷花仙子雕塑一组，工程投资 180 余万元，2015 年 9 月底落成。荷花仙子组雕内容包括：仙子雕塑，高 11.27 米，宽 6.2 米，厚 4.5 米；四周设置 4 个童子雕塑，高 2.2 米，宽 1.7 米，厚 1.6 米。组雕基础为桩基和混凝土底座，整体雕塑高 14 米，成为磁县一座标志性景观。

第四节　公园绿地

平安公园

位于县城平安路西端北侧，2010 年 6 月建成，8 月开园。总投资 1580 万元，东西长 600 米，南北宽约 210 米，占地 12 万平方米，绿地面积 9.5 万平方米，绿地率 79%。景观配置有景观石、特色走廊、健身广场、地灯、路灯、书法碑刻长廊等。生态景观建设主要有法桐、银杏、柿树、玉兰、紫叶李等植物，配以大面积草坪，形成稳固的植物生态群落，基本达到三季有花、四季常绿的观赏效果。2011 年，平安公园被邯郸市政府评为市级精品公园。2011 年 12 月，被河北省住房和城乡建设厅评为“河北省二星级公园”。2012 年被评为邯郸市十佳公园之一。

平安公园（2016 年 4 月 19 日　摄）

县标公园

位于磁县京港澳高速出入道口西约 100 米处，总投资 726 万元，占地 3 万平方米，2010 年 9 月建成。广场中心建有雕塑“陶冶”。乔木主要有国槐、栾树、白蜡、紫叶李、大叶女贞等，灌木主要有蔷薇、木槿、石楠、大叶黄杨、金叶女贞等，配以大面积草坪和花卉，形成高、中、低立体绿化结构，丰富色彩和层次。

古御园

西至古御街，北至平安路，东至县气象局、消防队院墙，南至仁和路，占地 3.78 万平方米，水景绿地面积 2.44 万平方米，是一处开放型公共城市绿地，2016 年被评为河北省三星级游园。

古御园

幸福园（人生园）

位于磁州路与 107 国道交叉口，建于 20 世纪 90 年代，占地 4000 余平方米。景观配置有景

幸福园

观石、景观微雕塑、健身广场、园内小径等。

金三角带状游园（青泽园）

位于友谊大街辛庄村路段西侧、京广铁路东侧三角拆除区，北至南来村地道桥口，南至原辛庄村委会楼，占地1.66万平方米。种植有雪松、元宝枫、大叶女贞、杨树、紫叶李、紫荆、紫薇、铁杆海棠等，园内有广场、园路及座凳。

金三角带状游园

政通园

位于政通街南端，仁和路北侧，占地2500平方米。园内有假山、喷泉、各类地灯、景观灯，种植有栾树、雪松、紫叶李、月季、大叶女贞等，配有草坪。

政通园

迎宾园

位于迎宾路东段北侧，占地1.03万平方米，绿化面积8500平方米，投资198.3万元。2006年11月28日动工，2007年5月28日竣工。主要建筑物有休闲广场、六角亭、日光亭、文化景墙等。园内植有银杏、白玉兰、雪松等名贵花卉苗木43种，配有地灯、景观灯。

迎宾园

御景园

位于平安路与107国道丁字口交接处路南，2011年建成，占地1.57万平方米，投资300万元。

朝阳园（荷城游园）

位于朝阳大街东侧、仁和路北侧，2013年建成，占地1.72万平方米。植物配置以乡土种类为主，乔木、灌木、地被花卉配置得当，形成疏密相间、高低错落的绿化效果，不同样式的景门、景墙建设及景石放置使景观锦上添花。

安康园

位于安康路与滏阳大街交叉口西南角处，投资71万元，占地1300平方米，硬化铺装380平方米，建仿古六角亭一座，人工湖65平方米，假山一座高5.5米，周边栽植垂柳、雪松、蜡梅、樱花、小龙松等树种，打造“湖中有山、山中有水”景观。

安康园（2016年4月19日　摄）

如意湖公园

位于中华慈大街与振兴路交叉口处，投资8900万元，占地32公顷，绿化面积21公顷，水面约9公顷，绿地率72%，2018年10月建成。分

10个部分：樱花园、对景平台、滨水茶室、盆景园、风车、欧式拱廊、晚枫亭、游船码头、如意广场、淋屿妙趣，是一处综合性生态湿地公园。

明理湖公园

东接中华慈大街，南邻明理路，西临友谊大街，中间有朝阳大街、古御街贯通，占地50.1万平方米，其中河道面积约13.1万平方米，湖面约7.8万平方米，绿化面积约22.7万平方米，2017年年底建成。

明理湖公园

迎宾湖公园

位于县城东出口迎宾路两侧，绿化面积4.8公顷。滏阳河临西侧穿过。栽植树种有法桐、雪松、垂柳、黄杨、月季、金叶女贞等48种，数量近100万棵，辟有大面积草坪。

东海公园

位于建设东路北侧，建于2001年4月，占地1.67万平方米，绿化面积2249平方米，水面1.44万平方米。建有湖心亭、景观假山，四周环植垂柳。2018年，公园整体改造。

东海公园（2016年2月19日　摄）

西海公园

位于城隍庙广场西面，京都广场北面，1987年建成。占地约2万平方米，水面1.5万平方米。2015年局部提升改造，包括围墙粉刷、裸露地块便道硬化、绿化及绿地给水、湖底清淤整治、长廊油漆彩绘、九曲桥铁栏杆刷漆、湖周围栏杆安装。

西海公园（2016年4月19日　摄）

南湖公园

位于友谊大街南头东侧，占地2.2万平方米，有小桥、广场、廊亭、护栏、台阶、涵洞等设施，中间是南关水电站，栽有法桐、冬青、雪松、垂柳、龙柏等植物，辟有大面积草坪。滏阳河从公园南侧穿过。

中华慈大街带状游园

中华慈大街是邯郸市区中华大街南延磁县段，自青兰高速桥至魏峰线全长9.3千米，是磁县重点打造的样板街道和精品“绿化长廊”。道路两侧50米绿地为草花组合，面积23.33万平方米，形成花海景观效果；沿路11个藕塘栽植红莲3万余株，与39个藕塘白莲连接，形成“十里荷塘”

中华慈大街带状游园局部景观（2018年6月19日　摄）

绿化景观。2016年，中华慈大街带状游园改造，增设休闲小广场10个，铺设园路8031米，设置休闲石凳150个，与绿地花海、十里荷塘、自行车慢行道等景观设施融为一体，成为一处开放式景区。园内栽植有黄杨、金叶女贞、石楠等乔灌木4万余株。在绿地和林地之间栽植蔷薇15万余株，在便道与绿地之间栽植迎春花18万余株，增种油菜花，形成春夏秋三季不同的绿化景观。

京港澳高速公路互通出入口绿地

2016年建成，总投资287.8万元。有假山及特色景观石，假山位于高速公路互通出入口环岛北侧，东西长50米、南北宽20米、主峰高11.12米。道路两侧便道及绿化隔离带采用色叶树种，落叶大乔木和常绿乔木相结合，落叶亚乔和灌木栽植合理搭配、互相衬托，营造出层次分明、色彩丰富的景观效果。

附：如意湖名称文化渊源考

说起如意湖的历史渊源，还得追溯到汉初刘邦称帝后的吕后专权时期。

吕后，即吕雉，是汉高祖刘邦贫贱时的妻子，生有一男一女。刘邦称帝后，其子刘盈立为太子，即后来的汉惠帝；其女被封为鲁元公主。刘邦为汉王时，在山东定陶曾得到一戚姓美姬，很受宠爱，世称戚姬。称帝后被封为戚夫人，生有一子，名刘如意，排行第三。刘盈虽被立为太子，但生性仁慈柔弱，刘邦很不喜欢。而刘如意气度不凡，谈吐有大志，刘邦认为像自己，再加上宠爱戚姬，几次动议欲废掉太子刘盈改立如意，均被大臣拦阻。汉高祖九年（公元前198年），刘邦又一次在朝堂议事中提及废立之事。时任御史大夫的周昌耿直敢言，当庭据理力阻："陛下若不以社稷为重，执意要换太子，请谅老臣不再奉朝。"说罢，将笏板掷地上，转身便走。刘邦满脸赔笑，急忙走下御座，予以挽留，表示坚决终止废立太子行为，并正式封如意为赵王，迁其到诸侯王都—邯郸。

刘邦因看到在废立太子的过程中，吕后与戚夫人矛盾太深，担心吕后会千方百计加害如意。于是，他便派与萧何、韩信同为三公之一的御史大夫周昌为赵王如意相，随侍左右，以防不测。周昌为相后，尽管有震慑吕后胡为的能力，但其随如意到邯郸后，仍倍加小心。周昌老谋深算，为防狠毒专断的吕后出其不意谋害赵王，采取两项措施：一是白天让如意以巡察为名，辗转封国各地，除议事外一般不留邯郸；二是在封国赵地的辖域内，建造10多处苑囿，随时可在都外休憩，居无定所。致使吕后几次派人刺杀未遂。后来，直到其子称帝后的汉惠帝元年（公元前194年），吕后只能以赏赐为名，施毒酒内，使赵王如意饮鸩而亡。

如意亡后，作为受刘邦之托而为如意相的周昌，感到有负于高祖，再加上思念如意，便整日郁闷不乐，汉惠帝三年（公元前192年）卒于磁州，葬于磁州。明嘉靖《磁州志·古墓》载："汉赵王相周昌墓，在境内，古时祠墓皆有。"据文史资料记载，刘如意居邯郸期间，曾在梁期侯国（今磁县）置苑囿避难遣愁，有湖曰"如意"。

（孔令德）

明理湖名称文化渊源考

明理湖的历史渊源可追溯到磁州与程朱理学的奠基人程颢、程颐（史称二程夫子）之间关系的宋代。

据明清及民国多部《磁州（县）志》记载，北宋庆历年间（1041—1048年），二程夫子十二、十三岁时（二程为胞兄弟，相差一岁）由其父介绍，拜洛学大师周敦颐为师。后又在其父程珦担任磁州知州期间，随父任在磁州滏阳书院读书。宋时滏阳书院在文庙内，有正屋三楹，为"明道堂"，是书院聚生徒讲学的地方。二程夫子读书处"居院之东隅南向之屋，悬有'洛学遗徽'匾额"，并建有读书台，台周围有池水荷柳。文庙墙外有"平湖长广数十亩，蒲柳龟鱼，溪光山影，城市中得江湖趣"（《采芹亭记》）。因书院内有"明道堂"，后人便称墙外的池塘为"明道塘"。

二程夫子经过四十多年的努力，创立"天理为本原"、以"仁"为核心的新思维，并以此阐释儒学，其《易传》《春秋传》《程氏周易传》等著述成为理学的奠基之作。

程朱理学的"理"核心内容简言之有三个层面：一是该学说认为"世界万物皆来自一个天理，而天理又存在于万物之中，既主宰着万物，又离不开万物。作为万物之灵的人，要从一草一木中体认天理，融入自然，浑然与万物同体，找到物与心灵的相通和对应，从而达到心灵与生生不息的万物间和谐交融，形成一种至高的‘天人合一’境界”。

二是该学说还认为天理是宇宙的本体，是宇宙不断运动和变化的规律和法则。但是尽管万物都统一于抽象的一理之中，而世间万物又有各自具体理的体现，这就是程朱理学异于前人、超于前儒的“理一分殊”学说。这一学说求证了宇宙本体与万物之性的同一性，又阐述了普遍规律与具体规律的关系，即共性与个性的关系，体现在哲学应用上，就是要在事物具有普遍性的基础上还要具体事物具体分析。

三是该学说还主张强调天理的实践性，主张社会上要“以圣人之道化行天下”，对人要加强道德修养，要“止人欲存天理”，在“救世保民”上下功夫。要求人们一定要在格物致知、正心诚意的理学路上，进行永不间断的实践和思索。也就是说，要持有“民胞物与”之仁心，要怀有敬畏天理之良心，遵循“三纲”（君为臣纲，父为子纲，夫为妻纲）“五常”（仁、义、礼、智、信）的道德规范，为天地立心，为生民立命，为往圣继绝学，为万世开太平。

程朱理学亦称道学。“讲道塘”，讲道，即讲程朱理学之道。如联系今天的“明理湖”，所谓明理，即明程朱理学之理，明人间事理，明新时代中国特色社会主义思想之理。

（孔令德）

第三章　城区公用设施

第一节　照明设施

路灯

1999年，城区照明路灯850盏，城区亮灯率98%。2008年，城区路灯增至2259盏。2017年7月，中华慈大街和谐大道以北、友谊大街明理路以北路灯移交冀南新区管理。2018年，城区路灯计20910盏（包括道路、社区、景观灯）。在日常工作中围绕三项指标（路灯照明设施完好率100%，亮灯率99%，及时修复率100%）维护路灯，日间巡查和夜间巡查相结合，检查辖区路灯，及时维修更换破损路灯及设备，保障道路照明条件良好。根据季节变化，调控路灯亮闭时间。

1999—2016年磁县路灯亮化工程情况一览表

表4-6

年份	工程内容
1999	滏阳大街安装路灯160盏
	县政府门口和滏阳河桥上安装华灯4组
2001	迎宾路西段安装路灯40盏。建设路铺设电缆4000米，安装灯杆25根、路灯50盏
2002	迎宾路东段（朝阳大街至滏阳河桥）安装双侧路灯
2003	迎宾路东延至高速公路下道口安装氙灯91盏、华灯4组、30千伏变压器2台。安康路架设双臂路灯104盏
2004	固城地道桥维修、架设路灯48盏
2005	县城区主要十字路口新建华灯14组
2006	中山路西段、107国道、鼓楼南北大街、滏阳大街（磁州路至迎宾路）路灯更新。新市场9条街道安装路灯84盏、架防老化电线1500米

续表

年份	工程内容
2007	大营村至滏泉岭路段安装高纳路灯 107 盏、中华灯 2 组
2008	友谊大街南延路段双侧铺设电缆 1000 米，安装高纳路灯 20 盏
	磁州路东延路段铺设电缆 2700 米，安装双臂高纳路灯 144 盏、吉星高照华灯 2 组
2009	恒泰路地埋电缆改造
2010	迎宾路及高速下道口亮化改造，中华慈大街南延、迎宾路、政通街、仁和路、平安路东延、友谊大街北延 6 条路照明工程验收移交
2011—2014	中华慈大街二期（魏峰线以南）、友谊大街（和谐大道以北）路灯工程完工
	和谐大道高架桥、南水北调桥安装路灯
	磁州路灯杆安装红灯笼
2016	政通街路灯改造

备注：2000 年、2015 年未实施路灯亮化工程

楼体轮廓灯与灯箱

1999 年起，实施以沿街建筑物灯饰亮化为重点的县城亮化工程，在友谊大街、建设路、磁州路、朝阳大街等街道安装喷绘灯箱 400 余个，安装彩灯、轮廓灯、霓虹灯 82 处；投资 12 万元，在磁州路西端与 107 国道结合部安装 6×9 米的大型灯箱广告牌。2010—2011 年，按照县三年大变样指挥部工作部署，完成磁州路、友谊大街、迎宾路、平安路、朝阳大街沿街建筑物亮化和磁州路灯杆灯箱亮化。2011 年，完成朝阳大街、友谊大街沿街建筑物亮化和友谊大街及朝阳大街北延路段广告灯箱亮化。

交通信号灯

2008 年，城区交通信号灯 8 处。2010—2012 年，安装中华慈大街与和谐大道、平安路、磁州路、迎宾大道、魏峰线 5 个交叉路口交通信号灯。2012 年，安装朝阳大街与迎宾路交叉口信号灯。2014 年，安装朝阳大街北延路段与仁和路交叉口信号灯。2016 年 5 月，磁州路与古御街交叉口、仁和路与友谊北大街交叉口、仁和路与古御街交叉口、仁和路与滏阳北大街交叉口 4 个路口安装挑臂式和立柱式交通信号灯。2018 年，安装建设路与朝阳大街、建设路与友谊大街、平安路与朝阳大街、平安路与古御街、振兴路与滏阳大街交叉口 5 个交叉路口信号灯。至 2018 年年底，城区共有交通信号灯 24 处。

第二节　环卫设施

环卫设备

1999 年，环卫租用各种清运车 30 余辆、喷水车 2 辆、装载机 1 台、喷药车 1 辆，垃圾收集点以露天垃圾池和垃圾临时堆放点为主。2006 年，投资 100 余万元，增设 23 个大型垃圾集装箱、20

道路清扫

个中型垃圾箱、50 个果皮箱，购置铲车 1 辆、垃圾装卸车 3 辆、洒水车 1 辆。2007 年投资 280 万元，建垃圾中转站及公厕 7 个，挖垃圾箱池 42 处。2010 年，投资 80 万元，购置两辆机械化清扫车。2013 年，购置洒水车 1 辆。2016 年，购置大气污染整治车 7 辆。2017 年，购置摆臂式垃圾车 2 辆、大小雾炮车各 1 辆、压缩式垃圾车 1 辆。2017 年 3 月中旬，城区主干道增加 20 座"地坑式"垃圾箱，总数达 68 座。2018 年，城区有垃圾收集站 7 座、地坑式垃圾箱 79 个（8 立方米容量 65 个，4 立方米容量 14 个）、露天垃圾池 16 个，环卫清运车 10 辆（吊臂式垃圾车 5 辆、大小压缩垃圾车 5 辆），机械化作业车 30 辆（洗扫车 14 辆、洒水车 8 辆、大小雾炮车 4 辆、大小高压冲洗车 4 辆），城区环卫机械化水平提升。

公厕

1999 年，城区有公厕 7 座（其中水冲式 4 座）。2003 年 5 月 5 日，配合预防"非典"，白灰粉刷公厕，内外消毒。2008 年，公厕增至 12 座。2010—2011 年，城区 12 座公厕改造为地沟水冲式。2011—2017 年，增建 5 座公厕。2017 年，县投资 55 万元，在博物馆广场、县一中西侧、崇文学校西侧等人流密集地段，设置标准式移动公厕 4 座，因其整洁、自动化、无性别差异等优点受到群众广泛好评。央视《焦点访谈》栏目以"'厕所革命'革顽疾"为题，播出磁县城区新建移动公厕做法。2018 年，城区公厕改造被县列入重点工作：新建 5 座，改建 5 座，城区公厕总数达 26 座；规范老城区公厕管理，实行"一厕一员"专人负责制，建立脏乱整治考评机制，老城区公厕软、硬件设施得到提升。

磁州路西端公厕（2019 年　摄）

第四章　城区公用事业

第一节　供气　供暖

供气

县城区天然气供应由磁县城建燃气有限公司承担。2005 年通气 1670 户。2010 年后，进入快速发展期。2010—2017 年，年均通气户约 1800 户。2018 年，通气户 1 万余户。2018 年，有南开河长远站、阿庄中燃站、小寨村华燃长通站 3 个用气门站，调压站（箱）200 多（台）座；铺设中压管网 13 条 110 多千米；居民用户 2.6 万余户，商业用户 300 多家，工业用户 3 家。年供应天然气 3000 多万立方米，供气范围覆盖磁州镇 18 个社区、城区周边 32 个村及城区滏苑小区、顺景豪庭、世纪城、幸福城、瑞鼎国际等 100 多个住宅小区，实现城区及城区规划区域天然气主管网全覆盖。

供暖

县城区集中供热项目始建于 2008 年。利用位于城区平安路 99 号的河北景明循环产业股份有限公司 2 台 20 吨 / 小时蒸汽锅炉余热，对城区仁和路两侧慈荷花园 A 区、B 区等小区集中供热，是年供热面积近 30 万平方米。2011 年，供热面积达 108 万平方米。

2011 年，县政府提出"退城进郊、异地扩建、确保效果"行动方案，要求满足城区未来 5—10 年供热需求。县政府与河北景明循环产业股份有限公司签订供热协议，明确城区集中供热范围与权利、义务后，是年投资 2.34 亿在朝阳大街北延东侧、明理路北侧建设新热源厂，占地约 8.91 万平方米。项目一期工程包括 2×75 吨 / 小时蒸汽锅炉、水处理车间、储煤库、办公楼等配套设施，并预留二期工程 3 台 130 吨 / 小时蒸汽锅炉安装建设位置。

2014 年 12 月，磁县志成热力有限公司经县工商部门批准注册，并取得省住建厅颁发的供热许可证，开始专项经营城区集中供热项目，同时承揽和收购河北景明循环产业股份有限公司原承建经营的城区集中供热设施与资产及运营权限。磁县集中供热工程一期项目于2015年建成并投入运营，建设主管网50千米、支管网18.6千米、二级换热站35个，供热面积达276万平方米，基本满足城区需求。

2018年，扩面小区6个，供热扩面约100万平方米，概算投资3500万元；新建两矿棚户区换热站、和谐小区换热站、永安名都换热站、锦绣佳苑换热站4座换热站；铺设锦绣佳苑、永安名都、和谐小区、两矿棚户区庭院管网。

至2018年，县城集中供热面积423万平方米，供热率达76.9%。一次管网40千米，二次管网25千米，换热站29座。入网面积235万平方米（95个单位、小区），实际供热面积135万平方米，用户1.5万户，集中在振兴路以北新城区。

全县其他供暖方式包括空气能供热、地源热泵供热、中央空调供热、燃气锅炉供热等。2017年，引进磁县新正热力有限公司、河北国科供热服务有限公司2家空气能企业，在青泽园小区、金辉小区、恒富花园、疾控中心家属楼、武装部办公楼实施空气能供热，面积约20万平方米，用户2100户。采用中央空调供暖的主要是城内大型商场和超市，包括京都国际商场、美食林超市、千百惠超市、景阳购物广场、新赵都超市，面积约45万平方米。采用地源热泵供热的有：民生家园、顺景豪庭、春满园、中盛国贸、行政服务大厅，面积约40万平方米。采用燃气锅炉供热的有：县住建局办公及家属楼、县医院、县敬老院、县中医院等，面积约36万平方米。

附：煤改气

2018年3月24日，农村燃气管理职能由县农牧局划归县住建局。是年，启动煤改气工程，组建气代煤、电代煤工作领导小组办公室（简称“双代办”），负责协调推进双代工作。煤改气涉及4个乡（镇）、36572户，划分为“禁煤区”“散煤清零区”两个区域。禁煤区于5月3日启动，范围包括磁州镇38个村（社区）14992户，由邯郸华润燃气公司组织实施；散煤清零区于6月29日启动，范围包括讲武城镇26个村、时村营乡16个村、路村营乡20个村，计21580户，由邯郸中燃城市燃气发展有限公司组织实施。6月，完成气代煤设备招投标，共37家企业中标。2018年，铺设煤改气中压管网170千米、低压管网471千米，安装燃气表、壁挂炉36572户。

第二节 供水 排水

供水

供水机构　磁县自来水公司成立于1984年5月，担负城区的生产、生活用水及供水管道安装、维修。隶属县建设局，位于县城阜新路西端南侧。1995年4月划转县水利局，1997年6月1日迁至水厂路。2007年1月划归县建设局。同时，在公司注册过程中，将磁县自来水公司更名为磁县大用自来水公司（国有独资公司）。2014年4月，注销磁县大用自来水公司，恢复磁县自来水公司名称。因磁县自来水公司为事业单位性质，不具备经营条件，是年5月，县住建局在工商部门注册磁县众益供水有限公司，为磁县自来水公司全资子公司，承担磁县自来水公司职能，机构人员不变。

水源　1984—2004年，县城供水水源地设在磁县自来水公司。2004年，在县城西北5千米处滏泉岭建成磁县滏泉岭水厂并运行，实现城区24小时不间断供水。2013年12月25日，投资4500万元，开工建设磁县南水北调水厂一期工程，2014年11月15日竣工。2015年9月18日，经河北省城市供水水质监测网邯郸监测站提样检测，各项指标均符合《生活饮用水卫生标准》。2015年9月28日上午，南水北调配套水厂向城区通水，磁县成为全省第一个饮用长江水的县。南水北调水厂通水初期，供水采取本地水、长江水并用模式。2018年7月22日，城区关停最后一眼地下水源井，磁县自来水公司和磁县滏泉岭水厂停止供水，主城区居民全部饮用南水北调长江水。南水北调水厂供水解决磁县地下水水质“过硬”问题。2018年，城区有

地下水源水厂 2 座，供水井 9 眼（备用水源）；南水北调配套水厂 1 座，供水面积 5 平方千米，日供水能力 4.2 万立方米，日供水量 1.2 万立方米。

供水管网　1998 年，供水管道管径 75 毫米以上供水管网长 48 千米。2010 年后，加大城镇供水管网建设投入和城镇供水管网更新改造力度。2011—2012 年，新建、改造管径 75 毫米以上管网 39 千米，支管网铺设 13 千米。2013—2015 年，新建、改造管径 75 毫米以上管网 45 千米，支管网铺设 24 千米。2016—2018 年，新建、改造管径 75 毫米以上管网 66 千米，支管网铺设 29 千米。

至 2018 年，全县累计铺设供水管网 216 千米，城区管径 75 毫米以上供水主干道管道 150 千米，形成环状与枝状相结合的供水主支管网。服务用户 3.9 万户，约 12.8 万人，供水普及率 100%。

水价　1999 年，磁县城镇居民生活用水 1 元 / 立方米，党政机关、学校用水 1.2 元 / 立方米，工商企业、有收入的事业单位用水 1.5 元 / 立方米，建筑业、经营性饮食服务业用水 2 元 / 立方米。

2006 年 6 月起，城镇居民生活用水上调至 1.5 元 / 立方米，党政机关、学校用水上调至 2 元 / 立方米，工商企业、有收入的事业单位用水上调至 2.5 元 / 立方米，建筑业、经营性饮食服务业用水上调至 3 元 / 立方米，特种行业用水 6 元 / 立方米。

2007 年 3 月至 2011 年 1 月，南水北调基金由自来水公司代收，标准为 0.4 元 / 立方米。

2009 年 9 月 1 日起，党政机关、工商企业、宾馆餐饮等用水并轨为非居民生活用水，水价 2.65 元 / 立方米。2010 年 4 月始，污水处理费由自来水公司代收，收费标准为居民生活用水 0.8 元 / 立方米，非居民生活用水 1 元 / 立方米，特种行业用水 1.5 元 / 立方米。2011 年 9 月始，水资源费由自来水公司代收，收费标准为 0.4 元 / 立方米。

2015 年 12 月，制订《磁县城区居民用水阶梯水价制度实施方案》。2016 年 1 月 1 日起，城区凡实现抄表到户的居民家庭用水实行阶梯水价制度。2016 年 7 月，水资源费改为水资源税。

2016 年 1 月磁县城区居民用水分档水量和阶梯价格一览表

表 4-7　　单位：立方米、元 / 立方米

分档	户年用水量	自来水价格	污水处理费	水资源费	综合水价
第一阶梯	0 ～ 120（含）	1.5	0.8	0.4	2.7
第二阶梯	121 ～ 180（含）	2.25	0.8	0.4	3.45
第三阶梯	180 以上	4.5	0.8	0.4	5.7

2017 年 1 月 1 日起，城区居民生活用水价格由 1.5 元 / 立方米上调至 2.45 元 / 立方米；非居民生活用水价格由 2.65 元 / 立方米上调至 3.65 元 / 立方米；特种行业用水价格（6 元 / 立方米）暂行不变。（此价格不包含污水处理费，水资源税已纳入定价成本，不再另行收取）

2017 年 1 月磁县城区居民用水分档水量和阶梯价格一览表

表 4-8　　单位：立方米、元 / 立方米

分档	户年用水量	自来水价格	污水处理费	综合水价
第一阶梯	0 ～ 120（含）	2.45	0.8	3.25
第二阶梯	121 ～ 180（含）	3.67	0.8	4.47
第三阶梯	180 以上	7.35	0.8	8.15

2018年6月1日起，根据《磁县人民政府印发关于磁县南水北调终端水价调整方案的通知》要求，城区居民用水价格由2.45元/立方米上调至2.9元/立方米，同时调整阶梯水价每档水量；非居民用水价格由3.65元/立方米上调至4.9元/立方米;特殊行业用水价格由6元/立方米上调至10元/立方米。

2018年6月磁县城区居民生活用水分档水量和价格一览表

表4-9　　单位：立方米、元/立方米

分档	户年用水量	自来水价格	污水处理费	综合水价
第一阶梯	0～160（含）	2.90	0.80	3.70
第二阶梯	161～220（含）	4.25	0.80	5.05
第三阶梯	220以上	8.30	0.80	9.10

排水

2000—2005年，实施固城地道桥、邮政南街、平安路、鼓楼大街、中山东路、滏阳大街排水管网改造。城区排水沟清淤6500米，砌排水沟2303米、排水道1220米；新建水井33个，铺设下水管道2500米、排水管道1450米。

2006—2010年，投资6400万元实施城区污水管网改造工程，完成振兴路、建设路、迎宾路、安康路、滏阳大街、中山路等主支道路管网铺设，主支管网总长度26千米。投资140余万元完成护城河清淤，实现清水绕城。污水处理厂建成投用。

2011—2015年，先后投资3100万元，完成中华慈大街中水回用工程、府君庙路等9条小街巷污水支管铺设和老城区健康街等17条小街巷排水管网改造，铺设管网24.5千米。完成朝阳大街北延排水工程、机场路南延排水工程。

2016—2017年，先后建设黄华中学周边排水工程、和谐北路排水工程、城镇道路及地下管网升级改造工程，全长分别为1.5千米、3.17千米、3.25千米。管道采用钢筋混凝土材质，管径分别为800毫米、1000毫米、1200毫米、1500毫米。

2018年，铺设护城河截污、治污的污水管道5.1千米。

至2018年年底，城区排水管网总长134千米。其中，雨水管网67.5千米，污水管网66.5千米，服务区域覆盖面积81.7平方千米，建成区排水管道密度5.37%。

第五章　市政管理

第一节　管理机构与装备

管理机构

2008年前，城市管理职责由县建设局负责，管理城区主干道11条。2008年10月10日，成立磁县城市管理局，2010年4月17日挂牌，内设办公室、监察督查股、数字化城管中心、公用事业管理股、车辆装备股、环卫清扫清运大队、公共卫生管理中心、市容监察一大队、市容监察二大队、城管和收费大队、城管执法直属中队、市政管理所、园林管理所、路灯管理所、公园管理所、项目办（燃气办）、市场管理委员会（管理商都、新市场、粮油三大市场）。2017年12月15日，按照全国城管体制改革要求，磁县城市管理局更名为磁县城市管理和综合行政执法局。2018年，县城管局在岗人员507人，管理城市主次干道21条。

执法装备与理念

2010年，磁县城管局建立城管对讲系统，辐射范围8千米，发放32部对讲机，覆盖城区各管辖路段;2017年始，县城管局开展“强基础、转作风、树形象”专项行动，推行“721”工作法（70%的问题用服务手段解决，20%的问题用管理手段解决，10%的问题用执法手段解决），实行“绣花式管理”。

数字化城管

磁县数字化城管项目于2011年12月1日开工建设，2011年12月20日竣工，位于童装城园区32F3-01号楼，总投资1771.3万元。项目中心建筑面积908平方米，配有120平方米监督指挥大厅、100平方米的视频会议室、设备机房和配套办公区域，从城管系统公开选拔工作人员组建数字化城管中心队伍。2012年4月，对城区3110根路灯杆编号，编码统一录入城市数字电子地图，实现精准“定位”。5月9日，磁县数字化城市管理系统率先与市级平台无缝对接，联网运行。将城市管理信息纳入市数字化城管平台互通共享，成为邯郸市“1+6”组团城市当中首个与市级平台对接的县。

截至2018年7月15日，磁县数字化城管系统平台累计接收上报案件27071件，立案26217件，结案26217件，结案率100%。指挥中心派遣案件22484件，处置案件22484件，处置率100%。先后有馆陶、广平、魏县、沙河、武安、保定市的定州市等县（市、区）前来参观学习数字化建设管理经验。

第二节 综合管理

市容整治

2010年，综合整治城市环境，完成综合秩序、城区亮化、公用设施维护、公共交通、环境卫生、绿化施工与养护、公园（广场）综合管理等7个大项36个子项的综合整治任务。2011年规范城区渣土运输，对城区居民建筑渣土采用每立方米10元有偿代运模式。2013年10月，规范引导城区宠物交易市场从仁和路东段迁至磁州路东端。

2015年，配合创建省级园林县城活动，大规模整治城市环境容貌。2016年5月，采取政府主导、城管局监督、广告公司实施模式，免费更换友谊大街、中山路、滏阳大街、鼓楼广场等主干道两侧和重要区域的商店牌匾300余块；是年12月，倡导“弯腰行动”，从自身做起，随手捡起身边垃圾，引领市民共同参与城市环境维护。2017年6月，取缔城区露天烧烤；9月，拆除安康路两侧私搭乱建194处，共计4500余平方米。2018年7月，安康路改造封闭施工，疏导该路中段的大型蔬菜市场商户迁至平安路西段路北场地营业。

卫生保洁

环卫工　1999年，有环卫工100余人，每人月工资90元。2005年，环卫工月工资上调至130～150元。2007年，有环卫工137人。2008年，城区环卫工150人，月工资增至260～280元。2009—2012年，环卫工月工资上调至人均不低于600元。2013年，平均上调至924元。2018年，有环卫工312人，平均月工资上调至1166元。

环卫工（2015年12月31日　摄）

清扫清运　1999年，环卫清扫面积60万平方米，垃圾网点遍布城区11条主街道，全年清运垃圾8.64万立方米。2003年，清运垃圾达11万立方米。2005年后，由县建设局负责城区11条主干道环卫保洁，城区小街巷环卫保洁由磁州镇18个社区居委会负责清扫保洁、垃圾定点存放。磁州镇负担垃圾清运费，由县建设局统一清运。2008年，城区环卫面积达143.2万平方米。2010年，城区主干道环卫保洁改由县城管局负责。2012—2016年，城市新建道路纳入保洁范围，环卫面积达266万平方米。2016年10月区划调整后，环卫面积减至220万平方米。2017

年，空气治理中道路扬尘整治要求提高，城市道路精细化保洁常态化，道路清扫实行人机结合清洗、机械化清扫、精细化保洁、洒水雾炮降尘“四位一体”作业模式，洗扫、洒水、雾炮、高压冲洗车每天对城区主次干道路面、绿化带和人行便道全方位高压清洗，基本实现“一黑（路面黑）、二亮（标识、标线亮）、三洁净（人行道、路沿石、边角地洁净）”。2018年，城区日清理垃圾720余立方米，道路清扫时间日均16小时以上，道路清扫面积195.16万平方米。其中，机械化清扫面积161.46万平方米，清扫率82.7%。

设施管理

城区道路设施管理　2000年，打造磁州路样板街，沿街透景建绿，换彩色便道砖。2004年10月，改建鼓楼大街迎宾路至安康路段，全长1350米，宽7米，排水沟清淤2700米，更换道沿盖板2700米。2011年，城区主干道路面油灌缝；12月，在城区平安路、磁州路、振兴路、友谊大街金三角路口、仁和路、信访局路口6处设置限高龙门架7座。2012年，购置污水管道疏通车1部。2014—2015年，整修磁州路两侧损坏便道。2016年6月15日始，改建固城地穿桥，全长430米，东起107国道，西至地穿桥出口处，总投资645万元，10月1日竣工通车。2018年2月，城区道路安装76块标志牌。

内渠管理　城区内主要河渠有护城河和振兴渠。2008年10月前，由县建设局管理。此后改由县城管局管理。2000年5月9日，护城河清淤，投入10万余元，出动车辆900余辆次，历时11天，清理河道5900米，清除淤泥1.67万立方米。2006年，改造护城河迎宾路段（敦化菜市场至高速下道口），计861米。2007年，投资318.6万元，引滏阳河水入护城河。2015年，县城管局成立两河办，加大对振兴渠和护城河的日常维护。2015年11月28日至2016年1月21日，改造两河，提升功能。护城河采用“分段排水、干河清淤、人工与机械相结合”作业方式，共清理淤泥2000余立方米。2016年4月，修复补设振兴渠护栏完工，补设护栏2000余米；更换护城河道护栏520余米，浇筑水泥墩2000余米，粉刷桥栏杆450余平方米。2017年7月，完成城区1号排洪渠闸门改造安装，结束过去沙袋封堵的原始操作方式，加快汛期泄洪速度。

第五编　水利　电力

中华人民共和国成立前，域内先后发生旱灾 14 次，首次为赵王迁六年（公元前 230 年），末次为民国 9 年（1920 年）；发大水 7 次，首次为战国魏文侯时期（公元前 445—公元前 396 年），末次为清康熙二十三年（1684 年）；发生洪灾 17 次，首次为晋咸宁四年（278 年），末次为民国 37 年（1948 年）。

域内自古兴修水利，造福人民。战国魏文侯时期，邺令西门豹修漳水 12 渠，引水灌田，首开善举；元代，朝廷应郭守敬之请，至元元年（1264 年）引滏水灌田；明代，先后于响水亮开五爪渠、于滏漳二河交汇处塞交口疏滏北流、建西闸等；清代，重修西闸、五爪渠并接开小渠，开挖天顺渠，打井 160 余眼，扩灌田地。

中华人民共和国成立后，党和政府更加重视水利建设。国家投资在县内修建两座大型水库。一是岳城水库：1958 年起，前后动用包括磁县在内的省内 16 个县 38.85 万名民工，历时 13 年，投资 6.42 亿元，库区淹没耕地 2493 公顷，搬迁人口 2.82 万人。防洪标准为千年一遇，可使河北、河南、山东、天津四省（市）和京广、津浦铁路免受洪灾。后经扩建加固，库容量增至 13 亿立方米，防洪标准提高到 2000 年一遇，灌溉农田 133 万余公顷，年发电量增至 3800 万千瓦时。二是东武仕水库：1958 年起，前后动用包括磁县在内的邯郸、邢台辖区 9 个县 5.1 万名民工，历时 23 年，投资 4623.77 万元，库容量 1.52 亿立方米，搬迁人口 2.09 万人。保坝标准达 500 年一遇，可使 150 万人口、14.6 万公顷耕地和京广公路、京广铁路免受洪灾。年均灌溉农田 2.7 万余公顷。

1956—1975 年，磁县修建 10 座小（二）型水库，后加固其中 8 座后，总库容量达 336.5 万立方米，灌溉面积 3353 余公顷。50 年间，不断建立健全机构，修建完善设施，科学有效管理，充分发挥 4216 眼机井、民有渠、高级渠、跃峰渠的灌溉作用和漳河堤、滏阳河堤、牤牛河堤、磁邯排水渠、磁北排水渠、磁南排水渠、城镇排水渠的防洪排涝作用。20 世纪 80 年代后，提高城乡居民安全饮水能力，打 5 眼深井，铺设管道长达 10 万米，城区近 5 万居民饮用安全水。自来水向农村延伸，全县 30% 的村用上自来水。

20 世纪 50 年代起，运用就地后靠、集体远迁、散迁三种方式，妥善解决岳城、东武仕两大水库涉及 45 个村 6.87 万人口的移民安置问题，不断采取帮扶措施，提高他们的经济收入和生活水平。

1999 年后，加强河、渠、水库、机井等水利设施管理，充分发挥其在防汛抗旱等方面作用。全面落实政策法规，调动群众积极性，做好水土保持、水资源管理工作。以人为本，推进城乡居民安全饮水工作。2015 年，城区居民全部饮用长江水。2016 年，全县农村居民自来水普及率达 88%。加大移民后期扶持力度，不断提高他们的经济收入和生活水平。移民村人均年收入由 1999 年的 664 元增至 2018 年的 8250 元。

（编下概述“电力”内容见电力章前）

第一章 水 利

第一节 水利设施

河渠

漳河　从河北省涉县与磁县交界的马鞍绝处流入县境，横穿县西南部，流经白土镇、都党乡、观台镇、黄沙镇、岳城镇、时村营乡、讲武城镇7个乡（镇）。县内长55千米，其中岳城水库以下长18.5千米。河床宽500～1300米，县内流域面积491.15平方千米。沿漳河有邯郸市跃峰渠、磁县跃峰渠、民有渠和沿河小渠及扬水站等引漳灌溉工程，可引水灌溉上述7个乡（镇）和磁州镇、路村营乡、西固义乡、北贾壁乡共11个乡（镇）1.3万余公顷耕地。漳河岳城水库上游洪水暴涨暴落，突发性强，给沿河村庄安全带来很大威胁，观台站1956年8月4日历史实测最大洪峰流量9200立方米/秒，为下游流域造成非常大的损失。1963年在岳城水库下泄3500立方米/秒时，磁县段河水不溢出主槽。漳河堤防磁县段长3300米，行洪流量1500立方米/秒，京广铁路桥安全行洪1.2万立方米/秒。漳河原为常年性河流，20世纪60年代后，上游引水工程增加。20世纪90年代后，沿岸城市工业用水剧增，漳河径流量明显减少。

滏阳河　地处邯郸市腹心地带，西部为太行山余脉丘陵区，地势西高东低，地面纵坡1/400～1/1000，东部为冲积平原区，地面纵坡1/3000～1/5000。是县内重要的行洪河道，流经路村营乡、磁州镇2个乡（镇），长22余千米（从东武仕电站至磁州镇北开河村）。县城西6千米西槐树村有滏阳河西闸，建于明万历十五年（1587年），对上游农业灌溉起着重要作用。沿河有滏北渠、滏南渠、高级渠等，并建有大型水库东武仕水库和50多个扬水站，县内灌溉面积1.31万公顷。河道堤防45.2千米，历史最大下泄流量为152立方米/秒（1963年8月6日）。1999年6月，根据省市关于加固加高河道堤防的指示精神（每长1米的堤段要求备“土牛”1方），沿滏阳河的磁州镇、高臾镇、辛庄营乡、花官营乡4个乡（镇）和县直30多个单位在县委、县政府组织下对滏阳河堤抢备“土牛”，共出动劳力1.5万人次，机械车辆3700余辆，历时15天，完成工程量2.5万立方米。2012—2015年，磁县滏阳河（京广铁路桥至南开河村段）河道治理工程完成主体建设，项目总长7.93千米，内容包括扩挖清淤河道、拆除违章建筑物和对两岸不满足行洪要求的堤防进行修复、加固，保障磁县滏阳河行洪达到20年一遇的洪水标准，工程项目总投资2106万元。

滏阳河西闸

附：磁州计板开闸议

为请定计板开闸之法，以均水利事。窃查滏阳河，发源磁州，从前州民欲独擅其利，既建东西两闸，复于东闸之下，建第三闸以束之。每遇三月以后，八月以前，三闸尽闭，永年、曲周之民，思沾涓滴而不可得。官吏商民，屡详屡告，因属隔省，莫能控制。经怡亲王奏明，将磁州改归直隶广平府，磁人失其所恃，转而降心相从。嗣户部议准前守张廷勷条奏，定以磁州两闸，五日启放，然未定作何启放章程。若令闸板尽启，则建瓴之势，沟浍之水，一日可尽。目下既虑偏枯，将来必致争夺。

职等亲临相度，详加酌议。磁州西闸，在西门外十二里，地名槐树村。闸有七洞，每洞下板八块，每块以地亩尺一尺三寸为度，积水至六板，即可分注沟渠，至八块而各田充足矣。请自二月三十日以后，将闸板全下，每月开放六次。放闸之法，水底板六块，水面去板二块，使本地之沟水常满，而下游之余波不绝，既不遏水以病邻，亦不竭上以益下，争端可永息也。东闸在城东二十里，地名琉璃镇。闸止一洞，下板十三块，每块以一尺为度，使与西闸同日启放。放闸之法，水底板九块，水面去板四块，每启闸之时，委官看视，水与板平即止，以五日一启为率。其东闸下十五里，地名阎家浅，州人建有第三闸。此处地势极低，拦河收束，水难下灌，应饬拆毁此闸，不许复建。

查张廷勷条奏一案，现行各地方官会议，恐磁、永官民各执己见，未能均平水利而服众心。职奉委南局，亲勘确访，集思广益，仿唐臣李泌、明臣汤绍恩西湖三江两闸计板放水之遗规，酌定成法，实可经久，乞饬祗遵，于水利田功，大有裨益矣。

清雍正五年（1727 年）　正定府知府　童华

（孔令德　康世民）

牤牛河　发源于鼓山东麓崇义滴，分南河、北河两条较大支流，全长 33.8 千米，总流域面积 275 平方千米。其中山区占 19.2%，丘陵占 49.4%，平原占 31.4%。磁县境内长 18 千米，是滏阳河上游主要支流之一。全河绝大部分为谷底河，上、中游河床低于地面 4 ～ 6 米，下游低于地面 2 ～ 4 米。洛子村以上河道较窄，宽约 20 ～ 200 米，坡降为 1/83 至 1/180，以下河道宽 200 ～ 400 米，坡降为 1/382。河床一般为卵石粗沙，河谷基本上属第四纪岩石，排水能力 134 立方米 / 秒，是磁县北部主要行洪河道。2016 年区划调整后从磁县划出。

南水北调中线渠磁县段　位于京深铁路线西侧。南起漳河北岸，北至曲沟村。流经讲武城镇、路村营乡、磁州镇 3 个乡（镇）22 个村，全长 22 千米。2010 年 6 月 1 日开工建设，2014 年 12 月 12 日通水，2015 年 9 月 28 日向县城供水，年分配水量 3074 万立方米。渠道为梯形断面，设计流量 235 立方米 / 秒，加大流量 265 立方米 / 秒。设计底宽 17.5 ～ 24.5 米，上口开挖宽 51.6 ～ 70.7 米。渠底纵坡 1/25000 ～ 1/26000，边坡系数 1.75 ～ 3.5。设计水深 6 米，设有民有南干渠临时分水闸和于家店分水口门。于家店分水口门专供县城生活用水。水源水质各项指标均达到饮用水Ⅱ类以上标准。两侧各有 5 米宽道路、8 米宽绿化带、截流沟等附属设施。

南水北调磁县管理处

邯郸市跃峰渠　又称大跃峰渠，县内全长 20 千米，引水能力 25 立方米 / 秒，重点工程有险峰渡槽、飞跃渡槽、十里洞等，其中险峰渡槽主拱跨长 106 米，高 28.7 米，为亚洲最大单跨。

磁县跃峰渠　（详见本编第二章）

民有渠　该渠开挖于清康熙年间，称公益渠，灌田 20 公顷。1900 年改建，跨越清水河架渡槽灌田约 200 公顷，称天顺渠。1913 年春，上七垣士绅蔺百川等人倡导，天顺渠向东延伸开挖至漳河，称裕华渠。并组成河北省最早的水利股份制企业——裕华水利股份有限公司，招募股本投资建渠，30 年后收回开凿费即让归沿渠诸村共有。干、支渠挖成后，公司出租经营，取得一定的效益。1931 年，裕华渠管理组织改组为民有渠社，裕华渠也随之改称民有渠，此时工程控制田地面积 3667 公顷。解放后，组建磁县民有渠管理委员会，负责灌区建设与管理。至 1957 年，向北延扩天成渠建五合渠，后又延扩穿越滏阳河建高级渠，灌田至马头。向东延伸到临漳、成安县境内，实灌面积 1.8 万公顷。1957 年底，磁县民有渠交由邯郸专员公署领导，派员筹划民有灌区扩建。经 1958 年扩建、1959 年续建、1960 年建引水渠、1962 年干渠中段改造、1967 年整体改建工程及 1964—1973 年灌区配套工程，至 1990 年，灌区工程建设总投资 2208 万元，成为以岳城水库为水源，建有 1 条总干渠、全长 103 千米，3 条干渠、全长 126 千米，1 条分干渠、长 23 千米，102 条支渠、总长 616 千米，349 条斗渠、总长 597 千米，2317 座各类建筑物，最大实灌面积 13.93 万公顷的河北省第二大灌区。该渠分民有南干渠和民有北干渠。北干渠县内长 24 千米，引水能力 38 立方米 / 秒，流经岳城镇、时村营乡、讲武城镇、磁州镇，控制面积 0.82 万公顷，实灌面积 0.68 万公顷。南干渠县内长 17 千米，流经岳城镇、时村营乡、讲武城镇，控制面积 1263.33 公顷。民有渠是引岳济淀工程重要组成部分，岳城水库的水经民有渠调配至白洋淀。

水库

1999 年，县内有大型水库 2 座，小型水库 8 座。2016 年区划调整后，县内有大型水库 2 座，小型水库 4 座。

岳城水库　岳城水库是海河流域南运河水系漳河干流出山口处的唯一控制性水利枢纽工程，地处河北省磁县与河南省安阳县交界处，是具有防洪、供水、发电等综合效益的大（一）型水库，控制流域面积 1.81 万平方千米，占漳河流域面积 99.4%。岳城水库建设于 1958 年 7 月开工，至是年 12 月底，总进场人数达 8.9 万人。先后进行修路、架桥、截流、填土筑坝等工作。1959 年初停工。1959 年 10 月复工，天津、黄骅、盐山、静海、沧县、河间、吴桥、交河、巨鹿、南宫、宁晋、磁县、邯郸、永年、大名、曲周县等市、县参加施工。至是年 12 月底，进场民工总数达 24.53 万人。1960 年汛期前，水库的第一期工程完工，实现当年拦洪目标。1960 年后，先后完成开挖回填截水槽、培厚大坝、溢洪道、电站等工程建设。1970 年，岳城水库全面竣工。计完成土方 4400 万立方米，石方 47.2 万立方米，混凝土方 54.94 万立方米。使用钢材 1.38 万吨，水泥 14.64 万吨，木材 3.04 万立方米。总投资 6.42 亿元。库区淹没耕地 2493 公顷，搬迁人口 2.82 万人。设计防洪标准为 1000 年一遇。可使河北、河南、山东、天津四省（市）和京广、津浦铁路免受洪灾。1987 年冬开工扩建，1991 年汛前竣工。库容量由原 10.9 亿立方米增至 12.2 亿立方米。防洪标准提高到 2000 年一遇。年均灌溉农田 2.7 万余公顷，年发电量增至 3800 万千瓦时。

水库工程由大坝、溢洪道、泄洪洞、电站及渠首工程等部分组成。大坝为均质土坝，全长 6296.7 米。其中，主坝全长 3603.3 米，最大坝高 55.5 米；副坝全长 2693.4 米，最大坝高 32.5 米。坝顶高程 159.5 米。溢洪道为开敞式长陡槽，进口闸共 9 孔，净宽 108 米，堰顶高程 143 米，闸门高度 10 米，设计泄量 1.1 万立方米 / 秒，校核泄量 12820 立方米 / 秒。泄洪洞为坝下埋管式，共 9 孔，设计最大泄量 3500 立方米 / 秒。右边孔为电站引水洞。电站装机单台机组 1.7 万千瓦，隶属于大唐公司峰峰电厂。引水渠首工程位于泄洪洞消力池两边墙上。其中，河南省安阳市漳南渠渠首位于右边墙，河北省邯郸市民有渠渠首位于左边墙。渠首闸设计引水流量均为 100 立方米 / 秒，主要供农业用水。河南省安阳市和河北省邯郸市先后建成向城市引水的管道工程，设计年引水能力均为 4000 万立方米。

2009—2012 年完成岳城水库除险加固工程，水库防洪标准达 2000 年一遇。最大库容 13 亿立方米。2014 年岳城水库为南水北调中线总干渠充水试验，补水 4000 多万立方米。为中线干渠试通水和水源补给发挥重要作用。在 2016 年“7·19”洪灾中，削减洪峰 94%，发挥出巨大的防灾减灾效益。

东武仕水库　东武仕水库是邯郸市管辖的唯一一座大型水库，位于子牙河水系滏阳河干流上游，控制流域面积 340 平方千米，是一座以防洪和城市工业供水为主，兼顾灌溉、发电、旅游等综合利用的大（二）型水利枢纽工程。东武仕水库建设于 1958 年 5 月开工，至是年 9 月完成第一期工程。第二期工程于 1959 年 5 月施工，至是年 9 月完成。磁县、永年、大名、曲周、巨鹿县五县承担。前后两次共出动民工 2.1 万人。为提高防洪标准，1961—1964 年，先后实施改建发电洞、建设消力池和截水槽、埋设排水暗管道、消除沼泽化和裂缝、翻修坝坡、安装测压管等工程。1965—1969 年进行岁修工程。1970 年 4 月开工扩建，工程包括建设大坝新泄洪洞、电站、发电洞加固和非常溢洪道等。磁县、邯郸、永年、曲周、鸡泽、邱县、邯郸市郊区和峰峰矿区等县（区）参加施工。出动民工 3 万人。1959—1981 年，计完成土方 887 万立方米，石方 4158 万立方米，混凝土 3.73 万立方米。使用钢材 2082 吨，水泥 1.69 万吨，木材 4847 立方米。总用工 1738.4 万工日，总投资 4623.77 万元。总库容 1.52 亿立方米，保坝标准达 500 年一遇洪

水。可使150万人口、14.6万公顷耕地和京广公路、京广铁路免受洪灾。1959年后，年均浇灌农田2.7万余公顷。1962—1998年，为邯郸市工业与生活供水年均1.23亿立方米。1974年开始发电，至1990年年底，累计发电1.52亿千瓦时。

水库主要工程建筑物有大坝、非常溢洪道、泄洪洞以及输水洞和非常溢洪道副坝。大坝为碾压式均质土坝，全长2866米，坝顶高程112米，坝顶宽6米，最大坝高34.1米。泄洪洞为三排拱式无压涵洞，孔口尺寸4米×4米，最大泄量837立方米/秒。非常溢洪道位于大坝上游左岸1.5千米处，长约2500米，最大泄量2816立方米/秒。非常溢洪道副坝坝顶长212.15米，坝顶宽6米。电站位于大坝桩号1+517处，装机容量2×3200千瓦。1993—1999年水库除险加固，总库容增至1.615亿立方米。2013—2018年争取国家项目资金3986万元，对东武仕水库除险加固，设计洪水标准100年一遇，校核洪水标准2000年一遇。

防洪兴利调度为分级负责，标准内洪水由邯郸市防汛抗旱指挥部调度。遇紧急情况以及需要启用非常措施时，由省防汛抗旱指挥部统一调度。汛期调度运用计划为主汛期限制水位104米；水位104～105.9米（相当于20年一遇），限泄50立方米/秒；水位105.9～107.27米（相当于100年一遇），限泄450立方米/秒；水位超过107.27米，不限泄。2016年“7·19”洪水中，拦蓄上游洪水3000万立方米，拦蓄最大洪峰693立方米/秒，最大限度削减洪峰100%，减少下游邯郸市区、滏阳河两岸7个县（区）洪涝灾害损失。

前港水库　位于讲武城镇前港村西南，属海河流域子牙河系滏阳河支流，控制流域面积1.8平方千米，总库容44.5万立方米，是一座防洪、灌溉、养殖等综合利用的小（二）型水库。水库大坝为均质重粉质壤土土坝。

后港水库　位于讲武城镇后港村西南，子牙河系滏阳河上游支流上，控制流域面积3平方千米，总库容51.15万立方米，是一座以防洪、灌溉为主，兼顾养殖等综合利用的小（二）型水库。

窑头东水库　位于磁州镇东窑头村东，属海河流域子牙河系滏阳河支流，控制流域面积16平方千米，总库容27.6万立方米，是一座防洪、灌溉、养殖等综合利用的小（二）型水库。

彗峪水库　位于陶泉乡，海河流域漳河支流上，集水面积9.1平方千米。总库容10.5万立方米，是一座防洪、灌溉、养殖等综合利用的小（二）型水库。

彗峪水库

第二节　农水重点项目

农田建设项目

2011年小农水重点县旱涝保收高标准农田项目　项目投资2235万元。其中，中央预算内资金1200万元，省级资金800万元，群众自筹资金235万元。地点为讲武城镇北白道村和禾下土专业合作社田地，磁州镇八里铺、黄官营、大营、小营店、纪庄、五里铺、东王庄、西王庄和北开河村，西光禄镇东光禄、曲沟和西光禄村，共建设旱涝保收农田面积1361公顷。主要建设内容：更新机井53眼，维修机井52眼，安装机井智能保护装置432套；铺设管道117.38千米，出水口2938个，出水口保护装置2938套；修防渗渠道41千米，建节制闸126座，量水设施31处，穿道涵管251处，农口分水911处；新建扬水站1座，维修扬水站1座；清淤渠道12千米；建标志牌3个。

2012年小农水重点县旱涝保收高标准农田项目　项目投资2520万元。涉及3个乡（镇）、13个村，建设旱涝保收农田面积1549公顷。主要建设内容：修防渗渠道92.1千米，铺设低压管道

50.2千米，疏浚排水渠道30千米；更新机井38眼，维修井57眼，机井配套78套；修建渠系建筑物2646座，建机井房99座，修建扬水站15处。

2013年小农水重点县旱涝保收高标准农田项目　项目投资2395万元。其中，中央预算内资金1200万元，省级资金800万元，群众自筹395万元。建设地点为花官营乡11个村。建设旱涝保收农田面积1430公顷。主要建设内容：铺设管道28005米，出水口及保护装置770套，修防渗斗渠40.6千米、农渠54.2千米；更新配套机井35眼，配套机井77眼，修旧井14眼；建智能井房67座，建节制闸154座、分水闸205座，量水设施26处，穿道涵管335处，农口分水2097处；新建扬水站1座，维修扬水站19座；清淤渠道22.5千米。

水土保持工程

1999—2018年，磁县完成投资3156万元（其中国家资金1448.5万元，省市资金1707.5万元），先后对溢泉岭、林路沟、都党沟、南大沟、贾壁沟、天保寨、西大沟等20条小流域开展综合治理。累计治理水土流失面积226.71平方千米，修建水池水窖435座，整修梯田4015.2公顷，植树造林12028.57公顷，封育治理10642.43公顷，兴修水利设施23处，新建谷坊坝153道。水土流失得到有效控制，为改善和保障山丘区生态环境创造良好条件。2018年，磁县被列入国家水土保持重点治理县。

第三节　水库安全管理

水库除险加固工程

前港水库　2011年4月27日，河北省大坝安全管理中心完成前港水库安全鉴定核查，鉴定结论为三类坝，属病险水库，要求尽快除险加固。2012年2月15日，河北省水利厅批复水库除险加固工程设计方案，批复项目总投资176万元。水库枢纽主要由大坝、溢洪道和放水洞等建筑物组成。大坝为均质土坝，加固工程设计防洪标准为20年一遇，校核洪水标准为200年一遇。地震设防烈度为Ⅶ度，工程等级Ⅴ等。除险加固工程完成后，水库主要技术指标：总库容44.52万立方米，设计洪水位98.13米。2016年11月竣工验收后，水库移交讲武城镇前港村村民委员会管理，并投入运行。

后港水库　2011年4月，河北省大坝安全管理中心完成安全鉴定核查，鉴定结论为三类坝，属病险水库。2011年10月31日，河北省水利厅批复水库除险加固工程设计方案，批复项目总投资312万元。水库枢纽主要由大坝、溢洪道和放水洞等建筑物组成。大坝为均质土坝，加固工程设计防洪标准为20年一遇，校核洪水标准为200年一遇。地震设防烈度为Ⅶ度，工程等级Ⅴ等。除险加固工程完成后，水库主要技术指标：总库容51.15万立方米，设计洪水位97.02米。2016年11月竣工验收后，水库移交讲武城镇后港村村民委员会管理，并投入运行。

窑头东水库　2011年4月，河北省大坝安全管理中心完成安全鉴定核查，鉴定结论为三类坝，属病险水库。2013年6月，河北省水利厅批复工程设计方案，批复工程总投资187万元。水库枢纽主要有由溢流坝、南副坝、北副坝、放水洞等部分组成，该坝为浆砌石重力坝，加固工程设计防洪标准为10年一遇，校核洪水标准为50年一遇。地震设防烈度为Ⅶ度，工程等级Ⅴ等。除险加固工程完成后，水库主要技术指标：总库容27.6万立方米，设计洪水位98.52米。2016年11月竣工验收后，水库移交磁州镇东窑头村村民委员会管理，并投入运行。

水库塌岸治理

岳城水库设计蓄水位148.5米。因风浪冲刷、蓄水侵蚀、上游回水和翘尾、水库淤积等影响，水库周边149米高程以上的耕地不断坍塌，库区周边人均耕地逐年减少。2003年后，岳城水库持续高水位运行，库区塌岸加剧，涉及18个村，其中6个村的耕地坍塌面积过半。

2008年6月，邯郸市水利勘测设计研究院测量库区塌岸情况后，编制《岳城水库库区塌岸防护应急工程实施方案》上报。2008年10月24日，水利部批准该方案。

该项目包括塌岸耕地农作物补偿、塌岸征地、工程建设等。国家投资2576万元。2009年5月开工，2010年12月底竣工。修筑防浪护岸墙4.86万米，在长2.43万米的库岸地段种植24.3公顷紫荆腊条，在2.43万米长的较缓土坡上种

岳城水库申家庄村段护岸墙

植 24.3 公顷苜蓿，防止水土流失。防止 13.5 千米库岸线坍塌，保护征地线以上土地约 200 公顷，每年可减少耕地坍塌面积 3.3 公顷。

第四节 农村饮水

农村饮水安全工程建设

“十一五”“十二五”期间，磁县实施农村饮水安全工程，全县 19 个乡（镇）376 个村自来水普及率 91%。2016 年区划调整后，全县农村自来水普及率 88%。

2005—2010 年，投资 6506 万元，新打机井 36 眼，配套水泵 53 套，铺设饮水管网 232.53 万米，建设蓄水池 9 座，解决 93 个村 14.36 万人的饮水安全问题。2011—2015 年，投资 13716 万元，新打机井 34 眼，配套水泵 77 套，铺设饮水管网 620.31 万米，建设蓄水池 77 座，解决 169 个村 28.83 万人饮水安全问题。

2016 年 7 月 19 日，磁县遭遇百年一遇的特大暴雨，部分农村饮水工程损毁严重。灾后，对农村饮水工程进行重建，投资 8839.95 万元，新

修复引水管道（2016 年 7 月 28 日 摄）

建水源井 7 眼，维修机井 1 眼，维修水池 30 座，重建和新建水池 50 座，重建水窖 78 座，配套水泵 33 台，更换和新增变频柜 21 台，重建和新建供水点 51 处，铺设管网 21 万米，配套消毒设备 64 套，信息化建设 6 处，解决 10 个乡（镇）94 个村 13.89 万人饮水问题。

农村饮水安全工程管理

2005 年起，为加强农村饮水安全工程管理，县水利局下设供水总站负责各供水分站运行和管理。各供水分站配有管理人员，负责站内值班、工程维修、下村抄表收费等工作。各村推选 1～2 名水管员，负责本村内管网维护、检修、安装、抄表收费等工作。

至 2018 年，全县共有农村集中供水站 8 处。分别为朱庄供水站、小营店供水站、铁西供水站、溢泉岭供水站、圣水洼供水站、时村营供水站、岳城供水站和白土供水站，供水范围涉及 113 个村 158949 人。各供水站水源均采用深井地下水。水质经化验，符合国家饮用水水质标准，消毒方式采用二氧化氯发生器在线消毒。

2005—2015 年磁县农村饮水工程基本情况一览表

表 5-1　　单位：万元、个、万人、眼、套、万米、座

年份	总投资	受益范围		工程内容			
		村	人口	机井	配泵	管网	水池
2005	70	2	0.18	2	2	—	—
2006	477	10	1.2	5	6	20.68	—
2007	1077	12	2.9	1	2	51.65	4

续表

年份	总投资	受益范围		工程内容			
		村	人口	机井	配泵	管网	水池
2008	592	11	1.49	—	—	17.9	—
2009	3210	46	6.42	22	35	104.8	—
2010	1080	12	2.17	6	8	37.5	5
2011	1640	17	3.31	3	3	126.95	5
2012	3045	36	6.1	9	12	144.97	12
2013	1525	19	3.18	2	2	68.49	9
2014	3936	42	8.7	8	17	176.9	13
2015	3570	55	7.54	12	43	103	28

第五节　地下水超采治理

2011 年，国家明确提出：到 2020 年地下水超采基本得到遏制。2014 年，先期在河北省地下水超采最严重的黑龙港流域开展地下水超采综合治理试点。项目分为井灌区（地下水）高效节水灌溉项目和地表水灌溉项目，采用固定式喷灌、微喷和小管出流等高效节水方式，提高农灌水的综合利用系数、水资源利用率，减少地下水开采。

井灌区（地下水）高效节水灌溉项目

2015 年，磁县井灌区高效节水灌溉项目总投资 242.86 万元。其中，工程投资 228.04 万元，独立费用 14.82 万元。工程实施后，项目区灌溉水利用系数由 0.6 增至 0.85。增节水灌溉面积 107 公顷、年节水量 15.24 万立方米、节水效益 7.6 万元。全区增加效益值为 328.8 万元，年增加农民纯收入 1078 元 / 人。

2016 年，地下水节水灌溉项目总面积 366.6 公顷，压采量 10.43 万立方米，总投资 809.33 万元。工程实施后，项目区灌溉水利用系数由 0.6 增至 0.85，增节水灌溉面积 366.6 公顷，增年压采量 10.43 万立方米，增节水效益 5.22 万元。原项目区有井 54 眼，工程配套 44 眼，封停 10 眼。小麦亩增产 100 千克，苗木亩增收 700 元，果树亩增产 100 千克。增加小麦产量 56 吨，增加水果产量 63.2 吨，增加苗木产值 44.24 万元。全区增加效益 46.21 万元，年增加农民纯收入 55 元 / 人。

2017 年，磁县地下水高效节水灌溉项目总面积 124 公顷。其中，增固定式喷灌工程面积 49 公顷，增小管出流面积 68 公顷，增高标准管灌面积 7 公顷。总压采量 3.83 万立方米，总投资 265.82 万元。项目区原有井 14 眼，工程配套 13 眼，封填 1 眼。工程实施后，项目区灌溉水利用系数由 0.6 增至 0.85。新增节水灌溉面积 125 公顷，增年压采量 3.83 万立方米。小麦亩增产 100 千克，果树亩增产 100 千克。增加小麦产量 85 吨，增加水果产量 102 吨。全区增加效益 37.06 万元，年增加农民纯收入 31.3 元 / 人。

地表水节水灌溉项目

2015 年，磁县地表水节水灌溉项目主要是地表水从水源至田间的引水工程。调整后控制灌溉面积 2236 公顷，压采量 293.92 万立方米，断电停用机井 75 眼。投资 5339 万元，对庆和峪闸所管辖段的近 6666.7 公顷农田灌溉渠系等进行节水改造，清淤整治渠道 16 条，总长度 28.74 千米；配套水闸 97 座，分水口 152 处；改建涵洞 84 座，新建生产路涵 103 座；新建泵站 2 座，断电停用机井 28 眼。

2017 年，地表水节水灌溉项目总投资

3626.52万元。工程建成后，项目区新增节水灌溉面积1155.73公顷，年节水271.62万立方米。

2018年，投资4307.16万元，清淤整治支渠渠道24条，总长度31.07千米；配套农渠总长度40.91千米；配套水闸228座，改建生产路涵135座；田间混凝土“U”形槽渠道分水口461处；建蓄水工程4处，配套扬水站7座。渠灌项目区改善灌溉面积达1453.67公顷，年节水378.27万立方米。水池项目区通过建蓄水和集雨工程增加利用漳河水和天然雨水资源量1.14万立方米，项目区226.7公顷农田得到改善，断电停用机井10眼。

第六节　防汛　抗旱

防汛

磁县每年的降水集中在6—9月，主汛期为7月下旬至8月上旬。1999年后，按照防大汛、抗大洪、抢大险、救大灾要求，每年汛前组织水利技术人员分组对全县防汛工程开展检查，健全防汛机构，修订防洪预案，储备防汛物资，组建抢险队伍。

山区防汛　2010年，实施山区、小水库防洪非工程措施项目建设。在山丘区15个乡（镇）布设雨量站、水位站和无线高音喇叭，防汛重点部位安装3G视频探头等设备，完善山区主要行洪沟预警、预报措施，全面监测山丘区雨水情况。县水利局人员每天深入乡村和工程一线督导检查，并对水利系统工作人员进行防汛专业知识培训。2012年，在全县山区的险要村安装预警广播喇叭136个、自动雨量站136个。2014年，新增预警广播喇叭20个。2017年，安装山洪灾害视频会商系统，11个乡（镇）、县气象局、县水利局专线连通。2018年，更新预警广播喇叭，按照“测得准、方向对、跑得快”原则，汛前对113个山区的险要村责任人进行系统培训，到实地进行安全路线转移演练；向群众发放宣传册、明白卡，设立警示牌、宣传栏，强化防汛意识，提高防汛能力。

水库与河道防汛　2010年，在全县8个小水库安装3G视频设备，对全县小水库和两座大水库所在乡（镇）、村负责人进行防汛专业知识培训。2013年，完成东武仕水库网箱清理，对前港水库、后港水库进行除险加固。2011—2015年，重点完成滏阳河综合治理工程城区段和中、上游河道的清淤疏浚，治理河道20千米。2016年，对窑头东水库进行除险加固，保障水库大坝安全。

抗旱

1992年，磁县成立抗旱服务站，积极推广节水新技术，指导乡村提高抗旱能力。

1999年夏、2000年春，磁县干旱无雨，县委、县政府先后组织14个抗旱服务小分队，深入山区及各个受灾较重乡（镇），运送发放价值20万元的抗旱救灾物资，帮助农民修理机井、水泵，协调用水，安装喷灌、滴灌等节水设施。争取上级抗旱资金25万元，自筹资金90多万元，动用抗旱机具设备520台（套），共打机井211眼（其中深井11眼），配套机井220眼，测改井400眼，修井200眼，扩大和改善灌溉面积2000公顷，增加旱涝保收田333公顷，帮助抗旱浇地6.3万亩次，解决山丘区55个村、4.1万人、3803头大牲畜的饮水困难。

2006年前后，争取上级资金90余万元，解决5个乡（镇）10余个村抗旱浇地难和人畜饮水难问题。2007年后，县内各村的抗旱能力明显提高，有效应对2008年秋至2009年春、2010年冬、2011年春、2015年夏秋、2016年春、2017年冬至2018年春先后多次发生在县内部分乡（镇）的较重旱灾，努力把损失降至最低。

第七节　库区移民扶持

岳城水库建设移民涉及岳城镇、黄沙镇、观台镇、都党乡、时村营乡、讲武城镇、西固义乡7个乡（镇）27个村；东武仕水库建设移民涉及路村营乡、西光禄镇、西固义乡3个乡（镇）18个村。2013年，西固义乡南留旺村调整到峰峰矿区管理，2016年区划调整，西光禄镇溢泉村调整到冀南新区管理。1999年后，政府继续投资扶持移民村发展经济，移民村人均年收入由1999年664元增至2018年8250元。

后期扶持

2006年7月1日起，国家实施大中型水库移民20年后期扶持政策，标准为每人每年600

元。2006—2018年，发放磁县移民后扶直补资金52008.3万元。同时，磁县争取上级扶持项目1101个，资金额19317.26万元，项目具体：基本口粮田水利设施项目124个，资金1867.76万元，完成新增灌溉面积958公顷；饮水安全、沼气、交通、供电等基础设施项目743个，资金13586.59万元，解决63036人（其中移民53434人）行路难问题，46023人（其中移民39219人）饮水安全问题；文化、教育、卫生等社会事业基础设施项目21个，资金616.21万元；环境保护与生态建设项目25个，资金1250.15万元；劳动技能培训和职业介绍项目13个，投资162.32万元，培训移民劳动力3240人次；种植、养殖、林、牧、渔、旅游、加工服务业等生产开发项目175个，资金1834.24万元，改善库区环境且年净产值203万元。

避险解困试点项目

2014年12月12日，磁县成立大中型水库移民避险解困试点工作领导小组，上报编制《磁县大中型水库移民避险解困试点实施方案（修订稿）》。2015年1月30日，得到省水库移民后期扶持工作领导小组批复。

2017年3月，配套项目工程建设开工。该项目涉及路村营乡泥河村和都党乡冶子村2个村。其中，泥河村避险解困项目投资2952万元。建设11幢楼房，建筑面积44943.05平方米，以及项目中的道路及土方、给水管道、污水管道等工程。至2018年年底，项目建设扫尾。冶子村避险解困项目投资702.05万元，建成12户两层住宅楼房、1幢5层楼房，建筑面积7580平方米，工程于2018年完工。

冶子村避险解困安置房

库区土地整理开发

2012年，磁县坡耕地水土流失综合治理试点工程位于岳城水库周边。项目区涉及岳城镇、黄沙镇、观台镇、都党乡4个乡（镇）15个移民村31479人，耕地总面积1091公顷，人均0.52亩。

2012年10月26日，省发改委根据省水利厅审查意见批复磁县2012年坡耕地水土流失综合治理试点工程实施方案。

该项目中央预算内投资1000万元，地方投资667万元。2012年11月28日开工，2013年5月28日完工。完成耕地综合治理740公顷。其中，新修梯田221.6公顷，整修梯田518.4公顷。建扬水站1处，打机井1眼，铺设防渗渠道11.2千米，修田间路19.5千米。基本控制所在区域水土流失，合理开发利用土地资源，改善群众生产生活条件。

第二章　跃峰渠

磁县跃峰渠是贯穿全县山、丘地区到东部平原的一条水利大动脉，渠首引水于白土镇吴家河村东的海螺山脚下，退水于路村营乡圣水洼村东，入东武仕水库，连接漳河和滏阳河两大水系。渠系全长971千米，主干渠1条长57.2千米，分干渠5条总长81.8千米，支渠29条总长190千米，斗渠991条总长642千米。渠系建筑物841座。10座渡槽总长582米，10条涵洞总长6642米。设计灌溉面积2.33万余公顷，有效灌溉面积2.2万余公顷，渠首引水能力25立方米/秒，年平均引水1亿立方米。截至2018年，累计引水63亿立方米。其中向岳城水库调水5.2亿立方米，向东武仕水库输水8.8亿立方米。磁县、峰峰矿区、邯山区、复兴区的13个乡（镇）、197个村、29.5万人受益。

第一节　修　建

勘测设计

1955年冬，县政府提出修建跃峰渠计划，并进行初步勘测。1956年春，定线实测。1957年冬，

磁县跃峰渠首（2005 年 8 月　摄）

跃峰渠在高级合作化高潮中动工兴建。据文献记载，最初的设计为渠首定在北羊城村西，河床高程 171 米处。全线越过 8 道大沟，3 座大岭，长 53.32 千米，山高 500 余米，需做较大型工程 150 余处，共需开石方 220 余万立方米，土方 148.32 万立方米，卵石 155.9 万立方米，挖隧洞 4.95 万立方米。渠首口宽 5～7 米，底宽 5 米，可引水 15 立方米 / 秒。此方案在以后施工中不断修正。竣工时实际技术指标为上述数字。

施工

磁县跃峰渠分三期施工。

第一期施工　1957 年 10 月 27 日，邯郸专员公署就磁县关于解决山区人畜饮水、汛期引洪淤地和灌溉丘陵耕地的两份报告批复基本上同意兴建跃峰渠。11 月初决定着手筹建都党乡冶子村以上山区段。1957 年 11 月 14 日在五合乡北羊城村设立施工指挥所。1958 年春，将指挥所改为指挥部。是年 11 月 14 日，指挥部发出第一期工程施工安排决定，参加民工 1975 人。11 月底经过水利部邀集河北、河南省两省及有关专署、县的代表到北京协商达成协议后，于 12 月 7 日全面动工。永年、成安、临漳（后两县当时属磁县）先后各派数千名民工参加跃峰渠建设。1960 年 8 月 25 日，由于资金和粮食出现困难，跃峰渠工程暂停。在两年零八个月的施工中，劈山开渠 9 千米，开隧洞 1 处，建成节泄闸 4 座，渡槽、公路桥各 2 座，完成总工程量 252.23 万立方米，总投资 578.64 万元。

北羊城村西跃峰渠施工段开挖（1968 年 10 月　摄）

南大峪石料场装料石（1968 年 10 月 4 日　摄）

第二期施工　1966 年 1 月，磁县“四清工作总团”召开恢复跃峰渠施工专题会议，决定续建跃峰渠。施工指挥部先后设在都党公社石场大队、岳城公社钟离大队和都党公社跃峰渠渡槽工地，这一期主要完成冶子村以下的全线明渠开挖，建设渡槽桥涵和渠首上移工程。主要工程有冶子村北的寺沟渡槽桥、申家庄涵洞、黑沙岭隧洞、黄沙河渡槽桥、一分干穿漳倒虹吸、黄沙村南隧洞、都党大渡槽、台子寨村北隧洞、渠首隧洞等。三年半时间，完成主干渠 61 千米和一、三、四分干渠及部分支

车队拉料石途中（1970 年 10 月　摄）

渠的开挖，建渡槽、涵、隧洞及桥闸建筑 63 处。1969 年 5 月 1 日实现全线通水。第二期完成工程量 321.12 万立方米，用工 308.96 万个。

第三期施工　从 1969 年 5 月 1 日至 1977 年年底，历时八年半。主要进行改线、扩建、衬砌三项工程，完成工程量 713.24 万立方米，用工 1112.06 万个。

改线工程。跃峰渠原设计方案中段弯多渠深，通水后滑坡阻水严重。1970 年 11 月，县革委会决定改线，开凿梧桐庄、漳村两条隧洞，修建马家荒涵洞，截弯取直。改线工程全长 4690 米。其中，隧洞 2260 米，明渠 2430 米。1973 年 10 月，改线工程全部竣工。漳村隧洞长 410 米，梧桐庄隧洞长 1850 米，过水能力 24 立方米 / 秒。历时 3 年，使原中段主干渠 16 千米长的两段弯线，改变顺直成 4 千米长的水渠，彻底解决主干渠中段梗阻问题。

跃峰渠改线工程示意图（1971 年 5 月　摄）

扩建工程。1971 年 3 月 23 日，经县委研究决定，跃峰渠按林县红旗渠标准进一步建设，确定以改线工程为重点，改建渠首泄洪闸、黄沙渡槽、南神岗渡槽等工程，并通过主渠道衬砌，使引水能力由 15 立方米 / 秒增至 25 立方米 / 秒。1972 年 4 月，黄沙渡槽改建工程竣工，过水能力 24 立方米 / 秒。1972 年 7 月，南神岗渡槽和破堰闸扩建工程竣工。

衬砌工程。是提高跃峰渠标准的重要措施之一，整个衬砌分年完成。1977 年 11 月 8 日，据有关部门对磁县跃峰渠验收表明：经过三个阶段 15 年的修建，跃峰渠建设全线基本结束。主干渠引水能力 20 立方米 / 秒，最大可达 25 立方米 / 秒。渠系有效利用数 0.7，全年引水 3.2 亿立方米。支渠以上防渗长度 50 千米，浇地效率：1 立方米 / 秒的水量每日可灌溉 50 公顷农田。

第二节　输　水

磁县跃峰渠已经发展成以农业灌溉为主，集人畜饮水、防洪、调水等多功能于一体的大型水利工程，并且是邯郸市生态水网的重要供水源之一。

灌溉

磁县跃峰渠修渠之前，灌区粮食亩产 75 千克左右，修渠后灌区平均粮食亩产 255 千克左右。至 1985 年，灌区平均粮食亩产达 500 千克以上。不包括工业输水，渠系年经济效益达 530 多万元。根据粗略计算：磁县跃峰渠建成 50 年间，灌区近 30 万农民每年增产粮食 34.2 亿千克，累计增产粮食超过 1500 亿千克。

西窑头村南四分干渠水浇春小麦（2015 年 3 月　摄）

引水

自建成至 2018 年，磁县跃峰渠累计引水 63 亿立方米。其中，向岳城水库调水 5.2 亿立方米，向东武仕水库输水 8.8 亿立方米。特别是 2009 年、2010 年，邯郸遭受多年不遇的严重干旱，东武仕水库水位不断下降造成邯郸市用水需求一度陷入困难。此时，磁县跃峰渠两度从漳河向东武仕水库应急调水共计 2928.01 万立方米，有效解决邯郸市用水问题。此外，磁县跃峰渠是漳河 4 大灌区里唯一能将漳河水引至岳城水库下游的渠道，是保障岳城水库水质安全的重要屏障。2013 年 1 月，漳河突发重大水污染事件，磁县跃峰渠以 10 立方米 / 秒的超负荷运行（由于上游隧洞沉陷，局部过水能力下降）方式将漳河受污染的水引入主干渠，通过南神岗闸所的排水闸引入岳城水库下游的香水河，使岳城水库免受污染，保障邯郸人民用水安全。

第三节　管　护

管理机构

1967 年冬，跃峰渠管理委员会成立，管理通水渠道。1969 年 10 月，跃峰渠全线通水后，跃峰渠管理处成立，接管跃峰渠管理工作。初期，跃峰渠管理较落后，处于吃“大锅饭”状态。1981 年，跃峰渠管理处制订灌区管理试行办法，跃峰渠管理走向正规。1992 年，跃峰渠实现现代化网络覆盖。1993 年，渠道工程进行确权定界，磁县跃峰渠管理全面实现法制化、现代化、规范化。

漳河贯穿晋、冀、豫三省，水资源供需矛盾突出。1992 年 9 月，全国水资源与水土保持工作领导小组在北京召开漳河水事会，会议决定由水利部海河水利委员会对漳河候壁水电站至岳城水库间河段实行统一规划、统一治理、统一调度、统一管理。磁县跃峰渠的引水坝和渠首节制闸移交海河水利委员会管理，海河水利委员会设立漳河上游管理局具体负责实施分水方案，组织河道综合开发治理。

水毁与修复

跃峰渠在边设计、边施工、边通水的情况下修建。初期工程质量不高，加上一段时期失修严重，1985 年清淤前，干渠平均积淤 0.3 米，部分隧洞积淤达 1.5 米。1982 年、1983 年、1985 年汛期发生决口，造成重大损毁。1985 年始，进行大规模清淤，对工程进行修复。1991—1996 年，投资 981.51 万元，出动 4.5 万人次，复建跃峰渠，保障跃峰渠良好运行。

1996 年 8 月 4 日，磁县西部降特大暴雨，漳河洪峰高达 8622 立方米 / 秒。拦河坝、进水闸、冲沙闸被冲毁，引水渠严重淤塞，上游 13 千米主干渠被淹没 5 米深，渠首 3 千米全部淤平，10 千米渠岸道路被冲毁，老苍沟涵洞堵塞 116 米，梧桐庄洞淤积 500 余米。磁县组织 7.3 万人次，出动车辆 600 辆次，历时 3 个月，抢修灌区工程，保证灌区 4667 公顷小麦适时灌溉。1997—1999 年先后对灌区修复与改造，完成工程量 5.03 万立方米。

2016 年 7 月 19 日磁县西部遭遇百年一遇的特大暴雨，跃峰渠渠道塌方 108 处，合计 5.71 千米；滑坡淤积 20 千米；建筑物损毁 22 处；渠岸道路损毁 14 千米。跃峰渠陷入瘫痪状态。

“7·19”洪水冲断的羊城渡槽（2016 年 7 月 19 日　摄）

重建后的羊城渡槽（2017 年 6 月 25 日　摄）

2016 年秋始，筹集 2500 万元展开灾后重建，先后对羊城渡槽、北羊城过村段主干渠、文革洞等损毁严重的咽喉和节点工程日夜抢修重建。2017 年 6 月 21 日实现全线通水，主干渠上段通水能力达 15 立方米 / 秒，超过灾前 10 立方米 / 秒的水平。2017 年下半年总引水 1.8 亿立方米，实现灌区农田 3 次轮灌，保障岳城水库蓄水，同时补充大量地下水。

续建配套与节水改造

1999 年，磁县跃峰渠灌区被水利部确定为全国大型灌区，并列入“十一五”全国大型灌区续建配套与节水改造项目。

2005—2011 年，灌区实施《2005—2011 年续

建配套与节水改造工程》项目，完成续改建渠道22.58千米，建筑物15处。跃峰渠渠系利用系数由0.4升至0.65，灌区年可节水2000余万立方米，改善和扩浇耕地1.73万公顷。

2018年，继续实施续建配套与节水改造工程项目，完成投资2780万元，对渠首隧洞1930米、主干渠3814米进行渠道恢复和节水改造，重建生产桥3座，进行信息化及量水设施建设。干渠渠系利用系数由0.4升至0.63，灌区年可节水2400余万立方米，改善干渠中下游灌溉面积4000公顷。

附：磁县跃峰渠建设访谈录

时间：2018年8月15日。

地点：受访人家里。

被采访人：何绍熙（县水利局原副局长，磁县跃峰渠建设时期技术人员，1973年任磁县跃峰渠管理处副主任，简称“何”）

采访人：王凤山（磁县跃峰渠管理处副主任，简称“王”）

记录人：王荷花（磁县跃峰渠管理处工作人员）

采访主题：以磁县跃峰渠的建设、管理、发展为主线，反映改革开放前、后变化。

王：今天我们的来访目的是对跃峰渠建设有更多的了解和认识。

何：跃峰渠刚开始建设时，我就在跃峰渠工作，前后时间很长。跃峰渠是磁县人民艰苦奋斗的结晶。1957年动工兴建，可以与红旗渠媲美，跟红旗渠可以说是姊妹渠（因为是在同一个时期，同一个社会背景、同一个高潮时期兴建），是水利部批准的水利建设工程，是在全国号召兴建水利、大搞农田基本建设那样一个高潮时期开始建设。

当时地区副专员常直带领工程师张国英到磁县对跃峰渠进行测量选线，渠首设在九峪沟，设计流量15立方米/秒。我在磁县跃峰渠是第二代技术人员，第一代技术人员是陈世英。

王：您是何时、怎样到跃峰渠工作的？

何：我是郑州地质学院毕业，会测量技术，1961年开始参加跃峰渠建设工作。

王：讲讲当时建设时期的情况。

何：从吃、住、行和通信几方面说起吧。

吃。当时修渠民工按民兵编制，营（相当于公社）、连（相当于村大队）、排（相当于村小队）。一个营有1至2个食堂，每个食堂100至200人，食堂有三、五口大铁锅，锅的直径有1.5米左右，负责熬饭、煮菜、蒸馒头。还有墩子火，专门熬油或做病号饭。当时称“搭棚建灶”，是各营先遣队伍的任务。建灶是一门技术活儿，砌灶台用石块和黄泥麦秸坯，灶上加白灰抹面，下有“炉支盘”，通风道旁边设有大风箱（河南省内黄县制造）。拉风箱时发出响声：呼—嗒—呼—嗒—呼呼嗒嗒……这样风大火就大，顶起15扇大笼，苇席笼帽封顶。蒸汽从顶尖冒出，蒸出的馒头（玉米、高粱面）那真叫个香……早饭是稀饭，玉米、高粱面馍，老咸菜。中午饭以红、白萝卜，粉条头，白菜叶为主。表面浮着一层棕黑色葱花油（当时的油，分精加工的清油和粗加工的黑油），就是老百姓俗称的炝锅饭（在家里是用小勺子在火上烤，烤热后倒油，油热后放些葱花，趁热迅速往事先做好的饭锅里一埋，只听呼噜噜的声音，香喷喷的炝锅饭就完成了）。晚饭同早饭一样。当时吃顿面条，那就叫改善（只有过节或者病号才能吃上）。

住。民工一般以住民房为主，沿渠村提供住房。工地住工棚，建工棚时就近选择有利地形，靠坡挖一块平地，树枝当支架，高粱玉米秆当围墙，苇席盖顶，最后用白灰泥抹面防雨。石头块、土坯为家具，干树枝做晾衣架。悬崖上石头窑洞做住处也是一种选择，冬暖夏凉，但是寒气重，对人的关节有害，所以只是偶尔选择。

行。当时主要靠步行，修渠时没有路，都是翻山越岭，走那小蚰蜒路。步行翻山和坐车绕道基本同一时间到达。干活工具有担子、框子、柴车（轱辘是木头的）、小推车。后来才有马车、排车，这就是比较先进的工具。

通信。刚开始的施工所设在羊城村，后来移到都党村，改称磁县跃峰渠指挥部。指挥部设有一台插线的总机，从上到下（坡堰、寺沟、黄沙、南神岗、庆和峪、驸马沟）设一道线，每一个闸所事先设好暗数。总机摇铃，响几声，相应的就是找那个闸所。闸所相互之间通话都听得见。

干。修渠期间，每年冬、春两季农闲时节，

组织民工上工。工作时间没有具体准点规定，一般是天亮出工、天黑收工。修渠主要工作内容是砌墙、开挖、回填土石。运土工具是排车，两人搭伴拉一辆车，载重量 800 ～ 1000 千克。装好车后，运到 100 米外的渠道处。马车负责从石料厂运送石料到山脚，每块约 50 千克。到山上的 200 米路程要靠人用铁链兜住后往上抬。午饭就近在村外的晒场，饭后迅速回到工地，投入紧张的劳动中。女民工负责挖土、和泥。垒石工把料石搬起后上墙，层层加高。

王：修建跃峰渠时感人的、印象深的故事给我们讲一下吧。

何：就说渠首上移工程隧洞时的情况吧。渠首隧洞长 1930 米。为增加工作面，需要在隧洞上打 19 眼天井，称“马蹄形隧洞”。修渠首隧洞时要闯过三大施工难关：

测量关。当时测量工具落后，工人都怀疑这 19 个天井分成的每一段是否能接上，是否能打通成一条连接的隧洞。

岩石关。打隧洞中遇到坚硬的岩石时，需要女民工手握铁钎，男民工手举大锤，互相配合在岩石上凿眼。打一下锤，要将铁钎转一转，这样打出来的眼才是圆眼。

塌方关。打隧洞时前面松软的土层往洞内塌，民工就在两边架起柱子，上面扣拱圈顶，一米一米往前进。

何：讲一下开黑沙岭（群英洞）的事，岭长 600 米，高 16 米。跃峰渠指挥部向县委请示，是钻山洞还是明开（俗话说大开膛）。因当时钻山洞经验不足，县委确定明渠开挖。施工中最典型费工的是，从最低点到山顶要搭 14 个台阶，一块石头从下往上传递 16 次才能开挖出去。施工中遇到最大的困难是塌方。有一次，同时用 56 根松木棍撑住两侧山体。突然，山体滑坡塌方。瞬间 56 根木棍同时劈碎……可见山体滑坡的力量是多么大！就这样，一次次塌下去，民工再一次次挖开，最终开通并砌成群英洞。

何：再说一下开梧桐庄隧洞的事。当时调动打洞熟练的矿工、水泥厂工人参加梧桐庄隧洞建设，有一天早晨 5 点，打炮造成 5 人伤亡，这是修建跃峰渠中最大的事故。其后，我们吸取教训，时刻把安全放在首位。希望我讲的事也能教育后人，无论做什么事，一定要安全第一。

王：谈谈你对跃峰渠可持续发展有什么建议。

何：我基本参加跃峰渠的勘测、设计、建设和管理全过程，这几年我虽然退休，但还时刻关心跃峰渠。

首先，要把建设时期的资料和实物收集保存起来，留给后人，让后人知道建设不容易，让当年建设时期的“艰苦奋斗”的跃峰渠精神流传下去，激励教育后人。

其次，要保障跃峰渠的水质，以保护周边的生态环境。

最后，提倡以跃峰渠为主线发展旅游，跃峰渠自西向东贯穿整个磁县，跃峰渠沿岸道路和工程，还有风景为发展旅游打下良好的基础，有现成的水路、公路、渡槽、跌水、水库等等有利条件，建议有关部门开发利用，以旅游促水利，以水利促旅游，让跃峰渠焕发第二青春。

砌石固基

清基础，保砌宽，见于实底才下线。
选好石，错开缝，石头要求五面净。
山皮水锈都去净，缺角少棱不能用。
选好沙土加白灰，层层灰土都加水。
上下翻泥三遍整，当天和泥明日用。
座浆泥，全铺满，石头三面把泥粘。
填好隙，灌满泥，牢固整齐更上层。

（何绍熙）

打钎放炮

工程进度要抓好，打钎放炮很重要。
又红又专树标尺，层层选出放炮员。
打钎眼，看地形，分层分面网格形。
打炮眼，控制深，圆口圆肚正合形。
岩石性质很复杂，根据岩石把药下。
按量装药不要超，超过药量害处大。
安雷管，要小心，雷管放在药中心。
胶泥土，封炮眼，木头棍，捣坚固。
导火线，保护好，打弯折破不能用。
使用雷管要细心，严禁雷管带在身。
安全爆破要注意，人员撤到安全区。
排除哑炮切注意，必须谁装谁治理。

（何绍熙）

（第五编水利电力编“电力”概述）

县内办电起步阶段是1949—1962年，仅有县城和东武仕、岳城变电站与马头洗选厂附近的少数村及驻磁部队、劳改农场等少数单位能够用电。

1962年7月，县人委成立办电小组，组织全县开展大规模办电。1963—1994年，先后建成二里铺、白土、观台、八里冢、林坛和辛庄营变电站，年供电量达10995万千瓦时。1964—1998年，先后架设马区—磁县、磁县—化肥厂、白土—申家庄、岳城—水电站、磁县—东武仕、观台—申家庄、白土—老刁沟、王凤—老刁沟、八里冢—化肥厂、贺兰—林坛、马磁—辛庄营、槐树—磁县、申家庄—岳城13条35千伏的输电线路，长达95.6千米。在购买外地电量的同时，利用当地资源，1970—1995年，先后建立岳城、吴家河、东武仕、南关4座水力发电站和观台、申家庄煤矿矸石发电厂2座火力发电厂。总容量达3.29万千瓦，发出电能与当地变电站就近并网。

用电过程中，随着全县经济建设的快速发展和人民生活水平的日益提高，20世纪60年代，出现“工业等电、农业要电、人民盼电”的状况。1970年后，为解决电力供需的突出矛盾，县内成立县、乡、村三级“三电”办公室（计划用电、节约用电、安全用电），按照“统筹安排、保障重点、兼顾一般”原则，实行“农忙保农业、平时保工业、灯峰保照明”做法，邯郸电业局拨给护电经费予以支持。为取得实效，各乡、村成立护电组织，加强县内的6条220千伏、8条110千伏线路（归邯郸电业局管理）和磁县35千伏线路的输、配电线路等电力设施的保护，并在全县35个乡（镇）建立电管站、对农村电工定岗定员，加强农村用电管理。至1998年年底，全县工业用电量达3184.1万千瓦时、农业用电量达9385.7万千瓦时、市政生活用电量达1977.2万千瓦时，建成用电标准村136个。

电力大厦（2015年7月　摄）

1999年，全县拥有110千伏变电站2座，35千伏变电站13座，主变总容量26台、81900千伏安。2000年后，通过实施新农村电气化建设、农网改造及美丽乡村和重点村建设等项目，磁县电网结构更加科学、布局更加合理、自动化水平更高。至2018年年底，全县电网形成500千伏、220千伏、110千伏、35千伏、10千伏、0.4千伏6个电压等级，供电区域内拥有500千伏变电站2座，220千伏变电站3座，110千伏变电站10座，35千伏变电站18座，共计容量3100.15兆伏安。35千伏线路35条、177.8千米，10千伏线路99条、1697千米，0.4千伏线路1653千米。城网供电可靠率达99.94%，农村供电可靠率达99.83%，电压合格率达99.92%。2018年，磁县供电公司全年供电量12.95亿千瓦时，售电量11.94亿千瓦时，是年电费回收率实现100%，公司固定资产原值达5.2亿元。

第三章　电　力

第一节　电网建设

城网建设

2003年10月，磁县城网改造工程启动。争取上级城网改造资金3316万元，新建35千伏变电站4座，主变8台、容量41.5兆伏安，35千伏线路长21千米。新建改造10千伏线路12条、45千米，改造配变33台。2004年，城网工程投资1929万元，完成马磁35千伏线路改造，莲花35千伏输变电工程；完成城区10千伏线路设计施工，县城居民小区电力改造量80%。2012年11月10日，高标准通过省发改委、省电力公司“电气化县建设”命名验收。2012年12月16日，35千伏童装城输变电工程建成投运，提高县城供电能力，缓解城区负荷压力。2014年，实现电网调控市县一体化，D5000系统全面切主运行。2015年，对35千伏兴仁站、开河站进行增容改造，共计扩容17.4兆伏安。轮换安装智能电表18.3万块，实现县域智能表全覆盖。新增改造10千伏线路54千米，新增配变156台，增容31.6兆伏安。完成磁县220千伏输变电工程、林坛110千伏输变电工程、磁县110千伏线路切改工程。

2016年，完成成峰500千伏输变电工程、成峰500千伏输变电配套220千伏线路切改工程。2017年，新增10千伏出线11条（110千伏高臾站6条、时村营站3条、黄龙站2条），共计新建、改造10千伏线路83.6千米。2018年，完成磁州站3号主变扩建工程和台城站1号、2号主变增容工程，投运35千伏磁天I线、II线、时岳线。漳河园区110千伏输变电工程、110千伏临候站顺利投运。特别是110千伏漳河园区模块化变电站建设，开工至竣工投运仅用163天，缩短有效工期50%，创造邯郸地区电网建设之最。改造后的磁县县城电网供电能力和供电可靠性均大幅度提高，重要用户实行双电源供电。城网供电可靠率达99.94%。

和谐大道线路架设施工中（2010年6月　摄）

农网建设

1998—2000年，磁县在一期农网中争取农网建设改造资金8769.99万元，完成整改村390个，更新改造配变台区595个，架设改造高压线路324千米、低压线路1099.58千米，安装用户计量表箱30677个，装表143894块。2001年后，国家实施农村电网二期改造工程。全县17个乡（镇）改造10千伏线路325千米，改造高耗能配变81台、低压线路42.5千米。2003年继续农网改造，新建、改造10千伏线路42.2千米，新建配变33台、8.4兆伏安，改造配变台区71个，新建配变台区21个，改造低压线路34千米，一户一表改造6200户。

2006—2011年，筹措资金405.3万元，建成新农村电气化乡（镇）3个，电气化村35个，改造配电台区98个，改造低压线路67.48千米，更换塑钢表箱5288个，改造接户线、进户线258.2千米，安装漏电保护器4959个。

2012年，35千伏观台变电站、岳城变电站、辛庄营变电站4台6300千伏安主变增容为10000千伏安，35千伏林坛站1台5000千伏安主变增容为10000千伏安，35千伏白土站1台3150千伏安主变增容为10000千伏安。新架10千伏线路96.42千米，新增配变79台，容量10200千伏安。2013年，先后完成4项农网工程，共计增容35千伏变电站2座，容量30兆伏安，新建、改造10千伏线路241.7千米，新增10千伏配电变

变压器检修（2012年9月　摄）

压器236台、容量36.9兆伏安。其中，台城站10千伏北城032线路工程被评为“国家电网公司2013年度农网百佳工程”。2014年，新增配电变压器146台，新建与改造10千伏线路18.2千米、低压线路38.6千米，扩容24.5兆伏安。

2015年，投资298万元，改造省级重点村11个、低压线路1700余千米，新增、改造台区8处，增容1600千伏安。2016年，投资7500余万元，开展灾后重建、农网工程改造、中心村改造、井井通电等项目建设，共计新建、改造10千伏线路230千米，新增、更换配变139台，扩容20.8兆伏安，新建、改造低压线路508千米，解决线路老化等问题。

2017年，完成磁县电网滚动规划修编、“十三五”农网改造升级及“煤改电”配套电网专项规划，对供电区内的村进行“一村一图”村级电网规划。投资4400余万元，开展农网升级改造、灾后重建、大修技改、重点村面貌改造等重点工程，新增、改造10千伏配电变压器157台，扩容19.8兆伏安，新增低压线路137.8千米。

2018年，完成6.30工程、美丽乡村及大修技改项目，共计改造10千伏线路38千米、低压线路80千米，新增配变54台。完成“煤改电”电网建设任务，共计改造29个村、7393户，新增及改造配变341台、10千伏线路57千米、低压线路120千米，新增容量13.7万千伏安。

第二节　用电与电价

用电

1999—2018年，随着全县经济的快速发展和居民生活水平的提高，用电量逐年增加。至2018年，全县总用电量近13亿千瓦时。

1999—2018年磁县用电情况统计表

表5-2　　单位：万千瓦时

年份	用电总量	工业小计	农业		生活照明
			小计	其中排灌	
1999	23488.2	8718.8	1409.3	1240.2	8220.9
2000	25447.8	9448.8	1399.6	1077.7	9108.2
2001	24429.9	8966.4	1710.1	1453.6	9235.2
2002	24918.5	8382.6	1694.5	1525	9967.4
2003	24512.1	9344	1470.7	1220.7	10295.1
2004	28325.2	9726.9	1671.2	1370.4	10197.1
2005	29612.4	9950.4	1569.5	1365.4	12566.8
2006	33142.1	10995.9	2319.9	1809.6	14468.2
2007	34440	13686.5	2583	2221.4	15314.1
2008	47272	16011.5	3403.6	2893	17408.5

续表

年份	用电总量	工业小计	农业		生活照明
			小计	其中排灌	
2009	50132	15710.8	3007.9	2436.4	20005.7
2010	58672	14845.6	3227	2646.1	24981.3
2011	69300	14337.8	4296.6	3822	29065.2
2012	93256	29132.8	4154.8	2285.14	30194.5
2013	101680.3	35078	4493.9	1205	33074.7
2014	103330.7	37099.9	4706	1329	33792.5
2015	102733.3	33317.3	5260.3	1938	34257.4
2016	107987.9	35911.4	5012.8	2337	34250.2
2017	121473.5	44674.2	5818	3381	37676.8
2018	129480.6	45170.8	6549.5	4154.06	42393.5

电价

为适应经济社会发展需要，磁县对非工业普通工业综合变压器、非工业普通工业专业变压器、农业生产用电非移民、移民、农村居民生活用电、农村非居民生活用电等价格进行多次调整。具体情况如表所示。

2000—2018 年磁县电价调整情况统计表

表 5-3　　单位：元 / 千瓦时

调整时间	非工业普通工业综合变压器	非工业普通工业专业变压器	农业生产用电非移民	移民	农村居民生活用电	农村非居民生活用电	一般工商业不满 1 千伏	一般工商业 1 ～ 10 千伏	一般工商业 35 ～ 110 千伏
2000 年 2 月 16 日	0.71	0.49	0.575	0.363	0.58	0.517	0.7299	0.7199	—
2002 年 2 月 1 日	—	0.543	—	—	0.403	0.579	—	—	—
2003 年 4 月 1 日	—	—	—	—	0.49	—	0.7695	0.7595	0.7495
2004 年 6 月 15 日	—	0.5875	—	—	—	0.6357	0.8044	0.7894	0.7794
2005 年 5 月 1 日	0.8149	0.6405	—	—	—	0.6905	0.8223	0.8073	0.7973
2006 年 7 月 1 日	—	—	0.604	0.392	—	—	—	—	—
2006 年 12 月 12 日	—	—	—	—	0.52	—	—	—	—
2008 年 7 月 1 日	—	—	0.6339	0.421	—	—	—	—	—
2009 年 11 月 20 日	—	—	0.6339	0.421	—	—	—	—	—
2011 年 6 月 1 日	—	—	0.6518	0.4398	—	—	—	—	—
2011 年 12 月 1 日	—	—	0.6905	0.4785	—	—	—	—	—

续表

调整时间	非工业普通工业综合变压器	非工业普通工业专业变压器	农业生产用电非移民	移民	农村居民生活用电	农村非居民生活用电	一般工商业不满1千伏	一般工商业1～10千伏	一般工商业35～110千伏
2012年7月1日	—	—	—	—	一档（180度及以下）0.52	—	—	—	—
	—	—	—	—	二档（180—280）0.57	—	—	—	—
	—	—	—	—	三档（280度及以上）0.82	—	—	—	—
2016年6月1日	—	—	—	—	—	—	0.7011	0.6861	0.6761
2017年7月1日	—	—	—	—	—	—	0.6781	0.6631	0.6531
2018年5月1日	—	—	—	—	—	—	0.6724	0.6574	0.6174
2018年9月1日	—	—	—	—	—	—	0.6102	0.5952	0.5852

备注：2018年9月1日，农业生产用电不满1千伏价格为0.5215元/千瓦时，农业生产用电1～10千伏价格为0.5115元/千瓦时，农业生产用电35～100千伏价格为0.5015元/千瓦时。

管理与服务

1999年7月，按照国家“两改一同价”要求，磁县供电公司进行体制改革，由原具有行政、企业双重身份的事业单位改为纯企业单位。撤销5个供电所和26个乡（镇）电力服务站，组建城关、槐树、开河、光禄、固义、讲武城、时村营、岳城、黄沙、白土、北贾壁、陶泉、辛庄营、高臾、林坛、古佛、台城、南城、都党、观台20个供电所。公开考试择优竞聘农电工。2000年始，实行“四到户”（销售到户、抄表到户、收费到户、服务到户）管理。

2012年，公司改为央企，资产上划河北省电力公司。2013—2014年，按照国网公司、省公司、市公司“三集五大”（人力资源、财务、物资集约化管理，大规划、大建设、大运行、大检修、大营销）体系建设和“总体设计、效率优先、安全稳定、与时俱进”原则，在公司内部设置职能部门7个、业务机构2个。“三集五大”体系建立后，组织机构由原35个减少7个，精简率20%。2015年11月5日公司改制，全称为国网河北省电力有限公司磁县供电分公司，人财物集中到省公司统一管理。

2003年，各所执行“首问责任制”，开展“客

女子彩虹队（2009年2月　摄）

春灌现场宣传安全用电（2017年3月9日　摄）

户走进门，光明送到家”活动，同时推进县城一户一表模式。2004年，公司建立客户服务中心，20个供电所建立营业窗口，推行标准化服务，成立事故抢修队，执行24小时全天候受理用户故障报修。2006年，先后制订《开展“便民利民”活动的安排意见》《创建文明行业规划》《创建文明行业实施方案》《供电服务承诺》等系列规章制度并向社会公开。2010年，加强应急管理，组织大型联合反事故演习和消防演习，保障“首届海峡两岸中小企业合作发展论坛”活动用电。2012年，成立10支共产党员服务队，开展服务进社区、安全进校园、电力开放日等活动。

2013年，推广社会化代收。全县建成收费网点293个（不含卡表预收台区），实现村村通网点，方便群众交纳电费。2014年，优化业扩办理流程，开通农排用电申请绿色通道，受理高压用户171户，客户竣工合格率100%。创新开展“客户经理”服务机制，以台区为单位设置客户经理，受理解答群众反映的问题，提高客户用电满意度。

2015年，投资8000余万元，安装智能表18.3万块，营业区域智能表全覆盖，提升营销专业管理水平，专公变采集覆盖率实现100%。2016年，实施“电能替代”，替代电量9810万千瓦时。

2017年，应用SG186、PMS2.0、D5000、用电采集等信息系统，智能电表信息日均采集率达99.88%，较去年提高1.6个百分点。推广网上业务办理，低压线上办电率达91.36%，高压线上办电率达93.59%。

第三节　发　电

水力发电

岳城水电站　位于岳城水库大坝右下侧，是一座坝后引水式水电站，大唐公司峰峰电厂管理。装机容量1.7万千瓦，设计年发电量5460万千瓦时，设计水头28.5米，设计流量76.5立方米/秒。1967年9月动工兴建，1970年11月投产发电。

东武仕水电站　位于东武仕水库坝后，隶属邯郸市水利局。该站是1970年东武仕水库扩建中兴建的项目，投资384万元，总装机容量6900千瓦（2×3200+2×250），1974年4月并网发电。截至2018年，累计发电4.57亿千瓦时。

海乐山水电站　位于白土镇大栲栳沟口的海螺山脚下，隶属邯郸市跃峰渠管理处。利用跃峰渠引水发电，是磁县第一座股份制水电站。1995年1月7日动工兴建，1997年7月1日并网发电。截至2018年，总装机容量7200（2×3200+800）千瓦，累计发电4.4789亿千瓦时。

南关水电站　位于县城西南滏阳河京广铁路桥下游。1958年，曾在原址建过小电厂，1959年春投产，一个机组，装机容量60千瓦，总投资38万元，年底停业。1984年磁县重建南关水电站。1987年12月23日建成发电。电站装配水轮机2台，配发电机2台，装机容量500千瓦。电站距磁县南关石桥2300米，河床普遍高出尾水底1～1.4米，严重阻水，效益得不到充分发挥。2016年因设备老化报废停工。截至2016年，总发电量593万千瓦时。

吴家河水电站　位于西部山区的漳河左岸，磁县跃峰渠首的上游。1986年6月动工兴建，是年12月5日竣工发电，装机容量100千瓦。重点解决吴家河村的米面加工和照明用电。电站投资13万元，其中原邯郸地区补10万元，县补3万元。1989年10月，根据水利部海河水利委员会与河北省水利厅要求，吴家河电站拆除改建（因照顾河南省用水）。1994年3月，吴家河电站于原址上移

800 米处动工兴建，1995 年年初竣工发电。电站装机容量 55 千瓦，设计水头 5.1 米，设计流量 1.5 立方米每秒。架设高压（10 千伏）并网线路 1.5 千米。总投资 17.8 万元。其中国家补助 15 万元，自筹 2.8 万元。受漳河水量影响，发电时断时续，年发电约 30 万千瓦时。

火力发电

磁县六合工业有限公司矸石发电分公司 1994 年，观台煤矿兼并观台矸石发电厂，更名为磁县六合工业有限公司矸石发电分公司，为磁县六合工业有限公司下属二级法人单位。装机容量 12 兆瓦，年核定发电 1.44 亿千瓦时。2012 年，企业生产运行燃料方式：1 号、2 号机组发电用燃料为焦炉煤气，承先焦化厂提供；3 号机组发电用燃料为低热值的洗中煤、煤矸石和煤泥（公司洗煤厂提供）混合燃料。并网运行方式：1 号、2 号机组所发电通过申都线并入邯郸电网，电量由邯郸电业局趸购；3 号机组为并网不上网机组，电量自行销售。2008 年，因系统调峰和环保等限制，发电量减少。2016 年，被列入关停名单，2018 年 4 月 9 日停产。

磁县申家庄煤矿矸石发电厂 1995 年始建，一期总装机容量 12 兆瓦，配置两台 6 兆瓦发电机组和两台 35 吨 / 小时循环流化床锅炉，年设计发电量 7200 万千瓦时，1998 年 6 月并网发电。2004 年 9 月扩建，新增一台 12 兆瓦发电机组，2005 年 7 月并网发电。电厂锅炉燃料为洗煤厂洗选副产品尾煤和矸石，冬季向矿生活区和生产区供暖，是经省发改委认定的能源综合利用电厂。2014 年 9 月，按照国家减排政策，一台 12 兆瓦发电机组经市、县环保部门验收后，退出产能。2017 年 6 月，剩余二台 6 兆瓦退出产能。自投运至关停，累计发电 9.2 亿千瓦时。

光伏发电

2015 年 7 月，磁县品佑光伏电力开发有限公司 50 兆瓦（一期 20 兆瓦）地面光伏发电项目完成备案。项目位于白土镇张二庄村北，投资 15995.27 万元，设计装机容量为 20 兆瓦，年均发电量 2499 万千瓦时。2016 年 3 月，该项目开工建设。2017 年 1 月，一期 20 兆瓦项目建成并网发电。

张二庄村北山坡上的品佑光伏发电（2019 年 9 月 21 日　摄）

2015 年 12 月，磁县英源光伏电力开发有限公司英利磁县 20 兆瓦光伏电站并网发电项目完成备案。项目位于北贾璧乡新华村东北、岗西村东南，投资 17955.79 万元，设计装机容量为 20 兆瓦，年均发电量 2347 万千瓦时。2016 年 5 月，该项目开工建设。2017 年 12 月，项目完工，由于现场地形复杂，完工后项目最大建设容量为 17 兆瓦。2018 年 10 月，该项目并网。

至 2018 年年底，磁县有集中式光伏发电项目 2 个。

第六编　道路交通

古代，磁县先民克服艰难险阻，开辟道路，通行四方，便利人员行走、货物运输。史载，商纣王“拨国银征用八百奴工，历时月二十八日，削条编箕，奴抬夫挑，用黄土铺道，开修出一条到西顶降香过磁县翻山达涉县的道路。能行对马双卒，时为奇观，故名‘黄路’”。自此，这条路历代都是东通齐鲁、西达秦晋的要道。隋朝末年，唐王李渊之子李世民多次经此路来往，南下少林，招安瓦岗群英。李世民继位之后，于唐贞观五年（631 年）重修此路，扩改路基道面。此后，这条路由“黄路”改称“御路”。时间跨越 1300 年后，陶泉乡北岔口村村西北仍保留着 3.5 千米的原路。

宋代以后，政治、文化、经济中心东移。以磁州之地为坐标，南北纵向的人员来往、货物运送多起来。明代、清代定都北京后，路过此地的南北官道成为通往南方各省的必经之路。自邯郸入境，渡漳河出境，全长 42.5 千米。所有宫廷公文之传递、仕官之往还、南方各省的贡品运送均经此官道。清朝末年，平汉铁路通车后，南北官道逐渐萧条，常年失修，成为串村田间道路。

中华人民共和国成立后，磁县历届县委、县政府注重发展交通事业，组织全县人民积极修路架桥，为促进经济发展、社会进步起到有力的推动作用。

1999—2018 年，磁县交通运输事业蓬勃发展。特别是 2013 年后，进入快速发展阶段，发展质量、服务水平显著提升。磁县交通紧紧围绕京津冀协同发展战略，建设大交通，服务大格局，推动大发展。公路基础设施日臻完善，运营环境快捷畅通，运输市场安全运行。京广铁路、京深高速纵贯南北；107 国道，魏峰、邢都省道骨架支撑；乡村道路遍布全境。2015 年，全县行政区域面积 1015 平方千米，域内公路里程 1190.07 千米，公路密度达 1.18 千米 / 平方千米。2018 年，全县行政区域面积 716.25 平方千米，县内公路里程 926.91 千米，公路密度达 1.29 千米 / 平方千米。

唐代御路（2019 年 5 月 22 日　摄）

第一章　道　路

第一节　公　路

高速公路

京港澳高速磁县段　京港澳高速曾用名京深高速、京珠高速，编号G4。磁县段全长26.17千米。1997年竣工通车。2011年京港澳高速改扩建启动，2012年4月底开工，2014年年底完工，改扩建路段由双向四车道增至双向八车道，征迁涉及花官营乡、辛庄营乡、磁州镇、讲武城镇4个乡（镇）19个村，占地75.10公顷。2018年，域内长4.729千米，途经磁州镇、讲武城镇2个镇。

京港澳高速磁县段（2019年　摄）

京港澳高速磁县出入口（2019年　摄）

青兰高速磁县段　青兰高速公路编号G22，域内长24.3千米，自东向西横穿辛庄营乡、高臾镇、西光禄镇、林坛镇4个乡（镇）。2009年通车。2012年4月底邯郸东南环高速（青兰高速磁县段组成部分）开工，2014年年底完工，全长2.75千米，按双向四车道高速公路标准建设，涉及高臾镇兴善、柳儿营2个村，占地17.97公顷。2016年10月区划调整后，划归邯郸市邯山区和复兴区。

国道

107国道磁县段　原称京磁公路磁县段。从花官营乡入境，由北向南，过邯郸市马头镇，磁县杏园、西光禄、大营、北来村、县城、申庄、王家店、讲武城村，过漳河桥出境，双向混合车道，起点北京、终点广州。2002年11月，107国道滏阳河桥改建工程竣工；2008—2010年，在河北省城乡面貌三年大变样活动中，磁县开展城乡面貌整治活动，全部拆除107国道磁县段两侧违章建筑。2009年，完成县城南至漳河大桥段道路改建。2010年，完成县城北至杏园段道路改建。2012年，完成民有干渠桥改建。2013年，完成漳河大桥改建。2016年10月区划调整后，107国道磁县段全长18.2千米，北起磁州镇大营村，南至冀豫省界。

107国道和京广铁路

省道

魏峰线磁县段　域内长17.63千米，为二级公路，沥青路面，双向混合车道，通往魏县、峰峰矿区。1999年改建为二级油路，宽15米，个别路段宽20米。2011年2—6月，魏峰线磁县段改建。

邢都公路磁县段　域内长16.42千米，北起磁峰交界处北黄沙村，途径黄沙镇、都党乡、观台镇3个乡（镇），南至冀豫省界处，双向混合车道，通往邢台市、河南省洛阳市。2009年开工，2010年12月竣工通车。2015年进行大修。

成峰线磁县段　域内原长12.4千米，双向四车道，通往成安县、峰峰矿区。马头至商城段原是一条串村车道。2000年，京深铁路线以西改建为一级公路双向4车道；2002年，改造成峰线京深铁路线东至商城段及杏园下穿107线、京广线立交桥；2010年，商城至107国道磁县段升级改造；2016年10月，划至冀南新区管养。

县道

从峰线磁县段　编号X153，域内长43.83千米。东起107国道王家店村路口，途经讲武城镇、时村营乡、岳城镇、都党乡、白土镇5个乡（镇），西至张二庄村北磁峰交界处。讲武城至岳城段始建于1974年，1976年竣工，投资80余万元。2005年，投资2340万元，改造从峰线讲武城至岳城段，全长13千米，二级公路标准。施工中，为缩短工期，市、县交通局专家共同研究改建方案。打破过去施工工序，租用德国进口“冷再生”机械作业，不揭油面，减少工序，保护生态环境。路基施工日进度由不足200米增至1000米；二灰碎基层施工租用美国进口设备拌和二灰碎石，进度提高5倍。2个多月完工，比原计划提前1个月，创磁县交通修路史新纪录。

2006年，投资1120万元，改建从峰线岳申段，二级公路标准。2008年，投资1720万元，改建从峰线申家庄至三合段，全长10千米，二级公路标准；是年，投资3697.71万元，改建从峰线申家庄至峰峰界段，全长10.81千米，二级公路标准。2011年，投资1889万元，新建从峰线岳城环库公路（岳城村至潘汪村），全长4.37千米，二级公路标准。

马义线　编号X103，域内原长15.3千米，北起辛庄营乡太平村，南行经高臾镇柳儿营村、西玉曹村至磁州镇南开河村。2003年修建，投资560万元，三级公路标准。2012年，投资61.55万元，修建马义线支线，西玉曹村至临漳界，全长374.2米，二级公路标准。2014年，投资640万元，改建马义线李庄至南开河村段，全长5.51千米，二级公路标准。2016年区划调整后，域内长3.33千米。

邯淑线　域内原长6.2千米，从邯山区于二庄村西入县境，经东河口、中河口、北史村入武安市淑村。通行的邯淑线大部分路段始建于1978年，投资45万余元，1980年完工。2001年由省道降为县级公路。2004年，投资335万元重修，工程全长6.7千米，县道三级标准。2012年，投资52.6万元，完成邯淑线磁县段水毁抢修，全长6.2千米，二级公路标准。2016年10月，划归冀南新区管养。

马峰公路　修建于20世纪80年代，全长14.6千米。2001年，由省道降为县道。2005年11月动工，12月中旬水毁抢修完成。2008年，常庄桥、东王女桥改建。2016年区划调整后，马峰公路划归邯郸市管养。

磁西公路

2008年3月动工，2013年竣工，二级公路标准。南起时村营乡陈庄，途经牛尾岗、西窑头、西槐树、东武仕、泥河、滏泉、尧丰、李家岗等村，北至林坛镇范村，长21.3千米。磁西公路南北贯通后，自林坛循环经济产业园直达滏泉湖风景区、磁县经济开发区，结束绕行107国道和魏峰线的通行历史。2016年10月，泥河至范村段划到冀南新区管养，域内长15.95千米。

磁西公路

乡道

2018年，全县有乡道59条，总长464.83千米。

范村—武吉（编号YT01）　长15.95千米，路面宽12米，二级公路标准。起于磁县与冀南新区界泥河村东南；止于陈庄村西南方从峰线。2008年修建，途经磁县经济开发区及沿线8个村。2017年实施大修工程。

讲武城—岳城（编号Y253） 长15.12千米，东起讲武城镇东侧107国道，沿漳河北岸向西，经讲武城镇讲武城、南营、朝冠村，时村营乡武吉、下七垣、上七垣村，岳城镇大庄、下庄、付屯头、张屯头、岳城村等村，止于从峰线。该线为漳河北岸村间连接通道，2004年、2010年分两次完成修建。

中史村—兴善（编号Y145） 全长27.83千米，起于邯淑线南城乡中史村，向南经南城乡后塔、前塔村，林坛镇东古佛、西彭厢村，与马峰线重复后，向南经西光禄镇李家岗村，再向东经西光禄、东光禄、阿庄、高臾三街跨滏阳河、京港澳高速，与马义线相交后向东穿过兴善村，止于磁县、临漳县界。2006年，改造林坛至中史村9.2千米路段。2013年，投资432万元，改建史兴公路，全长9.21千米，四级公路标准。

高庄—鸡李（编号Y740） 域内长3.67千米，西起107国道讲武城镇高庄村，沿漳河大堤东至磁县、临漳县界，路面宽5米，路基宽7米。2010年由漳河生态科技园区投资，磁县地方公路站修建。

乞辛线 全长6千米，东起乞伏村，西至观台镇。2009年修建，投资758.96万元，三级公路标准。

王看—Y164段公路 全长10.86千米，工程概算761万元。2013年完成道路改建。路面网裂、坑槽严重路段，重作路面结构，结构层为20厘米水泥混凝土路面，18厘米厚12%石灰稳定土；沥青路面龟裂路段，表面喷洒乳化沥青黏层油、封层油，采用3厘米细粒式沥青混凝土罩面。

107国道—南城乡路段 全长5.67千米，投资508万元，四级公路标准。2014年完成改建。

农村道路

2003年，磁县实施“村村通”工程。2006年，实施农村道路改造工程。2012年，全县开展“基层建设年”活动。投资1368万元，硬化38个帮扶村道路38千米。5月开工，10月验收交用。2013年，投资971.5万元，硬化19个乡（镇）29个村主街道，全长29千米；投资32万元，改建硬化面貌提升村街道，全长1千米。

农村街道硬化（2013年 摄）

2003—2012年磁县“村村通”工程情况统计表

表6-1　　单位：万元、千米

年份	投资金额	工程内容	年份	投资金额	工程内容
2003	1577.3	116个村，长155	2009	1271	31.7
2004	7300	283个村，长466.8	2010	1313	34.4
2007	205	长8.2	2011	615	24.2
2008	1460	长58.2	2012	1093	33.5

2006—2015 年磁县农村公路改造工程情况统计表

表 6-2　　　　　　　　　　　　　　　　　　单位：千米、万元

年份	工程名称	总长	投资金额	年份	工程名称	总长	投资金额
2006	农村公路改建	58	1785	2013	村村通连村路改建	56	1935
2007	农村公路改建	49.1	1709.7	2014	村村通改建	10.3	392
2008	农村公路改建	25.6	935.3	2014	“断头路”改建	24.3	1056
2009	农村公路改建	142.5	5745	2015	第一批村村通改建	20.3	665.8
2010	中央车购税农村公路改造	34.4	892		第四批村村通改建	29.6	926
	第二批农村公路改造	12.7	303.5		面貌提升改建	6.9	252
2011	农村公路改造	17.2	391		第五批村村通改建	32.4	972
2012	村村通连村路改建	28.8	949.55		都党乡、白土镇村村通改建	13.2	474

灾后道路抢修

2016 年，完成“7•19”水毁道路抢修。其中：磁西公路长 23.048 千米，投资 57.37 万元；从峰公路长 10.4 千米，投资 123.47 万元；马峰线公路长 11.9 千米，投资 269.69 万元；魏峰线至从峰线路段长 11.77 千米，投资 219.42 万元；陶泉路段投资 226 万元；白土路段投资 620 万元。

2017 年，完成“7•19”灾后公路重建，全长 127.33 千米，投资 3.5 亿元。其中：磁西公路魏峰线至从峰线 11.7 千米，投资 3089 万元；峰峰西山村至北峧村 14.44 千米，投资 3413 万元；青碗窑村至北羊城村 12.33 千米，投资 3578 万元；陶泉至涉县峧口村 12.33 千米，投资 3031 万元；都党至张二庄村 9.34 千米，投资 4830 万元；冶子村至马鞍绝 17.6 千米，投资 5352 万元；白土至陶泉 10.5 千米，投资 3855 万元；北王庄村至炉峰山 7.5 千米，投资 2295 万元；炉峰山至南王庄村 4.49 千米，投资 1325 万元；武安市张新庄村至五里河村 6.8 千米，投资 1500 万元；五里河村至涉县岭底村 6.3 千米，投资 1319 万元；张二庄村至涉县后匡门村 14 千米，投资 1560 万元。

附一：历代帝王过磁州

磁州古城作为北方重镇，地灵人杰，曾有多位帝王莅临此地，为磁州大地增添光彩。

自古在太行山的东麓有一条南北大道，自隋唐大运河开凿后，成为水陆并行的南北交通命脉。北宋以京师汴梁为中心，元明清以北京为首都，将这条通道设立为官道，成为物资运输、帝王出巡的必经之地。

地方志载，磁州方域“袤七十里，广六十里，为豫省门户。驿路通京畿、陕西、湖广、广西、云南、贵州”。京汉铁路未修筑之前，所有官厅公文的传递、仕宦的往返，都需途经此道，为冀豫之咽喉。清康熙二十四年（1685 年），时任河南巡抚大中丞王日藻捐资，在磁州官道重修四座邮亭：一在城南十里西陈里，二在城北十里备申铺，三在车骑关，四在小张儿庄。邮亭内建有客房、茶棚、车马棚等。当时招募僧人在此居住，分配给他们百亩良田，通过耕种所得，供应旅客茶饭。邮亭内常年点燃着长明香灯，长途的倦客望之如归，茗饮解烦，胜似甘露。康熙三十五年（1696 年）磁州知州蒋擢重修邮亭，仍招募僧人耕种，用耕种所获以供香火。蒋擢还捐资免费供应茶饭，用以犒劳旅客和士卒。

《磁州志》中绘制官道路线图，南从安阳丰乐镇入境到讲武城，经王家街、南十里铺、十五里铺、北二十里铺、二十五里铺至车骑关、越十五里铺、台城铺、五十里铺，然后入邯郸域内的张儿庄，全长八十五里。磁州的百里官道上，终日车水马龙，络绎不绝。历代帝王过路磁州，也留下许多传说。

北宋靖康元年（1126年）正月初六，金兵渡过黄河攻至开封城下，宋向金求和，金人要求以亲王、宰相为人质，方可退兵。钦宗命康王赵构前往金营为人质。康王在金营被软禁20余天后，金人怀疑赵构不是亲王，将其遣返。钦宗只好又命肃王赵枢代替赵构，赴金营为人质。在答应割地、赔款等要求后，金人暂时撤军。时隔不久，康王再次前往金营议和，由刑部尚书王云陪同前往，行至磁州，知州宗泽拦住康王一行，说此去必是羊入虎口。磁州百姓一哄而上把王云拉下马活活殴打致死。钦宗皇帝得知赵构未去金营，便命赵构为“天下兵马大元帅”，招募军队，起兵勤王，不久金兵攻陷宋都汴京（今河南开封），徽、钦二帝被俘，北宋灭亡。其时，康王赵构拥兵万人在外，宋旧将臣便拥戴他为皇帝。翌年（1127年）五月初一，康王赵构在应天府（河南商丘，当时称南京）即帝位，改元建炎，史称南宋，即为高宗。康王赴金营时都是过磁州的官道往返。

清康熙四十二年（1703年），康熙帝西巡，督察山西、陕西各省。回京途中，于12月9日驾临磁州，在城内登上南关桥，观滏水东去，杨柳成行，豪气迸发，手持缰绳，乘马驰行。行至北郊五里许，见路旁柳树行行，千碧万姿，便手持弓箭，以柳为目标，随指随发，御射三矢三中。然后又命皇太子和侍卫大臣弯弓射发，每发必中。围观的地方官员和百姓见到这精彩的场景，欢声雷动。次年二月，河南巡抚徐潮撰文勒碑，并建碑亭纪念，后人称之为射柳亭。

清乾隆十五年（1750年），乾隆帝南巡河南嵩山。九月初，乾隆帝一行从北京起驾，经正定府、登邯郸丛台，九月十七经过磁州。乾隆帝走到射柳亭时，看到徐潮撰写的碑文，有感而发，赋诗一首：“射柳名亭气象雄，千秋圣日照临中。肯教贞观专前美，直令由基拜下风。安不忘危四时狩，所其无逸万方同。孜孜绳武心恒笃，未敢亭前一引弓。”磁州知州将此诗敬刻于碑石之上，并修建碑亭。

1901年9月7日，清政府议和大臣李鸿章、庆亲王奕劻与八国联军签订屈辱的《辛丑条约》。战火熄灭后，慈禧太后与光绪皇帝于10月6日从西安出发，踏上返京路程。经临潼、函谷、开封、郑州、彰德（今安阳）一路北上，于12月22日驻跸磁州（今磁县），23日由磁州起程至邯郸。

（王兴　康世民）

附二：林则徐途经磁州

清嘉庆二十四年（1819年），林则徐35岁，在庶常馆国史协修岗位上，被任命为“云南正考官”。他于当年五月初八，和副主考官吴慈鹤一起从北京启程赴任，于五月十八日到邯郸县。五月十九日早五时，离邯南行。因为早晨下雨，道路泥泞，随从众人十分疲乏，过午时分才赶到磁县。他们在南关外的行馆吃饭、午休。他们谈到，从磁县城北二十里的杜村店开始，一直到县城，“官路两旁，渠水夹道，其清如镜，荷菱出水，芦苇掩隐，一幅天然画图”。林则徐从尚书蒋砺堂的《黔轺纪行集》中知道，这渠水稻荷是康熙年间的知州蒋擢治理滏阳河而引渠为利，而且至今这一带的稻田还在用渠水灌溉。他十分赞许。

第二次，清道光十七年（1837年）正月，林则徐被任命为湖广总督。二月初二从北京启程，于二月十四日宿邯郸县。二月十五日早七时离邯南行，经念里铺、汉城铺、车骑关，到杜村铺已中午。磁州知州卢兰馨派州役送饭至杜村。午饭后，继续前行二十里到磁州城，他们穿城而过。卢兰馨迎送到城郊外。然后经王家店到漳河边。他们从草桥上过漳河，住到丰乐镇。当时彰德府知府刘苇林、安阳知县王德瑛前往迎接。当下，彰德府抚军桂燕山派三人护行。

第三次，清道光十八年（1838年）十月初七日，林则徐在湖广总督府接到吏部文书，称九月二十三日接到圣旨，大清陛下要接见林则徐，令其速速回京。接通知后，林则徐立即梳理军政要务，打点行装，于十月十一日午饭后从汉口出发，于十月二十八日驻安阳县。二十九日早五时离开安阳，经王家店入直隶省到磁州城，知州卢兰馨迎接到效外，并设宴招待。饭后又行。经十里铺、杜村铺、车骑关、汉城铺、念里铺到邯郸县。邯郸县令陶源昭迎于郊外，广平府知府沈西也来迎接。

（孔令德）

第二节 设 施

桥梁

数量 2016 年区划调整前，全县有公路桥梁 232 座。其中，国道桥梁 8 座，省道桥梁 22 座，县道桥梁 18 座，乡道桥梁 143 座，村道桥梁 40 座，专用道路桥梁 1 座。2016 年区划调整后，全县有国道桥梁 5 座，省道桥梁 13 座，地方道路桥梁 152 座。其中，大桥 5 座，中桥 40 座，小桥 107 座，为沥青或混凝土桥面。

管理 2002 年，在 107 国道原滏阳河桥东侧新建一座滏阳河大桥，长 160 米，宽 17 米。2005 年，维修加固从峰线辛安桥。2006 年，维修加固台子寨石拱桥。2007 年 7—10 月，南留旺桥桥面重新铺装，更换伸缩缝，恢复原设计通行标准。2008 年 3—6 月，对漳河大桥桥面、伸缩缝铺装更换，加固桥梁，恢复桥梁的原设计通行标准；6—8 月，滏阳河西桥、西槐树桥桥面重新铺装，更换伸缩缝，恢复原设计通行标准。是年，改建县道马峰线王女桥、常家庄桥、下七垣桥、林峰桥、张二庄桥、钟离桥，维修加固乡道史兴线滏阳河桥。2009 年 3—6 月，重建西光禄桥。是年 5—7 月，杏园立交桥重新铺装桥面，更换伸缩缝，恢复原设计通车标准。2012 年 4 月至 2013 年 9 月，漳河大桥重建。2012 年 7 月至 2013 年 1 月，南干渠桥重建。2015 年 9—10 月，省道邢都公路寺沟桥、黄沙桥桥面重新铺装。是年，完成讲武城—岳城线下七垣桥改建。2016 年 8—10 月，北干渠桥重建。

2018 年磁县国省道桥梁情况统计表

表 6-3 单位：米

路线名称	桥名	桥长	等级
107 线	滏阳河桥	160.04	三类
	北干渠桥	31	一类
	南干渠桥	31	一类
	漳河大桥	566.08	一类
	讲武城立交桥	26	一类
邢峰线	黄沙桥	25.02	一类
	跃峰渠桥	53.04	一类
	都党沟桥	98	二类
	寺沟桥	127	一类
	凤凰寺北桥	37.7	二类
	凤凰寺南桥	27.24	一类
	冶子桥	303.58	一类

续表

路线名称	桥名	桥长	等级
魏峰线	东候召桥	47	一类
	滏阳河东桥	75.8	一类
	滏阳河西桥	44	二类
	西槐树桥	33.04	二类
	西槐树南桥	180.82	一类
	西槐树北桥	180.82	一类
合计		2047.18	

服务设施

漳河检测站　国家Ⅰ类大型检测站。位于107国道漳河大桥北侧，占地9933.33平方米。2008年10月建成，投资450万元，其中交通部资金150万元。2013年，省交运厅投资75万元安装不停车检测系统，超限检测站视频监控实现联网。系统启用后，执法文书和相关报表传输实现网络共享。

磁县汽车客运站　位于友谊南大街5号。2000年投资316万元，拆除翻建原汽车站，2001年建成投用，占地面积1.13万平方米，建筑面积2000余平方米，停车场地面积7000平方米，从业人员45人。2002年，磁县汽车站改称邯郸交通运输集团磁县汽车客运站。2011年，更名为万合集团股份有限公司磁县汽车客运站。

2018年站内有发车位4个：始发班车位1个、过路班车位1个、长途过路班车位1个、流水班车位1个。日始发班次205个，过路班次101个，长途班车途经15部，日客流量2700余人次。短途过境班线：邯郸—安阳，过路班车6部；安阳—邯郸，过路班车15部。邯郸至安阳每40分钟1班；安阳至峰峰每15分钟1班；安阳至衡水、峰峰至大名、临漳至峰峰、临漳至长治的过境客车每日1班。长途过路班线：邯郸—开封、临漳—长治、长治—临漳、开封—邯郸、新乡—邯郸、峰峰—塘沽、塘沽—峰峰、安阳—涉县、邯郸—郑州、峰峰—石家庄、石家庄—峰峰、邯郸—北贾壁、邯郸—都党、陶泉—临漳。

磁县汽车客运中心　2012年，在中华慈大街与魏峰公路交叉口西北角征地3.8万平方米筹建汽车客运中心。2014年，注册成立河北万合客运有限公司磁县汽车客运站，亦称河北万合客运有限公司磁县分公司，属站司合一单位。专业从事客运管理，在册职工61人。2015年投资300余万元，在汽车客运中心院内建成面积8000平方米的电动公交车充电场，内设25个双枪充电桩，增设2个大容量变压器。新站主站楼2016年开工建设，2018年1月竣工。

磁县汽车客运中心（2019年　摄）

第三节　铁　路

铁路线

京广铁路磁县段　原长31.3千米。从花官

营乡入境，讲武城镇出境，为一级双线电气化铁路。1997年后，历经6次提速。至2018年，列车全部更新为电力机车，客运列车时速达163千米/小时，货物列车时速达90千米/小时。县内原有西光禄、磁县、讲武城3个车站。2016年区划调整后，域内长19.1千米，有磁县、讲武城2个车站。

邯济铁路磁县段　邯济铁路为国家一级铁路干线，1996年11月开工，1999年2月2日全线道轨铺设完成。磁县境内长7.48千米。2011年始，实施二期改扩建工程。2014年完工，改建为双线电气化铁路。2016年10月区划调整后划归冀南新区。

火车站

磁县火车站　始建于1904年，位于县城友谊大街中段西侧。车站起止里程为京广线461千米+114米至462千米+840米，中心里程位于京广线462千米111米处，距北京西站473千米，距广州站1821千米。1999—2012年归邯郸车务段管理，2013年4月1日后属中国铁路北京局集团有限公司邯郸站管辖。该站为营业站，技术性质属中间站，业务性质属客、货运站，业务量属三等站。车站设正线2条，到发线2条，货物线1条，道岔15组。20世纪90年代，发送货物以焦炭为主，日装车10车厢。2003—2008年发送货物以玉米为主，日均装车10车厢；到达货物以化肥为主，高峰时日均卸车20车厢。2008年后，货运量下降，发送、到达货物以粮食为主，日均装车1车厢、卸车2车厢，年发送货物2万吨、接卸货物4万吨。

K7724次列车图（2018年4月　摄）

磁县火车站（2018年9月　摄）

车站设客运站台2处，长570米。一站台宽5.5米，二站台宽4米，总面积5415平方米；候车室1个，面积600平方米。磁县站停靠车次多有变化，1997年停靠车次最多，有11列，以下行为主。2018年仅保留客运业务列车一对（保定—磁县K7721次，磁县—定州K7724次），过路车不再停靠。2018年8月29日，因业务调整，中国铁路北京局集团有限公司取消磁县客运列车后，磁县站客运仅保留售票业务。1999—2018年，年均发送旅客5万人次，到达旅客6万人次，2010—2015年为客运高峰，年均发送旅客10万人次，到达旅客10万人次。

讲武城火车站　位于磁县讲武城镇，建于1938年。距北京站493千米，距广州站1811千米。1999—2012年，归邯郸车务段管理。2013年4月1日，属中国铁路北京局集团有限公司邯郸站管辖，为四等站。

第四节　航　空

邯郸机场

邯郸机场位于邯郸市机场路中段西侧的磁县台城乡内，2016年区划调整后划归邯山区。北距邯郸市10千米，东距成安县县城25千米，南距磁县县城18千米，西距峰峰矿区22.5千米。机场标高75米，地理坐标为北纬36°31″、东经114°26″。

1992年，邯郸机场项目获国务院立项，在马头直升机机场原址建设邯郸机场。2002年，邯郸机场项目重新启动。2003年3月5日，河北省和民航华北管理局批复邯郸机场的初步设计及概算。

2004年12月，邯郸机场开工建设。2006年5月16日，邯郸机场飞行区通过行业验收。2006年12月4日，邯郸机场航站区竣工通过验收。2007年6月26日，民航华北管理局颁发邯郸机场开放使用许可证。2007年8月8日，邯郸机场建成通航，首条航线为上海浦东。2011年7月，邯郸机场扩建工程开工。2014年9月，邯郸机场空港货运中心成立。2015年6月18日，邯郸机场货运中心对外投入运营。2016年，邯郸机场升格为4C级机场。2017年11月13日，河北省发改委批复邯郸机场改扩建工程可行性研究报告。

航线

邯郸机场最初有上海、重庆两条航线。后陆续开通广州、深圳等14条航线。2020年夏秋航季，邯郸机场共有9家航空公司在此开通14条航线，通航19座城市。

2020年邯郸机场航线情况统计表

表6-4

航空公司	航点
中国东方航空（MU）	上海浦东、昆明
中国南方航空（CZ）	广州
四川航空（3U）	成都
东海航空（DZ）	深圳、哈尔滨
浙江长龙航空（GJ）	成都、大连、西宁、杭州
春秋航空（9C）	宁波
华夏航空（G5）	重庆、呼和浩特、大连、宜昌、天津、贵阳
北部湾航空（GX）	珠海、海口
上海航空（FM）	鄂尔多斯、温州

航运业务

2007年，邯郸机场接送旅客1.2万人次。2015年升至25万人次。2016年达46万人次。2017年突破68万人次。2019年，邯郸机场接送旅客97.07万人次，同比增长27.1%，全国排名第107位；货邮吞吐量1026.1吨，同比增长2.1%，全国排名第124位；飞机起降6.49万架次，同比下降11.4%，全国排名第51位。

截至2020年4月，邯郸机场航站楼面积3900平方米；站坪面积2.8万平方米，设7个C类机位；跑道长2600米，宽45米；可满足年旅客接送50万人次、货邮吞吐量1500吨、起降7353架次的使用需求。

第二章　公路运输

第一节　客　运

城乡公交客运

运输组织与车辆　2001年2月，磁县利民公共交通有限公司成立，拥有公交客运车辆60余部。办理学生卡、老年卡、盲人卡、伤残军人卡等惠民业务。2009年，对40部城乡公交车进行更新。2012年6月，邯郸万合集团投资3000余万元，购置37部宇驰豪华燃气公交车投运。2012年年底，磁县实现城乡公交客运一体化。2014年，磁县利民公交公司收购公交1、2、3路公交车14辆，由原个体承包经营转变为“公车公营”模式，是年10月1日开通运营。2015年，磁县利民公交公司响应“节能环保”政策，购置90部绿色新能源电动公交车，收购公交磁县—岳城营运车16辆及城区6、7路公交车30辆，仅剩西部山区乡（镇）农村公交班线为承包经营。2016年1月8日，90辆绿色新能源电动公交车投入运营。

电动公交车运营（2016年1月　摄）

城乡公交线路　2001年2月，磁县利民公共交通有限公司开通城乡公交线路8条。1路停靠站点：新市场—西候召—东候召—南开河—西玉曹—白塔—兴善路口—柳儿营—太平—北豆公—南豆公。2路停靠站点：驸马沟—徐家沟—西槐树—东槐树—化肥厂—县城—五里铺—十里铺—高臾—兴善。3路停靠站点：新市场—南来村—西来村—于家店—滏泉湖—肖庄—下庄店—上庄—九龙口。4路停靠站点：商都—杨仙庙—新赵都—新市场南门—固城路口—磨里—申庄—王家店—讲武城—南营—西小屋—陈庄路口—时村营—马家坟—岳城。10路停靠站点：固城—化肥厂—东槐树—东窑头—西窑头—小盆沟—田庄—上陈—白庄—马水涧—梧桐庄矿。

同时，该公司开通城区公交线路2条。6路停靠站点：城区循环，6部公交车运营。7路停靠站点：城区循环，10部公交车运营。

城际公交线路　2012年6月，邯郸万合集团开通邯郸市至磁县802、803路城际公交线路。

802线路：线路全长30千米。沿途停靠站点：邯郸汽车客运总站—渚河路—邯山街口—亚森家具城—邯峰电厂小区—左西村—刘村—屯庄—北左良—南左良—吴庄—辛庄营—小狼营—高臾—甘草营—西王庄—北开河—魏峰线—107国道—磁县汽车站。20辆公交车运营，每10分钟一班。夏、冬季首末班车时间为首班5：30，末班19：00。

803线路：线路全长30千米。沿途停靠站点：邯郸汽车客运总站—浴新大街—渚河路—公交四公司—107国道立交桥—交通学校—荀子中学—北张庄—南张庄—飞机场—北方学校—花官营—木鼻—杏园—杜村—西光禄—大营—北来村—磁县汽车站。20辆公交车运营，每10分钟一班。夏、冬季首末班车时间为首班5：30，末班19：00。

邯郸至漳河园区线路：邯郸万合集团开通运营，全长38千米，沿途停靠站点为802、803停靠站点，循环运行。2部公交车运营，每两小时一班。夏、冬季首末班车时间为首班7：00，末班17：30。

农村公交线路　邯郸万合集团磁县分公司开通19条线路：陆开—磁县、都党—磁县、羊城—磁县、索井—磁县、十步槽—磁县、炉峰山—磁县、北贾壁—磁县、观台—磁县、前岭—磁县、柳树池—磁县、苗庄—磁县、史村—磁县、梁庄—磁县、陶泉—磁县、白土—磁县、天壕—磁县、古佛—磁县、岗子窑—磁县、北王庄—磁县。

出租汽车客运

2006年8月1日始，实施《磁县出租汽车客运管理办法》。2006年10月，磁县宇航出租汽车有限公司、磁县顺发汽车有限公司成立，第一批40辆“吉利优利欧”牌出租车出现在磁县城乡街头，出租车行业实现“零”的突破；11月，县交通局出租汽车管理办公室挂牌成立。2008年6月，全县出租汽车增至121辆。2011年，县交通局编印《磁县出租汽车驾驶员岗前培训教材》，向出租车司机发放。9月，更新47辆出租汽车，车型为“海马M3”型轿车。2014年7月至2015年4月，剩余74辆出租汽车分批更新换代，车型为“风神S30”“起亚”。2012年3月28日，磁县出租车起步价由2006年开始执行的3元含1.8千米、每千米1.2元调整为4元含1.8千米、每千米1.2元；2016年6月30日，起步价再次调整为5元含1.8千米、每千米1.2元。

2018年1月，出租车安装电召系统设备，解决乘客打车难、出租车司机载客难问题。

第二节 货 运

车辆与从业人员

1984年后，随着改革开放的深入，全县公路运输业加快发展。呈现由国有经济为主、私有经济为辅改变为国有、集体、个体一起上的发展格局。至1995年，从事营运的载货汽车达1200辆；载客汽车（个体）从无到有，达78辆；拖拉机1400辆；机动三轮300辆。搬运装卸队21个，汽车修理厂（点）35个，定点二级维护厂3个，汽车检测站1个（1993年5月建成投用），乡（镇）运输服务组织5个。运输业、装卸业、汽修业、运输服务业从业人员1万余人。

2009年1月停收全部交通规费，减轻运输从业人员的经济负担，运输从业人员大幅度增加。至2011年年底，营运车辆达6400辆（含农用车、拖拉机、机动三轮），营运人员1.5万余人。

截至2018年年底，全县拥有货运从业人员1.1万余人，货运车辆3200余辆，其中重型以上货车1700余辆，总质量4.5吨以下小型货车1500余辆（4.5吨以下货车道路运输证及从业资格证于2018年年底取消）。货运企业23家，其中拥有30辆以上运输车企业5家。

货运组织

2019年，全县货运企业（5辆车以上）有12家，车404辆，司机440人，年运输能力155.54万吨，运输区域以周边省市为主，覆盖全国。

2019年磁县货运企业情况统计表

表6-5 单位：辆、人、吨

货运公司名称	成立时间	车辆数	司机数	年运输能力
万合集团邯郸隆源运业有限公司	2010年7月9日	35	40	67200
磁县保成运输有限公司	2016年11月10日	17	17	84150
邯郸市凯纵运输有限公司	2017年6月7日	17	21	38080
永鑫公司	2017年6月13日	46	48	350000
河北坤维汽车贸易有限公司	2017年7月3日	42	42	226800
邯郸市华旭运输有限公司	2017年8月21日	26	26	128700
磁县安航汽车运输有限公司	2017年12月11日	77	85	83160
河北易安胜运输有限公司	2018年2月24日	44	44	237600
河北鑫百强运输有限公司	2019年4月12日	23	35	27324
正鑫公司	2019年4月19日	20	23	150000
广丰物流公司	2019年4月26日	18	20	120000
河北江洲运输有限公司	2019年5月9日	39	39	42350

县交通局搬运公司

机构 1956年2月成立马车运输合作社，社员82名，属县交通科领导。1958年，精简20余人，购得房产6间，价值7000元，新建马车棚25间、

宿舍11间、机房5间。1960年，改为县营集体所有制企业，属县交通运输局领导。1961年，下放人员10余名，职工定员52名。1972年，改称马车队。1976年，改称运输队。1988年与搬运队合并，称为搬运公司。2007年3月，搬运公司因资不抵债依法破产，有员工270余人。

装卸业务　运输工具主要为拖拉机，从事磁县火车站货场钢材、木材、化肥等物资装卸运输业务。1996年因电气化铁路改造提速，三米以上大件物料需发到马头站后转发磁县，业务装卸量骤降，从1990年的5万吨减至1996年的3万吨。1997年，受东南亚金融危机影响，全县企业效益下滑，收货方为节省费用直接到马头站提货，搬运公司装卸运输业务量继续下降。2003年后，装卸量徘徊在1万吨左右。

第三章　交通运输管理

第一节　规费征收

养路费稽征

1984年，磁县交通局成立养路费征收站，开展养路费征收业务。1987年，在搬运公司院内建立办公楼。随着业务量增加，2005年在磁州路筹建稽征站办公用房，2006年投用。2009年1月1日起停征养路费。

1999—2008年磁县养路费征收情况统计表

表6-6

单位：元

年份	养路费征收额	年份	养路费征收额	年份	养路费征收额	年份	养路费征收额
1999	11896765	2002	16792680	2005	19000000	2008	20976726
2000	13005960	2003	17293955	2006	20561315	—	—
2001	14983500	2004	18654376	2007	21141213	—	—

运管费征收

根据上级相关通知要求，1992年开征客票附加费（每月每座位60元），1996年开征货运附加费（每月每吨10元）。磁县年度任务指标由邯郸地区运管处下达。财务实行收支两条线，收入全部上缴，经费按编制包干拨付。至2008年年底，县内注册货运车辆4300辆；客运车辆96辆。按照税费改革要求，货运附加费、客票附加费自2009年1月1日起停止征收。

1999—2008年磁县交通规费征收情况统计表

表6-7

单位：元

年份	运管费	货运附加费	客票附加费	年份	运管费	货运附加费	客票附加费
1999	1261558	507099	557640	2004	1256530	472834	702214
2000	1325346	643116	651300	2005	1580727	841457	615776
2001	911899	450059	680300	2006	1664067	1171147	500856
2002	1123312	500879	665320	2007	1491760	1169153	399860
2003	936468	276354	458240	2008	2091869	1410122	250100

第二节 陆水监管

道路运输管理

1999—2005年，整顿全县运输行业。限购控购普通货车，优先购置箱式车、低耗能车、特种车；客车数量不新增只更新，支线车、柴油车、小型车优先。整顿中，取缔和优化组合相结合，保留5家搬运装卸组织，重新颁发许可证；取消5家乡（镇）集体运销服务站；强化汽车维修厂家守法经营；专项管理危险品运输车辆，保障危货运输安全；水上交通纳入运输管理范围；撤销运管分站，成立运政执法稽查大队，路查路检规范管理。

依法查处无证车非法运营 （2014年11月2日 摄）

2006年后，落实“三定”（定时间、定站点、定线路）管理，“三定率”达100%；客运车辆完成新旧更替，保有96辆；制订源头治超工作方案，从严把关，治理超限超载；实行各路检队、所检查路线轮换制度，进一步规范上路执法。

2010年4月始，实行“查处分离、票款分离”制度，按照“单位开票、银行代收、财政统管”办法，推行行政事业性收费票款分离工作。运政稽查人员负责上路检查违法车辆、调查取证；案件受理中心负责核实、处罚；违章处理室负责处理违章案件。规范执法文书的内容书写和运行程序。截至2018年年底，共查处违法案例9700件。

公路超限超载治理

2010年7月15日，县交通局公路路政执法大队转制为运输超限超载治理站，负责县内国省干线运输超限超载治理工作。107国道、魏峰公路实行不间断检测，邢都公路、磁西公路等县乡路段流动巡查超限超载运输车辆，超限率有效控制在2.5%内。2015年，累计出动执法人员5960人次，执法车2200辆次，查处超限超载车辆978辆，卸载货物20817吨。

为落实《交通运输部、工业和信息化部、公安部、工商总局、质检总局关于进一步做好货车非法改装和超限超载治理工作的意见》要求，2016年9月21日，磁县漳河联合治超站成立，位于国道107线漳河大桥北侧路西。实行路警联合治超（公安交警负责处罚扣分，漳河联合治超检测站负责检测车辆、卸货及文书归档）。2018年7月，制订《磁县治理车辆超限超载联合执法常态化制度化工作实施细则（试行）》，治超、运管、交警全部到位后，进一步明确工作职责、规范执法行为，细化执法办案流程。漳河固定检测站全面实现联合执法常态化，24小时不间断对过往车辆检测和监督卸载；以漳河联合治超检测站为依托，加大流动治超的执法频次。通过路警联合执法，加强治理超限超载运输车辆，超限率有效控制在2.5%内，货运车辆超限超载运输得到遏制。2016年9月至2018年，共查处违法超限超载车辆885辆。其中，仅2018年查处超限超载车辆653辆。

磁县海事处 （2013年12月 摄）

水上交通监管

2007年5月14日，磁县地方海事处成立，行政隶属磁县交通运输局，业务受省、市地方海事局指导和监督。同时，成立磁县港航管理处，挂靠磁县交通运输局运输管理站，一套班子、两块牌，行政隶属磁县交通运输局，业务接受邯郸市港航局指导。拥有海事应急救援队员 23 人，应急救援车 4 辆，应急救援船 3 艘，海事巡逻艇 1 艘。

清理库区“三无”船舶（2015 年 6 月 18 日　摄）

2009 年，清理岳城水库“三无”船舶 23 艘，平台、码头 3 处，由海事部门移交岳城镇政府管理；2013—2017 年，县公安、渔政、交通等部门及路村营乡政府联合清理东武仕水库库区“三无”船舶、非法平台。仅 2017 年，清理无证机动船 9 艘、脚蹬船等非机动船只 108 艘、摩托艇 13 艘、画舫船 1 艘。截至 2018 年，县内累计开展“三无船舶”整治、“打非治违”专项行动、“安全生产大排查大整治”专项行动 20 余次，清理各种“三无船舶”300 余艘。

至 2018 年，滏泉湖风景区（东武仕水库）有合法水上旅游经营户 6 家，机动船 22 艘，船舶驾驶员 18 人，水上安全管理员 25 人。

第三节　运输服务

汽车综合性能检测

1993 年，磁县汽车综合性能检测站成立，被评定为 B 级资质，位于监上街搬运公司院内，主要检测 1.5 吨以上货运车辆综合性能。临漳县的车辆也在此检测。1998 年，检测货车 2800 辆。2003 年后，年检测货车 3000 余辆。2009 年起，临漳县的车辆回临漳县检测。2013 年，检测站迁至磁西公路，与维护、审批业务实现“一站式”办公，有检测企业 1 家：磁县立本综合性能检测有限公司，检测车间 1490 平方米。2016 年后，增加机动车安全技术检测、机动车排气污染物检测业务。2018 年年底，实行“三检合一”模式，保障车主“交钥匙工程”（优化检验检测服务流程，实现“一次上线、一次检测、一次收费”）实施到位。

汽车驾驶培训

截至 2018 年年底，全县驾驶培训机构有 3 家：正飞驾校、驰鹏驾校、锦泰驾驶员培训中心。

正飞驾校成立于 2018 年 1 月，位于磁州镇常庄村。占地 3.73 公顷，教练员 52 人，教练车 40 辆，累计招收学员 2000 余人。

驰鹏驾校成立于 2011 年 8 月，位于磁州镇东槐树村西。占地 4 公顷，教练员 80 人，教练车 40 辆，累计招收学员 1.35 万余人。

磁县锦泰驾驶员培训中心，位于磁县磁州镇曲沟村西，成立于 2010 年 4 月，占地面积 3.3 公顷。有职工 50 人，教练车 40 辆，累计招收学员 2.1 万余人。

第四节　路政管理与公路养护

路政管理

1989 年 5 月，县交通局公路站成立路政组。1993 年 3 月更名为路政执法大队。2010 年 10 月 15 日，整合原养路费征稽站与原公路路政执法大队，成立路政管理站。2011 年 4 月 30 日，全市路政内业现场会在磁县召开，全面推广路政内业标准；6 月 29 日，在博物馆广场开展《公路安全保护条例》宣传活动。

2012 年，漳河大桥、南留旺桥大修施工期间，指导施工单位设置安全标志；在东侯召危桥处设置限行标志；断开平交道口 8 处，清理非交通标志 76 块。

2013—2015 年，在成峰线北豆公村段安装隔离墩 1500 米，拆除成峰线白村段控制区内违章建筑物 22 处、990 余平方米，清理废弃非标 1319 块、加水点 39 处、建筑垃圾 294 处 2315 立方米，制止私自开设平交道口 32 处，清洗示警桩 300 余根，更新示警桩 50 余根，处理路政案件 96 起，移交公安机关案件 3 起，申请法院强制执行案件 30 起，收取公路路产赔（补）偿费 120 余万元，罚款 20 余万元，结案率 100%，保护公路财产安全。

2016年，投资115万余元，315、316省道标线施划各2次，指路标志维修补设15块，道口标志增设100块，警示桩补栽300余根；查处路政赔偿案件16起、路政处罚案件21起，申请法院强制执行案件18件，查处率98%，索赔率100%，合计30余万元。

2017—2018年，配合大气污染防治工作，加大国、省干线路政巡查力度，查处抛洒、遗漏、交通事故等污染公路的违章车40余辆，拆除国、省干线公路两侧违章建筑536处、10.32万平方米，腾出土地42.93公顷；取缔私开平交道口700余处，清理公路两侧垃圾4400余立方米。

国省道养护

1999年，县公路管理站负责管养县内国、省干线公路。站内设办公室、财务室、养护组、桥梁组、计审组、行政事务所和试验室7个组（室），荣盛路桥工程有限公司、交通设施服务公司和养护工程公司3个三产公司。机械设备有3000型沥青拌和站、水稳拌和站、水泥拌和站、沥青洒布机1台、平地机3台、铲车4台、大小吨位压路机8台、50型装载机3台、运输车8辆、割草机8台、绿篱机7台等，基本实现公路养护机械化。

公路绿化林带管护 （2015年12月25日 摄）

2009年3月，国道107线花官营段由磁县公路站管养改为城郊公路养护处管养；成峰线K21+600—K23+100和K25+500—K26+100由城郊公路养护处管养改为磁县公路站管养。2012年，磁县列养国、省干线公路总里程85.18千米。设4个公路养护中心：林峰养护中心、曲沟养护中心、滏西养护中心、都党养护中心。

2016年行政区划调整后，磁县列养国、省干线公路总里程52.25千米。其中，国道107公路18.2千米，省道魏峰公路17.63千米，省道邢都公路16.42千米。设4个公路养护中心：县城郊养护中心、漳苑养护中心、滏西养护中心、都党养护中心。2018年1月3日，漳苑养护中心改为县城郊养护中心漳苑道班。

107国道公路绿化 1999年后，每年加强公路绿化工作。至2006年，全线共植金丝垂柳8500棵、红花槐3500棵、绿篱和长青苗木17千米，实现四季常青、三季有花效果。

省道魏峰线绿化 1999年春，植毛白杨1800棵、垂柳1800棵、绿篱和花灌木4.2千米。

成峰线公路绿化 2001年春，植垂柳4500棵、火炬树1.5万棵、紫穗槐4万棵、绿篱4万棵；2003年春，杏园以东至成安界段共种植垂柳1500棵、绿篱2千米。

地方公路养护

地方公路管理站的前身是工程队，1984年成立。1988年，改称县交通局乡村公路站。2003年，改称县交通局地方公路管理站。2006年，根据《磁县农村公路养护管理办法》要求，负责管养4条县道（从峰线40.5千米、马峰线14.57千米、马义线15.12千米、邯淑线6.23千米），托管县政府委托道路2条（磁西公路23千米、中华慈大街南段8.77千米）。19个乡（镇）成立乡（镇）公路养护机构，加强养护管理。2012年，县政府出台《乡村公路养护办法》，乡村公路养护经费纳入县财政预算。此后实现田路界清责明，路肩、边坡整齐，路容、路貌整洁。2016年行政区划调整后，邯淑线、马峰线两条县道全线和马义线（马头至东玉曹段）移交到冀南新区管理。剩余3条道路（从峰线40.5千米、马义线3.33千米、滏泉至武吉15.95千米）归磁县管养。至2018年，累计投资990万元，清扫路面、清运垃圾、修剪树木、洒水、培路肩、疏通边沟等；累计投资1157万元，进行道路维修、标线施划和标志安装。

第七编　信息传媒

《邯郸邮电志》载：战国时，邯郸南下经番吾（磁县）、邺至大梁，设邮驿通信道路。汉代，邮亭书舍易名驿，为传递公文、商客歇宿处所。元代，境内设滏阳驿。明代，官办急递铺。清代，滏阳驿内的驿马匹数配备高峰期是康熙十三年（1674 年），有驿马 258 匹。乾隆、嘉庆年间，有驿马 90 匹、骡 16 头、驴 20 头，马夫 45 人，骡夫 15 人，驴夫 4 人，杠轿夫 146 人，兽医 1 人，为直隶省南部最大的驿站。光绪二十四年（1898 年）后，邮驿通信渐废。

1909 年始，境内设 3 个邮政局所，办理邮政业务，主要为信函、印刷品、包裹、汇兑等。1916 年，磁县有 1 条铁路邮路通过，每日班。次年，开办邯郸至磁县汽车邮路。1936 年开办磁县至彭城自行车邮路。1938 年，以太行山为中心的晋冀鲁豫抗日根据地建立交通通信。中华人民共和国成立后，县内建立汽车、摩托车、自行车、步班邮路。至 1998 年，乡村邮路 37 条、长 1575 千米，汽车邮路 2 条、长 235 千米。1957 年开始办理机要业务。1994 年邮政业务量：函件 526.06 万件，包件 13.61 万件，汇票 4.26 万张，机要 412 件，报刊流转额 141 万元，业务总量 344.08 万元。1998 年完成业务总量 333 万元。2018 年，全县有邮政局、所、网点 18 个，除经办传统的信函、包裹、储蓄、特快专递、报刊发行、集邮业务外，还代办其他业务。

县内电话始于 1924 年。日本投降后，县军管会接收电话数十部、市话电缆 2.67 皮长千米。1950 年，县政府各单位均安装电话，为人工交换。1988 年 6 月实现电话自动交换。1998 年，县内装机户 1.2 万余户。磁县电报始办于 1941 年，通信方式为音响单信，往来电报由邯郸经转。1979 年，人工收发电报改为电传收发报。20 世纪 90 年代后，电话通信普及，无线寻呼、移动通信开通，致使电报业务量日趋减少。至 1998 年，县内拥有无线寻呼户 5045 户、移动通信电话 3003 户。20 世纪 90 年代中期始，互联网迅速发展，磁县领先的单位、企业和个人申请建立网站、微博并发布信息、推介产品。其中影响力较大的公共网络平台有磁县政府公众信息网、磁县政府信息公开平台、磁力磁县等。其后，移动通信、网络通信、网络电视继续迅猛发展。至 2018 年，全县移动通信用户 67 万户，安装宽带 10.5 万户，固话 1.1 万户。

1957 年 8 月，磁县广播站成立。1976 年，县—公社—村间的广播专线架通，总长分别为 171.5 杆千米、190 杆千米。村通播率 97%、入户率 73%。至 1990 年，县、乡、村通播率均为 100%，其中有线通播率 70.5%。1994 年，磁县电视台、磁县有线电视台开播。1998 年起不断更新设备，特别是 2016—2018 年，在拓宽传播渠道、拓展经营方式及设备投入等方面改革，促使广播电视事业长足发展。磁县教育电视台 1997 年建成并于次年开播。

1927 年，中共磁县执委创办《磁县农民》，为县内首家报刊。1958 年 11 月，县委创办机关报《磁县报》，其后数次停复、改名。1980 年后，随着经济的发展和信息的发达，县内先后创办《磁州科普》《磁州文化》《磁州广播》等报刊。

第一章　信息化

20世纪90年代中期，互联网迅速在国内登陆并显示强大的生命力。根据国家和省、市关于信息化建设的方针政策，磁县成立信息化建设领导小组，制订相关规章制度，规范信息化建设。磁县互联网开通后，全县部分单位、个人申请建立自己的网站、微博、微信公众号等新媒体，发布热点信息、推介产品、招商引资、服务咨询等。其中，影响力较大的公共网络平台是磁县政府公众信息网、磁县政府信息公开平台和磁力磁县。

第一节　信息化建设

电子政务

2000年成立磁县人民政府信息中心。2010年4月，磁县成立工业和信息化局，负责统筹推进全县信息化工作。在电子政务推进工作中，先后出台《磁县人民政府办公室局域网络系统管理暂行办法》《磁县门户网站信息上网发布审核制度》《磁县教育城域网管理制度》《“河北省农村中小学现代远程教育网”工程设备管理制度》等一系列管理、使用、维护制度。同时，加强信息化业务培训。至2011年，累计对全县各单位、乡（镇）电子政务工作人员进行技术培训2000余人次，推进电子政务的快速发展。

2012年2月，磁县政府信息公开平台建成，并与省、市信息公开平台聚合，全县53个部门、19个乡（镇）同时建设子网页。各单位发布概况信息、规范性文件、年度计划总结、工作动态、行政执法、财务和统计信息等栏目内容。至2018年，已发布4万余条。同时，电子公文传输系统与省、市互联后，磁县制订电子公文传输系统公文办理流程、保密守则、管理办法和运行机制等制度，对接收电子公文传输工作6名人员技术培训。2015年6月8日，开通“磁政微平台”微信公众平台，内设磁县资讯、信息公开、便民查询3大版块。至2018年，发布信息1500余篇，关注4500人次。2018年初，磁县人民政府与移动公司签订电子政务外网建设合作协议，全面推进“互联网＋政务服务”工作，建成全县统一的“一站式”政务服务总入口，实现与省、市级平台对接和数据交换。是年9月，电子政务外网核心机房建设完毕，第一批使用电子政务外网的53个单位基础线路接通。

“互联网＋”政务服务

2016年1月，建成磁县网上办事大厅和全县统一的网上在线审批平台。磁县市民网进驻53个单位，对227项行政许可事项、798项公共服务事项开通网上预约、网上咨询、网上受理、网上办理、网上评议、网上投诉等服务功能，为企业、群众提供实时查询办理进度和办理结果服务。同时，通过对接邯郸市民网升级改造，开通手机客户端，利用手机办理、查询相关事项，提升网上审批系统的服务能力，拓宽群众网上方便快捷的办事服务平台。2017年，磁县行政审批局挂牌，该局专线完成调试，延伸至各有关单位。2018年，全省开通河北政务服务网，设置个人办事、法人办事、行政权力、公共服务、行政执法等栏目。县内实现在线办事和查询功能。

第二节　网络平台

磁县人民政府网

磁县人民政府门户网站——磁县人民政府网（http：//www.cixian.gov.cn/）始建于1999年7月，原名磁县政府公众信息网，由县政府信息中心负责运行维护。

2004年7月，按照全市统一安排，对网站改版。2010年，再次对网站较大改动。2014年全省政府网站绩效测评中，该网站综合评分位列邯郸市所辖县（市、区）第一名。2016年9月，根据区县一体化发展需要，结合新的发展形势对网站再次改版。改版后的网站分27个版块、50余个栏目，内容涉及磁州概况、政府公文、招商引资、重点项目、信息公开、旅游景点及名胜古迹介绍等。其中，磁县新闻、部门动态、乡（镇）动态、重

要公告、政务服务等时效性、互动性较强的栏目及时更新，其他栏目定期更新。遇有节假日和重大活动，如“两会”召开等则开辟专栏进行全方位、多角度宣传。2017 年，按照全国政府网站普查要求，将网站名称改为磁县人民政府网。1999—2018 年，累计发布各类信息 10 万余条。

磁县教育系统局域网

2004 年 5 月，磁县投资 1418 万元在全市率先建成教育城域网，全县 74 所中、小学校实现班班通网络、班班可用多媒体教学系统授课。2006 年，省远教工程实施，全县新装备多媒体教室 104 套，计算机教室 30 个，卫星远程教育接收终端 189 套，光盘播放设备 219 套，基本实现优质教育资源共享，教育整体水平全面提升。2009 年，实现全县中、小学校校通网络的阶段性目标。2011 年，设置计算机教室 60 个，电子白板多媒体 471 套，教育装备得到更新。2012—2013 年，新装备触控电视一体机 147 套，改善基层学校的办学条件。截至 2018 年，全县中、小学校均配备先进的网络教学设备。

随着全县各校信息技术装备的逐步完善和提高，教师授课运用新技术、新装备，改良课堂教学模式，提高课堂教学效果。2008—2013 年，100 余名教师在全国第十二、十三、十四、十五、十六、十七届多媒体教育软件大赛中连续获奖，总成绩连续在全市名列前茅。在邯郸市第一届（2012 年）、第二届（2013 年）信息技术创新大赛上，磁县总成绩名列前茅。2011—2014 年，磁县教师连续 4 年在“全省信息技术优质课评比”中获奖。2013—2014 年连续两年在邯郸市信息技术与学科整合课中获一等奖。2013 年，在“全国第十四届电脑制作活动暨第二届中国国际学生信息科技创意大赛”中，磁县 7 名学生获全省一等奖，被省教育厅推荐参加全国比赛。

第三节　网络安全

网络监管

2003 年 4 月，县公安局设立公共信息网络安全监察股，负责发布新闻和网络信息、处置网络突发事件。2009 年 9 月 24 日，磁县成立信息网络与安全协调小组，加强指导县直党政机关、金融单位、重点生产企业、通信等重要领域计算机信息系统网络安全保护工作。县公安局加强监督管理县内国际互联网用户的备案、安全运行，查处涉网违法犯罪活动。

2018 年，开展净网行动，发现并处置网上有害信息 296 条；督促整改各类网站 21 家，处罚违规运营商 3 家；破获各类刑事案件 11 起，抓获各类违法犯罪嫌疑人 19 人。

保密管理

保密宣传　1999 年，组织 54 个县直单位干部职工参加保密知识测试活动。2000 年 5 月，在县教育有线电视台播放保密教育系列片《国家利益》。2001 年 8 月 22 日，组织县委保密委员会成员 30 人赴石家庄市参观“警钟长鸣——窃密泄密案例展”。2002 年起，利用《磁县发展》、电视台、宣传展板、书画、收看泄密案例警示教育片等形式开展保密普法宣传教育。2018 年，开展保密宣传图片展进“进机关、进学校、进社区”活动，提高全民保密法制意识，筑牢保密思想防线。

保密培训　2000 年起，利用县委党校教育阵地，先后多次培训乡（镇）和县直单位涉密人员、企业厂长经理，重点讲授保密工作的重要性、世界贸易组织与保密工作、计算机联网等内容。2010 年，以新修订的《中华人民共和国保密法》实施为契机，辅导培训 500 余名副科级以上领导干部。2018 年 6—9 月，结合党政系统“业务大练兵”活动，培训全县党政机关办公室主任、专兼职保密干部，提高业务素质和保密能力。

保密检查　1999 年起，对高、中考试卷保密室例行检查，对党政机关强化保密检查，对定点复制单位、废品收购站严格落实保密制度。

2008 年北京奥运会前夕，对 40 个党政机关拉网式保密检查，对 23 个单位下发整改通知书。配备保密技术防范产品和检查设备，执行上网信息保密审查制度，做到“涉密信息不上网，上网信息不涉密”。2011 年制订《党政机关保密管理手册》，2014 年修定完善《党政机关保密工作管理制度》，进一步规范保密管理。

2018年，对10个单位的涉密电脑开展保密检查，开展保密自查自评督查。安排重点单位对手机、微信群、公众号、门户网站、单机、上网电脑开展保密自查，上报自查报告。

第二章　广播　电视　报刊

1957年8月，磁县广播站成立。1984年6月11日，磁县广播站更名为磁县广播电视局。1987年9月磁县电视差转台、磁县人民广播电台落成试播。1994年1月，磁县电视台开播。是年10月，磁县有线电视台试播。1998年始，不断更新电视台设备，特别是2016—2018年，在拓宽传播渠道、拓展经营方式以及设备投入等方面改革，使广播电视事业得到长足发展。

磁县报刊种类较多：县委、县政府机关报《新磁县》，县文教局办《磁州文化》，县文联文学艺委会办文学季刊《滏泉雁鸣》，县电视台办《磁州广播》，还有其他《景嵩》《文苑》《慈善天地》《磁州农情》《人文中原》等。

第一节　广　播

设备及运行

1989年1月1日，磁县人民广播电台开播。2000年6月，新增调频接收机25套。2001年5月，投资4万元采购设备，开通电台直播节目。10月投资1万余元，改造县城主要街道低音喇叭，架设线路4000米，安装10瓦低音喇叭50个，强化调频和有线双路传输，扩大广播有效覆盖。2008年，筹集50多万元，定购调音台、音频工作站、制作站、播出站、发射机等配套设备。2002—2007年，受电台自身经营状况影响，根据《中华人民共和国广告法》等法律法规要求，磁县人民广播电台停播。2008年2月28日，磁县人民广播电台复播，频率为调频90.1兆赫。

节目设置

磁县广播站开播初期，全天播音3次，计6小时。1989—2000年，磁县人民广播电台自办节目9个。其中，新闻理论性节目3个：《今日磁州》《简明新闻》《报刊集锦》；科技服务性节目6个：《农村天地》《婚姻与家庭》《经济信息》《广告》《周末十分钟》《天气预报》。2001年5月，电台开通直播节目。栏目有《磁州新闻》《信息快递》《消费传真》《健康咨询》《文学芳草地》《空中彩桥》等，每周自办节目时间53小时40分钟。

2008年，电台自办栏目有《开心30分》《好歌放送》《评书联播》《梨园锦绣》等。播出时间每日6：00—24：00。2010年10月，开播县纪委、监察局与群众互动大型直播节目《阳光热线》。

2010年后，网络、智能设备普及，收听广播的人数逐年减少。

第二节　电　视

设备及运行

1993—2014年，投资78.5万元，购置字幕机、监视器、特技机、数字摄像机、非线性编辑机、高清摄像机等设备90台（套、部）。投资30余万元对播出机房设备更新，增设音频工作站。

2017年，投入100余万元，对摄、录、编、播等设备升级改造。先后购置高清摄像机、专业存储卡、无卡非编、高清非编、航拍机、移动导播台、媒资等设备，广播电视采摄、制作、播出设备实现数字化，信号质量大幅度提高。

节目设置

开播初期，电视台自办节目有《磁州新闻》《磁州风采》《社会写真》《经济纵横》《大观园》《点播台》《与你同欢乐》等。1995年3月5日开办《磁州在前进》节目。每日编播《磁州新闻》，节目时长10分钟。每周自办节目22小时45分钟。2000年起，与县司法局联办《法视窗》专题节目。

2003年1月，主办磁县电视台首届春节联欢晚会。开办娱乐栏目《综艺时空》，该栏目每半月一期，周五晚播出，时长90分钟。是年，《纵横磁州》专题节目开播。并在有线网络系统中开通互动点播频道。2005年，与县安监局联办《安全视窗》专题栏目开播。是年，推出综艺节目《快乐地带》，共播出29期，于2006年4月停播。2007年9月，开办《生活直通车》栏目。2008年11月，与县计生局联办《人口在线》专题栏目。2009年，开办大型访谈节目《新闻面对面》和杂志性栏目《磁县零距离》。2010年，开办《说事儿》《生活365》《小村故事多》栏目。《磁县新闻》由原每周5次增加到7次。2010年8月23日，承办的庆祝海峡两岸中小企业合作发展论坛2010磁县专场文艺晚会“两岸同歌”在县委大礼堂上演。2011年，开办专题节目《阳光国土》《民政采风》《建设经纬》和联办栏目《法制中国》《天下父母》，在《磁县新闻》开辟民生专栏《说事论理》。2013年，开办专题节目《农业博览》《建设新干线》。2014年5月，《磁县新闻》改版为《冀南新区新闻》，时长15分钟。2015年开办《与爱同行》专题节目。

2016年“7·19”特大洪灾发生后，新闻节目由每日10余分钟延长至50分钟左右，在3个频道不间断滚动播出，每天播出频次30多遍，新闻条数630多条，创建台后单月发稿量之最。举办“众志成城·重建家园抗洪抢险义演”，晚会现场募捐物资价值达51.5万元、捐款88.4万元。是年，《冀南新区新闻》改回《磁县新闻》，时长14分钟。2017年，推出《健康磁州》《磁县119》《红盾在线》等联办栏目。

2018年，开办《法治磁县》《走近政协》栏目。

有线电视

1999年，投资1000万元完成有线电视县、乡联网工程。2001年，投资4万元，为全县19个乡(镇)有线广播电视前端系统配置数字接收机；投资50万元，改造城区有线广播电视网络系统光纤，架设光纤11.5千米，建成光接点11个，传输电视节目23套，并开通网络可寻址管理系统。

2003年，与成都市汇源科技股份有限公司签订光缆联网工程合作协议，标志着磁县有线电视县、乡光缆联网工程启动。是年，将有线广播电视网内传送的节目套数增至31套。2005年，投资200多万元，对全县进行有线电视加解扰管理，固城村率先实施。2006年，投资48万元，引进数字MMDS升级改造技术项目，信号传输质量提升。2007年投资50多万元，对广播电视数字微波系统增功扩容，发射功率由50瓦增至100瓦，节目套数增至36套。

2011年，县广播电视台与县网络公司剥离。此时，全县数字电视用户2860户，模拟用户1.2万户，营业收入100万元。2013年，公司宽带事业起步，是年发展宽带用户1.5万户，实现营业收入2230万元、利润26万元。2016年实行“网格化管理”“大客服体系”制度。将全县划分为21个大网格单元，即21个工作站。各工作站根据所辖区域情况划分为若干个区片并增设村级代办点。2017年5月，中标磁县城市无线网络覆盖服务项目，实现主城区、政府及公共服务办事大厅免费无线网络全覆盖。2018年5月，中标“磁县雪亮工程网络传输费”项目，为磁县社会治安防控工作保驾护航。至2018年，累计架设光缆2383千米、电缆130余千米，覆盖电视用户42702户、宽带用户23649户。

第三节 报 刊

《新磁县》

初期称《磁县发展》，编辑室地点设在县文化中心，隶属县委宣传部，是县委、县政府机关报。2007年12月5日，《磁县发展》首期发行，周刊，发行量5500份，免费发放到县机关单位、厂矿企业。报纸版面为四开八版，分时政要闻、要闻、专题、时政、综合、理论、文化、副刊等。2010年始，《磁县发展》增至12个版面，侧重于县域重点工作、重点项目、民生热点的大篇幅报道。至2016年2月2日，《磁县发展》累计发行420期。是年2月8日，《磁县发展》更名为《新干线》，版面尺寸更改为对开四版，版面改为时政要闻、要闻、综合、副刊4个版块。截至2017年12月27日，《新干线》累计发行99期（总519期）。2018年1月1日，《新干线》更名为《新磁县》。至2018年年底，累计发行52期（总571期）。

《磁州文化》

1991年12月16日创刊，为半月刊，县文教局主办。主要刊载县内时政要闻、文化教育系统动态、县内中小学生及其他文艺爱好者的作品等，发行范围主要是县文化教育系统。后改名为《磁州信息·文化专刊》《磁州报·文化专刊》，共编发50期，1995年5月1日停刊。

《磁州广播》

1992年7月1日创刊，为周刊，县广电局、县广播电台主办。1993年元旦启用黄华题写的新报头。报纸最大发行量达1万份，为冀南地区有名的新闻报纸，1993年停刊。

《慈善天地》

2007年3月创刊，创刊之初为双月刊，每期发行3000份。2010年改为季刊，2014年后为不定期，每期1500份，累计发行40期。县慈善总会主办，属内部发行刊物。发行范围主送县委、县人大、县政府、县政协及各乡（镇）和县直机关单位等，同时发送中华慈善总会、省慈善总会、省民政厅，市慈善协会、市民政局及各县民政局和慈善协会，并与浙江省、山东省部分市县的慈善协会交流。办刊宗旨是“宣传慈善事业、指导慈善工作、唤醒慈善意识、促进社会和谐”。

该杂志设卷首语、民政论坛、关注民生、民政信息、慈善人物、民政人物、慈善链接、慈善视野、往事回眸、著名英烈、慈善文苑、民间故事等栏目。2016年4月停刊。

《景嵩》

2008年5月1日创刊，为季刊，《景嵩》诗社主办，县委老干局协办。发放范围面向县直有关部门，上报邯郸市诗词协会，并与北京、云南、安徽、黑龙江、新疆等外地诗词协会交流。刊发古体诗、现代诗为主，兼发散文、小小说及书法和美术作品。至2018年年底，编发47期，每期印数300本。

《滏泉雁鸣》

2010年5月创刊，是县文联文学艺委会主办的综合性文学季刊，内部发行。主要栏目有小说、散文、诗歌、报告文学、民间文学、剧本、文学评论等。2016年年底停刊。

《磁州农情》

2011年7月创刊，为月刊，由县农业服务协会主办，主要宣传农村政策法规，传播农业信息、致富创业经验等。发行范围面向县直部门、各乡（镇）、农村，并报送市对口单位。编发17期，每期印数1500～2000册，2013年年初停刊。

第三章　通　信

第一节　中国联合网络通信有限公司磁县分公司

中国联合网络通信有限公司磁县分公司（简称“磁县联通公司”）位于县城朝阳北大街168号，内设综合部、市场营销中心、建设维护中心、集团客户中心、渠道中心、营业中心，下设10个营业部。

联通营业厅

营业员业务办理中

固定电话与网络宽带

1993年10月17日，程控电话割接开通，全县电话实现自动交换，并进入国内、国际长途直拨网，传输设备改为光缆传输。至2000年，磁县

固定电话保有量2万余部。

2003—2009年，磁县联通公司在保有窄带拨号上网、ISDN等业务同时，分阶段对全县进行宽带设备全覆盖，宽带业务接入点由原30个增至82个。至2009年，全县电话保有量4.5万余部，宽带2万余部。

随着语音通信技术的发展，原程控交换机已不能满足业务需求。2008年，引入软交换技术，程控交换机逐步退网。2015年10月彻底退网。至2015年，全县固定电话保有量2.5万余部。

2009年引入光纤设备。2010—2015年，实施光纤入户，用户转网。至2015年，宽带保有量3.5万余部。

2016年，实施提速降费，家庭宽带速率达100兆。2018年，实行固网宽带带宽翻番，接入能力提到200兆以上。截至2018年年底，全县光纤FTTH小区86个，光纤FTTH改造370多个村，管道管孔长40千米，光缆3150皮长千米，宽带保有量4万余户。固话业务衰落，保有量1.1万余户。

移动通信

2009—2010年，GSM网升级为2.5G网络(E-GSM)，提供简单的手机语音和短信、彩信服务，县内5万余人使用手机。2011年，进行3G的WCDMA网络构建，2015年实现全覆盖。站点数由60个增至123个，基本满足手机上网及收看视频业务需求，15万余人使用联通手机。在2014年首批试用4G的基础上，2016年增建105个基站，所辖基站数达312个，4G网络FDD-LTE制式基本覆盖县境，使用者达18万余人。2018年7月1日，取消手机流量"漫游"，新老用户省内通用流量升级为国内流量。截至2018年年底，基站累计312个，用户累计20万余人。

小灵通

小灵通是磁县联通公司（原网通）无线市话产品，始发于2002年年底。2008年，全县小灵通用户达1.5万余户。2008年10月，中国网通和中国联通合并后，小灵通业务逐步退出市场。2014年，小灵通基站关闭。

无线寻呼业务

1995年，磁县开通"126、127"无线寻呼业务。1998年，无线寻呼业务发展到顶峰。随着移动电话的普及，无线寻呼业务逐年萎缩，2004年关闭。

第二节　中国移动通信集团河北有限公司磁县分公司

中国移动通信集团河北有限公司磁县分公司（简称"磁县移动公司"）成立于1999年7月，位于县城磁州路35号。至2018年，2G（第二代移动通信技术）基站数量126个，全县11个乡（镇）240个村2G信号覆盖率99%；4G基站338个、室内分布12个、全业务规划机房12个，主城区13平方千米4G信号覆盖率98.51%，总传输线路1006.51千米；县城区、重要工矿企业网络信号交叉立体覆盖，县、乡（镇）覆盖率98%，全县人口覆盖率99%。

服务网点

1999年7月，磁县移动公司从中国电信磁县分公司析出，是年9月1日，磁县移动公司建设路营业部开业。随后，在马头镇（邯山区）、岳城镇、黄沙镇、白土镇、观台镇和县城磁州路建立移动网点。2002年，在全县其他乡（镇）建立合作网点，进一步方便客户办理业务。至2018年，磁县移动营业厅达176个，覆盖全县各乡（镇）。同时设立380个农村代办点。

磁州路营业厅

业务发展

2015年起，以高速光纤覆盖和微成本的方式，开启家庭宽带业务新时代。2015年8月1日，河北移动公司对省内移动客户取消京津冀区域间的长途漫游费用；10月1日起，中国移动对客户套

技术人员安装 RRU 设备（2019 年 8 月 1 日　摄）

餐内流量实现次月结转。

2017 年 9 月 1 日起，取消手机国内长途和漫游费。2018 年 7 月 1 日起，取消流量“漫游”费，新老用户省内流量升级为国内流量（不含港澳台地区）。

至 2018 年 6 月，移动用户数由分营之初的 3500 户增至 37 万余户，宽带客户 2 万户，电视客户 1.3 万户。

第三节　中国电信股份有限公司磁县分公司

中国电信股份有限公司磁县分公司（简称“磁县电信公司”）成立于 2008 年 10 月，位于县城磁州路 186 号。内设综合部、市场部、政企部、网络部、乡（镇）营销部等机构。

服务网点

2008 年 10 月 1 日，建立第一个电信营业厅—县城建设路营业厅。2011 年、2015 年分别建两家自营厅：磁州路营业厅和磁县京都营业厅。2008

磁州路营业厅（2012 年 9 月　摄）

年，分别在马头镇、岳城镇、黄沙镇、白土镇、观台镇和县城磁州路建立电信网点。截至 2018 年年底，有自营厅 3 家、乡（镇）代理网点 175 家。

网络建设

2008 年，有光缆线路 500 余千米，基站 50 余个，FTTH 仅覆盖县城 2 个居民小区。2009 年起，逐年加大资金投入，推进硬件建设，健全网络服务，提高服务质量，各项业务得到快速发展。截至 2018 年年底，累计铺设光缆 2742 千米，建设 3G 基站、4G-LTE 基站 304 个，FTTH 覆盖县内外 314 个村 106138 户、县城居民小区 52 个 13350 户。

业务发展

2008 年，仅在 5 个乡（镇）有代理网点，服务 5000 余用户。2009 年起，全面开展宽带提速、企业专线提速活动，家庭带宽从 200 兆提升到 1000 兆。2018 年，推出智慧家庭业务，全屋定制 WIFI，为用户提供更加快速、方便的光纤信号。终端更加智能化，小度音响、智能门锁、红外远程遥控、智能插座等智能居家营销业务方便用户生活。在邯郸区域内进行的用户手机信号和宽带服务同城满意度测评中，满意度均为第一。

至 2018 年年底，宽带用户达 45580 户，电视用户达 26587 户，手机用户达 95871 户。互联网专线达 260 条，政企专线达 80 条，涉及银行、证券、保险、医疗、教育、党政等多个行业系统。直接及间接提供工作岗位 500 余个。

第四章　邮　政

第一节　邮政机构网络

邮政机构

1998 年 7 月 31 日，磁县邮电局实施邮、电分营，磁县邮政局成立。1999 年综合办公生产大楼竣工，建筑面积 3249 平方米、营业面积 800 余平方米。2001 年 1 月 6 日投用。

2008 年 7 月 30 日，邮政储蓄银行磁县支行

磁县邮政局（2018 年　摄）

邮政农村投递实行摩托化（2011 年 4 月　摄）

成立。2009 年 4 月 1 日，磁县速递营业部成立，实行省市县专业化管理。2015 年，磁县邮政局更名为中国邮政集团公司河北省磁县分公司，下设综合办公室、市场营销部。

至 2018 年，全县有邮政局、所及补建邮政网点 18 个，储蓄网点 4 个，拥有 ATM 自动柜员机 10 台，邮路 1 条、总长 235 千米，投递道段 34 条。邮储网点与全国联网，实现通存通兑。

邮政网络

1998 年邮、电分营后，全县设立 8 个农村邮政支局（所），县城 1 个营业储蓄所。2008 年，讲武城邮政所迁至磁州路营业所。2015 年，建设乡（镇）局（所）11 处。2018 年 6 月，固义所转交给峰峰邮政分公司管理。其他 10 个所开业，实现各乡（镇）邮政局（所）覆盖。全县共设立 18 个农村邮政支局（所）及县城 2 个营业储蓄所。

1998 年，全县乡村自办汽车邮路 2 条。2002 年，自办汽车邮路改为委代办邮路 1 条：县城—辛庄营—林坛—九龙口—白土—都党—岳城—观台，全长 250 千米。2017 年下半年，为缩短用户出口邮件的时限，委代办汽车邮路 1 条改为上午、下午运行两个频次，实现辛庄营—林坛两个支局出口邮件提前一天寄递。

1998 年邮、电分营后，投递线路设城区 10 条、农村 27 条。2008 年，全局实行减员增效，城区投递线路由 10 条合并至 7 条，农村不变。2010 年后，乡邮投递工具由自行车改为摩托车，共有投递员 27 人、投递摩托车 27 辆；城区投递改为 7 辆电动车投递。2017 年，为适应快递包裹业务发展，实行普通投递队伍和专职投递队伍分离，市投递道段由原 7 条改为普邮 4 条，新增快递包裹专线 7 条；农村投递线段为 27 条，投递覆盖率达 100%。

第二节　邮政业务

邮政函件包件业务

2001 年成立函件广告部，同时开办《中邮广告》业务，每周编发 1 期。2001 年 5 月 14 日，在全县各局（所）开办回执业务。2002 年，在全县各局（所）开办快递包裹业务。2004 年两项业务收入 21 万元。随着业务量发展，至 2018 年，两项业务收入合计达 192.46 万元。

邮政报刊发行业务

随着报刊种类增多及业务量增大，1994 年始，实行微机管理，结束多年的人工开单结算报数历史。是年报刊流转额 141 万元。2005 年 10 月，成立报刊零售中心，开展报刊零售和县城 8 个报刊亭的经营管理。2011 年，有 4 个报刊零售亭，5 个委代办零售网点。2016 年，报刊微信订阅。2018 年，报刊流转额达 526 万元。

特快专递业务

1993 年 9 月始，代收邮政特快专递业务。1997 年 8 月，配备特快专递车辆。1998 年 2 月起，特快专递实行专投。2001 年 6 月，开办特快送款业务，此业务实行车辆自备，承包经营。2001 年 12 月，此业务停办。2001 年始，与县公安局、县交警队、县法院联办居民身份证、行车证、驾驶证、法律文书速递业务。2003 年起，开办“全夜航”“次晨达”等国内、国际速递业务。2009年4月，成立河北省邮政速递物流有限公司磁县营业部，邮政、速递分营。

邮政集邮业务

1992年7月，县成立集邮协会，吸收会员110人。1998年邮政、电信分营，集邮协会会员215人。2005年，业务收入达150万元。2011年，县集邮协会会员达1000余人。2018年，业务收入达148.23万元。

邮政电子商务业务

利用遍布城乡的营业网点、营销网络优势，2003年7月，磁县邮政通信营业厅开张营业，与多家电信运营商合作，代办电信业务。主要经营手机、手机卡、通信器材。2007年，磁县邮政通信营业厅更名为电子商务中心，业务包括代收话费、电费等。2011年后，开办缴费一站通、代收费、邮储短信、速递、汇兑短信、航空电子客票、邮乐卡等业务，发展便民服务站点298处。至2017年，累计发展便民服务站点378处。2018年，加快推进“邮乐购”店建设，建成邮乐购店223处，覆盖全县223个村。

邮政物流配送业务

2005年2月，开办“国审郑单958玉米种子邮购”业务。2006年始，增开配送“金大地”中邮专供系列复合肥业务；是年，开展“五节联送”活动，配送酒水、洗涤用品、食用油、巧克力等节日礼品。2010年，启动农资分销配送业务，全年配送复合肥分销200吨、玉米种子14吨。2011年，发展邮政“三农”服务配送网点107处，配送复合肥500吨。2017年，全县开展邮掌柜网店建设，共建成223处。至2018年，在全县农村销售食用油2800件。

第八编　环境保护

民国及其以前时期，域内以煤炭、陶瓷业为主的工业企业数量少、规模小，生产排污甚微，不被人们关注。

中华人民共和国成立后，磁县贯彻国家、省、市政策要求，调动县内人员的积极性，工业得到较快发展。20 世纪 70 年代，随着“五小”工业（小化肥、小水电、小水泥、小钢铁、小煤矿）的兴起，县内先后建立煤矿、化肥厂、铁厂、耐火厂、磷肥厂、焦厂等。1980 年，县内乡（镇）以上工业企业137家，工业总产值达1.46亿元。工业企业在推动经济快速发展、增加人们经济收入的同时，也造成环境的污染。20 世纪 80 年代中期，国家提出“有水快流”“国家集体个人一齐上”的指导方针，进一步激发县内民众办企业的积极性。至1985年年底，乡镇企业发展到8551家，从业人员达4.45万人。助推经济的发展，也加剧环境的污染。1985年，排放废气3.16亿立方米，含污染物1.01万吨，县内西部几个资源乡（镇）多日灰雾迷蒙；排放废水 1974 万吨，内含污染物 7060 余吨，大部分废水直接、间接排入漳河、滏阳河。

磁县的环境保护工作起步于 1978 年。是年 8 月，磁县环境保护办公室成立。1984 年，成立磁县环境保护监测站。1997 年 1 月，成立磁县环境保护局。1982 年起开征排污费，至 1998 年年底，累计征收 591.36 万元。其中，用于企业治理污染项目资金达 367.55 万元，治理项目 103 个。1985 年起，对 19 个排污单位每年常规监测 2 次排水。1991—1994 年，在县城和 4 个乡（镇）布设 25 个大气监测点。1992—1996 年，取缔拆除 1186 座土焦窑，减少废气排放 9.49 万立方米、污染物 3070 吨。

1999 年后，县内的主要污染源来自工业方面的废气废水排放和农业方面的农药化肥使用。2000 年始，围绕治理目标任务，县委、县政府多管齐下，不断加大组织领导力度；县环保部门准确测报，不断加大监测覆盖面；各乡（镇）和有关单位加大配合协作力度，形成环保治污合力，浓厚环保治污氛围，提高全民环保意识，促使环保工作连年上台阶。至 2018 年年底，“三级河长治水”机制全面落实，河湖“清四乱”专项行动、周边违规项目整治高标准完成，“两大水库”和滏阳河水系动态监测全部达标。累计关闭 21 家小煤矿，充填、毁闭各类矿井、矿点 1084 处；取缔“三小”（小煤窑、小焦窑、小石灰窑）企业 1084 家，淘汰落后产能 125 万吨；淘汰改造燃煤锅炉 394 台，治理餐饮油烟单位 167 家，淘汰老旧车 5308 辆，清理散煤 4000 余吨；实施“气代煤”“电代煤”43900 户；农药化肥使用量下降。全县空气质量综合指数为 7.7，同比下降 18.78%，PM2.5 平均浓度为 72 微克 / 立方米，完成年度任务。

第一章 环境污染

第一节 大气环境污染

工业废气污染

20世纪80年代，磁县西部观台、岳城、黄沙、都党等乡（镇）兴起大批土焦窑，资源能耗高、科技含量低、工艺落后，既破坏资源又污染环境。1985年，磁县排放废气3.16亿立方米，含污染物1.01万吨。主要污染物有二氧化硫、烟尘、一氧化碳、氮氧化物、硫化氢、氰化物及硫酸雾、氟等。其中，以一氧化碳排放量最大，其次是烟尘、二氧化硫、氮氧化物及氟化氢。污染源主要分布于冶炼、煤炭、化工、建材等行业。1999年，全县工业企业有锅炉32台、窑炉1422座。其后，经过多次治理，大气污染逐步得到遏制。2010年，工业废气中二氧化硫排放基数为4416.69吨(其中重点4278.69吨、非重点138吨)；氮氧化物排放基数为2660.45吨（其中重点2606.45吨、非重点54吨）。2015年，排放二氧化硫4752.57吨、氮氧化物2791.45吨。2017年，磁县第一次全国污染源普查数据显示：工业企业废气排放量2245417.30万立方米，年排放烟尘6467.08吨、二氧化硫3725.04吨、氮氧化物1680.49吨、工业粉尘1446.58吨。

汽车尾气与扬尘污染

1999年，全县机动车仅有1072辆。2009年，全县汽车拥有量达32815辆。至2018年，全县汽车拥有量达11.12万辆。同时，107国道纵穿县城。2019年107国道车流量为30.72万辆。日夜行驶不断的汽车流排放的尾气和扬起的尘土成为新的污染源。2017年，抽检376辆大型运输车尾气，查出超标车14辆。

秸秆焚烧污染

20世纪80年代前后，农业秸秆主要用作燃料和牲畜饲料。1997年后，小麦联合收割机推广初期，麦秆留茬高，影响玉米播种。为省时省力，农民直接焚烧秸秆。秋季，玉米秸秆同样焚烧。每年夏收、秋收季节，全县数十万亩之大的农田，秸秆点火燃烧时间长达1个月，成为一年中大气污染最严重的时期。

居民生活污染

多年间，磁县城乡居民日常生活、冬季取暖多用散煤、柴草，处理技术落后，硫、氮等直接排到空气中，产生大量的二氧化硫、氮氧化物和PM2.5。2010年，居民生活二氧化硫排放基数为1344吨，氮氧化物排放基数为202吨。

第二节 水污染固体废弃物污染

水污染

1985年，全县排放废水1974万吨。内含污染物7060余吨。主要污染物为悬浮物、化学耗氧量、挥发酚、氰化物、硫化物、石油类等。其中悬浮物占38.5%。

2010年，主要水体污染物排放基数为：化学需氧量11138.32吨（其中重点1031.32吨、非重点120吨、生活2825吨、农业7162吨）；氨氮1113.17吨（其中重点105.17吨、非重点12吨、生活524吨、农业472吨）。

2015年，全县水体污染物排放量为：化学需氧量9464.88吨、氨氮858.36吨。2017年，全县废水排放量1566.88吨，年排放化学需氧量2055.24吨、氨氮58.34吨。

工业废水污染　废水主要来源于煤炭、化工、造纸、医药等行业。大部分废水通过沟渠直接或间接排入漳河和滏阳河。

生活用水污染　据1994年统计，该年县城居民生活污水排入滏阳河达116.8万吨。2009年前，城区居民生活污水全部排入滏阳河，造成水体污染。2010年后，入污水处理厂处理。

网箱养鱼污染　2005年后，岳城水库网箱养鱼增长迅速，2010年达1000余箱。东武仕水库网箱养鱼始于20世纪80年代，由政府扶持当地水库移民发展而成。随着时间推移，网箱密度越来越大，养殖规模超出水库承载能力。20世纪90年代，年均投放鱼饲料约2500万千克，药物2吨

多，鱼料、鱼粪堆积物加上死鱼腐尸，严重污染水体。1995 年夏季，东武仕水库因网箱密集，水体严重缺氧，造成大面积死鱼，养鱼户经济损失严重。其后，该库区网箱养鱼仍有一定规模，影响水体环境和行洪安全。

2011—2018 年磁县主要水体污染物统计表

表 8-1　　单位：吨

年份	废水排放量	化学需氧量产生量	化学需氧量排放量	氨氮产生量	氨氮排放量
2011	5571498	3856.33	763.79	169.54	31.35
2012	4734030	3763.8	806.97	250.94	43.85
2013	4409603	3641.31	825.42	234.39	44.45
2014	4779569	3214.77	903.61	313.14	93.03
2015	5668672	3856.99	1239.32	361.03	105.97
2016	2690976	2465.05	194.93	250.07	13.68
2017	1527862	1566.68	123	110.20	9.37
2018	1945551	2109.07	125.03	170.10	12.39

固体废弃物污染

2000 年前，全县工业固体废弃物主要有工业废渣、燃煤炉渣，产生量较小，基本综合利用，排放量几乎为零。2000—2010 年，工业废弃物产生量增加，综合利用处置措施到位，排放量极少，建筑垃圾基本随生活垃圾运到垃圾处理厂处理。2011 年后，工厂（产业园区）所产生的一般固体废物主要为脱硫石膏，外售用于建材，无堆存。煤矿产生的煤矸石，主要用于修路、民用建材、矿井回填，未用完的部分堆存在固定场所，逐渐形成矸石山。至 2018 年，矸石山存量达 923.4 万吨。

第三节　农业面源污染

化肥农药地膜污染

1999—2010 年，农业生产中化肥、农药使用过量。全县 2.67 万公顷耕地夏秋两季年化肥使用量约 2.64 万吨（折纯，下同）、农药使用量 172 吨。1999 年，全县农膜使用量 107 吨。2001 年后迅猛增长，至 2004 年达 994 吨。2015 年，根据农业部《到 2020 年化肥使用量零增长行动方案》《到 2020 年农药使用量零增长行动方案》要求，全县组织开展化肥减量增效行动。

2016 年后，通过有机肥替代化肥、测土配方施肥、精准施肥、改革施肥方式、培育新型示范主体、科学用药等措施，至 2018 年，农药使用量控制在 134.2 吨，较 2017 年 141.4 吨降低 5.4%。绿色防控覆盖率达 27%，统防统治率和农药利用率达 38%，亩均减少农药用量 28.83 克。

1999—2018 年磁县农业面源污染物统计表

表 8-2　　单位：吨

年份	化肥使用量（折纯）	农药使用量	农膜使用量	年份	化肥使用量（折纯）	农药使用量	农膜使用量
1999	25030	221	107	2001	27012	255	192
2000	26795	236	84	2002	27455	223	559

续表

年份	化肥使用量（折纯）	农药使用量	农膜使用量	年份	化肥使用量（折纯）	农药使用量	农膜使用量
2003	24657	256	570	2011	26548	172	763
2004	26820	259	994	2012	26714	175	763
2005	27589	249	965	2013	26747	176	758
2006	—	—	—	2014	26152	170	721
2007	25878	169	759	2015	24283	162	660
2008	25674	167	764	2016	14449	92	470
2009	26378	171	762	2017	14435	87	118
2010	26433	172	763	2018	13507	90	156.6

说明：2006 年资料缺失

养殖业污染

“十二五”期间，养殖业污染成为主要污染源之一。磁县 580 家规模养殖场中，养猪业 252 家，养鸡业 311 家，养牛业 17 家，年均产生粪污 60 万吨。

第二章　环境监测

第一节　监测管理

监测机构

磁县环境监测站建于 1985 年，隶属磁县城乡建设环境保护局。1996 年 12 月磁县环境保护局成立后，1997 年 12 月成立磁县环境监测站。2012 年，磁县环境监测站增加事业编制 14 人，股级职数 3 人。2018 年，磁县环境监测站事业编制 20 人，股级职数 2 人。

监测设施

1998 年 12 月，首次通过计量认证。监测仪器设备主要有 721 分光光度计、天平、烟尘测试仪、大气采样器、空气采样泵、声级计、酸度仪等 18 台（套），监测用房面积 176 平方米。

2000 年始，先后投入上百万元加强硬件建设，逐步配备更新水质、大气、噪声、土壤、固体废物等各项常规监测所需的基础设备，以及较先进的液相色谱、气相色谱、原子吸收、离子色谱、原子荧光等大型仪器。自动监测、在线监控和环境应急监测设备得到补充完善。

2008 年，投资 130 万元，购置原子吸收、离子色谱等大型仪器设备。更新天平、分光光度计、动植物油分析仪、测汞仪等常用设备并重新整理实验室。

2011 年，投资 310 余万元，购置液相色谱、烟气成分分析仪、气相色谱等大型先进仪器；购置常压消解、自动进样、超声波清洗等设备。

至 2018 年，监测用房面积扩至 1100 平方米；现有检测设备能够满足所有样品或项目、参数检测要求。

监测队伍

2018 年，监测站在岗监测人员 18 人。其中，高级工程师 1 人，工程师 1 人，助理工程师 3 人，其余人员均为大专以上学历。全站所有监测人员均经过培训、考核合格，经批准在该站相关岗位上岗。持证书的内审员 2 名，通过资质认定考核授权签字人 2 名，能够满足工作需要。

监测资质

2002 年，通过原省环保局考核验收，该站成

为县级达标监测站。

2004年、2009年先后两次通过资质认定复审。通过资质认定监测项目：水和废水17项、空气和废气9项、噪声4项。

2011年11月，通过省环保厅组织的专家验收，成为三级达标监测站。通过资质认定项目：水和废水15项，包括生化需氧量、总氮、硫酸盐、铜、铅、锌等；空气和废气1个项目：氨气。

2012年、2015年通过资质认定复审扩项工作。

2018年，磁县环境监测站通过资质认定项目：水和废水58项，空气和废气29项，噪声5项，合计92项。

第二节　大气环境监测

监测点位

2001年始，磁县对空气质量进行监测。全县设3个监测点位，分别位于钛白粉厂、火炬锅炉厂、自来水公司。每季度监测一次，每次采样时间为1周。监测项目有二氧化硫、二氧化氮、总悬浮颗粒物。

2007年，火炬锅炉厂监测点位移至磁县城建环保局，项目由原总悬浮颗粒物改为可吸入颗粒物。

2011年1月，磁县投资30余万元，在磁县第一中学安装一套环境空气质量自动监测系统，并联网运行。监测项目为二氧化硫、二氧化氮、可吸入颗粒物。

2013年11月，在磁县职教中心安装一套环境空气质量自动监测系统，监测项目为二氧化硫、二氧化氮、可吸入颗粒物、PM2.5、一氧化碳、臭氧，2014年1月1日运行。同时，位于磁县第一中学的空气自动监测系统停用。

2017年，磁县在滏阳小学和磁县新二中增设两个空气质量监测点位。

监测数据

2012年始，磁县开展大气污染综合治理攻坚后，全县空气质量得到较大改善。职教中心空气自动站数据显示，空气质量综合指数由2014年的11.45降至2018年的7.24；PM2.5浓度由2014年的132微克/立方米降至2018年的69微克/立方米。

2014—2018年磁县空气环境监测结果统计表

表8-3　　单位：微克/立方米

年份	PM10	PM2.5	二氧化硫	二氧化氮	一氧化碳	臭氧	综合指数
2014	—	132	—	—	—	—	11.45
2015	177	118	66	52	4.5	176	10.52
2016	120	68	52	53	4.7	125	7.8
2017	133	82	49	55	4.3	211	8.84
2018	125	69	28	42	3.3	182	7.24

第三节　水环境监测

地表水监测

滏阳河水质　滏阳河磁县段考核断面调整过3次。2001年为朱庄、牤牛河2个入滏阳河排污口监测断面。2009年设置成峰公路滏阳河桥为生态补偿考核断面，每月监测一次。2016年因区划调整，成峰公路滏阳河桥断面改为北开河桥断面。因区划调整，2018年未能监测，下表中引用邯郸市环境监控中心1—6月份监测数据，7—12月份数据缺失。2019年，北开河桥断面变更为甘草营村断面。

2014—2019年滏阳河出县界水质监测数据统计表

表8-4

监测时间	监测结果（毫克／升）			监测时间	监测结果（毫克／升）		
	化学需氧量	氨氮	总磷		化学需氧量	氨氮	总磷
2014年2月10日	26	0.51	—	2016年8月	19	未检出	—
2014年4月2日	10	0.029	—	2016年9月	15	未检出	—
2014年5月4日	14	0.164	—	2016年10月	20	未检出	—
2014年6月3日	11	0.029	—	2016年11月	24	0.068	-
2014年7月1日	11	0.024	—	2017年1月	16	0.025	—
2014年10月8日	19	0.029	—	2017年2月	20	0.113	—
2014年12月1日	15	0.035	—	2017年3月	18	0.062	—
2015年1月5日	11	0.052	—	2017年4月	16	0.735	—
2015年2月2日	13	0.052	—	2017年5月	20	0.28	—
2015年3月2日	12	0.048	—	2017年6月	7	0.181	—
2015年4月7日	15	0.029	—	2017年7月	9	0.273	—
2015年5月4日	14	0.033	—	2017年8月	13	0.69	—
2015年6月3日	13	0.051	—	2017年9月	10	0.057	—
2015年7月4日	21	0.031	—	2017年10月	19	0.094	—
2015年8月5日	21	0.058	—	2017年11月	18	0.062	—
2015年9月7日	16	0.075	—	2017年12月	10	0.072	—
2015年10月8日	28	0.061	—	2018年1月	8	未检出	0.07
2015年11月2日	14	0.515	—	2018年2月	11	0.238	0.06
2015年12月1日	20	1.23	—	2018年3月	12	0.117	0.09
2016年1月	8	0.432	—	2018年4月	13	0.063	0.03
2016年2月	7	0.14	—	2018年5月	10	0.132	0.05
2016年3月	13	未检出	—	2018年6月	18	0.082	0.02
2016年4月	26	0.265	—	2019年1月	10	0.844	0.07
2016年5月	15	0.108	—	2019年2月	9	0.758	0.04
2016年6月	10	未检出	—	2019年3月	7	0.661	0.15
2016年7月	16	未检出	—	2019年4月	8	0.022	0.07

续表

监测时间	监测结果（毫克／升）			监测时间	监测结果（毫克／升）		
	化学需氧量	氨氮	总磷		化学需氧量	氨氮	总磷
2019 年 5 月	9	0.028	0.08	2019 年 9 月	11	0.085	0.05
2019 年 6 月	11	未检出	0.02	2019 年 10 月	14	未检出	0.07
2019 年 7 月	13	0.107	0.02	2019 年 11 月	12	未检出	0.03
2019 年 8 月	16	未检出	0.04	2019 年 12 月	11	未检出	0.02

岳城水库水质　岳城水库出县界断面监测数据显示，岳城水库 1979—1991 年水质良好，1992—1999 年有所污染。1998 年后，岳城水库成为邯郸市饮用水源地，保护区内污染源被清理取缔。2000 年后，水质稳定达标，达到饮用水水质标准。

对岳城水库水样分析

地下水（饮用水）监测

2013 年始，监测县级集中式饮用水水源地（滏泉岭水源地）水质。监测项目 23 项：pH 值、总硬度、硫酸盐、氯化物、铁、锰、铜、锌、挥发酚、阴离子表面活性剂、高锰酸盐指数、硝酸盐、亚硝酸盐、氨氮、氟化物、氰化物、汞、砷、硒、镉、六价铬、铅、总大肠菌群。除总硬度超标外，其余项目均达到生活饮用水标准。

2017 年始，磁县南水北调水厂运行。2018 年，磁县自来水公司和磁县滏泉岭水厂停水，城区全部饮用南水北调水。监测项目 62 项：水温、pH 值、溶解氧、高锰酸盐指数、化学需氧量、五日生化需氧量、氨氮、总磷、总氮、铜、锌、氟化物、硒、砷、汞、镉、六价铬、铅、氰化物、挥发酚、石油类、阴离子表面活性剂、硫化物、总大肠菌群、硫酸盐、氯化物、硝酸盐、铁、锰、三氯甲烷、四氯化碳、三氯乙烯、四氯乙烯、苯乙烯、甲醛、苯、甲苯、二甲苯、乙苯、异丙苯、氯苯、三氯苯、硝基苯、二硝基苯、硝基氯苯、邻苯二甲酸二丁酯、邻苯二甲酸（2-乙基已基）酯、滴滴涕、林丹、阿特拉津、苯并（a）芘、钼、钴、铍、硼、锑、镍、钡、钒、铊、1,2-二氯苯、1,4-二氯苯。各项指标均达标。

应急水监测

2012 年 3 月 15 日，接邯郸市环境保护局监测中心站关于岳城水库汞超标情况通知后，磁县环境监测站每天 6 次采集上游水样，送交邯郸市环境监测中心站和磁县环境监测站，做到准时采集、准时报送。同时，严密排查县域主要河流上游情况，保障岳城水库饮用水安全。

2013 年 1 月，山西发生苯胺泄漏事件，县环保局启动环境应急机制。从 1 月 4 日起，连续 24 个昼夜在岳城水库上游、库中、出库口不同点位采样、化验、分析，并及时上报。在邯郸市环保局、衡水市环保局、沧州市环保局支持下，县环保局采购活性炭 201.58 吨，在主要河流设置 3 道活性炭大坝，吸附水中污染物，制作、安装 60 套警示标牌，提醒群众科学应对水污染。保障岳城水库和其他河流的用水安全。

第三章　环境治理

第一节　大气污染治理

工业烟尘治理

1992年始，国家明令关停“15小”“新6小”企业。按照“断水断电、吊销执照、拆除设备、消除原料”标准，县政府依法取缔、拆除岳城、黄沙等6个乡（镇）的1186座土焦窑，取缔关停率100%。2000年，全县141家企业中，71家企业实现达标排放，41家停产治理，29家关停。减少废气排放9.49万立方米、污染物3070吨，有效控制大气污染。

2001—2005年，加快治理改造步伐。六合工业公司矸石发电分公司投资500万元，完成3号炉烟气脱硫除尘改造，年消减烟尘145吨、二氧化硫194吨。

2006—2010年，先后关停磁县双龙焦化厂、磁县漳南焦化厂、磁县振财焦化厂、磁县冶金有限公司、磁州焦化厂等企业，完成申家庄煤矿烟气脱硫项目等废气治理项目，二氧化硫消减523.3吨，消减率16.8%。

2011—2015年，完成减排项目316个。磁县承先焦化关停，淘汰产能20万吨；淘汰落后水泥产能30万吨；取缔砖窑72家。

对小石料厂清零整治（2017年　摄）

2016—2017年，取缔103座非法白灰窑；关停申家庄煤矿及其矸石电厂；清理整治931家“散乱污”企业，整治13家企业挥发性有机物排放；3家国控企业、9家市控企业安装污染源自动监控。

2018年，投资2.4亿元，完成16家企业超低排放改造、白烟治理、挥发性有机物报警等33个项目。

城区大气污染整治

2012年，印发《磁县重污染天气应急预案》，开展大气污染综合整治。截至2015年，拆除、改造燃煤锅炉358台，拆除烟囱113根，淘汰黄标车5308辆，治理餐饮油烟167家、企业仓棚化69家、油气29家，清理取缔料渣点116家、露天烧烤41家。

2016年，县政府投资600余万元，购置环卫车12辆，强化道路机扫洒水抑尘；对城区85家餐饮单位安装高效油烟净化装置；完成12家挥发性有机物（VOCs）治理；取缔主城区及国、省干道两侧23家非法散煤摊点，清理散煤4000余吨；按照“6+2”个100%标准（施工现场出入口设置扬尘防治公示牌，施工现场百分百设置硬质围挡。工地出入口和场内施工道路、材料加工堆放区、办公区、生活区百分百硬化。工地粉末类建筑材料百分百苫盖。工地拆除作业、物料装卸等百分百湿式作业。工地土方、渣土百分百密闭运输。工地出入车辆百分百冲洗。视频监控全覆盖。PM10在线监测设备全覆盖。）整治城区建筑施工工地。

2017年，在大型住宅小区集中供暖基础上，实施“气代煤”工程，实现4005户集中供气，城区集中供暖率达76%。燃煤锅炉拆除287台、改造107台；治理165家餐饮单位油烟；取缔48家非法加油站（点），规范23家加油站安装油气回收装置，油品抽检率100%。

2018年，按照《磁县2018年大气污染综合治理工作方案》等有关要求，启动“煤改电、煤改气”工作，划定磁州镇38个村（社区）为“禁煤区”。其中，16个村（社区）5158户实施“煤改电”，22个村14992户实施“煤改气”。

秸秆禁烧

1998年起，由县政府办公室牵头实施全县秸秆禁烧工作。2007年始，改由县委农工委牵头。2014年秋季至2015年夏季，改由县环保局牵头。2015年秋后，改由县委农工委牵头。

1998年始，县政府成立领导小组和禁烧指挥部，每年开展夏、秋农作物秸秆综合利用及禁烧工作。实行县领导包乡（镇），乡（镇）干部包村，村干部包户、包地块的分包责任制；层层签订责任书，形成上下齐抓共管、协调联动、各司其职、责任共担的监管机制。每年夏、秋两季禁烧期间，县直各成员单位抽调精干力量组成焚烧小组，24小时驻扎田间地头昼夜看守。

2017年，成立磁县空气质量保障中心，建立监测、预警、指挥、执法、管理五位一体的监管体制。全县11个乡（镇）均安装微型空气质量自动监测站点，实时掌握区域内污染物的时空分布，发现、控制污染物排放。加之全县农民环保意识的不断提高、农业机械化的普及、红外视频精准监控和依法处罚等措施到位，焚烧现象得到整治。至2018年，秸秆综合利用率达96%。

第二节　水污染治理

工业污水处理

1985年，县环保局依法取缔固城、南来村、北来村5个电镀厂，消除电镀废水污染。对全县19个排放污水的单位，每年进行两次排水常规监测。

“十五”期间，全县加大治理改造步伐，完成一批重点企业废水治理工程。其中，磁县恒泰公司投资500余万元，完善废水处理功能，年削减化学需氧量200吨；磁县宏鹏化工实业有限公司投资606万元，完成水洗工段、回转窑改造和钛一工段废水改造，年减少废水排放1万吨。

“十一五”期间，完成磁县六合公司、申家庄煤矿污水治理和恒泰公司废水治理，化学需氧量削减2200.1吨。河北景明循环产业股份有限公司污水处理厂于2005年10月建设，设计日处理污水3万吨，采用“水解酸化+絮凝沉淀+水解生物接触氧化+化学除磷+絮凝沉淀”处理工艺，废水经过预处理后排入县污水处理厂进一步处置。该项目于2008年10月投用。2009年，县政府关停磁县宏鹏有限公司和先进造纸厂。

2015年4月10日，依法整治废旧塑料回收加工业攻坚行动中，取缔558家涉水加工户，削减化学需氧量9464.88吨、氨氮858.36吨。2016年，完成磁县鑫宝化工有限公司废水处理升级改造及回用、磁县天成矿业有限公司矿井水处理、磁县污水处理厂升级改造工程。2017年，关停磁县漳南洗煤有限公司，治理磁县东关滏阳河桥下游200米处磁县城北排污口，完成磁县鑫盛煤化工有限公司、邯郸市裕泰焦化有限公司、邯郸陆顺焦化有限公司熄焦水处理工程。2018年，磁县戎利矿业有限公司、磁县昱武矿业有限公司等5家煤矿按照相关要求相继开展环境保护治理措施整改，建成生活污水、矿井水处理站，废水全部回用于井下。10月，磁县裕泰焦化污水处理站建成投用。

裕泰焦化污水处理站（2020年5月18日　摄）

城区污水处理

2009年3月，投资5644.5万元，建设磁县污水处理厂，占地面积2.7公顷，设计日处理污水3万吨，采用三沟式氧化沟工艺。工程主要建设内容有粗格栅间及进水泵房、细格栅间及旋流沉砂池、氧化沟、配水井、剩余污泥泵房、污泥浓缩池、变配电子室、紫外线消毒等，建设配套管网63千米。2009年9月竣工试运行，2010年10月通过验收达到水处理一级A标准。2012年，通过公开招标将磁县污水处理厂托管给河北省冀信环保科技有限公司运营。2013年11月23日投资1867.2万元，升级改造磁县污水处理厂，2014年5月20日竣工。主要建设内容包括二次提升泵房、DN生物滤池、CN生物滤池、生物滤池管廊、鼓风机房、醋酸钠加药间、次氯酸钠加药间、PAC加药间、低压配电室等土建工程及设备工程。升级改造后，水质稳定达到《城镇污水处理厂污染物排放标准》(GB18918—2002）中一级A标准，同时满足《城市污水再生利用城镇杂用水水质》（GB/T18920—2002）中城市绿化标准和《城市污水再生利用景观环境用水标准》（GB/T18921—2002）中观赏性景观环境用水标准。2017年年底，在污水厂东北角投资建设污水提升泵站。2018年2月竣工、6月投用，将县城和谐大道两侧污水收集到污水厂集中处理，有效提高县城污水综合处理率。

截至2018年年底，磁县污水处理厂日处理污水量2.8万吨，污水综合处理率99.92%，出水指标达到国家一级A排放标准。年削减化学需氧量1000余吨，降低县城区域的污染物。处理后的水用于浇灌中华慈大街两侧绿化带、千亩荷塘以及附近农田。

农村污水处理

2015年，磁县对南水北调中线渠两侧10个乡（镇）134个村的垃圾、生活污水进行治理。2016年，通过农村环境综合整治，北岔口、花驼、南王庄、北王庄、北贾壁村5个村完成农村污水治理。2018年，完成岳城水库周边4个乡（镇）28个村和滏阳河沿岸东田井、西田井、南开河、北开河、小候召、兴礼街6个村生活污水治理。2019年完成李庄、永旺等15个村的农村生活污水治理和60个村的农村生活污水管控。

网箱清理

2009年，集中清理岳城水库网箱养鱼882家。2013年8月30日至10月8日，集中清理东武仕水库网箱，共清理网箱1.59万个、鱼2.44万吨，削减氨氮68.3吨、化学需氧量286.86吨。

东武仕水库网箱清理（2013年9月　摄）

水源地及其周边治理

滏阳河综合整治　2000年起，集中整治滏阳河沿岸排污企业、违章建筑、生活垃圾等。先后清理沿岸垃圾1200立方米，拆除违章建筑695平方米，整修河岸5200米，沿岸5家重点企业实现达标排放，改善滏阳河整体环境。2014年，开展滏阳河污染综合整治，组织人员徒步对滏阳河沿岸周边拉网式排查，清理沿岸及河道内垃圾5000多立方米，封堵沿岸排污口40处。

岳城水库水源地综合整治　2009年，出动执法人员和乡（镇）干部1600余人次，印发通告等宣传资料5000余份，在岳城水库显要位置和保护区设置标志牌、界标、警示牌等50块；拆除废

岳城水库保护区围网隔离（2018年　摄）

弃烟囱 35 根；拆除旅游餐饮摊点 7 处、各类建筑 700 余平方米；封堵水源地保护区内重点企业排污口 4 处，保障岳城水库饮用水源地安全。2014 年，专项清理岳城水库库区餐饮旅游点 8 户 23 个板房。2018 年，分批对岳城水库一、二级保护区内 43 家工业企业断电关停、封堵排污口，对一级保护区内 6 家加油站拆除取缔，对二级保护区内 3 家加油站实施双层罐改造，清理取缔 42 家畜禽养殖企业。

饮用水源地周边环境污染治理　2018 年，以岳城水库水源地为重点，根据各村村情、地势等情况，对 28 个村采取各村收集、集中处置模式，建设 36 个污水收集池和 6 个污水处理终端。配备污水运输车，收集的污水运送至终端处理后用于保护区外绿化、道路洒水等。2019 年争取上级关于农村环境生活污水治理项目资金 300 万元，用于磁州镇龙王庙、永旺、响水亮、李庄、南磨、磨里、尹家桥、西槐树村，陶泉乡西韩沟村 9 个村的生活污水治理。

第三节　固体废弃物治理

工业废弃物处理

2005 年始，在全县工业企业逐步推行清洁生产，通过采用无废或低废工艺，减少生产过程中产生的固体废弃物。取缔县内小煤窑、小焦化厂、小洗煤厂，利用磁县优质主焦煤资源集中开发焦化及副产品深加工项目，壮大磁县经济开发区，提升工业固体废弃物利用率。同时，对产生的危险废弃物全部统一处置，处置率 100%。2014 年 8 月，投资 1.32 亿元，在磁县经济开发区建成邯郸市惠天环保科技有限公司，占地 2.39 万平方米，年处理能力 8000 吨，处置 17 种危险废物。2014—2018 年，该公司投资 1746 万元，完成 3 条生产线项目的尾气治理设施，实现达标排放。

2011—2018 年磁县工业固体废弃物产生及综合利用情况一览表

表 8-5　　　　单位：万吨

年份	一般工业固体废物产生量	一般工业固体废物综合利用量	一般工业固体废物处置量	工业固体废物贮存量
2011	75.53	49.47	4.35	19.81
2012	79.43	72.45	0	6.98
2013	97.12	80.75	0.00008	16.37
2014	80.04	67.11	0.00008	12.93
2015	83.04	69.8	0.00008	13.24
2016	46.37	35.31	0.01	11.05
2017	22.70	17.47	2.40	2.85
2018	25.04	19.23	2.86	2.98

1970—2018 年，县内有固体废物堆存场所 3 家。分别是冀中能源峰峰集团辛安矿、冀中能源峰峰集团邯郸宝峰矿业有限公司九龙矿、冀中能源峰峰集团梧桐庄矿，堆存固体废物矸石 923.4 万吨。2018 年，采取放缓坡度、坡脚围挡、修建梯田、黄土覆盖、整体绿化、抑尘洒水等措施，综合治理矸石山。至 2019 年，3 家公司全部完成整治。

医疗和危险废弃物处理

1999 年起，县内各医院医疗废弃物均按照规定处理。2005 年 3 月，县环保、公安、卫生等相关部门出动执法人员 200 余人次，在全县开展医疗废弃物和危险废弃物储存、运送、处置专项检查。对县医院、县中医院、县肿瘤医院、县妇幼保健院 4 家医疗机构全面检查，杜绝医疗废弃物二次污染。

2008年5月27—28日，在县卫生、公安等部门配合下，对原磁县肿瘤研究所深井内存放的放射源钴6048枚、铯13744枚现场起获、监测后，运送到省辐射管理站储存，彻底清除闲置放射源的威胁。至2018年年底，县内各医院医疗废弃物均安全处理。

生活垃圾处理

2005年，磁县谋划建设垃圾无害化处理厂。2009年10月，磁县卫民垃圾处理厂开工建设，占地11.53公顷，总容积123万立方米，可填埋生活垃圾138.01万吨。2011年3月投入运营，日处理垃圾200吨，实现垃圾处理减量化、无害化和资源化。2012年起，年均处理垃圾7.3万吨。

第四节　农业面源污染治理

土壤污染调查

2018年，根据省、市统一安排，全县开展土壤污染状况详查。全县农用地土壤点位174个(含冀南新区部分点位)，是年完成样品采集、重点行业企业用地土壤污染状况调查信息采集入库和风险筛查。

养殖业污染治理

粪污减排治理　2009年起，规模养殖场先后配备粪污减排治理设施。华威、诚信两个企业率先建成大型沼气工程。2013年5月，磁县利平养殖有限公司有机肥场建成投产，生产干湿分离、固液分离的有机肥，年产2万吨。2010—2017年，科牧、兴远、昌联、华达、盛源、永兴、凯航等公司相继建成大型沼气工程。2018年，佳盛公司建成大型沼气工程。这些沼气工程产生的沼气除自用外，供应磁州镇南开河村、讲武城镇朝冠村650户村民照明、取暖、做饭。实现减量排放、达标排放。

养殖业污染预防　2016年，县政府出台《关于畜禽养殖禁养区、限养区划定方案》。禁养区范围：东起滏阳河西岸，西至东武仕水库，北到明理路，南至滏阳河南岸；岳城水库、南水北调饮用水源地一级保护区、滏阳河安全保护区范围内；完成乡（镇）饮用水水源地保护区划分的农村饮用水源划分技术报告规定的保护范围。

限养区范围：县城中心城区规划外延500米范围内区域；107国道、京广铁路、京港澳高速、中华慈大街、魏峰线、磁西路、邢都线等公路两侧500米以内区域；行政村、自然村人口聚集区及规划区周边500米范围内区域；磁县行政机关（包括各类驻磁机关）、学校、医院等公共场所周边500米范围的区域；岳城水库、南水北调饮用水源地二级保护区，各乡（镇）、村集中供水水源地以取水口为中心辐射半径300米以外至500米范围内，东武仕水库二级保护区范围;自然保护区、旅游景区和文物历史遗迹保护区等区域外延500米范围内；重要地表水体功能区范围内；其他法律法规、行政规章规定的区域。

2016—2018年，依法关闭禁养区内养猪场、养鸡场56家；限养区内规模养殖场663家实施资源化综合利用整治。

第四章　环境管理

第一节　管理机构

1978年8月，成立磁县环境保护办公室。1983年3月，并入磁县城乡建设局，改称磁县城乡建设环境保护局，设环境保护股。1984年，成立磁县环境保护监测站。1997年1月，从县城建局析出，成立磁县环境保护局。

2003年，设立黄沙环境保护所、光禄环境保护所、林坛环境保护所、白土环境保护所、讲武城环境保护所、固义环境保护所、环境稽查大队。2009年5月6日，讲武城环境保护所增挂磁县环境保护局煤化工聚集区环保所牌。至2015年7月28日，磁县环境保护局内设办公室、编制人事股、环境管理股、污染防治股、政策法规股、污染物排放总量控制办公室、大气污染防治办公室8个机构。

2016年12月30日，磁县环境保护局撤销污染防治股和污染物排放总量控制办公室，设立水环境管理股、土壤环境管理股。

2017年年底，按照《河北省环保机构监测监察执法垂直管理制度改革实施方案》《邯郸市环保机构监测监察执法垂直管理制度改革工作方案》要求，磁县环境保护局151名干部职工全部上划到邯郸市环境保护局，机构调整为邯郸市环境保护局派出分局，名称为邯郸市环境保护局磁县分局。

2018年5月4日，全县11个乡（镇）、河北漳河经济开发区、河北磁县经济开发区共13个乡（镇）、园区环保所挂牌成立，核定工作人员54名。2019年3月，邯郸市环境保护局磁县分局更名为邯郸市生态环境局磁县分局。

第二节　环保宣传

世界环保日宣传

1997—2005年，每年6月5日世界环保日组织工作人员10余人在朝阳大街摆放咨询台，悬挂环境日主题条幅，解答过往群众提出的环境问题。2006—2010年，每年6月5日世界环保日组织环保局工作人员20余人和县重点企业人员，在朝阳大街摆放咨询台、环境宣传展板、悬挂环境日主题条幅，向过往群众发放宣传单。2011—2018年，每年6月5日世界环保日组织22个县直部门、30家重点企业，在博物馆广场集中开展环保宣传活动，设置咨询台、摆放展板，向过往群众发放宣传资料和环保购物袋等物品，并解答群众提出的热点环境问题。同时，县电视台等媒体也进行报道宣传，营造生态环保浓厚氛围。

特色教育宣传

1997年起，县教育局组织举办环保书画、摄影、征文展等特色教育宣传活动，培养学生生态环境保护意识。从身边小事做起，尊重自然、顺应自然、保护自然，共同履行环保责任，共建美丽家园。至2018年，共创建完成省级绿色学校3所、市级绿色学校11所、绿色小区7个、绿色庭院19个、绿色医院3个、绿色家庭65个。2017年后，县生态环境局结合县委宣传部等单位开展推选“最美环保卫士”活动。

宣传活动中（2020年6月5日　摄）

其他重要节日活动宣传

1997年起，县环保局、国土局、司法局、安监局、科技局等部门做好土地日、宪法日、安全生产日、节能宣传周等重要节日的宣传活动。利用活动多频次宣传环保法律法规、生态文明制度建设、生态红线保护意识以及中央和省、市、县生态环境保护工作要求。

第三节　监察执法

网格化环境监管体系

2014年，落实《磁县人民政府办公室关于强化政府主体责任建立网格化环境监管体系的实施意见》要求，以县政府为一级网格，下设二级网格11个（乡、镇）、三级网格376个（村、社区）。各乡（镇）成立网格化环境监管工作小组，配备专职环保工作人员，明确网格责任人。并将近3年网格责任人名单上报市监察支队备案，实现“横向到边、纵向到底”的网格化环境监管体系。推动环境监管关口前移，触角下延，实现环境监管全覆盖。对重点企业实施监管并完善“一厂一册”现场检查操作模式。

执法

县环保局成立初期，群众环保意识不足，环保执法困难。2015年1月1日，新环保法和四个配套办法实施后，环境执法力度加强，打击环境违法行为力度加大。是年，县环保、县公安联合执法，出动执法人员150余人次，联合检查企业210余家次，查处环保刑事案件43起、行政案件

19起。行政拘留9人，逮捕6人，法院判决3人，网上追逃5人。2016年，立案查处环境违法行为76起，移送公安部门案件32起。其中，刑事案件6起，刑事拘留7人，逮捕3人，网上追逃2人，法院判决2人；行政案件26起，行政拘留14人。2017年，查处环境违法行为73起，移送公安部门案件28起，训诫5人，警告10人，行政拘留6人，逮捕1人，起诉1人。2018年，立案调查131件，查封扣押3件，限产停产6件。配合公安机关办理环境违法案件36起。其中，行政案件27起，刑事案件9起。抓获各类违法人员50余人。其中，行政拘留25人，刑事拘留29人，批准逮捕15人。环保执法力度不断加大。

2016年起，制订《磁县环境保护局污染源日常环境监管随机抽查制度落实方案》，实现抽查企业随机、执法人员随机，保障公正、公平、公开环境执法。

第四节　排污费征收与项目审批

排污费征收

1982年起，磁县开始征收排污费。至1998年，累计征收排污费591.36万元。其中用于企业治理污染项目资金367.55万元，治理项目103个。

2004年，排污申报工作启动，排污收费逐步正规化。2010年排污申报系统更新，污染物排放逐步量化，各排污单位熟知“排污即收费”规定。2012年始，使用河北省排污申报4.6系统，县环保局全面梳理并建立污染源数据库，加强申报数据审核，认真复核企业申报材料，明确排污收费对象，不断扩大排污费征收面，做到应收尽收。对重点监控企业排污申报数据审核、校验、录入，指导企业排污网上直报。摸清企业缴费情况，杜绝谎报、漏报、虚报。科学核算排污费征收数额，规范收费审核流程，落实排污费征收工作规则。使用排污申报与收费软件申报、核定和征收排污费。对企业排污费征收网上公示，增加透明度。2017年，征收排污费1400万元。2018年1月1日，排污费改为环保税，县环保局逐一核实各排污单位现状，保障公平、公正征收环保税。

项目审批

“十五”期间，全县环保工作贯彻“以防为主、防治结合”方针，对新建项目严格把关，控制产生新污染源。健全新建、扩建、改建项目的环境影响评价和“三同时”制度，做到防治污染措施与主体工程同时设计、同时施工、同时投用。建立环境保护目标责任制，加强建设项目环境管理。全县100余个审批建设项目，环保把关率达100%。

“十一五”期间，围绕“一城、二区、三路、四地、五景”发展战略，强化环境影响评价制度，健全联合把关机制。2008年，对《中华人民共和国环境影响评价法》实施后的化工、冶炼、造纸、印染等建设项目进行环保检查，对新上建设项目提前介入，提高行政效能。2008年11月24日，邯郸市环保局批复林坛工业园环境影响评价文件。2010年，县环保局简化办事程序，缩短办理时间，报告书审批时限由法定60日缩短至15日。报告表审批时限由法定30日缩短至3日。

“十二五”期间，将建设项目审批与后续监管相结合，定期现场检查，督促企业落实“三同时”制度。2011年办理磁县磁峰工业聚集区经原省环保厅批复环境影响评价文件、2015年办理中华成语文化博览园项目经市环保局批复环境影响报告表中均提前介入，增强服务意识。

2014年起，强化工作要点、规范工作流程、优质高效为企业和群众服务理念。工作中，严格实施“批项目、核总量”制度，将主要污染物排放总量作为环评前置条件。针对下放的农林牧渔、非金属矿采选及制品制造、机械电子等8类98项非辐射类建设项目环境影响评价文件行政审批权限，通过行政许可首问负责制、一次性告知制、服务承诺制、限时办结制、责任追究制等规范审批程序。2015年，环评等行政许可事项通过“邯郸市民网”实现在线咨询、评议等。

2017—2018年，先后在办理河北磁县经济开发区跟踪评价及扩区规划环评、磁县申家庄煤矿有限公司天保寨景区综合开发项目环评、河北漳河经济开发区总体规划环评中，落实省、市“放管服”工作要求，简化流程，限时办结，在短时间内经省环保厅批复，为企业提供便利。

第九编　农　业

仰韶文化时期，域内先人开始狩猎业与种植业。封建社会时期，域内农业处于小农经济状态。1948年土地改革结束，县内农民实现“耕者有其田”。中华人民共和国成立后，经过互助组、初级和高级农业生产合作社、人民公社、家庭联产承包责任制等改革，农村生产关系适应农业经济发展，促进粮食产量和农民收入提高。县内小麦、玉米、谷子、豆类、棉花亩产分别由1949年的34.5千克、57.5千克、60千克、47千克、19.5千克增至1998年的324千克、310千克、118千克、113千克、53千克。1998年全县人均纯收入2583元，比1979年增加35.3倍。

中华人民共和国成立前，域内农业生产使用传统农具。1958年，县内农业机械总动力仅690马力，只有大中型拖拉机两台。至1998年，农业机械总动力增至80万马力，大中型拖拉机增至247台，小型拖拉机发展到6985台。同时，播种、收获等农业机械也有长足发展。

中华人民共和国成立前，县内畜禽饲养量较少。此后，县内成立畜牧管理等机构，推动畜禽饲养量增长。至1998年，牛、马、骡、羊分别比1949年增长95%、370%、220%、220%，养猪存栏量增长25倍，家禽饲养规模化养殖。1998年，全县各种肉类总产2.13万吨，禽蛋产量3.68万吨，奶产量3353吨。1974年，县内坑塘养鱼试点取得可喜经济效益，对全县渔业发展起到示范和推动作用。1989年，发展池塘30公顷，产鱼17.4万千克。1998年，池塘养鱼由单一品种向多样化品种发展、经济效益较低品种向名、优、特、新水产品种发展。1984年后，先后在东武仕水库、岳城水库网箱养鱼试验成功。1989年，网箱养鱼规模为全省之最，被国家农牧渔业部评为全国农牧渔业丰收一等奖。1998年，网箱养鱼2936吨，最高亩产180吨。1982年，县畜牧水产局设立渔政监理管理站，1994年增设水面污染治理股，维护正常捕捞秩序、合理开发水资源。

古代，域内曾被大片原始森林覆盖。1951年，西部山区保存天然林及天然次生林3400公顷。此后，每年植树造林，绿化面积逐年增加，至1998年年底，全县林地17万公顷。四旁（路、沟、渠、宅旁）植树1.49亿株，活立木蓄积量199万立方米。

1999年后，磁县深入推进农村经济体制改革，激发生产活力。调优种植、养殖结构，培育推广优良品种，提升规模档次，增加生产效益。持续植树造林、改善水体和土壤，优化生态质量。2000年后，农业机械化深入推广，农业开发、农业产业化战略相继实施。2002年始，磁县开展农村税费改革。2004年后，认真落实国家种粮补贴和农机购置补贴政策。至2005年，全面取消农业税及附加，征收“皇粮国税”在磁县成为历史。2014年，农村土地承包经营权确权登记颁证。2018年，农民土地二轮承包期到期后再延长30年，并实施土地所有权、承包权、经营权“三权分置”，进一步巩固和完善农村基本经营制度，为农业持续发展提供制度保障。是年，启动“智慧农场”创建工作，卫星定位、自动驾驶拖拉机等先进科技运用于农业生产，有力促进农业高质量发展。

第一章　农村经济体制改革

第一节　农村经营体制改革

家庭承包责任制延期承包

1999年，磁县执行中央有关家庭承包责任制延期承包政策规定，实行农民承包土地30年不变。是年，全县390个村完成土地延包，14万户农户签订土地延包合同，并向农户颁发土地承包经营权证。

土地承包经营权确权登记

2014年，全县开展农村土地承包经营权确权登记工作。涉及18个乡（镇）、367村、12.4万户农户，耕地面积70.45万亩。其中，350个村有确权任务，耕地面积70.45万亩。5家测绘公司承担磁县农村土地确权登记颁证。是年，完成全县农村土地确权登记颁证工作。

“三权分置”

2017年，中央提出二轮土地承包期到期后再延长30年不变的要求，实施土地所有权、承包权、经营权“三权分置”。磁县印发《关于完善农村土地所有权承包权经营权分置办法的实施意见》，健全归属清晰、权能完整、流转顺畅、保护严格的农村土地产权制度，巩固和完善农村基本经营制度，稳定农村集体对土地的所有权、保护承包农户的承包权、放活土地经营权。

第二节　农村税费改革

农民负担减轻

1999年，磁县落实国务院办公厅《关于做好当前减轻农民负担工作的意见》，采取措施，减轻农民负担。农业税按夏秋两季征收，不再提前征收；在夏收作物少的地区，夏征可以推迟到秋季一并征收。农业税征收方式尊重农民意愿，不强行要求农民折征代金。农业税折征代金数额也随粮食定购价格的调减相应进行调减。

税费改革

2002年，磁县开展农村税费改革，核实计税面积、计税产量和计税税率。土地面积以二轮承包土地数额为基础，结合统计、土地部门历史数据核定。正税税率按最高不超过7%的标准，根据农民实际负担和乡（镇）间减负差异，实行差别税率。按照“减轻、规范、稳定”原则，取消乡统筹和农村教育集资，取消屠宰税，取消统一规定的劳动积累工和义务工，调整农业税政策，调整农业特产税政策，改革村提留征收使用办法，并核销4万亩计税土地面积。是年，征收农业税2426.6万元，农民缴纳税费比改革前减少1613.7万元，人均减负28元。

2005年，根据国务院农村税费改革精神，结合磁县实际和财政承受能力，县委、县政府决定全面取消农业税及附加，减少农民负担4040.3万元。年初，印发《致全县广大农民朋友的一封信》，向社会宣告“皇粮国税”在磁县成为历史。

“一事一议”财政奖补

2008年，磁县被确定为全省村级“一事一议”财政奖补试点县。根据一事一议财政奖补政策，磁县财政局筹措奖补资金，组织项目建设，按照“谁投资、谁受益、谁所有、谁养护”的原则，以村民自愿出资出劳为基础，以政府奖补资金为引导，争取上级资金680.4万元，自筹资金439.34万元，合计1119.74万元，完成村级一事一议财政奖补项目148个。其中，硬化村级道路92条212千米，修建桥涵6座，修建水利渠道16条53千米，打抗旱机井15眼，增有效灌溉面积433.33公顷；建人畜饮水工程7处，容积2100立方米，安装自来水管8.6万米；建成农村文化广场18个。

至2018年，申请村级一事一议财政奖补项目1370个，项目投资23461.27万元，村民筹资筹劳5514.94万元，村集体投入和社会捐助等3861.99万元，其他投入金额1742.53万元，财政奖补资金12341.81万元，受益261.35万人次。

第三节　农村财务管理体制改革

村级财务规范化管理

2002年，改革农村财务管理。磁县印发《实行农村财务管理体制改革，加强村级财务规范化管理规定》，在全县19个乡（镇）实行农村财务委托代理制；由各乡（镇）成立委托代理中心，对村集体财务实行代管。2010年3月29日，县委办、县政府办印发《关于建立村级集体、财富积累机制的实施意见》，全县376个村建立村级集体财富积累机制，制订村级集体资产民主管理制度、村级集体资产使用决策制度、村级集体资产有偿使用收费公开公示制度、村级集体资产承包租赁合同管理制度和村级财务预算执行情况报告制度五项制度，并公布上墙，让村民监督执行。同年6月21日，县委办、县政府办联合印发《中共磁县纪委、中共磁县县委农工委关于全面推行“村财民理乡代管”的实施意见的通知》。全县农村财务实行账、款由乡（镇）代理中心双代管。至2018年年底，农村财务仍实行“村财民理乡代管”管理模式。

农村集体“三资”管理

2012年，磁县建立健全县、乡（镇）农村集体“三资”网络监管平台。

2014年8月，县政府制订《磁县农村集体“三资”规范化管理办法（试行）》。2015年，全县推出《磁县农村集体“三资”管理“1354”制度体系》《磁县农村集体“三资”管理工作手册》，对农村集体“三资”进行规范化管理。

农村集体资产清产核资

2018年，根据中央、省、市产权制度改革精神，县委农工委印发《关于农村集体产权制度改革的实施方案》。并根据全县产权制度改革要求，县委农工委制订《磁县农村集体资产清产核资工作实施方案》。按照这一方案，全县各乡（镇）、村、组开展清产核资工作，对集体经营性资产、资源性资产和非经营性资产进行全面清查核实，摸清集体所有资金、资产和资源的存量、结构、分布等实际状况。同时，依法界定集体资产权属，建立健全集体资产资源登记薄及信息化管理制度。

第二章　农业机械

第一节　农机规模与作业水平

农机规模

1999年，磁县农机以拖拉机为主，拥有大中型拖拉机360余台，小型拖拉机6600余台，服务能力维持在低水平。2000—2010年，全县大中型拖拉机1600多台，小型拖拉机7100多台，联合收割机1000多台。2016年区划调整，全县农机数量减少。至2018年，全县有大中型拖拉机4800台、小型拖拉机2325台、联合收割机1282台。

小麦机收场景（2018年6月5日　摄）

作业水平

1999年，磁县机耕面积400公顷，机播面积333公顷，机收面积400公顷。2010年，机耕面积4.89万余公顷，机播面积5.78万公顷，机收面积3.13万余公顷。2018年，机耕面积3.31万余公顷，机播面积3.68万公顷，机收面积3.01万余公顷。全县小麦机收率98%以上，玉米机收率85%以上。

1999—2018年磁县农业机械保有量情况统计表

表9-1　　单位：台、辆

年份	拖拉机		排灌机械			收获机械		运输机械
	大中型	小型	柴油机	电动机	水泵	联合收割机	机动脱粒机	含机动三轮
1999	367	6694	9605	9338	—	—	—	—
2000	300	6915	9989	9218	9708	263	870	10451
2001	310	7263	20696	—	9808	310	2486	12097
2002	411	6268	21296	—	9908	340	2486	15740
2003	429	5547	11508	10498	9928	665	2323	16324
2004	660	5307	16693	12518	9968	923	2329	31534
2005	660	5307	16693	12518	9968	923	2329	31534
2006	930	5607	24893	17618	20568	1026	2179	59134
2007	1110	5717	28893	18618	30568	1080	2357	69734
2008	1310	5812	28982	19825	31450	1025	2456	69784
2009	1420	6021	29862	20140	31452	1025	2646	68241
2010	1638	7107	29207	24458	39412	1046	2700	63338
2011	1997	7219	29565	26813	39438	1100	2700	64470
2012	2197	7244	28317	27133	39453	1224	2700	64470
2013	2327	7281	28040	27667	39453	1376	2700	—
2014	2471	7301	27780	28167	39453	1502	2700	—
2015	2674	7323	27780	28527	39453	1626	2700	—
2016	2999	7323	8780	28527	39453	1731	2700	—
2017	2018	5011	5268	18527	36000	1174	2300	—
2018	4800	2325	—	—	36251	1282	2300	—

1999—2018年磁县农业机械化作业情况统计表

表9-2　　单位：万亩

年份	机耕面积	机播面积	机收面积	年份	机耕面积	机播面积	机收面积
1999	0.6	0.5	0.6	2001	50	60	37
2000	35	52.1	29.1	2002	70.9	58.2	30.1

续表

年份	机耕面积	机播面积	机收面积	年份	机耕面积	机播面积	机收面积
2003	38	53	39.7	2011	73	86.7	48.9
2004	39	58.5	96.6	2012	73.4	101.7	57.4
2005	39	58.5	96.6	2013	78.5	100	64
2006	39	61	30	2014	78.5	100	70
2007	39	60.7	33.7	2015	78.5	100	70
2008	39	61	32.0	2016	78.5	98.4	72.9
2009	39	61.3	33.0	2017	42	52.8	51.6
2010	73.4	86.7	47	2018	49.6	55.2	45.2

第二节　农机具推广

秸秆还田和节本增效

1999年，实施秸秆还田和节本增效工程，磁县被农业部和省政府列为秸秆粉碎还田示范县。磁县首次引进与新疆二号、北京二号配套秸秆还田机5台，试验成功。同年，磁县承担农业部节本增效工程技术推广项目，被农业部评为先进单位。2000年，推广秸秆还田保护性耕作和秸秆还田小麦免耕播种技术。2001年引进2台小麦免耕播种机在磁县示范区试验20公顷。2005年，引进麦秸打捆机14台，用于稻麦产区秸秆还田工作。同年，引入农用无人机病虫害防治技术。2006—2009年连续获得省、市农机推广先进单位。

2018年，磁县被确定为河北省“粮食生产全程机械化示范县”创建单位。省级示范社磁县天道益农农机专业合作社负责具体实施，承担2018年河北省、邯郸市全程机械化项目，磁县首次拥有“智慧农机”。该项目配备智能终端的小麦联合收割机借助北斗卫星导航系统，实现自动化收获与小麦秸秆粉碎直接还田“一条龙”作业。由过去人工记账、电话指挥转变为大数据精准作业。“互联网＋智慧农机”的推广应用，推进全县农业机械化发展转型升级。

农机跨区作业与购置补贴

跨区作业　1999年始，磁县组织38台小麦联合收割机赴河南省开展跨区作业。此后，每年把这项工作作为“三夏”期间工作重点，扩大作业规模和服务范围。2000年，磁县农机局被河北省农业厅、公安厅、交通厅评为小麦跨区机收工作先进单位。之后，全县每年组织小麦联合收割机200～300台跨区作业，进行“虎口夺粮”。至2018年，磁县农机跨区作业经过群众自发外出、政策引导和有组织开展3个阶段；作业项目由单一小麦联合收获发展到玉米秸秆机械粉碎直接还田和玉米联合收获；磁县农机跨区作业区有河南、甘肃、山西省等省。至2018年，农机手累计增收9000万元。

县内跨区作业农机行进途中（2014年5月16日　摄）

2001—2018 年磁县农机跨区作业情况统计表

表 9-3　　单位：台、万亩

年份	小麦联合收割机	机收面积	年份	小麦联合收割机	机收面积
2001	200	8.4	2010	300	16.8
2002	200	8.4	2011	260	14.6
2003	—	—	2012	260	15.5
2004	200	9.1	2013	300	17.2
2005	260	10.9	2014	300	21
2006	290	12.1	2015	300	18.3
2007	150	3.6	2016	300	16.5
2008	300	12.6	2017	150	8.4
2009	300	13	2018	80	4.5

农机购置补贴　2004 年，磁县落实国家实施农机购置补贴政策，利用广播、电视、报纸、网络等媒体宣传补贴政策，每年按照规定程序落实补贴政策，调动群众购置农机具的积极性，提高群众收入。

2010—2018 年磁县农机购置补贴情况统计表

表 9-4　　单位：台、万元

年份	补贴台数	补贴金额	年份	补贴台数	补贴金额
2010	420	490.97	2015	1142	1100
2011	1382	698	2016	503	1080
2012	—	588	2017	1127	771.56
2013	761	940	2018	414	1108.44
2014	1078	1000	—	—	—

第三节　农机人才培训

培训机构

1974 年，成立磁县农机培训学校。1990 年，按照上级要求，经县政府同意，晋升为磁县农业机械化技术学校，负责为农业生产一线培训农机驾驶员、维修人员及乡（镇）农机站管理人员等实用人才。该校有教育场所 2000 平方米、教学设备 5 台(套)、专业教学人员 4 名。2005 年，依据《河北省拖拉机驾驶培训管理细则》《河北省拖拉机驾驶培训教学人员资格考核管理办法》规定，磁县农业机械化技术学校成为拖拉机培训机构。2010 年，取得拖拉机驾驶培训许可证，培训范围是拖拉机初学驾驶培训、增驾车型培训与驾驶相关的其他培训。

培训形式

采取校内集中办班与校外实地操作相结合的方式开展培训。在“三夏”“三秋”农忙季节，现场指导农机驾驶员操作，发放农机资料。并利用广播、电视、报纸等形式宣传普及农机化技术、安全生产等方面知识。按照有关规定，县级农业机械化技术学校主要对乡、村技术管理人员、农机合作社负责人、农机大户、农机维修人员进行培训。各乡（镇）农机管理服务站培训本地机手。

附一：“智慧农场”全程机械化

2018年，磁县天道益农农机专业合作社构建“互联网+智慧农机”服务新格局，打造信息化和农机化融合发展的“智慧农场”。该合作社购置北斗终端导航2套，购置作业智能监测设备15套，高地隙精准植保机1套，示范带动全县安装农机深松监管设备10套。建立“互联网+智慧农机”示范基地，推动“北斗系统”农机作业远程监控、指挥调度以及精准变量互联网全程机械化监测系统信息技术应用，引进现代农业“精准作业”技术，药、肥、水、种实现远程作业实时监控，实现农机装备与作业过程监管、数据分析、管理调度智慧农场平台及农机直通车互联互通。

该合作社有一支30多人的涉农专业技术团队，建立600余块示范田。通过推广适合农机的配套种植模式，配合粮食仓储建设，形成收获、烘干、贮存的无缝对接，全程机械化。通过实施全程机械化农机深松、免耕播、节水灌溉、高效植保、自动驾驶等精准作业技术，减少农药、化肥施用量，节约水资源，节省人工，节约化肥、农药等物资投入，增加粮食产量，增加农民收入，促进农业生产经营模式转变，增强粮食综合竞争力。合作社年农机服务作业面积达1.3万余公顷，为农民节本增收超过5000万元。

2018年，天道益农农机合作社完成全托管半托管面积8000公顷，增收8000万元。

附二：磁县小麦、玉米全程机械化

工艺技术路线

加载自动监测系统雷沃GE80小麦联合收获机收获—秸秆切碎抛撒还田处理—卫星定位自动驾驶大拖及配套玉米免耕播种机玉米浅层施肥播种（播种速度4千米/小时）—8JP90/330精准浇水—3WYTZ800—10自走式高地隙植保机田间病虫草害防治管理—玉米联合收获机机械化果穗收获—大拖及配套秸秆粉碎还田机秸秆粉碎还田—果穗晾晒脱粒—籽粒自然晒干（或籽粒烘干）—深松旋耕作业—小麦精量播种—播种后二次镇压—8JP90/330精准淋灌浇出苗水和越冬水—精准淋灌浇小麦起身水—3WYTZ800—10精准自走式高地隙植保机田间病虫草害防治—精准后期一喷三防—小麦联合收获机收获。

核心产品

种子：小麦山农22、登海202；玉米矮单268、登海605；农药：保美乐合劦；肥料：加锌缓释肥生物菌肥。

关键技术

合作社采取既“看病”又“抓药”的农机与农艺、农资高产增收配套解决方案。聘请国家和省级产业体系栽培、农机、植保专家李少昆、崔彦宏为技术顾问，依托中国农科院、河北农大、河北农科院等科研技术单位技术指导，先后实施玉米高密度栽培技术，亩株数提高至5000～6500株，亩增产30%以上。

智慧农机

引进的农机卫星定位自动驾驶技术，实现千米误差2厘米、24小时昼夜作业。清垄精量播种机实现小麦破茬、变量施肥、精准播种一次完成。对行淋灌定向节水自动灌溉机，配合自动驾驶的精准优势，玉米出苗水由50立方米降至15立方米。智能植保机日作业26.7公顷，可自动调整高度、宽度、药量。智慧农场管理系统可通过互联网用手机和电脑对农机作业卫星定位，实时监控，轨迹记录，自动统计，大数据分析。

第三章　种植业

全县耕地面积约4.6万公顷，其中夏粮常年播种面积约2.6万公顷。2012年，磁县打造品牌农业。8月，“磁州白莲藕”获农业部农产品地理

标志登记产品。2015年,“磁县甘薯”“磁州白莲藕”获农业部“全国名特优新农产品”称号。2016年行政区划调整后，全县耕地面积约2.7万公顷，其中夏粮播种面积约1.3万公顷。2017年，根据国务院《关于建立粮食生产功能区和重要农产品生产保护区的指导意见》，全面部署“两区”划定和建设工作，划定粮食生产功能区。2018年，以永久基本农田为基础，以高产田为重点，磁县确定小麦、玉米生产功能区各1.3万公顷。同年,“磁州白莲藕”再度获得“国家农产品地理标志登记产品”认证;“智慧农机”投入运用，“互联网+智慧农机”模式建立，磁县被省认定为“粮食生产全程机械化示范县”，《人民日报》、新华社、中央电视台等媒体报道磁县“智慧农机闹秋收”做法。

第一节　耕作制度

耕作形式

1999—2009年，山丘区土壤耕作以铧犁翻耕土壤为主，平原区以旋耕机代替铧犁翻耕土壤。夏季，联合收获机收获小麦，玉米播种机贴茬播种夏玉米种子。秋季，玉米收获机收获玉米，秸秆粉碎机粉碎玉米秸秆直接还田。由于连年碾压，土壤下部存有坚硬的犁底层，影响农作物产量提高。2010年始，使用深松机深松土壤，打破犁底层，改善土壤结构。2011年全县使用深松机深松土地0.6万余公顷。2012—2018年，实施农机深松项目，逐步变为旋耕机旋耕土壤为主，铧犁翻耕土壤为辅。

种植模式

磁县种植模式分一年一熟制和一年两熟制。东部平原、中部丘陵地带水利条件较好，主要种植小麦、玉米，为一年两熟。西部缺水偏远山区，主要种植玉米、谷子、大豆、红薯等，为一年一熟。中部丘陵区种植棉花、大豆、谷子、红薯，一年一熟。棉花春播秋收，一年一熟。

复种轮作　磁县种植制度以复种轮作制为主，农作物一年两熟，主要是小麦—玉米复种。小麦秋季10月播种，次年夏季6月收获。玉米夏季6月播种，秋季10月收获。

连作复种　磁县主要连作复种模式有粮粮型、粮棉型、粮菜型。代表性模式：小麦—玉米、小麦—大葱、小麦—水稻、小麦—棉花、小麦—花生、小麦—谷子、小麦—红薯、油菜—玉米、马铃薯—玉米、西瓜—玉米。1999年，“小麦—玉米”连作复种为磁县主要耕作模式。2000年后，“小麦—玉米”连作模式仍然为主，其他连作复种模式规模较小。“小麦—花生”“小麦—大葱”仅磁州镇个别地块种植，“西瓜—玉米”在讲武城镇有部分地块种植。2010—2018年，山、丘区春玉米种植面积逐年扩大。磁县夏玉米改为贴茬直播。“小麦—谷子”“小麦—红薯”复种分布在丘区少量地块。“小麦—花生”复种分布在东部漳河故道沙壤地。由于花生机械化生产水平较低，“小麦—花生”复种模式逐年减少。

单茬种植　1999年，单茬种植分布在山、丘区，主要种植玉米，其次为谷子、红薯、棉花、花生、豆类、芝麻等，规模较小。山、丘区水资源缺乏，小麦种植产量效益低。2010—2017年，“小麦—秋作物”复种模式越来越少，改成秋作物单茬种植，春播玉米面积最大，约占秋收农作物面积80%。棉花在山、丘区零星种植，单茬花生主要在东部漳河故道沙壤地种植。至2018年，山丘区全部为单茬秋作物，面积5000余公顷。

第二节　农作物品种

良种供应与繁育

良种供应途径　1999—2006年，种子供应主要靠磁县种子公司。磁县种子公司是全县农作物种子依法指定经营管理单位。2006年，根据《国务院办公厅关于推进种子管理体制改革加强市场监管的意见》规定，磁县种子公司被撤销。种子经营市场放开后，实行种子生产经营许可。2006年后，在县城中山西路、汽车站周边先后有30多家经营单位、个人开店。其中，河北天强农化、邯郸市禾下土种业公司等公司还在各乡（镇）、村分设200多家种子代销点。至2018年，全县有种子经销网点150多家。

良种补贴　1999—2004年未实施良种补贴政

策。2005年始，磁县实施小麦良种补贴项目。当年，全县小麦良种实行全省统一招标良种供应企业对统供良种进行补贴。以1元／千克的标准，每亩补贴小麦种子10千克。是年，全县共补贴小麦良种150万千克。2006—2008年，小麦、玉米每亩补贴10元，水稻每亩补贴15元，3年良种补贴面积5.2万余公顷。2009—2012年，良种补贴方式由补贴种子改为补贴现金。依据农民实际种植面积进行补贴，由县财政部门通过涉农补贴“一折通”将补贴资金直接补贴到户，不再与良种挂钩。补贴标准为小麦、玉米每亩补贴10元，水稻、棉花每亩补贴15元。2013—2015年，未实施补贴政策。2016—2018年，按照政策不再进行补贴。

2005—2012年磁县良种补贴面积情况一览表

表9-5　　单位：万亩

年份	补贴面积	小麦	玉米	水稻	棉花
2005	15	15	10	—	—
2006	25	15	10	—	—
2007	25	15	10	—	—
2008	38.89	19.53	18.19	1.17	
2009	100.71	46.6	48.7	0.79	4.58
2010	99.4	47.7	46.9	0.8	4
2011	98.89	44.9	50.3	0.34	3.42
2012	96.23	44.1	48.8	0.32	2.98

繁育品种　1999年始，以磁县原种场为主体开展良种繁育。1999—2016年，利用一类繁种田58.7公顷，从事小麦、玉米良种繁育。1999年，小麦品种邯6172繁种37.6公顷，总产25.3万千克；邯4564繁种21.5公顷，总产12.9万千克。玉米品种郑单958繁种59.1公顷，总产35.46万千克。1999年后，繁种小麦品种有衡4399、衡观35、藁优2018、邯4564、邯6172、邯麦12、良星99、良星66、金禾9123、石家庄8号、石家庄9号、石新828等；玉米品种有掖单4号、掖单12、掖单19、掖单20、郑单958等。2000年后，磁县原种场繁育良种与良种市场销售供应协同推进，为群众提供大量优良品种。

2012年9月，国家现代农业科技城良种创制中心北方良种创制基地暨国家作物分子设计工程技术研究中心实验基地在磁县漳河经济开发区挂牌。这是国家现代农业良种创制中心在全国设立的第一个良种创制基地。其主要任务：以小麦、玉米等北方作物为研究对象，产学研结合，快速批量培育高产、优质、抗逆作物新品种；对主要作物由“经验育种”向“精确育种”转变。该项目占地67公顷，拥有不同类型玉米种质资源1.3万多份，培育玉米优良自交系与育种材料400余份。是年，进行小麦田间组合筛选。

2017年，繁种小麦良星99品种37.56公顷，亩产500千克，总产28.17万千克；繁种玉米郑单958品种37.56公顷，亩产550千克，总产30.9万千克。2018年，小麦繁种山农20品种12.13公顷，亩产550千克，总产10万千克；繁种邯麦16品种11.67公顷，亩产550千克，总产9.62万千克。是年，磁县原种场38.67公顷耕地出租给邯郸市禾下土种业有限公司从事脱毒甘薯育苗和生产。春季种苗13.76公顷，秋季繁育种薯23.8公顷，亩产3500千克，总产125万千克。

至2018年，磁县良种选育与推广有序推进。

节水品种　2015年，磁县实施小麦地下水超采综合治理项目。项目区节水品种种子免费发放，全县实施4666公顷。2016年，全县实施节水品种面积6000公顷。2017年，全县实施节水品种面积8000公顷。2018年，全县实施节水品种面积2300余公顷，良种普及率100%。节水品种生育期内减少浇水1～2次，实施科学肥水管理和病虫防治，实现小麦节水稳产。

农作物类型

小麦　2000年前，全县种植以温麦4号、温麦8号等河南品种为主导品种。2000年始，全县推广种植高产优质小麦品种。2000—2005年，以8901-11、邯6172、邯4589、邯优3475、石家庄8号、石家庄9号等品种为主。2006—2010年，以良星66、良星99、衡7228、济麦19为主导品种。2011—2014年，以济麦22、鲁源502、农大399为主导品种。2015—2018年，以邢麦13、冀7369、农大399、婴泊700、邢麦6号、邢麦7号、衡S29、石农086、衡6632、藁优5218、邢麦4号、邯麦12、邯麦13等稳产节水型品种为主。

玉米　1999—2000年，全县以农大108、冀丰58、邢抗2号、鲁单50等半展叶型品种为主。农大108、冀丰58占主导地位，套种点播，生育期100～115天，种植密度2800～3500株/亩。2001—2005年，以郑单958、浚单20、邯丰08、鲁单981、永玉2号、强盛1号、金海5号、蠡玉16等紧凑型品种为主。郑单958、浚单20占主导地位，点播或开沟撒播，生育期95～108天，种植密度3000～4000株/亩。2006—2012年，以郑单958、先玉335、中科11、联创4号、邯丰79、农华101、晋单42等高产密植型品种为主，贴茬直播，种植密度3500～4500株/亩。2013—2018年，以登海605、农华816、联创808、科试982、极峰35、强盛368、联丰20等高产优质耐密型品种为主，实行机械化贴茬单粒直播，生育期95～100天，种植密度3500～5000株/亩。

水稻　1999—2018年，磁县种植的水稻品种主要是中优838、津原17。

大豆　1999—2005年，种植的大豆品种主要是冀豆7号、冀豆9号、中黄6号、科丰6号。2006—2010年，主要是冀豆13、冀豆15。2011—2018年，以冀豆12、冀豆17为主。

谷子　1999—2005年，以旱千谷为主。2005—2010年，以吨谷、懒谷3、懒谷6号为主。2011—2016年，以张杂谷系列为主。2017—2018年，以冀谷39、冀科18、豫谷18为主。

甘薯　磁县重点推广种植脱毒甘薯，主要品种有淀粉型、食用型两类。淀粉型甘薯有商薯19、徐薯22、徐薯32、秦5；食用型甘薯有北京553、心香、紫菁1号紫薯。

棉花　1999—2000年，全县以33B、邯719、杂66F1为主。其中第一代抗虫棉33B为主导品种，占全县总种植面积3333公顷80%以上。2001—2010年，转基因抗虫棉推广应用，以DP99B、SGK321、邯333、冀668、冀审杂66为主导品种。2011—2018年，以冀棉958、国欣棉3号及其系列邯杂98-1、冀杂1号等为主导品种。磁县棉花种植面积逐年减少，多为零散种植，自产自用。

第三节　种植结构

农作物种植布局

磁县农作物种植布局分四个区域：山区、南丘陵区、北丘陵区和平原区。

山区农作物播种面积1万公顷左右，主要种植小麦、玉米、谷子、甘薯、豆类和油菜籽。农作物不能浇灌，产量很低。又因冬、春雨雪稀少，气候干旱，2015年后小麦播种面积逐年下降，至2018年停种。

南丘陵区农作物播种面积1万公顷左右，有水浇地、扩浇地和旱地。主要种植小麦、玉米、油菜、谷子。因春季少雨，气候干旱，旱地小麦播种面积逐年缩小，多改种玉米、谷子、豆类、红薯等单季作物。

北丘陵区农作物播种面积1.5万公顷左右，有水浇地、扩浇地和旱地。主要种植小麦、玉米、谷子、棉花。该区域是磁县棉花主产区，棉花播种面积1500～2000公顷。旱地小麦播种面积逐

渐缩小，小麦—玉米复种较少，多为玉米、谷子、红薯等单季作物。

平原区农作物播种面积 3.3 万公顷左右，水利条件好。主要种植小麦、玉米、水稻、莲藕和蔬菜，以小麦—玉米复种为主，一年两熟。东部沙壤地有小麦—花生复种，个别地块是小麦—红薯复种。蔬菜生产集中在磁州镇、高臾镇和讲武城镇，水稻和莲藕集中在高臾镇、辛庄营乡和花官营乡。

粮食作物

磁县粮食作物常年播种面积约 5.8 万余公顷，占农作物总播种面积 84%。小麦和玉米占粮食播种面积 80% ～ 86%，比重最高。

小麦玉米 1999 年，小麦、玉米种植 1.8 万余公顷。2003 年，玉米价格上扬，全县玉米种植面积增加较快，2004 年后小麦玉米达 2.2 万余公顷。2009—2018 年全县小麦、玉米面积稳定在 2.5 万公顷左右。

水稻 1999 年，水稻栽培面积 2467 公顷。由于水利条件变差及种植成本增加，全县水稻面积逐年减少。2015 年，水稻栽培面积 130 公顷左右。2016 年区划调整后，县内无水稻种植。

甘薯 2000 年，甘薯种植逐步形成规模化产业。邯郸市禾下土种业有限公司建成中原地区最大的脱毒甘薯种苗繁育中心。拥有甘薯品种 30 多个，育苗扩繁网棚 600 多个，良种繁育基地 1300 余公顷，年培育脱毒薯苗 2.5 亿株，产品远销全国 16 个省（市、自治区）。并建有现代化脱毒甘薯组培中心、种薯基地、种苗基地、商品薯生产基地，以及配套种薯保鲜贮藏设施。甘薯生产基地种植规模 100 公顷。主要分布在以观台镇为主的丘区乡（镇），平原区以讲武城镇为主，山区分散种植，年产量 4500 吨。产品质量通过无公害认证，注册“禾下土”“观兵台”品牌。

经济作物

棉花 1999 年，棉花种植面积 3467 公顷。2000 年，春旱严重，棉花种植减至 1400 公顷。2001—2007 年棉花种植保持在 2000 余公顷。2008—2012 年棉花种植 3333 公顷。2013 年后，棉花种植面积逐年减少。至 2018 年，全县棉花种植面积不足 67 公顷。

菜籽 1999 年，全县油菜籽播种面积 600 公顷。2010 年油菜籽播种面积增至 2333 公顷。2011—2015 年油菜籽播种面积保持在 1867 公顷。2016 年油菜籽播种面积减至 400 公顷。2017 年减至 200 公顷。至 2018 年，油菜籽播种面积 31 公顷，主要分布在丘陵区。

花生 1999 年，花生种植面积 647 公顷。2002 年后逐年减少，2015 年减至 333 公顷。2016 年区划调整后，花生种植面积缩减。至 2018 年，花生种植面积 153 公顷，年产量 0.06 万吨。主要分布在磁州镇沙营村、东候召村，讲武城镇南营村。

芝麻 1999 年，芝麻种植面积 527 公顷，年产 0.05 万吨。2010 年后减至 387 公顷，年产 0.06 万吨。2015 年减至 200 公顷，年产 0.03 万吨。至 2018 年，全县芝麻种植面积 13 公顷，产量 0.004 万吨，主要分布在山区。

蔬菜作物

1999 年，全县蔬菜播种面积约 4000 公顷。其中设施蔬菜面积 67 公顷，主要分布在县城周边，品种以菠菜、豆角、油菜、芹菜、蒜苗等叶菜为主。全县蔬菜总产量 8 万吨。磁县在蔬菜种植和产业化发展中，经历“群众自种、自用、自销—种植专业户—种植大户—园区建设”4 个阶段。2001 年，按照“省长米袋子、市长菜篮子”工程建设要求，磁县设施蔬菜种植面积增至 134 公顷。2005 年，全县蔬菜播种面积 5133 公顷，总产量 25 万吨。其中设施蔬菜播种面积 1000 公顷，占总播种面积 20%，总产量 6 万吨。精细蔬菜品种需求逐年增加，当地特色产品生产能力扩大，形成莲藕 667 公顷、漳河古道长柱山药 333.5 公顷、讲武城镇西瓜 533 公顷、光禄大葱 667 公顷 4 个专业化生产基地。2007 年后，露地蔬菜莲藕受水位下降和南方莲藕市场竞争影响，全县生产面积由 667 公顷降至 333.5 公顷，山药产品市场价格降至成本以下。磁县首次出现菜贱伤农现象。同时，光禄的万亩大葱种植面积减至 200 公顷，万亩西瓜种植面积减至 200 公顷，南、北来村千亩大蒜种植面积减少 80%。2010 年，以市场为导向调整蔬菜种植结构、转变蔬菜生产方式成为当时蔬菜产业发展的中心工作。在国家调控房地产的背景下，一些房地产企业转型发展。其中，有的涉入农业生产领域，先后在高臾、花官营、讲武城、磁州镇等乡（镇）建成规模化设施蔬菜生产基地20余个。全县蔬菜种植面积5333公顷，总产27.9万吨。2011年，邯郸市发起新一轮“菜篮子”工程建设。磁县成为邯郸市近郊蔬菜生产基地暨蔬菜标准园创建示范县。邯郸市连续3年给予磁县蔬菜产业百万元的物资支持。因种植蔬菜经济效益低、市场竞争力弱、区划调整等因素，零散种植户改种其它作物，县内蔬菜种植面积逐年递减。至2018年，磁县蔬菜播种面积1066公顷，产量5.8万吨。

蔬菜生产类型 磁县蔬菜种植分为露地时令蔬菜和设施错季蔬菜两种。设施错季蔬菜主要分布在东部平原的讲武城镇、磁州镇、路村营乡。1999年，露地时令蔬菜生产面积占蔬菜总播面积90%，蔬菜生产设施以投资较低的竹木结构中的小拱棚配合地膜生产方式为主，占全县蔬菜生产面积10%。露地时令蔬菜以白菜、萝卜、大葱、菠菜为主。设施错季蔬菜以西瓜、番茄、黄瓜为主。2010年前后，磁县以钢架结构大棚作为主要生产设施发展蔬菜种植，设施面积200公顷。主要分布在讲武城、磁州、高臾、路村营乡等乡（镇），占蔬菜总面积10%左右。品种有西瓜、番茄、黄瓜等。2016年10月，区划调整后蔬菜种植面积缩减。至2018年，蔬菜生产设施4000余个，占地333公顷，占蔬菜总播种面积40%。品种有西瓜、西葫芦、番茄、豆角、莲藕等。随着设施面积增加和地膜覆盖技术应用，露地时令蔬菜生产量减少，占蔬菜总播种面积60%左右。以丘、山区散户种植为主。蔬菜品种主要有山药、大葱、菠菜、大蒜、白菜、萝卜等。西瓜品种有华欣-669、甜王、龙欣密、抗病曼。草莓品种有章姬、红颜、甜查理等。辣椒品种有冀研18、16号。黄瓜品种有津研1、3、10号。法国阔叶蒲公英。

蔬菜新品种新技术推广 2002年，磁县莲藕种植技术规程通过邯郸市质量技术监督局技术认定；获“河北莲藕之乡”称号。2007年，引进种植高产优质日本长柱型山药。2009年，特色农产品紫菁1号紫薯、166-3水果红薯、心香迷你红薯、薰衣草引进试种。2010年4月，浅水浅池防渗莲藕设施化栽培技术及机械化收获技术首次由邯郸市禾下土种业有限公司引入磁县。2012年，统业种养专业合作社创建“海峡两岸农业示范园”，以蔬菜育苗和新品种展示为主，占地面积20公顷。主要育苗品种有番茄、白玉苦瓜、秋葵、辣椒、黄瓜等，年育苗能力5000万株。8月，“磁州白莲藕”获国家农产品地理标志登记认证。第一次使用船载水泵冲刷机收获，彻底解决人工收获莲藕劳动强度大、成本高的难题。9月，第一批蔬菜（甘蓝、番茄）获得绿色农产品认证。10月，磁县兴民种养专业合作社创建县内首个“部级蔬菜标准园”。2013年，全县有统业、明生和民欢3家育苗专业合作社，集约化育苗面积13公顷，年育苗总量5000万株以上。2015年，县内5家农业企业的333公顷设施蔬菜引进实施“地下水压采治理蔬菜微滴灌水肥一体化技术项目”。2016年，磁县“巾帼现代农业示范园”“荷兰农业观光园”引入应用物联网技术和通过互联网销售农产品。规模化基地水肥一体化技术措施成为设施蔬菜生产新常态。至2018年，全县瓜菜育苗温室由燃煤供暖改为燃气供暖。水肥一体化技术应用占蔬菜总播种面积20%，蔬菜病虫生态防控技术普及率10%，蔬菜废弃物资源化利用率5%。

蔬菜产业化 2012年，县内蔬菜种植设施改竹木架结构为钢架结构。2015年，蔬菜播种5133公顷，总产29万吨，其中设施蔬菜播种面积占总播种面积50%。水肥一体化技术开始应用。2016年，全县高档蔬菜设施面积333公顷。至2018年，磁县建成百亩以上规模化蔬菜瓜果生产基地21个，省、市级农业产业化重点龙头企业4家，国家级示范社1家，省、市级示范社19家，部级蔬菜标准园2个、水果标准园1个，省级中药材产业园2个、蔬菜产业园2个、食用菌产业园1个。全县无公害产地认定面积4000公顷，无公害产品认证12个。

特色种植

食用菌 1999年，香菇（0912、808）生产由福建菇农首次引进，辛庄营乡李庄、豆公村部分村民试种成功，陆续应用大棚温室自动化控制系统和绿白膜、黑白膜、菌棒保湿膜等新材料。

2014年，县农牧局引进双孢菇（9012），在花官营乡兴小营村试种成功。2015年，半工厂化双孢菇生产在花官营乡兴小营村兴起，辐射带动周边村，扩大种植面积33公顷。2018年9月，申家庄煤矿投资食用菌产业，原矿区建设双孢菇生产基地6.7公顷，陶泉乡西韩沟村建设羊肚菌生产基地2.4公顷。

兴小营村双孢菇生产基地（2016年5月26日 摄）

中药材 磁县有丰富的中药材资源，常见品种30余种。1999年，中药材种植处于初级发展阶段，面积不足千亩，主要分布在陶泉、北贾壁乡等山区乡（镇），品种以菊花、柴胡为主。2010年，磁县会同河北农业大学、河北工程大学专家，对磁县西部山区中药材资源进行调查，在陶泉乡南王庄和北王庄村地域发现国家二级野生保护植物穿龙薯蓣和省级重点保护植物连翘、知母、黄精、半夏、远志等。1999—2018年，磁县中药材种植面积600余公顷。陶泉乡南王庄村主要种植橘梗、皂角和菊花。都党乡同义村主要种植槐米。北贾壁乡新华村主要种植槐米、柴胡、远志、党参、沙参。2010年后，专业合作社规模化生产取代单个农户生产。主要生产经营农业企业有康民本草、国杰、金益农等，总面积300余公顷。产品销售方式由传统销售向订单销售和电商销售发展。至2018年，陶泉乡、都党乡、北贾壁乡中药材种植面积670公顷，产量3000余吨，产值6000万元。品种由单一向多元化发展，艾草、白芍、牡丹、杜仲、蒲公英等特色名贵中药材生产规模逐步扩大。讲武城镇南白道村种植艾草、山药面积130余公顷。八里冢村种植蒲公英面积13余公顷。讲武城村种植杜仲、油牡丹面积330余公顷。东高禄村种植板蓝根面积13余公顷。磁州镇南开河村种植黄花地丁面积330余公顷。

蒲公英 2002年，邯郸市金益农生物科技有限公司引进蒲公英种植，当年引进种植法国阔叶蒲公英1.3公顷，产鲜叶40吨，产值80万元。2017年，该公司开发的蒲公英叶茶、根茶、缓释茶、速溶茶等系列产品，获第二届京津冀中药材产业发展大会“河北省十大功能茶优秀奖”。带动当地农户种植蒲公英，实现脱贫致富。并且辐射带动省内及河南、山东、山西、黑龙江、吉林、辽宁、内蒙古、陕西等省（自治区）种植蒲公英。2018年，蒲公英种植基地八里冢村蒲公英种植面积13余公顷，带动全县种植670公顷。生产优质蒲公英叶茶、根茶、缓释茶、速溶茶等系列品茗120吨，根叶饮片310吨，脱水蔬菜230吨，年产值1280万元，年利润260万元。获第三届京津冀中药材产业发展大会授予的“大健康产品优秀奖”。

艾草 2018年10月，河北申美农业开发有限公司建成艾草种植基地，成为磁县扶贫产业“四基地”之一。该项目占地109公顷。发展艾草种植基地、艾草深加工及相关产业链，种植有机艾草107公顷。项目采取“龙头企业（公司）+农户”新型农业经营模式，将一家一户的分散经营纳入规模化、市场化的现代经营体系，带动周边570多户农民种植艾草。

1999—2018年磁县农作物种植面积及占比情况统计表

表9-6　　单位：万亩、%

年份	农作物合计	粮食合计	经济作物合计	粮占比	经济作物占比
1999	104.29	88	16.29	84	16
2000	100.27	88.2	12.07	88	12

续表

年份	农作物合计	粮食合计	经济作物合计	粮占比	经济作物占比
2001	100.47	85.6	14.87	85	15
2002	101.79	86.7	15.09	85	15
2003	101.36	84.2	17.16	83	17
2004	104.75	87.4	17.35	83	17
2005	104.03	87.51	16.52	84	16
2006	105.59	88.2	17.39	84	16
2007	108.04	93.7	14.34	87	13
2008	106.88	89.2	17.68	83	17
2009	107.97	89.9	18.07	83	17
2010	109.02	90.9	18.12	83	17
2011	109.67	91.8	17.87	84	16
2012	107.71	90	17.71	84	16
2013	105.35	88.88	16.47	84	16
2014	101.29	85.29	16.01	84	16
2015	103.72	88.08	15.63	85	15
2016	58.1	49.27	8.83	85	15
2017	56.93	48.77	8.17	86	14
2018	54.81	52.69	2.12	96	4

1999—2018 年磁县主要农作物生产情况统计表（一）

表 9-7　　单位：万亩、万吨

年份	小麦		玉米		谷子		水稻		甘薯	
	面积	产量	面积	产量	面积	产量	面积	产量	面积	产量
1999	38.19	11.83	28.1	8.5	10.14	1.34	3.74	1.56	2.86	0.63
2000	39.75	11.21	27.16	8.15	11.76	1.27	3.31	1.44	1.66	0.55
2001	37.23	10.5	28	8.67	11.21	1.19	3.61	1.55	2.33	0.84
2002	38.72	10.4	30.73	8.68	9.34	0.76	3.35	1.32	1.93	0.58
2003	36.3	8.51	31.57	9.59	8.97	1.04	2.61	0.72	1.98	0.66
2004	39.2	11.63	34.12	11.54	8.8	1.47	1.67	0.64	1.50	0.61

续表

年份	小麦		玉米		谷子		水稻		甘薯	
	面积	产量	面积	产量	面积	产量	面积	产量	面积	产量
2005	38.74	11.56	33.13	11.8	9.17	1.72	2.27	0.95	1.59	0.56
2006	39.73	12.26	34.03	12.04	8.31	1.56	2.21	0.93	1.56	0.55
2007	40.24	12.5	40.86	14.61	7.37	1.53	1.79	0.76	1.57	0.57
2008	39.76	13.33	36.49	14.68	7.53	1.58	1.60	0.67	1.58	0.57
2009	40.22	13.17	37.27	14.89	7.43	1.56	1.14	0.47	1.45	0.53
2010	41.24	13.51	37.61	15.46	8.06	1.72	0.62	0.27	1.38	0.48
2011	41.07	15.1	38.81	17.48	8.06	1.79	0.31	0.13	1.53	0.47
2012	39.5	16.3	39	18.9	0.5	1.8	0.17	0.07	1.49	0.48
2013	39.42	16.35	39.01	18.68	6.84	1.57	0.18	0.07	1.49	0.49
2014	38.79	16.49	38.85	18.07	7.45	0.78	0.20	0.09	1.45	1.72
2015	37.64	15.93	39.57	18.15	7.48	0.83	0.20	0.09	1.42	1.55
2016	21.3	8.74	22.79	9.95	3.47	0.80	—	—	0.88	0.96
2017	21.28	8.67	23.04	10.27	3.09	0.60	—	—	0.64	2.01
2018	21.16	7.95	27.82	11.07	2.11	0.41	—	—	0.99	2.63

1999—2018 年磁县主要农作物生产情况统计表（二）

表 9-8　　单位：万亩、万吨

年份	豆类		棉花		油料作物		蔬菜	
	面积	产量	面积	产量	面积	产量	面积	产量
1999	4.48	0.43	5.24	0.27	—	—	5.99	7.74
2000	3.40	0.46	2.10	0.12	—	—	6.31	7.85
2001	3.15	0.30	3.77	0.24	4.57	0.40	6.26	12.70
2002	2.54	0.20	4.30	0.24	4.40	0.36	7.27	18.80
2003	2.70	0.22	4.51	0.19	4.39	0.36	7.54	19.90
2004	2.07	0.22	4.22	0.23	4.98	0.39	7.68	24.76
2005	2.58	0.33	3.43	0.23	4.79	0.50	7.79	25.05
2006	2.32	0.30	4.19	0.29	4.69	0.45	8.10	26.53

续表

年份	豆类		棉花		油料作物		蔬菜	
	面积	产量	面积	产量	面积	产量	面积	产量
2007	1.85	0.25	3.53	0.25	2.04	0.29	8.23	26.30
2008	2.17	0.29	5.09	0.38	4.30	0.47	8.29	26.70
2009	2.31	0.34	5.10	0.38	4.40	0.49	8.02	27.10
2010	1.98	0.29	5.33	0.41	4.28	0.50	7.98	27.90
2011	1.98	0.30	5.29	0.42	4.18	0.50	7.85	28.10
2012	1.90	0.30	5.20	0.39	4.16	0.51	7.80	27.50
2013	1.94	0.31	3.99	0.30	4.10	0.53	7.81	28.99
2014	1.88	0.20	3.67	0.28	4.00	0.54	7.77	29.37
2015	1.78	0.20	2.97	0.24	3.97	0.56	7.72	29.55
2016	0.83	0.18	0.60	0.05	1.39	0.19	6.36	15.54
2017	0.70	0.12	0.12	0.01	1.40	0.25	6.15	21.00
2018	0.59	0.11	0.04	0.03	0.33	0.07	1.62	5.79

第四节　农业技术

种植技术

1999年起，磁县小麦、玉米大宗农作物种植推广等行距或大小行条播技术、套种点播技术、种子包衣技术。2004年后，推广小麦节本增效技术、农药减量控害技术、优质夏大豆窄行密植技术，推广面积4万亩次，增产率10%。2005年，实施国家优质良种补贴项目，强化种子包衣技术，杜绝“白籽下地”。2007年，推广“两晚”（小麦晚播、玉米晚收）技术，“两晚”技术连续实施5年，小麦平均单产由335千克/亩提高到414千克/亩，玉米平均单产由402千克/亩提高到486千克/亩。2008年，小麦玉米连作地块推广测土配方施肥技术、秸秆还田技术。经过多年秸秆还田、测土配方和施用配方肥，提高土壤有机质含量，改善土壤结构，提高土壤肥力。小麦总产量由13.3万吨增至13.5万吨。玉米总产由14.7万吨增至15.5万吨。2009年邯郸市实施“4123”双增工程，磁县建设谷子提质增效工程。是年，在山丘区白土、陶泉、北贾壁、台城、林坛镇等乡（镇）部分村推广谷子新品种“张杂谷8号、懒谷3号”，建设谷子示范方，推广应用旱地谷子简化栽培技术、地膜覆盖栽培技术。通过良种和配套使用除草剂和间苗剂技术，解决谷子间苗锄草耗时费工问题。全县推广面积660余公顷，增产15%。2010—2012年，邯郸市实施“吨粮市”建设工程。3年间，磁县推广小麦玉米“吨粮市”建设综合集成技术项目3.67万余公顷。综合运用良种良法、测土配方、平衡施肥、“一增四改”、麦草秋治、化学除草等先进实用技术。2011年夏季小麦和2012年秋季玉米丰收，创造磁县亩产小麦683千克、夏播玉米857.9千克的历史最高纪录。2015—2018年，实施地下水压采综合治理试点农艺节水项目，推广面积1.88万余公顷。项目内容包括：冬小麦节水稳产配套技术（良种与播后镇压）、小麦玉米水肥一体化技术（可溶性肥料与半地下式和卷盘

式喷灌设施)、蔬菜水肥一体化技术(膜下滴灌与微喷淋灌)、秸秆粉碎直接还田技术、病虫草害统防统治技术。此农艺节水项目在县内12个乡(镇)139个村、9个新型农业经营主体和漳河园区3个国有农场运用。

施肥技术

20世纪末,按生产传统对部分农作物秸秆进行堆沤还田或过腹还田,农家肥施用仍较普遍。使用化肥品种:尿素、碳酸氢铵、过磷酸钙、硫酸钾、氯化钾、美国二铵,应用面小、量少。一般基肥亩用量25～50千克,追肥亩用量10～15千克。大田农作物很少使用种肥,多以人工撒施、畜力耧播、趁雨撒施、挖沟条施或穴施为主。2000年始,普遍施用化肥。肥料品种有美国二铵、尿素、复合肥、BB肥、硫酸钾、菌肥、叶面肥。养分单一的碳酸氢铵、过磷酸钙逐渐退出市场。缓控释肥、腐殖酸复合肥、微生物菌肥应用面小、量少。一般基肥亩用量50～100千克,追肥亩用量20～40千克。追肥施肥方式,多以畜力耧播、小型机播和撒施为主。受"肥大水勤,不用问人""庄稼一枝花,全靠肥当家"观念影响,速效氮肥较长时间过量施用,造成养分大量流失、淋溶、固化,肥料利用率不足35%。导致耕层变硬、土壤酸化、退化、板结,通透性差、容重高、有毒有害物质增多,保墒蓄水能力降低,且污染土壤及地下水源。2005年,中央"一号文件"提出要努力培肥地力后,磁县实施"沃土工程",推广测土配方施肥。2008—2010年,在磁州镇、讲武城镇、路村营乡开展"3414"田间肥效试验,推荐不同地力、不同产量(高、中、低产田)、不同作物(小麦、玉米)的氮磷钾最佳用量与配比。每生产100千克小麦籽粒,需吸收氮2.82千克、磷1.2千克、钾2.9千克,氮磷钾的比例1∶0.43∶0.9。每生产100千克夏玉米籽粒,需吸收氮2.5千克、磷1.1千克、钾2.0千克,氮磷钾的比例1∶0.44∶0.8。

2011—2018年,农作物秸秆直接还田、过腹还田面积逐年增加,使用肥料品种有尿素、复合肥、复混肥、缓释肥、水溶肥、腐殖酸复合肥、生物肥、菌肥、叶面肥、激素等。亩施基肥量40～60千克,种肥30～40千克。测土配方施肥和使用配方肥大面积推广应用。玉米、大豆等秋作物施肥方式实现种肥同播,化肥在农作物产量中的贡献率约35%～40%。

田间管理

小麦

施肥　1999年,小麦底肥以养分单一的氮肥、磷肥为主。2003年始,推广应用氮磷钾三元素复合肥。根据土壤养分配方使用三元素复合肥作底肥,增施钾肥作底肥的小麦面积增至8000公顷以上。2009—2012年,增施钾肥作底肥的小麦面积增至2万余公顷。通过测土配方平衡施肥,增加小麦壮苗面积,小麦亩产400千克以上。普遍在春季小麦返青至起身拔节期追施速效氮肥(尿素)。2013—2018年,复合肥、缓控释肥、腐殖酸肥、可溶性液肥、微生物菌肥大面积推广应用,面积1.3万余公顷。

浇水　1999—2015年,小麦冬前一般浇蒙头水和越冬水,春季浇起身拔节水、孕穗灌浆水。一般每年浇水3～4次,浇水量50～60立方米/亩。2016—2018年,农艺节水、工程(设施)节水并用,小麦种植面积减少,亩用水量降低,生长周期内浇水减少1～2次,浇水量30～40立方米/亩。

密度　1999—2005年,全县小麦每亩播种量10～12千克,基本苗20万～25万个,有效穗数30万～38万个。2006—2014年,秸秆还田和旋耕技术推广,农田管理简单粗放,为减少冬季冻害死苗,亩播种量逐渐增至13千克以上,撒播亩用种量25～30千克,小麦群体密度增加。2015年,推广实施等行距窄行密植播种技术,每亩基本苗25万个以上,有效穗35万～45万个。2016—2018年,小麦窄行密植技术普及率100%,每亩播种量约15千克,基本苗30万个,有效穗40万～55万个。

玉米

施肥　1999年,小麦收获后贴茬直播玉米,每亩施10～15千克复合肥作种肥。2005—2018年,播种时每亩施入10～15千克复合肥作种肥,大喇叭口期追施尿素。

浇水　播种后，适时浇蒙头水、孕穗灌浆水。山、丘区晚春播玉米靠天等雨，待机播种。

密度　1999年，玉米种植密度3500～4000株/亩。2010—2012年，邯郸市实施“吨粮田”工程建设，提出“一增四改”（增加种植密度、改种耐密品种、改套种为直播、改粗放用肥为配方施肥、改人工作业为机械化作业）技术。密度增至4000～4200株/亩。2013—2018年，密度保持约4200株/亩。

管理创新　1999年后，全县2.6万余公顷玉米沿用传统播种模式。2015—2018年，推广贴茬直播、种肥同播、使用缓控释肥和生育中后期“一喷三防”（无人机或喷雾机喷，防控病虫害、防干热风、防倒伏），解决玉米追肥、打药不方便问题。

土肥工程

1999年，国家推广实施测土配方。2008年后，磁县推广应用测土配方施肥技术。2015年，测土配方施肥采集土样9526个，取得有效数据11.9万余个。指导农户科学施肥，每亩减少化肥使用量9千克，每亩增产小麦20千克、玉米22千克。至2018年，全县化肥使用量1.35万吨、化肥利用率39%。

1999年起，国家推进耕地质量保护。2009年4月，国家通过《全国新增1000亿斤粮食生产能力规划（2009—2020）》后，2010年，磁县实施该项目。至2018年，实施该项目面积5867公顷。在种植大户、家庭农场推广水肥一体化喷灌技术967公顷。每亩增产小麦30千克、玉米30千克、节水30立方米。

荣华家庭农场水肥一体化作业（2017年12月8日　摄）

科技宣传

1998年，磁县争取省级农技电波入户示范县项目，投资15万元筹建50平方米的演播厅、制作间，具备独立制片能力。1999年始，县农业局每年开展农业科技宣传活动。2001年5月，县农业局与县电视台合办《磁州农业》专题节目。2013年初，该节目更名为《农业博览》。依据农时季节和农事活动及时采摄、编辑、制作节目，每期节目5～10分钟。至2018年，累计播报专题、科技信息658期（次），多个作品获省、市奖励。

技能培训

2010年，县农牧局成立科技教育股。2012年后，实施农村劳动力培训阳光工程项目。至2013年，农业专项技术培训2150人、农业职业技能培训550人，专项补助资金61.25万元。2014年，投资40万元，实施新型职业农民培育工程项目，培训新型职业农民212人。其中，生产经营型112人，专业技能型50人，社会服务

县农牧局实验室土样分类保存作业（2014年6月6日　摄）

农民养殖技术培训（2017年3月30日　摄）

型50人。2015年，争取项目资金40万元，培训生产经营型新型职业农民144人。2017年，争取项目资金36万元，培训生产经营型人才120人。2019年，争取培训资金45万元，培训新型农业经营主体带头人150人。

推广体系建设

1999年，探索建设“站办农场”，推广先进适用农业技术。2001—2007年，实施农业科技进村服务项目，建设村级服务站256个。其中，省级示范站5个。2010年，实施基层农技推广服务体系建设项目，投资360万元，改、扩建10个基层农业技术推广区域站业务用房3000多平方米，购置培训设备、办公设备、检验检测仪器、交通工具等。2012年，实施基层农技推广体系改革与建设补助项目。至2018年，累计培育科技示范户8600多个，建成科技示范基地12个。落实10个基层农业技术推广区域站的机构、人员编制。

第五节　病虫草害防治

小麦病虫害防治

小麦吸浆虫防治　2003年、2008年在磁州镇三里屯村、西光禄镇曲沟村、岳城镇大庄村出现，平均56头/样方（10厘米×10厘米×20厘米），最高达320头/样方。磁县植保站以重发地块作为系统监测调查点和病虫防控示范基地的核心示范区，抓住两个关键期〔蛹期撒毒土（4月中旬）和成虫期叶面喷药（5月初）〕指导农户科学防控。

小麦赤霉病防治　2003年、2012年、2017年中等偏重发生，病穗率0.3%，最高5%。主要防控措施：抽穗至扬花初期叶面喷施三唑酮、多菌灵等药剂预防或复配制剂进行“一喷三防”。

小麦全蚀病防治　2006年夏，在磁州镇三里屯村、西槐树村首次发生。2009年，在磁州镇槐树屯等村再次发生。疫区小麦全部收割焚烧掩埋并进行土壤消毒处理。

小麦孢囊线虫病防治　2010年，首次在磁州镇、讲武城镇发生，减产率10%以上。主要除害措施是播种期土壤消毒处理（撒毒土）和药剂拌种。

小麦条锈病防治　2015年5月23日，在漳河农场首次发现。2017年，在讲武城镇南营、孟庄村等地偏重发生。按照“发现一点防治一片”的防控原则，采取电视播报、田间观摩、现场指导、施药防控等措施防控。

麦蜘蛛防治　2004年、2008年冬春持续干旱，导致麦蜘蛛偏重发生，一般250头/尺/单行，高者达2000头/尺/单行。采取浇水、洒水、喷施三氯杀螨醇（杀螨剂）化学防治等措施有效控制。

玉米病虫害防治

1999—2005年，玉米粗缩病中等偏重发生，年均面积1.3万余公顷以上。2005年，首次发生玉米顶腐病、瑞典蝇。2009年，首次发生茎基腐病、根葵粉芥。2011年，首次发生二点委夜蛾危害，2012—2014年偏重发生。2014年6月20日至7月15日，全县麦茬夏玉米遭受粘虫、二点委夜蛾、棉铃虫、玉米螟突发性蚕食危害，磁州镇黄官营村、岳城镇里青村、林坛镇军营村等重发地块二点委夜蛾15头/株、粘虫及其他害虫20～30头/百株，出现严重缺苗断垄和毁种现象，一般减产20%～30%，重者50%以上。采取人工捕捉、药剂灌根、叶面喷药、查苗补种等措施防治。2015—2018年，玉米病虫害中等偏轻发生。2019年8月19日，1.27公顷晚播玉米田首次发生草地贪夜蛾（幼虫）危害。其中磁州镇西窑头村0.27公顷，讲武城镇南白道村1公顷，病株率3%。采取人工捕捉幼虫和药物应急防治，未扩散。

棉花病虫害防治

1999年，棉花立枯病、猝倒病、枯萎病、黄萎病、烂铃病为主要病害，棉蚜、棉铃虫、红蜘蛛、盲蝽象、造桥虫为主要虫害，发生危害程度中等。2004—2008年，棉花枯黄萎病、烂铃病、棉花炭疽病偏重。2009年、2011年棉蚜、棉红蜘蛛偏重发生。2012年，棉花病虫害发生整体中等偏轻，棉花红叶茎枯病呈上升趋势。适时采用喷施氧化乐果等化学农药、药剂灌根、人工拔除病株等措施处理。

蝗虫防治

一年发生两代，即夏蝗、秋蝗。一般蝗蝻始

出土期为4月底至5月上旬，防治适期、三龄盛期为6月中下旬。防治标准：飞蝗0.05头/平方米，土蝗5～10头/平方米。1999—2009年，蝗虫发生基本平稳，常年发生面积10万亩次以上，达标防治面积8万亩次左右。2010—2018年，蝗虫密度、危害程度、发生面积呈现下降趋势，常年发生面积5万亩以上，达标防治面积4～5万亩。2016年7月19日县内遭遇特大洪灾，库区秋蝗未发生。

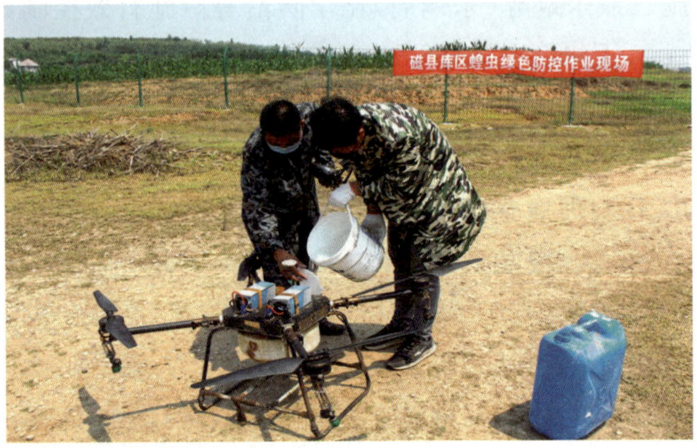

岳城水库库区内蝗虫绿色防控（2018年7月3日　摄）

草害防治

麦田杂草防治　以化学除草为主、人工拔草为辅。1999年化学除草面积占全县小麦面积50%，以苯磺隆为主，10～15毫升/亩。2009年麦草秋治技术推广应用，主要防治对象为禾本科杂草、兼治阔叶杂草。除草剂品种有世玛、阔世玛、彪虎、骠马等，施用量一般5～15毫升/亩。2012—2018年，化学除草面积全覆盖，杂草抗药性逐年增强，除草剂施用量增至15～30毫升/亩。春季麦田除草防治对象以阔叶杂草为主，除草剂品种有苯磺隆、2.4-D丁酯、二甲四氯钠盐等。高密度地块在杂草开花成熟前普遍开展人工拔除作业，有效控制恶性杂草种群。

玉米田杂草防治　1999—2002年，化学除草技术以玉米播后苗前土壤处理型技术为主。主要有阿特拉津、乙草胺、丁草胺等除草剂，一般150～200毫升/亩，残效期30～50天。2005年，玉米苗后茎叶处理型除草剂推广。2010—2012年，玉米苗后化学除草技术基本全覆盖。2016—2018年，咽嘧磺隆类、吡啶类、三酮类除草剂以其杀草高效快速、残留时间短、安全性高备受农民青睐，一般50～100毫升/亩。至2018年，全县化学农药使用量达133.8吨，折百量达38.1吨。其中除草剂达13.5吨，折百量达2.6吨。

植保工程

1999年，病虫监测手段以传统的黑光灯诱捕、人工统计录入、病虫基数调查、趋势分析预警、信息发布与技术指导为主。病虫害防治方式以人力16升背负式喷雾器喷施氧化乐果等高效高毒化学农药为主。2002—2005年，投资300万元，建设磁县蝗灾地面应急防治站，完成土建工程、监测仪器设备、应急防控药械建设，磁州镇粮斗庄村、磁县原种场、高臾镇西玉曹村建设病虫监测站（点）。2007年后，实施小麦中后期“一喷三防”项目。2013年，实施农区蝗虫监测与防控项目，首次引进购置一台自动虫情测报灯，在邯郸市禾下土种业有限公司（脱毒甘薯基地）投用。2014年8月，高臾镇五街“千亩有机水稻基地”首次应用“无人植保飞机”防治病虫害。2015年，推进“公益植保、绿色植保”理念，实施“农药零增长行动计划”，防治药剂品种趋于高效低毒低残留和针对性、靶标化，普遍应用氯氟氰菊脂、氰烯菌脂，结合采用生物、生态防控技术措施。是年10月，成立磁县第一家植保飞防公司（邯郸市天泽农业科技有限公司），购置无人植保飞机3架。2018年，天道益农农机专业合作社购买大型自走式智能型喷杆喷雾机1台、智能植保机器人1台，解决“谁来打药、怎样打药”问题。农业病虫灾害卫星遥感技术开始应用于农业生产。

植保技术

种子包衣　1999—2009年，小麦种子包衣率不足50%，玉米种子包衣率不足10%。至2015年，小麦种子包衣率达80%，玉米种子包衣率达30%。至2018年，小麦种子包衣率达90%，玉米种子包衣率达60%。

药械更新　1999年，全县化学农药施药器械以手动背负式16型喷雾器为主。2000—2009年，多种规格型号的油动电动背负式喷粉弥雾机应用到农业生产中。2010年，邯郸市禾下土种业有限公司首次引进2台中型喷杆喷雾机。2015年，首

次引进3台无人植保航空器、1台自走式喷杆喷雾机喷施农药。至2018年，全县有背负式电动喷雾器4000多台、无人植保机5台、自走式喷杆喷雾机3台、便携式喷粉弥雾机50台、中小型喷杆式背负式喷雾机20多台、植保专业化社会服务组织130多家，从业人员2000多人。

防治面积　1999—2009年，常年病虫草害发生面积500万亩次左右，防治面积530万亩次，农药利用率不足30%。2010—2015年，应用绿色生态防控技术，种植相克作物、保护利用天敌、防虫网、诱虫板、高效低毒低残留制剂，病虫草害的化学防治面积年均降至450万亩次，农药利用率35%。2016—2018年，因行政区划调整，全县病虫害发生面积降至180万亩次，防治面积200万亩次左右。农作物病虫防治技术普及率100%，绿色防控覆盖率27%，专业化统防统治率和农药利用率达38%。

植物检疫

2002年3月，磁县植物检疫站成立。职责是防止为害植物的危险性病、虫、杂草传播蔓延，检疫对象以国务院发布和省内补充的检疫对象目录为主。至2018年，国家规定检疫对象30种。其中，昆虫类10种、线虫类2种、细菌类6种、真菌类6种、病毒类3种、杂草类3种。河北省内补充检疫对象4种。

产地检疫　1999年，以小麦繁种田为主。2009年，繁种840公顷，面积最大。2015年繁种20公顷，面积最小。2015—2018年，小麦繁种和脱毒甘薯种苗繁育并重。脱毒甘薯种苗繁育量从2015年的1200万株增至2018年的2.5亿株。

疫情监测　2003年，滏东花园发现全国检疫对象蔗扁蛾，带虫植株为巴西木，共计15株，全部焚烧销毁。东候召村花椒田内发现省补充检疫对象大菟丝子，发生面积200余平方米，收割焚烧销毁。东候召村南首次发现恶性杂草节节麦。2005年11月，107国道旁申庄村口首次发现外来入侵植物黄顶菊。该物种危害限于路旁、荒地、废弃厂矿等地，未进入农田危害。2010年12月，石家庄市植物保护检疫站在查处擅自调运西瓜种子销售案中，查获西瓜种子星研七号283千克。该批种子经南京农业大学进行病原物检验，被确定为带有全国农业检疫性有害生物—瓜类果斑病病原细菌。其中有一部分流入磁县种苗繁育基地，经抽样检验确定该批种子带菌。磁县植物检疫站对域内种植的8万株西瓜嫁接苗焚烧后掩埋，并销毁种子22.5千克，挽回经济损失50余万元。该案被中央电视台2011年“3·15”晚会列为十大典型案件之一。至2018年，县内未发现新的检疫性有害生物。

无人飞行器灭源消毒防疫（2016年7月29日　摄）

第六节　农业执法

执法范围

1999年4月1日，组建磁县农业行政综合执法大队，负责对农作物种子、苗木、农药、农膜、肥料等农业生产资料监督管理。2007年1月，县农业局与县畜牧水产局合并组建县农牧局。2010年，县农牧局与县农机局合并。2014年10月，磁县农业行政综合执法大队更名为磁县农牧综合执法大队。执法范围：畜禽养殖、水产渔业、饲料工业、农机、新能源等。

市场监管

1999—2001年，依据农时季节和动植物疫情监督防控重点，每年开展两、三次“打假护农维权专项行动”。2003年，针对在鱼饲料中添加国家禁用药物喹乙醇行为，专项抽查2家鱼饲料厂，未检出禁用药物成分。2005年，针对添加使用苏丹红生产红心蛋行为，抽检16家养鸡场和1家养鸭场，17份抽取样品经省检验确定合格。

开展打击非法添加使用盐酸克伦特罗（“瘦肉精”）和莱克多巴胺，飞检45家猪场和两个大型屠宰场，抽取250个样品，经检验全部合格。2008年，“三聚氰胺”毒奶粉事件发生后，全面排查奶牛场，未发现非法添加使用有毒有害物质。2012年，依法办理生产审查登记证明3家，经营许可证55家，对不符合要求的13家外地饲料企业提出限期整改意见。2013—2018年，开展防控非洲猪瘟疫情排查和检测监控，立案查处农资违法违规案例200多起，动检案例200多起，办结率100%。开展病死畜禽无害化处理专项整治行动，集中无害化处理病死畜3400多头、病死禽4200多只、不明死因肉品2700千克。

第四章　畜牧水产业

第一节　畜禽养殖

随着农业机械化发展，畜禽用途和饲养方式发生变化，原用于农业耕作役用的大牲畜骡、驴、牛逐步转为肉食。家禽类主要是蛋鸡、肉鸡、柴鸡。家禽由散养逐步趋向规模化饲养。

家禽

1999年，肉鸡采用地网饲养，个别户平地饲养，品种为快大型白羽肉鸡，年存栏10万只、出栏50万只。蛋鸡采取鸡舍饲养模式，品种多为京白、海兰系列，年存栏407万只、出栏140万只。2000年始，西部山、丘区蛋鸡规模养殖快速发展。主要养殖区域在观台镇观台三街、西保障村，黄沙镇南上庄村，白土镇白土三街，北贾壁乡北贾壁村、索井村，陶泉乡南王庄村等地，鸡存栏100万只以上。其中，有规模养鸡场40家，柴鸡养殖存栏保有量5万只。2014年始，笼养肉鸡发展迅速，存栏量达32万只，年出栏150万只。至2018年，蛋鸡养殖迈向专业化、规模化，全部实现笼养，全县四分之一鸡场使用自动给料设备。磁州镇张杨庄、魏庄建成养鸡专业村，带动周边的南开河、三里屯、响水亮、磨里、前湾漳、后湾漳、南来村、西来村等村兴起蛋鸡、肉鸡饲养。存栏万只蛋鸡场50家，5000只以上蛋鸡场120家。至2018年，全县肉鸡年饲养量200万只。岳城镇水鱼岗村利平养殖有限公司为全县最大肉鸡饲养场，每批饲养量6万只，年生产30多万只。全县柴鸡存栏20多万只，规模养殖场19家。有柴鸡孵化场2个，年孵化雏鸡40万只。2018年，鸡蛋年产量4.3万吨。禽蛋销售除当地市场外，大部分外销湖北、广东、福建省等地。

黄沙镇南上庄村养鸡场（2014年9月4日　摄）

鸭、鹅饲养量年均在5000只左右，多为蛋、肉兼用型。

猪

1999年始，磁县规模养猪业起步，猪存栏19万头。至2015年，常年存栏量20万～30万头。行政区划调整后，2016—2018年，生猪存栏量14万～17万头。全县规模养猪场451家。其中，万头猪场5家、千头猪场57家、百头以上猪场389家。饲养品种主要为长白、大约克夏、杜洛克、斯格、皮特兰等杂交优育系列商品代，生猪良种率98%以上。规模化猪场集中在山、丘区的磁州镇驸马沟、侯家沟村，观台镇、岳城镇、北贾壁乡，散见于平原区的讲武城镇、时村营乡。

肉牛和奶牛

1999年，全县肉牛存栏2.8万头，奶牛存栏4000多头。2005—2006年，省市推广农作物秸秆综合利用，提倡秸秆过腹还田，对秸秆青贮的养殖户补贴资金。养牛户增多，规模在10～100头，全县肉牛存栏达3.9万头，奶牛存栏4300头。2007年始，部分养牛户转产，小户散养逐步向规

磁县益康牧业养牛场（2017 年 2 月 4 日 摄）

模化发展。至 2018 年，全县肉牛品种有冀南黄牛、南阳黄牛、西门塔尔和部分杂交牛。肉牛饲养大多分布在山、丘区，肉牛年饲养量 5962 头，200 头以上的肉牛场 2 个。奶牛品种为中国荷斯坦即黑白花奶牛，饲养多在丘陵和平原区。奶牛年饲养量 2929 头，百头以上奶牛场 2 个。母奶牛年均产奶量 4.5～6 吨，高产奶牛年产量 8.5～9 吨。

羊

1999 年，养羊以家庭群养为主，户均 20～100 只，集中在山、丘区，种类有山羊和绵羊。山羊品种有当地的太行山羊和引进的波尔山羊。绵羊品种多为当地绵羊和引进饲养的小尾寒羊、杜泊羊。2000 年后，规模养羊场逐渐兴起。2012—2014 年发展迅速，年存栏量 19 万只，建成千只羊场 17 家。至 2018 年，全县规模羊场 40 家，存栏千只以上 9 家。全县饲养量约 10 万只。

1999—2018 年磁县牲畜生产情况统计表（一）

表 9-9 单位：头、匹

年份	肉牛		奶牛	马		驴		骡	
	存栏	出栏	存栏	存栏	出栏	存栏	出栏	存栏	出栏
1999	28328	13500	—	4698	—	6461	—	12951	—
2000	28752	13700	—	4763	—	6550	—	13053	—
2001	29376	13900	—	4800	—	6500	—	13000	—
2002	32100	15200	—	4800	—	6504	—	13000	—
2003	35330	15800	—	5000	—	6504	—	13000	—
2004	37800	18208	—	5000	—	6600	—	13000	—
2005	45000	21700	—	2400	810	3100	1240	5300	1508
2006	39000	22600	—	2000	—	1300	—	3000	—
2007	21400	11003	—	1200	600	1800	800	3300	1100
2008	22404	14000	—	801	299	1599	300	3000	501
2009	23100	14400	3230	1600	400	1300	500	2000	600
2010	25000	15609	9998	—	—	—	—	—	—
2011	28100	15600	10200	2000	300	1300	400	3000	500
2012	24028	15600	9300	1100	500	1800	600	1600	500
2013	23200	15100	9100	1108	4500	1757	603	1636	532
2014	19800	15010	9500	1100	500	1800	600	1600	500
2015	20992	15500	9310	—	—	—	—	—	—

续表

年份	肉牛		奶牛	马		驴		骡	
	存栏	出栏	存栏	存栏	出栏	存栏	出栏	存栏	出栏
2016	15531	10400	4966	582	411	1211	447	1095	386
2017	16600	10720	4830	492	375	911	402	1052	356
2018	5962	10010	2929	220	20	710	86	340	33

1999—2018 年磁县牲畜生产情况统计表（二）

表 9-10　　单位：头、只

年份	猪		羊		年份	猪		羊	
	存栏	出栏	存栏	出栏		存栏	出栏	存栏	出栏
1999	196525	202500	179141	117200	2009	211000	262800	161500	134300
2000	202395	214700	184416	121800	2010	237495	305009	179465	149100
2001	208100	225300	185100	122300	2011	330300	378300	241100	167131
2002	231000	235400	206700	136400	2012	242100	313000	179200	153700
2003	251700	254000	221000	147300	2013	253200	315800	183100	156200
2004	271800	296484	238700	159100	2014	252942	345800	192800	165200
2005	305900	336200	260700	152400	2015	247400	337500	184710	171500
2006	330300	378300	241100	167131	2016	151961	262200	139414	146500
2007	188200	231400	145200	120900	2017	141820	240570	132540	131390
2008	201001	241402	156801	130400	2018	168100	256997	105896	116715

1999—2018 年磁县家禽生产情况统计表

表 9-11　　单位：只

年份	鸡		鸭		鹅	
	存栏	出栏	存栏	出栏	存栏	出栏
1999	4187400	1910600	127593	—	3214	—
2000	4354900	2006200	132700	—	3342	—
2001	4670000	2106600	133500	—	—	—
2002	4739900	2211900	138200	—	—	—
2003	5061200	2652000	142200	—	—	—
2004	5341800	2843500	71000	—	—	—
2005	6545600	3518000	22200	15200	—	—

续表

年份	鸡		鸭		鹅	
	存栏	出栏	存栏	出栏	存栏	出栏
2006	7131700	3827915	—	—	—	—
2007	4399700	4343900	10100	8200	—	—
2008	4809599	4620385	4500	8400	—	—
2009	5022899	4953800	4605	—	—	—
2010	5737815	5453707	—	—	20400	—
2011	6076000	3841661	5500	—	—	—
2012	6829000	6503580	—	—	—	—
2013	6747400	6305800	—	—	—	—
2014	6810300	6448900	—	—	—	—
2015	6653500	5310200	—	—	—	—
2016	4637000	5517152	—	—	—	—
2017	5404210	4410000	—	—	—	—
2018	4188600	3856659	46500	27200	1800	2260

第二节　畜禽产业化经营

1999年后，磁县畜牧业由散户饲养进入规模化生产、公司化运作、标准化管理、产业化经营阶段，成为农业经济的主导产业之一。磁县养猪产业化水平位居全市第二位，蛋鸡饲养水平居全市第三位，成为邯郸市生猪规模饲养重点县、邯郸市奶牛标准化养殖重点县、省级“瘦肉型猪”产业化养殖基地县。1999年畜牧业产值5.64亿元，占农业总产值43%。2018年畜牧业产值9.7亿元，占农业总产值52%，较1999年上升9个百分点。

养殖业龙头企业培育

1999年，全县无养殖龙头企业。2001年始，全市评选龙头企业活动，引起磁县重视。2007年，华威养殖有限公司（养猪企业）经申报评选获磁县第一家市级养殖龙头企业。此后，磁县养殖业龙头企业建设扎实推进。2012年，全县14家养殖企业先后获市级养殖龙头企业称号。同年，华达实业有限公司通过省级龙头企业认定。至2018年，全县建成市级以上畜牧龙头企业16家。其中养猪9家、奶牛2家、蛋鸡1家、肉鸡1家、肉羊1家、特种养殖1家、饲料生产厂1家。

标准化建设

2004年始，河北省开展无公害畜产品产地认定。2005年，磁县两家企业通过省级无公害畜产品产地认定。2008年，21家企业通过省级无公害畜产品产地认定，为历年最高。2010年，农业部启动“畜禽养殖标准化示范创建活动”，磁县加强畜牧企业标准化建设。至2018年，磁县72家养殖企业通过省级无公害畜产品产地认定。其中，养猪企业59家，蛋鸡企业5家，肉羊企业3家，肉牛企业2家，奶牛企业1家，肉鸡企业1家，特种养殖企业1家。华威养殖有限公司（养猪）、青英生态农业园（养蛋鸡）、兴盛牧业有限公司（养奶牛）3家企业被认定为部级示范企业。8家养殖企业被认定为省级示范企业。其中，肉鸡企业1家（利平养殖有限公司）、肉羊企业2家（瑞祥养羊专业合作社、鑫红种羊养殖有限公司）、养猪企业5家（华达实业有限公司、诚信养殖有限公司、百牧源养殖有限公司、科牧养殖有限公司、益民养殖有限公司）。

产业服务

1999年后，畜牧业服务保障体系逐步完善。全县注册饲料生产企业3家，饲料兽药经销门市60家，为畜禽养殖提供饲料、兽药供应服务。养猪专业服务协会对养猪生产起到协调、服务、推动作用。生猪经纪人100多人，年组织外销生猪20多万头。至2005年，设立10个乡（镇）畜牧兽医中心站，聘用乡（镇）防疫检疫员51人、村级防疫员376人，全县畜禽防疫检疫体系逐步健全。2013年5月，县农牧局成立县级兽医院，健全疫病监测、诊疗设备，技术人员定期防疫消毒、化验监测、巡回诊治，为畜牧业健康发展保驾护航。2018年8月防控非洲猪瘟期间，采取外堵内控、科学消毒等措施，使磁县无发生非洲猪瘟疫情，保障畜牧业持续发展。

政策扶持

养猪方面 2006年，磁县发展养猪业纳入“十一五”经济发展规划，成立“瘦肉型”猪养殖基地推进办公室，出台优惠政策。2007—2012年，国家财政补贴能繁母猪业，全县9037户享受补贴644.71万元。2007—2014年，财政部实施“生猪规模场标准化改扩建项目”“菜篮子工程项目”，磁县44个规模养猪场享受扶持资金975万元。2013—2015年，落实国家生猪良种补贴政策，县内发放良种猪精液补贴208万元。

养奶牛方面 2005—2007年，邯郸市财政每年拨给磁县2万元，用于奶牛改良站点设备更新。2006年，奶业工程纳入磁县“十一五”经济发展规划，县政府成立奶业基地推进办公室，实施15项优惠政策。2006—2010年，县财政每年出资200万元支持奶业发展，打造奶业基地县。2007—2014年，邯郸市财政每年拨付资金，以新增1头奶牛补助150元标准，补助100头以上规模奶牛场。磁县5个百头以上规模奶牛场享受此补贴。2008年，受“三鹿（毒）奶粉”事件影响，奶牛养殖户经营困难，国家进行补助。磁县102个奶牛养殖户享受国家补助4.66万元。2014—2016年，国家财政对规模奶牛场标准化建设实行“以奖代补”政策，磁县3个规模奶牛场享受奖补80万元。2014—2018年，邯郸市政府对奶牛企业全株玉米青贮补助，磁县5家奶牛企业享受补助27.39万元。

养肉牛方面 2012年、2013年国家实施“菜篮子工程”项目，补贴规模化肉牛场标准化建设。磁县鑫盛养殖有限公司和磁县天鸿养殖有限公司分别享受25万元项目资金补贴。

养鸡方面 2008年，国家出台规模养殖场标准化改造以奖代补项目扶持政策。磁县富民养鸡场、磁县种畜禽场、磁县清华养鸡场、磁县达盛昌养鸡场、磁县金沙蛋鸡养殖场分别享受10万元奖补资金。2010年国家实施畜禽标准化养殖扶持项目，磁县青英生态农业园和磁县兴农养殖专业合作社分别享受25万元项目补贴。2012年国家实施“菜篮子工程项目”，磁县利平养殖有限公司、磁县和盛养殖场分别享受25万元补贴。

养羊方面 2010—2015年，国家实施畜牧良种项目，对肉羊种公羊补贴。磁县鑫红种羊公司和邯郸市裕民畜牧科技有限公司共享受良种补贴120万元。2013—2015年，国家“菜篮子工程”项目惠及磁县5个规模养羊场，分别享受25万元的肉羊规模养殖标准化建设资金补贴。2014年，为加快培育养羊产业基地建设步伐，提升肉羊产业发展水平，县政府出台《关于发展壮大养羊产业链条经济的指导意见》，为促进养羊业发展起到积极作用。

第三节 水产养殖

池塘养鱼

1999年，磁县池塘养鱼主要分布在岳城水库、东武仕水库周边及漳河、滏阳河和牤牛河沿岸，涉及岳城、路村营、讲武城、磁州、高臾、花官营、辛庄营、南城、林坛镇9个乡（镇）。养殖总面积190公顷，产量8092吨。有鲤、草、鲢、鳙、鲫、鲶、团头鲂、斑点叉尾鮰鱼、泥鳅及中华鳖等水产品种。随着无公害农产品产地认证兴起，2007年，岳城水库、东武仕水库通过省级无公害水产品产地认证。2008年，通过鲤鱼、草鱼省级无公害水产品认证。2010年，通过鲫鱼、鲢鱼省级无公害水产品认证。2015年，国家调整渔业燃油价格补贴政策，渔业燃油价格补贴剩余资金全部用于水产养殖项目建设，磁县永强专业合作社争取池塘改造项目资金50万元，完成池塘道路硬化、渔业机械更新和池塘护坡修整。2016年10月行政区划调整，磁县池塘面积减至117公顷。是年，磁县盛江养殖有限公司争取池塘改造资金30万元，完成池塘道路硬化、渔业机械更新、池塘护坡修整和厂区线路改造。2017年，磁县学文养殖场争取智慧渔业项目资金15万元，完成场区监控全覆盖、水质自动化监测、自动投饵。2018年，磁县盛江养殖有限公司争取休闲渔业项目建设资金100万元。

网箱养鱼

岳城水库网箱养鱼　1999年，岳城水库库区养殖水面2667公顷，是磁县重要的渔业生产基地。2002年，岳城镇岳城村村民崔成云开始彭泽鲫网箱养殖，当年投产6个规格为长6米、宽5米、高2.5米的养殖网箱，年产量75吨，经济效益90余万元，成为磁县出口韩国的创汇型渔业新品种。2009年，岳城水库周边村200多户渔民在库区网箱数量921个。网箱养殖对岳城水库一级饮用水水源造成污染，县委、县政府于2009年10月9日始，历时17天，清理取缔库区内网箱921个。

东武仕水库网箱养鱼　1999年，库区网箱数量7900个，养殖面积27.65万平方米，80%为滤食性鲢、鳙鱼，20%为吃食性鲤、草鱼。2012年，东武仕水库网箱1.59万余个，养殖面积31.95万平方米，产量2.08万吨，鲢、鳙鱼产量占60%，草鱼产量占15%，鲤鱼产量占10%，其他鱼类产量占15%。产量占全县总产量80%。除县内销售外，主要销往省内石家庄、邯郸、邢台市及河南、山西、山东省等地。由于网箱养殖给东武仕水库行洪安全造成严重威胁，2013年8月30日，县政府出台《关于依法取缔东武仕水库网箱养鱼工作的实施意见》，动员1万余名县党政机关和路村营乡干部职工等人员，历时38天，清理17个村840户2439万千克鱼、1.59万个网箱及附属设施，实现“鱼出库、网上岸、水面净、大局稳”目标。

渔业受灾

2016年7月19日，全县发生强暴雨天气，10个乡（镇）、29个村、61个养鱼户受灾，受灾总面积108公顷。其中，池塘147个，小水库（塘坝）10个，受损总产量1560.15吨，损坏渔业设备177台，损失总金额1920.75万元。灾后，县农牧局人员深入一线开展渔业灾后调查统计，发放灾后养殖池塘应急处置技术材料200余份，指导养殖户灾后池塘消毒，争取省级灾后重建专项资金50万元。

渔业资源增殖

2009年岳城水库网箱清理、2013年东武仕水库网箱清理后，养殖方式由网箱养鱼改为大水面渔业资源增殖放流。2004—2018年，岳城水库累计投放鲢、鳙鱼种1800余万尾，价值700余万元。移植引进大、小银鱼卵3.75亿粒，价值93.75万元，经济效益1.7亿元。其中，2018年投放大规格鲢、

东武仕水库网箱养鱼（2007年9月6日　摄）

岳城水库增殖放流（2018年3月29日　摄）

鳙鱼鱼种 5 万千克，草鱼鱼种 1.25 万千克，总计 150 万尾，价值 75 万元。

渔政管理

1999 年，岳城水库渔政管理站有渔政检查员 9 名，东武仕水库渔政管理站有渔政检查员 7 名，均配备 45 马力执法快艇 1 艘，负责“禁渔期”封库和库区非机动捕捞渔船的日常管理和“迷魂阵”“地笼网”、电鱼等违法捕捞查处工作。其中，非机动捕捞渔船岳城水库有 520 艘，东武仕水库有 860 艘。2008 年 3 月，投资 16 万元在岳城水库配备 120 马力渔政执法船 1 艘。2009 年 6 月，为渔政站配备电脑 1 台，传真机 1 部，电话 1 部，档案柜 3 组，改善执法装备，增加救生衣保障设施。2010 年 11 月起，全县推行政策性、非营利性保险——渔业互助保险。解除渔民从事渔业生产后顾之忧。至 2018 年，磁县农业农村局先后开展禁渔期、渔船安全生产等工作宣传 40 次，出动宣传车 650 辆次，印发宣传资料 1.6 万份，张贴墙报 800 份，与渔民签订渔业生产安全责任状 1550 份。同时，先后开展 103 次打击非法捕鱼等专项整治活动，查处（获）电鱼案 49 起、“迷魂阵”800 套、“地笼网”190 套、无证捕捞船 160 只。

县渔政执法人员清理岳城水库“地笼网”（2012 年 6 月 12 日　摄）

1999—2018 年磁县水产情况统计表

表 9-12　　单位：吨、公顷

年度	总产量	淡水捕捞产量	淡水养殖面积	淡水养殖产量	年度	总产量	淡水捕捞产量	淡水养殖面积	淡水养殖产量
1999	9550	1458	4424	8092	2009	29995	8955	655	21040
2000	9830	1680	4003	8150	2010	30175	9085	655	21090
2001	11180	1800	4200	9380	2011	32100	9100	656	23000
2002	13700	2005	3371	11695	2012	22283	5324	479	16959
2003	14511	2099	3463	12412	2013	22740	5341	479	17399
2004	18235	4309	3466	13926	2014	5983	5159	59	824
2005	27386	5860	3466	21526	2015	5997	5125	59	872
2006	29580	6982	3471	22598	2016	6163	4783	149	1380
2007	32800	9830	3471	22970	2017	5271	4521	128	750
2008	27425	7455	648	19970	2018	5300	4300	128	1000

第四节　特种养殖

家兔养殖

1999 年，磁县饲养家兔品种主要是青紫兰兔、比利时兔、加利福尼亚兔、本地白兔、獭兔等。饲养方式基本是家庭散养，规模小，群体大。年饲养量 35 ～ 45 万只，年出栏 100 多万只。至 2004 年，总产值 6700 ～ 9000 万元。产品销往省内辛集、无极、蠡县等皮毛集散地。受市场价格

影响，2015年磁县养兔业下滑，价格触底，仅存10多家养殖场。2017年存栏7万多只。2018年，饲养量11万余只，年产值440万元～490万元，产品销往省内邢台、邯郸市及四川、重庆市等地。

狐狸与水貂养殖

观台镇东艾口村常贵生开办的狐狸、水貂养殖场是磁县首家，也是省内最大的狐狸、水貂养殖基地。1999年，存栏狐狸300只、水貂250只。2009年，该养殖场改扩建。占地2.7公顷，建有办公楼1栋、冷库3座、饲料加工车间1个，成为“养殖＋加工＋销售”基本完整的产业链条，建有水貂圈舍5000平方米，狐狸圈舍6000平方米。该年存栏狐狸2010只、水貂1300只，年销售收入80万元，年利润达20万元。至2018年，该养殖场总投资3000万元，饲养灰貂、黑貂、白貂达8000余只，饲养银狐、蓝狐、雪狐达4000只，饲养乌苏里貉2000余只。年销售收入200万元，年利润50万元。

蜜蜂养殖

磁县蜜蜂养殖起始年代不详。20世纪80年代生产队解散后，县内有少数农户开始从事专业养蜂。养殖初期，种蜂来源靠收集自然野生蜜蜂筑巢养殖，品种为中华蜜蜂。此后，逐步引进意大利蜜蜂品种。1999年前，有零星养殖散户。1999—2018年，县内蜜蜂养殖户增多，逐渐形成规模。

蜜蜂采蜜（2020年6月25日　摄）

蜂巢　砖木蜂巢多为养殖散户用砖木自建，人工收集自然界土蜂，饲养规模为1～3个蜂箱，防疫灭病技术不成熟，产量、效益低，1999年后砖木蜂巢被淘汰。“蜂箱”蜂巢材质为木质，有单层、双层、多层蜂箱，该设备利于管理、产量高而被养蜂户采用。

饲养模式　居家庭院饲养为30箱以内的小户，利用农闲时管理蜜蜂、采集蜂产品，属家庭副业。2018年，全县有20余户居家庭院饲养，蜜蜂存栏520余箱。最小饲养规模为3～5箱。逐花流动饲养为40箱以上养殖户，采取追花夺蜜式流动饲养，属职业化饲养。2018年全县有50户，蜜蜂存栏4000余箱。最大单户饲养规模200余箱，是蜜蜂产业的主力军。

蜜蜂酿蜜（2020年6月25日　摄）

分布地域　2018年，全县约40个村有蜜蜂专业养殖户，主要分布在磁州镇南开河、尹家桥村，讲武城镇孟庄村，时村营乡西小屋村，陶泉乡岔口村，都党乡三合村等地。居家庭院饲养小户多分布在西部山区的陶泉乡、北贾壁乡和白土镇等地。

蜜源植物品种　县内西部山、丘区生长大量蜜源植物，主要有野生荆条、槐树、柿树、梧桐、枣树、油菜等，辅助蜜源植物有葵花、果树及野生植物等。

蜜蜂养殖特性　磁县蜜蜂饲养主要靠少量的自然花蜜和人工奖励饲喂为主。7—8月，为蜜蜂自繁自养期，只有少量蜂蜜产出；9—10月，为蜜蜂越冬管理准备期，主要以培养越冬蜂、准备越冬饲料为主；11月—次年2月，为蜜蜂越冬管理期，蜂群主要靠饲喂的白糖原料越冬。春分后，蜜蜂从冬季蛰伏状态转向复苏、复壮。越冬的蜂群从桃花、油菜花开放初期，复壮3～5框蜜蜂，之后快速复壮到 8 ～ 10 框甚至 12 ～ 15 框。5—6 月，蜂群复壮，蜂产品进入收获季节。

产量与放养地 以花期来说，全县主要产蜜期为 5 月 1 日至 6 月 30 日。单箱蜜蜂产蜜，1999 年 10 ～ 20 千克。2005 年后，产蜜 15 ～ 30 千克。2018 年，产蜜 25 ～ 35 千克。

磁县蜜蜂养殖户县内放养时间是 4 月中下旬到 7 月初。其他时间到外地追花夺蜜，逐花流动，饲养遍及河南、陕西、四川、云南、贵州省等地。

蜂蜜入桶（2020 年 6 月 25 日　摄）

1999—2018 年磁县蜜蜂养殖情况统计表

表 9-13　　单位：箱、吨

年份	箱数	产量	年份	箱数	产量
1999	1400	95	2009	3000	170
2000	1500	100	2010	3400	200
2001	1550	100	2011	3400	201
2002	1600	110	2012	3400	217
2003	1600	116	2013	3800	290
2004	1700	120	2014	4000	290
2005	1800	125	2015	4600	480
2006	1800	130	2016	4936	489
2007	1800	100	2017	3670	300
2008	2500	140	2018	3710	302

犬养殖

1999 年，全县各村均养犬，品种多为土杂犬，主要用于看家护院。2000 年后，养犬户逐年增多，品种渐趋向于大型犬，并出现养犬专业户，如磁州镇固城村、孟庄村有德国黑背、藏獒饲养、繁殖、销售专业户，销往县内及周边县（市、区）。2008 年前后，在县城迎宾路、友谊大街交叉口北侧自发形成狗交易市场（每周六、周日）。因社会上不断发生大型犬伤人行为，县有关部门禁养大型犬，此犬逐年减少。至 2018 年，家庭养犬多为宠物犬（俗称小狮子狗）。狗交易市场迁至中华慈大街、磁州路交叉口附近。全县饲养量 1 万余只。

蜗牛养殖

白玉蜗牛养殖场位于讲武城镇八里冢村，场名为邯郸市金益农生物科技有限公司，法人肖树民。1989 年开始饲养白玉蜗牛，年产量 100 吨，最高生产记录为 700 多吨。产品远销北京、上海等大城市。

山鸡养殖

1999 年，磁县无山鸡养殖户。2007 年始，磁县出现山鸡养殖，是年存栏 2 万只。此后逐年减少，2010 年，山鸡存栏仅 5000 只。2011—2018 年，磁县只有零星山鸡养殖，不作统计。

第五节　品种改良与繁育

畜禽品种改良

1999年，人工授精技术成熟，应用到畜禽品种改良和良种繁育，节省饲养种畜禽成本，保护畜禽生殖健康。至2009年，磁县完成地方畜禽品种改良。

良种繁育

2010年建成投用的邯郸市鑫红种羊养殖有限公司，承担2010—2014年磁县绵羊良种种公羊推广任务，累计推广1200只小尾寒羊种公羊。2013年，磁县华达种公猪站建成投用，种公猪存栏60头，利用人工采集精液用于全县能繁母猪人工授精配种。此后，每年提供6万～8万枚良种猪精液。至2018年，全县主要饲养畜禽良种率：生猪98%，蛋鸡99%，奶牛100%，羊90%。

第六节　动物防疫

组织体系建设

县级动物防疫体系　组织体系。1999年，磁县重大动物疫病防控县级领导机构为临时性机构。2004年，磁县重大动物疫病防治指挥部成立。是年，高致病性禽流感发生，指挥部成为全县口蹄疫、禽流感等重大动物疫病核心领导机构。2007年1月，磁县畜牧水产局与磁县农业局合并成磁县农牧局。11月，磁县动物防疫站更名为磁县动物疫病预防控制中心，磁县动物检疫站更名为磁县动物卫生监督所，分别承担动物防疫的技术指导和检疫执法工作。2008年，磁县农牧局增设兽医股，形成“一股（兽医股）、一所（监督所）、一中心（疫控中心）”的县级动物疫病防控体系。

基础设施建设。1999年，磁县动物防疫检疫设施简陋。2005年，实施县级动物防疫站基础设施建设，投资140万元。其中，中央资金94万元，地方配套资金46万元，购置仪器60台（套）。2008年，实施县级动物检疫监督设施建设，投资44万元。其中，中央资金29.4万元，地方配套资金14.6万元，购置仪器59台（套）。2016年，磁县动物疫病预防控制中心新建办公用房600平方米，新建冷库1座，购置生物安全柜、通风橱、生化培养箱、生物显微镜、酶标仪等各种仪器设备。2017年，县疫控中心兽用生物制品GSP认证通过省、市验收。2018年，全国非洲猪瘟疫情突发，县级兽医实验室投资60余万元，新增非洲猪瘟检测设备1套，疫病防控能力提升。

乡（镇）动物防疫体系　组织体系。1999—2004年，全县有乡（镇）兽医站19个，人员主要是原人民公社老兽医、毕业分配的大学生、退伍军人，经费自收自支。2005年，落实省政府办公厅《关于建立健全乡（镇）动物防疫体系的意见》、市政府办公厅《关于建立健全动物防疫体系的实施意见》要求，全县设立10个基层动物防疫监督站，人员编制60人，全额财政股级事业单位编制。同年12月，公开招聘51名动物防疫监督员，全额财政编制，充实10个基层站。2016年，磁县行政区划调整，林坛、花官营、高臾动物防疫监督站划归冀南新区托管。至2018年，全县11个乡（镇）设有7个基层动物防疫监督站，全额股级事业单位，编制人员42人。

基础设施建设。1999年，乡（镇）兽医站基本停运。2003年，投资20余万元建设省级动物疫病测报站，与讲武城动物防疫监督站合署办公。2006年，投资106万元（中央资金70.8万元，地方配套资金35.2万元）建成磁州、讲武城、岳城、观台、黄沙、路村营、白土、林坛、高臾、花官营乡10个乡（镇）兽医站，购置仪器设备500台（套）。各基层站配备冰箱、冰柜、采样箱、解剖器械、摩托车、汽车等设备。2011年，路村营动物防疫监督站改扩建，改善办公用房100多平方米。2015年，新建林坛动物防疫监督站，办公用房300平方米。截至2018年，全县建有7个乡（镇）动物防疫监督站，基本保障动物疫病防控需求。

村级动物防疫体系　1999年，全县村级动物防疫员配备不到位，疫病防控依靠县、乡防疫人员实施。2006年，落实邯郸市政府办公厅《关于建立健全村级动物防疫协助员队伍的实施意见》要求，在70个养殖重点村配备70名动物防疫员。

此后，磁县不断加强村级动物防疫员队伍建设。至2010年，全县376个村招聘376名动物防疫员。2016年行政区划调整，县内258个村配备258名动物防疫员。2018年，甘草营、十里铺、滏泉、曲沟4个村划归磁县磁州镇托管。至此，磁县262个村配备262名动物防疫员。

机制建设

防疫机制　1999年，县畜牧水产局主管全县动物防疫工作。动物防疫主要依靠县、乡两级防疫人员组织实施。2004年后，磁县先后出台《磁县防治高致病性禽流感应急预案》《H7N9禽流感应急预案》《小反刍兽疫应急预案》《进一步强化动物防疫体系责任的通知》，对禽流感、口蹄疫等重大动物疫病防疫进行具体部署，细化部门责任，实施春、秋两季集中强制免疫。2009年始，重大动物疫病防控经费列入县财政预算，年预算经费20万～50万元。2018年，印发《磁县突发重大动物疫病应急预案》，为处置各种突发动物疫病提供制度保障。将开展禽流感、口蹄疫、布鲁氏菌病、小反刍兽疫等病种的强制免疫列入年度重点工作。

检疫机制　1999年，全县19个乡（镇）划分为8个动物检疫区片的产地检验管理模式。2016年，屠宰产业市场品牌肉兴起，小型屠宰场、点退出，全县设1个县级屠宰场和10个乡（镇）屠宰点。畜牧部门为屠宰场、点配备驻场检验人员，实现定点屠宰集中检疫。2018年，全县符合审批条件的屠宰场、点有2家。每个场、点配备官方兽医实施驻场检疫，屠宰检疫率100%。动物产地检疫由7个基层动物防疫监督站具体实施，检疫人员（官方兽医）到场到户临栏检疫，保持检疫率95%以上。

突发疫情防控

2001年，磁州镇魏庄发生蛋鸡大量死亡，疑似鸡新城疫疫情。磁县实施疫情封锁、紧急免疫接种、强制扑杀、限制家禽流动交易等综合性防控措施，制止疫情扩散。2004年，台城乡中郝村养殖场发生家禽死亡。封锁养殖场，紧急消毒、对威胁区紧急免疫接种，制止疫情扩散。2016年，磁县“7·19”洪灾造成305个养殖场受灾，受灾畜禽316.8万头（只），死亡和失踪畜禽16.29万头（只）。其中，猪3548头，禽类（蛋鸡、肉鸡、鹅、鸭）14.51万只，牛113头，羊1533只，貂2000只（另外有蚯蚓83.38吨）。动物圈舍损毁面积13.39万平方米，经济损失4078.7万元。全县实施大规模防疫消毒、畜禽尸体无害化处理、疫病防疫、免疫接种工作。划分11个片区，成立11个工作推进组，下设50个防疫小分队、8个应急队、2个突击队，以岳城、东武仕两大水库和漳河、滏阳河、牤牛河3大河流为基点，拉网式排查，划定搜索消毒区域。制定畜禽尸体无害化处理特殊奖励政策，农牧部门监督无害化处置，处置1头大猪奖励80元、1头小猪奖励60元、1只羊奖励80元、牛及其他大牲畜每头奖励200元。此后，磁县推行动物防疫消毒监控网格化管理，构建县、乡、村三级“网格化”监管体制。2018年8月，全国突发非洲猪瘟疫情。磁县打造省际安全“边防线”，设立107国道漳河桥和222省道观台镇岗子窑2个动物防疫临时检查站和讲武城镇朝冠、观台镇前岭村等15个乡村道路检查点。国、省干道由交警、交通、农牧部门协同设站，乡村道路由乡（镇）村干部和村级防疫员协同设点。拦截跨省调运生猪、违规调运生猪各1起，查验运输牛、鸡、鸭等其他畜禽车辆4辆次2200余只（头），查验运输鸡肉产品车3辆、运输其它动物产品车6辆次7.8吨，查处运输死牛1头1车次，全部依法处置。打造动物卫生监督执法巡查监管“机动防线”，开展动物卫生执法监督检查15次，查验生猪等畜禽运输车辆38辆次，生猪、家禽等2万头（只），查验猪肉产品等10余吨。打造疫情防控“内防线”，与养殖场、企业主签订“严禁使用餐馆、食堂泔水或餐余垃圾饲喂生

县动物防疫人员在观台镇消毒检查（2018年12月　摄）

猪承诺书”1015份，发放明白纸、告知书等5000余份，在村务公开栏张贴明白纸262份。建立“西部三乡（镇）生猪养殖群”，约定辖区生猪只出不进，外来生猪运输车辆出入消毒、微信视频报送机制。山沟小区域生猪养殖户自发组成防疫小团体，新建生猪出栏周转台，实行养殖场户共同约定、协作签字、共同管理、相互监督、群防群控的模式。周转台实行全进全出、单向运行、消毒视频微信留存机制。建成周转台8个，关联养殖场59家。建立疫情排查与信息监测“网络防线”，全县生猪养殖户非洲猪瘟排查责任具体明确到乡（镇）、村两级干部及基层站与防疫员个人。其中，千头以上猪场确定包联责任人58名；千头以下猪场涉及197个村，确定包联责任人197名；1个屠宰场（点），确定包联责任人1名；1个无害化处理场，确定包联责任人1名。同时，签订包联责任书257份。建立疫情应急处置“灭火线”，组建“人与物”应急体系，成立疫情处置专家小组，组建应急预备队，做好人员防护、技术培训、无害化处置等准备工作。建立养殖信息快速处置应急体系，制作生猪养殖电子作战地图。全县1015个养殖场户进行电子地图标识，58家年出栏1000头以上养殖场建立周边3千米场户明细清单，实现全县养殖场户快速检索、立体观看、信息查询功能，疫点、疫区划定快速精准。此项工作在邯郸市推广，《磁县建立电子作战地图运用信息科技助力非洲猪瘟防控》在河北省《今日畜牧兽医》刊载。

无害化处理

2013年前，病死畜禽无害化处理依靠养殖场户、畜禽经纪人、屠宰场点业主自行处理，缺乏监督机制。2013年，磁县落实国家养殖环节病死生猪无害化处理补助政策。在辖区官方兽医监督下，病死猪由场主进行焚烧深埋等无害化处理后，可享受国家每头80元（中央50元，省市县各10元）财政补助。是年，无害化处理病死猪10588头。截至2016年11月，焚烧深埋无害化处理病死猪91869头。2016年12月，磁县投资800余万元，建成宏阳病死畜禽无害化处理中心，成批处理能力5吨，日处理能力15吨。变过去焚烧深埋无害化处理模式为化制处理。是年，处理病死猪1877头。2017年，化制处理病死猪50632头。2018年，化制处理病死猪74490头。有效遏制病死动物疫源传播。

第七节　饲草饲料生产

饲草生产

磁县草场分为天然草场、改良草场、人工草场等类型，主要分布在山、丘区。1999年，全县草场以天然草场为主，面积约1.3万公顷。其中，人工草场不足百公顷。2010年，随着养殖业的发展，山、丘区逐步出现改良草场和人工草场，面积约500公顷。2018年，全县草场面积为1.37万公顷。其中，天然草场1.27万公顷，改良草场866公顷，人工草场200公顷，可利用有效面积为1.23万公顷，占全县总面积13.5%。已利用面积1.23万公顷。主要分布在陶泉、北贾壁、白土、都党、黄沙、观台、路村营乡7个乡（镇）。可利用草场每公顷产鲜草1.22万千克，全年总产草量1.43亿万千克，可利用牧草9995.1万千克，理论载牧量27384个羊单位。平均每个羊单位占草场总面积0.43公顷，每公顷可容2.32个羊单位。磁县的饲用牧草只靠草场面积已不能满足，需饲用农作物秸秆和饲料。

饲料生产

1999年，磁县生产饲料多是原料饲料。种类有青饲料、粗饲料、块根、块茎、瓜类饲料、籽实饲料、加工副产品饲料，年产量69.31万吨。其中，青饲料14万吨，粗饲料20万吨，块根、块茎、瓜类饲料1.6万吨，籽实类饲料1.11万吨，加工业副产品饲料32.6万吨。2001年，磁县有饲料生产厂家2家，生产品种有鱼用配合饲料、猪鸡配合饲料和浓缩饲料。年产鱼配合饲料700吨、猪配合饲料100吨、猪浓缩饲料400吨。至2005年，年产鱼配合饲料800吨、猪配合饲料150吨、猪浓缩饲料600吨。2006年，南水北调水利工程施工，磁县3家饲料生产厂停产2家，年产鱼配合饲料1500吨，猪、鸡饲料停产。2012年，邯郸市圣德福生物科技有限公司生产达到顶峰，年产鱼配合饲料2200吨。2013年，东武仕水库网箱清理，邯郸市圣德福生物科技有限公司停产。

第五章　林　业

第一节　生态工程建设

1999年始，磁县先后实施太行山绿化、退耕还林、通道绿化等林业重点工程。每年结合实施林业重点工程，加强义务植树基地建设，组织县直单位干部职工开展1～2次义务植树活动。截至2018年，全县共建义务植树基地19个，累计植树15.67万株，绿化示范点100余个。

太行山绿化工程

2000年后，实施太行山绿化二期工程。至2010年，磁县完成太行山绿化3.77万余公顷。其中，人工造林7200公顷、飞播造林1.05万公顷、封山育林2万余公顷。全县净增有林地面积6133.33公顷。2011年后，实施太行山绿化三期工程。至2018年，飞播造林1.53万余公顷。完成太行山绿化9120公顷。其中，人工造林3053.33公顷、封山育林2667公顷、营林抚育3400公顷。

退耕还林工程

2002年始，磁县实施退耕还林工程，国家每亩补助种苗款50元。第一轮每年每亩补现金20元，粮食100千克（2004年后粮食折合成现金）。经济林补5年，生态林补8年。荒山匹配每亩一次性补助苗款50元。2010年，第二轮退耕还林每亩每年补助90元，补助期限8年。截至2018年，全县共实施退耕还林工程20.8万亩。其中，退耕还林6.3万亩，荒山荒地造林8.3万亩，封山育林6.2万亩。

岗西村培训退耕还林成果巩固技能（2018年7月3日　摄）

通道绿化

1999年，全县开展“两纵五横”为主体的通道绿化工程，即京广铁路、京深高速、讲峰路、魏峰路、磁峰北路、成峰路、马峰复线等为主的全县所有道路两侧绿化，绿化里程150千米。形成外乔、中灌、内花草，四季常青、三季有花的绿色通道，每侧4～10行树。2001年京深高速磁县段绿化，绿化里程25.6千米，植树186公顷，每侧林带宽100米，成活率90%以上。同年，获全省绿色通道建设先进县。2003—2005年，磁县打造“村村通”绿化工程，道路总长219千米，绿化标准每侧2～5行，植树30余万株。2015年，打造中华慈大街绿化。按照因地制宜、适地适树原则，选择乔灌花结合、多树种混交的绿化方式，两侧各绿化100米，实现“人在车中坐，车在画中行”效果，被全省推广学习。2018年，按照铁路、高速两侧100米、国道50米、省道40米、县道30米的标准，绿化县级以上已建成道路。绿化里程105.7千米，造林绿化面积588公顷，植树61.7万余株。

社会造林

1999年后，磁县创新造林绿化机制，采取“造林大户带动、公司+农户、企业+农户、合作社+农户”等方式，引导社会资金投资林果业，吸纳社会闲散资金支持造林绿化事业，实行“谁投资、谁受益，谁造林、谁管护”模式，消除无主林地。2012年始，每年争取约200万元中央财政造林补贴，奖励造林农户。以奖代补，撬动1000余万元社会资金投入林业发展。截至2018年，全县有200亩以上的造林大户60多户，改变政府单一投资的造林模式。

第二节　城乡绿化和苗木花卉基地

城乡绿化

1999年始，磁县开展城乡园林景点绿化、

街道绿化。主要栽植法桐、栾树、女贞、金枝榆、白蜡等树种，扩大绿化面积，改善城乡生态环境。同时，加强滏泉湖等园林景区建设。2009年，滏泉湖景区实施环湖绿化、村庄绿化、荒岗绿化，造林400余公顷，植树44万余株。同年11月，河北省林业局命名滏泉湖景区为省级湿地公园。2014年4月，建设森林公园，占地8公顷，植物106种，有白蜡、楸树、香花槐、苦楝等乔木36种，红叶石楠、紫薇、黄栌等灌木48种，红景天、麦冬、柴胡、芍药等草本植物22种。2016年，启动如意湖生态公园建设，至2018年完工。按照"能绿尽绿"原则，绿化60公顷，建成集生态、休闲、游憩于一体的综合性生态湿地公园。

苗木花卉基地

1999年，磁县苗木花卉企业30余家，从业人员300余人，育苗面积200余公顷。主要品种为速生杨、柳树、冬青等，亩均收入3000余元。至2015年，磁县苗圃面积268公顷，生产企业50余家，从业人员500余人。主要品种为速生杨、垂柳、法桐、国槐、白蜡、冬青、海棠、木槿等，每亩收入5000余元。苗木主要销售到周边县(市、区）及河南省安阳市等地。至2016年，磁县苗木花卉企业30家，生产面积173公顷。经营树种主要有杨树、法桐、国槐、柳树、侧柏、核桃等，花卉观赏类苗木主要有木槿、百日红、海棠、冬青、月季等。2018年，生产各类苗木1500万余株，主要销售到县内及周边县（市、区），每亩收入5000余元。牛尾岗苗圃场是全县唯一一家国营苗圃场，建于1975年，占地27公顷。主要经营杨树、法桐、国槐、柳树、核桃树苗、冬青等。每年可培育苗木约200万株。

第三节　经济果林

柿子

1999—2008年，磁县柿树面积1333公顷，主要品种是满天红、牛筋，年产柿子4万余吨，产值1500万元。2008年后，由于市场原因及柿子深加工产业未形成，效益逐年下降，柿树种植面积逐年减少，产量下降。至2014年，种植面积减少667公顷，产量减少2万余吨。至2018年，种植面积约667公顷，产量2万余吨。主要分布在北贾壁乡、陶泉乡、白土镇，零星树木较多，时有滞销，效益较差，每千克约0.8元。

花椒

1999年，每千克价格20元左右。品种主要为臭椒、二红袍等。2005年始，花椒市场行情看涨，全县花椒种植面积1333公顷，年产量1200吨，每千克价格40元左右。品种有臭椒、二红袍、大红袍等。2018年，全县花椒种植面积达2000公顷，年产量1500余吨，每千克价格70元左右。主要种植于北贾壁乡、陶泉乡、白土镇。

第四节　林业服务和林政执法

林业服务

生物病虫害预测与飞防施药防治　1999年，磁县设36个林业有害生物监测点，对可能发生林业生物病虫害情况进行预测。是年5—10月发布林业有害生物通报6次，主要发布美国白蛾、杨小舟蛾、春尺蠖病虫害预报，有效防止病虫害面积400公顷。此后，磁县每年开展生物病虫害预测与飞防施药防治工作。2013—2018年，飞防施药防治美国白蛾，每年对中华慈大街南端、京港澳高速、和谐大道、友谊路北延两侧林带飞防施药，面积2000余公顷。

宣讲种植管理技术及病虫害防治知识　2017年始，磁县组织4名林果技术专家参加的宣讲小分队，参加新时代新思想惠民帮帮团宣讲活动，现场讲解现阶段林果树木种植技术、管理技术及病虫害防治知识，为果农林农引进新品种。2018年，引进烟富6、烟富10、冀红苹果、辽1、辽7、香玲、清香核桃、双季槐、文冠果新品种，在山区推广野皂角嫁接皂角技术。

林政执法

林政执法机构　1999年，磁县林业局林政资源管理股负责林业执法工作。2005年3月，磁县林业局成立林政执法大队，负责全县林业行政案件查处。2010年5月，成立磁县森林公安局，磁县林业局林政执法大队改为磁县林业行政综合执法队，实行磁县森林公安局与林业行政综合执法队合署办公体制。

查处林业行政违法案件　1999年，严厉打击无证经营运输木材、无证采伐林木、滥砍、滥伐林木行为，当年处理涉林案件12起。其中，无证运输木材7起，无证采伐林木5起。2010—2017年，处理78起林业行政违法案件、6起涉林刑事案件。2018年，处理林业行政违法案件11起。

第六章　现代农业

第一节　农业开发

1999年后，磁县实施中低产田改造项目和高标准农田建设项目，实现项目区内水、土、田、林、路综合治理，农业生产条件改善，粮食生产高产稳产，农民收入增加，逐步改善农业生态环境，实现农业可持续发展。

中低产田改造

1999—2013年磁县中低产田改造情况统计表

表9-14　　单位：万元、万亩、眼、座、套、个、千米、台、处、万棵、人次

项目 \ 时间			1999	2000	2002	2003	2004	2005	2006	2007	2008	2009	2010	2011	2012	2013
投资额		国家	—	—	—	114	111	—	—	—	—	338	465	351	473	340
		省	—	—	—	34	41	—	—	—	—	130	123	115	152	109
		市	—	—	—	30	11	—	—	—	—	37	31	25	37	28
		县	—	—	—	29	—	—	—	—	—	—	—	—	—	—
		群众自筹	—	—	—	58	78	—	—	—	—	169	156	72	87	68
		合计	1092	983	983	265	241	345	297	200	332	674	621	563	749	545
规模			1.2	1.2	1.2	0.7	0.63	0.8	0.65	0.38	0.53	0.89	0.68	0.56	0.71	0.5
机井设施	修复	机井	—	35	35	3	18	22	11	22	—	61	—	—	61	—
	新建配套	机井	25	35	35	46	43	26	24	11	35	16	33	48	55	55
		井房	—	—	—	—	—	—	—	—	35	—	95	100	—	55
		井首	—	—	—	—	—	—	—	—	—	—	—	100	—	67
		井台	—	—	—	49	—	—	—	—	—	—	—	—	—	12
		水泵	—	—	—	—	—	—	—	—	—	—	—	48	—	67
渠系设施	地下防渗管道		16	15	15	40	37.62	31.5	40	23.2	31.8	35.8	62	41	50.76	30
	地上防渗渠		15	—	—	3.7	—	—	—	—	—	7.28	—	—	—	—
	疏浚渠道		—	0.5	—	—	2.8	10.4	3	2.11	4.12	2.6	9.77	—	—	—
	渠系建筑物		—	40	—	—	1	38	39	17	26	5	11	1	9	27
电力设施	输电线路		3.34	4.5	4.5	12	12.58	12.8	10.02	7.06	8.6	18.3	15.4	25	27.64	12.58
	变压器		—	—	—	10	7	12	5	3	5	5	7	11	8	7

续表

时间 项目	1999	2000	2002	2003	2004	2005	2006	2007	2008	2009	2010	2011	2012	2013
整修田间道路	3.6	3.6	3.6	18	15	23.3	25.6	10.31	13.5	47.2	36.61	—	14.1	18.1
田间作业通道	—	—	—	—	—	—	—	—	—	—	100	—	—	63
植树	5	—	—	3	1	3	2.5	0.8	—	3.56	2.2	—	—	1
营造农田防护林	—	0.03	0.03	—	—	—	0.02	0.01	0.02	0.03	—	—	0.02	—
良种基地	0.05	0.3	0.3	—	—	—	—	—	—	—	—	—	—	—
示范推广	—	—	—	—	—	—	—	—	—	0.06	—	—	—	—
技术培训		—	—	—	—	4000	6000	3000	2000	6500	2000	—	250	250
购买农用动力机械	8	12	12	4	—	—	—	—	—	—	—	—	—	—
配套农机具	24	16	16	5	—	—	—	—	—	—	—	—	—	—

备注：2001 年上级未安排中低产田改造项目

高标准农田建设

2014—2018 年磁县高标准农田建设情况统计表

表 9-15　　单位：万元、万亩、眼、套、个、千米、座、台、处、万棵、人次

时间 项目			2014	2015	2016	2017	2018
投资额		国家	382	496	504	605	530
		省	122	159	162	242	212
		市	31	40	40	—	—
		群众自筹	76	2.7	—	—	—
		合计	611	697.7	706	847	742
规模			0.42	0.6	0.55	0.66	0.58
机井设施	修复	机井	10	83	60	77	85
	新建	机井	27	—	—	—	—
		井首	—	—	60	—	—
		井台	—	—	17	—	—
		水泵	—	—	60	—	—
		机井控制系统	—	—	60	—	—
渠系设施	地下防渗管道		27.68	48	46.99	52.8	48.54
	渠系建筑物		17	8	4	3	4

续表

项目＼时间		2014	2015	2016	2017	2018
电力设施	输电线路	9	14	10.91	16.06	1.73
	变压器	8	—	7	9	6
整修田间道路		10	5.93	6.23	8.19	5.92
田间作业通道		—	—	40	—	—
植树		—	—	0.5	0.7	0.16
营造农田防护林		0.01	0.01	—	—	—
示范推广		0.01	0.5	0.4	0.66	—
技术培训		250	—	—	—	250

附：邯郸市禾下土种业有限公司

2002年1月，磁县崔伏喜创建“邯郸市禾下土种业有限公司”（简称“禾下土公司”）。该公司集科研育种、脱毒组培、种薯生产、种苗繁育及新品种、新技术成果应用推广于一体，为国家甘薯良种重大科研攻关专家委员会成员单位、京津冀甘薯产业联盟成员单位。获河北省农业产业化重点龙头企业、河北省著名商标企业、河北省科技进步奖、河北省农业科技小巨人企业等称号。

禾下土公司与国家生物分子育种中心等数十家科研院所合作，创新建立“脱毒甘薯二级育苗体系”，制订20余项标准生产操作规程。建立1个现代化脱毒组培中心、1个甘薯新品种选育基地、167公顷脱毒甘薯种薯生产基地、40公顷脱毒甘薯种苗繁育基地，完成30余个甘薯品种的脱毒组培，获6项国家专利。公司年产脱毒种薯5000吨、脱毒种苗3亿株，年推广面积6667公顷，覆盖全国24个省（区）及部分东南亚国家和地区。在云南省高海拔地区建立53公顷“禾下土云南脱毒甘薯种薯种苗试验基地”。在福建省龙岩市建立“禾下土甘薯新品种选育基地”。

2008年1月，磁县禾下土种植业专业合作社（简称“禾下土社”）成立，注册资金5000万元，从事粮食生产、土地流转、农产品储藏与销售、现代农业技术推广等综合服务。2010年先后被评为邯郸市示范社、河北省示范社。2013年6月被列为河北省农村综合改革试点单位。

2008—2018年，禾下土社流转土地813公顷，涉及农户2932户。该合作社建成573公顷小麦良种繁育基地、133公顷超高产玉米示范基地、13公顷磁州白莲藕立体种养基地、13公顷脱毒甘薯种苗繁育基地、67公顷脱毒甘薯原种繁育基地，147公顷脱毒甘薯高产示范种植基地。还建立农业生产资料集中采购平台、农产品销售平台、农机作业手队伍、农业技术服务队伍、土地流转小组，培育种地大户、家庭农场及产业工人。并申请完成1万亩无公害农产品产地认定，第一批蔬菜包括甘蓝、番茄等7类无公害农产品产品认证，磁州白莲藕获国家地理标志保护产品认证。生产、销售粮食及特色农产品14.06万吨。获国家农产品地理标志登记认证、绿色农产品认证。

2011年12月26日，在国务院召开的全国粮食生产表彰奖励大会上，崔伏喜被授予“全国种粮售粮大户”奖章。2012年10月2日，受农业部邀请，参加在北京人民大会堂举办的联合国粮农组织向中国国务院总理颁发“农民”奖章仪式。

2018年，禾下土公司以磁县脱毒甘薯产业扶

贫基地为中心，对建档立卡的贫困户，通过“宜培训则培训，宜合作则合作，宜入股则入股，宜打工则打工”方式，制订产业入股、安置就业、技术扶持、产业带动4项精准扶贫方案。投资200万元，安置200户无劳动能力的贫困家庭入股脱毒甘薯产业扶贫基地，每户当年保底收益1000元。同时，向贫困家庭提供500多个就业岗位，免费为贫困户提供品种选择、农资供应、农机配套、种植技术、商品薯加工销售等服务。

第二节　农业产业化

农业产业化经营

2011年，县委、县政府以工业化思路谋划农业，依托优势培育主导产业，围绕主导产业推进农业产业化经营。是年，制订《磁县农业产业发展规划（2011—2015)》。此后，每年初制订《农业产业化重点工作推进方案》，对当年的农业产业化工作安排部署。逐步探索形成“龙头企业+农户、龙头企业+合作社、合作社+农户、龙头企业+基地+农户”等经营方式，使全县农业产业化步入快车道。

“十二五”期间，县内农业产业化经营率不足60%。截至2018年，农业产业化经营率达68.4%。农业入统基地11个、入统龙头企业7家，农产品加工企业入统4家，农业产业化经营总量约8亿元。省级产业化重点龙头企业1家、市级产业化重点龙头企业19家。农民合作社示范社建设快速发展，国家、省、市级示范社分别为2家、6家、22家。培育禾下土种业、磁州酒业、伊康牧业、天道益农、阳光面业、金益农科技、华达养殖、华威养殖、科牧养殖等领军型企业。“禾下土”“威尔特”“旭鑫”“阳光大地”“甲家”等品牌商标获省著名商标称号。“磁州白莲藕”获国家地理标志性产品认证。明生瓜菜合作社和鸿穗种植合作社的“李明”牌西瓜、“鸿穗”牌蔬菜畅销省内及京、津等地。建成莲藕、山药、花生、林果、花卉、蔬菜、生猪、养牛、蛋鸡、棉花特色产业基地。“一村一品”专业村覆盖率25%以上。市级“一村一品”专业村3个：朝冠沼气、滏阳香菇、李庄豆腐。种植、养殖、产供销一条龙结构模式发展较好。

专业合作经济组织

1999年始，围绕推进农业生产、改善农民生活目标，磁县加快农民专业合作经济组织发展，助推农业产业化经营提档升级。至2003年，创办年产值1000万元以上的服务实体7个，建立村级农协服务大院218个。购销化肥1700吨、农药80吨、农膜28吨、微肥激素20吨、优种10万千克、各种果类12.5万千克、水产品1600吨、农机具1.5万台（件），购进农用生产资料、销售农副产品分别占农户总需量38%。发展协会会员6.1万户，占全县农户总数45.5%，培养种养技术能手1500人。完善发展养猪、养鸡、水产、林果、棉花、蔬菜、农机7个专业协会。建成年产值100万元以上龙头企业（含市场）25个、建成年产值500万元以上龙头企业（含市场）10个。培育发展莲藕、水产、玉米、养猪、养鸡、西瓜、蔬菜、园中园农业综合开发示范区等特色基地（示范区）12个。发展养猪、养鱼、养鸡等专业村75个。促进全县建成万头猪场10个、千头猪场30个、百头猪场50个，发展养猪专业户800户，年存栏30万头，出栏35万头，实现销售收入3亿元。

2004年始，推进农民专业合作经济组织规范化建设。至2006年，磁县发展各级各类农民专业合作经济组织151个。其中，县级13个，乡级39个，村级99个，涉及种植业59个、养殖业56个、加工业22个、商业流通6个、其他行业8个。农民专业合作经济组织带动农户85204户，占农户总数61%。建成省、市、县级重点龙头企业分别为1家、7家、7家，全县农业产业化经营率56.5%。2004年，磁县获邯郸市农业产业化先进单位。2005年，华龙日清面粉有限公司获邯郸市粮、棉、油重点龙头企业。2006年，磁县被邯郸市政府评为“农业项目年”活动暨农业产业化工作先进县。

2007年11月13日，磁县第一家农民专业合作社——磁县旭升山蝎专业合作社成立，入社成员15户。至2012年，全县发展各级各类农民专业合作经济组织230个。其中，农民专业合作社210家，入社成员1.6万户，注册资金7.86亿元，带动农户3.2万户。全县发展市级龙头企业21

家、县级龙头企业30家，全县农业产业化经营率56%。建成养猪、养牛、养鸡、养鱼、蔬菜、林果、玉米生产七大特色21个农产品基地。

2012年11月，河北省首家县级农民专业合作社协会——磁县农民专业合作社协会成立。2013年，龙腾仁德养猪合作社、禾下土种植业合作社、金益农科技公司、旭旺牲畜饲养公司等产业化项目争取补贴资金250万元。2014年，磁县25家农业企业申请“金财通”贷款6300万元。2015年，力天食用菌合作社、富广民瓜菜合作社争取上级补助资金14万元。2017年，龙发商品猪合作社争取国家补助资金25万元。2018年，禾下土种植合作社争取“省十佳合作”奖励资金100万元。

截至2018年，全县发展农民专业合作社274家。其中，种植业154家，养殖业86家，农机专业合作社13家，渔业7家，林业3家，联合社11家。全县入社农户2.9万户，带动非成员农户1.8万户，农户入社率38%。建成国家、省、市、县级示范社分别为4家、6家、22家、20家。全县发展县、市、省级重点农业产业化龙头企业分别为30家、19家、1家。建成莲藕、山药、花生、林果、花卉、蔬菜、生猪、养牛、蛋鸡、中药材十大特色产业基地。

扫二维码 赏《刨藕场景》

第十编　工业　建筑业

汉末，域内出现采煤业。北朝时，域内磁州窑创烧陶瓷。清末至民国期间，域内的工业以煤炭、陶瓷为主。20世纪初，磁县六合沟煤矿就以生产优质煤炭名声在外。中华人民共和国成立后，县内工业得到发展。20世纪70年代，建立煤矿、化肥厂、铁厂、耐火厂、磷肥厂、焦厂等，社队也办一些工厂，全县工业初步形成规模。改革开放后，县工业企业进行体制改革，实行不同形式的经济责任制。至1998年，全县工业再上新台阶，工业门类有煤炭、化工、纺织、建材、冶金、医药、食品、机械制造等10多个行业，主要产品有原煤、焦炭、耐火材料、生铁、化肥、汽车配件、汽车曲轴、电机、工艺美术品、服装、炸药、农具等，工业总产值37.3亿元。民国时期，县政府建设局兼管县内手工业。1937年11月，磁县抗日民主政府成立后设实业科、建设科管理工业。1959年设综合工业局，1978年设经济计划管理委员会，管理全县工业企业。1981年设磁县经济管理委员会，管理县全民制工业企业。1984年设磁县轻工业公司，管理县集体企业。

乡镇企业是在手工业与社队工副业的基础上逐步发展起来的。改革开放后，乡镇企业发展迅猛。至1998年，全县乡镇企业1.31万个，总产值63.3亿元，上缴税金8534万元，成为全县国民经济的重要支柱。1976年磁县设社队工副业管理局，1984年改称乡镇企业管理局，规划管理协调服务乡镇企业发展。

1999年后，煤炭、化工、纺织、建材、冶金、医药、食品、机械制造、服装、酒类制造等第二产业继续快速发展。其中，煤焦产业成为磁县的经济支柱产业。磁县六合工业有限公司、申家庄煤矿有限公司成为磁县龙头企业、利税大户。2014年后，经济下行压力加大，煤炭市场低迷。2016年区划调整后，工业总产值降至17.8亿元。同时，磁县加快产业结构调整步伐，服装、酿酒、化工、旅游等行业快速发展。河北磁州酒业有限公司生产的53度酱香型“水墨磁州”酒在2017年9月比利时布鲁塞尔国际烈性酒大奖赛中获银奖。2018年，全县拥有童装加工企业212家，童装加工户近2000家，从业人员达5万多人，遍及100多个村庄，带动上下游产业链10多个行业发展。

1956年磁县建筑合作社成立后，乡村建筑队逐步发展起来。随着城乡建设的发展，乡镇建筑企业快速发展。至1994年，全县建筑企业有519家，从业人员1.1万人，总收入2.33万元。1983年组建磁县城建局建筑公司，1991年更名磁县第一建筑安装公司，年建筑能力2万平方米，可承接中小型建筑工程项目。县城建部门注册登记建筑企业1994年42家、1998年剩13家。1985年7月，县城建局成立建筑工程质量监督站。1993年，实行质检员工程质量负责制，县内每项在建工程均有固定质检员。1994年制订《工程质量管理办法》，向建设和施工单位下达《质量监督计划书》，规范工程质量管理，促使全县建筑工程质量稳步提高。

1999年前，县内建筑企业资质水平低，机械设备落后，以建造房屋、非住宅建筑为主。2012年始，随着建筑技术的提高和先进设备的增加，磁县建筑业企业经营项目逐步转向房地产项目和城市市政工程项目，建筑业企业也由国有企业、集体企业逐步向股份制企业转化。至2018年，商品房建筑面积461万平方米、竣工面积434万平方米。部分工程项目成为优质工程。

第一章　工业规模与结构

第一节　工业规模

工业总产值

1999年，磁县规模以上工业企业（年销售收入500万元以上）25家，工业总产值4.5亿元。2000年后，随着企业改制的推进，工业企业快速发展。至2005年，全县规模以上工业企业38家，工业总产值21.5亿元。2010年，面对金融危机后新一轮经济复苏，磁县实施对接大城区发展战略，全县经济指标实现跨越式增长，当年工业总产值达121亿元。2011—2013年，工业生产稳定增长。至2013年，工业总产值200.5亿元，为历史最高。2014—2018年，煤炭市场低迷，经济下行压力加大，磁县加快产业结构调整。2016年区划调整，工业总产值降至17.8亿元。2017年，申家庄煤矿关停，当年工业总产值降至6.8亿元。2018年，六合公司关停，磁县工业转型升级，全县经济运行稳中向好。是年，工业总产值80.78亿元，同比增长13.1%。

工业固定资产投资

1999年，工业固定资产投资完成3亿元。2005年，磁县实施“一城二带三区”发展战略，工业固定资产投资完成18亿元。2013年，磁县坚持“工业强县”不动摇，把上项目、扩投资作为经济工作核心，工业固定资产投资实现跨越式增长。当年，工业固定资产投资完成78亿元，同比增长20%。2015年，磁县加快产业结构调整，增加有效投资，当年固定资产投资完成104亿元，为20年最高。2016年，受区划调整和“7·19”洪灾影响，全县固定资产投资下降较大。其中，工业投资仅完成47亿元，较上年减少57亿元。2017—2018年，磁县去产能、调结构，申家庄煤矿和六合公司相继关停，新兴产业支撑作用不够强，全县工业固定资产投资完成38亿元。

从业人员

1999年，全县规上工业从业人员9798人。随着工业企业快速发展，全县工业企业职工规模进一步扩大。至2005年，全县规上工业从业人员10958人。此后，随着企业股份制改革的深入，工业生产稳步回升，从业人员逐年增加。至2010年，全县规上工业从业人员14121人，为20年间最高。2016年，受区划调整和去产能影响，全县规上工业从业人员跌至9779人。2017年，申家庄煤矿关停，全县规上工业从业人员继续减至8645人。2018年，六合公司关停。全县规上工业从业人员减至6499人，为20年间最低。

经济效益

1999年，磁县64家县办工商企业进行改制，六合公司、申家庄煤矿、恒泰集团、棉企集团支柱产业低成本扩张，规模扩大。当年，全县入统工业增加值完成1.8亿元，实现利润2350万元，利税6531万元。2003年，以六合公司和申家庄煤矿为代表的煤炭企业产销两旺。当年，规模以上工业增加值3.8亿元，利润1.4亿元，突破亿元大关。2005—2010年，连续实施“十大立县项目”，县域综合实力跨入全省30强。至2010年，规上工业增加值达42.6亿元。2015年，规上工业增加值90亿元，创历史最高。2016年后，因区划调整和去产能、调结构影响，经济效益下降。至2018年，规上工业增加值15.8亿元，利税总额5.4亿元。

第二节　工业结构

所有制结构

1999年，磁县25家入统工业企业中，国有工业企业15家，集体工业企业6家，其他形式所有制工业企业4家；入统工业企业总产值4.5亿元，国有工业企业总产值1.74亿元。国有工业企业总产值占入统工业企业总产值38.2%。此后，国有和集体所有制工业企业数量减少，经营规模下降。至2003年，磁县29家入统工业企业中，国有工业企业14家，集体工业企业4家，其他形式所有制工业企业11家；入统工业企业总产值8.35亿元，国有工业企业总产值 2.65 亿元，占比降至 31.7%。此后，磁县工业企业“国退民进”速度加快。至 2007 年，磁县 59 家入统工业企业中，国有工业企业减至 9 家，集体工业企业减至 2 家，其他形式所有制工业企业增至 48 家；入统工业企业总产值 48.61 亿元，国有工业企业总产值 9.08 亿元，占比降至 18.7%。至 2010 年，磁县 83 家入统工业企业中，国有工业企业减至 5 家，集体工业企业 1 家，其他形式所有制工业企业增至 77 家；入统工业企业总产值 120.93 亿元，国有工业企业总产值 20.68 亿元，占比降至 17.1%。

2016 年，受市场经济和区划调整影响，磁县入统工业企业降至 48 家中，国有工业企业仅有 1 家，无集体工业企业，其他形式所有制工业企业 47 家；入统工业企业总产值 17.73 亿元中，国有工业企业总产值仅 0.05 亿元，占比降至 0.27%。国有经济占比为历史最低。此后，磁县加大供给侧改革步伐，调整经济增长方式，工业经济得以较快发展。至 2018 年，磁县入统工业企业增至 53 家，国有工业企业 1 家，集体工业企业 1 家，其他形式所有制工业企业增至 51 家，其中私营企业 37 家，占主导地位；入统工业企业总产值 80.78 亿元中，国有工业企业总产值为 0.61 亿元，占比 0.76%。

产业结构

磁县工业产业结构经历由煤炭业一业独大到多业并进的转变过程。

1999 年，磁县的工业产业主要为煤炭采掘业。同时，有煤化工业、服装加工业、制药业、酒类酿造业及水泥生产业。2000 年后，随着市场经济发展和企业改制，磁县工业产业结构不断调整。2006 年始，磁县产业结构调整步伐加快，食品加工、酒类生产企业发展壮大。至 2007 年，原县经委下属的国有企业相继破产或改制。2009 年，磁县经济开发区（煤化工园区）建成后，加快煤炭、化工产业经济结构转型。至 2013 年，磁县规模以上企业有 62 家。其中煤焦企业 37 家，占规上企业 60%。磁县洗煤企业达 30 家。此后，随着产业转型升级，磁县煤焦产业化不断深入推进，产能迅速提升。

2016 年区划调整后，装备制造企业减至 4 家。磁县加强产业调整和招商引资工作。至 2017 年年底，世界 500 强企业中化集团、中国炭黑行业龙头——江西黑猫集团和上海鑫宝集团入驻磁县经济开发区，磁县产业升级取得突破，逐步形成以煤焦油链条、苯链条、煤气综合利用链条和精细化工为主的 4 个产业链条。同时，以童装加工销售为主体的磁县服装纺织业形成一定规模的产业集群。此外，装备制造业在磁县也迅速发展。至 2018 年，磁县经过产业调整与改造，装备制造业企业生产能力得以提升，装备制造业产值居全市第三位。

1999—2018 年磁县规模以上工业企业主要经济指标情况统计表

表 10-1　　单位：家、人、千元

年份	企业数量	从业人数	工业总产值	工业增加值	流动资产	固定资产	资产总计	利润总额	利税总额
1999	25	9798	450327	176596	357862	497914	738023	23497	65306
2000	24	9657	509646	197388	344657	514201	743183	27789	66161
2001	24	9283	556087	206410	393443	540678	797067	32685	73677
2002	26	9760	588985	215127	381534	597083	818320	47374	86984
2003	29	9624	834859	382052	570178	706008	1121087	144018	144018
2004	36	9694	1644482	879750	968965	791245	1567448	449397	449397
2005	38	10958	2147391	1110675	1103518	1007738	2122613	434678	580495
2006	47	13190	3002898	1322797	1461404	1322221	2600324	434341	621583

续表

年份	企业数量	从业人数	工业总产值	工业增加值	流动资产	固定资产	资产总计	利润总额	利税总额
2007	59	13558	4854123	1635886	1866726	1449183	3089041	682120	994010
2008	60	13042	7637140	2540000	2439790	1751784	4174843	1422532	1914690
2009	61	12043	9043521	2950370	3068442	1909285	4761898	787444	1149385
2010	83	14121	12093103	4263350	4594778	2301837	6903585	1276553	1742626
2011	60	11675	15232498	5100000	5601837	2693001	8293174	1228958	1880147
2012	62	12808	17674900	5360000	6317157	3369264	9494083	1023683	1933614
2013	70	13317	20051622	5850000	7289295	5048331	11787320	1132542	1953857
2014	69	12843	19526557	5780000	7904441	5138386	12497521	1403750	2273761
2015	71	11885	18671244	7900190	8047112	5489171	13372938	1355983	2264875
2016	48	9779	1772906	4343680	663167	522676	1203224	135912	225601
2017	52	8645	6795662	1496310	7762610	5200023	12549034	227436	440908
2018	53	6499	8078058	1572621	8060078	4904880	11825776	280614	542476

第二章　工业行业结构

第一节　煤炭采掘与洗选业

概况

磁县是邯郸市主要产煤县之一。改革开放后，磁县煤矿的矿井有160余个。煤炭产业及其加工业的工业增加值占全县工业增加值90%，上缴利税占县财政收入75%。煤炭产业一度成为磁县的经济支柱产业。1999年，煤炭采掘与洗选业总产值1.88亿元，固定资产原值2.58亿元，从业人员4979人，利税3200万元。2009年开工建设磁县经济开发区（煤化工园区），把磁县煤炭、化工产业列为磁县工业经济结构转型的首要任务。2013年，磁县规模以上企业62家。其中煤焦企业37家，占规上企业60%。洗煤企业30家。随着产业转型，磁县从挖煤、洗煤转型为煤焦产业化。至2018年年底，煤炭采掘与洗选业总产值26.20亿元，固定资产原值16.72亿元，从业人员2400人，利税2.41亿元。

企业选介

磁县六合工业有限公司（简称“六合公司”）该公司位于磁县与河南省安阳县交界处，观台镇东，岳城水库南岸。东北距磁县县城45千米，北距峰峰矿区20千米，邢洛公路为主要交通道路，交通便利。六合公司为县属地方国有企业，前身为磁县观台煤矿。1975年由磁县观台公社建井，设计生产能力9万吨/年。1984年划归县属地方国有煤矿。1998年改制为地方国有控股的股份制企业，更名为磁县六合工业有限公司，总资产8.64亿元，国有股份78.78%，职工股份12.22%，北京中经高盛公司股份10%。2012年为邯郸市10大纳税大户之一。2014年核定生产能力80万吨/年。采煤工作面采用轻型放顶煤生产工艺，掘进工作面采用综掘机掘进和锚网梁支护工艺。按照国家关于循环经济的发展要求，公司建设年入洗90万吨的矿井洗煤厂和机械加工维修等下属企业，合资建设60万吨/年和120万吨/年焦化厂各1座。

兼并观台镇矸石发电厂、县轴承厂和油棉厂等经营亏损和破产企业，安排都党煤矿、六河沟煤矿等关停企业职工1300余人。截至2018年，公司累计上缴利税43亿元。当年6月，六合公司因政策性去产能关停。

申家庄煤矿　申家庄煤矿井口建于1972年，原系白土煤矿自筹资金新建的三坑口，位于黄沙乡（现黄沙镇）申家庄村北，1980年投产。1984年1月，改名为河北省磁县申家庄煤矿。2009年12月，磁县政府与峰峰集团签署整合重组协议，申家庄煤矿安全、生产与技术纳入峰峰集团直接管理。2014年12月，按照省政府批示，同峰峰集团解除整合重组协议，该矿作为地方国有独立矿井单独保留。2015年1月，该矿整体改制为河北省磁县申家庄煤矿有限公司。

申家庄煤矿年核定产能85万吨，配套建有两座年入洗能力分别为210万吨和60万吨的洗煤厂、2.4兆瓦矸石发电厂、0.36兆瓦超低浓度瓦斯发电站、年产4500万块标砖的粉煤灰砖厂及净化能力1800吨／天的污水处理厂。形成集矿井水洗煤—煤矸石与瓦斯发电—粉煤灰制砖—余热供暖—中水回用于一体的循环经济构架，实现工业废气、废水、废渣的资源化、增值化利用。2008年后，申家庄煤矿的效益和安全水平逐年提升，2009年被中国煤协评定为“国家安全高效一级矿井”。2011年上缴利税7.4亿元，创历史最高水平。是年，在全国煤炭百强矿排名中，企业社会贡献率、净资产收益率、销售净利率、销售息税前利润率、总资产报酬率5项经济指标居全国同行业第一。

2016年5月，因煤矿井田范围位于岳城水库一级水源地保护区范围内，申家庄煤矿被列入退出产能企业。2017年8月31日，申家庄煤矿整体退出煤炭和电力产能。是年10月，通过河北省钢铁煤炭火电行业化解过剩产能工作领导小组关停验收。

河北天成矿业有限公司　该公司前身为磁县煤焦企业总公司第三煤矿，位于岳城镇界段营村西。1998年11月，根据《河北省煤炭工业局关于开办磁县煤焦企业总公司第二、第三煤矿的批复》，开办磁县煤焦企业总公司第三煤矿。2011年6月，冀中能源峰峰集团邯郸磁州煤业有限公司以51%的股权与第三煤矿签订整合协议，成立河北天成矿业有限公司（简称“天成矿业”）。

天成矿业井田范围由7个拐点坐标圈定，矿区面积0.88平方千米；开采2号煤层，地质储量400.8万吨，服务年限5.3年；煤质为主焦肥煤，2号煤层自燃倾向性等级为Ⅲ类不易自燃，煤尘具有爆炸性，矿井水文地质类型为中等，瓦斯等级鉴定为低瓦斯矿井，无地温。矿井开拓方式为立井开拓，设有主井、副井、回风井3个立井。

第二节　煤化工业

概况

1999年，煤化工生产企业有4家，产值4326万元，固定资产原值3276.3万元，从业人员1542人，利税905.6万元。2009年开工建设磁县经济开发区（煤化工园区）。2010年始，磁县强力引进煤化工项目，进行煤化工产业调整。磁县煤焦、化工企业中有6家高新技术企业，形成以煤焦油链条、苯链条、煤气综合利用链条和精细化工为主的4个产业链条。煤焦、化工下游高附加值产品达65种。2017年，世界500强企业中化集团、中国炭黑行业龙头——江西黑猫集团和上海鑫宝集团入驻磁县经济开发区。主要项目：鑫盛公司年产108万吨冶金焦和30万吨焦油加氢项目、鑫宝公司年产60万吨炭黑油深加工项目、15万吨蒽油深加工项目及年产4万吨奈法苯酐项目，裕泰集团年产130万吨冶金焦、10万吨苯加氢项目，邯郸惠达4个精细化工项目，河北中化鑫宝化工科技有限公司（简称“中化鑫宝”）5万吨洗油分离项目。至2017年年底，磁县化工新材料生产企业11家，主导产品为软质炭黑和硬质炭黑系列产品、医药中间体、电子功能性材料等，煤焦、化工产业主营业务收入47亿元，上缴税金1.5亿元，从业人员5000余人。是年，磁县被河北省工信厅评为省级化工新材料产业名县。2018年，完成固定资产投资5亿元，实现产值54亿元，实现主营收入64亿元，实现税金2.7亿元，出口创汇2498.35万美元，占国内市场比重32%，占国外市场比重5%，拥有专利826项。其中发明专利257项，实用新型474项，外观设计95项；化工新材料直接拥有发明专利14项和实用新型专利92项。

企业选介

中化鑫宝　位于河北磁县经济开发区内。该公司2013年3月成立，是中化河北有限公司控股子公司。中化鑫宝是洗油下游产品精深加工的精细化工企业，以洗油为原料，产品包括α－甲基萘、β－甲基萘、吲哚、喹啉、芴、苊、氧芴、中质洗油、炭黑原料油等。公司在煤焦油、洗油及精深加工领域，与周边地区煤焦油、洗油生产企业以及日本、韩国、欧美等行业内领先企业建立贸易关系。

磁县鑫盛能源科技有限公司　位于河北磁县经济开发区内。该公司2013年1月5日成立，注册资本1亿元。投资建设煤焦油深加工、精制蒽油、液化天然气、氢气加工等项目。主要产品有混合烷烃、环烷烃等。2018年生产总值4.16亿元，上缴利税916万元，职工172人。

邯郸黑猫炭黑有限公司　位于河北磁县经济开发区内。该公司2010年4月23日成立，注册资本5亿元，占地17.6公顷。有单产4万吨新工艺湿法炭黑生产线4条，15兆瓦废气余热发电装置及配套装置2套。产品主要有软质炭黑和硬质炭黑系列产品，对橡胶有补强和填充及增加耐磨性功能，广泛用于汽车轮胎制造和生产油墨及涂料着色剂等。2018年生产总值74632.86万元，利税4628.65万元，职工400人。

河北中化滏恒股份有限公司　位于河北磁县经济开发区内。该公司1996年成立，注册资本5000万元，占地7.3公顷。该公司由中化河北有限公司控股70%，是集研、产、销于一体的外向型股份制企业。主营精细化工业务，主要对洗油及其下游提取产品进行深加工，生产高附加值农药、医药等精细化工中间体产品。产品销往日本、美国、欧洲国家，2018年营业额11869万元，上缴利税2789万元，职工400人。

磁县惠达化工有限公司　位于河北磁县经济开发区内。该公司2003年6月10日成立，注册资本800万元，占地3.7公顷，资产额1.2亿元，年产400吨8-羟基喹啉及其他精细化工产品，用于医药中间品、农药中间体、高效杀虫剂等。以出口（进料加工）为主，主要销往日本、印度、美国等国家。

河北德熙化工有限公司　位于河北磁县经济开发区内。该公司2012年成立，投资14348万元，是全国领先的水性涂料固化剂生产企业，主要从事水性涂料固化剂的研发、生产及销售。产品新型水性涂料固化剂——XC-113（三官能氮丙啶），是一种不含有任何溶剂、固化量大于99%的交联剂，广泛应用于皮革、纺织、油墨、涂料、压敏胶、粘合剂、固化剂等领域。该交联剂属于环保型交联剂，交联后无甲醛等有害物质放出，且交联后成品无毒、无味，具有固化温度低、速度快等特点。此项目提供就业岗位200余个，年产水性涂料固化剂2000吨、副产品硫酸钠7000吨。年产值2亿元，年利润4000万元。

邯郸鑫宝精细化工有限公司　位于河北磁县经济开发区内。该公司2012年3月26日成立，注册资金6000万元。主营业务：对蒽油深加工项目投资、开发、建设、管理；化工专用设备、仪器仪表批发、零售及进出口业务；煤化工节能技术开发、推广及转让服务。2017年产值6860万元，上缴利税3.3万元，员工110余人。

邯郸市裕泰焦化有限公司　位于河北磁县经济开发区内。该公司2009年9月成立，职工550人。主要生产焦炭、焦油、粗苯、煤气。2017年产值9987.3万元，利税124.56万元。

第三节　服装纺织业

概况

磁县服装纺织业主要以童装生产为主。磁县童装产业20世纪80年代起步。至2018年，磁县服装纺织业已发展成以童装城及商都批发市场为中心，以童装加工销售为主体，集纺织、印染、绣花、辅料加工和物流配送于一体，销售网络健全的产业集群。全县有童装加工企业212家，童装加工户近2000户，从业人员5万余人，遍及100多个村，带动上下游产业链10多个行业的发展。磁县童装

年生产量1.5亿件（套），产值10.76亿元。童装产品销往全国各地，并远销中东、东欧、非洲和东南亚等地，成为富民增收、促进县域经济发展的产业。磁县先后被中国纺织工业联合会、中国服装协会授予“全国纺织产业集群试点县”“中国童装加工名城”“中国服装品牌孵化基地”等称号。

服装企业选介

磁县美乐制衣有限公司　该公司1980年在商都建厂，固定资产200余万元，2019年迁至童装城园区，厂房面积2000平方米，拥有机器设备20台，员工80余人。该公司主要生产“金童宝贝”童装，年产量40万件，年产值1300万元。

邯郸彩帆制衣有限公司　该公司1985年在商都建厂，2010年迁至童装城园区，固定资产200余万元，该公司是集童装设计研发、生产销售、面料纺织、电脑绣花、水洗印染于一体的综合性经济实体。主要生产“登山童”系列童装。公司有中、高级管理人员30多人，员工180余人，设备200余台（套）。年产量60余万件（套），年产值1800余万元。

磁县比比童制衣有限公司　该公司1990年在商都建厂，2010年迁至童装城园区，固定资产210余万元，该公司生产“比比童”童装，以牛仔裤、纯棉休闲裤、灯芯绒裤、运动裤为主要产品。总投资600万元，拥有高级技术、管理人员15人，员工150人，设备150台。公司年产量30万件，年产值1000万元。

森仕服饰邯郸有限公司　该公司2009年在童装城园区建厂，固定资产250余万元，是一家集纺织、服装、贸易于一体的服装生产企业，拥有中国驰名商标“森仕”及学生装品牌“橄榄鸟”。公司主要生产“橄榄鸟”学生装及“森仕”男装系列产品。总投资600万元，拥有高级管理人员20人，员工200人，生产设备180余台，年产量60万件（套），年产值1800万元。

磁县亿瑞制衣有限公司　该公司1995年在曲沟村建厂，2010年迁至童装城园区，固定资产200余万元，生产“金兴华”牌系列职业工装，产品有牛仔、防寒服、涤棉、纯棉、帆布免烫系列及各种手套。总投资500万元，拥有高级技术人员100余人，设备120余台，年产量30余万件，年产值1000余万元。销售网络覆盖全国各地的国有大、中型企业。

邯郸昊林制衣有限公司　该公司2008年在西光禄村建厂，2010年迁至童装城园区，固定资产210余万元，主要生产“杰克”牌系列职业工装，产品有牛仔、涤棉、纯棉、帆布免烫系列。总投资100万元，引进先进服装加工设备，推行ERP管理、独立严格的质量监控管理体系，拥有优秀设计人员和熟练专业技工100余人，年产量40万件，年产值1200万元。

磁县金彩靓尔童装厂　该公司1990年在监上街建厂，2010年迁至童装城园区，固定资产230余万元，是一家集设计开发、生产加工、印染、绣花、贴牌为一体的企业，主要产品有“金童宝贝”童装，注册资金30万元，厂房面积1500平方米，拥有机器设备100台，员工60余人，年产量10万件，年产值400万元。

邯郸市博联制衣有限公司　2019年，山东联桥集团和磁县博翔服装有限公司在童装城园区合作成立的大型服装企业，固定资产250余万元，职工120多人，技术人员10多人，拥有先进进口及国产缝制设备200余台，是一家集服装设计、生产于一体的专业性制衣企业。主要为国际著名品牌公司（优衣库、迪士尼、ZARA）或国内童装品牌公司（巴拉巴拉、戴维贝拉、皮皮狗）加工成衣，年设计生产服装80万件，年产值2000万元以上。

邯郸市盛凯服装有限公司　该公司2000年成立，是一家集设计与生产为一体的专业服装厂家。主营业务：策划、设计、定制加工各类工厂、单位、学校等单位的工作服、制服、劳保服等。有专业设计人员6人、工人150人，机器120多台，生产流水线10条。生产各类涤棉、纯棉、牛仔、水洗、迷彩、防静电材料的劳保工作服。

邯郸市玉蝶之星防护科技有限公司　该公司2002年成立，主要研发和生产橡胶工业手套、橡胶家用手套、一次性医用手套、节日气球等数十种产品。公司固定资产2000万元，全自动橡胶手套生产线2条，年产手套5000万双。与华南理工大学化工学院、株洲橡胶研究院、泰国诗董集团建立合作关系，研发专有技术新型产品。该公司产品通过美国 FDA 和 GSG 认证，与多家中外企业建立合作关系，其中包括百胜餐饮集团旗下的肯德基、台湾脱普企业集团和四川海底捞餐饮公司。

第四节　装备制造业

概况

磁县装备制造产业起始于 2001 年。至 2015 年，磁县装备制造企业有 8 家，总产值 6900 万元。2016 年区划调整后，磁县有 4 家装备制造企业：宏发车厢制造公司、金路车厢制造公司、河北联恒机械科技有限公司和磁县太行机械铸造有限公司。磁县以“中国制造 2025 和京津冀协同发展”为契机，推进宏发车厢制造公司和金路车厢制造公司实施技术改造，两家企业完成技改投资 5000 余万元，通过工业和信息化部验收，成为邯郸市车厢制造准入企业。2017 年，通过提升磁县太行机械和河北联恒机械两家铸造企业产品档次，推动企业由粗加工铸造向精密机加工转变。磁县太行机械的制动蹄、过桥箱盖、轮毂等产品成为中国重汽、中国陕汽配套供应商。联恒机械的发动机摇臂、摇臂支座成为东风汽车配套供应商。欧标皮带轮通过欧洲国家严格的标准检测，出口德国、摩洛哥等国家。截至 2018 年，磁县装备制造业企业增至 5 家，装备制造业产值居全市第三位。

企业选介

河北联恒机械科技有限公司　该公司位于磁州镇东槐树村南，占地 3.3 公顷，职工 150 余人，是 1 家集精密机械加工、精密铸造、热处理于一体的装备制造业出口型民营企业，属磁县规模以上工业企业。公司主要从事汽车发动机配气机构总成及其零部件的生产和欧标、美标传动件、电机滑座等机械配件生产，年产能 3000 余吨、约 500 万件。2017 年实现产值 2100 余万元，出口创汇 150 余万美元。铸造加工传动件（各种型号锥孔皮带轮、可调变速皮带轮、非标件、锥套）、管件产品约 2000 种，达到欧洲 DIN2211 标准。产品全部出口，主要销往德国、瑞典、意大利、摩洛哥等国家及中国台湾地区。2017 年通过河北省专精特新企业、河北省 A 级研发实验室认证。

磁县太行机械铸造有限公司　该公司 2001 年 11 月 8 日注册成立，位于观台镇一街村南，占地 2.7 公顷。以生产球墨铸铁、灰铸铁及机加工成品、半成品为主，主要生产重型车底盘配套产品过桥箱盖、制动蹄、轮毂、支架等五大系列 100 余个品种。连续多年为中国重汽集团供应商。2015 年，经工业和信息化部审核，成为磁县第一家铸造行业准入公告企业。2017 年被陕汽评为优秀供应商。2017 年，公司实现产值 4500 余万元、利税 200 余万元。

第五节　饮食加工业

概况

1990 年前后，磁县的食品、饲料和酒类加工主要为小微企业。其中有芝麻油加工作坊 3 家：分别位于县城东门外、鼓楼北、明德街。作坊使用当地所产芝麻，收购价格每千克 1.6 ～ 2 元，香油售价每千克 6 元。全县香油年产量约 12 吨。随着磁县新市场的建成，增加 4 家小磨香油作坊。所用芝麻仍源于当地，价格每千克 3 ～ 4 元，香油售价每千克 12 元上下。香油仅在县内销售。全县香油年产量约 25 吨。2003 年后，县城安康路菜市场新增 4 家小磨香油作坊。芝麻售价上涨，高峰值每千克达 17 元，香油售价每千克在 20 ～ 60 元间，全县年产量约 50 吨。2004 年，邯郸市质量技术监督局食品检测车到磁县现场抽查结果显示：“回头香”香油为合格香油产品。

2006 年后，面粉、饲料加工业得以发展。2010 年始，磁县酒厂改制后，以河北磁州酒业有限公司为代表的酒类酿造业迅速壮大，促进酒类加工酿造业的发展。

2017 年，河北磁州酒业有限公司形成年产优质白酒 3000 吨、中低端白酒 5000 吨的生产能力。2018 年，磁县香油产量约 300 吨，其中“回头香”企业年产量为 240 吨，占全县总产量 80%。全县 16 家香油生产商家中，县城分布 11 家、乡（镇）村分布 5 家。其中，“回头香”香油是磁县唯一获得生产许可证的香油生产厂家。

企业选介

河北磁州酒业有限公司　该公司前身是磁县酒厂，原隶属磁县农林局良种场。1978年，筹建磁县酒厂。1979年，磁县酒厂有干部职工7人，10个小窖池（承装350千克粮）。当时，具有家庭作坊式生产规模，发酵15天，首次接酒成功。成品酒命名为“磁良大曲”。

1979年，时任磁县农业局副局长王万珍通过在遵义市工作的磁县籍南下干部王智引荐，与磁县籍南下干部、贵州茅台酒厂副厂长王志取得联系。是年，磁县酒厂安排4批人员到茅台酒厂学习，基本上掌握流程工艺。

踩曲

1981年3月，良种场场长刘占禹带领张忠文、何其林、王召文等人再赴贵州茅台酒厂学习。1987年，贵州茅台酒厂工程师何光荣到磁县住厂指导工艺生产。同年11月，产品通过国家鉴定，填补河北省大曲酱香酒的空白，形成北派酱香磁州酒的独特酿造工艺。1991年，中国白酒研究所第一任所长秦含章写下“燕南出美浆，黔北传良方；满坛无伦比，空杯有留香”的诗句，肯定北派酱香磁州酒的独特酿造工艺。1992年10月“92河北酒文化节”上，该酒被评为河北省十大文化名酒之一。

堆积发酵

入窖发酵

此后，由于市场成本提高、管理经营落后等原因，磁县酒厂产品销售市场萎缩。2010年，该厂改制经营，尚永生任磁县酒厂董事长。同年4月，成立河北磁州酒业有限公司，位于河北漳河经济开发区。河北磁州酒业有限公司传承磁州酒的酿造工艺，以红粮为原料，优质小麦制成高温大曲为糖化发酵剂酿制而成。工艺特点：1年一个生产周期，2次投粮发酵，3种酱香型体（酱香、窖底香、醇甜香），40天曲仓发酵和“四高两长”（高温制曲、高温堆积、高温发酵、高温溜酒，生产周期长、贮存时间长）工艺，5月端午制曲，6个月贮曲，7次取酒，8次加曲入池发酵，9次蒸煮。酱香独特，回味悠长甘绵。“水墨磁州”酱香型白酒受到消费者肯定。2014年12月，磁州酒

贮酒

品牌被认定为河北省著名商标。2017 年 7 月获“河北省老字号”称号。是年 9 月，在比利时布鲁塞尔国际烈性酒大奖赛中，53 度酱香型“水墨磁州”酒获银奖。

2017 年，县委、县政府划拨 22 公顷土地，在城区南部、河北漳河经济开发区北侧，建设磁州酒业新厂区；总投资 10.1 亿元，建筑面积 22 万平方米，建有原酒生产区、白酒收藏区、工业旅游观光区、综合服务区，8 个生产车间和 1 个地下酒窖；形成年产优质白酒 3000 吨、中低端白酒 5000 吨的生产能力。2018 年，设计磁州酒业年产能 8000 吨。主要生产酱香型、浓香型两大系列白酒，即以“水墨磁州”为代表的大曲酱香型系列磁州酒和以“磁州窖”为代表的浓香型系列磁州酒。

磁县回头香食品有限公司 1918 年，大名县懂小磨香油制作技术的回族青年张恩殿，随部队行军打仗至磁县时受伤，离队落户当地生活。在县城南关租用 1 间 20 平方米的民房，开始小磨工艺制作芝麻油（俗称香油）生意，起名号为“回头香”。自此，“回头香”品牌在磁县诞生。

起初，制作香油原料选取磁县当地芝麻，毛驴拉磨，手工墩油，每天制作 10 千克香油，销售给附近周边居民。

抗日战争时期，张恩殿先后 3 次共为八路军捐赠 30 千克香油，用于促进伤口愈合。

1954 年，张士清接手父亲张恩殿制作香油的家业。此时，社会进入计划经济时代，芝麻原料无法供应，香油生意暂停。张士清先后受聘到申庄村、西槐树村、北开河村和明德街担任技术把式，指导香油生产加工，日均加工芝麻 100 千克，产品送县粮食局用作市民香油指标供应。

改革开放后，张士清在县城中山南大街恢复旧业，每天和妻子制作香油和芝麻酱直到夜里 11 点才收工，每天制作 20 千克小磨香油。因其香油采用纯石磨工艺生产，受到当地人的信赖与好评，上门购油的人络绎不绝。

1990 年，张士清之子、18 岁的张文江接手中山南大街香油门市，秉承“质量第一、信誉至上”的祖训，着力追求香油质量与口感俱佳。他常说：“没有人品，做不了食品；没有好的人品，更做不了香油。因为，香油掺假太容易。”他从接手那天起就坚定不掺假的信念，连续 30 年推广品牌，在县内多处书写“假一瓶，赔您一千元”的墙体广告。2018 年，在中央电视台第 7 频道连续 3 个月做广告，把“回头香”品牌推向全国。

1992 年，磁县新市场成为县城商业繁华区，张文江把“回头香”门市迁至新市场对过。随着生活水平的提高，人们开始注重食品品质。慢慢地，越来越多的人光顾这里，产品已供不应求。2006 年 3 月 15 日，“回头香”小磨香油被磁县工商行政管理局、磁县消费者协会授予 2005 年度“消费者信得过单位”称号；2007 年 12 月，被县委农工委、县农牧局、县电视台联合评选为 2007 年磁县首届农特产品大奖赛优秀奖；是年 12 月 20 日，获邯郸市消费者协会颁发的邯郸市第九届“消费者信得过单位”牌匾。2008 年 6 月，张文江当选为政协邯郸市第十届委员会委员。

2009 年，张文江在兴礼街建立小型工厂，批量生产小磨香油，并注册成立磁县回头香食品有限公司。

香油磨制车间

小磨香油生产过程中，炒制环节需把握火候大小、时间长短等因素，墩油环节需把握水酱比例、水温高低、搅拌速度、墩油力度等因素，任一细节差错就会严重影响出油数量和质量，没有过硬的生产经验很难稳定生产出符合要求的油品。这也是长期没有先进生产机器问世、大企业不产香油、无全国性香油品牌的主要原因。

建厂初期，张文江没日没夜地研究机械制作

小磨香油的制作流程，摸索、优化、改造香油的全套生产线。是年始，逐步将工厂关键设备升级为不锈钢材质构件，自主研发全自动封闭管道送料设备，自创恒温炒制系统等专利设备。2015 年，张文江的儿子大学毕业后，也参与到公司的创新与建设中。截至 2019 年，张文江已申请 9 个实用新型专利（一种在小磨香油生产过程中对芝麻进行炒制的装置；一种在小磨香油生产过程中对芝麻进行烘干炒制的机构；一种食用油高效罐装设备；一种水代法生产香油过程中对水进行加热的装置；一种在小磨香油生产过程中对芝麻进行上料的装置；一种在小磨香油生产过程中对芝麻进行清洗的装置；一种在小磨香油生产过程中对香油进行过滤的装置；一种在小磨香油生产过程中对芝麻进行降温的装置；一种在小磨香油生产用芝麻清洗沥干的装置）、2 个外观专利（两款香油专用的瓶型）、2 个发明专利（一种食用油高效罐装设备；一种对生产小磨香油的石磨进行打磨的装置）。靠不懈的钻研改进，实现传统石磨工艺和现代机械制作相结合，既保证产品生产数量、质量，又保持传统石磨工艺的口感。2017 年 6 月，“回头香”牌香油获得河北省质量技术监督局颁发的“2016 年河北省优质产品”证书。

2012 年，“回头香”香油的日产能达 3000 千克，是 2009 年建厂时的 15 倍。在满足供应磁县当地需求的同时，市场扩展到周边临漳县、武安市、魏县、广平县等地。

张文江到湖南、湖北、安徽、江西省等芝麻产地寻购优质芝麻并形成稳定供应渠道。经与芝麻供应商、相关企业的不断往来，靠先进的生产技术和出众的产品质量，使得“回头香”香油销往数个省份。

2013 年冬，山东省泰安市皮家香油有限公司总经理皮桂森参观学习后，改良设备、优化生产线，在短期内解决出油质量较差问题，并提高产量。2014 年，山东省十笏园食品有限公司谭洪宝总经理带队学习考察香油生产时，当场提出花巨资买断生产技术，并邀请张文江担任“十笏园”生产经理。张文江谢绝丰厚报酬，无偿帮助解决生产上的难题，使“十笏园”的香油年产值由原 5000 多万元跃增至 2 亿元。

“回头香”系列产品

2015 年，国家“一带一路”开放战略实施后，张文江多次从非洲、东南亚国家进口芝麻。2015 年 11 月，他被中国食品土畜进出口商会聘请为中国芝麻产业“一带一路”中方代表，指导埃塞俄比亚、坦桑尼亚、莫桑比克等国家种植适应中国市场要求的芝麻品种，引领其创收。截至 2020 年，累计从上述国家进口芝麻 4000 吨，为其创收 600 多万美元；累计向国家海关纳税 420 万元。

2016 年 9 月 28 日，“回头香”香油、芝麻酱、熟芝麻被邯郸市旅游协会和《中原商报》授予 2016 首届“邯郸游礼”称号。2017 年 8 月，“回头香”被河北省商业联合会和《中国商报》联合评为“河北老字号”。

2018 年、2020 年《磁县人民政府工作报告》中，提出扶持壮大“回头香”香油等磁县重点特色品牌，促进一二三产业融合发展。2018 年 3 月，张文江当选为磁县人大代表。

2019 年 10 月，县委书记张才芳到公司调研时提出：谋划建设磁县食品园，帮助回头香公司

等企业发展壮大，助力转型发展示范区建设。

2020 年初，该公司在磁县西部山区部分乡（镇）建立芝麻种植示范基地 30 余公顷，县有关部门已完成建造 3 余公顷新厂区的规划，回头香有限公司开发的其他调料产品初具规模。

邯郸市阳光面业有限公司　该公司 2006 年成立，位于讲武城镇北白道村西，职工 40 人。主要产品为面粉。2018 年，产值 3629.3 万元，利税 24.9 万元。

邯郸市圣德福生物科技有限公司　该公司 2014 年 10 月成立，位于路村营乡东田井村东，职工 23 人。主要经营猪、鱼饲料。2018 年，产值 2178 万元，利税 2 万元。

第三章　建筑业

第一节　建筑市场

建筑市场概况

1999 年前，磁县建筑市场呈粗放松散状况。建筑企业多而小，普遍资质水平低，机械设备落后，经营产业单一，以建造房屋、非住宅建筑为主。1999 年，完成产业总值 1.2 亿元，施工面积 20 万平方米。

2001 年 4 月 18 日，建设部出台《建筑业企业资质管理规定》。磁县建筑市场进入规范发展阶段。按照建设部《建筑业企业资质等级标准》划分全县建筑业企业：磁县专业承包企业和劳务分包企业数量较少，资质等级水平低，结构不合理，机械化和设备装备率偏低，困扰全县建筑业的发展。2012 年起，磁县建筑市场的经营项目由单一的非住宅市场转向房地产市场和城市市政工程市场；同时，建筑业企业性质出现根本性改变，除“河北省磁县第一建筑安装公司”保存着国有企业性质外，其他国有企业、集体企业转化为股份制施工企业。2012 年，结算总收入达 6.8 亿元，房屋竣工面积达 48 万平方米，城市道路里程达 1400 千米。

2007 年后，磁县房地产建设、城市基础设施建设得以快速发展，建筑市场步入高质量发展阶段。磁县建筑市场初步实现“请进来、走出去”格局，全县共引进外地在磁施工企业 22 家，外地从业人员 12 万人。至 2018 年，完成工程结算总收入 47.7 亿元，建成住宅小区 189 个，房屋竣工面积 433.72 万平方米，城市道路里程达 1500 千米。城镇化率由 1999 年 8.5% 增至 53%。

建筑市场主体

1999 年，磁县建筑市场主体人员专业素质普遍较低，建筑工人多是进城的农民工，基本没有接受过专业培训，从业人员 1.6 万人。2001 年，随着城市建设的发展，建筑业逐渐崛起，施工队伍不断壮大。至 2012 年，注册从业人员达 1.3 万人。2014 年后，随着建筑业的迅速发展，从业人员快速增加，人员素质迅速提升。至 2018 年，注册从业人员达 2.7 万人，中高级职称 74 人，注册建造师 43 人。

第二节　建筑施工

施工企业概况

1999 年，磁县有建筑类企业 56 家。其中，房屋建筑类企业 24 家，公路、水利水电类企业 3 家，水泥制品、建筑防水、建筑装饰装修等专业企业 29 家；国有企业 6 家，集体企业 41 家，个体企业 9 家；磁县四级以上建筑业企业 21 家，非等级建筑业企业 35 家。2001 年，磁县建筑业总承包企业 13 家。至 2012 年，取消四级和非等级施工企业后，磁县建筑业总承包企业 15 家，其中二级以上建筑业总承包企业 5 家、三级施工企业 10 家；专业承包企业、劳务分包施工企业 16 家。是年，全县注册等级建筑业企业达 31 家，注册从业人员达 1.3 万人。至 2018 年，磁县建筑总承包企业达 18 家，专业承包企业和劳务分包企业 9 家。其中，一级施工总承包企业 1 家，二级施工总承包企业 4 家，三级施工总承包企业 12 家。

施工企业选介

河北省磁县第一建筑安装公司　该公司成立

于1963年，前身为磁县公房管理处。1984年更名为磁县城乡建设环境保护局建筑公司。1988年，更名为河北省磁县第一建筑安装公司，隶属磁县城建局，系全民所有制企业。2018年，该公司属磁县住房和城乡建设局下属单位，为建筑二级总承包企业，具备市政工程资质。公司有干部职工168人。其中，高级职称3人、中级职称13人、初高级工52人。下设七科一室、14个项目经理部及驻邯郸市分公司、驻峰峰矿区办事处。公司拥有多种先进的施工机械，具备承建各类工业厂房、市政建筑和高层建筑施工总承包能力。注册资金2007万元，总资产2877万元，净资产2672万元，固定资产1527万元，流动资产1350万元，最高年产值达8000多万元。

公司坚持“以质量求发展、向管理要效益”宗旨，承建的各项工程均取得合格或优良等级。2001年9月，承建邯郸市峰峰矿区第十四中学，迎接全国建筑市场大检查，受到建设部专家好评，被峰峰矿区建管局通报表扬，被邯郸市建委评为市优工程；是年12月27日，承建邯郸市峰峰矿区春光园养老院被评为省级文明工地。2003年8月，承建磁县职教中心1号住宅楼，接受国家八部委检查，受到好评。2016年，承建磁县城区保障性住房配套供热管网工程一标段。2017年，承建磁县第二中学迁建项目二期工程一标段；陶泉乡受灾学校灾后重建项目。2018年，承建魏县易地扶贫搬迁工程2016年度贺祥社区建设工程供热项目，造价1501万元。

河北迈科建筑安装有限责任公司 该公司为施工总承包一级资质企业，成立于2002年，由磁县光礼建安公司、磁县机械施工公司、磁县第四建筑安装公司组合而成，企业原资质等级核定为建筑施工总承包三级资质企业。2018年，该公司从业注册人员315人。其中，有职称的工程技术和管理人员50人，有资质的项目经理12人，注册建造师12人。公司注册资金11.28万元，占地600平方米，各类施工机械设备12台（件），具有房屋建筑工程施工总承包一级、二级、三级、劳务等资质。是年，完成工程结算总收入1244万元，实现利税286万元，工程一次交验合格率达100%，所承建的邯郸市胜利花园项目被评为“安全文明工地”。该公司安全生产连续16年无工伤事故。

邯郸市众益建筑安装有限公司 该公司具有房屋建筑工程施工总承包三级资质，市政公用工程总承包三级资质。前身为成立于1966年9月的磁县城关镇建筑工程队，1987年改组为磁县第二建筑安装公司，2004年更名为邯郸市众益建筑安装有限公司。该公司注册资金1500万元，固定资产3000万元，占地2公顷，有骨干职工135人。其中，各类专业技术职称人员52人，技工80人。拥有大中型机械设备103台，搅拌混凝土泵车2台，搅拌车16台。设有混凝土专项实验室，可生产抗冻、抗渗及C60以下各种标号的商品混凝土。公司先后承建磁县疾病预防控制中心、申家庄煤矿招待所、磁县交通局养路费征稽站收费中心、北来村华康小区、磁县曦岛假日湾别墅、磁县汽车站东站、新世纪幼儿园、县直幼儿园等建筑工程及磁县申黄公路、中山东路工程、朝阳大街护城河及滏阳大街护城河改造、南水北调连接路等市政工程。

邯郸市鼎祥建筑安装有限公司 该公司成立于2007年，属三级建筑施工企业，注册资金700万元。于2013年追加注册资金2000万元，升级为工程施工总承包二级资质。是1家集建筑安装施工、道路施工、市政工程施工、民用工程及房地产开发于一体的企业。公司有职工200余人，其中技术管理人员50余人。年施工能力、产值达3000余万元。拥有施工机具、车辆30余台。有固定资产280万元、流动资产1900余万元。先后承建溢泉湖度假村、磁县职教中心、西固义乡东二学校、崇文学校、乐善学校、磁县公安局拘留所迁建项目、中央储备库磁县分库项目、友谊苑小区、嵩景楼宾馆等建筑工程及中山路、迎宾路清淤改造等市政工程。2013—2017年，累计上缴税费757.3万元。

河北福宁建筑工程有限公司 该公司前身为磁县第五建筑公司，成立于1990年，注册资金63.7万元，属集体所有制企业。2001年，企业改制成有限责任公司，更名为磁县云峰建筑有限公司，注册资金650万元。2014年，企业更名为河北福宁建筑工程有限公司，注册资金5000万元，具有建筑施工总承包二级资质和市政三级资质。公司有员工200余人。其中，高、中级职称20人，二级建造师12人，各工种技术员齐全。公司拥有固定资产8000万元、各种建筑机械设备200余台。先后承建磁县实验学校教学楼、阜才中学教学楼、磁县一中专用教学楼和学生宿舍楼、磁县恒富花园、磁县平安小区、瑞鼎国际小区、振兴小区等建筑工程，竣工验收一次交验合格率达100%、优良率48%。

施工设备与技术

1999年前，磁县建筑施工使用传统性施工机械，有小型250自落式钢筋混凝土搅拌机、砂浆搅拌机、井字架升降机、推土机、铲运机等机具，大部分工序需要人力完成。多以建造平房和6层以下楼房为主，建筑体多为砖混结构。2008年后，随着楼房建设量的增多，房屋建筑施工机械增多，挖掘机、塔吊、施工电梯、商品泵送混凝土现代施工机械普遍使用，新型墙体节能材料广泛采用。2018年，建筑工程楼层从多层（6层以下）向10层以上高层发展，基础工程从单一的条形、片筏基础向钢筋混凝土预制桩、灌注桩等桩基发展，楼房主体结构采用剪力墙、框架结构成为主流。

2007—2018年磁县资质等级建筑业企业生产情况统计表

表10-2　　单位：家、人、万元、平方米、台

年份	企业	从业人员	建筑业总产值	竣工产值	施工面积	竣工面积	机械设备
2007	1	211	1423.23	1423.23	—	—	5
2008	1	269	2505.9	2505.9	—	—	5
2009	2	376	5218.618	4526.78	28528.4	8350	3
2010	2	463	865.18	8142.22	30950	51128.4	3
2011	5	1444	31271.6	13304.4	322706	72043	106
2012	5	1388	259593.85	19785.4	213310.6	50093	119
2013	5	1502	34247.28	13113.48	209472.6	85451	118
2014	6	1378	49325.85	15240.64	908893	72448	116
2015	6	1214	48053.97	11746	559524.8	87287.2	163
2016	9	1437	54151.12	17949.23	563275.2	236119.6	33
2017	9	1520	54021.03	15127.76	563275.2	101388.7	33
2018	10	1699	56589.78	15868.14	621738.08	109722.51	34

第三节　优质工程

工程数量

1999—2018 年，磁县建筑工程被评为河北省优质工程 8 项、邯郸市优质工程 3 项。

工程概况

2011—2018 年磁县建筑结构优质工程情况统计表

表 10-3

年份	单位工程名称	建设单位	监理单位	施工单位	级别
2011 年	磁县荷城佳苑 14 号楼	邯郸市中祥房地产开发有限公司	邯郸市大洋建设工程监理有限公司	邯郸市仁和建筑安装有限公司	河北省结构优质工程
2014 年	磁县幸福城 17 号楼	石家庄苏建玖诚房地产开发有限公司	河北剑盾工程项目管理有限公司	金环建设集团有限公司	河北省结构优质工程
2015 年	宝盛世纪名苑 B 区三期世纪大厦	磁县安居宝盛房地产开发有限公司	邯郸市宏大工程建设监理有限公司	南通市达欣工程股份有限公司	河北省结构优质工程
	京都国际广场	邯郸京都房地产开发有限公司	浙江天然建筑设计有限公司	河北建设集团天辰建筑工程有限公司	河北省结构优质工程
2016 年	磁县两矿棚户区改造项目三标段 9 号楼	磁县两矿棚户区改造指挥部	河北德润工程项目管理有限公司	河北省第二建筑工程有限公司	河北省结构优质工程
2017 年	冀南玖号院一期工程 7 号楼	石家庄苏建玖城房地产开发有限公司	河北天丰工程项目管理有限公司	南通市达欣工程股份有限公司	河北省结构优质工程
	冀南玖号院一期工程 8 号楼	石家庄苏建玖城房地产开发有限公司	河北天丰工程项目管理有限公司	南通市达欣工程股份有限公司	河北省结构优质工程
	冀南玖号院一期工程 10 号楼	石家庄苏建玖城房地产开发有限公司	河北天丰工程项目管理有限公司	南通市达欣工程股份有限公司	河北省结构优质工程
2018 年	嘉实城 23 号住宅楼	石家庄苏建玖诚房地产开发有限公司	邯郸市宏大工程建设监理有限公司	南通市达欣工程股份有限公司	邯郸市结构优质工程
	嘉实城 25 号住宅楼	石家庄苏建玖诚房地产开发有限公司	邯郸市宏大工程建设监理有限公司	南通市达欣工程股份有限公司	邯郸市结构优质工程
	嘉实城 26 号住宅楼	石家庄苏建玖诚房地产开发有限公司	邯郸市宏大工程建设监理有限公司	南通市达欣工程股份有限公司	邯郸市结构优质工程

第四节　工程质量监管

质量监管组织

1986年，磁县成立建筑工程质量监督站。隶属于磁县住房和城乡建设局，负责全县区域内建设工程质量监督。1999年，更名为磁县建设工程质量监督检测站。是年，实施有效监督，强化政府监管、社会监督、企业自控，创出一批精品工程，竣工验收合格率100%。至2018年，监管机构无变化。

质量监管成果

2002年，磁县职教中心实验楼项目接受八部委联合检查取得优异成绩，磁县建设工程质量监督检测站获“河北省先进质量监督站”称号。2014年，磁县幸福城17号楼项目接受“国检”取得优异成绩。

2015年，全面推行质量监督标准化管理，以ISO9001:2008《质量管理体系要求》为依据编制《磁县工程建设质量监督检测站管理标准》，是年通过认证并实施。2017年，在冀南玖号院成功举办全市建筑工程质量观摩会，集中展示磁县质量监督工作成果。截至2018年，全县工程质量监督172个项目、439个单体，建筑面积461平方米，已竣工项目未发生重大质量隐患和严重缺陷。

第十一编　商贸　旅游

清代以前，域内商贸活跃，南北官道商贾云集，滏阳河水运往来频繁。民国期间，战乱频仍，磁县商贸服务业呈现萧条状况。

中华人民共和国成立后，县内全民商业实体先后成立花纱布公司、百货公司、油脂公司、五金公司、煤炭公司等。1956 年实行公私合营，县内日用品修理有 3 处，从业人员 9 人；旅馆 1 家，饮食业 5 家，理发馆 5 家，浴池 2 家，摄影 1 家。1998 年 9 月，县供销社组建全市第一家棉麻企业集团，新上两台 202 型榨油机和两套浸出油及高级烹调油生产线，系列化生产食用油，填补磁县一项空白。年产能力 5000 吨、吞吐棉籽和大豆等 3 万多吨，带动全县油料作物生产，成为农业产业化龙头企业，被县委、县政府列为全县支柱企业之一。

明清时期，域内储粮仓库有常平仓（官办）、义仓（防荒，多为义捐）、社仓（民办），民国时期废置或改作它用。1951 年，县城建有砖囤仓 3 座、苏式仓 2 座。1972 年，县粮库建大仓 3 栋，容量 200 万千克，基本上改变粮食露天存放的状况。至 1998 年年底，全县存粮 8 万吨。旧时，粮食贸易多为自由买卖。1953 年，粮食实行统购统销。是年，全县粮食征购 21.44 吨、销售 39.43 吨。1985 年改统购为合同定购，1990 年改合同定购为国家定购。1994 年放开粮食市场。

解放前，域内生产资料、日用品、烟草、食品购销呈自发状况。中华人民共和国成立后，党和政府组织人民扩大生产，物质较为丰富，购销量明显提升。改革开放后，国有商业、供销合作、粮食、物资、外贸、石油、烟草等商贸流通体制不断改革，县内商品流通领域呈现多种经济成分共存、多条流通渠道并行、多种经营方式互补的格局。商贸服务范围逐步有主副食品及日用小百货向餐饮旅馆、生活服务、对外贸易等产业拓展。

1999 年后，商贸流通体制改革持续推进，国有、集体、个体商贸企业经营进一步放开搞活，国有和集体商贸企业的市场份额缩小，个体私营商业发展。管理趋向于宏观指导层面，经营理念、经营方式不断改变。商贸市场、新兴超市建设加快、迅速成长，多样化商贸服务不断涌现，丰富市场商品，购销持续两旺，促进市场繁荣。至 2018 年，商贸企业日益成为活跃繁荣县内城乡市场的主力军，服务磁县人民日常生活，推动经济发展社会进步。

域内自古山川秀美，为游览胜地。曾青睐于多位帝王将相：战国时，赵武灵王筑避暑之地；东汉末，曹操驻扎讲武练兵；北齐时，高洋建离宫。此外，还吸引岑参、张籍、王安石、梅尧臣、贺铸、范成大、赵秉文、元好问等历代诗人驻足观光吟诗歌颂。当地的历任官员、文人墨客遍游山川的传世之作更多。至明代，集域内名胜之最，已有“磁州八景”之说法。进入清代后，“磁州八景”固定为炉峰朝霭、响堂晚钟、台城烟柳、官路荷风、龙洞珠泉、贺兰积雪、漳渡晴澜、滏桥秋月。

中华人民共和国成立后，磁县丰富群众的精神生活。20 世纪 90 年代，随着磁县旅游局的成立，县内旅游业开始发展。1995 年，磁县提出“6 区 6 线 16 景”的发展思路，为开发县内旅游资源、发展旅游业打下基础。2010 年后，磁县依托县内丰富的旅游资源，以修建旅游道路、建立健全旅游服务组织等推动旅游产业发展。2016 年借助经济转型契机，将旅游业提到“活县”战略高度，促进文化与旅游产业的融合发展。2016—2018 年，县内旅游人数年均实现同比增长 25%，假日期间同比增长达 35%，旅游总收入同比增长 25%。

第一章　商贸市场

第一节　县城商贸市场

1999—2018年，磁县商贸流通业适应市场需求，加强规范引导，完善配套设施建设，逐步形成专业批发市场、综合批发市场和大型超市为主要购物场所、各种小型专业专卖店、超市为补充购物场所的商贸流通发展格局。

磁州新市场

磁州新市场地处县城西部，北临建设路，南临迎宾路，西临友谊大街，东临邮政南街。1995年6月26日奠基重建，1996年1月16日建成开业，市场占地3.92万平方米，建筑面积3.5万平方米（不含小广场南市场）。其中二层建筑面积2.3万平方米，临街商贸楼1.2万平方米，可容纳店商200户、摊商185户。南北向5条街，其中一、五街19米宽，中间为售货大棚，二、三、四街10.9米宽；东西向3条街，南街14米宽，中街11米宽，北街9米宽。市场配有行政管理区、配电室、消防栓9处、公厕2座、活动休闲广场1500平方米。

磁州新市场（2010年1月11日　摄）

商都童装批发市场

商都童装批发市场位于县城西北部，东临友谊大街、西临107国道、南临磁州路、北临仁和路。1993年10月22日奠基，1994年10月28日建成开业，占地9公顷，建筑面积3.17万平方米，可容纳商户276户。西端3层建筑楼面为蓝色玻璃面。东端3层为茶色玻璃面，中间为二层建筑。东西向5条街，宽12米；南北向2条街，宽10米，街西侧有3米宽空中过道通贯南北。东西向街中间有13架天桥连接，南北向街有12架天桥连接。6个混凝土踏步楼梯，14个铁制踏步楼梯。10米长2米宽的斜坡平面走廊12个。市场配有行政管理区、配电室、消防栓10处、公厕2座。

粮油食品批发市场

粮油食品批发市场位于县城南1千米处，西临107国道，北临滏阳河，南临田地，东临居民区。1992年8月奠基建设，同年10月建成开业，占地3.3公顷，建筑面积2万平方米，可容纳商户128户、摊商15户。东西向4条街宽12米，南北向3条街宽10米，交易大棚1处。市场配有行政管理区、配电室、10吨消防水塔1座、消防栓3处、公厕3座。

闽台北方（国际）商贸物流中心

闽台北方（国际）商贸物流中心位于县城北部，平安路与友谊北大街交叉口东北角。2014年8月开工建设，总投资7.5亿元，占地11.8公顷。其中，两栋写字楼占地2万平方米，中间门店面积9万平方米，仓储面积1万平方米。截至2018年，该项目完成投资3.2亿元，项目地上建筑主体工程建成60%。

豪亿智慧便民农贸市场

豪亿智慧便民农贸市场位于县城瑞鼎国际小区北侧。2017年3月开工建设，投资5000万元，占地2.5万平方米，经营摊位574个，商铺149个。2018年7月18日，该市场投入运营。

邯郸新赵都磁县超市

2006年10月中旬，邯郸新赵都磁县超市在朝阳大街和中山西路交会口（原朝阳蔬菜市场）动工建设。该项目投资2500余万元，占地3000平方米，建筑面积6522平方米，营业场所分3层，墙体采用钢架结构，属磁县第一座大型超市。

中盛国贸广场

中盛国贸广场位于县城友谊大街与平安路交会处，总投资6亿元，2010年11月开工，2011年3月建成。占地4.62公顷，总建筑面积8.3万平方米。其中，商业楼4层，建筑面积5.2万平方米；综合楼20层，建筑面积3.1万平方米。商场内设中央空调、无线网络覆盖，配备大型停车场。

2012年9月16日营业，设商铺近400户，创造就业岗位近千个。经营场所包括商场和建材市场两部分。前者主要经营范围：纺织服装批发零售、会展中心、电影院、商务办公、餐饮、商住等。2018年，销售额9000万元。

建材市场即原商贸城的13栋3层厂房建筑，占地6余公顷，建筑面积5万余平方米，分设建材精品区、装饰材料区、陶瓷地砖区、木制品区、艺术玻璃区、厨卫洁具区、灯具区、装饰公司区、家居体验馆区、高档家具区10个经营区，并增设家居装饰市场和装饰设计中心，为消费者提供装饰材料、装修设计、施工方案一条龙服务。

磁县新世纪广场

磁县新世纪商业广场是邯郸阳光百货集团总公司的全资子公司，位于县城政通街41号。2018年6月27日注册，2018年10月1日落成开业，建筑面积3.8万平方米，商铺160余个，营业人员320人。是一家集百货、家电、超市、餐饮、娱乐于一体的大型现代化购物中心。

阳光新世纪超市一角

负1楼经营食品超市；1楼经营黄金珠宝、化妆品、腕表、鞋履、屈臣氏、眼镜及时尚百货；2楼经营男装、针织内衣、棉袜、家居服、皮具及箱包；3楼经营儿童服饰、童鞋、玩具、婴幼儿用品、电教学习、兴趣拓展培训和儿童娱乐；4楼经营女装、女士内衣、精品皮具、时尚配饰；5楼经营运动服饰、健身器材、水吧、生活电器；6楼经营餐厅、零食小吃、电玩娱乐。2019年，营业额1943万元，上缴利税35万元。

美食林磁县御美购物广场

美食林磁县御美购物广场是河北美食林集团投资2亿多元建设的1处大型综合性购物中心，位于县城建设西路与友谊大街交会处东南角，占地1.17公顷，建筑面积3万平方米。2015年1月开业。

负1楼主营超市、烟酒、茶叶、小百货；1楼主营服装、鞋帽、饰品；2、3楼经营百货；4楼经营餐饮、影城、儿童舞蹈、绿色量贩式KTV等配套娱乐项目。

第二节　乡村商贸市场

商贸网点建设

1999—2001年，乡村商贸网点建设按照市场调节自由发展。2002年，棉麻公司经营出现困难后，磁县加强农村商贸网点建设。2004年始，重点恢复基层供销社和县直公司的经营设施及网络，保全相关公司和基层社部分经营设施。至2011年，陆续兴建磁州、时村营、西光禄、曲沟、滏泉等基层、乡村超市，巩固供销系统农村经营阵地。

2012年，按照《磁县化肥市场管理实施办法》要求，推行供销社化肥经营连锁配送制，以河北众昊现代农业有限公司为龙头，以各乡（镇）及村级农资店为依托，统一招标采购和预约定货，农资经营网络建设取得突破。是年，投资100万元，改建配送中心面积2300平方米，年配送额5700万元。

2015年，完善网络结构，全面改善农村的消费环境，推进“万村千乡市场工程”“新网工程”

建设，投资520万元，新建和改建300多个农家店。至2018年，基本形成农贸市场和农村超市批发配送相结合的经营网络。

万村千乡市场工程

“万村千乡市场工程”是商务部为改善农村消费环境，促进区域经济健康协调发展推出的重要举措。2005年，磁县遵循“政府引导、市场运作、企业为主”原则，加强农家店和配送中心的改造和建设。至2018年，共完成农家店改造308个，占全县农村80%。其中，通过市县财政、商务部门联合验收合格174家。

2015年，启动综合服务中心建设，深化为农服务、方便群众消费。按照省、市供销社综合改革、构建新型农业社会化服务体系安排，落实“为农、务农、兴农”要求，积极探索农村产权交易中心建设。同年10月，入驻县政务服务中心开展业务活动；并在各乡（镇）设立县农村产权交易中心（公司）办事处，吸收当地村干部、种养大户、致富能手、退休干部、退伍军人等加入供销社经纪人队伍，加强信息收集工作，为当地群众进行产权交易提供方便。至2017年，先后在时村营、白土、西光禄、观台、北贾壁、都党、路村营乡等乡（镇）改造和新建8家综合服务中心。并统一牌匾，精细装修，改善服务环境和服务功能，经营总面积960平方米。综合服务中心服务项目齐全，涉及日用百货超市、移动收费、农机具维修、托幼服务、餐馆服务、美容美发等。

2016年，省商务厅推行农村电子商务全覆盖工作，涉及磁县247个村。经公开招标，河北供销便利店连锁有限公司取得运营权，县商务局与其签订运营协议。2018年，县商务局牵头对农村电子商务全覆盖业务人员进行培训。特色农产品在网上销售，拓宽农村增收渠道。

至2018年年底，全县完成农村电子商务改造升级384个村（含2016年区划调整划出村），实现县内全覆盖。

第二章　商品经营

第一节　生产资料经营

农业生产资料经营

1999年，磁县落实《国务院关于解决供销合作社当前几个突出问题的通知》要求，发展多种形式规模经营，重点抓好生产资料市场的监督与管理。2000年后，随着商品市场的发展，县社、工商、质监等部门工作重点转向抓市场规范、产品质量、合法经营。2006年后，落实国务院《听取供销总社关于建设农村现代流通服务网络等有关工作汇报的会议纪要》要求，县供销社成立19个乡（镇）综合服务站和39个村级服务站，实行网络经营、连锁配送、覆盖农村的农资服务新模式。2017年，县供销社与岳城文俊农资合作成立“磁县生产资料公司农资配送中心”，送农资到田间地头。与省农业生产资料公司、县天道益农公司、岳城文俊农资、邯郸市众益农业科技有限公司农业企业合作，为农民提供农资直供和土地托管服务。当年，化肥销售4万余吨，种子销售150万千克，农药销售1万余箱，销售总额近亿元。2018年，磁县供销社取得农药经营许可证农资服务行业协会登记证书后，先后举办农资合作洽谈会、示范田观摩会、农资订货会活动。还与安化集团合作，在邯郸地区代理销售该集团生产的“汽车尿素液”。

2006—2018年磁县部分年份生产资料销售情况统计表

表11-1　　单位：万元、%

年份	销售总额	占任务比例	年份	销售总额	占任务比例
2006	3594	103	2007	3820	101

续表

年份	销售总额	占任务比例	年份	销售总额	占任务比例
2008	4331	103	2015	7200	102
2009	4615	100	2016	7350	104
2013	4789	101	2017	8500	105
2014	7185	111	2018	9800	110

非农生产资料经营

1999年前后，磁县各类非农生产资料经营网点迅速发展，国有企业经营困难，效益下滑甚至亏损。至1999年12月，县物资系统企业完成销售收入1200万元，补亏40万元。2000年，物资系统企业干部职工克服困难，全年完成销售收入800万元，占任务量100%，上缴税收4.8万元，补亏15万元。2001年后，县物资系统加大资产重组力度，推进“拍卖1家，分立1家，二次改制5家”的总体改革方案。将贸易中心的房地产拍卖；液化气站从燃料公司分割析出，组成独立法人实体；轻化公司、综合销售公司合并组建万盛轻化有限公司；机电公司、生产资料公司合并组建盛达汽车贸易有限公司；轻化公司的民爆器材切块组建磁县民用爆破器材有限公司；废旧物资回收公司改建为物通再生资源利用有限公司；新组建磁县宏昌报废汽车回收有限公司。上述举措使存量资产向优势企业聚集，形成竞争新优势。2001年，物资行业完成销售收入1100万元，占目标任务110%；上缴税收4.05万元，补亏任务15万元。2002年，完成销售收入1100万元，占目标任务110%；上缴税收3万元，补亏完成12万元。

物资系统改制后，非农生产资料的经营主体为民营企业和个体工商户。至2018年，磁县非农生产资料经营企业113家。

第二节　生活资料经营

工业品经营

1999年，商品市场进入成熟发展期，民营商业企业和个体户仍然为工业品经营的主力军。2000年后，摩托车进入寻常百姓家。2005年后，电动自行车以其轻便、节能、环保等优点，迅速受到消费者青睐。电脑、空调、手机、家用轿车等也先后成为群众的主要工业消费品。2010年后，工业品网络销售开始出现。至2018年，工业品网络销售已成为普通家庭的主要购物途径。

农副产品经营

1999年，农副产品经营主要由县粮食、外贸、商业和县社为收购主渠道，民营企业和个体工商户采取上门收购。2000年后，棉花市场放开。2002年，国家取消粮食定购制度，粮食统购统销成为历史。随着国家政策的变化，农副产品的经营渠道拓宽，民营企业和个体工商户快速发展。2010年后，随着农贸市场和农村超市的兴建，农副产品经营进入农贸市场。2015年，磁县推进“万村千乡市场工程”“新网工程”建设，加大对种植、养殖户的技术帮扶力度，密切与生产基地种植、养殖大户的购销联系，以“专业社＋基地＋农户”的模式带动种养大户和周边农户共同应对市场变化，取得显著成效。至2018年，农副产品经营额突破2700万元，实现利润35万元，发展生产基地13.3公顷、村级收购点20个、经纪人25名、种养大户60户，农民增收70多万元。

第三节　粮油购销

粮油购销企业改革

1999年，磁县粮食局推行“三项政策，一项改革”做法，按保护价收购农民余粮，粮食收储企业实行顺价销售，粮食收购资金封闭运行。重点实行国有粮食收储企业的主营业务和附营业务分开和富余职工下岗分流，遏制国有粮食企业亏损挂账，减轻企业包袱，奠定粮食企业适应购销市场化改革基础。

2004年，按照县政府《关于深化国有粮食企业改革的实施意见》要求，磁县调整国有粮食购销企业布局和职工劳动关系，按照“方便收购、有利销售、运转灵活、合理布局”的原则进行调整，将23家国有粮食购销企业组建成10家中心粮食购销企业。是年，磁县被市政府评为“全市粮改工作先进县”。2005年，磁县被邯郸市政府确定为产权制度改革试点县。根据县政府《关于印发磁县进一步深化粮食购销企业产权制度改革实施方案的通知》要求，磁县成立国有独资企业“磁县鑫达国有粮食购销有限公司”，设置董事会、监事会和经理，将2004年组建的10家粮食购销企业和6家粮食附营企业（磁县粮油总公司、磁县粮油总公司一至五公司）及其分支机构，组建成两家国有独资有限公司（磁县西关国家粮食储备库有限公司和磁县讲武城国家粮食储备库有限公司）、一家国有控股有限公司（磁县天圆粮食购销有限公司）。磁县鑫达国有粮食购销有限公司负责国有粮食企业国有资本的运营和保值增值，并对国有独资企业、国有控股的粮食企业行使出资人职能，统一管理原企业的“老账”“老人”问题。通过改革，实现政企分开。是年，粮食附营企业面粉厂、饲料公司、富达饲料公司、服务公司依法破产，为170名职工发放安置费和经济补偿金。2007年，磁县天圆粮食购销有限公司核销。2008年，完成粮食附营企业依法破产改制工作。2009年8月，县政府与中央储备粮北京分公司签署移交协议，磁县讲武城国家粮食储备库有限公司整体划到中储粮北京分公司。

至2018年，全县国有粮食企业有磁县鑫达国有粮食购销有限公司和磁县西关国家粮食储备库有限公司。

粮油收购

1999年，实行粮食收购“保护价”政策，磁县粮食局落实《粮食收购条例》规定，常年常时按照保护价敞开收购农民余粮。2004年，国务院下发《关于进一步深化粮食流通体制改革的意见》，全面放开粮食收购价格和收购市场，实行粮食购销市场化改革，保护价收购政策结束。

1999—2002年磁县部分年份保护价粮食购销情况统计表

表11-2　　单位：元／千克、吨

年份	小麦价格（中等）	收购数量		销售数量
		定购数量	市场收购数量	
1999	1.24	11550	52712	60000
2000	1.14	11550	100297	113161
2002	1.1	7900	72678	57917

2004年后，粮食生产相对过剩，卖粮难现象不断发生。2006年，小麦纳入最低收购价范围。是年，磁县启动小麦最低收购价执行预案。2007年，磁县粮食局被市政府授予“夏粮收购先进单位”称号。至2018年，磁县以最低收购价收购小麦20.56万吨。1999—2018年，食用油收购按照市场化运作。

2006—2018年部分年份磁县按最低收购价收购小麦情况统计表

表 11-3　　单位：元/千克、吨

年份	价格	数量	年份	价格	数量
2006	1.48	59699	2012	2.12	29643
2007	1.5	38852	2016	2.44	18154
2008	1.62	27500	2017	2.4	9970
2009	1.82	21523	2018	2.3	未收购

备注：2006—2016年，小麦最低收购价价格持续上调，拉抬整个市场收购价格的作用日益显现，多元收购主体参与市场收购增多，导致国有粮食企业收购数量逐年减少

粮食储备

粮库建设　1998年11月，磁县讲武城国家粮食储备库扩建征地9.3公顷，投资2080万元。成为国家250亿公斤粮库建设重点项目之一。1999年11月项目竣工，建设仓房10座，扩仓容2.5万吨，配套附属设施同时竣工。2000年，投资240万元，在杏园中心粮站、林坛粮站和河北磁县国家粮食储备库新建标准平房仓各1座，仓容量0.8万吨。2003年，投资528万元，建成讲武城国家粮食储备库铁路专用线，长0.6千米。2007年，筹资1200万元，在磁县西关国家粮食储备库有限公司新建标准平房仓2座，仓容量2.5万吨；磁县鑫达公司国有粮食购销有限公司林坛粮库新建标准平房仓1座，仓容量0.5万吨。磁县鑫达公司国有粮食购销有限公司申庄粮站新建标准平房仓1座，仓容量0.6万吨。2017年，投资2580万元的磁县西关国家粮食储备库新建4万吨标准化粮仓项目列入国家重大建设项目库，争取中央预算内资金548万元。该项目建设后，磁县西关国家粮食储备库有限公司的总仓容近8万吨，是2007年前总仓容的5倍。

2000年，所有新建仓房电子测温。2007年，所有新建仓房采用环流熏蒸措施，用药成本节省70%以上，人工费用节省60%以上。截至2018年，具备环流熏蒸条件的仓房达90%以上。

粮油轮换　2001年，按照《中央储备粮油轮换管理办法（试行）》要求，磁县采取先购后销或先销后购的方式推进储备粮小麦轮换工作，每3年轮换1次。2006年2月24日，县政府出台《关于印发磁县县级储备粮管理暂行办法的通

西关国家粮食储备库有限公司小麦收购现场(2017年11月17日　摄)

西关国家粮食储备库有限公司新建的高标准平房仓（2018年　摄）

知》，实施《磁县粮食应急预案》，维护粮食市场稳定。2011年7月27日，县政府批准建立县级粮食（小麦）储备1万吨存量运行模式，承储企业为磁县鑫达国有粮食购销有限公司。2018年，磁县推进地方粮食储备供给制改革，改3年一次性轮换县级储备粮小麦1万吨为逐年交替轮换（每年5000吨）的方式进行，实现县储小麦常储常新。食用油轮换、销售市场化运作。

第四节　石油经销与管理

体制改革

1996年，河北省石油公司进行公司制改革后，磁县石油公司隶属河北石油集团，1997年4月更名为河北石油集团磁县石油有限责任公司，市、县分公司改组为独立法人，董事会对企业进行日常管理。1998年6月，河北石油集团公司划转中国石油化工集团公司，邯郸石油公司成为河北石油集团有限责任公司的一级分公司，下设16个市县公司。磁县石油公司为河北石油集团有限责任公司的二级分公司。

2000年1月，中国石化集团公司主业与辅业分离重组，河北石油集团磁县石油有限责任公司主业重组为股份公司，改称中国石油化工股份有限公司河北磁县石油分公司。2002年，实施市县一体化改革，取消县级石油公司管理职能，实施由市公司统一营销决策为核心的收支两条线一体化经营策略，劳动用工、薪酬分配、财务收支两条线管理模式。2004年，根据石化公司总部部署，关闭县级公司油库，取消县级成品油批发业务，转换为成品油零售业务，汽、柴油销售统一由邯郸石油公司直属油库配送。2005年，磁县石油公司对所属加油站进行IC卡改造，实现“刷卡加油”。2008年3月，石油公司系统的商品经营范围除成品油外，开始向石油连带商品化工产品等领域拓展。磁县石油公司下属的两座加油站增设易捷便利店日用品销售。通过市、县一体化改革，磁县石油分公司管理层人员由10余人减至4人。

2014年6月，中国石油化工股份有限公司在资产重组中，将所属油品销售业务注入中国石化销售有限公司，公司名称变更为中国石化销售有限公司河北邯郸磁县石油分公司。至2018年年底无变化。

贮存与销售网点

磁县石油公司油库　磁县石油公司油库是磁县建立最早的油库。位于县城铁西大街12号，坐落在磁州镇张庄村北，占地2.43万平方米。

2002年实施市县一体化改革后，按照中石化总部要求，磁县石油公司加油站油品销售由邯郸石油公司中心油库进行二次配送。2003年5月原有油库停用，2005年10月，油库资产、土地上划省公司集中使用。

友谊大街37号的中石化磁县第一加油站，库容量120立方米，便利店面积35平方米（2017年8月　摄）

县加油站　1996—2006年，按照“稳定批发、扩大零售、合理布点、全面发展”经营思路，县石油公司把发展终端销售作为主攻方向，加强

京珠高速马头下道口的中石化磁县第九加油站，库容量120立方米，便利店面积30平方米（2017年8月　摄）

加油站建设，收购、新建、租赁加油站13座。至2008年，中国石化销售有限公司河北邯郸磁县石油分公司有加油站13个，库容量1370立方米。石油公司加油站在城区、市郊加油站总数中所占比例升至45%，满足磁县区域用油需求，形成布局合理的销售网络。为提高单站销量以及零售市场供应能力，加强对加油站进行形象改造和现代化管理功能建设。

2008年，磁县实施“三年大变样”中，公司个别加油站被列入政府拆迁范围。经整治规划，中石化磁县石油公司第二、三、四、五、七加油站拆除。

至2018年，磁县石油公司已有2座加油站开设易捷品牌便利店。

个体私营加油站　1994年，县域出现首座个体私营加油站，坐落在107国道县城北侧。1999年始，个体加油站发展迅猛。至2018年8月，磁县个体私营加油站共计17座，成为磁县成品油零售市场的主要销售网点。

整顿成品油市场秩序

1999年后，国家继续整顿成品油市场秩序，磁县依照《国务院关于环境保护若干问题的决定》要求，取缔土法炼油设施和场点及不能生产90号及其以上无铅汽油的小炼油厂。随着“石油、石化”两大集团的成立，实行上中下游一体化，成品油市场进一步规范。2000年1月，国家有关部门要求炼油厂停止生产车用含铅汽油。是年7月，磁县含铅汽油退出市场，开始销售90号、93号、97号高清洁汽油。

2005年，邯郸被列为第二批车用乙醇汽油试点推广城市。是年12月，磁县向社会用户销售E90号、E93号、E97号车用乙醇汽油，替代普通汽油。2008年，E90号车用乙醇汽油退出市场。2006年后，县商务、县工商、县消防、县公安等部门联合开展清查黑加油网点治理活动。至2017年，累计清理无证、无牌、无照等非法黑加油网点87处。2016年，石油公司下属加油站汽、柴油销售9470吨。2017年销售10395吨。2018年1—6月，销售汽、柴油5993吨。

至2018年8月，磁县执有营业执照、危险化学品经营许可证、成品油零售经营许可证的加油站8个。

1999—2018年磁县社会消费品零售额情况统计表

表11-4　　　　单位：万元

年份	总数额	按行业分				
		批发业	零售业	住宿业	餐饮业	其他
1999	99474	69439		15655		14380
2000	111551	79024		16536		15991
2001	124423	89884		17290		17249
2002	138121	101248		19723		17150
2003	139286	112423		25292		1571
2004	162799	127546		33453		1800
2005	224304	178655		43443		2206
2006	257627	204188		50897		2542
2007	295901.2	100716.7	136971.7	55302.8		2910

续表

年份	总数额	按行业分				
		批发业	零售业	住宿业	餐饮业	其他
2008	354981.1	121512.4	162586.4	67513.3		3369
2009	410748.7	47821.8	316155.2	3202.6	43569.1	—
2010	486038.1	60313.2	368681	3669.6	53374.3	—
2011	568178.5	—	—	—	—	—
2012	701288.3	76316.6	502384.3	13638.6	108948.8	—
2013	810142.6	94572.9	572852.9	15145.4	127571.4	—
2014	930894.4	161863.9	600015.1	11505.4	157510.0	—
2015	1037068	180610.1	658124.2	13070.1	185263.3	—
2016	845580.3	193930.1	492901.4	10090.6	148658.2	—
2017	948397.4	240741.5	521612.4	11617.0	174426.5	—
2018	871000	—	—	—	—	—

第五节　对外贸易

经营体制改革

1999年，受市场变化等因素影响，县外贸系统10多家企业处于倒闭瘫痪状态，剩下少数企业因缺少资金处于半歇业、半停产状态，外贸系统大部分职工下岗。2001年，在企业转制、结构调整中，县外贸主管部门落实国家关于“国退民进”精神，下属企业除原面粉厂和粤谊包装材料公司实行股份制外，将外贸物资供销处、精工制钣厂、商贸公司、外贸焦化厂转制为个人经营。

外贸企业

磁县粤谊包装材料公司　该公司始建于1992年，由广东汕头粤鸿机电公司合资企业与磁县外贸彩印厂合建。磁县粤谊包装材料公司以生产各种食品包装材料为主。20世纪90年代是磁县出口创汇企业之一，利税大户。进入2000年后，由于受各种因素影响，导致长期亏损。2008年6月27日召开职工代表大会，一致同意《磁县粤谊包装材料公司改制总体方案》，决定依法破产。2008年10月10日，企业依法破产。

磁县外贸局物资供销处　1992年，磁县外贸局物资供销处成立。20世纪90年代，该供销处以生铁、焦炭、矿石贸易为主，是磁县出口创汇企业之一。2000年后，受市场变化等因素影响，该企业从内蒙古购进矿石销往县内观台、都党各钢铁厂货款无法收回，致使企业停产倒闭。2008年9月，依法破产。

出口创汇

2003—2018 年磁县出口创汇数额统计表

表 11-5　　　　单位：万美元

年份	出口创汇数额	年份	出口创汇数额	备注
2003	450	2011	2707	
2004	635	2012	3280	
2005	1413	2013	3420	
2006	1920	2014	3823	
2007	2378	2015	2321	
2008	2500	2016	12711	万元
2009	2117	2017	12774	万元
2010	2479	2018	23911.3	万元

第六节　商贸管理

管理机构

1999 年，磁县商贸管理机构有县商业局、县物资局、县招商局。2006 年县机构改革，将县物资局、县商业局、县外贸局和县招商局（县开放办）撤销，整合组建磁县商务局，单位属性为县政府工作部门。2009 年 9 月，磁县商务局挂牌成立。县商务局内设办公室、人事股、财务股、市场股、商贸股、整规办（挂县政府市场联合监管中心牌）、打侵办公室、电子商务推进办公室。

县物资局、县商业局、县外贸局和县招商局（开放办）虽撤销，但仍旧承担着对原各自下属单位依法参加企业破产和企业破产后遗留问题的后续处置工作。县政府常务会议研究决定，机构改革时被撤销的上述四个主管局名称分别变更为办公室，各自负责原系统下属单位的企业破产和后续工作。因此，除原商业局被整合外，2006—2018 年，原县物资、县外贸和县招商仍单列。

机构职能

2009 年，磁县商务局成立后，承担全县内贸流通、对外经济合作、农村电子商务全覆盖、打侵领域市场监管、牵头协调整顿和规范市场秩序、组织实施重要消费市场调控和重要生产资料流通管理等职能。负责审批设立外资经营企业经营、拍卖企业经营、成品油（天然气）、二手车、典当行经营、洗染业、煤炭经营、再生资源回收、家电下乡（汽车、摩托车）销售网站、商业预付卡、酒类经营备案登记、零售商促销活动等项目审批、行业监督管理工作。负责组织指导全县民用爆破器材专营、粮食储备、调控总量平衡、购销、流通管理，保障全县军人粮食供应。2015 年 6 月，根据《磁县人民政府职能转变和机构改革方案》，撤销县直属事业机构磁县粮食局，将其职责划入县商务局，在县商务局挂磁县粮食局牌。至 2018 年，县商务局工作职能无变化。

第三章　专卖专营

第一节　烟草专卖

烟草经营体制改革

1999 年，河北省烟草公司磁县公司进一步推进网络建设，卷烟营销以本地市场为主，实行“访送一体”模式。2002年10月，按照上级统一部署，该公司实行“大配送”经营模式，即统一访销、统一配货、统一送货。是年，销售卷烟1.44万箱，实现利润503万元。2003年1月，注销磁县金叶经贸公司和下属批发网点8个。2004年5月，取消县级公司法人资格，由“河北省烟草公司磁县公司”更名为“河北省烟草公司邯郸分公司磁县卷烟营销部”，实行“电话访销、电子结算、集中配货、送货上门”模式，卷烟销售网络建设得到全面加强。是年，销售卷烟1.65万箱，实现毛利1179万元。2007年3月，行业母子公司体制改革，“河北省烟草公司邯郸分公司磁县卷烟营销部”更名为“河北省烟草公司邯郸市公司磁县卷烟营销部”。是年，销售卷烟1.74万箱，实现毛利2216.6万元。2014年，推进卷烟营销市场化取向改革，以满足消费者需求为核心，营销部门将精力投入到品牌培育、客户服务、终端建设中，工作重心从“销售”转向“营销”。是年，销售卷烟2.15万箱，实现毛利7910.6万元。2017—2018年，推进现代零售终端建设，有效发挥终端的产品销售、形象展示、品牌培育、宣传促销、信息采集、消费跟踪等功能，倡导明码标价、明码实价，严防恶性竞争。2017年销售卷烟1.73万箱，实现毛利7960万元。2018年销售卷烟1.25万箱，实现毛利7634.1万元。

1998—2018年磁县卷烟销售情况一览表

表11-6　　单位：箱、万元

年份	销售卷烟	利润	毛利	年份	销售卷烟	利润	毛利
1998	12832	10	—	2009	18691.36	—	3284.9
1999	12188	66	—	2010	19448.216	—	4041.5
2000	8011.5	12.8	—	2011	19539.564	—	4795.5
2001	11629.904	100.7	—	2012	19762.2	—	6229.9
2002	14372.4	503	—	2013	20701.15	—	7126.3
2003	14477.6	334.14	—	2014	21465	—	7910.6
2004	16542.6	—	1179	2015	21242	—	9126.9
2005	17371.888	—	1697.5	2016	16282	—	7493.5
2006	17330.196	—	1669	2017	17344	—	7960
2007	17443.78	—	2216.6	2018	12464.74	—	7634.1
2008	17831.416	—	2671	—	—	—	—

烟草专卖管理

1989年，磁县烟草专卖局成立。1992年《中华人民共和国烟草专卖法》实施后，烟草行业迈入依法治烟轨道。2003年，磁县烟草专卖局增设4个专卖管理所（稽查中队），把全县卷烟零售户划分为4个片区进行管理。2004年4月，成立联合“双打”办公室。2005年按照卷烟零售户合理布局要求，严格卷烟零售证的审批数量和发放程序，取消零售许可证的收费项目。2014年，邯郸市烟草专卖局在县局设立内部专卖监督管理派驻组，负责开展对辖区内“两烟”经营的日常监管工作，负责筛选、核查不规范经营线索，查处辖区内部违法、违规案件。2015—2018 年，磁县烟草专卖局共查处各类违法案件 1345 起，查获违法卷烟 854.16 万支，端掉非法窝点 222 个，破获国家标准网络案件 4 起。

2000—2018 年磁县违法卷烟案件查处情况统计表

表 11-7　　　　单位：起、万支、个

年份	查获违法案件	查获违法卷烟	端窝点	年份	查获违法案件	查获违法卷烟	端窝点
2000	28	347	—	2010	374	113.46	21
2001	—	—	—	2011	478	90.25	46
2002	1920	1630	6	2012	372	112.17	55
2003	2223	1295.98	73	2013	365	110.97	78
2004	1731	276.97	73	2014	630	121.5	39
2005	1688	163.34	52	2015	327	171.91	71
2006	1633	1663.35	69	2016	362	230.56	88
2007	619	301.4	23	2017	345	166.89	31
2008	236	95.13	18	2018	311	284.8	32
2009	330	120.36	21	—	—	—	—

第二节　食盐专营

盐业经营体制改革

1998 年 4 月，磁县成立盐业专营有限公司。1999 年始，经营方式逐渐规范。2005 年，成立海鑫盐业专营有限公司，专门承担盐业批发经营，负责全县的食盐和工业用盐的储备供应。2007 年 11 月，磁县供销社控股、职工集资成立磁县海鑫盐业专营股份制有限公司，负责全县食盐供应。2016 年 4 月国务院印发《盐业体制改革方案》后，2017 年，磁县成立盐业体制改革协调小组，11 月出台《磁县人民政府关于磁县盐业体制改革的实施意见》《磁县人民政府办公室关于印发磁县县级盐业监管体制改革方案的通知》。2018 年，磁县盐业体制改革工作有序进行。

食用盐销售

20 世纪 90 年代，县盐业公司销售食用盐由散装变为小包装，每袋 500 克。2005 年后，小包装产品由省盐务部门在生产企业包装后调拨，规格有每袋 320 克、400 克、500 克、1000 克、2500 克等。2010 年后，海盐中提取的食盐逐步退出，改用精细加工的井矿盐。2011 年 3 月，日本海啸后的抢盐风波影响至磁县，居民将超市、门店的食盐抢购一空后，聚集到盐业公司仓库抢购。县政府及时协调，盐业公司以充足的食盐储备平息抢盐风波。至 2018 年，食用盐品种由普通精制碘盐、绿色食品碘盐、深井碘盐发展为低钠碘盐、海藻碘盐等多个产品，零售价格每袋 1 元到 3.5 元不等。

1999—2018 年磁县盐业营销数量情况统计表

表 11-8　　单位：吨

项目 / 年份	食盐计划	实际购进盐总量	其中食盐购进	销售盐总量	其中食盐销售	备注
1999	2440	5325	3824	6190	4709	食盐计划按全县人口每人每年 4 千克测算，由国家下达计划，2017 年新的食盐专营体制不再下达国家计划
2000	2440	5404	3483	6213	3698	
2001	2440	4840	2618	4604	2111	
2002	2440	4281	1671	5164	2202	
2003	2440	5634	2831	4793	1910	
2004	2440	3891	1269	4653	2076	
2005	2440	5890	2690	5961	2864	
2006	2440	5029	2376	4658	1928	
2007	2440	4740	2455	4938	2194	
2008	2440	5358	2752	5565	2585	
2009	2440	6123	3188	5637	3092	
2010	2440	5209	2989	5570	2860	
2011	2440	4932	3225	4622	2936	
2012	2440	5431	3943	5109	3215	
2013	2440	4555	3298	4535	3298	
2014	2350	4598	3344	5193	3596	划转峰峰矿区 9 个村
2015	2350	4358	2908	3923	2526	
2016	2350	3268	2756	3459	2652	
2017	—	3110	2579	3084	2361	划转邯山区、复兴区 7 个乡（镇）
2018	—	3207	2412	3268	2615	

第三节　烟花爆竹专卖

烟花爆竹经营销售

1998 年，河北省内取消烟花爆竹经营销售集贸市场，设立零售销售点。1998—2003 年，磁县土产公司按照统一经营、归口管理的规定程序，开展烟花爆竹的采购、运输、储存和销售活动。由于该公司的银行债务问题，原仓库等经营设施被拍卖，烟花爆竹经营受到影响。

2004 年，注册成立冀南烟花爆竹专营有限公司后，规范仓储设施硬件建设。仓库区分为西槐树仓库和林坛仓库。西槐树仓库面积 465 平方米，计算存药量 10 吨。2012 年，扩建林坛库区，库房面积 1248 平方米，计算存药量 24 吨。烟花爆竹仓库实际储存总面积达 2000 余平方米，为 1.3

级仓库，不构成重大危险源。

2007年，冀南烟花爆竹专营有限公司创建安全生产标准化达标企业，进行库区储存条件和消防设施改造。通过安全评价，取得批发经营资质。2008年后，加强对烟花爆竹经营销售的监督管理，严防安全事故发生。2012年1月获得“安全标准化三级达标证书”。

至2018年，烟花爆竹经营销售模式未变化。

烟花爆竹禁止销售燃放

2000年后，在大气污染环境整治中，省内各地相继出台禁止销售燃放烟花爆竹的相关规定，设立限制燃放区域和燃放时间。2010年后，磁县逐年加大对销售燃放烟花爆竹的管理与控制。2018年春节前，磁县相关部门联合开展禁止销售燃放烟花爆竹行动，对城区内各销售点的烟花爆竹进行回收。

第四章　社会服务业

第一节　商务服务业

文印

1999—2010年，县内部分党政机关、单位电脑打印设备不完善，外出打印复印需求量大。打印服务经营范围单一，主要以打印复印文件为主。1999年登记注册打印服务私营企业1家。2000年登记注册打印服务个体户6家。至2016年，登记注册打印服务私营企业2家、打印服务个体户13家。2015年后，电脑、手机普及，单位和个人外出打印复印的需求逐渐降低，打印服务业逐渐以平面设计制作、印刷配件销售、电脑耗材维修等业务为主。

至2018年，登记注册打印服务个体户14家。

中介

1999—2001年，县内有7家国营中介服务机构。2001年后，个体中介服务机构开始发展。2005年，第一家私营企业注册，各种中介服务机构开始兴起，业务范围主要包括房屋租赁、婚姻介绍、机械设备租赁等。至2010年，共成立16家私营中介服务机构，中介服务内容开始多样化，增加信息中介、会计中介、生活百帮、保洁、劳务中介等。至2017年，有27家私营中介服务机构、10家个体中介服务机构。至2018年，县内有23家私营企业中介服务机构、6家个体中介服务机构。

住宿餐饮

1999年，磁县住宿餐饮业从业人员78人，营业额15655万元，工资总额43.1万元。至2007年，磁县住宿餐饮业从业人员177人，劳动力资源4879人。其中，城镇1907人，乡村2972人，工资总额124.5万元，上缴税金259万元。

2013年，磁县住宿餐饮业法人单位15个，个体经营户1350个，从业人员296人，劳动力资源26266人。其中，城镇7057人，乡村19209人，工资总额490万元，年人均工资20248元，上缴税金295万元。2015年，磁县住宿餐饮业从业人员163人，劳动力资源21397人。其中，城镇1377人，乡村20020人，工资总额4806万元，年人均工资29485元，上缴税金172万元。2017年，磁县住宿餐饮业从业人员64人，劳动力资源13660人。其中，城镇2450人，乡村11210人，工资总额1030万元，年人均工资19434元，上缴税金169万元。

至2018年，县内初具规模酒店98家，餐饮企业166家，投资100万元以上的餐饮企业7家。住宿餐饮业呈现连锁化、特色化、高品质化特点。此外，县内居民外出经营餐饮业，开拓外部市场。其中，较为有名者：南城乡南城村张保林在邯郸市创立的磁州卤面、观台镇乞伏村杜中兵创立的巴奴火锅。

地方名宴选介——“磁州宴”

“磁州宴”是由磁县河北御景楼酒店有限公司开发的地方特色宴席。

为弘扬磁县饮食文化，在邯郸美食林集团董事长刘勇的策划下，2010年始，御景楼宾馆总经理张卫东本着“传承不守旧，创新不忘本”的理念，带领研发技术团队，以地域饮食文化为基础，以磁县本土食材为原料，历时8年挖掘、提炼、整理出以岳城水库大银鱼、鼓楼焖子、磁县莲藕、红烧大湖鱼、鲜虾煎皮渣、五花肉炒鲜粉皮、岳城湖鲜、清炖莲藕肉圆、白土小米爆羊肉、莲藕炖小排为代表的 30 余种磁州地域美食，构成地方特色宴席——“磁州宴”。与其他地域文化元素美美与共、相得益彰，形成“赏磁州窑、饮磁州酒、游磁州山水、品磁州名宴”的地方综合体系。

荣誉证书
中国菜·全国省籍地域主题名宴代表品牌企业
冀菜　磁州宴
河北御景楼宾馆
中国烹饪协会
二〇一八年九月

2017 年 8 月，邯郸市餐饮烹饪委员会、邯郸市食品协会授予“御景楼宾馆磁州宴”为“邯郸名宴”称号。2018 年 8 月，河北省饭店烹饪餐饮行业协会授予“御景楼宾馆磁州宴”为“河北名宴”称号。

2018 年 9 月 10 日，由中国烹饪协会、河南省商务厅联合主办的“2018 向世界发布‘中国菜’活动暨全国省籍地域经典名菜名宴发布会”上，“磁州宴”被中国烹饪协会授予“中国名宴”称号，并向全球公布。

磁州宴谱

餐前香茗：磁州蒲公英茶
手　　碟：磁山核桃仁
　　　　　陶泉柿饼
　　　　　时令鲜果两碟
开 胃 碟：腌尖椒圈
　　　　　酸辣萝卜条

　　　　　醋泡果仁
　　　　　爽口黄瓜
迎宾大拼：兰陵王出阵图
磁州八景围碟：漳渡晴澜—熏鸡
　　　　　滏桥秋月—酥鱼
　　　　　贺兰积雪—焖子
　　　　　龙洞珠泉—河虾
　　　　　御路荷花—莲子糕

　　　　　炉峰朝霭—酸辣粉条
　　　　　响堂晚钟—炝什锦
　　　　　台城烟柳—鸡汁豆干
头　　汤：磁州开席汤
头　　菜：讲武城甘薯煨鲍鱼
大　　菜：御景楼酥不腻烤鸭
　　　　　软炸大银鱼
　　　　　磁山核桃鸡
　　　　　红烧岳城大湖鱼

中　　汤：滏泉湖鲜汤
点　　心：滏泉湖天鹅酥
　　　　　五香芝麻饼
　　　　　莲蓉糯米糍
副　　菜：莲藕炖小排

鲜虾煎皮渣

白土小米爆羊肉

油淋时蔬

尾 汤 羹：磁州豆沫

饭　　菜：四扣碗

主　　食：贺记芝麻小烧饼

磁州抻面

磁州宴歌

冀南明珠，磁州古邑。漳滏水清，良田如玉。
炉峰山峻，岳城湖碧。民熙物阜，珍材匝地。
美食传承，遂成佳制。御景楼人，用心精细。
求索坊间，拜师学艺。深挖秘方，大胆创意。
溯源百代，整理逸事。依托文化，寄托情志。
老席新生，佳肴天赐。特色菜品，飘香四季。
磁州焖子，名扬鼓楼。胖妮熏鸡，脆嫩流油。
炉峰皮渣，回味悠悠。观台豆干，口齿香留。
岳城湖鲜，滑腻濡喉。炸大银鱼，香鼻娱眸。
粉蒸菜素，莲子糕柔。香椿苗绿，拖坨面遒。
鲜粉皮嫩，绿豆粉优。肉馅藕夹，莲味狮头。
绝色佳肴，尽在磁州。地域美食，满载乡愁。
珍馐盛器，碟碗杯盘。磁州民窑，薪火千年。
菜器绝配，璧合珠联。匠心妙运，誉满邯郸。
河北名宴，声名大振。中国名宴，复传喜讯。
崇礼菜单，冬奥入阵。殊荣连连，树碑立信。
倾情待客，雅聚宾朋。业务洽谈，职场迁升。
磁州宴开，诸事皆成。一宴百顺，与时俱兴。

（秉泽甫）

地方名店选介——“磁州卤面”

“磁州卤面”也称抻面，它主要流行在冀南豫北漳河两岸的磁县、安阳、峰峰矿区、涉县、武安一带。是该区域百姓从古至今的主要膳食之一。传说，明洪武年间（1368—1398年），磁州知州巡视时，在1家抻面馆吃到抻面后，对其“鲜嫩可口卤味醇香”大加赞赏，为店主题“磁州卤面”4个大字。而后，店主将“磁州卤面”作为迎客招牌，提高其在当地的名气并助推其传承发展。清末，磁县南城村村民张如法在本村老十字街东北角开“磁州卤面铺”。其子张德全为“磁州卤面”第二代传承人。张德全之子张保林为第三代传承人。“文化大革命”期间，店铺停业。1997年5月18日，张保林在邯郸市光明大街与和平路交叉口开设“磁州卤面”店，树立“磁州卤面”品牌。至2000年，扩展两家分店，月营业额10余万元。2004—2016年，相继在国家商

炸酱面

鸡蛋面

标总局注册“磁州”“磁州卤面”“磁州卤面厚福居”三宗商标，叫响“磁州卤面”品牌。2010年后，“磁州卤面”第四代传承人张国庆、张国伟再次扩规模。至2018年，“磁州卤面”已发展成为拥有9家连锁店、16家加盟店、员工700余人、年营业额8000余万元、累计缴税800余万元的连锁餐饮企业。2006年始，“磁州卤面”研究创新，菜卤方面提高营养、丰富品种。至2018年，初期仅有的4种卤（排骨、炸酱、牛肉、鸡蛋）已增至21个特色风味品种（荤类卤面8种，素类卤面8种，海鲜类卤面5种）。其中，“蔬菜汁”素食卤面深受食客好评。“磁州卤面”素材采用纯天然原料、制作靠人工完成，口感柔嫩、筋道爽口、营养丰富，受到行业的肯定。2014年12月，河北省饭店烹饪餐饮行业协会、河北省旅游协会联合授予磁州卤面“河北特色旅游餐饮名店”称号。2015年7月，中国饭店协会授予磁州卤面“中国餐饮名店”称号。2016年7月，磁州卤面被认定为“河北老字号”。2016年12月，河北省饭店烹饪餐饮行业协会授予磁州卤面“河北省最具影响力的餐饮品牌”。截至2018年，“磁州卤面”在公益慈善事业方面累计捐款30余万元、捐献各种物资折价10余万元。

（张江伟）

第二节　居民服务业

摄影

1999年，磁县摄影服务业以照相、胶卷销售为主。

2000年，磁县主城区的婚纱摄影服务门店开始兴盛。文艺演出、多媒体制作、动画设计、文化活动策划、婚庆礼仪服务成为摄影业相关衍生行业。

2001年，注册2家个体户婚纱影楼。2006年，注册1家摄影扩印私营企业、3家婚纱影楼个体户。2008年，注册14家婚纱影楼个体户，为历年新增个体户最多的年份。2017年，注册8家摄影扩印私营企业（为历年新增私营企业最多的年份）、8家婚纱影楼个体户。截至2018年，全县共设立摄影行业门店130家。其中，投资上百万元的文化服务公司13家。

理发美容

1999—2008年，县内理发门店数量少、规模小，业务单一，操业人员多以外来为主。2009年始，磁县理发美容行业兴起。截至2018年，县内有理发美容店167家。理发美容业本地从业人员数量增加，城乡美容行业呈上升发展趋势。

洗浴

1999—2009年，磁县洗浴行业以单一沐浴为主，规模小、环境差。私营洗浴企业1家，个体洗浴户11家。2010年后，洗浴业逐渐呈现出高端化、规模化特点，能满足娱乐休闲、住宿餐饮、足疗健身、美容美发等多样化需求。2010—2018年，私营洗浴企业7家，个体洗浴户53家。投资规模30万元以上的洗浴中心13家、上百万元的1家。2015年后，高端洗浴、婴幼儿游泳沐浴兴盛。2015—2018年，登记注册婴幼儿水上游乐、沐浴服务机构5家。

健身

1999—2015年，全县从事健身服务企业10家，从业方式大多是附带形式。2009年，注册第一家室内健身服务中心。2014年，注册第一家瑜伽健

身服务中心。至2016年，增加从事健身服务企业8家。服务项目：健身服务、美体服务、健身器材销售、健身服装销售。至2017年，增加从事健身服务企业12家。健身服务项目多样化：体能拓展训练、娱乐性军事训练、体育赛事、文体娱乐活动组织及策划咨询服务、体育信息咨询服务等。是年，注册第一家游泳馆、第一家跆拳道馆。2018年，新增从事健身服务企业16家。截至2018年，全县从事健身服务企业46家。

维修

1999—2008年，县内维修业的业务范围较为单一和低端化，以鞋类、钟表、广播器材、采暖炉、电气焊、自行车、摩托、小型家电维修为主。此间，全县从事维修业的私营企业2家、个体户172家。其中，国营汽车维护修理厂2家，私营企业汽车修理公司1家，个体户汽车维修服务4家。汽车维修服务在维修服务行业中占比4%。

2009年始，随着群众生活水平的提高，生活用品、交通工具等数量多、样式全。维修行业主流演变为电脑维修、汽车装饰维修、通讯器材维修、工业设备维修等，呈现多样化、高档化趋势。至2017年，全县从事维修业的私营企业18家、个体户588家。其中，私营企业从事汽车修理服务11家，个体户从事汽车维修服务72家。汽车维修服务在维修服务行业中占比增至14%。

2018年，增加维修服务私营企业10家、个体户147家。其中，汽车维修服务私营企业6家，汽车维修服务个体户27家。汽车维修服务在维修服务行业中占比增至20%。

第五章　旅　游

第一节　旅游资源

山水自然资源

山　炉峰山被誉为“太行风光”代表，山高峰峻，自然植被茂密，四季景色分明，海拔1087.6米，被称为“冀南第一山”。“炉峰朝霭”美景是“磁州八景”之首。周边还有聚龙山、睡美人山、凤凰山、天保寨、龙凤山、卧龙山、云摩古寨、龙洞沟、莲花山、跑马山、子母山、天元山等。此外，县内的太行山余脉，如贺兰山、琦宝山等名气也较大。

水　漳河的“北方三峡”，雄险奇秀，有“小江南”之称；岳城水库为亚洲最大人工土坝工程；滏阳河风景区水清景美；溢泉湖风景区面积20平方千米，为10万只大雁等候鸟栖息越冬的场所。此外，还有跃峰渠、险峰渡槽、南水北调工程磁县段及如意湖、明理湖人工湿地公园等。

地质公园　地层磁县组（02）的标准剖面位于都党乡虎皮脑。该组岩性主要为含燧石石灰岩、白云质灰岩夹泥质灰岩和角砾状灰岩；动物群以头足类珠角石为特征，自下而上有两个化石群。该组下伏马家沟组，上覆峰峰组，为整合接触，厚度100～370米，虎皮脑发育最突出，是地质旅游景观。1998年8月，中央电视台在此作地理地质调查拍摄，后在《中国世界之景》栏目播出。

历史人文资源

“磁州窑文化”品牌　中国磁州窑博物馆（详见第二十七编磁州窑文化）。

磁州窑文化创意产业园　2011年3月，磁州窑文化创意产业园（亦称磁州水墨园），由磁县众诚经贸有限公司投资开工建设，位于县城西北溢泉湖开发区内，北依凤凰路，南邻和谐大道，西为滨湖路，占地20.01万平方米，总建筑面积4.86万平方米，总投资11.002亿元。该园是磁县十大城建工程之一，被列入河北省重点建设项目。该项目由杭州陈樟德园林设计研究院按照省市规划标准要求，进行景观性规划设计，是集瓷器生产、文物收藏、会展、竞拍、艺术创造、生态观光、休闲娱乐、商务会议、住宿餐饮等于一体的综合性精品型产业园区；是磁县唯一一个成型的文化创意产业项目，致力打造成为磁州窑历史文化苑、中国磁州窑文化研究示范基地、学生实习基地、磁州窑影视拍摄基地、艺术大师创作基地、后续人才培养基地、磁州窑珍品收藏拍卖展销基地和连接全国、影响世界的磁州窑文化传播基地等。该园功能布局为瓷文化广场区、瓷窑寻根区、历史传承区、研发基地区、服务接待区、赏湖观雁区、办公区。该项目2019年12月底投用。

“北朝文化”品牌 北朝墓群（详见第二十八编北朝墓群）。

北朝历史文化体验中心 磁县北朝历史文化体验中心位于县城西北滏泉湖历史文化园区内。该项目占地19.34万平方米，总投资3.6亿元，总建筑面积4.21万平方米，主要建有北朝考古博物馆、馆前广场、门楼、战争园、文字园、兰陵王动漫城、3D电影院、北朝客栈、游客服务中心、停车场及绿地等配套设施。其中，北朝考古博物馆建筑面积1.28万平方米，设4个展厅，内设文物藏品库房、多功能报告厅等。2013年，该中心被列入邯郸市首届文化产业示范基地。

名人文化 磁县有蔺相如、曹操、兰陵王、崔府君、岳飞等历史名人遗迹。

古城古迹和古遗址 古城：漳河沿岸自上而下有北羊城、鄱阳城、岳城、讲武城及磁县城等。古迹：有城墙遗址、长城关堡、鼓楼、南关石桥等。古遗址：商代遗址有下七垣、潘汪、界段营、高庄、北城、台城、吴庄黄飞虎祭祀地等；曹魏时期遗址有观兵台、天井堰等。

佛道寺庙 县内佛教寺院有莲花山观音阁、凤凰寺、佛光寺、惠安寺、金堂寺、莲花禅寺、圣佛寺、慈云禅寺、龙泉寺、白塔寺及佛道共处的平原寺等；道教寺庙有城隍庙、崔府君庙、长寿山真武观、黑龙庙、关帝庙、吕祖庙、龙王庙、高臾和白土的奶奶庙、药王庙、西小屋小泰山庙、火神庙和马王庙。

传统古村落及历史文化名村 （详见第一编第一章第四节传统文化名村与社区简介）

红色革命资源

磁县是直南革命的发源地、邯郸红色革命的摇篮和发祥地、邯郸党史上“九个第一”诞生地。县内有直南第一个共产党员——王子清、直南第一个党组织诞生地——西小屋旧址、北贾壁村的华北第一个抗日民主县政府旧址、抗日民主县政府第一任县长田裕民纪念碑、磁县革命烈士陵园、直南党史馆等红色资源。同义村白龙庙是刘少奇领导工人运动纪念地、王维纲被捕处。磁县是一二九师后方基地，拥有花驼村八路军后方根据地的枪械厂、子弹厂、毛巾厂、肥皂厂等；北岔口村有冀南银行、华北最早的儿童团、黎明剧社旧址等。徐家沟有抗日地道旧址。

乡村资源

滏泉湖美丽乡村省级重点片区包括路村营乡、磁州镇25个村，有滏泉湖度假村、特色别墅30栋、综合宾馆1栋、特色园林景区11处。山区省级重点片区游依托陶泉乡南王庄村丰富的山、水资源，连同周边的历史文化名村、传统古村落打造美丽乡村游，项目包括当地生态种植、林下经济、采摘、中草药种植、攀岩等。县内部分乡（镇）零散分布时令性的家庭农场式采摘园。

现代化生态园区

漳河经济开发区，2009年7月14日挂牌运行。园区呈带状分布，东西长25千米，南北宽1～7千米，规划总面积97.81平方千米。区内有邺城遗址、北朝墓群两个国家级重点文物保护单位，25项文化资源；总体定位“三城一港”：科技示范城、生态旅游城、文化体验城、度假休闲港。2010年被评定为国家AA级景区。

地方特色产品

主要有磁州窑器物、磁州酒、炉峰酒、胖妮熏鸡、磁州焖子、磁州卤面、剪纸和农副产品（核桃、蜂蜜、花椒、枣、九孔藕等）等。

第二节 旅游发展

管理机构

1990年，磁县成立旅游局。2009年2月，磁县旅游局更名为磁县文化体育旅游局。2013年1月，磁县文化体育旅游局更名为磁县旅游体育发展局，后又更名为磁县文物旅游体育局。

旅游发展规划

1995年，提出“6区6线16景”的发展思路。2008年，由省旅游局委托省社科院编制全县旅游发展总规划及乡村旅游发展规划（包括吴家河村、南豆公村）。2016年，县委、县政府确立“旅游活县”作为磁县发展的三大战略之一，决定陆

续启动天保寨旅游风景区项目、滏泉湖旅游风景区项目、九龙湾风景区项目、炉峰山风景区项目、中华成语博览园项目、辉水村美丽乡村项目等建设。2017年2月27日，县政府出台《关于促进旅游业跨越发展的若干意见》。

旅游线路发展

2010年后，磁县适应旅游市场发展，结合域内旅游资源地域分布，合理划分线路，推动旅游业规范化发展。至2018年，整合规划出5条旅游线路。

西部线路　以太行山水人文旅游为特色，北岔口村—北王庄村—炉峰山—南王庄村—漳河三峡—天保寨（花驼村）。

扫二维码　赏《漳河三峡漂流》

中部线路　以文化创意体验旅游为特色，肖庄村—泥河新村—滏泉湖—紫海芳庭薰衣草庄园—磁州窑文化创意产业园。

东部线路　以历史文化旅游为特色，磁州窑博物馆—直南党史馆—鼓楼—城隍庙—兰陵王墓—天子冢—讲武城城墙—漳河园区（方特等）—自行车慢行道。

2日游精品线路　邯郸—炉峰山—漳河三峡—九龙湾风景区—滏泉湖风景区—紫海芳庭薰衣草庄园—磁州窑博物馆—兰陵王墓—天子冢—漳河园区。

扫二维码　赏《游乐滏泉湖》

1日游精品线路　邯郸—漳河园区—兰陵王墓—天子冢—磁州窑博物馆—滏泉湖风景区—紫海芳庭薰衣草庄园。

第三节　旅游服务

景区建设

景区评定　2006年，滏泉湖被水利部命名为第六批国家级水利风景区。2007年10月23日，磁县中国磁州窑博物馆被评为AAA级旅游景区。2009年11月，滏泉湖被评为省级湿地公园。2011年12月，滏泉湖被评为省级风景名胜区。

扫二维码　赏《滏泉雁影》

景区开发　2010年，磁县启动北朝历史文化体验中心项目建设。2015年，磁县紫海芳庭薰衣草庄园开园。2017年1月，申家庄煤矿顺应国家去产能要求，依托天保寨景区转型发展生态旅游；是年11月24日，天保寨景区和辉水村获“河北省巾帼乡村旅游点”称号。

配套服务

餐饮住宿　县政府招待所——磁县宾馆是县内最早的涉外接待宾馆，成立于1956年，迁新址后于2018年完成升级改造，接待能力提升。此外，县内的其他宾馆也积极提高接待能力。2010年，

嵩景楼宾馆

磁县宾馆

御景楼宾馆

嵩景楼宾馆被评为四星级宾馆。2011 年，御景楼宾馆被评为四星级宾馆。该宾馆以磁县本土食材为原料研究开发的 30 余种地域美食构成的“磁州宴”，先后被授予“邯郸名宴”“河北名宴”“中国名宴”称号。

道路设施 2010 年，炉峰山、漳河三峡旅游道路投用。2018 年，通往西部山区的旅游道路、天保寨登山步道投用。

接待服务

磁县具有国内旅游和入境旅游招徕、组织、接待业务的旅游服务网点 5 家：2011 年登记备案的邯郸中国旅行社有限责任公司磁县分社、河北中港国际旅行社有限公司磁县分公司；2016 年登记备案的邯郸市丛台霁景旅行社有限公司磁县分公司；2018 年登记备案的邯郸市锦华国际旅行社有限公司磁县分公司、湖北爱旅纷途国际旅游有限公司磁县分公司。

磁县具有旅游招徕、咨询业务的旅游服务网点 8 家：2014 年登记备案的河北中瑞国际旅行社有限公司磁县门市部；2016 年登记备案的邯郸市邯山开心旅行社有限公司磁县门市部、邯郸市丛台神舟国际旅行社有限公司磁县门市部；2017 年登记备案的河北万合国际旅行社有限公司磁县振兴营业部、河北儒释道国际旅行社有限公司磁县小杨营业部、邯郸市招商国际旅行社有限公司磁县营业部；2018 年登记备案的邯郸市磁县易途国际旅行社有限公司磁县营业部、河北春风国际旅行社有限公司。

第十二编　金　融

战国时期，域内流通银两（银铸币）及布币、刀币、环钱等金属货币。秦代，统一为黄金和铜币。隋代使用五铢钱，唐代改铸“开元通宝”，宋代流行“通宝”“元宝”，元代主要使用纸币。明代，仿元推行“宝钞”制。清末，逐渐改银两为银元。民国时期，使用法币、北海币、边币等纸币。1939 年 10 月，抗日根据地的冀南银行发行冀南币。1942 年，冀南银行磁县支行开设，经办发行冀南币，进行反假币斗争，发放各种低息贷款，结束此前民间的高利贷、自由借贷形式，帮助群众发展生产。1948 年 12 月，中国人民银行成立后发行人民币，成为中华人民共和国成立后的法定货币（至 1990 年，共发行四套人民币和五套纪念币）。1953 年后，农业方面发放基本建设和生产费用贷款，生产企业办理基建资金。1950—1964 年，县内储蓄业务由县人行、信用社办理。1964 年年底，县内农村有 21 个信用社、425 个信用站。1980 年后，县工商银行、县农业银行、县建设银行等先后设立并开办储蓄所，方便群众存、贷款。1949 年，磁县存、贷款余额分别为 1.0 万元、1.3 万元；1959 年，磁县存、贷款余额分别为 831.6 万元、228 万元；1969 年，磁县存、贷款余额分别为 953.1 万元、2842 万元；1979 年，磁县存、贷款余额分别为 3046 万元、3011 万元；1989 年，磁县存、贷款余额分别为 17838 万元、15074 万元；1998 年，磁县存、贷款余额分别为 169270 万元、134396 万元。1950 年年底，磁县贯彻落实国家《现金管理实施办法》要求，规范结算内容和程序，加强金融管理。

磁县保险支公司成立于 1952 年 6 月，业务有企业财产保险、牲畜保险、棉花保险。1954 年，上级决定停办农村保险业务。1982 年恢复保险机构和业务。业务范围包括企业财产保险、家庭财产保险、货运保险、承运保险、麦场保险等。改革开放后，金融、保险和证券机构逐步建立健全，金融事业蓬勃发展。

1999 年后，银行业加快经济体制改革，完成政策性银行向商业性银行转变，形成中央银行为主体、多种金融机构分工协作的金融格局，金融规模迅速扩大，保险、证券业快速发展。至 2018 年，磁县国有金融机构 6 家，省、部级金融机构 3 家，市、县级金融机构 4 家。财险、保险机构 2 家和证券机构 2 家。各级银行、保险和证券机构优化服务措施，强化业务能力，加强内部监督管理，积极履行金融、保险和证券机构职能，充分发挥宏观调控作用，全面服务磁县经济社会发展。

第一章　国有金融机构

第一节　中国人民银行磁县支行

金融政策调控

1999年，中国人民银行磁县支行（简称“县人行”）创新支农再贷款监督管理办法，发挥支农再贷款在社会主义新农村建设中的作用，改变以往基层农村信用社自主随意发放支农再贷款甚至违规使用现象，强化人民银行对农村信用联社的监督管理作用。

2001年，优化投向，加大农业投入。开展小额农户贷款、质押和抵押贷款、贴现贷款，共发放小额农户贷款1157万元，贴现票据394万元，抵押、质押贷款2117万元，农贷增长5.87%。

2012年，该行对小微企业贷款难和担保难的突出问题进行专题调研，撰写《探索解决小型微型企业融资担保难的几种途径》调研报告，制订《磁县金融机构支持小微型企业和科技农业发展的指导意见》，建议政府建立中小企业融资服务监督中心、成立中小企业融资性担保公司，建立中小企业贷款风险补偿基金，促进金融机构支持实体经济发展。是年，为农村信用联社办理支农再贷款授信额度5000万元，全辖金融机构新增贷款11.12亿元，支持县辖重点企业3家，中、小、微企业108家。

2016年，建立新型农业经营主体“主办行”制度，扩大支农再贷款，支持“三农”经济发展。组织涉农金融机构对县域家庭农场、种养大户、农业专业合作社、农业产业化龙头企业排查摸底，建立工作档案，由农业发展银行、农业银行、邮政储蓄银行和农村信用社根据有关情况予以“领养”，提供“一对一服务”。

2017年，制订《中国人民银行磁县支行金融支持小微企业发展指导意见》，加大金融支持力度。是年，全辖金融机构涉农贷款余额61.56亿元，与上年相比增加3.56亿元，增长6.13%。2017年，各金融机构各项贷款余额107.61亿元。其中，涉农贷款占比63.09%。农户贷款7.96亿元，占涉农贷款总额12.93%。农村中小企业贷款44.04亿元，占涉农贷款总额71.54%。农村基础设施建设贷款5.23亿元，占涉农贷款总额8.50%。截至2018年，针对小微企业的创新产品33项，发放贷款519笔，贷款余额36.29亿元，占辖区贷款总量31.73%。

2018年，制订《中国人民银行磁县支行关于推进绿色信贷工作指导意见》，调整信贷结构，促进地方经济转型升级。制订《中国人民银行磁县支行关于三年金融精准扶贫工作的实施方案》，把推进建档立卡贫困户金融服务作为金融精准扶贫的首要任务，向建档立卡贫困户发放贷款4笔、15.5万元。制订《磁县金融支持乡村振兴发展指导意见》，结合县内“三农”经济金融服务需求，完善贷款产品，支持村民经营性贷款、购房贷款，推广汽车消费贷款、助学贷款及装修贷款等产品，提供信用卡金融服务。支持农村小微企业发展，针对涉农小微企业贷款业务“数量小、用钱急”特点，实现线上自助放款、自助还款。融入农村电子商务建设，支持农村地区新型城镇化和现代农业的基础设施建设及现代农业产业园区、农产品贸易市场和专业市场项目建设。

金融监管

1999年，履行金融监管、防范金融风险职责，稳定辖区金融秩序，促进辖区金融事业健康发展。

2002年，创立辖区金融监管信息中心，完善辖区金融机构高级管理人员、金融后备干部管理、金融机构违章违规、非现场监管、贷款管理、法律法规咨询、金融监管档案查询7个信息库。

2017年，印发《磁县银行业金融机构金融稳定监测管理办法》《中国人民银行磁县支行金融机构突发事件应急预案》等文件，保护债权人、被保险人合法权益，维护金融稳定。

金融服务

1999年，县人行开展职工防卫技能训练、金融知识宣传等知识培训，提升金融服务能力和水平。

2001年，以农村为重点，开展反假币宣传周活动。先后出动1000余人次，在全县19个乡(镇)设置38个宣传点。出动宣传车34辆，制作展板120余块，书写墙体标语1300余条，悬挂、张贴标语2700余条，印发资料10万余份，反假培训400余人，提供咨询3万余人次，兑换残币20余万元、零币1万余元。

2002—2006年，建成"一纵三横"计算机信息网络体系。对上与中支、分行及总行局域网联通，对下与辖区29家农村信用社微机联网，掌握辖区29家农村信用社业务动态，并与辖区各家商业银行微机联网，建立商业银行非现场报表局域网，34种报表报送时间准时率100%。建立支行内部局域网，实现数据和信息共享，辖区金融机构的报表由原32种减至12种。国家现代化大额支付系统取代电子联行系统，人行磁县支行成为中心支行集中核算系统内1个营业网点，实行内部往来，实现会计集中核算。国库会计业务实行单独核算，信贷登记咨询系统实现全国联通。制订《磁县金融机构企业信用信息基础数据库数据核对办法》，实现数据定期核对。

2012年，县人行指导辖内金融机构推动对农村地区布放ATM、转账电话等金融终端机具，农民足不出村享受小额取现、账户查询等金融服务，便利近6万张新农保卡发放和取现。办理养老金卡5.8万余张、取款业务12万笔，发放新农保资金790万元。

2013年，优化"三农"信贷环境，辖区金融机构72家网点接受群众咨询8678人次，同比增加50倍。查询个人信用信息报告2926人，同比增加70倍。开展手机支付业务，10月21—31日，高臾镇阿景岗通过手机银行转新农保3300元，开创磁县辖区手机支付业务先河。

2017年，二代国库信息处理系统（TIPS）上线运行，实现纳税人通过互联网或电话申报纳税，税款在1个工作日内入库。排查第三方支付机构（聚合支付）和带有"交易"字样的开户单位，打击网上买卖银行卡、非法集资、恶意透支和第三方支付机构违规等行为，净化银行卡支付环境。

2018年，宣传《中华人民共和国行政处罚法》《中华人民共和国反洗钱法》《银行卡收单业务管理办法》等法规。发放资料2100余份、宣传手册1.5万套、宣传资料3万余份，接受咨询3500人，解答问题190余条，兑换残币及零钞1935张、5000余元。

组织机构

1999年，县人行内设综合办公室、综合业务部、金融管理部、纪检监察部等机构。

2003年，中国人民银行分离对银行、金融资产管理公司、信托投资公司及其他存款类金融机构的监管职能，参照中央金融工委的相关职能进行整合，成立中国银行业监督管理委员会。

截至2018年，县人行内设综合办公室、综合业务部、金融管理部和纪检监察内审室。

贷款利率调整

1999—2018年中国人民银行磁县支行贷款利率调整情况一览表

表12-1

调整时间	六个月（含）	一年（含）	一至三年（含）	三至五年（含）	五年以上
1999年6月10日	5.58%	5.85%	5.94%	6.03%	6.21%
2002年2月21日	5.04%	5.31%	5.49%	5.58%	5.76%
2004年10月29日	5.22%	5.58%	5.76%	5.82%	6.12%
2006年4月28日	5.40%	5.85%	6.03%	6.12%	6.39%
2006年8月19日	5.58%	6.12%	6.30%	6.48%	6.84%
2007年3月18日	5.67%	6.39%	6.57%	6.75%	7.11%

续表

调整时间	六个月（含）	一年（含）	一至三年（含）	三至五年（含）	五年以上
2007年5月19日	5.85%	6.57%	6.75%	6.93%	7.20%
2007年7月21日	6.03%	6.84%	7.02%	7.20%	7.38%
2007年8月22日	6.21%	7.02%	7.20%	7.38%	7.56%
2007年9月15日	6.48%	7.29%	7.47%	7.65%	7.83%
2007年12月21日	6.57%	7.47%	7.56%	7.74%	7.83%
2008年9月16日	6.21%	7.20%	7.29%	7.56%	7.74%
2008年10月8日	6.12%	6.93%	7.02%	7.29%	7.47%
2008年10月30日	6.03%	6.66%	6.75%	7.02%	7.20%
2008年11月27日	5.04%	5.58%	5.67%	5.94%	6.12%
2008年12月23日	4.86%	5.31%	5.40%	5.76%	5.94%
2010年10月20日	5.10%	5.56%	5.60%	5.96%	6.14%
2010年12月26日	5.35%	5.81%	5.85%	6.22%	6.40%
2011年2月9日	5.60%	6.06%	6.10%	6.45%	6.60%
2011年4月6日	5.85%	6.31%	6.40%	6.65%	6.80%
2011年7月7日	6.10%	6.56%	6.65%	6.90%	7.05%
2012年6月8日	5.85%	6.31%	6.40%	6.65%	6.80%
2012年7月6日	5.60%	6.00%	6.15%	6.40%	6.55%
2014年11月22日	5.60%	5.60%	6.00%	6.00%	6.15%
2015年3月1日	5.35%	5.35%	5.75%	5.75%	5.90%
2015年5月11日	5.10%	5.10%	5.50%	5.50%	5.65%
2015年6月28日	4.85%	4.85%	5.25%	5.25%	5.40%
2015年8月26日	4.60%	4.60%	5.00%	5.00%	5.15%
2015年10月24日至2018年12月31日	4.35%	4.35%	4.75%	4.75%	4.90%

第二节　中国工商银行股份有限公司磁县支行

存款

对公存款　1999年，中国工商银行股份有限公司磁县支行（简称“县工商行”）对公存款余额8421万元，较上年增加586万元，增长7.48%。1999—2006年，外抓营销赢市场，内抓服务赢客户，对优质企业、优质项目、优质客户开辟“绿色通道”，采取上门服务、优先服务、限时服务措施。2006年年末，对公存款余额24125万元，较1998年增长近3倍。2008年，开展定期客户走访、银企联谊活动，把电子银行优势作为巩固存款的桥梁和纽带，开展多层次、全方位公关营销，磁县住房公积金管理部5个账户全部开立支行。2008年，对公存款较去年增长11665万元。2018年，制订对公存款考核机制，采取一条龙跟踪服务，对重点客户建立营销团队和整套营销方案。截至

2018 年 8 月底，对公存款 26594 万元。

储蓄存款 1999 年，储蓄存款余额 18418 万元，突破亿元大关。至 2004 年，储蓄存款余额 30170 万元。2010 年，储蓄存款余额 62152 万元，较 2004 年翻一番。2011 年，多家商业银行入驻磁县。2011—2015 年，储蓄存款在 6 ～ 7 亿元之间徘徊。截至 2018 年，储蓄存款余额 10.79 亿元，首次突破 10 亿元大关。

贷款

1999 年，受县内“企业停产、破产、职工下岗”影响，信贷资产恶化，不良贷款增加，贷款余额 10145 万元。2000 年，发展低风险票据贴现业务，在业务审核中把关不严，发生 100 万元假承兑汇票诈骗案，20 多名责任人员被处理，法人信贷资格被停牌。各项贷款业务停滞不前。是年贷款余额 1000 多万元。2010 年，法人信贷资格复牌，以县域中小企业为抓手，为磁县洗煤等多家企业发放贷款。截至 2013 年，各项贷款余额 14000 多万元，突破亿元大关。2014 年，磁县多家煤炭企业无法偿还贷款。在处置不良贷款的同时，以幸福城、雁峰城、万和苑、富力地产等楼盘项目为重点营销对象，发展个人住房贷款。截至 2018 年，各项贷款余额 3.32 亿元。

组织机构

1984 年，中国工商银行磁县支行成立。至 1999 年，内设会计科、出纳科、储蓄科、计划信贷科、保卫科、办公室，下辖 5 个储蓄所，全行人员 108 人。2005 年 10 月，更名为中国工商银行股份有限公司磁县支行。2006 年 10 月，工商银行股票面向海内外公开发售，上海、香港两地同步上市。2018 年，县工商行内设市场营销部、个人金融业务部和办公室，在职人员 40 人，下设 4 个自助银行，下辖磁县磁州支行。网点安全防范以 110 监控报警、远程监控中心和人防相结合。

第三节 中国建设银行股份有限公司磁县支行

存款

对公存款 1999—2004 年，中国建设银行股份有限公司磁县支行（简称“县建行”）对公存款稳步增长，重点支持观台煤矿、申家庄煤矿、县内劳保企业和童装企业、磁县裕华洗选煤公司、邯郸中联公司，发展磁县天强农化有限公司、方正石化有限公司客户，发展滏苑小区和县林业局、县交通局、县国土局集资建房项目。上门服务，实现银企互惠双赢。至 2004 年，对公存款 14647 万元，较 1998 年增长 4.67 倍。2005—2008 年，重点对百万元以上存量客户实行经理负责制，营销鑫盛煤化工有限公司、磁县城镇居民医疗保险业务。截至 2008 年，对公存款 20456 万元，是 2004 年的 1.4 倍。2009—2013 年，组成以行长牵头的客户经理团队，发展县财政局、六合公司、申家庄煤矿、邯郸黑猫炭黑、磁县鑫宝化工、磁县地方税务局、邯郸宝峰集团、邯郸郴电和南水北调项目等大客户。2013 年，对公存款 97999 万元，是 2008 年的 4.79 倍。2014 年，围绕综合经营计划和 KPI 指标，坚持“以人为本、以客户为中心”理念，采取“对公存款营销管理、对公开户联动营销、对公和个人有效客户管理、助农业务联动、ETC 发卡联动、绩效工资分配、柜面长短款管理”等办法，营销县水利局地下水超采、滏阳河治理征迁和治理专项资金 2300 万元、农民工预储金和保证金 600 万元、新型重工 7000 万元建设资金、银承保证金 1.05 亿元、宝峰公司保证金存款 10500 万元、冀南新区土地局及各分局存款 16000 万元。至 2018 年，对公存款余额 79873 万元，是 1998 年的 25.46 倍。

建设银行磁县支行办公楼

储蓄存款 1998 年，储蓄存款余额 11849 万元。1999—2003 年，国家连续调低存款利率，1999 年 11 月 1 日起，开始征收利息税。2003 年储蓄存款 17363 万元，较 1998 年增长 46.54%。

2004年，重点对个人小额抵押贷款、银行卡、电子银行、网上银行、代发工资、代收费、保险、基金等业务精准营销，个人存款23394万元。2005年，建设银行上市，巩固财政代发工资业务，加大代发工资的沉淀量，发展VIP客户。至2010年，储蓄存款余额60990万元，是2004年的2.61倍。2011—2015年，多家商业银行入驻磁县，建行实行网点业务转型、综合柜员制、暗访制度、首接负责制等改革。至2015年，个人存款余额103100万元，突破10亿元大关。2016年，面对县内两大煤矿关井停产、各银行之间竞争压力，该行抓定期转存、理财转换、代发工资、VIP客户拓展、助农发卡、行外吸金等工作。是年，个人存款余额121800万元。截至2018年，个人存款余额154122.3万元，是1998年的10.28倍。

贷款

1999年，县建行信贷工作重点是收贷收息、资产清分和剥离不良资产。是年，剥离不良资产620万元、利息12万元，贷款余额7214万元。2002年，开办个人住房贷款业务，按照“四重”营销策略，培育优良客户，拓展重点行业和个人住房贷款重点产品。至2003年，贷款余额13456万元，突破亿元大关。2009—2013年，加强与小企业沟通，提供政策解读、分析市场情况服务。先后为磁县电力公司发放流贷2000万元、磁县雄泰煤业发放动产质押贷款1900万元、磁县宏乾矿山支护装备公司发放流贷800万元、邯郸汇鑫重型机械制造有限公司发放贷款300万元。新增AA级以上信用等级小企业客户7户。新营销邯郸市存良公司小企业贷款400万元，发放六户联保业务1000万元。2012年，贴现业务成为资产业务重点，根据有关政策，营销邯郸市众力选煤有限公司、磁县六合工业有限公司大客户，办理贴现4.31亿元，实现利息收入1292万元，贷款余额111361万元，突破10亿元大关。至2013年，各项贷款余额121301万元，是1998年的14.67倍。2014—2018年，建行拓展优质资产业务，完成宝峰公司40000万元流贷、邯郸黑猫20000万元流贷、磁县医院2000万元流贷营销。2015年后，发展个人住房贷款业务。至2018年，各项贷款余额102010万元，保持县内同业第一位。个人住房贷款余额68893万元。

其他业务

1999年，县建行开办储蓄卡和电子汇兑业务。同年10月20日，堵截1张金额为363万元的假银行承兑汇票，当场抓获犯罪嫌疑人。2000年始，发展“一卡三代”业务，代发65个单位3527户工资，当年代发工资513万元。代收寻呼费和移动通讯费、代收行政事业收费和罚没款收费、代收县一中、县二中学杂费等。同年12月22日，堵截1张50万元的假银行承兑汇票。2002年始，居民理财由单一存款向多元化理财发展，购买基金、保险，银行代理基金业务快速发展。至2004年，代理保险742万元、国债581万元、基金142万元。2005年，柜台代理保险1065.3万元、国债443万元、基金114.6万元，储蓄卡开卡4456张，网上银行开户557户、交易838.96万元，电话银行开户530户，发展总分行级VIP客户23户，个人消费贷款余额40.6万元。2009年2月2日，设立95533客户服务中心，承担全行95533外呼经营和客户呼入服务等职责。是年，代售国债212万元、基金2765万元、保险1518万元。

组织机构

1999年，中国建设银行磁县支行内设业务科、零售业务科、会计科、保卫科、办公室，下辖6个储蓄所柜，人员61人。2003年12月30日，国务院决定中国建设银行实行股份制改革。中国建设银行磁县支行实行中层干部竞聘上岗、员工竞争上岗，按照总行《改革总体方案》，解除劳动关系11人。2004年更名为中国建设银行股份有限公司磁县支行。2018年，行内设公司业务部、个人金融部、会计结算部、办公室，下辖磁州路支行和支行储蓄专柜，人员43人。

第四节　中国农业银行股份有限公司磁县支行

存款

1999年，中国农业银行股份有限公司磁县支行（简称“县农行”）各项存款29100万元。其中，个人存款26473万元，对公存款2627万元。

2008年前后，国家持续收缩银根，股市及基金市场疲软，资金大量回笼。该行加大对优质客户的营销力度，一批大项目、大企业开户，对公存款实现较快增长。2008年，各项存款59470万元。其中，个人存款50998万元，对公存款8472万元。

2011年，各项存款余额90764万元。其中，储蓄存款余额75490万元，对公存款余额15274万元。各项存款增量份额位居县域同行业第一。

2013年确立存款的保、抢、挖营销策略，对优质客户分层次逐户落实客服经理，落实包户责任人。是年，各项存款117308万元，突破10亿元大关。其中，个人存款77254万元，对公存款40054万元。

2017年，各项存款172261万元。其中，个人存款153769万元，对公存款18492万元。对公存款增长模式首次实现由贷款客户向机构客户的转变。机构客户对公存款日均和时点存款贡献率80%。

2018年，各项存款203594万元。其中，个人存款173307万元，对公存款30287万元。

贷款

1999年，贷款余额17258万元。至2006年，各项贷款余额18582万元。其中，正常贷款2561万元，占比13.8%;关注贷款535万元，占比2.9%;不良贷款15486万元，占比83.3%；次级贷款6万元，占比0.3%；可疑贷款1017万元，占比5.5%；损失类14463万元，占比77.8%。清收表外利息57万元，完成市分行年任务80万元的71%；清收不良贷款帐内反映本金107万元，完成市分行年任务110万元的107%；清收不良贷款295万元，完成市分行年任务490万元的60.2%；清收平台反映不良贷款本金131万元，完成市分行年任务的44%。

2008年，国家推进节能减排政策，信贷投放较慢，是年未办理贴现。各项贷款较年初负增长，原因是12月份不良贷款剥离15206万元。

2014年，贷款余额22286万元。其中，个人贷款7491万元，余额10936万元；法人贷款23600万元，余额11350万元；个人住房贷款2763万元，余额6888万元。

2016年，支持全县产业转型升级，重点支持县域大企业、大项目。发放农户贷款23427笔、金额89233万元。发放法人贷款37笔、金额76485万元。涉及19个乡（镇）、270个村，1万多农户受益。

2018年，依托农户贷款政策，实行贷款扶贫，营销网捷贷、快农贷、惠农助业贷等新业务，贷款余额36152万元。其中，个人贷款余额35176万元，个人住房贷款30557万元。

中间业务收入

1999—2004年，业务收入从无到有，年收入不超过100万元。

2008年，实现中间业务收入282万元，完成市分行全年任务346.58万元的81.4%。中间业务收入在县域四大商业银行中居第一位。其中，代理保险收入57万元，完成市分行全年任务30万元的190%；拓展网上银行客户654户，完成市分行全年任务528户的124%；发展借记卡9871张，完成市分行任务的118%。

至2014年，实现中间业务收入626万元，同比增长20万元。其中，电子银行收入130万元，银行卡手续费收入183万元。

2016年，中间业务收入628万元，占县内四大国有银行份额43.34%，市场份额占县域第一位。

2018年，中间业务收入870万元。

利润

1999—2007年，县农行利润连年亏损。2008年，剥离不良贷款，系统内往来利息收入增加。截至12月底，系统内往来收入1824万元，比2007年同期增长1124万元，增长幅度160%。经营利润425万元，扭亏为盈，摆脱长期亏损的局面。

至2011年，实现经营利润1391万元，突破千万元大关，同比增长406万元。

2018年，县农行实现拨备后利润1889万元，同比增长142%。

组织机构

2000年4月，县农行内设信贷管理部、市场拓展部、计划财务会计部、零售业务部、稽核部、客户经理部、综合办公室。辖6个储蓄所：环城西路储蓄所、北关储蓄所、讲武城营业所、南关储蓄所、东关储蓄所，光明储蓄所。2004年，人员分流61人，撤并6家储蓄所。

第五节　中国银行股份有限公司磁县支行

存款

对公存款　1999—2002年，中国银行股份有限公司磁县支行（简称“县中行”）对公存款以年均13.88%的增长率平稳增长。2003年，与六合工业有限公司和申家庄煤矿有限公司开展合作，是年新增存款10642万元。2008—2009年，营销“南水北调”工程磁县段征地补偿款，实现存款倍增跨越式发展，新增存款48499万元。2009年，存款余额63826万元。2013年，拓展承兑汇票保证金业务，存款余额69405万元，达到历史上最高值。2015年始，存款连续两年下降。2016年，存款余额48848万元。2018年，存款余额58757万元，较1998年增长14.02倍。

中国银行磁县支行营业厅

储蓄存款　1999年，储蓄存款余额1529万元。2005—2008年，储蓄存款业务快速增长。至2008年，储蓄存款余额11263万元，突破1亿元大关。2010年，储蓄存款余额26915万元。2011年，储蓄存款余额34112万元。2014年，储蓄存款余额43657万元，增速放缓。2015年，发展大额存单和优惠利率存款等特色业务，存款业务增加，储蓄存款余额58106万元。2018年8月末，储蓄存款余额104673万元，规模达10亿元，较1998年增长83.21倍。

贷款

对公贷款　1994—2001年，对公贷款业务处于起步阶段，资金数额较小。2002年剥离、核销前期不良贷款480万元。2004年，重点支持磁县两大煤矿票据贴现。是年，贴现余额15652万元。2011年，重点支持县域耐火材料、煤炭洗选、劳保制品、农业领域等中小企业。同时，对两大煤矿开展贸易融资业务。2015年，贷款转向支持磁县煤化工园区入园企业。是年，贷款余额1310万元，贸易融资余额10500万元。2017年，对不良贷款批量转让、核销等，总金额2404万元。是年，收回六合工业有限公司与申家庄煤矿贷款、贸易融资后，贷款余额17723万元，贸易融资余额4000万元。2018年，磁县六合工业有限公司关停，该行退出相关贷款，年末贷款余额8360万元。

个人贷款　2005年新增个人贷款业务，个人贷款余额204万元。2010年个人贷款余额5309万元。2013年，续做磁县慈荷小区项目按揭贷款和个人经营性贷款，个贷余额11661万元。2016年，该行营销青泽园、幸福城楼盘按揭贷款业务，年末个贷余额29418万元。2018年，该行加强个人贷款业务领域“普惠金融”发展力度，支持涉农按揭贷款和个人经营贷款业务发展。年末，个贷余额44449万元，较2005年增长217.89倍。

组织机构

1994年，中国银行磁县支行成立，内设公司业务部、个人金融部、营业部和办公室，职工24人。1999年，中国银行磁县支行内设会计科、储蓄科、计划信贷科、保卫科及办公室，人员18人。2002年内设营业部、个人金融部、公司业务部及办公室，人员21人。2004年，推行股份制改革，名称由“中国银行磁县支行”变更为“中国银行股份有限公司磁县支行”。2012年10月至2013年12月，成立14个助农点。2018年，中国银行股份有限公司磁县支行有1个独立营业网点和两个离行式自助营业厅，下辖14个农村助农网点。

第六节　中国农业发展银行磁县支行

存款

1996年始，中国农业发展银行磁县支行（简称“县农发行”）存款业务以粮棉油购、销、储及其他政策性业务为主。其特点是政策性信贷资金专款专用，属“库贷挂钩，购贷销还”模式。1999年，县农发行短期存款125万元，是企业暂时闲置资金存款。2010年起，把筹措对公存款与贷款支持县域重点工作结合起来，实施存款兴行的发展战略，实行全员营销措施。2010年，存款额2.05亿元。2018年，贯彻上级行“稳存增存、激励增存、融洽银企互惠关系”要求，吸收存款余额36640万元。

贷款

1999年，投放粮棉油收购贷款12729万元，收购粮食6652万千克、棉花11万担。2000年，纯投放粮棉油贷款21792万元，收粮10041万千克、棉花8.5万担。2008年始，形成以支持国家粮棉油购销储业务为主体、农业产业化经营和农业农村基础设施建设为两翼的业务发展格局。是年，支持磁县童装城建设贷款3000万元，这是该行发放的第一笔中长期贷款。2009年，发放和谐大道高架桥建设贷款1.36亿元，发放磁县第一中学迁建贷款1.1亿元，发放磁县职教中心扩建贷款6000万元。2010年,发放漳河园区贷款2亿元。2014年，发放漳河园区贷款8000万元，发放土地储备贷款1亿元。2015年，发放众益水厂贷款6000万元。2016年，发放磁县第二中学迁建贷款8000万元，农村路网贷款1.36亿元，城镇路网、管网贷款12080万元，马头棚改贷款2.56亿元，美丽乡村建设贷款1860万元。2018年，优化建设基金投放管理，储备和营销重点项目，贷款余额59803万元。其中，中长期贷款46469万元，县级粮食储备贷款1097万元。

业务管理

信贷业务管理　1998年，粮食流通体制改革后，按“4率”(新收粮棉油库贷挂钩比率、销售贷款回笼率、回笼销售货款归行率、回笼销售货款收贷率）100%为基准考核，监督管理实行包户信贷员、粮棉收购核打码单制度。2003年，粮食市场放开，保护价取消，实行“以销定贷、以效定贷、择优选贷”信贷政策，贷款对象由单纯支持粮棉油收购调销向粮棉油等农副产品深加工企业方面转变。是年，贷款余额32369万元。2009年，依托网络信息化优势，实行贷款合理分类和精细管理，贷款余额31180万元。2013年，贷款余额45318万元。2018年，贷款余额59803万元。

结算业务管理　县农发行主要有现金结算和转账结算两种方式。1996—2001年，农民结算粮棉款项主要使用现金，收购企业多使用现金支票取现。转账结算主要有电汇、信汇、银行汇票、委托收款和托收承付结算等方式。2002年4月，开通电子联行系统，实现系统内资金汇划及时到账。2004年，落实《磁县支行现金业务代收代付操作规程》要求，实行代收代付。2005年5月，开通大额资金支付系统，电子联行、对公门柜会计应用系统、人民银行大额支付系统、综合业务会计应用系统同时运行。至2018年，各项结算业务运行完善成熟。

第二章　省部级金融机构

第一节　磁县农村信用合作联社

存款

2008年，磁县农村信用合作联社（简称“县联社”）存款余额295123万元。

2010年，县联社吸引财政性存款和社会闲散资金，利用综合网络平台，拓展信通卡业务。是年，存款余额346131万元，突破30亿元大关。至2018年，存款余额919061万元。

贷款

2007年，县联社围绕社会主义新农村建设，定位服务“三农”，是年贷款余额172655万元。2010年，支持“三农”和县委、县政府确立的“三个十工程”重点企业、重点项目。发放生源地助学贷款和新民居建设贷款，是年贷款余额256933万元。2015年，推广“农贷宝”“商贷宝”业务，发展住房按揭贷款业务，拓展“商户+公司+银行”三方合作中小微企业贷款领域。至2018年，贷款余额 570115 万元。其中，农信小微企业贷款余额 370031 万元，占全部贷款余额 64.9%。

业务管理

2011 年，全县实施“农信村村通”工程。2016 年，启动“双基共建农村信用工程”，开展对农户资信调查、信用等级评定和建档立卡等工作。至 2018 年，全县建档 27551 户，信用等级评定 27551 户，评级比例 100%。

2007 年，辖属部分营业网点不符合安保要求，其中 10 多家网点为危房。至 2015 年，对 44 个营业网点进行改造完毕。至 2018 年，16 家网点被评为三星级网点，6 家网点被评为四星级网点，1 家网点被评为五星级网点。

存款异常支取处置

2016 年 3 月 5 日馆陶县发生农村信用社存款异常支取情况后，磁县农村信用联社制订《处置存款异常支取情况应急预案》。3 月 8 日，东城营、李家庄、南城、台城、杜村、东古佛等网点出现存款异常支取现象。9—10 日，观台、岳城、申庄、南开河、城区朝阳大街等网点出现存款异常现象。

针对这种情况，市、县及联社先后紧急召开会议研究对策，启动应急预案，制止存款异常支取事态扩展。各网点循环播出《邯郸新闻》“馆陶县公安机关刑拘 2 名制造传播谣言者”，张贴人行邯郸中心支行、市公安局、银监委邯郸监管分局、省农信联社邯郸办事处四部门联合印制的《通告》。还利用横幅、标语、客户告知书等形式，引导客户理性支取存款。

3 月 8—11 日，市、县领导每日对存款异常支取工作适时作出安排。9—10 日，市委、市政府领导连续深入城区朝阳大街、迎宾路及高臾、南开河村信用网点现场疏导群众。其间，县领导多次深入网点做解释疏导工作，并实施“1+3”工作机制（包乡镇的县领导、各乡镇党委和政府、县公安、县人行、县联社等协调联动），处置农村信用社存款异常支取情况。每日保障 2 亿元以上的资金头寸，做好应对现金供给。营业网点安排人员维护秩序，增设营业窗口，方便群众取款。累计取款 2.2 亿元。

组织机构

1953 年，磁县农村信用合作社成立，社员入股组成，实行民主管理，为社员提供金融服务，由中国农业银行磁县支行管理。1996 年与磁县农行分设。2007 年，磁县农村信用合作联社挂牌开业。2009 年，县联社内设办公室、人力资源部、稽核监察部、风险监控部、计划财务部、科技部、安全保卫部、授信审批部、会计结算部、客户经理部、联社营业部、风险管理中心、资金营运中心。设立基层营业网点 28 家、分社 19 家和储蓄所 2 个。2018 年，县联社内设 17 个部室、8 个二级部室，下设 46 个营业网点。

第二节　中国邮政储蓄银行磁县支行

存款

对公存款　2008 年，对公存款余额 1325 万元。2009 年 7 月开发县财政非税存款，对公存款余额 6120 万元。2010 年磁县行政大厅支行成立，部分财政资金转入，存款余额 19356 万元，突破亿元大关。2013 年存款余额 49866 万元。2014 年，存款余额 21770 万元。2016 年，年末余额 106729 万元，突破 10 亿元大关。2018 年 8 月，余额 93134 万元。存款业务中财政类账户业务占比 90% 以上。

储蓄存款　2008 年，存款余额 33310 万元。至 2013 年，余额增至 85820 万元。5 年间存款平均增长率 20.8%。2014—2017 年，存款年均增长率 10.2%。2018 年 8 月，县域金融机构增多，年末余额 88010 万元。

贷款

2008 年，开办“好借好还，小额贷款”业务，年底贷款余额 232 万元。2009 年 10 月，开办个人消费贷款、个人商务贷款等业务，年底余额 1338 万元。2011 年，优质服务，广泛宣传，个人贷款业务余额 10192 万元，突破亿元大关。2013 年，独立发放小企业贷款业务，增加个人二手房贷款，促使小额信贷业务短时间余额增加，年末贷款余额 20951 万元。2015 年，清理东武仕水库网箱养鱼，小额贷款减少 400 万元。是年，环保治理致使塑料行业信贷客户数量减少，小额贷款

减少3000万元。经济下行及建筑行业不景气致使劳保行业信贷客户数量减少，小额贷款减少2000万元。通过开办个人住房按揭贷款业务，贷款余额增至27819万元。2018年，贷款余额54609万元，较上年增长40.5%。

信用卡业务

2009年增开信用卡业务，办理信用卡15张。2011年7月，在邮储银行系统内全国首家批量开办“公务卡”，是年发卡1757张。2017年，信用卡种类有普卡、公务卡、金叶卡、生肖卡、青春卡、自动分期成长卡、腾讯卡、鼎雅白金卡、鼎致白金卡等，发卡9254张。截至2018年8月，发放信用卡11021张。

组织机构

2008年7月30日，邮政储蓄银行有限责任公司河北省邯郸市磁县支行成立。2012年10月18日更名为中国邮政储蓄银行股份有限公司磁县支行，内设综合管理部、“三农”金融部、公司业务部，下辖3个自营网点、4个邮政代理网点。

第三节　河北银行股份有限公司邯郸冀南新区支行

存款

对公存款　2014年，河北银行股份有限公司邯郸冀南新区支行（简称“新区支行”）对公存款5522万元。2015年，对公存款4.03亿元。2016年，对公存款2.83亿元。2017年，对公存款2.51亿元。2018年，对公存款7.29亿元。

储蓄存款　2014年，新区支行开展营销存款和办理信用卡业务。是年储蓄存款余额8861万元，办理信用卡700多张。2015年，储蓄存款7164万元。2016年，储蓄存款1.42亿元。2017年，储蓄存款1.28亿元。2018年，储蓄存款2.92亿元。

贷款

2014年，新区支行发放贷款4992万元。2016年，各项贷款余额3.16亿元。2017年，信贷规模紧张，争取贷款规模后，投放各项贷款27872万元。其中，短期贷款1913万元，中长期贷款24282万元，为县内农户提供按揭贷款100余户。2018年，营销邯郸极富房地产和企业票据质押业务，各类贷款44735万元，较上年增加16703万元。其中，短期贷款20600万元，中长期贷款19677万元，个人短期贷款28万元，个人中长期贷款4270万元。

组织机构

2013年12月30日，河北银行股份有限公司邯郸冀南新区支行成立。内设业务部、办公室、营业室。在河北供销社下属大管家服务平台公司开设11家助农网点，为农户提供方便。

第三章　市县级金融机构

第一节　邯郸银行股份有限公司磁县支行

存款

2010年12月始，邯郸银行股份有限公司磁县支行（简称“邯磁行”）推出“邯银卡、免费刷，邯银网、免费上，票单证、免费用”等举措后，各项存款逐年增加。2011年，存款余额6.3亿元。其中，对公存款5.5亿元，储蓄存款0.8亿元。2014年年底，存款余额7.8亿元。其中，对公存款3.8亿元，比2011年减少1.7亿元；储蓄存款4.0亿元，比2011年增长3.2亿元，增长率400%。2015年，存款余额13.1亿元。其中，对公存款8.6亿元，储蓄存款4.5亿元。2016年年底，存款余额22.7亿元。其中，对公存款17.9亿元，储蓄存款4.8亿元。2017年年底，存款余额23.4亿元。其中，对公存款18.2亿元，储蓄存款5.2亿元。2018年年底，存款余额14.7亿元，比2011年增长8.4亿元，增长率133.33%。其中，对公存款7.8亿元，比2011年增长2.3亿元，增长率36.51%；储蓄存款6.9亿元，比2011年增长6.1亿元，增长率762.50%。

贷款

邯磁行主要贷款领域为农业、工业、建筑业。涉农贷款对象是磁县农业龙头企业，工业方面是磁县煤炭、焦化等行业，建筑业方面主要是磁县的房地产建筑企业。另有小微企业，主要是劳保、童装企业。贷款趋势呈现“短期贷款下降，中长期贷款上升”。2012 年，发放贷款 3.8 亿元。其中，短期贷款 2.5 亿元，中长期贷款 1.3 亿元。2015 年，发放贷款 13 亿元。其中，短期贷款 8.8 亿元，中长期贷款 4.2 亿元。2018 年，发放贷款 13 亿元。其中，短期贷款 2.3 亿元，中长期贷款 10.7 亿元。

组织机构

邯郸银行股份有限公司磁县支行 2010 年 12 月 11 日成立并营业。至 2018 年，下设办公室、会计科、信贷科，有员工 25 人。

第二节　邢台银行股份有限公司邯郸冀南新区支行

存款

对公存款　2014 年，对公存款余额 5330 万元。2015 年，对公存款余额 5479 万元，增速和增量较小。2016 年，对接磁州镇政府、县交通局、县财政局等机关单位，争取财政存款。是年，对公存款余额 13573 万元，较上年翻一番。 2017 年，代理发放农民工预储金，对公存款余额 14640 万元。2018 年，对公存款余额 17672 万元。

储蓄存款　2014 年，存款余额 16802 万元。2015 年，存款余额 19807 万元。2016 年，存款余额 20940 万元。2017 年，存款余额 37557 万元。4 年间，储蓄存款年均增长 6918 万元。2018 年，各项储蓄新产品上线，储蓄存款余额 41883 万元。

贷款

2014 年，贷款余额 8015 万元。其中，个人消费贷款 165 万元，个人经营贷款 1850 万元，公

邢台银行业务员营业中

邢台银行邯郸冀南新区支行办公楼

司流动资金贷款 6000 万元。2017 年始，开展个人住房按揭贷款、商用房按揭贷款、车位分期、惠农卡如意贷等业务，贷款余额 26934 万元。其中，个人消费贷款 6984 万元，个人经营贷款 4000 万元，公司流动资金贷款 15950 万元，较 2014 年翻一番。2018 年，贷款余额 36616 万元。其中，个人消费贷款 12552 万元，个人经营贷款 5904 万元，公司流动资金贷款 18160 万元。

组织机构

邢台银行股份有限公司前身为邢台市城市信用社。2007 年 9 月 19 日，改制成立邢台市商业银行。2010 年 9 月 21 日，更名为邢台银行。2013 年 12 月 31 日，成立邢台银行邯郸冀南新区支行。2014 年 1 月 8 日营业。2018 年，邢台银行邯郸冀南新区支行内设办公室、营业室、市场营销部，有员工 18 人。

第三节　张家口银行股份有限公司邯郸冀南新区支行

存款

2014 年年末，存款余额 4538 万元。至 2018 年，各项存款余额 50253 万元。其中，对公存款余额 14026 万元，个人储蓄存款余额 36196 万元。

贷款

2014 年年末，贷款余额 14 万元。至 2018 年，各项贷款余额 777 万元。其中，个人贷款余额 577 万元，企业贷款余额 200 万元。

组织机构

2014 年 10 月，张家口银行邯郸冀南新区支

行开业，内设企业文化部、综合业务部、营业部和张家口银行朝阳大街小微支行。至2018年，有员工18人。

第四节　磁县齐鲁村镇银行有限责任公司

存款

2013年，磁县齐鲁村镇银行有限责任公司（简称“磁鲁行”）存款余额1394.09万元。其中，农村储户存款余额1042.9万元，企业存款余额351.19万元。2014年，加大对农村市场营销宣传，农户小额分散存款增加，是年存款余额5588.44万元。其中，农村储户存款余额3214.88万元，企业存款余额2373.56万元。2015年，营销一批优质客户，存款余额上升，是年存款余额5547.23万元。其中，农村储户存款余额2425.69万元，企业存款余额3121.54万元。2016年，存款余额4426.08万元。其中，农村储户存款余额1832.75万元，企业存款余额2593.3万元。2017年，存款余额3546.45万元。其中，农村储户存款余额2668.64万元，企业存款余额877.81万元。2018年，存款余额4284.03万元。其中，农村储户存款余额1774.29万元，企业存款余额2509.74万元。

贷款

磁鲁行秉承“服务‘三农’、支持小微”发展理念，坚守“满足农户小额贷款需求”市场定位。2013年，贷款余额2449.13万元。2014年，贷款余额3883.46万元。2015年，贷款余额3563.68万元。2016年，贷款余额2773.58万元。2017年，贷款余额3142.73万元。2018年，贷款余额4284万元。

组织机构

2013年6月，磁县齐鲁村镇银行成立，前身为澳洲联邦银行（磁县）村镇银行。2018年1月，更名为磁县齐鲁村镇银行有限责任公司，主发起行由澳洲联邦银行变更为齐鲁银行（国有控股）。内设运营计财部、营销部、风险管理部、综合管理部，有员工17人。

第四章　保险　证券

第一节　中国人民财产保险股份有限公司磁县支公司

承保

1999年，中国人民财产保险股份有限公司磁县支公司（简称“县财险公司”）保费收入485万元。其中，车险290.3万元，企财险135.9万元，责任险22.3万元，家财险20.3万元，种植业险6.9万元，养殖业险3.9万元，货运险2.2万元，其他收入3万元。2007年，交通强制保险实施，是年保费收入1242.5万元。其中，交强险468万元，商业车险386万元，企业财产保险249万元，农业保险43万元，意外险34万元，责任险23万元，家财险20万元，货运险19万元，健康险0.5万元。2015年，县政府为全县农户统保政策性小麦和玉米保险。是年，保费收入3551万元，成为公司成立后保费收入最高的年份。其中，商业车险1701.6万元，交强险553.7万元，政策性小麦险430.7万元，政策性玉米险270.5万元，责任险228.3万元，政策性养殖险206万元，企财险76.2万元，家财险36.8万元，商业种植业险27.3万元，意外险11.2万元，货运险5.3万元，健康险3.3万元。2018年，保费收入2453.9万元，同比减少27.2%。其中，车险1738.78万元，同比减

县财险公司办公楼（2015年10月26日　摄）

少11.46%。非车非农保费622.72万元，同比减少30.44%。农险92.41万元，同比减少281万元。

理赔

1999年，该公司支付赔款228万元。其中，机动车险141.2万元，企财险57万元，责任险18.9万元，家财险5.2万元，种植业险4.3万元，养殖业险0.6万元，其他2.4万元。2015年，磁县遭遇几十年不遇的旱灾，处理各种赔案4699件，

县财险工作人员勘查受损房屋(2016年7月23日　摄)

支付赔款2637万元，成为公司成立后赔款件数最多、金额最高的年份。主要是政策性玉米种植险，受灾面积达1万公顷，3万余农户受灾，赔款911.47万元，超过2015年赔款的三分之一。政策性小麦险18.93万元，政策性养殖业险354.6万元，商业车险736.8万元，交强险381.8万元，责任险97.8万元，企财险36.2万元，商业种植业险13.3万元，意外险3.3万元，其他1万元。2016年7月19日，磁县遭遇百年不遇的洪涝灾害，1511户农房不同程度受损，通过查勘定损，赔款320万元。2018年，赔款1548.78万元。其中，车险赔款822.72万元，非车非农险赔款686.67万元。

县财险公司营业厅（2015年10月26日　摄）

经营险种

1999年，开办险种42个。2006年，结合县委政法委“一分钱创安”工程，在全省率先创办一个配套惠民险种——治安保险。2007年，开办政策性能繁母猪险种。2011年，根据《中华人民共和国安全生产法》等要求，结合县安监局在全省率先开办安全生产责任保险，将保险的风险管理职能纳入安全生产管理体系，实现风险专业化管理与安全监督监察工作有机结合，提高安全生产突发事件的应对处置能力。2013年，增加育肥猪保险。2015年，开办医疗责任保险。2016年6月，开办政策性农房保险。2017年，为缓解城乡居民因灾害或意外伤害事故返贫致贫，开办新农合意外险。2018年，为解决“边脱贫边返贫”问题，县政府为非贫低收入户和非高标准脱贫户购买防贫保险。至2018年，共开办险种80余个。

1999—2018年磁县财险公司保费赔款情况统计表

表12-2　　单位：万元

年份	保费收入	赔款金额	年份	保费收入	赔款金额
1999	485	228	2005	759	347
2000	518	319	2006	886	380
2001	564	265	2007	1242	554
2002	626	306	2008	1540	723
2003	654	378	2009	1909	912
2004	738	377	2010	2653	1232

续表

年度	保费收入	赔款金额	年度	保费收入	赔款金额
2011	2808	1123	2015	3551	2637
2012	2800	1591	2016	3058	2004
2013	3391	1460	2017	3123	1925
2014	3534	1661	2018	2454	1549

组织机构

1998 年年底，中国人民保险邯郸分公司磁县支公司更名为中国财产保险有限公司邯郸分公司磁县支公司。1999 年 5 月 5 日，更名为中国人民保险公司磁县支公司。2003 年 6 月 30 日，更名为中国人民财产保险股份有限公司磁县支公司。至 2018 年，公司内设综合部、直销部、续保部、商非部、三农服务部、个代部。下设岳城营销服务部、观台营销服务部。有职工 21 人，持证营销人员 43 人。

第二节　中国人寿保险股份有限公司磁县支公司

承保

1999 年，中国人寿保险股份有限公司磁县支公司（简称“磁县寿险公司”）人身保险险种品种单一，有子女婚嫁保险、99 鸿福两全保险、66 鸿运两全保险、个人养老金保险、简易人身保险等险种。是年，保费收入 470 万元。2008 年，以举办健康讲座模式发展新客户。是年，保费收入 11098 万元，邯郸市内名列第一位。2016 年，保费收入 11306 万元，被评为 AA 级支公司。2018 年 12 月 20 日，保费收入 14192.23 万元，比上年同期增长 0.7%。

理赔

1999—2000 年，人身保险发展缓慢，客户年出险率 10% 之内。其中，1999 年赔付 35 万元，2000 年赔付 68 万元。2008 年，该公司实行 500 元内小额理赔现场赔付。理赔人员由 3 人增至 6 人，两人一组，每组每天出车平均 3 次，理赔件数 5000 件，赔付金额 270 万元。2016 年，磁县寿险公司开通绿色理赔通道，4 日内将 147.8 万元的理赔金汇到一位受益人账户。是年 7 月 19 日，磁县遭遇百年一遇的特大洪灾，赔付金额 797 万元。

2018 年，理赔事故案件 1491 起，赔付金额 943 万元。其中，农合理赔 580 余份，金额 228 万元。

1999—2018 年寿险磁县支公司保费收支款额情况统计表

表 12-3　　　　单位：万元

年份	保费收入	赔款金额	年份	保费收入	赔款金额
1999	470	35	2007	7221	232
2000	716	68	2008	11098	270
2001	1056	144	2009	12358	279
2002	2348	153	2010	13036	293
2003	4018	177	2011	9277	312
2004	5132	190	2012	9252	346
2005	6178	202	2013	10303	435
2006	6879	217	2014	8042	531

续表

年份	保费收入	赔款金额	年份	保费收入	赔款金额
2015	9655	682	2017	14565	913
2016	11306	797	2018	13739	1178

经营险种

1996 年，将个人代理销售模块引入保险业。1997 年，引进营销机制，销售渠道分为个险渠道、银保渠道、团险渠道。1999 年，该公司经营险种 20 个。2000 年，中国人寿保险总公司推出分红两全保险和分红终身保险两款分红保险，保费收入增至 716 万元。2003 年，磁县寿险公司开办银行兼业代理保险业务，主打国寿鸿泰保险（分红型）、国寿鸿瑞两全（分红型）、国寿鸿丰两全（分红型）等“鸿系列”产品。县内代理银行有农行、工商行、邮储行。是年，“鸿系列”产品保费收入 2000 万元。

2016 年 8 月，“国寿福”险上市，参保人数 2000 人，保费收入 60 万元。

2017 年 10 月，磁县寿险公司在磁县农合业务招标中竞标成功。11 月，磁县寿险公司在磁县行政服务大厅设立理赔窗口。承保 5 个乡（镇）13 万人口的城镇居民意外险。

至 2018 年，保险险种增至 116 种。

组织机构

1949 年 10 月，成立中国人民保险公司，下设人身保险室。1996 年，分设中保人寿保险有限公司，成立中保人寿磁县营业部。1999 年更名为中国人寿邯郸分公司磁县营业部，内设营销部和服务前台。2003 年，更名为中国人寿保险股份有限公司磁县支公司。2018 年，中国人寿保险股份有限公司磁县支公司内设个险销售部、银行保险部、团体业务部、综合部及客户服务中心，有员工 20 人、营销员 859 人，下设 8 个农村营销服务部。

第三节　证　券

证券机构

2000 年 5 月，县城有证券服务点 2 家。1 家位于建设路南原县政府院内，提供股票、基金交易服务。另 1 家是财达证券股份有限公司磁县证券服务部，位于磁州路西端路北县农行 1 楼（磁州路 7 号），开设证券服务部，提供证券交易和证券咨询服务。采取卫星信号接收行情，交易方式为有线传输。内设中户交易厅和散户交易厅，总面积 300 平方米。

2006 年，财达证券股份有限公司磁县证券服务部升级为财达证券股份有限公司邯郸磁县证券营业部。主要提供开户、交易、融资融券等各种证券交易服务。是邯郸区域内唯一一家设于县城内的营业部。是年 10 月，该营业部迁至鼓楼广场北出口路西。2010 年，迁至朝阳北大街掌上明珠门市 2 楼。2015 年，迁至荷城佳苑西门 52 号。至 2018 年，磁县证券交易运行模式由现场交易变为网上交易，并与财达期货公司合作，提供期货交易服务。

股民

磁县股民开户情况分两种：一是在本地开户或转户到本地营业部的股民，到营业厅进行现场交易，或在网上交易；另一种是在县外证券公司开户，进行网上交易。

财达证券股份有限公司邯郸磁县证券营业部数据显示：2000 年，磁县开户的股民 300 余户。至 2018 年，发展到 10911 户，增加 36 倍多。股民开户多受股票行情影响，牛市开户多，熊市开户少。2000—2018 年，营业部有 3 次开户高峰，分别是 2006—2008 年、2011 年和 2015 年。

至 2018 年，全县股民 1 万余户。股民性别结构：男性 7000 余户，占 70%；女性 3000 余户，占 30%。股民职业结构：60% 为上班族，30% 为个体户，其他占 10%。股民学历结构：高学历人员少，大多数非大学学历。股民投资结构：散户众多，10 万元以下的散户占总开户数约 80%。交易记录显示，行情好时，交易活跃；行情差时，交易清淡。同时存在长时间不交易的休眠账户。

第十三编 经济园区

2003 年，县委提出要建立工业园区，搭建平台，整合现有企业资源，调整工业产业结构，吸引境内外优势企业入园。此后，磁县在包括工业园区在内的园区建设方面不断加强工作措施，努力推动园区建设取得明显成效。

2009 年 4 月，邯郸市漳河生态科技园区成立。是年 7 月 14 日，河北漳河经济开发区管委会挂牌运行。2011 年 7 月，省政府批准漳河经济开发区为省级经济开发区。2013 年完善总体规划，明确功能定位。其间，在不断加强基础设施建设的同时，全力做好招商工作。2009—2018 年，引进大型产业项目 13 个，初步形成以文化休闲、康养和生态农业观光产业为主体的发展格局。2018 年，主营业务收入 31 亿元。

2009 年，磁县煤化工产业园区管委会成立，为磁县人民政府派出机构。2011 年 5 月，磁县煤化工产业园区更名为磁县磁峰工业聚集区，成立磁峰工业聚集区管委会。2012 年 10 月，经省政府批准，磁县磁峰工业聚集区升级为省级经济开发区，纳入省级管理序列，更名为河北磁县经济开发区。园区管委会成立后，采取以商招商、以会留商、产业链招商等方式，实施“走出去，请进来”发展战略，推动招商工作取得实效。截至 2018 年，园区内开工投产企业 18 家，投资额 150 亿元。企业产品 65 种，覆盖煤化工产业“上、中、下游”，形成苯链、煤气综合利用链、煤焦油链、精细化工链 4 个产业链。被业内专家和主流媒体称为“磁县样板”。

磁县童装产业起步于 20 世纪 80 年代。1994 年，磁县县委、县政府因势利导，童装加工商户集资 4000 余万元，建成占地 65260 平方米的磁州商都童装市场。2006 年，成立磁县童装城管委会。2009 年年底，童装城园区建成投用，逐渐成为集生产加工、研发检测、贸易会展、商务办公等多功能于一体的现代化产业园区。至 2018 年，园区拥有童装企业 300 多家，从业人员 5 万余人，年产量 14435 万件（套），年销售额 48 亿元。2011 年，磁县被中国纺织工业联合会流通分会、中国服装协会授予“中国服装品牌孵化基地”称号，分别于 2014 年、2018 年通过复评。

1998 年在东武仕水库北侧建设别墅 11 栋，形成滏泉湖度假村雏形。2001 年，成立滏泉湖度假村建设指挥部。2009 年，改设磁县滏泉湖开发区管理委员会，“磁县滏泉湖度假村”更名为“磁县滏泉湖开发区”。2011 年 12 月，省政府批复滏泉湖风景区为河北省第四批省级风景名胜区。2017 年，滏泉湖开发区形成与漳河园区、西部旅游区协同发展的全域旅游新局面。2018 年，游客突破 100 万人次，旅游综合收入 5000 万元。

至 2018 年，磁县建成 4 个经济园区。以优惠政策引进高新项目、吸引国内外知名企业入园，因地制宜，多业并举，实现快速发展。成为引领磁县经济发展的排头兵和新的经济增长极，有力地带动全县经济快速、高质量发展。

第一章　河北漳河经济开发区

第一节　设区建制

漳河经济开发区党工委与管委会

2009年4月，邯郸市漳河生态科技园区成立。7月14日，河北漳河经济开发区管委会挂牌运行。10月19日，与邯郸监狱签署《河北省邯郸监狱漳河农场土地所有权及资产转让补偿协议》，收购邯郸监狱原漳河农场约333公顷国有土地。

2011年7月，省政府批准漳河经济开发区为省级经济开发区。2012年10月，邯郸市编办核定开发区设立党政办公室、社会事务管理局、规划建设局、经济发展与投资促进局和财政审计局等5个内设机构。2014年3月，漳河经济开发区由冀南新区代管。2016年10月，邯郸市部分区划调整，漳河经济开发区更名为河北漳河经济开发区，改由磁县托管。2017年2月4日，根据邯郸市机构编制委员会办公室《关于组建河北漳河经济开发区管理机构的通知》要求，将中共河北漳河经济开发区工作委员会、河北漳河经济开发区管理委员会委托磁县管理。磁县县委、县政府是河北漳河经济开发区工作的责任主体。中共河北漳河经济开发区工作委员会、河北漳河经济开发区管理委员会在磁县县委、县政府授权下行使相关职能。2018年10月22日，根据磁县机构编制委员会办公室《关于河北漳河经济开发区机构、职责等有关事宜的通知》要求，开发区内设8个机构：党政办公室（挂组织人事局牌）、经济发展局、招商合作局、规划建设局、财政审计局、社会事务管理局（挂安全生产监督管理局牌）、综合执法协调局、行政审批服务局。开发区党工委、管委会实行人员控制数管理，核定人员控制数55名。2019年3月21日，根据《中共磁县县委　磁县人民政府关于印发〈河北漳河经济开发区人事和薪酬制度改革总体方案（试行）〉的通知》要求，推行全员聘任制度，按照“以岗定薪、优绩优酬”原则，坚持不低于改革前收入，推行薪酬制度改革以及全员绩效考核制度。

漳河林场

邯郸市漳河林场建于1954年。位于河北、河南两省交界处的漳河北岸，与磁县、临漳、安阳3县接壤。西起磁县时村营乡下七垣村南旧铁路大桥，东至临漳县杜村集乡齐楼村正南方，东西长25千米，南北平均宽约1千米。2009年，漳河林场由市农工委整建制划归漳河经济开发区管理。2018年，漳河林场经营面积1733.33公顷（核发林权证面积1633.33公顷）。其中，有林地面积959公顷，宜林地面积500公顷，其他用地274.33公顷。在有林地面积中，国家级重点公益林353.33公顷。漳河林场内设8个机构：办公室、财务科、林政科、讲武城分场、朝冠分场、同三村分场、林木良种场和科研所。在职人员97人。2017年11月，根据（市编办字〔2017〕418号）文件规定，漳河林场被确定为公益二类事业单位，核定编制125人，人员经费纳入邯郸市级财政预算。

第二节　规划布局

功能定位

2013年1月，按照《磁县城乡总体规划（2013—2030年）》《河北漳河经济开发区总体规划（2013—2030年）》，明确漳河经济开发区开发建设总体定位是“三城一港”。

科技示范城　建设科技研发中心、信息教育网络平台，对外展示高新技术、节能减碳技术、新能源应用、智能系统等在现代生活中的推广和应用。

生态旅游城　利用现有水系、林地、耕地等自然资源，恢复生态农业和漳河湿地，发展生态旅游、农业观光等项目。

文化体验城　依托邺城遗址、魏晋文化等周边历史文化资源开展多种文化会展、文化交流活动，打造高端历史文化平台，协同安阳殷商文化和邯郸赵文化，形成冀南地区文化创意传播与国内北方地区三国、魏晋文化体验中心。

度假休闲港　依托旅游观光，建设健康养生

产业，发展休闲商业、度假产业，打造京津冀地区休闲旅游度假区。至2019年，河北漳河经济开发区是河北省同类产业定位的唯一一家省级开发区。在人口总量超过1亿的“中原经济协作区”11个城市范围内也独具特色。

总体规划

用地结构　“一心三区、四水六廊”。“一心”是该开发区的综合服务中心，即起步区。“三区”是该开发区的三大功能区：中部的综合服务区（起步区）、邺城遗址保护区、107国道以西和开发区东部的生态农业观光区。“四水”是指贯穿该开发区的4个水系：漳河、南水北调中线总干渠、民有南干渠、民有北干渠。“六廊”是指纵贯该开发区的交通廊道：磁西公路生态廊道、107国道（京广铁路）生态廊道、中华慈大街生态廊道、京港澳高速生态廊道、香园公路生态廊道、旅游快速路生态廊道。

用地面积　该开发区用地类别为城市（开发区）建设用地、村庄建设用地、水域、农林用地。总面积98.15平方千米。其中，建设用地面积43.74平方千米，包括城乡居民建设用地面积27.5平方千米，邺城遗址保护区面积15.25平方千米，区域交通设施用地0.95平方千米，特殊用地0.04平方千米；水域、生态农业、农林等非建设用地规模54.41平方千米。

第三节　基础设施

道路及管网建设

2011年，中华慈大街南延开发区段建成，全长8.8千米，总投资1.1亿元。是年，完成曹魏路、农林路、民有北干渠南路、园区中路和北堤路临漳段5条道路的建设和修复，总里程22.85千米，总投资1100余万元。2012年，建设园区中路、园区北路、服务中心周围三纵一横道路、北堤路邺镇至高铁东、北堤路至同三分场、北堤路至梨树基地（沿高铁西）、北堤路至梨树基地（沿高铁东）7条道路，总里程21.75千米，总投资2381.9万元。2013年，修建漳河路0.98千米，总投资1504万元。2018年，实施开发区北路东延、开发区中路东延、农林路管网建设、华强北路建设、停车场道路建设等工程的同时，铺设污水管网5425米、雨水管网6277米、中水管网4284米、供水管网5368.5米，铺设天然气管网3288米。

其他基础设施建设

2009年，漳河生态科技园区成立后，加强基础设施建设。截至2018年12月，完成创业服务中心大楼建设工程、中华慈大街南延开发区段4千米绿化亮化工程等。架设网络、通信、卫视等专线。全面整改供电线路。建天然气门站、日处理污水3万吨处理厂等工程。

第四节　招商引资

发展格局

河北漳河经济开发区成立后，围绕项目做产业，初步形成以文化旅游产业为主导，装备制造、现代化农业和食品加工兼备的综合性产业发展格局。

中部文化旅游区　主要发展文化旅游产业。以方特国色春秋为龙头的文化旅游项目于2019年8月投入运营。以冰雪水世界、光热能源转换为主要建设内容的“光热+”项目处于建设中。

南部装备制造园　主要发展装备制造产业，重点依托北京科诚汽车零部件研发与智能制造、常祯绿色家电产业园等项目，明确智能制造装备产业、轨道交通装备产业等两大高端装备制造产业发展方向，重点引进智能控制系统、智能仪器仪表、高速精密重载轴承、高速精密齿轮传动装置、数控机床、智能基础制造装备、智能农机装备、轨道交通专用设备和关键系统及部件等产业化项目，逐步形成支撑开发区财税收入的先进装备制造研发、生产的产业集群。

北部轻工（食品）产业园　主要发展酿酒、食品加工产业，以磁州酒生产基地为龙头，设立食品加工产业板块，引导当地“回头香”香油、“百味园”膨化食品、“蒲草婆婆”蒲公英系列产品等特色食品加工企业入园聚集发展，同时吸引磁县在外地的食品加工企业回乡发展，形成促进群众增收、就业和拉动县域经济增长新的增长点。

东西部生态农业观光园　主要发展生态农业观光产业。以东部区域现有的优质梨树种植基地、西部区域的牡丹杜仲产业园为基础，利用漳河林场国有林地和开发区周边农田，发展生态观光和创意农业，打造农业文化休闲旅游品牌，推进农业与文化、科技、生态、旅游融合，发展特色农业现代化产业。支持以精深加工为主的农产品系列开发，积极培育知名品牌，提高农林产品文化附加值，支持特色农产品市场和特色农产品展览展示馆（园）以及电子商务平台建设，打造特色农产品交流和交易平台。

项目选介

中华成语文化博览园（方特国色春秋）　2015年5月，邯郸市政府与深圳华强集团签订合作协议，投资约30亿元。主要建有主题园区、后勤服务区和停车场3大版块。年游客接待能力300多万人，安置就业1000余人。该项目填补邯郸市高科技文化旅游项目的空白。2019年8月1日开园运营。截至2019年年底，接待游客50万人次，旅游收入5070万元。

常祯绿色家电产业园项目　该项目由河北常祯电器制造有限公司投资建设，占地约8.3公顷。主要研发生产高档节能冰箱、洗衣机和电视机等家电产品。2018年7月，引进采暖壁挂炉生产线，是年10月引入空调生产线。2019年12月，项目方安装调试生产设备，相关生产手续正在办理中。

牡丹杜仲产业园　该项目由河北国杰林业科技有限公司投资建设，是集栽培种植、观光旅游、科技培训、产销一体的高科技生态农业产业园，投资8亿元。2018年4月开园营业，是年接待游客5万人次。2019年，该项目种植牡丹40公顷、杜仲13余公顷，培育杜仲苗50万株。

优质梨树繁育及推广种植基地项目　该项目由河北章禾农业科技有限公司投资建设，总投资2亿元，项目规划占地200公顷，规划建设优质梨树苗培育基地、梨树种植基地、世界先进气调冷库、自动选果包装分选线及配套设施等，旨在打造邯郸市林果出口基地。至2018年，完成140公顷优质梨树苗种植、水肥一体化滴灌系统等配套设施铺设。2018年收获果梨55吨。

“光热＋”综合开发示范项目　为邯郸市建投与内蒙古旭晨集团合作项目，投资25亿元，占地43.87公顷，建筑面积385平方米。其中，“光热+装备”版块为集太阳能光热反射镜等高新技术产品的研发、生产、销售、服务于一体的产业园，年产光热装备3000台（套）；“光热+能源”版块主要建设大阳能光热镜场，配套建设地下储能设备间、数控中心供热管网等配套生产设施，为整个园区及项目提供清洁热力能源；“光热+旅游”版块主要建设欢乐水世界、缤纷雪世界、儿童研学中心、特色温泉酒店及其它配套设施，利用冷热能源转换技术给游客提供一日四季的崭新体验。2018年12月，完成项目立项手续、围墙圈建，部分基础设施开工建设中。

第五节　效　益

2011年1月16日，在人民网、中国品牌建设与管理协会和中国发展促进会联合举办的辉煌“十一五’中国品牌（特色）市/县/镇开发区颁奖盛典上，漳河生态科技园区荣膺“十大经济活力开发区”之一。2017年8月，该开发区被省文化厅列入“省级文化产业示范园区”创建单位。2018年，主营业务收入31亿元，固定资产投资8.45亿元，税收585.4万元。

第二章　河北磁县经济开发区

第一节　设区建制

2009年3月，磁县煤化工产业园区管委会成立，为县委、县政府派出机构。领导成员由县委任命，20名工作人员分别从县直单位和乡（镇）抽调。是年3月，注册成立新天地投资开发有限公司，与该园区管委会实行“一套人马、两块牌”。

2011年5月，磁县煤化工产业园区更名为磁县磁峰工业聚集区。在磁县煤化工产业园区管委

会基础上成立磁峰工业聚集区管委会。

2012 年 10 月，经省政府批准，磁县磁峰工业聚集区升级为省级经济开发区，纳入省级管理序列，更名为河北磁县经济开发区。先后获得省级经济开发区、省级循环经济示范区、省级可持续发展实验区、省级新型工业化示范基地、省级循环煤化工创新型产业集群、河北省化工新材料产业名县 6 个省级称号。

2017 年 11 月，根据省编办《关于进一步深化开发区机构编制管理改革的意见》、市编办《关于组建河北磁县经济开发区管理机构的通知》，磁县经济开发区正式组建管理机构。设置中共河北磁县经济开发区工作委员会（简称“党工委”）和河北磁县经济开发区管理委员会(简称“管委会”)，机构设置为正县级规格。河北磁县经济开发区内设 5 个机构：党政办公室、财政局、规划建设局、社会事务管理局、经济发展局。河北磁县经济开发区党工委、管委会实行人员控制数管理，核定人员控制数 40 人。

2018 年 3 月，磁县经济开发区列入《中国开发区审核公告目录》(2018 年版)。

第二节　规划布局

规划布局面积

河北磁县经济开发区位于时村营乡境内，属丘陵地带。2011 年 10 月由北方工程设计研究院编制的园区总体规划、控制性详细规划通过县政府审批。是年 6 月，园区环境影响报告通过省环保厅批复。2012 年，经省政府批准，该开发区升级为省级经济开发区，规划面积 13.11 平方千米，核准开发区建设面积 4.64 平方千米，南北长约 6 千米，东西长约 3.5 千米。主导产业为循环经济型煤化工、基础装备制造、新材料、新型建材。

规划布局范围

随着开发区入驻企业增多和产业结构调整，原有规划不能满足发展需要。2017 年 3 月，磁县经济开发区总体规划（2011—2020 年）调整方案通过专家组评审。调整后的规划面积为 14.7 平方千米。东至前港村西，西至 151 乡道，南至民有四支渠，北至牛尾岗村南。2017 年 9 月，河北省环保厅通过规划环评跟踪评价和扩区环评审查。

第三节　基础设施

截至 2018 年，该开发区基础设施累计投资 1 亿多元，初步实现“九通一平”，基础设施配套基本完善。

道路

2009 年 10 月，磁西公路二期完工，全长 7.77 千米。2010 年，投资 1072 万元，建成富强路，全长1587.56米，与磁西路贯通。2013年建成3条道路：富民路，投资 2599 万元，全长 1636.6 米；富裕西路，投资 1689 万元，全长 980.43 米；双新街，投资1739万元，全长1194米。形成两纵三横交通格局。2018 年，启动办理中化国际大道前期手续，总投资 1790.37 万元。

供电

2009 年，磁县供电公司投资 1700 万元，建成 3.5 万伏变电站。2011 年，邯郸黑猫炭黑有限责任公司废气发电项目竣工投产，输电线路通过地埋和空架两种方式铺设，9 月、10 月两组发电机相继并网发电，发电量 30 兆瓦 / 小时。2012 年，市供电公司投资 4500 万元，建成 11 万伏变电站。2016 年，市供电公司投资 19371 万元，建成 22 万伏变电站，形成双回路供电网。

供水

2009 年，市水利局投资 3500 万元在磁县经济开发区建设邯郸市鸿宇供水有限公司，设计日供水能力 2 万吨，实际日供水能力 1.4 万吨，主供水源为岳城水库地表水，按照市场化模式运作。2012 年 9 月建成运行，铺设地下管网 3080 米，2017 年铺设二期地下管网 3277 米。

污水处理

2016 年，该开发区投资 3000 多万元，建设日处理污水能力 1 万吨的污水处理厂 1 座，处理标准为一级。一期设计日处理污水能力 2000 吨。2017 年 7 月，污水处理厂建成投用，主要处理中化滏恒外排污水。其他企业自建有污水处理设施，自行处理后循环使用。

供热

热源来自黑猫企业的废气发电项目，供热输出蒸汽为过热蒸汽，装机两台75吨锅炉和1台备用20吨燃气蒸汽锅炉，外供蒸汽压力0.5～0.8兆帕，蒸汽温度为375摄氏度，供出量为50吨/小时，年供热量39.6万吨。

供煤气

园区内鑫盛、裕隆两个焦化企业提供焦炉煤气150万立方米/年，可满足区内企业需求。天然气由邯郸市裕泰燃气有限公司10×104NM³/h焦炉煤气制天然气项目提供。

其他设施

通讯 移动通讯、固定电话、无线网络和宽带业务覆盖所有入区企业。

消防及安全设施 2010年10月28日，开工建设国家二级标准消防站1座。2011年消防站投用，配备13名消防人员、5辆消防车。各企业按国家有关规定配备消防设施，通过安全评估和环境影响评价。至2018年，未发生各类安全事故。

第四节 招商引资

招商引资战略

采取以商招商、以会招商、产业链招商等方式，实施“走出去，请进来”发展战略。2011年，举办国际焦油协会年会。2014年，举办第二届中国煤焦油深加工技术发展论坛，为企业和客商搭建沟通对接平台。截至2018年，园区内投资150亿元，开工投产18家生产类企业。

项目选介

磁县鑫盛煤化工有限公司 磁县鑫盛煤化工有限公司是首个入驻园区的邯郸市重点项目，是该开发区循环经济产业链条的上游项目。项目总投资8.5亿元，建有2×60孔J T 55—550D型现代化捣固焦炉1组（两座）。2009年4月开工建设。2011年竣工投产。年产冶金焦108万吨、煤焦油5.8万吨、粗苯1.5万吨、硫酸铵1.3万吨、硫磺膏3000吨、日外供焦炉煤气65万立方米。按照节能环保、清洁生产要求，产生的焦炉煤气经净化、分离提纯后全部外供，是下游企业的主要气源。2017年，该公司缴税1.04亿元，成为全县民营企业首家过亿纳税大户。2018年，缴税1.5亿元。2018年3月，投资1.6亿元，开工建设磁县鑫盛公司干熄焦余热废气发电项目，2019年10月竣工投产。主要建设内容为140吨/小时干熄焦装置，回收利用熄焦过程中产生的高温余热，配套建设内容为高温高压余热锅炉1台及20兆瓦的抽汽凝汽式发电机组1套，年发电量1.4亿千瓦时，利用发电的余热为城区供暖，供汽约54万吨/年。

邯郸鑫盛能源科技有限公司 2013年9月，投资11.8亿元，开工建设邯郸鑫盛能源科技有限公司厂房设施，2015年3月竣工投产，主要产品是精制蒽油1号和精制蒽油2号，产品可作为汽油、柴油调合组份，实现高温煤焦油的清洁高效利用，拓宽燃料油的来源。2018年4月，投资1.5亿元，开工建设LNG液化天然气项目。2018年，实现主营业务收入37834万元。

邯郸黑猫炭黑有限责任公司 邯郸黑猫炭黑有限责任公司隶属江西黑猫炭黑股份有限公司，项目投资8.2亿元，2010年5月开工，建设4条单产4万吨新工艺湿法炭黑生产线、两套15MW废气余热发电装置及配套公用工程装置。2011年3月竣工投产，产品主要有软质炭黑N660和硬质炭黑N220、N234、N330、N375、N339、N326等，用于橡胶补强和填充及增加橡胶耐磨性、油墨、涂料着色剂等。2018年，公司有员工367人，实现主营业务收入74.63亿元，缴税4628.6万元。

磁县鑫宝化工有限公司 2010年5月，磁县鑫宝化工有限公司投资6.3亿元，开工建设60万吨炭黑油深加工项目，建有年处理单套加工能力60万吨的炭黑油深加工装置1套，采用（DCS）和（ESD）集散控制系统。该项目上游接鑫盛焦油和煤气，下游与黑猫炭黑配套，同时向新能源材料、精细化工和医药化工延伸。形成上中下游煤化工产品联合体，开创循环经济产业联盟。主要产品有改质沥青、中温沥青、工业萘、燃料油、精萘、洗油、蒽油等30多种。2018年实现主营业务收入8.55亿元，缴税326.3万元。

河北中化鑫宝化工科技有限公司 该公司是世界500强中化集团子公司河北中化控股企业，

与上海鑫宝集团共同投资3亿元组建的5万吨/年洗油分离项目，主要生产α-甲基萘、β-甲基萘、吲哚、喹啉、芴、苊、氧芴、中质洗油、炭黑原料油等产品。2015年竣工投产。2018年实现主营业务收入22641万元，缴税366万元。

邯郸市裕泰化工集团有限公司 这是以能源化工产业为主导，集物流贸易于一体的集团化企业，集团在园区建有三个项目：一、裕泰130万吨焦化项目。由该公司和磁县申家庄煤矿共同出资建设，投资28亿元，2009年9月开工建设，主要建有4×65孔HXKD55-08F型捣固焦炉装置及回收系统，产生煤焦油、焦炉煤气副产品。2012年12月竣工投产。2018年裕泰焦化实现主营业务收入30.05亿元，缴税2272万元。二、裕隆化工10万吨粗苯精制项目。2012年被列入河北省重点建设项目。投资13.6亿元，是年4月11日开工，主要建有年产10万吨粗苯加氢精制生产装置、辅助生产装置及配套的公用工程装置。采用萃取蒸馏低温加氢工艺（KK溶剂法），产品有纯苯、甲苯、二甲苯等，属清洁产品，是重要的化工基础原料，应用到合成染料、有机颜料、合成农药、合成医药、合成树脂、日用制品等有机行业，市场需求广。年产能10万吨苯加氢。2018年实现产值30005万元、缴税2272万元。三、裕泰1亿立方米焦炉煤气制天然气项目。投资12亿元，2012年4月11日开工，建有生产装置区、辅助生产设施区、公用工程区、行政服务设施区等，建筑面积13.7万平方米。2013年11月投产，年产$10\times104Nm^3/h$焦炉煤气制天然气。该项目生产工艺由西南化工研究设计院自主研发，采用焦炉煤气通过压缩、净化、甲烷化、分离、深冷等工艺，生产液化天然气（LNG），实现焦炉气净化利用，是国内首家采用的焦炉煤气制天然气项目。该项目填补国内焦炉煤气甲烷化合成天然气的空白。2018年实现产值7738.8万元，缴税152万元。

河北中化滏恒股份有限公司精细化工项目 河北中化滏恒股份有限公司由中化河北公司控股70%。2010年8月，投资11.4亿元，开工建设精细化工项目，建有生产车间、原料库、成品库、实验室、综合办公楼及配套相关辅助设施。2011年8月一期工程完工，建设项目有300吨/年炔苯酰草胺原药及制剂和1000吨/年2,3-吡啶二羧酸和600吨/年对苯基苯酚。二期工程建有年产100吨DMN生产线、年产300吨9-WT生产线、年产200吨MDP生产线、年产200吨XNTC、年产100吨MEP生产线。项目填补国内空白。产品用于医药、农药中间体、电子材料等。2018年实现主营业务收入13106万元，缴税1367万元。

邯郸惠达化工有限公司精细化工项目 该项目投资3亿元，2009年开工建设，建有生产车间、原料库、成品库、实验室及配套相关辅助设施，总建筑面积8.4万平方米。主要从事研发、产售洗油深加工产品和医药、染料、农药中间体等高科技精细化工产品。产品销往日本、印度、欧洲等国家和地区。2011年竣工投产，年产400吨8-羟基喹啉、500吨喹啉、200吨吲哚啉。2018年实现产值9056万元，缴税1231万元。

第五节 科研机构与产业链

科研机构

该开发区拥有国内一流的黑猫股份有限公司检测中心、炭黑技术与应用研究所国家级研发机构2家，省级企业技术中心、洗油及喹啉系列深加工工程技术研究中心，省、市级研发机构6家，高新技术企业7家。

聘请行业知名专家、博士生导师担任开发区发展顾问，与北京化工大学、天津大学等高等院校合作共同打造中国北方煤化工科研中试基地，为开发区提供更多超前的科技支持。研发生产及采用高新技术成果100多项，获国家专利105项。实现从过去的以“吨”为单位卖煤到2010年以“克”为单位卖精细化工产品的跨越，附加值增长百倍。磁县经济开发区企业产品65种，覆盖煤化工产业的上、中、下游。

循环经济产业链条

磁县经济开发区依托资源优势，按照“延伸产业链条、发展循环经济”理念，形成“多企循环、多业联产、抱团发展”行业独创模式，通过“企业内部小循环、企业之间中循环、产业之间大循环”

网络体系，实现焦化下游产品“吃干榨净”，形成苯链、煤气综合利用链、煤焦油链、精细化工链4个产业链。被业内专家和主流媒体称为“磁县样板”。

苯链条以裕隆焦化项目为主体，对副产品粗苯进行加氢精制，生成苯、甲苯、二甲苯高附加值产业链条。

煤气综合利用链条以裕隆焦化项目为主体，对副产品焦炉煤气进行甲烷化合成天然气。项目清洁生产、低碳环保，缓解省内“气荒”急难。

煤焦油链条以鑫盛、鑫宝、黑猫为主体，3家企业互相参股，联姻合作，形成闭合产业链条。鑫盛的煤焦油、焦炉煤气为鑫宝的炭黑油精制提供优质原料油和加热源，鑫宝从煤焦油中提炼出的炭黑油和蒽油是黑猫生产炭黑的优质原料。炭黑生产过程中产生的废气用来发电，并入国家电网。其产生的蒸汽为园区其他企业、主城区及周边地区提供蒸汽和热源。

第六节　规模效益

2010年后，该开发区内企业相继投产，经济效益逐年递增。2015年该开发区内企业缴税1.04亿元。至2018年，磁县经济开发区项目签约总额突破360亿元，入驻企业17家。其中，央企2家，上市公司1家，高新技术企业7家。建成投产项目35个，产业工人3500余人，实现工业总产值54.2亿元，缴税2.7亿元。带动周边区域商贸物流、休闲娱乐、餐饮服务等行业发展，成为磁县新的经济增长点。

2013—2018年河北磁县经济开发区主要经济指标情况一览表

表13-1　　单位：万元，万美元

指标 年份	工业总产值	主营业务收入	缴税	出口创汇
2013	340271.78	432917.41	3987	6881
2014	413342.4	329853.69	8699.57	7271.1
2015	346968.2	330360.81	10406.9	2386.1
2016	324462.72	335058.21	9898.48	1526.38
2017	437395.8	467672.48	15049.55	1597
2018	541868.51	643580.83	27000	2498.35

第三章　磁县童装城园区

第一节　童装产业发展

磁县童装产业于20世纪80年代起步，最初从县城内和城西响水亮村部分农户加工婴儿装、儿童装销售开始。后来通过滚动发展逐渐形成集聚，辐射周边乡村，童装加工商户发展到80余家，童装品种日益增多，延伸带动相关行业发展。1993年，部分童装加工商户迁至交通便利、人口密集的磁州镇监上街，逐步形成规模，成为国内中原地区童装加工基地。

随着童装加工商户日益增多，磁县童装在周边地区的影响力迅速扩大。1994年，县委、县政府因势利导，童装加工商户集资4000余万元，建成占地6.52万平方米的磁州商都童装市场。该市场拥有“前店后厂”式房屋3700余间，可容纳商户200余家入驻。

为鼓励童装加工商户入驻磁州商都童装市场，县委、县政府出台一系列优惠政策：前两年免收市场管理费、摊位费等，第三年减征税费。吸引监上街童装加工商户和附近村分散童装加工商户入驻磁州商都童装市场。1996年，200余家童装加工商户入驻磁州商都童装市场，产品远销全国各地。磁州商都童装市场带动绣花、印染、物流和餐饮等配套行业同步发展，成为国内北方地区最大的童装加工、

批发市场。2006 年，为加快童装产业发展，县委、县政府成立磁县童装城管委会，筹建童装城园区。2009 年，童装城园区建成投用，逐渐形成集生产加工、研发检测、贸易会展、商务办公等多功能于一体的现代化产业园区。

第二节　园区规划建设

功能定位

磁县童装城园区功能定位：展现“全国纺织产业集群试点县”“中国童装加工名城”的重要窗口；以童装加工为主体，配套以创业大厦、商贸展示、服装贸易和必要的餐饮服务。

园区规划

磁县童装城园区范围：友谊北大街以东、平安路以南、雪驰童装园以西、仁和路以北，占地 22.2 公顷，建筑面积 27.8 万平方米。整体结构突出“城”的特点，以中部东西方向的景观道路为主要轴线，连接各厂区地块，将区内厂房和建筑整合为一体。区内中部为加工区厂房建筑，周围是商业服务设施。地块分为 3 片，以“Y”形道路将各功能区串接起来。

园区建设

2009 年，园区主体建筑 25 栋厂房，建筑面积 11.9 万平方米，分 ABCDE 五种型号。主体 3 层、局部 4 层框架结构。A 型厂房 16 栋，每栋建筑面积 5072.8 平方米（主体每层 23 米 ×78.5 米）。B 型厂房 4 栋，每栋建筑面积 4030.9 平方米（主体每层 23 米 ×63.2 米）。C 型厂房 3 栋，每栋建筑面积 36773 平方米（主体每层 15.5 米 ×78.5 米）。D 型厂房 1 栋，建筑面积 730.2 平方米（主体每层 30 米 ×78.5 米）；E 型厂房 1 栋，建筑面积 4190.4 平方米（主体每层 40.8 米 ×52.4 米）。并配有 91 套临街商铺，建筑面积 3.28 万平方米，分为 ABCDE 五种型号，上下 3 层，独立设计。A 型 82 套，每套建筑面积 3151 平方米。B 型 4 套，每套建筑面积 58548 平方米。C 型 3 套，每套建筑面积 57732 平方米。D 型 1 套，建筑面积 92175 平方米。E 型 1 套，建筑面积 614.16 平方米。两处辅助用房，约 3000 平方米，具有医疗护理、文化活动等功能。每处约 5300 平方米的食堂，为园区内就业人员餐饮场所。童装城园区逐渐发展为集生产加工、研发检测、贸易会展、商务办公等多功能于一体的现代化产业园区。

第三节　基础设施

道路

园区车行道为“一主二辅”。“一主”是指东西向兴盛路（双向车道），全长 500 米，机动车和非机动车混行，宽 8 米；人行道宽度两侧各为 3.5 米。“二辅”是指南北向的阳光街和诚信街，总长 800 米，机动车和非机动车混行，宽 7 米；人行道宽度两侧各 2.5 米。还建有“三横三纵”步行路和两条斜向步行路。

供电

2009 年，园区自建 1 座 35KV 变电站，安装变压器 13 个，启用 8 个。电网实现双回路运行。2012 年后交由县供电公司管理和运营。

供水

2009 年建成供水系统，水源由平安路 DN500 市政给水管网供水，城市水压为 0.35Mpa。园区企业和商户供水系统由县自来水公司负责管理及运营，水费直收到户。

排水

2009 年建成排水系统，排水工程按照室内污水、废水合流，室外雨水、污水分流的原则设计施工，园区总排水量约 8000 立方米 / 日。

供热

2009 年园区自建交换站 1 座。园内企业和商户全部实现集中供暖，由景明热力公司负责管理和运营，供热面积 5 万平方米。

消防及安全设施

2009 年，园区建设地下消防水泵房和高位水箱。消防设施管网连接各企业，配备 12 个室外消防栓。厂房按标准要求配备室内消防栓等消防设施，商铺全部装设消防喷淋系统，并通过安全评估和环境影响评价。

绿化

园区绿化面积 4 万余平方米，绿化覆盖率 30%

以上。树种有雪松、法桐、女贞、广玉兰、百日红、铁杆海棠等50多个品种、2900余棵。培植草坪2.3万平方米、月季花733平方米、绿篱（冬青）2780平方米。建有两个直径30米巨型花坛。

第四节 招商引资

分区招商

童装城园区建成投用后，以东西主干道兴盛路为界分区招商，南部面对童装企业招商，北部整体租赁建成中盛建材市场。2009年，广州森仕（邯郸）时装有限公司入驻童装城园区。2010年，邯郸宝心制衣有限公司、邯郸彩帆制衣有限公司、磁县志刚制衣有限公司、河北信盈益尔制衣有限公司、邯郸市森源制衣有限公司和青岛布福幔布艺装饰有限公司入驻园区。2011年后，磁县金彩靓尔童装厂、河北亿瑞制衣有限公司、磁县杰克劳保制衣有限公司、邯郸美乐服饰有限公司等企业相继入驻。至2019年底，留存森仕服装邯郸有限公司、磁县金彩靓尔童装厂等7家本地童装企业。

项目招商

2010年8月，河北盛邦伟业投资有限公司投资4亿元，在童装城西北角预留地投资建设“中盛国贸广场”商业综合体项目。该项目列入河北省、邯郸市重点建设项目、磁县十大立县项目。是年9月26日奠基。2011年3月15日开工建设，2012年9月16日商业楼开业，集超市、服装展示与销售、百货销售、健身、娱乐于一体。

2019年年底，山东联桥集团和磁县博翔服装有限公司合作成立邯郸市博联制衣有限公司，有职工120多人、技术人员10多人，拥有先进进口及国产缝制设备200余台，主要为国际著名品牌公司（优衣库、迪士尼、ZARA）及国内童装品牌公司（巴拉巴拉、戴维贝拉、皮皮狗）加工成衣。

第五节 效 益

经济效益

园区建设用地及厂房属国有资产，由童装城管委会负责管理。2010年后，先后4次公开拍卖临街25套商铺，拍卖金额2353.75万元。至2019年底，园区有童装企业8家，从业人员1千余人，年产量400万件（套），年产值1.2亿元，产品主要销往河北、河南、新疆、广东、湖北、江西、黑龙江、吉林、辽宁省等国内地区和国外东欧、中东地区。

社会效益

2006年，中国纺织工业联合会和中国服装协会命名磁县为“中国纺织产业集群试点县”“中国童装加工名城”。2010年、2013年、2016年、2019年先后4次通过复评。

2009年11月20—22日，河北国际服装博览会暨首届邯郸（磁县）童装节在邯郸举行。“河北省服装行业童装分会”在磁县成立。磁县被中国服装协会确定为“全国纺织服装定点监测县”。

2011年，磁县被中国纺织工业联合会流通分会、中国服装协会授予“中国服装品牌孵化基地”称号，分别于2014年、2018年通过复评。2012年3月，磁县童装城“福龙仔”童装、“比比童”童装、“登山童”童装、“金兴华”工装和“想你宝贝”童装5个自主服装品牌被中国纺织工业联合会流通分会、中国服装协会授予2011年度“中国服装成长型品牌”。

第四章 磁县滏泉湖风景区

第一节 设区建制

区划调整前建制

20世纪90年代末，县委、县政府为发展旅游产业，利用东武仕水库生态环境和区位优势，谋划滏泉湖度假村建设。其位置在东武仕水库北，西光禄镇滏泉村南，南水北调中线干渠西，东武仕水库北桥东。2001年，成立滏泉湖度假村建设指挥部。建成别墅11栋、培训中心1处，开发度假村路网及广场。2003年，改设滏泉湖管委会。2005年4月恢复滏泉湖度假村建设指挥部。2009年，改设磁县滏泉湖开发区管理委员会。“磁县滏泉湖度假村”更名为“磁县滏泉湖开发区”。2012 年 3 月 29 日，组建邯郸冀南新区管理委员会，设立凤凰山—滏泉湖风景园管理处。2014 年，邯郸市机构编制委员会办公室印发《关于理顺凤凰山—滏泉湖风景园管理处管理体制的批复》，景区范围内的 26 个村划归凤凰山—滏泉湖风景园管理处托管，成立凤凰山—滏泉湖风景园综合执法队，维护景区秩序。

区划调整后建制

2016 年 10 月，邯郸市部分行政区划调整，冀南新区凤凰山—滏泉湖风景园管理处划转磁县管理。原 45 名工作人员（事业）编制，按照人随事走的原则划给磁县 25 人，负责滏泉湖风景区管理工作。

2019 年 12 月，邯郸市编制委员会研究决定，明确滏泉湖风景区管理处由磁县管理，机构规格正科级，核定全额拨款人员（事业）编制 12 名，科级领导职数一正二副。

第二节　规划布局

2005—2018 年，磁县滏泉湖风景区先后进行 4 次总体规划。

第一次总体规划

2005 年 8 月，围绕构建“一城、二区、三路、四地、五景”大磁县发展中心，县委、县政府委托上海园林设计院、上海园林工程有限公司等 5 家单位联合对滏泉湖度假村进行整体规划设计。规划面积 6 平方千米，规划建设投资 10 亿元，以“人文、自然、生态”为主题，分别规划景观大道、冀南绿洲、乡土人家、荷塘月色等 10 个景区。

第二次总体规划

2010 年 11 月，进行第二次规划。规划范围：东起南水北调中线总干渠，西至峰峰矿区前扑子村，南接魏峰公路，北至成峰公路，面积 67.8 平方千米。规划理念：“动感乡野，都市寻梦”。总体发展目标：打造会议商务、康疗度假、休闲娱乐、游览观光、教育培训和生态农业多种功能精品休闲度假区。功能分区：凤凰山森林公园景区、乡村文化体验区、滨水游憩区、湿地文化体验区、农业示范园区。

第三次总体规划

2011 年年底，邯郸市规划设计院编制《磁县城乡总体规划（2013—2030 年）》，把滏泉湖景区纳入中心城区。规划范围：东起南水北调中线总干渠，西至新坡工业园东边界及成峰公路，南接魏峰公路，北至成峰公路及林坛工业园区南边界。规划面积 57.72 平方千米，其中水域面积 18.97 平方千米。功能定位：河北省和邯郸市对接京津冀经济区和中原经济区的门户和桥头堡、冀南新区城镇化建设的核心区、北京以南地区和中原地区湖泊型旅游度假地、邯郸市及周边区域旅游集散地。产业定位：以旅游休闲产业为龙头，重点发展商业服务、商务会议、文化创意、科技研发、高端居住、养老、生态农业等相关配套产业。功能分区：湖泊湿地体验区、山地森林体验区、田园风情体验区、城市风光体验区、创意文化体验区。

第四次总体规划

2017 年，结合区划调整后的实际情况，委托中外建工程咨询与设计有限公司启动景区总体规划编制工作。规划面积 25.13 平方千米。2018 年 8 月，完成规划大纲编制工作。

第三节　基础设施

道路

2010 年，改造凤凰路、滨湖路。凤凰路全长 1800 米，路面宽 6 米。滨湖路全长 1000 米，主车道宽 9 米。实现与县城及周边区域道路通行对接。2014 年 9 月，雁鸣路竣工投用，连接滨湖路与规划园区北路，向北延伸至滏泉南路，全长 891 米，宽 9 米，总投资 495.11 万元，采用沥青混凝土路面。

供水

2012 年之前使用自备井供水。2012 年后，接通管网供应自来水，供给水源为自来水公司第二水厂和县水利局滏泉岭乡村供水站，日供水能力分别为 8000 吨和 2000 吨。

供电

滏泉湖风景区建设初期，使用槐树 110 千伏变电站出线 10 千伏 043 线(农用线)。2009 年 7 月，增项 35 千伏光禄变电站出线 10 千伏 035 线路（东武仕水库管理处专线)。2010 年，增项 35 千伏光禄变电站出线 10 千伏 034 线路（农用线)，建成双

回路电源。

滨湖公园

由杭州园林设计院规划设计，东起东武仕水库大坝，西至县农牧局码头，北至滨湖路，南至东武仕水库水位线，占地21.15万平方米，投资8764万元。2015年实施一期工程建设，实施广场改造、观景平台、步行道、公厕建设和景观绿化工程。2016年10月建成开放。2018年，安装太阳能路灯60余盏，补栽乔木300余棵，109慢行道护坡施工，建设奕轩平台、景观亭等。

停车场

2017年11月，投资938.06万元建设雁鸣路停车场，包括停车场、广场、绿化、牌坊等，占地1.73万平方米。2018年9月竣工投用。

防护林带

2015年，全县县级、科级干部捐资建设“公仆林”，栽植法桐1.23万余棵。2016年，开发区北侧北扩造林，植树1.7万棵。12月，土山周边绿化，植树6000棵。2017年3月，扩建“公仆林”，种植法桐8500棵。2018年3月，贺兰山庄西北侧绿化，种植杨树3700棵。截至2018年，磁县滏泉湖风景区建设防护林53公顷，植树4.7万余棵。

第四节　投资与效益

投资

滏泉湖度假村　1998年在东武仕水库北侧建设别墅11栋，形成滏泉湖度假村雏形。2008年，在度假村内建设滏泉湖接待中心（嵩景楼酒店），占地12公顷。2010年8月，投资1800万元建成望海楼国际会议中心和亲水广场。2011年，嵩景楼二期工程开工，建设B座楼和C座楼，总建筑面积2.22万平方米。2015年12月，滏泉湖健身中心竣工，建筑面积约5600平方米。2018年10月，修筑健身步道500余米，建设广场1个。截至2018年，度假村总占地20公顷，建筑面积4.5万平方米。

引进项目　2003年3月，投资3500万元开发建设龙山别墅，占地3.7公顷，建设别墅21栋，建筑面积8408.78平方米。2005年10月建成投用。2006年，开发建设贺兰山庄项目，投资8600万元，占地4公顷，建筑面积9856平方米。2010年8月建成投用。2011年3月，磁州窑文化创意产业园落户园区，该项目是河北省重点建设项目、磁县“十大城建工程”之一，投资11.02亿元，占地20公顷，建筑面积48571平方米。2011年5月，紫海芳庭薰衣草庄园一期开工建设，项目规划总面积33.33公顷。一期、二期建设面积20.7公顷，投资5000万元。一期种植6.7公顷薰衣草、3.35公顷向日葵园、2.7公顷其他花卉。2013年3月，紫海芳庭薰衣草庄园二期开工建设，建有戏水中心、风味就餐区、景观大门等。2014年，投资2.1亿元的曦岛假日湾、投资9100万元的国家检察官学院河北分院邯郸校区、投资3.6亿元的北朝历史文化体验中心项目、投资5.8亿元的天中云水旅游度假村等4个项目落户开发区。2015年，引入万方同游乐园项目，投资5000万元，建设中型游乐场。一期工程占地约3.3公顷，共建设摩天轮、大摆锤等游乐设施30余项。10月开工建设，2016年10月建成开放。截至2018年，磁县滏泉湖风景区引进项目9个，总投资25.64亿元，完成投资12.2亿元。

效益

经济效益　2009年，承办首届海峡两岸中小企业合作发展论坛。2012年接待游客10余万人次。2013年，接待游客突破20万人次。2017年5月，磁州窑文化创意园项目入选国家旅游局发布的2017全国优选旅游项目名单。2017年游客突破90万人次。2018年突破100万人次，旅游综合收入5000万元。截至2018年，园区年产值约2000万元。

社会效益　2001年，滏泉湖度假村开发项目列为河北省“十五”期间重点旅游项目，邯郸市重点建设项目。2006年，列入第六批国家水利风景区。2009年，磁县滏泉湖升级为省级湿地公园，成为磁县境内首个省级湿地公园。2011年12月，省政府批复滏泉湖风景区为河北省第四批省级风景名胜区。2014年，滏泉湖旅游开发有限公司收储土地67公顷，全部绿化，形成千亩林带。截至2018年，滏泉湖风景区创造就业岗位500多个。

第十四编 财政 税务

明代，磁州设税课局。清光绪三十二年(1906年)，设理财所。民国时设有财税机构，名称几经变更。抗日战争时期，磁县抗日民主政府设立财政科。1948年成立县税务局。

明代，财政收入依据“有田即有赋，有赋即有丁”之制，以田赋为主，定额征收。明弘治十一年（1498年），域内田6411.7顷，丁38410人。正赋麦5122.4担、米29241.2担、税课13650.6贯，其他还有税丝、草；杂赋桑、枣；贡防风、瓶坛、鹿、杂革、骡马等物。清代，沿用明制征收地丁银。民国时捐税繁重。县抗日民主政府成立后，减轻百姓负担。1953年，县成为一级财政后，实行财政预决算制度，是年完成财政收入312.5万元。此后，财政收入逐渐增长。1996年，全县财政收入完成11668万元，提前两年实现亿元县，进入全省前20名行列。至1998年，全县财政收入1.58亿元。清代，磁州每年的存留银很少。民国时期，县财政入不敷出。县抗日民主政府实行统筹统办粮款办法。1953年后，县财政将支出纳入预算。1953—1998年，县财政总支出8.65亿元。至1998年年底，连续10年保持收支平衡，保障全县9279名公教人员工资和1195名离退休人员两费(工资和医疗费）的足额发放，支援全县工农业生产和发展社会事业。明清时期，磁州的财务尽为钱粮征收，有州府和县衙督管，各里（行政单位）分办。民国时期，地方经费有地方政府拨付，县兴办的公费事业无统一的财务管理。中华人民共和国成立后，县政府赋予财政部门管理职责，从多方面加强财政管理。中华人民共和国成立前，县内无专门财务监督机构。中华人民共和国成立后，县政府财政科设立专职审计员。1959年，县财政局设立监察组。1989年成立磁县人民政府财务、税务、物价大检查办公室，加强财政检查监督。

税收事关国计民生，为历代统治者所重视。隋代，实行租、调、力役制。唐代改力役为庸，统称“租庸调”制。此法延续至明代中叶合并改为“一条鞭”法。至此，实物税基本上改为货币税，一直延续到清代。1928年，南京国民政府成立后开征新税，逐步形成国税、地方税和田赋几个税系。抗日民主政府废除旧时苛捐杂税，按解放区的新税收政策征税。中华人民共和国成立后，实行集中统一的税收管理体制。1950年1月31日，国家规定除农业税外，全国统一征收14种税。是年，县内完成税收160.3万元。改革开放后，磁县适应不同时期经济社会发展需要，先后实施两步“利改税”改革、1994年分税制改革，不断深化财税管理体制改革。

1999年始，磁县继续深化财税管理体制改革，先后实施2007年收支分类改革、2016年5月1日“营改增”改革、2018年国税地税征管体制改革，财税职能进一步充分发挥，在促进经济发展和社会进步中的作用进一步凸显，助推磁县经济社会快速发展。2018年，磁县财政收入143907万元，较1999年14689万元增加8.8倍。其中，2018年税收119565万元，较1999年9554万元增加11.5倍。

第一章 财政管理体制改革

第一节 财政预算收支管理体制改革

财政预算收入管理体制改革

1999年，磁县实施《河北省财政周转金管理试行办法》，财政周转金由县财政局预算股集中在银行统一开设账户，进行拨款、记账、核算。

2002年，磁县对乡（镇）实行“划分收入，核定收支，定额上解，增收全留，短收自补，自求平衡”的财政管理体制。随着政策性调资和津贴标准的提高，县与乡（镇）财政管理体制难以适应形势发展的需要。

2006年，根据《河北省财政厅关于深化县乡财政体制改革试点工作指导意见》，对县、乡财政体制进行调整，分别对西光禄镇和林坛镇实行“分税制”“统收统支加激励”两种管理体制模式试点改革。

2008年，磁县修订县、乡财政体制改革试点办法，拟定《关于对林坛镇等乡镇实行“统收统支加激励”的财政体制改革试点的意见》。确定在林坛镇、西光禄镇、讲武城镇、高臾镇、花官营乡、南城乡、路村营乡实行“统收统支加激励”财政管理体制改革试点。主要改革内容：“收支统管、核定基数、超收奖励、节余留用”。

2014年，县政府出台《进一步完善县乡财政体制实施方案》，推进县乡财政体制改革，调整和完善县对乡（镇）的财政管理体制。

至2018年，县内部门预算编制改革不断深化，将预算资金安排与单位非税收入、结余资金、统筹使用实行“零基预算”，强化预算绩效管理和资产配置预算管理，深入推进法治财政建设，依法规范财政管理行为。

财政预算支出管理体制改革

1999年，县政府对全县行政事业费支出、预算外资金管理、财政支出、财政技措（企业技术改造）和流动资金管理、罚没款财务管理、预算外间歇资金使用管理作出规定。2000年始，不断完善财政资金支出管理制度。

2004年9月10日，磁县成立财政集中支付中心，启动财政集中支付制度改革。县直75个部门、140个预算单位的预算内、外资金纳入改革范围。同时，清理银行账户，实现零余额账户运转，对所有预算单位的工资、基本建设和政府采购项目资金实行财政直接支付。

2008年，县公安局、县人劳局、县财政局、县法院、县档案局、县统计局等单位试运行国库集中支付改革方案，探索“财政授权支付”“财政直接支付”两种支付模式，建立“零余额账户”管理办法。

2009年始，县财政、县人行、县中行3方信息系统联网。全县140个预算单位推行“零余额账户”支付模式，财政支出通过“零余额账户”结算拨付，分直接支付和授权支付两种方式。

2016年，按照财政部、中国人民银行的统一部署，磁县推进国库集中支付电子化管理改革（简称“支付电子化管理”）。财政性资金纳入国库单一账户体系管理，收入直接缴入国库或财政专户，支出通过国库单一账户体系向商品或劳务提供者支付。

2017年，进一步深化国库集中支付制度改革，规范预算单位公务支出管理，减少现金结算，提高支付透明度，强化资金安全。2018年，按照省、市部署，推广应用会计集中核算平台，实现记账凭证、单位决算、财务报告自动生成等全流程业务办理目标要求，完成财政国库电子化集中支付“最后一公里”改革，提高财政支付工作效率。

第二节 财政预决算编制管理体制改革

财政预算编制管理体制改革

1999年，磁县启动财政预算编制改革，推行部门预算管理。预算编制由“一上一下”改为“两上两下”。“一上”，即预算部门向财政部门报送部门预算建议收支计划和预算单位基本

情况。“一下”，即财政部门向各部门下达县政府研究确定的下一年度本级预算的重点支出项目和各类支出限额及对部门预算建议收支计划的审核意见。“二上”，即预算部门根据财政部门的意见调整部门预算建议计划、编制部门预算草案文本后，报财政部门。“二下”，即财政部门根据县人代会批准的本级预算在规定时间内批复各部门预算，包括政府采购预算，各部门在规定时间内批复所属单位预算。编制形式实行 1 个部门 1 本预算。编制方法采用零基预算方法。编制内容实行综合预算管理。编制程序实行标准预算周期管理。

2000—2008 年，根据财政部进一步深化预算改革的要求，继续巩固和完善部门预算改革，细化基本支出预算管理，探索实物定额与标准定额相结合的预算管理方式，提高预算资金的使用效益。实施政府收支分类改革。政府收支分类体系由收入分类、支出功能分类和支出经济分类 3 部分构成。

2009 年，推进基本公共服务均等化和主体功能区建设，建立县级基本财力保障机制。深化预算制度改革，实现政府公共预算、国有资本经营预算、政府性基金预算和社会保障预算有机衔接。2010 年，实施积极的财政政策，强化预算管理，规范部门预算编制程序，细化预算编制内容，提高年初预算到位率。2012 年，县政府成立绩效预算管理问责审核管理委员会，强化预算绩效管理和资产配置预算管理，出台《磁县人民政府关于深化推进预算绩效管理的意见》《磁县财政局关于试编 2012 年项目绩效预算的通知》。深化部门预算编制改革，将预算资金安排与单位非税收入、结余结转资金、执行进度挂钩。

2013—2014 年，推进以部门预算编制为核心的预算管理改革，开始试编部门预算文本。严格规范县本级预算、部门预算的内容和收支范围以及预算编制、预算审查和批准、预算执行、预算调整的各项流程。

2015 年，新修订的《中华人民共和国预算法》（简称“《预算法》”）颁布实施。县财政局印发《预算法》读本 1500 本，分发到各乡（镇）、部门等单位，提高乡（镇）、部门等领导预算认知度，提升财务人员的业务能力。

2016—2017 年，通过“强化宣传培训、积极组织实施、完善管理体系、严格监督审计”等措施，从预算编制源头抓起，参评项目做到立项依据充分。对重点支出项目进行绩效目标考评，保障项目支出科学合理。

2018 年，应用河北财政管理信息系统一体化平台编制县级部门预算。跟踪管理预算项目实施全过程，规范管理预算项目填报和项目支出，提高预算项目的规范性、准确性和有效性。

财政决算编制管理体制改革

1999 年，财政决算编制为手工记账和填制决算报表。2000 年始，财政决算过程实现微机操作并通过邯郸市财政局总预算会计达标验收。

2006 年，财政决算分为财政总决算和部门决算。财政总决算从基层乡（镇）单位开始编制，逐级汇总。部门决算由行政事业单位编制，报财政部门审核汇总后逐级上报。

2006 年后，财政总决算按政府收支分类科目编制，部门决算按预算单位年度收入与支出情况逐级汇总编制。至 2018 年无变化。

第二章　财政收支

第一节　财政收入

收入构成

1999 年，财政收入构成为中央级财政收入、省级财政收入、市级财政收入和县级财政收入。县级财政收入包括农业税、行政事业性收费、罚没收入、教育费附加和其他收入。财政收入中农业税种主要有耕地占用税和契税。2005 年起，免征农业税；2007—2018 年，财政收入构成为税收收入和非税收入。其中，非税收入中，有专项收入、行政事业性收费、罚没收入、国有资本经营收入、

基金收入等。

收入状况

1999年，磁县财政收入1.5亿元。2002年、2004年、2005年，财政收入先后突破2亿元、4亿元和6亿元。其中，2005年猛增至6.6亿元，成为磁县财政收入增长速度最快的时期之一。2006年，财政收入持续快速增长，完成8亿元。2007年，县财政收入完成11.3亿元。在连续3年增收超亿元级之后，又一次跨越9亿元、10亿元、11亿元3个亿元级台阶，一举突破11亿元大关。2010年，财政收入完成20.6亿元。2012年，财政收入完成28.8亿元，创磁县历史新高。

2013年，由于经济形势和环境保护压力加大，煤炭及煤化工产业效益下降，财政收入呈下降趋势；是年完成财政收入25亿元。2016年区划调整后，磁县经济体量减小，财政收入持续下降。2017年，磁县加快调整产业结构，积极组织收入，至年底全县财政收入完成12.5亿元。2018年，全县财政收入完成14.4亿元。

第二节 财政支出

支出构成

1999年始，磁县财政支出领域主要为基本建设、教育、医疗卫生、农业生产和农业开发、企业改造、交通和其他事业。2007—2018年，财政支出领域主要为公共服务、公共安全、教育科技、医疗卫生、文体传媒、环境保护和社会保障、交通和工商业、金融业等。

支出状况

1999年后，磁县财政支出本着“量入为出，统筹兼顾，保证重点，科学安排”原则，以发展社会生产、满足人民日益增长的物质文化需要为中心，合理安排资金，财政支出结构逐渐趋于优化，财政支出规模不断扩大，各项事业持续发展，财政收支基本平衡。2002年，财政支出突破2亿元。此后，磁县财政支出翻倍增长。2005年突破4亿元。2007年突破8亿元。2010年突破16亿元。此后，财政支出增长速度放慢。2015年，财政支出突破30亿元，为历史新高。2016年区划调整后，财政支出降至26亿元。2018年，财政支出24.6亿元。

1999—2018年磁县财政收支情况一览表

表14-1 单位：万元

年份	收入	支出	年份	收入	支出
1999	14689	12458	2009	167168	123346
2000	15724	14287	2010	205866	168882
2001	17635	16740	2011	270000	206410
2002	20220	20747	2012	287598	247726
2003	22776	22644	2013	250158	248048
2004	41968	33087	2014	185473	199192
2005	66188	43591	2015	187047	301352
2006	86099	62323	2016	155188	261812
2007	113011	81122	2017	124878	194918
2008	145942	103512	2018	143907	245951

第三章　财政管理

第一节　农业税征免管理

农业税费征收

1999 年，农业税收入 883 万元。2000 年，根据国务院及省、市有关农村税费改革的指示精神，取消乡统筹、村提留、屠宰税、统一规定的劳动积累工和义务工，统一用农业税征收。农民应缴纳的农业税额以承包的土地面积和常年产量为依据测定核算，不以任何理由再向农民收取其他款项。

农业税免除

2004 年，国务院提出农业税征收率和征收额逐年降低，5 年内免除农业税。2004 年、2005 年磁县农业税征收率分别降低 3 个百分点和 2 个百分点，降至 1.98%。

2005 年，磁县全面取消农业税及附加。是年初，印发《致全县广大农民朋友的一封信》，向社会正式宣告“皇粮国税”在磁县已成为历史。较十届全国人大常委会第十九次会议决议的 2006 年 1 月 1 日废止《中华人民共和国农业税条例》提前 1 年落实到位。

第二节　预算外资金管理

预算外资金收缴方法改革

1999 年，磁县加强对预算外资金的管理，取消各执收执罚单位“收入过渡户”。执收执罚单位直接将预算外资金交到过渡户，由预算外资金过渡户转缴财政专户或国库。

2000 年始，实行票款分离、罚缴分离的“收支两条线”管理改革。全县 140 个单位的 280 多项收费项目实施“单位开票、银行代收、统一开户、财政统管”的票款分离管理方法。

至 2004 年，预算外资金延续实行与代收银行联网管理。对各执收执罚单位收费项目实施编码管理。收费项目编码录入管理系统，与代收银行端对接，实行网络管理。

预算外资金收缴名目改革

2004 年，财政部下发《关于加强政府非税收入管理的通知》。政府非税收入概念应运而生，预算外资金概念退出历史舞台。是年，磁县加强非税收入管理，充实工作人员和办公设备，完善工作机制。至 2007 年，非税收入结构以行政事业性收费和罚没收入为主。

2008 年，按照上级要求，理顺非税收入统计口径、加强非税收入管理；是年，非税收入 41928 万元，同比增长 5.36 倍。2008 年后，按非税收入的类款项目管理。

2009 年，根据省财政厅确定的河北省非税收入管理局的职能范围和要求，经磁县编制委员会批准，磁县预算外资金管理局更名为磁县非税收入管理局。

2010 年，磁县非税收入实现省、市、县联网纵向管理、财政与代收银行和执收单位的横向联网管理。全县 28 个大额执收单位统一安装“河北省非税收入管理系统”，执收单位可通过“系统”领购财政票据、打印票据，初步实现部分非税收入收缴信息及省、市、县、执收单位和代收银行共享。

2016 年，依托“互联网 + 政务服务”平台，建设统一公共支付平台，加强非税收入收缴与平台对接，提高非税收入收缴电子化办公水平。

2017 年始，贯彻国家和省、市有关行政事业性收费项目停征、缓征、减征政策，杜绝行政事业单位乱收费。落实依法征收、源头控收、以票管收征管机制。指导各执收单位的非税收入征管有序开展，保障依法征收、应收尽收。

1999—2018 年磁县非税收入情况一览表

表 14-2　　单位：万元

年份	金额	年份	金额	年份	金额	年份	金额
1999	1612	2004	4785	2009	54996	2014	130749
2000	1197	2005	5136	2010	76040	2015	119456
2001	3168	2006	5987	2011	111993	2016	292883
2002	3673	2007	6596	2012	130749	2017	89694
2003	4170	2008	41928	2013	158508	2018	82022

第三节　财政监督

资金稽查管理

1999 年，磁县财政局成立预算外资金稽查大队。

2003 年，组织开展“预算外资金收缴使用情况、国债资金使用情况、防治非典资金使用情况及财经纪律执行情况”等专项检查。

2005 年，监督检查中小学危房改造资金、人畜饮水资金、扶贫资金、救灾资金、农村劳动力转移培训资金、公共卫生防治体系建设资金等专项资金使用情况。

2007 年始，重点监督检查中小学“两免一补”经费、农村卫生基础设施改造、农村合作医疗、城镇医疗保险、企业基本养老保险、失业保险、抚恤、土地开发整理、城市道路建设项目、财政支持的重点项目以及中小学危房改造项目和寄宿制学校建设经费、生态家园富民工程、粮食直补、综合直补和其他公益性建设项目等各种民生资金和专项资金使用情况。采取专项检查、综合检查、跟踪问效和重点项目抽查的方法，逐笔逐项进行审查。

2010 年，预算外资金稽查大队更名为磁县非税收入稽查大队。自此，加强财政投资评审，审核各个项目工程申报资金，审减申报资金。同时，开展“小金库”专项清理，会同县监察、县审计部门进行重点抽查，整顿财经秩序和财经纪律。实施“阳光预算”“阳光采购”“阳光检查”，推行廉政风险评估和廉情监控，扩大政务公开范围，规范财经秩序。

2013 年始，推行国有资产监督管理，对全县 15 家国有及国有控股企业进行财务审计，清查 140 个行政事业单位国有资产，审减资金 2.02 亿元，资金节约率 19%；部门申请追加经费 20073.51 万元，审减资金 564.04 万元，资金节约率 2.81%。

2016—2018 年，围绕落实国家重大政策、灾后重建资金、重点基础设施建设和重点服务领域资金使用情况，采取部门自评、财政复评和委托第三方评价相结合方式开展绩效评价。2018 年，启动对扶贫资金专项清理，杜绝设立“小金库”等违反财经纪律行为。

财政监督管理体制改革

2009 年后，实施财政监督管理体制改革，解决“就查账而查账、重复检查、交叉检查和处罚不到位”等问题，整合财政监督检查队伍，统筹安排检查力量；完善检查工作程序，规范财务管理行为；实行查处分离，依法进行经济处罚和责任人员处理。开通政府财政管理信息系统，所有专项资金数据录入财政专项资金即时分析监控系统，实现省、市、县、乡 4 级联网监管。开展银行账户清理、“小金库”治理和财政专项资金监督检查，培训会计从业人员，解决财务管理不规范、记账手续不健全、挤占挪用等违规违纪问题，提高资金使用效益。加强对涉农资金的监管和乡（镇）财务管理，将粮食直补等 11 项涉农补贴资金统一录入邯郸市农民补贴网络信息系统，实行“一折通”发放。

“一问责八清理”专项行动

2016年，开展“一问责八清理”专项行动，清理整改“乱收费、乱摊派”问题150例。开展“财政资金管理”“清理小金库”两个专项行动，清理整改5起在资金管理使用不规范、不完善、不到位问题。

2018年，按照河北省巡视整改暨“一问责八清理”专项行动整改“回头看”统一部署和市、县要求，开展设立“小金库”等违反财经纪律问题清理整改“回头看”工作。通过部门自查自纠，清理整改问题251个。

第四节　国有资产管理

国有资产基础管理体系

1999年，为促使国有资产管理从计划经济的实物形态向市场经济的价值形态转换，根据国家国有资产管理局《国有资产年度汇总报表编报暂行办法》，建立以企事业单位财务汇总决算报表为基础，采用间接方式按乡（镇）、行业分类收集汇总国有资产统计数据。

2009年，成立磁县国有资产管理局，重点管理国家投入各类企事业单位的国有资产，行使国有资产所有者收益权、分配权、国有资产处置权等权力。开展资产清查、清产核资、年报统计、产权登记、保值增值考核、资产评估、产权界定和法制建设等国有资产管理的基础工作。为全县145个行政事业单位健全和完善国有资产台账，安装资产管理软件信息系统，搭建资产管理动态监管平台。

至2018年，国有资产管理机构和体系没有变化。

国有资产清查

2006年，根据省清产核资领导小组转发的《国家行政事业单位财产清查登记工作方案》规定，对全县行政事业单位进行财产清查。是年，根据省清产核资领导小组《关于企业清产核资试点工作的通知》要求，选择县化肥厂、棉麻公司、恒泰集团3家国有企业作为清产核资的试点。随后，在全县进行清产核资。结果显示，全县各类行政企事业单位国有资产（不含土地资产）8.5亿元。全县24家国有企业资产总额165亿元，资产负债157亿元，所有者权益8亿元。2009年10月，县监察、县审计、县财政部门抽调专门人员组成联合检查组，对全县145个行政事业单位和19个国有企业进行资产清查核实。截至2009年年底，全县国有资产总额45.55亿元，净资产30.99亿元。

2009年，县政府下发《国有资产产权登记管理办法》，在全县范围内开展国有资产产权登记工作。至年底，办理企事业单位年检1500户次。

国有资产评估

1999年后，依法规范评估工作，实行从立项到确认全过程管理。重点加强审核确认，以及对重大资产评估项目和破产企业资产评估。2010年，下发《磁县行政事业单位国有资产出租出借及处置收入管理办法》《磁县行政事业单位国有资产处置管理实施办法》，加强对国有企业不良资产清理、处置和管理。1999—2018年，全县累计完成280宗资产项目评估立项和确认（备案）工作。

行政事业单位国有资产管理

1999年后，依托邯郸市财政局和北京久其公司搭建的行政事业单位资产管理信息系统，为行政事业单位资产统一性、规范性管理提供平台，实现资产管理动态化，确保资产购置及时入账、资产处置及时销账，推进资产管理与财务管理的有机融合。至2018年，纳入县行政事业单位资产管理信息系统的行政事业单位137户，资产总额26.96亿元，净资产21.25亿元。

企业国有资产管理

1999年后，申家庄煤矿有限公司、六合工业有限公司、中岳公司、和泰商贸公司、申美旅游公司5家国有企业，由县政府授权县国资局履行出资人职责。县直其他行政事业单位所属24家企业，由主管部门监管。2017年10月，申家庄煤矿产能置换资金没有到位，县财政筹措垫付资金1.2亿元，用于煤矿分流安置1171名职工经济补偿，确保煤矿职工安置工作平稳有序。同年，按照“单位申报—财政审批—资产评估—公开处置”程序，对申家庄煤矿原有资产公开拍卖，收入200余万元，保证企业国有资产利益的最大化。至2018年底，全县29家国有及国有控股企业资

产总额149.76亿元，负债总额48.67亿元，所有者权益101.09亿元。其中，县属国有企业资产总额119.11亿元，负债总额35.46亿元；县直其他行政事业单位所属企业资产总额30.65亿元，负债总额13.21亿元。

第五节　粮食直补与“三项补贴”管理

粮食直补管理

2004年始，国家对种粮农民实施粮食直补政策。磁县对全县所有乡（镇）、村种粮农户，除薯类作物外，补贴实际种植小麦、玉米、谷子等粮食作物。是年，应补种粮土地面积50.19万亩。其中，签订协议面积3.17万亩。应补贴资金总额428.73万元。其中，协议应补贴资金额25.89万元，兑付户数133122户。种粮大户和计税土地面积以外种植粮食的农户2964户，应补面积4.21万亩，补贴资金25.35万元。

2005年，召开各乡（镇）财政所长参加的粮食直补及综合直补工作会议，种粮农民粮食直补及综合直补工作全面展开。是年，邯郸市分配磁县粮食直补金额519万元，比上年增加90余万元。

2009年，根据《关于拨付河北省2009年对种粮农民直接补贴抓紧做好兑付资金工作的通知》要求，为降低补贴资金兑付成本，提高补贴效率，磁县一次性将粮食直补资金和农资综合补贴资金按种粮农民上年实际种植面积、品种和上年补贴标准，通过“一卡通”形式兑付给种粮农民。

至2016年，延续执行粮食直补政策。

农业“三项补贴”管理

2017年，按照党中央、国务院决策部署，不再执行种粮补贴，改革为农业“三项补贴”。补贴标准根据上级下达的补贴资金总量和确定的补贴依据综合测算确定。2017年耕地地力保护补贴面积28.25万亩，应补农户8.33万户，补贴资金共计2556.24万元。

2018年，收到上级2018年耕地地力保护补贴资金共计2654.38万元，核定耕地地力补贴面积为28.24万亩，应补农户8.2万户，补贴标准为每亩94元。

第六节　会计事务管理

考核

1999年，制订会计基础工作3年达标规划，开展会计基础工作规范化建设，在县信用联社系统进行试点。是年，按照《河北省会计证管理办法》对珠算及电算化要求，县财政局组织3次培训和全县统考。1237名会计人员通过邯郸市珠算协会鉴定，取得五级珠算证书。全县1408名会计人员取得会计证。

2000年，按照上级财政部门对会计证实施“四统一”管理要求，开展会计证换证工作。通过换证培训、考试、核验，全县会计人员达到持证上岗要求。

2003年始，落实《中华人民共和国会计法》和河北省财政厅“关于在全省范围内集中换发会计从业资格证书”安排部署，在全县范围内集中换发会计从业资格证书，共换发、新办会计从业资格证书2000余个。

2017—2018年，县财政局宣传推广修订后的《中华人民共和国会计法》（简称“《会计法》”）。通过制作宣传展板、悬挂宣传横幅、发放宣传单，利用《新磁县》等媒体宣传，保障《会计法》顺利贯彻实施。做好会计专业技术资格考试、注册会计师全国统一考试、会计从业资格全省统一考试报名工作。截至2019年，全县有580人次通过全国会计专业技术资格考试。其中，会计师90人，助理会计师490人。

培训

1999年，磁县会计电算化起步，发展较慢。2009年始，根据《会计从业资格管理办法》要求，开展会计人员继续教育培训。2011年，县财政局举办全县财政支农政策培训班，培训全县各乡（镇）财政所所长、农经站及农村会计、报账员及农民专业合作社会计、出纳300余人，分二期进行培训。此后，每年对会计进行业务培训。

2015年，根据财政部《会计从业资格管理办法》《会计人员继续教育规定》等有关要求，举办会计人员继续教育培训班8期，1200余名会计人员参加培训。

2017年8月23—25日，根据省、市《关于开展农村财会人员财政支农政策培训工作的通知》要求，组织全县村集体经济组织有关人员300余人参加村集体组织财务管理、三资管理、会计核算、财政支农政策培训。

2018年，组织全县180个行政事业单位会计参加政府会计制度——行政事业单位会计科目和报表培训活动。

第七节　政府采购管理

控制社会集团购买力管理

1999年，按照《中国人民共和国政府采购法》要求，行政事业单位配备小汽车纳入政府采购，由市采购中心统一批量采购。是年，申报、审批小汽车34辆，金额501.6万元。采购小汽车8辆，金额113.8万元。

2000年，省、市政府批准取消行政审批事项中涉及控购工作有2项：非国有企业购买8种专控商品；控制社会集团购买6种专控商品（不含小汽车、移动电话）。2000年3月10日起，磁县停止征收专控商品附加费。

根据省政府控制社会集团购买力办公室通知要求和市政府办公室《关于取消行政审批事项的通知》要求，2001年8月1日起，磁县对社会集团单位购买小汽车审批权限予以调整。专控商品已减至1种（即公务用小汽车），最终审批权由省控办掌握，县里不再下达年度控购指标。至2018年，延续执行此政策。

政府采购制度

1999年，磁县实行政府采购制度。是年8月出台《磁县政府采购管理暂行办法》。10月，首次对全县冬季取暖用煤进行政府采购。全年组织采购活动3次，实现采购合同68万元，较预算102万元节支34万元，节支率31.5%。

2002年，根据“积极稳妥、稳步发展、逐步规范、严格执法”要求，坚持“公开、公平、公正、诚实、信用”原则，实施汽车加油、维修、保险，会议（接待），办公设备、电器等5大类28个品种的定点采购。

2003年4月，磁县在全市率先实行政府采购业务与管理监督分离制度，采购机构与管理机构分设，新设磁县政府采购中心，负责组织政府采购办下达的具体采购事宜。政府采购办行使管理、监督职能，负责制订采购计划、审批采购项目、办理资金拨付手续。

2013年，根据上级相关规定，制订《磁县行政事业单位办公用品政府采购定点管理暂行办法》《磁县行政事业单位办公设备政府采购协议供货管理暂行办法》《磁县行政事业单位公务用车定点加油管理暂行办法》，从制度、程序、操作上加强管理，促使政府采购规范运作。

2018年，全县组织实施政府采购149批次，预算金额1.11亿元，实际采购金额1.09亿元，节约金额 246万元。

财政集中支付

2002年，磁县改革财政供养人员工资发放模式，实行集中支付制，由财政部门通过银行向个人发放。

2004年9月10日，磁县成立财政集中支付中心，启动财政集中支付制度改革。县直75个部门、140个预算单位的预算内、外资金纳入改革范围，全面清理银行账户，实现零余额账户运转。对预算单位的工资、基本建设和政府采购项目资金实行财政直接支付。

2010年，磁县实施公务卡办法。是年8月，选择75个单位进行公务卡改革试点。9月底，完成试点单位公务卡实施工作。第二批推广49个单位于10月底前完成。其他预算单位于12月底前完成公务卡应用工作。

2011年后，国库集中支付改革范围扩大，乡（镇）和乡（镇）卫生机构收支实行国库集中支付。

2013年，优化国库集中支付流程，扩大公务卡结算范围，完善公务卡强制结算目录，推进预算执行动态监控机制建设。

2014年，执行国库集中收付制度和公务卡制度，提高国库资金收支运行效率。

2018年，全面取消部门和单位过渡账户，确定工作流程、资金清算办法、代理行和清算行开设零余额账户，由国库单一管理账户、核算财政资金收支，财政资金运行由“中转”变为“直达”。

第四章　税费征收

第一节　国税征收

征收措施

1999年后，磁县国家税务局（简称“县国税局”）通过加强税源分析调查，细化目标考核，实行责任捆绑，强化收入调度和督导，建立抓收入倒逼机制，开展“清堵促”活动，加强对重点行业和重点税源企业的严控细管和疑点评估稽查，抓大控中不放小，堵塞征管漏洞，实现应收尽收。2008年，开展税收清理整顿活动，税收管理员平台开始运行，对个体定额、增值税发票核查，杜绝偷税漏税行为。2009年，增值税转型改革，加强一般纳税人管理，细化一般纳税人认定，落实“核实税基、完善汇缴、强化评估、分类管理”要求。此后，依法加强税收征管，实现应收尽收。

征收数额

1999年，磁县国税收入5232万元。随着县内经济快速发展，国税收入连年递增。2007年，磁县国税收入4.08亿元，创历史新高。2008年，入库税收5.2亿元。其中，申家庄煤矿、六合公司、梧桐庄煤矿缴纳税款占全年税收总额51.98%。2009年，完成税收7.75亿元。其中，峰煤集团梧桐庄煤矿缴税2.24亿元，占全年税收37.33%。2011年，磁县国税收入10.43亿元，创历史最高。2012年始，因经济形势、环境保护等因素影响，国税收入呈下降趋势。至2016年，国税收入不足4亿元。

2017年后，国税收入开始恢复增长。2018年，县国税局、县地税局合并后，税收11.96亿元。

第二节　地税税费征收

税款征收

1999—2017年，磁县地方税务局（简称“县地税局”）税款征收方式分为查账征收、查验征收，2012年达到最高值，为11.52亿元。2013年始，因经济形势、环境保护等因素，地方税款收入呈下降趋势。2017年征收52381万元，是1999年的12倍。1999—2017年，县地税局累计组织税收92.65亿元。2018年，县国税局和县地税局机构合并。

其他费征收

义务教育费　1995年始，县地税局向县内从事宾馆、饭店、招待所、旅馆以及其他经营住宿的单位和个人征收义务教育费，标准为客房营业收入4%。其中，2005年、2006年分别征收23万元、18万元。2009年停征。

文化事业建设费　2005—2011年，向缴纳娱乐业、广告业营业税的单位和个人征收文化事业建设费（费率为3%），累计征收2.3万元。

教育费附加　1995年起，由县地税局征收。2005年10月1日起，教育费附加费率为3%。其中，2009年征收入库5838万元，2010年征收入库1456万元，2011年征收入库2497万元。

地方教育费附加　2003年12月1日始，县地税局征收地方教育费附加。以单位和个人实际缴纳的增值税、消费税、营业税的税额为计征依据，按1%的比例与增值税、消费税、营业税同时计算征收地方教育费附加。其中，2004年征收172万元，2009年征收523万元。2010年4月1日起，地方教育费附加征收标准调整为2%。2010年征收850万元，2011年征收1289万元。

基本养老保险费　2002年3月始，县地税局代征基本养老保险费。企业、个人按工资（收入）总额的不同比例按月缴纳。是年征收791万元。2009年增至6619万元，2010年征收1.59亿元，2011年征收1.28亿元。

失业保险费　2002年3月起，县地税局代征失业保险费。企业、个人按工资（收入）总额的不同比例按月缴纳。是年代征72万元，2009年增至479万元，2010年征收740万元，2011年征收860万元。

残疾人就业保障金　2003年起，县地税局代征残疾人就业保障金。是年，代征75万元。2009年增至211万元，2010年征收223万元，2011年征收256万元。

工会经费　2004 年起，县地税局代征工会经费。按全部职工工资总额的 2% 全额代征工会经费。开业满一年仍未依法建立工会组织的企业和实行企业化管理的事业单位，按照全部职工工资总额的 2% 全额代征工会筹备金。是年代征 53.7 万元，2009 年代征 374.5 万元，2010 年征收 406 万元，2011 年征收 461.5 万元。

第五章　税务管理

第一节　税务管理体制改革

税额分享改革

2001 年，根据《国务院关于印发所得税分享改革方案的通知》要求，实施所得税（含企业所得税、个人所得税）收入分享改革。其改革内容：除少数行业和企业外，企业所得税和个人所得税实行中央、省、市、县（市、区）按比例分享，即 50% 归中央、50% 归地方。在归地方的 50% 中，15% 归省，35% 归市、县（市、区）。

税费征收改革

2002 年 3 月，代征基本养老保险费、失业保险费。

2003 年 1 月，代征残疾人就业保障金和工会经费；取消农业特产税；停征屠宰税和固定资产投资方向调节税；12 月，开征教育费附加、地方教育费附加。

2004 年 1 月，县政府决定对县办国有、集体企业取消目标管理，实行依率征收。是年，县地税局委托县交警部门代征车船使用税。

2005 年 2 月，建筑业和房地产开发业税收由县建设局代征。营业税、城市维护建设税、教育费附加、地方教育费附加、印花税等按法定税率征收，土地增值税按预收款 1.5% 预征。所得税按 7% 的应税所得率征收，企业所得税法定税率为 33%，独资、合伙企业和合伙企业投资者及个体工商户、临时经营者个人所得税法定税率按个体工商户生产、经营所得数额测定征收。

2016 年 5 月，实施"营改增"改革。将建筑业、房地产业、金融业、生活服务业 4 个行业纳入营改增试点范围。自此，原缴纳营业税的纳税人改缴增值税。其中，建筑业和房地产业适用 11% 税率，金融业和生活服务业适用 6% 税率。是年，建筑业、房地产业、金融业、生活服务业营改增入库 4775 万元，较上年同期减少税收 5087 万元。

税务征收体制改革

2018 年 7 月，县国税局和县地税局合并，国家税务总局磁县税务局挂牌，实行以国家税务总局为主、地方政府双重领导管理体制。管辖纳税人 5215 户。年纳税亿元以上企业 2 户，年纳税 100 ～ 500 万元企业 89 户，年纳税 50 ～ 100 万元企业 39 户。

第二节　纳税和发票管理

纳税管理

2004 年后，推行"双定户"委托银行代缴税款和网上报税，由银行从纳税人账户直接扣缴税款，企业人员通过互联网填写纳税表进行申报。

2011 年，税务登记手续流程简化。是年，磁县国税部门登记 4099 户。其中，国有及集体企业 524 户，私营企业 505 户，涉外企业 5 户，个体工商户 3065 户。地税部门登记 3524 户。其中，企业 1289 户，个体工商户 2235 户。其中，596 户纳税人通过网上数字 CA 认证，实现"无纸化"申报纳税。至 2018 年，纳税人基本实现无纸化纳税申报。

发票管理

1999 年始，县内加强发票管理。

2000 年，规定几个较大税务所管辖的月定额在 100 元以下的个体私营纳税户不准领票，由税务所代开；增值税专用发票实行一般纳税人资格认定公示制。

2001 年，强化增值税专用发票管理，对内实行岗位轮换制，对外实行专用发票监控制。

2002 年，推进"以票管税"，开展发票专项检查。在全县服务业推行"双奖"发票，发放有奖发票 2650 本，面额 800 万元，兑付奖金 2735 元，征收税款 43.4 万元。

2003 年，推行“以票控税”，实施“双票双号”连锁制约措施。

2006 年始，规范发票管理程序、环节、责任。对验旧供新、限量供应、发票监控、票表比对等明确办理要求。把废旧物资销售发票和农副产品收购发票作为税源监控重点，严格领购、保管、发放使用管理。

2008 年，在全县推广粘贴有光学安全密码的定额有奖发票，并在餐饮消费场所配发发票防伪识别器。

2009 年，《中华人民共和国发票管理办法》《增值税专用发票管理制度》《普通发票管理制度》发布实施。是年 8 月 1 日起，停止向纳税人发售《河北省邯郸市运输服务发票（手工）》，启用《河北省邯郸市运输服务定额发票》。

2010 年，普通发票换版，企业纳税人停止使用手工发票，推行机打发票。

2011 年后，执行《中华人民共和国发票管理办法实施细则》，开展虚假发票整治行动，核查小规模纳税人开票收入与申报收入差异。

2016 年，开展企业所得税专项核查工作，共计核查企业 69 户，发票 1608 份，组织入库税款 19.6 万元，调减亏损 506.4 万元。

2017—2018 年，强化国地税联合办税，实现业务流程深度融合。代开增值税发票 992 份 43 万元，二手房交易及代开发票共计 496.41 万元。

第三节　征收管理和办税服务

征收管理

1999 年始，加强重点大户、重点税源管理，实行税源监控、分级定人定岗负责制，形成纵横交叉的立体税源监控网络。

2003 年，县国税局对增值税一般纳税人实施“一窗式”管理，双定户实行多元化申报。

2005 年，推行“重点税源精细化管理、一般税源标准化管理、零星税源社会化管理”办法。

2006 年，设立“纳税人基本情况台账”，规范征管业务岗位职责体系，规范操作流程，做到“户源清、票源清、税源清”；落实管理员责任制、户籍管理员定期巡查制、户籍管理员考核制和管理员下户辅导制，履行“信息采集员、纳税辅导员、税收宣传员、纳税评估员、税收监控员、纳税服务员”职能，税收管理员作用有效发挥。

2007 年，落实“两个减负”要求，简化一般纳税人购票流程，取消购票中多头签字环节，取消申报表和四小票的分局长、所长、税管员签字程序，简化票表税比对流程，加强协作配合，实现纳税人高效办税。

2009 年，县地税局帮助申家庄煤矿、六合公司等重点代征单位解决代征工作中的疑难问题。

2010 年，县国税局将全县税源管理分为重点税源、一般税源和小税源管理 3 类，成立重点行业管理分局，促进税收增长。加强与县地税、县工商、县质监部门的户籍对比，对县内专业商贸市场和电动车行业、家电下乡企业、零散税收等开展漏征漏管清查活动，共查补税款 200 余万元。

2011 年，对双定个体工商户实行银税联网，加强与金融部门间联合办税，完善“同县通办”模式。

2012 年，县地税局建立健全收入目标责任制和欠税清理责任制，坚持“抓大不放小”原则，抓重点行业、重点企业同时，加强小税种管理，保证税款足额入库。是年，开展“两税”（土地使用税、耕地占用税）清理，利用 GPS 定位测量技术，测量全县 120 户纳税人的土地面积，查补税款 415 万元。在全县开展房地产行业税收专项清理活动，共清查建筑房地产企业 35 户、开发项目 38 个，查补入库税款 2450 万元。2013 年，实行局领导包片、分局长包户，形成一级抓一级、一级带一级的工作格局。

2015 年，加强纳税人户籍管理，强化征管基础数据比对，及时清理垃圾数据，实时跟踪新办企业纳税申报进程。开展涉“土”税后核查清理工作，清查宗地 949 块，清算纳税人 81 户，查补入库税款 1758.78 万元。2016 年，县地税局按照县政府《“两税”专项清理行动实施方案》要求，抽调 35 名干部组成 5 个攻坚组，深入全县 18 个乡（镇）清查税源。至 10 月底，各乡（镇）“两税”入库 1.8 亿元。2017 年，对县内医院购销合同印花税风险点，利用“互联网 +”手段，根据内外网有关信

息，核查经营情况，入库税款1401.76万元。2018年，清算8户土地增值税，入库税款684万元；完成2017年度企业所得税汇算清缴工作，汇缴税款2404.28万元，汇算面达100%，差错率为零；建立完善水资源税管理台账，强化动态监控、分析和测算，掌握23户水资源税纳税企业财务数据情况，入库水资源税312.8万元；与县财政、县环保等多部门联动，定期进行环保信息、涉税信息传递交换和数据复核，全县环保税纳税人64户，2018年入库环保税939.6万元，落实环保税收优惠减免额396.4万元。

办税服务

1999年始，税务部门不断改善办税服务态度、提高办税服务水平。

2000年始，县地税局开展税收宣传月活动，主题是"依法治税、强国富民"。在县电视台开设《地税专栏》，举办税法讲座。2002年税宣主题改为"诚信纳税，利国利民"。为纳税人提供"三、三、三"服务，即"三时"（限时、延时、随时）、"三办"（热情办、马上办、认真办）、"三声"（来有迎声、问有答声、走有送声）。

2003年，县国税局在114查号台开通"国税行风举报投诉热线"，推出"一台双卡"服务。"一台"是行风监督台，"双卡"是黄牌投诉卡和特别服务卡。是年，县国税局获得"全国税务系统文明单位"称号。

2009年，县地税局被评为"全国税务系统先进集体"。

2010年，县国税局征收大厅开设标准办税服务厅，设立综合服务窗口，推行延时服务、首问负责制，便利纳税人纳税申报。并在县电视台公开服务承诺：办税服务"零距离""零差错""零投诉""零障碍"。同时，与县地税、县工商部门联合对899户企业开展纳税信用等级评定，评审A级企业9户、B级企业890户。

2011年，成立纳税人学校，为纳税人提供纳税培训辅导3000人次，提高纳税人满意度和税收遵从度。

2012年，县地税局建立磁县税企QQ群和微博，成立纳税人权益维护中心，创建"e心为您"服务品牌。

2014年，县地税局建立全市首家24小时自助办税服务厅，通过自助办税终端代开发票3567张，入库税款905万元。

2015年，创新国地税合作办税模式，树立发布"国地携作、互助多赢"品牌。全面推广"e税通"，推行"外网受理、内网流转、限时办结"办税新举措。2016年，建成邯郸市首批智能办税厅试点。

2010—2016年，县国税局办税服务厅连续7年获省级"五星级办税服务窗口"称号。

2017—2018年，合作开展便民办税春风行动，落实首问责任制、限时办结制、服务承诺制，推行手机APP办税等，缩短纳税人办税时间，降低办税成本。

第四节　稽查管理

国税稽查管理

1999—2003年，县国税局深化征管改革，建立健全稽查机构，充实稽查人员。根据上级《税务稽查工作规程》要求，在稽查局内部设立选案、检查、审理、执行4个环节的专职和兼职人员，明确职责，增强整体效能。其间，县国税稽查局整顿税收秩序、打击偷逃骗税，立案检查256户，查补税款、罚款、滞纳金共计53.79万元。

2004—2008年，县国税稽查局加强和改进稽查文书档案管理工作，提高稽查文书档案管理水平，提升稽查工作质量和工作效率。其间，开展规范税收秩序、打击虚开虚抵违法活动，立案检查318户，查补税款、罚款、滞纳金共计784.42万元。

2009—2013年，加强执法主体建设，依法办案，维护公平的税收秩序。按照上级要求，县国税稽查局建立税收执法人员执法资格登记台账，严禁无证上岗。在稽查中，按照规定程序选案、立案、检查、调查取证、作出处理决定和行政处罚决定。做到执法程序合法、证据确实充分、适用法律依据正确、处理处罚适当。其间，检查自查104户，入库税款、罚款、滞纳金共计4032.93万元。

2014年至2018年8月，办理各类案件108件。其中，立案检查45件，办理协查案件43件，涉嫌犯罪移送县公安机关追究刑事责任4件。查补税款、罚款、滞纳金共计3562.47万元。

1999 年至 2018 年 8 月，县国税稽查局先后被市、县国税局命名为“文明单位”“优胜单位”“绩效考核先进单位”。2017 年和 2018 年上半年先后被省文明委和省国税局授予“‘文明执法’流动红旗单位”称号。

地税稽查管理

2001 年，根据新修订的《中华人民共和国税收征收管理法》规定，地税稽查局是地方税务局直属机构，具有独立的法律主体资格，负责税务违法案件和举报案件的受理、查办和专项稽查工作。2002 年，县地方税务局成立税警队，配合检查偷逃漏税案件，对重大涉税违法案件进行专项查处。2003 年，稽查收入完成 335 万元。检查建档户 9 户，入库税款 311 万元、滞纳金 13 万元、罚款 10 万元。

2004 年，实施“选案、稽查、审理、执行”环节分离，完善稽查内部制约，实行“首查责任制”“稽查案卷终身追究制”，做好案件协查和处罚。是年，稽查收入完成 165 万元。检查建档户 26 户，入库税款 78 万元、滞纳金 13 万元、罚款 73 万元。

2005 年，进入执法型稽查阶段。是年，完成稽查收入 4047 万元。检查建档户 14 户，入库税款 3947 万元、滞纳金 92 万元、罚款 3 万元。

2006 年，继续加强稽查工作，取得良好效果。是年，完成稽查收入 3134 万元。检查建档户 37 户，入库税款 1826 万元、滞纳金 399 万元、罚款 909 万元。

2007 年后，随着纳税人纳税意识和法治意识增强，稽查收入数额逐年减小。2011 年，完成稽查收入 51 万元。检查建档户 11 户，入库税款 12 万元、滞纳金 3 万元、罚款 36 万元。

2012 年后，稽查收入数额有所增加。是年，完成稽查收入 375 万元。检查建档户 43 户，入库税款 214 万元、滞纳金 29 万元、罚款 132 万元。

2015 年，完成稽查收入 1068 万元。检查建档户 5 户，入库税款 556 万元、滞纳金 262 万元、罚款 250 万元。

2016 年，为广开税源、杜绝漏洞，加强稽查力度，完成稽查收入 7021 万元，为历年最高值。

2017 年，完成稽查收入 1261 万元。检查建档户 3 户，入库税款 1124 万元、滞纳金 91 万元。

2018 年，县国税局与县地税局合并。

第五节　减免退税管理

国税减免退税管理

2003 年始，主动为纳税人服务，先后为 15 户企业报批缓交税款 1000 万元，为 7 户企业办理出口退税、免税 600 多万元。

2005—2006 年，为各类纳税人办理“减、免、抵、退”税款 3200 万元。

2008 年始，增强依法治税意识，落实各项优惠政策，全年依法办理免抵退税 2400 多万元。2009 年，依法办理免抵退税 1000 多万元。

2010 年始，注重对福利企业减免退税管理，为福利企业办理退税 347 万元，为出口退税企业办理退税 136 万元。2011 年，为福利企业及时办理退税 561 万元，为出口退税企业办理退税 196 万元。

2015—2016 年，落实税收优惠政策，减免退税 2972 万元。

2017 年，继续落实税收优惠政策，依法为各类纳税人办理减、免、抵、退税 6122 万元，增强企业发展后劲。2018 年，执行降率、转小、留抵退税等深化增值税改革政策，共计减征、退还增值税 4190.1 万元。

地税减免退税管理

2003 年始，落实下岗再就业税收优惠政策，减免税收 1.6 万元。对 13 家企业及 36 名残疾人员、下岗职工免征税款 47 万元。2004 年，落实下岗再就业税收优惠政策涉及 63 人次，减免税收 1.6 万元。2006 年，为 33 户纳税人减免税收 584.7 万元、83 名下岗职工减免证照费 4150 余元、税收 13 万元，为福利企业、资源综合利用企业以及起征点以下个体工商户减免税收 2800 万元。2007 年，为 36 名下岗失业人员减免税款 4.4 万元，为福利企业减免所得税 88 万元，为邮政业务减免营业税 3.7 万元。

2012 年，结合磁县经济发展的新形势，为申家庄煤矿、六合公司等多家符合减免税条件的企业减免各项税收 300 余万元，帮助企业度过难关。

2018 年，磁县支持民营经济发展，落实新个税政策，减征、退还增值税 3490.1 万元，2364 户小微企业享受所得税减半优惠政策，减免企业所得税 600 万元。

第十五编　综合经济管理

清代以前，域内市场管理由州署直接管理。民国时期，市场管理由县政府实业科、建设科管理。1942年3月，磁武县政府成立后，设立市场管理委员会，负责抗日根据地的市场管理。1964年设立磁县工商局。1977年，成立磁县工商行政管理局，统一管理县内市场。

1953年2月，县政府成立统计科。1964年11月，由统计科改设县统计局。1953年开展统计工作，建立以农业统计为主的定期报表和季节性报表制度。1955年增加工业统计。1958年，县内农业、工业、商业统计均已自成体系。随着经济社会的发展，统计的项目由20世纪50年代的几项增至20世纪90年代的近百项。

1954年1月，磁县计划委员会成立。通过制订、实施指令性、指导性计划，完成全县国民经济计划的落实和综合平衡工作。1985年前以指令性计划为主，此后指导性计划成分增加。

1956年，县医药药材公司成立。后设磁县医药管理局，与磁县医药药材公司一套人马两块牌。1999年12月，磁县医药管理局增挂磁县药品监督管理局牌，2006年6月，改建为磁县食品药品监督管理局。2016年5月，磁县食安办、磁县工商局、磁县食品药品监督管理局整合组建磁县工商行政和食品药品监督管理局，履行食药品安全方面的监管职责。

民国以前，磁县无专门的标准计量管理机构。1976年5月，磁县标准计量所成立。1988年4月磁县标准计量局成立。1994年9月改称磁县技术监督局。计量古时称“度量衡”,为计量长短、容积、轻重的统称。随着科技的发展,计量种类增长迅速。至1998年年底,县内配备计量标准器具29项4.8万台（件）、自检计量器具11项21种9.9万台（件）。

民国以前，县内无物价管理机构。抗日战争时期，抗日根据地物价由民主县政府及其所属贸易部门管理。中华人民共和国成立初期，县政府工商科兼管物价。1984年11月，磁县物价局成立，使原统得过多、管得过死的价格管理体制得到改善。

1983年8月成立磁县审计局，负责审计监督工作。至1998年年底，审计719个单位（项目），审计资金总额26亿余元，查出违纪违规金额1.1亿元。

改革开放后，磁县坚持以经济建设为中心，经济管理部门任务更繁重、作用愈加强。1992年后，建立社会主义市场经济体制步伐加快,综合经济管理逐步趋向宏观,管大、放小、搞活,加强协调服务、监督功能，对经济发展起到积极推动作用。

1999年后，随着经济体制改革的不断深入，社会主义市场体制逐步完善，新的经济管理方式日渐成熟。中共十九大后，政府经济管理部门深化改革，明确职责，完善职能。至2018年，建立科学协调的综合经济管理体系。县发展改革局科学制订、实施计划与规划编制；县统计局开展经济、农业、人口等专业普查，进行经济社会发展统计；县工商行政和食品药品监督管理局负责维护市场秩序，监管市场交易行为，负责产品质量、计量等，负责食品药品、特种设备安全监管；县物价局切实监管事关国计民生的物品价格并监测其它物品价格；县审计局对财政资金、行政事业单位资金、专项资金、干部离任等进行审计。这些主管部门从不同方面对经济社会活动进行宏观监管，营造良好的社会环境、发展环境，为磁县经济社会发展保驾护航。

第一章　计划管理

第一节　计划编制

五年计划编制

根据中央、省、市五年计划、规划的编制要求，磁县分别制订“九五（1996—2000年）计划”“十五（2001—2005年）计划”“十一五（2006—2010年）规划”“十二五（2011—2015年）规划”“十三五（2016—2020年）规划”。五年计划（规划）的编制为磁县县域经济发展绘制蓝图，成为年度计划编制的重要依据。

专项规划编制

2016年，磁县被国家列入全国独立工矿区，编制《磁县独立工矿区转型升级计划（2016—2018年）》《磁县独立工矿区改造搬迁工程实施方案（2018—2020年）》，推进磁县独立工矿区转型发展。

第二节　计划实施

“九五”计划实施

“九五”时期（1996—2000年），面对复杂的国内外经济形势和激烈的市场竞争，磁县贯彻落实党的十五大精神，抓住国家加大基础设施建设投资战略机遇，努力发展经济，促进经济增长。全县国内生产总值完成36.1亿元，增长15%。其中，第一产业增加值7.69亿元，第二产业增加值16.7亿元，第三产业增加值11.76亿元。固定资产投资11亿元，增长27.9%。财政收入1.58亿元，增长13.7%。消费品零售额9.25亿元，增长21.4%。农民人均纯收入2583元，增长3.5%。城镇居民可支配收入5000元，增长1.2%。

“十五”计划实施

“十五”时期（2001—2005年），磁县贯彻落实中央宏观调控政策，搞建设、调结构，全县推进县办工业改制，不断优化磁县三次产业结构。2005年，全县生产总值90亿元，年均增速14.9%。其中，第一产业8亿元，第二产业56亿元，第三产业26亿元。三次产业结构由2000年的19.7∶47∶33.3调整到9∶53∶38。全县64家县办工业企业全面改制，入统工业企业由24家发展到36家。固定资产投资84亿元，财政收入突破6亿元，金融系统各项存款余额39亿元，贷款余额31亿元，社会消费品零售额22亿元。

“十一五”规划实施

“十一五”时期（2006—2010年），面对宏观经济环境的复杂变化，磁县抢抓列入邯郸“1+6”组团机遇，实施对接大城区发展战略，推进“三个十工程”，地区生产总值、财政收入提前翻番，综合实力在全省排位进入30强。产业结构调整实现突破，煤化工产业园区、林坛装备制造园区、童装产业园区、滏泉湖开发区、漳河经济开发区五大发展平台支撑作用开始显现。加大对外开放程度，裕泰焦化、黑猫炭黑等一批战略投资项目落户磁县。全县生产总值由2005年的79.8亿元增至2010年的170亿元，年均增长14.1%。其中，第一产业增加值14.8亿元，年均增长11.60%；第二产业增加值85.2亿元，年均增长11.40%；第三产业增加值70亿元，年均增长19.7%。人均地方生产总值从2005年的12376元增至2010年的26920元。2010年，财政收入20.59亿元，是2005年的3.1倍，年均增长25.48%。其中，地方一般预算收入6.69亿元，年均增长21%。城乡居民储蓄余额58.76亿元，与2005年相比，净增28亿元。“十一五”末，一、二、三产业结构比8.7∶50.1∶41.2，与“十五”末相比，一产比重降低0.7个百分点，二产比重降低10个百分点，三产比重上升10.7个百分点。

“十二五”规划实施

“十二五”时期（2011—2015年），面对严峻的经济形势，磁县贯彻落实中央和省、市重大决策部署，坚持稳中求进工作总基调，统筹推进县、区一体化发展。全县生产总值由2010年的175.3亿元增至2015年的229亿元，年均增长9.5%。一般公共预算收入由6.7亿元增至12.1亿元，年均增长12.7%。固定资产投资由107.7亿元增至222.5亿元，年均增长15.6%。规模以上工业增加值由42.6亿元增至49亿元，年均增长13.1%。

全社会消费品零售总额由48.6亿元增至93.3亿元，年均增长13.9%。城乡居民人均可支配收入分别由16981元、6908元增至26991元、12732元，年均分别增长9.7%、13%。县域经济竞争力排名居全国第271位、全省第15位。

“十三五”规划实施

“十三五”时期（2016—2020年），是磁县深化改革、转型升级、加快发展和推进区、县一体化科学跨越发展关键的5年。“十三五”时期磁县经济社会发展的主要目标：全县生产总值年均增长8%以上，一般公共预算收入年均增长8%以上，固定资产投资年均增长10%以上，城乡居民人均可支配收入年均分别增长9%以上，经济增长速度和效益高于全市平均水平，增比进位排位进入全省第一方阵，到2020年如期全面建成小康社会。

2017年，是磁县“7·19”灾后重建和磁县历史上去产能、治污染任务最重的一年。全县生产总值130.7亿元，全部财政收入12.49亿元，一般公共预算收入7.04亿元，规模以上工业增加值33.6亿元。这4项主要经济指标在高质量发展基础上止跌企稳。固定资产投资增长7.5%，全社会消费品零售总额增长10.7%，城乡居民人均可支配收入分别增长8.1%、8.2%。特别是一般公共预算收入中，税收同比净增2.4亿元，税收占比增长43.6%。同时，争取上级资金11.47亿元。

2018年，磁县经济转型升级，落实“三四五”工作思路，完成县十六届人大二次会议确定的目标任务。全县生产总值增长7.7%，固定资产投资增长7.1%，全社会消费品零售总额增长9.2%，规模以上工业增加值增长5.1%，城乡居民人均可支配收入分别增长7.8%、9.3%。全部财政收入14.39亿元，增长15.2%，一般公共预算收入7.52亿元，增长6.9%。分别提高4.2%、5.1%。

第三节　重点项目

“九五”时期

1999年，重点实施太行山绿化、滏泉岭水土保持、讲武城国家粮食储备库、恒泰精细化工项目等17个重点项目，投资1.5亿元。

2000年，重点实施50万亩林果基地建设项目、农村电网改造、冀南煤焦联营公司易拉瓶盖项目等22个重点项目，投资2.6亿元。

“十五”时期

“十五”期间，重点实施农村电网改造、退耕还林工程、六合公司北京内燃机铸造线搬迁磁县、邯郸银晨焦化项目等74个重点项目，投资20.1亿元。

“十一五”时期

“十一五”期间，重点实施磁县煤化工园区、中国·磁州雪驰童装城、滏泉湖综合开发、磁县污水处理厂、磁县一中搬迁项目、闽鑫轧钢技改一期工程、德鑫重型机械项目、漳南60万吨焦化工程等320个重点项目，投资210亿元。

“十二五”时期

“十二五”期间，重点实施中化滏恒精细化工、中化鑫宝精细化工、邯郸黑猫炭黑、鑫盛104万吨焦化、裕泰130万吨焦化、裕泰焦炉煤气制天然气等686个重点项目，投资687.4亿元。

“十三五”时期

2016年，重点实施中华成语文化博览园、德从智能电视、磁州窑文化创意产业园、常祯绿色家电产业园等99个重点项目，投资109亿元。

2017年，重点实施磁州酒生产基地迁建、鑫宝年产4万吨苯酐（二期）、磁县滏阳河综合治理暨环城水系工程、颐高闽台电商产业园等100个重点项目，投资120亿元。

2018年，重点实施天保寨景区综合开发、鑫盛高温煤焦油馏分加氢技术联产液化天然气、英利磁县20兆瓦光伏电站并网发电项目等94个重点项目，投资67.5亿元。

第二章　统计管理

第一节　统计基础工作

国民经济核算

1999年始，全县进行国民经济核算，包括国内生产总值核算、投入产出核算、资产负债核算。主要核算地区生产总值（GDP)、分行业地区生产总值、资产总量、负债总量和资产净值。同时负责全县民营经济核算。统计主要指标：民营经济及其行业增加值、企业（单位）数、总产值（营业收入或零售额)、税金、利润总额、从业人员、进出口贸易、固定资产投资额等。2018 年，磁县地区生产总值（GDP）75.6 亿元。

劳动工资和科技统计

1999 年始，全县进行劳动工资、科技统计。主要搜集、整理法人单位从业人员人数及工资总额等资料。主要报表为从业人员工资总额和私营企业（抽样）年报表、私营单位工资情况，主要上报从业人员期末人数、从业人员平均人数、从业人员工资总额等指标。年报统计范围为城镇地区非私营法人单位和私营法人单位。定报统计范围为规模以上法人单位。科技专业主要是年报工业企业科技项目情况、工业企业科技活动及相关情况。2000 年，在岗职工年末人数 28216 人，工资总额 18080.7 万元。2010 年，在岗职工年末人数 26084 人，工资总额 84586.1 万元，在岗职工平均工资 32368 元。2012 年企业“一套表”平台运行后，企业直接从平台上报至国家统计局平台。2018 年，县内在岗职工年末人数 18551 人，工资总额 105350.8 万元，在岗职工平均工资 54682 元。

固定资产投资统计

1999 年始，全县进行固定资产投资统计。固定资产投资统计起点出现过两次调整，第一次为 1997 年，固定资产投资项目的统计起点由计划总投资 5 万元提至 50 万元及以上。第二次为 2011 年，统计起点由计划总投资 50 万元及以上提至 500 万元及以上。2012 年，企业“一套表”平台运行后，企业直接从平台上报至国家统计局平台。2000 年，固定资产投资完成 119049 万元。2018 年，固定资产投资完成 791077 万元。

建筑房地产业统计

1999 年始，全县进行建筑房地产业统计，统计范围为辖区内有资质的所有独立核算建筑业企业（包括没有工作量的建筑业企业）及所属产业活动单位。2012 年前由企业填表上报至县统计局，然后报送市统计局。2012 年，企业“一套表”改革后，企业直接从平台上报至国家统计局平台。

商贸统计

1999 年始，全县进行商贸业统计，包括批发零售统计和住宿餐饮统计。批发业统计范围：年主营业务收入 2000 万元及以上的批发业法人企业。零售业统计范围：年主营业务收入 500 万元及以上的零售业法人企业。住宿业和餐饮业统计范围：年主营业务收入 200 万元及以上的住宿和餐饮业法人企业。对限额以上批发和零售业法人单位和个体工商户实施全数调查；对限额以下批发和零售业法人单位和个体工商户实施抽样调查；对其他行业法人单位附营的限额以上批发和零售业产业活动单位、批发和零售业连锁经营企业、成交额在亿元及以上的商品交易市场实行全数调查。2012 年前，由企业填表上报至县统计局，然后报送市统计局。2012 年，企业“一套表”平台运行后，企业直接从平台上报至国家统计局平台。

第二节　普　查

经济普查

2004 年 12 月，开展第一次全国经济普查，时期资料为本年度，普查对象为在县内从事二、三产业的法人单位、产业活动单位和个体工商户。2008 年 4 月，开展第二次全国经济普查，磁县参与普查人员 1169 名，审核单位 2103 个、产业活动单位 2725 个、个体工商户 2.2 万户。2013 年 3 月 15 日，开展第三次全国经济普查，此次普查使用普查区电子地图，使用 PDA 采集数据，实现普查“电子化、网络化”，涉及 80 个行业大类、353 个行业小类，普查对象 3579 个单位和 18674 个个体工商户，普查重点以搞清基本单位为主，摸清服务业、新兴产业和小微企业底数。2018 年，开展第四次全国经济普查，清查登记法人单位 4136 家、个体工商户 8653 家。

农业普查

2006 年，磁县开展第二次全国农业普查，选出普查指导员 390 名、普查员 2300 名，对 19 个乡（镇）、371 个普查区、2278 个普查小区展开入

户登记调查。2016 年，开展第三次全国农业普查，完成 86729 户农户、553 户规模户及 553 个农业经营单位的入户登记，修改各类错误 5 万余条，完成 259 张村表和 11 张乡（镇）表的数据采集、填报工作。

人口普查

2000 年，开展第五次全国人口普查，标准时间是 11 月 1 日零时。磁县派出 3000 多名普查人员，划分 19 个乡级区域、394 个普查区和 2110 个调查小区，展开入户调查登记。11 月 10 日，现场登记工作结束，汇总主要指标情况：磁县总人口 634459 人，出生人口 7936 人，死亡人口 4006 人，出生率 12.5‰，死亡率 6.3‰，出生人口性别比 117。2010 年，开展第六次全国人口普查工作。标准时间为 11 月 1 日零时。磁县派出 3000 多名普查人员，划分 19 个乡级区域、377 个普查区和 2162 个调查小区，展开入户调查登记。11 月 10 日，现场登记工作结束。汇总主要指标情况：普查家庭户 157232 户，常住人口 633163 人，户籍人口 637884 人。

名录库建设

2011 年，开展名录库工作。名录库范围：县内法人单位、产业活动单位及纳入专业年（定）报统计调查范围的个体工商户。总体目标：经济普查资料为基础，利用部门行政登记资料和各项统计调查信息，执行统一的单位划分标准，完善基本单位名录库，维护更新流程，建成全国统一完整、不重不漏、真实准确、及时更新的基本单位名录库。

第三节　专门调查

农村农业统计

1999 年始，全县进行农村农业统计调查，主要反映全县农村经济、农林牧渔业生产经营活动以及农村居民家庭社会经济活动的基本情况。2012 年，全省农业一套表平台试运行，乡（镇）统计员直接从平台将数据报送省统计局。

工业统计

1999—2006 年，规模以上工业是指国有及年主营业务收入 500 万元及以上的非国有工业法人企业。规模以下工业指年主营业务收入（产品销售收入）500 万元以下的非国有工业企业和个体经营工业单位。2006 年，县内规模以上工业企业 47 家。2007 年始，规模以上工业的统计范围为年主营业务收入 500 万元及以上的工业法人企业。规模以下工业统计范围为年主营业务收入（产品销售收入）500 万元以下的工业企业和个体经营工业单位。2007 年，县内规模以上工业企业 59 家。2011 年 1 月起，纳入规模以上工业统计范围的工业企业起点标准从年主营业务收入 500 万元提至 2000 万元。2012 年，“企业一套表”平台运行，规模以上工业企业在限定时间区间直接在平台上向国家统计局平台上报数据。2015 年，全县规模以上工业企业个数最多，达 67 家。2016 年行政区划调整后，数量减少。至 2018 年，县内规模以上工业企业 52 家。

服务业统计

1999 年始，全县进行服务业统计，统计范围为全县从事服务业（第三产业）活动的规模以上和省重点服务业法人单位。规模以上服务业标准：辖区内年营业收入 1000 万元及以上，或年末从业人员 50 人及以上服务业法人单位，包括范围：交通运输、仓储和邮政业，信息传输、软件和信息技术服务业，租赁和商务服务业，科学研究和技术服务业，水利、环境和公共设施管理业，教育，卫生和社会工作及物业管理、房地产中介服务、房地产租赁经营和其他房地产业等行业。省重点服务业法人单位标准：辖区内年营业收入 500 万元及以上或年末从业人员 50 人及以上服务业法人单位，包括：居民服务、修理、文化、体育、娱乐业和其他服务业。2012 年，“企业一套表”平台运行，企业直接从平台上报至国家统计局平台。是年，县内服务业企业 9 家。2014—2015 年，服务业企业 15 家，为历年最多。2017 年，服务业从业人员 10151 人。2018 年，申报服务业入统企业 1 家。

能源统计

1999 年始，全县进行能源工作统计。能源统计主要任务是统计能源消费与库存的基本情况，反映能源系统流程主要环节的基本情况和能源使用经济效益。磁县统计局根据省市反馈程序进行核算并上报上级部门。2000年，规上企业综合能源消耗量171742吨标煤。2016年，规上企业综合能源消耗量923968吨标煤。2017年，规上企业综合能源消耗量749477吨标煤，较上年同期产值能耗降低率24%。2018年，规上企业综合能源消耗量766280吨标煤，较上年同期产值能耗降低率8%。

第四节　专题调查

文化产业调查

2012年，邯郸市委宣传部、市统计局联合下发《关于在全市开展文化产业统计工作的通知》，县统计局负责文化产业调查工作具体业务。调查工作涉及全县文化产业单位156家，通过测算文化产业增加值和分析磁县文化产业现状、文化产业结构特点、磁县文化产业有利条件及存在问题，提出文化产业发展对策与措施，为上级领导制订文化发展政策提供参考。2013年，调查全县112家单位的文化产业。2014年，增加文化产业增加值核算内容和相关产业的核算内容。

城乡住户调查

2000年，磁县进行城乡住户调查工作。住户调查对象包括城镇住户、农村住户、以家庭形式居住的户和以集体形式居住的户。调查方式是抽样调查，调查内容是城乡居民的收支和生活状况。2013年前，农村住户调查方式为从全县乡（镇）中选取10个村，每个村选取10户，对选取的100户农村住户进行抽样调查。2013年，按照国家、省和市统计局城乡住户一体化调查工作安排要求，从城镇选取30户、农村选取70户进行抽样调查。2018年，住户调查对样本轮换，从全县258个村中选取110户（其中城镇50户、农村60户）开展抽样调查。

投入产出调查

按照国务院要求，1987年起，每五年进行一次全国投入产出调查。2000年，县统计局开展投入产出调查工作。磁县分别在2002年、2007年、2012年和2017年进行投入产出调查。2012年，投入产出调查抽选14家企事业单位，包括4家工业企业和10家服务业单位。2017年，投入产出调查抽选12家企事业单位，包括4家工业企业和8家服务业单位。

全国1%人口抽样调查

2005年和2015年，磁县开展1%人口抽样调查。全县抽取21个村，涉及15个乡（镇），人口规模5300人。调查方式：绘制调查小区图和编制户主姓名底册，入户调查组按照登记调查项目逐户、逐人、逐项询问，利用PDA采集住户信息填写调查表。

第五节　统计监督

县域经济发展监控

2003年，河北省统计局制订河北省县域经济发展评价指标体系，对全省136个县（市）进行县域经济发展评比排位。是年，磁县在全省县域经济排第63位。2007年排第29位，进入全省前30强。2015年，磁县划入工业推进县行列，在37个县（市）县域经济排位中居第17位。2016年，磁县区划调整。2018年，河北省按照主体功能区划分，对县域经济进行考核评价指标体系调整，磁县被划入农产品主产区县进行考评。是年，在26个县（市）农产品主产区县中排第20位。

统计执法

1999—2011年，统计执法未开展。2012年，县统计局查处统计违法案件4起。其中，通报3起，罚款1起。2013年，开展统计法制宣传教育，全年查处统计违法案件2起，处罚2起。2015年，规范统计执法行为，执法人员按照《河北省统计行政处罚裁量基准》规范执法。加强基层报表单位审核力度，对有统计违法行为的企业进行立案查处。检查基层统计单位61家，立案5起，结案5起。2016年，清理对统计工作和数据质量造成不良影响的有关文件。查处统计违法案件3起，罚款1起。2018年，坚持日常执法和集中执法相结合，对“四上”企业进行执法检查，检查20余家单位，立案1起；统计巡查10余家单位，重点巡查统计工作重点及存在的薄弱环节。

第三章　工商行政管理

第一节　监管体制改革

行政管理体制改革

1999 年，磁县工商行政管理局（简称“县工商局”）属磁县管理。2000 年，工商行政管理体制上划，实行省垂直管理，县工商局分流人员 171 人。其中，131 名分流人员报名买断工龄，40 名分流人员转岗到市场建设服务中心。

2014 年 11 月 21 日，全省工商系统改革行政管理体制，县工商局由省以下垂直管理划归为磁县管理。

2016 年 5 月 9 日，县食品安全委员会办公室、县工商行政管理局、县食品药品监督管理局整合，组建磁县工商行政和食品药品监督管理局。2017 年 7 月，县质量技术监督局生产领域食品安全监管职能划转工商行政和食品药品监督管理局，职能进一步整合，对食品行业实现生产、流通全领域监管。是年 12 月，除个体工商户、“小摊点”“小作坊”“小餐饮”外，各类企业、公司类注册登记、食品药品经营许可审批划转县行政审批局集中办理。2019 年 1 月 10 日，磁县市场监督管理局成立，履行原磁县工商食药监局、原磁县质量技术监督局全部及原磁县科技局、原磁县物价局和磁县商务局部分职能。

监管方式改革

1999—2001 年，磁县工商系统延续局机关总体监管全县市场经济主体经济活动模式。

2002 年，县工商行政管理局推行基层工商所监管方式改革。建立执法责任制，工作内容分解到岗，落实到人。按照“三权分离”原则，实行登记、监管、收费三分离，定费、收费、检查三分离。建档立卡，实行辖区经济户口管理模式，建立健全个体工商户、私营企业和收费本 3 台账制度。

2014 年 7 月至 2018 年，改革市场巡查制度，实行市场主体、监管对象“双随机抽查”，构建“双随机一公开”新的市场监管模式。

第二节　企业登记与个体和私营经济管理

企业登记管理

1999 年，根据中央《关于党政机关与所办经济实体脱钩的决定》要求，磁县清理整顿党政机关经商办企业问题。是年，根据国家工商局《企业年度检验办法》要求，对不参加年检、停产、能耗高、效益差、产品无市场、污染严重的 42 家企业吊销营业执照。

2006 年，与各基层工商所签订授权办理个体工商户登记委托书，授权基层工商所办理本辖区个体工商户登记变更各项事宜。

2007 年后，企业注册登记实行“一审一核制”“一次告知制”“当场登记制”。建立“一门受理，阳光操作，全程服务，限期办结”制度，开展预约服务，上门服务，延时服务，跟踪服务。

2014 年，实施注册资本登记制度。是年，全县新设各类企业 770 家，同比增长 110.2%，注册资本 29.63 亿元，同比增长 102.8%；个体工商户 2324 户，同比增长 78.4%；注册资本 2.28 亿元，同比增长 43.2%。

2016 年，市场主体增量工作列入省、市对县委、县政府重点工作考核范围。是年，全县各类市场主体 17255 家。其中，企业 3474 家，个体工商户 13781 户。按全县 42.8 万人计算，万人拥有市场主体 404 家，比上年净增 109 户。

2018 年，放宽住所登记条件和名称登记条件，促进市场主体增量发展。是年，全县新增个体工商户 4700 户。截至 2018 年，全县市场主体总量 23075 户，市场主体增长率 11.87%。

个体和私营经济管理

20 世纪 90 年代后，磁县个体私营经济发展迅速，呈现由零散向规模、粗放向集约、保守型向外向型转变趋势。

1999 年始，县工商局配合个体私营企业由“地下”向“地上”“黑色”向“绿色”、煤炭、炼焦业向餐饮业为代表的服务业转型，协助个体私营经济结构调整，重点支持发展种养业和加工业大户。至

2013 年，全县有运输、养殖、蔬菜种植专业村 18 个，种养业农户 1322 户，交通运输业 2130 家，交通运输和种养业成为带动个体私营经济发展的新兴产业。此后，交通运输和种养业仍是带动全县个体私营经济发展的产业。

第三节　商标广告管理

商标管理

1999 年始，根据《中华人民共和国商标法》要求，开展以保护驰名商标、著名商标为重点的专项整治活动，打击商标侵权行为。

2005 年，磁县“六合”“旭鑫”“禾下土”列入河北省著名商标范围，填补磁县无省著名商标的空白。

2009 年，围绕磁县加强“磁州窑”“县城城市标志”知识产权保护工作要求，县工商局对“5C”城市标志进行 45 类商品的全方位注册。为磁州窑成功申请“磁州窑文化创意产业发展有限公司”的无行政区划名称。

2018 年 5 月，“磁县白莲藕”国家地理标志商标申报成功，实现磁县地理标志商标“零”的突破，磁县成为邯郸市第六个拥有国家地理标志证明商标的县（区）。7 月，申报的地理标志“磁县磁州窑”进入国家商标局最终审核阶段。12 月，磁县岳城银鱼协会成立，磁县政府授权磁县岳城银鱼协会注册“岳城银鱼”地理标志证明商标。截至 2018 年，磁县拥有阳光大地、禾下土、威尔特、磁州、冀申、火炬、六合、琼林宴、旭鑫等省著名商标在内的注册商标 1050 件。

广告管理

20 世纪 90 年代末，随着经济快速发展，县内工商企业宣传和广告意识增强，广告投入和广告数量均有增加。2000 年后，落实县政府实施的城镇亮化、美化工程，引导商户制作统一尺寸的广告牌匾，美化城市容貌。

1998—2018 年，全县市场主体按要求设置墙壁广告 4000 余幅、路牌广告 1000 余块、灯箱广告 2500 多个、电视广告 1 万多条（次）。同时，加强违法广告查处工作，先后查处各类违法广告案件 90 余起。

第四节　市场监管和消费者权益保护

市场监管

1998 年后，按照国务院《粮食收购条例》要求，磁县禁止个体私营及集体、国家用粮企业从市场及农民手中购买原粮。1998—2004 年，查处各种案件 341 起，查获非法收购粮食 199 吨，罚没款 153 万元。

1999 年起，在全县商品市场实行定期巡查制，规范化监管市场。

2001 年，对汽配、农资、市场主体资格、网吧、虚假广告、日用品、粮食市场专项检查。是年，查处违法案件 328 起，违法物品标值 452 万元，罚没款 118 万元。

2003 年，抗击“非典”期间，开展专项打假行动，出动执法人员 2123 人次、车辆 292 辆，专项检查全县个体工商户、私营企业、医药门市、卫生院、门诊 1146 家。立案查处违法案件 535 起，查获违法物资标值 257 万元。其中，涉及“非典”相关案件 42 起，罚没款 155 万元。

2015 年后，按照《国务院办公厅关于推广随机抽查规范事中事后监管的通知》要求，推行“双随机一公开”监管模式。

2018 年，提升“双随机一公开”监管水平，完善全县 22341 户市场主体名录库和 48 名执法人员名录库，完成抽查任务 6 次，摇号抽查市场主体 941 户。其中，正常营业 156 户，跨区域抽查 2 户。

2015—2018 年，开展“双随机一公开”抽查行动 15 次，指导全县 29 个“双随机一公开”工作成员单位完善抽查工作。

消费者权益保护

1999 年，成立“3·15”投诉举报中心，开通“12315”24 小时热线电话。是年，共受理各类投诉、举报 201 件，为群众挽回经济损失 10 余万元，公开销毁标值 10 万元的假冒伪劣商品。启动消费维权“一会两站”（“一会”是消费者协会分会，“两站”是消费者投诉站和“12315”联络站）建设。至 2004 年，完成消费维权“一会两站”建设。

在全县19个乡（镇）设立消费者协会分会，374个村建立消费者投诉站和“12315”联络站。此后，持续做好消费者权益保护工作。

2016年，工商消费维权热线“12315”与食品药品举报热线“12331”整合为“12315”热线。

2018年，加强不正当竞争、违法广告侵权、商标侵权、欺诈消费者等案件的查办工作，全年办理一般程序案件236起，罚没款216万元。打击“会销”行为，现场退还消费者4万余元，立案4起，罚款6.6万元。

第四章　质量技术监督管理

第一节　计量和标准化管理

计量管理

1999年后，质量技术监督系统实行省以下垂直管理。计量管理是质监系统的主要监管业务之一。

2005年，磁县质量技术监督局（简称“县质监局”）定量包装计量站通过省、市认证验收。

2009年，省、市质量技术监督局考核验收组对磁县申报的14项社会公用计量标准及24个检定项目验收通过。新增6项计量标准和水表、煤气表、出租车计价器、热工仪表等10个检定项目。推行计量保证能力合格确认和“C”标志确认工作，帮助4家企业取得“C”标志认证。2009年计量器具强检率98%以上，抽查合格率96%以上。

2010年，为提高全县医疗计量器具准确度，县质监局筹集资金12万元，购置心电图机、脑电图机、心电监护仪和医用X射线机检定标准器。建立农村医疗计量器具台账和强检计量器具管理目录台账，为免费开展医疗计量器具检定工作摸清底数。

2011年，检定燃气表2500块，医疗计量器具163台（件），可燃性气体报警器260台。是年，对全县的贸易结算用衡器、血压表（计）、加油计、B超仪等民生计量器具开展专项检查检定工作。

2015年，抽查加油站8家、加油机12台、加油枪16把，定检合格率100%。检查商场、超市10家、计量器具102台(件)。检查私人医疗机构5家、计量器具5台（件）。

截至2018年，县质监局检定修理计量器具32万多台（件、次）、计量器具监督抽查2万余台（件、次）、定量包装监督检查商品3.2万余件，全县5个集贸市场作为重点监督检查场所。查处违法违规11起。

生产许可证管理

1999年后，磁县执行国家各项质量管理标准，为规模型企业办理生产许可，助力企业提升产品质量。

2005年，帮助申家庄煤矿、邯郸市金麦子面粉有限公司、磁县方兴乳业有限公司等12家企业产品质量达到ISO9000质量管理体系标准。

2010年，更新企业质量档案20家，抽检产品230余批（次），为企业免费查询产品执行标准86项。是年，帮助龙威面业有限公司、福远蜂业有限公司获得食品生产许可证，使磁县的炒瓜籽、粉条、烤鸡蛋、蜂蜜等地方特色食品获得QS市场准入。

2015—2018年，每年组织召开全县安全帽生产企业专题培训会及产品质量提升会，对生产许可证换证要求、网上申报流程等内容进行专题讲解，提高广大生产经营者的产品质量意识、自主申换证的能力。

标准化管理

标准化建设　1999年，磁县标准化管理工作起步，帮助全县各企业提高产品质量水平，规范市场经济秩序。

2006年，县质监局组织专业技术人员深入商都童装市场，进厂入户宣传《国家纺织产品基本安全技术规范》。帮助磁县伟龙食品加工厂、磁县鑫鹏食品有限公司、邯郸市柏坡泉饮料有限公司等13家企业制订企业标准后，全部通过邯郸市质量技术监督局审核备案。

2010年，帮助23家企业建立标准化体系、48家企业标准备案，工业企业产品标准覆盖率100%。

2016年，磁县推进特种设备安全管理标准化建设。是年9月，全省特种设备使用安全标准化建设现场会在磁县召开。磁县经济开发区使用承压类特种设备805台（件），占全县承压类设备的80%。磁县经济开发区被选为特种设备标准化创建试点，设立安全标准化样板，带动全县特种设备安全管理向标准化迈进。

截至2018年，县质监局帮助企业查找国家标准、行业标准1070多项（次）、监督检查国家强制性标准实施企业786家（次）、下载标准文本340本（次）。

农业标准化　1999年始，县质监局致力打造高产优质的农村标准化示范基地。

2004年12月，国家标准委批准磁县“莲藕生产基地”为第五批全国高产、优质、高效农业标准化示范区。县质监局制订《磁州白莲藕栽培技术规程》，使莲藕种植有标可依。通过媒体宣传标准化信息、举办生产技术讲座传授标准化知识，提高藕农的标准化种植意识。2007年8月31日，“磁县莲藕”通过国家级农业标准化示范区验收。

2011年，县质监局起草《无公害山药栽培技术规程》农业地方标准1项，并在相关企业及市场进行广泛宣传、推广和应用。

2013年，帮助县经济作物专业协会制订的《观赏荷花栽培技术规程》通过河北省质量技术监督局审定，被列为省级农业地方标准制订和推广项目，作为省级地方标准发布实施。

2014年，帮助磁县经济作物专业协会制订《彩色花生系列品种栽培技术规程》，经过专家审定，作为河北省地方标准发布实施。

至2018年，县质监局发挥部门职能优势，帮助有关企业制订一系列农业地方标准，促进全县特色农业跨越式发展。

第二节　质量监管

质量档案建立

1999—2006年，建立企业质量档案的做法未在全县推广。2007年，以实施“双兴战略”为契机，在企业中宣传ISO9000标准，为400余家企业建立质量档案。对14类工业产品生产许可证管理的企业建立电子质量档案。2009年，完善更新企业质量档案20家，监督检查实施生产许可证的企业30余家。2013—2018年，磁县共完成工业企业信息录入480家，全部建立企业质量档案。

质量品牌建设

1999年始，实施质量强县计划，助力规模化企业提升自身品牌建设，实现企业长远发展。2001年，磁县六合工业有限公司获“河北省质量管理效益型企业”称号，磁县宏鹏化工实业有限公司生产的“钛白粉”、邯郸市巨龙耐火材料有限公司生产的“耐火材料”、邯郸市永衡面业有限公司生产的“小麦粉”被评为河北省优质产品。

2006年，县政府印发《关于实施“质量兴县、名牌兴企”战略的意见》，明确磁县“十一五”期间名牌产品培育目标。2009年，邯郸市巨龙耐火材料有限公司企业产品获“河北省优质产品”称号。2013年，磁县申家庄煤矿、磁县鑫盛煤化工有限公司等8家企业获全省“质量效益型企业”“服务质量奖”等称号。邯郸黑猫炭黑有限公司获“市长质量奖”，奖励资金15万元。是年，磁县供电公司、磁县医院等7家单位获“河北省优质产品”等8项全省质量奖。2016年，邯郸黑猫炭黑股份有限公司获“河北省政府质量奖”。

2017年3月21日，国家质检总局在北京召开全国知名品牌示范区建设暨2016年区域品牌价值评价发布会。磁县经济开发区“精细化工产业”以22.39亿元区域品牌价值登上榜单。磁县禾下土种植专业合作社、磁县政务服务中心管理委员会、河北紫海芳庭旅游开发有限公司、邯郸市益联化工有限公司等9家单位分别获“河北省名牌产品”“河北省服务名牌”“河北省优质产品”等称号。

2018年，河北中化滏恒股份有限公司以自主创新品牌强度657、品牌价值1.82亿元的成绩通过2018年中国品牌价值评价。

质监执法

安全帽　1999年始，将特色产业质量提升放在全县工作突出位置，制订长期规划和年度计划，对磁县劳保、童装等特色产业进行重点培护。

至2007年，靠产品质量提升发展经济在磁县形成共识。召开20家企业参加的不合格产品销毁现场会，由企业负责人自己动手销毁价值22万

余元的不合格安全帽生产模具和3000多顶劣质安全帽。还联合向全国同行发出倡议，共同抵制不合格安全帽生产，促进该行业生产经营健康发展。中国质量新闻网、《中国质量报》《邯郸日报》《邯郸晚报》等媒体报道。

食品安全　1999年，磁县食品安全由县工商局、县质监局、县卫生局、县农业局等数个部门共同监管。

2005年，开展食品专项检查，摧毁使用“吊白块”生产腐竹黑窝点3个、制售假冒奶制品窝点2个，关闭小食品作坊8家。

2008年，对面粉、食用油、馒头坊、蛋糕、香油、饮用水等开展专项检查，先后抽取检验食品样品220多批次，查获劣质食用油5.5吨、白酒100多件，取缔饮用水、熟肉制品生产加工窝点5个。

2009年，取缔食品小作坊3家。

2011年，开展食品添加剂专项检查，封存没收20千克过氧化苯甲酰，拆除添加过氧化苯甲酰设备18台，没收销毁劣质白酒6000余箱、啤酒2000多箱等。取缔白酒加工、饮用水生产窝点各1个。

2012年8月20日，查获违法添加工业盐生产“香菇肥牛”“手撕牛肉”“连山大刀”等小食品，当场查封生产设备5套、包装机3台、小食品187箱、外包装箱8000个、工业盐13袋等。案件涉嫌刑事犯罪，移交县公安机关处理。

2018年，对学校食堂、油条铝超标、网络餐饮服务等方面开展专项整治，行政立案106起，罚没42.5万元，移交涉刑案件2起。

第三节　特种设备管理

1999—2000年，特种设备安全监察职能由县劳动部门负责。2001年，特种设备安全监察职能由县劳动部门移交到县质量技术监督部门。2008年，对磁县477台特种设备建立完善台账登记。举办作业人员培训班5期，培训锅炉、压力容器、起重机械作业人员400余人。2016年9月8—9日，全省特种设备使用安全管理标准化现场会在磁县召开，邯郸鑫宝煤化能源科技有限公司代表县内企业做典型发言。

锅炉管理

1999年后，工业锅炉与各种燃气锅炉成为监管重点。对操作人员进行培训，对压力容器定期检定。

2005年，拆除磁州商都服装企业土锅炉、超期服役锅炉4台，检验运行设备100余台。是年，举办司炉工培训班，培训操作人员70人次。

2008年，监督商都服装企业拆除更换锅炉40多台。

2012年，县财政投入500多万元，安装变压器14台，增容量8820千伏安，架10千伏高压线路2.1千米，架低压线路6.9千米，安装电力计量表709块。拆除商都市场隐患锅炉225台，统一改用电加热蒸汽发生器进行童装熨烫，存在多年的锅炉安全隐患得到彻底解决。

电梯管理

2000年后，电梯广泛使用，县质量监督部门对电梯进行安全检查。2018年，对电梯进行全覆盖、无缝隙专项检查行动。是年，共检查电梯690部，消除安全隐患58处。

第五章　食品药品监督管理

第一节　监管体制改革

1998年前，磁县医药管理局负责磁县医药生产、经营行业管理和医药市场监管，与磁县医药药材公司合署办公，一套人马、两块牌。

1999年12月，磁县医药管理局增挂磁县药品监督管理局牌，成为药品监督管理的县政府直属事业机构。县卫生局管理的药政、药检等药品监督管理职能划归县药品监督管理局。

2002年9月，按照省药品监督管理体制改革要求，整合组建磁县药品监督管理局，实行省以下垂直管理，实现药品监督的政企脱钩、政事脱钩，统一履行全县药品、医疗器械的行政执法和技术监督职能。医药生产、经营行业管理职能移交县经贸委。

2006年6月8日，在磁县药品监督管理局基础上组建磁县食品药品监督管理局。

2009年12月，磁县药品监督管理局由省以下垂直管理划归县政府管理。2010年7月，将食品安全综合协调职能划归县卫生局承担，划入餐饮环节食品安全监管职能。

2016年5月，县食安办、县工商局、县食药监局职能整合，组建磁县工商行政和食品药品监督管理局。挂磁县人民政府食品安全委员会办公室牌，履行食品安全方面的综合协调及食品流通、餐饮、药械、保化（保健品、化装品）等环节食品药品职责监管。2017年，磁县工商行政和食品药品监督管理局接收食品生产监管职能。

第二节　食品监督管理

1998—2003年，县内食品安全工作由多部门按环节分工负责。县质监局负责食品生产，县工商局负责食品流通，县卫生局负责餐饮食品，无专门统一的食品监管协调机构。

2004—2005年，县药监局围绕“元旦”“春节”“中秋”“国庆”等重大节日，开展食品安全专项整治。出动执法人员2170余人次、车辆420余辆次，检查生产经营流通网点655个，查获假冒白酒10余箱、劣质白酒560瓶、过期啤酒20多件、饮料400瓶、乳制品200袋、过期奶5件、劣质月饼1000余千克、劣质糕点糖果300千克、食用油30千克、过期罐头140多瓶、私屠滥宰白条肉370千克、甲胺磷农药10瓶，取缔无证经营摊点30个。要求34家食品生产经营单位限期整改。

2006年6月，磁县食品药品监督管理局挂牌，履行食品安全综合协调职能。2006—2012年，推行食品生产、流通、餐饮各环节专人专职管理机制。2016—2018年，以机构整合为契机，加强食品安全监管，开展农村、校园周边等一系列食品安全专项整治，检查食药生产经营单位10079户次，监督抽检1078批次，快检300多批次。发现隐患1782项，下达整改通知书760份，清理注销107户，行政约谈320户次，查处行政案件425起，罚款150万元。向县公安机关移交案件6起，刑事立案6起，刑事拘留3人，行政拘留1人。

第三节　药品监督管理

药品供应网络建设

1998—2002年，磁县药品和医疗器械主要由国有企业磁县医药药材公司负责经营。2002年，该公司设有6个分公司、22个零售药房。2003年始，国家对药品医疗器械市场逐步放开，允许个人开办药房。至2006年，全县零售药房76家。其中多数分布在农村。2008年，全县零售药房96家，形成各乡（镇）有药房和较大村有药房的药品供应网络，磁县药房数量达到峰值。2015年，按照省、市促进药品零售连锁经营、提高市场竞争力倡导，磁县鼓励大型药品批发企业通过兼并、重组等方式，组建药品零售连锁企业，经营实行“六统一”（统一配送、统一进货、统一价格、统一标牌、统一质量、统一管理）。磁县大多零售药房，加入药品零售连锁企业。截至2018年，磁县有药品连锁企业7家、分支药房83家、单体药房25家，零售药房连锁率70%。

药品市场监督管理

1998—2002年，重点对所属6个分公司、22家零售药房监督检查。2003—2004年，省垂直管理的县药监局承担药品市场整顿职能，依法开展防“非典”药械专项检查、药品经营企业中药饮片专项检查、疫苗专项检查、计生用品与终止妊娠药品专项检查。查处计生保健品经营门店3家、个体妇科诊所12家，没收计生用品、口服流产药8个品种50余盒。2005—2007年，对药品生产企业实行驻厂监督制度，检查药品经营企业、医疗机构2080多家次，立案查处22件，查处假劣药品器械145种。2008年，配合奥运会承办工作，开展兴奋剂类药品专项整治，签订兴奋剂类药品治理承诺书，县药监局对各涉药单位逐个检查，对企业违法销售蛋白同化制剂、肽类激素和所销售的含兴奋剂类药品未标注“运动员慎用”标识者，按照省、市局“三个凡是”要求，一律吊销

药品经营许可证。2009 年至 2016 年 5 月，按照“监管地域无盲区、监管单位无盲点、监管品种无遗漏、监管环节无断层”原则，对全县药品生产、经营、使用单位开展不间断、拉网式监督检查。2009 年，药品抽检 75 批次，查出不合格 16 批次，合格率 79%，为 20 年间最低值。2010 年后，药品生产、经营、乡（镇）以上医疗机构监督检查覆盖面每年达 100%，未出现一例制、售假劣药品行为。2016 年 5 月至 2018 年，县工商、县药监机构合并，药品监管人员充实，药品监管范围全面，药品安全保障水平提升，形成安全用药环境。

第六章　物价管理

第一节　价格管理体制改革

价格管理政策发布

2002 年 5 月，发布《河北省定价目录》，国家、省定价格和收费项目之外的价费放开，实行市场调节。在社会商品零售总额中，市场调节价比重占 95.8%。在生产资料销售总额中，市场调节价占 87.4%。在农副产品收购中，市场调节价占 92.5%。实现在宏观调控下主要由市场形成的价格机制。物价工作重心由调定价为主转向市场监控、监督检查、收费管理、价格服务和房地产价格管理。2015 年 5 月，国家发改委印发《关于推进药品价格改革意见的通知》指出：6 月 1 日起取消绝大部分政府定价，药品实际交易价格主要由市场竞争形成。

2018 年 1 月，河北省物价局印发《河北省〈政府制定价格行为规则〉实施细则》，从 2 月 1 日实施。政府制定价格的范围主要为重要公用事业、公益性服务和自然垄断经营的商品和服务等，具体以《河北省定价目录》为准。

生产类价格管理体制改革

1999 年 3 月，化肥出厂价由政府定价改为政府指导价，同时放开零售价格。2009 年 1 月，国家改革化肥价格形成机制。除钾肥外，国产化肥出厂价格、进口化肥港口交货价格由政府指导价改为市场调节价。化肥批发、零售价格继续实行市场调节价。取消对已放开的化肥出厂价实行提价申报、最高限价及对化肥流通环节价格实行差率控制等各项临时价格干预措施。暂时保留化肥生产用电、用气和铁路运输价格优惠政策和化肥生产、流通税收优惠政策。

生活类价格管理体制改革

2000 年 12 月，停止 13 项价格审批事项。其中包括个体办幼儿园收费、文体演出票价、美容、美发、照相收费等。2001 年，取消价格审批和核准 46 项。其中包括涉外宾馆、饭店、党政机关招待所客房床位费、IP 电话资费、汽车维修行业管理费收费标准，中等职业学校收费、医疗器械价格储备物资收费。

2009 年 5 月 18 日，放开平价灌装液化气销售价格，企业自主制定销售价格。

2012 年，国家推行居民生活用电从 7 月 1 日起试行阶梯电价，城乡居民月用电量按照满足基本用电需求、正常合理用电需求和较高生活质量用电需求划分 3 档，电价实行分档递增。

2015 年 12 月 23 日，县城区居民家庭用水实行阶梯水价，设置分 3 级：第一阶梯水量按每户月用水量不超过 10 立方米确定；第二阶梯水量按每户月用水量不超过 15 立方米确定；第三阶梯水量基计数为超出第二阶梯水量的用水部分。从 2016 年 1 月 1 日起执行。

第二节　重要商品价格调整

天然气价格调整

2004 年，天然气入户工程启动。由于天然气入户前期工程投资大，为推动天然气入户工作开展，天然气价格依照邯郸市内标准，居民用气价格 2.4 元 / 立方米。

2013 年 6 月 28 日，国家发改委印发《关于调整天然气价格的通知》，调整天然气门站存量气、增量气，天然气进气成本增加，销售价格提高。2013 年 10 月 1 日，磁县居民天然气销售价格调整为 2.8 元 / 立方米。2014 年 10 月 1 日，居民天然气销售

价格调整为3.2元／立方米。2016年11月20日，居民天然气销售价格调整为2.8元／立方米。

2017年5月1日起，磁县调整天然气价格，天然气居民价格2.8元／立方米，非居民3.5元／立方米。是日起，居民天然气价格实行阶梯价格。

2018年磁县居民天然气阶梯价格情况一览表

表15-1

分档	户每年用气量（立方米）	价格
第一阶梯	300立方米（含300立方米）	2.80元／立方米
第二阶梯	301～1200立方米（含1200立方米）	3.20元／立方米
第三阶梯	1200立方米以上	3.50元／立方米

供热价格

2006年始，县城区实行集中供热，热源由磁县景明水洗城提供。按照定价程序，磁县物价局印发《关于制定城市集中供热价格的通知》，规定供热价格：居民用热价格21元／平方米；非居民用热价格33.6元／平方米。至2018年无变化。

水价调整

（详见第四编第四章第二节供水）

粮食价格调整

按照国家、省、市有关文件精神， 磁县对粮食价格实时进行调整。具体情况如下表所示。

1999—2004年磁县粮食价格调整情况一览表

表15-2

项目 年份	标准中等花麦	标准中等白麦	混合麦	红麦	标准三等白麦
1999	0.62元/500克	—	—	—	—
2000	—	0.57元/500克	0.55元/500克	0.52元/500克	—
2001	—	—	0.55元/500克	0.52元/500克	0.57元/500克
2002	—	—	0.53元/500克	0.50元/500克	0.55元/500克
2003	—	—	0.53元/500克	0.50元/500克	0.55元/500克
2004	6月起，全面放开粮食市场，实行放开收购，放开价格，放开经营				

电价调整

（详见第五编第三章第二节用电与电价）

第三节　收费管理与农业生产成本调查

收费管理

1999年，在县城朝阳大街建立收费项目标准公开一条街，公布监督电话。成为企业和群众心目中一张“明白卡”。群众称“街上走一走，收费政策心中有”。是年，审验收费许可证552个。其中，行政性163个，事业性313个，经营性76个，注销许可证31个。国家、省、市先后6批取消的18个收费项目和降低的12项标准从收费许可证中核销或变更，减轻企业和群众负担860多万元。

2001年，清理和整顿农村电价、建房收费、中小学收费、水价、结婚登记和计划生育收费、电信服务收费、粮食收购保护价政策落实到位情况。12月，印发《磁县推行涉农价格和收费公示制度实施方案》，采用公示栏、公示牌、价目表、收费表、墙报、公告推行涉农价费公示制度。是年，注销许可证6个，取消收费项目8项。

2002年，落实涉农价费公示制度，建立县、乡（镇）、村及进农户“三级四层”公示网络。在19个乡（镇）建起乡（镇）涉农价费公示栏。在村建立涉农价费主要项目标准公示牌。统一制作1000套监督员证书，在全县376个村聘任1000名涉农价费监督员。是年，注销许可证8个，取消收费项目8项，减轻企业和群众负担190多万元。

2005年，继续开展涉农、涉企收费清理，取消涉及农民和企业负担的教育、公安、畜牧、工商等12个部门28项收费。取消烟草专卖许可证工本费、家电维修管理费、重特大交通事故处理费等23项收费项目。降低人防工程建设费、河道修建维护管理费、道路车辆通行费等132项收费标准。

2009年，按照邯郸市物价局《关于公布取消和停止征收100项行政事业性收费项目通知》要求，清理行政事业性收费项目，取消收费项目35项，更换、更正及补办收费许可证8项，审验收费许可证321个。

2015年，根据邯郸市财政局、邯郸市物价局《关于取消、暂停和免征部分行政事业性收费的通知》要求，取消、暂停和免征19项行政事业性收费，对小型微型企业（含个体工商户）免征42项行政事业性收费。按照国家发改委和省市物价局文件精神，2015年5月1日起，统一取消收费许可证制度，停止收费许可证年度审验。原收费许可证申领、发放及变更相关规定同时废止。

2018年，县政府网站发布《磁县行政事业性收费和政府基金目录清单》《磁县涉企收费目录清单》。对民办学校进行成本调查和成本监审，依据成本调查和成本监审制订批准收费标准。核算备案公办幼儿园、学前班教育成本，依据教育成本和文件精神制订收费标准。出台磁县《基层医疗服务价格管理权限及有关政策问题的通知》，明确公办医疗机构的收费价格。调整磁县中医院、磁县妇幼保健院床位费收费标准。截至2018年年底，取消收费项目218项，降低收费项目174项，注销收费许可证116个，减轻企业和群众负担2540万元。

农业生产成本调查

2000年，国家和省下发《关于在机构改革期间做好农产品成本调查工作的通知》。是年，磁县按要求完成农产品成本调查。

2010年，按照国家发改委对成本调查工作的定性，对成本工作做出界定。

2011—2018年，磁县每年主要调查小麦、玉米和蔬菜的种植成本，并完善农业生产成本调查制度。设立具有代表磁县农业生产水平的高、中、低层次的3个村为调查点，即东部平原片的讲武城镇小寨村、中部丘陵片的时村营乡时村营村、西部山区片的黄沙镇南黄沙二街村。每个调查点以3户农民的农作物和蔬菜成本为调查对象。

附：磁县2012年白菜种植成本收益调查

白菜是国内北方居民冬季食用的主要蔬菜。为了解白菜生产成本及收益情况，进一步掌握市场信息，为政府科学决策提供可靠依据，2012年，磁县物价局深入讲武城镇小寨村对部分白菜种植户进行调查走访，对白菜种植成本和收益情况进行分析。具体情况如下：

生产成本

土地租金　由于受粮食价格上涨影响，农村土地流转租金也随之“水涨船高”。每亩每年租金900元。种植户一年种三季作物：一季西瓜，一季玉米，一季白菜。因此，白菜土地租金为每亩900元/3季=300元。

翻地费用　由于成品油价格上涨，农村深翻土地的机械作业费为每亩70元。

种子费用　白菜每亩需种子150克，种子每袋10克，每袋12元，每亩白菜种子款为180元(12元×15)。

购肥　为保证白菜食用质量，白菜种植户不施用化肥，每亩施用鸡粪1车，成本240元。

浇水费用　白菜生长期共浇水7次，每亩每次需11元，共需77元（11元×7)。

农药费用　白菜生长期共喷药3次，每次需农药18元，农药款54元（18元×3)。

人工成本　白菜种植户均为小规模家庭式种植，人工成本忽略不计。

成本合计　在不含人工成本的情况下，每

亩白菜生产成本合计921元（300元+70元+180元+240元+77元+54元）。

收益情况

是年，市场白菜价格普遍较低。但小寨村种植的白菜品种较好，没有施用化肥，食用口感好，平均销售价格不低于0.4元/千克。白菜亩产量4300千克，每亩白菜产值1720元（0.4元×4300）。每亩白菜销售收入799元（1720元-921元）。

存在问题

由于农民工外出打工工钱不断上涨，农村有文化的青壮年劳动力不愿在家种田，多选择外出打工。留在村里搞农业种植的人年龄较大、文化水平低，导致农业种植水平落后。

建议

加强农资市场监管，杜绝假农资坑农现象发生；培育发展农村种植合作社，搞集约化、规模化种植；县、乡（镇）有关部门多深入农户具体指导，帮助农民搞好农业生产。

2012年11月20日

第四节　物价监督检查

专项检查

1999年，物价监督检查重点是“一减一增”（减轻农民负担、增加农民收入）以及监督检查粮食收购保护价政策落实情况。先后检查205个村电价、19个学区87所中小学校、51家医疗单位与医药批发企业和私营医院及个体门诊，规范心理咨询费、健康咨询费等收费行为。全县查处各类价格违法案件177起，查处违纪金额362.97万元。其中，退还群众325.35万元，罚没款上缴县财政37.62万元。

2002年，专项检查涉农价格收费，查处农民用电、农业用水、农村教育、计划生育等方面乱加价、乱收费行为。全年查处价格违法案件48起，查处违纪金额130万元。其中，退还群众94万元，罚没上缴县财政36万元。

2003年，开展防“非典”药品和相关商品、教育、交通运输和停车场等价格收费专项检查。查处防治“非典”期间价格违法案件27起。其中，电视台曝光8起典型案件。纠正义务教育收费、重点高中“择校生”收费和住宿费收费行为。全年查处各类价格违法案件126起，查处违纪金额116.46万元。其中，责令退还97.46万元，罚没款上缴县财政19万元。

2005年，开展涉农、粮食、药品、电力、成品油价格及交通运输、邮电、教育、医疗服务、中介服务、物业管理专项检查。查处价格和收费违法案件203起，查处违纪金额155.05万元。其中，退还群众121.25万元，罚没款上缴县财政33.8万元。

2008年5月下旬，针对成品油价格上涨、供应紧张问题，检查全县成品油经营单位。查处价格违法案件125起，查处违纪金额152.3万元。其中，退还群众102万元，罚没款上缴县财政50.3万元。

2011年，开展涉农、医疗服务及药品、教育、电力、涉企价格收费等专项检查。全县共查处价格违法案件148件，查处违纪金额105.22万元。其中，责令退还70万元，罚没款上缴县财政35.22万元。

2012年后，先后开展涉农、教育、药品及医疗服务、商品房明码标价、质监、水利、计生、公安、交通运输、中介服务等部门和领域价格收费专项检查。截至2018年，累计查处价格违法案件2197件，查处违纪金额2684.5万元。其中，退还群众1623.03万元，罚没款上缴县财政1095.47万元。

专项整治

2008年春节前后，组织市场价格专项整治活动，主要检查商场、超市、集贸市场等与群众密切相关的衣、食、住、行方面的商品价格和服务收费。

2011年3月17日，磁县出现食用盐抢购现象，经销商乘机哄抬价格，牟取暴利，每包400克精制盐由1元涨到5～15元。3月18日，开展拉网式排查，对擅自涨价、恶意囤积的违法行为给予行政处罚。

2013年，根据《中华人民共和国价格法》、省物价局《河北省商品房销售明码标价规定实施细则》等规定，出台《磁县人民政府办公室关于加强商品房销售价格监管的通知》。4月，组织召开商品房价格监管工作会议，8家房地产开发企

业办理价格备案手续。实行商品房销售明码标价模式。

第五节　市场价格监管

价格举报

1999年，县物价局组建价格举报中心。2001年，开通“12358”价格举报投诉专用电话。2008年，向社会、部门单位发放“12358价格举报公示牌”2000个。2010年，完善价格举报受理、查处、反馈机制，规范价格举报工作程序，实行价格举报信息系统管理，建立案件归类分析、责任追究等制度。

2014年10月，接入国家电子政务外网专用平台，实现国家、省、市、县四级价格举报系统网络互联互通。截至2018年，受理价格咨询举报362件，立案查处126件，查处违法所得139万元。其中，退还用户58万元，罚没款上缴县财政81万元。

价格监测

1999年，按照国家计委《价格监测规定》要求，磁县全年上报市场监测信息40多条。

2003年，县内农产品市场价格监测实行“三定”（定专人、定市场、定品种）和“三结合”（监测批发市场与零售市场相结合、日常监测与重大节假日监测相结合、监测县城与主要乡镇相结合）管理方法。面对粮食和部分副食品价格上涨过快事态，邯郸市物价局下发《关于搞好生活必需品价格监控、平抑市场物价的紧急通知》后，县物价局实行市场价格监测日报制度。防控“非典”期间，将防“非典”30种药品和相关商品价格作为监测重点，并将监测情况及时向上级主管部门反馈。

2008年，群众生活主、副食品价格短期内明显上涨。县物价局确定4个监测点，安排专人值班、逐日采价报价，及时把市场供求情况和变化趋势上报县政府和市物价局。

2010年对30种居民生活必需品、20种涉农产品价格实行周监测，对176种重要商品价格实行月分析，对与百姓密切相关的“米袋子”“菜篮子”事项进行重点监测发布。依据市场重要商品价格变化情况，是年11月启动价格应急监测预警机制，对30种居民生活必需品、20种涉农产品和农资价格监测周报提升为日报告制度。新增设钢铁、煤炭、水泥、铁精粉监测网点。全年完成价格监测报表及价格变动情况分析120余份。

2011—2018年，建立信息畅通、反应灵敏、数据准确、决策及时、调控有效的监测预警和应急引导机制。定期监测肉、蛋、粮、油、蔬菜等30种生活必需品价格，建立健全价格监测体系。发现、上报和处理苗头性、倾向性价格问题。

第七章　审　计

第一节　财政审计

财政预算执行及税收征管审计

1999—2018年，审计财政预算执行及税收征管方面的项目66个，部门（乡镇）预算执行及财政决算项目36个。审计发现的主要问题是公共财政支出预算编制不完整、未按规定安排保障性住房建设资金、部分非税收入年底未及时入库、专项资金滞拨、财政集中支付中心违规出借资金。对审计发现的问题，按照审计权限和相关法律法规作出处理、处罚，督促整改。2018年，完成县本级财政2017年度预算执行审计及其他财政收支审计、县地税局2017年度预算执行审计及税收征管审计。

行政事业审计

1999年，对全县财务综合检查，查处违纪违规资金2958万元，增加财政收入824.5万元。2018年，完成磁县交通局公路管理站地方公路管理站审计项目。截至2018年，财政财务收支审计123个，针对审计中发现的收入管理混乱、票据管理不规范、固定资产账实不符、经费支出超预算及挤占挪用现象、以招待费会议费等名义虚列支出问题依法作出处理。

专项资金审计

2008年，磁县实施专项资金审计，全县申报数3067万元，涉及115所小学、38所普通中学和3所县直属中学、124个村委会、9个乡（镇），共审减369万元，可认定2698万元。2012年，审计19个乡（镇）、376个村垫交税费债务，审计面100%，申报债务总金额3090万元，审计认定金额2212.05万元，审减877.95万元，审减率28.4%。2016年，审计城镇居民基本医疗保险基金和新农合基金整合。2018年，审计磁县2017年度保障房安居工程、2013—2017年扶贫资金、“7·19”灾后重建资金、2015—2017年大气污染防治资金、2018年社保基金、磁县2018年“双代（电代煤、气代煤）”工作资金。截至2018年，专项资金审计64个项目。重点关注新农合资金、职工医疗保险资金、社会养老保险基金、低保资金。

第二节　经济责任和固定资产投资审计

乡科级领导任期经济责任审计

依据2006年2月28日修订的《中华人民共和国审计法》规定，磁县审计局（简称“县审计局”）2006年成立经济责任审计办公室，开始对乡科级领导进行任期经济责任审计。2006—2013年完成64名乡科级领导任期满3年经济责任审计，完成74名乡科级领导离任审计。2014年10月17日，县委办公室、县政府办公室印发《磁县经济责任审计工作联席会议制度》通知，要求进一步加强乡科级领导任期经济责任审计工作。2014—2017年完成85名乡科级领导任期满3年经济责任审计、41名乡科级领导离任审计。主要问题是滞拨专项资金、未招投标、挤占挪用专项资金、工程管理不规范、未执行政府定点采购、应缴未缴财政专户、国有资产管理不规范。审计金额计量问题440个、非金额计量问题41个，提出合理化建议385条，查处管理不规范金额422938.55万元，违规金额37745.24万元。2018年，完成9名乡科级领导干部任期满3年经济责任审计、25名乡科级领导干部离任审计。主要问题是未执行定点采购、油修卡填写不规范、超限额支付现金、擅自扩大开支范围、往来款清理不及时、应记未记固定资产账等。审计共发现违纪违规问题102项，移送案件6起，提出合理性建议63条，查处违规金额4597.57万元、管理不规范金额42629.79万元。

投资项目预决算审计

2010—2017年，完成县政府投资项目预决算审计473个，送审29.97亿元，审减2.52亿元，审减率8.4%。非政府投资项目预决算审计127个，送审49893.89万元，审减5695.87万元，审减率11.4%。2017年，实现固定资产投资审计从无到全覆盖。2018年，重点关注项目资金筹集管理使用、项目管理、工程质量情况，揭示和查处工程建设领域中的重大违法违规问题。完成政府投资项目预决算审计65项。项目送审资金34204.61万元，审减金额3078.94万元，审减率4%。查处违规资金1995.47万元、管理不规范资金3078.94万元。完成非政府投资项目预决算10项，送审资金3248.2万元，审减144.06万元，审减率4.43%。

第三节　社会审计和企业审计

社会审计

1991年6月28日，县审计局审计事务所成立。1999年，按照邯郸市审计局关于转发《会计师（审计）事务所脱钩改制实施意见》要求，审计事务所与县审计局脱钩，2000年4月审计事务所解散，成立股份制会计师事务所。

企业审计

1999—2018年，完成企业资产负债损益审计30个。2016—2017年，重点关注县国有企业资产、负债和损益情况变化，帮助企业挖潜增效。审计六合工业有限公司和申家庄煤矿有限公司时，2016年查处违规资金2539.56万元、管理不规范资金15.46亿元；2017年，查处违规资金20万元、管理不规范资金16953.39万元。2018年，审计申家庄煤矿有限公司、河北云山化工集团有限公司磁县安顺分公司、磁县众益供水公司、河北申美旅游开发集团有限公司，查处违规资金1091.29万元、管理不规范资金11280.08万元、非金额计量问题2个。

第十六编　中国共产党地方组织

1922 年 12 月，王子清在磁县岳城村组织成立中共党小组，成为直隶省南部（简称“直南”，包括现河北省南部及河南省北部、山东省西部地区，计 66 个县、4.9 万平方千米）第一个中共党小组。1925 年 7 月，成立中共磁县特别支部，深入宣传党的路线、纲领，吸收党员，团结带领工农开展革命斗争。至 1926 年 4 月，全县党员达 30 余名，成立中共磁县执行委员会。1927 年 4 月改称中共磁县委员会。1929 年 5 月，改组磁县县委为领导豫北工作的临时组织（也称磁县中心县委）。至 1931 年，全县党、团员发展到 200 余名。1932—1936 年，白色恐怖下的磁县党组织经受住严峻考验，党员发展至 600 余名。1937 年 10 月 18 日磁县城沦陷后，县委带领人民创建抗日革命根据地，开展抗日救亡斗争并不断取得胜利。抗日战争结束后，国民党挑起全面内战。县委领导全县人民投入到解放战争中，1945 年 10 月 2 日解放磁县城后，支援全国解放。

1952 年 3 月，磁县县委增设常务委员会。1956 年 3 月，县委召开磁县第一次党员代表大会，选举产生新的中共磁县委员会。1958 年 11 月，磁县、成安、临漳三县合并称磁县，县委驻磁县城内。1961 年 5 月，磁县、成安、临漳三县分设，磁县恢复原建制。1964 年 10 月设临时常务委员会。1968 年 3 月，磁县革命委员会成立。1971 年 3 月，召开中共磁县第二届党员代表大会，选举产生中共磁县委员会。1996 年，全县党员发展至 22518 名。至 1998 年 2 月，先后召开七届党员代表大会。

1999—2018 年，中共磁县县委历经第七至十一届委员会，各届领导班子平稳交接，工作运转有序，成为领导全县改革开放、创新发展、实现小康目标的坚强领导核心。全县党员由 1996 年 22518 名（19 个乡镇）发展到 2018 年 21953 名（11 个乡镇，不含峰峰矿区托管的西固义乡）。

历届县委将党的路线、方针、政策与磁县实际相结合，先后制订“文化引领，环境先导，品牌带动，四大支撑”“抢抓新机遇，对接大城区，建设新磁县”“工业强县，旅游活县，城镇立县”等一系列重要决策，并强化落实见效。开展“不忘初心，牢记使命”等主题教育，推动“四个文明”建设，实现磁县经济、社会发展与环境保护齐头并进。

县委各部门工作扎实开展。纪检部门致力于廉政制度建设，廉政宣传教育，干部廉洁自律，抓好腐败防治，着力案件查处，保持党员干部队伍的纯洁性。组织部门强化干部队伍建设，加强“牢记使命，不忘初心”教育，严格执行发展党员要求，抓实干部队伍监督管理，保障党员干部创业干事谋发展。宣传部门深入宣传党的政策，弘扬时代新风尚，推出全国拥军模范李福花等先进典型。统战部门在党外人士联谊、推荐党外干部、海外联谊、服务经济建设、民族宗教事务管理等方面取得好的工作成绩。农工部门围绕农村小康建设目标，实施“村村通”、改水改厕等工程，使全县农村环境得到有效提升。政法部门在全县开展扫黑除恶等专项行动，保障全县社会治安稳定。信访、老干部、机关党建、党校教育、党史研究、督查、保密等工作稳步开展。

县委领导班子均注重自身建设和执政能力建设，提高应对复杂局面的能力，有效推进磁县各项事业的快速发展。

第一章 领导机关

第一节 党员代表大会

中共磁县第七次代表大会

1998年2月13—15日召开，出席代表226人。审议并通过县委《肩负起建设经济强县的历史重任，为胜利迈向二十一世纪团结奋斗》的工作报告和纪律检查委员会工作报告，选举产生县委委员35人、候补委员5人、县纪委委员15人。

县委机关综合办公楼（2019年9月18日 摄）

中共磁县第八次代表大会

2003年7月20—22日召开，出席代表226人。审议并通过县委《认真贯彻“三个代表”重要思想，为建设更加富裕、文明、开放的新磁县而努力奋斗》的工作报告和纪律检查委员会工作报告。选举产生县委委员35人、候补委员7人、县纪委委员18人。

中共磁县第九次代表大会

2006年7月5—7日召开，出席代表216人。审议并通过县委《以科学发展武装全党、统领全局，为打造品牌磁县而努力奋斗》的工作报告和纪律检查委员会工作报告。选举产生县委委员35人、候补委员7人、县纪委委员15人。

中共磁县第十次代表大会

2011年9月9—11日召开，出席代表236人。审议并通过县委《站在新起点，开启新征程，为磁县在区域一体化中科学崛起而努力奋斗》的工作报告和纪律检查委员会工作报告。选举产生县委委员37人、候补委员8人、县纪委委员17人。

中共磁县第十一次代表大会

2017年2月22—24日召开，出席代表226人。审议并通过县委《转型突破、绿色赶超，为建设业强民富、美丽幸福的新磁县而努力奋斗》的工作报告和纪律检查委员会工作报告，审查《全县党费收缴使用和管理情况的报告》。选举产生县委委员38人、候补委员10人、县纪委委员21人。

中共磁县第十一次代表大会会场（2017年2月24日 摄）

中共磁县第十二次代表大会

2021年7月17—19日召开，出席代表225人（应到226人），审议并通过县委《转变作风树正气 团结一致加油干 全力建设富强文明美丽的现代化新磁县》的工作报告和纪律检查委员会工作报告，选举产生县委委员39人、候补委员10人、县纪委委员21人及出席中共邯郸市第十次代表大会代表18人。

第二节 委员会

第七届委员会

1998年2月至2003年7月，共召开全体会议12次。1998年2月15日，七届一次全体会议差额选举常务委员会委员11人，等额选举书记1人、副书记3人。2001年6月19日，七届八次全体（扩大）会议选举产生参加中共邯郸市第六次党代会代表。2003年2月9日，七届十一次全体会议审议

通过《关于召开中国共产党磁县第八次代表大会的决议》。2003年7月19日，七届十二次全体（扩大）会议确定县第八次党代会召开时间；商议新一届县委委员、县纪委委员候选人预备名单。其间调整7人，至2003年7月任期届满时，有常务委员10人，其中书记1人、副书记4人。

第八届委员会

2003年7月至2006年1月，共召开全体会议6次。2003年7月22日，八届一次全体会议差额选举常务委员会委员11人，等额选举书记1人、副书记4人。2006年1月17日，八届六次全体（扩大）会议研究确定"十一五"期间全县工作的指导思想和主要发展目标。期间调整4人，至2006年7月任期届满时，有常务委员10人，其中书记1人、副书记3人。

第九届委员会

2006年7月至2011年9月，共召开全体会议10次。2006年7月7日，九届一次全体会议差额选举常务委员会委员11人，等额选举书记1人、副书记3人。2010年12月31日，九届八次全体（扩大）会议对磁县"十二五"发展作出战略部署。2011年7月11日，九届九次全体会议审议通过《关于召开中国共产党磁县第十次代表大会的决议》。2011年9月5日，九届十次全体会议确定第十次党代会召开时间；审议通过新一届县委委员、县纪委委员候选人预备人选建议名单和出席邯郸市第八次党代会代表候选人预备人选名单。至2011年9月任期届满时，有常务委员11人，其中书记1人、副书记2人。

第十届委员会

2011年9月至2016年12月，共召开全体会议9次。2011年9月11日，十届一次全体会议差额选举常务委员11人，等额选举书记1人、副书记2人。2011年12月29日，十届二次全体（扩大）会议推荐李德进、李军、张淑梅为河北省出席党的十八大代表候选人初步人选。2016年12月9日，十届八次全体（扩大）会议审议通过《关于召开中国共产党磁县第十一次代表大会的决议》。2016年12月30日，十届九次全体会议审议通过推荐邯郸市出席党的十九大候选人初步人选名单。期间调整书记2人、副书记4人、挂职副书记1人，调整常务委员10人、挂职常务委员1人。至2017年2月任期届满时，有常务委员10人，其中书记1人、副书记2人。

第十一届委员会

2017年2月至2019年7月，共召开全体会议11次。2017年2月24日，十一届一次全体会议差额选举常务委员会委员10人，等额选举书记1人、副书记2人。通过中共磁县纪律检查委员会第一次全体会议选举结果。期间调整17人。至2021年7月，有常务委员11人，其中书记1人、副书记2人。

1998—2021年中共磁县历届常务委员会组成人员一览表

表16-1

届别	职务	姓名	任职时间	籍贯
第七届（1998.02—2003.07）	书　记	刘学敬	1998.02—2003.07	邯郸市肥乡区
	副书记	贾红军	1998.02—2003.04	邯郸市永年区
		刘梦祥	1998.02—1999.07	成安县
		高志翔	1998.02—2003.07	山东省莘县
		高振江	1999.08—2003.07	成安县
		脱喜春	2001.08—2003.03	新河县
		陈明坤	2001.12—2003.07	河南省平舆县
		陈　平	2003.04—2003.07	无极县

续表

届别	职务	姓名	任职时间	籍贯
第七届（1998.02—2003.07）	常　委	刘学敬	1998.02—2003.07	邯郸市肥乡区
		贾红军	1998.02—2003.04	邯郸市永年区
		刘梦祥	1998.02—1999.07	成安县
		高志翔	1998.02—2003.07	山东省莘县
		脱喜春	1998.02—2003.03	新河县
		殷立君	1998.02—2003.07	临漳县
		孟增科	1998.02—1999.08	武安市
		牛恒禄	1998.02—1999.08	武安市
		郑立军	1998.02—1999.08	保定市徐水区
		刘树清	1998.02—2003.07	磁县小营店村
		包振宇	1998.02—2003.07	磁县监上社区
		高振江	1999.08—2003.07	成安县
		陈明坤	1999.08—2003.07	河南省平舆县
		张金波	1999.08—2003.07	曲周县
		杜树杰	1999.12—2003.07	临漳县
		陈　平	2003.04—2003.07	无极县
第八届（2003.07—2006.07）	书　记	刘学敬	2003.07—2006.04	邯郸市肥乡区
		陈　平	2006.04—2006.07	无极县
	副书记	陈　平	2003.07—2006.04	无极县
		张跃峰	2003.07—2006.04	邱　县
		赵文波	2003.07—2006.07	邯郸市肥乡区
		陈明坤	2003.07—2006.06	河南省平舆县
		杨华云	2006.04—2006.07	山东省莘县
		张家宝	2006.06—2006.07	沧　县
	常　委	刘学敬	2003.07—2006.04	邯郸市肥乡区
		陈　平	2003.07—2006.07	无极县
		张跃峰	2003.07—2006.04	邱　县

续表

届别	职务	姓名	任职时间	籍贯
第八届（2003.07—2006.07）	常　委	赵文波	2003.07—2006.07	邯郸市肥乡区
		陈明坤	2003.07—2006.06	河南省平舆县
		张金波	2003.07—2005.02	曲周县
		李文杰	2003.07—2006.07	魏　县
		刘树清	2003.07—2006.07	磁县小营店村
		韩　磊	2003.07—2006.07	魏　县
		刘运岭	2003.07—2006.07	广平县
		陈永朝	2003.07—2006.07	邯郸市永年区
		韩　伟	2005.07—2006.07	邯郸市肥乡区
		杨华云	2006.04—2006.07	山东省莘县
		张家宝	2006.06—2006.07	沧　县
第九届（2006.07—2011.09）	书　记	陈　平	2006.07—2007.06	无极县
		李德进	2007.06—2011.09	邯郸市丛台区
	副书记	杨华云	2006.07—2010.02	山东省莘县
		赵文波	2006.07—2008.10	邯郸市肥乡区
		张家宝	2006.07—2009.04	沧　县
		李振国	2009.04—2011.09	魏　县
		林元达	2010.02—2011.08	浙江省宁海县
		穆伟利	2011.08—2011.09	泊头市
	常　委	陈　平	2006.07—2007.06	无极县
		杨华云	2006.07—2010.02	山东省莘县
		赵文波	2006.07—2008.10	邯郸市肥乡区
		张家宝	2006.07—2009.04	沧　县
		韩　伟	2006.07—2011.09	邯郸市肥乡区
		李文杰	2006.07—2008.10	魏　县
		刘树清	2006.07—2007.07	磁县小营店村
		韩　磊	2006.07—2007.07	魏　县

续表

届别	职务	姓名	任职时间	籍贯
第九届（2006.07—2011.09）	常　委	刘运岭	2006.07—2007.07	广平县
		陈永朝	2006.07—2007.07	邯郸市永年区
		江志强	2006.07—2011.09	涉　县
		李德进	2007.06—2011.09	邯郸市丛台区
		李凯林	2007.07—2011.09	临城县
		吴从江	2007.07—2011.09	大名县
		孔令兵	2007.07—2011.09	邯郸市复兴区
		于保叙	2007.07—2011.09	邱　县
		林元达	2008.10—2011.08	浙江省宁海县
		李振国	2009.04—2011.09	魏　县
		焦海涛	2009.06—2011.09	邯郸市肥乡区
		郭　安	2010.11—2011.09	湖南省益阳市
		穆伟利	2011.08—2011.09	泊头市
第十届（2011.09—2017.02）	书　记	李德进	2011.09—2015.07	邯郸市丛台区
		张晓波	2015.07—2016.09	山东省冠县
		吴从江	2016.09—2017.02	大名县
	副书记	穆伟利	2011.09—2013.11	泊头市
		李凯林	2011.09—2013.12	临城县
		董正春	2013.04—2014.07（挂职）	丰宁县
		吴从江	2013.11—2016.09	大名县
		江志强	2013.12—2017.02	涉　县
		张永顺	2015.11—2016.09	广平县
		刘浩峰	2016.09—2017.02	石家庄市
	常　委	李德进	2011.09—2015.07	邯郸市丛台区
		穆伟利	2011.09—2013.11	泊头市
		李凯林	2011.09—2013.12	临城县
		韩　伟	2011.09—2013.09	邯郸市肥乡区

续表

届别	职务	姓名	任职时间	籍贯
第十届（2011.09—2017.02）	常　委	吴从江	2011.09—2017.02	大名县
		郭　安	2011.09—2013.09	湖南省益阳市
		张永顺	2011.09—2012.08 2015.11—2017.02	广平县
		江志强	2011.09—2017.02	涉　县
		郝红燕（女）	2011.09—2016.01	武安市
		董贵星	2011.09—2016.01	邯郸市邯山区
		赵鹏飞	2011.09—2017.02	磁县北来村
		吴耀锋	2012.08—2017.02	峰峰矿区
		董正春	2013.04—2014.07（挂职）	丰宁县
		张晓波	2013.09—2016.09	山东省冠县
		张开山	2013.09—2016.05	河南省商水县
		崔仲民	2013.09—2017.02	曲周县
		亢存生	2013.12—2017.02	魏　县
		刘俊波	2013.12—2017.02	邯郸市永年区
		刘立斌	2015.02—2016.04（挂职）	南宫市
		高　超	2016.04—2017.02	武安市
		轩爱玲（女）	2016.04—2017.02	馆陶县
		刘浩峰	2016.09—2017.02	石家庄市
第十一届（2017.02—2021.07）	书　记	吴从江	2017.02—2019.08	大名县
		张才芳	2019.08—2021.05	武安市
		陈珍礼	2021.05—2021.07	涉　县
	副书记	刘浩峰	2017.02—2018.04	石家庄市
		张力超	2018.12—2021.05	无极县
		江志强	2017.02—2017.04	涉　县
		亢存生	2017.07—2021.01	魏　县
		闫欣欣（女）	2021.05—2021.07	唐山市
		杨玉兴	2021.05—2021.07	武安市

续表

届别	职务	姓名	任职时间	籍贯
第十一届（2017.02—2021.07）	常委	吴从江	2017.02—2019.08	大名县
		刘浩峰	2017.02—2018.04	石家庄市
		江志强	2017.02—2017.04	涉县
		亢存生	2017.02—2021.01	魏县
		刘俊波	2017.02—2019.11	邯郸市永年区
		崔仲民	2017.02—2018.12	曲周县
		吴耀锋	2017.02—2019.01	峰峰矿区
		高超	2017.02—2019.04	武安市
		轩爱玲（女）	2017.02—2021.03	馆陶县
		李勇	2017.02—2017.09	邯郸市邯山区
		叶林涛	2017.09—2019.07	大名县
		蒋腾龙	2017.09—2021.05	临西县
		郑富	2018.06—2020.01	魏县
		张力超	2018.12—2021.05	无极县
		孙洪涛	2019.01—2021.07	大名县
		王清龙	2019.08—2021.05	磁县北贾壁村
		杨玉兴	2019.08—2021.07	武安市
		张才芳	2019.08—2021.05	武安市
		郭晓峰	2019.09—2021.07	魏县
		刘伟	2019.11—2020.06	临漳县
		陈百红	2020.01—2021.07	湖北省宜都市
		牛健英	2020.09—2021.07	馆陶县
		陈珍礼	2021.05—2021.07	涉县
		闫欣欣（女）	2021.05—2021.07	唐山市
		闫士剑	2021.05—2021.07	邱县
		赵菊梅（女）	2021.05—2021.07	磁县南洞城村
		段海峰	2021.05—2021.07	临漳县
		李永清	2021.05—2021.07	邯郸市永年区

续表

届别	职务	姓名	任职时间	籍贯
第十二届（2021.07—　）	书　记	陈珍礼	2021.07—	涉　县
	副书记	闫欣欣（女）	2021.07—	唐山市
		杨玉兴	2021.07—	武安市
	常　委	陈珍礼	2021.07—	涉　县
		闫欣欣（女）	2021.07—	唐山市
		杨玉兴	2021.07—	武安市
		郭晓峰	2021.07—	魏　县
		闫士剑	2021.07—	邱　县
		牛健英	2021.07—	馆陶县
		孙洪涛	2021.07—	大名县
		赵菊梅（女）	2021.07—	磁县南涧城村
		段海峰	2021.07—	临漳县
		陈百红	2021.07—	湖北省宜都市
		李永清	2021.07—	邯郸市永年区

第三节　组织机构

工作机构

常设工作机构　1999年，县委常设工作机构6个：办公室（信访局挂靠办公室，机要保密局、政策研究室、督查室设在办公室，相对独立，为副科级）、组织部（干部考核委员会办公室、老干部局挂靠组织部）、宣传部（精神文明建设办公室、国防教育办公室）、农村工作部、统战部（对台工作由统战部负责）、政法委员会（社会治安综合治理委员会办公室与政法委员会机关合署办公）。

2003年，县委常设工作机构7个：办公室、组织部、宣传部、农村工作委员会、统战部、政法委员会、县直机关工作委员会。

2018年，县委常设工作机构8个：县委办公室（保密局、信息中心、县委研究室、督查室、接待办、机要局、信访局、台办）、组织部（专家咨询服务中心、县委农村基层组织建设领导小组办公室、县委非公有制经济组织和社会组织工作委员会、老干部局）、宣传部（精神文明建设办公室、国防教育办公室、县文联）、统一战线工作部、政法委员会（社会治安综合治理委员会、稳定办、防范办）、县直机关工作委员会、农村工作委员会（小康建设办公室、农经工作总站）、县机构编制委员会办公室。

派出机构　1999年，派出机构1个：县直机关工作委员会。2002年6月机构改革，县直机关工作委员会由县委派出工作机构调整为县委常设工作机构。

议事协调机构的办事机构　1999年，议事协调机构的办事机构1个：机构编制委员会办公室。2001年7月，成立处理法轮功问题领导小组办公室。2002年6月机构改革，机构编制委员会办公室为县机构编制委员会常设办事机构，既是县委工作机构又是政府工作机构。

2010年，机构编制委员会办公室列为县委常设工作机构，也是政府工作机构。2016年11月，处理法轮功问题领导小组办公室改名防范和处理邪教问题领导小组办公室，挂靠政法委。

事业单位　1999年，直属事业单位2个：党校和党史研究室。2003—2018年，直属事业单位1个：档案局（馆）。一般事业单位2个：党校和党史研究室。

党组（党委）

1998年2月，下属党组（党委）39个。其中，党政统群党组（党委）17个，乡（镇）党委19个，企事业单位党委3个。2018年12月，下属党组（党委）56个。其中，党政统群党组（党委）38个，乡（镇）党委11个，企事业单位党委7个。

县党政统群党组（党委）　1998年2月，政权组织党组（党委）14个：人民代表大会常务委员会党组1个，人民政府党组1个，人民法院党组1个，人民检察院党组1个，政府工作部门党组（党委）3个（经济贸易局党委、公安局党委、粮食局党委），双重管理单位党组7个（中国人民银行磁县支行党组、中国农业银行磁县支行党组、中国工商银行磁县支行党组、中国建设银行磁县支行党组、中国银行磁县支行党组、中国人民保险公司磁县支公司党组、国税局党组）。政协党组1个。群众团体组织党组2个：总工会党组、工商业联合会（总商会）党组。

1998年9月，撤销中国农业银行磁县支行党组，成立中国农业银行磁县支行党委。12月，撤销中国建设银行磁县支行党组，设中国建设银行磁县支行党支部委员会。

1999年1月，撤销县商业局党总支，设商业局党委。1999年12月，撤销文教体委党总支，设文教体委党委。2001年10月，成立烟草专卖局（公司）党组。2002年6月，撤销文教体委党委改设文教体局党委。

2003年，成立安监局党组、地方税务局党组、质量技术监督局党组、工商行政管理局党组、民政局党组、司法局党组、交通局党组、人事劳动和社会保障局党组、发展计划局党组、审计局党组、水利局党组、环境保护局党组、林业局党组、广播电视局党组、统计局党组、卫生局党组、乡镇企业局党组；9月，成立国土资源局党组。

2005年6月，成立国土资源局党委。2006年，成立财政局党组、科技局党组、食品药品监督管理局党组；发展计划局党组更名为发展改革局党组。7月，设工业经济促进局党委、中小企业局党组。10月，成立人口和计划生育局党组。

2007年1月，农业局和畜牧水产局合并，成立农牧局党组；成立商务局党组。2008年6月，成立农牧局机关党委；10月，成立城乡规划局党组。2009年2月，组建文化体育旅游局并成立党组，成立教育局党委。

2010年4月，人事劳动和社会保障局党组更名为人力资源和社会保障局党组；中小企业局合并到发展改革局，工业经济促进局在发展改革局挂牌，党组织合并到发展改革局。5月，建设局党委更名为住房和城乡建设局党委，交通局党组更名为交通运输局党组。10月，撤销广播电视局党组。中国人民银行磁县支行、中国农业银行磁县支行、中国工商银行股份有限公司磁县支行、中国建设银行磁县支行、中国银行磁县支行、中国人寿保险股份有限公司磁县支公司6个党组（党委、支部）不再归磁县管理。12月，成立中共磁县县委教育工作委员会。

2011年，成立行政服务中心党委。2012年12月，成立残疾人联合会党组。2013年9月，农牧局机关党委改为农牧局党委。2016年11月，工商局和食品药品监督局合并，成立工商食药监局党组。2017年9月，设行政审批局党组。2018年10月，国税局、地税局合并，成立国家税务总局磁县税务局党委。

2018年12月，党政统群党组（党委）38个。其中，人大常委会党组、人民政府党组、人民法院党组、人民检察院党组4个；政府工作部门党组（党委）27个：公安局党委、教工委、商务局党组、住房和城乡建设局党委、农牧局党委、粮食局党委、质量技术监督局党组、工商食药监局党组、行政审批局党组、城乡规划局党组、安监局党组、国土资源局党委、民政局党组、司法局党组、交通运输局党组、审计局党组、统计局党组、人力资源和社会保障局党组、发展改革局党组、水利局党组、环保局党组、林业局党组、财政局党组、科技局党组、卫生局党组、人口和计划生育局党组、文物旅游体育局党组。

人民政协党组 1 个。

双重管理单位党组（党委）3 个：税务局党委、中国人民财产保险股份有限公司磁县支公司党组、烟草专卖局党组。

群众团体组织党组 3 个：总工会党组、工商业联合会（总商会）党组、残疾人联合会党组。

乡（镇）党委　1999 年，下属乡（镇）党委 19 个。2014 年 4 月，西固义乡党委划归峰峰矿区。2016 年 10 月，行政区划调整，高臾镇、林坛镇、西光禄镇、辛庄营乡、花官营乡、台城乡、南城乡 7 个乡（镇）党委划归冀南新区。2018 年 12 月，下属乡（镇）党委 11 个：磁州镇、白土镇、黄沙镇、观台镇、讲武城镇、岳城镇、北贾壁乡、陶泉乡、都党乡、路村营乡、时村营乡。

企事业单位党委　1998 年，下设企事业单位党委 3 个：六合工业有限公司党委、恒泰集团有限公司党委、申家庄煤矿党委。1999 年 1 月，撤销供销合作社联合社党总支，设供销合作社联合社党委；撤销电力局党总支，设电力局党委。2003 年 3 月，撤销磁县第一中学党总支，设磁县第一中学党委。2010 年 3 月，磁州煤业公司党委成立。

至 2018 年 12 月，下设企事业单位党委 7 个：六合工业有限公司党委、恒泰集团有限公司党委、申家庄煤矿党委、供销合作社联合社党委、供电公司党委、磁州煤业公司党委、磁县第一中学党委。

第四节　重要决策

政治建设决策

2003 年 7 月，提出“认认真真谋事、踏踏实实干事、坦坦荡荡共事、堂堂正正做人、清清白白做官”的为政准则，确立“五用五不用”（重用立场坚定、光明磊落的人，不用见风使舵、阳奉阴违的人；重用淡泊名利、顾全大局的人，不用跑官要官、唯利是图的人；重用思想解放、开拓创新的人，不用弄虚作假、因循守旧的人；重用真才实学、勤奋敬业的人，不用不学无术、得过且过的人；重用政绩突出、清正廉洁的人，不用碌碌无为、以权谋私的人）的用人导向。2004 年，制订《关于调整不胜任现职领导干部职务的办法》，完善干部推荐责任制、考察责任制、用人失察制，在干部的能上能下政策方面迈出实质性步伐。

2011 年，建立惩防体系建设责任机制、信息机制、督查机制、测评机制、奖惩机制和保障机制六项机制，出台《磁县共产党员先进性要求“十则”》《县委工作“十律”》《行政效能问责办法》《党内监督四个办法》，严明纪律，弘扬正气，转变作风。2012 年，在惩防体系建设的基础上，继续深化考评二期平台建设，构建“1+5+N”综合考评和监督管理体系。

经济社会发展决策

2003 年 7 月，提出坚定不移地走工业立县、开放强县、民营富县、强农稳县、科教兴县、城建靓县之路，提出未来五年实现“一个确保、两个优化、三个突破、四个提高”奋斗目标（确保国民经济持续快速健康发展；经济结构进一步优化，发展环境进一步优化；在解放思想、更新观念、扩大开放上实现新突破，在民营经济大发展上实现新突破，在体制改革上实现新突破；人民群众的生活质量和富裕程度实现新的提高，以思想道德素质、科学教育水平、民主法制观念为主要内容的人民素质显著提高，以社会治安、社会风气、公共秩序为主要内容的城乡文明程度显著提高，党建工作水平和干部队伍整体素质显著提高）。

2006 年，立足区位优势和产业特色，着眼经济长远发展和结构调整，总体布局为构筑“一城、二区、三路、四地、五景”大磁县发展格局（一城，以打造中国童装加工名城为载体，加快县城主城区建设；二区，林坛工业园区和滏泉湖旅游度假区；三路，107 国道整治和新 107 国道、中华大街南延建设；四地，煤炭循环经济示范基地、童装生产加工基地、生态养殖基地、特色种植基地；五景，北朝墓群、炉峰山、漳河小三峡和溶洞群、蔺相如墓、中共直南第一个党支部）。

2007 年，提出“抢抓新机遇、对接大城区、建设新磁县”战略构想。磁县被列入邯郸“1+8”组团式大城区之一，培育产业区，优化古城区，拓展新城区，开发滨湖区，保护生态区，建设四省交界区域的现代化能源化工基地、中国童装加工名城、沿海产业转移的承接平台、中原地区文化休闲生态花园。

2018 年，深入实施“工业强县、旅游活县、城镇立县”三大战略，坚决打好四大攻坚战（防范化解重大风险、精准脱贫及民生改善、污染防治和转型升级），深化五项改革（“放管服”改革、投融资体制改革、园区体制改革、城市管理和综合行政执法改革、移风易俗改革）。把城镇建设作为推动转型突破的重要抓手，持续推进县城提质、乡村振兴。

精神文明建设决策

2003 年，开展群众性的精神文明创建活动，建设和发展具有时代气息、磁县特色、健康向上的新磁州文化，培育“团结实干、诚信为本、励精图治、开拓创新”的“磁县精神”。2005 年，进一步开展“诚信磁县”活动，建立以道德为支撑、法律为保障的社会信用制度，创造文明诚信磁县、文明诚信公民的浓厚氛围。

2016—2018 年，大力弘扬社会主义核心价值观，开展群众性精神文明创建，持续开展“道德模范”“见义勇为”“磁州好人”等评选活动，培育崇德向善、诚信守法、开放包容、创新敬业的磁县新风尚。扎实推进文化惠民工程，推动公共文化服务资源向农村拓展、向公众开放，构建全覆盖的公共文化服务体系。充分利用“磁力磁县”“精彩磁县”等平台，讲述磁县好故事，传播磁县好声音。深化移风易俗改革，完善制度体系，有效遏制婚丧喜庆大操大办等陋习，走出一条移风易俗新路子。

生态文明建设决策

2013 年，动员党员干部群众 1 万余人，全面完成东武仕水库周边 17 个村网箱清理任务，彻底取缔历时 30 年的网箱养鱼生产经营方式，消除网箱养鱼造成的环境污染和防洪隐患，确保邯郸市生产生活用水安全，为滏泉湖开发建设打下坚实基础。

2014 年，实施“绿美磁县”攻坚行动。推进城区绿化、绿色廊道建设、村庄绿化、农田林网、项目造林、乡（镇）社会造林等六大造林绿化工程，推动“三网三区三基地”（即路网、水网、农田林网，城区、园区、山丘区，优质核桃基地、绿化苗木基地、义务植树基地）绿化工程建设。

2019 年，开展“万株乔木进县城”行动，城区新增乔木 10 万余株，如意湖公园被评为省级四星级公园。磁县顺利通过省级园林城复检。严格落实建筑工地“6+2 个百分之百”和道路扬尘“双五双十”“以克论净”，实施焦化及砖瓦窑、石料、化工、商砼等重点行业超低排放改造和无组织排放治理，全域推进禁燃禁放。

第二章　纪律检查

第一节　机　构

内设行政机构

1999 年，中共磁县纪律检查委员会、磁县监察局合署办公，设 8 室 2 科：办公室、教育研究室、信访室（举报中心）、纪检监察一室、纪检监察二室、案件审理室、党风廉政建设室、执法监察室和秘书科、监察综合科。行政编制 28 人。2003 年 12 月，增设案件管理室。到 2006 年 7 月，县纪委、监察局行政编制 23 人，工勤人员 2 人。

2008 年 6 月，撤销县直单位各纪检组（纪委，垂管部门除外），在全县组建 10 个纪工委、监察分局。至 2017 年 2 月，有行政编制 23 人，工勤人员 3 人；10 个纪工委行政编制 32 人。

2017 年 2 月，内设机构 17 个：办公室、组织部、宣传部、党风政风监督室、信访室、案件监督管理室、审理室、第一至第四纪检监察室、纪检监

察干部监督室、第一至第五监督室。撤销纪工委，设立县委巡察机构，下设县委巡察工作领导小组办公室和县委第一至第五巡察组（分别在县纪委第一至第五监督室挂牌）。

2018年，监察体制改革，撤销监察局和检察院反贪污贿赂、反渎职侵权、职务犯罪预防部门，将相关职能整合至监察委员会。党的纪律检查委员会、监察委员会合署办公，内设机构18个：办公室、组织部、宣传部、党风政风监督室、信访室、案件监督管理室、审理室、第一至第五监督监察室、第六至第十审查调查室、纪检监察干部监督室。县委巡察机构设立县委巡察工作领导小组办公室和县委第一至第四巡察组，县委巡察组与县纪委监督室分设，巡察组专司巡察监督职责。

下属事业机构

1999—2006年，中共磁县纪律检查委员会、磁县监察局设经济审计室（股级），事业编制5人。2007年5月，优化经济发展环境办公室移交县纪委（监察局），更名为磁县优化环境办公室。2010年3月，成立磁县人民政府纠正行业不正之风办公室（简称“县纠风办”）和滏泉湖培训中心。县纠风办属县政府一般事业单位，设在县纪委；滏泉湖培训中心为县纪委下属副科级事业单位。10月，磁县优化环境办公室在磁县行政服务中心管委会挂牌。

2017年2月，撤销经济审计室，滏泉湖培训中心改在县纠风办挂牌。机关有事业编制14人；10个纪工委有事业编制10人。2018年3月，撤销县纠风办，更名为滏泉湖培训中心，机构规格不变。下属事业单位3个：滏泉湖培训中心、廉政教育中心、信息网络管理和技术保障中心。

第二节　重要会议

第七届纪律检查委员会全体会议

1998年2月至2002年4月，共召开全体会议5次。1998年2月15日，第一次全体会议差额选举产生常务委员9人；等额选举书记1人、副书记2人。

第八届纪律检查委员会全体会议

2003年7月至2006年3月，共召开全体会议4次。2003年7月21日，第一次全体会议差额选举产生常务委员9人；等额选举书记1人、副书记3人。

第九届纪律检查委员会全体会议

2006年7月至2011年3月，共召开全体会议6次。2006年7月7日，第一次全体会议差额选举产生常务委员7人；等额选举书记1人、副书记2人。

第十届纪律检查委员会全体会议

2011年9月至2016年3月，共召开全体会议6次。2011年9月11日，第一次全体会议差额选举产生常务委员7人；等额选举书记1人、副书记2人。

第十一届纪律检查委员会全体会议

2017年2月至2019年2月，共召开全体会议4次。2017年2月24日，第一次全体会议差额选举产生常务委员7人；等额选举书记1人、副书记2人。

1998—2019年中共磁县历届纪检委书记任职情况一览表

表16-2

姓名	任职时间	籍贯
孟增科	1998.02—1999.08	武安市
陈明坤	1999.08—2006.06	河南省平舆县
张家宝	2006.07—2009.04	沧　县
于保叙	2009.04—2011.09	邱　县

续表

姓名	任职时间	籍贯
张永顺	2011.09—2012.08	广平县
吴耀锋	2012.08—2019.01	峰峰矿区
孙洪涛	2019.01—	大名县

第三节　廉政建设

廉政制度建设

1999—2003年，贯彻“八个坚持，八个反对”要求。

2004年，把党风廉政建设和反腐败工作纳入党委、政府工作的整体格局，一岗双责，一起部署、一起落实、一起检查、一起考核。结合国有企业“五五三”（五条规定、五项要求、三个不得）要求以及农村四个民主建设（民主选举、民主管理、民主决策、民主监督），推进国企和农村基层党风廉政建设。

2005年，强化对党员干部特别领导干部的监督，调动社会力量参与，聘请党风廉政建设监督员、特邀监察员35人。

2006—2010年，健全完善领导干部报告个人有关事项、领导班子民主生活会、党风廉政建设第一责任人半年报告、“三谈两述”“四廉监督”等制度，签订党风廉政建设责任状。出台《磁县党员领导干部“十严禁”规定》《行政效能问责办法》《党内监督四个办法》等制度，对乡（镇）和县直部门实行巡察。

2011—2017年，与复旦大学合作，创建并运行磁县惩防体系综合管理系统，构建“全面覆盖、严格考核、统筹协调、注重长效”的预警防控管理网络。至2017年1月，采集各类信息575条，实施有效预警458件次，预警信息转立案11件，一大批问题消除在萌芽状态。

2018年，探索实施村级“小微权力”制度，在全县262个村全面推广“小微权力”清单管理规范化运行，将权力清单和流程图共50项内容在“清廉磁县”微信公众平台和村级党组织活动场所公布，通过清权、确权、晒权、控权，让党员、群众成为“小微权力”的直接监督者。

廉政宣传教育

1999—2005年，每年深刻剖析2～3起有影响的典型案件、发3～5起违纪案例通报，召开公开处理大会。开展廉政歌曲征集和比赛活动，举办大型“磁县廉政歌曲演唱比赛”，选出33首精品廉政歌曲和22首诗词辑印成册，在省《燕赵艺术》刊发《磁县廉政歌曲专辑》，并举办廉政书画摄影展。在县电视台开设《廉政方圆》栏目，先后制作多起“勤廉标兵”“警钟长鸣”“以案说纪”“廉政报道”等节目。

2006—2011年，依托“磁县纪检监察网”，开展廉政文化“六进”（进机关、社区、学校、企业、农村、家庭）活动，累计创作廉政歌曲、小品、剪纸、书画等作品500余幅，组织展出和廉政文艺汇演32次，受教育120万人次。对172名拟提拔领导干部进行党纪政纪法规知识考试。召开学习贯彻《中国共产党党员领导干部廉洁从政若干准则》（简称为“《廉政准则》”）宣讲辅导及反腐倡廉形势报告会和乡科级单位专题民主生活会，将《廉政准则》“8个禁止52个不准”做成漫画并制成宣传册和展板，广泛学习宣传。累计完成106个单位的廉政风险评估管理，分别划出A、B、C三级风险单位60个、32个、14个，找出廉政风险点4320个，开展廉情监控，实行动态监管。

2012—2016年，创新开展“恪守从政道德、保持清正廉洁”“依纪依法、德法相依”等为主题的廉政教育宣传活动，组织开展党规党纪专题知识竞赛3次、演讲比赛2次，全县2000余名党员干部参加测试；建成市级廉政教育基地1个、县

级廉政教育基地3个、市级廉政文化“六进”示范点3个、县级基层廉政文化建设示范点41个。开设“清廉磁县”微信公众号平台，推送廉政信息323条，通报曝光典型案件11起。

2017年，深入开展“讲政治、守纪律、提能力、强作风”主题教育，组织纪检监察干部观看警示教育专题片、举办“迎七一学习系列讲话”、党章党规知识竞赛、纪检监察业务培训等活动，参与干部600余人次。组织乡（镇）纪检干部跟班学习、以岗代训，提升履职能力。结合监察体制改革，邀请市、县领导和专家集中授课，提升政治素养和业务能力。

2018年，举办全县政治性警示大会，用身边事教育身边人。深入8个县直单位和乡（镇）宣讲《中国共产党廉洁自律准则》《中国共产党纪律处分条例》等党纪条例。承办全市“全国廉政诗词水墨漫画巡展”和全县“廉政漫画暨警示教育典型案例巡展”，全县5000余名党员领导干部参观。

领导干部廉洁自律

1999年至2003年7月，重点对公款“吃喝玩乐”、婚丧嫁娶大操大办、公车私用等歪风进行治理。各单位自查出各类问题200多条并整改到位。

2003年8月至2006年7月，狠刹婚丧大操大办歪风，严格报告制度。先后对违规参与婚丧事办理的20余部公车予以曝光，对6名领导干部诫勉谈话。制止奢侈浪费，压缩改扩建办公楼面积1050平方米，节约资金60万元；取消因公出国5批15人，节约资金20万元。

2006年8月至2010年，开展厉行节约、制止奢侈浪费专项治理，公款吃喝、婚丧事大操大办等不良风气得到有效遏制，建立公车廉政档案，实行“五费”（业务招待费、会议费、出国〈境〉考察费、差旅费、办公费）双月报告等工作，实现“三公消费”（因公出国〈境〉经费、公务车购置及运行费、公务招待费）5年零增长。

2011—2016年，实施公车社会化改革，从严规范公务用车；建立公务接待审批制度；严肃查处党员领导干部出入私人会所、变相公款旅游行为。重点纠正领导干部利用婚丧嫁娶、乔迁履新、就医出国等名义收受礼金行为。全面推行单位主要领导不直接分管财务、干部人事、工程建设、行政审批、物资采购等规定。

2017—2018年，构建干部廉洁提醒系统，建立全县领导干部廉洁档案1792卷，收集领导干部个人信息2万余份，下发廉情预警告知函24次，民主生活会告知函35次，对160批2206人次进行廉政审查。

第四节　防腐查案与行政监察

防治腐败

1998—2005年，把优化经济发展环境融入全县党风廉政建设和反腐败工作整体部署中，对司法和行政执法部门、经济和社会管理部门、国有企业和事业单位开展行风评议，促使依法行政。从办公室、信访室等室抽调人员，加强大案要案办案力量。

2006—2011年，重点领域和关键环节反腐败关口前移，实行廉情监控，动态监管，从源头上预防腐败问题的发生。

2012—2016年，汇总、处置问题线索809件，核实730件，谈话函询101件，立案662件，处分、处理党员干部1158人，涉及副科级以上干部272人，挽回经济损失2100.91万元。省委巡视组移交问题线索53件，全部办结；巡视结束后移交问题线索849件，除11件不属于磁县监管转交相关县（区）外，全部办结。其中，干部违纪线索257件，初核了结119件（次），立案117件，给予党政纪处分245人（次），组织处理17人（次），涉及科级干部34人（次），涉嫌违法移送司法机关1件。“一问责八清理”专项行动中，发现问题线索804件，整改到位787件，纪律处分257人，组织处理20人，批评教育485人（次），移交司法机关2人，其他处理92件。监督检查“7·19”抗洪抢险救灾及10项灾后重建工程建设，纠正未按规定发放救灾物资问题2件。开展行政区划调整工作纪律监督，缴封和转交划转的7个乡（镇）103枚公章，保障平稳有序交接。

2017年，深入开展“一问责八清理”专项行动，发现问题线索1204件，党政纪处分73人，组织处理26人，问责党组织45个、领导干部19人，盯“末梢”、盯“细节”、盯“关键”做法受到省纪委肯定。

2018年，开展“一问责八清理”、基层“微腐败”及扶贫领域腐败和作风问题专项行动整改“回头看”，查处扶贫领域问题58件，给予党政纪处分78人，组织处理19人，印发扶贫专题通报1期。畅通群众信访举报渠道，接受来访举报141件、来信举报44件、来电举报8件、网络举报492件，上级交办342件。与县检察院、县法院联合制订《关于加强公益诉讼工作协调配合的实施办法（试行）》《关于办理职务犯罪案件的工作办法（试行）》。

案件查处

1998—2003年，初查案件364件，立案228件，结案219件，结案率93.4%。

2004年，立案查处130件，结案130件，结案率100%，处分党员干部130人。其中，党纪处分96人，政纪处分34人。乡（镇）纪委和县直单位纪检组（纪委）查办案件39件，占查案总数的30%，同比增长23%。查办违纪金额万元以上或涉及副科级以上领导干部的大案要案36件，占总数28%；经济类案件40件，占总数31%；失职类案件68件，占总数52%。为国家和集体挽回经济损失174.95万元。

2005年，立案查处130件，处分党员干部130人。其中，党纪处分88人，政纪处分42人。大案要案39件，占案件总数30%。其中，万元以上案件19件、涉及科级以上领导干部案件20件。查处责任追究案件2件，处分党员干部2人。为国家和集体挽回经济损失450余万元。

2006—2011年，制订《查办案件工作规范》，建立信访联席会议、案件互审、错案责任追究等制度。共受理群众信访举报632件，有效化解集体访42起；立案查处537件，给予党政纪处分538人，其中副科级以上干部51人；对49个单位有轻微违纪问题的146名党员干部诫勉谈话。为国家和集体挽回经济损失1940余万元。

2012年，立案查处156件，处分、处理党员干部230人。其中，党纪处分116人，政纪处分99人，组织处理15人。涉及副科级以上干部37人，挽回经济损失534万元。办案数量和质量均居全市前列。

2013年，坚持“老虎”“苍蝇”一起打，实行案件线索共享和乡案县审，规范办案程序，提高办案质量。初核案件线索122件，立案查处107件，处分、处理党员干部159人。其中，党纪处分88人，政纪处分62人，组织处理10人。涉及副科级以上干部26人，为国家和集体挽回经济损失370万元。

2014年，受理信访举报133件，初核违纪线索131件，立案查处119件，处分、处理党员干部241人。其中，副科级以上干部59人，同比增长30%。为国家和集体挽回经济损失258.4万元。把办理省巡视组交办案件作为聚焦纪委主责主业的重要抓手，交办的213件中除13件不属于磁县监管外，剩余200件当年办结188件。

2015年，修订完善《反腐败协调小组办公室职责》，加强各成员单位之间的协调配合，与司法机关相互移交问题线索13件。优先查处上级纪委和巡视组移交的问题线索，共承办240件。其中，省委巡视组88件，省、市纪委47件，领导批办105件，按时办结率100%。重点审查发生在群众身边的土地开发整理、县城建设、医保新农合、车管治超、村官腐败和涉农专项资金使用6个重点领域的问题线索，受理信访线索293件（次），初核155件，立案查处142件，处分党员干部268人。其中，党纪处分160人，政纪处分93人，双重处分3人，组织处理18人，其中副科级以上干部63人。对其中严重违纪违法的5名党员干部开除党籍，1名移送司法机关。

2016年，立案审查160件，处理、处分党员干部295人。其中，诫勉谈话29人，党纪处分179人，政纪处分128人，双重处分19人，组织处理9人，其中副科级以上干部72人。查纠“四风”问题，诫勉谈话14人，党政纪处分22人。

2017年，开展交叉巡察2次、常规巡察1次，巡察县直部门和乡（镇）达15个，移交问题线索173件，涉及科级干部173人。受理问题线索403

件，初步核实398件，立案审查206件，处分、处理党员干部274人。其中，科级干部56人。

2018年，初步核实案件403件，立案192件，谈话函询7件，结225件，向相关单位下发监察建议书、纪律检查建议书、处分通知书170余份，给予党纪政纪处分244人，移交检察机关2人，其中科级干部74人，挽回经济损失1500余万元。开展市交叉巡察1轮，县自主巡察3轮，农村换届专项巡察1轮，20个单位党组织和4个村（社区）接受巡察，向被巡察单位党组织反馈问题198条。建立巡察整改情况督查督办制度，省委第十巡视组移交磁县的14件问题线索、74件信访问题按期办结。

行政监察

2007年5月，县政府成立治理“三乱”（乱设卡、乱罚款、乱收费）办公室，挂纠正行业不正之风办公室牌。2010年3月，磁县人民政府纠正行业不正之风办公室成立。

2007年5月至2010年3月，组织开展教育收费、医药购销、医疗服务、公路“三乱”等专项治理。累计检查中小学校186所，查处违纪案件27件，减轻群众经济负担146万元；严格查纠开大处方、重复检查、收受“红包”“开单提成”、虚高定价等医疗服务方面的问题，取消擅自收费项目2个，纠正重复收费项目2个，纠正提高标准收费3项，医药购销和医疗服务中的不正之风得到遏制；为全县180名涉路执法人员建立电子档案，先后50余次上路巡查，查纠各类违规问题27件，规范使用停车场9个，狠刹公路“三乱”，受到群众好评。

2010—2012年，严格治理医药、教育行业中的不正之风。对医疗服务收费、医疗器械招投标情况开展专项检查，责令停止收费5项，每年为医疗患者减免费用60余万元；深入学校、社区开展明察暗访100余次，严查教师违规开办补习班、课上内容课外讲行为。规范中小学教辅材料征订工作，加强中小学招生监督，完善招生公开制度，从体制上遏制“上学难、上学贵”问题。

2013年，贯彻落实中央“八项规定”、省委“正风肃纪专项行动”。全县纪检监察干部198人填写《个人会员卡零持有报告》。开展明察暗访60余次，下发《廉情预警告知书》1份，对3起疑似案件进行调查核实。对市纪委检查发现的14起涉及磁县公车情况和磁县6个单位2013年1月在邯郸市里大额消费情况进行调查核实，给予纪律处分1人。对全县各单位2012年前的离任干部带走公车情况进行统计清退，清退回公车7辆。对全县19个乡（镇）（每个乡镇抽查3个村，共计57个村）的党风建设情况进行考核。规范村监会建设，加强村监会履职规范化。县党风室再次组织印刷“一表一簿一书”，下发到各村。要求全县50个单位的公开栏更新并新增重点岗位廉政风险点及防范措施公示、“三公”消费监督公开栏（包括单位公车总数及车辆户名、牌照、车型等信息，各单位公务接待定点饭店名称等）。

2013年9月至2014年，开展“吃空饷”专项治理，对全县84个部门和单位的财政供养人员进行指纹认证工作。全县应认证人员为11729人，认证通过11423人。查出死亡67人，辞职4人，调出人员203人（其中148人划归峰峰矿区），对32名没有指纹认证人员予以停薪处理。印发《关于清理违规借调人员的通知》《进一步规范管理借调干部的通知》，全县借调人员168人中清理返岗52人。

2014年，先后开展正风肃纪专项行动监督检查50余次。专项整治“文山会海”，发文64件、简报3期、精简会议9次，分别比去年同期减少11%、57%、18%。全县“三公”经费支出1591.95万元，较上年同期压减502.72万元，同比下降24%。专项治理全县工程建设领域突出问题，完成交易101项，废标14件，成交金额7.62亿元，节约1702.37万元，实现增值4593.98万元。开展违规办理低保专项治理，取消农村低保对象617户1119人，月减少支出金额9.2万元；取消城镇低保对象365户710人，月减少支出金额15万元。

2015年，开展“为官不为”专项治理，明察暗访40余次，发现问题20余个，发出《预警通知书》20余份，约谈3批次12家单位15人，督促整改到位。通过对超标准占用办公用房检查，发现问题 30 余处，全部做出违纪处理。对经商办企业涉及的 24 名公职人员逐个进行调查处理。

2017 年后，深入开展机关作风整顿，优化营商环境，有效治理“僵、庸、乱、慢、软”，对值班不在岗、工作日中午饮酒、违规公款吃喝、私设“小金库”等情况进行常态化监督检查，发现并处理违反工作纪律、财务制度执行不严格等问题 36 件。

第三章 组织工作

第一节 机 构

内设行政机构

1999 年，县委组织部内设机构 8 个：办公室（挂机关人事科牌）、研究室、干部一科、干部二科（挂干部教育办公室牌）、组织科、干部信息管理中心、组织史资料征编办公室、党员电教中心。2000 年 7 月，增设干部监督管理室。2002 年 8 月，成立干部考核办公室（股级）。

2003 年 7 月，内设机构 10 个：办公室（挂机关人事股牌）、研究室、干部一股、干部二股（挂干部教育办公室牌）、组织股、干部信息管理中心、组织史资料征编办公室、干部考核办公室、干部监督管理室、党员电教中心。到 2006 年 7 月，行政编制 16 人。2011 年 9 月，增设新闻和网络宣传股。至 2018 年 12 月，内设机构 11 个，行政编制 20 人。

派出和挂靠机构及下属事业机构

1999 年，县委农村基层组织建设领导小组办公室（正科）隶属组织部，为全额拨款事业单位，编制 10 人，下设资料科、督导科、宣教科；专家咨询服务中心（副科）为全额拨款事业单位，编制 5 人，内设知识分子工作股、干部离职审计股、经济项目股、科技培训股。县委老干部局、干部考核委员会办公室挂靠组织部。

2002 年 8 月，不再保留干部考核委员会办公室，人员编制合并到组织部。2003 年 7 月，老干部局属组织部管理。2016 年 7 月，设立中共磁县县委非公有制经济组织和社会组织工作委员会，为县委派出机构，设在县委组织部，内设非公有制经济组织党建股、社会组织党建股。至 2018 年，派出机构 1 个，挂靠机构 1 个，事业单位 2 个。

第二节 干部队伍建设与考核

干部队伍建设

1999—2003 年，严格干部选任程序，对拟任提拔的干部任前公示，健全完善干部监督机制。

2004—2005 年，建立乡局领导班子定期分析制度。按照“公开、平等、竞争、择优”原则，面向社会公开选拔 6 名副科级干部。研究制订《关于做好科级后备干部民主推荐工作和报送建议人选名单的意见》，对科级后备干部的条件、资格、数量、结构、程序和方法等严格规定，实现规范化运作。

2006 年起，先后出台《关于加强干部双重管理部门和单位领导干部管理的意见》《关于实行乡局一把手公开述职制度的意见》等文件，使干部队伍管理、监督、考核走上规范化、制度化轨道。

2010 年，以“根据发展需要配人、根据素质特长用人、根据工作实绩选人”为导向，探索干部选人用人新途径。选聘 26 名研究生到重点部门和乡（镇）挂职锻炼；推行“双推双考”公开选拔年轻干部机制，在全市率先创新“差额考察、常委会差额票决”，选拔 20 名年轻干部到乡（镇）基层任职，干部队伍结构得到优化。

2011—2013 年，先后完成乡（镇）党委换届工作，构建“1+5+N”结构，使全县领导班子结构进一步优化。

2014—2016 年，把干部放到基层一线锻炼培养，构建长效机制，选派 20 名年轻干部到信访、项目和招商一线经受锻炼考验、提高能力素质。落实省委提出的“五个重用、五个不用、五个调整”的用人导向和市委提出的“四个标尺”选用干部要求，注重在一线考察检验、提拔使用干部，树立干事创业的用人导向。

2017年后，加强对领导班子综合分析研判，全县11个乡（镇）实现换届工作目标。新当选领导班子成员113人中，35岁以下干部51人，占45%，较换届前提高20.5%；全日制大学以上学历61人，占总数54%，较换届前提高19.3%；其中80后全日制大学以上学历47人，占77%。对干部任职条件进一步严格规范，保障选任用人准确。

干部考核

1999年后，坚持“凭党性、凭实绩、看干部、用干部”，对乡（镇）和县直单位进行实绩考核。

2008年，在干部队伍管理上进行探索和尝试，建立包括民主测评、民主推荐、经济社会发展、信访稳定、社会评价、经济责任审计等10个方面内容的干部评价“立体坐标定位体系”。

2009年，与复旦大学公共绩效与信息化研究中心合作，创新建立磁县绩效管理与考评网络运行体系。7月，磁县乡局级领导班子和领导干部绩效管理与考评系统试运行，率先在全国县级层面把绩效管理理念、计算机网络技术运用到干部管理、考评工作中。科学运用考评结果，2名县直单位一把手被降职使用。《瞭望东方周刊》刊发“河北磁县绩效考评引发‘吏治革命’”，在全国引起反响。2014年，建立“一定量、五评价、双向激励”的考核评价机制。

2016年行政区划调整后，对11个乡（镇）不再分类，进行综合考核排队。

2017年，对《磁县乡局级领导班子和领导干部绩效考核评价办法》中考核内容、分类、方式、结果运用等进行全面改革和完善，提高干部考核工作的科学化水平。

2018年，突出精准扶贫、主要污染物排放量、空气质量改善情况、重点项目建设、辖区税收增长、信访稳定等刚性指标的监管与考核。强化结果运用，注重增比进位，把增比进位作为衡量领导干部的重要工作指标，与干部交流使用挂钩。

第三节　干部监督与出入境管理

干部监督

1999年，干部监督主要由纪检监察部门负责。2000年7月，县委组织部成立干部监督管理室。先后出台《关于加强对党政“一把手”管理监督的意见》《关于实行领导干部任前公示制的暂行办法》等文件，强化对党员领导干部日常监督管理。

2001年，印发《磁县党政领导干部和国有企业领导人员任期经济责任审计实施办法》，对任期满三年的乡局领导干部监督审计。在全县范围内选聘97名干部监督员和8名干部监督巡视员。

2003年，制订《党政领导干部选拔任用工作监督检查办法（试行）》，加强和规范对党政领导干部选拔任用工作的监督检查，防止带病提拔。

2004年后，进一步加强对党政领导干部选拔任用监督。围绕规范“一把手”用人权、用财权、用编权，开展以用人责任审查、经济责任审计、编制责任审核为内容的“三联审计”。

2008年，出台《关于县委常委会监督县委书记的办法（试行）》《关于县委全委会监督县委常委会的办法（试行）》《关于进一步加强对乡（科）级党政领导班子主要负责人监督的办法（试行）》《关于进一步加强农村两委班子主要成员监督的办法（试行）》，健全党内外监督体系。其后，作为全市试点，率先实行“一报告两评议”制度。并对全县600余名副科级以上干部专题培训，落实《四项监督制度》。

2011—2012年，宣传中央“5个一律、17个不准、5个严禁”、省委“八条禁令”“约法八章”、市“六个一律”换届精神；开通“2312380”举报专线，健全完善举报受理工作机制，保障县、乡党委、人大、政府领导班子换届风清气正。

2014年后，贯彻落实新的《党政领导干部选拔任用工作条例》。2016年，开展领导干部及其亲属违规经商办企业专项清理，对发现涉及亲属经商办企业的有关领导干部按照有关要求进行相应处理。

2017年，县、乡党委、人大、政府、政协全面换届，组织县乡“两代表一委员”签订严肃换届纪律承诺书，组织观看《镜鉴》《警钟》警示教育片。2018年，在全县继续开展《党政领导干部选拔任用工作条例》学习宣传活动，完善提醒、函询和诫勉工作机制。

干部出入境管理

2005年，规范全县因公（私）出国（境）人员审批权限和审批程序，对公职人员持有的因公（私）出国（境）证件进行统一管理。开通干部监督电话“2321322”，制订和完善受理及查核工作相关制度。

2007年，出台《中共磁县县委组织部关于临时出国（境）人员审批管理办法》，规范审批程序，明确审批权限，严格审批条件。

2015年，严格出国（境）证件管理，公职人员持有的证件全部由县委组织部集中保管。组织全县担任正科实职的163名领导干部填报个人有关事项。

2016年，开展假户口、假身份证问题专项治理和严格规范因私出国（境）证照管理工作。全县11个乡（镇）、72个县直单位的在册人员，农村、社区“两委”班子成员，国有企业、学校、医院有管理职务（中层岗位）的人员7003人，全部纳入因私出国（境）证照登记备案范围。

2018年，改进干部因私出国（境）管理监督工作。按照干部管理权限，对全县所有在职国家工作人员和国有企事业单位管理人员实行分级审批。

第四节　基层组织和党员队伍建设

基层组织建设

1999年，建立“一年帮带，三年有责”责任机制并在全省推广。其后，深化“一年帮带、三年有责”延续责任制和“352”整顿转化工作机制，使全县20个后进村如期转化升级。

2004年起，实施“强村固基”工程。建成24个红旗示范村，其中5个红旗示范村受到市级以上表彰。并在全县农村党组织中实施以“治弱、治后，创业、创优”为内容的“双治双创”农村党建系统工程。

2007年，制订《磁县村级组织活动场所规范化管理办法》，在建设管理、资产管理和使用管理等方面做出具体规定。投入资金300余万元，新建24个村级组织活动场所，新建文化广场，改善党支部办公条件，全县租房办公和村级组织活动场所差的状况扭转。集中开展农村后进党组织整顿转化，全县30个党建工作队协助乡（镇）党委调整充实支部班子成员21人，协调资金400万元，为后进村办实事270件，解决遗留问题25个，30个后进村全部转化。

2009年，以党建“十百千”示范工程为抓手（10个党建示范乡镇、100个党建示范村、1000个党员示范户），各乡（镇）立足乡情村情，制订出创建实施方案。7个乡（镇）、50个村、450户分别达到党建示范乡（镇）、党建示范村、党员示范户标准。在第三批学习实践科学发展观活动中，把加强基层组织建设作为重点内容，在全县376个农村党支部中推行为民办实事“双承诺双公示”制度。此做法先后被中央电视台、《人民日报》《光明日报》《农民日报》和河北电视台等媒体报道。

2011年，开展“创先争优，提高服务群众本领；创业奉献，提升科学发展水平”的“双创双提”活动，建立对标定位、夺旗争星、承诺公示、领导点评等机制，在“七一”全省创先争优活动中获“全省创先争优活动先进县委”称号。在非公企业党组织开展“两建四有一促”（建立党组织、建立健全各项制度，有活动阵地、有创新载体、有特色文化、有经费保障，促进企业健康、稳定、和谐发展）活动，累计建立“两新”组织党支部52个。

2012—2013年，开展基层建设年活动，67个帮扶村投资1.46亿元，完成项目1449个。实行“三机制三平台一保障”（党建运行机制、民主管理机制、经济合作机制，群众服务平台、警务维稳平台、文化创建平台，县级财政支持的村级财富积累保障），全县376个村形成“党支部领导、村代会决策、村委会执行、村监会监督”的村务管理运行格局。

2014—2016年，在农村开展“双百创建”活动（创建100个红旗星级党支部、提升100个后进村）。打造党建示范“一带三区”（沿中华路党建示范带，平原、丘区和山区党建示范区）。先后培树兴小营发展双孢菇产业、南王庄发展生态旅游建设美丽乡村、八里冢发展特色种养等不同特色村。至2015年，47个村达到八星级以上红旗党支部标准。3 年间，累计投资 1127.3 万元，55 个村新建或整修“两室”，纳入整顿的 100 个后进村全部转化。此外，成立县委非公有制经济组织和社会组织工委，配备专职副书记。扎实推进非公经济和社会组织“两个覆盖”，全县 161 家非公企业中有 91 家建立党组织，并向 35 家企业选派党建指导员，覆盖 126 家企业；24 家社会组织建立党组织，覆盖率 100%。

2017 年，统筹推进基层党建“百日攻坚”，完成 25 个村级场所新建、改建任务，428 个基层党组织达到“四化”目标。创新国企党建引领工作，申家庄煤矿转型发展做法被新华社内参予以刊登；在全省率先推行农村党组织书记专职化管理做法被省委组织部专刊印发推广；高标准建起磁县经济开发区党群活动服务中心和社会组织党群活动服务中心，非公企业鑫盛集团党委“一三五”党建工作机制受到中组部肯定。

2018 年，以选优配强村级班子为目标，严格标准程序，村“两委”全部换届后，全县 258 个村，50 岁以下支部书记 134 人，占比 51.9%；高中以上学历 244 人，占比 94.6%；“一人兼”168 人，占比 65.1%。

党员队伍建设

1998—2003 年，按照“坚持标准、保证质量、改善结构、慎重发展”原则，重视和培养生产第一线的优秀青年及知识分子入党。在农村开展“三个代表”重要思想学习教育活动，开创性实行“拉网式排查、公示制承诺”办法，实现“干部受教育、群众得实惠”目的。

2004 年，实施“把党员培养成致富能手、把致富能手培养成党员、带领群众共同致富”为主要内容的“双培一带”工程，培养 710 名农村党员成为致富能手，发展 305 名致富能手加入党组织。

2005 年，在全县开展农村党支部书记“345”更新换代工程，即用 3 年时间，在农村党支部书记队伍中推行 4 项制度，努力实现 5 个一批（认定一批、提高一批、淘汰一批、充实一批、储备一批）目标。193 名农村党支部书记取得任职资格证书，149 名取得使用证书，要求 24 名工作较差的党支部书记限期整改，16 名不称职的党支部书记免职。年底在全省农村基层党组织建设经验交流会上交流推广。

2006—2015 年，建立党员发展优化度比较分析机制，规定乡（镇）每年发展 35 岁以下、高中以上文化程度、有一技之长的党员比例和女党员的比例标准。通过比较，排出“好、中、差”等次，促进乡（镇）发展党员工作经常化、规范化，达到农村党员队伍结构逐步改善的目标。

2016 年，出台《关于建立高素质、工薪制、专职化农村党组织书记队伍暂行办法》，建立农村党组织书记选、育、退、管和激励保障长效机制，把“三个百分之十”目标量化管理作为具体抓手。推行评议积分制发展党员，严把党员入口关。

2018 年，在推行“11369”工作机制活动中，引导全县党员干部在学中做、在做中晒、在晒中比、在比中评，学有榜样、做有标尺、干有方向、赶有目标。首批 24 名“最美人物”被授予“最美标识”。

1999—2018 年磁县党组织与党员数量情况统计表

表 16-3　　单位：个、名

年份	支部数	总支数	党委数	党员数	新发展党员数	年份	支部数	总支数	党委数	党员数	新发展党员数
1999	836	32	33	23184	543	2004	894	35	32	25675	501
2000	838	38	30	23894	535	2005	880	35	32	24712	395
2001	879	31	26	24386	586	2006	880	35	32	25143	496
2002	885	32	28	24705	550	2007	896	36	32	25515	498
2003	890	47	32	25383	573	2008	896	31	34	25798	503

续表

年份	支部数	总支数	党委数	党员数	新发展党员数	年份	支部数	总支数	党委数	党员数	新发展党员数
2009	926	38	35	26329	493	2014	932	46	29	27190	412
2010	924	38	36	26541	496	2015	943	47	29	27514	408
2011	924	38	36	26825	703	2016	846	46	26	20807	293
2012	919	40	38	27053	828	2017	837	56	35	21350	353
2013	946	46	37	27481	571	2018	838	55	36	21953	315

第五节　人才工作

人才队伍建设

1999 年起，先后表彰命名县管优秀专业技术拔尖人才 11 批、510 人（次）；表彰命名优秀乡土专业技术拔尖人才 9 批、890 人（次）；表彰命名县优秀青年专业技术拔尖人才 6 批、560 人(次)。2008 年后，通过“双推双考”、项目引才和柔性引才等多种方式，引进各类人才 2000 余人。

2001—2018 年，13 人次获市优秀专业技术拔尖人才，2 个科技型企业获市“百人计划”创新创业团队及领军人才；3 人获省农村青年拔尖人才，1 人获省青年拔尖人才。

人才帮扶活动

2003 年，组织 43 名专家和技术人员，开通 11 条便民科技服务通道，通过县电视台向社会公布服务热线电话和服务内容，4 个月接受群众咨询 1500 余人次，帮助农民解决种植、养殖、医疗、建筑等方面技术难题 1800 余个。

2004 年，开展“一网双扶”工程（构建科技人才服务网络，扶助农民增收、扶助企业增效），发挥人才队伍作用。建成 60 个科技示范村，为 20 家民营企业提供智力支持。

2005—2011 年，组织开展“千名专家进百乡兴百业”活动。2009 年，成立磁县科技惠民专家服务大厅，向群众和企业提供人才、技术“一站式”服务。

2018 年，充分发挥专业技术人才的智力优势，组织全县 100 余名专家深入基层一线，开展“百名专家基层服务行”活动。医疗专家巡回诊 50 余场，5000 余名群众接受服务；农业科技专家走进 30 多个种植、养殖基地进行技术指导等。

第六节　重要教育活动

“三个代表”重要思想学习教育活动

2001 年 2—6 月，县内分两个层次在 91 个县直机关、19 个乡（镇）党委、270 个驻乡站所和 390 个农村党支部开展“三个代表”重要思想学习教育活动。从全县实际出发，高起点、高站位、高质量、高标准抓实各阶段工作，完成各项任务，达到“干部受教育、群众得实惠”预期目的。

2003 年 8 月，根据中央和省、市委关于在全党兴起学习贯彻“三个代表”重要思想新高潮和具体工作要求，周密部署，抓好落实。采取全封闭的办法，对 600 余名乡局干部、73 名县直单位党组织负责人进行轮训；对 780 名农村党组织书记、村主任进行专题培训。

保持共产党员先进性教育活动

2005 年，县内先后开展第一、二、三批保持共产党员先进性教育活动，广大党员干部驻百村、访千户、帮民富、解民忧，为群众办实事、解难题 1500 余件，收到“党员受教育，群众得实惠”预期效果，并涌现出一批先进党组织和先进个人典型。如县卫生局共产党员高瑞勇救落水群众受到社会好评，县委授予他“优秀共产党员”称号。

第一批先进性教育活动中，市先教办组织部分单位在磁县召开现场观摩会。第二批先进性教育活动中，西固义乡党委被评为全市3个典型之一。第三批先进性教育活动中，市委在磁县召开高规格现场观摩会。

学习实践科学发展观活动

2009年3月起，围绕“对接大城区”发展战略，开展学习实践科学发展观活动。坚持“六个注重”，突出学习实践特色。注重解决问题，在破解科学发展难题上有新进展；注重实践特色，在提高干部发展能力上有新提升；注重制度建设，在创新科学发展体制机制上有新成效；注重提高干部素质，在作风建设上有新转变；注重统筹协调，在科学发展实效上有新作为；注重发动群众，在共创和谐上有新气象。2009年4月1日《人民日报》党建周刊以“问政于民问需于民问计于民”为题刊登县委书记李德进的蹲点调研日志，并配发“你对百姓有多近百姓对你就多亲”的评论员文章。

党的群众路线教育实践活动

2014年2—10月，冀南新区、磁县、马头、漳河园区4个党工委、党委同时开展第二批党的群众路线教育实践活动，包括副县级单位6个，副县级以上干部64人，科级单位130个，党组织1102个，党员29538名。围绕“为民、务实、清廉”主题，按照“照镜子、正衣冠、洗洗澡、治治病”总要求，高起点谋划、高标准推进，完成学习教育、征求意见、查摆问题、开展批评、正风肃纪、整改落实、建章立制各项规定内容，并结合实际实施一系列自选创新举措，解决问题，改进作风，推进发展。

以焦裕禄为标杆，县级领导带头，从细节小事改起，一批多年累积的“四风”问题得到纠正；开展“八个专项整治”“七个专项治理”，公款大吃大喝、公车私用、大操大办问题基本消失；对8起破坏发展环境的典型案例公开曝光；与去年同期相比，会议压减10%，文件减少21%，简报压减17%；组织开展“蹲点服务”活动，覆盖全县367个村；开展“双联双解双促”活动，排查、化解矛盾隐患942件；梳理分析“四风”问题6类16个方面13031个，全部分解到责任单位，纳入整改内容；制订完善干部联系群众、党风廉政建设、厉行节约反对浪费、操办婚丧嫁娶事宜、绩效考核评价等一系列制度近80项。

“三严三实”专题教育活动

2015年5月15日，冀南新区·磁县召开“三严三实”（严以修身、严以用权、严以律己，谋事要实、创业要实、做人要实）专题教育启动大会。活动分4个步骤：县委书记带头讲专题党课、开展专题学习研讨、召开专题民主生活会和组织生活会、深化整改落实和立规执纪。建立县专题教育联席会议制度，明确各责任部门的职责任务，对每个环节、每项任务制订出具体推进方案，严格按要求落实。围绕“不严不实”，县级班子梳理问题12类27个，研究提出整改措施31项。

“两学一做”学习教育活动

2016年4月，组织召开区县动员会，开展“学党章党规、学系列讲话、做合格党员”学习教育活动，1026个基层党组织、27514名党员参加。26名县级党员领导干部在联系乡（镇）建立联系点，科级党员领导干部联系点与分包村和“一帮一”帮扶点相结合，县级党员领导及科级党员干部累计讲党课500多次、走访群众1600多户、帮扶困难群众526户，办实事500多件。组织全县“十佳”优秀农村党组织书记代表深入各乡（镇）开展“学身边典型、做合格党员”巡回报告，举办“最美磁县人”先进事迹报告会。开展“戴党徽、亮身份”活动，引导全县党员自觉增强责任意识和先锋意识，全县1.2万名农村党员挂上“共产党员户”标示牌。

“7·19”洪灾发生后，5000多名党员自觉戴党徽袖章，200多支党员志愿服务队活动在灾区主战场。开展“弘扬抗洪救灾精神、凝聚合力推动区县跨越发展”主题征文、演讲比赛和文学创作活动，使抗洪救灾精神在全县进一步弘扬光大。把握学习教育的落脚点，推出20项便民举措；解决基层党组织突出问题，7项重点工作任务全部完成。

第四章　宣传工作

第一节　机　构

内设机构

1999年，县委宣传部内设办公室（秘书科）、新闻科、宣传科、理论科，行政编制14人，其中部长1人，副部长3人，股级7人。县国防教育办公室为正科级机构，编制2人，办公地点设在县武装部，归县委宣传部和人武部双重领导。2002年7月，增设政工股。2003年7月，内设机构5个：办公室、新闻股、宣传股、理论股、政工股。行政编制12人（含国防教育办公室编制），其中科级3人，股级5人，工勤人员1人。至2018年，内设机构未变。

下属事业机构

1999年，县委宣传部下设精神文明建设办公室。2009年9月，县文学艺术界联合会由县教育局划转县委宣传部，编制3人，设主席1人、副主席1人。2015年1月，设《磁县发展》编辑部，为全额拨款股级事业单位，核定编制4人。2015年12月，精神文明建设委员会办公室由股级调整为正科级全额拨款事业单位，设主任1人（由县委宣传部副部长兼任），副主任1人，编制4人。2017年6月，设磁县互联网信息办公室，为全额拨款正科级事业单位，由宣传部管理，核定编制4人，设主任1人（由县委宣传部副部长兼任），副主任1人。

至2018年，县委宣传部下属事业单位4个：精神文明建设委员会办公室、文学艺术界联合会、《磁县发展》编辑部、互联网信息办公室。

第二节　理论学习与教育

理论中心组学习活动

1999—2018年，先后开展集中学习宣传贯彻邓小平理论、“三个代表”重要思想、科学发展观、中共十六大、十七大、十八大、十九大精神，举办各个阶段内容专题理论学习培训班，组成宣讲团深入各乡局宣讲。先后召开学习贯彻党的重大会议座谈会、研讨会，交流心得体会，撰写心得体会文章，推进学习型党组织建设。每年年底，组织全县副科级以上领导干部进行1次综合考试。

2013年6月至2014年10月，县委理论学习中心组集中学习16次，邀请中央党校教授洪向华、牛先锋作全面深化改革反对“四风”、习近平总书记系列讲话精神专题报告。2014年7月12日，印发《磁县乡（局）级党委（党组）中心组成员理论学习考核实施办法》，通过“导学、督学、述学、评学、考学”，使党员领导干部的学习规范化、系统化、制度化。

2015年，县委中心组集中学习19次，先后邀请省市领导、专家、教授围绕城市规划、解放思想大讨论、中共十八届五中全会精神作专题讲座3场，开展基层特色理论集中宣讲18次。

2016年，围绕“新形势下如何加强党性修养”“如何正确处理个人与组织、个人与群众的关系”两个主题开展学习讨论，围绕“如何增强看齐意识，自觉与习近平同志为总书记的党中央保持高度一致”“如何确保县委政令畅通”“如何带头遵纪守法”3个主题开展讨论。

2018年，组织县委理论中心组集中学习15次，学习习近平总书记在中央政治局民主生活会和中共十九大精神研讨班开班仪式上一系列重要讲话精神、十九届二中和三中全会精神、宪法修正案、习近平谈治国理政（第二卷）和意识形态相关文件等内容。

“磁州大讲堂”

2010年4月，开始举办“磁州大讲堂”，主要以邀请市级以上专家到场或播放国内外著名专家讲座影像资料进行授课。2014年前，参加磁州大讲堂活动的人员主要是各单位干部职工。2015年活动暂停。2016年后，参加人员为全县副科级以上干部。

截至2018年，共举办80余期。主要围绕中央、省、市、县委中心工作、重点工作，紧贴工作实际需求，重点安排思想政治、经济发展、科技创新、传统文化、健康生活等方面内容。

中共十九大精神学习宣传活动

2017年11月，先后邀请省委党校党建教研

部主任孟庆云、中央党校马克思主义学院副院长牛先锋作专题报告。2017 年 11 月 8 日至 12 月 30 日，组成县级领导宣讲团、科级干部宣讲团、人大代表和政协委员宣讲团、党员干部宣讲团、工委宣讲团、县委宣讲团 6 大宣讲团，深入农村、厂矿、学校宣讲 600 余场次，累计听众 7 万余人。2018 年，组织开展学习贯彻习近平新时代中国特色社会主义思想集中宣讲活动和新时代新思想惠民帮帮团特色宣讲 80 余场次。

第三节　新闻宣传

对外宣传

1999—2018 年，围绕县内不同时期的大事、要事，各行各业的亮点和经验做法等，积极对外宣传报道，在市级以上新闻媒体累计发稿 24359 篇。其中 13 年（2003—2006 年、2010—2018 年）内，在市级媒体发稿 9036 篇、省级媒体发稿 2332 篇、中央级媒体发稿 1032 篇。2001 年发稿量最多，为 2168 篇；1999 年最少，为 50 篇。工作中获得较多荣誉，2000 年、2001 年连获《河北日报》新闻报道突出贡献奖；2017 年中央级媒体发稿 131 篇，在全市外宣工作综合考核中排名第一。

对内宣传

1999 年后，围绕全县中心、重点工作，县广播电视台开辟专栏，在域内加强宣传，为全县经济、社会发展营造良好氛围。

2001 年，围绕调优经济结构等 6 项重点工作宣传报道。2002 年，先后围绕经济结构调整、“十六大”宣传、转变干部作风、重点项目建设、农民增收等工作，在县广播电视台开辟专栏连续报道。2006 年，推出《先锋颂》《安全视窗》《四大建设进行时》等特色栏目，多角度、全方位地反映磁县建设成果。

2007 年 12 月 5 日，县委、县政府机关报《磁县发展》创刊。2008—2013 年，围绕“三个十”工程、优化发展环境大讨论、创新企业、城镇面貌三年大变样、新农村新民居建设、农村环境整治、网箱清理、禁烧、基层建设年等重点工作，县电台、县电视台、《磁县发展》开辟专栏，在黄金时段广泛深入宣传。

2017—2018 年，通过传统媒体、新媒体和户外宣传多种形式，围绕重点项目、民生工程、大气污染防治、乡村振兴、特色农业等重点工作在县域范围内做大宣传，继续为全县经济社会发展营造良好氛围。

政务新媒体

2014 年，适应互联网快速发展新形势，开通磁县政务微信宣传平台“磁力磁县”，11 月上线运行。2015 年，精心打造“磁力磁县”新媒体宣传平台，对外宣传磁县经济、社会事业发展中取得的成果。影响力不断提升，位列全省政务微信排名榜前 10 名。

2016 年，将传统宣传和新媒体应用高度融合，加强新媒体的建设管理和创新应用，开辟磁县历史人文、城镇建设、基层动态、文学艺术等专栏。在抗洪抢险救灾宣传报道中，第一时间发布及时、真实的抗洪救灾和重建家园现场情况，引起县内外社会各界对此次抗洪抢险救灾的关注。7 月 19 日至 8 月 12 日，收集抗洪图片 2000 余张，发布抗洪抢险救灾和灾后重建等信息 122 条。

截至 2018 年，“磁力磁县”政务微信平台拥有“磁粉”近 4 万人，累计发表信息 3500 余条，在河北政务微信影响力排名榜中稳居前 20 位，在全省县（市、区）政务微信排名中稳居前 5 位。

第四节　社会宣传

群众性文化活动

1999 年后，每年按照“小型、分散”要求，重点开展春节期间的欢庆活动、县城靓化。在主街道布置“灯笼一条街”景观；组织开展春节联欢会（晚会）、百姓春晚、网络春晚、县直单位职工体育比赛、书画摄影艺术精品展、职工对春联大赛、送春联送演出、非遗展演展示活动、元宵花会等系列文化活动。

2006 年起，组织开展彩色周末文化艺术展演活动。2008 年始，举办各种形式的知识竞赛和讲座。2009 年，县国土局代表队在邯郸市“新农村新政策”知识竞赛中获第一名，并代表市参加全省竞赛活动获三等奖；县委宣传部获优秀组织奖。2009 年 7—10 月，“磁州市民大讲堂”中专家学者授课的影像资料在县电视台全程播出，方便群众收看。2011年，组织举办中原民间艺术节磁县分会场暨2011年彩色周末活动。

2016年1月，承办首届晋冀鲁豫“畅游滏泉湖冬泳文化节”活动暨世界华人运动会（邯郸站）新年冬泳大会。是年正月十六举办“城隍爷出城”民俗文化展演活动，再现中断近20年的该传统文化活动，县城内外的群众涌向街头观看。是年7月26日晚，举办“众志成城·重建家园”大型赈灾义演。2018年，开展邯郸文化大集磁县分集系列活动。组织春节前惠民年货文化节、元宵节“过大年唱大戏”戏曲专场演出、民间花会展演等3个版块的集中活动。地方戏曲磁县坠子登上央视《星光大道》，引发强烈反响。

宣传教育活动

1999年后，每年清明节等节日期间，组织全县党员干部、青少年到磁县爱国主义教育基地开展纪念革命先烈活动。每年还开展文化、科技、卫生“三下乡”活动。2003—2005年，每年“三下乡”活动10余次，受益群众6万余人。2007年，下乡巡回宣讲演出期间，编演快板《歌唱党的十七大》、合唱《庆祝党的十七大胜利召开》等文艺节目。

2010年后，实施“欢乐乡村”十百千万农村基层文化推进工程。陆续举办“欢乐乡村”十百千万农村基层文化推进工程启动仪式暨农民歌手和农民戏曲票友、“欢乐乡村”农民器乐、小品曲艺、秧歌、舞龙舞狮选拔赛，承办全市秧歌、舞龙舞狮大赛。2011年，中央、省、市媒体对磁县“欢乐乡村”活动情况集中采访报道；3月31日，全国部分省、市农村精神文明建设现场经验交流座谈会在磁县召开，与会人员并进行观摩调研；承办全市“我爱我家”艺术家庭大选秀活动。2012年3月31日，邯郸市百场千村“惠在何处　惠从何来”文艺宣讲首场活动暨“三下乡”活动在花官营乡南左良村文化广场举行。是年9月25日，省委宣传部等省直单位联合河北文艺志愿活动观摩会有关活动人员到花官营乡南左良村观摩文化文艺建设情况。

2016年12月16日，河北省第二十一届省直文化科技卫生“三下乡”集中服务活动由磁县承办，31个省直单位和28个市直单位参加，向磁县提供项目资金、物品等总价值约17.55亿元，直接服务群众3.6万余人次，均创历年之最。2017年，利用标语、电子显示屏、橱窗、公益广告牌等广泛宣传，营造迎接中共十九大召开的良好氛围。11月18日，中央电视台《星光大道》栏目组应邀走进都党乡石场村，开展宣传中共十九大精神进乡村活动。2018年，先后到磁州镇南来村、都党乡冶子村、岳城镇南神岗村开展“学习宣传贯彻十九大”文艺宣讲暨文化科技卫生“三下乡”活动。

特色专题活动

1999年，举办“迎澳门回归，展望新世纪”联欢会，参加人员150余人。2001年，举办“把心中的歌儿献给党”文艺晚会，庆祝建党80周年。驻磁单位、各乡（镇）、县直各单位及社会各界2000余人参加。

2016年7月8日，举办“山水冀南　人文磁州”磁州酒杯全国摄影大赛启动仪式。2017年举行该赛评选暨颁奖活动。来自全国12个省（市）近200名摄影家和摄影爱好者创作近2000幅作品。分别评出风光类、人文类一等奖1名、二等奖2名、三等奖3名，40幅作品获优秀奖，获奖作品在磁州窑博物馆举行“邂逅‘磁’境”摄影展。

2017年9月8日，磁县被邯郸市诗词楹联协会和河北省诗词楹联协会分别授予“邯郸市诗词之县”“河北省诗词之县”称号。是年10月11日，全国第三十一届中华诗词研讨会暨磁县“中华诗词之乡”授牌仪式在磁县嵩景楼A座三楼会议室举行，磁县被中华诗词学会授予“中华诗词之乡”称号，磁县阜才中学被授予“中华诗教先进单位”称号，中华诗词学会会长郑欣淼授牌。

第五章　农村工作

第一节　机　构

县委农村工作部

1999年，县委农村工作部（简称“县委农工

部”）内设秘书科、社会服务科、基层工作科，行政编制7人。县小康建设领导小组办公室(简称“县小康办”，正科级事业单位）和县农村经营管理总站（简称“县农经站”，副科级事业单位）挂靠县委农工部。县小康办下设秘书科、综合科、督导科，编制12人；县农经站下设综合科、农村财务管理科、农民负担监督管理科，编制6人。

县委农村工作委员会

2002年9月，县委农工部改为县委农村工作委员会（简称“县委农工委”)，内设办公室、综合督察股、农村经济股、基层建设股；县小康办、县农经站下设机构由科改为股。2011年10月，县小康办撤销综合股和督导股，编制6人；县农经站增设农村改革指导股、农村土地承包管理股，编制12人。至2018年12月，县委农工委行政编制7人，工勤编制1人。

第二节　农村基础设施建设

电线改造

（详见第五编第三章第一节电网建设）

道路建设

（详见第六编第一章第一节公路）

饮水工程

（详见第五编第一章第四节农村饮水）

校安工程

（详见第二十四编第六章第二节学校设施建设）

卫生院（室）建设

（详见第三十一编第一章第二节乡村医疗卫生机构）

第三节　基层民主政治建设

推行村务公开

1996年5月6日，磁州镇张庄村作为全市村务公开试点村之一,全市第一个现场会在此召开。初期，每年1月、7月公开两次。1999—2018年，改为每季度公开一次，公开内容由1996年6项扩至28项。

2009—2011年，开展村务公开“难点村”治理工作，先后改变全县20个“难点村”的落后状况。2011年11月24日，磁县被评为2011年度河北省村务公开和难点村治理先进县。

2012—2013年，全县开展创建村务公开示范乡（镇）、村活动。至2013年，辛庄营乡成为示范乡（镇），示范村有19个。

2014年始，全县实施“四议两公开”（党支部提议、“两委会”商议、党员大会审议、村民代表会议或村民会议决议，决议公开、实施结果公开)、“961”工程。“961”工程：“9”即时间、地点、内容（项目）、程序、载体、规格、样式、档案、管理九方面统一;“6”即达到制度化、规范化、正规化、标准化、完整化、格式化；“1”即实现每一个村级班子廉稳目标。逐步完善县、乡、村三级村务公开、民主管理机制，在集体专项大额资金、重点项目资金和议政议廉尤其是群众关心的热点问题等公开方面进一步规范。把村务公开列入村支部和村支部书记年度考核重要内容，保障村务公开和民主管理工作顺利开展。

2015年年底，按照省委巡视组的意见要求，将农机补贴、低保、粮食直补、危房改造增加为公开内容。

2015—2017年，磁县连续被推荐为全省村务公开先进县。县委农工委《对磁县全面实施村务公开创新和改革的调研和思考》调研报告被评为邯郸市农村改革发展专题调研成果二等奖。

2018年7月，磁县村务公开档案管理工作在全市村务公开工作调度会上作典型发言。

推行民主议政议廉

1999年，全县390个村推行村务公开的同时，还组织召开民主日报告会。集体专项大额资金、重点项目资金尤其是群众关心的热点问题作为重点报告内容。其后，建立健全有关制度，规范议政议廉工作。

2016年后，进一步加强指引各乡（镇）、村按要求开展“1•20”“7•30”民主议政议廉日活动。联合县纪委检查指导民主议政议廉日推进活动情况；联合县委组织部举办农村干部教育培训讲座。把此项工作列入追责问责考核重要内容，保障民主议政议廉工作顺利开展。

第四节　农村建设

1999—2018 年，农村建设经历小康建设、新农村建设、新民居建设、农村面貌改造提升、美丽乡村建设、农村人居环境整治 6 个建设阶段。

小康建设

1999 年，磁县通过省级验收、实现小康县后，县小康办机构不撤、人员不减，工作力度不减，继续加大资金投入，开始宽裕小康建设。至 2004 年，全县农民人均纯收入达 3580 元，增长 15.1%。

新农村建设

2005—2007 年，磁县提出“八新”（新规划、新产业、新民居、新环境、新设施、新风尚、新保障、新农民）建设内容，在全县选出群众基础较好、村班子工作能力强、积极性高的 82 个村，推进示范性新农村建设。

新民居建设

2008 年 7 月 30 日，邯郸市新民居建设奠基仪式在南城乡东南城村举行。2009 年，第一批 13 个省级新民居建设示范村开始实施。至 2012 年，培育出 37 个省级新民居建设示范村，累计投入资金 10 亿多元，建设新民居 9350 套。

农村面貌改造提升

2013—2015 年，以农村环境综合整治为突破口，围绕“房、水、路、绿、厕、能”6 个重点方面确定 15 件实事，建设环境整洁、设施配套、田园风光、舒适宜居的升级版现代农村。围绕 38 个省级重点村、96 个市县重点村，投入资金 6700 多万元，培育出南左良、兴小营、小营店、黄官营、东王庄、北豆公、西陈等典型村。

美丽乡村建设

2016 年，开始美丽乡村建设。筛选出 55 个重点村（省级 19 个、市级 4 个、县级 32 个），加强推进和集中打造。省级重点村“12 个专项行动”实现一步到位；市、县重点村重点实施“3+X”工程，在全面抓好“净、绿、富”基础上，因地制宜建设“X”自选项目，缺什么补什么、缺什么建什么。投资 1.4 亿元，实施垃圾处理、厕所改造、污水处理、街道硬化、墙体改造、危房改造、路灯亮化、村庄绿化、自来水建设等项目 340 个，解决一大批群众最关心、最现实、最直接的难题。培育打造出辉水、肖庄、尧王庄、洛子、南王庄、花驼村等有特色、有亮点的典型村。西光禄镇尧王庄和陶泉乡辉水村 2 个村被省委、省政府评为 2016 年度“河北省美丽乡村”。

2017 年，在做好 21 个省级、26 个市县级重点村工作的基础上，投资 5000 多万元，重点实施“1352”工程（打造 1 个滏泉湖建设片区、3 条精品线路、5 个精品村、2 个经营示范村）。其中，路村营乡肖庄村按照打造“最美水岸小镇”思路，完成村民中心、树阵广场、生态停车场、观景台、村史馆、特色民俗等建设项目。

农村人居环境整治

2018 年，制订《磁县农村人居环境整治三年行动实施方案（2018—2020 年）》，把农村人居环境整治作为乡村振兴战略的重要内容。按照“整体规划、全面启动、示范带动、分步实施”总体要求，在全县 212 个村开展农村人居环境整治工作，实施生活垃圾处理、污水处理、厕所改造、村容村貌提升和村庄绿化等工程。同时，选择部分乡（镇）、村重点支持、重点打造，突出特色和亮点，实现典型引导、辐射带动，扩大美丽乡村建设规模和成果。

第六章　统一战线

第一节　机　构

内设机构

1999 年，县委统战部下设办公室，行政编制 5 人。其中，部长 1 人，副部长 3 人。县委台湾工作办公室（简称“县台办”）与统战部合署办公，下设秘书科。2007 年 6 月，县台办改设为县委单独机构。2002 年 8 月至 2018 年，内设秘书股和经联股，行政编制 4 人，其中：部长 1 人，副部长 2 人，股级职数 2 人，经联股股长由副部长兼任；

另列工勤人员编制 1 人。

挂靠和下属事业机构

1999 年，县委统战部的下属事业单位磁县海外联谊会为财政拨款股级事业单位，编制 7 人，其中股级职数 2 人。磁县归国华侨联合会挂靠县委统战部。2015 年，磁县海外联谊会编制调剂《磁县发展》编辑部 4 人，减为 3 人。此后，其编制调剂中国磁州窑博物馆 1 人，减为 2 人。

第二节　服务经济建设

帮扶救助

1999 年筹资 8.5 万元，帮助陶泉乡高穴村实施引蓄水工程。2001—2002 年，在非公有制经济代表人士中开展“双思”（致富思源，富而思进）活动，组织数十名非公有制经济代表人士，深入西部山区“献爱心、送温暖”，捐款捐物 1 万余元，慰问老党员、特困生。

2004 年，围绕小康建设目标，以“光彩事业百千万”活动为载体，联系 28 名民营企业家与 28 户困难家庭结成帮扶对子，累计帮扶资金 5 万余元。2005—2008 年，组织非公有制经济人士开展“手拉手，奔小康”共富活动，与农村贫困家庭结对子 880 个。

2010 年始，先后开展“学新奥、比创新、促转型”“百家民企进老区帮千户”“东部振兴行动”“创先争优”活动。发动 10 家民营企业参与“民企系三农、共建新农村”活动，与 3 个村合作共建。

澳洲魏基成“天籁列车”助听器捐赠仪式在磁县特殊教育学校举行（2018年5月18日　摄）

“7•19”洪灾发生后，组织 50 余家民营企业、商（协）会为灾区捐款、物 200 多万元。2017 年、2018 年实施统一战线“泛海助学行动”，为全县 65 名贫困家庭考生每人申请 5000 元入学救助金。

2018 年，组织民营企业参与“百企帮百村”活动；举办魏基成“天籁列车”捐赠仪式，向磁县特教学校捐赠助听器 25 台、教学机 1 台。

服务非公经济

2000 年后，对县内 40 家私营企业进行挂牌保护，利用县电台、县电视台、报纸、表彰会等载体广泛宣传光彩事业。

2013 年后，组织开展创建“三高两低”（高科技、高新产品、高效益，低能耗、低排放）型民营企业活动，裕泰、惠达等企业成为先进典型。建立县级领导干部分包联系民营企业制度，冀南新区、磁县、漳河园区 59 名县级领导干部对口分包民营企业。

2017 年，组织举办中小企业“积分制管理”培训班，邀请湖北群艺集团董事长李荣授课。

2018 年，邀请北京碧水源科技股份有限公司、国富投资集团、河北恒隆招标有限公司、湖北群艺集团到磁县考察基础设施、园区和相关产业，组织磁县昌运物资有限公司等企业到济南邯郸商会考察学习先进经营理念。组织成立磁县女企业家协会商（协）会党支部、磁县商友会、磁县新能源商会、磁县名商联盟商会，扩大并加强对新的社会阶层组织的领导。

第三节　民族宗教工作

管理机构

1989 年 8 月，磁县人民政府办公室（简称“县政府办”）设立宗教科。1992 年 1 月撤销宗教科，成立磁县宗教事务局。4 月改称磁县民族宗教事务局（简称“县民宗局”），仍挂靠县政府办。1996 年 12 月，县民宗局行政编制 3 人，其中科级职数 2 人。1997 年 12 月，县民宗局内设民族宗教服务中心，为全额财政拨款股级事业单位，编制 2 人。2004 年，建立市、县、乡三级民族宗教信息员队伍达 396 人。2017 年 11 月，民族宗教服务中心编制 5 人。2019 年，县民宗局在县委统战部挂牌。

民族事务管理

1999 年后，对清真食品实行常态化管理。重点检查超市、学校清真餐厅、清真牛羊肉食店和清真饭店、清真小企业、街头临时摊点；重点整治假冒清真食品、注水牛羊肉等问题；严肃查处采用病死或死因不清、来历不明的清真食品原料等不法行为。每年的开斋节前日，县委、县政府组织召开开斋节座谈会，邀请阿訇及回族代表参加;开斋节当日到城内、南十里铺清真寺进行慰问。

2000 年，对全县 42 家清真食品经营户审核发证，清真食品经营“一证一牌”发放率达 95% 以上。2002 年，会同县组织部门制订少数民族干部培养选拔工作规划。

2010 年始，每年 9 月民族团结进步宣传月期间，通过制作专题片、开办《民族团结》专栏、设立“民族政策咨询台”、发放宣传单、书写板报、张贴宣传标语等形式宣传先进典型、少数民族知识、民族法律法规等内容。

2011 年，对 1 处非清真饭店悬挂“清真风味”广告牌行为进行批评教育，要求经营者当场撤换；责令 2 处不符合《河北省清真食品管理条例》规定的经营场所限期改正。

2012—2018 年，讲武城镇南十里铺村被列为河北省民族工作示范村后，上级拨付专项资金 209 万元，用于修建村内、外道路 2.5 千米；修整田间道路 0.8 千米、打机井 2 眼、铺设“U”形渠 0.6 千米；修建村委会办公室 80 平方米、文化广场 300 平方米、文化墙 200 米、图书室 50 平方米及配套设施；安装天然气 51 户；新建村东、村西 2 座回族特色牌坊。

宗教事务管理

1999 年，调整磁县天主教工作领导小组，成立“707”办公室。连续 3 次深入道教徒聚集村林坛镇袁庄、苗庄和西光禄镇李家岗村调查研究，现场解决 3 个村的宗教活动场所、教产遗留问题。

2000 年，率先在全市成立磁县天主教爱国会组织，对全县 10 个依法登记的天主教活动场所进行年检，调整部分教会、堂主负责人，38 名政治素质较高的教徒充实到基层教会组织中。

2004 年，磁县被列入全省宗教工作重点县，县里建立民族宗教月例会制度，定期研究解决民族宗教领域问题；磁州镇、林坛镇被确定为全市民族宗教工作重点乡（镇），配备专职副乡级领导；西光禄镇、辛庄营乡、花官营乡、台城乡、讲武城镇被确定为县宗教工作重点乡（镇），配备专职干部；19 个乡（镇）成立宗教工作办公室。

2005 年，解决县天主教教产历史遗留问题，组织实施天主教“6·9 工程”，开展制止地下势力非法活动和教育转化工作。2007 年，开展基督教“三乱”（乱传教、乱设点、乱聚会）治理。2008 年，在乡（镇）宗教工作中推行“二规范、三落实”（规范工作机制、规范管理制度，落实宗教办一干、一人、一室）机制，开展“爱家乡，促和谐、做贡献”主题教育活动。

2009 年，承办冀豫两省十县宗教工作联防联治联席会议。6 月 1 日，开展创建“和谐寺观教堂”活动，在基督教东关教堂召开动员现场会。在县电视台、《磁州发展》宣传报道外，还印发宣传册 5000 册、出墙报 300 期、悬挂标语 3500 条广泛宣传。同年，举办宗教政策、法律法规培训班 11 期，培训 560 多人次。

2010 年，开展“弘扬爱国爱教传统、共建和谐磁县”主题教育活动。2012 年，在宗教领域开展“隐患排查、清理整治、处置非法宗教活动、干部队伍培训”活动；以“弘扬法治精神、普及法律知识、提高法律素质、共建宗教和谐”为主题，开展“宗教政策法规学习月”活动，印发宣传资料 3000 多份，组织座谈会、专题讲座 11 场，开办宣传专栏 13 期。

2013 年 9 月，开展“教风建设年”主题创建活动，制止乱建寺庙、滥塑露天佛像和借教敛财行为。2015 年，开展“三非四乱”（非法办宗教培训班、非法接受境外指令和捐赠、非法组织活动，乱建场所、乱传教、乱活动、乱管财务）专项治理。2017 年，引导宗教界开展培育和践行社会主义核心价值观活动，重大节日、活动时升国旗、唱国歌。完成宗教活动场所、教职人员的统计调查及换证工作。

2018年，举办宗教界“双创四进”活动启动仪式暨“庆国庆、升国旗”仪式，向各宗教团体赠送国旗和宪法、宗教法律法规书籍，在各宗教活动场所悬挂展牌83块、书写墙体标语48条。对宗教界开设的网站、微信等媒体引导监管，对200名“网评员”进行宗教政策培训。成立磁县统一战线工作领导小组，由县委书记任组长；每名县委常委联系分包1个重点宗教场所、1名重点宗教人员。县与11个乡（镇）签订责任状，宗教工作纳入党委（党组）书记党建述职内容，宗教领域稳定纳入社会治安综合治理目标考评内容。组建274名信息员和143名“和谐寺观教堂”创建指导员队伍。

帮扶补助

1992年始，每年为2位住寺阿訇发放过节、生活补贴。2004年，阿訇增至4位。1992年补贴金额为60元,后逐年上调,至2018年增至550元。

2012年起，为实现教职人员“老有所养、病有所医”，每年为全县宗教教职人员免费办理新型农村合作医疗保险、城乡居民社会养老保险。此外，每年对特困或患有重大疾病的教职人员实行困难补助。截至2017年，先后为14名教职人员办理低保补助。

2013年，邯郸市下拨资金8万元，用于台城乡穆兴肉羊养殖场扩建和辛庄营乡太平村兴伊肉羊养殖场建设项目。穆兴肉羊养殖场购买100只育肥用羔羊，解决部分回族群众就业，并提供市清真寺“乜贴”用羊。兴伊肉羊养殖场购买80只种羊，不仅满足回、汉群众的生活需求，而且利于穆斯林群众节日、乜贴用羊，带动周边群众和回族下岗职工再就业。

2014—2018年，开展“千名教职帮扶工程”活动。深入天主教、基督教、佛教、道教、伊斯兰教团体、场所，排查困难教职人员底数。对已备案教职人员中生活水平较低、纳入社保范畴的特困人员，给予每年1500元／人补助。累计有40人享受补助。

公益慈善

1999—2018年，县内宗教界人士和信教群众每年慰问西部山区困难群众，开展各种公益慈善活动。其中：2010年5月，全县宗教界人士和群众为舟曲、玉树灾区捐款2.39万余元，捐物1100多件。2014年，组织举办宗教慈善活动3次，筹集慈善资金6万多元，用于扶贫助困、助残。

“7·19”洪灾发生后，全县宗教界人士和群众募集善款25.86万元（其中各类物资折款11.76万余元）。2017年7月、10月，县佛教协会慈善功德会先后两次救助贫困学生76人、4.8万余元；是年8月，捐款7679元支持四川、新疆地震灾区灾后重建。

第四节　党外人士工作

党外人士联谊

1999年后，在党外知识分子中开展“六个一”（引进1个项目、引进1名人才、引进1笔资金、提供1条建议、推广1项技术、搞出1项成果）活动。至2003年，收到合理化建议38条，开发新产品10种，开工技改项目12个，推广新技术13项。

2004年后，组织开展“党外人士之家”三级联创活动和以“家和万事兴”为主题的系列活动。2010年后，开展“双联”（县级领导干部联系党外知识分子、联系非公经济企业主）活动。2014年，联合县委组织部制订《关于建立党外干部工作联席会议制度的实施方案》，推荐邯郸市海外联谊会第四届理事会理事人选6人。

2012—2015年，磁县民主党派成员由2人发展到7人。其中，民革成员2人，九三学社成员1人，民盟成员1人，民建成员2人，民进成员1人。

至2018年，磁县民主党派成员发展到11人。其中，民革成员3人，九三学社成员1人，民盟成员2人，民建成员2人，民进成员2人，农工成员1人。

推荐党外干部

2000年，先后向市、县推荐党外副县级后备干部5人、副科级后备干部10人。县人大、县政府各配备党外副县级干部1人，县直单位配备党外副科级干部3人，其中少数民族党外副职1人，全县19个乡（镇）中有9个乡（镇）配备党外副乡（镇）长。2002年，向县委组织部推荐非党后备干部人选2批36人（其中少数民族干部2人），推荐1名非党省政协委员。2003年，推荐党外领导干部后备人选8人，推荐工商联后备人员7人。

2005年，县人大、县政府、县政协安排党外干部4人；21个政府职能部门中有10个安排党外副科级干部；有5个乡（镇）安排党外副乡（镇）长。

2009年，出台《关于加强县级统战工作的意见》，对党外干部的配备提出明确要求。22个政府职能部门配备党外干部6人。

2011年，完成县政协十一届非中共党员委员的提名推荐工作，协助市委统战部完成磁县十一届党外市政协委员、常务委员人选的提名推荐工作。2013年，全县党外干部配备25人，其中正科级8人、副科级17人。

2016年，经各乡（镇）、县直各单位党组织推荐，并经县组织、县纪检（监察）、县检察院、县卫计委4个部门审核及县委常委会审议，确定党外中长期后备干部人才48人（其中科级干部2人，一般干部46人）。

2017年后，完成磁县十二届政协委员中党外委员的提名推荐工作，协助市委统战部完成磁县十二届党外市政协委员、常务委员人选的提名推荐工作。

第五节　侨（同）胞联谊与归侨帮扶

侨（同）胞联谊

1999年，磁县海外联谊会积极为招商引资服务，发洽谈会邀请书100多份，有20多名外商赴会洽谈经贸，接待台胞12人，办理赴台探亲2人。2000年，同中国台湾、中国香港地区的同胞和美国、日本、泰国等国家的侨胞建立广泛联系。做好省“5·18”项目洽谈会、“9·8”厦门第四届中国投资贸易洽谈会、第二届中国（深圳）国际高新技术成果交易会及中国中意项目洽谈会联系邀请工作。

2000—2016年，每年开展侨情普查，建立侨情资源管理体系，构建城镇、街道、社区三级信息网络，健全完善数据库。找准侨联工作的着力点，加强同海外华侨华人及侨团、社团的联系，鼓励和吸引他们把好的项目、好的产品、好的经验带回家乡，为建设磁县做贡献。充分调动侨界人大代表、政协委员深入调研、撰写提案议案的工作热情，积极参政议政。每年“12·4”全国法制宣传日开展侨法宣传活动，发放侨法宣传资料。

2018年11月，完成对海外留学生、留学归国人员和归侨侨眷、华侨华人情况建立台账数据库工作。数据显示，归国留学生3人、归国华侨12人。

2003年，县内有归侨、侨眷44户166人。有海外侨胞22户97人，分别侨居美国、日本、加拿大、蒙古、新加坡、马来西来等国家。2006年，县内有归侨16人、侨眷120人，主要来自美国、日本、蒙古、奥地利、马来西亚等国家。2018年，县内有归侨12人，主要来自蒙古等国家。

归侨帮扶

2006—2011年，与劳动局、各企业联系，帮助侨眷及子女就业，出具信函20余次；争取市侨联对困难归侨侨眷的帮助，慰问10余人，解决他们的实际困难。

2016年始，将归侨侨眷周爱的如意快餐店、周军的阜新便利店作为贫困归侨侨眷创业项目进行资助。至2018年，累计资助7万元。

2017年，落实归侨生活补贴政策，为归侨退休职工周存元每年发放生活补贴1200元。列入县财政预算，由县委统战部负责。至2018年，已发放1.08万元。

第七章　政法工作

第一节　机　构

内设机构

1999年，中共磁县县委政法委员会（简称“县委政法委”）下设办公室、政工科、案件协调科、宣传科，行政编制5人。2002年，设综合治理股，撤销宣传科，原政工科更名为政办室，案

件协调科更名为执法监督股，行政编制 13 人。8 月，成立磁县维护社会稳定领导小组办公室（简称“县维稳办”），磁县社会治安综合治理委员会办公室（简称“县综治办”）与县委政法委合署办公。2010 年 7 月，在县委政法委挂县维稳办牌，设主任（正科）1 人，副主任（副科）1 人。

2016 年 11 月，成立县委防范和处理邪教问题领导小组办公室（县政府防范和处理邪教问题领导小组办公室，简称“县防范办”），由挂靠县委办改为挂靠县委政法委。12 月，在县委政法委挂县综治办牌，增设专职副主任 1 人（副科），综合治理股编制 4 人。

2017 年 1 月，县委政法委科级领导职数 3 人，其中常务副书记 1 人，副书记 2 人。2018 年，下设 4 个股室：办公室、政办室、综合治理股、执法监督股，行政编制 13 人。挂县综治办和县维稳办牌，县防范办挂靠县委政法委。

下属事业机构

1999 年，县委政法委下设社会治安综合治理办公室、流动人口管理办公室，均为全额财政拨款科级事业机构，事业编制 10 人。2002 年 8 月，县综治办与县委政法委合署办公。2017 年 9 月，流动人口管理办公室科级职数 2 人，其中主任 1 人（正科）、副主任 1 人（副科），下设综合股，股级职数 1 人。至 2018 年，下属事业单位 1 个。

第二节　维护稳定

隐患排查化解

1999—2002 年，开展矛盾纠纷排查治理，完善《信息反馈及情况报告制度》《重大疑难纠纷领导包案制度》等制度，坚持开放式县、乡（局）领导信访接待日制度和领导干部下访联系村制度。排查各类矛盾纠纷 1240 件，解决 1226 件。其中，妥善解决疑难纠纷 32 件，防止矛盾激化 57 起，排查犯罪线索 58 条。

2002 年 8 月起，深入排查各类隐患，及时消除各种不稳定因素，狠抓重要敏感时期安保维稳工作，保障 2008 年奥运会、国庆 60 周年、抗日战争胜利 70 周年、中共十八大、十九大会议召开等各个重要活动敏感时期全县社会稳定。

2010 年，修订完善《关于重大事项社会稳定风险评估的暂行办法》，对中化集团精细化工产业园、磁县生活垃圾发电项目、磁县农村气代煤燃气项目、磁州镇学区兴仁双语幼儿园等项目进行稳定风险评估，保障重点项目建设进展顺利。

2017 年 12 月，开展影响社会稳定突出问题集中整治百日攻坚行动，全县排查出矛盾问题 133 起，涉及 360 余人。化解 20 起，落实稳控化解责任 113 起；排查信访隐患 27 起，均落实化解稳控措施；排查 277 家生产经营单位隐患 579 项，全部整改到位；摸排交办涉法涉诉案件 20 件，全部办结；排查环境隐患 45 起，分别给予拆除、改造、关停到位。

2017—2018 年，成立县军队退役人员工作领导小组，对 1978 年后符合安置条件的 2168 人解决到位。在县群众工作中心设立军队退役人员接谈室，工作人员全天候接待。县委常委会、县长办公会和军退领导小组先后 20 多次研究安排军退人员工作，保障组织领导、工作力量、经费保障到位。做到政策内绝不欠账、政策外不开口子；聚焦帮扶转化，为生活困难的军队退役人员办理低保 68 人，实施困难帮扶和医疗救助 201 人，解决保障性住房 63 户，转化 36 名重点人员。

涉法涉诉信访

2007 年 8 月，成立磁县涉法涉诉信访办公室，与县信访局联署办公。2008 年 1 月 7 日，磁县涉法涉诉信访工作办公室挂牌，从县人大办、县公安局、县检察院、县法院、县司法局抽调 8 名工作人员专司其职，对口接待。

2010 年 3 月 21 日，成立磁县涉法涉诉联合接访服务中心。2011 年 3 月 6 日，各单位人员入驻涉法涉诉联合接访服务中心。县委政法委 1 名副书记主持中心日常工作。建立案件评审工作制度，并根据工作需要随时调整充实人员。实行正常访交办、越级访转办、重点案件会诊、无理访教育稳控、违法访依法处理、带案巡视、责任查究、后备干部锻炼培养等一套链接紧密、运转高效的制度体系，真正实现登记分流、综合指导、法律咨询、对口接待，成为融受理、交办、督导、反馈于一体的“一站式”办公中心。

2011年3月28日，国家信访局在邯郸召开现场会，磁县作为观摩点。2012年4月，被授予“2011年度全省涉法涉诉信访工作先进集体”称号。

2007—2018年，受理涉法涉诉信访案件1105件，办结1074件，办结率97%，依法终结63件；为信访人解答法律咨询1418人次；对刑事被害人和重大疑难信访案件当事人专项救助900余万元，涉及230件案件。先后3次受到市委、市政府表彰，群众赠送锦旗18面、感谢信60余封。

第三节　综合治理

治安防范

1999年1月，县委与全县19个乡（镇）、94个县直单位签订《1999年度社会治安综合治理责任书》，强化社会治安综合治理的责任意识。

2000年4月，县综治委28个成员单位在县城开展社会治安综合治理责任宣传月活动。展出展板108块，悬挂标语35条，散发宣传品9000余份。浓厚全县城乡社会治安综合治理的氛围。2000年5月，制订《企地共建协调小组例会制度》《企地定期联系会议制度》等制度，全县企地双方就共建安全社区工作签订协议，明确职责，形成合力。

2001年6月上旬，磁州镇派出所率先建立20人的专职巡逻队伍。至月底，全县其他派出所均建起15人的专职巡逻队伍。同时，分两批对选聘的126名义务护路队员进行培训后上岗。使基层的治安力量得到加强，社会治安秩序明显好转。

2002年5月15日至17日，全省铁路护路联防大队长会议在磁县召开，省市领导对磁县的护路及创建安全文明铁道线工作予以充分肯定。此后，磁县继续做好相关工作，保持社会治安良好秩序。

2009年4月16日，县委主管领导在县电视台发表综治宣传月活动专题电视讲话。此后，县综治办牵头组织30多个单位在县城主要街道集中开展法制宣传活动，把综治活动引向深入。是年9月，6286名治安志愿者按照居住地和所在单位组成400多个巡逻队，义务治安巡逻。

2009年12月15日，邯郸市在磁县召开科技防范暨“平安互助网”建设现场会，磁县作经验介绍。是月16日，在高臾镇召开全县人民调解经验交流会，市综治办、市司法局领导出席会议，对磁县的做法给予肯定。

2010年，各乡（镇）建设综治信访维稳中心后，基层工作力量达到加强，大批矛盾纠纷得到及时化解。

2018年，将重点部位防范和日常巡逻防控有机结合，营造“百姓身边有巡警、街头处处有防范”的良好氛围。出动警力7600余人次，妥善处置群体性事件264余次，疏散上访人员6300余人次。

创安工作

1999年5月、9月，先后对县内铁路沿线32所中小学进行爱路护路教育，发放宣传品5000余份，张贴标语3000余条，受教育4万余人。

2000年后，在县内铁路沿线43个村开展以《铁路法》为主要内容的宣传活动。

2004年3月起，根据邯郸市《创建星级平安社区（村）、平安单位工作方案》要求，组织全县443个创建单位（376个村、67个县直单位）开展创建活动，取得明显成效。其中，三星级单位45个，二星级单位108个，一星级单位125个，完成市下达的创建指标。

2010年11月起，按照市综治办要求，在全县实施矛盾纠纷隐患排查调处“百千万”工程。是年12月26日，市政法委检查北贾璧乡综治信访维稳中心建设时给予高度评价。2011年3月28日全国信访系统争先创优观摩会到磁县联合接访中心参观。

2013—2016年，磁县连续被省综治委、省人社厅授予“全省社会治安综合治理先进集体”称号。

2017年，实施“雪亮工程”建设。投入2400万元，对城区105个党政机关和企事业单位、53条街道与170条小巷、6个商场、7个公园广场、15所学校和幼儿园、36个居民小区安装视频监控，33家单位监控资源与公安系统实现联网运行，实现“全域覆盖、全网共享、全时可用、全程可控”。

同时，9个乡（镇）和244个村实现视频监控全覆盖。

2018年，继续推进“雪亮工程”建设。县公安局平台与市公安局平台联网，实现图像上传推送；35个单位接入县雪亮平台；城区实现“全域覆盖、全网共享、全时可用、全程可控”。各派出所平台和铁路沿线摄像机已安装，有序推进安装前端摄像头和乡（镇）视频终端。

弘扬“见义勇为”

1999年后，磁县积极宣传见义勇为事迹，表彰见义勇为义举，社会正能量不断增长，见义勇为的先进事迹连年不断。

2000年5月18日，县委、县政府领导到辛庄营乡小狼营村慰问“见义勇为家庭”曹子军、周美文，向他们颁发荣誉证书和奖金，并对他们的英雄事迹广泛宣传。

2006年至2009年，陶泉乡辉水村刘新民下井救人、袁荣国和袁永亮及王磊因与盗窃分子搏斗先后被评为磁县“见义勇为先进分子”。

2010年4月29日，在全市率先成立磁县见义勇为工作协会暨首届理事会第一次会议。选举63名协会成员，其中常务理事10名，设会长、副会长、秘书长各1名。10月24日，磁县参加在福建省南平市举行的全国见义勇为现场会。

2010年6月21日，省见义勇为基金会理事长李德兴到磁县检查工作时给予高度评价。

2011年至2012年，杨海军、赵金良、王海波、索尚质、郭景峰因跳入水中救人均被县政府授予“见义勇为先进分子”称号。

2013年，全省见义勇为工作现场会在磁县召开。

2014年，林坛镇军营村杨桂武因制止砍人、杨晓排因滏阳河中救人均被县政府授予“见义勇为先进分子”称号。林坛镇西佛店村岳朝增因跳进茅坑救人被省政府授予“河北省见义勇为英雄”称号。2015年，讲武城镇东曹庄村曹金贤因抢救麦田着火、磁州镇张杨庄村刘红心因滏阳河中救人均被授予市“见义勇为先进个人”称号和县“见义勇为先进分子”称号。路村营乡肖家村肖荣希因在东武仕水库救小孩被县政府授予“见义勇为先进分子”称号。2016年，杨国栋因在东武仕水库救老人被县政府授予“见义勇为先进分子”称号。2017年，郭江因跳入滏阳河救老人、苗永齐因在洪水中救小孩、柳长青因在洪水中救邻居1家6口人均被县政府授予“见义勇为先进分子”称号。

2018年，磁州镇槐树屯村张海峰因滏阳河中救人被县政府授予“见义勇为先进分子”称号。

第四节　政法工作基础建设

制度和队伍建设

1999年后，围绕培养政治坚定、纪律作风和业务素质过硬的政法干警队伍目标，组织开展理想信念教育、岗位练兵等活动。2004年，组织开展“学习任长霞先进事迹”活动。

2006年后，深入开展社会主义法治理念教育、“规范执法行为、提升执法水平”、创先争优和纪律作风整顿等多项活动。开展岗位练兵活动，实行精细化管理，加强政法队伍规范化建设。2008年后，县委政法委健全完善述职述廉评议、基层单位考核等制度，加强政法队伍教育和监督管理。2011年，印发《关于进一步加强政法系统干部管理的意见》，开展政法队伍职业化建设。

2012年，组织政法系统中层以上干部到邯郸监狱开展警示教育活动；举办政法系统中层干部学习中共十八大精神培训班。制订《磁县政法系统中层领导干部考核办法（试行）》《关于全县政法系统中层领导干部考核结果运用办法》《关于对助理审判员晋升审判员工作的规定（试行）》《关于对助理检察员晋升检察员工作的规定（试行）》，《关于政法部门中层临时负责人考核管理办法（试行）》，完善制度管理，强化履职能力。

2017年、2018年，连续开展“十大优秀政法干警”评选活动，在政法系统营造树典型、学典型的良好风尚，激发干警干事创业的热情。

执法监督

1999年后，加强诉讼监督工作。2000年至2002年，开展案件质量评查活动，对评查中发现的错案、瑕疵案及时提出反馈意见，依法予以纠正。

2001年，向社会各界聘请60名执法执纪监督员，监督政法干警执法行为。

2003年后，加强个案监督工作，对上级交办的案件和群众反映强烈的案件进行跟踪监督，保障案件办理公正、高效。2012 年，县法院开展庭审评查 37 次，评查裁判文书 596 份。制订《司法绩效考核评估体系》，量化结案率、调解率、息诉服判率、上诉率、发改率、信访投诉率等指标，考核结果与干警经济、政治待遇挂钩。

2013 年后，落实《关于党委政法委对政法部门执法活动进行监督的规定》要求。2014 年，办理各级领导批示件和交办件 18 件，并对受理的信访举报积压案件进行全面清理。

2015—2016 年，围绕“公正司法、文明执法”目标，对舆论关注、群众反映强烈的法院执行、检察院侦查、交通事故处理、社区矫正等重点领域案件进行执法检查，促进政法干警公正执法。2017 年，组织执法单位认真整改省抽查的有瑕疵案件，加强干警执法能力培训和案件质量考评。

2018 年，继续加强监督措施，严格考评运用，提高政法干警履职能力，为全县经济建设和社会发展创造良好的法治环境。

第八章　老干部工作

第一节　机　构

内设机构

1999 年，县委老干部局下设办公室、安置服务科和财务科。2002 年 8 月，县委老干部局归县委组织部管理，安置服务科改为老干部服务股；行政编制 5 人，工勤 1 人。2018 年 12 月，下设办公室、财务股、老干部服务股，编制不变。

挂靠机构和下属事业单位

1999 年，磁县关心下一代工作委员会办公室（简称“县关委办”）挂靠县委老干部局。2002 年 7 月，成立老干部卫生站，编制 9 人。2002 年 8 月，事业编制 24 人。2004 年 12 月，成立老干部活动中心。2016 年 6 月，老干部卫生站更名为老干部局医务室。2018 年 12 月，下设老干部活动中心、医务室，县关委办挂靠县委老干部局。

第二节　老干部待遇和思想政治建设

政治待遇

1999 年后，定期组织离退休干部学习党的政策以及中央、省、市、县重要会议精神。2015 年后，送学上门，把省、市最新政策和县委、县政府的重大决策部署及时送到行动不便的老干部家中。十九大闭幕后，把中共十九大报告、新党章以及习近平重要讲话读本送到每位县级老干部手中。2018 年 3 月，组织机关干部分组到老干部家中一起学习十九大精神，学习新党章。

坚持通报制度。1999 年后，定期召开老干部座谈交流会，通报全县社会发展与经济运行情况，听取老干部意见和建议。2011 年 9 月 29 日，在老干部活动中心召开老干部工作表彰暨经济形势通报会、举办“欢歌国庆、放歌重阳”老年大学教学成果汇报演出，县领导和驻城区离退休干部 200 多人参加。

坚持参观考察制度。1999 年后，每年组织老干部参观考察，为磁县发展献计献策。2002 年 9 月 9 日，组织县级离退休干部参观炉峰山、北朝皇陵、十里荷塘、溢泉湖风景区等磁县主要景区的新变化。

为丰富老干部的精神生活、保健知识，1999 年后，继续为他们订阅《老年世界》《老年画报》《健康报》《家庭医生》等报刊。2013 年，在网通公司为县级离退休干部定制健康频道。

生活待遇

1999—2018 年，健全和完善老干部“3 个保障”（离休费保障、医疗费保障和财政支持保障）。

2001 年 7 月，对 2000 年前中央补助的 2.5 万元“两费”（离休费和医疗费）落实到位。2002 年 12 月，提高部分离休干部护理标准：抗日战争时期参加工作的护理标准提高到每人每月 150 元，解放战争时期参加工作的地市级年满 70 周岁的每人每月护理费 100 元，解放战争时期参加工作的年满 70 周岁的每人每月护理费 51 元。

2004 年 10 月，将企业离休干部医药费列入财政报销，并从2004年1月开始执行。2014年，制订“一对一”个性化服务方案，建立老干部健康档案，每年定期组织健康检查。2017年、2018年春节，分别对全县50余名特困离退休干部实施每人500～1000元的资金帮扶。

思想政治建设

1999—2018年，通过开展各种文体活动，接受党的传统教育，加强老干部思想政治建设和党组织建设。2004年9月，组织县级离退休干部赴革命圣地西柏坡参观学习。2008年，组织县级实职离退休干部到北京瞻仰毛主席遗容，参观中国人民革命军事博物馆。2009年6月，组织县城区老干部参加由中央党校党史教研部教授祝彦主讲的“延安整风与马克思主义中国化”活动。

2012年11月，组织县级离退休老干部赴延安参观学习。2013年7月，组织县级老干部和老党员代表参观直南党史馆。2015年10月，组织县级离退休干部参观武乡八路军太行纪念馆。2018年4月和9月，分别组织离退休干部到台儿庄抗日纪念馆和冉庄地道战遗址参观学习。

第三节　老干部活动

活动中心

1984年7月，在西海公园西南部建成400平方米的老干部活动中心。2002年1月，磁县老年大学在老干部活动中心开班，学员150余人，开设音乐舞蹈班、歌咏班、京剧豫剧班。2005年10

老干部元宵节游艺活动（2013年2月24日　摄）

月，兴建老干部活动中心大楼，占地2500多平方米，建筑面积2832平方米，位于西海公园南侧。两期投资400万元，高标准配备台球室、乒乓球室、棋牌室、图书室、书画室、健身活动室、多媒体教室、阅览室等活动设施。2006年12月，老干部活动中心投用。2007年后，老年大学增设诗词创作、花卉、老年保健、微机、舞蹈、书画、摄影等课程。

因旧城改造，2012年老干部活动中心拆迁，老年大学暂停开办。2018年10月，老年大学在阜新街县老干部局办公地重新开班，开设健康知识、书法、绘画、二胡、合唱班5个班，招收学员150人。

调研建议活动

1999—2018年，组织县级离退休老干部参加全县经济建设、社会发展方面参观调研和座谈活动，征集到意见建议近200条。

2004年10月，组织老干部参观自来水扩建工程、林坛工业园区、北贾壁乡“村村通”等重点项目。2008年9月27日，县委邀请原县级离退休干部座谈，征求对近期经济社会发展的意见建议。2010年4月23日，召开迎接“海峡两岸中小企业合作发展论坛”老干部座谈会。2011年3月，组织县级老干部参观景明污水处理厂、鑫盛煤化工、六合工业有限公司等。

2013年5月，根据县委“解放思想，改革开放，创新驱动，科学发展”大讨论活动实施方案，组织老干部参与“我为邯郸科学发展献一策、我为磁县科学发展献一计”活动，征集意见建议30余条。2017年5月，组织召开多场离退休干部“畅谈十八大后发展变化、建言十九大”专题座谈会，征集建议20多条，上报市委老干部局。

宣传宣讲

1999年后，老干部每年深入县内中小学校，对青少年进行理想信念和革命传统教育。2008年5月，老干部局主办的《景嵩》杂志创刊。利用《景嵩》传播展现磁县巨变，宣传发展成果。2011年5—9月，老干部宣讲团到申家庄煤矿、白土中学、县二中开展红色教育宣讲。2014年，编辑出版《庆祝建国65周年·特刊》。2017年10月出版《景

组织县级离退休老干部到碧桂园建设项目参观（2014年6月 摄）

嵩诗韵》，在磁县召开的全国第三十一届中华诗词研讨会上交流，产生较大影响。2018 年 5 月，老干部宣讲团深入朝阳学校、职教中心宣讲十九大精神。

第四节　关心下一代工作

组织机构

2002 年，县关工委成立“磁县家庭教育指导中心”。2018 年 5 月，全县 11 个乡（镇）、258 个村（社区）成立县关工委分支组织，“五老”（老干部、老战士、老专家、老教师、老模范）成员达 600 余人。

教育活动

1999 年 9 月，举办庆祝中华人民共和国成立 50 周年活动，县关工委组织老干部宣讲团进校园宣讲中共的奋斗历程。2005 年，开展纪念抗日战争胜利 60 周年活动，组织宣讲报告会 20 余场，受教学生 4 万多人次。2006 年举办庆祝建党 85 周年活动，在中小学生中组织开展“知党、爱党、跟党走”活动。2007 年，配合团县委拓展“中国少年儿童平安行动”主题活动。

2010 年，县关工委常务副主任张逢德将《中华人民共和国未成年人保护法》编写成韵文，印发 3000 本，发至全县各中小学校，受到广泛好评。2011 年 4 月 26 日，以纪念建党 90 周年和辛亥革命 100 周年为契机，在西小屋中共直南第一党支部纪念馆组织开展红色巡礼感恩教育主题活动。

2012 年，在县一中、职教中心、实验小学等学校举办“不要让爱你的人失望”感恩教育大型报告会，全县 1.3 万余名学生及家长参加，活动形式贴近青少年的思想实际，取得显著成效。2013 年 3 月，组织开展“传承雷锋精神、争做文明学生”活动；6 月，举办“我的中国梦”中华经典诗词诵读大赛，来自全县各校的 230 余名师生参加。2014 年 4 月，组织“关爱明天、普法先行”活动，教育广大青少年学会自我保护、远离违法犯罪。

2016 年 6 月 1 日，县关工委到西部山区花园小学开展“庆六一、助儿童、倡奉献”活动，送去 1000 个作业本、216 套学习工具、300 本图书，对品学兼优的 20 名留守儿童各奖励 1 个书包、1 个文具盒。2017 年“六一”前夕，利用一周时间，组织关工委成员到山区学校慰问，救助困难留守儿童。

2018 年 5 月，深入北贾壁乡、讲武城镇等红色教育基地，组织当地中小学生开展“传承红色基因，争做时代新人”主题教育活动。

第九章　县直机关党建工作

第一节　机　构

内设机构

1995 年 1 月 20 日，中共磁县县直机关工作委员会（简称“县直工委”）成立，为县委的派出机构，正科级单位。下设办公室、组织科、宣传科，行政编制 3 人。1996 年 12 月机构改革，县直机关武装部由县委办移交县直工委管理。

2002 年 6 月机构改革，县直工委由县委派出工作机构调整为县委常设工作机构。2005—2018 年，下设综合办公室（挂组宣部、县直纪工委、县直机关武装部牌）。

双重领导机构和下属事业机构

1995 年 1 月，县直工委下设事业单位 1 个：县直机关党员教育培训中心，事业编制 5 人。1996 年 12 月机构改革，撤销中共磁县县直机关纪律检查组，成立中共磁县县直机关纪律检查工作委员会，受县纪检委和县直工委双重领导。

第二节　发展党员

规范程序

2002 年始，负责县直机关总支和支部的发展党员工作。采取“三三工作制”（三公示：确定入党积极分子、接收预备党员、预备党员转正均公示；三票决：确定入党积极分子、接收预备党员、预备党员转正均实行票决制），规范党组织纳新工作。制订培养人定期汇报制度、预备党员审批前公示制度、预备党员跟踪考察制度等，严格发展党员工作程序。每年“七一”前，定期组织积极分子、发展对象、预备党员参加为期 3 ～ 5 日党的知识集中培训。采用专家授课、观看影片、赴西小屋中共直南第一党支部纪念馆、直南党史馆参观等多种形式接受革命传统教育，并过政治生日、进行集体宣誓。

实践考验

2003 年“非典”期间，成立 1 支由 64 名共产党员和入党积极分子组成的义务帮扶小分队，战斗在抗击“非典”第一线。2011 年，组织县直机关 100 名入党积极分子与贫困老党员开展“一帮一”对口帮扶活动。活动期间，帮扶物品计 8 千余元；建立沟通机制，结合本部门职能提供优惠服务信息 60 余条。

2014—2016 年，组织县直机关入党积极分子、发展对象和预备党员开展义务劳动。到县城大街小巷打扫卫生达 50 余千米；先后擦洗县党务公开栏 6 次，清理树枝、杂草、垃圾 1 吨；到丘区开展义务植树 200 余棵。在“7·19”抗洪抢险救灾一线中表现突出的 17 名积极分子被确定为培养对象。

2002—2018 年，累计确定入党积极分子 1448 人、纳新党员 693 名、转正党员 893 名。

第十章　信访工作

第一节　机　构

内设机构

1999 年，磁县县委、县政府信访局内设秘书股、接待股、办案股，行政编制 6 人、工勤人员 1 人。2011 年 2 月，挂“中共磁县县委群众工作部”牌，与信访局合署办公。2011 年 9 月，增加行政编制 3 人，增加副科级领导职数 1 人，增设群众工作股。2011 年，磁县联合接访中心成立，有县信访、县纪检、县公安、县检察院、县法院、县司法、县农工、县教育、县国土、县民政、县住建、县卫生、县人社 13 个部门入驻。2018 年，县信访局（群工部）下设秘书股、接待股、办案股、群众工作股。

下属事业机构

1999 年，县信访局下设人民群众建议征集处，事业编制 7 人。2011 年 9 月，增加事业编制 3 人。

第二节　信访制度

信访接待制度

1999—2012 年，实行县领导信访接待日制度。每周二、四两天，县领导轮流接待来访群众。2007 年 8 月始，每周三为县级领导接待日，在新闻媒体公示；每周二为乡局级领导信访接待日。2008 年 1 月，设立涉法涉诉信访办公室。

2008 年，开展敞开接访活动。开通“县委书记热线电话”，并通过电视公告向全县公开县领导接访日、包乡（镇）安排，畅通渠道；每周六，县领导固定下访，进村入户与群众见面、沟通，协调处理问题；对上级挂账交办的信访案件和筛选的重点案件，县四套班子领导对口分包，限期化解，保障奥运会、残奥会期间信访稳定。此活动得到上级领导肯定。

2012 年后，实行领导干部全年全员接访制，即每个工作日明确安排县级领导到县联合接访中心接待来访群众，实行AB角，保障不空岗。2013年始，县联合接访中心开通视频接访系统，与省、市联网，保障县级领导信访工作取得实效。

领导包案制度

2002年始，磁县实行县级领导包案制度。排查出的信访隐患苗头和重点信访老户，由分包对口的县级领导包案，并以文件形式交办。县级领导了解案情后，并听取当事人的意见和要求，调度涉案部门研究制订解决方案，限期妥善解决。

信访考核问责制度

2003年始，改信访稳定占三项重点考核工作之一为单独考核。同时，信访纳入基层党建的考核范围，考核结果与村干部的工资挂钩。从源头上治理，有效减少矛盾的产生，维护基层稳定。

2011年始，推行信访稳定工作"四联"（工作联合管理、纠纷联合调解、问题联合防控、责任联合捆绑）机制。各乡（镇）党委、县直单位的驻村工作组、乡（镇）派出所、乡（镇）司法所，对所在乡（镇）、村的信访稳定工作共同负责，发生进京非正常上访等"三类"案件及其他造成不良影响的信访，实行责任联究，给予责任单位及相关责任人员相应经济处罚、组织处理及纪律处分。2017年，出台《磁县信访工作目标考核责任追究办法》，完善信访工作机制。

联席会议制度

2004年9月，建立县处理信访突出问题及群体性事件联席会议制度。联席会议了解掌握全县信访突出问题及群体性事件的情况，分析研判社会稳定形势，对突出问题提出对策建议，组织协调指导解决问题。下设办公室，县信访局局长兼县信访联席办主任。2018年，磁县处理信访突出问题及群体性事件联席会议改为磁县信访工作联席会议。

京省值班制度

1999—2006年，实行重要敏感时期京省值班制度。2006年始，成立驻京、省控访值班工作站，增拨常驻京、省控访值班经费，配备值班车辆，长期驻京、省控访值班。特殊敏感时期，增加值班力量，由副县级以上领导带队到京、省值班。

后备干部岗位实习制度

2004年始，建立后备干部岗位实习制。县委组织部安排副科级后备干部每期3～5人轮流到县信访局进行为期半年的信访工作实践，参与解决信访案件，培养、锻炼处理复杂问题能力，并作为干部考核评优及提拔的重要依据。2011年3月始，每批增加为10人，时间为1年。

第三节　信访接待

信访原由

1999年后，随着改革不断深入，社会利益格局发生变化，一些深层次、潜在的问题逐渐浮现，由此引发的社会矛盾、纠纷上升，主要发生在土地征用、劳保工资、宅基地纠纷、干部违纪、涉法涉诉、历史遗留等方面。2007—2014年，磁县的信访量在全省、全市居高不下，成为信访大县。

来信来访

1999—2018年，共受理群众来信1417件，来访33302人次，来信来访总量34719件（人次）。其中，2015—2018年，受理群众来访7230件（次），案件办结率100%，息诉率达87%。

1999—2018年磁县来信来访情况统计表

表16-4　　单位：件次、件、人次

年份	总量	来信	来访	年份	总量	来信	来访
1999	384	39	345	2003	653	56	597
2000	469	56	413	2004	1035	65	970
2001	587	97	490	2005	1167	46	1121
2002	695	65	630	2006	1569	83	1486

续表

年份	总量	来信	来访	年份	总量	来信	来访
2007	2465	122	2343	2013	2219	53	2166
2008	2912	139	2773	2014	2136	47	2089
2009	3116	124	2992	2015	1708	51	1657
2010	2867	87	2780	2016	2103	45	2058
2011	2535	68	2467	2017	1758	59	1699
2012	2482	72	2410	2018	1859	43	1816

第四节 信访案件处理

处理措施

1999 年，按照“分级负责、归口办理、谁主管、谁负责”原则处理信访事项，按交办、转办、督办程序办理。对重点信访案件实行领导包案，对疑难信访案件召集有关部门协调共同处理。

2005 年始，根据新修定的《信访条例》要求，严格规范信访事项办理程序，制订登记、交办、受理、办理、复查、复核办理流程，要求有权处理部门 15 日内签定双向责任书，60 日内出具答复意见书，推进信访工作法治化进程。

2007 年始，县委、县政府把解决信访疑难问题列入十大民生工程，由县财政列出专项资金，设立国家赔偿和解决疑难信访问题专项资金，用于涉法涉诉错案赔偿及化解疑难信访案件所需费用。由涉及赔偿的乡（镇）或单位向县联席会议申请，县联席会议研究后批准。每年开展信访问题集中攻坚化解行动，县联席办筛选案件后，明确每个案件的包案县级领导、责任单位、责任人，按照“四到位”（政策法律法规适用到位、经济补偿到位、感情安慰到位、教育转化到位）原则，限时办结。

办理情况

1999—2018 年，累计办理市级以上信访案件 884 件，办结率 100%，按期息诉率 81.1%；县领导批办案件累计 2501 件，办结率 100%，按期息诉率 85.6%。

1999—2018 年磁县上级交办和县领导批办信访案件情况统计表

表 16-5 单位：件、%

年份	中央、省、市交办案件				县级领导批办案件			
	交办数	办结数	按期办结率	按期息诉率	交办数	办结数	按期办结率	按期息诉率
1999	15	15	100%	68%	—	—	—	—
2000	13	13	100%	71%	—	—	—	—
2001	18	18	100%	75%	—	—	—	—
2002	23	23	100%	72%	—	—	—	—
2003	21	21	100%	77%	—	—	—	—
2004	29	29	100%	72%	—	—	—	—

续表

年份	中央、省、市交办案件				县级领导批办案件			
	交办数	办结数	按期办结率	按期息诉率	交办数	办结数	按期办结率	按期息诉率
2005	33	33	100%	76%	—	—	—	—
2006	35	35	100%	81%	75	75	100%	82%
2007	49	49	100%	80%	98	98	100%	87%
2008	50	50	100%	87%	169	169	100%	90%
2009	73	73	100%	84%	178	178	100%	89%
2010	30	30	100%	85%	157	157	100%	85%
2011	48	48	100%	87%	284	284	100%	81%
2012	51	51	100%	86%	267	267	100%	87%
2013	58	58	100%	88%	235	235	100%	83%
2014	76	76	100%	87%	227	227	100%	85%
2015	77	77	100%	84%	214	214	100%	82%
2016	50	50	100%	88%	196	196	100%	88%
2017	53	53	100%	87%	181	181	100%	87%
2018	82	82	100%	87%	220	220	100%	88%

1998—2018 年磁县信访积案情况统计表

表 16-6　　单位：户

年份	总量	按时间划分				按问题内容分类						
		3～5年	5～10年	10～20年	20年以上	宅基地纠纷	土地征用	干部违纪	劳保工资	涉法涉诉	历史遗留	其他
1998—2002	226	104	64	42	16	22	20	18	46	62	24	34
2003—2007	534	261	168	75	30	93	36	60	102	123	69	51
2008—2012	835	160	560	85	30	205	110	60	160	165	90	45
2013—2018	588	141	375	57	15	165	91	46	103	93	66	24
合计	2183	666	1167	259	91	485	257	184	411	443	249	154

依法治访

1999 年后，按照“一手抓解决问题，一手抓规范秩序”原则，加大“双向追究”“双向规范”力度，开展对无理上访和违法上访的专项治理活

动，维护正常的信访秩序。同时，深入开展依法治访宣传活动，除县电视台、报纸等媒体宣传外，还张贴《信访条例》《关于严厉打击非正常上访违法犯罪的通告》、悬挂标语条幅等，引导群众依法有序信访。

2006年始，把整治非正常上访作为工作重点，开展信访“三无”（无进京上访、无到省非访和集体访、无到市非访和重复集体访）创建活动。通过强化领导、强化责任、专人负责等措施，减少非正常进京上访、进京赴省集体访、重复访发生。

2015年始，建立违法上访人员劝返接回、依法处置、化解稳控“一条龙”责任链条，强化“非正常上访行为属于社会治安问题”理念，对违法行为依法处置到位。

第十一章　党校教育

第一节　机　构

内设机构

1999年，中共磁县县委党校（简称“县党校”）内设办公室、教研室、组教科、行政科4个科室。2013年，组教科、行政科更名为组教股、行政股，增设网络管理股，编制22人。至2018年未变。

教师队伍和设施

1999年有教师14人，2006年有教师8人。2018年有教职工21人，其中教师7人。县党校教学办公楼建筑面积3080平方米，有容纳150人、80人的大小教室2个，多媒体教学设备齐全，可承办各类培训活动。

第二节　干部培训

主体班次培训

党校主体班次培训对象主要为全县乡科级干部、中青年干部、入党积极分子和理论骨干。培训内容以党的创新理论、路线方针政策、党性教育等为主。

1999年，以“邓小平理论”“三讲”（讲学习、讲政治、讲正气）教育为主要内容，开展乡局级干部轮训班、中青年干部培训班、农村党支部书记和村主任培训班8期。2000年后，以“三个代表”重要思想为主要内容，与县委组织部、县直工委合办各类型主体班次培训。2005—2006年，重点围绕党的先进性教育开展培训，大规模培训干部，提高干部队伍素质，促进全县先进性教育活动的深入开展。2008年，主体班次培训把科学发展观作为主要内容，在全县干部中进行科学发展观系列主题教育。2012年后，主体班次培训与群众路线相结合，把习近平总书记系列重要讲话、习近平新时代中国特色社会主义思想作为重点内容，开展大规模干部培训。

1999—2018年，发挥干部培训主渠道作用，共举办各类主体培训班118期，培训党员干部2万余人次。

干部学习超市

2007年4月，探索创办磁县干部学习超市。以党校多媒体教室为平台，以中央党校远程教育节目为“商品”，以党员干部为“顾客”，每周定时开放，为党员干部搭建经常性、自主性的选学平台。2010年9月，省委常委、宣传部部长聂辰席批示在全省宣传推介磁县干部学习超市的经验做法。2012年4月28日，全省基层干部教育培训工作会议观摩磁县干部学习超市。山东、山西、河南、江西省等各地党校和各类机构200批次1800人次相继到磁县参观考察学习，干部学习超市成为全国有影响力的自主选学平台。干部学习超市受到各级领导重视和媒体关注，《人民日报》等多家媒体报道磁县做法。

2018年6月，全县11个乡（镇）建立干部学习连锁超市，实现党员干部自主选学全覆盖，坚持每周1～2次集中学习。县党校进行指导并开展送党课活动，巩固壮大党员干部的自主选学阵地。2007—2018年，开讲726次，累计培训党员干部10万余人次。

学历教育

1990年始，举办学历教育中专班。1995年，与市委党校联合举办大专函授班。1998年始，联合省委党校招收本科函授班。1999—2007年，举办河北省委党校函授学院专科、本科班11届，毕业学员1289人。其中：经济管理专业专科函授班2届，毕业学员202人;法律专业专科函授班2届，毕业学员301人；法律专业本科函授班7届，毕业学员786人。通过学历教育，大幅度提升全县干部队伍的素质水平。2007年年底，党校函授学历教育停办。

第三节　科研调研和理论宣讲

科研调研

1999—2018年，县党校始终把科研调研作为一项重点工作，把理论研究作为教职工日常性工作考核的一项主要内容，长抓不懈。教职工在国内各种刊物发表理论文章32篇，参加全市党校系统理论研讨会20次，有122篇理论研讨文章获奖，连续14年被市委党校授予“科研工作先进单位”称号。

2001年始，每年围绕县委、县政府中心工作确定调研课题，全校有教研责任的教职工每人选择1个课题进行调研，形成调研报告和学术论文，为县委、县政府提供决策参考。至2018年，先后撰写有分量的调研报告120余篇。多篇调研报告得到县主要领导批示和肯定，有效发挥资政参谋作用。

2009年，创办“磁县干部学习论坛”，把科研工作拓展到全县各级干部。先后围绕干部作风建设、“三个十”工程、城市品位提升、“三年大变样”等主题，举办八届干部学习论坛，近500人次参加论坛文章的调研与撰写工作，极大地提升全县干部的科研水平，促进全县各项重点工作的开展，特别对破解县内重点工作中的难题起到参考和助推作用。至2013年，先后辑印《磁县干部学习论坛文集》5期、《磁县县委党校优秀调研文章汇编》8期、《研究与参考》85期，收集整理2004—2013年的优秀调研文章编成《思与行》一书。

理论宣讲

1999—2018年，主动发挥理论宣传主阵地作用。县党校教师多次承担编写宣讲提纲和课件工作，成立以该校教师为骨干的县委讲师团，深入机关、乡（镇）、企业、农村和学校宣讲中共的路线、方针、政策和磁县的发展策略、发展思路等。丰富“请进来、走出去”宣讲形式，外聘教师到党校来授课宣讲；聘请理论水平高、实践经验丰富、有较好授课技能的县直部门领导、乡（镇）党委书记作为党校兼职教师到基层宣讲。2011—2018年，外聘40位专家和领导干部任党校兼职教师，为各乡（镇）和县直单位干部职工宣讲中共的路线、方针、政策51次。1999—2018年，县党校教师累计宣讲560多次，受教育党员干部和基层群众3.59万人次。

第十二章　其他党务

第一节　信息督查

机构

1990年7月，县委督察室内设督查科和检查科。1995年10月更名为县委督查室，内设批办督查科和决策督查科。1997年4月，成立县委信息中心，为副科级事业单位。

信息工作

1999—2018年，县委办构建集信息综合、应急值守、社情民意、网络舆情、信息调研、业务督导等于一体的信息工作体系，紧盯全县重点、亮点工作，向省、市委报送反馈信息。在市《每日快讯》累计采用量位居各县（区、市）前列。创新信息推送方式，制作新闻早餐260期，印发每日动态246期，服务县委主要领导活动380次。

督查工作

1999—2018年，突出督查重点，完善督查机制，狠抓督查实效，围绕全国“两会”期间全

县信访稳定、河道及水体综合整治、大气污染防治、水源保护、土地卫片整改、人居环境、扫黑除恶、大气污染综合治理、项目建设、“双代”（电代煤、气代煤）、“散乱污”企业排查取缔等开展督查。组织开展各类督查活动100余次，编发《督查专报》96期、《督查直报》4期、《督查通报》2期、《纠正“四风”通报》12期等，为领导科学决策发挥较好参谋作用。

第二节　保密机要管理

机构

1991年5月，县委办设机要局，下设业务科和机务科。1993年5月，磁县保密委员会办公室（磁县保密局）成立，挂靠县委办，既是县委保密委员会的办事机构，又是县政府的职能部门。1993年6月，机要局机务科改为技术科。1996年11月，撤销保密局改为保密科。后保密科又改为保密局。

2002年8月，县委机要局业务科和技术科分别更名为业务股和技术股。2014年7月，磁县保密局更名为磁县国家保密局。

保密宣传

1999年，组织54个县直单位的干部职工参加保密知识测试活动，发放试卷1000份。2000年5月，在县教育有线电视台播放保密教育系列片《国家利益》。2001年8月22日，组织县委保密委员会成员、重点涉密部门主要负责人参观“警钟长鸣——窃密泄密案例展”。2002年，制作4块保密宣传展板，在重点涉密单位进行巡展。

2006—2009年，制订磁县“五五”保密普法宣传教育规划。并利用组织学习保密知识、收看泄密案例警示教育片、举办展览等多种形式开展保密宣传活动。2010—2017年，先后编印《党政领导干部保密提示卡》《泄密案例警示教育集》《保密工作培训教材》。此外，利用播放保密警示宣传教育片和报刊、微信开展保密宣传教育。

2018年，开展保密宣传图片展“进机关、进学校、进社区”活动，进一步提高全民保密法治意识，筑牢保密思想防线。

保密培训

2000年10月，举办副乡（镇）长、企业厂长经理培训班，重点讲授经济保密工作的重要性、现代企业情报战、入世与保密工作及企业应如何做好商业秘密的保护。2001年年初，举办两期依法定密培训班，培训乡（镇）和县直单位60多名保密员。2002年，配合市保密局做好计算机联网设备配备和人员培训工作。

2004年12月9日，举办全县乡局保密干部培训班，对全县60多个县直单位的办公室主任、专兼职保密员、值机人员及19个乡（镇）的党政办主任进行持证上岗培训。2007年，邀请市保密局专家对党政机关150余人进行保密培训。2010年，以新修订的《中华人民共和国保密法》颁布实施为契机，对500余名副科级以上领导干部举办保密法学习辅导培训。

2018年，对15个重点单位的文件管理员、网站维护员、微信发布员，就如何加强涉密文件保密管理开展保密培训。6—9月，结合党政系统“业务大练兵”活动，对全县党政机关办公室主任、专兼职保密干部开展保密培训，提高其业务素质和保密意识。

保密检查

1999—2018年，每年对高、中考试卷保密室开展例行检查，对党政机关反复开展保密检查，对定点复制单位、废品收购站、上网信息开展经常性保密检查，对网络安全开展专项检查，自查与抽查相结合、检查与整改相结合，狠抓保密制度落实。加强对计算机网络保密管理，强化技术配备和保密技术检查。

2000年，重点抓好四项保密检查：对印刷复印行业进行保密检查，对中考试题的安全保密状况进行督促检查，对全县各单位的计算机联网办公自动化系统进行统计检查，对全县绝密级文件管理情况进行检查。2006年，对党政机关实行分类管理，优化党政机关周边的保密环境，对县城印刷、复印、废品收购站开展保密检查。对重点单位计算机信息系统进行保密检查，加大技术防护力度。2008年奥运会前夕，对40个党政机关开展拉网式保密检查，对23个单位下发整改通知书。配备国家认证的保密技术防范产品和检查设备，严格执行上网信息保密审查制度，确保“涉密信息不上网，上网信息不涉密”。

2018年，对10个单位的涉密电脑开展保密检查，开展保密自查自评督查工作。安排重点单位对手机、微信群、公众号、门户网站、单机、上网电脑开展保密自查，并上报自查报告。

机要管理

1999—2018年，严格执行“零停留”“零待办”制度，做好密码通信工作，收发明密电报3503份，批办总量4118份，销毁上年度业务文件613份，无任何事故、差错、失泄密事故发生，保障上级机关政令安全畅通。

第三节　对台工作

机构

1999年，县委台湾工作办公室（县政府台湾事务办公室，简称“县台办”）挂靠县委统战部，下设秘书科。2007年6月，县台办与县委统战部分开办公，成立磁县台湾工作（事务）办公室，为全额拨款科级事业单位，挂磁县外事办公室牌，挂靠县委办公室，编制7人，内设综合科和经济科。

对台合作

2007年始，磁县与清华大学台湾研究所建立友好合作关系，依托清华大学台湾研究所扩大磁县在台商中的影响，并与台资企业对接、合作。2007年至2010年4月，先后有70余批300余人次台商到磁县考察交流合作。

2008年3月29日，台湾研究所所长刘震涛带领国家开发银行、清华大学、北京大学和国家有关部委人员、专家学者和两岸知名人士，在磁县召开第一次“磁县产业发展定位专家研讨会”。

2009年10月13日，磁县承办清华大学台湾研究所台商发展研究咨询委员会第四次（扩大）会议。先后赴北京、上海、苏州、广州、深圳、昆山等地，与两岸协进会、农推委、深圳台商会等商洽，达成欧绿食品、广汇投资开发、台商工业园、在台办事机构4个合作项目，项目总投资近30亿元。

通过连续5年参加在昆山的“海峡两岸产业合作发展论坛”受到启发，在ECFA（海峡两岸经济合作框架协议）签署和台资北上西进的大背景下，依托与清华大学台湾研究所和中华两岸企业发展联合总会的合作关系，磁县成为首届“海峡两岸中小企业合作发展论坛”承办单位。2010—2015年，磁县和台湾连续举办六届“海峡两岸中小企业合作发展论坛”。

访问交流

2009年5月17—26日，磁县考察团赴台湾访问。9月4日，在台湾商务文教交流协会董事长鲍廷璋安排下，由台湾著名艺人吴信雄帮助指导的磁县“中国兰陵王萨克斯风乐团”组建。

2011年7月25—29日，“第二届青年踏寻孔子行脚”支教活动启动仪式在磁县来村中学举办，清华大学、台湾师范大学的29名师生及有关人员参加。他们在来村中学和西光禄镇第二中学开展为期一周的支教活动。

2012年，磁县举办第七届“两岸青年联欢节”暨第三届“冀台心·两岸情”活动，50名台湾青少年参加并参观磁州窑博物馆。

第十七编　地方人民代表大会

1937年11月1日，冀豫特委在磁县北贾壁村西南的水映寺（前称阴沟寺）组织召开全县村民代表大会，商定成立磁县抗日民主政府，成为华北第一个抗日民主县政府。选举田裕民任县长。1938年10月10日，召开第二次全县各级代表大会，举行民主选举，田裕民再次当选为县长。1945年3月15日，召开选举磁县边区参议员会议，田裕民等4人当选为参议员。是年8月24日，磁武县召开人民代表大会，选举出席解放区人民代表大会的初选代表，田裕民、李桢干当选。1946年2月19日，召集63个村的贫雇农代表举行联合进城会议，选举产生减租委员会。

1949—1953年，磁县各界人民代表会议共召开3届、13次会议。各界人民代表会议设常务委员会。1949年11月25—30日召开第一届会议，出席代表1059人，列席代表612人。1950年10月25—27日召开第二届会议，出席代表194人，列席代表25人。1952年1月3日召开第三届代表会议第一次会议，出席代表240人。1950年2月始，各村召开人民代表大会，选举村委会成员。

1954年7月3日，磁县第一届第一次人民代表大会（简称“县人代会”）召开，取代磁县各界人民代表大会职权。1954—1998年，县人代会共召开12届、31次会议。第一、二、三、四、五、六、七、八、九、十、十一届县人代会分别于1954—1956年、1956年、1958年、1962年、1963年、1968年、1981—1984年、1984—1986年、1987—1989年、1990—1992年、1993—1997年召开。县人代会初为不定期召开，1981年第七届人代会开始实行3年一届制度，1993年第十一届人代会开始实行5年一届制度。

1981年磁县第七届人代会设立磁县人民代表大会常务委员会（简称“县人大常委会”），作为常设机构，行使人代会闭幕期间职权，从此改变原人代会闭幕期间由人民委员会代行职权的制度。

1999—2018年，磁县历经第十二届至十六届人民代表大会，共召开全体会议24次，主任会议300余次，举行常务委员会议162次，听取和审议有关工作报告，决定“一府两院”有关人员的任免，审议和通过议案等。同时，通过代表视察、工作评议等方式开展法律监督。各届人大代表由选民直接选举产生，经过宣传动员、选区划分、选民登记、代表候选人提名、协商确定、投票选举6个程序。20年间人大代表的学历构成、职业构成、民族构成、男女比例构成、行业构成逐步合理。历届县人代会在审议通过县人大常委会、县政府、县法院、县检察院、县计划、县财政工作报告的同时，选举县人大常委会组成人员和“一府两院”（县政府、县法院和县检察院）领导人，向县人大及其常委会、“一府两院”提出工作方面的建议、批评和意见等。历届乡（镇）人代会第一次会议均选举产生新一届乡（镇）人大主席团和乡（镇）政府组成人员。2002年始，乡（镇）人大每届任期由3年改为5年。

其间，磁县的人民代表大会制度和民主政治建设得到长足发展，人民当家做主的权利得到保障，在健全社会主义法制工作中发挥重要作用。

第一章　人大代表和人民代表大会

第一节　人大代表

代表产生

磁县历届人大代表由选民直接选举产生，第十二届至第十六届人大代表换届选举由县第十一届至第十五届人大常委会设立选举委员会及其办公室具体负责。在历届人民代表大会第一次会议召开之前，先召开换届选举工作有关会议，整个选举过程历经宣传动员、选区划分、选民登记、代表比例确定、代表候选人提名、协商确定、投票选举、选举总结等阶段，历时 2 ～ 3 个月。经直接选举产生的县人大代表资格先由县人大常委会代表资格审查委员会审查，提交县人大常委会审议，符合《中华人民共和国全国人民代表大会和地方各级人民代表大会选举法》规定的，确定其代表资格有效。新一届人大代表选举产生后，均依法在 2 个月内召开新一届县人民代表大会第一次会议。

从 2007 年始，县、乡（镇）人大实现同步换届。

2007 年 6 月 25 日至 8 月 18 日，县、乡两级人大代表换届选举。全县总人口 613428 人，具有选举权的选民 440770 人，实际参加选举的选民 385681 人，参选率 87.5%。乡级人大换届选举，选出人大代表 1144 人；县级人大换届选举，选出县第十四届人大代表 249 人。

2011 年 11 月 15 日至 2012 年 1 月 16 日，县、乡两级人大代表换届选举。全县总人口 635037 人，具有选举权的选民 478842 人，实际参加选举的选民 420756 人，参选率 87.9%。乡级人大换届选举，选出代表 1172 人；县级人大换届选举，选出县第十五届人大代表 246 人。

2016 年 11 月 8 日至 12 月 24 日，县、乡两级人大代表换届选举。按照市委、市人大安排，磁县、冀南新区的县、乡人大代表换届选举一体进行，总人口 727641 人，具有选举权的选民 515378 人，实际参加选举的选民 401995 人，参选率 78%。磁县县级人大代表选区划分为 111 个，乡级人大代表选区划分为 328 个；冀南新区县级人大代表选区划分为 47 个，乡级人大代表选区划分为 200 个。磁县乡级人大代表正式候选人 976 人，选出乡级第十七届人大代表 718 人；冀南新区乡级人大代表正式候选人 779 人，选出人大代表 502 人。县级第十六届人大代表应选 271 人，实际选出 268 人。

代表构成

县级人大代表构成　1998 年，县第十二届人大代表 244 人。其中，党员代表占 66.4%，群众代表占 33.6%；妇女代表占 25.4%。2012 年，县第十五届人大代表 246 人。其中，党员代表占 64.6%，群众代表占 35.4%；妇女代表占 25.6%，少数民族代表占 1.6%，分别比上届升 1.5% 和 0.4%；本科及以上文化程度占 37%；36 ～ 55 岁占 74.4%，56 岁及以上占 12.6%。2016 年 12 月，县第十六届人大代表 268 人。其中，党员代表占 63.1%，群众代表占 36.9%；妇女代表占 29.1%。36 ～ 55 岁占 79.5%；56 岁及以上占 7.8%；连任代表 111 人，占上届代表总数的 45.1%。

1998—2018 年磁县第十二至十六届县人大代表构成情况一览表

表 17-1　　　　单位：人

届　次	总数	女性	少数民族	政治面貌		学历结构	年龄结构		
				群众	中共党员	大学及以上	35 岁及以下	36 ～ 55 岁	56 岁及以上
第十二届	244	62	3	82	162	76	26	178	40

续表

届　次	总数	女性	少数民族	政治面貌		学历结构	年龄结构		
				群众	中共党员	大学及以上	35 岁及以下	36 ～ 55 岁	56 岁及以上
第十三届	249	66	3	83	166	82	29	182	38
第十四届	249	60	3	87	162	85	30	184	35
第十五届	246	63	4	87	159	91	32	183	31
第十六届	268	78	4	99	169	91	34	213	21

乡级人大代表构成　2007 年，乡第十五届人大代表 1144 人。其中，党员代表 756 人，占 66.1%；群众代表 388 人，占 33.9%。妇女代表 265 人，占 23.2%。中专以上学历 688 人，占 60.1%。56 岁及以上 105 人，占 9.1%；36 ～ 55 岁 893 人，占 78.1%；35 岁及以下 146 人，占 12.8%。

2012 年，乡第十六届人大代表 1172 人。其中，党员代表 769 人，占 65.6%，比上届下降 0.5%；群众代表 403 人，占 34.4%。妇女代表 284 人，占 24.2%，比上届上升 1%。大学和研究生学历 192 人，占 16.4%；大中专学历 733 人，占 62.5%，学历结构优于上届。56 岁及以上 227 人，占 19.4%；36 ～ 55 岁 802 人，占 68.4%；35 岁及以下 143 人，占 12.2%。

2016 年 12 月，乡第十七届人大代表 718 人。其中，党员代表 454 人，占 63.2%；群众代表 264 人，占 36.8%。妇女代表 192 人，占 26.7%。

第二节　县人民代表大会

第十二届人民代表大会

第一次会议　1998 年 2 月 24—28 日在县剧场召开。听取和审议并通过县政府工作报告、1997 年国民经济和社会发展计划执行情况与 1998 年国民经济和社会发展计划（草案）的报告、1997 年财政预算执行情况和 1998 年财政预算（草案）的报告、县人大常委会工作报告、县人民法院工作报告和县人民检察院工作报告；选举产生市人大代表和磁县第十二届人大常委会主任、副主任、委员，政府县长、副县长，法院院长，检察院检察长。

第二次会议　1999 年 3 月 15—18 日在县剧场召开，出席代表 237 人（应到 247 人）。听取和审议并通过县政府工作报告、1998 年国民经济和社会发展计划执行情况与 1999 年国民经济和社会发展计划（草案）的报告、1998 年财政预算执行情况和 1999 年财政预算（草案）的报告、县政府关于深入开展依法治县情况工作报告、县人大常委会工作报告、县人民法院工作报告和县人民检察院工作报告；补选县人大常委会副主任 1 人、委员 2 人。

第三次会议　2000 年 2 月 26—29 日在县剧场召开，出席代表 240 人（应到 249 人）。听取和审议并通过县政府工作报告、1999 年国民经济和社会发展计划执行情况与 2000 年国民经济和社会发展计划（草案）的报告、1999 年财政预算执行情况和 2000 年财政预算（草案）的报告、县政府关于深入开展依法治县情况工作报告、县人大常委会工作报告、县人民法院工作报告和县人民检察院工作报告；补选县人大常委会副主任 1 人、委员 2 人。

第四次会议　2001 年 2 月 9—12 日在县委大礼堂召开，出席代表 239 人（应到 249 人）。听取和审议并通过磁县国民经济和社会发展第十个五年计划纲要报告、2000 年国民经济和社会发展计划执行情况与2001年国民经济和社会发展计划（草案）的报告、2000年财政预算执行情况和2001年财政预算（草案）的报告、县人大常委会工作报告、县人民法院工作报告和县人民检察院工作报告。

第五次会议　2002年4月26—29日在县委大礼堂召开，出席代表230人（应到245人）。听取和审议并通过县政府工作报告、2001年国民经济和社会发展计划执行情况与2002年国民经济和社会发展计划（草案）的报告、2001年财政预算执行情况和2002年财政预算（草案）的报告、县政府关于实施依法治县情况工作报告和关于加强县城建设与管理实施意见议案、县人大常委会工作报告、县人民法院工作报告和县人民检察院工作报告；补选委员2人。

第六次会议　2003年3月31日至4月2日在县委大礼堂召开，出席代表232人（应到242人）。选举产生磁县出席邯郸市第十二届人民代表大会代表31人。

第十三届人民代表大会

第一次会议　2003年8月16—19日在县委大礼堂召开。出席代表245人（应到249人），组建19个代表团。听取和审议并通过县政府工作报告、2002年国民经济和社会发展计划执行情况与2003年国民经济和社会发展计划（草案）的报告、2002年县级财政预算执行情况和2003年县级财政预算（草案）的报告、县政府关于县十二届人大五次会议加强县城道路建设和管理实施意见议案落实情况报告、关于依法治县情况工作报告、县人大常委会工作报告、县人民法院工作报告和县人民检察院工作报告；选举产生磁县第十三届人大常委会主任、副主任、委员，政府县长、副县长，法院院长，检察院检察长。

第二次会议　2004年2月16—18日在县委大礼堂召开，出席代表215人（应到239人）。听取和审议并通过县政府工作报告、2003年国民经济和社会发展计划执行情况与2004年国民经济和社会发展计划（草案）的报告、2003年财政预算执行情况和2004年财政预算（草案）的报告、县政府关于实施依法治县情况工作报告、县人大常委会工作报告、县人民法院工作报告和县人民检察院工作报告。

第三次会议　2005年2月20—21日在县委大礼堂召开，出席代表233人（应到237人）。听取和审议并通过县政府工作报告、2004年国民经济和社会发展计划执行情况与2005年国民经济和社会发展计划（草案）的报告、2004年财政预算执行情况和2005年财政预算（草案）的报告、县人大常委会工作报告、县人民法院工作报告和县人民检察院工作报告。

第四次会议　2006年2月14—16日在县委大礼堂召开，出席代表226人（应到235人）。听取和审议并通过县政府工作报告、磁县国民经济社会发展第十一个五年规划纲要、2005年国民经济和社会发展计划执行情况与2006年国民经济和社会发展计划（草案）的报告、2005年财政预算执行情况和2006年财政预算（草案）的报告、县人大常委会工作报告、县人民法院工作报告和县人民检察院工作报告。

第五次会议　2006年5月29日在县委大礼堂召开，出席代表227人（应到235人）。选举杨华云为磁县人民政府县长。

第六次会议　2007年3月1—3日在县委大礼堂召开，出席代表225人（应到235人）。听取和审议并通过县政府工作报告、2006年国民经济和社会发展计划执行情况与2007年国民经济和社会发展计划（草案）的报告、2006年财政预算执行情况和2007年财政预算（草案）的报告、县人大常委会工作报告、县人民法院工作报告和县人民检察院工作报告；补选李孟山为县人大常委会副主任。

第十四届人民代表大会

第一次会议　2007年8月16—18日在县委大礼堂召开。出席代表245人（应到249人），组建19个代表团，政协磁县委员会全体委员列席会议。听取和审议并通过县政府工作报告、县人大常委会工作报告、县人民法院工作报告和县人民检察院工作报告；选举产生磁县第十四届人大常委会主任、副主任、委员，政府县长、副县长，法院院长，检察院检察长。

第二次会议　2008年3月5—7日在县委大礼堂召开，出席代表239人（应到248人）。听取和审议并通过县政府工作报告、2007年国民经济和社会发展计划执行情况与2008年国民经济和社会发展计划（草案）的报告、2007年财政预算执行情况和2008年财政预算（草案）的报告、县人大常委会工作报告、县人民法院工作报告和县人民检察院工作报告；选举产生磁县出席邯郸市第十三届人民代表大会代表。

第三次会议　2009年2月5—7日在县委大礼堂召开，出席代表241人（应到246人）。听取和审议并通过县政府工作报告、2008年国民经济和社会发展计划执行情况与2009年国民经济和社会发展计划（草案）的报告、2008年财政预算执行情况和2009年财政预算（草案）的报告、县人大常委会工作报告、县人民法院工作报告和县人民检察院工作报告。

第四次会议　2010年3月3—5日在县委大礼堂召开，出席代表236人（应到246人）。听取和审议并通过县政府工作报告、2009年国民经济和社会发展计划执行情况与2010年国民经济和社会发展计划（草案）的报告、2009年财政预算执行情况和2010年财政预算（草案）的报告、县人大常委会工作报告、县人民法院工作报告和县人民检察院工作报告；补选林元达为磁县人民政府县长。

第五次会议　2011年3月1—3日在县委大礼堂召开，出席代表242人（应到251人）。听取和审议并通过县政府工作报告、磁县国民经济和社会发展第十二个五年规划纲要报告、2010年国民经济和社会发展计划执行情况与2011年国民经济和社会发展计划（草案）的报告、2010年财政预算执行情况和2011年财政预算（草案）的报告、县人大常委会工作报告、县人民法院工作报告和县人民检察院工作报告；选举李孟山为县人大常委会主任。

第十五届人民代表大会

第一次会议　2012年1月14—16日在县委大礼堂召开。出席代表241人（应到246人），组建19个代表团。听取和审议并通过县政府工作报告、2011年国民经济和社会发展计划执行情况与2012年国民经济和社会发展计划（草案）的报告、2011年财政预算执行情况和2012年财政预算（草案）的报告、县人大常委会工作报告、县人民法院工作报告和县人民检察院工作报告；选举产生磁县第十五届人大常委会主任、副主任、委员，政府县长、副县长，法院院长，检察院检察长。

第二次会议　2013年3月31日至4月2日在县委大礼堂召开，出席代表238人（应到247人）。听取和审议并通过县政府工作报告、2012年国民经济和社会发展计划执行情况与2013年国民经济和社会发展计划（草案）的报告、2012年财政预算执行情况和2013年财政预算（草案）的报告、县人大常委会工作报告、县人民法院工作报告和县人民检察院工作报告；补选磁县第十五届人大常委会副主任；选举磁县出席邯郸市第十四届人民代表大会代表。

第三次会议　2014年1月21—23日在县委大礼堂召开，出席代表239人（应到247人）。听取和审议并通过县政府工作报告、2013年国民经济和社会发展计划执行情况与2014年国民经济和社会发展计划（草案）的报告、2013年财政预算执行情况和2014年财政预算（草案）的报告、县人大常委会工作报告、县人民法院工作报告和县人民检察院工作报告；补选吴从江为磁县人民政府县长；选举磁县人民法院院长。

第四次会议　2015年3月1—3日在县委大礼堂召开，出席代表227人（应到235人）。听取和审议并通过县政府工作报告、2014年国民经济和社会发展计划执行情况与2015年国民经济和社会发展计划（草案）的报告、2014年财政预算执行情况和2015年财政预算（草案）的报告、县人大常委会工作报告、县人民法院工作报告和县人民检察院工作报告。

第五次会议　2016年1月27—29日在县委大礼堂召开，出席代表223人（应到230人）。听取和审议并通过县政府工作报告、磁县国民经济和社会发展第十三个五年规划纲要、2015年国民经济和社会发展计划执行情况与2016年国民经济和社会发展计划（草案）的报告、2015年财政预算执行情况和2016年财政预算（草案）的报告、县人大常委会工作报告、县人民法院工作报告和县人民检察院工作报告；补选郝红燕为县人大常委会主任。

第十六届人民代表大会

第一次会议　2017年2月26—28日在县委大礼堂召开。出席代表259人（应到268人），组建20个代表团（其中冀南新区9个）。听取和审议并通过县政府工作报告、2016年国民经济和社会发展计划执行情况与2017年国民经济和社会发展计划（草案）的报告、2016年财政预算执行情况和2017年财政预算（草案）的报告、县人大常委会工作报告、县人民法院工作报告、县人民检察院工作报告；选举产生磁县第十六届人大常委会主任、副主任、委员，政府县长、副县长，法院院长，检察院检察长；选举产生出席邯郸市第十五届人民代表大会代表。

磁县第十六届人民代表大会会场（2017年2月28日　摄）

第二次会议　2018年2月2—4日在县委大礼堂召开，出席代表258人（应到269人）。听取和审议并通过县政府工作报告、2017年国民经济和社会发展计划执行情况与2018年国民经济和社会发展计划（草案）的报告、2017年财政预算执行情况和2018年财政预算（草案）的报告、县人大常委会工作报告、县人民法院工作报告和县人民检察院工作报告；选举产生磁县监察委员会主任；补选磁县第十六届人大常委会委员。

第三节　乡（镇）人民代表大会

机构

1990年乡（镇）第十届人民代表大会始，乡（镇）人大设人大主席团，人大主席团设常务主席、常务副主席，由乡（镇）人民代表大会选举产生。

会议

乡（镇）人民代表大会全体会议每年至少举行一次。2016年起，乡（镇）人民代表大会全体会议每年至少举行一次，一般举行两次。历届乡（镇）人民代表大会第一次会议选举产生新一届政府组成人员。

2002年乡（镇）第十三届人大以前，每届任期3年；2002年乡（镇）第十四届人大始，每届任期5年；2007年乡（镇）第十五届人大始，与县人大同步换届。

1999—2018年，乡（镇）人民代表大会历经第十三届至第十七届，分别于1999年1月、2002年7月、2007年8月、2012年1月、2016年12月前后换届，由选民直接选举产生的代表组成。

第二章　县人大常务委员会

第一节　常委会组成人员和工作机构

常委会组成人员

县人大常委会是县人大的常设机构，对县人大负责并报告工作，由主任1人、副主任和委员若干人组成。县人大常委会与县人大代表任期相同，行使依法决定、监督、参政议政、人事任免等职权。

磁县第十二届至第十七届人大常委会主任、副主任任职情况一览表

表 17-2

届　别	职　务	姓　名	任职时间	党派	籍　贯
第十二届（1998.02—2003.08）	主　任	陈志德	1998.02—2003.08	中共	磁县庆和峪村
	副主任	张宝山	1998.02—2002.05	中共	磁县东槐树村
		蔺国山	1998.02—2003.08	中共	磁县上七垣村
		殷学贵	1998.02—2003.08	中共	邯郸市复兴区
		蔺桂芬（女）	1998.02—1999.03	中共	磁县观台三街
		沈玉宝	1999.03—2003.08	中共	邯郸市邯山区
		陈志强	2000.02—2003.08	非中共	磁县钟离村
第十三届（2003.08—2007.08）	主　任	辛志宏（女）	2003.08—2007.08	中共	磁县辛家庄社区
	副主任	黄玉成	2003.08—2007.08	中共	邯郸市复兴区
		索成贵	2003.08—2007.08	中共	磁县北莲花村
		陈志强	2003.08—2007.08	非中共	磁县钟离村
		董贵星	2003.08—2007.08	中共	邯郸市邯山区
第十四届（2007.08—2012.01）	主　任	辛志宏（女）	2007.08—2011.03	中共	磁县辛家庄社区
		李孟山	2011.03—2012.01	中共	磁县尹家桥村
	副主任	陈志强	2007.08—2012.01	非中共	磁县钟离村
		尹玉新	2007.08—2012.01	中共	磁县尹家桥村
		董贵星	2007.08—2012.01	中共	邯郸市邯山区
		张天锁	2007.08—2012.01	中共	磁县西陈村
第十五届（2012.01—2017.02）	主　任	李孟山	2012.01—2016.01	中共	磁县尹家桥村
		郝红燕（女）	2016.01—2017.02	中共	武安市
	副主任	张天锁	2012.01—2017.02	中共	磁县西陈村
		陈志强	2012.01—2017.02	非中共	磁县钟离村
		柳学清	2012.01—2017.02	中共	邯郸市邯山区
		索剑峰	2012.01—2012.10	中共	磁县北莲花村
		赵菊梅（女）	2013.04—2017.02	中共	磁县南洞城村

续表

届 别	职 务	姓 名	任职时间	党派	籍 贯
第十六届（2017.02—2021.07）	主 任	郝红燕（女）	2017.02—2021.07	中共	武安市
	副主任	陈志强	2017.02—2021.07	非中共	磁县钟离村
		王建华	2017.02—2020.01	中共	邯郸市邯山区
		柳学清	2017.02—2021.07	中共	邯郸市邯山区
		赵菊梅（女）	2017.02—2019.08	中共	磁县南涧城村
		张 翊	2020.01—2021.07	中共	磁县北开河村
		王军琦	2020.01—2021.07	中共	武安市
第十七届（2021.07— ）	主 任	王清龙	2021.07—	中共	磁县北贾壁村
	副主任	柳学清	2021.07—	中共	邯郸市邯山区
		张 翊	2021.07—	中共	磁县北开河村
		王军琦	2021.07—	中共	武安市
		高 雯	2021.07—	中共	唐山市丰润区

工作机构

1997 年后，县人大常委会工作机构由“四室”组成，即办公室、法制室、代表工作室、财经室，办公室设股级办事机构 3 个：秘书科、资料科和行政科，编制 32 人。2002 年机构精简，编制 23 人。至 2018 年未变。

第二节 重要会议

常委会主任会议

县人大常委会主任会议处理常委会的重要日常工作，由主任、副主任组成，有时扩大到常委会工作机构负责人列席会议，与会议议题有关的县政府、县法院、县检察院及其有关部门的负责人、有关人大代表和专家学者列席会议。会议议题由人大常委会主任、副主任及办事机构提出，经办公室主任汇总后，报人大常委会主任确定。县政府有关部门、县法院、县检察院通过人大常委会相关办事机构提出议题。

主任会议由主任召集并主持，或委托副主任召集并主持会议。主任会议讨论决定问题，遵循民主集中制原则，充分发扬民主，严格依法办事。主任会议主要指导和协调人大常委会办事机构的工作；决定每次常委会议时间、会期，拟定会议议程草案；对向常委会提出的议案，决定交由常委会会议审议；审查代表建议、批评和意见的办理情况；研究和处理群众提出的申诉意见中的重大问题；处理有关的人事问题；处理其他需要主任会议研究、决定的常委会的重要日常工作。1999—2018 年，县人大常委会共召开主任会议 300 余次。

常委会会议

县人大常委会会议由常委会主任召集并主持，特殊情况委托副主任召集并主持，必须有全体组成人员的过半数出席才能举行，每两个月至少举行一次，遇人事任免等重大事项根据实际情况增开。

历届县人大常委会第一、二次会议主要是任命县政府组成人员，县法院审判员、正副庭长、审判委员会委员、副院长，县检察院检察员、检察委员会委员、副检察长，制订完善常委会各项工作制度等。每年的 7 月、8 月常委会会议听取和审议县政府国民经济和社会发展计划、财政预算上半年执行情况的报告，11 月、12 月常委会会议对财政预算部分变更进行专题审议，做出决议。

县第十二届至第十六届人大常委会审议议题中，经济工作、社会事业和国家法律法规贯彻执行情况的议题占80%，涉及工业、农业、水利、交通、城建、教育、卫生、环保、金融、公安、审判、检察等40余个部门，涉及《婚姻法》《义务教育法》《农业法》《食品卫生法》《经济合同法》《药品管理法》《计划生育条例》《治安管理条例》《森林防火条例》《审计条例》等50余部法律法规。县人大常委会会议依法行使对重大事项的决定权、人事任免权和监督权。1999—2018年，共举行常委会会议162次，审议议题331个。

第三节　专门委员会和制度建设

专门委员会

2017年2月，磁县人民代表大会设立财政经济专门委员会、城乡建设和环境保护专门委员会、教育科技文化卫生专门委员会和法制专门委员会，由磁县第十六届人民代表大会第一次会议表决产生。

专门委员会是县人民代表大会的常设机构，在大会闭会期间，受县人民代表大会常务委员会领导，依据有关法律、法规赋予的职责开展工作。专门委员会会议实行民主集中制原则，集体决定和行使职权。专门委员会由主任委员、副主任委员和委员若干人组成，人选由县人民代表大会主席团在代表中提名，大会通过。在大会闭会期间，县人大常委会补充任命专门委员会的个别副主任委员和部分委员，由县人民代表大会常务委员会主任会议提名，县人大常委会会议通过。主任委员、副主任委员和委员不能担任本职务的，在大会期间向大会主席团提出辞职报告，由大会通过；大会闭会期间，向县人大常委会提出辞职报告，由县人大常委会会议通过。主任委员主持专门委员会的工作，副主任委员协助主任委员工作。专门委员会的主任委员、副主任委员和委员不得担任国家行政机关、审判机关和检察机关的职务。

2017年2月至2018年，各专门委员会配合县人大常委会在预算执行和国有资产管理、大气污染防治、基础教育、完善司法责任制和“七五”普法等工作上进行调研。

制度建设

1999年，出台《磁县人民代表大会常务委员会组成人员守则》《磁县人大常委会关于联系县人大代表的办法》，修正《磁县人民代表大会常务委员会议事规则》《磁县人大常委会主任会议议事规则》。2001年，出台《磁县人大常委会国民经济和社会发展计划审查批准监督办法》《磁县人大常委会财政预算审查批准监督办法》。2007年，修订《磁县人大常委会人事任免办法》《磁县人民代表大会常务委员会议事规则》。

2012年，出台《磁县人民代表大会常务委员会决议决定审议意见交办督办试行办法》。2014年，出台《磁县人民代表大会代表建议、批评和意见的提出和办理办法》。

2015年，修正《磁县人大常委会主任会议议事规则》《磁县人大常委会人事任免办法》，修订《磁县人民代表大会常务委员会议事规则》《磁县人民代表大会常务委员会组成人员守则》《磁县人大常委会特别问题调查暂行办法》。

2017年，出台《磁县人民代表大会专门委员会工作规则》《磁县人民代表大会常务委员会专题询问办法》《磁县人民代表大会代表持证视察和约见国家机关负责人暂行办法》《磁县人大常委会组成人员定向联系基层县人大代表实施意见》。

2018年，出台《磁县人民代表大会常务委员会开展监督工作评议办法》《县政府向县人大常委会报告国有资产管理办法》《磁县人民代表大会常务委员会规范性文件备案审查办法》。

第三章　县人大常委会主要工作

第一节　代表工作

代表活动

1999年至2003年8月，每年7月中旬前后，第十二届人大常委会组成人员分组深入基层联系县人大代表，了解代表活动情况，听取和收集代表所提意见、批评和建议。在代表中开展“3带头、5个1”活动（带头遵纪守法、带头勤劳致富、带头帮贫致富，搞1项调查、宣传1条法律法规、提1条建议、为选民办1件实事、年终向选民汇报1次工作）。组织全县人大代表和其他社会各界人士600余人，对县政府部门和县法院、县检察院工作情况进行民主评议。

2003年8月至2007年8月，第十三届人大常委会在各乡（镇）和县直单位建立代表活动室，每年分组分片联系代表，广泛征求乡（镇）人大主席团、代表小组的意见和建议。动员代表投入“品牌磁县”建设、宣传法律及帮扶贫困户致富等活动。

2007年8月至2012年1月，第十四届人大常委会强化代表主体地位，加强代表活动室的规范化建设，规范县、乡人大代表小组活动工作程序，组织开展“围绕党委重大决策部署依法履职活动”“三带头、五个一活动”活动。

2012年1月至2017年2月，第十五届人大常委会加强对县、乡人大代表培训，提高代表履职能力和参政议政水平。在各级人大代表中开展“围绕党委重大决策部署依法履职”“积极投身于项目建设主战场”等活动。“7·19”洪灾发生后，县人大常委会主任、副主任第一时间赶赴分包乡（镇），现场指导干部群众抢险救灾，重建家园，与乡村干部群众同吃同住、共度难关。同时，号召全县各级人大代表积极参与抗洪救灾，为重建家园做贡献。

2017年3月至2018年，第十六届人大常委会密切联系代表、支持和保障代表依法履行职责。常委会组成人员深入各个乡（镇）和冀南新区联系代表，听取代表心声，收集代表建议，定期向代表通报工作情况，高质量打造“代表之家”。截至2018年年底，全县各乡（镇）、村建设11个“人大代表之家”、3个“代表联络站”。

代表建议和意见

1999年至2003年8月，县人大常委会组成人员和有关代表深入基层，对办理情况进行视察检查，征求对承办工作的意见。共转办代表建议、批评和意见386件，全部办结并答复代表。各级人大代表提出各种合理性建议800条，为群众解决实际问题468个，有360名各级人大代表成为致富带头人。

2003年8月至2007年8月，县人大常委会针对个别部门重答复轻办理情况，组织相关委员进行专题调研，督促重新办理。先后跟踪督办“加强村村通公路的道路管理”“加强网吧管理”“中师毕业生就业”等一批建议，并对“解决山丘区群众饮水难”等一批建议，督导有关部门创造条件逐步解决。县人大代表共提出建议849件，在法定时间内逐件答复代表，代表满意率90%以上。

2007年8月至2017年2月，县人大常委会共收到代表意见、建议1658件。每年开展优秀代表和优秀建议评选活动，激发代表参政议政的积极性、主动性。

2017年3月至2018年，县人大常委会强化督办，对代表所提意见建议进行梳理、群众普遍关注的建议“重点跟踪”、代表不满意的“督促跟踪”。共办理代表意见建议306件。

第二节　决定决议和人事任免

决定决议

1999—2018年，县人大常委会依法行使决定权，对事关全县经济发展和社会稳定的重大事项作出决定、决议120余项，主要包括每年的财政预算计划调整、确定县人代会召开日期、对人大代表议案的审议结果、实施城市建设总体规划和普法规划、涉及全县性的重大事项以及经济工作中的突出问题和群众普遍关心的热点问题。

1999年至2003年8月，第十二届县人大常委会共召开常委会会议32次、主任会议107次，听取和审议“一府两院”各项工作报告50项，依法作出《关于开展依法治县的决议》等各项决议决定19项。

2003年8月至2007年8月，第十三届县人大常委会共召开常委会会议35次、主任会议58次，听取和审议“一府两院”各项工作报告68项，依法作出决议决定16项，作出审议意见31份125条。

2007年8月至2012年1月，第十四届县人

大常委会共召开常委会会议40次、主任会议58次，听取和审议“一府两院”各项工作报告89项，开展视察、检查、调研等活动84次，针对重大事项作出决议、决定36项。

2012年1月至2017年2月，第十五届县人大常委会共召开常委会会议40次、主任会议59次，听取审议“一府两院”各项工作报告92项，开展视察、检查、调研等活动87次，针对重大事项作出决议、决定36项。

2017年3月至2018年，第十六届县人大常委会召开常委会会议15次、主任会议20次，听取和审议“一府两院”各项工作报告32项，开展视察、检查、调研等活动41次，针对重大事项作出决议、决定14项。

人事任免

1999—2018年，县人大常委会依法行使人事任免权，接受县人大代表和县人大常委会组成人员、县长、副县长、法院院长、检察院检察长等辞去职务请求，确定代县长、法院代院长和检察院代检察长人选，任免国家机关工作人员606人。

1999年至2003年8月，任免国家机关工作人员211人；

2003年8月至2007年8月，任免国家机关工作人员53人；

2007年8月至2012年1月，任免国家机关工作人员116人；

2012年1月至2017年2月，任免国家机关工作人员106人；

2017年3月至2018年12月，任免国家机关工作人员120人。

第三节　监督工作

“一府两院”工作报告监督

1999年至2003年8月，制订《磁县人大常委会国民经济和社会发展计划审查批准监督办法》《磁县人大常委会财政预算审查批准监督办法》。将人代会通过的财政预算和社会发展计划的执行情况列为工作监督重点，听取和审议“一府两院”关于农业产业化、工业结构调整、社会治安、土地、环保等专题工作报告60多项。

2003年8月至2007年8月，采用提前介入计划和预算编制、中间听取执行情况报告、适时作出审议意见或决议办法，依法进行全程监督。针对个别单位违规运用专项资金处理不到位问题提出具体审议意见，并筛选24个重点问题进行跟踪督办落实。

2007年8月至2017年2月，深入实际，调查经济运行状况和财政预算执行情况，听取和审议计划、财政预算执行情况及审计报告，有针对性地提出强化管理、开源节流、合理安排、优化支出等要求，并督促有关部门认真整改，切实做到保项目、保民生，促进县域经济健康发展。

2017年3月至2018年，多次深入财政、税务部门调研，深入分析和查找经济运行中出现的困难和问题，提出“抓财源，确保财力可持续增长；抓征管，确保财政收入质量；抓支出，确保优化支出和收支平衡；抓管理，提高资金使用效益；抓监管，严防国有资产流失”等建议，促进全县经济平稳运行和良性循环。

司法监督

1999年至2003年8月，审议通过《关于推行“一体两翼”执法监督制的试行办法》（以执法机关推行执法责任制为主体，以错案和执法过错责任追究制为一翼，以实施《法律监督书》为另一翼），通过组织召开动员会、经验交流会，组织视察、检查等形式，审查全县42个主要执法部门执行的法律245部、行政法规和地方性法规432项，明确执法主体资格，与42个行政执法部门和司法机关签订执法责任状。全县执法和司法单位按要求建立各项配套制度870项，使执法责任制和“两错”责任追究制得到细化和量化。审议通过《实施个案监督试行办法》，从人民群众申诉、控告和执法检查发现的违法问题中，选择16件影响较大的案件作为个案实施重点监督，采取下达《法律监督书》、监督卡和主任会议专题调度听取汇报等形式，使案件得到较好解决。

2003年8月至2007年8月，研究制订《关于组织人大代表开展旁听和评议法院庭审活动实施意见》，组织县法院法官、县检察院检委会委员参加全县人大代表旁听评议法院庭审活动动员会，先后选择民事、刑事、发还重审案等类型的案件组织代表旁听评议，并组织全体县人大代表对“一府两院”27个行政执法和司法部门129名中层以上干部进行集中评议。

2007年8月至2017年2月，定期听取“两院”及司法部门专项工作报告，深入县检察院对预防职务犯罪及新修订的《中华人民共和国刑事诉讼法》贯彻情况进行调研。组织开展国家宪法日活动，全面督办“六五”普法工作完成情况，增强群众法治意识，为经济社会发展营造良好法治环境。

2017年3月至2018年，深入磁州法庭、漳河法庭、法院高清数字法庭及司法公开“三大平台”调研。深入县检察院、县看守所等地察看。到磁州、岳城、黄沙、白土等司法所及部分村庄调解委员会，查看基层调委会作用发挥情况。对全县公安和社会治安防控工作进行调研。

专项监督

1999年至2003年8月，针对群众反映强烈的超期羁押问题，每年对县公安局、县检察院、县法院办案情况进行专题检查。针对“两院”民事、行政抗诉工作中存在的问题，责成有关部门对2001年的13件民事、行政抗诉案件认真复查。同时，协调县法院和县检察院建立调阅案卷制度。

2003年8月至2007年8月，对全县重点项目建设情况开展专项监督。深入林坛工业园区、“村村通”工程、水厂二期工程、申家庄电厂治污工程、陆顺焦化工程、寺沟桥建设工程、岳黄公路工程、疾控中心工程、雪驰童装城、磁州窑博物馆及广场工程、污水处理厂工程、省级示范性高中建设工程和县城道路建设工程等现场实地视察调研，听取和审议县政府关于重点项目建设情况的工作报告，提出5份16条审议意见，责成相关部门落实。组织代表对县城建设和管理工作进行专项调研，对群众关注的违章建筑拆除、马路市场管理、违规占道经营、垃圾处理难和公厕少等问题提出16条审议意见。

2017年3月至2018年，对社会普遍关注的大气污染防治、固体废物污染环境防治、国土资源管理、扶贫救助、冬季供暖、食品药品安全、残疾人权益保障、西部山区灾后重建、城乡居民医疗保险等工作进行专项监督。对农村土地经营权流转、农民增收、村庄绿化和农村环境整治等工作进行专项视察。在全县开展扶贫脱贫攻坚、大气污染防治、优化营商环境三项联动监督。成立由120名省、市、县、乡四级人大代表组成的9个代表活动小组，走访贫困户、入企业调研，收集调查问卷568份，经梳理汇总拉出问题清单，上报省、市人大常委会，并转交县政府整改办理。

执法检查监督

1999年至2003年8月，先后组织农业、环保、产品质量、教育、食品卫生等20项执法检查，并对相关执法部门进行评议。确定县城建局、县国税局、磁州镇、恒泰公司为依法治理试点单位，成立专门班子督促、检查、指导，以典型带动促进全县依法治理工作深入开展。2001年12月，磁县作为全市6个依法治理试点县和省依法治理现场会的现场接受全省与会人员的观摩。

2003年8月至2007年8月，先后对《中华人民共和国环境保护法》《中华人民共和国食品卫生法》等38部法律进行执法检查，督促县政府和土地管理部门加强基本农田保护，加大土地开发整理和土地市场治理力度；督促县政府和劳动部门解决慈荷花园和滏苑小区建设工地拖欠农民工工资和一些企业拖欠职工工资32.4万元，补缴养老保险金15万元，补签劳动用工合同150份；争取上级优惠政策，补缴1574名县属企业退休人员养老保险金526万元，并全部纳入省统筹范围。

2007年8月至2017年2月，先后对《中华人民共和国义务教育法》《中华人民共和国人口与计划生育法》等40多部法律法规的实施情况进行检查。针对存在的问题提出改进建议，督促县政府和相关部门进行整改，并向市人大常委会提交执法检查调查报告。

2017年3月至2018年，先后对《中华人民共和国义务教育法》《中华人民共和国食品安全法》等18部法律法规的贯彻执行情况进行执法检查。提出意见建议57条，逐条跟踪督办，保障落实到位。

第十八编　地方人民政府

公元前112—220年，汉朝于域内置梁期县，治今花官营乡东城营村。魏黄初三年（222年）置临水县，因城临滏水故名。北齐天保元年（550年），割临水县地置滏阳县，县治今磁县城。隋开皇十年（590年）置慈州，州治今磁县城，领滏阳、临水二县。此后，州名曾“磁州”、后“磁州”。其间，多时领四县，少时领二县。清雍正四年（1726年）后，不再领县。1913年，降磁州为磁县。县级行政机构称县公署，负责官员称知事。1927年，县知事改称县长。1928年，县公署改称县政府。

封建社会，官衙之职责以征税、管理百姓、维护社会治安为首要任务，鲜有劝农、筑桥、兴学、修路的贤吏。千余年间，仅唐代崔珏、宋代宗泽、明代孙健、清代任塾与蒋擢等留传美名。

七七事变后，国民党磁县县长窦锡云弃城逃窜。是年11月1日，共产党领导的磁县抗日民主政府成立，田裕民当选首任县长，领导全县人民开展抗日斗争。为利于抗日斗争和减民负担，先后设立磁武县政府、磁东县前方办事处、磁肥边办事处、磁东县政府。抗日战争结束后，恢复磁县抗日战争前建制。磁县人民政府驻彭城镇（今峰峰矿区彭城镇）。1948年4月，县政府迁驻磁县城。

中华人民共和国成立后，县政府下设秘书室、民政科等机构，开展经济建设和推动社会事业发展。1958年11月，磁县、临漳、成安三县合并称磁县，县政府驻磁县城内。1961年5月，三县分设，磁县恢复原建制。1965年8月，县政府由县“四清”（清政治、清经济、清组织、清思想）工作团代行职权。1968年3月，磁县革命委员会（简称“县革委会”）成立，实行党政一元化领导体制。1979年3月，县委与县革委会实行党政分开，县革委会主管行政事务。1981年1月，磁县第七届人代会召开，取消县革委会，恢复成立县人民政府。

1999—2018年，磁县历经第十二届至第十六届人民政府。历届政府在上级党委、政府和县委的领导下，在县人大、县政协的监督支持下，通过全体会议、常务会议、县长办公会议形式，采取发布政令、目标管理、分工负责、调查研究、现场办公、请示报告等行政方式，推进工作落实。抓好外事管理、公文审批、政府法制、政务督查、民族宗教事务管理、应急管理等政务工作，保障全县经济建设和社会发展有序推进。

磁县历届县政府高度重视强化自身建设，始终以建设廉洁高效、服务型政府为目标，经济建设为中心，顺应时代发展，创新工作思路，加快发展步伐。农业方面，改善生产条件，巩固基础地位，至2016年，粮食总产达20.3万吨，实现“十三年连丰”；发展特色产业，带动农民增收。工业方面，规范乡镇企业，推动国企改革，以园区建设、项目建设助推结构调整、转型升级。2018年全县千万元以上重点项目94个，完成投资67.5亿元。商贸服务业方面，在加快发展商贸物流业的同时，持续务实招商，集聚发展要素，拉动旅游业、童装业等产业快速发展，培育经济新的增长点。加强环境保护，严格环保执法；绿化、治污并重，2017年全县森林覆盖率达29%，2018年全县空气质量综合指数同比下降18.78%，县内城乡环境和空气质量明显改善。关注民生领域，加大投入力度，实施脱贫攻坚，促进全民小康目标实现。

第一章　组织机构

1998 年 2 月至 2021 年，磁县历经六届人民政府。1998 年 2 月、2003 年 8 月、2007 年 8 月、2012 年 1 月、2017 年 2 月分别选举产生第十二、十三、十四、十五、十六、十七届人民政府。

第一节　县政府领导机构

1998—2021 年磁县人民政府历任县长、副县长任职情况一览表

表 18-1

届　别	职　务	姓　名	任职时间	籍　贯
第十二届（1998.02—2003.08）	县　长	贾红军	1998.02—2003.04	邯郸市永年区
	代县长	陈　平	2003.04—2003.08	无极县
	副县长	脱喜春	1998.02—2003.03	新河县
		秦玉亮	1998.02—2003.08	成安县
		黄玉成	1998.02—2003.08	邯郸市复兴区
		李孟山	1998.02—2003.08	磁县尹家桥村
		索成贵	1998.02—2003.08	磁县北莲花村
		张向东	1998.02—1999.07	磁县下庄村
		赵贵元	1998.09—2003.08	磁县中贾璧村
		蔺桂芬（女）	1999.02—2003.08	磁县观台三街
		吴连玉	1999.08—2003.08	邯郸市肥乡区
		牛恒禄	1999.08—2003.08	武安市
		翟广平	1999.12—2001.06	沧　县
		王文涛	2000.01—2003.08（民主）	磁县岗子窑村
		陈永朝	2000.12—2003.08	邯郸市永年区
第十三届（2003.08—2007.08）	县　长	陈　平	2003.08—2006.04	无极县
	代县长	杨华云	2006.04—2006.05	山东省莘县
	县　长	杨华云	2006.05—2007.08	山东省莘县
	副县长	李文杰	2003.08—2007.08（常务）	魏　县
		李孟山	2003.08—2007.03	磁县尹家桥村
		蔺桂芬（女）	2003.08—2007.08	磁县观台三街
		王文涛	2003.08—2006.07	磁县岗子窑村
		郭　安	2003.08—2007.08	湖南省益阳市
		王建中	2003.08—2007.08	魏　县
		南嘎·多吉	2003.08—2004.01（挂职）	新疆维吾尔自治区
		魏国斌	2006.06—2007.08	武安市

续表

届　别	职　务	姓　名	任职时间	籍　贯
第十四届（2007.08—2012.01）	县　长	杨华云	2007.08—2010.02	山东省莘县
	代县长	林元达	2010.02—2010.03	浙江省宁海县
	县　长	林元达	2010.03—2011.08	浙江省宁海县
	代县长	穆伟利	2011.08—2012.01	泊头市
	副县长	李文杰	2007.08—2008.10（常务）	魏　县
		林元达	2008.10—2010.03（常务）	浙江省宁海县
		吴从江	2007.08—2010.11 2010.11—2012.01（常务）	大名县
		郭　安	2007.08—2012.01	湖南省益阳市
		刘云堂	2007.08—2012.01（民主）	磁县辉水村
		焦海涛	2007.08—2009.04	邯郸市肥乡区
		王岩菊（女）	2007.08—2011.09	昌黎县
		王建华	2009.07—2012.01	邯郸市邯山区
		高　超	2010.12—2012.01	武安市
		万晓方（女）	2011.09—2012.01	武安市
第十五届（2012.01—2017.02）	县　长	穆伟利	2012.01—2013.11	泊头市
	代县长	吴从江	2013.11—2014.01	大名县
	县　长	吴从江	2014.01—2016.10	大名县
	代县长	刘浩峰	2016.10—2017.02	石家庄市
	副县长	吴从江	2012.01—2013.11（常务）	大名县
		刘俊波	2013.12—2017.02（常务）	邯郸市永年区
		郭　安	2012.01—2013.09	湖南省益阳市
		崔仲民	2013.09—2017.02	曲周县
		刘云堂	2012.01—2017.02（民主）	磁县辉水村
		王建华	2012.01—2017.02	邯郸市邯山区
		高　超	2012.01—2016.05	武安市
		万晓方（女）	2012.01—2017.02	武安市
		尹树群	2015.07—2016.10（挂职）	沙河市
		王清龙	2016.05—2017.02	磁县北贾壁村
		闫　亮	2016.05—2016.12（挂职）	正定县
第十六届（2017.02—2021.07）	县　长	刘浩峰	2017.02—2018.05	石家庄市
	代县长	张力超	2018.12—2019.01	无极县
	县　长	张力超	2019.01—2021.05	无极县
	代县长	闫欣欣（女）	2021.05—2021.07	唐山市

续表

届　别	职　务	姓　名	任职时间	籍　贯
第十六届（2017.02—2021.07）	副县长	刘俊波	2017.02—2019.11（常务）	邯郸市永年区
		崔仲民	2017.02—2019.01	曲周县
		万晓方（女）	2017.02—2020.08	武安市
		杨玉兴	2017.02—2019.08 2020.07—2021.05（常务）	武安市
		蔺宝斌	2017.02—2021.05	磁县上七垣村
		叶林涛	2017.02—2017.11	大名县
		乔顺平	2017.11—2021.05	魏　县
		赵菊梅（女）	2019.08—2021.05	磁县南涧城村
		刘　伟	2019.11—2020.07（常务）	临漳县
		温俊华	2020.01—2021.07	任　县
		李永清	2020.09—2021.05	邯郸市永年区
		牛健英	2021.05—2021.07（常务）	馆陶县
第十七届（2021.07—　）	县　长	闫欣欣（女）	2021.07—	唐山市
	副县长	牛健英(常务)	2021.07—	馆陶县
		温俊华	2021.07—	任　县
		路金锋	2021.07—	魏　县
		李晓亮	2021.07—	馆陶县
		王　川	2021.07—	保定市
		王　威	2021.07—	邱　县

第二节　县政府工作机构

工作部门

1999年，县政府工作部门有办公室（经济体制改革委员会办公室、民族宗教事务局挂靠办公室）、财政局（挂国有资产管理局牌）、公安局、监察局（与纪律检查委员会机关合署办公）、民政局、司法局、交通局、农业局、卫生局（挂爱国卫生运动委员会牌）、审计局、统计局、物价局、文化教育体育委员会、科学技术委员会、劳动人事局、计划生育委员会、经济贸易委员会、土地管理局、计划委员会、水利局、城乡建设局（挂环境保护局牌）。机构编制委员会办公室属党委、政府共管机构，挂靠劳动人事局。

2002年6月，计划生育委员会更名为计划生育局，劳动人事局更名为人事劳动和社会保障局，经济贸易委员会更名为经济贸易局，土地管理局更名为国土资源局；城乡建设局更名为建设局，环境保护局与建设局分离。8月，撤销文化教育体育委员会，成立文化教育体育局；撤销科学技术委员会，成立科学技术局。12月，计划委员会更名为发展计划局，成立法制办公室，经济体制改革委员会办公室（简称“体改办”）归经济贸易局。

2003年8月，组建安全生产监督管理局，撤销煤炭管理局，设煤炭管理办公室，并入县安全生产监督管理局（人、财、物独立）。

2006年1月，经济贸易局更名为工业经济促进局。工业经济促进局、乡镇企业管理局、体改办与发展计划局合并，成立发展改革局；商业局、物资局、外贸局、招商合作局整合，组建商务局。2007年1月，农业局和畜牧水产局合并，成立农

牧局。2008 年 9 月，计划生育局更名为人口和计划生育局；10 月，成立城乡规划局，2010 年 4 月在建设局挂牌。

2009 年 2 月，撤销文化教育体育局，成立教育局，原文化、体育、文物等职能划转到旅游局，成立文化体育旅游局（挂新闻出版局牌）；机构编制委员会办公室从人事劳动和社会保障局分出。6 月，成立国有资产管理局，隶属财政局。

2010 年 4 月，交通局更名为交通运输局，人事劳动和社会保障局更名为人力资源和社会保障局，发展改革局挂工业和信息化局、物价局牌，科学技术局挂地震局牌。5 月，建设局更名为住房和城乡建设局；7 月，成立磁县行政服务中心，人事劳动和社会保障局更名为人力资源和社会保障局。10 月，文化体育旅游局分为文化广电新闻出版局和磁县体育旅游发展局。

2014 年 12 月，质量技术监督局调整为政府管理部门。2015 年 6 月，农牧局挂林业局牌，商务局挂粮食局牌。2015 年 7 月，设卫生和计划生育局。

2016 年 5 月，县政府食品安全委员会办公室、工商行政管理局和食品药品监督管理局合并，成立工商行政和食品药品监督管理局。

2017 年 5 月，成立行政审批局；6 月，设金融工作办公室（地方金融监督管理局），在政府办公室挂牌。

2018 年 12 月，常设工作部门 24 个：政府办公室（民族宗教事务局、金融工作办公室）、财政局、公安局、民政局、司法局、交通运输局、农牧局、卫生局（人口和计划生育局）、审计局、统计局、教育局、科学技术局（地震局）、人力资源和社会保障局、商务局（外贸局、物资办、商业办）、国土资源局、发展改革局（物价局、工业和信息化局）、水利局、住房和城乡建设局（城区管理局）、环境保护局、安全生产监督管理局、城乡规划局、工商行政和食品药品监督管理局、质量技术监督局、行政审批局。

直属事业单位

1999 年，县政府直属事业单位：林业局、地震局、畜牧水产局、广播电视局、档案局、工农关系办公室、乡镇企业管理局、粮食局、经济技术协作办公室（对外开放办公室）、煤炭管理局、地质矿产资源管理局。

2000 年 8 月，乡镇企业管理局挂民营经济发展局牌。2002 年 6 月，档案局调整为县委直属事业机构；8 月，经济技术协作办公室（对外开放办公室）更名为开放办公室（挂招商合作局牌）。

2003 年 8 月，撤销煤炭管理局，设煤炭管理办公室，并入安全生产监督管理局；9 月，地质矿产资源管理局并入国土资源局。2007 年 1 月，畜牧水产局并入农牧局。

2008 年 10 月，成立城区管理局，2010 年 4 月在住房和城乡建设局挂牌。2010 年 4 月，地震局并入科学技术局，工农关系办职责划入政府办公室；中小企业局（乡镇企业管理局）撤销，成立工业和信息化局。2010 年，广播电视局更名为广播电影电视局，9 月更名为广播电视台。

2012 年 5 月，设文化广电新闻出版局。2015 年 6 月，林业局在农牧局挂牌，粮食局在商务局挂牌。

2018 年 12 月，直属事业单位 1 个：文化广电新闻出版局。

一般事业单位

1999 年，下设一般事业单位：商业局、旅游局、农业开发办公室、高新技术产业园区管理委员会、对外贸易进出口总公司、移民办公室、农业机械局、对外贸易经济合作局（简称“外贸局”）、机关事务管理局。

2004 年 4 月，撤销高新技术产业园区管理委员会，划归中国国际贸易促进委员会（中国国际商会磁县商会）。2006 年，商业局、外贸局、开放办公室（招商合作局）并入商务局，改称商业办、招商办，外贸局、招商办人事、财物独立，商业办归商务局统一管理。

2009 年 2 月，旅游局更名为文化体育旅游局（挂新闻出版局牌），招商办更名为招商合作局。2010 年 4 月，农业机械局并入农牧局；10 月，成立行政服务中心管理委员会，挂优化环境办公室牌。2012 年 5 月，成立公共资源交易中心，在行政服务中心管委会挂牌，优化环境办公室划转到纠正行业不正之风办公室；7 月，文化体育旅游局更名为旅游体育发展局。2013 年 6 月，旅游体育发展局更名为文物旅游体育局。

2014 年 9 月，行政服务中心管委会更名为政务服务中心管委会。2016 年，供销合作社联合社定为全额拨款科级事业单位。2017 年 11 月，公共资源交易中心从政务服务中心管委会分离，政务服务中心管委会在行政审批局挂牌；撤销城区管理局，改设城市管理和综合行政执法局，仍在住房和城乡建设局挂牌。

2018 年 12 月，一般事业单位 12 个：广播电视台、文物旅游体育局、农业开发办公室、招商合作局、机关事务管理局、供销合作社联合社、对外经济贸易进出口总公司、移民办公室、公共资源交易中心、城市管理和综合行政执法局、残疾人联合会、国际商会。

县属企业

1999 年，下辖轻工业局（公司）、供销合作社联合社、电力局、物资局、申家庄煤矿、六合工业有限公司。

2006 年 1 月，物资局并入商务局，改称物资办公室。2009 年 12 月，成立冀中能源峰峰集团邯郸磁州煤业有限公司。2014 年 12 月，申家庄煤矿更名为河北省磁县申家庄煤矿有限公司。

2018 年，县属企业 5 个：冀中能源峰峰集团邯郸磁州煤业有限公司、河北省磁县申家庄煤矿有限公司、恒泰集团、磁县六合工业有限公司、轻工业公司。

双重和垂直管理部门

1999 年 1 月，有 18 个双重管理部门：国家税务局、地方税务局、邮政局、电信局、气象局、中国银行磁县支行、中国工商银行磁县支行、中国建设银行磁县支行、中国人民银行磁县支行、中国农业银行磁县支行、中国农业发展银行磁县支行、中国人民财产保险股份有限公司磁县支公司、中国人寿保险公司邯郸分公司磁县营业部、石油公司、烟草专卖局（公司）、农村信用合作社联合社、工商行政管理局、技术监督局。5 月，中国人民财产保险有限公司磁县支公司更名为中国人民保险公司磁县支公司；7 月，从电信局分营，成立河北省移动通信有限责任公司磁县分公司。

2000 年 8 月，撤销电信局，成立河北省电信公司磁县电信局，2002 年 9 月更名为河北省通信公司磁县分公司。2001 年 3 月，技术监督局更名为质量技术监督局。2002 年 9 月，成立药品监督管理局。2003 年 6 月，中国人民保险公司磁县支公司更名为中国人民财产保险股份有限公司磁县支公司；10 月，中国人寿保险股份有限公司磁县支公司成立。

2004 年 4 月，中国银行业监督管理委员会邯郸监管分局磁县办事处成立；12 月，河北省通信公司磁县分公司更名为中国网通（集团）有限公司磁县分公司，中国建设银行河北省磁县支行更名为中国建设银行股份有限公司磁县支行。2005 年 12 月，中国工商银行磁县支行更名为中国工商银行股份有限公司磁县支行。

2006 年 6 月，在药品监督管理局基础上，组建食品药品监督管理局，2010 年划归政府管理。2007 年 4 月，成立河北广电信息网络集团股份有限公司磁县分公司。

2008 年 5 月，中国铁通集团有限公司磁县分公司并入中国移动通信集团河北有限公司磁县分公司，保持相对独立运营；7 月，成立中国邮政储蓄银行有限责任公司磁县支行；10 月，成立中国电信集团公司磁县分公司、中国联合网络通信有限公司磁县分公司；12 月，成立邯郸市住房公积金管理中心磁县管理部。

2012 年 11 月，中国邮政储蓄银行有限责任公司磁县支行更名为中国邮政储蓄银行股份有限公司磁县支行。2014 年 6 月，中国石油化工股份有限公司河北磁县石油分公司变更为中国石化销售有限公司河北邯郸磁县石油分公司。2015 年 5 月，邮政局更名为中国邮政集团公司河北省磁县分公司。

2016 年 5 月，工商行政管理局和食品药品监督管理局合并成立工商行政和食品药品监督管理局，为政府工作部门。2018 年 1 月，中国电信集团公司磁县分公司更名为中国电信集团有限公司磁县分公司；7 月，国家税务局和地方税务局合并，成立磁县税务局。

至 2018 年 12 月，双重（垂直）管理机构 22 个：税务局、中国邮政集团公司河北省磁县分公司、河北广电信息网络集团股份有限公司磁县分公司、中国联合网络通信有限公司磁县分公司、中国移动通信集团河北有限公司磁县分公司、气象局、供电公司、中国石化销售有限公司河北邯郸磁县石油分公司、烟草专卖局（营销部）、中国人民财产保险股份有限公司磁县支公司、中国人寿保险股份有限公司磁县支公司、中国人民银行磁县支行、中国银监会邯郸监管分局磁县办事处、中国建设银行磁县支行、中国农业银行磁县支行、中国工商银行磁县支行、中国银行股份有限公司磁县支行、中国农业发展银行磁县支行、县农村信用合作联社、中国电信集团有限公司磁县分公司、邯郸市住房公积金管理中心磁县管理部、中国邮政储蓄银行股份有限公司磁县支行。

园区（开发区）管理委员会

2006 年 4 月，成立童装城管理委员会。2007 年 3 月，成立滏泉湖度假村管理委员会。2009 年 3 月，成立煤化工产业园区管理委员会。2009 年 7 月，成立邯郸市漳河生态科技园区管理委员会，滏泉湖度假村管理委员会更名为滏泉湖开发区管理委员会。

2011 年 5 月，煤化工产业园区管理委员会更名为磁峰工业聚集区管理委员会。2012 年 10 月，磁峰工业聚集区更名为河北磁县经济开发区。2016 年 10 月行政区划调整后，邯郸市漳河生态科技园区管理委员会更名为河北漳河经济开发区管理委员会。2017 年 11 月，设置河北磁县经济开发区管理委员会。

2018 年 12 月，园区（开发区）管理委员会 4 个：童装城管理委员会、滏泉湖开发区管理委员会、河北漳河经济开发区管理委员会、河北磁县经济开发区管理委员会。

第三节　乡（镇）人民政府

1999 年，下辖 19 个乡（镇）人民政府。

2014 年 4 月，西固义乡人民政府划归峰峰矿区托管，实辖 18 个乡（镇）人民政府。

2016 年 10 月，邯郸市部分行政区划调整，将高臾镇、西光禄镇、辛庄营乡、花官营乡、台城乡划归邯郸市邯山区管辖，将林坛镇、南城乡划归邯郸市复兴区管辖，均由冀南新区托管。全县共有 12 个乡（镇），实际辖 11 个乡（镇）人民政府：磁州镇、白土镇、黄沙镇、岳城镇、讲武城镇、观台镇、北贾壁乡、陶泉乡、路村营乡、都党乡、时村营乡。

第二章　重要会议

第一节　常务会议

县政府常务会议由县长、副县长、政府办公室主任组成，由县长召集和主持。邀请县人大一名副主任、政协一名副主席、县武装部部长列席，政府办公室副主任、政府法制办主任、政府督查室主任、县发改局局长、监察局局长、财政局局长、审计局局长、人事劳动和社会保障局局长以及与会议议题有关的部门、乡（镇）政府主要负责人列席。其他列席人员根据会议内容需要确定。

1999—2003 年，召开 70 次常务会议。

主要议题：1999 年，跃峰渠修复、滏苑小区建设问题，残疾人康复中心建设问题，基金会清欠问题等；2000 年，恒泰集团兼并玉粮酒业事宜，成立县公交公司问题等；2001 年，研究《关于在磁县职教中心联合举办全日制法律中专班的请示》，审议《关于将县轻工系统已退休职工直接纳入城镇居民最低生活保障的意见》、火车站广场开发招商等议题；2002 年，研究审议磁县六合集团与北内集团合作筹建铸造厂问题，研究《关于磁州镇粮斗庄等 11 个村委会改居委会的意见》，通过县政府 9 个工作部门的变更组建和更名等有关事宜；2003 年，审议《关于“开李线”（开河至李家庄）筹建实施方案》《关于磁县看守所搬迁筹建实施方案》《关于县办企业改制实施方案》《关于北三环道路建设协议》等问题。

2004—2007 年，召开 15 次常务会议。

主要议题：华龙面粉厂项目建设问题，关于

成立磁县雪驰童装城有限公司和宏鑫担保有限公司问题，剧场拆迁问题，迎宾路滏阳河桥东侧人工湖建设问题。

2008—2011 年，召开 18 次常务会议。

主要议题：关于城镇建设三年大变样活动问题，煤化工项目建设问题，县童装城招商开发事宜，与中化集团合作、申报省级战略支撑项目问题，研究审议《磁县农村公路养护管理办法》、磁县数字化城市管理系统平台建设、《磁县 2012 年十大城建工程》《2012 年十大立县项目》等。

2012—2016 年，召开 24 次常务会议。

主要议题：2012 年，研究审议《磁县乡村公路养护管理办法》，提高城乡现役义务兵家庭优待金等事宜；2013 年，研究审议旧城区和城中村改造实施意见，北朝历史文化体验中心项目建设问题，关于节能环保产业园建设问题等；2014 年，研究《冀中能源峰峰集团终止整合磁县申家庄煤矿、六合工业公司相关情况的报告》，研究《磁县行政服务中心入驻调整方案》等；2015 年，研究关于智能电视项目合作相关事宜、关于申家庄煤矿拟实施停产保矿措施相关事宜等；2016 年，研究《磁县“7·19”特大洪水灾害灾后重建总体实施方案》及 8 个具体实施方案，研究《磁县最低生活保障实施办法》。

2017 年，召开 11 次常务会议。

主要议题：研究《磁县实行河长制工作方案》《磁县乡村教师支持计划（2016—2020）实施办法》《磁县一控两防、三圈四保货运机动车专项集中整治行动实施方案》《磁县国有林场改革实施方案》《磁县文化广电新闻出版事业发展“十三五”规划》《磁县机构编制委员会办公室关于城市管理和综合行政执法改革有关职责调整实施方案》《磁县盐业体制改革实施意见》，研究审议《磁县战略性新兴产业发展“十三五”规划》《磁县土壤污染防治工作实施方案》等。

2018 年，召开 16 次常务会议。

主要议题：六合公司矿井提前关停及去产能、转型发展相关工作，饮用水水源地工业企业关停取缔工作，《磁县农业供给侧结构性改革三年行动计划（2018—2020 年）》《磁县 2018 年水污染防治 12 个专项行动实施方案》《关于处置化解高风险加快推进农商行改制工作的请示》《磁县残疾人事业发展“十三五”规划（2016—2020 年）》。

第二节　县长办公会议

县长办公会议研究、处理县政府日常工作中的重要问题。经县长授权，副县长可就分管工作或相关工作召开县长办公会议，召开办公会前所研究事项应提交县长审阅，所形成的县长办公会议纪要由参加会议的政府办公室分管副主任、政府办公室主任、主管副县长逐级审签后，报县长签发。县长办公会议根据需要不定期召开。县政府县长办公会议决定通过的事项，由有关部门贯彻执行，并限期向县政府报告落实情况，紧急事项随时报告。政府督查室负责跟踪督查，并定期向县长汇报工作进展情况。

1999—2003 年，召开 387 次县长办公会议。

1999 年召开 97 次，主要议题：河北省军区岳城镇联办煤矿移交地方政府管理问题；成立陶泉花炮集团公司相关事宜；讲武城国家粮食储备库项目建设问题等。

2000 年召开 48 次，主要议题：恒泰集团兼并玉粮酒业公司事宜；京深高速公路绿色通道建设问题；筹建民办公助滏滨中学事宜等。

2001 年召开 95 次，主要议题：关于县药厂改制问题；撤销县蔬菜办公室问题；全县小煤矿关停整顿问题；将务本街原预制板厂改造成蔬菜市场等问题。

2002 年召开 80 次，主要议题：“一路三延”（商北路建设、友谊大街北延、朝阳大街北延、滏阳大街北延）问题；溢泉湖度假村开张有关事宜；筹建无公害农产品市场；磁州广场建设等问题。

2003 年召开 67 次，主要议题：企业改制相关工作；城建项目（鼓楼广场建设、城隍大殿建设、慈荷花园建设、北三环路项目建设、迎宾路两侧建设、东海公园建设）相关问题；组建县安监局问题；疾控中心实验楼建设问题；飞机场扩建工程相关事宜；老县政府旧址开发建设协议相关问题等。

2004—2007 年，召开 294 次县长办公会议。

2004 年召开 64 次，主要议题：县城电网建设与改造；筹建全县煤矿监测监控网络系统相关事宜；全县国有粮食企业改革相关事宜；中小企业信用担保机构建设问题；研究在林坛、台城、西光禄 3 个乡（镇）交界处荒岗地建设工业小区有关问题；公安局组建“三台合一”建设方案及专项经费问题等。

2005 年召开 86 次，主要议题：成立童装协会问题；筹建 4 个管委会问题（林坛工业区管委会、滏泉湖旅游区管委会、高效农业园区管委会、县城三大市场管委会）；县公安局组建城区巡防队问题等。

2006 年召开 89 次，主要议题：关于组建童装城管理委员会问题；研究成立宏鑫担保有限公司有关事宜；组建食品药品监督管理局问题；商北路建设相关事宜；县商业局与新赵都商贸有限公司合作建设新赵都超市磁县店有关事宜；成立林坛工业园区管理委员会问题；成立路桥建设有限公司问题；专题研究关闭煤矿问题；新型农村合作医疗等问题。

2007 年召开 55 次，主要议题：成立滏泉湖管理委员会问题；二一九厂与河北云山化工股份有限公司等 3 家企业进行松散型联合问题；研究青兰高速磁县段建设相关事宜等。

2008—2011 年，召开 246 次县长办公会议。

2008 年召开 38 次，主要议题：成立计划生育法庭问题；研究基建矿井和乡（镇）煤矿联合重组等问题；107 国道复线建设问题；219 厂搬迁问题等。

2009 年召开 75 次，主要议题：与中化集团合作、申报省级战略支撑项目和煤化工园区建设相关事宜；成立中岳资产经营有限公司问题；组建河北裕隆煤化工有限公司有关事宜；古城区老政府大院土地开发问题等。

2010 年召开 79 次，主要议题：南水北调土地征迁；冀中能源峰峰集团邯郸磁州煤业有限公司注册成立有关事宜；漳河生态科技园土地划拨等相关问题；新建美食林购物中心事宜；光禄新农村及塑料循环经济示范区项目建设；筹备海峡两岸中小企业合作发展论坛事宜；辛庄金三角拆迁改造事宜；研究县中心养老院建设问题等。

2011 年召开 54 次，主要议题：全县标准化小学建设问题；第二实验小学建设问题；振兴小区建设问题；南水北调磁县水厂工程相关事宜；申家庄煤矿、六合公司棚户区改造事宜等。

2012—2016 年，召开 205 次县长办公会议。

2012 年召开 51 次，主要议题：标准化卫生院建设问题；古御路改造问题；直南党史馆项目建设问题；公共资源交易中心建设问题；广电大厦、文化艺术中心项目建设问题；中小学校舍安全工程 2012—2013 年规划建设问题；新县医院建设相关问题等。

2013 年召开 54 次，主要议题：县医院整体迁建项目问题；公墓、陵园、殡仪馆迁建项目问题；景明公司新热源厂建设；滏阳河综合治理问题等。

2014 年召开 55 次，主要议题：冀南新区服务中心建设问题；磁州路东延和仁和路东段开发建设问题；三都商贸城征迁问题；县中医院搬迁至县医院原址请示问题等。

2015 年召开 17 次，主要议题：“十三五”规划综合交通规划建设项目有关事宜；炉峰山旅游开发问题等。

2016 年召开 28 次，主要议题：冀南新区人民医院项目合作问题；县城建设三年攻坚行动实施方案；全县煤改气工作问题；滏阳河综合治理工作、环城水系项目建设问题；“7·19”灾后重建相关事宜；成立河北申美生态旅游开发有限公司问题等。

县长办公会议（2017 年 2 月 13 日　摄）

2017 年，召开 37 次县长办公会议，主要议题：退役士兵安置问题；行政审批局组建相关事宜；全县大气污染综合治理相关事宜；衡水中学邯郸分校相关事宜；研究和泰商贸有限公司投资合作开发新疆呼图壁县红沟煤矿相关事宜等。

2018 年，召开 29 次县长办公会议，主要议题：生活垃圾焚烧发电项目问题；县二中迁建项目有关事宜；如意湖建设相关事宜；申家庄煤矿有限公司处置资产问题；六合公司转型升级工作方案；“煤改电”及配套供电建设事宜等。

第三章　施政辑要

第一节　农业农村

农民增收

2001 年始，围绕“农业增效、农民增收”，调整优化农业经济结构，大力发展特色农业、设施农业、绿色农业和创汇农业。一是调优种植业，二是调重畜牧水产业，三是调佳林果业，四是调壮特色产业，五是调适区域布局，六是加大投入，做好“水”文章。2001 年，全县农业总产值较上年增长 5.2%，其中畜牧水产值占农业总产值的比重达 51.96%。乡镇企业增加值、税金分别增长 13.5% 和 10.4%。2002 年，农业总产值达 13.2 亿元，农业产业化经营率达 30.8%，牧渔、蔬菜、果品生产对农业增长的贡献率达 97%。2004 年，华龙精粉项目投产达效。2005 年，农民人均收入达 3976 元，同比增长 12%。

新农村建设

2006 年，明确“生产发展、生活宽裕、乡风文明、村容整洁、管理民主”工作思路，加快社会主义新农村建设。开展文明生态村建设，投资 294 万元，新建示范村 21 个；实施生态家园富民工程，投资 1000 余万元，新增示范村 21 个，新增沼气户 6500 户，新建文明生态村 25 个、生态家园富民工程示范村 20 个；实施“村村通自来水”工程，解决 16 个村、3.2 万人饮水安全问题；实施“万村千乡市场”工程，建设村镇综合服务中心 10 个、乡村农家店 65 个。2010 年，启动打造 30 个省、市新民居试点村，建设新民居 5300 套。2011 年，被评为河北省农村新民居建设先进县。

农业农村现代化建设

2018 年，按照“产业兴旺、生态宜居、乡风文明、治理有效、生活富裕”总要求，推进农业农村现代化建设。落实省农业供给侧结构性改革三年行动计划（2018—2020 年），推进乡村振兴战略。打造禾下土省级现代农业示范园区；实施农产品加工倍增工程、龙头企业提升工程，扶持壮大磁州酒业，打造北方最大的酱香型酒生产基地；土地流转率达 36.2%，农业产业化经营率达 67.3%；开展农村人居环境整治三年行动，累计实施垃圾处理、污水治理、厕所改造等项目 235 个，村容村貌改善。被评为国家农产品质量安全县、全国率先基本实现主要农作物生产全程机械化示范县。2019 年，磁县现代农业园区创建为省级现代农业园区，磁县被评为国家农产品质量安全县。

第二节　工　业

2003 年，实施“工业立县”战略，构筑以煤炭、冶金、化工、机械、医药五大重点行业为支撑的新型工业框架。2004 年，重点对申家庄电厂二期、制药厂 GMP 改造、宏鹏化工纳米颜料、二一九膨化炸药进行技术改造，并谋划建立林坛工业园区。2005 年，申家庄电厂二期扩建、六合陆顺一期 40 万吨焦化项目相继竣工投产。童装城建设项目启动。2006 年，对申家庄煤矿、六合公司等传统产业企业升级改造，加快童装产业集群发展和林坛工业园建设。2007 年，煤化工、中化精细化工签约并实施。把服装作为三大产业之一，力争建成全国童装加工检测中心；启动大型童装批发交易中心建设，打造北方最大的童装加工贸易基地。2008 年实施林坛生态工业园区、磁州童装产业园区等六大园区建设。2010 年，拓展煤化工园区、林坛工业园区、童装产业园区、滏泉湖开发区、漳河生态科技园区五大园区平台。

2012 年，强化五大园区平台支撑。2014 年，以磁县经济开发区为平台，打造全国重要煤化工和精细化工基地。依托磁州商贸城，做大做强纺织服装产业。2015 年，打造林坛工业园区，促进装备制造、节能环保、新材料产业集聚发展。

2018 年，以童装城为平台，引进战略合作伙伴，实施童装品牌带动战略，促进童装产业做大做强。2019 年，磁县经济开发区深化与央企、国企和大型民企合作，打造特色化、绿色化、精细化新材料、新能源基地，完成税收 2.4 亿元。磁州童装城初步打造成全国有影响力的童装聚集地，再次被中国纺织工业联合会授予“中国童装加工名城”称号。漳河经济开发区入园企业达 11 家。

第三节　旅游业

1999 年，开发磁县丰富的文物古迹和山、水自然资源，发展旅游业。2000 年，加强炉峰山、天子冢、兰陵王等旅游景点建设。至 2003 年，初步建成滏泉湖度假村和炉峰山自然风光旅游区并投用。2004 年，培育壮大以炉峰山、滏泉湖度假村为龙头的旅游及相关服务产业，磁州窑博物馆破土动工。全县旅游景点接待游客 100 万人次，旅游收入超过 300 万元。

2006 年，加快开发滏泉湖旅游度假村，磁州窑博物馆布展开馆。2007 年，磁州窑博物馆获全国馆藏陈列展览精品奖，被评为 AAA 级旅游景区。2008 年，建设十里荷花生态农业观光带。2010 年，以磁州窑文化创意产业园和北朝历史文化博物馆为龙头打造磁县文化产业园。2012 年后，加快漳河经济开发区、滏泉湖旅游度假区、炉峰山—漳河小三峡景区等基础建设。滏泉湖风景区被列为河北省第四批省级风景名胜区。2017 年，编制完成《磁县全域旅游总体发展规划》，加快景区整体开发。着力打造漳河经济开发区、滏泉湖旅游度假区、西部太行、漳河三峡、特色小镇、传统村落等旅游景区。

2018 年，打造漳河文化创意旅游片区、滏泉湖生态休闲旅游片区、西部山区红色旅游和民俗旅游片区。2019 年，漳河、滏泉湖、天保寨、滏阳河环城水系旅游片区建设全面提速。邯郸方特国色春秋主题乐园开园，累计接待游客超过 56 万人次。全年接待游客增长 245.7%，旅游业总收入增长 253.4%；服务业增加值增长 10%，占生产总值比重达 49%。

第四章　政府职能转变

第一节　作风建设

民主法制建设

1999 年后，深入村务、政务、厂务、校务公开。2005 年后，注重通过多种形式吸纳社会意见，决策科学化、民主化程度不断提高。2015 年后，落实《关于全面推进政务公开工作的意见》要求，全面推进政务“五公开”（决策、执行、管理、服务、结果公开）制度，重点推进财政预算、公共资源配置、重大建设项目批准和实施、社会公益事业建设等领域的政府信息公开。2018 年，把依法行政作为做好政府工作的基本遵循，落实法治政府实施纲要，把法治精神、法治思维、法治方式贯穿政府工作全过程。

服务型政府建设

2001—2005 年，开展“行政提速、服务提质”活动，行政效能和服务水平进一步提高。

2006—2010 年，以科学发展为第一要务，把解放思想作为落实科学发展观、创造性开展工作的重要前提，注重社会管理和公共服务，深化行政管理体制改革，推进政企、政事、政社分开，加快政府职能由管理审批型向引导服务型转变，变“管理政府”为“服务政府”。2009 年后，推进行政审批制度改革，行政许可事项、收费项目压减、停收或取消。

2013 年，落实全省开展的“双减双提”（减少审批事项、减少审批环节，提升行政效率、提升服务质量）专项活动要求。2014 年，围绕“项目、干部、实干”主题，开展第二批党的群众路线教育实践活动，全面整治“四风”。2015年后，按照上级要求，推行“放管服”（简政放权、放管结合、优化服务）改革，建立健全权力清单、责任清单和负面清单制度，完成县政府及部门权力清单编制工作，加快推进行政审批事项网上一体化办理和联合审批。2014年，推进行政管理体制改革，累计衔接和落实上级取消下放行政审批事项82项，精简审批事项264项，“三级平台”“两个代办”便民服务体系基本建立。至2015年，非行政许可审批事项取消，行政许可事项保留168项，“四个清单”“三级平台”制度全面建立，“三证合一”（工商营业执照、组织机构代码证和税务登记证合为一证）“一照一码”（一个部门核发加载统一社会信用代码的营业执照）全面实行。

2016年，深化“放管服”改革，行政许可审批事项精简到165项；加快商事制度改革，“五证合一、一照一码”（工商营业执照、组织机构代码证、税务登记证、社会保险登记证和统计登记证合一）全面实行。

2018年，承接落实上级取消和下放行政许可事项39项，清理取消公章1052枚，“六个清单”编制全面完成，90项审批事项初步实现“互联网+政务服务”“一网通办”。

政府自身建设

1999年，县政府提出加强和改进政府工作，建设勤政、廉洁、高效的政府。2006—2010年，坚持组织监督与群众监督相结合、内部监督与外部监督相结合，保障行政权力在阳光下运行。2008年，全面贯彻落实市政府提出的“政府管理年”活动要求，加强自身建设。2009年，注重创新型、效能型、法治型、廉洁型政府建设。2015年，整合执法队伍种类，在食品药品安全、工商质检、安全生产、资源环境、城乡建设等领域推行综合执法，完善执法程序，细化量化行政裁量标准，提高执法效率和规范化水平。2016年，强化依法行政，提升政府公信力；注重务实高效，提升政府执行力；严格廉洁从政，提升政府凝聚力。严格遵守中央“八项规定”，认真落实《中国共产党廉洁自律准则》《中国共产党纪律处分条例》，始终把纪律和规矩挺在前面。2017年，开展机关作风整顿暨优化营商环境活动，推进“一问责八清理”专项行动暨基层“微腐败”专项整治。

2018年，进一步打造清廉务实高效政府。

第二节　创新改革

企业体制创新改革

1996—2000年，组建和壮大六合公司、申家庄煤矿、恒泰集团、电力公司、棉企集团五大企业集团。其中，恒泰集团初步建立现代企业制度。2001年，制药厂、水泵厂等县办中小企业进行不同形式的改制。2004年，加快企业改制步伐。对资不抵债的二轻系统12家企业和面粉厂、饲料公司、食品厂等依法实施破产；对具备生产条件的一铁厂、县焦厂、农机厂、水泥厂、县砖厂实行租赁经营。2007年，对物资、商业、经贸、供销、二轻、粮食、农机等系统共43家企业实施依法破产。2009年，深化国企改革，46家资不抵债企业破产终结。2010—2011年，与峰峰集团合作的磁州煤业有限公司挂牌；磁州制药厂被河北美图制药公司整体收购，成立河北美图制药有限责任公司。2012年，轻工业系统辖属6家企业改制完成。2017年，申家庄煤矿转型为申美集团；六合煤矿转型成立和泰商贸有限公司，与新疆红三沟煤矿开展合作。

职工权益保障创新改革

1999年后，在企业创新改革的同时，相应推行企业职工权益的配套改革。初步建立社会保障体系，国有职工养老保险基本实现社会化发放。2003年，县办集体企业特别是二轻系统养老保险纳入省级统筹工作取得阶段性成果。推进粮食流通体制改革后，在全市率先完成23家粮食购销企业布局调整和855名职工身份转换工作。2018年，“去产能”任务提前完成，六合公司煤炭矿井和发电机组关停，2501名职工得到妥善安置。

市场体系建设创新改革

1999年后，以城区三大市场为主体的市场体系建设进一步加强，各种专业市场及城内超级市场发展迅速。2003年后，小煤焦关停整顿逐年加

强。磁县加大对地下转地上的引导力度，个体私营企业较快发展，非公有制经济不断壮大。整顿和规范市场管理经济秩序，先后建立环境优化投诉中心和县长公开电话受理服务中心。

2010年后，经济发展环境进一步优化，全县个体工商业登记户达到历史新高。加大对民营经济的支持力度，制订各项优惠政策，成立中小企业信用担保公司。2016年，推动“大众创业、万众创新”，大学生创业孵化基地建成投用。2017年，开展“双创双服”（创新、创业，服务发展、服务民生）活动，加强“扶工助企”活动。至2018年，78家创业实体入驻磁县创业孵化基地；“扶工助企”活动帮助困难企业解决实际问题82个，帮扶磁县鑫宝化工有限公司等3家企业取得进出口资格。

第三节　公共资源交易

机构

2012年5月31日，磁县公共资源交易中心成立，在磁县行政服务中心挂牌，为正科级事业单位。内设政府采购和产权交易部、建设工程和土地交易部。负责全县各类公共资源招投标、拍卖、出让等交易活动。9月28日，磁县公共资源交易中心运行，构建“一委一办一中心”的管理机制和监、管、办分离的交易管理框架，成为邯郸市第一个公共资源交易平台。

2017年11月16日，公共资源交易中心从政务服务中心分离，列县政府事业单位序列，内设3个股室：交易受理股（挂综合服务股牌）、交易组织股（挂交易评审股牌）、交易见证股，编制10人。

硬件建设

2012年，投资500余万元，在县政务服务中心综合大楼内建设公共资源交易中心，建筑面积近3000平方米，分为交易服务区、信息发布区、开标区、封闭评标区、休息区；配有公示屏、监控、投影仪、打印机、变音通话和监控等设备，建成全省首家高标准统一交易服务平台。

2017年，按照“三开三评”（三个开标室，三个评标室）进行标准化建设。设有交易服务区、信息发布区、开标区、封闭评标区。配备打印机、投影仪、变音通话和监控等设备。开标区设大、中、小3个开标室，分别容纳50人、100人、300人，满足不同规模交易的需要，开标室安装公示屏、监控、投影、投标一体机、专家抽取系统、密函打印机、门禁一体机等设备。整个交易中心从开标区、评标区、公共服务区到办公区实现全程电子监控无死角。项目从报名到评标结束，全程电子影像资料和纸质档案资料由交易中心留存，保障公开、公平、公正。

2018年，交易中心升级改造硬件设备，并强化利用软件辅助交易，省、市、县一体平台网络终端可以逐级通过远程监控监督评标现场活动。

平台建设

2017—2018年，统一使用河北省公共资源交易平台，实现贯通省级平台和各市、县级平台系统，实现一网汇聚河北省公共资源交易系统。工程建设项目和政府采购项目实现招标单位和供应商网上注册、代理机构网上申请项目、平台统一发布交易公告、自动抽取评标专家、评标专家刷卡自动进入评标区、开评标过程资料上传、平台统一发布结果公告、自动生成交易见证书等。另外，工程建设项目实现投标单位网上报名、网上下载招标文件、评标过程电子化，减少报名阶段人为因素的干预和干扰，最大限度提高工程项目招标的成功率，减少投标企业的出错率，防范暗箱操作，保障科学公正。

业务工作

2012年始，公共资源交易中心建立32项规章制度，规范28个工作流程，形成10个交易规程，规范106个交易环节，保障“阳光操作、阳光运行、阳光监督”。2012—2017年，共完成交易1642项，成交金额111.1亿元，月平均交易30项。建设工程和政府采购共节约1.38亿元，土地交易和产权交易实现增值3.44亿元。

2018年，“煤改气”“煤改电”工作推进中，工程标段多，投标单位150家。交易中心会同采购单位和代理机构，制订应急措施、应急预案，对项目实行“一次性告知”，开通“绿色通道”，并提供“五个优先服务”（优先办理进场登记、发布招标公告、抽取评标专家、安排开评标场地、发布中标公告）。第一期、第二期入围项目在交易中心顺利完成招投标工作。

2017—2018年，完成全县各类交易250项，交易金额12.07亿元，为财政节约资金共计4015.72万元，为财政增值共计5189.36万元。2017年7月6日，磁县公共资源交易中心被中国公共资源交易跨区域合作联盟秘书处、公共采购网络电视台评为2017年度全国公共资源交易平台整合优秀基层单位。2018年，获“全国公共资源交易机构100强”称号和邯郸市2018年度“公共资源交易市场建设成效显著县”称号。

第五章　政务服务和行政审批

第一节　机　构

2010年7月，行政服务中心大楼建成投入运行。2010年10月，磁县行政服务中心管理委员会成立，挂“磁县优化环境办公室”牌，列入县政府事业单位序列，为全额拨款科级单位。编制9人，其中科级职数3人，内设综合股、协调股和督查股。2012年5月31日，磁县公共资源交易中心成立，在磁县行政服务中心挂牌，为正科级事业单位。磁县行政服务中心管委会编制增至30人，主任由政府常务副县长兼任，设常务副主任1人（正科级）、副主任2人（副科级）。内设办公室、协调股、督查监察股、政府采购和产权交易部、建设工程和土地交易部、信息技术股。磁县公共资源交易中心负责全县各类公共资源招投标、拍卖、出让等交易活动。撤销优化环境办公室，相关职能划转纠正行业不正之风办公室。

政务服务中心（2012年4月4日　摄）

2014年9月25日，磁县行政服务中心更名为磁县政务服务中心，管理委员会也相应更名，仍为全额拨款科级单位，挂磁县公共资源交易中心牌，列入政府事业单位序列。原职责和编制数不变。

2017年5月，磁县行政审批局挂牌，为政府工作部门，挂磁县政务服务中心管理委员会牌，内设办公室、投资项目股、市场服务股、公共服务股、法规督查股、公共资源交易监督管理股，行政编制20人（其中局长1人，副局长3人）。下设2个全额拨款股级事业单位：磁县行政审批运行保障中心和磁县市民网管理中心，核定编制30人，设股级职数6人。11月，公共资源交易中心从政务服务中心管理委员会分离。

第二节　政务服务

服务基础

2008年9月，磁县综合行政服务中心大楼开工奠基，2010年6月底竣工。建筑面积1.5万平方米，空调选用水源节能中央空调，装有4部垂直电梯，4个安全通道，铺设无障碍设施。设有2台触摸屏、7块电子显示屏和中心网站等公开平台，设立电子公务监察室、中心机房、大楼安保监控室、消防监控室。

按照“岗、责、权”相统一原则，制订受理、审核、勘验、审批等41项工作标准，同时建立首席代表制、统一受理制、统一收费制、一次性告知制、全程代理制等18项窗口服务制度，于2011年11月8日发布执行。

2011年，引进GB/T19001-2008/ISO9001:2008质量管理体系，建立8个通用服务基础标准体系、5个提供标准体系和10个保障标准体系，制订岗

位规范和服务规范标准445个。2012年3月通过国家认证中心审查，成为全省首家符合ISO9001标准要求的县级行政服务中心。2013年，重新梳理标准体系、岗位规范和服务规范标准，变更42个窗口授权书并公开。

2017年5月，完成4000余平方米办公场所改造，设立综合受理区、自助查询台、自助办理区、自助填写台、集中办公区、洽谈室和档案室等功能区。实现公共资源交易平台、审批窗口和大楼的安防视频监控全覆盖，建立IP网络广播控制中心，实现广播分区控制。

服务平台

2010年，磁县行政服务中心建立网上审批管理系统，由统一受理、网上审批、电子签章、市县联动、短信提醒、评价评议6个子系统构成。

2011年5月，建成县行政服务中心、乡（镇）便民服务中心和村代办室3级服务网络。全县19个乡（镇）均完成“一站两中心”（群众工作站、乡镇便民服务中心和综治维稳中心）建设，并向376个村延伸，建成便民服务室。乡（镇）便民服务中心平均面积达157平方米，按照“一厅式办公、一站式服务”模式，集中办理证照登记、城乡低保、计生服务、土地流转、合作医疗、劳动就业、社会保障等服务事项。

2012年．磁县行政服务中心提升网上审批系统，具备网上查询、表单下载、网上申报、网上审批、网上回复等功能。提高效率，节约时间，综合社会效益提高30%以上。2012年3月，被团省委授予“青年文明号”称号。

2015年，“邯郸市民网”实现群众办事“横向联通（各部门、分中心、公共资源交易平台等）、纵向贯通（省、市、县、乡、村）”目标，磁县政务服务中心对网上审批系统进行升级，与邯郸市民网对接，建立信息公开、投资审批、行政许可、公共服务、公共资源交易和乡村政务6个模块。邯郸市民网—邯郸冀南新区·磁县网络平台完成信息采集、人员培训、校对测试等工作，搭建起市、县、乡、村4级网络服务平台，在全市率先实现网上办理。具有群众网上咨询、预约、申报、交费、评议、查询、投诉等功能。支持电脑、智能手机、自助终端多渠道线下和线上办理，市、县、乡、村多级联动，审批系统提升为办事系统。完善统一受理制、一次性告知制、首问首办负责制等18项窗口服务制度。2015年12月，被国家机关事务管理局、国家发展改革局、财政部评为第二批全国节约型公共机构示范单位，省奖励专项资金10万元。

2016年1月，建成冀南新区·磁县网上办事大厅和全县统一的网上在线审批平台。磁县市民网进驻42个单位和11个乡（镇），承办227项行政许可事项、798项公共服务事项，开通网上预约、网上咨询、网上受理、网上办理、网上评议、网上投诉等服务功能，为办事群众提供实时查询办理进度和办理结果服务。并通过对接邯郸市民网，开通手机客户端，利用手机办理、查询相关事项，进一步提升网上审批系统效率，为群众提供方便快捷的网上办事服务平台。2017年6月，被省质量技术监督局、省质量奖评审委员会办公室授予“河北省服务名牌”称号。

服务主体和办理事项

2010年，行政服务中心首次入驻38个单位和1家金融机构、1家会计事务所，设96个窗口，入驻工作人员200余人，承接行政许可、非行政许可（审批）和服务事项308项。2011年，调整县商务、县水利、县公安和综合窗口等38个入驻部门位置，窗口增至105个，承接行政许可、非行政许可（审批）和服务事项增至385项。

2014年，政务服务中心入驻41个单位和1家金融机构，设105个窗口，办理行政许可、非行政许可审批、公共服务事项382项。2018年，入驻18个单位和1家金融机构，办理行政许可、非行政许可（审批）、公共服务事项290项。

2010 年、2014 年、2018 年磁县政务服务中心入驻单位情况一览表

表 18-2

年份	类别	单位名称
2010	县直单位	安监局　财政局　残　联　城管局　规划局　地税局　地震局　发改局　工商局　公安局　供销社　国税局　国资局　环保局　编　办　教育局　科技局　粮食局　林业局　民政局　民宗局　农工委　农牧局　气象局　计生局　商务局　水利局　司法局　统计局　卫生局　物价局　烟草局　质监局　住建局　交通局　人社局　文体旅局　食药监局
	金融机构	邮储银行
	事务所	正信会计事务所
2014	县直单位	安监局　财政局　残　联　城管局　规划局　地税局　地震局　发改局　工商局　公安局　供销社　国税局　国资局　环保局　编　办　教育局　科技局　粮食局　林业局　民政局　民宗局　农工委　农牧局　气象局　计生局　商务局　水利局　司法局　统计局　卫生局　物价局　烟草局　质监局　住建局　消防队　工信局　交通局　人社局　文体旅局　文广新局　食药监局　农村土地流转中心
	金融机构	邮储银行
2018	县直单位	安监局　财政局　残　联　城管局　规划局　地税局　供销社　国税局　交通局　农牧局　人社局　水利局　卫生局　消防队　烟草局　住建局　环保分局　行政审批局
	金融机构	邮储银行

2010—2018 年磁县政务服务中心窗口办理事项情况统计表

表 18-3　　单位：万件

年份	行政许可	非行政许可	公共服务	合计	年份	行政许可	非行政许可	公共服务	合计
2010	0.21	0.37	7.1	7.68	2015	0.26	—	31.39	31.66
2011	0.71	0.22	15	15.93	2016	0.53	—	34.12	34.65
2012	1.4	0.4	20	21.8	2017	0.24	—	29.58	29.82
2013	0.3	1.96	20.4	22.66	2018	0.7	—	32.88	33.58
2014	0.53	6.75	18.07	25.35	—	—	—	—	—

服务提质活动

2014 年 9 月始，启动“主动服务志愿者在行动”主题活动，成立民生服务大厅、财税服务大厅和审批服务大厅 3 个主动服务志愿队。管委会、窗口工作人员佩戴统一的“主动服务志愿者”标识，以“主动问候一声、主动解释一句、主动帮助一把”为起点，开展“领办服务、导办服务、代办服务”。每年主动为办事群众提供帮助上千余次，转变窗口服务“脸难看、话难听、秩序乱、手续繁、效率低”状况，受到群众好评。

服务热线

2019 年 10 月，承接县群众服务热线和市局

群众服务热线转交事项办理职能后，成立群众服务热线办公室，明确1名副科级干部分管，2名工作人员具体承办。2019年10—12月，共接收市局转办事项87件、群众来电反映事项9件，已办结81件；编发《群众服务热线情况专报》1期。打造为企业和群众解决难事、烦心事的全天候、高效率公共服务平台。

第三节　行政审批

审批队伍与事项

2017年5月磁县行政审批局成立后，磁县政务服务中心管委会整体划转19人，从县工商局、县农牧局、县发改局、县人社局、县环保分局选调工作人员10名，全面配齐队伍。2017年12月19日，将25个部门行使的部分行政许可及关联事项213项分批划转至县行政审批局。

2018年1月，完成21个部门、98项过渡期事项交接工作。开启“一个窗口管受理、一枚印章管审批、一纸清单管流程、一张网络管效率”的审批新模式，承接、办理审批服务事项。至2018年12月，共办理审批服务事项3765件。其中，工商注册事项2379件，食药监事项32件，质监事项180件，安监事项2件，公共服务类527件，项目投资类75件，涉路类11件，道路运输类559件。

审批“一趟清”“不见面”

2018年，行政审批局开展“一趟清”“不见面”审批办理模式，推动“双创双服”（创新、创业，服务发展、服务民生）活动深入开展。“一趟清”“不见面”审批事项列入目录清单90项。3月12日，率先办理付树美申请的“林木种子生产经营许可核发”事项，成为全省县级首个全流程网上办理，实现“不见面审批”零突破。截至9月底，网上办理事项91项，占办理事项总数57.93%。“一网、一门、一次”工作初见成效。

“互联网＋政务服务”

2017年，组织44个邯郸市民网建设单位填写、审定政务服务事项实施编码，为使用“互联网＋政务服务”平台奠定基础。

2018年，组织全县34个政务服务单位向河北省政务服务平台录入757个事项。通过统一身份认证、系统对接、数据交换等多种技术手段，实现政务服务事项的统一申报、统一查询、统一反馈和统一快递。推行政务服务事项全流程网上办理，所有事项上传至政务服务网。县行政审批局按省统一系统采集信息标准，向河北省“互联网＋政务服务”平台政务服务事项管理系统上传事项实施清单105项。其中：

行政许可80项：河道采砂许可；城市建设填堵水域、废除围堤审核；农作物种子生产经营许可证核发；动物诊疗许可证核发；种畜禽生产经营许可；外国人进入渔业部门管理的国家级自然保护区审批；兽药经营许可证核发；渔业自然保护区核心区科研观测调查活动审批；渔业捕捞许可审批；渔业船舶登记；举办健身气功活动及设立站点审批；渔业船舶及船用产品检验；民办非企业单位成立、变更、注销登记；社会团体成立、变更、注销登记；林木采伐许可证核发；林木种子生产经营许可核发；森林高火险期内进入森林高火险区的活动审批；公共场所卫生许可；母婴保健服务人员资格认定；母婴保健技术服务机构执业许可；乡村医生执业注册；卫星电视广播地面接收设施安装服务许可；营业性演出审批；出版物零售单位和个体工商户设立、变更审批；医师执业注册；医疗机构设置审批（含港澳台，外商独资除外）；乡镇设立广播电视站和机关、部队、团体、企业事业单位设立有线广播电视站审批；互联网上网服务营业场所经营单位设立审批；文艺表演团体设立审批；娱乐场所设立审批；实施中等及中等以下学历教育、学前教育、自学考试助学及其他文化教育的学校设立、变更和终止审批；校车使用许可；教师资格认定；企业设立、变更、注销登记；名称预先核准（包括企业、企业集团、个体工商户、农民专业合作社名称预先核准）；农民专业合作社设立、变更、注销登记；企业集团核准登记；广告发布登记；食品（含保健食品）经营许可；药品经营许可证（零售）；关闭、闲置或者拆除生活垃圾处置的设施、场所核准；必需经水路运输医疗废物审批；地方级自然保护区的设立、调整审核；防治污染设施拆除或闲置审批；危险废物经营许可；燃气经营者改动市政燃气设施审批；燃气经营许可证核发；特殊车辆在城市道路上行驶审批；依附于城市道路建设各种管线，杆线等设施审批；采矿权新立、延续、变更登记发证与注销登记；采矿权转让审批；开采矿产资源划定矿区范围批准；矿山地质环境保护与治理恢复方案批准；土地复垦验收确认；土地开垦区内开发未确定使用权的国有土地从事生产审查；道路货运经营许可；道路旅客运输经营许可；道路运输站（场）经营许可；港口采掘、爆破施工作业许可；更新采伐护路林审批；公路建筑控制区内埋设管线、电缆等设施许可；海洋环境保护设施拆除或闲置许可；机动车驾驶员培训许可；机动车维修经营许可；跨越、穿越公路及在公路用地范围内架设、埋设管线、电缆等设施，或者利用公路桥梁、公路隧道、涵洞铺设电缆等设施许可；设置非公路标志审批；在公路增设或改造平面交叉道口审批；船舶进行散装液体污染危害性货物过驳作业审批；大型设施、移动式平台、超限物体水上拖带审批；船舶进入或穿越禁航区审批；通航水域岸线安全使用和水上水下活动许可；载运危险货物和污染危险性货物进出港口审批；船舶油污损害民事责任保险证书或者财务保证证书核发；大型（441 千瓦以上）海洋捕捞渔船渔业许可审批；水产苗种生产审批；水域滩涂养殖证审核；在草原上开展经营性旅游活动审批；猎捕非国家重点保护陆生野生动物狩猎证核发；企业、事业单位、社会团体等投资建设的固定资产投资项目核准；固定资产投资项目节能评估和审查。

行政确认 7 项：股权出质登记；由于工程施工设备维修等原因需停止供水的批准；从事城市生活垃圾经营性清扫、收集、运输、处置服务的审批；关闭、闲置或拆除生活垃圾处置设施、场所的核准；在城市公共绿地内设置广告牌及其它设施批准；在通航河流上设置专用标志的同意；因特殊原因确需临时占用、挖掘、改动、迁移市政设施审批。

行政监督 7 项：开办旅行社许可；二、三级运动员、三级裁判员、三级社会体育指导员技术等级称号审批；非药品类易制毒化学品（三类）经营备案证明核发；危险化学品生产、存储、使用企业安全评价报告备案；放射源、进口装有放射性同位素仪表登记备案；限制进口列入规定目录的固体废物的初审；医疗广告的审查。

其他权利 11 项：农药广告审查；设立公益性公墓；地名的命名、更名审核；野生动物经营利用许可；野生动物驯养繁殖许可；特殊工时制度审批；护士执业、变更、延续注册；初级民办职业培训机构设立审批；特种设备注册登记；政府投资项目审批；固定资产投资项目备案。

21 项使用市级以上办公系统，84 项应用“互联网 + 政务服务”平台办理。

第六章　法制办理与政务公开

第一节　政府法制与办理工作

行政复议

1999—2018 年，审理行政复议案件 200 余件，涉及各乡（镇）政府及公安、国土资源、交通、林业、环境保护、计划生育、城市建设及管理等政府部门，全部审结。既维护公民、法人及其他组织的合法权益，又支持各行政执法单位依法开展工作。

行政应诉

1999—2018 年，代理县政府行政诉讼案件 126 件，维护县政府依法行政形象。

附：行政应诉案例

2000 年，磁县驻京办事处（磁县驻京宾馆）与该宾馆承包人霍 ×× 的宾馆拆迁补偿款纠纷一案。县法制办受县政府委托代理县政府参加诉讼，认为该案应由被告所在地磁县法院管辖并提出管辖权异议，最终北京市丰台区法院将该案移送至磁县法院审理，最终为县政府挽回经济损失 320 万元。

2008 年，邯郸市大地房地产开发有限公司与县政府的北三环路合作协议纠纷一案。邯郸市中

级法院一审判决县政府向大地公司赔偿1500万元。县政府不服一审判决提出上诉，县政府法制办代理县政府应诉此案，河北省高级法院二审改判县政府向大地公司补偿477万元，为县政府挽回经济损失1023万元。

2017年，邯郸县法院执行第三人磁县政府履行张××对磁县金环污水处理有限公司到期债权一案。因磁县金环污水处理有限公司拖欠债权人张××450万元，磁县法院调解县政府向磁县金环污水处理有限公司支付建设污水处理厂工程款1687万元，邯郸县法院以磁县金环污水处理有限公司对案外第三人磁县政府有到期债权为由，指令磁县政府向磁县金环污水处理有限公司的债权人张××支付450万元。磁县政府认为邯郸县法院的执行通知将直接影响金环公司对煤化工园区污水处理厂拖欠多家建设单位工程款的兑付。县政府法制办代理县政府向该院提出执行异议后，邯郸市中级法院依法裁定，撤销邯郸县法院对县政府的执行裁定，为县政府挽回经济损失450万元。

行政执法监督

1999—2018年，制订完善执法案卷评查、执法责任追究、行政执法统计、依法行政考核等系列行政执法监督制度。

创新“三个深入”督导法，开展专项督导，提高行政执法水平。深入县交警大队、县交通运输局、县城管等执法单位岗亭、巡防点，检查执法人员持证执法、全过程记录执法、有无以罚代管等行为。深入行政执法单位，就执法案卷规范、处罚依据、处罚幅度、处罚结果等方面督导。从源头杜绝以罚代管、以罚养人。

深入企业走访，了解行政执法人员执法过程中有无以罚代管等问题。对收集问题梳理后反馈到执法单位，督导整改落实。

每年6月和12月，对全县行政执法案件进行统计汇总，对半年内的执法行为进行研判分析并及时上报上级法制机关。每年3月对行政执法单位所持有的罚没许可证进行年检，对不再具备执法主体资格的罚没许可证及时核销清理。

严把行政执法人员入口关、年检关、清理关。每年每名执法人员培训时间不少于40课时。对不具备继续执法资格的执法人员收回证件，按照程序进行注销和公示。

严格落实规范性文件“三统一”（统一公众参与、专家咨询、合法性审查）制度，提升规范性文件制作水平。同时，将印发的规范性文件及时送至上级法制机构备案。每两年进行一次规范性文件清理。将清理结果在报纸、网站进行公示。

2015年，全面建立政府法律顾问制度。通过县、乡、村法律顾问制度网络化建设，实现“一村（社区）一法律顾问”，做到县内法律顾问全覆盖。

2017年，推进行政执法三项制度建设。行政执法单位编辑《行政执法手册》并经法制办审核后印制成册。执法手册的基本内容包括：1（1个方案：三项制度实施方案）+3（3个办法：执法公示具体办法、执法全过程记录具体办法、重大执法决定法制审核具体办法）+4（4类文本：各类执法流程图、行政服务指南、执法文书样本、重大执法决定法制审核流程图）+5（5个清单：行政执法事项清单、行政执法人员清单、音像记录事项清单、随机抽查事项清单、重大执法决定法制审核事项清单）。

35个执法单位、42个执法主体在县政府门户网站开设的执法公示专栏将执法手册所涉内容进行公示，并适时更新执法内容，及时发现问题、解决问题。

建议提案办理

1999年后，县政府在人大代表建议和政协委员提案的办理工作中，围绕“抓住重点、解决难点、突出亮点”原则，把代表、委员普遍关心的县域调整经济结构、全县重点工程、食品药品安全、改善民生、社会保障和安全生产等方面作为重点办理。对代表、委员提出的情况复杂、办理难度较大的建议提案，要求承办单位的主要负责人亲自督办；对涉及多个部门的，要求主办单位担负牵头责任，协办单位积极参与，确保办理进度；加强跟踪督办，要求各承办单位列出清单，明确分工，明确时限，落实责任。严格奖惩：创新建议提案办理工作考核机制，将办理建议提案工作纳入机关考核范围，考核结果与表彰奖励、绩效待遇挂钩，最大限度地调动和激励办理工作的积极性。

1999—2018年，共收到人大代表建议3283

件、政协委员提案 3929 件。建议提案按时办结率、答复意见规范化率和走访率均达 100%；建议、提案中所提问题得到解决和基本解决的比例达 85%；代表、委员满意率 95% 以上。

1999—2018 年承办县人大代表建议和政协委员提案情况统计表

表 18-4　　　　单位：件

年　份	人大代表建议	政协委员提案	年　份	人大代表建议	政协委员提案
1999	90	155	2009	252	292
2000	86	187	2010	108	243
2001	80	146	2011	226	276
2002	92	136	2012	230	275
2003	99	144	2013	193	271
2004	176	90	2014	211	216
2005	188	140	2015	143	147
2006	184	122	2016	104	216
2007	374	293	2017	152	216
2008	206	156	2018	89	208

第二节　政务公开

政务公开机构

1998 年，磁县成立政务公开工作领导小组办公室，设在县劳动人事局。2001 年后，县政务公开工作领导小组办公室划归县政府办公室。至 2018 年未变。

政务公开工作

1999 年，继续推进全县政务公开工作。同时推行村务、厂务、校务公开工作。在县城朝阳大街建立“收费项目标准公开”一条街，公布监督电话。成为企业和群众心目中一张“明白卡”。群众称“街上走一走，收费政策心中有”。2001 年 12 月，印发《磁县推行涉农价格和收费公示制度实施方案》，采用公示栏、公示牌、价目表、收费表、墙报、公告推行涉农价费公示制度。2002 年后，建立县、乡（镇）、村及农户“三级四层”公示网络。在 19 个乡（镇）建起乡（镇）涉农价费公示栏。在村建立《涉农价费主要项目标准》公示牌。2008 年 5 月 1 日《中华人民共和国政府信息公开条例》施行后，磁县对政府信息公开工作进行全面安排部署，进一步加大政府公开力度。2016 年 12 月 12 日，印发《磁县人民政府办公室关于在政务公开工作中进一步做好政务舆情回应的通知》，明确舆情回应主体、时间及方式，建立舆情回应机制，做到舆情早发现、早回应。2017 年 7 月 25 日，印发《磁县人民政府办公室转发〈邯郸市人民政府办公厅关于印发邯郸市行政执法公示办法的通知〉》的通知，落实行政执法公示公开、公正、合法、全面、及时、准确、便民原则，及时公开行政执法各类信息。2018 年，县政府网站发布《磁县行政事业性收费和政府基金目录清单》《磁县涉企收费目录清单》。是年 4 月 12 日，印发《磁县人民政府办公室关于印发磁县推进重大建设项目批准和实施领域政府信息公开实施方案的通知》，建立健全协调机制，明确责任分工，全面做好重大建设项目批准和实施领域的政府信息公开工作。至 2018 年，累计公开行政处罚信息 1567 条、建设项目批准和实施领域政府信息 1623 条。其后创建公开专区，拓展公开渠道，实现县乡村三级覆盖，解决服务群众“最后一公里”问题。2020 年 11 月 5 日，县政府办公室张金璞受

邀到雄安新区就政务公开工作授课并介绍磁县的经验做法。是月，中国政府网《政务公开工作交流》以“邯郸市磁县政务公开县乡村三级全覆盖用心服务基层群众”为题介绍做法。

第七章　招商引资

第一节　招商引资管理

机构

1993 年 6 月，磁县经济技术协作办公室与磁县对外开放办公室合署办公，称磁县对外经济技术协作办公室。2002 年更名为磁县开放办公室，加挂磁县招商合作局牌。2006 年，磁县开放办公室（招商合作局）撤销，对外开放、招商引资职能与其他 3 个单位的职能整合，组建磁县商务局，下设招商办公室。2009 年底，招商办公室更名为磁县招商合作局，下设秘书股、对外招商合作股、经济技术项目协作股。至 2018 年，编制 7 人。

组织领导

1999 年后，随着中国加入世界贸易组织（WTO）和西部大开发战略的深入实施，招商引资事业随之发展。磁县立足县情，充分发挥地理优势及煤炭等产业和资源的优势，从组织领导、地企协作、工作推动等方面加强力量，建立高层推动、各级联动的运行机制。对于重大项目，县主要领导考察洽谈，接待客商，主持召开会议研究解决涉及项目的重大事项。2002 年后，推行招商引资目标责任制，将招商引资任务层层分解到乡（镇）和县直各部门，由县招商局会同县委督查室、县政府督查室，定期检查任务落实情况。年底考核，对任务完成好的表彰奖励、未完成任务的通报批评，并作为部门考核和干部晋升的依据之一。

2014 年后，改全民招商为乡（镇）、园区、企业、部门招商，责任进一步明确，奖励力度进一步加强。2017 年，为实施“工业强县、旅游活县、城镇立县”发展战略，切实提高招商引资质量和水平，县委、县政府出台《关于进一步强化全员招商的实施意见》，要求县四套班子和漳河经济开发区党工委、管委会每名县级领导本人或指导分管部门、分包乡（镇）至少引进 1 个投资 5 亿元以上大项目；每个乡（镇）、县直部门要引进 1 个投资 1 亿元以上的项目。

2018 年，成立全员精准招商工作领导小组，由县委书记、县长分别任政委和组长，主管副县长、漳河经济开发区管委会常务副主任任常务副组长，其他县级领导任副组长，县直有关单位和各乡（镇）主要负责人为成员。领导小组下设政策信息组、帮扶落地组和 7 个产业招商组：城建项目产业组，新材料、新能源及智能装备制造产业组，全域旅游产业组，大数据、云计算产业组，现代特色农业产业组，童装产业组，招才引智组。

第二节　招商引资政策

1998 年，县政府出台《关于进一步鼓励外商投资的若干规定》，对外商投资在税费减免、就业安置、项目审批、建设用地等方面提供优惠政策。

2005 年，出台《磁县利用外资奖励办法》，对县内机关团体、企事业单位或个人利用或介绍县外资金在磁县开展项目合资、合作、独资办企业或以其他方式投资，视实际到位的县外资金情况进行奖励。

2011 年，针对县重点支持发展的装备制造、节能环保、生物技术、信息技术、新能源、新材料、新能源汽车、现代服务等 8 个产业，县委、县政府出台《磁县招商引资奖励办法》，对用地集约、财税贡献大的项目，企业固定资产投资完成后，给予每亩 2 万元奖励；项目投产缴税后，每年按企业实际缴税县级留成部分的 20% 给予企业扶持奖励；项目建设期间县级行政事业性收费免缴，投产后实行低限征收；引资者与县政府签订引资协议，并予以公证、公示；项目建成后，按项目固定资产实际投资额的 5‰给予引资者一次性奖励等。

2017 年，县委、县政府出台《2017 年招商引资考核奖励办法（试行）》，将全县乡（镇）、县直各单位分为 6 个考核小组，进行月统计、季通报、年终综合考评，设置优秀单位奖、特殊贡献奖、优秀个人奖，对社会引资机构或主要引资人设置红娘奖、税收贡献奖等，增强全员招商引资的积极性。

2018 年，县委、县政府出台《关于进一步强化全员招商、突出精准招商的实施意见》，强化“始终把招商引资作为‘一号’工程”的理念，围绕新材料、新能源、大数据、云计算、智能装备制造等战略性新兴产业和全域旅游、医疗康养等现代服务业进行招商引资，面向京津、长三角、珠三角、港澳台、雄安新区等重点区域精准招商。

第三节　招商引资活动

1998 年后，随着改革开放的深入扩大，县委、县政府依据时势改变政策，把“引得进、留得住、办得好、都受益”作为基本原则，在“早”“准”“实”三个字上做文章。多种方式的招商活动取得实际成效。

组团外出招商引资

1998 年后，招商活动以召开项目签约会为主，兼具综合性招商会、投资环境推介会、产业发展说明会等。围绕省、市组织的各类经贸招商活动，组织参加广州交易会、深圳高交会、河北省（香港）投资贸易洽谈会、“9·8”厦门投洽会、“5·18”廊坊投洽会、中国—东盟博览会、跨国公司商务洽谈会等经贸招商活动，开展产业招商、专题招商、点对点招商、以商招商等精细化务实招商活动，加快“走出去，引进来”步伐。对外曾到欧美发达国家，对内重点加强与京、津和环渤海地区对接，拓展与珠三角、长三角地区的合作，深化与港台地区的经济合作。瞄准世界 500 强、中国 500 强、中国民营企业 500 强等目标，制订完善产业招商目录。会见客商累计达 1000 多人次。

分组招商引资

2015 年 3 月底，在全县范围内组建 4 支招商队伍，包括台湾综合产业组、煤化工循环产业组、童装商贸产业组、节能环保装备制造产业组，分别开展重大产业项目的招商引资工作。同时，成立现代农业、商贸服务、城镇建设、旅游文化专业招商队伍，由各对口副县长任组长并具体负责对口产业招商。

2017 年，成立以县委书记为政委、县长为指挥长的全员招商工作指挥部，下设招商工作政策信息组、帮扶落地组和 6 个产业招商组，分别是城建项目产业组、循环煤化工和装备制造产业组、电子信息产业组、商贸物流产业组、文化旅游产业组、童装产业组。每个招商组确定牵头部门，变大规模招商活动为小规模、小兵团招商。

办会招商引资

2009 年 11 月 20 日，河北国际服装博览会暨首届邯郸（磁县）童装节在邯郸召开，由邯郸市人民政府、河北省贸促会主办，磁县人民政府、邯郸市商务局、邯郸市贸促会承办，为期 3 天，举行项目推介、服装展示、高层论坛、模特表演等活动。展会展出面积 2 万平方米，设标准展位 480 个、特装展位 46 个；600 多家参展商、6000 余家采购商参与展会，联邦圣罗兰、意大利华伦天奴和袋鼠、美国苹果、法国诺诗琪等 20 余海外知名品牌和雅鹿、鲁宾汉、雪中飞等 30 多家国内知名品牌应邀参展。此次服装节盛会共签约项目 12 个，家纺布衣、煤化工、新型超微孔生产线、冶金机械、有机化工、北京峰华观光农业、凌峰植物园等大项目落户磁县。

2009 年磁县童装节开幕式

2010—2015 年，磁县和台湾连续 6 年交替举办海峡两岸中小企业合作发展论坛，首届于 2010 年 8 月 23 日在磁县举办。此次签约项目 16 个，总投资 59.1 亿元。其中台资项目 5 个，投资 13.3 亿元。2012 年 9 月 25—27 日，第三届在磁县举办，此次签约重点项目 24 个（其中台资项目 6 个），总投资 209.7 亿元，均为超亿元项目，引进资金 206 亿元。2014 年 9 月 17—18 日，第五届在磁县举办，此次签约项目 16 个（其中台资项目 10 个），总投资 292 亿元，协议引进资金 155.8 亿元。

首届海峡两岸中小企业合作发展论坛开幕式

其余 3 届先后在台湾举办。第二届签约项目 21 个，总投资 68.1 亿元；第四届签约项目 21 个；第六届达成 15 项合作成果。

第四节　营商环境优化

政府主导

1999 年，优化经济发展环境初见成效。全县个体工商户和私营企业达 3.2 万户，上交税金占全县工商税收 38.6%，成为全县经济发展的重要力量。2000 年，县政府提出“把磁县建成投资成本低、发展环境优越的投资热点地区”发展目标。先后建立项目审批中心、环境优化投诉中心和县长公开电话受理服务中心，推动市场经济秩序规范发展。2007 年后，强化行政服务中心功能管理，行政许可审批环节由 1059 个减至 910 个，审批用章由 362 枚减至 300 枚。

2009 年，推进行政审批制度改革，行政许可事项由 276 项减至 155 项，规范清理收费项目 125 项；加强项目、企业周边环境综合整治，优化发展环境。2013 年，深入开展“双减双提”活动，行政许可事项取消 16 项，非行政许可审批事项取消 6 项，行政监管事项削减 53 项，工作效率提高；实行“入企检查备案”“企业安静生产经营日”等制度，加强效能监察，发展环境进一步优化。2014 年，落实“两个零接触”“涉企一口收费”“双向倒逼”等制度，发展环境明显改善。2016 年，加快行政审批制度改革，推进“四个清单”“三级平台”建设；深化商事制度改革，推行“多证合一”。2017 年，推进“放管服”改革；开展“扶工助企”活动，帮助重点企业解决问题 300 余个；营商环境不断优化，新增市场主体 5541 家，增长 16.9%，农村电商实现乡（镇）全覆盖，民营经济增加值增长 3.5%。

2018 年，深化“放管服”改革，承接落实上级取消和下放行政许可事项 39 项，清理取消公章 1052 枚，“六个清单”编制完成，90 项审批事项实现“‘互联网 + 政务服务’一网通办”；新增规上企业 15 家、高新技术企业 3 家、科技型中小企业 83 家、市级以上科技企业孵化器和众创空间各 2 家；78 家创业实体入驻磁县创业孵化基地，全年新设市场主体 6625 家；继续开展“扶工助企”活动，帮助困难企业解决 82 个问题，全年民营经济增加值增长 7%。

民主评议

1999—2003 年，先后民主评议县公安、县交通、县卫生、县文教、县环保等 47 个部门行风，查找问题 380 余条，逐一整改并向群众答复，形成“以评促纠、以评促建”有效机制。2004 年，磁县民主评议工作受到市纪委的肯定。2006 年，把民主评议和纠风工作紧密结合，组织开展“互评”“下评上”等活动，听取群众的意见和呼声。

2007 年，延伸民主评议触角，在 51 个参评部门的基础上，对 235 个基层站所进行评议。2008 年，创新工作机制，实行“走访 + 评议”，走访企业 100 余家，发放问卷 1.7 万余份，梳理汇总意见、建议 749 条，有针对性地督促参评部门整改。还开展“百家企业评部门”活动 2 次，促进被评议部门的作风建设。2009 年，充分发挥“磁县民评网”作用，实施网上评议，促进社会各界群众更直接、更方便地参与民主评议活动。2010 年，将原 55 个参评部门增至 71 个、235 个基层站所增至 246 个。

2011 年后，采取“随机测评、适时解密、巧

妙通知、严把入场”等措施，严格民主评议工作，提高其认可度。2015年，还设立服务企业110热线，设置多部投诉举报电话，接受企业、群众有关投资创业、生产销售等方面的投诉举报。

第五节 招商引资成果

招商成果

1998—2007年，招商落地项目有华龙精粉、雪驰、露露等。仅林坛工业园区入驻企业15家。

2008—2011年，磁峰工业聚集区、林坛装备制造园区、滏泉湖风景区、童装产业园区、漳河生态科技园区5大园区呈现强劲增长态势，入园企业52家，完成投资68亿元。

2012年，签约项目42个。2013年，签约项目7个，合同引进资金106亿元。

2014年，签订利用外资合同5个：台湾民俗文化项目、农产品交易中心项目、清展科技门窗项目、中小企业孵化园项目、LED封装组装暨LED植物工厂。合同利用外资3亿多美元。

2015年，签约落户10个项目：投资30亿元的中化集团精细化工产业园、投资2亿美元的智能电视项目、投资10亿元的中材科技风电叶片项目、投资10亿元的兴业新能源贾壁光伏发电项目、投资10亿元的莱克汽贸城项目、投资10亿元的四川健康城项目、投资30亿元的颐高集团电子商务、广通路桥宏伟机械新材料基地、投资5亿元的安徽华源医药物流园项目、投资4.8亿元的苏州爱康集团白土50兆瓦光伏发电项目。

2016年，签订项目协议17个：投资30亿元的颐高电子商务产业园、投资40亿元的光伏发电中源项目、投资24亿元的华润磁县300兆瓦风电项目、投资30亿元的银泰合作、投资1亿美元的亚洲创想生物医药中心项目、投资2亿美元的休闲食品项目、投资6亿元的食用清洁剂北方生产基地项目、投资16亿元的AAS高分子材料等项目。

2017年，签约项目14个，总投资350亿元，分别是滏泉湖旅游综合开发项目、共建共享经济示范区、建设中国氢分子生物医学发展研究中心河北基地项目、衡水中学邯郸分校、申美集团与深圳百时得公司合作的新型节能、北京光环时代PPP项目、大唐河北发电公司开发风电项目、新疆同德能源磁县区域能源综合利用项目、魏晋文化旅游创意产业区、县经济开发区与中化集团合作的碳微球等项目。

2018年，合作协议、合同项目8个：磁县区域综合智慧绿色能源项目、干熄焦及余热发电项目、亚洲牛蒡和紫薯生物科技研发基地项目、光热产品装备制造项目、新型保温材料项目、康养小镇项目、中信运动健康城项目和育种育苗培育实验室项目。

引资成果

2003—2018年磁县引资数额统计表

表18-5　　单位：万美元

年份	引资数额	年份	引资数额	备注
2003	556.8	2011	3203	
2004	805	2012	4516	
2005	852	2013	5305	
2006	937	2014	5401	
2007	1160	2015	2765	
2008	1795	2016	—	
2009	2714	2017	248	万元
2010	2781	2018	106	万元

第八章　安全应急管理

第一节　机　构

安全生产委员会办公室

1999 年，磁县劳动人事局内设安全生产委员会办公室，负责矿山安全监察、劳动安全监察、锅容管特（锅炉、压力容器、压力管道、特种设备）安全监察工作。2001 年 7 月，磁县安全生产委员会办公室改设经贸委。2003 年 8 月，磁县安全生产委员会办公室改设磁县安全生产监督管理局。

安全生产监督管理局

2003 年 8 月，组建磁县安全生产监督管理局（挂磁县安全生产委员会办公室牌），下设办公室（挂人事财务股、安全生产协调股牌）、监督管理一股（挂政策法规股牌）、监督管理二股（挂安全生产应急救援办公室、规划科技股牌）和安全生产联合执法大队。磁县煤炭管理局撤销，设磁县煤炭管理办公室，并入县安监局（人、财、物独立）。2004 年 3 月，设特种作业人员培训中心。2006 年 4 月，设监督管理三股、危险化学品安全监督管理股。2006 年 7 月，县安监局属县政府行政部门，下设煤炭管理办公室，行政编制 7 人。

2009 年，将煤矿安全监管职责划归冀中能源峰峰集团邯郸磁州煤业有限公司。2010 年 3 月，县煤炭管理办公室归县安监局管理（人、财、物不再单设），为科级事业机构，内设煤炭市场管理办公室。2011 年 9 月，下设 7 个股室：办公室、编制人事股、安全生产协调办公室、安全监督管理一股、安全监督管理二股、安全生产应急救援办公室（挂职业安全健康监督管理股牌）、煤炭市场管理办公室。行政编制 10 人。

2012 年 8 月，设安全生产执法监察大队、磁峰工业聚集区安监站。2013 年 12 月，煤炭市场管理办公室取消。2016 年 3 月，煤炭管理办公室增设综合股。2017 年 12 月，磁峰工业聚集区安监站更名为磁县经济开发区安监站。

至 2018 年，下设 10 个股室：办公室、编制人事股、安全生产协调办公室、安全监督管理一股、安全监督管理二股、安全监督管理三股、安全生产应急救援办公室（挂职业安全健康监督管理股牌）、煤炭管理办公室综合股、安全生产执法监察大队、磁县经济开发区安监站。行政编制 12 人。

应急管理办公室

2005 年，磁县成立突发公共事件应急委员会，统筹指挥、统一协调全县应急管理工作。下设安全生产、重特大交通事故、防汛抗旱、抗震救灾、动物疫病防治、食品安全等 20 多个专业应急指挥部。2007 年，要求各乡（镇）、县直各单位均成立相关应急管理组织。

2008 年 6 月，县政府应急管理办公室成立，为副科级规格，由县政府办公室管理。行政编制 4 人，副科级职数 1 人，股级职数 2 人，下设预案编制科和应急处置科。至 2018 年，分类管理、分级负责、条块结合、属地为主的应急管理体制在全县基本建立。

第二节　安全培训

安全知识培训

1999 年，组织全县煤矿企业学习《中华人民共和国煤炭法》《中华人民共和国矿山安全法》。2002 年后，组织全县企业学习《中华人民共和国安全生产法》。2014 年后，先后组织全县企事业单位 5280 人学习新修订的《中华人民共和国安全生产法》。

安全技术培训

1999 年，培训县内企业特种作业人员，包括电工作业、金属焊接（切割）作业（不含锅炉容器）、起重作业、企业内机动车辆驾驶、建筑登高作业、锅炉司炉工，课时为 100 学时，考核成绩合格者颁发特种作业人员操作证。2001 年，成立磁县安全培训中心。2002 年，培训电工、焊工（气焊）、建筑登高架子工 500 余人。

2004 年，磁县特种作业人员安全技术培训中心负责全县特种作业人员培训。是年 4 月举办第一期培训班（厂内机动车辆驾驶），受训人员 40

余人。全年累计培训600余人。2006年，注册成立磁县科达安全技术培训服务中心，业务范围包括一般企业管理人员、特种作业人员及生产经营单位其他从业人员全员培训。各企业主要负责人和安全管理人员，委托河北保信安全生产评价咨询服务有限公司（简称“保信公司”）培训，各企业职业卫生和应急救援专项培训工作也列入培训计划。全年培训企业从业人员共计5000余人。

2007年9月，编印《企业员工安全生产培训教材》5000册，要求企业从业人员统一使用新编培训教材。2008年，编印《烟花爆竹经营单位从业人员安全培训教材》500册，用于烟花爆竹零售从业人员培训。县内各企业其他从业人员统一使用由省安监局印制的分行业培训教材。

2009年，企业主要负责人和安全管理人员不再委托保信公司培训，高危企业主要负责人和安全管理人员按规定分别由省、市相关培训机构进行培训，一般企业安全管理人员由县科达培训中心进行培训。全县教育系统、卫生系统安全管理人员纳入安全培训范围，全年培训从业人员共计7000余人。2011年，县安监局设立培训股，负责对企业安全培训进行监管，对培训机构安全培训业务进行指导。

2018年1月起，安全培训业务交由社会培训机构承办。全年培训人员6900余人。1999—2018年，累计培训人员9万余人次，发放培训教材及学习宣传手册10万余册。

第三节　安全生产监管

隐患排查整治

1999年始，每季度召开防范例会，开展有针对性地安全检查。

2003年起，每年制订年度安全监管执法工作计划。元旦、春节、“两会”“五一”等节日期间，组织全县各乡（镇）、部门开展安全生产检查活动，消除安全隐患。检查中，对发现的安全生产违法行为实行“四个一律”（生产经营建设场地一律关闭，有关单位和责任人一律按上限予以经济处罚，责任单位一律停产整顿，触犯法律的有关单位和人员一律依法追究责任），“五个一批”（曝光一批重大安全隐患、惩治一批典型违法行为、通报一批“黑名单”生产经营企业、取缔一批非法违法企业、关闭一批不符合安全生产条件的企业）措施。落实安全生产停供电审批制度，实行举报奖励制度。

2008年，开展“迎奥运　保安全”矿业秩序、交通秩序、旅游设施、特种设备等各类安全隐患排查和专项整治活动。

2015年，省安监局推行安全生产隐患排查治理体系建设，磁县54家企业纳入。2017年后，开展“双随机、一公开”（随机抽取检查对象、随机选派执法检查人员，抽查情况及查处结果及时向社会公开）执法模式，开展11次活动，对22家企业进行执法检查，发现隐患106条，并全部整改到位。

2018年，出动执法检查人员3568人次，聘请各行业安全专家36人次，排查企事业单位863家次，发现安全隐患2353处，整改到位2327处，整改率98%。危化行业实施“安全管家”管理模式，开展3轮“安全管家”监管，发现安全隐患和问题1582条，立案处罚企业14家，约谈企业3家。

完善安全生产监管

2004年始，每年与各乡（镇）、园区管委会以及36个重点涉安部门、重点企业签订年度安全生产目标管理责任书，层层分解落实安全生产责任。建成煤矿安全生产检测监控中心，成立联合执法大队，对涉煤乡（镇）和主管部门实行风险抵押金制度，开展消防、烟花爆竹、交通安全等专项整治活动。

2005年，构建“平安磁县”，开展煤矿、消防、烟花爆竹、道路交通、危险化学品等安全专项整治活动，突出抓好煤矿安全生产。2006年，组建两个执法队，负责对生产经营单位安全生产进行日常执法监察。落实煤矿监管责任制，鼓励乡（镇）煤矿关井和烟花爆竹企业转产。

2008年，加快煤炭资源整合步伐，域内小煤矿全部实现重组。

2009年，率先在全市开展“三化”（安全生产监管精细化、安全生产标准化、隐患排查制度化）建设。2011年，乡（镇）书记、乡（镇）长共同签订安全生产责任状，实行“党政同责”。2012年，深入开展“打非治违”专项行动，治理纠正违规违章行为2317起，安全生产形势稳定好转。

2017—2018年，全县开展安全生产网格化管理建设工作，纳入企业75家。组织编印《行政执法工作手册》，推行行政执法公示制度、执法全过程记录制度、重大执法决定法制审核制度。制订磁县安全生产监管权利清单：行政处罚42项，行政强制3项，行政监督10项，其他类3项。

第四节　应急工作

应急预案体系建设

2005年，制订《磁县人民政府突发公共事件总体应急预案》。至2009年，先后制订完善《磁县安全生产事故灾难应急预案》《磁县自然灾害救助应急预案》《磁县突发重大动物疫情应急预案》《磁县食品安全事故应急预案》《磁县处置群众性治安事件应急预案》等涉及自然灾害、事故灾难、公共卫生事件、社会安全事件的四大类20件县级专项应急预案，辑印成册。2007年，各乡（镇）、各部门均完成相应应急预案编制完善工作。

2013年9月，县级应急网络平台与省、市实现联网运行。至2018年，形成全县“横向到边、纵向到底”的应急预案体系。

应急场所与队伍

1999年后，建立应急物资动态储备和管理工作制度，强化生产供应、调拨配送的科学性和高效率，保障各类应急物资处于良好备用状态。

在城区设立博物馆广场和城隍庙广场两个中型Ⅱ类标准应急避险避难场所，设立县一中体育广场等12个临时性应急避难场所。至2018年，全县已建、在建6级人防工程面积约3.98万平方米；兼顾人防技术标准已建、在建普通地下室工程合计面积约23.29万平方米，其中经加固后可兼做人防工程的普通地下室面积约19.31万平方米。

2005年，新建10所动物疫情检测站，工作人员上岗并投入工作运行。2018年，全县形成以综合应急救援队伍为骨干，抗洪抢险、森林消防、矿山救护、地震搜救、动物防疫、医疗救护等专业应急救援队伍各负其责，社会、企事业兼职队伍、志愿者队伍和武警部队共同参与的应急队伍体系。各乡（镇）均建立应急救援队伍。

应急演练及宣传

2007—2018年，每年定期组织各类突发公共事件应急演练活动，并根据演练中发现的新问题和新情况及时完善相应应急预案。2007年始，县地震局每年在全县中小学校开展地震应急演练，已成为各校秋季开学“安全第一课”。县水利局和各乡（镇）每年汛期前组织开展防汛应急演练，并于2008年7月在东武仕水库组织大规模民兵抗洪抢险演练。此外，积极承担省、市组织的大型演练活动。2008年7月在北贾壁乡开展邯郸市泥石流地质灾害应急避险演练，2015年5月在漳河林场举行河北省卫生应急队伍自然灾害卫生应急实战拉练，2016年10月河北省南部市、县人防系统秋季大练兵活动在磁县举行，2018年6月在磁县经济开发区开展危险化学品泄漏事故应急演练。同时，利用国家“防灾减灾日”活动等多种平台，开展各种形式的应急科普宣教活动，不断增强广大民众应急避险意识和防灾减灾能力。

应急处置

2003年，通过抗击“非典”的成功实战，建立和完善突发公共卫生事件应急机制和疫病信息网络、预防控制、应急救治三大体系，全县的公共卫生安全得到加强。2004—2018年，成功应对处置县内各种突发公共应急事件。先后有2004年台城乡家禽异常死亡、2009年甲型H1N1流感疫情、2009年11月暴雪灾害、2012年9月朝阳学校学生食物中毒、2013年1月浊漳河上游突发性水污染、2016年3月磁县农村信用合作联社部分网点存款集中异常支取和“7·19”特大洪灾等。

第九章　其他政务

第一节　政务信息调研

机构

1996年12月，县政府办公室设信息科。2010

年，信息科改为经研信息科。2017年6月，经研信息科改为磁县人民政府信息中心，升格为副科级事业单位。

政务信息

1999—2018年，围绕县政府中心工作，本着“服务领导、服务群众”原则，共编发各类政务信息6000余期，向省政府办公厅、市政府办公厅（室）上报信息1万余篇。此外，撰写新闻稿件2000余篇、领导署名文章100余篇等。2000年始，该项工作连续20年为全市优胜单位，2008—2010年连续三年位居全市第一。《“安全管家”管安全—磁县引入“第三方服务”模式创新危化企业安全生产监管机制》于2019年4月24日，被省政府省长许勤签批：“请省应急厅、工信厅阅研，好的经验可全省推广。”

政务调研

1999—2018年，围绕全县年度重点调研课题以及民众普遍关注的社会热点难点问题，深入开展调研，掌握第一手资料，形成调研报告供领导参阅，为科学决策提供依据。先后就煤化工循环经济、大气污染综合整治、社会养老体系构建、东武仕水库网箱养鱼清理、打造生态农业等课题撰写调研文章200余篇。其中，《关于磁县农村土地流转情况的调查与思考》《以循环经济理念做大做强煤化工产业——关于磁县煤化工循环经济示范区建设的实践与启示》被市政府研究室《决策参考》采用，《东武仕水库网箱全部取缔》《磁县高臾镇立足高效生态农业发展全力打造冀南绿色生态走廊》《集中养老、互助养老、项目养老——磁县积极构建立体式社会养老新格局》等亦被上级采用。

电子政务

2000年，建立磁县人民政府网站，后多次升级改版。制作上网信息安全保密审查签批表、互联网网站信息发布保密审查表，实行联合集中读网制度，对网站各版块、各栏目进行自查、完善信息内容填充，及时解决发现的问题，保障县政府门户网站安全稳定运行。历年顺利通过国务院、省、市网站监测和普查工作。

2016年，开通“磁政微平台”微信公众号。2017年，建设政务外网，覆盖全县党政单位和11个乡（镇）。

1999—2018年，更新“磁县人民政府”网站和微信公众平台信息5万余条、图片10万余幅，向市网站上传信息8万余条，接收国务院、省、市电子公文4万余份，承接市政府网站论坛交办网络舆情200余件。

第二节　督查工作

机构

1992年2月，县政府办公室设督察科。1998年11月，县政府办公室督查科改为督查室。2012年，督查室升为正科级规格，由县政府办管理，行政编制6人，其中正科级1人，副科级1人，股级2人。至2018年未变。

督查落实

1999—2003年，围绕全县阶段性重点工作开展督查。先后对森林防火、植树造林、秸秆禁烧、节日值班、防汛物资储备等督促检查，对于发现的问题，现场交办责任部门限期整改。2003年，对“非典”防治、环境卫生整治、利民实事、招商引资和项目建设等开展专项督查30余次，承办各类督查事项近150件，编发《督查通报》50期。

2004—2007年，围绕县委、县政府中心工作、重要决策开展督查，每年承办各类事项650余件，其中承办县领导批示事项60余件，县政府常务会议事项落实情况汇报等600余期。2006年，县政府督查室被市政府表彰为“全市政府督查工作优秀单位”。2007年，制订《县政府常务会议及县长办公会议议定事项督办落实工作细则》《县政府重大决策和重点工作督促检查工作实施办法》。2017年，制订《磁县人民政府督查工作制度》。

2018年，对《政府工作报告》所确定的工作任务和“转型升级、扛旗争先”方案确定的6项重点工作、61项重点任务分解、立项，明确责任单位和负责人，制订各阶段督促检查方案并定期督导落实。围绕重点工作年度目标任务，定期督导大气污染整治、“双代”工作、精准扶贫、散煤清理置换等方面工作，深入重点项目建设现场，督导工程进展情况及推进工作中存在的问题，并第一时间以督查反馈、督查专报等方式上报县领导，为领导决策提供准确依据。重点对国省道路域环境整治、滏阳河综合整治、护城河清淤整治、重点项目进展、安全生产、“散乱污”清零整治等重点工作进行专项督查。先后编发《政务督查》3期、《督查反馈》129期、《督查专报》16期，被县委主要领导签批34件、县政府主要领导签批35件。

第三节　县长公开电话

机构

2001年6月，成立县长公开电话办公室，开通热线电话“0310—2312345”，负责受理、处理全县范围内的群众以及外地群众对县政府行政方面的建议和意见、来电咨询和反映的问题，负责市长公开电话办公室交办件的督办落实和反馈工作。

工作方法

群众反映的问题中，属于一般性问题，合理解答或转交有关部门办理，并把办理结果及时与当事人联系，耐心疏导，化解矛盾；属于重大问题，及时呈报县政府领导，并按照批示意见督办落实；属于普遍性热点问题，通过《县长公开电话一周通报》反馈，为政府领导有效解决群众反映强烈的问题提供科学的决策依据，解决事关群众切身利益的热点、难点问题；属于列入督办事项的难点问题，实行专人办理，真督力查，负责到底。在多年的工作中，逐步探索总结出一套事半功倍的成熟方法：难点问题领导批办，重点问题现场督办，热点问题跟踪催办，综合问题部门联办。有效提高解决各种问题的能力和水平，做到“事事有回音，件件有落实”。得到社会好评。

办理情况

2006—2018年，接收邯郸市长公开电话网络中心交办和本地受理32402件。其中，市长公开电话网络中心交办14377件，县长公开电话受理18025件。

2006—2011年，编发《县长公开电话情况专报》82期。2012—2018年，编发《县长公开电话一周通报》313期。2006—2018年，编发上报《磁县公开电话办公室月工作情况汇报》156期。

2006—2018年磁县办理市长公开电话网络中心交办件情况一览表

表18-6　　单位：件、%、期

年份	交办件	办结率	月报	年份	交办件	办结率	月报
2006	260	100	12	2013	1716	100	12
2007	190	100	12	2014	2011	100	12
2008	291	100	12	2015	2605	100	12
2009	384	100	12	2016	1842	100	12
2010	213	100	12	2017	1316	100	12
2011	304	100	12	2018	2765	100	12
2012	480	100	12	合计	14377	100	156

2006—2018年县长公开电话办公室工作情况统计表

表18-7　　单位：件、%、期、次

年份	受理总数	办结率	情况专报	一周通报	直接答复	转办部门
2006	280	100	11	—	289	266
2007	310	100	11	—	316	191

续表

年份	受理总数	办结率	情况专报	一周通报	直接答复	转办部门
2008	291	100	10	—	291	95
2009	284	100	10	—	384	284
2010	396	100	12	—	396	216
2011	912	100	28	—	912	304
2012	684	100	—	46	684	480
2013	743	100	—	42	743	1716
2014	1679	100	—	48	1996	1885
2015	2427	100	—	43	2872	445
2016	3303	100	—	45	2703	600
2017	3286	100	—	41	2586	700
2018	3430	100	—	48	3212	218
合计	18025	100	82	313	17384	7400

第四节　机关事务管理

机构

1996 年 8 月 23 日，设立机关事务管理处，为全额拨款副科级事业单位，编制 12 人，副科级领导职数 1 人。1998 年 12 月，机关事务管理处更名为磁县机关事务管理局，为正科级事业单位，科级职数 3 人，编制人数不变。下设办公室、机电科、维修科、保卫科、饮食服务科、财务科、东大院管理所、南大院管理所 8 个股级机构。

2000 年 6 月成立医务室，10 月 26 日设立自收自支股级事业单位——后勤服务中心，编制 48 人，股级职数 3 人。2009 年 3 月，东大院（建设路南侧）划归县建设局，东大院管理所撤销。2011 年 9 月设立局工会。2013 年 5 月，县委、政府原办公楼（建设路北侧）拆除，南大院管理所撤销。2018 年，机关事务管理局下设办公室、机电科、维修科、保卫科、饮食服务科、财务科、工会，下属后勤服务中心，编制不变。

办公用房管理

1998 年初，事管处保卫、机电、维修人员提前进入新综合办公楼工地现场，为县首脑机关搬迁做好准备工作。5 月 26 日，对原机关办公用房情况进行统一登记，成立清理整顿办公用房领导小组。9 月 19 日，县首脑机关迁入磁州路 9 号综合办公楼。

2012 年后，对县直各单位办公用房进行检查，对超标占房的单位进行统一调配。至 2014 年年底，按规定要求整改到位。其后，每年检查 1 次。截至 2018 年，未发现超标占用办公用房、对外租赁、对外借用等情况。

会务保障

1999 年前，会务接待由县政府办公室主办，事务管理处负责协助。2000 年 11 月，事管局成立会务服务组，服务全县“两会”及日常会务接待工作。为满足各种会议服务要求，2011 年 3—11 月，更换县委小礼堂房顶、灯具、桌椅，增加移动、联通、电信、广电视频会议室。

2017 年 11 月 15 日，由磁县广电网络公司投

资建设邯郸市市委、市政府视频会议系统磁县会场（即大礼堂、小礼堂、常委会议室、县长会议室4个会场），保障视频会议系统的安全、稳定运行。2017年12月，全面更换会议室音响设备。

2018年年初，会议室原有灯光设备更换为节能灯具。2018年2月，加强会议室工作人员业务培训和职责分工，完善会议室使用审批办法、服务标准、保障措施及流程，做到优质服务，多次完成中央、省、市、县视频会议和重要活动的服务保障工作。

安全保卫

1999年，局保卫科负责县综合办公楼机关大院的安全保障及进出车辆、人员的登记、询查工作。2001年后，加强安全保卫日常管理，印发《进一步加强大院车辆管理的通知》，责任落实到岗位、明确到个人，保障办公场所井然有序。

2016年12月，保卫服务引入社会化管理，通过招标形式与河北业安服务有限公司签订协议。安装车辆出入电子门禁系统。

2017年2月1日，制订信访汇总表，完善接访机制，在机关大门西门岗成立县委群众信访疏导室，配合接访单位妥善安排上访群众。8月，对机关大楼单位上班人员进行实名制录入管理，各单位人员就餐卡升级为就餐、出入一卡通。10月启动人员门禁系统。对机关大院外的县直单位、乡（镇）等发放通行证（存有电子档）。完善人员进出、车辆进出停放、安全防范应急等方面管理办法，昼夜巡逻，强化机关大院安保工作秩序常态化。

2018年，实现机关大院人、车进出分离，人员刷卡进入，车辆通过引导指示标志进入，停车进入车位，保持良好秩序。

机关餐厅服务

1998年，综合办公楼机关食堂投用，凭饭票就餐。2012年，对机关食堂进行改建。2014年8月运行，引入社会化服务，与邯郸市叮铛餐饮管理有限公司签订协议。严格落实采购、入库、出库、加工、售饭等环节管理制度，科学制订主副食谱，合理搭配品种，一周内不重样。在此基础上，对定点供菜进行监管，确保菜品质量和菜价合理。饭菜荤素分开，还开设回民专用餐桌。2017年1月始，改变就餐模式，由原窗口取餐改为自助餐模式，节约时间，减少浪费。

环境卫生

1998年后，院内逐年新植树木。2002年，开展创建“绿色庭院”系列活动，在机关前后院种植草坪面积6000平方米，绿化覆盖率35%。草坪内栽种青桐、大叶女贞、金丝柳等树木150棵，栽种冬青、玉针等花卉装点草坪，并设立保护草坪标语牌。

2012年，与邯郸千家树物业签订服务协议，机关绿化和保洁业务引入社会化管理。2013年，被河北省住房和城乡建设厅授予“园林式单位”称号。

2014年，清洗综合办公大楼的外墙、窗户。2015年，制订大楼内环境卫生巡查办法，进行卫生巡查。2016年，对楼内需要修缮的地方整改，更换大厅地板砖。2017年，粉刷楼内墙壁、楼梯栏杆除锈刷漆，刷白树木、岗亭，清洗刷新车库卷帘门，环境面貌焕然一新。

2018年，对楼内卫生间、楼道定期消毒，防治蚊虫。院内按颜色细化停车位，设置区域停放指示牌，规范车辆停放秩序。卫生巡查常态化，保持环境美观整洁。

机电水暖维修

1999年后，在大厅展示用电安全常识，保障大楼用电安全。2008年12月30日，更换楼内暖气管网。2009年11月16日，大院采暖系统与县热力公司对接，实现集中供暖。2010—2011年，更换楼外暖气主管网系统。

2014年后，局部维修楼内自来水管道个别漏水处。2016年，统一检修楼内自来水管网。2017年2—4月，楼内卫生间节能改造，更换管道等配套设施。5月更换大院自来水地下管道。6—9月，为缓解大楼用电紧张，保障用电安全，原普通照明灯具更换为新型节能LED灯具。9月，在大楼各层东水房安装直饮水机8台，实现安全卫生饮水、节约用电。维修、更换会议室的灯光设备，保障用电安全，保证“两会”顺利召开。2018年，更换食堂下水管道。

公共机构节能

2008年始，县事管局承担全县公共机构节能工作。2011年，构建完善全县公共机构节能工作网络，建立公共机构节能工作联络员制度和科学完整、规范统一、覆盖全面的全县公共机构能源资源消耗统计体系。在全县公共机构建立统一标准的能耗统计台账，实行能耗统计、分析、报告制度。

每年6月8—14日全国节能宣传周、6月10日全国低碳日，县公共机构节能工作领导小组成员部门工作人员参加节能减排集中宣传活动。2017年3月6日，参加市节能办组织的能源统计培训，对县内《公共机构能源资源信息统计台账》节能报表软件进行辅导讲解。

2017—2018年，规范开展能耗统计，为公共机构节能工作夯实基础。

公务用车改革

2015年，组建磁县公务用车改革办公室，设在县事管局。

2016年3月，全市公车改革工作调度会后，磁县成立以政府县长为组长的公务用车制度改革领导小组，制订《磁县党政机关公务用车制度改革实施方案》。4月14日，磁县召开车改动员大会，对全县党政机关车改工作进行部署。会后，按照既定程序收缴、报废、拍卖全县取消公车。4月20日，举行公务用车制度改革保留车辆集中喷涂标识仪式。10月12日，磁县公务用车服务有限公司成立，投资40余万元构建磁县公务用车服务平台，对全县保留的公务用车实行集中管理、统一调度。12月21日，召开全县公车改革工作及公车服务平台启动大会，印发《磁县机关公务用车服务平台管理办法（试行）》。

2017年1月1日，磁县公务用车服务平台启动，全县车改工作初步完成。磁县公务用车服务平台为全省第1家采用网络化管理、GPS定位的县级单位。2017—2018年，累计派车1.5万余次、行驶137万余千米。

2018年12月19日，启动磁县企事业单位公务用车制度改革。

第十九编　政协地方组织

1949年11月至1955年3月，磁县政协工作由磁县各界人民代表大会常务委员会代理。1955年3月，政协磁县委员会成立。“文化大革命”开始后政协工作停止，1980年12月恢复。至1998年，政协磁县委员会历经8届（第八届于1998年召开）。除1955年召开的第一届任期8年多、1993年召开的第七届任期5年时间外，分别于1963年、1981年、1984年、1987年、1990年召开的第二、三、四、五、六届任期约3年时间。委员的界别与人数由第一届的7个界别39人扩展为第八届的19个界别138人。

1999—2018年，县政协在县委的领导下，围绕全县中心工作和人民群众普遍关注的热点、难点问题，组织带领政协委员和各界人士认真履行政治协商、民主监督、参政议政职能，为民解忧；发挥政协人才荟萃、智力密集、联系面广的优势，开展建言献策、民情反馈、矛盾化解、团结稳定工作。县政协委员由各单位、各界别提名推荐，同级党委有关部门综合平衡，同各推荐方协商形成建议名单，经县政协常委会组成人员过半数通过并予以公告。县政协委员由中国共产党、各民主党派、无党派人士、人民团体、各少数民族和各界代表、港澳台同胞代表组成。

1999—2018年，政协磁县委员会历经第八届至第十二届，委员人数由1998年的138人增至2018年的238人。委员性别、年龄、民族、党派、学历、行业构成合理。先后召开22次全体委员会议，累计收到委员提案4667件，经提案委员会审理立案4052件。提案落实率80%以上，委员满意率95%以上。

先后组织委员围绕水利建设、城镇环卫、生态文明村、文物保护、宗教、民政、交通管理等工作开展视察活动200余次，提出建议1000余条；组织调研活动120余次，形成并提交调研报告120余篇；围绕煤炭、养殖、私营经济、医疗卫生、教育、重点项目、经济结构调整、县城建设、招商引资、美丽乡村建设等重点工作，组织委员召开“优化经济发展建言献策会”“提高行政执法水平建言献策会”“构建和谐磁县建言献策会”等专题会议，提出建议500多条。为促进县委、县政府科学决策和全县经济建设及社会事业发展起到积极作用。

1999—2018年，县政协不断加强自身建设，建立健全各项规章制度，促进政协履职规范化运转；不断加强对政协委员和机关工作人员的组织领导、理想信念教育、履职能力培养等；不断加强团结联谊，做好学习交流、联系“三胞”和非公有制经济人士、扶贫济困献爱心、对外联络等工作。拓展政协工作思路、延伸监督渠道，开展对口协商、行风评议、现场视察等活动。其中，行风评议活动中先后提出合理化意见建议1000余条。实施提案交办直通车、视察督办等方法，使政协履职实效更加明显。注重文史编研，编纂出版《磁州文史资料》第三辑、《中国磁州窑典籍》《磁县政协志》《履职担当》等有关磁县人文历史和政协发展书籍，坚实政协履职基础，提高政协履职能力。

第一章　政协委员和政协全体会议

第一节　政协委员

委员构成

1999—2018 年，县政协委员由各单位、各界别提名推荐，同级党委有关部门综合平衡，同各推荐方协商形成建议名单，经政协常委会组成人员过半数通过并予以公告。县政协委员由中共党员、人民团体、少数民族和各界代表、归侨、侨眷、台属等组成。

1999—2018 年历届政协磁县委员会委员构成情况统计表

表 19-1　　　　单位：人

届　别	委员总数	女性	少数民族	党派		学历结构		年龄结构			
				非中共人士	中共党员	大学及以上	中专及以下	30 岁以下	30～40 岁	41～50 岁	51～60 岁
第八届	161	39	4	121	40	62	99	—	15	103	43
第九届	167	34	1	122	45	78	89	—	47	85	35
第十届	201	46	5	130	71	170	31	4	65	94	38
第十一届	211	67	7	127	84	163	48	—	69	107	35
第十二届	238	67	5	143	95	187	51	3	93	113	29

界别和工作组

第八届委员会始，历届第一次全会政协委员分为中共界、无党派人士、工会、共青团、妇联、工商联、科技界、教育界、文艺界、经济界、农林水利界、能源交通界、体育界、医药卫生界、归侨侨眷、台属界、少数民族界、宗教界、特邀界 19 个界别，第九届委员会后增加社会福利与社会保障界，共 20 个界别。

政协委员履职以委员工作组形式开展，以委员相近界别进行重组，以便于建言献策的全面性和专业性。其中第八届委员会设立 10 个委员工作组，第九届委员会设立 12 个委员工作组，第十、十一、十二届均设立 15 个委员工作组。各委员工作组自行筹资建立委员工作组活动室，为委员履职、学习提供平台保障。

第二节　政协全体会议

1998 年县政协第八届委员会始，每届任期由 3 年改为 5 年，每年召开一次全体委员会议。1999—2018 年，历届磁县政协委员会共召开全体会议 22 次。

第八届委员会全体会议

1998 年 2 月至 2002 年 4 月，共召开 5 次全体会议。

第一次会议（1998 年 2 月 24—27 日在老政府四楼会议室），听取《政协磁县第七届常务委员会工作报告》《政协磁县第七届常务委员会关于七届一次会议以来提案工作情况的报告》；列席磁县第十二届人民代表大会第一次会议，听取并讨论《政府工作报告》及其他报告；选举政协磁县第八届委员会主席、副主席、常务委员 17 人。

第二次会议（1999 年 3 月 15—17 日在老政府四楼会议室举行），第三次会议（2000 年 2 月 25—28 日在县工会五楼会议室举行），第四次会议（2001 年 2 月 9—11 日在县委大礼堂举行），第五次会议（2002 年 4 月 26—28 日在县委大礼堂举行）分别听取常务委员会工作报告和提案工作情况报告，列席第十二届人民代表大会会议，听取并讨论《政府工作报告》。第二次会议增选副主席1人；第三次会议增选副主席1人、常务委员6人；第四次会议增选常务委员1人；第五次会议增选常务委员4人。

第九届委员会全体会议

2003年8月至2007年3月，共召开5次全体会议。

第一次会议（2003年8月15—18日在县委大礼堂），听取《政协磁县第八届常务委员会工作报告》《政协磁县第八届常务委员会关于八届一次会议以来提案工作情况的报告》；列席磁县第十三届人民代表大会第一次会议，听取并讨论《政府工作报告》及其他报告；选举政协磁县第九届委员会主席、副主席、常务委员23人。

第二次会议（2004年2月15—17日在县委大礼堂），第三次会议（2005年2月19—20日在县委大礼堂），第四次会议（2006年2月14—15日在县委大礼堂），第五次会议（2007年3月1—2日在县委大礼堂）分别听取常务委员会工作报告和提案工作情况报告，列席第十三届人民代表大会会议，听取并讨论《政府工作报告》。第五次会议增选副主席、常务委员各1人。

第十届委员会全体会议

2007年8月至2011年3月，共召开5次全体会议。

第一次会议（2007年8月15—17日在县委大礼堂），听取《政协磁县第九届常务委员会工作报告》《政协磁县第九届常务委员会关于九届一次会议以来提案工作情况的报告》；列席磁县第十四届人民代表大会第一次会议，听取并讨论《政府工作报告》及其他报告；选举政协磁县第十届委员会主席、副主席、常务委员37人。

第二次会议（2008年3月5—6日在县委大礼堂）、第三次会议（2009年2月5—6日在县委大礼堂），第四次会议（2010年3月2—4日在县委大礼堂），第五次会议（2011年2月28日至3月2日在望海楼国际会议中心），会议听取常务委员会工作报告和提案工作情况报告，列席第十四届人民代表大会会议，听取并讨论《政府工作报告》。第四次会议补选常务委员7人；第五次会议补选常务委员1人。

第十一届委员会全体会议

2012年1月至2016年1月，共召开5次全体会议。

第一次会议（2012年1月12日至15日在望海楼），听取《政协磁县第十届常务委员会工作报告》《政协磁县第十届常务委员会关于十届一次会议以来提案工作情况的报告》；列席磁县第十五届人民代表大会第一次会议，听取并讨论《政府工作报告》及其他报告；选举政协磁县第十一届委员会主席、副主席、常务委员41人。

第二次会议（2013年3月30日至4月1日在望海楼），第三次会议（2014年1月20—22日在望海楼），第四次会议（2015年2月28日至3月2日在望海楼），第五次会议（2016年1月26—28日在望海楼），会议听取常务委员会工作报告和提案工作情况报告，列席第十五届人民代表大会会议，听取并讨论《政府工作报告》。第二次会议补选常务委员4人；第五次会议补选主席。

第十二届委员会全体会议

2017年2月至2018年2月，共召开2次全体会议。

第一次会议，听取《政协磁县第十二届常务委员会工作报告》《政协磁县第十二届常务委员会关于十一届一次会议以来提案工作情况的报告》；列席磁县第十六届人民代表大会第一次会议，听取并讨论《政府工作报告》及其他报告；选举政协磁县第十二届委员会主席、副主席、常务委员42人。

第二次会议，听取常务委员会工作报告和提

政协磁县第十二届委员会会议会场（2017年2月25日　摄）

案工作情况报告；列席磁县第十六届人民代表大会第二次会议，听取并讨论《政府工作报告》及其他报告。

第二章　政协常委会

第一节　常委会组成和工作机构

组成人员

按照《中国人民政治协商会议章程》规定，政协磁县委员会设常务委员会主持会务。常务委员会由主席 1 人、副主席若干人和常务委员组成。

1998—2021 年政协磁县历届常务委员会主席、副主席任职一览表

表 19-2

届别	职务	姓名	任职时间	党派	学历	籍贯
第八届（1998.02—2003.08）	主　席	辛志宏（女）	1998.02—2003.08	中共	大学	磁县辛家庄社区
	副主席	张云祥（女）	1998.02—2003.08	中共	高中	磁县石场村
		王柱民	1998.02—2003.08	非中共	大学	磁县台庄社区
		王立明	1999.03—2003.08	中共	大学	邯郸市复兴区
		尹玉新	2000.02—2003.08	中共	大学	磁县尹家桥村
第九届（2003.08—2007.08）	主　席	秦玉亮	2003.08—2007.08	中共	大专	成安县
	副主席	李新田	2007.03—2007.08	中共	大专	磁县韦武庄村
		王立明	2003.08—2007.08	中共	大学	邯郸市复兴区
		尹玉新	2003.08—2007.08	中共	大学	磁县尹家桥村
		程秀琴（女）	2003.08—2007.08	非中共	大学	武安市
		刘云堂	2003.08—2007.08	非中共	大学	磁县辉水村
第十届（2007.08—2012.01）	主　席	刘树清	2007.08—2012.01	中共	大学	磁县小营店村
	副主席	李新田	2007.08—2012.01	中共	大专	磁县韦武庄村
		程秀琴（女）	2007.08—2012.01	非中共	大学	武安市
		王建华	2007.08—2009.08	中共	大学	邯郸市邯山区
		郑学军	2007.08—2012.01	非中共	大学	大名县
		柳学清	2010.03—2012.01	中共	大学	邯郸市邯山区

续表

届别	职务	姓名	任职时间	党派	学历	籍贯
第丨届（2012.01—2017.02）	主　席	刘树清	2012.01—2016.01	中共	大学	磁县小营店村
		董贵星	2016.01—2017.02	中共	大学	邯郸市邯山区
	副主席	程秀琴（女）	2012.01—2017.02	非中共	大学	武安市
		郑学军	2012.01—2017.02	非中共	大学	大名县
		李学安	2012.01—2017.02	中共	大学	磁县讲武城村
		韩树田	2012.01—2017.02	中共	大学	临漳县
第十二届（2017.02—2021.07）	主　席	董贵星	2017.02—2021.07	中共	大学	邯郸市邯山区
	副主席	刘云堂	2017.02—2021.07	非中共	大专	磁县辉水村
		郑学军	2017.02—2021.07	非中共	大学	大名县
		李学安	2017.02—2020.05	中共	大学	磁县讲武城村
		韩树田	2017.02—2020.01	中共	大学	临漳县
		申建友	2020.01—2021.07	中共	研究生	磁县申家沟村
第十三届（2021.07—　）	主　席	蔺宝斌	2021.07—	中共	研究生	磁县上七垣村
	副主席	申建友	2021.07—	中共	研究生	磁县申家沟村
		苗建军	2021.07—	中共	大学	磁县小营店村
		杨建蕊（女，回族）	2021.07—	非中共	大专	磁县南十里铺村
		胡晓娜（女）	2021.07—	非中共	研究生	邯郸市高开区

工作机构

1998 年后，县政协设办公室和综合办公室。办公室下设秘书科、资料科和行政科；综合办公室下设提案科、组织联络科和宣教科；另设机关事务服务中心。行政编制 13 人，工勤人员 1 人，事业编制 9 人。至 2018 年，机构编制未变。

第二节　常委会会议

2003 年 8 月前，政协常委会会议一般每两个月举行一次。第九届时，对《政协磁县委员会常务委员会工作规则》修订，改为每 3 个月举行一次，必要时临时举行。常务委员会议由主席主持，也可由主席委托副主席主持。主要任务是审议政协全委会文件、会务及工作中的重大事项；协商讨论县委、县政府及有关部门负责人有关重要问题的报告或说明，提出建议和意见；协商决定下届政协参加单位、委员名额和委员人选及界别设置；协商决定本届政协增加或者变更参加单位、委员名额和人选。

1999—2018 年共召开政协常委会会议 112 次，议题涵盖磁县经济社会建设、民生工作、环保、重点项目建设等各方面内容。

第八届常委会会议

共召开会议 29 次，先后就“六起工程实施”、重点项目建设、旅游资源开发、工商企业生产经营效益、加速发展高新技术产业、政务公开、基层行政执法部门执法、土地管理、推进小城镇建设等重大问题进行重点协商。在八届十次常委会上，针对 20 个重点项目存在问题，提出“解放思想、深入改制、加大协调、促进发展”的建议被县政府采纳。针对群众关心的问题，先后召开“县城蔬菜市场建设”“水资源管理利用”“县城建设献计献策”等座谈会，提出 260 多条意见和建议。

第九届常委会会议

共召开会议 27 次，先后就全县经济运行、重点项目建设、全县绿化工作、人口与计划生育工作等重大问题进行专题协商，提出 160 余条意见和建议被县政府及相关部门采纳。在第二次常委会议上，针对铺修新市场东路资金不到位情况，提出“沿路单位集一点、街道筹一点、商户拿一点”的办法，找到解决问题的办法，当年年底竣工。

第十届常委会会议

共召开会议 23 次，先后就“三个十”工程、“三年大变样”、招商引资、城市管理、社会保障、民生事业、社会主义新农村建设等方面 60 个课题，与有关部门进行专题协商，提出意见和建议 300 余条。

第十一届常委会会议

共召开会议 24 次，先后就农村环境整治、道路交通建设、招商引资、“绿美区县”建设、医疗卫生、抗洪救灾等方面进行专题协商，提出意见建议 260 余条。

第十二届常委会会议

2017—2018 年召开会议 7 次，先后就美丽乡村建设、重点项目建设、绿化造林和西部道路建设等问题进行专题协商，就相关问题提出意见建议 60 余条。

第三章　政协工作

第一节　建言立论

第八届委员会

组织委员开展调查、视察活动 180 多次，参加委员 2000 人次，形成调查视察报告 20 多份，受到县党政领导的重视和采纳。其中《关于抓紧规划建设县城蔬菜市场的建议案》得到采纳后，经县城建、县工商等相关部门共同努力，投资 60 余万元建成占地 5000 平方米的两个蔬菜市场，方便城镇居民生活。

第九届委员会

组织有专长的委员认真调研，先后召开 4 次专题会议，向县委、县政府建言献策，收到明显成效。2003 年 12 月，召开优化经济发展环境建言献策会；2004 年 12 月，召开全县提高行政执法水平建言献策会；2005 年 7 月，召开构建和谐磁县建言献策会；2006 年 9 月，召开建设社会主义新农村建言献策会。

第十届委员会

开展 50 多次调研视察活动，形成专题调研报告 60 份。其中《关于我县县城建设的调研报告》《关于我县民营经济发展情况的调研报告》《关于我县农村合作医疗情况的调研报告》等 20 余份调研报告被县委书记批示，相关部门认真落实。

第十一届委员会

专题调研活动后提出 800 多条意见建议。其中《关于我县重点项目建设和招商引资的分析及思考》《磁县经济发展热点解析》等被县委、县政府采纳。

第十二届委员会

成立大气污染防治、水污染防治和“气代煤、电代煤”工程 3 个专题调研小组，分别由 1 名副主席带队，到滏阳河河道治理、万和苑工地、北来村“煤改气”和磁县经济开发区裕泰焦化企业

现场调研，并形成专题调研报告。到“双创双服”联系点实地调研“申美”转型及旅游开发建设情况，形成专题调研报告上报县委、县政府，被县委、县政府主要领导批示。

第二节　民主监督

行风评议

1999年，有县公安、县卫生、县工商等部门聘请30多名政协委员作为执法、执纪监督员先后向有关部门提出合理化建议60多条。继续会同县人大常委会组成行风评议团，对县国税局、县地税局、县医药局等部门的行风建设进行面对面评议，提出意见建议50多条。

2001年，探索政协民主监督与人大依法监督、纪检纪律监督相结合的路子，先后对县政府职能部门、县检察院、县法院的工作进行面对面评议，提出整改意见建议180条，通过边评边改和督促整改，解决群众反映强烈的热点和难点问题。

2004—2007年，共组织80余次民主评议行风活动，就社会治安、经济环境、城镇建设、居民饮用水、无公害农产品等方面提出意见和建议340多条。

2010年7月始，利用5个月时间，组织部分政协常委、委员，分阶段、分步骤、分重点，对县工商行等7家金融单位支持县域经济发展、办事效率、文明服务和廉政建设等方面进行监督测评，并将测评结果向全县及各上级银行进行通报。

2011—2018年，对县政府职能部门及县检察院工作进行民主评议，提出合理化意见建议300多条，多数被采纳，收到良好成效。

视察监督

2000年，加强对医药药品视察监督，并制订和完善药品监督办法。同时，对执法部门提出合理化建议120多条。

2001年，先后就滏阳河水质污染、社会治安综合治理、残疾人保障法贯彻落实情况、县城形象建设等进行视察，提出建议和意见，督促部门落实。

2004—2005年，组织20多次专题视察活动，就社会治安、经济环境、城镇建设等方面提出意见和建议。

2008年，先后对春季绿化、文化生态旅游、信用联社支农服务情况、环境保护与节能减排、滏阳河治理、“三个十”工程等方面组团巡视察看，咨政建言，推进县委、政府中心工作落实。

2011—2018年，开展视察活动140余次，促进所提意见和建议的解决。

提案监督

2008年后，强化提案监督在民主监督中的作用，通过重点征集，主席、副主席督办重点提案等方式，逐步实现提案办理由答复型向落实型转变，推进提案由数量型向质量数量型转变，进一步发挥提案的实效。

2009年，围绕重点改革发展、城镇建设、市场管理、科技教育、民生工程等方面撰写提案315件，并组织政协常委、委员对县交通局、县民政局等11个部门进行督办。

2010年，围绕“三年大变样”、新农村建设、民生工程、教育、医疗等方面撰写提案286件，并对提案承办较多的单位进行督办，促进提案落实。

2011—2018年，加大提案督办力度，促进提案中所提问题的解决，提案办结率达100%。其中，每年10件重点提案成为促进部门提高工作效率、转变工作作风的重要方式。每年组织两次提案办理工作督办会，在审查提案办理进展中促进部门转变作风、提高效率。

第三节　调查研究

1999—2018年，先后就全县经济建设、社会事业发展和人民群众普遍关心的议题，组织委员进行调查研究120余次，形成建议提案100余份、调研报告120余篇。其中，被县委、县政府主要领导批示48篇。

1999—2018 年县政协重要调研报告和建议案一览表

表 19-3

年 份	名 称
1999	《关于加快改善县城中学生食宿条件的建议案》
2000	《关于进一步加强和改进企业思想政治工作的调查报告》
2007	《关于我县农村合作医疗情况的调研报告》《关于生猪养殖情况的调研报告》《关于我县对接大城区城市发展空间战略的调研报告》《关于我县民营经济发展情况的调研报告》
2008	《关于我县乡镇文化站建设及非物质文化遗产保护工作调研报告》《关于新农村建设的调研报告》《对城镇化建设的几点思考和建议》《对我县工业园区建设的思考》《新区位、新起点、新征程》《精细化工项目建设的前景、问题及建议》《光禄塑料产业的现状与出路》《科学定位、发挥优势、全面促进林坛工业园区又好又快发展》《关于古城区改造工程的调研报告》《关于滏阳河整治开发的建议》《关于十大城建工程的建议》《加快推进磁县组团城市建设之我见》《把引滏入城工程建成磁县的“都江堰”》《关于磁县路网工作的建议》《提升综合监管能力，加强农村食品安全监管》《磁县农村饮水安全问题调研报告》《城乡社会保障存在问题及对策》《全面建设社会主义新农村的建议》《关于目前教育助学工程的现状和建议》
2009	《关于提升磁县文化软实力的调研报告》《关于磁县旅游产业发展的调研报告》《关于磁县食品药品安全的调研报告》
2010	《关于民营企业发展的调研报告》《关于县城管理和童装城招商及运行的建议》《关于提高医疗保障等方面的建议》
2011	《关于食品药品安全的建议》《对职工医疗保障和饮水饮食食品药品安全情况的建议》
2012	《关于社会治安综合治理和两岸企业论坛的建议》《对提案承办和重点项目建设的建议》
2013	《关于全县重点项目建设和农民专业合作社发展的建议》
2014	《对全县民生工作情况及农村环境综合整治情况的建议》
2016	《对绿美磁县和美丽乡村建设的建议》《对现代农业和医疗卫生工作的建议》
2017	《关于造林绿化的建议》《关于加强电动三轮车和电动汽车道路安全行驶管理的建议》《关于优化磁县营商环境助推磁县跨越发展的建议》《关于加快全县重点项目建设的建议》《关于挖掘文化资源助推发展全域旅游的建议》
2018	《关于全县旅游产业项目建设的建议》《关于申美转型及旅游开发建设的建议》《关于全县造林绿化和灾区道路建设的建议》《关于 2018 年上半年经济运行及财税收支情况的调研》

第四节　提案工作

第八届委员会

收到委员提案880件，审理立案790件。分别转县委57件、县政府710件、县其他部门23件。710件提案中，经济建设方面210件，农业和农村方面150件，社会稳定方面134件，科教文卫方面115件，廉政建设和精神文明建设方面75件，其他方面26件。提案所提问题中解决650件，占立案数82.3%；需列入计划逐步解决60件，占立案数7.6%。一号提案和重点提案落实率达95%。委员刘云堂的《下大力解决山区人畜饮水困难》，以《千窖迎来万民欢》为题被省政协《春华秋实》一书刊载。委员何绍熙的《丘区发展节水灌溉是农业生产的一场深刻革命》入选市政协1999年度精品提案。委员满意率97%。

第九届委员会

收到委员提案836件，审理立案690件。分别转县委56件、县政府部门611件、其他部门23件。690件提案中，改革发展和经济建设方面310件，占立案数45%；“三农”方面186件，占立案数27%；科教文卫方面125件，占立案数18%；社会稳定和“三个文明”及其他方面69件，占立案数10%。提案所提问题中解决560件，列入计划逐步解决130件，提案落实率80%。委员满意率96%。

第十届委员会

收到委员提案1018件，审查立案908件。其中，经济建设方面360件，占立案数39.6%；城市建设管理及环境资源方面380件，占立案数41.9%；科教文卫体等方面85件，占立案数9.3%；社会保障和劳动人事及其他方面83件，占立案数9.1%。提案所提问题中解决580件，占立案数63.8%；解决中和列入计划解决230件，占立案数25.3%；留作参考98件，占立案数10.7%。委员满意率98%。

第十一届委员会

收到委员提案1383件，审查立案1183件。其中，经济建设方面280件，占立案数23.7%；城市建设方面153件，占立案数12.9%；“三农”建设方面175件，占立案数14.8%；改善民生方面267件，占立案数22.6%；生态环境方面118件，占立案数9.9%；社会管理及其他方面190件，占立案数16.1%。所提问题中解决和部分解决1051件，占立案数88.8%。《加大对民营经济的支持力度，解决中小企业融资难》提案被采纳，县委、县政府出台《关于加快民营经济发展的实施意见》。针对《发挥志愿者作用，治理交通拥堵》提案建议，县政协以2016年12月2日全国交通安全日为契机，与县委、县政府沟通和协调有关部门，成立以名企汇成员为志愿者服务队，由县交警大队统一服装标识，协助维护交通秩序。委员满意率95%。

第十二届委员会一次全会

收到委员提案271件，审理立案246件。至2017年年底，全部办复。所提问题中解决和部分解决179件，占立案数72.8%；解决中或列入规划解决21件，占立案数8.5%；受政策和体制等限制暂时未解决46件，占立案数18.7%。2017年12月19日，针对“小饭桌”监管方面的提案进行视察督办，并于12月21日在县政协常委会议室召开“小饭桌”安全隐患及餐饮管理专题协商座谈会，就“小饭桌”的监管情况再次进行协商。委员满意率98%。

第十二届委员会二次全会

2018年2月，第二次全体会议收到委员提案279件，审理立案235件。分别转县委19件、县政府208件、冀南新区8件。转县政府提案中，《加快推进两矿转型发展》《发展和提升我县装备制造业水平》《关于加快推进集中供热和煤改气、煤改电的建议》《关于如何提高我县玉米全程机械化收获进程》《关于设立县级工业园区进一步为项目落地创造条件的建议》《控制大气污染提高控制质量》等优秀提案，县政府已制订解决方案，推进解决热点难点问题。委员满意率98%。

第五节　联谊与文史工作

团结联谊

1990年6月，县政协设祖国统一联谊委员会，宣传对台政策、搞好对台联系等。

1999年9月，组织各界人士先后召开迎国庆及人民政协成立50周年座谈会、迎澳门回归纪念庆祝活动。

2007年后，磁县加强对台招商引资工作。县政协加强与深圳台商协会、东莞长安台商协会的联系合作，扩大与台商联谊，增进发展共识。2009年5月17—26日，磁县经贸招商考察团赴台湾考察。2011年7月，清华大学和台湾师范大学的29名师生到磁县开展为期15天的“踏寻孔子行脚”支教活动，进一步密切磁县与台湾的往来。

2010—2015年，先后接待到磁参观考察的台湾人士330批次2300余人。同时，组织磁县300多家企业9次赴台考察交流。两地之间往来日趋常态化。

2012年十一届委员会后，政协祖国统一联谊委员会取消。

资料编写

1984年8月，县政协设文史资料委员会。2002年3月，编辑出版《磁州文史资料》第三辑。3辑《磁州文史资料》累计收入各类材料200余幅，图片200余幅，印数1万册。其内容涉及政治、军事、经济、文化、教育、社会等领域。2005年8月，编辑出版《中国磁州窑典籍》，15万字，200余幅彩色黑白图片，记录磁州窑传承千年的历史发展变化，在2007年省政协文史资料表彰会上获文史资料二等奖。2009年9月，编撰出版《磁县政协志》，约60万字。2010—2013年，协助市、县有关单位收集编撰相关史料。县政协先后被评为省、市“文史工作先进单位”。2016年1月，编印《履职担当》，涵盖报告、讲话、调研、提案等资料135篇。

2018年6月始，筹备《人文磁州》编撰工作，2019年9月出版发行。

文化调研

2014年6月，围绕“挖掘整合文化资源，培育打造文化产业项目，推进文化强县建设”调研课题，县政协成立调研领导小组，吸收各乡（镇）长、相关部门负责人、文化方面知情人士参加，开展联合调研。历经2个多月，深入18个乡（镇）200多个村，调研300多处文化遗址、产业项目和景点景区等资源，收集整理文化旅游资料200余篇，拍摄照片2000余幅。

第二十编　社会团体

历史上，域内社团组织多有，如清末“天门会”“红枪会”等。1922 年，王子清组织成立“人生福利改进会”。1925 年，六河沟煤矿成立磁县第一个工会组织——六河沟煤矿工会。是年，磁县成立共青团组织等。抗日战争爆发后，在中国共产党领导下，磁县工人、农民、妇女、儿童等各界成立抗日团体。

中华人民共和国成立后，各社会团体在本行业、系统均发挥积极作用，对推动经济建设和社会事业发展做出重要贡献。

1999—2018 年，磁县总工会、共青团、妇联、科协、工商联、残联、文联、农协等组织，围绕全县中心工作，积极参与社会发展和经济建设，开展劳动竞赛和送温暖活动、希望工程、关爱妇女儿童、科普培训、光彩事业、扶残助残、文艺事业繁荣、农业产业化经营等一系列活动，组织广大职工和各界人民群众投身于改革和现代化建设，凝聚民心，集聚民智，激发民力，成为党联系人民群众的桥梁和纽带，为加快全县经济和社会事业发展发挥重要作用。

磁县总工会在组织建设、维护职工合法权益、组织职工开展劳动竞赛、帮扶救助困难职工等方面取得显著成绩，先后被省、市总工会授予“推行厂务公开民主管理工作先进单位”等先进称号。至 2018 年，全县工会组织 657 个，覆盖单位 1450 个，工会会员 8.1834 万人。

团县委开展抓好组织建设、文明创建、青少年思想道德教育、青少年维权等活动，取得较好成绩。至 2018 年，有基层团支部 612 个、团员 7466 人。

县妇联通过改革加强组织建设，开展“巾帼建功立业”“关爱妇女儿童”“文明家庭建设”等活动，推动工作连年上台阶，得到市、省和全国妇联的肯定。

县科协围绕组织建设、科普活动、科技培训、科技推广等开展活动，促进科技事业的发展。2016—2018 年，连续 3 年荣获“河北省青少年科技创新大赛优秀组织奖”。

县工商联引导广大会员发扬“致富思源、义利兼顾、德行并重”精神，开展参政议政、光彩事业等活动，在多年取得好成绩的基础上，2018 年被全国、省工商联评为“五好”县级工商联。

县残联在扶残助残工作中取得明显成效。先后为 1300 多名白内障患者实施复明手术、为 3000 名残疾人提供基本康复服务，培训 3500 多名残疾人就业，带动 7000 多户残疾人家庭脱贫。

县文联壮大文艺工作者队伍，发展会员 1413 人。组织创办多种平台，助推文艺事业繁荣。

县农协加强组织建设，推动农业产业化发展。累计发展农民专业合作社 274 家，培育龙头企业县级 30 家、市级 19 家、省级 1 家。

第一章　总工会

第一节　机　构

县总工会机关

1998年，磁县总工会有干部职工17人，设办公室、组宣部、生产劳保部、生活女工部，下属专职工会干部89人。1999年，机关干部职工14人。2007年，省总工会明确要求县级工会主席必须由同级副职担任。12月，县总工会召开第九届工会委员会，选举县委副书记赵文波为县总工会主席，贾爱春为常务副主席，县总工会设党组，贾爱春任党组书记。

2018年，机关干部职工10人，设1室3部：办公室、组织宣教法工部、经济技术劳保部、女工和保障工作部。下辖磁县职工俱乐部、磁县职工技术协作中心2个事业单位，各定编6人。建有独立产权的五层办公大楼，面积3695平方米，为机关办公、职工教育培训、困难职工帮扶、职工文体活动等场所。

基层组织

1999年，全县有职工31627人，会员22132人，建有13个系统工会，267个基础工会。2005年始，工会组织向乡（镇）延伸、工会会员向农民工拓展，9月成立试点磁州镇总工会，次年推广。到2009年9月，全县19个乡（镇）成立总工会。同时将工会组织向工业园区延伸，2007年成立磁县林坛装备工业园区工会联合会，2009年成立磁县煤化工园区工会联合会，2010年成立磁县童装城工会联合会，2011年成立磁县农业产业化企业工会联合会。至2012年，全县基层工会扩展到953家，覆盖单位1137个，有职工12.7953万人（其中农民工10.4208万人），工会会员12.7813万人。

2014年，西固义乡西片划归峰峰矿区托管，西固义乡总工会连同西片的25个工会组织（含9个村级工会）和2157名工会会员同步划归峰峰矿区总工会。驸马沟片（东片）的22家工会组织（含12个村级工会）和3761名工会会员同步划归磁州镇总工会。

2014年11月，将工会工作进一步向“两新”组织延伸。通过单独建会、联合工会、工会联合会、市场工会、园区工会、行业工会等多种形式，成立32家工会组织。2016年3月，磁县工会会员实名制普查显示，全县基层工会1026个，覆盖单位2169个，职工12.6624万人（其中农民工9.9529万人），工会会员12.4405万人。

2016年行政区划调整，磁县7个乡（镇）所辖工会组织划归冀南新区总工会，转出基层工会348个，覆盖法人单位666个，工会会员3.724万人。2018年，全县工会组织657个，覆盖单位1450个，工会会员8.1834万人。

第二节　劳动竞赛与劳模奖励

劳动竞赛

1998—2009年，先后组织全县职工开展“学邯钢”“调结构、保稳定、促发展”“节能降耗增效”劳动竞赛，推动技能协作、技术革新“五小”（小发明、小创造、小革新、小设计、小建设）、“创建学习型组织、争做知识型职工”“职工素质提升工程”活动，生产企业培训率达80%，关键岗位培训率达100%。2004—2009年，将“五小”活动拓展为“五小四新”（新技术、新工艺、新材料、新设备）活动，浓厚争先创优、技能比赛氛围。在高耗能、高污染生产企业设立节能减排义务监督员600余人。

2011—2015年，组织开展“建功立业‘十二五’，经济强县当先锋”劳动竞赛。在企业、分厂（车间、班组）和一线职工三个层面开展“六比一创”，全县开展“我为节能减排做贡献‘十比’”，民营企业开展“六比双赢争百强”，煤炭、钢铁、建材、化工等传统产业开展对标劳动竞赛活动。印发《关于在全县开展“大众创业、万众创新”活动加快实施创新驱动发展战略的实施意见》，搭建5大职工创新平台（岗位练兵平台、比武平台、协作平台、创新工作室平台、创新型班组平台）。2013 年，狠抓职工创新工作室规范化建设，培育邯郸惠达化工有限公司达到“七有”（有人员、场地、设施、资金、制度、目标、成果）典型，带动全县创新工作室科学、规范开展。2015 年，2 项创新成果获邯郸市职工优秀创新成果奖，年度参赛职工 6 万余人。

2015 年后，围绕县委、县政府“创新驱动”发展战略，把职工网上练兵活动作为实施职工素质工程的重要抓手，组织 1000 余名职工参加全市 6 个工种的网上练兵活动。2016 年，以创建“工人先锋号”为载体，组织开展“践行新理念，建功‘十三五’”主题劳动竞赛活动。2017 年，制订《磁县 2017—2020 年劳动和技能竞赛规划》《进一步推进全县“职工网上练兵”活动实施细则》，促进全县的劳动和技能竞赛活动科学化、规范化开展。全县参加邯郸市网上练兵的职工达 2420 人。邯郸黑猫炭黑有限责任公司获河北省五一劳动奖状；邯郸惠达化工有限公司 8—羟基喹啉车间获“河北省工人先锋号”称号。

2018 年，弘扬工匠精神，促进劳动和技能竞赛由“速度型”“体力型”“普通型”向“效益型”“智力型”“尖端型”转变。推进争当“金牌工人”“能工巧匠”、名师带徒等活动，年度参赛职工 4 万余人。3 家职工创新工作室被命名为“邯郸市职工创新工作室”，1 人获第三届“河北省环卫行业最佳城市美容师”称号。10 月，县总工会在河北省劳动竞赛工作专题会议上作题为《创新三项措施，搭建五大平台，扎实推进新时代职工劳动竞赛活动》典型发言。利用“职工网上练兵”平台，组织开展中共十九大精神宣讲进企业、进车间、进班组活动，把班组打造成“勤奋工作、快乐生活、健康成长、温暖和谐”的职工之家。

劳动模范奖励

1999 年后，开展劳动模范培育、选树、表彰和奖励工作，发挥其示范导向作用，引领更多的劳动者投身于各项建设事业。

2001 年 4 月申家庄煤矿王俊杰、2002 年 4 月河北恒泰集团有限公司尹玉新、2012 年 4 月申家庄煤矿李军和县经济作物专业协会王保圣、2014 年 4 月六合工业有限公司赵俊楼 5 人获全国五一劳动奖章。2011 年，观台一街崔伏喜被国务院授予“全国售粮种粮大户”称号（享受全国劳模待遇）；磁县六合工业有限公司赵德勤等 22 人获省部级劳动模范称号。

2009 年，与县人社局、县财政局、县卫生局等有关部门联合制发《磁县市级以上劳动模范（先进工作者）医疗费和荣誉津贴管理办法》，规定省部级及其以上劳动模范医疗费据实报销、市级劳动模范医疗费参照公务员医疗补助标准报销、市级职工劳动模范由所在单位发给荣誉津贴等。2010—2014 年，组织全县六大系统 12 个工种技能大比武，对夺取决赛第一名的 13 名选手授予“磁县五一奖章”称号。

2013 年，印发《磁县县级劳动模范评选与管理暂行规定》，规定每二年召开一次全县劳动模范表彰大会，集中命名表彰一批县级劳动模范。至 2018 年，县政府命名表彰 127 名磁县劳动模范。

第三节　维护职工合法权益

厂务民主管理

2003 年，磁县推行厂务公开暨成立集体合同工作领导小组，深化厂务公开民主管理，规范企业经营，促进企业健康发展。

2011 年 5 月，按照全国厂务公开协调小组办公室《关于大力开展厂务公开、职工代表大会建制专项行动的通知》要求，开展职代会星级认证和规范建设年活动。是年年底，全县建立职代会制度企事业单位达 1264 家（含区域性、行业性职代会覆盖的小微企业），其中县一星级职代会 317 家、市二星级职代会 98 家、省三星级职代会 17 家。

2014 年，中化滏恒股份有限公司（简称“滏恒公司”）、河北云山化工集团磁县安顺分公司（简称“安顺公司”）、磁县第一中学 3 份职代会提案入围邯郸市优秀职代会提案，其中安顺公司、滏恒公司的提案获“邯郸市十佳职代会提案”（位列

一、二名）。2015 年，滏恒公司、安顺公司的提案获“河北省优秀职代会提案”，其中安顺公司提案获河北省十大“金牌职代会提案”。

2017 年，安顺公司、滏恒公司、滏滨中学3 个单位的职代会提案在“邯郸市优秀职代会提案”评选中分别获一、二、三等奖。培育邯郸市厂务公开民主管理示范单位 3 家、河北省厂务公开民主管理示范单位 2 家，其中申家庄煤矿获“全国厂务公开民主管理示范单位”称号。县总工会被评为省、市“推行厂务公开民主管理工作先进单位”。

2018 年 7—8 月，指导磁县六合工业有限公司召开职工代表大会，表决通过职工安置方案。磁县农业产业化工会联合会为农友专业合作社、茂根农作物种植有限公司等 5 家企业协调银行贷款 120 余万元；为受灾农户申请救灾补助 2.5 万元；邀请技术人员指导农户改种草菇挽回损失 500 多万元；职工参加相关的职业资格和学历提升考试，在学习和考试期间脱产按出勤对待，所花费用合作社承担 50%。9 月 12 日《河北工人报》头版以“职代会成为凝聚企业和职工的‘粘合剂’”为题，报道磁县农业产业化工会联合会落实职代会制度、维护民企职工合法权益又促进农产企业健康发展的典型经验。

平等协商集体合同制度

2002 年始，在全县范围内推行平等协商集体合同制度。其后，该工作走在省、市系统前列。2008 年，组织开展企业和职工“共同约定行动”。企业不减薪、不裁员，职工爱企业、爱岗位，全县企业在金融危机中实现平稳过渡。

2010 年始，每年 3—6 月开展工资集体协商“百日行动”。至 2013 年，签订工资集体合同 223 份，涵盖企业 1229 个（其中规模企业单签 147 份；签订区域性工资集体合同 55 份，覆盖小型企业 824 个；签订行业性工资集体合同 21 份，覆盖小型企业 258 个），惠及职工 6.5341 万人，全县企业工资集体合同建制率基本实现全覆盖。

2014 年 4 月，全县企业开展为期 5 年（2014—2018 年）的工资集体协商“提质增效”行动。2015 年 11 月 20 日，市总工会在磁县召开邯郸市工资集体协商“提质增效”成果观摩交流会，磁县总工会、滏恒公司工会分别在会上介绍经验和展示成果。

至 2018 年，全县达到 A 类规范化标准企业 170 家、B 类规范化标准企业 165 家，分别完成市任务的 113% 和 110%。开展“提质增效”行动起，先后向上级工会推荐上报 6 个行业、5 个区域、10 家企业共 21 个工资集体协商典型单位以及 2 家企业、2 个行业和 2 个区域共 6 份工资集体协商典型案例，其中 5 份案例被市总工会编入《邯郸市工资集体协商案例汇编》一书。磁县农业产业化行业、磁县鑫盛煤化工有限公司的工资集体协商案例被省总工会分别收录《工资集体协商案例汇编（行业篇）》《工资集体协商案例汇编（企业篇）》。县总工会工资集体协商指导员董步武连续 3 次被省总工会授予“河北省优秀工资集体协商指导员”称号，并于 2016 年 6 月获“河北省五一劳动奖章”。

和谐单位创建

2005 年 7 月 1 日，成立磁县协调劳动关系工作领导小组，组织全县企事业单位开展创建“劳动关系和谐单位”活动。2006 年 11 月，以县委、县政府名义命名表彰 26 个 A 级劳动关系和谐单位和 45 名协调劳动关系先进工作者。

至 2018 年，全县已创建县 A 级劳动关系和谐单位 81 家、市 AA 级劳动关系和谐单位 27 家、省 AAA 级劳动关系和谐单位 8 家。磁县六合工业有限公司获河北省“模范劳动关系和谐企业”称号，县总工会分别获省、市“协调劳动关系工作先进单位”称号。

第四节 “职工之家”和文体活动

“职工之家”建设

1999 年，推进“职工之家”建设活动，制订实施细则、考核标准。年初部署，年中检查，年底考核。其后，开展党、工共建“职工之家”活动，做到制度完善，档案齐全，作用发挥明显，定期复查验收。通过此项工作，了解倾听职工呼声，为职工做好事、办实事、解难事，履行“第一知

情人”“第一报告人”“第一协调人”职责。

在建设活动中，涌现出部分典型单位。2008年，磁县六合工业公司工会和邯郸陆顺焦化有限公司工会被中华全国总工会授予“全国模范职工之家”称号。2010年5月，磁县申家庄煤矿工会被中华全国总工会授予“全国模范职工之家”称号。2015年，邯郸黑猫炭黑公司工会和磁县鑫盛煤化工公司工会被中华全国总工会授予“全国模范职工之家”称号。

2008—2015年，磁县供电公司工会、磁县地税局工会等5个单位获“河北省模范职工之家”称号。

2018年，贯彻落实习近平总书记“让职工群众真正感受到工会是‘职工之家’，工会干部是最可信赖的‘娘家人’”的重要指示，继续深入开展建设“职工之家”活动并取得明显成效。邯郸鑫盛能源科技有限公司工会分会获全国“模范职工小家”称号、3家工会获省“模范职工之家”称号、2家工会获省“模范职工小家”称号、1人成为省优秀工会工作者以及2家省乡（镇）（街道）开发区（园区）工会先进典型。

文体活动

1999年后，全县各级工会组织开展丰富多彩的职工文化体育活动。县总工会每年春节期间组织开展迎新春、闹元宵文体活动，“五一”劳动节期间组织开展职工篮球、乒乓球比赛活动。

2004年、2005年，举办“庆新春　颂磁州”对春联活动。2007年，举办“和谐磁州”职工文娱活动。2008年，举办“欢乐闹春”职工文娱活动。2009—2017年，联合县文体局等单位，连续举办五届磁县县直乡（镇）干部职工运动会，并承办职工健身长跑项目。在2017年8月邯郸市总工会举办的“喜迎十九大职工法律演讲比赛”、2018年1月邯郸市工会系统“新时代”杯职工乒乓球比赛、2018年6月“中国梦·劳动美——学习贯彻习近平新时代中国特色社会主义思想和党的十九大精神”全市职工演讲比赛活动中均取得前三名的成绩。

第五节　送温暖工程

困难职工帮扶

1995年，县总工会设立“送温暖工程”基金会。2001年，建立磁县困难职工帮扶中心，筹集“送温暖献爱心”活动资金10万元。在元旦、春节期间对13家停产半停产企业的下岗困难职工帮扶850人次。

1998年至2003年7月，为1346名特困职工建立档案，并实行动态管理。为804户特困职工家庭办理城镇居民最低生活保障，基本做到应保尽保。工会再就业培训中心分期培训下岗失业人员720多人，工会职业介绍所为850名下岗职工进行求职登记，介绍安置473人。职工消费合作社安排28名下岗失业人员实现再就业。

2003年7月至2006年7月，全县19个乡（镇）建立农民工维权服务站，成立困难职工帮扶小组。建立20家困难职工帮扶站，形成上下贯通的帮扶体系。2006年年底，办理困难职工低保工作转交县民政部门。

2008年，启动困难职工帮扶管理系统，完善困难（特困）职工档案（电子、纸质），推行实名制帮扶救助。

2011年，困难职工帮扶中心升级为职工服务中心，投资10余万元进行规范化建设，添置服务柜台、桌椅、电脑、打印机等设备。2017年，投资55万元对职工服务中心改造升级，面积达63平方米，设置普惠服务、就业服务、法律援助、困难帮扶、医疗互助、政策咨询6个服务窗口，配备有电子宣传屏、宣传单、档案柜（4组）、电脑（4台）、传真机、打印复印扫描一体机、照相机、触摸屏查询机、服务电话、宽带等设施。二楼建有3D影院，四楼设有培训中心，五楼体育健身活动场地面积达700平方米。磁县职工服务中心已建设成为方便、快捷的服务平台。

2008—2018年，实名制帮扶救助困难（特困）职工4300多人次，发放专项帮扶救助金340多万元；“金秋助学”帮助困难职工子女60多人，发放助学资金30余万元。

重大疾病医疗互助

2008年，在全县工会系统启动“工会会员重大疾病医疗互助活动”，发扬“无病我帮人，有病人帮我”互助精神，有效帮助患病职工缓解“看病难、治病贵”问题，构筑又一条医疗保障线。2008—2018年，全县近14万人次参加互助活动，643人次患病职工得到救助，累计发放大病医疗互助金687.98万元。

普惠化服务

普惠化服务工作以河北工会会员卡为依托，利用现代信息技术打造“互联网+”服务平台。2017年8月，成立普惠化办公室，创建“磁县总工会”微信公众平台，委托邯郸银行免费向工会会员发放河北工会会员卡。持卡会员可享受省总工会提供的非公意外伤害及家庭财产（火灾）损失两项免费保障服务，同时享受市、县两级工会提供的职业介绍、技能培训、法律援助、心理咨询、维权帮扶等精准服务，到省内其他地市也可享受当地商家提供的同等优惠待遇。河北工会会员卡“一卡多能”：集工会会员身份标识、工会帮扶服务、优惠购物消费、金融理财服务于一体。至2018年，全县共办理工会会员卡1万余张，签约普惠商家20余家，为会员购买普惠服务（免费体检）1项。至2018年，享受河北省工会意外伤害（死亡）、家庭火灾两项免费保障工会会员27人次，受助27.17万元。

第二章　共青团

第一节　代表大会与组织机构

代表大会

2001年3月14—15日，共产主义青年团（简称“共青团”）磁县第十二次代表大会在县委大礼堂召开，出席代表180人。其中，青年工作者50人，先进集体代表、先进人物60人，女代表51人，中共党员52人，共青团员127人。听取并审议第十一届委员会《绘制新蓝图，创造新辉煌，努力开创共青团工作新局面》工作报告；选举共青团磁县第十二届委员会委员37人，候补委员2人；选举出席邯郸市十三次团代会代表9人。

组织机构

团县委　1999年，共青团磁县委员会（简称“团县委”）下设办公室、组宣学少部和希望工程办公室，行政编制4人。2003年7月，编制5人。2006年7月，下设办公室和组织宣传部，希望工程办公室为全额拨款股级事业机构。2011年9月，编制6人。2018年，行政编制4人，工勤编制1人，事业编制2人，其中书记1人，副书记1人；挂职副书记2人，兼职副书记2人。

基层团组织　1998年底，下辖乡（镇）团委19个，机关、厂矿、企业团委7个，全县共青团员1万余人。2003年7月，全县团员1.36万余人。2011年9月，下属10个机关厂矿学校团委，全县团员1.27万余人。2016年行政区划调整后，磁县有乡（镇）团委11个，基层团委31个，机关、厂矿、企业团委7个，团总支7个，基层团支部467个，单位团支部20个，直属专、兼职团干部64人，专职团干部16人，团员7892人。2018年，有乡（镇）团委11个，基层团委32个，团总支9个，基层团支部612个，直属兼职团干部63人，专职团干部16人，团员7466人。

第二节　少年先锋队与青年志愿者

少年先锋队

1999年，全县建立少先队组织442个，有少先队员8.136万名。1999—2006年7月，以思想品德教育为核心，以培养创新精神和实践能力为目标，各中小学校配备辅导员、建起少先队活动室，促进基层活动全面开展。以少先队“雏鹰争章”、手拉手、红领巾假日小队、红领巾帮困助残等活动为主，丰富社会实践，培养自身能力，促进少先队员健康成长，从小树立远大理想。

2006年8月至2011年9月，加强少先队规

范建设。成立磁县少先队工作委员会，在全县19个学区配备总辅导员，在符合条件的各中小学校按标准配齐大队辅导员和中队辅导员。

至2018年，全县组织开展各学区总（大队）辅导员培训100余期，发放《磁县辅导员工作手册》，指导开展基层少先队工作。各校进行入队荣誉教育，推进“红领巾心向党”“相约中国梦”等主题队日活动开展。2018年10月，在全省少先队建队69周年评比表彰中，3人获省级“优秀辅导员”称号。

青年志愿者

1999—2003年，建立青年志愿者协会，成立“青年志愿者‘地税之星’艺术团”“青年环保志愿者”“希望工程志愿者”“青年文明志愿者”等小分队。开展志愿者“一帮一”活动，开展敬老爱老、扶弱帮困、植绿护绿、清洁环境、宣传法律、科技下乡等奉献活动。全县有青年志愿者组织14个、人员1000余人。2001年，先后出台《社会志愿服务工作实施方案》《应急志愿队伍建设方案》，加强对志愿工作的组织引导。每年3月确定为“青年志愿者行动月”。通过各种宣传平台刊登招募信息，并开通志愿招募热线。在“磁县共青团”网站中开通志愿者工作专题版块，对志愿者工作进行信息化处理。成立消防安全、抗震救灾、卫生防疫、电力通信、交通环保等应急志愿服务队伍，与有关部门联合成立磁县巾帼志愿服务队和法律援助志愿服务队，统一发放志愿服务队旗帜、志愿者标志牌和注册证。每年参加活动的青年志愿者超1000人。2003年，在抗击“非典”中，组织180个青年志愿消毒队和清扫队，帮助村民进行消毒和搞好环境卫生；组织100多个“三夏”青年志愿服务队和170个家庭服务对子，帮助抗击“非典”第一线的工作人员和外出务工人员的家庭夏收、夏种；组织50多名青年志愿者对县防疫站、县医院发热门诊等医护人员子女进行慰问。

2006—2012年，组织百名青年志愿者全方位服务首届、第三届海峡两岸中小企业合作发展论坛会务工作。以“青春扮靓新磁县”为主题，在全县组织开展志愿者助力“三年大变样”活动。

“7·19”洪灾后，团县委第一时间发出倡议，组建青年突击队奔赴一线，抢险救灾；组织志愿服务、募捐活动。广大青年团员投身抗洪抢险和灾后重建，充分发挥突击队、先锋模范作用，涌现出一批先进青年典型。2016年始，先后多次组织青年志愿者在滏泉湖畔建设青年林。至2018年，共植树3000余株，面积达3.33公顷。

第三节　创建活动

青年文明号

1994年始，全县工业、商业、卫生、金融、税务、工商、公安等行业、系统团组织中开展“青年文明号”创建活动。

1999—2006年，开展以争创青年文明社区、青年文明岗为主要内容的文明创建活动。广大青年开展优质服务，规范文明用语，履行社会服务承诺，促进“青年文明号”活动深入开展，涌现出一批市、县级青年文明号、青年文明岗和星火带头人。

2009年，辛庄营乡国土所、绿野测绘公司两家青年集体窗口单位获市级“青年文明号”称号。2011年，县行政服务中心获省级“青年文明号”称号；县财政集中支付中心、国税磁州分局、交通局出租车管理办公室、讲武城环保所、花官营派出所、邮政储蓄磁县支行6家青年集体获市级“青年文明号”称号。

2015年，全县有市级“青年文明号”集体4家、获市级以上“先进个人”等荣誉40余人。

2018年，全县有市级“青年文明号”集体6家、获市级以上“先进个人”等荣誉50余人。

科技兴农

1999—2003年，通过举办农村实用技术培训、青年志愿者“一帮一”、培养青年星火带头人、项目带动等形式，为青年农民提供信息、技术等服务。

2008年始，联合县人劳局、县残联、县总工会等部门，组织举办青年创业培训班10余期，培训青年1000余人次。2013年，联合县职教中心聘请 27 名青年就业、创业指导师和 5 名专业技术人员，组成“青春致富大讲堂”讲师团，深入乡村开展种植养殖培训，提供技能培训和就业指导。

至 2018 年，举办各类培训班 100 多期，发放资料 1 万套，培训近 1 万人（次），组建科技服务队（组）近 1000 个，建立各类青年科技示范基地 30 个。被县以上组织命名表彰的“农村青年星火（创业致富）带头人”200 人，其中国家级 7 人，省级 12 人，市级 30 人。

促进青年就业

2000 年始，依托见习基地，引导青年参与企业技术、管理和服务创新，联合相关部门培训青年 1000 余人次，帮助 2000 余名青年实现就业。

2011 年，与蓝天彩印包装厂等企业、单位合作建立“磁县青年就业创业服务基地”，联合相关部门培训青年 500 余人次，帮助 1500 多名青年实现就业。2012 年与县农行合作，先后帮助 108 名创业青年争取小额贷款 600 余万元。2013 年，新建“就业创业服务基地”9 家。向市推荐的“德铬坊”青年创业大赛项目获全市“优秀项目奖”称号。

2017 年 5 月，在磁县创业孵化基地成立磁县青年“双创”基地，鼓励更多青年自主创业，后升级为市级基地。6 月，联合人行磁县支行成立首家县级金融系统青年联合会。依托“大学生返乡创业行动”活动，组织青年志愿者、返乡大学生积极投身创业。

“争先创优”活动

1999 年后，把开展活动与加强自身建设、开展主题教育、选树推优相结合。全县各级团组织从加强班子建设、服务体系建设、团员队伍建设、阵地建设四个方面入手，开展“双合格”（合格团委、合格团支部）建设和创建“五四红旗团委（团支部）”活动。每个乡（镇）团委达到“四好”（班子建设、主题活动、队伍建设、活动阵地好）标准。2012 年，培育选树邯郸市“青年之星”30 余人。2016 年，磁县经济开发区团委获全省开发区团建第一名。

至 2018 年，全县有 50% 以上农村团支部实现“五个一”（健全一支团员队伍、选好一个团支部书记、完善一套工作制度、建设一个青年活动阵地、搭建一个信息平台）目标。全县农村建立 100 多个青年学习宣传阵地。10 个团组织获市级荣誉，3 个团组织获省级荣誉。全县涌现出市级“志愿服务工作”先进集体 3 家，省、市优秀团务工作者、新长征突击手、共青团员和少先队辅导员 60 余人。

第四节　青少年维权和救助

青少年维权

1999 年，各级团组织通过法律服务、舆论支持、维权咨询、社会救助等方式，为青少年提供有效帮助，维护青少年合法权益。

2001 年后，在县直相关部门中开展争创“优秀青少年维权岗”“优秀青年卫士”活动。2011 年，县检察院获省级“优秀青少年维权岗”称号，县公安局巡防大队获市级“优秀青少年维权岗”称号。

2014 年 6 月 19 日，成立未成年人案后帮教基地。以此为依托，构建学校、社会、家庭三结合的教育和预防体系。联合县法院、县检察院，开展青少年街头法制宣教、法制教育课进校园活动，重点围绕安全知识、青少年维权等内容进行授课，参与青少年 7000 余人次。通过开展“面对面”和阳光热线等相关活动，合理反映和解答青少年诉求。在扫黄打非、希望工程中，团县委 2 人及每个乡（镇）的团委书记被聘为文化市场监督员。

至 2018 年，全县有省级“优秀青少年维权岗”1 个、市级“优秀青少年维权岗”5 个。

贫困生救助

1999—2006 年，以救助贫困学生为重点，实施“希望工程”。联合邯郸汉光学校开展“城乡少年手拉手”“10+1”助学活动，使全县 40 余名特困生得到救助；协助团市委开展“资助贫困大学生圆梦行动”。连续 3 年实施“情系贫困大学生——希望工程特别行动”，筹资 4.5 万余元，资助 45 名家庭困难、品学兼优的大学生。

2007—2011 年，动员全社会力量关爱留守

儿童，改善他们的生活和学习环境，引导他们健康成长。组织全县团干部和青年志愿者与120余农村留守儿童结对，帮助解决学习生活上的困难。

2011年后，争取省、市和社会爱心资金项目和资助金，资助贫困大学新生和贫困中小学生。

2015年，通过开展组织公益宣传和志愿服务活动，组织志愿者结对帮扶留守儿童。在李家岗小学设立留守儿童辅导班，“大手拉小手”爱心帮扶行动参与志愿者985人。

2015年10月，在崇文学校成立磁县第一家“春雨乐园”。2016年，通过开展“春雨行动——光彩手拉手”活动，争取到团省委支持县留守贫困儿童助学金项目10万元，先后资助25名贫困小学生。2017年7月，组织爱心企业为贫困留守儿童捐资2万余元；8月，碧桂园企业为县二中20名贫困生捐赠助学金2万元。

截至2018年9月，累计结对帮扶农村留守儿童1500余名，资助百余名贫困生实现大学梦。12月，开展“壹基金——暖立方”爱心走进校园行动，为300余名贫困小学生捐赠爱心礼包300余套；44名留守儿童入园崇文学校“春雨乐园”。

第三章　妇女联合会

第一节　机构改革

县妇联

1999年，磁县妇联内设办公室、儿少部，行政编制4人。2002年8月，儿少部改为妇女儿童权益部。2006年7月，内设办公室、妇女儿童权益部、妇女儿童服务中心，行政编制4人，事业编制2人，工勤人员1人。2017年12月18日，以县委办名义印发《磁县妇联改革方案》，实施9个方面、25条改革措施。

2018年2月，县妇联配备挂职副主席1名、兼职副主席3名、挂职干部1名，实现妇联领导班子专兼挂、工作队伍多元化运行机制。是年4月23日，《中国妇女报》《女性之声》《中国女网》等媒体以《河北磁县妇联“专兼挂”增活力》为题报道。是年10月27日，《中国妇女报》头版专题《妇联干部转作风　妇联干部吹新风——党的十八大以来妇联工作和妇联改革成就综述之八》“‘专兼挂’妇联干部充满活力”一文中刊载磁县做法，这是全国妇联系统唯一提及的县级妇联改革做法。

乡（镇）妇女组织

1999年至2016年9月，下辖19个乡（镇）妇联，各乡（镇）设妇联主席1人。2016年9月行政区划调整后，下辖11个乡（镇）妇联。全县党政机关、科教文卫系统、“两新”组织（新经济、新社会）领域建立妇委会，配备专兼职妇联主席和工作人员。

2018年，推进乡（镇）妇联改革，11个乡（镇）妇联主席配备副科级干部担任，建立健全妇联执委会，完善工作机制。按照“党建带妇建、妇建促党建”原则，在广场舞、创业基地、非公企业等组织建立妇女组织，以点带面，实现区域化建设全覆盖。42家“两新组织”和其他组织中建立妇女组织，实现“哪里有妇女群众，哪里就有妇女组织；哪里妇女群众有需求，哪里就有妇联组织提供服务”目标。6月27日，省妇联组织省内百余名新任乡镇（街道）、村（社区）妇联干部到磁州镇区域化建设示范点和小营店村观摩学习，燕赵女性网、邯郸女性之声等媒体报道做法。

农村（社区）“会改联”

2017年8月28日，县委组织部、县妇联印发《磁县农村（社区）妇代会改建妇联实施方案》，在全县262个村（社区）开展村级妇联改革工作，使基层妇女组织链条和工作触角向全区域延伸，形成妇女工作新格局。11月1日，磁县召开基层妇联区域化建设暨农村妇代会改建妇联工作会议，推进农村妇代会改建妇联工作。至2018年11月，全县各村（社区）均设妇联主席。

网络妇联建设

磁县妇联探索“互联网＋”工作新模式，推进“网上妇联”建设。2017年1月，开通“磁县妇联”微信公众号，建立全县妇联干部工作微信矩阵，在网上推进基层妇联组织建设、女性素养提升、维权帮扶、巾帼志愿服务、家庭文明建设等工作。2017—2018年，推文120多篇，被上级采纳90多篇。新华网、人民网、《中国妇女报》《女性之声》《中国女网》、燕赵女性、河北电视台、邯郸电视台等媒体刊播磁县妇联的经验做法和信息动态。

第二节　关爱妇女儿童与维护妇女合法权益

关爱妇女

2006年4月25日，落实邯郸市“十项民心工程”，在县妇幼保健所举行“两癌”免费普查启动仪式。是年，3985名妇女接受普查。2006—2017年，联合妇幼保健院、北大医院对农村妇女免费普查，3.06万名农村妇女受益。联合县人民医院、北大医院免费为40名先进妇女、500名农村贫困妇女进行健康普查。

2007年6月，妇女学习培训工程中，磁县成为“河北省妇女学习培训工程”重点项目县。

2015年，引进全国妇基会投资80万元的导乐分娩项目，在磁县妇幼保健院实施。

2016年，为花官营乡南左良村创建点争取10万元“妇女之家”建设专项资金；帮助县妇幼保健院争取中国妇女发展基金会200多万元的公益项目；为200名妇女争取5.8万元每人价值290元超早期宫颈癌免费筛查；为观台镇观台一街乳腺癌患者马平的争取10万元救助款。引进河北省妇女儿童发展基金会“贝因美营养知识宣讲公益项目”，为磁县贫困家庭婴幼儿提供价值4.5万元的贝因美奶粉180桶；全县60名建档立卡贫困妇女，每人享受1年期的1万元“两癌”免费保险。“7·19”抗洪救灾期间，为灾区130多名巾帼志愿者争取到中国人保财险邯郸市分公司的保额532.8万元的人身意外伤害1年期保险，争取中国妇女发展基金会价值30万元的李宁牌服装和水壶、蒸锅等物资，解决生活难题。

2017年，争取中国妇女发展基金会价值10万元的“母亲健康快车”1部，在县妇幼保健院实施；引进市级“妇女之家”示范点5万元项目支持，在磁州镇南开河村实施。到岳城镇慰问革命母亲和困难母亲，送去米面油等物资。10月，到陶泉乡霍庄村看望百岁老人，送去米面油等。

关爱儿童

1999—2003年，推进“春蕾计划”助学活动，动员社会各界为孤困儿童送温暖、献爱心。筹集资金2万元，资助60余名孤困儿童学费。

2006—2009年，联合县地税局等开展“体味爱心　静听心声　资助贫困儿童”活动，为全县128名特困儿童进行一对一救助，发放救助金6800元。

2010年，开展“爱心代理妈妈”关爱留守孤困儿童活动。2300名“爱心代理妈妈”与他们建立起母子（女）亲情关系，并帮助420多个贫困家庭增强生活信心。

2011年后，持续开展关爱留守孤困儿童活动，《中国妇女报》、河北电视台等11家媒体报道磁县做法。2012年8月2日，中共中央政治局委员、国务委员刘延东批示：类似河北磁县开展的爱心代理妈妈活动为留守儿童送去温暖的做法，可多宣传推广。省、市、县委作出相应批示，新华社、《人民日报》《中国妇女报》《河北日报》等媒体相继报道。

2013—2018年，在活动中创新方法，建立磁县爱心小屋，26名留守孤困儿童在爱心小屋生活。磁县拍摄的《爱心妈妈》获国务院妇女儿童委员会办公室、中华全国妇女联合会宣传部和中国电视艺术家协会颁发的优秀作品奖。省妇联号召全省学习磁县做法。磁县“爱心代理妈妈”团队先后被授予“全国三八红旗集体”“河北省优秀志愿服务团队”“河北省三八红旗集体”“河北省志愿服务先进单位”“邯郸市十大新闻人物”称号。

2013年10月，磁县妇联副主席张淑霞作为全国妇女代表出席中国妇女第十一次全国代表大会。

2015年6月，引进卓达集团关爱磁县留守儿童和春蕾女生等项目资金4.5万余元，为农村春蕾女生每学期提供1000元生活、学习救助。10月，在全省关爱留守儿童工作会议上，县妇联、“爱心代理妈妈”纪委志愿服务队、“爱心代理妈妈”代表陈玉文等分别发言。

2016年8月，组织20名留守孤困儿童到北京、天津市参观学习。

2017年，邯郸市以“关爱儿童　共享幸福”为主题的庆“六一”活动在崇文学校召开，40名“爱心代理妈妈”为留守孤困儿童送去慰问品。到讲武城镇爱心小屋慰问孤困儿童，并与孩子们一起过中秋佳节。

2017年3月，引进河北省儿童之家项目价值10万元的物资支持，在讲武城镇滏阳营村“爱心小屋”实施。7月，引进“中国儿童少年基金会·肯德基中国小候鸟专项基金”项目资金10万元，在时村营乡小屯洼村“儿童快乐家园”实施，这是全市唯一首批实施该项目执行点，全省仅16家。2017—2018年，连续两年邀请河北医科大学第一医院专家在县人民医院儿科开展儿童“先心病”爱心普查活动，为230名0～14岁留守儿童免费普查。2017年，县妇联被市妇联评为“邯郸市执行项目实绩突出单位”。

2018年6月，邯郸市妇联“艺动心弦　笑满童年”美丽妈妈情暖童心活动在崇文学校启动。磁州商学苑、寿险磁县支公司的100多名爱心代理妈妈与崇文学校留守儿童乐园的58名孩子结成对子。先后到腾龙学校举办以“用爱筑梦‘艺’路同行”为主题的暑期儿童安全主题关爱活动。组织爱心志愿者到“7·19”受灾区都党乡慰问困难儿童，送去生活物资。《河北电视台》《邯郸电视台》等报道磁县做法。磁县妇联获评“河北省儿童慈善奖先进集体”，全市唯一；磁县“爱心代理妈妈”志愿服务团队被省委宣传部、省妇联等15个部门联合授予“河北省优秀志愿服务创新项目”“河北省慈善工作先进集体”等称号。

2018年，磁县作为县（市、区）代表在邯郸市城乡（社区）儿童之家建设推进会上作典型发言。

维护妇女合法权益

1998—2003年，完成《磁县妇女发展规划（2001—2010年）》编制工作并推进落实。配合县公安、县检察、县司法部门接待处理妇女儿童信访案件370余件，其中30%案件由县、乡妇联协调处理解决。2003年年初，与县公安局联合成立110家庭暴力报警中心，与县司法局联合成立家庭暴力法律服务中心，创建妇女临时避救站。2004—2006年，接待处理妇女信访案件170余件。

2004年9月18日，磁县成立维护妇女儿童权益协调组，由县政法、县妇联、县宣传等单位组成。2005年3月7日，15家成员单位联合开展男女平等基本国策宣传一条街活动，展出展板30块，发放宣传资料1.3万余份，在县城主要街道悬挂标语350余幅。2007年9月，开展创建“平安家庭”活动。向全县妇女发出《创建平安家庭、共建美好家园》倡议书，签订创建“平安家庭”承诺书，全县19个乡(镇)6000个家庭签订承诺书。2008年，以“迎奥运”为契机，选出100名奥运安保志愿者，发挥模范带头作用，宣传奥运、法律知识。是年县妇联被省妇联评为“河北省妇联维权先进集体”。

2009年9月，与匡正律师事务所签订《法律咨询援助协议书》，成立磁县妇女儿童法律援助服务中心，免费为贫困维权妇女儿童提供法律咨询、代写诉状、代理辩护律师等服务，并向省妇联争取“妇女儿童解困资金”2万元，用于诉讼服务资金补偿。

2010年3月，在“三八”妇女维权周期间，省妇联、省综治办、省司法厅联合在磁州镇北来村召开以“关注服务妇女民生,促进社会稳定和谐”为主题的妇女“争当维权大姐”演讲比赛。磁县作为全省唯一县级单位在全省妇女基层维权工作会议上介绍经验。《中国妇女报》《河北日报》《河北法制报》等媒体报道活动情况。

2010—2011年，19个乡（镇）和较大村建立妇女维权站，做到“五有”（有领导机构、办公场所、专人负责、维权队伍、工作制度）。各站利用“姐妹谈心室”“12338”妇女维权热线等形式开展解疑释惑、情绪疏导、矛盾化解等工作。共接待来访妇女 693 人，成功调解 434 件案件，为 328 名妇女进行心理疏导，转磁县妇女儿童法律援助中心 34 件。

2011—2018 年，扩大维护妇女儿童合法权益范围，建立健全多元化纠纷解决机制。2017 年，县妇联在全省召开的妇联系统维权维稳工作会议上作典型发言。2018 年 3 月，与县法院联合出台《关于开展婚姻家庭纠纷案件诉调对接工作的实施意见》，建立家事调解室，发挥专业优势，共同做好当事人的稳控工作，化解婚姻家庭矛盾，保障妇女、儿童、老人合法权益，维护家庭、社会和谐稳定。磁县妇女维权工作做法先后被《中国妇女报》《燕赵女性》《邯郸日报》等媒体刊载。5 月 18 日，省妇联副主席王冬梅一行到磁县调研时给予充分肯定。6 月 29 日，河北省基层维权现场观摩会在磁县举办，来自省内 100 多名与会人员到磁县家事调解室、磁州镇小营店村维权服务站观摩。此后，宁夏自治区人大常委会、妇联等领导前来观摩磁县的婚姻家事调解室、村级妇女维权工作站并给予高度称赞。

第三节　巾帼建功立业

“双学双比”活动

1999—2011 年，组织全县妇女开展“双学双比”（学文化、技术，比成绩、贡献）活动，展示巾帼创业风采。2001 年 4 月 18 日，市妇联主席王峰翡一行 4 人到磁县调研，参观讲武城镇李秀花的综合种植场、园中园绿源种业有限公司等地。

2001 年 9 月 21 日，市妇联在磁县召开“双学双比”观摩交流暨信息发布会，各县（市、区）农村女能手参观东武仕珍禽养殖场、边东巾帼万头养猪场等地，在县城建局会议室召开“双学双比”经验交流暨信息发布会。12 月，县妇联被市“双学双比”协调领导小组授予市级“双学双比”活动先进协调单位。张淑梅的万头养猪场、李芬的绿源种业有限公司被市“双学双比”协调领导小组评为科技示范基地。路村营乡东武仕村冀秀芳等 4 人被市“双学双比”协调领导小组评为市“先进女能手”。

2002 年 11 月 19 日，县妇联联合县电视台在《磁州新闻》栏目中推出“学习贯彻十六大，巾帼英雄展风采”系列报道，浓厚活动氛围。

巾帼建功成效

2009 年，创业女性王亚平、王玉文等出席邯郸市妇女第八次代表大会。

2011—2014 年，县妇联先后授予 40 家企业“磁县巾帼建功实绩突出单位”、30 家企业“巾帼诚信企业”称号，表彰 60 家优秀妇女组织和 60 名巾帼建功明星。直南党史馆等 8 家单位获市“巾帼文明岗”、28 家单位获市“巾帼建功先进集体”称号，30 名女性获市巾帼建功标兵，6 家企业被认定为市妇女手工业基地。

2014 年 10 月 18 日，磁县召开女企业家协会成立 3 周年年会，有 8 家企业被县妇联授予磁县“巾帼诚信企业”称号。

2015 年，邯郸市禾下土种植有限公司被授予“全国巾帼现代农业示范基地”称号。

“7·19”洪灾发生后，组织 130 多名巾帼志愿者帮助开展生产自救、送家庭生活必需品、进行灾区妇女心理疏导等工作。邯郸电视台《魅力女性》栏目报道活动情况。

2017 年 10 月 23 日，组织创业女性参加市妇联组织的培训和学习宣传党的十九大精神活动情况在《河北新闻联播》播出。

2009—2018 年，先后举办“提升妇女技能助力巾帼脱贫”推进暨培训会、巾帼创新创业扶贫会议、邯郸市巾帼家政比赛等活动。2017 年，殷玲玲剪纸基地、童装加工基地被授予“河北省巧手脱贫示范基地”称号，邯郸市金益农生物科技开发有限公司等 6 家基地被授予“邯郸市巾帼现代农业科技示范基地”称号，磁县创业孵化基地等 6 个手工基地被授予“邯郸市巧手脱贫示范基地”称号。女企业家协会参与“美丽乡村”“美丽庭院”“绿美磁县”“誓卫磁县蓝　巾帼在行动”等生态保护环境志愿服务行动。省家政协会、市家政培训中心在磁县举办巾帼家政服务业培训活动，组织魔豆妈妈电商创就业扶持工程岗前培训，

50 名贫困妈妈靠提高劳动技能增加收入，实现脱贫致富。天保寨景区、磁州镇徐家沟忠义采摘园、滏泉湖生态园被省妇联、省旅游局、省扶贫办授予“河北省巾帼乡村旅游示范点”称号，邯郸市博泰服装有限公司等 4 个基地被授予“河北省巾帼巧手脱贫示范基地”称号，邯郸市金益农生物科技开发有限公司被授予“河北省巾帼现代农业示范基地”称号。

第四节　家庭文明建设

庭院创建

2003 年，在全县开展“巾帼文明生态庭院”创建活动。2004 年 11 月，县妇联与县文明办、县农业局联合在辛庄营乡召开“巾帼文明生态庭院”经验交流会。为 122 户示范户挂牌、10 户优秀示范户颁发奖品。2005 年 8 月，在全县评出示范户 1300 户，其中 50 户被评为市级示范户。

2006 年 7 月始，在全县城乡开展“绿色家庭”创建活动。舆论宣传与工作推动相结合，形成“举妇女之力、建绿色家园”的浓厚氛围。

2007—2009 年，全县开展“争做新女性、争树新形象、争创新家园”行动，在“三年大变样”中发挥妇女作用。选树磁州镇滏阳社区、北来村等 6 个市级文明生态示范村和 60 户示范户。

2010 年，8 户家庭获邯郸市“绿色家庭”称号。“优秀母亲”申玉梅的事迹在 5 月 12 日《中国妇女报》刊载。

2011—2018 年，引领广大妇女参与“美丽庭院”“绿色家庭”等家庭文明创建活动。印发倡议书，号召全县妇女在建设美丽乡村、美丽“磁县蓝”中贡献巾帼力量。为“美丽庭院示范户”授牌，发放门帘、垃圾桶等美丽庭院宣传品，助力农村人居环境整治工作。

最美家庭

2014 年，全国、省、市妇联开展寻找“最美家庭”活动。磁县推荐的成千珍家庭先后被授予邯郸市、河北省“最美家庭”称号。

2016 年 5 月 15 日，在北京人民大会堂举行的全国“最美家庭”揭晓表彰大会上，成千珍家庭被授予全国“最美家庭”称号。75 岁的成千珍作为全国“最美家庭”代表在大会作题为《传承烈士精神　撑“小家”谋“大家”》发言，她是全省唯一“最美家庭”代表。

2016 年 12 月 12 日，成千珍家庭荣获“全国首届文明家庭”称号，受到习近平总书记亲切接见。

2016 年，成千珍、陈玉文、陈爱珠等 8 名母亲被推荐为第五届、第六届河北省“燕赵榜样母亲”。

2017 年，许爱民家庭获河北省“最美家庭”称号，5 个家庭获邯郸市“文明家庭”称号，6 个家庭被授予邯郸市“最美家庭”称号，3 名女性分别获邯郸市“好媳妇、好婆婆”称号，其先进事迹在邯郸电视台《魅力女性》栏目播出。6 名女性获邯郸市“最美女性”称号，其中杨海燕的事迹在《中国妇女报》刊载。以县委名义表彰 10 户“美德家庭”，县妇联表彰 10 户“最美家庭”，其中赵丰花、李淑英家庭获邯郸市“最美家庭”称号，赵丰花家庭事迹在《中国妇女报》刊载。

2018 年，杨竹青、闫萍萍、索秀芹获第六届“燕赵榜样母亲”称号。许超华、闫萍萍获邯郸市“好媳妇”称号；杨竹青获邯郸市“好婆婆”称号。崔延利、王亚平、庄秀美家庭获河北省“最美家庭”称号；崔延利家庭还获全国“最美家庭”称号，事迹在 2019 年《学习强国》刊载。磁县妇联主席张淑霞获“美丽邯郸　最美帮扶人”称号。

第四章　科学技术协会

第一节　机　构

县科协

1999 年，磁县科协内设办公室、普及部，设主席 1 人、副主席 1 人，干部职工 6 人。2003 年 7 月，县科协干部职工 8 人。2006 年 7 月后，设主席 1 人、副主席 1 人，编制 7 人。

行业组织

1999年，所属协会、学会、研究会30个，涉及工业、美术、林果、畜牧、水产等领域。2017年，县科协所属农技协会、科普基地51个，科协个人会员85人。2018年发展到87人。

第二节　科普活动

“科技周”和科普日活动

2001年始，每年5月组织开展“科技周”宣传活动。进社区、进校园、进农村、进企业，向基层推广科技成果。2003年始，落实《中华人民共和国科学技术普及法》要求，组织开展大型主题科普活动。利用各种科普资源，协调全县党政部门、社会团体和企事业单位结合各自特点，组织开展“科技周”、科普之春、全国科普日等大型主题科普活动，并配合省、市“三下乡”活动进行。每年全国科普日活动中，联合县教育局、县科技局、县农牧局、县环保局、县发改局等成员部门举办各类科普报告、讲座，办专题展览，举办培训班。参展单位40多家，制作知识展板300多块、科普条幅300多条，发放科普书籍1000余册、明白纸2000余份。受益群众1万多人。2008年，磁州镇北孟庄村王保圣被评为国家级科普带头人，获奖补资金5万元。

科普基地建设

1998—2003年，创办科普基地13个，其中台城乡农作物良种繁殖基地被认定为河北省科普示范基地，磁州园中园高效种植园、大地科技开发公司、驸马沟良种猪繁殖基地等5家基地被认定为邯郸市科普示范基地。

2003年后，加强开展“科普基地”创建工作。2007年，建成省级科普教育基地2处（磁州窑科普教育基地、漳河小三峡教育基地）。2011年，磁县特种养殖协会获省级农村专业技术协会，奖补资金10万元。2013年，磁县经济作物专业协会获国家级农村专业技术协会，奖补资金20万元。

2017年，健全县级科普示范基地网络，重新认定51个县级科普示范基地，涉及工业、美术、林果、畜牧、水产等领域，同时吸纳各乡（镇）学区中心校为县级科普教育示范基地。

2017年磁县科协认定的农业专业技术协会与科普基地一览表

表20-1　　　　单位：个

类别	数量	名称
农业专业技术协会	3	磁县食用菌种植协会
		磁县特种养殖业协会
		磁县贾壁常青蔬菜种植协会
社区科普基地	18	陈家庄、辛家庄、粮斗庄、阜才、监上、司前、务本、滏阳、固城、西城、台庄、二里铺、关后、明德、兴礼、北孟庄、敦化、乐善

续表

类别	数量	名称	
乡村科普基地	28	金益农科普示范基地 益民养殖有限公司 磁县钰龙林木种植有限公司 磁县盛丰家庭农场 磁县双季槐种植基地 磁县好彬家庭农场 赵军养殖有限公司 磁县绿环种植专业合作社 磁县三合核桃种植基地 磁县志军腾发家庭农场 磁县研军养猪专业合作社 磁县成林商品猪专业合作社 磁县同林蔬菜专业合作社 磁县震华养殖有限公司	禾下土种植专业合作社 河北省靖增农业科技有限公司 磁县旭升山蝎专业合作社 磁县全丰家庭农场 磁县海霞红业家庭农场 观台鑫盛奶牛养殖有限公司 磁县漳河众鑫养殖有限公司 磁县利强养殖有限公司 磁县龙发养殖专业合作社 天道益农邯郸农业科技有限公司 磁县鑫旺养鸡专业合作社 磁县富广民瓜菜专业合作社 南黄沙三街综合种养有限公司 磁县圣福安畜禽养殖有限公司

科普设施建设

1997 年始，实施农村科技信息自动化广播工程，扩大宣传阵地。

2007 年后，结合县有关部门把磁州窑博物馆广场 LED 电子大屏幕作为科普的载体之一。

2016—2018 年，建设邯郸市禾下土种业有限公司、天道益农邯郸农业科技有限公司、盛丰家庭农场 3 个省定的科技专家企业工作站，建设河北靖增科技农业有限公司 1 个省定的农业专家工作站，全部挂牌，统一标识。配备电脑、投影仪、复印打印机等设备。

2017 年，围绕全省科普 e 站“135 建设计划”，按照“五有”（有网络、场所、终端、活动、人员）要求，促进传统科普宣传方式与新兴媒体相结合，布点以社区、农村为主，兼顾学校、科普示范（教育）单位（基地）、窗口单位和公共场所，完成市科协下达的科普 e 站布点建设任务。2018 年，新建 34 个科普 e 站通过省、市认定，其中认定省级重点站 2 个、市级基础站 32 个。

青少年科技创新

1999—2018 年，与县教育局联合，把科普教育纳入学校经常性教育内容，培养学生的科技创新能力，每年组织一次青少年科技创新大赛。以此为平台，搞好青少年科普活动。组织引导全县各校学生参与全国、省、市科技创新大赛，并多次召开培训、讲座、交流会议，调动师生积极性。参加比赛的作品涉及各个学科，每年参赛作品达 80 多件。其中，2017 年省第三十三届青少年科技创新大赛中，磁县参赛作品 100 多件，获奖项市级 31 件、省级 3 件；2018 年省第三十四届青少年科技创新大赛中，磁县参赛作品 68 件，获奖项市级 53 件、省级 9 件。2016—2018 年，县科协连续 3 年获省青少年科技创新大赛优秀组织奖。

科普示范县创建

2010 年 3 月，磁县开展创建全国科普示范县活动。成立创建工作领导小组，出台一系列指导性文件，建立经费保障机制。坚持“政府推动，全民参与，提升素质，促进和谐”方针，各部门协调配合，形成大协作的科普工作格局。

抓好基层科普网络建设，建立健全所辖乡（镇）、厂矿企业、中小学校科协组织；加强农技协会建设，引导组建农技协会12个，涵盖良种、蔬菜、畜禽饲养等产业，建立农村科普示范基地6个；在县电视台开辟《科普大篷车》栏目，组织实施“农村科技信息自动化广播工程”；成立县级培训学校2个，分别与县党校和县教育局进修学校合署办公；实施全国科普活动站、科普宣传栏、科普员建设。

2010年6月，磁县被命名为全国科普示范县，示范期为2011—2015年。2016年被命名为省科普示范县，示范期为2016—2020年。

第三节　科技推广

农民培训

1998—2000年，全县实施农村1638科普工程（培养1000名科技明白人，建成60个科技示范村，发展300个科技示范户，培养800名科技致富能手）。通过引进、推广、培训等科普活动，全面完成目标。至2006年，组织涉农部门开展科技下乡活动60多次，举办各类培训班150个，培训8000余人。

2006年始，配合县委组织部在农村党员干部现代远程教育中纳入科普教育知识，提高农村干部的科学素质。同时，培训一批农民科技带头人，累计培训实用技术人才400名。开展农村劳动力技能培训。组织中、高级农技专家深入田间地头，为农民解答种植、养殖方面难题。举办大型科普讲座，让农民真正体会到科普利民、科普惠农的好处。截至2018年，参加听讲人数15万余人次，免费发放科普书籍20万余册、科技明白纸50万余份。

城镇人口技能培训

2006年始，配合县直有关部门搞好各级各类岗位职业技能培训。加强企业科协组织建设，2007年在磁县经济开发区组织开展“创新争先行动”和岗位练兵、发明创造等知识技能竞赛活动，促进技术创新。

2006—2018年，继续开展科普示范社区创建活动。联合县宣传、县科技、县教育等部门，引导城镇社区举办科普讲座、科普展览、科普文艺等活动。2012年，磁县兴礼社区科普活动室被评为省级科普示范社区，获奖补资金5万元。2013年，务本社区被评为省级科普示范社区。2014年，务本社区被评为国家级科普示范社区，获奖补资金20万元。2016年，敦化社区被评为省级科普示范社区。2017年，兴礼社区被评为河北省“基层科普行动计划”先进单位。

技术应用

1998—2003年，全县引进、应用新技术50余项，辐射种植面积3333.33公顷。实施“金桥工程”，组织农工学会、林果学会、养鸡协会、养猪协会、蔬菜协会与16家企业、单位结对，引进、应用新技术、新成果31项，产生经济效益3700万元。

2004—2006年，邯郸市海龙种业公司引进韭菜新品种冬青寒韭、雪松1号、青韭4号、青韭2号和金韭1号，种植面积66.66公顷。磁县良种场引进、试验、示范、推广鲁单9002、良星99、石麦14、衡4338、藁优9618等新品种20多个，繁育小麦、玉米良种15万千克。以磁县养猪协会、磁县中药材协会等为依托的6个科普示范基地引进科技专家25人、农业新优品种13个、农业适用技术28项。实施“金桥工程”项目34项科技成果转化，推动科技与经济结合：磁县蔬菜研究会开发推广莲藕标准化栽培技术，种植面积33.33公顷；磁县经济作物专业协会引进山东彩色富硒花生，推广面积20公顷；磁县机电工程学会开发推广高压靠近报警器、35KV变电站操作票计算机自动生成系统。

2011年，开展“金桥工程”项目的审核、上报工作，累计审核、遴选项目40余个，确定“电力设备GPS巡检系统”“线路故障在线监测”两个项目为市科协管理项目。2014年，推广花椒种植技术，为农民赠送花椒技术书籍300多册。

2015—2018年，以科普示范基地创建为依托，引进应用新技术新品种，推进全县农业产业结构优化调整。

第五章　工商业联合会

第一节　会员代表大会

第八届

2001 年 12 月 19 日召开，参加代表 95 人，其中，直属会员 20 人，上届执行委员（简称“执委”）和特邀会员 21 人，各乡（镇）代表 54 人。选举会长（驻会）、副会长 13 人、执行委员（理事）29 人，副会长中统战部 1 人、非党人士 1 人、非公有制人士 11 人。

第九届

2006 年 10 月 26 日召开，选举会长（驻会）、副会长 19 人，民营商会选举会长、副会长 8 人，代表 112 人，执行委员（理事）42 人。

第十届

2011 年 12 月 20 日召开，选举主席、第一副主席、常务副主席、副主席 23 人、秘书长 1 人；选举总商会会长、副会长 9 人，执委 90 人，代表 160 人。

第十一届

2016 年 10 月 20 日召开，选举主席、第一副主席、常务副主席、副主席 15 人、秘书长 1 人；选举总商会会长、副会长 15 人，执委 78 人，代表 124 人。

第二节　组织机构与会员

组织机构

1999 年，磁县工商业联合会（同时是民营商会，称总商会）编制 5 人，其中行政编制 2 人。下设工商联联络中心，事业编制 3 人，股级职数 2 人，科员 1 人。2002 年机构改革后，下设办公室和工商联联络中心，编制 6 人，其中行政编制 3 人、事业编制 3 人。

2006 年，磁县童装行业协会和磁县中药材协会成立。2008 年，组建磁县劳保业商会和磁县农资服务业商会。2009 年 5 月，成立养殖行业商会；10 月，成立劳动安全用品防护协会。2010 年 5 月，成立磁县塑料化工协会。2010 年 9 月 14 日，中共磁县非公有制企业委员会成立，设在县工商联。2012 年 8 月，组建磁县商界联合会。2015 年，组建磁县中小商业企业服务协会、磁县中小企业商会。2016 年 11 月 21 日，中共磁县非公有制经济商（协）会委员会成立，设在县工商联。

2016 年前，县工商联下辖 19 个乡（镇）商会。2018 年，工商联下辖 11 个乡（镇）商会和 6 个所属商（协）会：磁县中小民营企业家协会、磁县名商联盟商会、磁县商友会、磁县餐饮协会、磁县化工协会、磁县童装协会。

会员

1999 年，全县会员 540 人。其中非公经济人士 448 人（私营企业会员 92 人）。2001 年，吸收会员 60 人，其中私营企业会员 32 人、个体会员 28 人，会员达 1088 人。2003 年，会员达 1481 人，其中非公经济人士 1109 人（私营企业会员 372 人）。2004 年，会员达 1576 人，其中非公经济人士 1169 人（私营企业会员 407 人）。2005 年，会员达 1651 人，其中非公经济人士 1229 人。

2018 年，全县会员发展到 1656 人，其中非公经济人士 1170 人（私营企业会员 486 人）。

会员企业及商协会党建工作由县工商联分管，部分会员企业、政协委员、人大代表出席两会政审工作由县工商联考察。非公企业会员在工作中充分发挥党和政府联系非公有制企业的桥梁和纽带作用。

2003 年，县工商联获省综合系统第四名。2008 年，民营企业参与社会主义新农村建设调研报告获省工商联三等奖。2011 年度被评为河北省工商联成长型网站运行单位。2018 年 1 月，被全国工商联评为全国“五好”县级工商联，被河北省工商联评为全省“五好”县级工商联。

第三节 参政议政

建议提案

1999—2015 年，组织会员中的人大代表、政协委员积极参政议政，先后提出建议、提案 147 件，其中 112 件受到县政府有关部门采纳。

调研报告

2008—2014 年，共征集企业意见建议 162 条，先后撰写调研报告 20 余篇。其中，“关于促进我县民营经济进一步发展的对策建议”在县委《决策研究》上发表。

2016—2017 年，走访企业 130 余家，以调研报告形式提出促进发展的对策建议。

2018 年，组织 20 余家民营企业召开座谈会，发放调查问卷 50 余份。经过梳理，撰写调研报告上报县委、县政府和市工商联。

第四节 光彩事业

1999—2018 年，引导非公有制经济人士和民营企业家积极参与光彩事业，致富思源、富而思进、扶危济困、共同富裕，义利兼顾、德行并重、发展企业、回馈社会。

捐款捐物

1999—2001 年，先后为讲武城学校建设和台城乡东城基村修路、改造学校捐款 2 万元；2002 年，磁县开展文物保护捐款活动，会员捐款 1 万元；叶学聪为改善村学校条件捐资 5 万元、解决村民用水捐款 10 万元。2003 年，为修路、助教、山区饮水、防“非典”等捐款 20 余万元。2004 年，在“村村通”捐款中，会员共捐款 59.2 万元。2005 年，在捐资助教、道路建设、山区饮水、煤矿周围民房隐患治理、帮助困难户等方面捐款 100 余万元。2007 年，向白土镇小学捐献 300 套桌椅。2008 年，为“5·12”汶川地震灾区捐款 68 万元；“八一”建军节慰问预备役部队捐赠价值 2.1 万元的生活用品。2009 年，在农村修路、饮水、教育事业中捐款、捐物 1000 万元。2010 年，为玉树赈灾捐款 30 万元，为贵州毕节地区“母亲水窖”工程捐款 6.3 万元。2012 年，在救济贫困、卫生医疗、修路方面捐款 31 万元。2015 年，为学校、先天性疾病儿童、留守儿童捐款 1.8 万元。“7·19”洪灾发生后，倡议并组织 11 名企业家、山东济南邯郸商会捐款 6.51 万元；全县民营企业捐款捐物累计 341.6 万元。2017 年，县工商联副会长企业、河北鑫坊建筑有限公司为陶泉乡齐家岭村和高臾镇东玉曹村 70 岁以上的老人发放春节慰问品计 4 万余元。

帮助就业

1999 年，无偿培训残疾学员 1 人、特困学员 4 人，安排下岗职工再就业 23 人。2001 年，免费培训下岗职工缝纫、裁剪 60 余人。2003—2006 年，安排下岗职工再就业 498 人、闲散人员就业 160 人。2012 年，提供下岗工人再就业岗位 300 个。

2014 年，组织 50 家执委企业开展“春雨行动——光彩手拉手”活动。2018 年，县工商联副会长企业、邯郸市禾下土种业有限公司作为精准扶贫基地，为全县 200 户无劳动能力贫困户入股该基地，每户每年收益 1000 元；邯郸市金益农生物科技开发有限公司作为精准扶贫基地，为 100 户贫困户入股基地，每户每年收益 1000 元。

第五节 服务会员

信息服务

2002 年，组织企业参加国家经委、全国工商联主办的马来西亚商务会研讨会暨项目洽谈会。2003 年，开展“富民兴冀五个一”活动，为企业提供信息 20 余条。2006 年，召开非公经济人士座谈会 10 次、联谊会 3 次，提供招商引资项目 6 个，发布项目 20 个，接待客商 3 次，签订合同协议 2 个。

2007 年，组织 50 家民营企业家参加东北亚暨环渤海国际商务节、中国河北（邯郸）国际建材博览会、冀台经济洽谈会、企业家齐鲁行、首届中小企业投资洽谈会，协助引进项目 13 个，引进项目合同金额 8000 万元；帮助企业输出项目 5 个；促成签订总投资 11 亿元的合作协议 4 个。2012 年，为 30 家私营企业提供劳动力 1000 余人。2014 年，开展“科技进民企”活动，走访企业 10

家，提供科技政策和技术服务信息10次。2015年，组织40余家企业参加市工商联的人才招聘周活动，为企业提供就业劳动力300余人，达成意向性协议200人。

2017年，组织县招商引资优惠政策培训3期、60名企业家；组织10家企业参加邯郸市经济形势解析报告会、天津“四好”商会研讨会及武安市企业转型发展经验交流会。

2018年10月17日全国扶贫日，以“搭建就业平台，助力脱贫攻坚”为主题，开展贫困户就业招聘会暨扶贫政策宣传活动，80余家企业参加并提供100余个岗位，达成20个就业协议、40个就业意向。

经营管理服务

2008年，组织15家民营企业参加清华、北大特聘教授徐泊源的“国学与商道，解读风险2008”讲座。

2014年，举办党的群众路线的形成与发展、弘扬焦裕禄精神、基层党建、法律法规知识维权为主题的培训班6期、300人。

2016年，组织企业家参加中国人民大学“企业管理大型公益讲座”，组织企业负责人学习中共十八届六中全会公报。举办“中国积分制管理”专题讲座，培训350余人；组织2家行业商（协）会负责人参加省民营企业暨商（协）会负责人素质提升培训班。

2018年7月25日，组织工商联执委企业、人大代表和政协委员中的企业代表、县各行业商会会员共计200余人参加积分制管理培训班，由中国积分制管理创始人、湖北群艺集团董事长李荣针对中小企业的发展和管理进行专题讲座。

资金支持

2010年，联络省、市民生银行，为洗煤企业、物流企业解决贷款5000万元；结合金融部门，为劳保协会和塑料协会解决贷款2000万元；为会员企业提供应急互助金600万元。2013年，与村镇银行沟通，为小型企业提供300万元以下的小额贷款。2014年，为10家企业提供互助金2000万元。2015年，为10家企业提供3000余万元互助金；与村镇银行商定为小型企业提供300万元以下的小额贷款。

2016年，实施“银企对接”活动，为5家企业提供600余万元借贷资金；利用商会搭建企业之间交流合作平台，协调借贷金额200余万元。

第六章　残疾人联合会

第一节　代表大会

第一次代表大会

1989年10月24日召开，出席代表185人。听取审议并批准县残疾人联合会筹备组《改革创新　团结奋进　开创我县残疾人事业的新局面》报告，审议通过《〈中国残疾人联合会章程〉磁县残疾人联合会实施细则》。通过主席团候选人名单，进行选举。第一届主席团第一次会议聘请县委书记、县长、县委副书记为县残联第一届主席团名誉主席，选举副县长为县残联第一届主席团主席、县民政局局长为副主席，推举县民政局局长为县残联第一届执行理事会理事长，聘任副理事长2人。

第二次代表大会

1993年5月28日召开，出席代表195人。听取审议并批准县残疾人联合会《抓住机遇　振奋精神　努力使我县残疾人事业再上新台阶》报告，通过主席团候选人名单，进行选举。第二届主席团第一次会议聘请县委书记、县长为县残联第二届主席团名誉主席，选举常务副县长为县残联第二届主席团主席、副主席1人，推举县残联第二届执行理事会理事长，聘任副理事长2人。

第三次代表大会

1999年8月20日召开，出席代表101人。听取审议并通过县残疾人联合会第二届主席团《开拓奋进　扎实工作　使我县残疾人事业再上新台阶》报告，选举主席团成员。第三届主席团第一次会议聘请县委书记、县长、县委副书记、县人大常委会主任为县残联第三届主席团名誉主席，选举副县长为县残联第三届主席团主席、县残联理事长为副主席，推举县残联第三届执行理事会理事长、副理事长1人。

第四次代表大会

2003年12月5日召开，出席代表111人，其中残疾人占50%以上。听取审议并通过第三届主席团《与时俱进　开拓创新　使我县残疾人事业稳步发展》报告，选举主席团成员。第四届主席团第一次会议聘请县委副书记、县人大常委会副主任、县政协副主席为县残联第四届主席团名誉主席，选举副县长为县残联第四届主席团主席、县残联理事长为副主席，推举县残联第四届执行理事会理事长、副理事长1人，理事3人，通过5个残疾人专门协会（盲人协会、聋人协会、肢残人协会、智力残疾人亲友会、精神残疾人亲友会）主席、副主席各1人。

第五次代表大会

2007年9月20日召开，出席代表113人，其中残疾人占50%以上。县残联第四届主席团向大会作工作报告。选举主席团成员。第五届主席团第一次会议聘请县委副书记、县人大常委会党组副书记、县政协副主席为县残联第五届主席团名誉主席，选举政府副县长为县残联第五届主席团主席、副主席1人，推举县残联第五届执行理事会理事长、副理事长1人、理事3人，通过5个残疾人专门协会主席、副主席各1人。通过7名出席市残联第六次代表大会代表、2名市残联六届主席团候选人。

第六次代表大会

2013年3月12日召开，出席代表113人，其中残疾人占60%以上。县残联第五届主席团向大会作工作报告。选举主席团成员。第六届主席团第一次会议聘请县委副书记为县残联第六届主席团名誉主席，选举副县长为县残联第六届主席团主席、副主席4人，推举县残联第六届执行理事会理事长、副理事长1人、理事4人，通过5个残疾人专门协会主席、副主席各1人。通过8名出席市残联第七次代表大会代表、3名市残联七届主席团成员候选人。会议进行手语同步翻译，为残疾人提供无障碍服务。

第七次代表大会

2017年12月26日召开，出席代表69人，其中残疾人占65%以上。县残联第六届主席团向大会作工作报告。选举主席团成员。第七届主席团第一次会议聘请县委副书记为县残联第七届主席团名誉主席，选举副县长为县残联第七届主席团主席、副主席2人，推举县残联第七届执行理事会理事长、副理事长1人、理事4人，通过5个残疾人专门协会主席、副主席各1人。通过9名出席市残联第八次代表大会代表、3名市残联八届主席团成员候选人。

第二节　机　构

县残联

1989年10月24日，磁县残疾人联合会成立，为科级事业机构，由民政局代管，编制9人。1990年，成立磁县残疾人事业领导小组，政府副县长任组长。1994年，撤销磁县残疾人事业领导小组，成立磁县人民政府残疾人工作协调委员会，主任由副县长担任。同年，成立磁县残疾人劳动服务所，为股级事业单位。1995年，磁县残疾人联合会设办公室。

1996年，县残联改由县政府领导、业务上受县政府有关部门对口指导，机构规格不变，编制8人。2006年3月后，县残联内设办公室、组联维权股、康复股、教育就业股4个股室，下设残疾人劳动服务所，人员编制不变，设股级职数5人。2009年3月，磁县人民政府残疾人工作协调委员会改称磁县人民政府残疾人工作委员会。

乡（镇）机构

1997年，各乡（镇）成立残疾人联合会，为全额预算股级事业单位，编制1人。同时建立乡（镇）政府残疾人工作协调委员会（均为兼职人员），由残联、民政、武装、财政、税务、工、青、妇等部门组成，主任由乡（镇）长担任，办公室设在残联，办公室主任由理事长兼任。

第三节　扶　贫

解困脱贫

1999—2009 年，磁县采取政府“主导”、残联“搭桥”、民政“唱戏”、社会“参与”的联合运作扶贫机制，在全县副科级以上干部中开展“一帮一”活动，通过帮、包、带、扶等多种形式，先后送面粉 3.72 万千克、食用油 3555 千克、棉大衣 38 件、轮椅 41 辆、盲杖 60 只、腋杖 40 副、盲表 10 只、助听器 10 个和慰问金 8300 元，帮扶 6522 户贫困残疾人家庭解决生活困难，并实现 1900 户脱贫。2003 年 9 月，县残联理事长张福林参加中国残联第四次全国代表大会、第三次全国自强模范暨扶残助残先进集体和个人表彰大会，受到中共中央总书记胡锦涛等党和国家领导人亲切接见。2005 年在全县开展一次群众性“爱心助残募捐活动”，收到捐款 40 余万元。

2014 年，给予 1494 名贫困重度残疾人每人每月 50 元生活补贴。2015 年，给予 1522 名贫困残疾人每人每月 50 元生活补贴。2016 年，给予 1667 名贫困残疾人每人每月 50 元生活补贴、1199 名贫困重度残疾人每人每年 260 元护理补贴。

危房改造

2007—2011 年，先后为全县 200 户农村贫困残疾人家庭改造危房，建筑房屋 773 间、面积 1.44 万平方米，使 626 名残疾人及其家属受益。2012—2013 年，为 117 户农村贫困残疾人家庭改造危房。建筑房屋 463 间、面积 8766 平方米，使 348 名残疾人及其家属受益。

2014 年后，县残联不再负责残疾人家庭危房改造工作。

教育助残

1999 年，争取专项彩票公益金用于教育助残事业。2007 年，资助王某 3000 元上大学，并推荐参加邯郸市第四届盲、聋培智学校学生艺术汇演，二胡独奏《河南小曲》获声乐器乐类二等奖。2008 年，为特教学校师生送去 1 万余元及大米、面粉各 500 千克等慰问品。2009 年助残日期间，为特教学校师生送去衣物、文具和生活补贴。

2010 年 5 月，委托邯郸市粮食职工中等专业学校对 21 名残疾人及残疾人子女开展为期一年的免费会计专业中专学历培训。2011 年 1 月，被省政府残疾人工委会授予“帮四千人站起来活动先进单位”称号。2017 年，配合县委统战部做好“泛海助学行动”，对申请资助的残疾学生及残疾人家庭子女摸底上报，符合条件的 28 名学生每人给予 5000 元资助。

至 2018 年，累计资助 183 名残疾人及残疾人子女大学生，救助 112 名特教学校贫困残疾儿童。

交通助残

2012 年，为 99 名残疾人发放机动轮椅车燃油补贴 2 万余元。2013 年，为 114 名残疾人发放机动轮椅车燃油补贴近 3 万元。2014 年，为 128 名残疾人发放机动轮椅车燃油补贴 3 万余元。

托养服务

2009 年 9 月，制订《关于开展智力和精神残疾人托养服务工作暂行办法》，依托高奥心理、精神专科医院，建立磁县智力和精神残疾人托养服务中心，设计治疗区、康复疗养区、工疗区、农疗区，逐步建成以就业为主的智力、精神残疾人托养中心。同年，开展残疾人托养工作。托养精神、智力和重度残疾人 110 人，其中机构托养 10 人、居家托养 100 人。

2011 年，争取中央“阳光家园计划”补贴资金 4.5 万元，资助托养工作。2014—2015 年，为 10 名贫困重度精神病患者提供住院康复治疗救助金 4000 元。

2015 年，强化对该中心的管理。2017 年，完善该中心建设并加强管理。2013—2017 年，累计为 341 名贫困精神病患者发放“医疗救助卡”，到定点医院免费领取 500 元药品。

2018 年，采取政府购买服务形式，提高托养服务质量。为 626 名精神病患者提供服药服务。

至 2018 年，累计托养精神、智力和重度残疾人 1252 人，其中机构托养 306 人、居家托养 946 人。

第四节　康　复

2011 年 5 月，磁县残疾人康复需求实名制调查个人信息录入工作启动。通过调查，全县有康复需求残疾人12218人。其中，视力1276人，听力790人，言语169人，肢体7395人，智力861人，精神77人，多重1650人。

视障碍康复

2001年，参加“视觉第一　中国行动”活动。至2003年，共完成白内障复明手术300例。

2008年，开展“慈善燕赵·万人复明”活动，筛查白内障患者914人，其中实施复明手术129例。2009—2013年，为2013名贫困白内障患者实施复明手术。2010年1月，磁县被全国残疾人康复工作办公室授予“全国白内障无障碍县”称号。2012年，为150名贫困残疾人适配助视器。2013年，为150名贫困低视力患者验配助视器。2015—2017年，对26名贫困青光眼患者实施手术治疗。

听障碍康复

2012年，开展“万名贫困聋儿（人）复听工程”，为52名轻度聋人适配助听器。2013年，为52名贫困聋人发放助听器。2014年，组织3名贫困听力残疾人到市定点机构配发价值1万多元的助听器。2015—2016年，为44名聋儿、60名聋人发放104台助听器。

2018年5月18日，澳洲魏基成“天籁列车”助听器捐赠活动在磁县特殊教育学校举行，捐赠助听器23台、教学机1台，总价值80余万元。

矫治和康复训练

2003—2013年，完成聋儿语训44人。2009—2016年，为52名贫困缺肢残疾人安装假肢。

2012—2018年，为188名残疾儿童提供康复训练、为4193名残疾人提供基本康复服务。2013—2014年，为12名肢残儿童实施矫治手术，为18名盲人进行定向行走训练。2014年，为16名脑瘫儿童患者进行评估、测量尺寸，量身定造矫形器。

器具救助

2001年，利用残疾人康复中心开办残疾人用品用具供应部。是年，残疾人用品用具供货260件。

2002—2018年，为各类残疾人配置发放轮椅、助行器、助视器、助听器、坐便椅、四角杖、腋杖、盲杖等20余种辅助器具达1377件。2016年，磁县被住建部等五部门授予“全国无障碍建设示范县”称号，磁县人民政府残疾人工作委员会获“全国残疾人工作先进单位”。

第五节　就　业

按比例就业

1999年，建立残疾人求职登记和失业登记档案，及时摸清用人单位需求和残疾人劳动力资源状况，推进按比例安排残疾人就业。1999—2005年，共安排234名残疾人就业。

1999年5月，在全国按比例安排残疾人就业中期评估检查中，磁县被评为“开展残疾人按比例就业成绩突出单位”。6月，磁县残联被省政府评为“1999年按比例安排残疾人就业先进单位”。2001年7月，被中国残联评为“全国残疾人按比例就业工作先进单位”。12月，获评“九五”期间全省按比例安排残疾人就业工作先进单位。2005年3月，被省政府残疾人工作协调委员会授予“河北省按比例安排残疾人就业工作先进单位”称号。

2006年，采取“走出去、请进来”方式，到用工企业了解情况，联系信誉好、适合残疾人就业的企业与残疾人洽谈，双向选择，安排83名残疾人就业。获2006年度全省征收残疾人就业保障金先进单位。2007—2009年，安排333名残疾人就业。

2010—2018年，开发残疾人公益岗位，安置6名残疾人就业，累计安排630余名残疾人就业。

个体就业

1999年后，为拓宽残疾人就业渠道，举办各类培训班130期，培训3500多名残疾人。2018年，实施残疾人自主创业补贴政策，对24名申请自主创业项目补贴的残疾人进行入户筛查，对符合条件的给予一次性资助。

2010年，在讲武城镇亮德养殖场建立残疾人扶贫示范基地，辐射带动贫困残疾人从事养殖业，使552名残疾人脱贫。2011年，海洪养殖场、禾下土种业有限公司、明兴残疾人种植、增鑫种植专业合作社等残疾人扶贫示范基地相继挂牌成立，安排47名残疾人就业，并带动周边66户残疾人家庭从事养殖、种植和加工业，扶持1700户贫困残疾人家庭脱贫。2011 年 8 月，省残工委授予磁县“全省残疾人工作先进单位”称号。2012 年 6 月，磁县被河北省残疾人联合会、河北省扶贫开发办公室授予“农村残疾人扶贫开发工作先进集体”称号。2013 年，建立 1 个市级残疾人扶贫基地、2 个县级残疾人扶贫基地、13 个乡级残疾人扶贫基地，安置 200 余名残疾人就业，辐射带动 180 多户残疾人家庭脱贫。

2014 年，磁县兴科生态农业开发有限公司安排 33 名残疾人就业、扶持带动 50 户残疾人家庭创业，该基地被中国残联、河北省残联授予“残疾人职业教育培训基地”称号。2016 年，扶持 35 名残疾人个体工商户实现自主创业。

2017—2018 年，扶持 61 名残疾人实现自主创业，分别从事医疗、零售、加工、种植、养殖、服务等行业。

第六节　文体活动

文化活动

1999 年后，县残联组织推荐残疾人参加各类文艺活动。2000 年，省政府残疾人工作协调委员会授予磁县残联“残疾人之家”称号。2003 年 10 月 29 日，冯金成表演的节目《离家的孩子》，在市残联和市文化局举办的邯郸市第一届残疾人艺术汇演中获优秀奖。2007 年 12 月 8 日，在邯郸市第四届盲、聋、培智学生汇报演出中，王钊的二胡独奏《河南小曲》、情景剧《拔苗助长》分别获二等奖、三等奖。2008 年，王钊被北京科技职业学院轮椅乐团聘为管乐队演奏员，9 月 6 日随乐团参加第十三届残奥会开幕式前欢迎曲演奏，并获评 2008“感动磁县”十大人物。11 月，他的二胡独奏《秦腔主题随想曲》获邯郸市第二届残疾人艺术汇演二等奖。

2009 年 7 月，在邯郸市首届残疾人和残疾人工作者书法绘画摄影比赛中，乔源的绘画作品《石膏头像》获三等奖；12 月，王钊代表河北省参加第七届全国残疾人艺术汇演，并取得第一名。2010 年 12 月，王钊的二胡独奏《喜送公粮》、特教学校学生表演的小品《保卫家园》，分别获河北省第五届盲、聋、培智学校学生艺术汇演器乐类三等奖和二等奖。2011 年 8 月至 2012 年 4 月，县残联完成编修《磁县残联志》。

2011 年后，在残疾人文化周期间，举行知识竞赛和工艺美术作品展等活动。2012 年 7 月 13—15 日，王钊的二胡演奏《洪湖人民的心愿》，在河北省第七届残疾人艺术汇演上获器乐类比赛三等奖，并被推荐参加 2013 年举办的第八届全国残疾人艺术汇演。

2018 年，开展“文化进家庭”活动。在各乡（镇）的 50 名符合条件的残疾人中实施：办理新华书店价值 100 元购书卡 1 张，自主购买适宜书籍；订购文博电影院价值 120 元电影卡 1 张，自主观看喜欢的影片；送 1 台价值 300 元的多功能读书机，可以看电子书籍、电影、听音乐等；组织参观磁州窑博物馆。

体育活动

20 世纪 90 年代，磁县继续发扬爱好体育活动的传统，包括残疾人在内的全民体育运动蓬勃开展，竞技体育活动常态化，能够在各级赛场上取得好的成绩。1999 年 1 月 7 日，阎修强在泰国举行的第七届远南运动会上夺得标枪银牌。9 月，省政府残疾人工作协调委员会授予磁县“河北省残疾人体育先进县”称号。

2010 年 6 月，磁县残疾人运动员在河北省第七届残运会暨第三届特奥运动会上取得 3 金 4 银 1 铜的好成绩。7 月，磁县残联获“邯郸市参加第七届残运会工作突出单位”称号。

2011 年 10 月，在第八届全国残运会上，郭玲玲获女子举重 40 公斤级铜牌。其后，她在国际

残疾人象棋比赛（2015 年 5 月 21 日　摄）

赛场上多次夺冠，为国争光。2013 年，索梦尧在“晟大华建杯”全国残疾人乒乓球锦标赛（25 岁以下）中获 TT7 级男单项目第三名。2014 年，参加河北省第八届残疾人运动会暨第四届特殊奥林匹克运动会，磁县 3 名运动员获 7 枚金牌。其中，铁饼、铅球、标枪项目 3 枚金牌，4×100、4×400 米项目 2 枚金牌，盲人门球项目 2 枚金牌。2015 年，组织参加全国第九届残运会，马德方获铁饼第四名、标枪第六名。

在第九届省残运会上，赵吉宇获得田径 T46 级别 100 米、200 米金牌和 400 米第三名，都党乡索梦尧获得乒乓球男单（TT7）冠军和男双（TT7-10）亚军。

第七章　文学艺术界联合会

第一节　机　构

1993 年 12 月，磁县第一届文学艺术界联合会成立，挂靠县委宣传部，为正科级事业单位，编制 3 人。1996 年 11 月至 2009 年 9 月，挂靠县文教体局。2009 年 9 月 8 日，县文联划转县委宣传部，编制不变，设主席 1 人、副主席 1 人。

2018 年磁县文学艺术界联合会下辖团体情况统计表

表 20-2　　单位：人

名称	成立时间	会员				
		总数	国家级	省级	市级	县级
摄影协会	1991 年 11 月	253	1	32	82	138
文学协会	1993 年 12 月	98	—	9	28	61
书法协会	1993 年	238	5	32	122	77
音乐舞蹈协会	1996 年	210	—	—	—	210
美术协会	2010 年 5 月 18 日	216	2	8	56	150
戏曲协会	2010 年 5 月	200	—	—	—	200
剪纸协会	2010 年 7 月	50	3	4	3	40
朗诵协会	2010 年	53	—	—	—	53
女子书画协会	2014 年 1 月	67	—	—	—	67
青年音乐协会	2015 年 5 月	50	1	3	12	34
诗词楹联协会	2016 年	328	3	12	23	290
戏迷协会	2017 年 12 月 28 日	93	—	—	—	93
硬笔书法协会	2018 年 9 月 29 日	105	25	30	50	0

第二节　主要活动

主题活动

1999年后，县文联履行 “团结引导、协调联络、服务管理、自律维权”职责，团结带领全县文艺工作者，与有关部门共同组织相关艺术活动，推动全县文化事业全面发展。

2008年，举办“滏泉湖杯”“金秋美景磁县游”摄影大赛。2009年，联合中国艺术摄影学会、中国鸟网举办“中国磁县爱鸟活动暨全国艺术摄影大赛”，并出版摄影专集。2010年，服务首届海峡两岸中小企业合作发展论坛活动，书法协会征集台湾地区作品58幅、大陆内地作品52幅，完成平安公园文化碑廊的征稿排版工作；9月10日，承办河北省第三届青年诗会，磁县滏泉湖风景区被授予“河北青年诗人创作基地”“邯郸市作协文学创作基地”称号。

2011年后，每年举办元宵节戏曲专场演出，成为磁县文艺界的节日品牌活动。

2015年6月16日，在磁州窑博物馆举办“纪念抗日战争胜利70周年——磁县荣膺‘国展’书画家新作展”，12位“国展”作者展出作品100件。

2016年1月17日，配合磁县首届滏泉湖冬泳节，举办滏泉湖风光摄影展，参展照片近百幅。2016年6月至2017年7月，与县委宣传部、河北省摄影家协会创作基地、邯郸市摄影家协会、县广播电视台、磁州酒厂、磁县广电网络公司等单位联办“山水冀南　人文磁州”磁州酒杯全国摄影大奖赛，来自全国12个省（市）近200名摄影家和摄影爱好者创作近2000幅作品。分别评出风光类、人文类一等奖1名、二等奖2名、三等奖3名，40幅作品获优秀奖，获奖作品在磁州窑博物馆举行“邂逅‘磁’境”摄影展。

2017年，举办磁县元旦晚会并与县广播电视台等联办磁县春节联欢晚会。6月，结合美丽乡村建设，组织广大文学爱好者，走进建设中的尧丰、肖庄、辉水村等美丽乡村采风，创作一批诗词楹联和书画作品。8月，举办“恒通杯”庆祝改革开放40周年诗词大赛。10月11—12日，承办全国第三十一届中华诗词研讨会暨“中华诗词之乡”授牌仪式，磁县被授予“中华诗词之乡”称号，阜才中学被授予“中华诗教先进单位”称号。

2018年5月，与县广播电视台联办磁县首届“端午诗会”，成为磁县的一个品牌节目。10月，举办“十月花香　歌声飘扬”合唱音乐会。10月16日，磁县纪念改革开放40周年书画精品邀请展在磁州窑博物馆举行。11月8—10日，承办中国硬笔书法协会“第六届全国书法教师资质认证会”，中国硬笔书法协会主席张华庆一行走进崇文学校，指导师生汉字书写。11月17日，河北省硬笔书法协会磁县教学实验基地在磁县兰亭书法学校成立。11月18日，中国硬笔书法协会主席张华庆带领书法名家，在磁县崇文学校会议室义务培训全县300多名中小学教师，并赠送书法作品教材。11月24—25日，承办邯郸市诗词楹联协会成立30周年庆典活动，中华诗词学会、中国楹联协会，河北省诗词协会、楹联协会以及其他各地诗词协会代表150余人应邀参加庆典。11月，在磁县创业孵化基地举办“诗话‘磁州窑’——磁县诗词楹联研讨会”，来自县内外的各界人士40余人参加。

文艺交流

1999年后，利用期刊、报纸、沙龙和微信公众号等各种展演平台，组织文艺工作者深入生活、创作优秀作品，组织文艺研讨和学术交流活动，提高其文艺修养和艺术水平。

2001年11月，《磁县当代书法作品选》《磁县当代美术摄影作品选》出版。2005年10月，《陈明坤书画作品集》出版；12月，《郭守福书法艺术》出版。2008年5月，由王济民、王柱民、赵培卿、韩红斌、乔书堂等文学爱好者发起成立“景嵩诗社”和文学沙龙，并创办《景嵩》诗刊。

2009年4月30日，首届“中国、马来西亚书画名家作品展”在磁州窑博物馆举办，12位中国、马来西亚书画家的120幅精品展出。

2011年8月，邯郸市书法家协会采风创作基地在鼓楼挂牌成立。9月，举办磁县一中校庆60周年书画作品展，出版《磁县第一中学校庆60周年书画作品集》。9月29日，首届南宫碑书法展在磁州窑博物馆举办。12月26日，“曹玉声书法作品展”在磁州窑博物馆举办。

2012年4月8日，“蔺国山书法作品展”在磁州窑博物馆举办。

2013年4月，由景嵩诗社发起，组织第一届磁县诗歌沙龙活动。20余位磁县籍诗友相聚一堂，以评稿、改稿为主，同时穿插讲座、采风、朗诵等内容。诗歌沙龙活动6年内举办60次。6月，组织举办全国素食文化剪纸展，编纂出版《中国•邯郸素食文化剪纸作品集》。

2014年10月3日，中国书法家协会培训中心刘洪洋导师工作室“相约磁州”书法篆刻展在磁州窑博物馆举行，展出作品120余件。

2015年7月，磁县民俗文化研究社成立，系河北省民俗文化协会派驻机构，会员200余人。组织举办各种民俗文化采风活动20多次、培训活动50余场次，培训人员300余人。推荐的善女庄秀梅、任花荣和才女殷付云、鲁秀梅、苗秀芬分别获得由省委宣传部、省文明办、省民俗文化协会等联办的“七夕节”寻找今日织女星活动三等奖、特等奖。2017年，被省民俗文化协会评为先进集体。

2016年11月，在磁州窑博物馆举办“云中的高原　天边的西藏”摄影作品展，展出作品80幅，省摄影家协会主席团成员到磁县参观。历时两个多月，共接待参观者近万人。

2017年8月30日，磁县诗词楹联协会主办的《滏泉湖》诗词专刊（不定期）创刊。11月10日，为庆祝全国第三十一届中华诗词研讨会在磁县召开，第三期《滏泉湖》刊发全国40多位诗人的作品，产生较大反响。

2018年4月26日，“归根来兮——董旭先生美术作品故乡行特展”在磁州窑博物馆开幕，展出作品64幅，其中版画和藏书票37幅、国画作品27幅。11月，磁县文学协会在磁州窑博物馆举办《梅园撷英》（贾银梅、刘俊英、田同翀、袁会云合著）古体诗集座谈研讨会，市、县文学界40多位学者、专家参加。

第八章　农业服务协会

第一节　机　构

县农协办公室

1998年2月，磁县农业服务协会办公室为科级机构，编制8人，内设综合科、技术服务科、物资供应科。农业服务协会与农村改革试验区领导小组一套人马、两个牌子。2003年10月，技术服务科更名为技术信息科，物资供应科更名为基层指导科。2018年，农协办下设技术信息科、基层指导科和综合科，编制8人。

基层机构

1998年2月，下设养牛、水产、蔬菜、林果、棉花、养猪6个专业服务协会。4月，调整为养猪、养鸡、水产、蔬菜、林果、棉花6个专业服务协会，11月成立农机服务协会。2003年10月，成立磁县中药材专业服务协会。

乡（镇）农协和村级农协分别由乡（镇）党委书记和村党支部书记兼任，一般配备2～3名专职副会长和干事。

第二节　主要活动

经济帮助

1997年后，每年9月26日组织参加中国（廊坊）农产品交易会，磁县今麦郎面粉、阳光面业和百味园食品、蒲草婆婆、增鑫、禾下土、东光蔬菜批发基地等企业携带特色农产品参加。2013年，先后为龙腾仁德养猪合作社、禾下土种植业合作社、金益农科技公司、旭旺牲畜饲养公司等争取补贴资金250万元。2014年5月，推荐25家农业企业申请“金财通”贷款6300万元。2015年，为力天食用菌合作社、富广民瓜菜合作社争取上级补助资金14万元。2018年，为禾下土种植业合作社争取“河北省十佳合作社”奖励资金

100万元。

发展农民专业合作经济组织

1998—2003年，创办年产值1000万元以上的服务实体7个，建立村级农协服务大院218个，发展农、专协会员6.1万户，占全县农户总数45.5%，完善发展养猪、水产、林果、棉花、蔬菜、养鸡、农机7个专协，重点规范养猪、农机、蔬菜3个专协。2004—2006年，推进农民专业合作经济组织规范化建设，发展各级各类农民专业合作经济组织151个，其中县级13个、乡级39个、村级99个，涉及种植业59个、养殖业56个、加工业22个、商业流通6个、其他行业8个。农民专业合作经济组织带动农户85204户，占农户总数61%。

2007—2011年，宣传《中华人民共和国农民专业合作社法》，鼓励和帮助有能力的乡村和群众组建农民专业合作社。2007年11月13日，第一家农民专业合作社——磁县旭升山蝎专业合作社成立，入社成员15户。全县发展各级各类农民专业合作经济组织230个，其中农民专业合作社210家，省级示范社5家、市级示范社6家，入社成员达1.6万户，注册资金7.86亿元，带动农户3.2万户。2012年11月15日，河北省首家县级农民专业合作社协会——磁县农民专业合作社协会成立。这是由县农民专业合作社发起、经县民政局批准、由县农协主管的新型合作经济组织。

2017年，加强对合作社理事长、财会人员的培训。《河北工人报》2018年9月12日头版、12月6日头版、12月12日二版分别以“职代会成为凝聚企业和职工的‘粘合剂’”“工会提升了职工的幸福指数”“职工一人入会全家均可受益”为题，宣传报道磁县农业产业化企业工会联合会落实职代会制度、华威养殖有限公司工会打造职工信赖的“职工之家”和御莲科技有限公司工会以人为本、将会员服务链延伸到会员家庭的典型做法。

推进农业产业化经营

1998—2003年，推进农业产业化经营，为农民购销化肥1700吨、农药80吨、农膜28吨、微肥激素20吨、各种优种10万千克、各种果类12.5万千克、水产品1600吨、农机具1.5万台（件），购进农用生产资料、销售农副产品各占农户总需量和商品量的38%。举办各类技术培训120余期，印发科普技术资料5.6万余份，受训8万人次，培养种养技术能手1500人。新建和完善年产值在100万元以上的龙头企业（含市场）25个，建成年产值500万元以上龙头企业(含市场)10个，培育发展莲藕、水产、玉米、养猪、西瓜、蔬菜、养鸡、园中园农业综合开发示范区等特色基地（示范区）12个；发展养猪、养鱼、养鸡等专业村75个，促进全县建成万头猪场10个、千头猪场30个、百头猪场50个，发展养猪专业户800户，年存栏30万头，出栏35万头，实现销售产值3亿元。2003年3月16日，在县一中教学楼召开规模化猪病、猪场净化研讨会，邀请华中农大动物科技学院、华中农大牧医学院、武汉农大生物科技有限公司专家、教授，用电脑授课方式传授高科技猪病防疫知识和防治技术，150余人参加。2003年10月，依托中国医学科学院药用植物研究所、安国市金大地药业种植开发部，举办中药材有关知识培训班。

2004—2006年，举办各种培训班50余期，受训8000多人次，发放光盘200余张、技术资料1万余份；提供种苗30万株、优种75万千克，销售药材、农副产品500余吨。建成省级重点龙头企业1家、市级重点龙头企业7家、县级重点龙头企业7家，全县农业产业化经营率达56.5%；2005年，华龙日清面粉有限公司获邯郸市粮、棉、油重点龙头企业。建成养猪、养牛、养鸡、养鱼、蔬菜、林果、玉米生产七大特色基地，为龙头企业壮大发展提供更多、更优的农产品初级原料。2004年获邯郸市农业产业化先进单位，2005年获省产业化工作宣传培训先进单位、市农业产业化先进单位，2006年磁县被市政府评为“农业项目年”活动暨农业产业化工作先进县。

2007—2011年，为全县产业化龙头企业谋划项目、协调资金、申请项目资金补贴，鼓励其做大做强，全县发展市级龙头企业21家、县级龙头企业30家，全县农业产业化经营率达56%，龙头企业的成长带动一方产业的形成、促进一方经济的发展。2010 年 9 月，日本山药种植协会到磁县进行交流活动。2011 年，主办月刊《磁州农情》，交流经验，传播信息，促进产业化工作。2011 年 6 月，主导制订《磁县农业产业化发展规划（2011—2015 年）》，建成养猪、养牛、养鸡、养鱼、蔬菜、林果、玉米生产七大特色 21 个基地。与中国农科院、中国农大等科研院校建立合作，不断加强科普宣传及对农民进行专业技术培训，组织举办各种培训班 100 余期，受训 1.2 万多人次，发放书籍、技术资料 1 万余套，较快提高全县农民科学种田、合理经营的意识。

2012 年，承办市产业办、市农协联合在磁县召开的加快农业产业化项目建设座谈会，全市各县（市、区）产业办主任和相关龙头企业负责人 100 余人参加。

2017 年， 实施“惠农行动”，促进生产资料集体采购，建立健全网络销售平台，开展测土配方等活动。

2018 年春，在滏泉湖度假村召开中药材、蔬菜培训会。

2007—2018 年，发展县级重点农业产业化龙头企业 30 家、市级重点农业产业化龙头企业 19 家、省级重点龙头企业 1 家。全县农业产业化经营率达 68.4%。建成莲藕、山药、花生、林果、花卉、蔬菜、生猪、养牛、蛋鸡、中药材 10 大特色产业基地，基地面积逐年增加。通过发放资料、农民合作社网站和信息网络渠道，服务企业超过 850 家，发布信息超过 1.5 万条。

工会组织建设

2011 年 12 月，成立磁县农业产业化企业工会联合会，下辖 14 家企业，涵盖职工 1231 人、会员 1202 人，职工入会率达 98%，农民工入会率达 92%。其后，该会通过行业工资集体协商，使工资增长规范化、合法化，促使农产企业和谐发展，维护职工合法权益。磁县农产行业工资集体协商案例分析典型材料被选入市总工会《邯郸市工资集体协商案例汇编》一书。县农协办工会 2012—2018 年连续被县委评为“工会工作红旗单位”，李海蛟被省政府授予“劳动模范”称号。先后在省市县新闻媒体刊发信息 165 篇，助推做好工会工作。

第二十一编　公检法司

明代，磁州司法机构有察院、按察司等。清代，设州判、吏目等辅佐知州公堂审讯。清光绪三十三年（1907 年），创办警政总局，因行政与司法职权无明确分工，州衙既司行政、又兼司法，知州统理治安和诉讼案件。清末推行新政，行政、司法逐渐分立。日军侵占磁县后，建立伪司法机构。

1937 年，磁县抗日民主政府成立，建立人民公安和司法机关。

中华人民共和国成立后，随着人民公安、司法机构的建立健全，社会治理能力加强，促使社会秩序安定、百姓安居乐业。1958 年 11 月，磁县、成安、临漳三县合并称磁县，磁县设公、检、法机构，成安、临漳各设分支机构。1961 年 5 月，磁县、成安、临漳三县恢复原建制，各县公、检、法机构亦随之恢复原建制。“文化大革命”期间，磁县公、检、法职能由驻磁部队和县武装部代行。其后，磁县逐步恢复公、检、法机构。1980 年 11 月成立磁县司法局。自此，磁县公、检、法、司机构齐全，法制建设步入正轨。

1999—2018 年，磁县政法各部门以经济建设为中心，以维护社会稳定为目标，强化政法队伍建设，有效发挥职能作用，深入开展“春雷行动”“冬季严打整治会战”“扫黑除恶”等整治活动，全力推进社会治安综合治理，为维护全县政治安定和社会稳定做出贡献，为经济建设和社会事业发展提供良好的法治环境。

县公安干警守一方热土，保一方平安，在治安管理、网络监管、刑事案件侦查、经济犯罪侦查、环境安全保卫、户政管理、监所管理、交通安全治理、重大安保、“扫黑除恶”等方面创新方法，常抓不懈，成绩显著。先后被市、省、国家公安机关授予“先进集体”等多项荣誉称号。

县检察机关把破坏发展环境、影响经济发展、社会关注的案件作为重点，开展批捕、公诉、反贪污贿赂、反渎职侵权、民事行政检察、监所检察等工作。累计受理公安机关提请逮捕案件 4593 件 6601 人，审查后依法批准逮捕 4132 件 5842 人。

县审判机关有效发挥审判职能，依法严惩各种违法犯罪分子，维护社会主义法治尊严，保护国家、集体和公民的合法权益。先后获“全国优秀人民法院”等先进称号。累计审结刑事案件 4078 件、民事案件 47326 件、行政案件 2048 件，执结案件 1.76 万件，执行标的 4.19 亿元。

县司法部门加强司法队伍建设，切实发挥职能作用。在普法宣传、法律援助、安置帮教、人民调解等工作中取得较好成绩。先后获国家“四五”“六五”普法先进县等多项荣誉称号。

第一章　公　安

第一节　机　构

县公安局

1998年，磁县公安局内设办公室、政办室、政保股、经保股、治安股、户政股、法制股、预审股、行政拘留所、看守所、刑警队、巡警大队、110指挥中心。全县公安民警278人（包括派出所人员）。1999年5月刑警队改为刑警大队，8月预审股并入刑警大队成立预审中队，实行侦审合一；8月增设专职消防队。2000年，经侦中队从刑警大队分离，改称经侦队。

2003年4月，成立出入境管理股和公共信息网络安全监察股；10月，政办室改称政治处，政保股改称国内安全保卫大队，经保股改称经济文化保障大队。2005年4月，成立专职巡防大队。2006年，交警大队人事编制划归邯郸市交警支队；9月，巡警大队与巡防大队合并，成立巡特警大队。2010年，经济犯罪侦查大队成立。至2011年9月，内设机构政治处、办公室、指挥中心、公共信息网络安全监察股、监察室、警务督察队、国内安全保卫大队、经文保大队、出入境管理股、专职消防队、治安大队、户政股、法制股、看守所、拘留所、刑警大队、巡特警大队、经侦大队。全局编制205人。2013年9月成立食品药品安全保卫大队，11月成立环境安全保卫大队，12月成立特别行动大队。2014年12月成立预审大队。

磁县公安局（2018年6月14日　摄）

2016年，出入境管理股更名为出入境管理大队。2016年9月行政区划调整，林坛中队、高臾中队分别划归邯郸市复兴区、邯山区管辖。2018年，公安局内设机构办公室、政工监察室、指挥中心、情报信息中心、监察室、警务督察队、编制人事股、法制大队、警务保障室、国内安全保卫大队、治安管理大队、公共信息网络安全监察股、出入境管理大队、户政股、经济文化保障大队、刑事侦查大队、经济犯罪侦查大队、巡警特警大队、食品药品安全保卫大队、预审大队、看守所、拘留所。公安干警178人，行政事业编制125人，共计303人。

基层公安机构

1998年，县公安局下设32个派出所：磁州、北来村、南开河、东槐树、中史村、南城、东古佛、林坛、台城、林峰、花官营、东城营、辛庄营、李庄、西光禄、杜村、高臾、白塔、路村营、下庄店、西固义、东驸马沟、讲武城、申庄、时村营、岳城、观台、黄沙、都党、白土、北贾壁、陶泉，有公安民警116人、保安队员153人。

2004年4月，全县派出所合并为21个：磁州、东槐树、南城、林坛、台城、花官营、辛庄营、西光禄、高臾、路村营、东武仕、西固义、讲武城、时村营、岳城、观台、黄沙、都党、白土、北贾壁、陶泉。2014年4月，西固义派出所划归峰峰矿区管辖。

2016年9月行政区划调整，高臾、西光禄、辛庄营、花官营、台城5个派出所划归邯郸市邯山区管辖，林坛、南城2个派出所划归邯郸市复兴区管辖。2018年，下设派出所13个：磁州镇、城区（原东槐树）、路村营、东武仕、讲武城、时村营、岳城、观台、黄沙、都党、白土、北贾壁、陶泉，行政事业编制78人，有民警48人、治安管理员190人。

第二节　治安管理

特种行业管理

1999年，对特种行业从业人员和法人代表进

行培训，建立124份特种行业档案。2000年，在全县旅店业推行旅客住宿报送卡制度。2001年，全县特种行业从业单位135家。

2003年5—7月，由于“非典”疫情，全县特种行业经营场所和娱乐场所停业。2004年，对全县特种行业进行整顿，全县旅店业发换新证46家。

2010—2011年，对全县78家特种行业实行信息化管理，网上登记；娱乐场所和收购业实行备案制度。2017年，全县旅店业安装人脸识别系统、汽车修理业安装信息系统。

2018年，全县有旅店业78家、刻章刻字业1家、娱乐场所从业单位备案22家、收购业备案26家。

枪支爆炸危险物品管理

1999年，审查、清理、整顿全县38个使用爆炸物品的单位。取缔无证使用单位1个，处罚1人，收缴炸药500千克、雷管172枚、导火索120米。

2000—2003年，全县4个爆炸物品销售库建立4个服务站（贾壁、黄沙、观台、都党）。集中对西部矿点进行清查，收缴炸药3122千克、雷管173枚、导火线240米、黑火药100千克、枪支128支、烟花爆竹50万响、子弹258发；破获各类涉爆案件53起，刑事拘留3人，逮捕1人。2005年，关闭全县小煤矿，只保留申家庄、观台煤矿两个大煤矿，4个服务站停止服务。

2004年，在漳河河滩发现抗日战争时期遗留航弹1枚，上报省、市并聘请专家引爆。

2006—2010年，开展治爆缉枪专项行动，检查涉爆、涉枪处所35处，发现、整改隐患5起，查破各类涉爆案件6起，处理各类违法犯罪人员11人。

2011年，加强危爆物品掌控，安顺公司、松原民用爆破公司、申家庄煤矿、观台煤矿4家单位储存库经过整改，通过河北省专家组安全评估和验收。2012年，加强采矿企业安检室建设，全县2家采矿企业安检室建设启用到位。向4处炸药库派驻保安员20人。2013年，落实“四防”（人防、物防、技防、犬防）措施，4处炸药库安装周界警报。

2015年，在漳河河滩发现一挺抗日战争时期马克沁机枪，放置在县直南党史馆。2016年，4处炸药库安装防静电和防雷设施，配备2台搜爆仪。

2017年9月和2018年7月，申家庄煤矿和六合工业有限公司先后停产，县公安局停止火供品审批，并及时封存。

“黄赌毒”查禁

1999年，开展“除六害”（卖淫嫖娼、制作贩卖传播淫秽物品、拐卖妇女儿童、私种吸食贩运毒品、聚众赌博、利用封建迷信骗财害人）活动，惩治卖淫嫖娼人员32人、赌博13人、传播淫秽物品5人。2000年，对文化娱乐场所开展清理整顿，检查印刷厂5家、电子游戏厅12家及台球、录像、舞厅等15处，查获违法印刷品2000册、处罚3人。2001年，开展专项赌博整治行动，培训从业人员256人，在15家游戏厅、舞厅、台球厅门口悬挂“中小学生禁止入内”标牌，查处赌博违法人员13人。

2002—2005年，“黄赌毒”有所抬头，组织开展扫黄打非专项斗争，查处案件20起，处罚11人。强化对3家洗浴按摩和24家美容美发店的治安管理。2010—2018年，按照省公安厅和市公安局打击“黄赌毒”专项行动的统一部署，查处卖淫嫖娼9起、赌博39起，收缴赌博机297台，抓获犯罪嫌疑人45人。其中，刑事拘留16人，行政拘留29人。

群防群治

1998年，全县设立48个治安保卫组织，调整充实治安保卫干部181人，开展村户联防、院户联防等群防群治活动。全县设置60个治安室，城区划分成5个警务区，坚持常年巡逻执勤。

2001年，以开展创建安全文明小区为龙头，抓“三无（无进京上访和非正常上访，无历史遗留老案，无因信访问题酿成事件）乡、四无（无进京上访和非正常上访，无历史遗留老案，无因信访问题酿成事件，无去市到省集体上访）村”创建工作，在县城各主要路口建立治安岗亭。

2006年，县内推行“一分钱创安”工程（按照每人每天交1分钱、一年交3.6元的标准，筹集治安保险和治安承包资金，其中1元作为投保财产盗抢的保险费，其余作为治安费用）。保险公司与村委会签订治安保险合同，村委会与治安协管员签订治安承包合同，治安协管员与农户签订治安服务合同，“四方三合同”明确各方权利、义务，实现多方互动、多元投入，有效强化农村基层治安防范工作。2011年，经过笔试、面试、体能测试，招聘378名治安管理员，实现一村一警。

2014年，在全市率先开展居民网格化管理体系建设。全县刑事案件发案率同比下降22%，治安案件发案率同比下降33%。

2018年11月，完善派出所为管控平台、下设中心警务室辐射各村、村划分网格、警务室配备社区民警和治安管理员各1名、网格长和信息员若干名的警务模式。发挥老党员、楼（院）长、保安员、协管员等信息员作用，结合治保会、巡逻队等村“网格化”管控体系，实现社区管理科学化、数字化、精细化和长效化。在试点单位取得成效后迅速全县推广，建成“网格化管理”警务室258个，实现全覆盖。信息员每日采集社情民意综合信息，网格长会同社区民警调处纠纷，派出所所长每周主持召开分析研判会，减少矛盾纠纷，调处治安案件，减少“民转刑”案件。

截至2018年，全县采集各类信息80余万条，排除各类治安隐患544起，调解纠纷1251起，协助查处治安案件432起，提供刑事案件线索141条。

巡逻防控

1996年12月，公开招聘30人成立巡警防暴大队，负责应急处突和县城区巡逻防控、日常接处警工作。

2007—2013年，将主城区划分为“四个巡区”，建立“网格化”巡防体系，推行“一个机制”（治安信息研判预警机制），打造“两个网络”（巡逻防控网和技防防控网），实现“三个延伸”（向企事业单位、社区延伸，向社会面延伸，向经济建设重点项目延伸）。并协助破获“爆炸抢劫信用社案”“鑫鑫黄金钻石广场持枪抢劫案”等大案、要案。2009年1月，被省公安厅授予“2008年度全省公安机关正规化建设先进巡警大队”称号。

2014年4月，将“网格化”巡防体系建设作为2014年民心工程和公安重点工作继续推进，公开招聘巡防队员100人，使主城区巡防队员达180余人。县财政划拨经费200余万元，购置14辆制式巡逻警车及各种警用装备，每年划拨队员工资、保险、经费共计700余万元。随着主城区面积扩大，原4个巡区增至10个巡区。每个巡区成立1支10～12人的专职巡防中队，实行承包式巡逻，分成四班运转，24小时无缝隙、不间断巡逻。开展“四进四联”（进街道，联系乡（镇）、村委会干部；进社区，联系居委会干部、小区物业和门岗保安；进单位，联系内部保卫人员；进商店，联系经营者和管理者）。

2016年5月，投资8万余元建立视频监控平台，与“天网工程”数据共享，成立12人的视频巡控中队，24小时轮流值守，实现空中监控与地面警力有效衔接。通过视频监控发现线索，指挥街面警力快速抓获100余名违法犯罪人员，破获300余起现行案件。2017年4月，被省公安厅评为2016年度全省“巡逻查缉能手”争创活动先进集体。

2018年，以“四进四联”扎实开展“网格化”巡控工作。全年处置群体性事件264起，执勤安保650余次，服务群众190人次；抓获各类违法犯罪嫌疑人218人、逃犯63人，逮捕9人，行政拘留105人。

网络监管

2003年4月，在治安管理大队设立公共信息网络安全监察股，主要负责新闻和网络信息发布、处置网络突发事件等工作。

2003—2008年，发现处置各类网上有害信息649条。

2009—2014年，做好涉网管理工作，依法监督、指导党政机关、金融、重点生产部门、通信等重要领域计算机信息系统网络的安全保护，负责国际互联网用户的备案、安全监督管理工作；发挥网安职能优势，做好案件侦办工作，依法查处涉网违法犯罪活动，开展净网专项行动。

2015年，推进电子数据取证全警实战化应用，提高在实战中快速分析、取证智能终端数据的能力，分别于2015年和2017年采购厦门美亚柏科

信息股份有限公司生产的手机数据采集与查缉终端，成立手机取证实验室。

2018 年，全力开展净网行动，破获各类刑事案件 11 起，抓获各类违法犯罪嫌疑人 19 人。发现处置各类网上有害信息 296 条，惩治网络谣言 2 起；整改网站 21 家，处罚违规运营商 3 家。

出入境管理

2003 年 4 月成立出入境管理股。主要承担管理公民因私赴中国港澳台以及出国申请的受理、审批、发证工作；对外国人的管理，查处出入境违法犯罪案（事）件；制作签发出国、出境证件、因私出入境中介机构审批和管理以及特殊事项的出入境证件审批等工作。

2008 年权限下放，办证仅限受理护照，全年受理 280 人次。2011 年 9 月，市局下放往来港澳通行证受理权限，业务数量大幅上升，全年受理 2038 人次。随着业务量的增加，为提升服务水平，落实一岗双责，打造文明窗口，向群众公开民警的姓名、照片和警号，督促践行承诺、树立良好形象。2013 年 1 月，市局下放往来台湾通行证受理权限，全年受理各类证件 4677 人次。2015 年 7 月，市局下放受理港澳台电子证件旅游再次签注的审批权限。

2016 年，制订《出入境窗口执法服务规范》，推行“文明接待用语”“常见问题处理要领”，实现接待礼仪的整体统一。在办证区增配便民用品，方便办证群众需求。同时规范急事急办、节假日办公等制度，保证窗口优质服务。

2018 年受理各类证件 6568 人次，其中加急办理证件 21 人次。

2008—2018 年磁县办理赴中国港澳台及出入境证件情况统计表

表 21-1　　　　单位：人次

年份	办理类型	办理人次
2008	护照	280
2009	护照	512
2010	护照	977
2011	护照、港澳通行证	2038
2012	护照、港澳通行证	3358
2013	护照、港澳台通行证	4677
2014	护照、港澳台通行证	5087
2015	护照、港澳台通行证、电子证件旅游再次签注	5727
2016	护照、港澳台通行证、电子证件旅游再次签注	5818
2017	护照、港澳台通行证、电子证件旅游再次签注	6358
2018	护照、港澳台通行证、电子证件旅游再次签注	6568

第三节　刑事侦查

刑侦队伍

刑侦改革前，公安局机关刑侦队配备民警 14 人，预审股配备民警 5 人。1997 年始，磁县改革刑侦管理体制。

1999 年 5 月，成立责任区刑警队。刑警大队下设：城关、林坛、高臾、岳城、白土 5 个责任区中队和经济中队、大案中队、技术中队。2000 年后，刑警大队设立 5 个责任区刑警队：城关刑警队、高臾刑警队、岳城刑警队、台城刑警队、白土刑警队；内设中队为综合中队、技术中队、情报中队、重案中队，占刑警大队警力 60%。

2002年，刑警大队由股级升格为正科级，配备大队长和教导员各1人，各一线中队中队长享受副科级待遇。加大对责任区刑警队的投入，强化刑侦基层建设。至2007年，5个责任区刑警队达到三级以上。

2009年9月，成立办案指导中队。2014年12月，办案指导中队改为预审大队，正股级。2016年9月行政区划调整，高臾刑警队、台城刑警队整体划转到冀南新区分局。

2008—2018年，累计向5个责任区刑警队投入资金113万元，为各责任区中队解决办公用房71间、公车7辆、各种警用装备230余件。2018年，警力达54人。

刑事案件侦查

1999—2003年，先后开展“春雷行动”“夏季严打”“冬季严打”等专项行动，全县发案率逐年下降10%，破案率逐年提高，命案破案率100%。

2004年6月1日，公安部确立“命案必破”为公安工作的一项基本要求。是年，磁县实现命案侦破率100%，抓获各类逃犯136人。2005年，全年破案585起，逮捕197人，抓获各类逃犯278人。在侦破“2005.4.3”强奸杀人案中，专案民警现场勘查和调查访问同时展开，最终成功串案，并案侦查，破获入室抢劫、强奸10余起的特大系列案件。

2013年，打防管控多管齐下，保持对刑事犯罪的高压态势。抓获各类逃犯315人。其中，本地234人，外省24人，历年逃犯57人。

2014年，组织开展春节以及“两会”“压发案、清积案、打现行”“冬季严打整治会战”专项行动，抓获各类逃犯386人，刑事发案同比下降16.9%，破案同比上升7.1%。

2016年，开展“破小案、压发案”、打击“盗抢骗”犯罪、农村黑恶势力违法犯罪、电信诈骗犯罪等专项行动。立案692起，破获1136起，其中积案923起、现行213起；盗抢骗919起（其中积案801起，现行108起）、其他217起。逮捕犯罪嫌疑人168人（其中盗抢骗53人），强制戒毒57人，行政拘留684人，抓获各类逃犯289人，其中历年逃犯67人。在农村“打黑”行动中，打击处理违法团伙26个、犯罪嫌疑人182人。

2017年，组织开展打击“盗抢骗”犯罪、农村黑恶势力违法犯罪、电信诈骗犯罪、刑侦禁毒等严打专项行动。破获现行案件383起，强制戒毒73人，行政拘留619人，抓获各类逃犯303人，其中历年逃犯55人。“杨某某侵犯公民信息案”被公安部列为部督案件，刑警大队专案民警奔赴河南、湖北、内蒙古等9省（自治区），抓获15名涉案犯罪嫌疑人。“1998.8.16欧某某被拐卖案”于2017年2月被列为市目标案件，后被列为公安部督办案件。刑警大队把此案作为重点攻坚案件，辗转陕西、山东、青海及省内廊坊等地，4名涉案人员全部抓获，被拐卖儿童与亲生父母团聚。

2018年1月始，集全警之智、聚全警之力开展“扫黑除恶”专项行动，先后打掉黑社会性质犯罪团伙1个、恶势力犯罪集团1个、恶势力团伙1个、一般犯罪团伙13个，报上级认定恶势力团伙1个。共打击处理74人。10月20日，市、县公安局部署“控发案、破积案、打现行、抓流窜、稳秩序、净环境”百日攻坚行动，城关刑警队打掉1个跨省流窜尾随银行取款人的抢夺团伙，抓获嫌疑人3人；破获系列盗窃手机门市案（当地5起、外地3起），抓获涉案人员3人。百日攻坚行动结束后，取得全市各县（市、区）公安机关中第三名的成绩。

1999—2018年磁县刑事案件有关情况统计表

表21-2　　单位：起、人

年份	发案	破案	逮捕	命案	年份	发案	破案	逮捕	命案
1999	435	324	102	2	2001	501	397	134	12
2000	556	428	125	4	2002	623	513	164	10

续表

年份	发案	破案	逮捕	命案	年份	发案	破案	逮捕	命案
2003	681	572	181	10	2011	953	821	221	3
2004	612	499	167	16	2012	745	615	253	9
2005	701	585	197	13	2013	1402	482	202	3
2006	621	493	114	7	2014	1371	2452	330	6
2007	722	594	209	8	2015	912	2460	223	3
2008	904	733	214	9	2016	741	1136	168	3
2009	723	608	206	5	2017	861	1175	212	1
2010	811	716	226	6	2018	711	1298	186	2

第四节　经济犯罪侦查

经侦队伍

1998 年 5 月，刑警大队设经侦中队。2000 年，经侦中队从刑警大队分离，改称经侦队。2010 年，经济犯罪侦查大队成立，为副科级规格，编制 5 人，其中大队长、教导员各 1 人；实有 11 人，其中民警 3 人、未录警人员 8 人。

经济案件侦查

2002—2009 年，主要侦办虚开增值税发票案件、虚报注册资本、抽逃出资、偷税、合同诈骗等案件，抓获犯罪嫌疑人 70 余人，为国家、企业挽回经济损失 1000 余万元。

2010 年，开展打击传销和网络传销行动，破获涉案金额 600 余万元、人员 1000 余人、涉及 31 个省（市、自治区）的全国兴村富民互助社特大网络传销案件。抓获犯罪嫌疑人 40 余人，主犯何某某被磁县法院判处有期徒刑 5 年。2011 年，开展缉捕逃犯的“清网行动”，抓获逃犯 20 余人。2012 年，开展对房地产行业、煤焦行业清缴税款行动。2013 年，开展“破案会战”打击经济犯罪专项行动，全年破获案件 50 余起，抓获犯罪嫌疑人 96 人。

2014 年，开展打击和处置非法集资“两打一追”专项行动。2015 年，开展打击和处置非法集资的同时，开展打击逃废债专项行动、协助金融部门清理不良贷款，严厉打击信用卡诈骗犯罪行为。2014 年后，全局立非法集资案件 61 起，涉及资金 7.36 亿余元、受害群众 1.45 万余人，抓获犯罪嫌疑人 140 余人。

2017 年始，开展公安部经侦局组织领导的“云端”专项行动，打击传销和网络传销行动。2018 年，协助外省、市公安机关办理案件 300 余起，调查取证 2000 余人次。开展打击逃废债专项行动、协助金融部门清理不良贷款，打击信用卡诈骗犯罪行为。破获信用卡诈骗案件和骗取贷款案件 70 余起，抓获犯罪嫌疑人 80 余人，为金融机构挽回经济损失 1000 万元。是年 9 月，破获涉案金额 2 亿余元、涉案人员 1 万余人的特大网络传销案。

第五节　环境安全保卫

队伍和职能

2013 年 11 月，环境安全保卫大队成立，副科级规格，编制 4 人，设大队长、教导员各 1 人。主要职责：掌握全县环境犯罪动态，组织、指导、侦办涉及环境犯罪的刑事案件；建立与环境部门刑事执法与行政执法的相互衔接与协调联动机制，参与环境保护集中专项整治行动；侦办县委、县政府和上级公安机关交办的影响环境安全的重大案（事）件。

环境安全保护活动

2011 年后，随着人们环境保护意识的增强，环境信访案件呈逐年上升趋势，每年达 100 余件。加强对环境污染查处后，个别造成污染的小企业转移到县内山区隐蔽处，查处难度加大。

“2014—2015 利剑斩污”打击环境污染犯罪专项行动开展，破获环境污染刑事案件 37 起，抓获犯罪嫌疑人 25 人，逮捕犯罪嫌疑人 7 人，上网追逃 19 人；移送起诉污染环境案件 3 起，起诉 9 人，法院判决 3 人；行政案件 31 起，行政拘留 18 人。县公安局在邯郸市“2014 利剑斩污”“2015 利剑斩污”专项行动中分别取得排名第一、第二的成绩。

“2016—2017 利剑斩污”专项行动中，破获刑事案件 3 起，抓获各类违法犯罪人员 15 人。其中破获省督办污染环境刑事案件 1 起，抓获违法人员 9 人，逮捕 4 人，取保候审 1 人，行政拘留 4 人。4 名犯罪嫌疑人被依法判处有期徒刑。破获一般污染环境刑事案件 2 起，逮捕 2 人，取保候审 2 人，行政拘留 3 人。再次被评为邯郸市“利剑斩污”专项行动县级先进单位。

2018 年，在省公安厅开展的“利剑斩污”专项行动中，破获环境污染刑事案件 20 起，抓获犯罪嫌疑人 9 人，逮捕犯罪嫌疑人 8 人，网上追逃 9 人，移送起诉 12 人，行政拘留 24 人。散煤清零区“煤改电”“煤改气”工程建设中，打击小散乱污违法企业，督导、协调环安大队的案件侦办工作，办理各类环境违法案件 36 起。其中，行政案件 27 起，刑事案件 9 起。抓获各类违法人员 50 余人。其中，行政拘留 25 人，刑事拘留 23 人，批准逮捕 10 人，起诉 12 人。

第六节　户政管理

户口管理

1999 年，磁县总人口 62.864 万人。其中，农业人口 57.1337 万人，非农业人口 5.7303 万人，城镇人口占 9.11%；男 32.1052 万人，女 30.7588 万人；汉族 62.7801 万人，回族 802 人；居民身份证办证率 64%。

2003 年 5 月 26 日，省政府出台《关于我省户籍管理制度改革的意见》后，磁县 2003 年 10 月 1 日实行。通过户籍制度改革，促进磁县农村剩余劳动力向城镇转移，促进人才合理有序流动，打破全县城乡分割的农业、非农业二元化户口管理结构。磁县的城中村、建制镇、城乡接合部人口统计为城镇人口，城镇人口增加 20 余万人。取消农业、非农业户口、自理口粮户口及其他类型的户口性质划分，将人口划分为城镇人口和农村人口，并统一登记为居民常住户口。

2012 年始，落实国务院办公厅《关于解决无户口人员登记户口问题的意见》精神，解决磁县长期无户口人员的登记户口问题，保障每个公民依法登记 1 个常住户口。按照“区别情况、分类实施”原则，对全县政策外生育、非婚生育、出生未报的“黑人黑户”摸排。按照计划和方案，截至 2018 年，补录各类户口 563 人。

2014 年 4 月，西固义乡 9 个村被峰峰矿区托管，划拨人口 1.3089 万人。2016 年 9 月行政区划调整，高臾镇、西光禄镇、辛庄营乡、花官营乡、台城乡划归邯郸市邯山区管辖，林坛镇、南城乡划归邯郸市复兴区管辖，共划拨人口 23.6415 万人。磁县总人口 47.4611 万人，其中暂住人口 2127 人。

2018 年 12 月，磁县总人口 47.6127 万人。其中，城镇人口 20.3674 万人，农业人口 27.2453 万人，城镇人口占 42.7%；男 24.3403 万人，女 23.2724 万人；汉族 47.5226 万人，回族 852 人，满族 42 人，蒙古族 7 人。

流动人口和重点人口管理

1999 年后，外来人口数量急剧增加，其中黄沙、观台、岳城、都党乡等乡（镇）外来人口高峰期逾 7 万，流动人口、出租房屋管理日益繁重。县公安局将流动人口、出租房屋管理作为维护社会稳定的重要工作。各派出所依靠乡（镇）政府，组织治保干部、治安积极分子、联防队员，多次对出租房屋、暂住人口逐街道（村）、逐院、逐单位进行拉网式排查。2012—2018 年，登记流动人口 10 万余人，办理居住证 2000 多张，流动人口

登记率达 100%，出租房屋登记率 90% 以上。教育、处罚不按规定登记承租人信息的房主案件 362 起，治安拘留明知利用出租房屋违法犯罪而不报告的违法嫌疑人 1 人，破获各类刑事案件 126 起，抓获在逃人员 28 人。

2008 年后，强化重点人口动态管理意识，对其居住点、工作点、活动点、落脚点等场所密切关注，形成控制网和落实跟踪控制措施。有效预防、控制、减少重点人口违法犯罪。截至 2018 年年底，列管刑满释放人员 875 人，累计列管矛盾纠纷违法嫌疑人 1500 余人、非访人员 158 人。

人口信息管理和服务

1997 年，磁州镇派出所、岳城镇派出所对近 14 万人口率先启用微机办公，随后其他派出所逐渐使用微机办公（单机版）。2004 年 10 月 13 日，全县 21 个派出所建立过渡版人口信息管理系统。2008 年 4 月 23 日，派出所运用标准版人口信息系统办公。全县 641768 人信息在全市户籍联网，实现信息共享、网络办公。2015 年 8 月 17 日，户籍系统升级为鸿达九代人口管理系统，全省户籍信息联网，实现信息共享。

2015 年 9 月始，在全县户籍窗口安装“满意拍”，让群众更加满意地拍出自己喜欢的身份证照片，同时配备扫一扫、双屏办公、微信公众平台等各项便民措施。精简行政审批事项，让信息多跑路、群众少跑腿。

至 2018 年，预约办公、网上自助登记流动人口信息等业务活动便利 3000 余人。

居民身份证管理

1999 年使用第一代居民身份证，15 位编码。同年 10 月 1 日起，全国范围内建立和实行公民身份号码制度，身份代码是唯一、终身不变的 18 位号码，为申领、补领、换领证件的公民颁发 18 位号码的居民身份证。此前颁发的 15 位编号身份证有效期内不必换发新证。

2004 年 1 月 1 日，换发应用 IC 卡技术、可机读的第二代居民身份证。2005 年 11 月 1 日至年底，全县为居民集中换发内置非接触式 IC 卡智能芯片的第二代居民身份证 30 余万人。

2006 年后，平均每年换发、丢失补领、初次办证人数达 4 万余人。2013 年 3 月后，磁县受理二代居民身份证时加载指纹信息。2016 年 9 月 1 日起，磁县实行全国异地身份证受理办法，至 2018 年共受理异地身份证 1269 人。

2018 年 4 月 1 日起，磁县居民首次申领居民身份证免费。至是年年底，办理首次办证 15694 人。

户口清理整顿

2012—2014 年，在全县范围内开展人像比对重复户口工作，共删除各类虚假、重复户口 5000 余个，清理假、重、错、空、无效街、路、巷地址 2000 余条。

2014 年年底始，利用 3 年时间继续开展户口登记管理专项清理整顿，主要全面复核 2007 年后办理的各类户籍业务手续，对补报往年出生、补登（录）户口、变更更正、无准迁证迁入入户、空挂户口、僵尸户口和死亡未销的户口全面核实，堵塞管理漏洞，提升户籍管理水平。

2014—2016 年，共删除各类重户口、虚假户口和长期不用的“僵尸户口”5661 个，基本消除“错、重、假、难”问题，实现公民户口和身份证号码的准确性、唯一性和权威性。

第七节　监所管理

看守所

1999 年，看守所位于磁州镇阜才街西湖小街 6 号。2007 年，迁至新址。

2007 年，开展深挖破案集中会战专项行动，开辟打击违法犯罪“第二战场”，成功破获两起外省市系列绑架杀人案件，被省公安厅授予“全省深挖破案集中会战专项行动先进单位”称号。

2008 年 5 月 19 日，编发《新生报》半月刊，让在押人员在改造的同时了解社会、接受教育。将科技手段引入监管工作，监区配备监控系统和门禁系统，增设会见管理系统、周界控制系统、应急报警系统、民警巡更系统、在押人员报警系统，保障监所安全。1999—2008 年，连续被省公安厅评为三级看守所。

2009 年，落实公安部“两无一降”（全年无脱逃、死刑犯无事故，监所事故持续下降）目标

要求，被省公安厅评为二级看守所。

2011 年 5 月 18 日，全市“四防一体化”建设成果现场会在磁县召开。磁县武警、看守执勤目标“四防一体化”（人防、物防、技防、联防融合为一体的防范体系）建设工作顺利通过武警总队和监管总队的验收。

2016 年 11 月 20 日，与磁县肿瘤医院合作，完成看守所医疗专业化建设。磁县肿瘤医院派驻 2 名医生驻所办公，进行巡诊治疗，确保在押人员身体健康。2017 年 12 月 18 日，县工商行政和食品药品监督管理局向磁县看守所在押人员食堂颁发食品经营许可证。

2018 年 5 月，看守所完成管教队伍专业化建设。县政府拨付资金修缮改造看守所。

拘留所

1999—2007 年，拘留所在看守所后院办公。2007 年 9 月，随看守所迁至新址。2008 年 5 月拘留所投用。

2014 年 3 月，县财政拨款 35 万元进行扩建。2014 年 9 月完工，实行床位制。被评定为三级拘留所。

2018 年，设所长 1 人、指导员 1 人、副所长 2 人。担负磁县公安局、磁县法院、冀南新区公安分局、漳河园区公安分局、磁县高速交警大队决定拘留的执行任务，日均拘留人数 20 人。拘留所设 2 名专职管教，每日组织被拘留人员开展法律知识学习和文体娱乐活动。惩罚与教育并举，达到“教育、感化、挽救”目标。拘留所未发生过脱逃、自残、非正常死亡等事故。

第八节　指挥中心和情报中心

指挥中心

1997 年 6 月设立指挥中心，开通 110 接警平台，成立初期日均受理有效警情 10 余起。2015 年，建成“三台合一”指挥大厅和道路监控系统，将指挥中心 110、消防大队 119、交警大队 122 三个报警台整合为统一接警、统一调度并集接警系统、录音系统、有线指挥调度系统及公安地理信息系统（电子地图）和城区电子监控系统等于一体的现代化 110 指挥中心报警服务平台，实现“四级网”联通。

2014 年始，磁县筹建“天网”工程。2015 年 7 月开始建设，先后投资 660 余万元，安装 919 个监控探头，实现主城区全覆盖，同年 10 月投用。2017 年年底，“天网”工程通过验收。至 2018 年，通过“天网”平台，年均破获各类现行治安、刑事案件 100 余起，提供有效价值线索 300 余条。

情报中心

2009 年 12 月 28 日成立情报中心。2009—2015 年，依托情报研判平台，开展对重点人员预警信息的分析研判、重点人员四色预警的分类管控及监控管理等相关工作。全面开展三级联动应用工作，重点人员动态管控实行全天候工作运转模式，保障其预警信息的按时签收、处置和反馈。

2015 年 9 月 16 日，情报中心随县公安局搬迁，并增设情报中心研判室。县公安局出台《情报信息搜集报送工作规定》《情报信息会商研判工作规定》《警务信息数据质量监测工作规范》《重点人动态管控细则》《重点人动态管控考核办法》《群众有奖举报工作办法》等制度。

2009—2018 年，通过重点人员动态管控系统抓获红色在逃人员 381 人，通过“DQB”协作平台（移动警务系统）抓获外地逃犯 16 人，协助基层所队布控临控人员 616 人，抓获 81 人。

第九节　交通管理

交警队伍与装备

1999 年初，磁县交警队有民警 39 人，辅警 51 人，下设办公室、秩序科、事故科、宣教科、财务科、车管所。1999 年底，在 107 国道冀豫两省交界处设置漳河中队。2000 年，在省道设置林坛中队。2006 年 9 月 1 日，都党公路巡警中队成立。2011 年，设置黄沙中队。2013 年，设置交通管理指挥中心。2016 年，林坛中队划归冀南新区管理。2018 年，招 40 名辅警。至 2018 年年底，内设政办室、秩序科、计财科、法制科、宣教科、行政科、车管所、事故科、指挥中心，下辖漳河中队、城区中队、磁州镇中队、路村营中队、黄沙中队、白土中队。民警 39 人，辅警 92 人。

1999 年初，磁县交警队有警车 13 辆。2013 年，安装辖区道路电子监控，对车辆违章行为固定证据，查纠违章，预防和减少交通事故。至 2018 年年底，有警车 39 辆，摩托车 6 辆，对讲机 50 部，警务通 39 台，酒精检测仪 15 台，航拍仪（无人机）1 架，路面电子抓拍机 74 台。

交通安全管理

1999 年，在公安部组织开展的创建“平安大道”活动中，县交警大队保安全、保畅通、防事故，保障辖区道路秩序良好，漳河中队被公安部授予“先进集体”称号。

2003 年后，结合县内交通安全形势及交通事故发生规律，分析研判形势，明确“岗”上职责；加强源头监管，细化“点”上排查；突出路面管控，严密“线”上整治；广泛宣传教育，保障“面”上覆盖。

2005 年，开展源头隐患治理。提高重点驾驶人的安全守法意识和对交通事故危害的重视程度；是年 5 月，打击上路拦截、强砸机车、敲诈机手财物等不法行为。在 107 国道设立 3 处便民服务站，备有饮水机、修车工具、急救箱等物品，保障南下收割机顺利过境。先后提供服务 20 余次，护送南下小麦收割机 1200 余辆。

2008 年，加强夜间道路安全管控。合理安排勤务，定期督导和随机检查相结合，增加夜间巡逻密度，实行夜间轮班制巡逻，把警力和防范工作措施向夜间和事故多发路段倾斜，加强路面有效管控。深入辖区运输企业、社区、广场等，通过摆放展板、发放宣传资料、张贴挂图、播放视频等方式，广泛宣传夜间安全行车常识。

2011 年后，联合县教育局开展校车专项整治行动，严查校车、接送学生车辆违法行为，以零容忍的态度，做到发现 1 起查处 1 辆，消除校车安全隐患。

2016 年，以货车超载、非法改装等为重点，推进货车违法超限超载专项整治工作。2016 年 7 月 19 日，冀南地区普降暴雨。该队全面启动灾害时期应急预案，制订严密防控措施，保障道路安全、畅通。

2018 年，加强四类重点车辆的整治管控工作。整治客运车辆，预防重特大道路交通事故；专项整治大货车，净化道路交通环境；整治校车，保障学生人身安全；整治农村面包车，设置道路交通安全基层防线。

驾驶员与机动车管理

1999 年，车辆管理所负责二轮摩托车、三轮摩托车和农用三轮车注册登记（挂牌照），负责摩托车类、农用车类驾驶人考试以及驾驶证补证、换证业务，负责对汽车类驾驶员学习培训年审工作，负责大货车驾驶员身体状况证明微机录入工作。

其后，驾驶员逐年增多。2008 年，县内有驾驶员 10.2 万人。邯郸市车管所下放磁县部分机动车驾管业务。2009 年 3 月，汽车驾驶证补证、换证由市车管所下放到县车管所。2009 年 9 月，小型汽车上牌照业务下放到县车管所办理。2009 年 12 月，汽车行驶证在县车管所补证、换证。2013 年 3 月，汽车驾驶证记满 12 分，县车管所受理满分学习、培训、考试。至 2018 年，累计管理驾驶员 16.06 万人、机动车 10.76 万辆。

1999—2018 年磁县驾驶员及机动车情况统计表

表 21-3　　单位：人、辆

年份	驾驶员	比上年增加	机动车	比上年增加	年份	驾驶员	比上年增加	机动车	比上年增加
1999	48629	4932	32765	3175	2003	71858	5653	47200	3716
2000	54449	5820	36148	3383	2004	77774	5916	51126	3926
2001	59968	5519	39613	3465	2005	84415	6641	54863	3737
2002	66205	6237	43484	3871	2006	90276	5861	58725	3862

续表

年份	驾驶员	比上年增加	机动车	比上年增加	年份	驾驶员	比上年增加	机动车	比上年增加
2007	96061	5785	62663	3938	2013	131578	5616	86203	3862
2008	102009	5948	66675	4012	2014	137397	5819	90144	3941
2009	108020	6011	70536	3861	2015	142511	5114	94082	3938
2010	114682	6662	74768	4232	2016	148273	5762	97974	3892
2011	120443	5761	78506	3738	2017	154254	5981	102704	4730
2012	125962	5519	82341	3835	2018	160556	6302	107645	4941

道路交通事故

1999—2018 年，辖区发生交通事故 9272 起，死亡 783 人，受伤 3489 人，经济损失 318.92 万元。

1999—2018 年磁县交通事故四项指标情况统计表

表 21-4　　单位：起、人、万元

年份	事故数	死亡数	受伤数	直接经济损失	年份	事故数	死亡数	受伤数	直接经济损失
1999	434	65	168	5.95	2009	587	28	259	21.68
2000	555	57	259	6.01	2010	234	22	108	21.42
2001	360	50	198	6.85	2011	228	23	104	21.25
2002	352	48	217	7.43	2012	193	23	102	21.09
2003	321	45	174	7.95	2013	249	23	142	18.14
2004	354	49	213	8.16	2014	598	59	175	44.8
2005	289	41	157	9.68	2015	691	66	155	20.87
2006	233	34	107	10.44	2016	1338	32	285	28.93
2007	229	25	117	17.53	2017	1114	44	229	12.81
2008	273	26	105	12.77	2018	640	23	215	15.18

附：1999—2018 年磁县交通事故情况分析

事故原因统计　机动车驾驶员超速行驶、不按规定让行、无牌无证、超载、超员、违法超车、酒后驾驶是发生交通事故的主要原因。以上原因共造成交通事故 6846 起，占事故总数 73.84%；死亡 613 人，占事故死亡总数 78.29%；伤 3129 人，占事故伤人总数 89.68%；经济损失 247.86 万元，占事故经济损失总数 77.72%。

道路统计　107 国道、县、乡道路发生交通事故突出。107 国道磁县段共发生交通事故 5612 起，占事故总起数 60.52%；死亡 341 人，占事故死亡总数 43.55%；伤人 1762 人，占事故伤人总数 50.5%；经济损失 169.54 万元，占事故经济损失总数 53.16%。

驾驶机动车人员类型统计　无证驾驶发生交通事故 1024 起，占事故总起数 11.04%；死亡 96 人，

占事故死亡总数 12.26%；伤 1689 人，占事故伤人总数 48.4%；经济损失 109.86 万元，占事故经济损失总数 34.45%。

责任者交通方式统计　发生交通事故较突出的是小型客车、两轮摩托车、重型货车、三轮农用运输车、电动自行车。以上共发生交通事故 7892 起，占事故总起数 85.11%；死亡 701 人，占事故死亡总数 89.53%；伤 3219 人，占事故伤人总数 92.26%；经济损失 204.26 万元，占事故经济损失总数 64.05%。

按事故发生地点统计　路口发生交通事故最为突出，共发生交通事故 4979 起，占事故总起数 53.69%；死亡 489 人，占事故死亡总数 62.45%；伤 2072 人，占事故伤人总数 59.39%；经济损失 187.55 万元，占事故经济损失总数 58.81%。

发生事故原因分析

随着经济增长，个人购买车辆增多，加之混合交通，造成事故多发。

磁县磁西路开通后，路口较多，交通标志缺乏，车流量大，加之临路村民尚不适应较大的机动车流量和较快的车速，造成事故增多。

机动车超速行驶，无牌无证上路，酒后驾车时有发生；机动车驾驶人安全意识淡薄。

非机动车、行人安全意识较差，随意横穿公路与机动车争道抢行，尤其是老人、妇女。

部分路口标志、标线交通设施空白；违法建筑、集贸市场影响交通。

交管部门对无牌无证、酒后驾车尤其是两轮摩托车违法行为治理力度不够；对驾驶人及群众的交通安全宣传力度有待进一步加强。

第二章　检　察

第一节　机构和队伍

机构

1999 年，磁县检察院下设办公室、政工科、审查批捕科、审查起诉科、反贪污贿赂局（综合科、侦查科、预防职务犯罪科）、法纪检察科、监所检察科、控告申诉检察科、民事行政检察科、检察技术科。2000 年 9 月，设立司法警察大队。

2002 年 8 月，撤销综合科、司法警察大队，设立监察科，政工科改为政治处，审查批捕科改为侦查监督科，审查起诉科改为公诉科，预防职务犯罪科改为职务犯罪预防科，法纪检察科改为渎职侵权检察科。2002 年下设办公室、政治处、侦查监督科、公诉科、反贪污贿赂局（侦查科、职务犯罪预防科）、渎职侵权检察科、监所检察科、控告申诉检察科（举报中心、刑事赔偿办公室）、民事行政检察科、检察技术科、纪检组（监察室）。

2010 年，反贪污贿赂局增设综合科，职务犯罪预防科调整为县检察院内设机构；增设法律政策研究室；渎职侵权检察科升格为反渎职侵权局，内设侦查科、综合科。2011 年 11 月，政治处下设干部科、宣教科，恢复司法警察大队由挂牌改为内设机构。2012 年 11 月，增设未成年人刑事检察科。2013 年 1 月，增设案件管理办公室。2016 年 7 月，监所检察科更名为刑事执行检察局。

2017 年 12 月，监察体制改革，检察院反贪污贿赂局、反渎职侵权局、职务犯罪预防科划转至磁县监察委员会。2018 年，检察院内设办公室、政治部、侦查监督部、公诉部、监所检察部、控告申诉检察部、民事行政检察部、案件管理部、未成年人刑事检察部、纪检监察科、司法警察大队。

队伍

1999 年，县检察院有检察长、副检察长、政治协理员、纪检组长、检察委员会委员、检察员、助理检察员、书记员、司法警察共 83 人。2002 年，中央政法专项编制数 63 个。2005 年，中央政法专项编制数 65 个。2007 年，中央政法专项编制数 66 个。2009 年中央政法专项编制数 67 个。2011 年 11 月，中央政法专项编制数 72 个。2014 年，中央政法专项编制数 73 个。

2017 年 12 月，监察体制改革，划转县监察委员会编制 23 个。2018 年，中央政法专项编制数 50 个，另有事业编制 7 人、工勤人员 1 人。

第二节 刑事检察

刑事检察活动

1999年，参加“严打”整治及“扫黄打非”等专项活动，落实各项综合治理措施。2003年，配合县公安、县法院等部门，开展“严打”斗争，履行审查批捕、审查起诉、出庭支持公诉等检察职能,实行“严打工作失误检讨责任制”,开展“批捕、起诉无积案”，严惩一批刑事犯罪分子。

2004年，在“严打整治百日会战”中，与县公安、县法院等部门形成合力,依法严惩刑事犯罪，保持对刑事犯罪的高压态势。“8·18”特大抢劫案发生后，县检察院全程介入，县公安局提请逮捕后，次日就作出批捕决定，提高对刑事犯罪的惩治效果。

2006年，社会治安综合治理中，配合有关部门开展安全创建活动，促进“平安磁县”建设。2008年，重点惩治黑恶势力组织犯罪、暴力犯罪和“两抢一盗”等多发性犯罪，对于事关奥运会安全的重大、敏感案件，做到特事特办。2010年，推行刑事和解制度。对于交通肇事、因民事纠纷引发的轻伤害等轻微刑事案件，继续探索用刑事和解的方法化解矛盾，减少对抗。

刑事检察数量

1999—2018年，受理县公安机关提请逮捕案件4593件6601人，审查后依法批捕4132件5842人。受理县公安机关移送起诉案件4173件6305人，经审查提起公诉3386件4878人。批捕准确率和有罪判决率均达100%。

1999—2018年磁县刑事案件检察情况统计表

表21-5

年份	审查逮捕		批准逮捕		审查起诉		提起公诉	
	件	人	件	人	件	人	件	人
1999	189	259	177	249	193	280	167	245
2000	140	198	134	183	145	214	130	188
2001	318	564	266	433	260	418	216	302
2002	244	380	244	372	251	386	217	312
2003	192	354	188	323	197	337	205	345
2004	178	281	172	267	187	263	147	201
2005	163	227	160	223	124	173	113	157
2006	250	373	231	330	154	235	147	216
2007	328	464	320	452	327	526	202	300
2008	368	503	357	476	212	323	137	205
2009	264	367	247	342	171	243	159	219
2010	200	296	190	285	154	245	147	234
2011	187	299	173	278	160	267	124	208
2012	149	207	123	174	185	346	127	204
2013	145	170	128	150	178	185	149	165
2014	296	390	248	322	207	290	155	170
2015	219	284	181	224	249	323	191	256
2016	231	280	177	211	241	343	192	258

续表

年份	审查逮捕		批准逮捕		审查起诉		提起公诉	
	件	人	件	人	件	人	件	人
2017	257	325	194	238	268	398	199	264
2018	275	380	222	310	310	510	262	429

第三节　职务犯罪预防和查办

职务犯罪预防

1999—2003年，开展送法进企业、进单位活动，先后建立预防职务犯罪联系点66个，给企业上法制课128次，发检察建议100余份。2001年，在漳河监狱建立警示教育基地，开展警示教育35期，受教育人数逾万人，得到省委书记等领导批示，国内各大媒体相继报道此项活动。2002年，提出在漳河监狱建立警示教育基地的检察建议被最高人民检察院评为检察建议优秀奖。

2005年5月，组织县煤办、县安监局等单位人员到漳河监狱警示教育基地，以服刑人员现身说法的形式开展警示教育。2006年，结合磁县农行工作人员石某挪用800余万元的特大挪用公款案，在金融系统开展专项预防教育活动。

2007年，制订预防农村职务犯罪工作方案，在全县19个乡（镇）及重点村建立预防网络，聘任24名农村预防职务犯罪联络员。

2009—2010年，加强涉农职务犯罪预防，对岳城、南城乡等重点乡（镇）的农补款进行专项预防；围绕“三年大变样”等中心工作，加强对重大工程和重点项目建设的预防工作。

2011—2017年，对投资上亿元的磁西煤矿、磁县第二中学和县医院的迁建工程等重点项目，派专人进行全程监督，还对涉及民生的80余个重点工作应邀开展预防咨询180余次，开展重点项目派驻检察官制度，参加各种工程项目招投标120余次。2017年12月，监察体制改革，职务犯罪预防职责划转至磁县监察委员会。

职务犯罪查办

2000年，深入查办贪污贿赂、渎职等职务犯罪案件，通过举报线索，立案查处辛庄营乡1起涉嫌非法拘禁案和1派出所原所长涉嫌枉法追诉案。2002年，由市检察院指定，立案查处邯山区公安分局周某、王某某涉嫌徇私枉法充当黑社会“保护伞”案。

2003年，把查办职务犯罪与服务经济建设有机结合，打击与保护并重，着力惩治国有企业经营管理人员侵吞国有资产犯罪。6月，依法查处观台镇1起利用职权虚开发票报销手段、贪污公款3.3万元的犯罪事实。2004年，查处县商业局5人滥用职权、造成185万余元国有资产流失案。2006年，立案查处磁县农行1名工作人员挪用800余万元公款的特大案。

2009年，参加市检察院反贪污、反渎职会战，先后派出4个办案组参加“3·11”专案和承德专案，查办一批大案要案。依法查处陶某冒领粮食直补款和1人贪污新农合医疗补助款的案件，查处某保险公司3名员工贪污窝案。

2012年，查处台城乡1村党支部书记利用职务之便贪污国家化解“普九”欠债资金21万元的窝案，查处某局4人在北朝历史文化体验中心建设项目上涉嫌渎职罪一案。2014年，先后查处县某局1名中层干部受贿数十万元、县某局1名所长利用职务之便收受企业58万元好处费的犯罪事实。2015年，查处县内1名村党支部书记利用职权贪污国家土地补偿款1900万元特大案，为国家挽回经济损失1000余万元。2016年，先后查处6名村支部书记和两委成员，为国家挽回经济损失568.09万元。

1999—2017年，立案侦查贪污贿赂、渎职侵权等职务犯罪案件286件379人，为国家挽回经济损失7100余万元。

1999—2017年磁县查办职务犯罪案件情况统计表

表21-6

年份	经济犯罪案件		渎职侵权犯罪案件		合计		年份	经济犯罪案件		渎职侵权犯罪案件		合计	
	件	人	件	人	件	人		件	人	件	人	件	人
1999	13	13	5	5	18	18	2009	6	8	4	5	10	13
2000	18	18	15	18	33	36	2010	7	8	1	2	8	10
2001	20	20	9	12	29	32	2011	4	12	1	3	5	15
2002	13	13	11	12	24	25	2012	—	—	—	—	7	17
2003	14	14	8	11	22	25	2013	8	15	3	10	11	25
2004	14	14	3	7	17	21	2014	—	—	—	—	16	21
2005	21	21	8	8	29	29	2015	11	16	1	4	12	20
2006	6	11	3	9	9	20	2016	5	11	1	1	6	12
2007	—	—	—	—	12	16	2017	6	9	1	2	7	11
2008	9	9	2	4	11	13	总计	—	—	—	—	286	379

第四节 诉讼监督

1999—2002年，通过立案监督、侦查监督、审判监督、执行监督、民事行政监督等执法监督活动，特别对在“严打”斗争中存在瞒案不报、有案不立、以罚代刑、有罪不判、重罪轻判等问题，依法纠正和抗诉。

2005年，磁县行政执法与刑事执法相衔接工作指导委员会成立，属河北省首例，《检察日报》《河北检察》等多家报刊对此报道。2008年，围绕“强化法律监督，维护公平正义”主题，全面加强刑事、民事、行政诉讼和刑罚执行活动监督。2011—2015年，加强行政执法与刑事司法衔接工作，依法监督行政执法机关移送涉嫌犯罪案件13件21人；加强危害食品药品安全犯罪专项立案监督，依法公诉生产销售“毒腐竹”“毒狗肉”等危害食品安全犯罪9件24人，切实保障群众“舌尖”上的安全。

至2018年，始终把“敢于监督、善于监督、准确监督”放在检察工作首位，充分发挥检察机关法律监督职能，有效促进司法公正，维护社会公平正义。

侦查审判活动监督

1999年，开展立案监督，在纠正有案不立、以罚代刑等工作中，把重点放在社会影响大和涉嫌徇私舞弊的案件上，先后办理立案监督案件21件。2000年，把立案监督作为诉讼监督的“重头戏”，以立案监督带动诉讼监督总体工作深入开展，对在诉讼监督中发现的司法工作人员刑讯逼供、枉法追诉、非法拘禁、枉法裁判以及徇私舞弊减刑、假释、暂予监外执行等犯罪案件依法查处。

2002年，加大追捕追诉力度，严查细审，做到案不漏人，人不漏罪，准确区分罪与非罪的界限，做到不枉不纵。通过审查起诉，使一起由于刑事责任年龄问题无法公诉的案件得到解决，法院作出有罪判决，并深挖出两名涉嫌伪证的犯罪嫌疑人。2005年，建立统一的漏犯档案，对“在逃”“另案处理”人员全部备案，建立侦查监督档案，重点进行监督。

2006年，刑事立案监督把重大刑事案件和有较大社会影响的案件作为重点，逐案跟踪监督，保障监督案件的质量和效果。2011—2015年，深化打黑除恶等专项斗争，批准逮捕故意杀人、抢劫、强奸等重大刑事犯罪嫌疑人103人。2012—2018年，检察长列席审委会11件次。2006—2018年，依法

抗诉 31 件 41 人。

1999—2018 年，在审查批捕工作中办理立案（撤案）监督案件 430 件，纠正违法 270 余件，纠正漏捕 376 人；在审查起诉工作中依法追漏诉 238 人、漏罪 358 条，书面纠正违法 250 件。

监所检察监督

1999 年，强化执行监督，重点依法纠正判决生效后不交付执行和不依法执行等问题，在监管场所查缴违禁品、上法制课，进行安全防范检查，监所检察工作连续 17 年名列全市先进行列。2002 年，通过强化刑罚执行监督，防止服刑罪犯重新犯罪，维护在押人员和服刑罪犯的合法权利，保障监管改造场所的稳定。

2003 年，将计算机网络、电子监控系统应用于监所检察工作，实行网络化管理，动态监督，保证监管改造效果，维护被监管人的合法权益。2004 年，在清理超期羁押活动基础上，制订和完善预防超期羁押的长效机制，实现无超期羁押。2007 年，配合磁县看守所和河北省漳河监狱搬迁工作，从此结束对漳河监狱的驻狱检察监督。

2008 年，加强对监外罪犯监管活动监督，开展核查纠正监外执行罪犯脱管、漏管专项行动，研究规范监外执行工作长效机制，与有关部门联合制订《关于加强对监外执行罪犯监督工作的实施细则》，工作经验被市检察院、省检察院转发并推广。2009 年，严厉惩治牢头狱霸，保护在押人员的合法权益，与看守所实现监控和信息双联网，促进监所检察监督规范化、科学化，工作经验被市检察院刊物和《河北法制报》刊发。2012 年，加强对看守所执行换押制度和在押犯罪嫌疑人、被告人羁押期限情况的检查，监督落实预防超期羁押“一证通”制度，规范公、检、法三机关换押、提讯、提解的执法行为。

2008—2018 年，审查收押、出所材料 8978 份，重点检查、联查 165 次，与在押人员谈话 1578 次，针对监管中存在的违规违法情况提出书面纠正意见 205 次，对监管场所呈报减刑、假释人员和保外就医人员进行检察监督。加强诉讼时限监督，保持无超期羁押。

民事行政监督

1999 年后，加强民事行政检察工作，对严重侵害公民、法人合法权益的错误裁判，依法提请抗诉。2000 年，提请抗诉的一起借贷纠纷案，为原审被告槐树信用社挽回经济损失近 7 万元。2003 年，受理的林坛信用社与林坛供销社借款合同纠纷案，经调查后及时向市检察院提出抗诉，为申诉人林坛信用社挽回经济损失。2006 年，以抗诉和再审建议为重点，加强监督力量。

2007 年，协助开展清收财政周转金专项活动，查处国有资源流失案件 1 件。2012 年，加强监督民事审判和行政诉讼活动，加强对当事人恶意串通、通过调解协议损害国家利益或社会公共利益的监督，对符合条件的案件依法规范行使调查核实权。

2017 年，以支持起诉为手段，聚焦公益民生，以督促履职为切入点，加强行政执法监督。2018 年，强化公益诉讼，摸排公益诉讼案件线索 65 件，立案 54 件，发送诉前检察建议 54 件。提起公诉全市首例刑事附带民事公益诉讼案件，为国家挽回经济损失 30 万元。协调有关部门动用无人机进行侦查和固定证据 3 次，受到市检察院肯定。

1999—2018 年，受理和审查民事行政申诉案件 572 件，提请市检察院抗诉 180 件，劝解当事人息诉和解 281 件，提出检察建议 206 件。

第五节 控告申诉检察

控告检察

1999 年后，坚持检察长接待日制度，接待群众来信来访，把群众监督与法律监督有机结合起来。2000 年，控告举报工作在全市率先实现电话自动受理举报线索。2003 年，开展“登千门、访百村”活动，办理群众来信来访，引导群众变无序上访为依法举报。

2005 年，成立处理信访案件领导小组，建立健全信访接待工作制度，实行“归口办理，分级负责”制度，规范案件受理、分流程序。2009 年，落实涉检信访工作责任制，保障及时有效处理涉检信访问题。

2010 年，创新信访工作方式，推行听证制度处理涉检信访问题，搭建信访人与检察机关理性沟通、平等对话的平台。2011 年，控告检察工作被市检察院评为“百日息百访”工作先进集体。

2011—2015年，涉检信访工作把优先处理来信、以办案促公信作为工作的重点，共审查分流上级交办、转办来信45件，其中反馈结果案件32件，全部办结。没有出现一起由信转访的情况。2016年，通过建立优先处理来信机制，实现办理来信数量多、质量好与效率高的协调统一，以办信赢公信。

1999—2018年，妥善处理群众举报、控告案件线索，接待群众来信来访1168件2405人次，按要求办结上级检察院交办的案件。

申诉检察

1999年后，坚持检察长接待日制度，通过接待群众办理申诉案件。2003年，开展“登千门、访百村”活动，办理群众申诉案件。2005年，成立处理信访案件领导小组，建立健全申诉接待工作制度。2009年，落实涉检信访工作责任制，保障及时有效处理涉检信访问题。使申诉7年之久的肖某某信访案基本得到解决。协助市检察院控申处办理南城乡孔某某申诉案，多措并举，使孔某某自行撤回申诉，彻底息诉罢访。

2010年，创新信访工作方式，推行听证制度处理涉检信访问题，搭建信访人与检察机关理性沟通、平等对话的平台。2011年，申诉检察工作被市检察院评为“百日息百访”工作先进集体。

1999—2018年，妥善处理群众申诉案件，接待群众来信来访980余件2000人次，按要求办结上级检察院交办的案件。

第三章 审 判

第一节 机 构

县法院

1998年，磁县法院内设办公室、政工科、刑事审判庭、民事审判庭、行政审判庭、执行庭、司法警察大队、经济审判一庭、经济审判二庭、告诉申诉庭、技术室。行政编制100人。1999年7月，设立监察室。2001年2月，设立立案庭。2001年3月，设立司法鉴定技术室。2002年，内设办公室、政治处、立案庭、刑事审判庭、民事审判第一庭、民事审判第二庭、民事审判第三庭、行政审判庭、审判监督庭、执行庭、法警大队、司法鉴定技术室、监察室。

2004年4月撤销执行庭，设立执行局，执行局下设执行一庭、执行二庭。2005年6月，民事审判第三庭更名为执行第三庭，司法鉴定技术室更名为研究室。2005年12月，增加政法专项编制3名。2007年11月，核销省定政法专项编制5名，增加政法专项编制5名。2009年9月，设立信访办公室。2010年2月，增加政法专项编制3名。2011年3月，增加政法专项编制3名。2011年4月，设立行政审判二庭。2013年3月，设立审判管理办公室。增加政法专项编制4名。2013年10月，成立机关服务中心。2014年3月，设立少年审判庭，研究室更名为司法技术辅助室。2015年7月，撤销信访办公室，设立环境资源审判庭。2016年9月，邯郸市部分行政区划调整，邯山区法院马头人民法庭管辖范围划归县法院。

2018年，内设办公室、政治处、立案庭、刑事审判庭、少年庭、民事审判第一庭、民事审判第二庭、行政审判一庭、行政审判二庭、审判监督庭、执行局（内设执行一庭、执行二庭、执行第三庭）、司法警察大队、司法技术辅助室、环境资源审判庭、审判管理办公室、纪检监察室；1个事业单位：机关服务中心。员额法官38人，审判辅助人员56人，司法警察6人，司法行政人员4人。

基层法庭

1998年，磁县法院下设城关、岳城、白土、林坛、杜村、观台、黄沙7个基层法庭。2002年3月，杜村法庭更名为光禄法庭。2018年，有磁州、岳城、光禄、林坛、黄沙、白土、观台、马头（人员编制仍归邯山区法院）8个基层法庭。

第二节 案件审判

刑事审判

1999—2002年，审结各类刑事案件1048件，同比上升11.2%，判决并发生法律效力的罪犯858

磁县人民法院 （2018年6月14日 摄）

人，其中判处5年以上有期徒刑198人。

2003年防“非典”时期，强化安全防范措施，在看守所露天开庭、电话调解刑事附带民事诉讼，做到防非、审判两不误。2005年，开展“打恶除霸”专项斗争。2006年，开展“打黑除恶”专项斗争。对未成年人犯罪案件实行“圆桌式审判”，寓教于审。对缓刑、管制、免刑人员和少年犯回访，防止重新犯罪。

2003—2007年，审结各类刑事案件942件，判决并发生法律效力罪犯1418人，其中判处5年以上有期徒刑209人。

2008—2009年，先后围绕“平安奥运”目标、“平安磁县”建设，开展“打黑除恶”“冬季亮剑”等整治专项行动。2010年，开展“夏季攻势”整治和“打黑除恶”“打拐反拐”专项行动，有力震慑犯罪，增强群众的安全感。2012年，全面推进量刑规范化工作，切实做到同案同判，先后对符合规定的62件案件进行量刑规范化审理，无一上诉。

2008—2012年，审结各类刑事案件811件，判决并发生法律效力罪犯1173人，其中判处5年以上有期徒刑137人。

2013—2015年，打击和防范涉众型经济犯罪，依法审理靳某某等6起非法吸收公众存款案件，涉案金额4000余万元，涉及群众2375人。完善未成年人社会调查、心理评估、轻微犯罪记录封存等工作机制，对符合条件的47名未成年犯实施犯罪记录封存，强化对未成年人合法权益的保护。2016年2月14日，协助台湾苗栗地方法院向辖区内受害人王某送达1起电信诈骗案件的刑事判决书，为首次协助台湾地区送达法律文书。

2017年9月11日，首次利用远程视频开庭审理刑事案件。2018年，加快推进以审判为中心的刑事诉讼制度改革，通过远程视频网络提讯被告人25人次，审理案件13件16人，审理周期平均缩短11天。

2013—2018年，审结各类刑事案件1277件，1680名罪犯被判处刑罚，其中判处5年以上有期徒刑230人。

1999—2018年磁县刑事案件分类情况统计表

表21-7　　单位：件

年份	立案数	结案数	其中					
			侵犯公民人身民主权利	侵犯财产	妨害社会管理秩序	贪污贿赂	渎职	其他
1999	240	240	56	52	16	6	3	107
2000	252	252	61	47	16	6	2	120
2001	282	279	65	75	7	3	1	128
2002	277	277	56	72	8	6	3	132
2003	244	244	39	74	14	7	1	109
2004	205	205	23	55	30	7	2	88
2005	150	150	21	78	27	4	2	18

续表

年份	立案数	结案数	其中					
			侵犯公民人身民主权利	侵犯财产	妨害社会管理秩序	贪污贿赂	渎职	其他
2006	168	168	46	61	27	3	1	30
2007	175	175	22	73	25	7	1	47
2008	187	187	20	50	29	2	3	83
2009	206	206	36	46	12	4	2	106
2010	155	155	56	69	9	5	3	13
2011	108	108	15	31	32	9	2	19
2012	156	155	61	41	22	3	2	26
2013	115	115	33	29	32	9	1	11
2014	168	168	44	51	26	6	3	38
2015	234	228	54	66	30	8	2	68
2016	261	261	61	35	13	7	3	142
2017	221	221	31	75	24	6	1	84
2018	286	284	95	36	39	3	1	110

2013—2018 年磁县刑事案件罪犯判决有关情况统计表

表 21-8　　单位：人、件

年份	结案数	罪犯人数	10 年及以上	6～9 年	4～5 年	4 年以下	拘役	管制	其他
2013	115	259	25	7	24	169	14	1	19
2014	210	221	11	1	7	1174	9	0	30
2015	258	244	6	3	8	190	9	0	28
2016	261	252	4	11	17	174	20	0	26
2017	285	294	3	6	29	217	15	0	24
2018	286	302	5	10	24	226	17	0	20

民事审判

1999 年后，加强民事审判工作，妥善处理人民内部矛盾。同时注重办案的社会效果，将调解贯穿于诉讼程序全过程，防止矛盾激化，维护社会稳定。工作中，出现先进典型。2002 年 12 月，胡长春任岳城人民法庭庭长后，建立健全法庭管理制度，强化廉洁教育，提高干警素质，提升司法质量；修缮审判庭，购置办案车辆，安装办公电话，提升办案效率；美化法庭环境，建立菜园，建起食堂，调动工作积极性。短期内，该庭工作

步入先进行列。2005 年 4 月 15 日，岳城法庭庭长胡长春被最高人民法院评为全国人民法庭优秀法官。担任副院长职务后，胡长春高标准、高效率落实院党组安排的工作，充分调动下属的工作积极性，发挥团队力量，分管领域各项工作走在同行的前列。2008 年 12 月，县法院副院长胡长春被最高人民法院评为全国优秀法官。

2003 年后，审理“三农”案件，优化经济环境，保障党的农村政策贯彻落实，使农民敢于向承包的农业项目中投资，推动小康社会建设进程。

2008 年后，随着依法治国的普及和深入，人们的维权意识增强，民商事案件数量猛增。审结案件中，婚姻家庭案件大幅度上升，合同纠纷案件占半数以上；权属、侵权纠纷及其他民事案件呈攀升态势，其中人身损害赔偿纠纷案件居高不下，尤其以道路交通事故案件居多。

2015 年，推行立案登记制改革，对材料齐全且符合法律规定立案条件的当场登记立案，登记立案率达 98% 以上，切实保障当事人诉权，社会反映强烈的“告状难”问题得到解决。实行案件繁简分流，适用简易程序和小额诉讼程序审结案件数量不断增多，案件审理周期平均缩短 13 天。坚持调判结合，建立委托调解、特邀调解员、律师援助调解制度，加强立案调解、庭前调解，依托网络技术开展微信调解、QQ 调解。随着经济发展和个人财富的不断积累，民间资本流通活跃，因债权人欠缺风险防范意识和法律意识，民间借贷活动存在手续不完备、担保不足等问题，致使民间借贷的案件数量与日俱增。

2016—2018 年，继续把调解工作贯穿于民商事案件程序始终。按照“一委（群众工作委员会）一庭（法庭）三中心”（社会治安综合治理中心、群众工作中心、矛盾纠纷排查调解中心）工作架构，将“一乡一庭”工作与乡（镇）综治中心工作共同推进，同时与立案登记制改革相结合，积极开展诉前调解，把司法触角延伸到服务群众最后一公里，为乡村振兴提供有力司法保障。依法做好拥军工作，审结涉军停偿土地租赁合同纠纷案件 14 件，涉及土地 36.2 公顷，包括蔬菜大棚、树木、机井、地埋管道等大量土地附着物。协助做好涉案群众的思想疏导和外部协调工作，自动履行率 100%，保障军队资产受保护、群众利益不受损。

1999—2018 年民商事案件分类统计表

表 21-9　　单位：件

年份	立案数	结案数	其中					
			婚姻家庭继承	合同	权属纠纷	不当得利无因管理	特别程序	其他
1999	1043	1033	198	297	127	1	1	409
2000	1450	1423	276	386	143	2	1	615
2001	1495	1424	323	374	163	1	0	563
2002	1939	1898	423	415	137	2	1	920
2003	1218	1176	388	368	138	1	1	280
2004	2805	2738	582	1335	177	3	0	641
2005	1800	1773	434	688	153	3	0	495
2006	823	823	361	283	142	1	1	35
2007	805	800	318	251	116	4	1	110
2008	1565	1539	415	354	477	13	2	278

续表

年份	立案数	结案数	其中					
			婚姻家庭继承	合同	权属纠纷	不当得利无因管理	特别程序	其他
2009	2049	2028	567	774	316	1	0	370
2010	3535	3535	477	1691	250	1	2	1114
2011	6043	5800	616	3969	144	1	3	1067
2012	4713	4600	466	2969	127	5	1	1032
2013	4253	4329	397	2872	66	1	2	991
2014	2985	2659	798	899	224	11	6	721
2015	2024	1464	555	347	268	13	4	277
2016	2949	1660	423	219	109	4	1	904
2017	3370	3361	467	1269	215	2	3	1405
2018	3274	3263	974	1406	103	4	0	776

经济审判

1999—2001 年，重点审理涉及农业、农村经济纠纷案件，参与农村基金会清欠和农村“三提五统”征收工作，为稳定农村经济秩序、促进农村发展发挥积极作用。运用经济审判职能，为金融部门收回逾期贷款 1400 余万元，为防范和化解金融风险提供法律保障。

2002—2005 年，经济审判被纳入“大民事”范畴。2005 年后，经济审判归入民事审判。

行政审判

1999—2002 年，审理一批在经济建设活动中产生的行政案件，审结各类行政案件 138 件，其中 2002 年首例新类型案件占 30%。同时，到行政执法单位宣讲《中华人民共和国行政诉讼法》《中华人民共和国国家赔偿法》，促进提高行政执法水平。

2003—2005 年，做好行政非诉案件的审查、执行工作，推动依法治县进程。在磁州镇、辛庄营乡强制执行涉农税案 120 余件，依法促进全县农税的征收。对计生非诉执行案件及时审查、执行。

2006 年，在非诉行政执行特别是房屋拆除等矛盾较尖锐的案件时，做好疏导和协调工作，及时化解矛盾，维护社会大局稳定。

2007—2013 年，发挥行政审判“调节器”“减压阀”作用，坚持协商协调，以不损害国家利益、公共利益和他人合法权益为前提，在双方自愿的基础上，尽可能协调解决，着力优化政务环境。

2014—2017 年，贯彻修订的《中华人民共和国行政诉讼法》，坚持“合法性、合理性”审查原则，强化诉权保障，兼顾监督政府依法行政和保护相对人合法权益，妥善审理涉及土地征收、房屋拆迁、社会保障等与民生密切相关的案件，既推进项目落地，又保障民生权益。完成故御街拆迁案、高速公路拆迁案审理。

2018 年，推动落实行政机关负责人出庭制度，行政机关负责人出庭应诉成常态。判决行政机关履行法定职责、确认行政行为违法、撤销或变更行政行为 7 件，保护相对人合法权益。共受理各类行政诉讼案件 391 件，审结 388 件，结案率 99.23%。

1999—2018 年磁县法院行政案件分类统计表

表 21-10　　　　单位：件

年份	立案数	结案数	其中									
			城建	资源	公安	劳动和社会保障	乡（镇）政府	交通	工商	计划生育	卫生	其他
1999	24	24	2	4	1	1	—	—	—	—	—	16
2000	46	45	4	3	2	—	1	—	—	—	—	35
2001	28	28	4	7	5	—	1	—	—	—	—	11
2002	43	41	1	11	5	—	1	2	—	—	—	21
2003	36	36	4	19	8	2	1	—	—	—	—	2
2004	25	25	1	18	2	2	—	—	—	—	1	1
2005	27	26	2	9	11	2	1	—	—	—	—	1
2006	18	18	2	9	5	—	2	—	—	—	—	0
2007	21	21	—	17	2	—	—	—	—	—	—	2
2008	32	32	1	28	—	—	2	—	—	—	1	0
2009	51	51	5	12	4	—	1	—	1	—	—	28
2010	25	25	1	8	3	—	3	—	2	—	—	8
2011	35	35	11	19	2	—	—	—	2	—	—	1
2012	34	33	2	—	1	—	—	—	—	—	—	30
2013	34	183	—	1	1	—	—	—	—	—	—	181
2014	59	57	—	14	6	3	—	1	—	—	—	33
2015	143	136	6	6	51	—	—	3	—	—	—	70
2016	433	350	—	267	18	—	30	24	4	7	—	0
2017	496	494	3	87	7	3	14	50	3	—	—	327
2018	391	388	—	158	1	—	—	25	—	—	—	204

第三节　案件执行

1999 年，开展“执行年”活动。先后开展“执行年宣传周”“百日集中执行大会战”活动，运用对被执行人财产审计、以物抵债、执行和解等方式，缓解“执行难”问题。

1999—2002 年，执结案件 3767 件，执行标的 3186 万余元。

2003 年，把加强执行工作、解决“执行难”问题作为法院工作的重点，加强执行队伍和装备建设。推行执行听证和执行风险告知制度，提高执行工作透明度。2004年，设立执行局，实现审执分离，加强执行力量，“执行难”问题得到缓解。2006年后，开展“小标的额案件执行会战”“清理执行积案”活动。

2003—2007年，执结案件4977件，执行标的约700万元。

2008年，开展清理执行积案和“迎奥运、系民生、促和谐、清积案”百日专项行动，对执行积案全面清理，解决一大批疑难复杂案件和历年中止老案。2011年，依靠县委、县人大常委会、县政府的支持，加强执行联动机制、执行威慑机制建设和反规避执行工作。2012年，开展创建“无执行积案法院”“反规避执行”活动，加强与县政府及县金融机构、县房地产管理、县国土资源、县公安等部门的协作配合，探索立、审、执兼顾的一体化保全流程服务，取得较好经济效益和社会效益。2013年2月，被最高院授予“全国优秀人民法院”称号。

2008—2012年，执结各类案件2611件，执行标的近4000万元。

2013年后，推进执行指挥中心建设，配备执行指挥车和现场记录仪。通过网上“点对点”“总对总”执行查控系统，及时查找被执行人银行存款、车辆、房地产等信息。

2017年后，探索执行工作新模式，实行执行警务化管理，将执行与法警归口管理，选调作风硬、纪律严、业务强的司法警察充实到执行队伍中，配合做好查封、扣押、搜查、拘传、拘留等强制措施，推动执行工作走向良性发展轨道。

2013—2018年，执结各类案件6218件，执行标的3.4亿余元。

第四节　审判监督

1999—2002年，从解决群众“告状难”入手，落实审监分离制度和院领导值班接待制度，加强告诉申诉工作。共接待来访5800余人次，处理来信近千件，审理再审案件69件。2002年，审判监督庭建立后，审判监督工作实现专门化。审判监督庭负责立案庭移送的申诉案件的审查，决定立案再审或驳回申诉，专职负责再审案件的审理。

2003年后，进一步规范审判监督，树立审判监督工作是法院审判“最后一道关口”的理念，切实把审判监督工作做细做实。

2008年，依法审理抗诉案件，接受检察机关的监督，对检察机关依照法律程序提起的抗诉、上级法院指定再审的案件，及时立案，依法审判。与检察机关沟通，力争把问题解决在抗诉之前，从而减少抗诉，节省司法资源，共同维护司法公正和司法权威。

2009—2018年，坚持依法纠错与维护判决既判力、公信力并重的原则，推进审判监督与审判管理等各项改革，全面加强审判监督工作，形成对案件监督与对法官监督相结合、内部监督与外部监督相结合的监督体系。

1999—2018年磁县审结再审案件分类统计表

表21-11　　单位：件

年份	结案数	其中				
		维持	改判	撤诉	调解	其他
1999	6	4	1	—	1	—
2000	13	8	2	1	2	—
2001	32	22	3	2	3	2
2002	18	12	2	1	2	1
2003	27	19	3	3	—	2

续表

年份	结案数	其中				
		维持	改判	撤诉	调解	其他
2004	38	18	13	1	—	6
2005	20	2	13	1	2	2
2006	12	3	8	—	—	4
2007	8	2	5	—	1	—
2008	14	6	5	—	2	1
2009	23	6	2	1	2	—
2010	4	3	1	—	—	—
2011	12	9	2	—	1	—
2012	10	6	2	1	1	—
2013	8	4	1	—	1	2
2014	2	1	—	—	—	1
2015	23	20	1	1	1	—
2016	45	30	2	4	8	1
2017	70	54	3	3	10	—
2018	35	23	2	2	8	—
合计	420	252	71	21	45	22

第四章　司法行政

第一节　机　构

县司法局

1999 年，磁县司法局内设办公室、政工股、宣教股、基层股、公证处，行政编制 26 人。2002 年 8 月，内设办公室、政工股、宣教股、基层股、公证工作管理股、律师工作管理股，行政编制 61 人。2003 年 10 月，成立磁县法律援助中心。2010 年 7 月，增设法律援助管理股和社区矫正工作股。2011 年，内设办公室（法制股）、政工股、基层工作指导股、公证工作指导股、法律援助管理股（挂法律援助中心牌）、法制宣传股（挂磁县法制宣传教育领导小组办公室牌）、律师工作指导股、社区矫正工作股；组建磁县社区矫正局。行政编制 58 人。2015 年 7 月，增设法规股，政工股更名为政治处。

2018 年，内设办公室、政治处、法规股、基层工作指导股、法制宣传股、法律援助管理股、律师工作指导股、公证工作指导股、社区矫正工作管理股，行政编制 49 人。

基层司法所（法律服务所）

1999 年，县司法局下辖 19 个法律服务所

（与乡镇司法所一套人马两个牌），乡（镇）司法所处于有编无人状态，职能由法律服务所代行。2008—2010 年，19 个法律服务所工作人员到位。2012 年，在讲武城镇刘庄村设立全县首家村级基层司法行政工作室。

2014 年 4 月，西固义乡司法所和法律服务所由峰峰矿区托管。

2016 年 9 月行政区划调整，辛庄营乡、西光禄镇、花官营乡、高臾镇、台城乡、南城乡、林坛镇 7 个司法所和法律服务所划归冀南新区。

2018 年，辖 11 个司法所和 11 个法律服务所。

第二节　普法宣传

“三五”普法（1996—2000 年）

1996 年 4 月，磁县调整充实普法领导小组和办公室，制订普法规划和年度普法实施细则；聘请 37 名普法宣传员、辅导员。通过举办骨干培训班，在县直 100 多个单位培训普法骨干 682 人，35 个乡（镇）培训普法骨干 1000 余人，390 个村培训普法骨干 1 万余人。组建“三五”普法宣讲团，共宣讲 356 场次、法律法规 28 部，受教育群众 8.5 万人次；制订《磁县中小学校法制教育实施办法》，为青少年上法制课 205 次，组织法制竞赛 120 次；发放各类普法教材 6800 册，成立法制文艺宣传队 10 个，巡回演出 195 场次；配合“严打”开展法制宣传，共出动宣传车 1800 辆次，展出展牌 360 块，发放宣传材料 17 万份，张贴彩条标语 4 万余条。

2000 年 5 月，制订《磁县干部法制知识考试办法（试行）》。春节前夕，开展“法制春联进千家”活动，赠送法制春联近万副。

“四五”普法（2001—2005 年）

2001 年，启动实施第四个五年普法规划，县普及法律常识领导小组更名为县法制宣传教育领导小组，办公室也相应更名。“四五”普法规划提出努力实现“两转变、两提高”（由提高全民法律意识向提高全民法律素质转变，提高公民的法律素质；由注重依靠行政手段管理向注重运用法律手段管理转变，提高社会法治化管理水平），全方位推进依法治理各项事业。

建立领导干部学法用法制度，县委中心组将领导干部学法纳入重要议事日程，领导干部带头参加每年普法学习和考试。针对全县公务员，重点安排学习全国“四五”普法统编教材《干部法律知识读本》《宪法及宪法修正案》《中华人民共和国行政许可法》等相关内容。同时，开展青少年、工人、企业经营管理人员和农民等法制教育。2001 年，河北省普法依法治理现场观摩会在磁县召开。省人大常委会副主任李炳良到磁县调研依法治县工作。

“五五”普法（2006—2010 年）

2006 年，推进“五五”普法工作。通过开展“法律六进”（进机关、农村、社区、学校、企业、单位）活动，开展法治示范校园、法治示范单位、法治示范村（社区）等创建活动及法治文化建设，全面提升法制宣传教育的文化品位和社会法治化管理水平。进一步提高全民法律意识和法律素质；增强领导干部、公务员和行政执法人员的社会主义法治理念，提高依法行政能力和水平；增强各单位依法治理的自觉性，提高依法管理和服务社会的水平。2006 年，磁县获河北省“‘四五’普法先进县”称号。

“六五”普法（2011—2015 年）

2011 年，推进“六五”普法工作。开展“法律八进”（进机关、进单位、进企业、进社区、进农村、进学校、进市场、进家庭）活动，维稳定、保民生、促发展，法律宣传、法律保障、法律服务相互配合，为全县营造浓厚的法治氛围。2013 年 4 月，邯郸市法治宣传教育现场观摩会在磁县召开。2014 年，磁县获国家“‘六五’普法（中期）先进县”称号。

“七五”普法前三年（2016—2018 年）

2016 年，推进“七五”普法工作。建立“谁执法谁普法”“以案释法”普法责任制工作机制，推进“村居（社区）法律顾问”等公共法律服务平台建设等。全年提供法律援助案件 200 余件，接待来访群众 500 余人次，开展法律宣传 10 余场次，散发宣传资料 1 万余份。

磁县普法办获国家“‘六五’普法先进普法办”

称号。

2017年，规范和强化“法治九建”工作，开展“依法行政示范机关”“依法管理示范单位”“民主法治示范村”“民主法治示范社区”“依法治校示范学校”“学法守法示范家庭”“依法经营示范企业”“公平守信示范市场”“诚信文明示范景区”创建活动。发放宣传手册500余份，受教育群众达1000余人。组织开展“4·15”首个全民国家安全教育日、“4·28”综治宣传日、“12·4”宪法宣传日活动，发放宣传手册1万余份，受教育群众达2万余人。

2018年，开展尊崇宪法、学习宪法、遵守宪法、维护宪法、运用宪法宣传教育活动。全县50余单位参与，发放宣传资料5000余份，受教育群众5000余人。8月，市“七五”普法中期督导检查团到磁县检查督导，先后深入磁州镇小营店村、崇文学校、县电力公司、县党校干部学习超市等基层单位，对磁县的工作给予肯定。

第三节　人民调解

调解组织

2000年，19个乡（镇）建立乡（镇）司法调解中心，专兼职人员465人；390个村建立调解委员会，人员1440人；十户调解员5760人；建立县、乡、村、组4级调解网络。

2007年，建立县人民调解中心，19个乡（镇）和376个村建立人民调解委员会，聘用5760名调解员，建成县、乡、村、组4级调解网络，初步形成大调解格局。

2008年，新增企业、市场、农村调解委员会19个、调解员312人。2009年，增加企业、市场、农村调解委员会16个、调解员236人。

2014年9月18日，成立交通事故纠纷调解委员会和医患纠纷调解委员会。

2016年，打造“一委（群众工作委员会）三中心（群众工作中心、社会治安综合治理中心、矛盾纠纷排查调解中心）”工作格局，建立“民调通”人民调解信息化工作平台，全县11个乡（镇）调委会、258个村级调委会配备安装“民调通”软件的智能手机。

调解工作

1999年，全县发生各类矛盾纠纷182件，调解成功178件，成功率98%；法制宣传760场次，受教育人数12万人次。2000年发生各类矛盾纠纷265件，调解成功257件，成功率97%；法制宣传205场次，受教育人数14万人次。防止矛盾激化7件278人，提供犯罪线索4条。

2001—2007年，调解工作采取日常排查与集中排查相结合，共排查调处各类民间矛盾纠纷3257件，调解成功率97%。

2008年12月，县司法局在高臾镇召开人民调解工作现场会，全县推广人民调解“四步一站式”工作法。2009年3月，《河北日报》报道高臾镇人民调解工作“四步一站式”工作法。2010年，在北贾壁乡召开全县人民调解工作现场会。

2011年，在全县实行人民调解工作“以案定补”工作法，调动人民调解员的工作积极性。2012年，业务培训全县乡、村两级调委会主任。调解各类矛盾纠纷7837件（其中乡镇调委会调解1453件，村级调委会调解6384件），调解成功7602件。其中，上访案件68件，复杂疑难纠纷案件82件，群体性事件76件。

2013年，分四批对全县司法所长和乡、村两级调委会主任进行业务培训，规范调解案卷格式。共受理民间纠纷5646件（其中乡镇调委会调解1352件、村级调委会调解4294件），调解成功5480件。其中，上访案件63件，复杂疑难纠纷75件，群体性事件46起。

2014年，举办调解业务培训班并撰写调解案例，总结经验，查找不足。全年受理民间纠纷5560件（其中乡镇调委会调解1355件，村级调委会调解4205件），调解成功5394件，调解成功率97%。其中，上访案件41件，复杂疑难纠纷53件，群体性事件36起。

2015—2016年，受理民间纠纷1万余件，调解成功率97%。

2017年，评选金牌调解员，并借助其调解经验成立品牌调解室，筑牢社会稳定的“第一道防线”。受理民间纠纷2657件（其中乡镇调委会调解 466 件，村级调委会调解 2141 件，专业性、行业性调委会调解 50 件），调解成功 2577 件，成功率 97%。其中，上访案件 50 件，复杂疑难纠纷 80 件，群体性事件 23 起。

2018 年，完成村（社区）人民调解委员会换届工作，开展矛盾纠纷排查化解活动。受理民间纠纷 2653 件，调解成功 2574 件，成功率 97%。其中，上访案件 51 件，复杂疑难纠纷 82 件，群体性事件 25 起。路村营司法所被司法部评为“2018 年度全国先进司法所”。

第四节　公　证

公证机构

1999 年，磁县司法局设立公证处。2006 年，在 17 个乡（镇）依托司法所建立 17 个公证联络站。2009 年 7 月，公证处改为自收自支、具有独立法人资格的事业体制。

公证业务

1999 年，磁县公证处全年任务 500 件，实际完成 590 件，完成率 118%。其中：经济合同公证 120 件，民事合同公证 90 件，批量公证 380 件；为下岗职工提供法律援助 13 件，解答法律咨询 1200 人次，为社会各界避免和挽回经济损失 50 万元。

2006 年 9 月，黄沙煤矿发生 6 死 2 伤事故后，县司法局局长带领公证处人员连夜赶赴黄沙镇，参与善后调解处理，并及时办理现场公证。是年共办理各类公证案件 180 件，担任 3 家单位法律顾问，为社会挽回经济损失 500 万元。2009 年，公证业务覆盖 30 多个行业。2015 年，在国有土地流转、房产、拆迁安置、招投标等领域开展公证业务。

2016 年，完成磁县公证档案信息录入工作。按照省司法厅“四零”（服务受理零推诿、服务方式零距离、服务质量零差错、服务结果零投诉）服务及承诺制要求，推出一系列新举措：实行一次告知，设立便民服务窗口，减少公证费用，设立投诉电话。

2017 年，为重点项目建设、国有土地使用权转让、企业改制和违章违建拆迁事项提供公证服务。5 月 19 日参与县医院东门周边拆迁；9 月 3 日参与和谐大道棚户区拆迁，全程跟踪，现场监督，公证保全。

2018 年 1 月，使用人脸识别系统，部分案件本人校验，降低公证风险。开通公证软件办证系统，与中国公证协会公证案件网对接联网。参与煤化工园区、磁峰公路槐树段、磁西公路两侧、磁州路嘉实城南侧拆迁工作，现场保全证据。

第五节　律师事务

律师事务所

1999 年，磁县有律师事务所 2 家：滏潮律师事务所和匡正律师事务所。2016 年 11 月，设立正析律师事务所。至 2018 年，磁县有律师事务所 3 家。

附：律师事务所简介

河北滏潮律师事务所

前身为法律顾问处，成立于 1981 年 3 月，人员 2 名，1984 年人员 4 名。1995 年 3 月，法律顾问处更名为河北滏潮律师事务所，人员 4 名。2018 年，发展成为磁县执业律师最多、规模最大的综合性律师事务所，有专职律师 10 名，其中主任律师 1 名。

河北匡正律师事务所

前身为经济律师事务所，1993 年 5 月成立，人员 4 名。1995 年 3 月，更名为河北匡正律师事务所，人员 5 名。1998 年 4 月 30 日，经省司法厅批准颁发执业证书（普通合伙）。2014 年，有专职律师 7 名，担任常年法律顾问 2 家。2018 年，有专职律师 5 名。

河北正析律师事务所

2016 年 11 月 28 日，经省司法厅批准设立河北正析律师事务所。2017 年，有执业律师 1 名，实习律师 1 名。2018 年，有执业律师 2 名，实习律师 2 名。

律师事务管理

2004 年，完善律师内部管理体制与自我约束机制，参与县领导信访接待日活动，组织律师开展集中教育整顿活动。

2006年，进一步规范律师参与信访接待，参与信访接待46次。2007年，组建政府法律顾问团和企业法律服务律师咨询团，参加各类信访接待170余人次，劝阻上访16件60余人，承办法律援助56件，参与“三位一体”社会矛盾纠纷排查调处案件24件。

2010年，抽调律师组成法制宣讲团，对县内企业开展法制讲座。开展律师事务所与基层单位结对子、律师与农民“手拉手”活动，延伸法律服务职能，拓宽法律服务领域。2012年，组织律师参与处理敏感性、群体性涉法涉诉工作，引导群众以理性方式反映利益诉求，为防止社会矛盾激化提供法律服务。全年参与信访接待80余次，配合处理有关信访事件，减少社会不和谐因素。

2013年，以开展平安建设、法治建设、队伍建设为抓手，改善律师执业环境，发挥律师职能作用，提供优质高效法律服务。2014年，按照“普遍建立法律顾问制度”要求，拓展和强化担任公民、法人、社会团体法律顾问工作。围绕“一加强、两提升、三力争”（加强构建覆盖城乡的公共法律服务体系建设；提升律师事务所规范化建设水平、律师诚信执业社会满意度；力争律师执业环境得到改善、行政权力高效运行、基层组织建设坚强有力）目标开展工作。

2015年，县司法局、县信访局联合印发《关于磁县律师参与县级党政领导接访陪访工作暂行办法》，规范律师接访陪访工作。

2017年，印发《关于推行法律顾问制度和公职律师公司律师制度的实施方案》通知，进一步规范县、乡、机关事业单位的法律顾问工作。

2018年，成立磁县扫黑除恶专项工作律师辩护代理工作业务指导委员会，举办律师参与扫黑除恶案件辩护代理业务培训班，开展律师事务所代理涉黑涉恶案件情况专项督查，引导律师依法做好涉黑涉恶案件的辩护代理。接到律师代理涉黑涉恶案件备案2件，两起案件结束委托关系，没有发生律师违规代理涉黑涉恶案件或通过不正当手段制造影响等情况。

1999—2018年磁县律师事务所办理业务情况统计表

表21-12　　　　单位：件、份、人、人次、万元

年份	案件	民事	刑事	非诉	代写文书	法律顾问	法律咨询	法律援助	挽回经济损失
1999	272	215	35	22	163	20	4660	—	405
2000	243	201	13	29	155	20	4712	—	260
2001	256	199	21	36	133	22	4390	—	330
2002	220	173	35	12	170	22	5200	—	413
2003	245	184	32	14	142	23	5180	15	310
2004	275	162	24	24	290	29	9600	65	380
2005	269	202	18	12	245	27	9200	37	223
2006	290	218	15	19	290	29	9450	38	175
2007	322	229	16	21	250	25	10200	56	245
2008	338	266	21	33	243	26	10130	18	386
2009	365	282	26	24	265	30	10600	33	220

续表

年份	案件	民事	刑事	非诉	代写文书	法律顾问	法律咨询	法律援助	挽回经济损失
2010	404	319	21	18	296	27	9800	46	500
2011	398	327	19	24	254	23	12050	28	245
2012	230	168	16	12	141	24	10350	34	200
2013	450	382	20	78	308	30	12030	21	600
2014	380	277	25	78	199	30	10750	31	600
2015	452	395	30	24	215	36	11300	30	515
2016	525	443	17	16	209	40	12100	49	372
2017	355	305	30	165	185	40	10300	48	298
2018	520	450	50	18	196	40	12400	57	380

第六节　法律援助

援助队伍

2003 年 10 月，磁县法律援助中心统一受理、统一指派、统一监督法律援助工作。人员 2 名，主任由司法局副局长兼任，当年做好建章立制的启动工作。

2005 年，配齐配强法律援助中心工作人员、办公设备。在县总工会、县残联、县妇联和 10 个乡（镇）建立法律援助工作联络站，并公示法律援助的工作流程、法律援助的范围、条件。

2007 年，在 19 个乡（镇）建立工会法律援助工作站。2008 年，在 56 个村设立法律援助联络员。2010 年，全县 376 个村设立法律援助联络员，法律援助实现全覆盖。2018 年，健全完善基层乡（镇）法律援助工作站。

援助服务

2004 年，向社会公示法律援助程序和工作流程，把法律援助经费列入县财政，逐步改变弱势群体请律师、打官司难现状。2006 年，扩展法律援助覆盖面，制订法律援助工作案件代理补贴办法，专款专用，与县公安、县检察、县法院协调沟通，为法律援助办案提供方便。2007 年，县总工会、县司法局联合印发《关于进一步加强农民工法律援助工作的意见》。2009 年 3 月 24 日，省司法厅副厅长王大为一行 5 人到磁县参加工会法律援助现场经验交流会。

2011 年 7 月，法律援助中心人员参加司法部在石家庄市举办的“中东部省份法律援助轮训计划”培训。全年办理法律援助案件 161 件，其中办理农民工法律援助 6 件。2012 年，重点落实市司法局《关于实施“法律援助质量提升工程”的意见》《邯郸市法律援助点援助管理办法》，成立磁县职工法律援助团，开展职工法律援助工作。2012 年 10 月，参加县、市涉法涉诉接访工作。全年办理法律援助案件 165 件。

2013 年，推进“服务民生　促进和谐　法律援助基层行”活动，提升法律援助保民服务能力，提高规范化管理水平。全年办理法律援助案件 221 件，到农村、社区开展法律援助宣传 4 次。2014 年，围绕“提高法律援助质量，服务困难群众基层年”活动，分别到农村、社区开展法律援助宣传，使更多的弱势群体得到法律援助。全年办理法律援助案件 175 件，散发宣传资料 1500 份。

2015年，出台《进一步完善法律援助制度切实加强法律援助工作实施意见》，指导法律援助工作规范发展。全年办理法律援助案件165件。2016年，落实《河北省司法厅关于进一步为农民工讨薪提供法律援助工作的通知》和司法部《军人军属法律援助工作实施办法》及县民生工作总体安排，全年办理法律援助案件123件。2017年，落实全县民生工作部署，完成省、市安排的关于开展法律援助工作调研报告。全年办理法律援助案件136件。

2018年，完成法律援助案件151件，开展法律援助宣传4次，发放宣传资料500份，接待来访群众100余人次。

第七节　安置帮教与社区矫正

安置帮教

1999年后，加强安置帮教对象管理，减少社会不稳定因素。2000年，接受刑释解教人员51人，帮教51人，实现接轨教育。2001年，摸排出1998年后刑释解教人员477人（其中刑满释放382人、解除劳动教养95人），对人、户分离的会同居住地公安机关采取“双列管”“两头包”措施，实现接轨转化。

2006年，全县刑释解教人员实行网络化管理。安置新回归的40名刑释解教人员。组织帮教小组到漳河监狱探望磁县籍在押犯人，把帮教工作从大墙外延伸到大墙内。2007年，健全刑释解教人员安置帮教组织，完善刑释解教人员接受、安置、帮教、监督和管理环节，采取超前、定期、结对、重点4种帮教模式，使所有回归人员得到安置。

2008—2009年，对2004年后的1275名刑释解教人员排查摸底，逐人登记上报，制订工作方案，逐人落实帮教措施。形成“学法有人教、维权有人帮、困惑有人解、矛盾有人调”的工作格局。2010年，接收刑释解教人员36人，实施“一帮、二扶、三带”工作法，帮助落实最低生活待遇，扶持依法从事个体经营、扶持优惠政策，实现接轨、教育、转化。2011年，接受刑释解教人员120人，为9名安置对象申请低保。建立安置帮教基地6个。

2013年5月15日，率先在全市成立刑释解教人员和社区矫正人员就业技能培训基地，免费提供就业技能培训，推荐就业。2015年，加强安置帮教工作，新接收111人，安置帮教99人，安置帮教率90%以上。

2016年，开展“特赦”人员安置帮教“回头看”活动，及时了解其思想动态。新接收71人，安置帮教64人，安置帮教率90%以上。

行政区划调整后，2017年累计接收刑满释放人员654人，累计解矫507人，实施解矫147人。2018年新接收193人，安置帮教174人，累计接收刑满释放人员835人。

社区矫正

2010年，磁县试行社区矫正工作。2011年，整合安置帮教和社区矫正工作职能，组建磁县社区矫正局，建立健全社区矫正工作各项规章制度，规范各种法律文书，调整工作人员。开通“司法e通”信息管理系统平台。2012年，加强对《社区矫正实施办法》宣传，利用“司法e通”信息管理系统平台加强和规范社区矫正信息化建设。

2013年5月15日，在县职教中心举行“磁县爱心就业技能培训基地”揭牌仪式，第一期63名刑释解教人员和社区矫正人员参加培训。2014年，以社区矫正质量提升年活动为契机，推进全县社区矫正工作。

2015年，为各基层司法所配备20部执法记录仪和面部指纹识别仪，开展执法检查活动，规范社区矫正的执法行为，提高执法水平。2017年，新招录15名司法员上岗，增强专业社区矫正工作力量。

2018年，建成社区矫正工作指挥中心和路村营、黄沙、磁州、讲武城4个司法所视讯系统。结合“扫黑除恶”工作，加强社区矫正对象监管工作。

2010—2018年磁县社区矫正情况统计表

表21-13　　　　单位：人

年份	累计接收	累计解除	在册管理	其中					
				管制	缓刑	假释	监外执行	保外就医	剥夺政治权利
2010	83	1	82	7	21	20	7	—	27
2011	156	18	138	9	70	39	9	—	34
2012	258	97	161	2	101	48	10	—	—
2013	128	68	204	—	159	40	5	—	—
2014	530	309	221	—	200	19	—	2	—
2015	695	449	246	—	237	6	3	—	—
2016	831	583	248	—	242	2	2	—	—
2017	670	528	142	—	140	1	1	—	—
2018	776	633	143	3	148	3	1	—	—

第二十二编　军　事

磁州扼晋、冀、鲁、豫四省之要冲，自古为兵家必争之地。战国时，赵简子首筑磁州城，逐击对手、抵抗强秦；汉光武帝刘秀与王郎在此交战；曹操在滏口山大胜袁尚统领的援邺军兵；北魏大将军尔朱荣与葛荣滏口之战；隋末沧州刺史窦宗与窦建德苍嵬山之战；岳飞在岳城一带驻扎练兵；知州宗泽守城抗击金兵长达1年之久；抗日战争期间的八路军反摩擦战斗之地；解放战争时期的平汉战役发生地。

明代以前，磁州的军事机构与驻军无考。明洪武二十二年（1389年），设守御千户所，驻军1120人，实行屯田，三分操备、七分耕种。明崇祯年间设立磁州营，配马兵150名、步兵300名，设游击1名统领武事。清代，驻军仍称磁州营。马兵只消不补，自行淘汰。其后只存步兵，称士兵，计463名。裁游击，设都司1名。其后，都司、守备二官衔之称互有改换。民国时期，县内未设专门军事机构，只有军警结合的组织。先后称游缉队、保卫团、武装和平中立队、警备队。

七七事变后，中共党组织先后在磁县成立抗日后援会、八路军第四游击队、抗日游击总队、磁武独立营等10多个军事组织，人员发展逾6000人，创建抗日革命根据地，开展对敌斗争。解放战争中，踊跃支前并参军入伍、外派干部支援全国解放战争。

中华人民共和国成立后，磁县人武部为军队输送大量合格兵员，为保家卫国做出贡献。

1999—2018年，县委、县政府认真做好“双拥”工作，支持武装和驻磁部队建设。根据新时期特点，县人武部官兵和民兵预备役人员发扬光荣传统，牢记“打赢”使命，加强基地建设，全力提高国防后备力量。民兵编组方面，按照“任务牵引、建用一致”原则，调整民兵队伍，专业对口率达80%，复转军人比例达85%。民兵教育方面，重点把政治教育落到实处，保持政治合格。民兵军训方面，以民兵干部和应急分队为重点，着力在加强应急快速反应能力上下功夫。国防动员方面，结合县内红色资源丰富等优势，创建国防教育阵地、国防教育基地和青少年军校，开展国防教育。积极开展学生军训，2000—2018年，全县学生军训10万余人。

消防方面，以健全消防机制、完善消防设施、明确消防重点等提高消防救援能力，保障人民生命和财产安全。

人民防空坚持“平时服务、急时应急、战时应战”原则，配备必要设备，开展应急演练，加强工程项目的规划、建设和质量监督。军民共建等工作也取得较好成绩。

1998—2001年，磁县人武部连续4年被北京军区评为“民兵武器管理先进单位”。2000年，被北京军区评为“先进人武部”“后勤正规化建设达标单位”。2008年，被河北省军区评为“军事训练先进单位”。2014—2015年，连续两年被河北省军区评为“一类人武部”。2017年，被河北省委评为“拥政爱民先进单位”等。

第一章　机　构

第一节　县国防动员委员会

国防动员委员会成员

1996 年，磁县国防动员委员会成立。国防动员委员会第一主任由县委书记兼任，主任由县长兼任，县人武部部长任常务副主任，主管副书记任副主任。县有关领导及相关县直单位负责人任委员。县国防动员委员会与县人民武装委员会一个机构两个牌。

下设机构

下设 8 个办公室：综合办公室和人民武装动员办公室（设在县人武部），国防教育办公室（设在县委宣传部，在县人武部办公），交通战备动员办公室（设在县交通运输局），国民经济动员办公室（设在县发改局），人民防空办公室（设在县住建局），科技动员办公室（2002 年后设在县科技局），信息动员办公室（2010 年后设在县工业和信息化局）。

第二节　县人武部

1986 年 3 月，磁县人武部改归地方建制。1996 年 4 月，县人武部重新列入军队建制，全称中国人民解放军河北省磁县人民武装部，属正团级单位。设部长、政委、副部长各 1 人，下设军事科、政工科、后勤科，编制 8 人。受邯郸军分区和磁县县委、县政府双重领导，党委设第一书记 1 人，由县委书记兼任；国防教育办公室划归地方，正科级机构，编制 2 人，挂靠县委宣传部。

2017 年 3 月，下设军事科、政工科、保障科，另设地方机构磁县民兵训练基地（编制 9 人）。

1996—2021 年磁县人民武装部历任第一书记、主官情况一览表

表 22-1

第一书记	任职时间	部　长	任职时间	政治委员	任职时间
程书民	1996.04—1998.02	张金波	1996.04—2005.02	牛恒禄	1996.04—1999.04
刘学敬	1998.02—2006.04	韩　伟	2005.02—2013.03	杨成才	1999.04—2006.02
陈　平	2006.04—2007.06	李保平	2013.03—2016.05	赵林才	2006.02—2012.03
李德进	2007.06—2015.07	郑　富	2016.05—2019.04	张开山	2012.03—2016.05
张晓波	2015.07—2016.08	刘　锐	2019.09—	张建峰	2016.05—2016.12
吴从江	2016.09—2019.08	—	—	陈百红	2017.05—
张才芳	2019.08—2021.05	—	—	—	—
陈珍礼	2021.05—	—	—	—	—

第三节　基层人武部

县人武部下辖乡（镇）人武部和县直单位人武部。乡（镇）人武部设教导员 1 人，由乡（镇）党委书记兼任，部长 1 人。县直单位人武部设部长 1 人，为副科级干部。承办民兵和战时动员，组织民兵参加社会主义物质文明和精神文明建设，

担负战备和治安勤务。战时组织民兵参军参战，配合部队作战、保卫后方、支援前线等。

乡（镇）人武部

1999年，下辖19个乡（镇）人武部：磁州镇、白土镇、林坛镇、岳城镇、观台镇、高臾镇、西光禄镇、讲武城镇、黄沙镇、路村营乡、西固义乡、辛庄营乡、花官营乡、时村营乡、台城乡、南城乡、北贾璧乡、陶泉乡、都党乡。

2014年4月，西固义乡人武部划归峰峰矿区管理，下辖18个乡（镇）人武部。2016年9月行政区划调整，高臾、辛庄营、西光禄、花官营、台城、南城、林坛7个乡（镇）人武部划归邯郸市邯山区和复兴区，由冀南新区托管。至2018年，下辖11个乡（镇）人武部：磁州镇、白土镇、黄沙镇、岳城镇、讲武城镇、观台镇、北贾璧乡、陶泉乡、路村营乡、都党乡、时村营乡。

县直单位人武部

1999年，下设1个县直机关人武部（设在县直机关工委）和文教体委、经贸委、轻工公司、申家庄煤矿4个县直部门、企业单位人武部。

2002年11月，文教体委人武部改称文教体局人武部，经贸委人武部改称经贸局人武部，增设国土局人武部。2007年1月，撤销经贸局人武部，改设工业促进局人武部。2009年2月，撤销文教体局人武部，改设教育局人武部。2010年4月，工业促进局人武部改称工信局人武部。

2012年县机构改革，县直部门、企业不设立人武部。

第二章 兵 役

第一节 征兵机构

1999—2018年，磁县征兵工作由县征兵领导小组统一领导，县征兵办公室具体实施。县征兵领导小组由县政府、县人武部领导组成。县征兵办公室由县人武、县宣传、县公安、县民政、县卫生、县教育、县劳动、县纪检等部门人员组成，下设宣传、体检、政审、秘书4个小组。各基层人武部均设兵役登记站，在县征兵领导小组和所在乡（镇）党委的统一部署下开展兵役登记、兵员征集工作。

第二节 兵役登记与兵员征集

兵役登记

1984年重新修订的《中华人民共和国兵役法》颁布后，建立兵役登记制度。每年兵役机关进行一次征兵调查摸底，登记18～22岁的男性公民，作为分配征集任务的依据。每年9月30日前，适龄男性公民到兵役登记站登记。兵役登记站对上站公民进行体格目测和政治初审，确定当年的征集对象。经过兵役登记站初审合格的当年应征对象，称应征公民。征兵工作开始后，应征公民按照县兵役机关的通知到指定地点体检。

1998年12月，《中华人民共和国兵役法》修订后，将陆、海、空军义务兵服现役期限一律改为2年，取消超期服役规定。

2014年始，兵役登记改为每年1月适龄青年在全国征兵网进行兵役登记报名。通过兵役登记，选定预征对象、掌握兵员动员潜力，为完成征兵工作打下基础。

兵员征集

1999年前，因身体原因造成退兵较多。1999年后，体检中增加多项切合实际的内容，加上广泛开展兵役竞赛活动，退兵率明显下降。利用3～5天时间对体检人员进行业务培训，并先行体检试点，后全面展开，使退兵率降到0.1%以内。1999—2003年，通过采取入户走访、问卷调查等，强化对应征青年政审。2004—2006年，政审工作增设对征集对象家庭成员的政治核查工作。

2006年7月至2016年，实施“一把手”工程，从县委书记、县长到村党支部书记、村委会主任，层层签订责任书，严格责任把关。严格征兵程序“三落实”（落实人员、经费、体检站）。县征兵办对每名应征青年实行县、乡、村三级联审制，做到村、片警初审，乡（镇）、派出所复审，县政审组联审和终审。完善和加强“跨区域联审”制度，对外地人员、外出务工人员、人户分离人员重点审查，不放过1个疑点。实行征兵公示制，对社会进行“四公开”“四公布”，加强组织监督、群众监督、社会监督，杜绝关系兵、人情兵。

2010年后，在征兵体检中，增加性病化验等项目，同时要求体检工作人员必须参加过征兵体检培训，进一步把牢体检质量关。2013年后，征兵体检站设在县医院体检中心，体检工作正规有序，多次受到市军分区表彰。2015年后，结合应征对象价值观念的变化，重点防止思想退兵现象，通过采取签订责任书等方式，有效控制思想退兵人员数量比例。

应征公民体检、政审合格后，由县兵役机关全面衡量、择优批定新兵。1985年后，根据交通状况和部队驻地远近，新兵交接工作采取县、市派人送兵、组织新兵自行到部队报到和部队派人到征集地区接兵3种办法进行，通常采用部队派人到征集地区接兵方法。1996年人武部收归军队编制后，兵员运输工作采用部队派人到征集地区接兵。2013年施行夏秋季征兵后，接兵部队将原派人征兵改为赴征集地区领兵，县人武部负责协调保障。

第三章 民 兵

第一节 组织建设

本着“编为用、建为战”原则，2000年后逐渐减少步兵分队比例，提高专业技术分队和对口专业技术分队比例，对口专业分队比例达95%以上。按照“急用先建、建用结合、平战兼备”原则，重点加强防空、信息、保交护路、森林防火和兵种对口专业分队建设，民兵组织与担负任务结合更加紧密。2017—2018年，基干民兵队伍中，党员人数超过30%，退伍军人超过30%。

1998—2012年民兵编组

1998年至2003年7月，民兵编组实现“三个转移”（单纯按村编组转移到在交通便利的地方多编，由单纯按人口平摊编组转移到城镇和企业密集的区域编组，由单纯在国企编组转移到在多种所有制企业和新兴技术含量较高的企业编组）。做好民兵应急分队建设，主要在恒泰公司、县国土局、县粮食局等经营稳定、效益高的单位中编组，投资3万元为应急分队配发盾牌、警棍、匕首、头盔、迷彩服等装备。做好对口专业技术分队建设，加强民兵卫生救护、电力抢修、通信、汽修、自来水抢修、人防抢修、交通等技术分队建设。

2003年8月至2006年7月，本着“三个有利于”（有利于组织领导、有利于提高质量、有利于执行任务）原则，扎实搞好民兵整组，优化民兵组织结构、调整基干民兵组织布局、改进民兵编组方法；围绕防空袭和保障野战军团跨区机动作战要求，加强民兵专业技术分队和应急分队建设。

2007年后，按照“任务牵引、建用一致”原则，对县基干民兵队伍进行调整。在原有专业技术分队基础上，新组建勤务保障分队，专业对口率达80%；在组织健全、生产稳定、兵员充足的企事业单位和党政机关组建民兵应急队伍，县建民兵应急连，各乡（镇）建民兵应急排，在对口单位组建供水设施抢修分队、电力设施抢修分队、森林防火分队，专业对口率达80%，复转军人比例达85%。2009年8月在恒泰集团成立民兵营，组建装备维修分队；2010年3月，在时村营煤化工园区建立民兵组织。

2013年民兵编组

应急队伍　县组建1个民兵应急营抗洪抢险连，县水利局以抢险专业队伍为骨干编组，连部设在县水利局；3个排分别由县水利局、岳城镇、路村营乡组建。组建1个民兵应急连，连部设在县人武部，下辖4个应急排：反恐维稳由磁州镇、森林扑火由县林业局、抗洪抢险由县水利局、抗震救灾由县国土局组建。各乡（镇）各编组1个综合应急排，担负反恐维稳任务。讲武城镇组建1支铁路护路分队，陶泉乡、北贾壁乡各组建1支森林扑火分队，西光禄镇、观台镇各组建1支抗洪抢险分队，高臾镇、花官营乡各组建1支道路抢修分队。

支援队伍　海军、空军、第二炮兵民兵分队

按照军兵种要求种类、规模、地域组建。磁州镇组建1个民兵双37高炮连，黄沙镇、都党乡各组建1个高机连，县医院组建1支医疗救护分队，县联通公司组建1支情报侦察分队，县移动公司组建1支通信保障分队，时村营乡组建1支交通运输分队。战时主要担负保障部队作战、参加联合防空作战等任务，平时担负有关应急任务。

储备队伍　根据基干民兵数量、资源潜力情况，统筹储备队伍种类、规模，将“十一五”时期已组建并配备装备、没有列入应急和支援队伍的基干民兵勤务保障和步兵等分队，整合编组为作战、后勤、装备3种勤务保障分队。后勤勤务保障分队，白土镇、西固义乡各组建1支担架救护分队、卫生防疫等分队。装备勤务保障分队，自来水公司组建1支供水设施抢修分队，县供电公司、台城乡、南城乡、林坛镇各组建1支电力设施抢修分队，燃气公司组建1支燃气设施抢修分队。储备队伍担负应急应战动员力量补充任务。

2015年民兵编组

应急队伍　各级各类应急分队平时担负以反恐维稳、森林扑火、抗洪抢险、抗震救灾为主的战备执勤、治安联防、抢险救灾、专业救援等任务，战时主要担负安全警戒、支援保障、维护社会秩序等任务。

支援队伍　主要担负战时配合海军现役部队担负物资紧急收发、前送直达保障、道路抢修等任务。

储备队伍　观台镇、辛庄营乡各组建1支担架救护分队，自来水公司组建1支供水设施抢修分队，供电公司、台城乡、南城乡、林坛镇各组建1支电力设施抢修分队，燃气公司组建1支然气设施抢修分队。

第二节　政治教育与军事训练

政治教育

1999年，教育民兵“适应新时代、作致富带头人”。被省委评为“党管武装先进单位”。2003年，开展“三新”（学习新理论、掌握新知识、担当新任务）教育。2004年，开展“让‘三个代表’重要思想在本职岗位闪光”活动和以“强化战斗精神，做好战斗准备”为主题的职能任务教育，增强民兵爱岗敬业、无私奉献精神和应急作战的紧迫感与使命感。2004年4月29日，新的民兵誓词颁布后，组织民兵开展民兵宣誓和学唱“中国民兵之歌”活动，营造参加民兵光荣的良好氛围。

2005年，开展“保持共产党员先进性”教育活动，引导民兵强化先进性意识，明确先进性标准，践行先进性要求，树好先进性形象。2007年，对民兵进行理想信念和光荣传统教育。2008年，组织开展爱国主义、革命英雄主义和战斗精神教育，激发民兵爱国热情。2011年，开展“牢记民兵誓词，唱好民兵之歌”活动。

2012年，全面落实“四个必须”（必须坚定共产主义理想和中国特色社会主义信念、坚持全心全意为人民服务根本宗旨、继承发扬党的优良传统和作风、自觉培养高尚道德情操）。2013年，开展学习贯彻中共十八大精神、坚定信念铸军魂教育。2014年，进行党的群众路线教育实践活动教育。2015年，开展“三严三实”“传承红色基因，当好红色传人”教育。2016年，开展“两学一做”教育活动。2017年，对民兵深入开展社会主义核心价值观教育。2018年，全面学习贯彻中共十九大精神和“传承红色基因，担当强军使命”教育，把民兵的政治教育落到实处，保持政治合格。

军事训练

1984年，磁县民兵训练基地建成后，每年定期组织全县民兵进行军事训练，普通民兵与基干民兵队伍素质进一步增强，在处突维稳、抢险救灾等方面发挥出重要作用。

1998年，民兵训练基地取消。2002年邯郸市民兵训练基地建成后，根据邯郸军分区任务要求，组织民兵到邯郸市民兵训练基地统一训练。

2003—2006年，突出做好以抗洪抢险、反恐维稳为主题的民兵应急分队的训练和演练。先后组织民兵伪装分队参加省国防后备力量信息化建设观摩会演示和省防空演练，提高磁县民兵预备役人员遂行作战和应付突发事件的能力。2005年，被河北省军区评为演习先进单位。

2006年后，民兵军事训练以民兵干部和应急

分队为重点，着力在应急快反能力上下功夫。按照“简化程序，节简时间，提高质量，重在实用”训练原则，在县、乡、村广泛开展“五小练兵”（小时间、小课堂、小教员、小测试、小讲评）活动，突出抓好民兵应急分队、民兵对口专业技术分队等“一岗双训”训练。主要科目有民兵干部业务技能、射击基础、班排战术、警棍盾牌术、应付突击事件演练等。2008 年，组织民兵在东武仕水库进行抗洪抢险演练，提高民兵预备役人员遂行抢险救灾任务的能力。

2006—2016 年，民兵参训率 95% 以上。经考核验收，优秀率 65%，良好率 82%，合格率 100%，总评成绩达到良好以上水平。每年军事训练工作走在全市前列。2008 年，被河北省军区评为“军事训练先进单位”。

2017 年，民兵训练经考核验收，优秀率 67%，良好率 84%，合格率 100%。2018 年，总评成绩在良好水平。

第三节　民兵训练基地

机构

2017 年 2 月，磁县民兵训练基地成立，为副科级单位，在县人武部办公。配备有头盔、盾牌、防爆、灭火等各种专业训练器材，负责组织保障全县民兵训练工作。

基地建设

1984 年 4 月，磁县民兵训练基地在白土镇建成并投用。基地以训练步兵为主，达到“四通”（通水、路、电、电话）、“五有”（有组织管理人员、教学队伍、教学设备、规章制度、生产经营项目）、“四能”（能吃、住、训练、生产）、“三配套”（配套教学设施、训练场地、生活设施）。武器、弹药库与基地建在一起，管理方便，设施共用，既利于民兵军事训练、也利于民兵武器装备管理。

1985—1994 年，贯彻“以劳养武、富民强兵”方针，组织基地管理人员，在保障完成训练任务的前提下，利用基地的条件和优势，因地制宜，搞服务、运输等多种经营，收入除扩大再生产外，主要用于维修基地设施，更新教学设备，补贴部分教员、管理人员的工资和参训人员的伙食。1995 年始，军队取消“以劳养武”，民兵训练经费由各级财政支出。

1998 年，县民兵训练基地弹药库收归邯郸市军分区集中建设管理，民兵训练基地取消。

第四节　指挥活动场所

指挥场所

1998 年至 2003 年 7 月，建成集办公、指挥、训练、教学、食宿于一体的民兵训练基地综合楼。职责、制度上墙，资料齐全，机关秩序井然。投资 45 万元配备先进的多功能展示平台、投影仪，建起一流的指挥部、武器库，安装红外热成像仪和电视监控系统，各办公室配置电脑，开通全军广域网和内部局域网。1998—2001 年，连续 4 年被北京军区评为“民兵武器管理先进单位”。2000 年，被北京军区评为“先进人武部”“后勤正规化建设达标单位”；被河北省军区评为“先进人武部”“管理教育先进单位”。

2003 年 8 月至 2006 年，围绕适应未来信息化作战需要，修订完善战备预案，进一步完善国防动员数据库网络、指挥自动化网络、通信指挥网络和电视电话会议系统建设。

2010 年 10 月，县人武部综合楼危房整体拆除新建。2013 年 8 月迁回新楼办公，办公条件得到改善，正规化建设全面展开，2014 年、2015 年连续两年被省军区评为“一类武装部”。

2018 年，根据省军区要求，筹划建设“一室、一馆、一中心”（国防教育展室、军史馆、国防动员指挥中心）。“一室、一馆”年内建成，“一中心”即国防动员指挥中心于 2019 年建成。

活动场所

1998 年至 2006 年 7 月，搞好基层人武部和民兵营（连）部建设，挂牌、升旗，图表资料齐全，民兵活动场所设施配套。搞好民兵教育阵地建设，重点是磁州镇、西光禄镇、辛庄营乡、台城乡 4 个试点。

2006 年 7 月至 2011 年 9 月，按照“以点带

面，全面普及”思路，在磁州镇磨里村、西光禄镇西光禄村民兵连创建试点，召开全县现场观摩会。按照省军区提出的标准，规范基层建设，每个乡（镇）均建成2～3个正规化民兵连示范点，达到“七册六有五上墙”标准，统一完善国防教育展室、“民兵之家”等活动场所，配备必要的办公设施、军事书籍和活动器材。

2013年，按照省军区对基层建设的规范要求，乡（镇）民兵营建设达到“四有”（有牌、房、旗、办公设施）标准，社区、村民兵连连部建设落实“六有”（有办公室、牌、旗、办公设施、资料、活动场所）标准。

2017年，省军区对民兵基层软件建设要求规范“三卡五表六册”：基干民兵、民兵连（排）干部信息、专武干部信息登记卡，基干民兵体检表、政治考核表、组织实力统计表、装备器材数量质量统计表、训练成绩登记表，民兵干部登记册、基干民兵花名册和外出登记册、基层武装工作活动登记册、年度参训人员花名册、装备器材出（入）库登记册。

至2018年，基层建设软、硬件落实到位。

第四章　驻　军

第一节　武警磁县中队

前身为中国人民解放军磁县公安队，始建于1950年7月。1955年7月，公安队改编为中国人民武装警察部队，隶属于公安机关。

1966年7月，公安部队整编为中国人民解放军，磁县公安队改为磁县中队，归县人民武装部建制领导。1976年1月，磁县中队划归公安机关建制领导。1983年1月，磁县中队改名为中国人民武装警察部队磁县中队，划归武警邯郸地区支队编制。1993年8月，武警邯郸地区支队改称武警邯郸市支队，磁县中队隶属关系不变。主要担负县看守所外围武装警戒任务和驻地反恐维稳、抢险救援等任务。先后在2006年、2007年、2009年、2010年、2011年被总队评为“基层建设先进中队”。

自2018年1月1日零时起，中国人民武装警察部队归中央军委建制，不再列国务院序列。武警邯郸市支队改称武警邯郸支队，磁县中队改称武警邯郸支队执勤一大队磁县中队。

第二节　预备役部队

2009年1月，教导员张家宝被省委授予“党管武装工作先进个人”称号，营长徐智勇被北京军区表彰为“优秀基层干部标兵”，并立个人二等功。2011年4月，营党委作为全军唯一预备役部队基层党组织，被总政治部表彰为“先进基层党组织”，营队被省军区树为基层建设“标兵单位”。2012年5月，营长刘新杰作为先进基层代表参加北京军区第十次党代会，受到胡锦涛、习近平等领导亲切接见，营队被省军区表彰为“先进基层单位”。2013年10月被北京军区表彰为“预备役部队建设先进营”。2014年11月，被北京军区表彰为“全面建设先进基层单位”。2016年6月，营党委被中央军委国防动员部表彰为“先进基层党组织”。2017年1月被授予集体三等功1次。营队全面建设典型事迹先后被《解放军报》《中国国防报》《河北日报》、中国军网和河北电视台等媒体报道。

第三节　漳河农场

1962年4月，经邯郸地区公安处批准，接收磁县白道农场和临漳务本农场，在磁县讲武城公社北白道村东建立漳河新生农场。1963年，经磁县政府、邯郸地区公安处批准，农场与附近磁县、临漳的15个生产大队签订征用土地协议书，共征用土地832.25公顷。“文化大革命”开始后，该农场的土地、财产移交给邯郸市五七干校和邯郸驻军某旅。

1969年10月，经省公安厅批准，在曲周县四町村重建。1973年9月，省革委会保卫部决定恢复邯郸漳河新生农场名称。11月，由曲周县回磁县，仅剩耕地80.53公顷、果园26.2公顷。

1978年6月，企业名称为河北省漳河新生农场。1979年6月，解放军某部将170.87公顷土地和部分财产移交给农场。至1979年年底，农场土地增至310.73公顷，其中耕地233.47公顷。

1983年10月，该单位改属省司法厅，规格为副处级。1989年8月，升格为正处级。1991年4月，更名为河北省漳河农场。

1995年6月，更名为河北省漳河监狱。2007年8月，该监狱迁至邯郸市。

第四节　消　防

机构

1990年前，县公安局设消防股，为武警现役编制。1991年7月，消防股改称消防科，正营职建制，隶属邯郸地区公安消防支队。1993年，隶属武警邯郸市消防支队，有消防干警5人。1997年3月，消防科改称公安消防大队，成立公安消防专职队，为临时人员。2001年，由县政府统一招收15名专职消防队员，财政开支，事业编制。2007年7月，10名现役官兵进驻恒泰集团有限公司消防队，原专职消防队员分流至磁县公安局。2008年5月，成立公安消防中队，征召28名合同制队员，为合同制和现役官兵混编队伍。

2011年9月，磁县消防大队为副团级建制。2012年1月，磁县经济开发区消防中队投入执勤，有11名官兵。2014年6月，磁县经济开发区消防中队实现单编执勤模式，改称磁县经济开发区政府专职消防队，配备专职消防队员20人。

2018年10月9日，消防部队退出现役，整体划归应急管理部。县消防大队下辖磁县中队和磁县经济开发区政府专职消防队两个中队，有官兵85人。其中，大队干部4人，现役战士1人，政府专职消防队员、文员80人。

基层消防组织与设备

1998年，全县建防火组织机构68个、义务消防队83个，义务消防队员1000余人，配备消防车2辆、指挥车1辆、消防水泵114台，大型工厂、仓库、重点防火单位均备有干粉灭火机和泡沫灭火器及钩、钗、锨、桶、水、土、沙等消防器材。

2008年6月，在磁州镇仁和路东段建立消防站，配有水罐消防车3辆。2009年12月，购置东风小霸王器材消防车1辆。2010年7月，购置斯太尔王泡沫消防车1辆。2011年11月，购置A类泡沫消防车1辆。

2012年1月，建设磁县经济开发区消防站，配备水罐消防车1辆、A类泡沫消防车1辆。2012年11月，购置豪沃抢险救援消防车1辆。2013年11月，购置54米消防登高车1辆。2016年购置远程供水器具。

2017年4月，公安消防大队与县公安局对接天网工程，实现与公安视频资源共享。2017年7月，漳河经济开发区管委会在园区东路新建漳河经济开发区特勤消防站。

2018年，消防大队有执勤车14辆，其中54米登高车1辆、20米登高车1辆、高喷消防车1辆、抢险救援车2辆、水罐消防车8辆、消防宣传车1辆，总载水量57吨、泡沫6.5吨。建有重点单位微型消防站43家，志愿消防队员300余人。

消防安保

1999—2018年，市政府每年与县政府签订消防工作责任状，在消防基础设施建设、火灾预防、消防宣传、保障措施等方面明确工作任务。县政府先后印发《关于进一步加强消防工作的意见》《乡镇稳定指数》《关于进一步加强全县消防安全网格化建设的通知》等，健全消防工作机制，细化乡（镇）、园区、部门的消防安全责任。以保障消防安全为目标，每年对全县火灾形势进行分析研判，开展电气火灾防范、危化企业专项整治、冬春火灾防控专项治理等300余个消防专项治理活动，并在春节、元宵节、全国“两会”等重要节点期间开展消防安保工作。

2010—2018年，先后检查单位1.67万家次，整改各类消防隐患和违法行为7.18万处，全县连续10多年未发生较大以上火灾事故。

消防重点

20世纪90年代前，全县重点消防单位30家。

此后，大型商场、市场，高层建筑、化工厂、娱乐场所逐年增加，防火工作重点逐渐向这方面倾斜。2000 年后，消防重点单位逐年增多，2008 年为 40 家，2014 年为 50 家。至 2018 年，全县确定重点单位 60 家。其中，化工企业 13 家，加油加气站 13 家，人员密集场所 24 家，粮库 3 家，其他单位 7 家。

消防宣传

1999—2007 年，全县消防宣传活动多为发放宣传资料和灭火疏散演练，形式单一。2008 年后，随着微信、微博、抖音等新兴网络宣传渠道兴起，电视、广播等媒体宣传报道量大幅增加，群众对不同层次的防灭火知识增加新的需求。2014 年开通“磁县消防”微信公众号，2016 年 10 月联合县广播电视台开设《磁县 119》栏目，自办《磁县消防》月刊，成为磁县消防宣传的 3 大平台。

2014—2018 年，针对不同单位场所需求，开展知识讲座上千场次，发放消防手机支架、“电动车防火公约”“消防常识 20 条”等宣传资料 10 万余份，深入各单位开展灭火疏散演练 500 余次，多次承办全市、全省“危化企业灭火疏散演练”“大型水域救援演练”等活动。同时深入学校开展“开学第一课”“消防进军训”等宣传活动，起到“教育一人，带动一家，影响全社会”目的。

灭火救援

1999—2018 年，磁县火灾发生呈上升趋势，火灾主要发生原因是电线老化、电线私拉乱接、生活用火不慎，占火灾总起数 70%；居民住宅发生火灾占火灾总起数 40%，农村火灾占火灾总起数 60%。消防大队接警出动 1241 起，出动车辆 2258 车次，出动警力 1.37 万人次，抢救疏散被困人员 2327 人。成功处置中化滏恒股份有限公司爆炸事故、童装城制衣厂火灾、“7·19”特大暴雨洪灾等灭火救援任务。

1999—2018 年磁县火灾事故情况统计表

表 22-2　　　　单位：起、人、万元

年份	事故起数	死亡人数	受伤人数	直接经济损失	年份	事故起数	死亡人数	受伤人数	直接经济损失
1999	4	0	0	21	2009	56	0	0	46.68
2000	2	0	0	20.8	2010	46	0	0	26.3
2001	10	0	0	7.79	2011	27	0	0	13.23
2002	2	0	0	3.18	2012	45	0	0	18.3
2003	5	0	0	1.99	2013	79	0	0	63.11
2004	6	0	0	27.75	2014	44	0	0	18.3
2005	8	0	0	0.82	2015	42	0	0	83.19
2006	48	1	0	12.79	2016	84	0	0	184.65
2007	29	0	0	25.37	2017	57	0	0	128.66
2008	32	0	0	8.69	2018	56	0	0	122.34

附：1961—2018年磁县火灾事故摘录

1961—2018年磁县火灾事故摘录一览表

表22-3

时　间	地　点	事故损失等情况
1961年1月18日	白土公社上寨大队	牲畜棚失火，烧死牲口16头，棚屋10间，饲料1.56万千克，损失7745元
1967年7月13日	皮棉库	皮棉库失火，烧毁皮棉7500多千克和其它物品，经济损失达1.8万元，犯罪分子被逮捕法办
1970年9月25日	219工厂	烘干房发生火灾，由于抢救及时，大火在短时间内被扑灭，共抢救硝铵20余吨
1982年9月25日	医药公司	门市部发生火灾，烧毁货架、药物等物品，经济损失约2.1万元
1986年11月28日	五金公司	二零五金交电门市部起火，烧毁门市部房屋10间及门市内大部分商品，过火面积168平方米，直接财产损失达8.82万元
1988年9月16日	新市场二街	油漆门市因电线接触不良，发生火灾，损失3万元
1989年4月	新市场五街	贸易公司内因存放大量汽油，遇到明火后发生火灾，损失达8000余元，两人被烧成重伤
1989年6月27日	讲武城乡南营村	南营造纸厂发生火灾，磁县、临漳、峰峰参与增援，共计水罐消防车10部，历时10天扑灭火
1991年1月21日	糠醛料场	玉米堆垛发生火灾，过火面积1000平方米，损失30余万元，历时20多天扑灭火
1994年2月8日	新市场一街	一街26号一食品门市发生火灾，造成2人死亡、1人受伤，经济损失数万元
2002年10月1日	磁州镇湾漳营村	村西富生糠醛有限公司发生火灾，直接财产损失达3万余元
2004年2月27日	京深高速（磁县段）	磁县服务区北5千米处，1辆郑州市东源货运有限公司装有大量货物的汽车发生火灾，直接损失达27万余元
2009年2月24日	辛庄营乡	1童装加工点因人为放火引发火灾，过火面积约160平方米，直接财产损失10万余元
2013年3月20日	鑫宝化工有限公司	1沥青罐因生产作业用火不慎，引发大火导致爆炸，直接经济损失4万余元
2014年7月7日	鑫宝化工有限公司	T105塔发生火灾，直接经济损失约5万元
2015年6月2日	河北中化滏恒股份有限公司	戊炔草胺生产车间发生爆炸，过火面积约300平方米，直接经济损失约20万元
2016年3月2日	岳城镇	柳林生态农业开发有限公司内苗圃发生火灾，过火面积7800多平方米，直接经济损失约38万元

第五章　国防动员

第一节　国防教育

1990 年 4 月后，引导全民增强居安思危的忧患意识和责任感、使命感，以实际行动爱军队、固长城，积极开展拥军优属活动。开展干部、民兵预备役人员、青少年学生“三个重点”教育，普及国防教育。通过议军会、报告会、组织培训等方式，提高干部履行国防职责的意识和能力；通过民兵整组、军事训练、政治教育，筑牢民兵预备役人员履行职能使命的思想根基；通过学校的青少年军校国防教育活动，培养学生的双拥热情和国防观念。重点进行学生军训和青少年军校建设，加强青少年军校和英雄中队建设，普及军训为载体的学生国防教育。2000 年，磁县国防教育办公室被评为“河北省先进国防教育办公室”。

国防教育群体

2002 年，举办“工商杯”国防知识电视大奖赛，纪念《中华人民共和国国防教育法》颁布 1 周年。在河北省国防知识竞赛活动中获优秀组织奖。

2003 年后，落实国防教育“七、六、五、四”工程（七个系列：机关、党校、学校、农村、企事业单位、社区、市场。六有建设：有组织、制度、阵地、教材、档案、活动。五项工作：紧密结合经济、精神文明、国防动员、国防后备力量建设、双拥共建。四个观念：国家利益高于一切、居安思危、崇军尚武、依法履行国防义务）。结合《中华人民共和国国防教育法》纪念日、“八一建军节”、全民国防教育日等重大节日，利用出动宣传车、张贴标语、散发宣传品、手机短信、知识答卷等形式进行宣传活动。2004 年，获评河北省“爱中华、奔小康、强国防”系列活动先进单位。

2008 年后，开设国防教育大讲堂，邀请专家、学者和有国防教育经验的干部、军人等每年到学校、单位宣讲。2009 年，举办“地税杯”国防知识电视大奖赛。2013 年，获邯郸市举办的“邯郸银行杯‘庆八一、迎国庆’”国防知识竞赛团体第一名和优秀组织奖。2015 年，在邯郸市组织的“缅怀英烈、圆梦中华”主题演讲赛中获优秀组织奖。

2016 年，举办“瑞鼎国际杯”爱中华、固长城演讲活动。2018 年，在博物馆广场举办“传承红色基因、汇聚强军力量”万人签名活动。扩大国防教育覆盖面，深入推进国防教育工作。

国防教育阵地

2000 年后，开展学校和党校国防教育，陆续在县一中、县二中、县职教中心、滏滨中学、阜才中学、育杰中学、磁州镇一中、磁州镇三中、光禄二中、申庄中学、小寨中学、都党中学创办青少年军校，在县委党校建立国防教育展室；在六合集团、二一九工厂、县电力公司、鑫盛煤化工公司等企业创建国防教育阵地；结合新农村精神文明建设和民兵整组活动，在全县每个乡（镇）选择条件较好的农村（社区）建立 2 ～ 3 个民兵阵地及国防教育展室；结合县民政局在城内主要街道的地名标志和公共汽车停靠站点设立国防教育和双拥宣传内容，在磁州路建立国防教育双拥一条街。使国防教育工作逐步得到普及

1999 年后，县一中、县二中、滏滨中学、阜才中学、光禄二中、来村中学、县委党校、国防教育办公室等学校和单位多次获“河北省国防教育先进单位”称号，阜才中学、来村中学、光禄二中获“河北省先进少年军校”称号。

国防教育基地

2005—2013 年，分批创建和命名北贾壁抗日民主政府、直南第一党支部、磁县烈士陵园、直南党史馆、磁县炮兵预备役 3 营等国防教育基地，免费提供学生、党政机关干部职工和社会人士参观学习。每年接待参观人员数万人。2015 年，直南党史馆被省政府、省军区命名为“省级国防教育基地”。

国防教育典型

2012年后，利用电视、广播等媒体宣传拥军模范县政协委员杨汝虎、红色宣传员薛金玉、送子参军模范张兰云的事迹。2017年，宣传“情系国防好家庭”南城乡成千珍的事迹。成千珍家庭获省“情系国防好家庭”称号。2002—2018年，苗林、陈宝珍、和志坤、左玉新、李丰森、侯美林、胡月彬等先后获“省国防教育先进个人”称号。

学生军训

学生军训是学校开展国防教育的有力载体。2000年后，以县一中、阜才中学、滏滨中学为试点，开展组织学生军训，制订业余少年军校规范化建设细则，联系调配专武干部、复原退伍军人、驻军单位官兵担任训练教官，对全县高中、职教学生、有条件的初中学生开展军训。2005年，在县教育局成立磁县青少年军校总校。2000—2018年，全县建成青少年军校近20所。学生军训10万余人。

第二节　人民防空

机构

1999年6月，对磁县人民防空办公室（简称“人防办”）组成人员进行调整和补充，由县城建局局长任人防办主任，县城建局副局长任人防办副主任，人防办的日常工作由规划股负责。2000年8月，磁县人防工作由专人负责，科室挂靠县城乡建设局。

人防工作

防空袭预案　2000年9月，初步制订《磁县县城人口疏散方案》，设立疏散地域7处。2001年始，开展结合民用建筑修建防空地下室、人防指挥通信、人防专业队训练和演练、人防宣传等工作。2004年、2009年、2017年先后3次完善《磁县人民防空袭预案》。预案分基本方案、行动方案、保障方案3部分，作为平时战备建设的重要依据。2009年编制《河北省磁县中心城区人防专项规划（2008—2020年）》，对人防总体防护、城市重点目标、人防通信警报设施、人防工程进行具体规划，促进人防建设有序、健康发展。

“两防一体化”建设　1999年后，县人防办坚持“平时服务、急时应急、战时应战”原则，配备县级人防应急机动指挥系统和固定电台，每年定期组织开展人防指挥通信演练。实行防空警报建设与城市建设同步推进，加强人防警报报知体系建设，安装电声警报器5台、电动警报器1台，每年均依法开展防空警报试鸣活动。“7·19”洪灾后，2017年为西部陶泉乡、都党乡、白土镇、北贾壁乡、黄沙镇、观台镇6个乡（镇）配置小型警报器，用于易发灾害地区及时发放灾情预警报知信息。

人防工程建设　2001—2018年，逐年加强人防工程项目的规划、建设、质量监督工作。完善质量监督程序，严格现场施工监督。至2018年，建成并监管人防工程建筑面积2.5万余平方米。

第六章　拥政爱民

第一节　支援经济建设与军民共建

支援经济建设

1998年始，发动312个民兵连、3.8万名民兵在溢泉岭万亩荒岗植树180万株。

1998—2003年，西光禄民兵连参与修建友谊大街。2004—2006年，以“民兵号”工程为载体，发动民兵成建制参加地方工程建设，如滏阳大街改造等。组织发动民兵开展“富民、生态、固本、新风、维稳”5项活动，帮助扶贫166户，义务帮工2万多个，捐粮3万多千克，捐款2万多元，为4所贫困小学更换桌椅750余套，修缮教室32间，修路60余千米，修建引水渠8000多米，植树600余棵。

2007—2011年，组织民兵预备役官兵投身“三个十工程”“三年大变样”和新农村建设。举办各类民兵实用技术培训班，培养民兵产业致富带头人，开展“一兵带一户，一连带一村”帮促活动。全县涌现出 20 多个民兵种植、养殖致富标兵，带动建立 70 多个种植、养殖场。

2014 年后，在滏泉湖度假村景区种植国防林。先后发动 300 余人，植树 1 万余棵，造林 3.33 公顷。

军民共建

1999 年后，县人武部充分发挥桥梁纽带作用，协调解决驻军工作、训练、生活困难和退伍军人安置等问题，妥善处理军地关系。每年春节、“八一”等重大节日到部队走访慰问。

2001 年，投资 7 万元帮助山区贫困村北贾壁村兴建 1 所希望小学，圆山区孩子的上学梦。2002 年，驻磁部队投资 3 万余元，出动 3000 余人次，帮助纪庄村铺设矿渣路 1700 米，挖渠 2000 余米，打机井 1 眼。投资 15 余万元为该村修建学校教室，购置桌椅 150 余套，文具用品 200 多套，并挑选 12 名优秀官兵担任校外辅导员。

2003 年至 2006 年 7 月，发动驻军帮助地方收夏、修路、挖渠、清淤等，当地群众自发组织慰问驻军，营造军爱民、民拥军的浓厚氛围。与县民政、城建、交通、文教体委等有关部门一起，组织发动全县民兵，协调驻磁部队，深入开展军分区提出的“6 个 1”活动（种植 1 片爱民林——滏泉岭民兵林，共建双拥 1 条街——滏阳街，承包 1 个贫困村——纪庄村，扶持 1 所贫困村小学——北贾壁希望小学，建设 1 个文明社区——滏阳社区居委会，联系 1 所光荣院——磁县光荣院）。

2006 年 7 月至 2011 年 9 月，协调地方政府投资 3 万元帮助部队建立“拥军图书室”，成立“涉军案件合议庭”，处理涉军案件 75 起；协调驻军与学校、社区结成共建对子 10 个，开展拥政爱民活动，密切军政、军民关系。

2000—2018 年，全县陆续建设军民共建点 13 个：磁州镇纪庄村、县一中、县二中、职教中心、阜才中学、光禄二中、磁州镇三中、申庄中学、北贾壁中学、磁州镇四中、小寨中学、实验小学、磁州中学。2017 年，县人武部被河北省委评为“拥政爱民先进单位”。

第二节　抢险救灾与维护社会治安

抢险救灾

1996 年，磁县发生洪涝灾害。驻磁部队官兵以灾情为命令，发动 500 多人排水泄洪，抢救人民生命财产，减少驻地人民和国家财产损失。2002 年，发动驻军出动 600 多人次，车 500 多辆次，清理护城河淤泥 1000 多立方米。2003 年，西光禄、高臾镇等乡（镇）民兵捐粮 3 万余千克支援西部灾区人民。

2009 年，开展“保饮水、保春灌、保夏收”抗旱救灾活动，出动民兵 1500 余人，动用车、工程机械 100 多辆（台）次，运送生活用水 25 余吨，浇灌麦田 1333.33 公顷。11 月，磁县出现雪灾后，出动民兵 6000 余人清扫积雪，排查险情，展开救援。

2013 年 1 月，邯郸市饮用水源地岳城水库受到上游山西省长治市苯胺泄漏事件的威胁。县人武部迅速出动民兵 100 余人，打造竹筏 10 余个，租用民船 4 条，冒着生命危险深入库区 50 余处，完成 52 份水样的破冰取样采集任务。

“7·19”抗洪抢险中，陶泉乡个别村失联，沿途道路严重损毁。当晚，省军区、邯郸军分区领导与县人武部部长、政委，带领全县民兵从白土镇徒步赶到陶泉乡展开救援。部分村民缺水断粮，县人武部向邯郸军分区、省军区汇报情况后，上级协调某陆航团出动军用直升机，在天空有雾的紧急危险情况下向灾区投放 13 吨救灾物资。

维护社会治安

1998—2003 年，组建 20 支民兵治安巡逻小分队，加强治安力量，维护社会稳定，尤其是 2003 年抗击“非典”中始终战斗在第一线。

2004 年至 2006 年 7 月，组织 390 个民兵巡逻治安小分队，在防治禽流感、护村护厂护路、严打等专项斗争中发挥卫士作用。

2006 年 7 月至 2011 年 9 月，建立以民兵治安联防分队和民兵值勤巡逻小分队为主体的县、乡、村三级民兵联防治安网络，专武干部和民兵

骨干深入乡村一线，共调解民事纠纷150余起，配合有关部门成功化解信访案件50余起。

2013年9—11月，在依法取缔东武仕水库网箱养鱼行动中，县人武部出动民兵2500余人，在值勤警戒、执法巡逻、水上运输救援等任务中发挥主力军作用。先后动用冲锋舟10艘、大型执法艇2艘、民船2000余条、救生器材200套、车300余辆次，搭建帐篷45顶、板房42个，清理网箱1.59万个、网箱鱼2449万千克。

第二十三编　人力资源和社会保障

隋代于域内设州，北宋始州辖县。长官称知州，州衙内设六房：吏（人事、民政）、户（户籍、财政）、礼（教育）、兵（武备）、刑（司法）、工（工商）。此外还设有河房、承发房。杂役有马快、皂吏、民壮班，称衙役。明代知州下属有同知、判官、吏目，协助知州分管钱粮、户籍、征赋、巡捕等事宜，学正、训导负责儒学。民国时期降磁州为县，县级行政机构由县公署改称县政府后，县知事改称县长。下设秘书处、第一科、第二科、承审处，科下设公安、建设、教育、财务4个局。

抗日战争时期，抗日民主政府县长民主选举、领导干部上级党委委派外，一般工作人员从先进分子中挑选。

中华人民共和国成立后，人事管理趋于规范。

1999年后，磁县人事工作继续规范，管理职能不断增强。2005年《中华人民共和国公务员法》实施后，依法坚持“德才兼备”“任人唯贤”原则公开选拔使用干部，并强化公务员管理和教育。2007年，县内加强机关事业单位机构编制管理，落实“一证一卡一账”制度。2013年后，严格规范用人程序，按照“逢进必考”原则，从大学毕业生中择优录取事业单位工作人员。专业技术人员职务评聘工作逐步科学化，由下达指标数推荐改为量化测评再到按结构比例补空。党政机关通过机构改革，转变职能、理顺并精简机构、压缩人员、提高效能。是年7月，机关事业单位工资制度继2006年再次改革后，建立起符合机关事业单位各自特点的工资正常增长机制。同时，与工资制度相联系的各项福利制度也得到逐步规范和完善。

20世纪90年代，县内工人队伍发展壮大，劳动用工制度也逐步完善。《中华人民共和国劳动法》及其他配套法律法规相继颁布实施后，劳动用工进一步规范，企业用工实行劳动合同制。全县企业实行岗位技能工资制，并规范执行国家发布的企业职工最低工资标准，同时建立企业职工工资集体协商谈判制度。劳动保障监察、争议调解机制不断健全。

1999年后，县内劳动就业结构由从事种植业为主加快转向以外出务工为主，采取多种方式灵活就业，劳务输出规模不断扩大。磁县加强劳动技能培训，外出务工质量不断提高，成为群众增收最直接、最有效的主渠道。

1986年后，磁县社会保障体系建立，险种不断增加，标准逐渐提高，范围逐步扩大。1986年启动企业养老保险制度，1992年启动农村社会养老保险、职工工伤保险制度，1994年启动失业保险制度，2003年启动职工基本医疗保险制度，2006年启动农村合作医疗保险制度，2008年实施城镇居民基本医疗保险、职工生育保险制度，2011年启动城镇居民社会养老保险制度。至2018年年底，已形成覆盖机关干部、事业单位人员、企业职工、城乡居民的全方位的社会保障体系。

2009年1月，县内实施住房公积金制度。至2018年年底，全县304个单位缴存人数近3万人，惠及家庭3234户。

第一章　编制管理

第一节　机　构

1999年，磁县编委办为磁县编委常设办事机构，正科级行政单位，属县委、县政府共同管理，挂靠县劳人局。内设党政群政法机构编制股、事业机构编制股，行政编制4人。2001年7月，挂事业单位登记管理局牌，并成立股级的事业单位登记管理中心，编制2人。2002年机构改革，磁县机构编委办既是县委工作机构，也是县政府工作机构，挂事业单位登记管理局牌。

2009年，磁县编委办单独设置，列县委机构序列，既是县委工作机构，又是县政府工作机构。内设行政股、事业股，仍挂事业单位登记管理局牌。2013年1月，内设综合股、机构编制管理股、监督检查股，行政编制10人，工勤人员2人；事业单位2个：事业单位登记管理局、信息中心。2014年11月，增设行政审批制度改革股。至2018年，内设4个股、2个事业单位，编制不变。

第二节　机构编制管理

规范管理程序

1999年后，执行机构编制台账和机构编制卡制度，实行账卡合一。在每年对全县机关事业单位人员摸底的基础上，为全县700多个行政事业单位建立机构编制台账。同时，推行机关事业单位人员编制证制度。至2018年，全县在编中、小学教师均有编制证，并实行年审制度。

2003年，对全县中小学教师进行重新核定；在全县行政单位和独立核算事业单位严格执行“工资基金手册制度”“工资基金台账制度”。2004年，完善“机构编制管理证（卡）”制度。2007年，加强机关事业单位机构编制管理，落实“一证一卡一账”制度；做好全县财政供养人员总量控制和事业单位清理整顿工作，减少财政供养人员，减轻财政负担。

2009年，探索完善机关事业单位进人程序，明确机关事业单位空编进人原则和集体研究原则，形成“申请、审批、办理进人手续、入编登记、核定工资、核拨经费”控编进人程序；规范机关事业单位借调人员的条件、原则、借调时间和审批程序。对新增行政事业机构，先报市机构编委办审批，然后再批准成立。

2013年后，按照“逢进必考”原则，机关事业单位用人程序更加规范严格。2016年，公开招聘103名教师，增强基层教育力量。按照“编随事走，人随编走”原则，将原县卫生和计划生育局管理的新型农村合作医疗管理中心的机构、编制、职能、人员和基金、资产、档案、信息数据、信息系统等整体移交县人力资源和社会保障局。

2018年，完成县纪委、县监察委下属事业机构设置批复工作，设立廉政教育中心、信息网络管理和技术保障中心。推进乡（镇）和工业园区环保机构设置工作，在各乡（镇）和漳河经济开发区、河北磁县经济开发区设立环境保护所。

编制督查

2009年后，根据国务院《地方各级人民政府机构设置和编制管理条例》《河北省机构编制管理规定》等，把任职满三年或离任的单位一把手纳入审计范围，实现干部管理的组织、编办、审计“三联审”。每年定期开展两次全县机关事业单位机构编制检查，同时不定期对全县各机关事业单位的机构编制执行情况督查、抽查，对发现的人员超编、超职数配备领导干部、私设内设机构和下属事业单位、私自抽调人员以及混编混岗等问题，督促整改到位。

2014年，全面实施机构编制核查，严把“自查关”“初审关”“公示关”，保障核查数据信息准确、真实。2015年，按照 “三个一”“五不准”规定，加强全县机构编制督查。

2018年，对牵头负责的“放管服”改革不到位和“政事、政企（事企）、政会不分”清理“回头看”，将涉及的5个方面8个问题和11项清理

内容分解到各牵头部门和责任单位，制作公告牌公示，对违纪违法行为开展清理。成立联合督导组，督查各责任单位，制订改进措施，明确整改时限。

实名制管理

2011年，建立机构编制动态管理机制，推进并完善全县机构编制实名制管理的统计和登录工作，实现“四清两对应”（机构、编制、领导职数、实有人员清，机构设置与审批机构、实配人员和财政供养人员与批准的编制和职数相对应）目标。

2013年，全县机关事业单位人员实名制数据上传省机构编制管理数据库。同时经过实名制信息自查、审核、验收三个阶段的系统清理，实名制数据更加详实。

2018年，完成更换U-Key工作。根据县法院、县检察院、县环保等部门机构编制、内设机构和人员名单，对照实名制系统、“三定规定”，做到上划机构编制与部门“三定规定”和编制文件一致、人员与实名制系统登记人员一致，保障上划信息内容真实准确。

域名注册管理和社会信用代码

2013年，制订中文域名注册操作流程，对中文域名申报程序、申报材料等详细规定，并根据实际简化注册流程，缩短申请注册时间，提高注册信息准确性。完成政务和公益域名注册单位503个，注册率83%。2014年，对已注册域名单位开办审核、资格复核，建立党政机关网站标识制度，对具备资格的单位发放党政机关、事业单位网络标识，党政机关挂标率100%，应挂标事业单位挂标率91%。

2016年4月，在全县集中开展编办直接管理机构编制的机关群团统一社会信用代码赋码工作，全县62个机关、群团单位办理统一社会信用代码证书。2017年，49个行政机关、1个垂直管理机关、4个群团机关办理统一社会信用代码证书。

行政审批制度改革

2014年，调整行政审批管理体制，由原多家多头管理改为编办牵头管理。对全县48个部门的权力清单、工作流程、工作承诺进行清理，编制完成全县各部门权力清单工作。调整机构职能，简化办事程序。

2015年7月29日，磁县首张载有营业执照注册号、组织机构代码证、税务登记证号“三证合一”的营业执照在磁县政务服务中心综合窗口颁发，在全市率先开启工商“三证合一”登记制度。11月5日，将县国土资源、县住建、县林业、县农业部门的土地、房屋、林权、土地承包经营权登记等权力和职责整合，成立磁县不动产登记局，设立不动产登记中心。

2016年，加强行政审批中介服务机构管理，促进中介服务市场健康发展，保留行政许可中介服务事项68项，取消行政许可中介服务事项10项，纳入县政府部门审批程序的技术性服务事项1项。

2017年，按照成熟一批、划转一批、稳步推进原则，将23个部门的190项行政许可及关联事项分批逐步划转县行政审批局。对原有权力清单、责任清单、中介服务清单的事项编码、事项目录、工作流程、法律依据等规范和调整，编制完成县级行政权力、责任、行政许可中介服务、行政许可、公共服务事项、政务服务事项清单6个清单，在磁县公众信息网“放管服”清单专栏公开。开展公章清理专项行动，是年清理62个单位、336枚公章。

2018年，加强公章清理规范工作，涉及61个主管部门及下属事业单位原有公章1840枚，取消公章1052枚，核减比例57.17%。

事业单位登记

2003年，全县212个事业单位法人年检，对24个单位依法变更登记，6个非法人事业单位过渡为法人单位。2004年，完善事业单位登记管理制度，全县224个事业单位法人年检。其中，10个单位依法变更登记，15个非法人事业单位过渡为事业单位法人。2007年，全县235个事业单位法人年检。其中，35个单位依法变更登记，11个非法人事业单位过渡为事业单位法人。2015年，启动事业单位法人统一社会信用代码工作，实现事业单位法人证、组织机构代码证合二为一、一证一码。2013年，采取“三审制度”（受理人初审、审核人复审、负责人终审），办结时间由30个工作日缩短为20个工作日。

2015 年，年检制度改为年度报告公示制度、开办资金验资登记制度改为确认登记制度，建立事业单位法人信用记录制度。2017 年后，事业单位登记公示和年报电子化办公，事业单位按要求网上提交资料、网上审核、及时出证，事业单位登记管理走向电子化、制度化、规范化、科学化。

2018 年，设立登记事业单位法人 286 家，参加年度报告公示 282 家。同意年度报告公示的 277 家，不宜公示的 5 家。41 家变更单位完成变更申请，涉及变更事项 47 项。

第三节　机构编制调整

1996 年机构设置与编制

1996 年 12 月机构改革后，县委工作部门设 7 个，派出机构设 1 个，直属事业机构设 2 个。

县政府工作部门设 24 个；直属事业机构设 10 个。党政部门、派出机构、直属事业机构行政编制 1199 人。19 个乡（镇）行政编制 720 人。

2002 年机构改革

县党群工作部门设 20 个，一般事业机构设 3 个，行政编制 325 人。县政府工作部门设 22 个，行政编制 585 人；直属事业机构设 8 个，行政编制 61 人。

2006 年政府机构改革

县政府工作部门设 22 个，行政编制 573 人；直属事业机构设 5 个，事业编制 22 人。

2010 年政府机构改革

县政府工作部门设 22 个，行政编制 612 人；直属事业机构设 3 个，事业编制 29 人。

2011 年乡（镇）机构改革

根据人口数量，将 19 个乡（镇）划为三类：超过 5 万人为一类，3 万～5 万人为二类，3 万人以下为三类。一类乡（镇）包括磁州镇、讲武城镇；二类乡（镇）包括高臾镇、西光禄镇、花官营乡、岳城镇、观台镇、西固义乡、辛庄营乡、白土镇、林坛镇、北贾壁乡；三类乡（镇）包括路村营乡、时村营乡、南城乡、台城乡、黄沙镇、都党乡、陶泉乡。

党政机构设置：一类乡（镇）设党政综合办公室、经济发展办公室、社会事务办公室、计划生育办公室、综合治理办公室、城镇乡村建设办公室；二类乡（镇）设党政综合办公室、经济发展办公室（挂城镇乡村建设办公室牌）、社会事务办公室、计划生育办公室、综合治理办公室；三类乡（镇）设党政综合办公室（挂综合治理办公室牌）、经济发展办公室（挂城镇乡村建设办公室牌）、社会事务办公室（挂计划生育办公室牌）。

事业单位设置：一、二类乡（镇）设财政所、农村综合服务中心（挂群众工作站牌）、计划生育服务中心、文化宣传服务中心；三类乡（镇）设财政所、农村综合服务中心（挂文化宣传服务中心和群众工作站牌）、计划生育服务中心。各乡（镇）不再保留农业综合服务中心、文化广播服务中心。

2015 年政府机构改革

县政府工作部门设 22 个，行政编制 724 人；直属事业机构设 1 个，事业编制 10 人。

2018 年机构和人员编制

全县行政机构 54 个，其中县直 43 个、乡（镇）11 个。全县党政群机关及乡（镇）行政编制 1446 人，实有 1714 人；工勤编制 75 人，实有 56 人。

2018 年磁县行政机构编制及人员情况统计表

表 23-1　　　　单位：个、人

<table>
<tr><th rowspan="2">系统</th><th rowspan="2">机构数</th><th colspan="2">编制情况</th><th colspan="2">实有人数</th></tr>
<tr><th>行政</th><th>工勤</th><th>行政</th><th>工勤</th></tr>
<tr><td>党委</td><td>12</td><td>198</td><td rowspan="6">57</td><td>175</td><td rowspan="6">40</td></tr>
<tr><td>人大</td><td>1</td><td>21</td><td>18</td></tr>
<tr><td>政府</td><td>21</td><td>452</td><td>748</td></tr>
<tr><td>政协</td><td>1</td><td>13</td><td>20</td></tr>
<tr><td>群团</td><td>4</td><td>15</td><td>18</td></tr>
<tr><td>政法</td><td>4</td><td>409</td><td>487</td></tr>
<tr><td>乡（镇）</td><td>11</td><td>338</td><td>18</td><td>248</td><td>16</td></tr>
<tr><td>合计</td><td>54</td><td>1446</td><td>75</td><td>1714</td><td>56</td></tr>
</table>

全县事业机构 462 个，事业编制 10205 人，实有 10626 人。其中，全额拨款编制 6803 人，实有 6295 人；差额拨款编制 1228 人，实有 1062 人；自收自支编制 2174 人，实有 3269 人。

2018 年磁县事业机构人员编制及人数情况统计表

表 23-2　　　　单位：个、人

县乡机构	机构数	编制数	实有人数
县　直	419	9800	10217
乡（镇）	43	405	409
合　计	462	10205	10626

2018 年磁县县直机构、乡（镇）编制人员情况统计表

表 23-3　　　　单位：人

单位名称	编制性质		实有人数		单位名称	编制性质		实有人数	
	行政	事业	行政	事业		行政	事业	行政	事业
组织部	20	22	16	18	城乡规划局	10	30	10	29
宣传部	12	15	12	8	开发办	—	10	—	20
统战部	4	2	6	1	贸促会	—	13	—	14
防范办	6	—	5	—	移民办	—	11	—	68
编委办	10	15	5	9	民兵训练基地	—	9	—	15
党　校	—	23	—	21	发改局	36	137	91	233
党史办	—	4	—	4	科技局	9	6	27	—
档案局	—	13	—	14	民政局	13	74	17	112
信访局	9	10	9	8	财政局	21	167	19	139
老干局	5	12	10	6	国土资源局	8	151	8	344
农工委	7	18	7	14	住建局	14	1013	73	1060
政法委	12	5	14	6	水利局	13	295	15	300
检察院	50	—	57	—	商务局	11	43	74	45
法　院	105	12	97	5	审计局	16	24	13	97
工　会	5	12	8	8	统计局	11	42	9	19
工商联	2	3	2	2	质监局	22	35	17	59
妇　联	4	2	4	1	行政审批局	20	30	9	22
团　委	4	2	4	1	事管局	—	62	—	58

续表

单位名称	编制性质		实有人数		单位名称	编制性质		实有人数	
	行政	事业	行政	事业		行政	事业	行政	事业
工　委	10	15	5	9	残　联	—	20	—	45
纪检委	76	20	68	26	文广新局	—	60	—	41
农　协	—	8	—	8	公共资源交易中心	—	10	—	9
电视台	—	136	—	124	文旅体局	—	26	—	30
科　协	—	7	—	5	进出口公司	—	3	—	25
人大办	21	4	18	5	县　社	—	25	——	24
政协办	13	9	20	4	磁州镇	50	63	38	123
政府办	42	64	42	64	白土镇	30	38	25	26
教育局	20	4521	16	4202	黄沙镇	28	30	14	29
公安局	210	8	297	4	岳城镇	30	38	21	21
司法局	44	55	36	96	讲武城镇	31	40	13	41
人资社保局	19	175	21	124	观台镇	30	38	14	26
环保局	—	95	13	142	北贾壁乡	30	38	16	34
交通运输局	13	405	11	397	陶泉乡	28	30	22	22
农牧局	19	506	80	510	路村营乡	25	30	26	32
卫计局	25	1165	35	1447	都党乡	28	30	23	28
安监局	12	58	44	60	时村营乡	28	30	33	27

第四节　行政区划托管及调整

行政区划托管

2014 年 4 月，西固义乡 9 个村移交峰峰矿区托管，涉及西固义乡政府、企业管理站、农村社会养老保险所、统计站、卫生院、村镇建设管理所、国土资源分局、农村综合服务中心、文化宣传服务中心、财政所、计划生育工作站、残联、法律服务所及固义中学、驸马沟中学、东驸马沟二街学校、驸马沟学校、侯家沟学校、西窑头学校、韦武庄学校、北神岗学校、东固义学校、韩庄学校、西固义学校、乡幼儿园、徐家沟二街幼儿园、韦武庄幼儿园等。移交行政编制 30 人、政法编制 3 人、工勤编制 2 人、事业编制 147 人；实际移交行政人员 55 人、事业人员 366 人。

行政区划调整

2016 年 9 月，邯郸市部分行政区划调整，涉及南城乡、林坛镇、花官营乡、辛庄营乡、台城乡、高臾镇、西光禄镇。调整编制 2292 人。其中，乡（镇）行政编制 164 人、工勤编制 14 人、乡（镇）事业全额编制 250 人、县直行政编制 17 人、政法编制

69 人、事业编制 1778 人（其中全额编制 1304 人、差额编制 161 人、自理编制 313 人）。

磁县国土资源局划转行政编制 10 人到冀南新区，环保局上划行政编制 14 人，理顺滏泉湖工商分局划入磁县行政编制 6 人。增加自收自支编制 25 人、行政编制 11 人。

第二章　人力资源管理

第一节　机　构

1999 年，磁县劳动人事局内设办公室、财务股、工资股、综合调配股、考核任免奖惩股、职称股、专业技术人员管理股、劳动争议仲裁股、县安委办、劳动监察执法股、职工技能开发股、社会保障股和职工医疗保障股，行政编制 31 人；下属 6 个事业单位：人才交流中心、社会保障中心、劳动服务公司、军转安置办公室、劳动监察大队、再就业服务中心。1999 年，磁县机构编委办挂靠县劳动人事局。2001 年 7 月，县安委办划归经贸委。

2002 年 6 月，磁县劳动人事局更名为磁县人事劳动和社会保障局，内设办公室、财务股、工资股、综合调配股、考核任免奖惩股、职称股、专业技术人员管理股、劳动争议仲裁股、劳动监察执法股、职工技能开发股、社会保障股、职工医疗保障股，行政编制 29 人；下属 7 个事业单位：人才交流中心、社会保障中心、劳动服务公司、军转安置办公室、劳动监察大队、再就业服务中心、农村社会养老保险处。2010 年，磁县机构编委办从人事劳动和社会保障局分出单设。

2010 年 4 月，磁县人事劳动和社会保障局更名为磁县人力资源和社会保障局，内设办公室、财务股、工资股、综合调配股、考核任免奖惩股、职称股、专业技术人员管理股、调解仲裁管理股、劳动监察执法股、职业能力建设股、社会保障股、医疗保障股，行政编制 20 人；10 个事业单位：劳动就业服务局、人才交流开发中心、社会保障中心、医疗保险管理中心、农村社会养老保险中心、再就业服务中心、人力资源市场管理处、劳动服务公司、技工学校、劳动监察执法大队。

至 2018 年年底，内设 12 个行政股室，11 个事业单位：劳动就业服务局、人才交流开发中心、社会保障中心、医疗保险管理中心、城乡居民社会养老保险中心、再就业服务中心、人力资源公共就业服务中心、劳动服务公司、技工学校、劳动监察执法大队、城乡居民基本医疗保险管理中心。人员编制不变。

第二节　人员考核

公务员考核

1994 年，开展国家公务员考核工作。主要内容包括德、能、勤、绩 4 个方面，重点考核工作实绩。国家公务员考核结果分优秀、称职、不称职 3 个等次。年度考核中被确定为优秀、称职等次具有晋职、晋级和晋升工资资格。

1999 年始，公务员考核增加基本称职等次。2018 年，公务员考核划归县委组织部管理。

2010—2017 年磁县公务员考核结果情况统计表

表 23-4　　　　单位：人

年份	人数	优秀	其中		不合格
			嘉奖	三等功	
2010	383	55	16	7	—
2011	393	65	18	8	—
2012	429	71	18	11	—
2013	355	38	18	8	—
2014	462	72	18	11	4
2015	443	64	18	6	3
2016	361	79	18	7	1
2017	359	47	18	7	1

事业单位人员考核

1995 年，开展事业单位工作人员考核工作。主要内容包括德、能、勤、绩 4 个方面，重点考核工作实绩。事业单位工作人员考核结果分为优秀、合格、不合格3个等次。年度考核中被确定为合格以上等次的按照有关规定晋升工资，职员连续3年考核被确定为合格以上等次的具有晋升职务资格。

2003年始，事业单位年度考核中增加基本合格等次。

2010—2018年磁县事业单位人员考核结果情况统计表

表23-5　　单位：人

年份	职工人数	优秀	嘉奖	记功	不合格
2010	12598	1165	623	83	34
2011	12686	1231	612	91	53
2012	12721	1182	598	89	34
2013	12637	1156	632	79	40
2014	12741	1181	642	82	26
2015	12757	1221	661	74	38
2016	10238	1009	683	105	12
2017	10258	1253	717	116	19
2018	9445	1232	775	112	24

第三节　干部结构

机关公务员结构

1996年，制订《磁县国家公务员制度实施方案》，全县行政机关工作人员向国家公务员过渡。2006年1月,《中华人民共和国公务员法》实施后，推动磁县干部人事制度改革深入发展。

1999年，全县机关公务员1316人。其中，女性占18%,中共党员占63.7%,大学本科占9.19%，46～54岁占32.6%。2005年，中共党员比例高达89%。2005年、2010年、2015年，36～45岁公务员居多。2010年，机关公务员中，研究生占1.8%，大学本科占42.95%。

2016年区划调整。2017年，全县机关公务员899人，研究生达3.78%，大学本科占49.94%。2017—2018年，46～54岁公务员居多数。至2018年，全县机关公务员904人。其中，女性占27.9%，中共党员占75.8%，研究生占4.54%，大学本科占51.66%。

1999—2018年部分年份磁县机关公务员结构情况统计表

表23-6　　单位：人

年份	总数	女性	少数民族	中共党员	学历结构					年龄结构				
					研究生	本科	专科	中专及以下	高中及以下	30岁及以下	31～35岁	36～45岁	46～54岁	55岁及以上
1999	1316	236	—	838	—	121	604	449	142	250	219	391	429	27
2005	845	156	5	752	—	324	373	148		188		309	254	94
2010	936	163	6	766	17	402	371	146		217		328	280	111
2015	1039	265	6	806	15	511	398	115		101	117	374	334	113
2017	899	241	4	693	34	449	355	61		79	87	294	341	98
2018	904	252	5	685	41	467	348	48		85	92	266	334	127

事业单位管理人员和专业技术人员结构

1999年，全县事业单位管理人员和专业技术人员5466人。其中，少数民族3人，中共党员占20.45%。大学本科占6.86%，35岁及以下占49.49%。2010年，研究生54人、占0.5%，大学本科占31.67%，36～45岁人数占46.6%，55岁及以上仅占0.86%。

2016年区划调整后，部分人员划至冀南新区。至2018年，全县事业单位管理人员和专业技术人员中，少数民族占1.8%，中共党员占34.56%，研究生占 0.66%，大学本科占 37.5%，36 ～ 45 岁占 48.47%，55 岁及以上占 1.19%。

1999—2018 年部分年份磁县事业单位人员结构情况统计表

表 23-7　　单位：人

年份	总数	女性	少数民族	中共党员	学历结构					年龄结构			
					研究生	本科	专科	中专	高中及以下	35 岁及以下	36 ～ 45 岁	46 ～ 54 岁	55 岁及以上
1999	5466	2166	3	1118	—	375	2423	2602	66	2705	1541	910	310
2005	9158	4239	26	2145	—	1729	4038	2902	489	4880	2450	1508	320
2010	10457	3763	159	3120	54	3312	4397	2694		2800	4875	2692	90
2015	10843	3770	163	3135	60	3332	4479	2533	439	2897	4982	2707	257
2018	9071	3770	163	3135	60	3402	3809	1666	134	2817	4397	1749	108

第四节　职级职称与人事档案

公务员职务与职级并行

2015 年，磁县成立机关公务员职务与职级并行制度实施工作领导小组，主管副县长任组长。9 月 22 日，组织召开全县人事工作会议，明确建立公务员职务与职级并行制度的基本原则、实施范围、职级设置、职级晋升条件和程序、职级晋升后的待遇和管理等内容；印制《关于磁县建立公务员职级与职务并行制度有关政策问题的说明》《职务职级并行共性问题问答》等。按照“公平公开、严格程序、分步实施、整体推进”原则，抓好摸底调查，进一步明确任务和审批上报程序，做好初核、考核、民主测评等各环节工作，顺利开展机关公务员职务与职级并行工作。

截至 2018 年，磁县列入机关职务与职级并行范围公务员 1242 人。其中，正处级 4 人，副处级 25 人，正科级 256 人，副科级 406 人，科员 551 人。公务员职务与职级并行制度实施，磁县符合职级晋升条件人员 670 人。其中，晋升正处级 5 人、副处级 116 人、正科级 116 人、副科级 433 人。

专业技术职称评定

1999 年，申报中、高级职务按邯郸市职改办下达的指标数推荐。2000 年，各企事业单位申报推荐、评审高中级专业技术职务，执行量化测评办法。是年起，为增加职称评审工作透明度，申报晋升专业技术职务人员的基本情况及业绩在本单位公示 1 周时间。

2004 年起，不再下达申报推荐指标数，凡符合相应专业技术职务条件规定即可推荐。2008 年，开展事业单位专业技术岗位设置工作。是年起，按照达到结构比例的空缺岗位数控制，每年推荐空缺数的四分之一。2000—2018 年，全县 8322 人（次）晋升专业技术职务。其中，高级职称 789 人（次），中级职称 3530 人（次），初级职称 4003 人（次）。

2000—2018 年部分年份磁县专业技术人员职称情况统计表

表 23-8　　单位：人

年份	高级职称	中级职称	初级职称	合计
2000	128	1560	3233	4921
2005	291	3267	3469	7027
2010	366	3830	3733	7929
2015	603	4059	3896	8558
2017	662	3060	3381	7103
2018	723	3087	3319	7129

人事档案

2014 年前，县政府系统干部人事档案在磁县人才交流开发中心管理。2014 年 1 月后，按照县干部人事档案集中管理要求，政府系统 3000 余份干部人事档案移交县委组织部干部信息中心管理。2014 年上半年，西固义乡 9 个村划归峰峰矿区托管，对划转的相关人员情况审核造册，完成划转任务。2016 年下半年，辛庄营、高臾、林坛、南城、台城、西光禄、花官营乡 7 个乡（镇）划转冀南新区，涉及机构 166 个，按期完成档案划转。

1999—2018 年，组织参加各类人才招聘会 30 余场，引进各级各类人才 4000 余人，为企事业单位发展提供人才支持。为适应社会主义市场经济发展需要，人才工作逐步向人事代理业务拓展，为高校毕业生、用人单位提供人事代理服务。截至 2018 年年底，管理高校毕业生档案 1.18 万余份，先后为县医疗卫生单位、民营企业、毕业生个人办理委托人事代理服务 900 余人。

第五节 军转干部安置与解困

军队转业干部安置

磁县军队转业干部 1999 年安置 19 人、2000 年安置 6 人、2002 年安置 3 人、2003 年安置 1 人、2004 年安置 1 人、2009 年安置 1 人（2010—2018 年磁县没有军队转业干部）。

军队转业干部解困

2001 年后，磁县军转干部所在企业经营困难，出现拖欠军转干部工资、生活费等现象。按照上级解困政策，磁县帮助他们解决实际困难。

2005 年 7 月始，发放企业退休军转干部基本养老金补贴，原营职以下、团职、师职（均含相应技术级）人员分别为每月 200 元、300 元、400 元。2008 年 7 月，按照河北省有关要求，在原有补贴标准基础上每人每月增发 100 元。其后于 2010 年 7 月、2011 年 7 月、2012 年 5 月、2013 年 7 月、2017 年 5 月先后 5 次按照省有关要求，增加补助数额。

截至 2018 年 10 月，磁县企业退休军转干部每人每月养老金补贴标准达到 1150 元、1125 元、1300 元、1350 元（按照市有关规定：营职以下年龄不满 70 周岁补助标准 1150 元、70 周岁不满 80 周岁补助标准 1225 元、满 80 周岁补助标准 1300 元，团职年龄不满 70 周岁补助标准 1350 元）。

第六节 工资和离退休费

工资标准调整

1999 年 7 月 1 日起，机关行政人员基础工资标准由原每人每月 110 元提高到每人每月 180 元，同时调整级别工资标准；机关工人调整岗位工资标准，其奖金部分按照在工资构成中的原有比例相应提高。事业单位专业技术人员、管理人员、工人调整职务（等级）工资标准（事业单位人员工资分固定和浮动两部分。全额拨款单位固定部分占 70%，浮动部分占 30%；差额拨款单位固定部分占 60%，浮动部分占 40%；自收自支单位固定部分占 50% ～ 60%，浮动部分占 40% ～ 50%，磁县浮动部分按 45% 执行），浮动部分按照原执行的津贴比例相应提高。

2001 年 1 月 1 日起，机关行政人员基础工资标准由原每人每月 180 元提高到每人每月 230 元，同时调整级别工资标准；机关工人调整岗位工资标准，其奖金部分按照在工资构成中的原有比例相应提高。2001 年起，执行发放年终一次性奖金规定。年终一次性奖金发放对象是年度考核为称职（合格）及以上人员，奖金标准为当年 12 月份本人的基本工资，次年 1 月份兑现。事业单位专业技术人员、管理人员、工人调整职务（等级）工资标准，浮动部分按照原执行的津贴比例相应提高。

2001 年 10 月 1 日起，公务员（含参公人员）各职务层次职务工资起点标准由 50 ～ 480 元增至 100 ～ 850 元。适当调整机关工人的岗位（职务）工资标准，机关工人的奖金部分按照其在工资构成中的比例相应提高。事业单位专业技术人员、管理人员、工人调整职务（等级）工资标准，浮动部分按照原执行的津贴比例相应提高。

2003 年 7 月 1 日起，公务员（含参公人员）各职务层次职务工资起点标准由 100 ～ 850 元增至 130 ～ 1150 元。适当调整机关工人的岗位（职务）工资标准，机关工人的奖金部分按照其在工

资构成中的比例相应提高。事业单位专业技术人员、管理人员、工人调整职务（等级）工资标准，浮动部分按照原执行的津贴比例相应提高。

2014 年 10 月 1 日起，公务员职务工资标准由 340 ～ 4000 元增至 510 ～ 5250 元；级别工资各级别起点标准由 290 ～ 3020 元增至 810 ～ 6135 元，其他各级别工资档次标准相应提高。适当调整机关工人技术等级（岗位）工资标准，同时将部分规范津贴补贴纳入技术等级（岗位）工资。此后，规范津贴补贴标准相应减少，按纳入基本工资后剩余的额度执行。事业单位工作人员调整后的岗位工资标准，专业技术人员由 550 ～ 2800 元增至 1150 ～ 3810 元，管理人员由 550 ～ 2750 元增至 1150 ～ 3770 元，工人由 540 ～ 830 元增至 1130 ～ 1640 元；薪级工资标准，专业技术人员、管理人员由 80 ～ 2600 元增至 170 ～ 5795 元，工人由 70 ～ 915 元增至 150 ～ 1855 元。将部分绩效工资纳入基本工资后，绩效工资水平相应减少。

2016 年 7 月 1 日起，公务员职务工资标准由 510 ～ 5250 元增至 585 ～ 7835 元；级别工资各级别起点标准由 810 ～ 6135 元增至 1020 ～ 6496 元，其他各级别工资档次标准相应提高。适当调整机关工人技术等级（岗位）工资标准，同时将部分规范津贴补贴纳入技术等级（岗位）工资。此后，规范津贴补贴标准相应降低。事业单位工作人员调整后的岗位工资标准，专业技术人员由每月 1150 ～ 3810 元增至每月 1390 ～ 4850 元，管理人员由每月 1150 ～ 3770 元增至每月 1390 ～ 4770 元，工人由每月 1130 ～ 1640 元增至每月 1360 ～ 2010 元；薪级工资标准，专业技术人员、管理人员由每月 170 ～ 5795 元增至每月 215 ～ 6355 元，工人由每月 150 ～ 1855 元增至每月 185 ～ 2047 元。将部分绩效工资纳入基本工资后，绩效工资水平相应降低。

2018 年 7 月 1 日起，公务员职务工资标准由每月 585 ～ 7835 元增至每月 640 ～ 9280 元；级别工资各级别起点标准由每月 1020 ～ 6496 元增至每月 1130 ～ 7190 元，其他各级别工资档次标准相应提高。适当调整机关工人技术等级（岗位）工资标准。事业单位工作人员调整后的岗位工资标准，专业技术人员由每月 1390 ～ 4850 元增至每月 1510 ～ 6010 元，管理人员由每月 1390 ～ 4770 元增至每月 1510 ～ 5910 元，工人由每月 1360 ～ 2010 元增至每月 1480 ～ 2250 元；薪级工资标准，专业技术人员、管理人员由每月 215 ～ 6355 元增至每月 260 ～ 7204 元，工人由每月 185 ～ 2047 元增至每月 225 ～ 2232 元。义务教育教师调整后的岗位工资标准为每月 1675 ～ 6665 元，薪级工资标准为每月 288 ～ 7989 元。

工资制度改革

2006 年 7 月，河北省下发《河北省公务员工资制度改革实施办法》《河北省事业单位工作人员收入分配制度改革实施办法》。公务员实行职级工资制，基本工资构成由现行职务工资、级别工资、基础工资和工龄工资四项调整为职务工资和级别工资两项，取消基础工资和工龄工资；技术工人仍实行岗位技术等级工资制，基本工资构成由现行的岗位工资、技术等级（职务）工资和奖金 3 项调整为岗位工资和技术等级（职务）工资两项；事业单位实行岗位绩效工资制度，由岗位工资、薪级工资、绩效工资和津贴补贴 4 部分组成，其中岗位工资和薪级工资为基本工资。机关工作人员的津贴补贴分为地区附加津贴、艰苦边远地区津贴和岗位津贴。

事业单位实施绩效工资，分三步走：第一步从 2009 年 1 月 1 日起先在义务教育学校实施；第二步配合医药卫生体制改革，特别是实行基本药物制度，从 2009 年 10 月 1 日起，在疾病预防控制、健康教育、妇幼保健、精神卫生、应急救治、采供血、卫生监督等专业公共卫生机构和乡（镇）卫生院、城市社区卫生服务机构等基层医疗卫生事业单位实施；第三步从 2010 年 1 月 1 日起，在其他事业单位实施。

2006 年 7 月 1 日后、养老保险制度建立前，离退休人员暂按此法计发离退休费：离休费按离休前职务工资和级别工资之和或岗位工资和薪级工资之和全额计发。公务员退休费按退休前职务工资和级别工资之和的一定比例计发。其中，工作年限满 35 年按 90% 计发；工作年限满 30 年不满 35 年按 85% 计发；工作年限满 20 年不满 30 年按 80% 计发；工作年限满 10 年不满 20 年按 70% 计发；工作年限不满 10 年按 50% 计发。事业单位工作人员退休费按退休前岗位工资和薪级工资之和的一定比例计发。机关技术工人、普通工人退休费分别按退休前岗位工资和技术等级工资之和、岗位工资的一定比例计发。其中，工作年限满 35 年按 90% 计发；工作年限满 30 年不满 35 年按 85% 计发；工作年限满 20 年不满 30 年按 80% 计发，工作年限满 10 年不满 20 年按 70% 计发。事业单位工作人员的退职生活费按退职前岗位工资和薪级工资之和的一定比例计发。机关技术工人、普通工人的退职生活费分别按退休前岗位工资和技术等级工资之和的一定比例计发。其中，工作年限满 20 年及以上按 70% 计发；工作年限满 10 年不满 20 年按 60% 计发；工作年限不满 10 年按 50% 计发。

离退休费调整

1999 年 7 月 1 日起，离休人员，按照同职务同条件在职人员的增资额增加离休费；退休人员，行政人员省级及以上 210 元、厅局级 170 元、处级 140 元、科级 110 元、科员及办事员 90 元；专业技术人员，教授及相当职务 170 元、副教授及相当职务 140 元、讲师及相当职务 110 元、助教及以下职务 90 元;工人，高级技师和技师 110 元、高级工以下（含高级工）及普通工 90 元。依照国家规定退职的人员：每人每月增加 80 元退职生活费。

2001 年 1 月 1 日起，离休人员，按照同职务同条件在职人员的增资额增加离休费；退休人员，行政人员省级及以上 270 元、厅局级 180 元、县处级 130 元、科级 100 元、科员及办事员 80 元；专业技术人员，教授及相当职务 180 元、副教授及相当职务 130 元、讲师及相当职务 100 元、助教及以下职务 80 元;工人,高级技师和技师 100 元,高级工以下（含高级工）及普通工 80 元。2001 年起，离退休人员年终加发一次性生活补贴。依照国家规定退职的人员：按每人每月 70 元增加退职生活费。

从 2001 年 10 月 1 日起，离休人员按照同职务同条件在职人员的增资额增加离休费，每人每月增加数额不足 80 元的按 80 元增加。退休人员，行政人员省级及以上职务 280 元、厅局级 185 元、县处级 125 元、科级 80 元、科员及办事员 55 元；专业技术人员，教授及相当职务 180 元、副教授及相当职务 120 元、讲师及相当职务 80 元、助教及以下职务 55 元；工人，高级技师和技师 80 元、高级工以下（含高级工）及普通工 55 元。依照国家规定退职的人员：按每人每月 50 元增加退职生活费。

2003 年 7 月 1 日起，离休人员，按照同职务同条件在职人员的增资额增加离休费；退休人员，行政人员省级 165 元、厅局级 120 元、县处级 80 元、科级 50 元、科员及办事员 35 元；专业技术人员，教授及相当职务 115 元、副教授及相当职务 75 元、讲师及相当职务 50 元、助教（含相当职务）及以下职务 35 元；工人，高级技师和技师 50 元、高级工以下（含高级工）及普通工 35 元。依照国家规定退职的人员：按每人每月 30 元增加退职生活费。

2006 年 7 月 1 日起，调整离退休人员离退休费。离休人员：行政人员正处级 670 元、副处级 490 元、正科级 350 元；专业技术人员，教授及相当职务 990 元、副教授及相当职务 540 元、讲师及相当职务 350 元。退休人员：行政人员，厅局级 750 元、县处级 450 元、乡科级 275 元、科员及办事员 180 元；专业技术人员，教授及相当职务 700 元、副教授及相当职务 400 元、讲师及相当职务 275 元、助教（含相当职务）及以下职务 180 元；工人，高级技师和技师 275 元、高级工以下（含高级工）及普通工 180 元。按照文件规定，享受原工资 100% 退休费的退休老专家、起义人员、中华人民共和国成立前参加工作的老工人：按同职务在职人员平均增资额增加退休费。按国家规定退职的人员：每人每月按 160 元增加退职生活费。

2014 年 10 月 1 日起，调整离退休人员离退休费。离休人员：行政管理人员，省部级正职及以上 1400 元、副职 1140 元，厅局级正职 900 元、副职 730 元，县处级正职 570 元、副职 480 元，

乡科级及以下400元；专业技术人员，教授及相当职务820元，副教授及相当职务540元，讲师（含相当职务）及以下职务400元。退休人员：行政管理人员，省部级及以上1100元，厅局级700元，县处级460元，乡科级350元，科员及办事员260元；专业技术人员，教授及相当职务700元，副教授及相当职务460元，讲师及相当职务350元，助教（含相当职务）及以下职务260元；工人，高级技师和技师350元，高级工以下（含高级工）及普通工260元。按照文件规定享受原工资100%退休费的退休老专家、起义人员等，每月按同职务离休人员的标准增加退休费；中华人民共和国成立前参加工作的老工人，按每月400元增加退休费。按照文件规定办理退职的人员，按每人每月260元增加退职生活费。

2016年7月1日起，调整离休人员离休费：行政管理人员，省部级正职及以上1450元、副职1100元，厅局级正职900元、副职750元，县处级正职600元、副职500元，乡科级及以下400元；专业技术人员，教授及相当职务820元，副教授及相当职务580元，讲师（含相当职务）及以下职务400元。按照文件规定享受原工资100%退休费的退休老专家、起义人员等，每月按同职务离休人员的标准增加退休费；中华人民共和国成立前参加工作的老工人，按每月400元增加退休费。

2018年7月1日起，调整离休人员离休费：行政管理人员，省部级正职及以上1700元、副职1150元，厅局级正职900元、副职750元，县处级正职600元、副职500元，乡科级及以下400元；专业技术人员，教授及相当职务820元，副教授及相当职务580元，讲师（含相当职务）及以下职务400元。按照文件规定享受原工资100%退休费的老专家等人员，每月按同职务离休人员的标准增加退休费；中华人民共和国成立前参加工作的老工人，按每月400元增加退休费。

第七节　企业工资和最低工资调整

企业工资调整

1999年9月，按照省劳动厅、省财政厅《关于调整企业职工工资的实施办法》要求，7月1日起，调整企业职工最低工资标准，调整后每月250元；调整企业职工工资，按照月人均不超过120元的水平，采用提高职工工资标准与晋级增薪相结合的办法安排增加工资，其中70元左右用于提高职工工资标准，其余用于深化企业内部工资制度改革。

2002年起，按照省劳动和社会保障厅、省经济贸易委员会、省总工会《关于建立企业岗位工资制度和修订企业职工工资标准的通知》要求，建立现代企业薪酬制度的基本工资制度，合理确定企业内部分配关系，同时对《河北省企业职工参考工资标准》修订。

2004年，根据《河北省劳动和社会保障厅关于印发企业职工参考工资标准加快建立工资正常调整机制的通知》精神，做好企业职工工资标准调整，建立企业职工工资正常调整机制，完善工资分配制度。

2007年，根据《河北省劳动和社会保障厅关于调整我省企业参考工资标准的通知》精神，逐步解决河北省企业职工工资水平偏低的问题，提高低收入者收入水平，扩大中等收入比重，促进工资收入增长，调整提高企业职工参考工资标准。

2008年、2010年、2013年分别按照《河北省劳动和社会保障厅关于调整我省企业职工参考工资标准的通知》《河北省人力资源和社会保障厅关于调整我省企业职工参考工资标准的通知》和《河北省人力资源和社会保障厅关于调整企业职工参考工资标准的通知》要求，调整企业职工参考工资标准。

最低工资标准调整

1999—2018年，河北省最低工资标准进行11次调整，磁县先后依次调整。

1999—2018 年磁县最低工资标准调整情况统计表

表 23-9

执行日期	全日制月最低工资标准（元）		非全日制小时最低工资标准（元）	
	档次 2	档次 3	档次 2	档次 3
1999 年 7 月 1 日	250	—	—	—
2002 年 3 月 1 日	300	—	—	—
2004 年 7 月 1 日	470	—	5.5	—
2006 年 10 月 1 日	—	480	—	5.6
2008 年 2 月 1 日	—	560	—	5.8
2008 年 7 月 1 日	680	—	6.8	—
2010 年 7 月 1 日	840	—	8.4	—
2011 年 7 月 1 日	1040	—	10.4	—
2012 年 12 月 1 日	1260	—	12	—
2014 年 12 月 1 日	1420	—	14	—
2016 年 7 月 1 日	1590	—	16	—

第三章　劳动管理

第一节　劳动保障监察与争议仲裁

劳动保障监察

1994 年，磁县全面推行全员合同制，打破企业铁饭碗、铁工资、铁交椅和原干部工人身份界限，以法律手段确立企业与劳动者的劳动关系，统称“企业职工”，以劳动合同确定企业与职工双方的责、权、利，实行由国家直接管理职工向企业直接管理职工的过渡。1995 年，落实《中华人民共和国劳动法》，对企业非法用工、劳动合同签订、社会保险费缴纳等情况监督检查。

1996 年 12 月，贯彻《劳动保障监察条例》，每年对用人单位进行不少于两次检查。

2008 年 1 月 1 日《中华人民共和国劳动合同法》实施后，逐步建立和完善劳动合同制度，加强劳动合同管理，规范企业用工行为，不断提高劳动合同的签订率。省劳动和社会保障厅出台《河北省劳动用工备案管理办法（试行）》后，磁县建立以签订劳动合同为基础的劳动用工备案制度，掌握用人单位用工信息，实现对劳动合同签订、履行等情况的动态监管。

1998—2018 年，重点抽查和专项治理用人单位 1083 家次，涉及职工 9.66 万人，查处违法案件 321 件，取缔整顿各类非法人力资源服务机构和劳务派遣单位 33 户，续签、补签劳动合同 3.16 万份，追缴社会保险费 7580 万元，清退童工 16 人，受理拖欠农民工工资案件 186 起，涉及农民工 5613 人，其中移交公安 12 起，为农民工追缴工资 2860 万元。

2013—2018 年，累计审核劳动用工备案单位 203 家，审核劳动用工信息 3.68 万人。

劳动争议仲裁

20 世纪 90 年代，劳动争议案件主要以工资

纠纷案件为主，案情较简单。2000年后，随着劳动者依法维权意识提高和2008年《中华人民共和国劳动争议调解仲裁法》实施，劳动争议案件数量猛增，部分劳动纠纷、已处理过的案件重新要求立案进行仲裁；社会保险争议案件在各类案件中增幅最大，劳动者与用人单位之间就社会保险而产生的争议被明确纳入劳动争议仲裁范围；随着《中华人民共和国劳动合同法》等实施，因“同工不同酬”导致的劳动争议案件迅速增加，因劳动合同签订、试用期工资、竞业限制就业歧视引发的劳动争议成为劳动争议仲裁的主要内容。

1999—2018年，先后处理劳动争议案件793起。其中，仲裁裁决414起，仲裁调解350起，其他方式处理29起。

第二节　劳动就业

就业服务

1999年后，农村劳动力外出务工主要依靠自主联系和县劳动就业局职业介绍。磁县坚持就地转移为主、劳务输出为辅原则，多渠道为农村劳动力开拓就业渠道。1999—2018年，城镇登记失业率保持在2%以下，低于上级要求的控制在4.2%以内。

1999—2018年磁县劳动力转移和再就业情况统计表

表23-10　　单位：个、人、%

年份	农村劳动力向非农产业转移			新增就业岗位	城镇登记失业率	调整退休待遇	办理退休手续	下岗再就业	办理就业失业登记	求职登记	其中
	就地转移	异地转移	合计								再就业
1999	5007	3035	8042	1830	0.96	—	—	20	648	712	453
2000	5110	3044	8154	1855	0.98	—	—	201	544	856	501
2001	5120	3024	8144	1844	0.96	—	—	27	278	788	404
2002	4852	3304	8156	1850	0.89	—	—	22	485	894	505
2003	5420	3591	9011	1877	0.83	—	—	20	477	710	444
2004	4041	4953	8994	1995	0.8	—	—	203	582	857	534
2005	5015	4462	9477	2004	0.78	—	—	25	748	888	563
2006	4899	4516	9415	2022	0.81	—	—	207	671	1012	785
2007	5057	4884	9941	2030	0.88	—	—	24	648	1142	562
2008	6475	4570	11045	2121	0.45	—	—	27	872	1247	842
2009	5898	5626	11524	2240	0.54	—	—	20	482	1448	769
2010	5852	5937	11789	2247	0.51	—	—	28	623	1527	912
2011	6002	5823	11825	2369	0.44	—	—	26	745	1362	754
2012	6478	5579	12057	2450	0.64	—	—	19	512	1114	746
2013	5313	7840	13153	2315	0.83	44	31	20	348	1855	1288
2014	9925	5075	15000	4500	0.18	45	30	38	412	1884	1310
2015	1565	2085	3650	3550	0.18	45	30	40	667	1902	1350
2016	1843	1999	3842	3544	0.14	45	30	38	2850	2541	1623

续表

年份	农村劳动力向非农产业转移			新增就业岗位	城镇登记失业率	调整退休待遇	办理退休手续	下岗再就业	办理就业失业登记	求职登记	其中
	就地转移	异地转移	合计								再就业
2017	1150	2100	3250	3560	1	45	30	120	3120	1802	1325
2018	1105	1976	3081	3565	1.6	44	31	983	1952	1988	1302
合计	96127	83423	179550	49768	0.72	—	—	2108	17664	26529	16972

淘汰落后产能安置

2017—2018 年，磁县落实国家去产能政策，涉及 5 家企业、分流职工 4227 人。县人社局成立专门小组，对相关企业开展调研，督导企业召开职工代表大会，帮助制订职工安置方案，指导企业依法偿付经济补偿、工资、欠缴社保费等费用，办理职工的社保关系转移接续、失业登记手续，引导企业通过内部转岗、发放生活费等方式安置职工。针对有转岗技能培训需求的职工，开展相关培训。被分流安置的职工全部实现转岗就业，不推向社会。帮助企业测算需要的援企稳岗资金，积极向上级申请，为企业稳定职工岗位提供资金支持，保障职工转岗不下岗、下岗有生计。

军队退役人员安置

2017 年，按照省、市相关军退人员安置要求，磁县成立由县委副书记任组长、相关部门为成员的磁县军退人员领导小组，加强领导力量和实施力度。2017 年 4 月至 2018 年 7 月，先后安排 3 个批次共计 285 名军队退役人员，通过参加政府购买服务岗位实现就业。

第四章　社会保障

第一节　机　构

社会养老保险机构

1987 年 11 月，磁县劳动人事局社会保险事业管理所负责全县职工养老保险工作。1992 年 4 月，磁县民政局设立农村社会养老保险管理所。1996 年机构改革，农村社会养老保险管理所被撤销，12 月重新启动农村养老保险工作。1997 年 1 月 24 日，县民政局设立农村社会养老保险处，为副科级事业单位，各乡（镇）设农村社会养老保险所，全县定编 45 人。

2003 年 3 月，农村社会养老保险工作由磁县民政局移交至磁县人事劳动和社会保障局，设磁县农村社会养老保险处。2011 年 5 月，磁县农村社会养老保险处更名为磁县农村社会养老保险中心，负责全县新型农村社会养老保险和城镇居民社会养老保险基金征缴、发放及管理。2012 年 7 月 1 日，磁县新型农村社会养老保险和城镇居民社会养老保险合并，统称为城乡居民社会养老保险。2013 年，磁县农村社会养老保险中心更名为磁县城乡居民社会养老保险中心。

至 2018 年年底，磁县人力资源和社会保障局内设社会保障股，下设事业单位：社会保障中心、城乡居民社会养老保险中心。

医疗保险机构

1999 年 7 月，磁县劳动人事局设职工医疗保障股。2003 年，磁县卫生局公费医疗管理职能划归磁县人事劳动和社会保障局，人员、编制并入医疗保障股，另设磁县职工医疗保险管理中心，为全额拨款股级事业单位，作为职工医疗保险经办机构。

2006 年 11 月，磁县新型农村合作医疗管理中心成立，属卫生局管理。2016 年 5 月，新型农村合作医疗管理中心划归人力资源和社会保障局。2017 年 1 月 1 日，城镇居民合作医疗保险与新型农村合作医疗合并，磁县新型农村合作医疗管理中心更名为磁县城乡居民基本医疗保险管理中心。

至 2018 年年底，磁县人力资源和社会保障局内设医疗保障股，下设事业单位：职工医疗保险管理中心、城乡居民基本医疗保险管理中心。

第二节　养老保险

城乡居民社会养老保险

1992 年 4 月始，开展农村社会养老保险业务，在黄沙乡前辛安村搞试点，收取入保费 3.2 万元。此后，这项工作停滞。1996 年 12 月重新启动。1997 年，全县收取入保费 369.21 万元。

2011 年，磁县被列为国家第三批新型农村社会养老保险和首批城镇居民养老保险试点。磁县农村社会养老保险中心负责全县新型农村社会养老保险和城镇居民社会养老保险基金的征缴、发放及管理。县政府印发《关于印发〈磁县城镇居民社会养老保险试点工作实施办法（暂行）〉的通知》《关于〈磁县新型农村社会养老保险试点工作实施办法（暂行）〉的通知》，将此项工作列入磁县十大民生工程。2011 年 12 月，在博物馆广场举行养老金发放仪式。

2012 年 7 月 1 日起，磁县新型农村社会养老保险和城镇居民社会养老保险制度合并实施，统称城乡居民社会养老保险。

2011 年，新型农村社会养老保险分 100 元、200 元、300 元、400 元、500 元 5 个档次；城镇居民社会养老保险分 100 元、200 元、300 元、400 元、500 元、600 元、700 元、800 元、900 元、1000 元 10 个档次。2012—2013 年，城乡居民社会养老保险分 100 元、200 元、300 元、400 元、500 元、600 元、700 元、800 元、900 元、1000 元 10 个档次。2014—2018 年，城乡居民社会养老保险分 100 元、200 元、300 元、400 元、500 元、600 元、700 元、800 元、900 元、1000 元、1500 元、2000 元、3000 元 13 个档次。

2011—2018 年磁县新型农村（城乡）社会养老保险有关情况统计表

表 23-11　　　　单位：个、人、元、万元

年份	参保村数	缴费人数	投保金额	领取人数	月领标准	备注
2011	376	195656	2359.49	53610	55	
2012	376	225089	2594.01	55792	55	
2013	376	210845	2147.15	65154	55	
2014	367	215167	2726.73	72412	55	1～6 月
					70	7～12 月
2015	367	208037	2398.59	71780	75	
2016	367	198283	2287.64	79259	80	
2017	258	133655	1612.42	51805	90	
2018	258	137531	1634.80	54313	108	

机关事业单位养老保险

2002 年 8 月，省劳动和社会保障厅、省人事厅印发《关于完善和规范机关事业单位养老保险制度改革试点工作的通知》，按照国家或单位和个人共同合理负担的原则，由政府统一组织，强制实行。养老保险费按照“以支定筹，略有节余，

留有部分积累”原则进行筹集。养老保险基金的支付项目：离休费、退休费、退职生活费；保留津贴补贴、职务津贴、政府特殊津贴、教龄津贴、护龄津贴；1～2个月生活补贴；护理费；交通费；丧葬费、个人账户补偿金。

2015年，国务院下发《关于机关事业单位工作人员养老保险制度改革的决定》。2016年4月29日，磁县召开机关事业养老保险集中参保登记工作会议安排部署。8月，全县134家机关事业单位上线运行，启动养老保险费、退休人员养老金实收实付。全县登记单位274家，录入1.23万人；审核入库并上线运行全额财政单位132家、自收自支单位2家，共计1.02万人。

2018年3月，在磁县行政服务大厅召开机关事业养老保险准备期基金清算工作会议。会上宣读省、市对清算工作的具体要求并进行工作部署，东软公司工程师对参会的劳资人员进行业务培训和问题解答。

2002—2018年磁县机关事业单位社会养老保险有关情况统计表

表23-12　　单位：人、万元、%

年份	参保人数	离退休人员	征收保费	应发养老金	实发养老金	发放率
2002	1720	207	33	18	18	100
2003	1454	194	291	24	24	100
2004	2630	375	692	251	251	100
2005	2830	375	605	478	478	100
2006	3307	404	648	531	531	100
2007	3410	421	1123	659	659	100
2008	3457	510	1428	1033	1033	100
2009	4060	565	1575	976	976	100
2010	4190	617	1664	1168	1168	100
2011	4200	727	1844	2945	2945	100
2012	4320	768	2370	2683	2683	100
2013	5200	890	2417	2833	2833	100
2014	5309	914	3188	3336	3336	100
2015	5484	1079	3200	4595	4595	100
2016	5598	1166	7036	5000	5000	100
2017	13752	3194	5700	5102	5102	100
2018	12540	4161	7972	6679	6679	100

企业养老保险

1986 年初，成立磁县社会保险事业管理所，企业职工基本养老保险制度改革启动，实行县级统筹。1994 年 1 月 1 日，企业职工基本养老保险实行省级统筹管理。

1998 年，河北省印发《河北省统一职工基本养老保险实施办法》，单位缴费比例由企业按工资总额和离退休费之和的 18% 改为按工资总额的 20% 缴纳。个人缴费比例从 1997 年 7 月起按本人工资的 4% 缴纳，每两年提高 1 个百分点，最终达 8%。个体劳动者按上年职工平均工资 16% 缴纳。

1998 年 10 月，企业养老保险费改由地税部门代缴。2003 年，企业职工养老保险建立基金缴拨机制、保障发放备用金和资金预警制度，完善工作流程，养老金社会化发放率 100%。全县集体单位纳入省级统筹，使企业离退休职工工资得到切实保障，解除后顾之忧。

2004 年，通过争取优惠政策，磁县二轻系统 1547 名职工纳入社保统筹范围，并为 447 名职工办理退休手续并领取养老金。5 月 1 日始，贯彻实施《企业年金试行办法》。磁县人事劳动和社会保障局被评为“全省劳动和社会保障系统行风建设”第一名、“全省人事系统行风建设”第一名、“全市系统行风建设”第一名。该局民主评议工作进入免评行列，连续两年免评。

2007 年 7 月 30 日，根据河北省《关于进一步落实部分军队退役人员劳动保障政策的通知》要求，解决部分军队退役人员的劳动保障问题。

2008 年 5 月，在社保扩面突击月活动中，通过实行“一抓重点、二抓中间、三抓全面”的工作方法，抓好民营企业的社保扩面工作。将年营业收入在 2000 万元以上的民营企业和法人代表是人大代表、政协委员、劳动模范及有关荣誉称号的企业列为社保扩面的重点，进行重点突破；将具有一定生产规模、效益相对较好、生产相对稳定的企业纳入扩面范围，逐步扩展到所有企业。对于同一企业，采取将企业中层以上管理人员及技术骨干纳入社会保险实施范围，然后将企业员工相对稳定的从业人员纳入，最后将全体员工纳入的方法逐步推进。

2010 年，对全县“五七工”“家属工”（20 世纪 60—70 年代在省内国有企业从事生产自救或企业辅助性岗位工作的人员，简称“五七工”；20 世纪 70 年代末到 80 年代末的简称“家属工”）进行统计、审核，结合县民政局、县住建局、磁州镇等单位查阅资料，做好城中村居民的划分界定工作。

2012 年 9 月 21 日，根据省人力资源和社会保障厅、省财政厅、省地税局《关于社会保险法实施前企业职工补缴基本养老保险费有关问题的通知》要求，实施企业职工补缴基本养老保险办法。

2015 年，针对企业离退休职工年龄大、体弱多病、行动不便等问题，实行人性化管理服务，改一年两次生存认证为一年一次。

2015 年，全县 9117 名企业退休人员人均基本养老金增长 215.31 元。2016 年，全县 8764 名企业退休人员人均基本养老金增长 159.46 元。2017 年，全县 9044 名企业退休人员人均基本养老金增长 149.49 元。2018 年，全县 9383 名企业退休人员人均基本养老金增长 131.36 元。

1999—2018 年磁县企业养老保险有关情况统计表

表 23-13　　单位：人、亿元、%

年份	参保职工	离退休人员	实征保险费	应发养老金	实发养老金	发放率
1999	12608	3724	0.11	0.107	0.107	100
2000	12693	3693	0.144	0.193	0.193	100
2001	11245	3135	0.102	0.149	0.149	100

续表

年份	参保职工	离退休人员	实征保险费	应发养老金	实发养老金	发放率
2002	11245	3135	0.11	0.238	0.238	100
2003	11085	3396	0.13	0.222	0.222	100
2004	11941	3960	0.18	0.254	0.254	100
2005	12610	4104	0.3	0.446	0.446	100
2006	17559	4254	0.48	0.497	0.497	100
2007	18704	4530	0.61	0.62	0.62	100
2008	21203	4901	0.79	0.79	0.79	100
2009	30268	5634	0.83	0.85	0.85	100
2010	30982	5548	0.97	0.83	0.83	100
2011	28516	6855	1.36	1.55	1.55	100
2012	28425	7014	1.35	1.57	1.57	100
2013	29707	7863	1.02	1.76	1.76	100
2014	31305	8538	1.0	2.03	2.03	100
2015	32058	8650	1.12	2.6	2.6	100
2016	33235	9425	1.22	2.7	2.7	100
2017	33050	9329	1.5	3.0	3.0	100
2018	34860	9949	3.6	3.2	3.2	100

第三节　工伤和失业保险

工伤保险

1989 年始，建立职工工伤证制度。1992 年 10 月 1 日起，在全县实行工伤保险统筹。

2004 年 1 月，实施《工伤保险条例》，保障因工作遭受事故伤害或者患职业病的职工获得医疗救治和经济补偿，促进工伤预防和职业康复。

2005 年，县政府印发《关于贯彻邯郸市小矿山企业工伤保险实施办法（试行）的通知》，与矿山企业法人签订责任状，进一步明确职责，做到应保尽保。协调县安监、县煤炭、县国土资源等部门，监管矿山企业工伤保险工作。矿山企业在办理和审验经营、开采、生产、安全等许可证时，必须持有县工伤保险经办机构出具的参加工伤保险证明，否则不予办理。实现对高危行业企业工伤保险扩面纳保。

2006 年 10 月，县政府印发《关于做好事业单位、民间非营利组织参加工伤保险有关问题的

通知》，将事业单位、民间非营利组织纳入工伤保险范围。

2011年1月1日，修订后的《工伤保险条例》实施，扩大工伤保险适用范围，调整工伤认定范围，简化工伤认定、鉴定和争议处理程序，提高部分工伤待遇标准，减少由用人单位支付的待遇项目，增加由工伤保险基金支付的待遇项目等。

2013年，工伤保险扩面新增1200人，参保总人数2.95万人，征缴工伤基金487万元，完成年任务452万元的108%。

2015年，推进建筑用工单位依法参加工伤保险，切实维护建筑业职工特别是农民工的工伤保障权益。工伤保险参保3.17万人，较上年增加1000人，征缴工伤保险金753万元，支付工伤保险待遇1579万元。2016年，工伤保险参保职工3.25万人，征缴工伤保险基金840万元，支付工伤保险待遇1512万元。

2017年，工伤保险参保3.3万人，征缴工伤保险基金799万元，发放工伤保险金1986万元。

2018年，工伤保险参保3.37万人，征收工伤保险费979万元，发放工伤保险金786万元。

失业保险

1994年，实施《河北省失业保险办法》。1995年1月1日，实施《中华人民共和国劳动法》。磁县失业保险范围扩大到各类企业，失业保险费实行企业、个人共同负担。

1998年后，执行“鼓励兼并、规范破产、下岗分流、减员增效、实施再就业工程”“建立3条保障线”（国有企业下岗职工基本生活保障制度、失业保险制度、城市居民最低生活保障制度）等政策，保障下岗职工基本生活，并使一大批下岗职工通过多种途径实现再就业。

1998年10月，企业失业保险费改由县地税部门代缴。

1999年1月，《失业保险条例》施行。城镇企业事业单位按本单位工资总额2%缴纳失业保险费，城镇企业事业单位职工按本人工资1%缴纳失业保险费。

2014年，市“援岗稳企”政策出台后，磁县为7家企业（六合公司、申家庄煤矿、黑猫公司、裕泰焦化公司、中化滏恒公司、裕隆化工公司、惠达化工公司）争取到“援岗稳企”资金1300.53万元，及时拨付到位，帮助企业度过难关。在经济低迷、产能限制、资金链紧张的情况下，使其尽可能做到不裁员、少裁员，维护社会稳定和职工的合法权益。

2015年5月，省人社厅、省财政厅、省地税局下发《关于调整失业保险费率有关问题的通知》，要求失业保险费率暂由3%降至2%，其中用人单位按本单位工资总额1.5%、职工按本人工资0.5%缴纳失业保险费。为全县参保单位减负200余万元。

2016年5月，省人社厅、省财政厅、省地税局下发《关于阶段性降低失业保险费率有关问题的通知》要求，2016年5月1日至2018年4月30日，失业保险费率由2%降至1.5%，其中用人单位按本单位工资总额1%、职工按本人工资0.5%缴纳失业保险费。为全县参保单位减负110万元。

2017年3月，省人社厅、省财政厅、省地税局下发《关于阶段性降低失业保险费率有关问题的通知》要求，2017年1月1日至2018年4月30日，失业保险费率由1.5%降至1%，其中用人单位按本单位工资总额0.7%、职工按本人工资0.3%缴纳失业保险费。是年8月，申家庄煤矿转型关闭，1162人领取失业金2700万元。

2018年8月，省人社厅、省财政厅、省税务局转发人社部、财政部《关于继续阶段性降低社会保险费率的通知》，规定失业保险延长阶段性降费期限至2019年4月30日，费率维持1%，其中用人单位按本单位工资总额0.7%、职工按本人工资0.3%缴纳失业保险费。是年8月底，六合工业有限公司转型关闭，1691人领取失业金3790万元。

第四节　医疗保险

职工基本医疗保险

2003年前，磁县实行公费医疗。2003年启动职工基本医疗保险，2004年1月实施。县内党政机关、事业单位、社会团体、民办非企业单位和企业（国有企业、集体企业、股份制企业、外商投资企业中方职工、私营企业）均让职工参加职工基本医疗保险。职工基本医疗保险实行属地管理，由用人单位和职工双方共同缴纳。用人单位按本单位上年度职工工资总额（缴费基数）5%缴纳基本医疗保险费；职工按本人上年度工资总额2%缴纳。退休人员个人不缴纳基本医疗保险费。

2008年，提高磁县职工基本医疗保险统筹基金支付比例，住院医疗费用统筹基金支付各段比例均提高5%，参保人员住院期间实施特殊检查、特殊治疗、特殊手术和使用“乙类目录”药品的费用，个人负担比例由20%降至5%。

2010年起，职工基本医疗保险统筹基金年度内最高支付限额由2.5万元升至3万元，减轻参保人员住院治疗个人负担费用，保障城镇职工的医疗待遇。

2011年，将职工医疗保险单位缴费部分划入个人账户比例提高0.5%，此后划入个人账户比例合计（含个人缴费部分）：45岁以下在职人员3.5%，45岁以上在职人员4%，退休人员4%。职工基本医疗保险统筹基金年度内最高支付限额升至3.5万元。

2015年1月1日起，用人单位按本单位上年度职工工资总额7.5%缴纳基本医疗保险费，职工按本人上年度工资总额2%缴纳。退休人员个人不缴基本医疗保险费，只缴纳大额医疗保险120元，由用人单位和本人各承担50%。单位缴费部分划入个人账户比例（含个人缴费部分）：45岁以下在职人员3%，45岁以上在职人员4%，退休人员4%。职工医保住院基本医疗保险报销6万元，大额报销20万元。

2017年7月始，职工医保实现省内和跨省异地出院即报，方便参保人员看病就医。

2018年7月1日，职工基本医疗保险统筹基金年度支付限额由6万元升至8万元，大额医疗保险年度支付限额由20万元升至30万元。

2012—2018年磁县职工医疗保险情况统计表

表23-14　　单位：人、人次、万元、%

年份	参保人数	参保率	基金收入	享受待遇	基金支出
2012	31225	95	5775	2087	4437
2013	31829	95	5822	2212	4285
2014	32573	96	5402	2416	5052
2015	32743	97	6959	2456	5732
2016	29774	97	9005	2215	6221
2017	30446	97	10037	2137	8466
2018	30026	97	10186.02	2300	8377.22

生育保险

2008年1月始，磁县实施生育保险，参保范围为县内党政机关、事业单位、社会团体、民办非企业单位和企业（国有企业、集体企业、股份制企业、外商投资企业中中方职工）职工。党政机关和财政全额拨款的事业单位按上年度职工工资总额0.4%缴纳生育保险费，用于职工生育定额补贴。其他用人单位按照上年度职工工资总额0.5%缴纳生育保险费，本单位人均工资低于社会平均60%，按60%作为缴费基数缴纳。

2008年，生育医疗费定额补贴标准：顺产1200元，剖腹产2500元，实际医疗费用低于定

补标准的按实际费用报销。2011年1月起，顺产定补标准增至1500元，剖腹产医疗费定补标准增至3000元，实际医疗费用低于定补标准的按实际费用报销。2013年1月起，顺产定补标准增至2500元，剖腹产医疗费定补标准增至4000元，实际医疗费用低于定补标准的按实际费用报销。

2017年6月，生育保险基金并入职工医保基金统一征缴，党政机关和全额拨款事业单位缴费比例7.9%，其他用人单位缴费比例8%，在职职工个人缴费比例2%，由用人单位代为扣缴；失业人员缴费比例8%，由失业保险金支付，失业人员个人不缴费。保留生育基本待遇不变，顺产定补标准和剖腹产医疗费定补标准均执行4000元。

2012—2017年磁县生育医疗保险情况统计表

表23-15　　单位：人、人次、万元、%

年份	参保人数	参保率	基金收入	享受待遇	基金支出
2012	20002	92	177	87	22.4
2013	20185	93	228	96	31
2014	21796	94	136	132	55
2015	23528	95	197	158	71
2016	20122	97	232	345	181
2017	22080	98	—	963	453

大额医疗保险

2005年，磁县启动大额医疗保险工作。大额医疗保险每人每年缴费80元，单位和个人各负担40元。年基本医疗保险支付满2.5万元后进入大额医疗保险，大额医疗费用每人每年最高限额为15万元。此后，年基本医疗保险支付满5万元后进入大额医疗保险，大额医疗费用每人每年最高限额仍为15万元。

2009年1月1日起，调整大额医疗保险缴费标准，由每人每年80元增至120元，其中个人负担60元，用人单位负担60元。2013年1月1日起，大额医疗保险最高支付限额由15万元增至20万元（年基本医疗保险支付6万元后进入大额医保）。

2018年7月1日起，大额医疗保险年度支付限额由20万元增至30万元（年基本医疗保险支付8万元后进入大额医保）。

2015年，磁县大额医疗保险缴纳保费382.44万元，理赔支付128笔、325.31万元。2016年缴纳438.22万元，理赔支付181笔、404.31万元。2017年缴纳399万元，理赔支付135笔、372.86万元。2018年缴纳399.6万元，理赔支付124笔、331.85万元。

城镇居民基本医疗保险

2008年1月1日启动，凡未纳入城镇职工基本医疗保险制度覆盖范围、户籍在磁县城区和乡（镇）的城镇居民，均可参加磁县城镇居民基本医疗保险。成年居民：年龄在18周岁以上（含18周岁）且未在全日制学校就读的城镇居民，每人每年筹资标准为300元，其中个人缴费120元，财政补助180元；未成年居民：年龄在18周岁以下的少年儿童或18周岁以上但仍在全日制学校就读的学生，每人每年筹资标准为160元，其中个人缴费30元，财政补助130元；城镇低保对象、重度残疾人员和低收入家庭60周岁以上老年人，个人缴费由财政全额补助。

2016年始，成年人每人每年筹资标准为570元，其中个人缴费150元，政府补助420元；未成年人及中小学生每人每年筹资标准为470元，其中个人缴费50元，政府补助420元。

2016年5月28日，磁县城镇居民医疗保险与新型农村合作医疗保险整合，建立城乡居民基本医疗保险制度。2017年1月1日起施行。

2008—2016年磁县城镇居民基本医疗保险情况统计表

表23-16　　单位：人、人次、万元、%

年份	参合人数	参合率	筹资额	补偿人次	补偿金额
2008	12000	41	110	—	—
2009	19651	53	561	201	286
2010	22872	66	656	298	307
2011	27156	75	880	387	406
2012	33718	96	1124	1286	558
2013	32375	95	1305	1118	732
2014	30886	95	1218	1569	799
2015	29591	94	1601	1599	1151
2016	29591	94	1245	1188	1184

新型农村合作医疗保险（城乡居民基本医疗保险）

2006年11月，磁县成立新型农村合作医疗管理中心，开始新型农村合作医疗保险工作。2017年1月1日，新型农村合作医疗与城镇基本医疗保险合并，称为城乡居民基本医疗保险。

个人缴纳：2007年、2008年分别交10元，2009年、2010年分别交20元，2011年交30元，2012年交50元，2013年交60元，2014年交70元，2015年交110元，2016年交150元。新农合与新城合合并为城乡居民医保后，2017年交150元，2018年交180元。

城乡居民中最低生活保障对象、重点优抚对象、农村五保供养对象、城镇“三无”对象、孤儿、重度残疾人（Ⅰ、Ⅱ级）、计划生育特殊家庭、严重精神障碍患者及其他符合规定的人员，参加居民医保个人缴费部分，通过城乡医疗救助渠道予以资助。

新生儿参保，父母（监护人）一方已参加基本医疗保险的新生儿出生之日起视同参加居民医保，在出生后3个月内办理参保登记手续，无须缴纳医疗保险费；超过3个月未满1周岁参保登记的，除承担个人缴费部分外，还需承担财政补助部分。次月享受待遇。

2007—2018年磁县新型农村合作医疗保险（城乡居民基本医疗保险）情况统计表

表23-17　　单位：人、人次、万元、%

年份	参合人数	参合率	筹资额	补偿人次	补偿额
2007	450330	94.3	2251.65	144284	1652.48
2008	502007	97.8	4518.06	151392	3576.62

续表

年份	参合人数	参合率	筹资额	补偿人次	补偿额
2009	511549	98.5	5115.49	168637	4868.09
2010	532969	98.76	7461.57	854266	6501.79
2011	538924	98.76	12179.68	1226927	11538.32
2012	543542	98.82	15762.7	2027879	14107.36
2013	554162	98.85	18841.5	2657270	17740.3
2014	568465	99	22170.1	2884469	20569.8
2015	553146	98	27104.1	2873835	27470.34
2016	538612	95	30700.8	2983992	32805.6
2017	393953	97	23637.18	481808	22500
2018	388067	95	26000.48	750289	21368

第五节　住房公积金

机构和职能

2006 年，设立邯郸市住房公积金管理中心磁县管理部，正科级事业单位，编制 4 人。2009 年 1 月，磁县成立住房公积金管理部，开始实施住房公积金制度。落实国务院《住房公积金管理条例》和相关法律法规要求，强化归集扩面、从严办理提取、支持住房消费、优化规范管理、防范资金风险，住房公积金工作实现规范化、科学化、制度化运作。

资金归集

住房公积金归集范围和对象：磁县党政机关、人民团体、企事业单位在职职工以及城镇非行政事业单位、个体工商企业单位职工。按照“个人存储、单位资助、统一管理、专项使用”原则，2009 年 1 月起，职工个人和单位的住房公积金缴存比例均为 5%，缴存基数为上年工资平均数。2018 年 1 月起，调整为职工个人 6%、单位 8%。截至 2018 年，全县有 304 个单位实行住房公积金制度，缴存职工数 29982 人，累计归集住房公积金 5.2 亿元。

资金提取

2009 年后，根据《邯郸市住房公积金提取管理办法》，经过深化调整改革，简化流程，取消提取手续复印件，方便职工办理提取业务。2017 年，在全省推进精细化管理现场观摩会上，磁县管理部作为唯一县级试点在大会上作典型发言，并被市中心党组评为年度“红旗单位”。2018 年，公积金服务大厅开展软件升级服务，优化单位软件平台，并取消职工提取申请表，实现提取业务实时办结，使职工在办理住房公积金提取时更便捷、更及时。截至 2018 年，提取住房公积金的职工 13053 人，累计提取住房公积金 2.5 亿元。

住房贷款

2009 年始，根据《邯郸市住房公积金贷款管理办法》，连续足额缴存住房公积金满 6 个月及其以上、未负有贷款债务、具有完全民事行为能力的职工，在购买自有住房时均可申请住房公积金贷款。2018 年，按照省、市“放管服”改革工作目标，持续将精细化管理工作、贷款“一趟清”、催建催缴执法工作、缴存基数调整和缴存比例调整、缴存单位职工网厅推广、自动缴存入账、“对冲还贷”、数据风险隐患整改、退休职工网上提取等离柜业务实现网上办理，方便职工办理业务。6月开展的住房公积金贷款“一趟清”做法，让手续多跑路、职工少跑腿，受到市中心领导表扬，并在全市推广。

2009—2018年，住房公积金共惠及3234个家庭，发放贷款5.5亿元（其中争取市中心支持资金1.6亿元）。

2014—2018年磁县住房公积金基本业务情况统计表

表23-18　　单位：万元

年份	归集	提取	贷款
2014	4053.13	1604.59	4779.8
2015	6285.29	14231.03	10225.9
2016	5677.64	2915.55	5430
2017	6357.09	1673.86	3033
2018	8488.35	2969.17	2952

第二十四编 民 政

古代，域内开办民政事业。明清时期民政事务由知州负责；民国时期国民党县政府始设民政科。1937年，磁县抗日民主政府成立后，设县政府第一科（民政科），其主管范围和服务民生之广胜过历朝历代。中华人民共和国成立初期，党和政府进一步加强民政工作，在政权建设、土地改革等方面做出大量具体工作，疏遣外流灾民和贫苦农民回乡生活，组织失业人口生产自救，收容大量流浪街头的老弱、病残、儿童等，还实行禁绝烟毒、封闭妓院等政策。此后，逐步发展承担优抚安置、救灾救济、婚姻登记等工作。“文化大革命”期间，县民政工作列入抓革命促生产组。1977年，恢复成立磁县民政局。1983年全国第八次民政工作会议后，磁县民政工作业务范围进一步拓宽，先后增加社会福利、行政区划、地名管理、民间组织、最低生活保障、社会救助、抱养、老龄事业、殡葬改革等工作。

1999—2018年，磁县民政在做好救灾救济、双拥优抚安置、民间组织管理、基层政权建设等工作的同时，集中人力、物力、财力，切实抓好社会保障和民生改善工作。在基层政权建设方面，先后指导7届村委会换届选举以及村民自治工作，进一步强化村务公开的监督机制，有效地促进农村基层民主政治和法制建设。在抗灾救灾方面，针对县内发生的风灾、雨灾、雹灾、旱灾、虫害等，全力扶助灾区民众抗灾度难并取得突出成绩，2002年被评为“全省民政工作先进县”。在婚姻登记方面，于2003年改原乡（镇）分散登记为县民政局集中登记，实行规范化办理。在烈士褒扬方面，2006年4月投资200多万元，建成占地1.3万余平方米的磁县革命烈士陵园，被邯郸市委、磁县县委命名为爱国主义教育基地。在养老敬老方面，2009年投资5000万元，建成集住宿、用餐、医疗保健、娱乐于一体的磁县中心敬老院，成为一座现代化的养老服务中心，先后荣获“全省三星级五保供养中心”“全国模范敬老院”“河北省五保工作先进县”“全省养生服务体系建设先进县”等称号。在社会福利方面，积极探索社会福利社会化新途径，鼓励引导社会力量兴办社会福利企业，扎实推进社会福利事业快速发展。在扶贫开发和精准扶贫方面，组织实施第一个、第二个农村扶贫开发十年规划，落实中央《关于打赢脱贫攻坚战的决定》要求，全面推进政策兜底、产业扶贫、设置公益岗位等措施，脱贫攻坚取得显著成效。在双拥优抚方面，建立健全双拥优抚领导组织，拓宽服务渠道，强化工作措施，使双拥优抚工作取得显著成效。于2002年、2005年、2009年、2013年、2017年先后五次被省委、省政府、省军区授予“双拥模范县”称号。

磁州路民政综合服务大楼（2008年 摄）

第一章　社会事务管理

第一节　基层组织建设

基层政权建设

继 1996 年 12 月乡（镇）政府机构改革后，2002 年 6 月，磁县对乡（镇）政府再次进行机构改革。此次改革机构设置、人员编制情况：设乡（镇）长 1 人、副乡（镇）长 2～3 人；部门由原 8 个减为 7 个，党政办公室（编制 4～7 人）、财经办公室（编制 3～6 人）、社会事务办公室（编制 4～8 人）、计划生育服务站（编制 2～4 人）、城建办公室（编制 3 人）、综合治理办公室（编制 1～2 人）、武装部（编制 2～3 人）。

村民自治组织建设

1999 年后，村民委员会每届任期三年。2000 年，第五届村委会换届选举中，有 365 个村依法选举，选出村委会成员 1719 人。其中，党员 970 人（占成员总数 56%），高中及以上文化程度 378 人（占成员总数 22%），35 岁以下 238 人（占成员总数 13.9%），妇女 287 人（占成员总数 16%），平均年龄 41 岁。2003 年，第六届村委会换届选举中，有 376 个村（社区）依法选举，村（社区）党支部正、副书记兼村委会（社区居委会）正、副主任，交叉任职占总数 31%，高中及以上文化程度人数占比较上届提高 5%。2006 年，第七届村委会换届选举中，有 350 个村依法选举，选出村委会成员 1336 人。其中，党员 615 人（占成员总数 46%），35 岁以下 481 人（占成员总数 36%），妇女 241 人（占成员总数 18%），平均年龄 44 岁。同时，18 个社区按社区选举办法进行换届。2009 年第八届村委会（居委会）换届选举中，有 376 个村（社区）依法选举，选出村委会（居委会）成员 1268 人。其中，高中及以上文化程度 283 人（占成员总数 22.3%），35 岁以下 345 人（占成员总数 27.2%），妇女 128 人（占成员总数 10%），平均年龄 42 岁。

马家坟村村委会换届选举现场（2018 年　摄）

2012 年第九届村委会（居委会）换届选举中，有 376 个村（社区）依法选举，选出村委会（居委会）成员 1353 人。其中，高中及以上文化程度 763 人（占成员总数 56.4%），35 岁以下 399 人（占成员总数 27.2%）；村委会（居委会）主任中，致富能手 253 人（占成员总数 68.4%）。2015 年第十届村委会（居委会）换届选举中，有 360 个村（社区）依法选举，选出村委会（居委会）成员 1242 人。其中，民营企业家 140 人，大学生村官 23 人。是年，磁县获全市村（社区）“两委”换届工作先进单位称号。2018 年第十一届村委会（居委会）换届选举中，有 262 个村（社区）依法选举，选出村委会（居委会）成员 1251 人。其中，村委会（居委会）主任 262 人，村委（居委）989 人，村（社区）“两委”成员交叉任职 329 人，大学生村官 46 人，高中及以上文化程度 244 人。“一人兼”（党支部书记担任村、居委会主任）167 人，占比 64.7%。

第二节　婚姻登记与婚前医学检查

婚姻登记

1999—2003 年，磁县婚姻登记工作由乡（镇）民政所办理。2003 年 10 月 1 日起，磁县取消各乡（镇）婚姻登记权限，结束 1977 年后乡（镇）民政所负责农村婚姻登记、县民政局负责县直机关人员婚姻登记的历史，改由县民政局社政股集中婚姻登记。2005 年 3 月 25 日，县民政局婚姻登记处成立，负责县内的婚姻登记。婚姻登记处占地 150 平方米，设有主任室、结婚登记室、离

县民政局婚姻登记处（2019年5月20日　摄）

婚登记室、候登室、档案室和服务大厅。2006年，投资7万余元，购置高配置服务器、电脑、彩色喷墨打印机、复印机、数码照相机、自动钢印机、自动装订机等设备，提供照相、打印服务，实现婚姻登记一条龙模式，统一规格，规范档案，实现婚姻登记电子化、信息化。是年，婚姻登记处被评为“河北省一星级标准化婚姻登记处”。2008年7月，根据民政部“建设规范化婚姻登记处”要求，投资3.6万元装修改造，实现结婚登记、离婚登记、候登大厅三分离；培训婚姻登记工作人员，统一服装、挂牌上岗。2011年10月1日，磁县婚姻登记与全国联网。2014年，在白土镇、黄沙镇、南城乡设立婚姻登记流动服务站，解决边远乡（镇）、村婚姻登记不便问题。2015年1月1日起，取消9元钱的婚姻登记工本费。

婚前医学检查

（详见第三十一编第六章第一节条目婚前检查）

第三节　殡葬管理

遗体火化

1984—2000年，磁县殡葬提倡火化。1984年火化率1.8%，2000年升至48.2%。2001年5月1日起，磁县推行强制火化政策。至2004年，火化率均为100%。2005年始，根据乡情民意，殡葬管理重点转向提供服务，如运输尸体、举行告别仪式、遗体整容等。2006年起，实行火化优惠政策，县城火化运尸费限价150元。优抚对象死亡火化后，凭火化证到县民政局领取半年抚恤金。农村五保户、特困群众死亡后，凭村、乡（镇）证明免收火化费，可到县民政局领取困难救助。是年，火化率80%。2012年后，火化以倡导为主，火化率逐年下降。至2017年，每年火化率均低于5%。2018年，磁县积极宣传文明祭祀，对殡葬服务场所内及周边燃放烟花爆竹进行整治。2019年火化率3.01%。

殡仪馆

磁县殡仪馆位于县城西北5千米处、107国道西侧，始建于1976年2月，占地9000平方米，为县民政局下属事业单位。1997—1999年，磁县先后投资50万元对火化间、告别厅、骨灰堂等场所维修、扩建，新建业务室、休息室等。2004年，投资90万元，新建告别厅、职工宿办楼，改造骨

县殡仪馆（2018年　摄）

灰堂。2006年，投资110万元，新建遗体整容室、存尸室，购置两台新型环保节能火化炉、两部小型运尸车，安装监控设备，装修告别厅。2018年，投资120万元，改造升级火化炉，安装大型烟气过滤装置，并与环保部门设备联网，实现烟气达标排放。2019年，投资123万元，改造提升殡仪馆大院、告别厅、骨灰堂、宿舍楼、休息室、天堂厅、祭祀园，占地面积扩至1.4万平方米，建筑面积2272平方米。

第四节　社会福利

福利企业

1959年年初，磁县有福利生产企业5家。是年，

开办硝盐厂、制鞋厂，职工由原200人增至370人，年总产值8497元，净利润4103元。职工大部分为优抚对象、灾区灾民，每人每月平均收入35元。1961年后，按政策要求下放人员、取消生产企业。

1986年，观台镇试办集体福利厂，为9名残疾人、25个贫困户提供就业岗位。自此，福利企业再次开办。截至1993年，县内福利企业发展至24家。其中，县民政局直属2家、乡（镇）办3家、村办19家，安置241名残疾人，总投资2354万元，年总产值1200万元，利税130万元。1995年后，因市场竞争激烈、设备陈旧、技术落后、资金短缺，县内外福利企业中多数陷入困境、少数濒临倒闭。

磁县采取巩固提高、停产整顿、稳步发展的应对措施。1996年、1997年连续取消一批挂牌企业，县民政局2个直属企业（冀南福利钢管厂、磁县福利制桶厂）破产。另外，新发展一批产品销路好的明星企业。如太行集团磁县粉磨厂生产的水泥销往全国，纸制品公司生产的白纸销往省内石家庄市及安徽、福建省等地，白土特耐厂生产的骨碳、陶瓷辉发件厂生产的陶瓷颜料销往各大瓷厂，津津三明油漆厂、龙泰卫生纸厂生产的产品也小有名气。

至1998年年底，全县有18家福利企业，数量减少，效益却提升。1998年，实现产值8450万元，利税830万元；1999年，总产值超亿元，利税1122万元。1999年后，随着改革开放的深入，有部分福利企业被淘汰。2004年，全县福利企业发展平稳，有企业7家，职工293人，其中残疾职工125人，固定资产3644万元，流动资金3017万元，年产值19398万元、利税2052万元，实现历史最高水平。

2007年7月1日，国家调整福利企业优惠政策，要求企业与残疾职工签订1年（含）以上的劳动合同或服务协议，并为残疾职工按月足额缴纳养老保险、医疗保险、失业保险、工伤保险。经省民政厅认定，磁县可享受税收优惠政策的福利企业有8家：磁县冀龙炉料有限公司、磁县盛祥膨润土有限公司、磁县亚宝洗选有限责任公司、磁县永盛炉料有限公司、磁县照荣洗煤有限公司、磁县花园钢铁厂、河北鑫淼煤炭洗选有限公司、河北晏生贸易有限公司，分布在磁州镇、岳城镇、黄沙镇、都党乡、陶泉乡5个乡（镇），主要从事煤炭洗选矿产品加工、水泥制造、耐火保温材料、铸件加工、制袋等，安置职工380人（其中残疾职工213人）。2016年10月10日，根据国家规定，取消福利企业资格认定事项。自此，福利企业成为历史。

福利彩票

1989年10月13日，磁县成立社会福利有奖募捐领导小组，开展福利彩票工作。所得福利彩票公益金用于全县的扶贫、敬老、救灾救济等，是年福利彩票销售额4万元。1990年销售额12万元，1991年销售额27万元，1992年销售额18万元，1993年销售额7.57万元，1995年销售额156万元，1997年销售额40万元，1999年销售额70万元，2002年销售额40万元，2003年销售额56万元。截至2003年，先后举办9次福利彩票集中发行活动。传统福利彩票逐步改为即开型福利彩票；发行形式由集中发行与乡（镇）机关分散发行相结合改为集中在县城发行；彩票面值由1元改为2元。2014年，磁县社会福利有奖募捐办公室停止向全县发行即开型彩票，广场集中发行即开型彩票成为历史。

2000年11月1日始，磁县发行“燕赵风采”电脑福利彩票。初期，电脑福利彩票投注站有4家，全部设在县城。此后，随着彩票市场和彩民队伍的发展，陆续增加多处电脑福利彩票投注站。2001年始，电脑彩票从县城发展到农村。2007年全县更新投注机设备。至2019年，全县福利彩票投注站发展到60家。其中，县城27家，农村33家。

县城福利彩票投注站（2017年 摄）

2000—2019年，累计销售福利彩票3.45亿元。

贫困大学生资助

2005年始，磁县对贫困家庭大学生进行资助。凡具有磁县户口、在本县参加全国普通高等学校统一招生考试、被本科二批或专科院校录取入学的贫困家庭学生和残疾学生及二本以上院校录取入学的农村独生子女家庭学生（不包括艺术类、体育类学生和军队院校及师范院校师范类等不收取学费的学生），符合有关条件，并经县民政、县教育、县计生等部门认定的，可申请一次性学费资助。2016年始，资助范围扩大，不局限于在磁县参加全国普通高等学校统一招生考试的磁县籍学生。截至2019年，磁县资助贫困家庭大学生2593人、金额659.85万元。

2005—2019年磁县资助贫困大学生情况一览表

表24-1　　单位：人、元

年份	类别	人数	金额	合计	年份	类别	人数	金额	合计
2005	—	40	500	20000	2014	一本	15	4000	60000
2006	二本	50	2000	100000		二本	89	3000	267000
	专科	43	1000	43000		专科	124	2000	248000
2007	二本	48	4000	192000	2015	一本	42	4000	168000
	专科	56	3000	168000		二本	55	3000	165000
2008	二本	78	4000	312000		专科	79	2000	158000
	专科	88	3000	264000	2016	一本	40	4000	160000
2009	二本	86	2500	215000		二本	101	3000	303000
	专科	137	2000	274000		专科	45	2000	90000
2010	二本	91	2500	227500	2017	一本	33	5000	165000
	专科	177	2000	354000		二本	122	3000	366000
2011	二本	90	2500	225000		专科	58	3000	174000
	专科	163	2000	326000	2018	一本	12	5000	60000
2012	二本	101	2500	252500		二本	23	3000	69000
	专科	167	2000	334000		专科	13	3000	39000
2013	一本	19	4000	76000	2019	二本及以上	17	5000	85000
	二本	113	2500	282500	合计		2593	—	6598500
	专科	178	2000	356000	—	—	—	—	—

残疾人补贴

2014年始，按照《关于做好全省贫困重度残疾人生活补贴申报工作的通知》要求，磁县发放贫困重度残疾人生活补贴，标准为每人每月50元。2015年3月13日始，磁县发放贫困重度残疾人护理补贴，标准为每人每年260元。根据2015年

12月26日《河北省人民政府关于全面建立困难残疾人生活补贴和重度残疾人护理补贴制度的实施意见》要求，从2016年1月1日起，磁县发放困难残疾人生活补贴和重度残疾人护理补贴（简称“残疾人两项补贴”），困难残疾人生活补贴标准为每人每月55元，重度残疾人护理补贴标准为每人每月50元，同时“残疾人两项补贴”业务由县残联划归县民政局管理。2016年，困难残疾人4051人，发放生活补贴267.366万元；重度残疾人3462人，发放护理补贴207.72万元。2017年，困难残疾人2715人，发放生活补贴182.2095万元；重度残疾人2881人，发放护理补贴165.915万元。2018年1月1日起，困难残疾人生活补贴标准增至66元，重度残疾人护理补贴标准增至60元。至2018年年底，享受生活补贴的困难残疾人1209人、护理补贴的重度残疾人3402人。

第五节　民间组织管理

管理机构

1951年3月，磁县民政局负责社会团体登记。1984年，磁县民政局成立社政股。1998年10月，按照《民办非企业单位登记管理暂行条例》要求，社政股增加登记民办非企业单位业务。2016年9月，县民政局行政许可股挂靠至社政股，社政股更名为行政许可股。2018年1月12日，社会团体和民办非企业成立、变更、注销登记事项划转至县行政审批局。县民政局行政许可股负责对全县社会团体、社会服务机构等社会组织进行管理和执法监督。

社会团体管理

按照1951年3月内务部《社会团体登记暂行办法施行细则》要求，县民政部门开始社会团体登记。社会团体登记1966年停滞、改革开放后恢复。1989年10月，根据《社会团体登记条例》要求，磁县确立社会团体双重分层管理体制，对全县社会团体进行核准登记。1991年，全县有230个社会团体。经清理整顿，1998年登记专业性社会团体8个、学术性社会团体3个、行业性社会团体8个、其他社会团体3个。1999年起，每年3—6月依据有关规定对县属社会团体年检。对连续两年未按时年检、换届、开展活动的社会组织撤销登记。2000年1月，清理整顿全县社会团体，注销、合并各1个，撤销、自动解散各3个，新发展4个。是年年底，留存社会团体17个。2004年，全县登记学会3个、协会19个、联合会1个、委员会1个。2016年9月，行政区划调整，磁县向冀南新区移交社会团体7个。是年年底，留存社会团体65个。2017年5月24日，变更21个，注销12个，撤销21个。至2018年年底，登记备案社会团体42个。

2018年磁县社会团体情况一览表

表24-2

成立时间	单位名称	法定代表人	会员人数（人）
1995年7月18日	磁县白土书画协会	唐史章	50
2001年10月22日	磁县佛教协会	姬占金	56
2003年12月1日	磁县伊斯兰教协会	张振生	63
2004年10月28日	磁县烟花爆竹行业协会	朱庆华	65
2004年12月16日	磁县农资服务行业协会	李红军	61
2005年6月24日	磁县再生资源回收服务行业协会	郑清生	56
2005年7月4日	磁县反邪教协会	秦　娟	58
2005年10月29日	磁县经济作物专业协会	王秀红	59

续表

成立时间	单位名称	法定代表人	会员人数（人）
2006 年 5 月 30 日	磁县农民合作经济组织联合会	范习武	52
2007 年 3 月 9 日	磁县慈善总会	汪振海	53
2008 年 1 月 7 日	磁县老区建设促进会	秦玉亮	57
2008 年 10 月 15 日	磁县生态水网灌区用水户协会	李新方	54
2008 年 10 月 18 日	磁县篮球协会	王震震	60
2010 年 4 月 29 日	磁县见义勇为工作协会	张金山	63
2010 年 11 月 3 日	磁县特种养殖业协会	肖树民	61
2010 年 12 月 9 日	磁县食用菌种植协会	张建兵	57
2011 年 7 月 29 日	磁县女企业家协会	王亚平	63
2011 年 12 月 31 日	磁县成品油流通行业协会	赵志江	67
2011 年 12 月 31 日	磁县太极文化拳友会	魏　铎	59
2011 年 12 月 31 日	磁县食品商会	王永军	62
2012 年 11 月 15 日	磁县农民专业合作社协会	谢维良	50
2012 年 12 月 31 日	磁县新能源商会	陈庆亮	50
2012 年 12 月 31 日	磁县颐寿冬虫夏草行业协会	尚玉林	50
2013 年 5 月 16 日	磁县特种工装行业商会	郭玉新	54
2013 年 9 月 11 日	磁县太极拳协会	张跃宙	51
2014 年 9 月 4 日	磁县种植科技协会	张金山	65
2015 年 12 月 30 日	磁县商铺协会	武　文	67
2016 年 4 月 13 日	磁县象棋协会	李文鹏	62
2016 年 4 月 21 日	磁县童装产业协会	游　川	59
2016 年 9 月 23 日	磁县商友会	杜卓仑	53
2017 年 2 月 17 日	磁县磁州窑研究会	李　锋	50
2017 年 3 月 10 日	磁县农民用水户协会	陈　武	50
2017 年 7 月 21 日	磁县长江支队历史研究会	梁太平	52
2017 年 9 月 7 日	磁县商业贸易协会	常运平	68
2017 年 12 月 28 日	磁县戏迷协会	潘玉荣	58

续表

成立时间	单位名称	法定代表人	会员人数（人）
2018 年 8 月 3 日	磁县广场健身舞协会	栗海霞	63
2018 年 9 月 25 日	磁县健身气功协会	李彦利	52
2018 年 9 月 29 日	磁县名商联盟商会	李孟华	70
2018 年 9 月 29 日	磁县硬笔书法协会	李红星	52
2018 年 11 月 8 日	磁县围棋协会	刘春海	50
2018 年 12 月 6 日	磁县中药材协会	郭清竹	64
2018 年 12 月 10 日	磁县岳城银鱼协会	高　刚	50

民办非企业单位管理

1998 年 10 月 25 日始，磁县登记管理民办非企业组织。1999 年起，每年 3—6 月对县属民办非企业年检，对连续两年未按时年检、换届、开展活动的民办非企业组织撤销登记。2000 年登记民办非企业组织 38 个，2004 年经清理整顿剩 19 个。2016 年 9 月，磁县向冀南新区移交民办非企业单位 18 个。其中，教育类 13 个、医疗卫生类 1 个、职业培训类 2 个、民政类 2 个。是年年底，留存民办非企业单位 69 个。截至 2018 年，全县民办非企业单位 73 个。

2018 年磁县民办非企业单位情况一览表

表 24-3

成立时间	单位名称	法定代表人
2010 年 6 月 1 日	磁县协和医院	苏金全
2011 年 12 月 31 日	磁县冠军青少年体育俱乐部	牛志坤
2012 年 10 月 10 日	磁县北大医院	吴炜炜
2012 年 12 月 31 日	磁县博艺国际幼儿园	龚慧珍
2012 年 12 月 31 日	磁县腾龙学校	秦树平
2012 年 12 月 31 日	磁县新世纪幼儿园	张玉萍
2012 年 12 月 31 日	磁县永峰幼儿园	韩永峰
2012 年 12 月 31 日	磁县哲忠跆拳道馆	魏　军
2012 年 12 月 31 日	磁县朝阳学校	张胜彬
2012 年 12 月 31 日	磁县通乾义跆拳道运动俱乐部	邵敬超
2013 年 1 月 11 日	磁县漳北育星学校	任晓花
2013 年 5 月 9 日	磁县岳城汇文学校	李凤芹
2013 年 5 月 28 日	磁县滏滨中学	李明今

续表

成立时间	单位名称	法定代表人
2013 年 6 月 13 日	磁县育苗双语幼儿园	王保云
2013 年 8 月 2 日	磁县苗苗幼儿园	宋金风
2013 年 8 月 5 日	磁县民生职业培训学校	薛　明
2013 年 9 月 5 日	磁县健康幼儿园	潘美英
2013 年 9 月 11 日	格睿特儿童学园磁县园	张迎军
2013 年 10 月 17 日	磁县星星幼儿园	李福琳
2013 年 10 月 31 日	磁县中兴医院	李建英
2013 年 11 月 12 日	邯郸天兆老年康疗中心	杨进生
2013 年 11 月 20 日	磁县博士苑幼儿园	张晓东
2013 年 12 月 6 日	磁县春艺幼儿园	李晓莉
2013 年 12 月 21 日	磁县启明星幼儿园	张永刚
2014 年 3 月 25 日	磁县济民医院	高海全
2014 年 5 月 19 日	磁县育苗幼儿园	齐卫霞
2014 年 8 月 1 日	磁县新天地幼儿园	郭海军
2014 年 8 月 20 日	磁县童心幼儿园	路俊龙
2014 年 9 月 11 日	磁县新超感跆拳道馆	索卫东
2015 年 2 月 13 日	磁县三妮敬老院	赵德英
2015 年 3 月 5 日	磁县华易幼儿园	吴伟强
2015 年 4 月 10 日	磁县领航学校	吴秀英
2015 年 5 月 18 日	磁县如家养老院	赵秀生
2015 年 5 月 22 日	磁县乐佳学校	王文华
2015 年 6 月 12 日	磁县磁州中学	孙凤芹
2015 年 7 月 30 日	磁县育博幼儿园	张文静
2015 年 9 月 15 日	磁县明仁医院	杨爱霞
2015 年 10 月 28 日	磁县起步双语幼儿园	王文霞
2015 年 10 月 30 日	磁县汉林学校	朱英保
2016 年 5 月 10 日	磁县天天向上幼儿园	王文娟
2016 年 8 月 25 日	磁县尚德国学幼儿园	刘　植
2016 年 10 月 24 日	磁县福馨宝贝幼稚园	万永锋
2016 年 11 月 3 日	磁县星晨幼儿园	刘金周

续表

成立时间	单位名称	法定代表人
2017 年 2 月 23 日	磁县精英中学	崔志安
2017 年 5 月 9 日	磁县衡水第一中学邯郸分校	何占军
2017 年 5 月 27 日	磁县七色光双语幼儿园	王海芹
2017 年 6 月 15 日	磁县阳光幼儿园	陶　莉
2017 年 6 月 19 日	磁县东武仕幼儿园	赵万霞
2017 年 7 月 28 日	磁县步步高学校	韩海江
2017 年 8 月 7 日	磁县仁和学校	孟庆明
2017 年 8 月 15 日	磁县长青树艺术幼儿园	薛　超
2017 年 9 月 12 日	磁县华康医院	韩新杰
2017 年 10 月 13 日	磁县华夏国学幼儿园	王志强
2017 年 10 月 25 日	磁县慈祥托养院	马艳芳
2017 年 12 月 11 日	磁县康乐源老年公寓	吝建军
2017 年 12 月 13 日	磁县同济养老院	赵冬秋
2017 年 12 月 13 日	磁县同济医院	赵冬秋
2017 年 12 月 22 日	磁县慈爱医院	王　聪
2018 年 1 月 3 日	磁县东方医院	周彤彤
2018 年 1 月 5 日	仟帆水上俱乐部	赵志国
2018 年 1 月 5 日	磁县华康养老院	韩新杰
2018 年 1 月 5 日	磁县康寿苑老年公寓	左建伟
2018 年 2 月 11 日	磁县福新养老院	王士云
2018 年 2 月 12 日	磁县文博双语幼儿园	马文博
2018 年 2 月 27 日	磁县夕阳红养老院	杨红学
2018 年 3 月 12 日	磁县翠云养老院	王翠云
2018 年 5 月 17 日	磁县磁州智力和精神残疾人托养服务中心	任建新
2018 年 6 月 21 日	磁县兰陵王画院	王子锦
2018 年 7 月 23 日	磁县武道跆拳道俱乐部	王永民
2018 年 8 月 21 日	磁县怀调戏剧文化传习艺社	王纪军
2018 年 8 月 27 日	磁县金太阳幼儿园	张娇娇
2018 年 11 月 8 日	磁县津桥艺术幼儿园	朱　伟
2018 年 12 月 17 日	磁县萌博士幼儿园	杨现军

第六节 地名管理

管理机构与地名标志

磁县地名委员会办公室（简称“县地名办”）成立于1981年6月4日，隶属于县政府办公室。1984年7月25日，与县地方志办公室合署办公。1996年12月，因县级机构改革，县地名办析出划归县民政局。

2000年磁县规范县城街路名称一览表

表24-4

原　名	更　名	命　名
北二环路	—	磁州路
北一环路	安康路	—
中山大街	中山路	—
建设大街	建设路	—
环城南路	迎宾路	—
磁峰南线	—	恒泰路
铁西路	铁西大街	—
友谊路	友谊大街	—
朝阳路	朝阳大街	—
中山路	鼓楼大街	—
环城东路	滏阳大街	—

说明：东西走向的街道以“路、胡同”作通名；南北走向的街道以“大街、街、巷”作通名。路以鼓楼大街为界限，街以中山路为分界，区分方位

1999年，设置安装107国道磁县段各类地名标志标牌。2000年1月，地名办对城区11条主要街路更名、命名，8月14日公布。2005年12月，对县城内街、路、巷、胡同命名，并对街、路、巷、胡同、门户牌编制安装。2006年，为14条主干道制作标牌34块、113条次干道制作二级道路“丁字牌”（单立柱式街路牌）141块与“借墙牌”（钉装在墙上的街路牌）126块、259条胡同巷道制作

平安路地名标志（2019年 摄）

标牌534块。2011年，对18个社区进行规划，制作门牌号码1.3万余块。2018年，对磁州镇5个人居环境整治重点村安装街路地名标志1500余块。2019年，对磁州镇、讲武城镇、岳城镇、路村营乡、时村营乡5个乡（镇）无村名标志或村名标志损坏的村安装石质村名标志40个，对讲武城镇5个人居环境整治重点村安装街路地名标志3000余块。

县民政局被评为1999年“全国国道设标先进单位”、2009年“省区划地名网建设先进单位”、2004年“全省地名数据库建设先进单位”、2010年“全市地名公共服务工程建设先进单位”。

地名普查

2011年，磁县承担河北省第二次全国地名普查试点县任务。县地名办采集、录入各种要素，查清地名属性信息和地理实体相关信息，对有地无名的和有地名作用的地理实体命名，对不规范地名标准化处理，建立完善四级国家地名和区划数据库（国家地名数据库），建立地名普查档案，推动磁县地名信息化工作规范发展。

地名资料编纂

1997年7月，编制出版《磁县地图》。1998年2月，编辑出版《磁县古迹名胜游览图》；是年8月，编纂出版《磁州博览》地名丛书。2000年12月，编纂《磁县行政单位名录》。2001年3月，编纂《磁县县情概览》；是年12月，编制《磁县行政村名称用字读音审定表》。2013年，编纂《河北

省政区大典》磁县部分。2017年，编制出版区划调整后的《磁县地图》《中华人民共和国标准地名词典》第一部分河北卷磁县部分，编纂《中华人民共和国标准地名词典》第二至八部分河北卷磁县部分及《河北省标准地名录》磁县部分。

第二章 拥军优抚

第一节 拥军优属

拥军

中华人民共和国成立后，每年元旦、春节、八一等重大节日，县委、县政府走访慰问驻磁部队、省荣复军人疗养院、休养院、县光荣院；各单位、各村登门慰问烈军属、伤残军人，挂光荣牌；各行各业挂军人、烈军属优先牌。1999年后，实行现役军人和残疾军人免费乘坐城内公交车，城区各商店、汽车站、停车场、公园等设置“军人优先”标识。2001年为驻磁部队安装电话3部、建立图书室3个，通过办科技讲座、电脑培训班为部队培养人才。成立驻磁军人服务站，提出“驻磁军人有困难，请找当地双拥办”口号，为驻磁部队减免各种费用，提供部队训练用地，投资为驻磁部队铺设专用通讯电缆、安装IC电话。在县法院设涉军案件合议庭，接受军人家属法律咨询30余起，办理涉军案件1起。2002年，成立由县委书记任组长、县长任常务副组长的双拥工作领导小组。定期召开县委议军会、军政领导联席会、双拥领导小组例会，听取驻军意见和建议，及时解决工作难题。是年，将拥军宣传教育列入中小学思想政治课教学内容、县级文明单位评选条件，并纳入各级领导责任考核目标和媒体宣传报道计划。2015年，投资帮助驻磁部队建设营房，改善官兵生活环境。2002年、2005年、2009年、2013年、2017年先后5次被省委、省政府、省军区授予“双拥模范县”称号。1999年后，县内涌现出一批拥军模范。例如，南城乡中史村的女教师成千珍，长期抚育3名烈士亲属，2016年被评为“全国最美家庭道德模范”，并受到国家副主席李源潮接见。

2017年12月，10余年坚持文化拥军的朝阳学校董事长张胜彬被省委、省政府、省军区授予“河北省爱国拥军先进个人”称号。

优属

1999年后，磁县继续开展优属工作。2003年，县财政拨付资金用于解决优抚对象困难。春节期间，发放优抚对象慰问面粉，棉大衣。2018年2月，为全县烈属、军属、退役军人住房门前悬挂“光荣牌”。

第二节 退役军人安置

机构

1984年3月9日，磁县退伍军人和军队离退休干部安置领导小组成立，退役军人安置办公室设在县民政局。2019年1月，县机构改革，此项工作划转县退役军人事务局。

退役士兵安置

1999年后，对入伍的非农业户口青年，由县退役军人安置办公室发放由省政府印制的《河北省非农业户口入伍青年优待安置证》，凭证可享受优待和安置政策。每年由县退役军人安置办根据当年全县符合条件的退役士兵总量、县直各单位职工人数和经济效益等情况，制订安置分配计划，报县政府批准后执行。待安置期间，由政府发给生活补助费。

2004年12月，磁县印发《磁县城镇退役士兵自谋职业实施办法》，发给一次性经济补助，鼓励城镇退役士兵自谋职业。2011年10月后，执行《退役士兵安置条例》规定。士兵退役后，分别采取领取退役金后自主就业、安排工作、退休、供养4种方式安置，不再以户籍性质为依据安置。选择自主就业的退役士兵由县政府给予一次性经济补助，退役1年内本人可享受一次免费职业教育和技能培训。

2018年7月，磁县放宽安置地限制，士兵服现役期间父母户口所在地变更的，可随父母任何

一方安置。经本人申请，也可在配偶或者配偶父母任何一方户口所在地安置。退役士兵待安排工作期间，县政府按照上年度最低工资标准逐月发放生活补助。

军队离退休干部安置

1982 年始，县民政局负责县内军队离休、退休干部服务管理工作。根据国家规定，1993 年 10 月起，军队离休、退休干部病故后一次性发给离、退休干部、士官遗属 12 个月的基本离、退休费。1995 年，按照规定，因战因公伤残、瘫痪、双目失明等生活不能自理、饮食起居需要扶助、年满 70 周岁的离休干部，每人每月享受护理费 800 元。2010 年 7 月、2014 年 1 月、2015 年 1 月先后增长数额。2004 年 10 月 1 日，为病故军队离休、退休干部发放一次性抚恤金，标准为上年度全国城镇居民人均可支配收入的 2 倍加本人 40 个月的基本工资。获得荣誉称号或者立功的烈士、因公牺牲军人、病故军人，其遗属在应当享受的一次性抚恤金基础上，按照比例增发一次性抚恤金：获中央军事委员会授予荣誉称号的增发 35%；获军队军区级单位授予荣誉称号的增发 30%；立一等功的增发 25%；立二等功的增发 15%；立三等功的增发 5%。多次获荣誉称号或者立功的烈士、因公牺牲军人、病故军人，其遗属由县民政局按照其中最高等级奖励的增发比例，增发一次性抚恤金。

军队离退休干部休养所

磁县军队离休退休干部休养所（简称“县军休所”）始建于 1986 年 10 月，隶属县民政局，位于朝阳北大街朝阳胡同。1995—2019 年，县军休所经历 1 次改造、4 次搬迁。2019 年 1 月划归县军退局管理，迁至县军退局办公楼内。县军休所面积 120 平方米，设办公室、会议室、休息室、图书阅览室、健身活动室，定期组织军队离、退休干部学习政治知识，安排参加庆典活动，对部分离、退休干部安排担任荣誉职务。1986—2019 年，县军休所先后接收军队离、退休干部和无军籍职工 36 人。至 2019 年年底，所内有军队离休退休干部、无军籍职工和遗属 15 人。

2006 年，县军休所被省民政厅评为“河北省移交政府安置的军队离休退休干部休养所行风建设先进单位”，2007 年被市政府评为“全市民政工作先进单位”，2009 年 9 月被民政部、总政治部评为“全国军休系统先进单位”，2015 年 12 月被省民政厅评为“一星级军休服务管理机构”。

第三节　优待抚恤

优待

1999—2019 年，磁县优待金标准按上年度农民人均纯收入和城镇职工年最低工资标准发放。义务兵服役期间，县政府发给其家庭优待金或给予其他优待，优待金标准不低于当地平均生活水平。《磁县在乡优抚对象医疗管理实施办法》规定：2004 年 1 月起，在乡复员军人、病退军人、“三属”（烈士遗属、因公牺牲军人遗属、病故军人遗属）每人每月享受医疗费 10 元，在乡三等伤残军人每人每月享受医疗费 20 元。

抚恤

享受抚恤补助优抚对象包括：伤残人员（残疾军人、伤残国家机关工作人员、伤残警察、伤残民兵民工）、“三属”、在乡复员军人、带病回乡退伍军人、参战退役人员、参试退役人员（原 8023 部队退役人员、其他参加核试验部队退役人员、铀矿开采部队退役人员）、年满 60 周岁农村籍退役人员以及年满 60 周岁烈士子女等人员。

伤残抚恤　伤残抚恤金分因战致残抚恤金、因公致残抚恤金和因病致残抚恤金。按照伤残等级不同，伤残抚恤金分为一至十级。伤残抚恤金标准根据不同的伤残性质和伤残等级参照全国一般职工的工资收入确定，对革命伤残军人实行终身抚恤。1999—2018 年，伤残抚恤金由县民政部门发放。革命伤残军人、因公致残人员外出乘车可优先购票，并享受车船票的半价优待；无依无靠者入住光荣院。在职伤残军人伤口复发治疗由所在单位按工伤待遇对待，治疗期间工资照发；在乡的由县民政部门负责；二等以上革命伤残军人由县以上卫生部门负责给予公费医疗待遇。

1999 年起，磁县提高革命伤残人员伤残抚恤金。在 1998 年标准的基础上，在乡革命伤残人员特等每人每年提高 1800 元，一等每人每年提高 1240 元，其他等级依次递减。在职特等、一等革命伤残人员的伤残保健金，在 1996 年标准的基础上，每人每年分别提高 400 元、300 元。伤残抚恤标准于 2000 年再次上调。2003 年起，每年上调抚恤金，幅度不低于 10%。

定期抚恤　1999 年起，磁县提高“三属”定期抚恤金和生活补助标准。“三属”定期抚恤金在 1998 年省定标准基础上，每人每月提高 27 元。2003 年起，每年上调抚恤金，幅度不低于 10%。2011 年 7 月 1 日起，对县内无工作单位、18 周岁以前未享受过定期抚恤金待遇且年满 60 周岁的烈士子女和中华人民共和国成立前错杀后被平反人员子女每人每月发放 130 元的定期生活补助。2011 年 8 月 1 日起，给 1954 年 11 月 1 日试行义务兵役制后至《退役士兵安置条例》实施前入伍、年龄在 60 周岁以上（含 60 周岁）、未享受到国家定期抚恤补助的农村籍退役士兵发放老年生活补助，补助标准为每服一年义务兵役，每人每月发给 10 元。

1999 年，磁县提高在乡退伍红军老战士、西路军红军老战士、红军失散人员的生活补助标准。在 1998 年标准的基础上，每人每月分别提高 110 元、100 元、10 元。在乡老复员军人定期定量补助，在现有标准的基础上，每人每月平均提高 15 元。是年 7 月 1 日起，磁县将在乡老复员军人定期定量补助提高到人均 100 元。具体标准：抗日战争时期入伍的每人每月由 35 元提高到 110 元，解放战争时期入伍的每人每月由 35 元提高到 100 元，抗美援朝时期入伍的每人每月由 35 元提高到 80 元，带病回乡退伍军人定补标准执行 53 元，其中孤老每月再增加 10 元。2003 年，在乡复员军人定期定量补助每人每月增加 20 元。2004 年，复员（退伍）军人定期补助标准：抗日战争时期入伍每人每月 150 元至 160 元；解放战争时期入伍每人每月 140 元至 150 元；抗美援朝时期入伍每人每月 120 元至 130 元；带病回乡军人每人每月 53 元。

磁县光荣院

磁县光荣院隶属县民政局，是国家集中供养孤

1958 年建于中山东路的县光荣院

老和生活不能自理的抚恤优待对象，并对其实行特殊保障的优抚事业单位。1958 年 9 月，于县城中山东路建立县烈属养老院。1979 年 1 月 1 日，更名为磁县光荣院。1980 年翻修。1991 年增设卫生所。1997 年，投资 200 余万元于磁州路 39 号新建高标准光荣院，占地 4000 平方米，建筑面积 800 余平方米，1999 年投用。光荣院有房屋 30 余间，室内均有暖气、电扇；另配有活动室、娱乐室、医疗室、洗澡间、卫生间、餐厅、厨房等，院配吉普车 1 辆，方便老人就医出入及购买生活用品。是年，住院老人 28 人，工作人员 8 人。2005 年 10 月，投资 510 余万元翻修光荣院，由平房扩建为二层红顶楼房，占地 4666 平方米，建筑面积 2000 平方米，有宿舍 40 间，床位 60 张，新增部分生活设施，改善居住条件。住院老人上交三分之一本人抚恤金，其他生活费不足部分、医药费等，均由光荣院支出。

为响应全省“三院合一”新管理体制，2011 年 8 月，光荣院迁至县中心敬老院，位于友谊北大街西侧。2019 年 3 月因机构改革，光荣院划转至

2005 年 10 月翻修后的磁州路光荣院 （2008 年　摄）

光荣院老人在聊天（2018 年　摄）

著名烈士纪念碑林（2010 年 9 月　摄）

县退役军人事务局，并迁回磁州路原址。2019 年集中供养对象 5 人，在院最大年龄者 94 岁，最小年龄者 64 岁。有床位 40 张，工作人员 4 人。2000 年、2003 年，2006 年、2009 年连续 4 届次被省民政厅命名为“河北省甲级光荣院”。2014 年被省民政厅授予“先进达标光荣院”称号，2015 年 1 月被民政部授予“全国文明优抚事业单位”称号。

第四节　烈士褒扬

烈士评定

1980 年 6 月，国务院发布《革命烈士褒扬条例》。2011 年 7 月，国务院发布《烈士褒扬条例》，新增烈士褒扬金一项内容，《革命烈士褒扬条例》废止。烈士褒扬金标准为烈士牺牲时上一年度全国城镇居民人均可支配收入的 30 倍。由民政部门发给烈士父母或抚养人、配偶、子女；没有父母或者抚养人、配偶、子女的，发给烈士未满 18 周岁的兄弟姐妹和已满 18 周岁但无生活来源且由烈士生前供养的兄弟姐妹。1999—2018 年，县民政局负责烈士评定工作，共评定烈士 1 人，为陶泉乡辉水村村民刘新民。2005 年 7 月 27 日，35 岁的刘新民为救同村落井村民不幸牺牲。2006 年 12 月 1 日，被评定为烈士。

磁县革命烈士陵园

磁县革命烈士陵园位于滏泉湖东侧的凤凰路东段 300 米处，2005 年 1 月开工修建，投资 200 多万元，占地 1.33 万平方米，2006 年 4 月竣工投用，先后被磁县县委、邯郸市委命名为爱国主义教育基地，配备两名专职讲解员。2012 年，对散葬在全县各乡（镇）的部分革命烈士墓集中迁葬园内。2016 年 9 月，被邯郸市政府评为“市级烈士纪念设施”。

陵园内烈士纪念主碑高 6 米，台阶 6 层，寓意纪念世界反法西斯战争胜利 60 周年和中国人民抗日战争胜利 60 周年，由省民政厅原厅长夏玉祥题写主碑题词。陵园分 4 个部分：第一部分是磁县著名烈士纪念碑林。2005 年 4 月，将分散的 33 块革命烈士纪念碑的复制品迁置于此形成碑林。其中，有磁县早期革命斗争领导人王子清、张兆丰、唐寿山、杨三朝、要秉仁等。第二部分是平汉战役纪念碑。安葬有 109 位平汉战役烈士遗骨，其中 100 位为无名烈士。第三部分是磁县革命烈士纪念碑墙。含 102 块石碑，收录磁县在册烈士 2308 名，共刻有 10 万余字。第四部分是重大事件纪念碑。纪念发生在县内的平汉战役、解放磁县城、小车工人大罢工、磁县五一大暴动、磁县主要抗日武装、甘草营农民暴动等史事与组织。

县革命烈士陵园纪念碑（2015 年 9 月　摄）

2011 年 9 月，被磁县国防教育领导小组确定为“磁县国防教育基地”。2012 年 8 月，被磁县县委命名为“磁县爱国主义教育基地”。

举行烈士公祭活动 （2014 年 9 月　摄）

赵日三烈士纪念碑 （2014 年 8 月 12 日　摄）

岗西村二十七烈士纪念碑 （2013 年 11 月 19 日　摄）

公祭活动

2014 年起，每年 9 月 30 日，在磁县革命烈士陵园举行烈士公祭活动。参加公祭活动的人员有县四套班子领导，县人武部部长、政委，县公安局局长、县检察院检察长、县法院院长，漳河经济开发区、磁县经济开发区副县级领导干部，县直各单位、漳河经济开发区党政办主要负责人，公安干警、消防大队、烈士家属、知识分子、企业工人、学生代表、少数民族代表。年均 200 余人参加。

革命烈士纪念设施

1999 年，磁县革命烈士纪念设施有 15 处。2016 年行政区划调整后剩 11 处。1999—2018 年，每年维护、修缮烈士纪念设施。

1999—2018 年磁县革命烈士纪念设施一览表

表 24-5

名称	牺牲时期	地点	备注
白有用等三烈士纪念碑	抗日战争时期	时村营乡白庄村	
李克保等烈士纪念碑	抗日战争时期	观台镇中学院内	
苏克让等七烈士纪念碑	抗日战争时期	岳城镇柿园村	
孙仁、张东道二烈士纪念碑	抗日战争时期	讲武城镇东小屋村	
王吉瑞等三烈士纪念碑	抗日战争时期	时村营乡武吉村	
赵金魁烈士纪念碑	抗日战争时期	北贾壁乡新华村	
岗西村二十七烈士纪念碑	抗日战争和解放战争时期	北贾壁乡岗西村	

续表

名称	牺牲时期	地点	备注
李致敬等三烈士纪念碑	解放战争时期	讲武城镇东曹庄村	
梁生印等六烈士纪念碑	解放战争时期	时村营乡庆和峪村	
张洪涛等六烈士纪念碑	解放战争时期	岳城镇王屯头村	
赵日三烈士纪念碑	解放战争时期	白土镇南涧城村	
杨三朝烈士纪念碑	抗日战争时期	林坛镇军营村	2016年划至冀南新区
王绍堂烈士纪念碑	抗日战争时期	辛庄营乡王庄村	2016年划至冀南新区
田宜之烈士墓碑	解放战争时期	西光禄镇尧丰村	2016年划至冀南新区
郭普和烈士纪念碑	解放战争时期	林坛镇东彭厢村	2016年划至冀南新区

附：碑文选介

平汉战役烈士纪念碑文

平汉战役（邯郸战役）是解放战争中发生在漳河至马头、磁县城至临漳城间国共两党的一次著名战役。国民党十一战区孙连仲部三十军、四十军及新八军45000人，由副司令高树勋、马法武率领，从河南新乡沿平汉铁路线向我晋冀鲁豫解放区大举进犯。我军由邓小平、刘伯承、杨勇率二纵、三纵、太行部队及豫北武装、冀鲁豫军区主力部队与敌作战。整个战役从1945年10月22日至11月2日，历时10天，歼敌两个军，俘虏马法武及官兵3000余人。此次战役我军也伤亡较重，战场周围多处埋葬着众多烈士遗骨。此地存有1958年因修建东武仕水库时从泥河村南水库中迁来的部分烈士遗骨。1997年10月，在水库全部放水修整时，县政府又从泥河村南滏阳河主河道北岸迁至此地109位无名烈士遗骨。

为抚慰革命烈士英灵，教育激励后人，发扬革命传统，争取更大光荣，特立此碑，以供后人缅怀纪念。

磁县人民政府　立

公元2002年4月5日

北贾壁乡岗西村二十七烈士纪念碑文

巍巍太行峥嵘岁月多壮士，虎头山麓革命沃土育英华。

一九三七年，北京卢沟桥的枪声震撼中华大地，日寇铁蹄践踏祖国的大好河山。中国人民在党和毛主席的英明领导下，长城内外燃起抗日烽火，大江南北摆开杀敌战场。日寇占领和村一带后，不断窜扰我村，烧杀奸淫，无恶不作，我村父老惨遭凌辱。于是我村热血男儿在党组织的领导下，组成民兵等抗日救亡队伍，他们白天掩护群众生产，夜间袭击敌人，从而使我村群众得以生存。其中段继俊、段月桂等十一名同志在同敌人的浴血奋战中为国捐躯，血洒疆场。一九四五年八月，八年抗战取得胜利，而蒋介石却与人民争夺胜利果实，祖国大地又一次燃起战争火焰。为了彻底粉碎国民党反动派对解放区的疯狂进攻，我村不少有志青年离开故土，告别父母亲人，挺进大别山，奔赴淮海战场。其中段怀魁、段继雷等十五名同志在决战前线奋勇杀敌壮烈牺牲。新中国成立不久，美帝又发动侵朝战争，妄图以朝鲜为跳板进一步吞并中国。这时，我村又一批英雄儿女响应党和毛主席抗美援朝、保家卫国的伟大号召，跨过鸭绿江，同朝鲜人民并肩作战，打败美帝侵略者，保卫年轻人民共和国，其中苗太河同志在赴朝作战的枪林弹雨中献身于异国疆土。

为缅怀我村二十七位革命烈士的英雄业绩和高尚情操，为教育和鼓励后代子孙，特立此碑以供瞻仰。

段景富撰文　段新太书丹　王美学镌刻

磁县北贾壁乡岗西村党支部、村委会　立

公元一九九七年四月五日

岳城镇柿园七烈士纪念碑文

自七七事变以来，蒋介石匪帮抱定不抵抗政策，以致日寇长驱直入，大好山河多沦敌手。幸赖我中国共产党领导人民艰苦抗战，终于获得了最后胜利。这时人民方庆安居生产，建设一个新的中国。不料国民党反动派匪心不死，勾结美帝挑动内战，又将人民置于水火之中。我党领导人民解放军起而自卫，为解放人民保卫祖国而战。历经八年抗日战争、三年人民解放战争，已将反动派彻底消灭，中华人民共和国亦于本年十月一日正式成立。全国人民无不欢腾庆祝。回顾以往诸英勇战士奋不顾身，或当场壮烈牺牲，或被俘不屈就义。他们对于革命事业功勋卓著，视死如归。为了庆祝伟大的新中国诞生、纪念诸烈士，将光荣事迹分别列后，流芳万古，永垂不朽云尔。

一九四九年建设

苏克让　三八年参加独三支队秘书、廿八团侦探排长、参谋处处长及旅部生产部书记，四零年入党，上党战役在沁水县端士镇牺牲。

苏太禄　三零年参加共产党，四一年任地下军组长，四三年被敌人捕获，经严刑拷打，永不屈服，光荣就义牺牲。

苏文学　四二年参加义勇军，司令部侦探排长，四三年入党，在本县莲花山与敌作战，光荣牺牲。

苏全金　四一年参加义勇军，任秘书长，四五年牺牲。

苏约　四五年参加人民解放军，三纵队政治部，四七年在山东鱼台县与敌作战牺牲。

黄学贵　四二年参加义勇军，四三年在林县与敌作战牺牲。

苏华　四二年参加区干队，四三年被日敌捕获牺牲。

全体干部同修

公元一九六三年岁次癸卯　阳历

十月一日　阴历八月十四日　重立

岳城镇王屯头村六烈士纪念碑文

七七事变后，日寇入侵，蒋匪南逃，大好山河沦陷敌手，地主恶霸压榨敲诈，千万群众流离失所，家破国亡的悲惨境遇，激起无数爱国志士投身于抗日救国运动。洪涛、学书等同志就是在党的号召下奔入革命队伍的有为青年。一九三八年，洪涛到抗日政府受训，武装革命头脑，根据工作需要，分配到冀南大队任指导员。一九四一年，学书同志任屯头小区委。洪涛同志回村，在地下党的组织领导下，及孙仁区长的直接指导下，和学书、明正等六名同志与群众同甘共苦，开展一系列的革命工作。首先，搞合理负担，由全部按亩摊派改革为每人兑税一亩，负担的抗日农业税收政策使广大的贫下中农扬眉吐气，打击地富封建集团；接着，又搞雇工增资，使几十个村的所有长工增加工资百分之三十五，从而壮大党的群众基础；并通过合法的民主斗争夺取村政权。洪涛等同志适时地发动群众破敌人交通网的斗争，从河南到河北、从城镇到乡村，数次剪电线运动，一次就剪四五里之多，使敌惊慌失措、心神不安。由于洪涛、学书、三德等同志屡建功绩，打击敌伪光焰，引起无耻汉奸王伦山阴谋杀害我抗日救国的忠实干部，曾密差地主国民党员刘树南、王洪全刺探情况。三同志不幸于一九四三年八月九日被捕，一同被杀害于屯头寺院，壮烈牺牲，死时洪涛年仅二十八岁，学书二十二岁。噩耗传群众，皆痛哭失声，悼念烈士，痛恨奸党。彭如同志是一个勇敢善战的指战员，领导抗日武装转战漳河南北，不幸在田庄与伪第一路军作战中受伤。一九四三年七月在屯头养伤时，被汉奸王伦山、刘风楼枪杀。薛明正同志除协助洪涛工作外，还担任地下交通站工作，奔波于晋冀鲁豫等省，送文件、散传单、贴标语，不怕任何艰险；解放后，任农会会长时领导群众实行减租减息、雇工增资、土地改革，大闹翻身运动，但万恶的还乡团张洪熏、陈广太竟下毒手，于一九四六年十二月十日将该同志惨杀于漳河中。吕玉堂同志在担任村武委会主任时，立场坚定、斗争勇敢，缴获地主伪军很多武器，扩大我武装力量，但在一九四七年二月二十八日不幸被民族败类、汉奸刘风楼利用叛徒王国田、王明德将该同志捕去，残酷地杀害于河南，英烈吕玉堂同志光荣殉国。

张洪涛同志系北屯头村人，学生出身，中农

成份，于一九三八年参加中国共产党，曾任冀南大队指导员。

彭如同志系山西人，曾任区干队副队长，中国共产党员。

薛明正同志系北屯头村人，农民出身，贫雇农成份，于一九三零年参加中国共产党，曾任村农会会长等职。

邵学书同志系北屯头村人，农民出身，贫雇农成份，于一九四零年参加中国共产党，曾任小区区委等职。

吕玉堂同志系北屯头村人，农民出身，贫农成份，中共正式党员，曾任村武委会主任等职。

陈三德同志系时村营公社陈家庄村人，农民出身，贫农成份，一九四二年参加地下游击队。

第三章　社会保障

第一节　贫困救助

城乡居民最低生活保障

1998年，磁县出台《磁县农村居民最低生活保障制度》《磁县城镇居民最低生活保障制度》，最低生活保障（简称“低保”）政策启动，负责机构为县民政局。城镇低保标准为每人每年960元，农村低保标准为每人每年600元。是年，集中核查第一批申报户，严把低保户纳入关。城镇低保纳入66户，农村低保纳入640户。

2002年，磁县低保扩面，城镇低保享受户数由2001年84户增至1643户；农村低保享受户数由2001年635户增至804户。

2005年12月6日，按照《关于完善农村居民最低生活保障制度的通知》要求，农村低保标准增至每人每年720元。是年，享受城镇低保2519户、6430人，农村低保2037户、4160人。

2008年9月23日，按照《关于适当提高城乡居民最低生活保障标准的通知》要求，农村低保标准增至每人每年990元，城镇低保标准增至每人每年1800元。2009年，享受城镇低保4747户、农村低保7755户。

2010年9月25日，按照《关于适当提高城乡居民最低生活保障标准的通知》要求，农村、城镇低保标准分别增至每人每年1380元、2940元。是年，享受城镇低保4976户、10383人。

2011年7月4日，按照《关于适当提高城乡居民最低生活保障标准的通知》要求，农村、城镇低保标准分别增至每人每年1524元、3120元。2011年10月10日，按照《关于提高城乡居民最低生活保障标准的通知》要求，农村、城镇低保标准每人每年分别增至1800元、3720元。

2012年11月12日，按照《关于提高城乡居民最低生活保障标准的通知》要求，农村、城镇低保标准分别增至每人每年2208元、4320元。是年，享受农村低保8509户、16905人，城镇低保5157户、9860人。

2013年12月30日，按照《关于对最低生活保障、农村五保供养、孤儿养育三项社会救助标准进行调整的通知》要求，2014年起，农村、城镇低保标准分别增至每人每年2760元、6000元。

2014年，成立“磁县低收入家庭经济状况核查中心”，机构设在县民政局，对低保对象逐人逐户入户走访，保障低保政策精准实施。

2015年12月10日，按照《关于调整农村最低生活保障标准的通知》要求，2016年起，农村、城镇低保标准分别增至每人每年3096元、6000元。2016年，全县享受城镇低保3422户、农村低保8292户。

2017年2月8日，按照《关于调整城乡最低生活保障标准的通知》要求，是年起，农村、城镇低保标准分别增至每人每年3660元、6720元。是年，实施低保上墙公示制度，在全县城乡低保户家门口用红漆喷上“城乡低保户”字样，接受社会监督，遏制“人情保”“关系保”，核减城乡低保户4000余户，基本实现“应保尽保”“应退即退”。

2018年2月28日，按照《关于调整城乡最低生活保障标准的通知》要求，2018年1月起，农村、城镇低保标准分别增至每人每年4100元、7440元。

2019年，上级印发《关于调整城乡最低生活保障标准的通知》，农村、城镇低保标准增至每人每年分别为4510元、8184元。是年，全县农村低保4232户、7849人，城镇低保279户、505人。

农村“五保”、特困人员救助

1999—2013年，农村“五保”（保吃、保穿、保住、保医、保葬，孤儿保教）救助由乡（镇）负责。2004年，全县有“五保”对象438户、457人。其中，集中供养256户、256人，分散和家属供养182户、201人。2011年7月18日，磁县印发《关于进一步提高“五保”对象供养标准的通知》，将“五保”对象集中供养标准由每人每年1500元增至2760元、分散供养标准由每人每年1300元增至1920元。

2013年12月30日，磁县印发《关于对最低生活保障、农村“五保”供养、孤儿养育三项社会救助标准进行调整的通知》，决定从2014年起，“五保”对象集中供养标准增至5700元、分散供养标准增至4260元。是年，分散“五保”供养1371户、1454人，集中“五保”供养194户、197人。

2016年，国务院印发《关于进一步健全特困人员救助供养制度的通知》，将原城市“三无”（无劳动能力，无生活来源，无法定赡养、抚养、扶养义务人）、孤儿、农村“五保”对象统称为特困供养对象。

2017年4月10日，磁县印发《关于调整特困人员救助供养标准的通知》，规定集中供养特困人员救助标准是城镇低保标准（每月560元）的1.3倍，救助金为每月730元；农村分散供养特困人员救助标准是农村低保标准（每月305元）的1.3倍，救助金为每月400元。是年，“五保”分散供养939户987人、集中供养148户149人。

2018年3月20日，磁县印发《关于调整特困人员救助供养标准的通知》，规定集中供养特困人员救助标准不低于城镇低保标准的1.3倍；农村分散供养特困人员救助标准不低于农村低保标准的1.3倍。2018年年底，全县有特困人员1161人，全年发放资金775万余元。

2019年5月，磁县出台《关于调整特困人员救助供养标准的通知》，规定城镇特困分散救助标准每月890元，农村分散供养特困人员救助标准每月490元。照料护理费标准分三档发放补贴金。一档：全护理特困人员照料护理费按照当地最低工资标准的20%给予每人每月320元。二档：半护理特困人员照料护理费按照当地最低工资标准的10%给予每人每月160元。三档：全自理特困人员照料护理费按照当地最低工资标准的3%给予每人每月50元。2019年，农村分散特困人员1148户、1198人，城镇分散供养44户、47人，城乡集中供养167户、168人，累计发放特困救助金823.83万元；全自理特困人员1099人，半护理特困人员210人，全护理特困人员104人，累计发放特困护理费136.28万元。

临时救助

2007年，磁县探索建立临时生活救助制度，通过资金、物资救助，解决因突发性事件、意外伤害或因家庭刚性支出较大导致的临时性基本生活困难。是年，临时救济贫困群众1500余户、发放救助金30余万元。2016年9月，印发《关于进一步做好临时救助工作的通知》，规定临时救助是对遭遇突发事件、意外伤害、重大疾病或其他特殊原因导致基本生活陷入困境，其他社会救助制度暂时无法覆盖或救助之后基本生活暂时仍有严重困难的家庭或个人给予的应急性、过渡性救助。2017—2018年，1000元以下临时救助金审批权下放至乡（镇），群众可就近领取。2019年5月，印发《关于进一步做好临时救助工作的通知》，将临时救助对象分为急难性救助对象、支出型救助对象两大类，通过发放临时救助金与为困难群众购买米、面、油、棉被等基本生活物资，解决其基本的生活困难。是年，累计发放12149人次，使用临时救助资金621万余元。

磁县救助管理站

磁县救助管理站成立于2004年5月18日，隶属县民政局，为具有独立法人资格的股级事业单位，负责全县生活无着落流浪乞讨人员的救助管理。2012年起，每年6月19日为救助管理站“开放日”，在县城重点区域，向市民发放流浪乞讨人员救助宣传材料，倡导主动救助、人性化救助理念，呼吁关注社会弱势群体；倡导发现无家可归人员，及时拨打救助电话，或引导、护送至救助站接受救助。

2013 年 4 月，该站迁至县中心敬老院，建筑面积 400 余平方米，床位 10 张，配有紧急救助宿舍、未成年人及成年人救助宿舍、登记室、物品存放室、餐厅、浴室、活动室等，提供食宿、教育、管理、送返、心理疏导等服务。2013—2019 年，每年开展“夏季送清凉”“寒冬送温暖”专项救助活动。“夏季送清凉”活动时间为 6 月 15 日至 8 月 31 日；“寒冬送温暖”活动时间为 11 月 15 日至次年 3 月 15 日。活动期间，对重点区域和重点时段加强巡查，保障流浪乞讨人员“发现一个，保护一个，救助一个”。

2005—2018 年磁县救助管理站救助人数一览表

表 24-6　　单位：人

年份	人数	年份	人数
2005	35	2012	216
2006	100	2013	254
2007	226	2014	63
2008	275	2015	83
2009	291	2016	74
2010	218	2017	54
2011	238	2018	59

磁县儿童福利部

磁县儿童福利部成立于 2016 年 9 月 11 日，隶属县民政局，位于县中心敬老院内，建筑面积 350 平方米，设有孤（残）儿童活动室、无障碍通道设施，有工作人员 4 人。负责孤儿接收、安置、家庭寄养、教育、收养、医疗、康复、护理等。福利部接收弃婴或被救儿童后，首先对其进行体检，有病及时治疗，无病安排护工照顾，同时在寻亲公告平台发布寻亲公告。孤弃儿童补贴每人每月 1150 元，由儿童福利部统一管理。儿童接收满 12 个月后，对符合收养条件的儿童安排家庭收养。救助儿童 2016 年 1 人、2017 年 2 人、2018 年 7 人、2019 年 2 人。

孤（残）儿童活动室 （2018 年 摄）

第二节 社会保险

（详见第二十三编第四章社会保障）

第三节 医疗救助

2003 年，磁县制订《农村特困群体医疗救助暂行办法》。是年，救助恶性肿瘤、心脏病、脑血管等重大疾病患者 2889 人。2004 年，对部分特困医疗对象给予特别救助，救助金额每次 500 ～ 5000 元。是年，为 95 户、100 余人提供医疗救助，总金额 22 万元。2008 年，磁县改医后救助为医前、医中、医后三个阶段救助。重大疾病患者每年救助总额最高5000元，基本缓解农村大病患者无钱就医困难。是年，为全县756名患者提供救助金119万元。

2009年起，对特别困难户、特殊病种进行重点救助。对医前救助白血病患者5人各5000元，其他重症患者50人救助19万元，医后因病返贫1332人救助132万元。2010年，对大病医疗困难950人救助189万元，并报销残疾人门诊医疗费用。2012—2015年，对城乡大病医疗困难群众3993人救助836.15万元。

2016年6月27日，磁县印发《关于进一步完善城乡医疗救助制度的实施意见》，规范救助方式、标准、申请、审批程序。是年，对148户救助33.73万元。2017年，将建档立卡贫困户纳入医疗救助范围，标准为住院医疗费80%，门诊医疗费1000元以上部分的70%；“五保”对象住院医疗救助比例为100%，低保对象为70%，并按当年标准资助所有农村低保、特困人员参加城镇居民基本医疗保险。2018年，对446人救助132.55万元。

第四节　老龄工作与机构

老龄工作

1999—2001年，磁县敬老养老工作由县民政部门负责。2002年，县城18个社区居委会开办各种群众服务站点，为孤寡老人提供服务，使城镇敬老助老活动日常化。2005年上半年，县民政局组织对全县60岁以上老人进行普查并登记造册。经普查，全县60岁以上老人70570人，占全县总人口11.2%，其中有3名百岁以上老人。是年，办理老年优待证400余个。实行70岁以上老人免费乘坐城区6路、7路公交车的优惠政策。百岁以上老人每人每月发给100元生活补助金。

2009年，为全县1万余名老年人办理意外伤害保险，投保金额11.3万元；重阳节前夕，慰问全县20名高龄贫困老人。2010年，办理老年优待证1500个。2011年3月，全县启动农村互助幸福院建设，是年建成并投用213个。2012年，办理老年优待证1053个；重阳节逐户慰问4名百岁老人和22名高龄贫困老人，人均200元现金、300元物品；10月，开展“敬老、爱老、助老”为主题的敬老月活动。2013年，办理老年优待证863个，为全县逾80周岁的6282名老人发放高龄老人补贴234.0万元。2014年，办理老年优待证681个。是年，281个村成立基层老年协会，覆盖率76%；重阳节对2名百岁老人入户慰问；10月敬老月活动期间，组织各乡（镇）及涉老部门为老年人演出节目。是年，参加助老健康御险1358人，参保金额4.07万元。

2015年，全县80岁以上高龄老人6381人，每季度发放高龄生活津贴63万元，助老健康御险参保人数7200余人次，参保金额21.1万元。2016年，全县80岁以上高龄老人7000余人，每季度发放高龄生活津贴65万元，助老健康御险参保人数5926人次，参保金额22.5万元。2017年，全县助老健康御险参保人数4872人次，参保金额23.86万元；建设农村精品互助幸福院12所。全县累计建设农村互助幸福院228所。敬老月活动期间，发放宣传单5000余份，干部、职工、学生、爱心人士等向困难高龄老人献爱心、送温暖，慰问困难高龄老人500余人次。2018年7月1日始，发放经济困难的高龄、失能老人养老服务补贴，补贴标准为每人每月100元，全县有78人享受补贴。2005年、2010年，磁县先后两次被省老龄委授予“河北省老龄工作先进单位”称号。

公办养老机构

磁县中心敬老院　位于县城友谊北大街288号，占地3.23万平方米，建筑面积1.91万平方米。该院是2009年全县十大民生工程之一，于

磁县中心敬老院（2019年5月　摄）

2009 年 5 月开工建设，投资 5000 万元，2010 年 10 月投用。中心敬老院工程标准参照《河北省星级敬老院标准》，集住宿、用餐、医疗、保健、娱乐于一体，设有老年教室、娱乐室、恳谈室、健身房等场所，住宿按照标间设计，配备 6 部电梯（2 部医用，4 部普用），绿化率 50% 以上，是一座现代化的花园式敬老、养老服务中心。服务对象为国家集中供养的特困供养人员。初期，在院集中供养城乡特困人员近 400 人。2018 年，有床位 282 张，入院人数 148 人。其中，年龄最大的 89 岁、最小的 23 岁。有管理人员 6 人，工作人员 43 人。2010 年被评为“全省三星级五保供养中心”，2010 年被民政部授予“全国模范敬老院”称号，并获“河北省五保工作先进县”“全省养老服务体系建设先进县”称号，2013 年被评为“全市十佳公共建筑”“全市园林式单位”。

磁县民政局社会养老院　成立于 2014 年 1 月，位于磁州路民政局后院，为县民政局下属事业单位，承担社会人群的养老任务。工作人员 8 人，其中管理人员 3 人、服务人员 5 人。2019 年因机构改革，民政局社会养老院迁至县中心敬老院，房间总数 45 间，床位总数 50 张，入住老人 25 人，最大年龄为 95 岁。

民办养老机构

截至 2018 年，全县有民办养老机构 9 家。

磁县三妮敬老院　位于北贾壁乡西庄村，占地 2000 余平方米，建筑面积 1300 余平方米，有房屋 23 间，床位 32 张，2008 年营业。2015 年 2 月，投资 100 余万元，参照《河北省星级敬老院标准》扩建，集住宿、用餐、医疗、保健、娱乐于一体，设老年活动室、娱乐室、健身广场等场所。入院老人由 2008 年 10 人增至 2019 年 46 人。多次收留流浪人员，承担起磁县山区特困人员集中供养的任务。

三妮敬老院（2018 年　摄）

磁县康乐源老年公寓　位于磁州镇大营村西，占地 7000 多平方米，建筑面积 4000 平方米，床位 110 张。有单人间、双人间及多人间，房间内配备卫生间、热水器、空调、医疗护理床、专业医疗呼叫设备、无线网络、电视机等，院内配有棋牌室、阅览室、餐厅、健身房、娱乐室、大型活动室、医疗室等。2017 年 11 月营业。2019 年入住老人 69 人。其中，完全自理 38 人，半自理 20 人，全护理 11 人。有护理员 11 人、医护人员 3 人。

磁县康寿苑老年公寓　位于磁州镇西王庄村，占地 2500 平方米，建筑面积 2000 平方米，床位 52 张，集吃、住、医、娱乐、康复于一体，提供自理、半护理、全护理服务，设有单间、双人间、多人间、护士值班室，房间配备电视、中央空调、呼叫对讲系统、独立衣柜、沙发、茶几、卫生间和冷热水设施，无线网络信号全覆盖，配有娱乐室、棋牌室、健身室、康复室、按摩室、阅览室等设施。2018 年 9 月营业。2019 年，入住老人 15 人。

磁县如家养老院　位于磁州镇西侯召村东路南，占地 4000 多平方米，建筑面积 2000 多平方米，房间 30 间，床位 60 余张。该院配备餐厅、棋牌室、图书室和健身、供暖、消防设施。2015 年 2 月营业。2019 年入住老人 36 人。其中，自理 29 人，半护理 5 人，全护理 2 人。护理工 6 人。

磁县慈祥托养院　位于磁州镇东槐树村，占地 1500 平方米，建筑面积 1200 平方米，床位 35 张，配有呼叫系统、消防烟感报警器、数字电视等设施。2016 年 2 月营业。2019 年入住老人 10 人。其中自理 2 人，半护理 3 人，全护理 5 人。护理人员 3 人。

磁县华康养老院　位于县城友谊南大街 7 号，占地 1500 平方米，建筑面积 2800 平方米，床位 25 张。有单人间、双人间及多人间，房间配备卫生间、热水器、中央空调、康复护理床、专业呼叫设备、无线网络、电视机、衣柜等，院内有配套的棋牌室、阅览室、餐厅、健身房、娱乐室、

活动室等，是城乡医保定点服务机构。2018 年营业。2019 年入住老人 5 人。护理工 3 人，医护人员 2 人。

磁县福新养老院 位于讲武城镇高庄村南，占地 6000 多平方米，建筑面积 1500 平方米，床位 32 张。配备专业医疗呼叫设备、无线网络、电视机等。2017 年 4 月营业。2019 年入住老人 19 人。其中，自理 10 人，半护理 7 人，全护理 2 人。有护理人员 4 人。

磁县翠云养老院 位于县城健康街 13 号，占地 5000 平方米，建筑面积 3000 平方米，床位 39 张，装配数字电视、呼叫系统、消防烟感报警器，冬有暖气、夏有电扇；配备活动室、娱乐室、图书室、餐厅等设施，全院建设无障碍通道。2015 年 6 月营业。2019 年入住老人 35 人。自理 25 人，半护理 8 人，全护理 2 人。护理人员 5 人。

磁县夕阳红养老院 位于路村营乡东武仕村，建筑面积 1017 平方米，床位 20 张，装配彩电、床前呼叫系统等，配备餐厅、棋牌室、阅览室等，院内建设无障碍通道。2014 年 1 月营业。2019 年入住老人 13 人。其中，自理 6 人，半护理 6 人，全护理 1 人。护理人员 4 人。

第四章　扶贫与抗灾赈济

第一节　扶贫开发

实施“八七”扶贫攻坚计划

1994 年，磁县实施“八七”扶贫攻坚计划（国家用七年时间解决八千万人口温饱问题）。截至 1999 年，全县的省定贫困人员解决温饱问题，4 个特困村、22 个贫困村脱贫出列。通过实施“八七”扶贫攻坚计划，贫困地区的基础设施建设得到加强、生态环境有所改善。1994—2000 年，完成 1 万公顷中低产田改造，修整渠道 1.8 万米，修堰 4.5 万米，新增水浇地 667 公顷、旱涝保收田 6667 公顷、经济园林 1333 公顷。建成 3333 公顷林果基地、农田林网 1 万公顷，飞播造林 6667 公顷，治理水土流失面积 20.9 平方千米。打水窖 7000 眼，解决 60 个村、5 万余人饮水困难。投资 250 万元硬化村路 300 千米，实现村村通车。投资 9428.8 万元，基本完成农村电网改造。投资 170 余万元对陶泉乡合山村实施易地搬迁（迁至路村营乡）。全县调减粮食种植面积 5333 公顷，山丘区推广脱毒甘薯 4000 公顷、杂交油葵 G101 品种 2000 公顷。发展酸枣嫁接大枣 100 万棵、柿树 30 万棵、花椒 4000 公顷。发展农业产业化，建成养猪基地 3 个、10 万头养猪场 1 个、千头养猪场 15 个，猪存栏 30 万头，年产值 3 亿元。建成科技示范村 60 个，发展科技示范户 3000 个，培养科技致富能手 800 人。在台城乡建立农作物良种繁育基地，繁育小麦良种 333 公顷、抗虫棉种 133 公顷、玉米种 100 公顷，创经济效益 9300 万元。在县城东侧投资 3050 万元，建立国家级农业现代化示范区 6667 公顷。

实施第一个农村扶贫开发十年规划

2001 年，磁县制订第一个农村扶贫开发十年规划。2002 年，县财政投资 430 万元，群众自筹 110 余万元，开展“兴五业、解三难、保温饱、促稳定、加强农村基础设施建设”活动，修路 30 多千米，建水池 8 个。实施旅游产业扶贫，修公路 32 千米。改造中低产田 133 公顷，发展高效农业 1 万公顷、无公害蔬菜 3333 公顷，新增灌溉面积 553 公顷，人工造林 173 公顷，飞播造林 2000 公顷。解决群众热点难点问题 150 余个。新上脱贫项目 120 个，组织科技培训 1000 余人次。2003 年，把人均收入低于 820 元的村作为帮扶重点（省定磁县 17 个扶贫重点村，县定 61 个扶贫工作重点村），78 个县直单位对口帮扶，扶贫周转资金由省、市下拨一部分，县财政支持一部分。2002—2004 年，上级拨付扶贫款 177 万元。2006 年，按“县有品牌、乡有产业、村有基地、户有项目”原则，发展龙头企业，实施品牌战略。其中，山区以炉峰山农副特产品购销站为龙头，发展无公害农产品生产基地，带动贫困人口 580 户、1930 人。是年，开办贫困户科技培训班 13 期，培训 2350 人。免费提供优质谷种 2500 千克、豆种 4650 千克、南瓜种 50 千克、油葵种 50 千克、香菇菌 10 万袋、柿树苗 5 万棵、核桃树苗 3 万棵、枣树苗 1.5 万棵、花椒树苗 4 万棵。通过保护价收购农副特产品 34 万千克，经深加工后高附加值销售，使 2350 名贫困人口人均增收 150 元。

实施第二个农村扶贫开发十年规划

2011 年 12 月，中共中央、国务院印发《中国农村扶贫开发纲要（2011—2020 年）》。2012 年，全县有 8.2 万贫困人口。是年，磁县出台《关于深入推进磁县农村扶贫开发的实施意见（2011—2020 年）》。是年，投资 78.06 万元（争取市财政扶贫配套资金 49 万元），安排项目 14 个，直接扶持贫困户 170 户。2015 年，启动培训项目 24 个，市财政局批复扶贫配套资金 145 万元。其中，陶泉乡西韩沟村油牡丹种植项目，都党乡同义村双季槐种植项目，黄沙镇南黄沙三街观赏树种植项目，陶泉乡齐家岭村果树种植项目，林坛镇洛子村、讲武城镇南十里铺村、白土镇南涧城村、磁州镇侯家沟二街村修路项目等 8 个项目投用，直接受益贫困人口 1934 人。是年 11 月，按照“五看、五不录、六优先”原则（看住房、看大件、看劳力、看产业、看负担，有机动车的不录、有新建住房的不录、有城镇商品房的不录、有公职人员的不录、有较大实体产业的不录，有重病人的优先、有重度残疾的优先、有在校学生的优先、无壮劳力的优先、住危房的优先、重灾户优先），移除不符合标准 108 户、234 人。精准识别出全县贫困人口 8396 户、15108 人，为精准脱贫奠定基础。2016 年，根据《中共磁县县委、磁县人民政府关于进一步加大脱贫攻坚力度打赢脱贫攻坚战》要求，重点推进现代农林扶贫，对接市场、集约经营，扶持建设一批贫困人口参与度高、集中连片现代农业示范基地和农业园区；推进旅游扶贫，以美丽乡村为基础，围绕乡村风光、乡村文化和乡村生活等重点，扶持贫困人口直接参与观光型、休闲型、体验型等旅游项目。2016—2019 年，磁县第二个农村十年规划与磁县脱贫攻坚战合并实施。

第二节　脱贫攻坚

2015 年 11 月 29 日，中共中央、国务院颁布《关于打赢脱贫攻坚战的决定》，确保到 2020 年农村贫困人口实现脱贫。自此，磁县县委、县政府把脱贫攻坚作为重大政治任务和第一民生工程。

工作机构

2017 年 8 月，按省、市要求，磁县成立由县委书记、县长任双组长，县委副书记任常务副组长，县领导和相关部门主要负责人为成员的领导小组。12 月 19 日，组建县扶贫开发领导小组办公室，配备 8 名干部（其中科级干部 2 名），进一步强化扶贫专抓力量。同时，乡（镇）设立扶贫工作站、农村设立扶贫工作室，明确专抓人员，保障扶贫工作高效推进。2018 年 6 月 20 日，县扶贫开发领导小组办公室更名为县扶贫开发和脱贫工作领导小组办公室（简称“县扶贫办”），下设农业扶贫、旅游扶贫、就业扶贫、教育扶贫、医疗扶贫等 12 个专项推进组。

就业与产业扶贫

2017 年 9 月，县内开展农村贫困人口建档立卡“回头看”工作，确定建档立卡贫困人口 1272 户、3122 人。2018 年 6 月 12 日，召开县扶贫开发和脱贫工作领导小组会议，确立“一中心四基地一示范区”扶贫方案。就业扶贫方面打造“一中心”，即创业扶贫培训中心；产业扶贫方面打造“四基地一示范区”。“四基地”即脱毒甘薯、蒲公英、双孢菇、艾草产业扶贫基地；“一示范区”即天保寨旅游扶贫示范区。

依托“一中心四基地一示范区”和贫困群众特点，因户因人施策，做到精准扶贫。

就业扶贫　对 778 名贫困人口开展引导性培

全县扶贫脱贫工作推进会（2017 年 12 月 20 日　摄）

训和技能培训，组织劳务输出215人，本地就业210人；通过资产收益安排277名贫困人口就近参加保洁等公益岗位，每人每年工资6000元。

产业扶贫 对有劳动能力且有发展意愿的贫困户，按“公司+基地+贫困户”方式，引导130户贫困户开展户企合作，种植脱毒甘薯5.75公顷，统一供苗，统一服务，保底收购，亩均增收3000元；为23个贫困户发放扶贫小额信贷99.5万元，支持发展种植、养殖业和服务业。对无劳动能力的489个贫困户，按照每户1万元标准直接入股分红，每户每年分红1000元。

创业扶贫培训中心 该培训中心于2018年8月创办运营，位于童装城园区内，建筑面积3500平方米，配备培训操作室10个，教学设备200余台。坚持“培训一人、就业一人、脱贫一家”理念，统筹整合创业就业孵化基地、艾业小吃培训学校、职教中心和中标培训学校资源，开设家政服务、小吃制作、电工、电焊、物流配送、养老服务、手工编织、烹饪面点和农村电商产业等课程，对有培训意愿的贫困人口，开展点对点精准培训，增强贫困人口创业就业本领。

面点培训 （2018年　摄）

贫困人员职业培训现场 （2018年　摄）

脱毒甘薯产业扶贫基地 该基地建于2002年1月，位于漳河经济开发区，项目占地166.67万平方米，基地运作主体为邯郸市禾下土种业有限公司。按照“宜培训则培训，宜合作则合作，宜入股则入股，宜打工则打工”思路，通过“入股分红”方式，200个无劳动能力的贫困家庭每户每年增收1000元；通过“技术扶持与产业带动”方式，帮扶130个贫困户种植脱毒甘薯，亩均增收3000元；通过“季节用工”方式，吸纳农村劳动力就近就业500余人，年均增收超万元。

脱毒甘薯基地起秧苗 （2018年　摄）

蒲公英产业扶贫基地 该基地建于2007年8月，位于讲武城镇八里冢村，项目占地13.3万平方米，由邯郸市金益农生物科技有限公司建设。该基地与100个无劳动能力的贫困户签订扶贫资金分红协议书，每户入股资金1万元、年收益1000元。

蒲公英产业扶贫基地 （2017年　摄）

艾草产业扶贫基地　该基地建于2018年10月，位于漳河经济开发区，项目占地108.73万平方米，由河北申美农业开发有限公司建设。集艾草种植、深加工并与相关产业链组合发展于一体。采用“龙头企业（公司）+农户”经营模式，带动周边农户种植艾草107公顷。2019年，吸纳讲武城镇小寨村、南白道村、北白道村、东陈村、西陈村、孟庄村等10多个村贫困人员和剩余劳动力1000余人，增收120余万元，人均增收1200元。此外，双孢菇和艾草两个基地吸纳197户无劳动能力贫困户入股，每户入股资金1万元，年收益1000元。

种植艾草　（2018年　摄）

双孢菇产业扶贫基地　该基地建于2018年9月，位于黄沙镇申家庄村，项目占地13.3万平方米，由河北申美农业开发有限公司建设。主要种植双胞菇、草菇、鸡腿菇、袖珍菇、平菇等食用菌。建设栽培大棚130栋。至2019年，建成大棚30栋，累计出菇225吨。

双孢菇产业扶贫基地一角　（2018年　摄）

天保寨旅游扶贫示范区　该示范区位于陶泉乡域内，由河北申美旅游开发集团有限公司建设。按照“旅游+扶贫”发展思路，通过成立农村产业经济合作组织方式，吸纳当地农户和贫困人口参与，将单纯帮扶转化为产业推动、双向互利、协同发展，实现“三业”（就业、创业、兴业）富农。该项目占地2000公顷。至2019年，累计种植各类景观和经济林木70多万棵，绿化山场400余公顷；修建悬崖栈道2000余米，开辟登山步道10余千米，改造提升精品登山线路2500米，新改扩建行车公路3000米；新建羊肚菌试验性种植大棚20栋，棚年产值3万余元。

天保寨　（2018年　摄）

其他扶贫措施

“一对一”结对帮扶　2017年12月19日，磁县印发《关于建立完善贫困户精准帮扶机制的通知》，按照“一对一”结对帮扶要求，为每个贫困户明确一名帮扶责任人，实现帮扶全覆盖。每名县级领导联系重点贫困户，县直部门和乡（镇）选派科、股级干部为帮扶责任人，按照“一访二看五帮助”（每月初村干部、乡镇包村干部、帮扶责任人走访贫困户；看贫困户月收入、扶贫政策受益情况，看贫困户不愁吃、不愁穿、义务教育、基本医疗、住房安全保障情况；帮助增强脱贫信心，帮助完善脱贫计划，帮助提升脱贫能力，帮助解决困难，帮助落实扶贫政策。）“三日一网”等制度开展工作，落实结对帮扶要求。“三日一网”：每月一个走贫日（入户询访、义务劳动、爱心代办、节日慰问），双月一个交流日（汇报交流、培训测试），每季度一个恳谈日（恳谈交流、化解矛盾、普惠帮办）；建立一个扶贫心愿网（收集汇总诉求和心声，公开认领、解决问题）。通过《扶贫工作简报》、精准扶贫微信平台等载体，总结交流经验做法，宣传先进典型，引导帮扶单位和帮扶责任人加强针对性帮扶。2018年，全县有帮扶责任人1137名，送慰问品价值2.3万元，为贫困户解决实际问题33个，义务劳动1200次。是年，全市开展寻找“最美帮扶人”活动中，磁县妇联主席张淑霞获“美丽邯郸·最美帮扶人”称号。

医疗保障帮扶 2017年始，全县建档立卡贫困户参加城乡基本医疗保险由县财政全额资助，建档立卡贫困人口基本医疗保险参保率100%。同时，实行“先诊疗、后付费”和基本医保、大病保险、医疗救助“一站式”报销，定点医疗机构“即时结报”。是年，建档立卡贫困户住院报销比例均90%以上。2018年，建档立卡贫困人员住院10947人次，报销金额1212万元，增补报销金额396万元，“一站式”结算比例100%。

贫困人员医疗救助“一站式”结算窗口（2018年 摄）

教育帮扶 2017年，实施“雨露计划”。扶持建档立卡贫困家庭成员参加中职、高职教育及一年以上劳动预备制技能培训，帮助其增加就业发展机会和提高劳动收入。2018年，全县春、秋两季补助122人，每名学生每年补助标准为3000元。补助资金按学期发放，春、秋季学期各1500元。是年，全县在教育方面资助10006人次，补助资金、减免费用722.38万元；发放助学贷款265人次，发放金额180.52万元。

民生帮扶 2017年，实行农村低保线与贫困线“两线合一”，低保线高于脱贫线。2018年，为9户建档立卡贫困户改造危房；为60户有饮水问题的贫困户免费安装自来水，实现安全饮水。

公益帮扶 2018年，组织举办“春风行动”“艾草飘香、情满磁州”“‘助力扶贫、情暖磁州’爱心捐赠”“百企帮百村”等公益活动。10月17日，在博物馆广场举行“搭建就业平台，助力脱贫攻坚”“10·17扶贫日”宣传暨扶贫用工对接活动。全县80余家企业为贫困户务工人员提供包括保洁员、安保、种植养殖等多个就业岗位，60余名建档立卡贫困户现场选取岗位。

精准防贫 按照“分解到年、精准到人”要求，根据致贫原因，分人、分户制定精准脱贫措施，将全县贫困人口进行分解，落实到三年任务中。2018年4月15日，磁县印发《关于开展精准防贫工作的实施方案》，瞄准“非贫低收入户”“非高标准脱贫户”两类临贫易贫重点人群，县财政拨款95万元设立“精准防贫保险金”，对因病、因学、因灾可能致贫返贫者实施防贫救助。2018年通过大数据平台，对因病、因学、因灾花费较高可能致贫的705户进行核查，向符合条件的7户家庭发放防贫保险金12.55万元。2018年年底，脱贫618户、1444人。2019年，对511户家庭进行核查，向5户家庭发放防贫保险金5.9万元。2019年年底，脱贫582户、1476人。是年，磁县运用网络、微信等新媒体，宣传扶贫政策、扶贫事迹。《人民日报》《河北日报》等多家媒体报道磁县精准防贫工作。

第三节 灾害赈济

洪涝灾害赈济

2000年7月3—7日，磁县连降大到暴雨，平均累计降雨量达303毫米。此次洪涝灾害造成19个乡（镇）187个村36万人受灾，因灾死亡2人、伤病2300人，农作物受灾面积1万余公顷，损坏房屋1.7万间。灾害发生后，县委、县政府于5—7日连续召开紧急会议，部署抗洪救灾工作，县四套班子领导带领有关部门深入灾区查看

灾情，抢险救灾，防病灭菌，生产自救，并动用县长储备金35万元投入灾区重建工作；县民政局组织50余人深入灾区了解灾情，掌握底数，并下拨10万元的救灾粮食；县卫生局对15个水塘进行消毒处理，开展巡回医疗，并向灾区捐送尿素2吨；县煤炭局和县棉企集团分别向灾区捐送面粉1.5万千克和2500千克；县电力、县电信部门组织20多个抢修队抢修损毁线路。

2012年，磁县部分乡（镇）遭受涝灾和虫灾。全县受灾人口3.97万人，农作物受灾面积2124公顷。灾后，磁县组织募捐，分类救助，并发放救灾款物，帮助受灾群众度过冬令、春荒。

2016年7月19—20日，特大洪灾造成全县18个乡（镇）不同程度受灾，受灾人口达32.8万人。磁县紧急转移并安置人口9191人，同时组织抢险救灾、查灾报灾、运送物资及社会募捐。运送面粉7532袋、大米5282袋、蔬菜61822千克、食用油3728桶、面包2488箱、方便面9029箱、矿泉水13178件、雨靴170双、雨衣212件、帐篷788顶、棉被2822条、发电机8台等，保障灾区人民的基本生活。上级发放救灾资金3636万元，社会捐款、捐物1900余万元。灾后重建期间，对过渡期仍需救助的338户群众累计发放生活救助60余万元、80吨面粉、80吨大米、5.24吨食用油、14513件衣物等生活必需品。是年，将11.47万户群众纳入农房保险，理赔1510户、306.43万元。

2018年4月20日晚至22日上午，磁县发生大雨、大风、洪涝灾害，部分乡（镇）不同程度受灾。县民政部门及时查看灾情，将缺钱缺粮、无自救能力的“三无户”作为救助重点，加大救灾资金的投入力度，保障每人每天0.5千克口粮及基本生活保障。同时，对部分有自救能力的灾民，通过外出务工、优惠政策帮扶等，做好妥善安置。

风雹灾害赈济

2003年6月8日20时至9日8时，全县大部分地区出现大风降雨天气，最大降雨量达128.9毫米。其中，6月8日20时10分至40分期间部分地区出现冰雹。致使磁州镇、讲武城镇、西固义乡、路村营乡、西光禄镇、高臾镇、辛庄营乡7个乡（镇）、143个村、6.8万户、25万人受灾。磁县对因灾住房倒塌、农作物绝收造成基本生活困难的给予重点救助，按每人每天0.5千克口粮（按4元/千克测算）标准、平均每人补助4～6个月。因灾造成吃、穿、医、住等生活困难的特困供养人员、低保户、重点优抚对象，按每人100元的标准给予一次性资金或物资救助，一般困难户按每人50元的标准给予一次性资金或物资救助。

2004年6月20日16时20—50分，磁县遭受特大风雹灾害。灾情涉及磁州镇、讲武城镇、西固义乡、路村营乡、西光禄镇、高臾镇、辛庄营乡、林坛镇、南城乡、台城乡、时村营乡、岳城镇、北贾壁乡13个乡（镇）、197个村、4.4万户、16.4万人。灾情发生后，磁县拨付50万元救助款，调运3万千克适宜种子，组织电力、通信、住建、交通等部门抢修受损基础设施，组织60余名专业技术人员下乡指导灾民趁墒抢种。同时，在县电视台开办救灾专题技术讲座，指导灾民解决生产生活问题。

2009年，磁州镇、高臾镇、辛庄营乡、讲武城镇、时村营乡等10个乡（镇）遭受风雹灾害，导致玉米大面积倒伏，部分玉米拦腰折断。全县受灾人口27.5万人；农作物受灾17540公顷。磁县开展互助互济活动，向灾区群众“送温暖、献爱心”，组织灾区群众搞好生产自救。

2015年7月24日15时30分至16时30分，都党乡、白土镇、观台镇、黄沙镇、北贾壁乡、陶泉乡6个乡（镇）、39个村发生风雹灾害。造成农作物受灾2083公顷、绝收465公顷。灾情发生后，各乡(镇)及时引导群众生产自救，降低损失。

2017年5月22日17时至23日6时，磁县发生风雹灾害，瞬间最大风力达8级，造成磁州镇、讲武城镇、路村营乡、时村营乡、黄沙镇、都党乡、岳城镇大面积小麦倒伏、减产。灾情发生后，县民政局、县农牧局人员及时到现场查灾，7个乡（镇）对灾民口粮等生活必需品登记造册，特别对困难户重点救助；发动群众因地制宜发展大棚菜、食用菌、养鸡、养羊、养牛等项目，增加收入。

旱灾赈济

2005年，磁县全年干旱，个别乡村遭受冻灾。

2006年新小麦收获前，全县8万人缺粮3784吨。磁县积极开展互助互济活动，组织县直部门对口帮扶，引导灾区群众生产自救，帮助劳务输出，广开就业门路。

2009年，磁县遭受旱灾。因旱造成山、丘区饮水困难人口14913户、73505人。2010年新小麦收获前，全县有5万人缺粮3750吨，需救济人口2.8万人、口粮2100吨。需救济衣被3000人、3000件，需救济饮水困难4474户、22052人。磁县开展互助互济活动，向灾区群众“送温暖、献爱心”，并组织灾区群众生产自救。

2011年，磁县发生旱灾，玉米大面积绝收。全县受灾人口4.6万人，农作物受灾3066公顷。2012年新小麦收获前，全县缺粮4.1万人、1870吨。需救济2.4万人、口粮1870吨。需衣被救济2800人、2800件。因旱造成山、丘区饮水困难1.8万人需救济，冬季取暖需救济3200人。磁县因户、因人实施分类救助。在元旦、春节期间组织“送温暖、献爱心”捐赠活动，重点救助“五保”对象、特困灾民的吃住、取暖，并集中拨付财政救灾资金，集中发放救灾款物。

县外灾区捐赠

2005年1月，磁县为印度洋地区地震及海啸灾民捐款3.1万元。

2008年5月15日，磁县开展向四川震区捐赠活动，县民政局统一组织，县慈善总会、县红十字会为接收单位。县民政局设立4个固定接收点和1个流动接收组；各县直单位、各乡（镇）、各厂矿企业均设立接收组。18.4139万人捐款485万余元。是年10月17—22日，全县开展“送温暖、献爱心”向四川震区捐赠棉衣被活动，接收社会各界捐款36.26万元，购买棉被2280条、棉衣2000件。

第二十五编　教育　科技

清代以前，域内设学宫、书院、义学、私塾，教书先生多为当地名儒，学习经史子集。唐代至清代考取进士31人，清代考取武进士7人，明清两代考取举人、武举人分别为118人、34人。

清末，废科举，办新学。1911年后，县城的磁州官立高等小学堂、第一女子高小和彭城的第二高等小学堂开办。1926年，县立初级中学在县城南关观音寺成立。学前教育始于1935年。磁县抗日民主政府成立后，创办抗日高小等学校。专业技术教育和成人教育初步开展。

中华人民共和国成立后，磁县教育事业全面发展。1963年，县内因遭洪灾开办简易小学，学龄儿童入学率96.2%。全县1994年通过省“普及小学六年制教育”验收、1998年“普及九年义务教育”达标。1951年创建县初级中学，1956年增办乡（镇）国办中学，普及中学教育。1958年11月，磁县中学改称磁县第一中学。1959年，6个乡增设高中班。“文化大革命”中，全县中学学生停课。1972年，南关中学改称磁县第二中学。1998年，全县有高中6所、初中39所、职业中学1所，在校生5.88万人，毕业生1.61万人。解放后，磁县设立简易师范学校。1951年春，改简易师范为三年制正规教育。至1998年培养教师1000余人。1958年，设立南营农业技术学校培养农业等方面人才。1949年11月，全县各村设立农民业余学校，初期识字、后学科技。磁县1956年被省教育厅命名“省级扫盲先进单位”、1998年通过省和国家扫盲工作复检。成立职工业余学校、河北省广播电视大学磁县工作站等，提高职工的文化程度。成立干部业余学校、入党校深造等提高干部的文化政治水平。通过民办转国办教师、师范院校毕业生补充教师队伍，全县教师由1949年462人增至1998年6638人，中、小学教师学历达标率分别为85%、98.1%。1952年，教师报酬由实物供给制改为货币工资制。其后，工资待遇逐步提高。1993年《中华人民共和国教师法》颁布后，教师的待遇得到保障并不断提高。先后通过开办培训班等提高师资水平。1954年，设立教学研究室，负责全县的教研工作。1955年，学区成立教学研究小组。1991年，小学数学“六环节教学法”在邯郸地区8个县推广。1956年，县初级中学教学法变“填鸭式”为“启发式”。1987年，中学语文“观察—分析—表达”三级训练体系获全国先进集体。1950—1958年，国办中、小学教育经费由国家、地方共担；民办中、小学教育经费由办学单位自筹，国家适当补贴；1984年始，农村中、小学经费由乡村自筹。1997年乡村集资1540.9万元。1998年教育拨款3685.9万元。1958年后，县内中小学校普遍开展勤工俭学活动。至1998年，各乡（镇）均有校办企业。

1999年后，磁县全面贯彻落实党的教育方针，把教育事业放在优先发展的战略地位，加大资金投入，实施科学管理，促进教育事业长足发展。实施校安工程，改善办学条件；推动信息化建设，共享教育优质资源；实施素质教育，学生全面发展；依法开展社会化办学，扩充教育资源；优化教育布局，扩充师资队伍，提高教师素质，实行划片招生，推动全县的义务教育、职业教育和特殊教育不断取得新的成绩。受到上级组织和社会各界的肯定。2014年，被省、市评估为“义务教育发展基本均衡县”。

（编下概述“科技”内容见科技章前）

第一章 教育管理

第一节 管理机构

县委教工委

2010年12月，县委成立中共磁县县委教育工作委员会（简称“县教工委”），教育系统工作由局长负责制改为教工委书记负责制。2015年后，教工委书记兼教育局局长。

教育局

1996年12月，磁县文教局与磁县体育运动委员会合并为磁县文化教育体育委员会，内设科室：办公室、人事科、文化科、体卫科、普教科、成教科、财务科；下属事业单位：招生办公室、勤工俭学办公室、教育督导室、文化稽查队、教育工会、武装部、团委；下辖全县各级各类学校（包括19个乡镇学区、13所国办中学、进修学校、职教中心、实验学校、幼儿园等）、文化单位（包括电影公司、剧场、新华书店、图书馆、剧团、文化馆、文物保护所）和委直教育单位（教研室、教育电视台、仪器站、电大站）。是年，在乡（镇）、县直机构改革中，县文联挂靠县文教体委。

2002年，磁县文化教育体育委员会更名为磁县文化教育体育局，股级单位：人事股（挂干部任免股牌）、文化股、招生办公室、校办产业办公室、教育督导室、文化市场稽查站、进修学校、教研室、电大站、仪器站、教育电视台、文化馆、图书馆、文物保护所、电影公司、剧场、书店（其中电影公司、剧场、书店为自收自支股级事业单位）。国办中小学14所，乡（镇）学区19个。各国办中学（县一中除外）、各学区、各教育、文化、体育单位均为股级事业单位。2004年，撤销磁县教育电视台，成立磁县文教体局信息中心。2009年2月，磁县文化教育体育局更名为磁县教育局。2015—2018年，计财股挂教育支付中心牌，发展规划股挂县教育工程项目管理办公室牌，普教股挂语言文字办公室牌，书店为自收自支股级事业单位。

区片

磁县1950年建立的区片制度在教育方面沿用至2000年。全县设5个区片，各区片设有校长1名，协调区域内相关各乡（镇）教育管理单位及国办中学之间的教育教学事宜，督促落实县教育局有关教育教学政策，组织以区片为单位展开教育教学活动。5个区片分管范围：城关片包括磁州镇学区、路村营乡学区、西固义乡学区，林坛片包括林坛镇学区、南城乡学区、台城乡学区、南城中学和林坛中学，时村营片包括讲武城镇学区、时村营乡学区、岳城镇学区、观台镇学区、南营中学和时村营中学，白土片包括白土镇学区、都党乡学区、黄沙镇学区、陶泉乡学区、北贾壁乡学区、贾壁中学和白土中学，高臾片包括高臾镇学区、辛庄营乡学区、西光禄镇学区、花官营乡学区、高臾中学和李庄中学。2000年8月撤销区片。

学区

1999年，全县分为磁州镇、西光禄镇、讲武城镇、时村营乡、岳城镇、观台镇、高臾镇、辛庄营乡、花官营乡、台城乡、林坛镇、南城乡、路村营乡、西固义乡、黄沙镇、都党乡、白土镇、北贾壁乡、陶泉乡学区19个学区。各学区设校长、副校长、教导主任等职，负责本辖区教育教学相关工作。2014年，因区划调整，西固义乡学区取消，全县剩18个学区；2016年，西光禄镇学区、高臾镇学区、辛庄营乡学区、花官营乡学区、台城乡学区、林坛镇学区和南城乡学区划归冀南新区。至2018年，磁县剩11个学区：磁州镇学区、讲武城镇学区、时村营乡学区、岳城镇学区、观台镇学区、路村营乡学区、黄沙镇学区、都党乡学区、白土镇学区、北贾壁乡学区和陶泉乡学区。

第二节 行政管理

经费管理

经费来源 1999年，教育经费来源于国家财政拨款、教育附加费、学费和杂费收入及个人捐

资助教等，主要用于教育系统人员经费（包括教职工工资、福利、助学金）和公用经费（包括公务费、业务费、设备费、修缮费）、民办和代课教师工资。是年，在全县推行校务公开。2006年，成立“教育集中支付中心”，撤销各乡（镇）学区、国办中小学、局直属单位原财务机构，施行“中心”监督管理、预算、核算、保管模式。2009年，农村中小学收支纳入全县预算管理体制“以县为主”，落实农村义务教育经费管理保障机制，教育经费达到上级规定的“三个增长”目标。2010—2017年，县教育经费国拨资金投入每年分别为47704万元、42927万元、54626万元、51652万元、50691万元、50228万元、42462万元、47527万元；分别比上年增长53.8%、-10.1%、27.3%、-5.4%、-1.8%、-0.9%、-15.4%、12%。2007—2015年，教育经费比例中央、省、市、县为6:1.5:1.5:1;贫困生补助中央、县比例为5:5。2016年经费比例中央、省、市、县为6:2:1:1；贫困生补助中央、县比例为5:2；2017年后，经费比例中央、省、县为6:3:1；贫困生中央、省、县比例为5:3:2。

学杂费　2005年，磁县免除偏远山区农村义务教育阶段学生学杂费，对贫困家庭学生提供教科书并补助寄宿生生活费。2007年春季学期始，县内城乡学校落实政策免收义务教育阶段学生学杂费；学校按“一费制”规定收取课本费、作业本费两项代收费项目和寄宿学生住宿费，不再向学生收取其他任何费用。

2007—2018年磁县教育扶贫资金情况统计表

表25-1　　　　单位：万元

年份	学前教育	义务教育	高中（含职高）	国家资金	省、市资金	县级资金
2007	—	—	120	96	—	24
2008	—	—	359.7	196.7	—	163
2009	—	—	304.9	194.9	—	110
2010	—	—	505.2	337.2	—	168
2011	—	—	969.01	582	—	387.01
2012	—	—	574.66	345	—	229.66
2013	38	324	400	471	31	260
2014	0	249	218.52	447	9	11.52
2015	54	211	191	445	11	0
2016	79	599	178	635	141	80
2017	37	656	313.71	621	326	59.71
2018	37	319	483.67	705	—	134.67

学校调整

布局调整　2002年因生源减少，中小学布局调整，下放基层7所县办初中，取消戴帽初中（小学增设的初中点）。2005年，全县撤并学校133所。其中，撤并教学点128个，撤销、合并学校85所，中小学校由原320所减至235所。

学区调整　2016年，磁县向冀南新区划转学区7个、学校74所、教职工1594人、在校生1.96万人。2018年12月，冀南新区将溢泉、曲沟、十里铺和甘草营村4个村委托磁县管理，这4所村校由磁州镇学区管理。

师资管理

职称评定与聘用 1999年，聘用高、中、初级职称教师分别为52人、411人、1105人。1999—2018年，每年一次职称评定，2015年高级职称评定最多，达60人。2001—2005年中级职称评定高峰期，连续5年超过300人。其中，2002年中级职称评定最多，达401人。2001—2004年为初级职称评定高峰期，连续4年超300人，其中2001年初级职称评定最多，达399人。2018年，全县有职称的在职教师3903人。其中，高职451人，中职1670人，初职1782人。20年间因离退休解聘教师1437人。每年三月按优秀、合格和不合格3个档次对在职有职称的教师进行专业技术考核。

教师资格认定 2002年，省教育厅首次进行教师资格认定。非师范类专业毕业生担任教师者申请认定教师资格，需参加教育学、心理学培训考核。经考核合格者，颁发省统一印制的《河北省申请教师资格教育学、心理学培训合格证书》。

教师资格定期注册 2013年年底，县教育局对全县在职教师资格证进行第一次定期注册，注册结论为合格的教师资格证，有效期5年（2014年1月1日至2018年12月31日）。2018年年底，进行第二次定期注册，有效期自2018年12月31日至2023年12月31日。

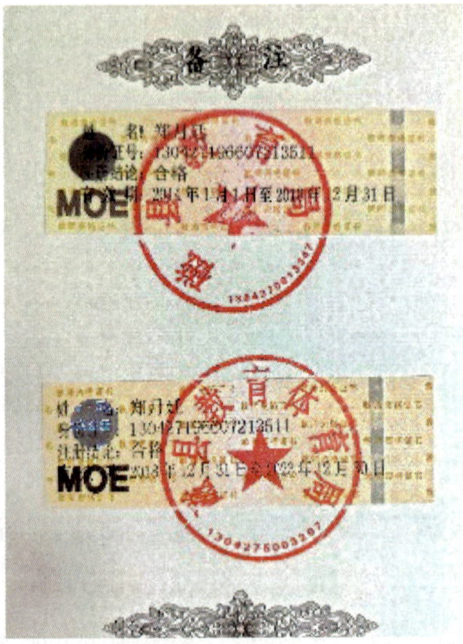

教师资格定期注册证

教师校长交流 2010年始，县教育局从东部平原及城内的学校、学区、县教育局直属单位抽调一部分优秀教师，到师资力量薄弱的农村学校支援当地教育，为期一年，每年一次。至2018年，支教400余人次。2015年后，为促进城乡教育水平均衡发展，县政府出台《关于磁县乡村教师支持计划（2016—2020年）实施办法的通知》，对乡村教师理论学习和师德建设、公开招聘补充、编制管理、教师流动、工资保障和生活补助等方面加强规范管理。2016年，县教育局制订并实施校长、教师交流方案。至2018年，全县150多名校长参与交流。

电子考勤 2016年5月前，全县教职工考勤均由本单位负责。此后，为加强教师队伍管理，杜绝教师吃空饷，全县教职工考勤改由县教育局总掌控。县教育局投资40万元，购置刷脸考勤机220台，在全县教育系统启用电子考勤系统，采集全县4200余教职员工刷脸考勤信息（每日上、下午各刷脸考勤1次）。考勤实况通过网络及时上传县教育局信息中心，实现教职工考勤远程管理。

学生管理

划片招生 1999年前后，择校现象影响到正常教学秩序。2006年起，磁县实施划片招生。各乡（镇）学区原则上只招收该区内学生，主城区内的磁县实验学校实施摇号招生。2018年，适应促进教育公平的形势，进一步细化划片招生。所有义务教育阶段学校不得举行招生考试，城区内6所国办中学和7所国办小学按招生范围招生，其他中小学依据要求划分区域进行招生。

学籍 1999—2012年，全县学生的学籍数据未联网。每年学生入学后，各校建立学籍并留存于该校，只上报县教育局总数，有时发生多报、漏报情况。2013年6月，根据国家统一要求，通过全省统一的操作系统建立注册全国联网的学籍，学籍号码以身份证号码为依据，“籍随人走，一生一号”。是年，全县下发237个学校学籍账号，建学籍80322人。其中，小学学籍57528人，初中学籍17763人，高中学籍5031人。2018年，有165个学校账号、学籍75434人。其中，小学学籍46476人，初中学籍20436人，高中学籍8522人。

寄宿制　1999年前，县内各类公办中学普遍采用寄宿制与走读制结合的形式，寄宿管理一般由班主任负责。1999年后，随着学校布局调整、规模办学和教育均衡发展，除原乡（镇）中学继续寄宿制外，农村小学也逐渐出现寄宿制，且开始配置专职或兼职生活教师。至2018年，部分乡（镇）小学阶段出现寄宿制学校：白土镇1所，磁州镇2所，岳城镇1所，讲武城镇2所，观台镇1所，路村营乡1所，黄沙镇1所。至2018年，全县有专职生活教师37人。配置生活教师较早的学校是磁县特殊教育学校（2004年配置）、白土中学（2006年配置）。

学校治安　1999—2018年，适应学校治安形势的要求，学校封闭式管理成为主流，各级各类公办学校设置专职或兼职门岗。城外有关学校、阜才中学和实验小学分别于2014年、2017年和2018年与磁县金盾保安有限公司签订保安合同，门卫由保安担任；白土中学和实验小学等各乡（镇）学校设置警卫室情况：磁州镇12个、白土镇6个、岳城镇5个、黄沙镇8个、讲武城镇6个、观台镇1个、陶泉乡7个、北贾壁乡7个、时村营乡4个、路村营乡2个、都党乡2个。国办中小学除大部分配备警务室外，少部分门岗配备盾牌、防刺服、防割手套、强光手电、钢叉、头盔、自卫喷雾、橡胶棒、保安哨笛、防爆毯等安保器械，视频监控无死角并安装一键报警系统，与属地公安系统联网。

教室视频监控系统　规模较大的公办学校为掌握校内各教室实时状况，先后装备视频监控系统，实现动态管控。装配高清解码矩阵设备，可“点对点”对各个教室进行实时语音指导。

崇文学校的教室监控屏幕（2020年12月　摄）

磁县未成年人心理健康辅导站　2015年6月成立，建筑面积270平方米，设有心理咨询室、心理热线间、艺术治疗室、情绪宣泄室、团体活动室及户外花园，专职心理咨询师29人。全县建立未成年人心理维护三级体系：一级，县未成年人心理健康辅导站1个；二级，社区心理健康辅导室3个；三级，校级心理辅导室164个。

第三节　业务管理

基本普及九年义务教育

1999年1月27日，磁县通过3年一轮的“普九”省级复查验收。2001年12月，省“两基”（基本普及九年义务教育和基本扫除青壮年文盲）复检验收合格。2003年，磁州镇、讲武城镇、台城乡代表磁县接受省政府回访验收团的检查验收并通过。2004年12月28—30日，磁县作为邯郸市唯一接受省“普九”三轮复查县，通过省“普九”复检。

教学评估

2010年，磁县先后通过邯郸市和省政府对县政府教育工作督导评估。2014年，成为省义务教育发展基本均衡县。

新课程改革

2006年，教学大纲改为《基础教育课程改革纲要（试行）》（简称“新课标”），整体设置九年一贯的义务教育课程，将初中的初一、初二、初三改成七、八、九年级。在课堂教学中体现“人的发展”理念，调整和改革基础教育的课程体系、结构、内容，构建符合素质教育要求的新的基础教育课程体系。是年，全县开展“贯彻新课标，实施新教法，百日大练兵”活动，并对全县中小学教师就“新课标”进行培训。暑假期间开展为期20天的“校本教研活动”。后经过“走出去、请进来”方式，引进洋思、杜郎口等校先进教学方法。

教育督导

2015年，通过国家义务教育发展基本均衡县和4年一轮的省政府教育工作综合督导评估两项验收。2019年，省政府教育督导评估组对全县履行教育职责和语言文字工作进行评价评估验收，认定为合格。

素质教育

1996年9月，磁县被省教委确定为“素质教育实验县”。1999年始，建立素质教育运行机制，在全县中小学全面推行素质教育。2000年，实施“素质教育闪光月”活动，实现“校校有典型，人人有新招”目标。是年起，全县小学阶段取消百分制考试，实行“等级+特长+评语”的综合评价方式。

减轻学生课业负担（简称“减负”） 2005年，严格执行“减负”规定，切实解决中小学生课业负担过重、休息时间不足、体育锻炼时间被占用的问题，保障学生的身心健康。2006年3月，对城区中小学生上午到校时间和作业量作出规定，取消早读、早自习。小学生、初中生、高中生每日在校学习时间分别不得超过6、7、8小时（含自习、活动时间），保障每天1小时体育活动时间。2018年5月起，全县中小学生执行新的作息时间：上午到校时间小学生8:20、中学生8:10。

爱好两项运动技能和一项艺术技能活动（简称“双爱好”） 2007年，磁县启动“双爱好”教育活动。至2012年，该活动基本覆盖全县中小学校，且不断丰富具有磁县特色的“双爱好”活动内容和形式，做到人人有项目、班班有活动、校校有特色。是年4月26—27日，全市中小学“双爱好”成果展示观摩活动暨经验交流会在磁县举行。2016年，全面启动“双爱好、双特色”活动，二十四式太极拳为规定项目。“双爱好、双特色”普及率由2016年60%、2017年80%，至2018年达100%，实现“生生双爱好，校校双特色”。2016年，借鉴河南省郸城经验，全县中小学开展“汉字书写和高效阅读”活动。

传统文化进校园 2017年，开展以“知声腔国粹　爱家乡文化”为主题的戏曲进校园活动33次。

体育活动

1999年，县内140所中小学建立高标准“体育快乐园地”，获“全国学校体育卫生工作先进县”称号。全县中小学生每天锻炼1小时，冬季开展阳光体育长跑活动；各校按照《中小学体育配备目录》配备体育器材，学前教育的“蓓蕾初绽”、小学教育的“金色年华”和中学教育的“雏鹰展翅”系列评比活动连续开展。2000年起，每年组织1次全县中小学体育节，将田径、乒乓球、篮球、足球等纳入比赛项目，组织学生参加国家、省、市体育比赛并承办国家、省、市体育赛事活动。2002年起，学生体质监测由原5年一次改为每年一次。2015年后，全县开展校园足球、校园啦啦操活动，县一中、申庄中学、崇文学校、县职教中心等11所学校成为全国足球特色学校。

全市排球赛在县一中校园举行（2012年7月　摄）

学校德育

德育环境创建 1997年，为全面形成有利于德育教育的环境，从家庭方面协助搞好学校德育教育，磁县第一所家长学校在实验学校成立。2002年，全县80%以上的中小学举办不同形式的家长学校，并成立“磁县家庭教育指导中心”。2017年9月，在实验学校启动磁县家庭教育工作提升专项行动暨家庭教育图片联展活动，提高家庭教育水平，实现家、校共育的德育教育效果。

德育主题 1999年后，把民族团结教育纳入中小学活动课，同时在各学科教学中加入民族团结教育内容。2004年，贯彻“无处不育人、无物不育人”德育理念，各校园建设德育展室、德育长廊和德育橱窗。在县内确立10处中小学德育基地。2007年后，全县中小学校先后开展“六爱”（爱共产党、爱祖国、爱家乡、爱父母、爱同胞、爱自然）

塑魂、双爱好“十个一”（一流好品德、一身好习惯、一副好口才、一手好书法、一项好才艺、一生好体魄、一方好人气、一个好成绩、一股好精神、一种好能力）等德育教育进课堂活动。每年开展青少年爱国主义读书教育活动，每年举办一届校园文化艺术节。2014 年，全县中小学校以培育和践行社会主义核心价值观为主题，把“富强、民主、文明、和谐、自由、平等、公正、法治、爱国、敬业、诚信、友善”引进校园、课堂。2017 年，推进学生文明礼仪教育。是年 4 月，在县一中举行以“十八而志，梦想以行”为主题的第一届 18 岁成人礼仪式。

县一中第一届“成人礼”仪式（2017 年　摄）

第四节　教育优质资源扩展

教育集团

2017 年始，办学集团化：设立以崇文学校为龙头，联合白土、陶泉、北贾壁、黄沙、都党 6 个学区组成崇文教育集团；以磁州镇阜才小学、粮斗庄小学和乐善小学为龙头，与东二街小学、滏阳小学、北开河村小学结盟，成立磁州教育集团。集团总校向成员中薄弱学校提供经验，围绕办学理念、学校管理、队伍建设、特色课程、常规管理等开展深度教育合作。

盟校

2017 年，磁县与邯郸市级中学组建盟校模式 5 对：阜才中学与邯郸市第二十五中学，来村中学与邯郸市第十中学，讲武城中学与邯郸市第二十七中学，申庄中学与邯郸市汉光中学，白土中学与邯郸市广泰中学。盟校之间在教学管理、师资队伍等方面开展合作，实现教育资源共享，促进教育均衡发展。

分校区

磁州镇学区内 3 个学校设有分校区。阜才小学设 2 个分校区：2004 年将西城学校设为西城校区、2018 年将务本学校设为务本校区。乐善小学设 2 个分校区：2002 年，司前学校作为第二校区并入乐善学校；2018 年，磁州镇中心幼儿园设为乐善学校的南校区。滏阳学校设 1 个分校区：2018 年 12 月租赁晓宇校区。

第二章　公办学校教育

第一节　学前教育

学前教育普及

1999 年，县内有公办幼儿园 1 所，304 个学前班主要设在乡村小学内；在园幼儿 12776 人，园长 2 人，教师 18 人，保健员 12 人。农村无专职教师和保健员。为建设好幼儿园和普及学前三年教育（简称“普三”），1999 年起，全县多次召开“普三”动员会、现场观摩会、调度会，解决“普三”工作中的困难与问题。多渠道筹集资金 769 万元，新建、改建幼儿园 101 所。达到县级Ⅰ类幼儿园标准 23 所，Ⅱ类幼儿园标准 21 所，Ⅲ类幼儿园标准 67 所，一般幼儿园标准 10 所，全县幼儿园覆盖率达 100%，幼儿教育普及率实现并超过“双 85”（学前三年入园率 85% 以上，在规范化幼儿园入园的幼儿人数占接受学前教育儿童数 85% 以上）标准。2007 年 11 月，磁县通过省普及学前三年教育验收。2018 年，县内幼儿园基本实现区域布局合理、设施配备完善、环境洁净优美、保教功能齐全的目标。全县有公办幼儿园 23 所，大、中、小班分别有 108 个、112 个、100 个，托班 8 个。园长 22 人，专任教师 148 人，保健员 7 人，保育员 26 人。

学前教育标准化

1999 年，磁县县直幼儿园 1 所，在园幼儿 180 人，小学附属学前班 304 个，在园幼儿 1.28 万人，学龄前儿童入园率 48%。2010 年，磁县县直幼儿园通过省教育厅验收，达到省级示范性幼儿园标准。2018 年，全县有幼儿园 148 所，在园幼儿 1.88 万人，入园率 91.3%。其中，规范化幼儿园 67 所，在园幼儿 1.30 万人，国办教师 389 人，学历合格率 100%。

附：磁县县直机关幼儿园简介

磁县县直机关幼儿园是一所公办幼儿园，始建于 1958 年，位于县城建设西路 28 号。2009 年 3 月，迁至鼓楼北大街 84 号，建筑面积 5793 平方米，户外活动场地 1024 平方米。2018 年在园幼儿 400 余人，教职工 45 人(其中本科学历 28 人，专科学历 17 人)，普通话达标率 100%。

该园保教设施齐全，各班活动室配有多媒体一体机、电钢琴、电视、空调、DVD、录音机、玩具柜、图书柜以及适合幼儿身高的桌椅板凳等设施。保健室配有预防和治疗必用品。设有美术室、图书阅览室、科学探究室、多功能活动室、形体训练室等功能室。园内设有游乐场、种植园、饲养角等。

磁县县直机关幼儿园（2020 年 12 月　摄）

2007 年 11 月被评为邯郸市一类园，2011 年 12 月被评为省级示范园，2015 年 6 月 24 日被评为河北省绿色学校。2018 年该园玩教具作品《多彩向日葵》获省一等奖。

第二节　小学教育

学校整合

1999 年，全县小学 366 所(其中国办小学 1 所)，班数 2537 个（其中复式班 56 个），在校生 111877 人，专任教师 2726 人，代课教师 1514 人。2002 年，全县小学布局调整，保留 286 所、班数 2112 个，在校生 8.56 万人，比 1999 年减少班数 325 个、在校生 2.63 万人。2003 年减至 258 所。2005 年在校生 4.40 万人，比 2002 年减少 4.16 万人。至 2005 年，全县撤并学校 133 所、教学点 128 个。2007 年，全县小学生 3.67 万人，是多年间人数最少的年份。此后，在校生人数逐年回升。2015 年，崇文学校建成投用，招收学生 800 余人，缓解县城学生入学压力。2018 年，新乐善学校建成投用，招收一年级新生 600 人。县城学生入学压力进一步缓解。至 2018 年，全县小学 87 所、教学点 37 个，小学在校生 4.9 万人，专任教师 2860 人。

学制与课程设置

1999—2018 年，小学均为六年制，实行秋季招生。1999 年，全县小学使用人民教育出版社（简称“人教版”）全日制六年制小学教材，小学课程开设思想品德、语文、数学、科学、体育、音乐、美术、劳动；2003 年，全县义务教育阶段学校开设综合实践活动课。是年 3 月，小学设法制教育课。2004 年起，小学三年级以上增设英语课，使用 PEP 版本。2011 年后，小学开设课程有语文、数学、英语、品德与生活（一、二年级）、品德与社会（三至六年级）、体育、音乐、美术、综合实践等。2004—2017 年，三至六年级使用河北人民出版社（简称“冀人版”）《科学》。2017 年秋季起，一至六年级使用冀人版《科学》。1999—2015 年小学一、二年级开设《品德与生活》，2016 年起改为《道德与法治》；三至六年级《品德与社会》于 2016 年更名为《道德与法治》，教材为人教版，

2018 年 9 月改为北师大版。小学语文 2016 年秋季起改为部编教材。

附：崇文学校简介

崇文学校（第二实验小学）于 2015 年建成投用，位于县城平安路中段北侧，占地 2.67 公顷，建筑面积 1.63 万平方米。2015 年 5 月 30 日，实验学校一年级师生 336 人到崇文学校上课；是年 7 月 1 日，实验学校二至五年级学生分流 500 余人到崇文学校。是年 11 月 18 日，通过国家均衡教育检查验收。是年 12 月 24 日，通过省教育督导评估组检查验收。

该校建有教学楼、办公楼、报告厅、文体馆、标准化塑胶跑道，配有多媒体教室、图书阅览室、美术室、书法室、计算机教室等功能室。校园三通平台全面建成，各教室配备 65 英寸交互式一体机，校园网络全覆盖。校园文化以“磁县人　爱磁县”为理念，校园道路以县内地理命名，教学楼以磁县历史名人命名。

2018 年，学校有 56 个教学班、学生 3900 余人，教职工 152 人（其中，中小学高级职称 2 人、本科学历 112 人），学历达标率 100%。

建校后，先后获“全国足球首批特色示范校”“全国篮球特色示范校”“全国创新教育示范基地”等称号。

第三节　初中教育

学校设置

1999 年，全县有国办、乡（镇）办初中 40 所（另有 4 所完全中学设有初中班）、教学班 798 个（其中班额 46 人以上有 769 个）、学生 52239 人，专任教师 1469 人，代课教师 186 人。2002 年，取消戴帽初中和教学点，下放时村营中学、岔口中学、贾壁中学、南城中学、林坛中学、高臾中学、李庄中学 7 所国办中学，仅保留阜才中学和白土中学两所国办中学。2010 年，讲武城中学、申庄中学、来村中学、磁州镇一中、槐树中学、林坛中学改镇学区管辖为县教育局管辖。2018 年，全县初中 28 所，在校生 2.45 万人，特教 35 人，专任初中教师 1521 人。

教学改革

1999 年，重点贯彻教学大纲、落实教学常规。2003 年 4 月始，开展教研教改，建立教研教改示范校，各校以年级、学科建立教研组。是年，由于“非典”疫情的影响，在县教育电视台开办“空中课堂”，每天对全县的初三、高三师生分 3 次定时播放。是年 10 月，为改变教育教学管理薄弱、教育质量不高状况，分 3 个阶段开展“百名教科员进课堂、万节优质课展风采”活动。2006 年，实施新课标改革，整体设置九年一贯的义务教育课程，将初中一至三年级改为七、八、九年级；是年暑假期间，开展为期 20 天的“校本教研活动”。

2008 年起，先后开展“反馈教学”“双向教学”“创新教学”“赏识教学”等教学改革，实施“中小学教学常规落实年”“高效课堂建设年”“新课堂创建年”“课堂改革效益年”“教学质量提升年”“精细化管理年”等主题教研活动，先后学习实践魏书生教学思想、“洋思中学”“杜郎口中学”教学模式。

2015 年始，开展“一师一优课、一课一名师”“一课一研”等教研活动并建立四套网上阅卷系统；在全县实施“汉字书写”“高效阅读”两项工程。2016—2018 年，连续举办三届中小学生诗词大赛、三届千名师生广场汉字书写大赛，检验教改效果。

学制课程设置

1999—2018 年，磁县初中学制三年，秋季入学。语文、数学、英语、政治、物理、化学使用人教版版本，地理使用湖南人民出版社版本，生物使用河北少年出版社版本，历史使用冀人版版本。2016 年政治更名为道德与法治，2017 年后历史使用教育部版本。开设语文、数学、英语、政治、历史、地理、生物、物理、化学、体育、音乐、美术、体育与健康、综合实践等课程，其中物理八年级后开设，化学仅九年级开设。

考试

升级考试　考试科目 14 科：语文、数学、外语（含听说能力）、物理（含实验操作）、化学（含实验操作）、生物（含实验操作）、思想政治、历史、地理、体育、音乐、美术、劳动技术、信息技术教育。

升学考试　1999 年，中考科目设置 10 科：语文、数学、外语、物理、化学、地理、生物、历史、体育、理化实验。2004—2018 年，中考科目设置 7 科：语文、数学、外语、理科综合、文科综合、体育、理化实验。文化课考试总分 600 分。文科综合开卷考试。体育 30 分，理化实验 20 分，总分 650 分。2004 年起，初中毕业由原毕业、升学两次考试合为 1 次毕业升学考试，全省统一考试时间为 6 月 21—22 日。

1999 年始，每年 5 月底前进行体育考试。1996 年始，全县初中三年级学生进行理科实验操作考试，下乡到校进行考试，考试成绩不计入中考总分。2003 年，因“非典”停考 1 年。2010 年后改为集中考试，实验操作考试计入中考总分。实验操作考试每年 5 月底前进行。

1999—2018 年磁县中考人数情况统计表

表 25-2　　　　　　　　　　　　单位：人

年份	人数	年份	人数
1999	5118	2009	6478
2000	4743	2010	3990
2001	5192	2011	2747
2002	5925	2012	2539
2003	6570	2013	3348
2004	7048	2014	3788
2005	2005	2015	4811
2006	8152	2016	5340
2007	7801	2017	6492
2008	7608	2018	6801

附：中学选介

申庄中学

申庄中学建于 1968 年，位于讲武城镇申庄村。1993 年迁址，新校区位于讲武城镇八里冢村东。2008 年 12 月，投资 4475.9 万元，建设标准化学校，占地 4 余公顷，建筑面积 2.2 万余平方米。

申庄中学（2020 年 1 月　摄）

学校专用教室配备有物理、化学、地理、生物实验室，音乐、美术室及舞蹈室，学生微机室，电子图书阅览室；有男、女生宿舍楼和学生餐厅及 1 座大型文体馆。

2019 年，该校经上级批准成为完全中学。是年，在校生 1205 人。其中，初中部设 11 个教学班、学生 545 人，高中部设 12 个教学班、学生 660 人；教职工 122 人。其中，本科教师 110 人，专科教师 11 人，教工 1 人。

来村中学

来村中学位于县城友谊大街与平安路交叉口北侧路西。原为北来村乡中学，设有小学和初中两个学段。1995 年，在原校址东征地 2 公顷，初中学段独立建校，称为磁州镇第三中学。1996 年 1 月建成使用。2009 年，该校改磁州镇学区管辖为县教育局直辖，更名为磁县来村中学。

学校占地 41646 平方米，建筑面积 16513 平方米，生均建筑面积 12 平方米。2020 年，学校有教学班 26 个，在校生 1359 人。教职工 155 人，

来村中学（2020 年 12 月　摄）

专任教师学历合格率 100%，本科及以上学历教师 123 人。

学校建有相对独立的教学区、运动区、生活区。教室装配多媒体一体机、视频监控。实验室、仪器室、计算机教室、音体美书画等专室均按照国家一类标准配置齐全。建有电子备课室、录播室、网上评卷系统等，教师培训、教学研究、课堂教学、名校直播、师生辅导等可网上实施。

第四节　普通高中教育

学校设置

1999 年，全县有普通高中学校 2 所（县第一、第二中学），基层高中点 4 个，设 67 个教学班，在校生 4701 人，专任教师 233 人。2002 年起，时村营中学、白土中学、李庄中学等招收高中学生。2003 年，民办公助高中滏滨中学投用。2005 年，基层高中点停招，时村营中学停办，白土中学招收初中生。

2005 年 12 月 26 日，磁县投资 2.66 亿元，开工建设省级示范性高中，占地 15 公顷，建筑面积 10 万多平方米。2008 年，县一中迁入新校址。2011 年，县二中迁建工程奠基，初命名为黄华中学，总投资 4.5 亿元。2017 年，县政府与河北宏达经贸集团有限公司签订河北衡水第一中学邯郸分校合作办学协议，磁县将二中迁建工程整体租赁给河北宏达经贸集团公司，衡水第一中学邯郸分校落户磁县。是年，县二中迁至县一中东扩校区。同时，二中旧址翻建工程启动。2018 年，全县公办普通高中学校 2 所，122 个教学班，在校生 8452 人，专任教师 542 人。

高中学制与课程设置

1999—2009 年，磁县普通高中学制三年，实行秋季招生。课程设思想政治、语文、数学、英语、物理、化学、生物、历史、地理、体育等。

2009 年秋季始，县内普通高中起始年级使用新课程标准教材，进行高中新课程改革：课程分必修、选修课目，通过学分描述学生的课程修习状况。新课程结构由学习领域、科目、模块 3 个层次组成。2017 年，国家新课程标准颁布。

高考

1999—2018 年，高考各方面变化较大。2001 年，高考扩招，改由以万人口三本上线率评定高考质量。2001—2004 年，磁县高考成绩滑坡：2002 年，全市倒数第一。2004 年，高考位次逐渐回升。2018 年始，国家进行高考改革，即高考不再分文科、理科。

1999—2001 年，普通高考时间为每年 7 月 7—9 日。2002 年为 7 月 7—8 日。2003—2018 年为每年 6 月 7—8 日。对口招生考试时间同高考时间。

2001 年，对口升学增加春季高考，考试时间为 3 月 31 日至 4 月 1 日。

2003 年、2004 年，考点设置在县一中、县二中。2005 年，考点设置在县一中、县二中和磁州镇一中。2006—2008 年，考点设置在县一中、县二中。2009—2013 年，考点设置在县一中、阜才中学。2014—2018 年，考点设置在县一中。

1999—2009 年，防作弊工作范围局限于考场内安排监考教师。2010 年起，使用视频监控系统进行网络监考和网上巡查，并对考场周边实施交通管制。

1999—2018 年磁县历届高考本科上线人数情况统计表

表 25-3　　单位：人

年份	参考人数	一本	二本	合计	年份	参考人数	一本	二本	合计
1999	2051	—	—	—	2002	1678	32	107	139
2000	1812	—	—	—	2003	2050	34	108	142
2001	1710	54	149	203	2004	2147	52	111	163

续表

年份	参考人数	一本	二本	合计	年份	参考人数	一本	二本	合计
2005	2356	81	246	327	2012	2359	122	130	252
2006	2950	114	246	360	2013	1960	559		559
2007	3148	155	183	338	2014	1510	218	292	510
2008	3012	145	211	356	2015	1371	221	395	616
2009	2335	64	280	344	2016	1506	386	601	987
2010	2432	445		445	2017	1702	438	715	1101
2011	2212	591		591	2018	2221	558	909	1467

备注：1999 年、2000 年国家政策不允许公布高考成绩。

附一：磁县第一中学简介

磁县第一中学始建于 1951 年，原址位于县城中山东路北侧。新校区位于磁州路与滏阳北大街交会处东北角。2008 年 8 月 8 日建成投用。

新校区投资 2.66 亿元，占地 15 公顷，设计容量 30 轨制。设有校园局域网，教室安装多媒体教学设备。采取 60 人标准班容量，有专用教室 120 个，多媒体电化教室 4 个，美术教室 6 个，书法教室 1 个。实验室仪器设备能开出 1000 组分组实验。有计算机房 8 个，配有电脑 300 余台。图书馆藏书 24 万余册，有电子阅览室 3 个，实行开架式、电子网络化管理，可容纳 1000 余人同时阅览。体育运动中心有 400 米标准塑胶田径场 1 个，人工草坪足球场 1 个，标准塑胶篮球场 2 个，普通篮球场 11 个，标准排球场 4 个。校区绿化覆盖率达 55%，为河北省绿色学校和河北省园林式单位。2010 年通过河北省省级示范性高中验收。

2018 年，校内高中教学班 90 个，初中教学班 12 个，在校学生 5000 余人，教职工 400 余人，专任教师 350 人（其中市特级教师 1 人，高级教师 67 人，国家级、省级优秀教师分别为 2 人、7 人，省师德标兵 1 人）。教研成果：发表国家级论文 50 余篇，省级以上论文 2000 余篇，多篇获国家级奖励。在各级各类学科竞赛活动中，先后有百余名学生获国家一、二等奖。

2009 年春，实行“双级部”制；成立艺术部，招收特长生。该校是河北省田径传统项目学校。

县一中高考成绩：2002 年，本科上线 433 人，省专上线突破 800 人；2003 年，本科上线 529 人，省专以上 1045 人；2004 年，本科上线 564 人，杨琰妹考入清华大学，填补磁县近 10 年无考取清华大学的空白；2005 年，本科上线 779 人，本二以上 229 人，上线人数、上线率居全市 21 所重点和示范性高中第 7、第 8 位，获市高考成绩优秀奖；2006 年，本科上线 747 人，本二以上 292 人，获全市高考学科奖；2009 年，本科上线 434 人，本二以上 123 人；2010 年，本二以上 114 人，本科上线 566 人；2011 年，本一上线 106 人，本二上线 89 人，本科以上 619 人；2013 年，本一上线 229 人，本二上线 231 人，本科以上 999 人，获市高考成绩优秀奖，进入全市前八强；2015 年，本一上线 167 人，本二上线 193 人，本科以上 1053 人；2016 年，本一上线 308 人，本科以上 818 人，获市高考成绩进步奖；2017 年，本一上线 439 人，本科以上 1058 人；2018 年，本一上线 558 人，本科以上 1276 人，在全市同类学校名列前茅。

附二：磁县第二中学简介

磁县第二中学成立于1926年，是邯郸域内建校最早的中学之一。学校有南、北两个校区。南校区位于县城南关石桥北大街，占地1.2公顷。北校区位于县城仁和路南侧，原为县一中东校区，占地5.3公顷，建筑面积3.5万平方米。教学楼1栋，综合楼1栋，多功能餐厅1栋，男、女生宿舍楼各1栋，200米塑胶场地1个。

2018年，学校有教学班49个，其中高中46个、初中3个，在校生2744人。教职工214人，其中教师196人（硕士研究生6人，高级教师33人）；先后发表国家级论文数十篇，省级以上论文1000余篇；有数十名学生获得国家级奖项。

2009年，县二中升格为科级单位，学校实施“文科带动，小科立校”办学战略，成立艺术部。2018年初，实行“双级部”制，打造高效课堂。

2018年，独立或与社会力量合作，开设日语、美术、音乐、舞蹈、书法等特色课程，成立国防班。

2011年，该校学生小品《感恩的心》在第四届“校园时代”全国青少年才艺电视展演录像评比活动中获金奖；2012年，该校情景剧《我的疯娘》在第六届“校园时代”全国青少年才艺电视展演录像评比活动中获金奖。该校先后获“河北省国防教育先进单位”等荣誉。

县二中高考成绩：2001年，本一上线4人，本科上线63人，专科154人；2002年，本一上线6人，本科上线93人，专科217人；2003年，本一上线10人，本科上线182人，专科192人；2004年本一上线15人，本科上线213人，专科338人；2006年，本一上线5人，本科上线299人，

县二中老校区（2002年　摄）

县二中新校区（2019年4月　摄）

专科274人；2007年，本一上线26人，本科上线180人，专科658人；2009年，本一上线10人，本科上线87人，专科上线522人，获邯郸市高考贡献奖；2010年，本一上线5人，本科上线46人，专科上线496人，获县高考贡献奖；2011年，本一上线31人，本科上线111人，专科461人，获县高考贡献奖；2012年，本一上线15人，本科上线78人，专科381人，获县高考贡献奖；2013—2017年经历生源低谷期；2018年，磁县二中高考再创佳绩，本一上线22人，本二上线23人，专科270人。

第五节　职业教育

学校

县职教中心位于县城磁州路17号，1989年筹建，1995年8月竣工投用，南营农校教学点、申庄乡中教学点迁入。1999年，在校生4980人，

县职教中心（2019年8月　摄）

属于职业高中，专任教师90人。县职教中心占地8.31公顷，建筑面积8.65万平方米。

2018年，县职教中心设职高、中专、社会培训、校企合作4个部，有34个教学班，在校生2093人，教职工220余人，实训设备价值4930.2万元，总资产1.5亿元，是1所集职业高中、职业中专、培训于一体的综合性国办中等职业技术学校。被省教育厅、财政厅、人社厅联合评选为“河北省中等职业学校质量提升工程名牌”学校。多次被教育部、省政府、市政府命名为“国家级重点中等职业学校”“国家级改革发展示范学校”“省级重点中等职业学校”“市级重点中等职业学校”。

专业设置

1999—2018年，学校开设农学、林果、计算机、文秘、工民建、医士、旅游等专业。职高部开设计算机、医护、旅游、建筑、财会、生物工程、机械制造7个专业；中专部开设焊接、数控、会计电算化、学前教育等专业，学生在校学习两年，第三年到企业实习，毕业后进入华丰、上海电建、江苏永钢等大、中型企业就业。

校企合作部与北方教育集团（原北方汽修学校）、北京创世国投集团开展联合办学，招收300多名学员，开设航空、高铁乘务、汽修、护理、计算机等专业，毕业后按订单协议分配工作。

升学与就业

1999年，职业高中对口升学中，省专上线51人，被市教委授予“对口升学先进单位”称号。2006届农林专业学生董学超以720分的总成绩获全省对口高考第一名。2016年、2017年对口升学率98%以上，学生考入西北农林科技大学、河北师大、承德医学院等；2017年，对口高考本科上线36人，被市教委授予“邯郸市对口高考先进单位”称号；400名幼师中专毕业生提前被企业高薪招录。2016年、2017年连续两年招生突破千人大关。1999—2018年，开展残疾人焊接、退耕农民等社会培训2300余人次，被省中小企业局认定为“省级中小企业人才培训示范机构”。

1999—2018年磁县职业教育对口招生情况统计表

表25-4　　单位：人、%

年份	报考人数	上线人数	本科	专科	上线率	年份	报考人数	上线人数	本科	专科	上线率
1999	165	21	5	16	12.73	2009	388	351	39	312	90.46
2000	180	96	18	78	53.33	2010	324	307	40	267	94.75
2001	211	161	17	144	76.30	2011	375	349	72	277	93.07
2002	246	202	14	188	82.11	2012	324	303	44	259	93.52
2003	238	190	15	175	79.83	2013	366	352	55	297	96.17
2004	256	208	18	190	81.25	2014	312	297	33	264	95.19
2005	321	294	20	274	91.59	2015	288	257	46	211	89.24
2006	311	272	14	258	87.46	2016	234	213	34	179	91.03
2007	425	383	19	364	90.12	2017	246	224	36	188	91.06
2008	350	316	33	283	90.29	2018	211	196	23	173	92.89

第六节　特殊教育

特殊教育学校

磁县特殊教育学校前身是1986年9月由县残联、县文教局共同管理的磁县聋哑学校。位于磁州镇敦化街，初期租用民房。是磁县唯一一所集聋哑、智障于一体的国办全日制寄宿学校。2000年9月迁至磁州路中段，在校生15人，专任教师2人。2004年9月，磁县聋哑学校迁至磁州镇二里铺村小学，更名为“磁县特殊教育学校”，隶属于磁县文教体局，由磁州镇学区代管。在校生45人，设教学班6个，专任教师15人。是年12月，顺利通过省“普九”复查。2006年11月迁至磁州镇西候召村小学，在校生48人，专任教师18人，通过省“特殊教育学校验收”检查。2013年8月，县特殊教育学校迁建于高臾镇一街村，投资571万元，占地4664平方米，建筑面积3204平方米，在校生40人，设6个教学班，其中聋哑班4个、培智班2个，专任教师16人，其中本科学历6人、大专学历10人，学历达标率100%。2018年，学校购置价值80万元的康复器材，并配有语言训练室、律动室、图书阅览室、微机室、多媒体教室、康复器材室、多功能室、音体美器材室等专用教室。是年，隶属磁县教育局，为股级单位。在校生45人，教师14人。

磁县特殊教育学校（2019年4月　摄）

特殊教育课程设置

2000—2018年，该校开设品德、语文、数学、自然常识、社会常识、律动、语训、体育、美工和劳动10门课程。2010年9月，培智班改用《河北省培智学校地方教材》，设有生活语文、生活数学、绘画与手工、唱游与律动和生活常识5门课程。是年，特校师生自编自演的舞台剧《保卫家园》节目获河北省第五届残疾人艺术节三等奖。

第三章　成人教育

第一节　高等教育

电大模式

1988年，电大站从县文教局成教股析出，成为独立单位。2005年6月，举办磁县电大新模式普通中专班：学生实行两年制培养计划，第一年由基层电大站负责学生文化课，按中央电大教学计划培养；第二年将学生送往与中央广播电视大学达成协议的企业，实行边工边读，负责学生的技术培训；两年期满，考试成绩合格，按照协议安排在实习企业就业。2005年7月，中央电大中专学校副校长王国川等出席磁县电大站实习就业咨询会。至2018年，与国家开放大学、北京外国语大学、北京理工大学等10所国家“211”大学80余种专业对接，学员可报名考试。

1999—2018年，电大办学方式有两种：电大与自学考试相沟通，简称“两沟通”；以学生和学习为中心，取消和突破对学生的限制和障碍，称为开放式。2006年前主要使用“两沟通”形式办学，每年本科毕业人数在百人以上（2000年除外），1999年本科毕业人数为300人；每年专科毕业人数除1999年为1000人外，多在百人以下，其中2005年、2006年由于采用两种办学方式，毕业人数分别为100名、120名。2007年后，全部改为开放式办学，专科毕业生人数增加，每年在百人以上，2013年和2016年突破200人。

1999—2018 年磁县电大毕业生人数情况统计表

表 25-5　　单位：人

年份	学习形式	专科	本科	年份	学习形式	专科	本科
1999	两沟通	1000	300	2009	开放	130	55
2000	成人电大	18	0	2010	开放	155	65
2001	两沟通	80	120	2011	开放	165	66
2002	两沟通	70	150	2012	开放	170	78
2003	两沟通	60	120	2013	开放	205	64
2004	两沟通	60	100	2014	开放	192	44
	开放	60	60	2015	开放	198	46
2005	两沟通、开放	100	180	2016	开放	202	56
2006	两沟通、开放	120	180	2017	开放	120	43
2007	开放	100	70	2018	开放	129	50
2008	开放	110	65	—	—	—	—

自学考试模式

1999—2018 年，高等教育自学考试每年 4 月、10 月进行两次。由于前期普及高等教育的原因，其间县内自考报名人数和毕业人数较少，2018 年仅毕业 20 余人。至 2018 年，报名 12680 人，毕业 10860 人。

第二节　教师学历培训

磁县师范学校进修

1983 年，磁县开办中等师范学校。是年，招收两个班。招生对象是在职民办教师，经考试择优录取，学制二年，毕业后转为国办教师。1985 年，招生对象扩大到未达标的在职国办教师。1983—1992 年，先后招收师范生 8 届、391 人。

中师函授

1987 年始，磁县教师进修学校对全县中师以下学历的教师进行中等师范函授培训。至 1990 年，共培训 1188 人，全县小学教师达标率 97% 以上。此后开办过数期，招生人数较少。

三沟通

1992—1998 年，举办两期在职教师电大、函授和自学考试相互沟通（简称“三沟通”）的大专班函授培训。学习为函授方式，考试为自学考试方式，学制 3 年。1992—1995 年第一期招生约 600 人，毕业 510 人；1995—1998 年第二期招生 715 人，毕业 587 人。

高师培训

1996 年、2001 年，县教师进修学校组织已取得专科学历的教师进修本科培训，学制 3 年。分设语文、数学、英语、历史、教育管理等专业。两期招生 571 人。

小教高培

1998 年始，县教师进修学校对小学教师进行大专培训，学制 3 年。至 2001 年，累计招生 751 人。

第三节　技能培训学校

乡（镇）成人学校

1999 年，磁县实施“科教兴县”战略和全民

技能振兴工程，16个乡（镇）建立成人学校。每校配备校长、教导主任各1名，万人口配备3名专职教师，达到“四室一基地”（教室、办公室、图书阅览室、微机室、实训基地）标准。对农村进城务工人员和种植、养殖专业人员等开展实用技术培训，累计5.6万余人次受训。2018年，乡（镇）成人学校11所。

2001年，花官营乡成人学校、讲武城镇成人学校、磁州镇成人学校、观台镇成人学校被省政府命名为“省级示范校”。2014年，磁县被评为“河北省职业成人教育示范县”。

磁县技工学校

磁县技工学校建立于1990年，由县劳动人事局和县文教局联合创办。校址设在县红星玻璃厂和满园春糕点厂院内，1995年迁至磁县职教中心。学校招生对象为具有城市户口的初中毕业生，开设普通文化课和专业课两种课程。普通文化课学习高中知识，专业课有财会、卫生护理、化工、土建、电工、机械加工等。

1997年增设市场营销专业。1998年、1999年增设计算机专业。学生毕业后，国家承认学历，由县劳动人事局根据学生所学专业负责向各厂矿和企事业单位分派或推荐，也可报考高一级学校。该校向县内银行、医院和各厂矿企业输送技术人才1213人。2000年停止招生。

磁县卫生学校

磁县卫生学校创办于1978年6月，校址在县人民医院内，由县卫生局和县文教局共同管理。该校占地2652平方米，房屋39间，建筑面积652平方米。初期有教职员工3人，2001年有教职工20人，其中高等院校毕业的专业技术人员12人。

该校招生对象为乡村赤脚医生、系统内在职初级卫生人员和初中以上文化程度的待业青年，开设解剖学、生理学、病理学等14门课程。毕业后在卫生系统内按中专学历对待。2000年始，毕业生经县卫生局考核后发“乡村医生证书”后，统一在村卫健所工作，成绩优秀者推荐到乡（镇）卫生院工作。

学校自开办至2001年，共举办培训班23期，培训2000余人次。1988—1998年招收学制为2年（含半年实习期）的中西医结合医士专业班；1999年始，该专业改学制为3年（含1年实习期）。此外，1997—1999年招收3届共58名乡村医生进修中专函授，学制为3年半。1993年和1996年，与县电大站联合，共培训中专医士专业学生100余人。

第四章　民办教育

第一节　发展概况

发展背景

20世纪90年代前后，磁县西部与煤炭产业相关的乡（镇）经济较快发展，富裕起来的家庭对子女教育更加重视。1996年，磁县第一家民办学校——磁县私立起林学校在岳城镇岳城村创办，取得较好经济效益和社会效益。县内教育界部分人士看到民办学校的潜在商机，抓住学生生源不断增加、公办学校布局调整的机会发展私立学校。20世纪90年代末，县内实施“公助”民办学校政策，推动民办学校迅猛发展。

发展数量

2000年，磁县第一家民办高中——滏滨中学成立。至2005年，全县有民办学校33所、民办幼儿园83所。2007年前后生源减少，一些民办学校开始跨学段招生办学。2017年，衡水第一中学邯郸分校在磁县开办，为磁县规格最高的民办完全中学。经政府对民办教育规范与整治，至2018年年底，县内民办中小学剩17所（其中，小学7所，九年一贯制学校8所，十二年一贯制学校1所，完全中学1所），在校学生23991人，占全县义务教育阶段学生总人数23.48%。规模较大的民办学校主要分布在城内和县城周边，涵盖基础教育各个学段，在校生5000人上下。民办学校普遍采用封闭式管理。民办幼儿园70所。

第二节　学校管理

资格管理

2005年，全县有办学资格证的民办学校5所、民办幼儿园2所。是年起，县教育局着手规范民办学校办学行为。至2018年年底，取得办学许可证的民办中小学、幼儿园分别增至17所、48所。

教学管理

2005年始，县教育局出台措施，制止民办学校提前招生、“掐尖”招生、跨区域招生等违规招生现象，禁止民办学校超纲教学、提前教学、强化应试等不良教学行为。

2018年，县教育局成立民办教育管理办公室，对民办教育进行专项治理。实施“八严禁”“六不准”，切实减轻中小学生课外负担，保障民办学校中、小学生健康成长、全面发展。

学校内部管理

民办学校普遍实行全封闭寄宿制管理，教职工和学生吃住在校内，有严格的门岗制度；规模大的民办学校采用级部管理形式，有的按学段分级部，有的按年级分级部；民办学校设专职门岗或警卫室，并配用保安；民办学校由董事长管理或聘请校长管理。

附一：民办学校选介

漳北育星学校

漳北育星学校位于讲武城镇南营村北，创办于2009年8月，法人任晓花，是经县教育局批准成立的一所集小学、初中于一体的寄宿制民办学校，占地3公顷，建筑面积2万余平方米。学校教学设备、生活设施现代化，教室配备多媒体白板和触摸屏电脑，教办室配备笔记本电脑、投影仪、点读机、速印机、多功能一体机；校园装配监控系统、高标准宽带校园网，建设标准化餐厅、公寓式宿舍、运动场、篮球场、开水房、洗浴室等。

漳北育星学校教学楼（2020年11月　摄）

2018年，该校已成为一所九年一贯制学校，设教学班36个，在校生2700余人，专任教师106人。生源覆盖磁县、临漳县等周边百余村。2014年5月，被评为“河北省创新改革示范学校”“河北省民办教育先进单位”。

仁和学校

磁县仁和学校创办于2017年，占地4余公顷，建筑面积2万余平方米。位于县城平安路南侧磁县龙头教育新区内。是一所全日制九年一贯制民办寄宿学校，创办人申保兴。

仁和学校（2020年11月　摄）

2018年，该校设教学班52个，在校生3300余人，教职工200余人。校园分设教学区、运动区、生活区。教室配有多功能一体机，实现管理和教学信息化；设音乐室、心理咨询室、会议室、学生和教师餐厅等场所。

朝阳学校

1998年8月，张胜彬等7人出资，租用磁州镇监上街原汽修厂创建磁县朝阳学校。该校位于县城朝阳大街中段西侧，学校为小学、初中九年一贯制，采用寄宿制管理，聘请校长。

2003年，学生1200余人，教职工70余人。2010年秋，学生增至2300余人，教职工170余人；至2018年，学生达6399人，教职工298人。

朝阳学校（2020 年 11 月　摄）

腾龙学校（2019 年 5 月　摄）

滏滨中学

2000 年 4 月，李明今等 3 人创办磁县滏滨中学。该校位于县城西 2.5 千米磁州镇永旺村西北处。以原县委党校院落为基础兴建，属于“公助”民办。占地 6.6 公顷，建筑面积 5 万平方米。设有教学区、生活区、运动休闲区。设有中学部和小学部，在校生 5000 余人，教职工 260 人，其中高级教师 10 人，专任教师 200 余人。

滏滨中学（2019 年 10 月　摄）

学校先后投资 5000 多万元建设教学楼、实验楼、学生宿舍楼、教工宿舍楼、学生餐厅、标准塑胶跑道等，建有标准化的多媒体教室、微机室、教师电子备课室、音乐教室、会议室、图书馆、自助洗衣房、校园磁卡电话、直饮水系统、电控热水澡堂等，图书室存书近 8 万册。

2017 年 9 月，学校设小学部、初中部、高一年级部、高二年级部和高三年级部 5 个级部。

腾龙学校

该校位于县城磁州路中段北侧，占地 1.5 余公顷，建筑面积 7532 平方米。由秦树平于 2004 年 8 月创办。初为磁县腾龙幼儿双语艺术幼儿园。2006 年更名为磁县腾龙学校，设有全日制初中、小学、学前班。

校内有 3 栋教学楼、两个广场。设有音乐室、仪器室、实验室、图书室、舞蹈室。远程教育室、计算机室、多媒体教室、各类教学仪器、器材、教具和其他功能室配套装备均达到省定一类标准。2018 年有教学班 55 个，在校生 2500 多人，教职工 240 余人，其中专任教师 162 人（本科学历 56 人，专科学历 106 人）。

衡水第一中学邯郸分校

衡水第一中学邯郸分校南校区位于滏泉湖景区东侧，占地 20 余公顷，建筑面积 11 万平方米，整体结构为“两轴一环一中心”。建有教学楼、文茂楼、正行楼、图书馆、学生活动中心、体育馆、食堂、宿舍楼、后勤服务楼、标准 400 米体育场、6 个标准篮球场、4 个标准排球场。

教学楼分为东、西两个教学区，每个教学区

衡水第一中学邯郸分校南校区开学典礼（2019 年 9 月　摄）

3 栋教学楼。东区教学楼由南向北依次为：卓衡楼、卓识楼、卓品楼。西区教学楼由南向北依次为：卓慧楼、卓见楼、卓越楼。

2017 年 9 月 1 日，衡水第一中学邯郸分校开学。

衡水第一中学邯郸分校完全引进“衡中”的教育资源、教师管理体制、教学管理模式。

附二：民办幼儿园选介

华易幼儿园

华易幼儿园位于县城建设路西段，吴伟强创办于 2014 年 9 月，占地 3800 平方米，建筑面积 5900 平方米。2016 年 9 月被评为市级一类园。2018 年设 12 个班，分为小、中、大三个级部，在园幼儿 300 余人，教职工 50 余人。各班配有教学区、活动区、生活区。另外还配有舞蹈房、多功能厅、体智室、绘本馆，特色课程配备有全脑教室、蒙氏教室。

华易幼儿园（2020 年 11 月　摄）

新世纪幼儿园

新世纪幼儿园位于县城鼓楼南大街 49 号，张玉萍创办于 1999 年。幼儿园占地 2150 平方米，建筑面积 1185 平方米。2007 年开办新世纪第二

新世纪第二幼儿园（2020 年 11 月　摄）

幼儿园，位于县城铁西大街，占地 3500 平方米，建筑面积 1600 平方米。2013 年开办新世纪幼儿园滏阳园，位于中山东路北侧，占地 1800 平方米。在园幼儿 400 余人，教职工 80 人，其中专职教师 60 人（90% 具有大中专学历）。

福娃艺术幼儿园

福娃艺术幼儿园创办人苗飞，于 2015 年 9 月开园，位于县城仁和路、古御街交叉口西北角，占地 3200 平方米，建筑面积 3000 平方米。园内设 13 个教学班，配备演播厅、舞蹈房、绘本馆、美术室等多个专用教室、户外 800 余平方米塑胶活动场地，配有攀爬架、沙地、大型滑梯等。

2018 年，在园幼儿 310 人，专任教师 26 人，保育员 13 人，保健员 2 人，保安 1 人。

博艺幼儿园

福娃艺术幼儿园（2020 年 11 月　摄）

博艺幼儿园由龚慧珍于 2006 年 3 月 8 日创办，位于滏苑小区内，占地 2666 平方米，建筑面积 2564 平方米，户外活动面积 1500 平方米。开设大、中、小 9 个教学班，在园幼儿 236 人，教职工 36 人，其

博艺幼儿园体能馆（2020 年 11 月　摄）

中教师22人、保育员4人，教师专科以上学历20人。

设有活动室、寝室、洗盥室、卫生保健室、舞蹈室、电脑室、图书室、万能工匠室、蒙台梭利室、体智能活动室。户外活动操场设有大型的多功能大小滑梯、秋千、木马、攀岩墙等体育设施和玩具。

第五章　教师与教学研究

第一节　教　师

教师数量

1999年，磁县有教职工5883人。其中，专职教师5186人中，小学1862人、初中2936人、高中388人。全县专任教师持证率100%，小学教师中专科及以上学历教师比例达96.5%。2018年，全县教职工4275人。其中，专职教师4001人中，小学2018人、初中1052人、高中931人。

教师来源

2001年1月1日，140名民办教师转为国办教师。2004年，从非师范专业和地区级师范类专业毕业生中招录教师753名。2006年，首次公开招聘教师96人；2009—2018年招聘848人。2006—2018年，安排新招聘的教师到西部山区支教3年。2006年后，公开招聘教师成为磁县国办教师的唯一补充来源，此前的师范毕业生分配制度停止。

1999—2018年部分年份磁县教师来源及分配数量统计表

表25-6　　单位：人

类别 年份	中专师范	大学师范	职教	非师范	合计	类别 年份	中专师范	大学师范	职教	非师范	合计
1999	107	41	111	13	272	2010	—	120	—	10	130
2000	85	17	68	31	201	2011	10	76	—	—	86
2001	6	14	3	6	29	2013	—	103	—	17	120
2002	6	21	3	6	36	2015	—	79	—	18	97
2003	113	34	8	6	161	2016	—	86	—	17	103
2007	12	84	0	0	96	2018	—	171	—	83	254
2009	—	58	—	—	58	总计	339	904	193	207	1643

教师结构

2018年磁县各类学校教师城乡分布情况统计表

表25-7　　单位：人

数量 校别	专任教师					
	合计	其中女	城区	其中女	乡村	其中女
总计	5566	3719	4019	—	1547	—
幼儿园	508	479	376	—	132	—
小学	2791	1916	1803	1334	988	572
初级中学	1520	870	1210	713	310	157

续表

校别 \ 数量	专任教师					
	合计	其中女	城区	其中女	乡村	其中女
高级中学	729	454	612	373	117	81
特殊教育	18	—	—	—	18	—

2018 年磁县各类学校教师年龄结构情况统计表

表 25-8　　单位：人

校别 \ 数量	29 岁以下		30 ～ 39 岁		40 ～ 49 岁		50 ～ 59 岁	
	县城	乡村	县城	乡村	县城	乡村	县城	乡村
小学	267	162	945	467	463	221	128	138
初中	418	60	441	132	272	82	78	36
高中	85	98	310	12	175	4	42	3
幼儿园	282		180		20		8	

2018 年磁县各类学校教师学历和职称结构情况统计表

表 25-9　　单位：人

校别 \ 数量	学历				专业技术等级			
	研究生	本科	专科	高中	高级	中级	初级	未定级
幼儿园	—	58	287	152	0	55	131	318
小学	3	1270	1382	136	33	673	1510	575
初中	3	1127	390	0	133	425	419	543
高中	58	623	48	0	126	171	237	195

2018 年磁县各级别骨干教师人数情况统计表

表 25-10　　单位：人

级别	县级	市级	省级	国家级
人数	400	114	7	0
所学专业与课程匹配教师人数			1710	
师范专业入职人数			2375	

2018 年磁县在职特级教师有关情况统计表

表 25-11

姓名	性别	称号	单位	科目
朱爱平	女	省特级教师	实验学校	语文
刘艳红	女	省特级教师	阜才中学	英语
张喜荣	女	市特级教师	县第一中学	语文
关静河	男	市特级教师	县第一中学	数学
索海东	男	市特级教师	白土中学	数学
杜建军	男	市特级教师	实验学校	数学
索清梅	女	市特级教师	实验学校	语文
吝守峰	男	市特级教师	崇文学校	语文

校长

1999 年，全县公办学校校长 438 人。其中，区片校长 5 人，学区校长 19 人，小学校长 317 人，初中校长 44 人，高中校长 2 人，职高校长 1 人，特殊教育学校校长 1 人。2018 年，全县公办学校校长（园长）139 人。其中，学区校长 19 人，小学校长 87 人，初中校长 28 人，高中校长 2 人，县职教中心校长 1 人，特殊教育学校校长 1 人。另外，国办中小学和乡（镇）学区配有数额不等的副校长，协助校长工作。

教师待遇

政治待遇　1999—2018 年，县委、县政府每年教师节向全县教师发出慰问信，并举行教师节庆祝大会，表彰成绩突出的教师、先进集体和尊师重教先进单位。其中，2018 年表彰 15 个教育工作红旗单位、20 个教学质量优胜单位、5 个民办教育先进单位、20 名高考先进个人、10 名优秀校长、50 名优秀班主任、10 名最美校长、50 名最美教师、140 名优秀教师、20 名名师工作室先进个人、6 个捐资助教先进单位、5 名捐资助教先进个人、42 名优秀教育工作者。

1999—2018 年，每届县人大代表、政协委员构成中，均向教育界分配适当的数额。其中，第十五届人民代表大会分配 14 名，第十六届人民代表大会分配 13 名；第十一届政协委员会分配 17 名，第十二届政协委员会分配 15 名。

经济待遇　1999 年，全县教师年均工资收入 1.08 万元。2006 年实行工资制度改革，全县教师工资平均月增 298 元。此后，每年考核薪级晋升一级工资。2009 年始，全县义务教育阶段学校教师实施绩效工资，对在职义务教育阶段学校教职工 4883 人及退休教职工 1021 人补发基础性绩效和奖励性绩效工资共计 3847 万元。2010 年 1 月起，县教育系统非义务人员全面实施绩效工资制。至 2018 年，全县教师年均工资收入 7.62 万元，非义务人员年均工资收入 7.45 万元。

第二节　师资培训

培训机构

磁县教师进修学校　建于 1952 年，1988 年原磁县师范学校合入，经省政府批准，成为一所成人中等专业学校，具有独立法人资格，直属县教育部门领导。

2002 年，该校由教育局南院迁至原磁县武装部旧址。2006 年 5 月，迁至县城迎宾路 52 号，新建办公综合楼 1 栋，占地 0.47 公顷，建筑面积 2774 平方米。学校拥有微机室、语音室、多媒体

教室、学术报告厅、音乐教室、美术教室、微格教室（装有电视摄像、录像系统的特殊教室）、心理咨询室、图书室、阅览室、档案室等专用教室和普通教室；图书资料2.6万册，报刊35种。独立承担对全县教师的培训任务。

学校拥有教职工77人。其中，专任教师55人，教辅人员22人。专任教师均本科以上学历，高级职称17人，中级职称43人。另有兼职教师44人。

2013年6月，被省教育厅评为“标准化县级教师培训机构”。2018年12月14日，磁县教师进修学校更名为磁县教师发展中心。

培训内容

继续教育　1999年始，举办中、小学教师继续教育专业选修课辅导员培训。2009年前，全县继续教育全员远程培训采用教师个人自学——进修学校教师分赴各学（区）校集中培训、集中考试的模式。2010年后，全县教师参加“国培计划”“省培计划”，集中面授、互动研讨，是年继续教育改为全员网上远程培训模式。2010年11月，在国培计划——“知行中国”中、小学班主任教师培训项目中，该校被评为“优秀项目团队暨知行中国示范区”。至2018年，历年全员远程培训教师参训率99.7%、合格率100%。

入职培训　2006年始，根据“先培训，后上岗，不培训不上岗”原则，组织新招聘教师实施首次入职培训。培训采取集中培训与跟岗培训相结合模式。至2018年，培训8期、956人。

“歆语工程”培训　2011年，北京外国语大学通过“歆语工程”项目分两批对磁县中、小学英语教师进行培训，由县教师进修学校具体组织。是年7月18日至8月7日，第一批150名小学英语教师赴北京外国语大学接受培训20天；2012年7月28日至8月16日，第二批30所中学150名英语教师赴北京外国语大学接受培训20天。

基本功训练　1999—2018年，县教师进修学校有针对性地对县内相关教师进行各种教育教学技能培训，培训情况见下表。

1999—2018年部分年份磁县中小学教师教育教学技能培训情况统计表

表25-12

时间	培训内容	培训对象
1999年暑假	书法	教职工
1999年11月	美术、音乐技能	美术、音乐教师各260人
2009年7月	撰写教案技能	青年教师260人
2010年8月	三笔字	优秀教师
2011年8月	简笔画	美术教师
2012年7月	课堂教学能力	优秀教师
2013年8月	英语口语训练	英语教师
2014年7月	课件制作	骨干教师260人
2015年8月	新时期师德	中、小学教师350人
2016年9—12月	微课制作	中、小学教师1000人
2017年8—11月	三笔字	优秀教师200人
2018年8月	课件制作	骨干教师160人

校长培训

1988年，县教师进修学校对全县462名中、小学校长实施第一期上岗培训。1995年，实施第二期140名中、小学校长上岗培训。是年，所有在职校长实现持证上岗。2000年春，对全县中、小学校长实施提高培训，参训校长198人。此后，县内新任命的校长的岗位提高培训改为市级培训。

第三节　教学研究

教研机构

磁县教研室　创建于1972年，为县教育局直属教学研究部门。2018年，中小学、幼教教研员36人。其中，高级职称12人，中级职称24人，学科配备齐全。设立3组（小学教研组、中学教研组和理论组）、3室（办公室、资料室、档案室）。拥有多媒体演播室、计算机局域网等设施。建立县、乡（镇）、校教研网络。1999—2018年，县教研室人员共发表各级论文100余篇，编写《校本研修实践探究》一书，立项教育规划课题120项，完成省级立项课题3项、市级课题结题18项。

乡（镇）学区和国办中小学教研机构　乡（镇）和国办中、小学教研机构有教导主任负责，组织本辖区教研组进行教学研究。1999年，乡（镇）学区教研机构19个，国办中学教研机构9个，国办小学教研机构1个；全县各校教研组小学125个、中学252个、高中18个。2018年，乡（镇）学区教研机构11个，国办中学教研机构6个，国办小学教研机构3个；全县各校教研组小学156个、中学279个、高中18个。县教研室负责对乡（镇）学区和国办中、小学教研机构业务指导。

教研活动

“主题年”教学活动　1999年，“新课堂创建”实现常态化。2009年后，全县范围内开展“主题年”教学科研活动：2009年“教学常规落实年”、2010年“高效课堂建设年”、2011年“新课堂创建年”、2012年　“课堂改革效益年”。

“风采杯”活动　2009年，实施“以赛代练”促进教学改革，第一届“风采杯”教学标兵展示赛开赛，大赛分为初赛、复赛和决赛。此后，每年1次，贯穿于整个学年教学活动中。活动结束后，评选出全县教学标兵、学科带头人、优秀教师。至2018年，累计举办8届，先后有810名教师在展示赛中获奖。在全国讲课比赛中，2人获国家级一等奖。

培训与考察　1999年始，连续20年举行大型教师暑期培训活动。先后聘请教育专家、名师魏书生、崔其升、赵杏梅等50余人次到磁县举办专题报告会，现场点评公开课80余场。县教研室牵头，先后组织2000余人次赴北京、上海、西安、江苏洋思、山东杜郎口、河南永威等学校考察学习。

“教学开放日”活动　2006年实施新课改后，县教研室在阜才中学、实验小学每周组织1次“教学开放日”活动。活动日内，县内外教育部门领导、教师及学生家长可随时推门观摩听课。先后组织开展18次。“开放日活动”内容有公开课、课后交流、主题班会、专题报告等。

举办“校长论坛”“教师论坛”活动　2012年暑期和10月，先后举办“校长论坛”“教师论坛”活动。35名县内国办中小学校长、乡（镇）学区校长和乡（镇）中学校长及300余名县级以上骨干教师分别参加相关活动。为“强力提师能，创建新课堂”　“课堂改革效益年”活动注入新的活力。

此外，还举办连篇教研、网络教研、汉字书写和高效阅读等教研活动。2018年，县教研室指导的实验小学“教学笔记对促进教学水平提高的实践与研究”与申庄中学“和谐教学在学科教学中的应用与研究”研究课题均获国家级科研成果一等奖。

第六章　学校建设

第一节　学校文化建设

文化“六个一”建设

2006年，全县开展以“六个一”为主题的校园文化建设活动。在“三化一上墙”（净化、绿化、美化，学生作品上墙）的基础上以“六个一”为建设内容。中学“六个一”：创办一份校刊（校报）、编写一本校内教材、组建一个艺术团（合唱团）、成立一个文学社（诗社）、建立一个体育代表队，建设一个文化长廊；小学“六个一”：成立一个广播站、建设一个荣誉墙（德育室）、开展一项系列读书活动、组织一次社会实践活动、召开一次报告会、参加一次“小制作、小发明、小创造”比赛。是年底，“六个一”覆盖全县中、小学校。

文化氛围建设

2007年，开展文化校园建设。突出地域文化特点，利用墙壁、走廊、楼梯等处，通过悬挂名人名言、各种励志语言牌、文化长廊等形式，实现“每一面墙壁会说话，每一棵大树能育人”目标。

第二节　学校设施建设

危房改造

1999—2005年，为迎接省和国家“普九”复检，对全县不达标校舍和危房改造和修建。至2005年，磁县累计“普九”投入4200万元，新建和改造学校100余所，新增建筑面积7.3万余平方米。

标准化学校建设

2007年10月，为进一步优化农村教育资源配置，推进城乡教育均衡发展，缩小城乡之间、校际之间的差距，县教育局在来村中学、岳城镇中心小学、申庄中学、岔口中心小学、东二小学等14所学校实施标准化学校建设项目，总投资2亿多元，总建筑面积11.4万余平方米。新建教学楼、宿舍楼、实验楼等设立平走道，方便残疾学生行走。

校安工程

2012年9月13日始，全县实施校安工程，涉及188所学校、397栋单体建筑，建筑面积29.6万余平方米。其中，重建单体344栋、建筑面积25.4万余平方米，加固单体53栋、建筑面积4.2万余平方米。分66个标段施工。其中，重建57个标段，加固9个标段，工程总投资4亿余元。校安附属工程涉及181所学校，分49个标段，工程总投资9128万元。2017年，全县校安主体及附属工程竣工并投用。全面消除中、小学D级危房，改造C级、B级危房，达到新的抗震设防烈度标准。

灾后重建

2016年7月19日，磁县西部遭遇暴雨袭击，山区学校校舍严重受损。其中，五里河村学校、彗峪村学校被洪水整体冲毁。

县教育局制订《磁县“7·19”特大洪水灾后学校恢复重建工作方案》，科学规划，统筹安排，有序建设，保障灾区孩子按时就学入园。

受损的75所学校中，重建校舍面积1.1万余平方米，加固校舍面积850平方米，修缮校舍面积1.1万余平方米，重建或修缮操场面积3.3万余平方米、水窖13个，购置教学仪器1057台（套、件）、桌凳1041套、图书6770册。

取暖设施

2006年，全县城乡中、小学校淘汰煤泥取暖方式，大部分学校实现锅炉供暖，个别小学校采用蜂窝煤炉取暖。2010年，县内中、小学校采用锅炉供暖或空调取暖。2015年，适应国家大气污染治理形势，县内学校均采用清洁能源取暖，不再烧煤。至2018年，县内多数中、小学校空调取暖，少数学校采用天然气供暖或集中供暖。

塑胶运动场地

2009年，县一中校园内建成塑胶运动场地，为县内各校第一处。其后，县职教中心、县实验学校、崇文学校等学校先后建设塑胶运动场地。至2018年，县内公办学校及个别大型私立学校建成塑胶运动场地。

县职教中心的塑胶操场（2019年8月　摄）

第三节　学校信息化建设

信息技术学科设置

2000年起，全县中心校以上的中、小学校配备微机室。2001—2003年，信息技术教育列为全省中、小学继续教育培训必修课程。为做好相关教育工作，县教育局建立磁县教育城域网。2002年起，统一使用河北省规定教材。2003年年底，50岁以下的在职中、小学教师取得《河北省中小学教师信息技术教育等级一级合格证书》。2006—2007年，县内实施“河北省农村中小学远程教育工程”，覆盖学校219所，工程装配34寸电视机403台、卫星资源接收小站189个、电脑及服务器1146台、多媒体投影教室30个。

2011年，更新全县中、小学信息化装备，交互式大屏幕多媒体进入教室，各校学生、计算机配备比例达10 ∶ 1以上。2012年，为31所经济薄弱学校购置触控式大屏幕一体机、开通宽带网，课堂教学实现全国优质教育资源共享。

教育城域网建设

2003年初，按照省、市信息技术“校校通”工程规划要求，全县开工建设信息技术教育城域网。2004年6月，教育城域网项目在县文化教育体育局信息中心建成投用。磁县教育城域网覆盖全县完全小学以上的中、小学，实现校校通网络、班班配备多媒体，使国家、省、市的优质教育资源初步实现共享。

教育平台建设

2015—2018年，全县实现教育信息化“5个全覆盖”，完成信息化办公平台、管理平台、资源平台、教研平台、电子考勤平台、直播平台建设。全县中心校以上学校的教室配备大屏幕触控多媒体；县、校、班三级100兆宽带教育网互联互通；全县视频会议系统与全市视频会议系统互联互通。全县完全小学以上学校的师训、IPTV课堂直播、教研、阅卷、课堂录播和直播、考勤等均在教育平台上开展。

第四节　学校器材配置

管理机构

磁县教学仪器站创建于1993年，位于县城迎宾路西段路南。负责县内学校及幼儿园的专用教室、图书馆（室）有关教学仪器等设备的规划、管理和配备，指导学校自制教具，培训专用教室管理人员。

常规器材配置

2006年，配备中学23套、小学21套器材。2011年，配备70所学校全套实验教学器材。2015年，配备16所中学各1套器材（数、理、化、生）；56个教学点各1套器材（数学、科学、音、体、美）。配置的器材先后在“普九”和省督导评估检查中通过验收。

电教器材配置

2007年农村中、小学电教器材配置：23所初中配卫星接收系统、计算机教室、多媒体教室、教学光盘播放设备及教学光盘；20所小学配卫星教学收视点相关设施；150余个教学点配电视机、DVD播放机。2011年计算机配置：23所中学1023台，50所小学1621台；多媒体教室电教器材配置：60所小学61套（实验小学2套）。

岳城中学教室内带有多媒体的推拉黑板（2020年12月　摄）

图书阅览设备配置

2011年图书配置：中学9.3万册，小学30.3万册。图书阅览室桌凳配置：23所中学、24所小学各1套。图书阅览系统设备（计算机、检

索机、打印机、系统软件）配置：23所中学、23所小学各1套；电子阅览室计算机配置：3所中学153台，4所小学180台。

附：磁县教育资源配置科学化程度与人才培养情况调查

教育是民族延续的灵魂，是地区发展重要竞争力，是改变家庭生活质量的主要途径。教育资源配置在教育发展中具有核心要素地位，对人才培养具有基础性地位。为客观了解磁县教育资源配置科学化程度和人才培养情况，课题组对磁县教育行政部门和有代表性的3所学校进行了深度访谈，并采用问卷形式对11所不同类型学校、教师、学生家长进行调查，能够真实反映出磁县教育资源配置状况和人才培养情况。

一、教育资源配置的整体情况

（一）教育资源配置的典型做法

1999—2020年，磁县教育资源配置先后经历了义务教育普及、均衡发展、标准化建设等阶段，基本形成了较为完备的基础教育体系，初步形成了磁县人才培养完备的现代化教育体系。2000年，磁县普及九年义务教育顺利通过省第三次验收。2012年，磁县启动“校安工程”建设，主体工程涉及188所学校，397栋单体，建筑面积29万余平方米，总投资4亿余元，附属工程涉及181所学校，总投资9128万元，2017年，全县校安主体及附属工程竣工投用。与“校安工程”同时推进的还有城乡中、小学校标准化建设，2015年全县义务教育标准化学校比例达70%，2020年突破85%。

（二）教育资源配置的总体成效

1. 调查点

为了深入掌握磁县教育资源配置的基本情况，课题组对10所不同类型学校进行了表格问询，其中包括平原学校6所、丘陵学校2所、山区学校2所，公办学校8所、民办学校2所，小学4所、初中4所、高中2所，具体名称为：县一中、县二中、申庄中学、仁和学校、岳城镇岳城村小学、岳城镇岳城中学、北贾壁乡中心小学、北贾壁乡中学、朝阳学校、实验学校。

2. 调查点学校资源配置

受访学校资产1000万元以上的有7所，其中前三位是县一中、朝阳学校（民办）、县实验学校，资产分别为19000万元、9000万元、3593万元；资产1000万元以下的3所，分别是北贾壁乡中心小学、县二中、岳城镇岳城中学。建筑面积1万平方米以上的有6所学校，其中前三位是县一中、县二中、申庄中学，建筑面积分别为10万平方米、5万平方米、2万平方米；建筑面积最小的是北贾壁乡中心小学，仅有2500平方米。各个学校都有操场，但有标准化操场的仅2所学校，分别为县一中和朝阳学校。各校教学设备配备相对齐全，都有投影仪、计算机、电子黑板、多媒体一体机等。但个别学校也有缺项，如岳城镇岳城村小学、县实验学校未配投影仪，岳城镇岳城村小学、北贾壁乡中心小学未配计算机，岳城镇岳城村小学、北贾壁乡中学、县二中未配电子黑板。10所学校中寄宿制学校7所，非寄宿制学校3所：分别为岳城镇岳城村小学、县实验学校、北贾壁乡中心小学。

3. 调查点教师资源配置情况

专职教师配备100名以上的有5所学校，师资力量排在前三位的是：县一中424名，师生比1：14.0；朝阳学校351名，师生比1：20.2；县实验学校241名，师生比1：25.2。后三位的是：北贾壁乡中心小学24名，师生比1：19.7；北贾壁乡中学24名，师生比1：8.2；岳城镇岳城中学28名，师生比1：12.4。多数学校配备与所学专业相一致的音、体、美教师。个别例外，如北贾壁乡中学音乐老师和美术老师与所学专业不一致，岳城镇岳城中学没有音乐和美术老师，北贾壁乡中心小学没有美术老师。在师资结构方面，女性教师数量明显高于男性教师，比例为1.9：1；本科学历教师明显高于其他学历，研究生、本科、专科教师比例为1：47.4：9.6；31～40岁教师数量高于其他年龄段，21～30岁、31～40岁、41～50岁、51～60岁教师比例为2.4：4.3：2.6：1。

二、不同区域教师个体差异情况

（一）受访教师情况

课题组对平原、丘陵、山区三类学校教师进行了深入访谈，基本情况如下：共访谈教师28名，其中男教师10名，占35.7%；女教师18名，占64.3%。21～30岁教师12名，占42.9%;31～40

岁教师6名，占21.4%；41～50岁教师7名，占25.0%；51～60岁教师3名，占10.7%。县城教师17名，占60.7%；乡镇教师6名，占21.4%；农村教师5名，占17.9%。中级职称教师12名，占42.9%；初级职称教师6名，占21.4%；没有职称教师10名，占35.7%。大专学历教师6名，占21.4%；本科学历教师22名，占78.6%。教龄1年以下教师5名，占17.9%;教龄2～3年教师7名，占25.0%；教龄4～5年教师2名，占7.1%；教龄6～8年教师1名，占3.6%；教龄8～10年教师2名，占7.1%；教龄10年以上教师11名，占39.3%。受访对象涵盖各级各类教师，能够反映出不同区域教师个体差异情况。

（二）山区学校教师情况

山区受访教师具有初级以上职称的占62.5%，没有职称的占37.5%；大专学历的占44.4%，大学本科学历的占55.6%；3年以下教龄的占44.4%，4～8年教龄的占22.2%，8年以上教龄的占33.3%；月工资收入3000～4000元的占55.6%，4000～5000元的占22.2%，5000元以上的占22.2%；授课学生100人以下的占88.9%，100～200人的占11.1%；愿意在乡镇教学的占66.7%，在农村教学的占33.3%；认为所在学校教学质量在全县处于较高水平的占11.1%，处于中等水平的占88.9%。

（三）丘陵学校教师情况

丘陵受访教师具有初级以上职称的占40.0%，没有职称的占60.0%；大专学历的占20.0%，大学本科学历的占80.0%；3年以下教龄的占60.0%，10年以上教龄的占40%；月工资收入2000～3000元的占11.1%，3000～4000元的占66.7%，4000～5000元的占22.2%；授课学生100人以下的占80.0%，100～200人的占10.0%，300～400人的占10.0%；愿意在县城教学的占30.0%，在乡镇教学的占60.0%，在农村教学的占10.0%；认为所在学校教学质量在全县处于较高水平的占30.0%，处于中等水平的占70.0%。

（四）平原学校教师情况

平原受访教师中具有中级职称的占55.6%，初级职称的占44.4%；大学本科学历的占100%，教师学历水平较高跟所在学校为高中有关；2～3年教龄的占22.2%，4～5年教龄的占11.1%，8～10年教龄的占11.1%，10年以上教龄的占55.6%；月工资收入3000～4000元的占55.6%，4000～5000元的占44.4%；授课学生100人以下的占11.1%，100～200人的占88.9%；愿意在县城教学的占75.0%，在乡镇教学的占12.5%，在农村教学的占12.5%；认为所在学校教学质量在全县处于中等水平的占88.9%，1人未回答此问题。

三、学生家长对教育资源配置的评价

从学校布局方面看，现有学校或教学点设置能够满足适龄学生就学需求。课题组随机对100个在磁县上学的学生家长进行了深度访问，结果显示：住所距离学校1千米之内占27.8%，1千米左右占19.6%，2千米左右占18.6%，3千米左右占10.3%，4千米以上占23.7%。其中有5.1%的孩子上学需要接送，63.6%的孩子在学校寄宿，31.3%的孩子上学自己往返。从孩子年龄与上学方式的交叉列表中，可以看出：年龄在7～12周岁孩子也就是小学生中，5人需要接送，15人寄宿，24人自己往返；13～15周岁孩子也就是初中生中，0人需要接送，26人寄宿，7人自己往返；15周以上孩子也就是高中生中，0人需要接送，22人寄宿，0人自己往返。总体来看，年龄小的孩子多数需要接送，年龄较大的孩子选择住宿或自己往返；需要接送的孩子5人，寄宿63人，自己往返31人。表明磁县在小学教学点布局和初、高中寄宿制学校建设方面取得良好成效。可以说，在学校资源配置上呈现均衡态势。但是在班容量上还存在值得改进的地方，调查发现：孩子班容量18.0%的家长回答为30～40人，48.0%的家长回答为40～50人，18.0%的家长回答为50～60人，16.0%的家长回答为60～70人。数据表明大班额现象仍然存在。

从教学质量上看，学生家长对学校教育普遍认可。在对学校教育是否满意的问题上，58.0%的家长选择非常满意，31.0%的家长选择比较满意，11.0%家长选择一般。总体来看，89.0%的家长对学校教育满意度较高，同时也应看到有部分家长选择了保守的看法，需要学校进一步开放各种家长箴言渠道，不断提升教学质量。在对孩子成绩是否满意这一问题上，17.0%的家长选择非常满意，36.0%的家长选择比较满意，38.0%的家长选择一般，8.0%的家长选择不满意，1.0%的家长选择很不满意。总体上看，53.0%的家长选择满意，47.0%的家长选择一般和不满意。从对学校教育的认可度和学生成绩认可度的反差中，能够表现出学生家长对学校进一步提高教学质量的殷切希望。另一组数据也能体现磁县教育质量的良好状态，在问到是否给孩子报补习班的问题中，3.0%的家长选择的是，97.0%的家长选择的否，说明磁县学校能够较好完成教学授课任务，家长没有必要为提高孩子成绩去报辅导机构。

从学校选择上看，多数家长认同片区内入学。在孩子是择校生还是片内生的问题上，3.2%的家长回答是择校生，96.8%的家长回答是片内生。表明划片招生制度改革取得成效，有力保证了每个学生有机会享受到公平的义务教育，促进教育事业均衡发展。

四、磁县人才培养的现实成效

在中考方面，因民办学校教学管理相对较严格，教学方式方法日益完善，教学质量日益提升，使得中考升学率远远高于公办学校。以升入县一中学生数量为例：2009年，山区学校陶泉乡中学15人，观台镇观台中学16人，丘陵学校时村营乡中学12人，岳城镇中学20人，平原学校磁州镇一中61人，阜才中学529人。到2020年，陶泉乡中学4人，观台镇观台中学4人，时村营乡中学1人，岳城镇中学8人，磁州镇一中1人，阜才中学364人。取而代之的是朝阳学校1035人，磁州中学223人。朝阳学校和磁州中学均为民办学校。

在高考方面，师资队伍层次不断提高，办学条件逐步改善、教育均衡化不断推进，使得磁县高中毕业生高考上线率连年攀升。1999年磁县高中毕业生高考本科上线227人，上线率11%。2001年始，本科上线率大幅提升，2006年出现阶段性小高峰，本科上线593人，专科上线1179人，累积上线率达46.6%。经过10多年的稳定上升发展，2019年本科上线1420人，专科上线2282人，累积上线率91.1%，达到历史最高水平。1999—2019年，磁县教育为高校累计输送35694名优质生源。

在人才培养的过程中，城乡学校、公办民办学校在基础设施建设、师资队伍配备等方面仍存在一定差距，教育主管部门应加大政策倾斜力度，增加农村师资力量，提高农村教师福利待遇，鼓励更多青年教师扎根基层，为实现教育公平做贡献。

（省社科院社会学所　执笔人：王立源）

（第二十五编教育科技编“科技”概述）

旧时，域内科学技术应用于生产、生活方面，促进生产力发展和生活改善。如磁州窑发展中生产工艺提高和生产规模扩大、滏阳河明代西闸建设及灌溉、煤矿生产中机械开采和运输、炉峰山与白龙庙等处无梁殿建筑等。抗日战争时期，八路军应用科学技术开办兵工厂、被服厂等生产武器和被服、日用品等。

中华人民共和国成立后，磁县科技事业快速发展。建立健全科技管理机构，提高组织领导能力。加强科技队伍建设，制订优惠政策引进人才，促使科技队伍发展壮大。1990—1998 年，引进人才 800 多人次。至 1998 年，全县科技人员 3360 人。1988 年实施“科教兴县”战略，设立“科技兴县”奖励基金、“科技兴县”县长特别奖，激发科技人员的积极性，促进科研活动的开展。农业方面，承担市级以上农作物高产攻关试验项目 150 多个；工业方面，开发出省级以上新产品、新技术 60 余项，实施技术攻关项目 30 多个;社会事业方面，研究出 40 多项专利产品技术。1991—1998 年，申报 35 项省、市级科技进步奖，其中 26 项获奖。1980 年后，建立健全县乡村三级科技体系。通过培训、印发资料、展览、电视台栏目、放映科教影片等传播科技知识。1990—1998 年，培训技术骨干 1 万多人、管理骨干 2000 多人。1995—1998 年，全县推广新技术 221 项，开发新产品 68 项，增产值 2.19 亿元、效益 1.87 亿元。

1999—2018 年，磁县继续实施“科教兴国”战略。县级科技费用每年按当年财政一般经常性支出的 1.69% 列支。继续加强科技队伍建设，至 2018 年，全县专业技术人员 1.25 万人，是 1998 年的 3.7 倍。至 2018 年，累计引进人才 3200 人。深入科技服务体制改革，突出以企业为主体的创新服务体系建设，推进校企、银企合作新模式。至 2018 年，建成 26 个科技服务机构，54 家县办工业企业建立技术开发机构，建立两家科技孵化基地并通过省、市认定。引导形成以企业投入为主体的科技研发体制机制，加强科技研究。至 2018 年，建成 26 个农业科研服务组织，形成研发、实用配套的现代科技农业体系。2012—2016 年，两个农业项目获市科技进步奖，10 个农业项目获市山区创业奖。工业推广新技术、新产品、新工艺 100 余项（种）。医疗单位开展科技创新取得较大成果，其中部分项目获省、市科技进步奖。不断推动高新技术产业快速发展，至 2018 年，县内高新技术企业 9 家、科技型中小企业 264 家，全县高新技术产业增加值 1.6 亿元。向上级申请科技成果奖励 40 项，其中分别获国家、省、市科技进步奖 1 项、4 项、11 项。1999—2018 年，申请专利 862 件，授权专利 484 件。

1999—2018 年，磁县防震减灾工作成效显著。2013 年，在全省率先建成磁县地震台，地震监测现代化、数字化。2010 年后，监管全县近 80 个工程项目抗震设防，做好防震服务。不断做好城乡地震科普工作。2013 年，在全市率先制订《县级地震应急预案》，指导开展应急演练活动。2010 年后，对地震异常情况实时数据化监测并与省、市联网。2014 年、2016 年先后获国家防震减灾工作先进单位。

1999—2018 年，磁县不断加强队伍建设，完善台站基础设施，增加科技含量，拓宽服务领域，提高服务能力，做好气象观测、天气预报、防雷减灾、人工影响天气等气象服务，推动全县经济建设和社会事业发展。

第七章 科 技

第一节 科技队伍与人才引进

科技队伍

1999 年，磁县继续实施“科教兴县”战略，全县科技队伍发展迅速。主要分布在工业、农业、卫生等领域。2000 年，全县有专业技术人员 4921 人。其中，高级职称 128 人，中级职称 1560 人，初级职称 3233 人。2015 年，全县有专业技术人员 8558 人。2018 年，全县有专业技术人员 12529 人。其中，高级职称 723 人，中级职称 3087 人，初级职称 3319 人。累计举办培训班 150 多期，培训农民 20 万余人次。

人才引进

1999 年，磁县引进人才 100 人。2015 年，对接高层，引进高端人才。享受省政府津贴特殊专家 1 人，入选省“三三三人才工程”人才 3 人，建成省级科技创新团队 1 个。2016 年，全县完成注册法人科技特派员 2 家，自然人科技特派员 42 人。2017 年 12 月 10 日，邯郸鑫盛能源冷却循环水系统节能工程项目引进 2 名人才；河北智生环保科技有限公司引进留美归国人员、高分子材料与物理双硕士陈智，化学工程与工艺硕士研究生张大海。至 2018 年，全县累计引进人才 3200 人。

第二节 科技体制改革

科技机构改革

1999 年，磁县科学技术委员会（简称“县科委”）内设办公室、工业科、农业科、综合科、山区科、新能源办公室和新技术推广中心、科技服务中心、技术市场管理办公室。全县 19 个乡（镇）设立和配备科技副乡（镇）长，360 个村配备科技副主任。2002 年 8 月，县科委改称磁县科学技术局（简称“县科技局”），内设办公室、工业科技股（挂技术市场管理办公室牌）、新能源办公室、农业科技股（挂星火办公室牌）、山区经济技术开发办公室、综合股（挂技术市场管理办公室牌），行政编制 10 人。

2010 年，县科技局（挂磁县地震局牌），内设办公室、工业科技股、农业科技股、山区经济技术开发办公室、科技成果与技术市场管理股、地震监测宣传股、地震应急预防股，机关行政编制 9 人，其中科级职数 3 名，股级职数 6 名，另列工勤人员 2 名。至 2018 年，全县 11 个乡（镇）258 个村均配备科技副主任。

科技服务体制改革

1999 年后，县科技局持续推进科技服务体制改革，推动以市场机制代替行政手段在科技资源配置中的主体作用，突出以企业为主体的创新服务体系建设，推进“校企”“研企”合作新模式。2014 年，分别与河北工程大学资源学院、农学院签署科技合作协议，促进科研成果在企业就地转化，实现政、校、企深度合作共赢。2015 年，开展“大众创新、万众创业”活动，推进科技企业孵化器和众创空间建设。2016 年，磁县首家创新创业孵化基地成立。该基地由河北艾业科技有限公司负责运营，为大学毕业生和创业者提供孵化场所。2018 年，为推动“双创活动”，磁县科学技术局制定《科技企业孵化器培育活动实施方案》《高新技术企业培育活动实施方案》《精准服务重点科技型中小企业活动实施方案》，从科技型中小企业中选取 11 家重点帮扶。至 2018 年年底，建成 26 个科技服务机构，54 家县办工业企业均建立技术开发机构，2 家科技孵化基地——磁县艾业科技孵化器和磁县申美科技孵化器通过省、市两级认定；磁县顺泰众创空间被市科技局认定为市级众创空间。为促进企业创新发展，推进科技系统“放管服”，是年 3 月，引进河北千寻科技有限公司，为企业提供项目申报、科技政策咨询等科技专业服务。

附：磁县艾业科技孵化器简介

磁县艾业科技孵化器成立于 2016 年 5 月。基地位于磁县童装城 D-101 座楼，建筑面积约 3500 平方米，设计容纳创业实体 75 家，由河北艾业科技发展有限公司负责运营，主要围绕电子商务、动漫设计、文化创意、服装设计等创业实体提供

孵化服务。每期（2～3年）孵化实体75家，直接带动就业近500人，可向社会推出近50家成熟的市场主体。基地免费为创业实体提供2年时间的创业场地(毕业3年内高校毕业生可延长1年)，减免部分创业实体运营费用（给予一定数额的水、电、暖费用补贴），免费提供政策指导、创业培训、项目服务、代理代办以及专家指导和跟踪服务等创业扶持，给予初次创业人员一定社会保险补贴。此外，毕业2年内的高校毕业生从事个体经营，自其在工商部门首次注册登记之日起3年内免收管理类、登记类和证照类有关行政事业性收费；毕业2年内的高校毕业生取得营业执照超过6个月，可享受一次性创业补助，符合政策要求的可享受最高10万元的小额担保贷款；园区为创业者提供商务洽谈室、会议室、培训教室、商务中心以及茶吧、咖啡厅等综合配套设施和简易商务服务。

科技资金投入改革

1999年，磁县科技经费占财政支出数额1.69%。随着改革的深入，逐步实施企业研发投入后给予补助和科技创新券政策，引导企业增加研发投入，注重企业研发费用投入实效，形成以企业投入为主体的科技研发体制机制。规定企业研发费用投入占销售额的比例情况：高新技术企业不低于3%，科技型中小企业不低于2%。2015年起，根据科技型企业自身特点，联合县邮储银行为科技型企业量身定制科技贷方案，建立和实施科技“助保贷”和专利质押贷款，科技贷专项贷款总额度3000万元；是年，以人民银行公布的基准利率对4家企业发放贷款870万元。

2018年，邯郸市出台《邯郸市科技型中小企业研发经费投入补助实施办法（试行）》后，磁县加大对企业研发费用投入的引导和激励，提高企业研发费用投入的积极性和自主性。

第三节　科技研究

工业科研

1999年后，随着社会的发展和人民生活水平的提高，工业企业改造升级、提质升档日益必要和紧迫。县政府出台政策引导、激励企业加大研发投入，促进企业走上创新发展之路。各家企业广开信息渠道，加大科研资金投入，组织技术人员开发新技术、研发新产品。至2018年，全县工业推广新项目、新产品、新工艺100余项（种）。县供电公司获省第二届优秀发明奖和十大发明创造单位；申家庄煤矿承担的“双倾斜大倾角轻放仰采工艺研究”项目达到国际先进水平等。2018年，磁县太行机械铸造有限公司作为全市唯一一家企业，应邀参加2018（第五届）中国军民两用技术应用推进大会，进行产品推介和项目对接，推进磁县军民融合产业发展。

农业科研

1999年，磁县成立县科委牵头的农业服务协会，在全县建成26个农业科研服务组织，牵头各涉农部门、合作社组织有关技术人员围绕莲藕栽培、中草药种植、脱毒甘薯栽培、蛋鸡饲养和高产西瓜等课题攻关；各村建立农技推广站，推广新技术、使用新品种，支持农业科技发展，建立研发、实用配套的现代科技农业体系。2011年，磁县生产力促进中心的优质莲藕栽培技术集成与示范项目、磁县聚龙造林有限公司的中岔口甜柿基地建设项目获市山区创业三等奖。2012—2016年，2个农业项目获邯郸市科技进步奖，10个农业项目获邯郸市山区创业奖。

附：农研园区与基地选介

磁县省级农业科技园区　2012年9月19日，国家现代农业科技城良种创制中心北方良种创制基地暨国家作物分子设计工程技术研究中心实验基地揭牌成立。该省级农业科技园区集科研、育种、粮食生产、试验示范、特色产业开发、无公害蔬菜种植于一体。依托国家生物分子育种中心、中国农科院甘薯研究所、河北省农科院甘薯研究室等多家农业科研院所，通过前沿生物分子育种技术研究、规模化繁育、新型实用技术集成示范、精深加工产品开发，为地方现代农业发展发挥良好技术先导性和示范引领作用。以邯郸市禾下土种业有限公司承建的市级现代农业科技示范基地为核心区，完成引进现代农业新品种、新技术40余项（种），已初步完成160个非转基因抗除草剂小麦新种质资源和新品种筛选试验、26个甘薯品种的脱毒组培和12个新型实用技术的成果转换和应用。建成脱毒甘薯、莲藕、小麦3个规模化良种、种苗繁育基地，研究开发迷你心香、富硒紫薯、水果红薯、烘烤型鲜薯、淀粉加工型鲜薯等多个系列品种，制定20余项标准生产操作规程，获4项国家专利，营销服务网络覆盖河北、河南省等24个省（自治区），应用推广面积达1.3万余公顷，为甘薯、小麦、莲藕产业化与园区的快速发展提供技术支撑和种源基础。2016年6月2日，邯郸市科技局组织专家组现场考察评估，对磁县农业科技园区建设特别是脱毒甘薯种苗繁育特色产业发展给予充分肯定。

蒲公英产学研基地　2013年，按照《邯郸市现代农业科技示范园认定管理办法》标准，市科技局组织专家组经评审，认定其为邯郸市现代农业科技示范园。该园建设从蒲公英种植、深加工到销售全链条、全环节的现代化企业，研制开发的"蒲公英保健茶"获京津冀首届中药材产业发展大会优秀奖。2018年4月20日，邯郸职业技术学院食品与生物工程系与该基地所属的金益农公司联合设立磁县"蒲公英产学研基地""蒲公英制品研发基地"，学院在技术研发、人员培育方面为企业提供支持；企业在成果转化、实践实习等方面给予支持，实现双方优势互补、资源共享、互惠双赢、共同发展。

邯郸市植物科普基地　2018年5月，邯郸学院与申美集团合作在天保寨景区设立"邯郸学院科研创新基地"，共同建设天保寨植物科普基地。是年，天保寨景区被邯郸市科技局认定为植物科普基地。

卫生科研

1999年始，县人民医院、县肿瘤医院和县中医院等县重点医疗单位充分发挥技术人员、科研设备优势，加强科研经费投入，组织科研技术攻关，开展医疗卫生科技创新，先后取得较大成果。1999—2017年，重要获奖项目有县人民医院承担的"腓骨短肌肌瓣的解剖学研究与临床应用"获省科技进步奖二等奖，"食管癌切除术后患者的COX回归分析研究"获市科技进步奖一等奖，"孕期补钙的认知因素及孕期补钙对产科结果影响的研究"获市科技进步奖二等奖；县肿瘤医院承担的"癌症高发现场早诊早治筛查对肿瘤发病趋势的影响研究"获市科技进步奖二等奖等。

第四节　科技计划项目

县级科技计划项目

1999—2018年，安排县级科技计划项目83项。其中，农业科技计划项目51项，工业科技计划项目19项，其他科技计划项目13项。至2018年，全社会研发投入强度达1.25%。

市级以上科技计划项目

1999年后，项目扶持资金争跑立项力度逐年增强。2013年、2014年和2017年争跑上级资金均超百万元。其中，2013年实现市级以上立项7项，争取上级科技经费272万元；2014年市级以上立项9项，争取上级科技经费101万元；2017年，市级以上立项3项，争取上级科技经费104万元。至2018年，共计争取市级以上科技立项65项，争取科技经费840万元。

第五节　高新技术产业与可持续发展实验区

高新技术产业

1999年，县政府印发《关于加快发展高新技术产业的意见》，加快磁县高新技术产业快速发展的进程。是年，开发新产品新工艺4项（种），申报认定高新技术企业1家，实现高新技术工贸总收入0.5亿元。至2005年，共计开发省级新产品8种。2013—2014年，全县科技型中小企业分别为79家、111家。2015年，申报认定科技型中小企业151家，科技型中小企业总数达262家。申报认定高新技术企业4家，全县高新技术企业达6家。

至2018年，县内高新技术企业9家，科技型中小企业264家，全县高新技术产业增加值达1.6亿元，占规模以上工业企业工业增加值1.08%，形成以煤为基础、以煤化工产业为龙头的高新产

业集群。

省级可持续发展实验区

2009年下半年，县科技局牵头启动申报“磁县省级可持续实验区”筹备工作。设计以磁县煤化工园区和童装城为基础，建设磁县循环经济可持续发展实验区。2010年，初步完成方案设计。2011年，组成以县长为组长的磁县省级可持续发展实验区建设领导小组，全面部署实验区申报认定工作。是年，省科技厅批准设立磁县省级可持续发展实验区，建设期为2011—2015年。2012年8月31日，磁县省级可持续发展实验区被授牌。磁县省级可持续发展实验区推行自然生态、水源涵养、绿色矿产、磁州窑文化和强势产业为主的特色资源开发、生态保护和循环产业开发相结合的“分区发展、功能明确、区域互补”山区半山区可持续发展实验区建设模式。经过7年建设，以煤为基础的下游高端产品达60余种。2018年1月18日，省科技厅考察组一行到磁县考察省级可持续发展实验区，对“多业联产、联体联利、创新循环”发展模式，实现对煤炭利用做到“吃干榨净”的循环效果表示肯定，认为磁县可持续发展实验区作为河北省唯一一家省级可持续发展实验区，为其他市县实验区的申报建设提供出经验模式。

第六节　科技成果与知识产权

科技成果

1999—2018年，全县鉴定和验收科技成果40余项，向上级科技部门申请科技奖励40项。其中，获国家科技进步奖1项、省科技进步奖4项、市科技进步奖11项。

国家科技进步奖　2014年，磁县经济开发区裕泰燃气公司“焦炉气甲烷化制天然气技术开发及产业化应用项目”获中国石油和化工科技进步奖一等奖。

省科技进步奖　2012年，县医院“腓骨短肌肌瓣的解剖学研究与临床应用”项目获省科技进步奖二等奖。2016年，县肿瘤医院“从高发现场、基因多台及肿瘤相关蛋白探讨对食管癌发生发展的影响”项目和邯郸市禾下土种业有限公司“脱毒甘薯节本增效技术工艺的研制与转化应用”项目获省科技进步奖三等奖。2018年，东武仕水电站“农村小水电单站‘发供电一体’节能增效发展模式研究”项目获省科技进步奖三等奖。

市科技进步奖　2006年，县医院“食管癌切除术后患者的COX回归分析研究”项目获市科技进步奖一等奖、“硬膜外持续注药治疗颈椎间盘突出的临床研究”项目获市科技进步奖三等奖。2011年，邯郸市火炬锅炉有限公司“电力导线不承受拉力连接的应力线夹”项目获市科技进步奖三等奖。2012年，磁县六合工业有限公司“重介螺旋滚筒煤矸石排出方法”项目获市科技进步奖三等奖。2014年，邯郸市禾下土种业有限公司“脱毒甘薯原种、种苗繁育体系建设”项目、县肿瘤医院“癌症高发现场早诊早治筛查对肿瘤发病趋势的影响研究”项目获市科技进步奖二等奖。2015年，磁县鑫宝化工有限公司“年产60万吨炭黑油产业化技术研究”项目、县医院“孕期补钙的认知因素及孕期补钙对产科结果影响的研究”项目获市科技进步奖二等奖。2017年，河北中化滏恒股份有限公司“1.4-二甲基萘的合成工艺研究”项目获市科技进步奖二等奖。2018年，县妇幼保健院“安列克子宫背带式缝合联合防治高危因素剖宫产后出血临床研究”获市科技进步奖二等奖，河北联恒机械科技有限公司“康明斯制动摇臂关键技术及装备”获市科技进步奖三等奖。

市山区创业奖　邯郸市山区创业奖与邯郸市科技进步奖为同一级别。1999—2018年，全县获邯郸市山区创业奖12项。

2011年，磁县生产力促进中心“优质高效莲藕栽培技术集成与示范”项目、磁县聚龙造林有限公司“磁县中岔口甜柿基地建设”项目获市山区创业奖三等奖。2012年，磁县漳渡中草药种植专业合作社“磁县山区中草药基地建设”项目、磁县振国花椒专业合作社“磁县花椒基地建设”项目获市山区创业奖三等奖。2013年，磁县颐寿冬虫夏草行业协会“磁县山区冬虫夏草仿野生化菌种培育及高产技术研究示范”获市山区创业奖二等奖；邯郸市金益农生物科技开发有限公司“设施蔬菜高产高效集成技术示范与推广”项目、磁县生产力促进中心“磁县省级可持续发展实验区建设”项目、磁县昊林生态农业有限公司“种养业生态农业园区建设”项目获市山区创业奖三等奖。2014年，青英养鸡专业合作社“蛋鸡全自动饲养技术研究与推广”项目、磁县康民本草中药材种植专业合作社“磁县万亩中药材仿野生化种植基地建设”项目获市山区创业奖二等奖；邯郸市禾下土种植业专业合作社“标准化脱毒甘薯种苗繁育集成技术应用与示范推广”项目、磁县明生瓜菜种植专业合作社“磁县高产优质西瓜双根嫁接育苗技术研究及示范应用”项目获市山区创业奖三等奖。

知识产权

1999—2018年，全县申请专利862件、授权专利484件。

1999年后，为提高县内企事业单位科技工作者的知识产权研发、申报水平，县科技局每年邀请市知识产权局专家到磁县举办知识产权保护和专利申请申报专题培训班。先后培训相关人员1万多人次，发放宣传资料5万余份。为推动专利授权工作快速发展，2010年，县政府印发《磁县专利资助管理办法（试行）》，先后拨出专项资金50余万元，对涉及新材料、煤化工、电力设备、污水处理、白酒、中医药等方面申请授权专利进行专项资助。县内企业专利发明、创造创新能力增强，并涌现出一批优秀企业和个人。如河北中化滏恒股份有限公司2015年申请“一种高效苯基苯酚生产设备”等10项实用新型专利、授权11项实用新型和发明专利，应用到企业生产中收到显著经济效益；河北联恒机械科技有限公司、邯郸市裕泰燃气有限公司、邯郸市黑猫炭黑股份有限公司等企业均拥有专利10项以上，为企业增添发展后劲。县供电公司原副经理郭金泉研发“电力导线插接应力线夹”等多项专利应用到电力系统中收到良好效果；邯郸市磁州窑陶瓷有限公司总经理杜建国研发“铁尾矿回收系统”等国家实用新型专利4项、国家发明专利2项；岳城镇岳城村农民徐金山研发“提高雏鸡成活率及蛋鸡产蛋率的药物及其生产方法”等专利在县内得到较好利用。为做好知识产权保护，2015年，建成邯郸市首家河北省知识产权维权工作援助中心磁县工作站。至2018年，全县知识产权保护工作健康有序发展。

附：郭金泉创新工作室简介

郭金泉创新工作室创立于1995年，位于县城友谊大街183号院内，车间7间，工作间5间，建筑面积600多平方米。设备主要有数控锯床、液压平面多点冲床。曾经参与该创新工作室工作人员主要有：郭金泉，正高级工程师；周新明，高级工程师；石庆军，高级工程师；房德育，高级工程师；王九平，工程师；苗湿沛，工程师；赵克文，工程师。

该室坚持省市科研计划和电力系统存在的问题为导向，先后完成承担的各项科研项目，且自发解决工作中遇到的多项技术难题。

1998年开发的“35kV有载调压变压器并列运行自动调压装置”，打破电力规程中“并列运行不准自动调压”禁区。被省科技厅授予“河北省优秀科研成果”称号，获邯郸市科技进步奖二等奖。2000年，省电力公司在全省推广。

1999年开发的“35kV变电所操作票计算机自动生成系统”，使停、送电原需150分钟的时长，仅用6分钟即可完成。被省科技厅授予“河北省优秀科研成果”称号，获邯郸市科技进步奖二等奖。

2007—2019年，发明研制的应力线夹、梭型线夹、裹接线夹、裹通线夹、铰链式裹接线夹、鳄咬式并通线夹、跨径设备线夹以及张力无损伤绑线钳，先后在邯郸域内部分县（市、区）、衡水域内部分县（市、区）以及华北油田使用，消除配电线路中的并沟线夹连接处时有烧伤断线的事故隐患。

其间，研发的10多种新产品获5项国家发明专利、16项国家实用新型专利。

开发的“35kV有载调压变压器并列运行自动调压装置”“配电变压器防盗电磁锁”在第三届国家发明博览会上获国家发明金奖。

研发的“高电压靠近警示装置”“事故预想训练题集”等项目，于1997—2000年分别被省科技厅授予优秀科研成果7项，获邯郸市科技进步奖二等奖2项、三等奖3项。

2019年，完成鳄咬式耳形并沟线夹和螺栓楔形跨径设备线夹的改进试制，进入小批量试生产。

1999年，郭金泉被市政府授予“邯郸市第二批跨世纪学术和技术带头人”称号，2000年被市委组织部授予“邯郸市第三批专业技术拔尖人才”称号。2015年退休后，他仍然坚持科研开发，2016年被市委组织部、市科技局、市总工会联合授予“邯郸市五一职工创新优秀奖”称号，2017年河北电力公司授予“河北电力系统职工创新成果二等奖”，2018年被市委宣传部、市科技局联合授予“邯郸市优秀科技人”称号。

第七节　防震减灾

机构

1977年，磁县地震办公室成立。1983年12月，并入磁县科委。1984年4月，单列为磁县地震办公室。1996年，设置磁县地震局，为县政府直属事业单位，编制8人。2010年4月，并入磁县科技局（挂磁县地震局牌），内设地震监测宣传股、地震应急防御股。

台站建设

1999年前，县内有白土和前辛安2个地震水位异常监测站。2010年前，有9个地震宏观监测点。2010年后，争取到国家地震社会服务工程、磁县地震台、磁县地震监测站3个国家、省级公益性建设项目。2013年，建成都党乡冶子村磁县地震台，实现对地震的现代化、数字化监测，从此摆脱人工监测手段，在全省率先提前完成“一县一台”目标。是年，还对黄沙镇前辛安的二号地震监测站进行数字化改造。2015年年底，3大工程项目均完工并投用。

位于冶子村的磁县地震台（2014年6月12日　摄）

防震服务

2010年前，对县电力大厦办公楼、申家庄煤矿坑口电厂冷却塔、职教中心教学楼等建筑提供抗震设防服务。2010年后，对冀南新区创业大道高架桥、两矿棚户区改造、全县中小学校危房改造、新县医院、和谐大道高架桥、中华大街南延、中盛国贸、安居宝盛、世纪城、新二中、新一中东扩、讲黄铁路、县国土局办公楼、县质检环保监测中心、检察官培训基地、崇文学校、瑞鼎国际、金辉小区、乐善学校等近80个工程项目履行抗震设防监管职责。

地震科普

县地震机构成立后，每年6•12磁县地震纪念日、7•28唐山地震纪念日、12•4法制宣传日3个特定纪念日组织中小学举行防震减灾科普宣传活动。2009年始，增加每年的5•12汶川地震日开展防震减灾科普宣传活动。2010年后，按照“乡（镇）社区全覆盖，时间地点巧安排，创新载体重实效”思路，连续8年在地震纪念日和其他有利时机，进企业、社区、农村、学校、超市、夜市以及县、乡（镇）机关等场所，利用短信群发、LED广场大屏幕、电视、广播、光盘等现代媒体宣传地震科普知识。先后聘请省地震局专家举办专题讲座3场；创办编发《震情专报》80多期，扩大宣传范围。

应急演练

2006年始，先后在讲武城中学、崇文学校、县一中等中小学组织10多次地震应急疏散演练。2010年起，连续3次在县一中举办高规格、大规模的高一年级入学新生地震应急演练，参与师生达6000余人，县一中被省地震局和省教育厅等4部门联合授予“全省防震减灾科普示范学校”称号。2013年5月10日，在县消防队举办地震实战应急演练会，省、市、县主管地震工作的领导和县防震减灾联席会成员部门负责人参加；会上，宣布成立以消防中队为依托的地震应急救援队伍。其后，在市内率先制订县级《地震应急预案》。还完善《磁县专项抗震救灾应对工作方案》《磁县抗震救灾指挥部组成人员及职责的通知》《磁县抗震救灾指挥部工作手册》。2018年3月15日，通过

崇文学校地震应急演练（2016 年 5 月 12 日　摄）

省地震应急检查组对县内多部门、多场所地震应急的实地检查。

地震监测

1999 年前，2 个地震水位异常监测站依靠人工测量水位后，每周将监测数据电话报送县地震局。2010 年前，9 个地震宏观监测点对宏观异常前兆进行观测，捕捉地震前兆异常，上报市地震局。2010 年后，作为县防震减灾基层工作人员的“三网一员”成员，由原 60 余人增至 400 余人，实现村村全覆盖；依靠两座现代化地震台、站，对地震异常情况实时数据化监测，与省、市联网，实现数据共享，联网检测。先后监测到地震 8 次。为扩大地震监测数据的使用效益，服务县域经济，黄沙镇前辛安村的地震监测站数据与申家庄煤矿的安全生产数据实现共享。2017 年 5 月 18 日，县地震局和省地震局中心台专家赶赴岳城镇漳村调查了解震情。

2010 年起，县防震减灾事业开创性发展，近 60 项工作受到国家、省、市地震局肯定，2014 年、2016 年分别获评国家防震减灾工作先进单位，工作事迹在国家地震系统最高宣传平台——国家地震局门户网站《中国地震局》登载。

2010—2018 年磁县地震发生情况统计表

表 25-13

时间	地点（震中）	震级
2011 年 11 月 12 日 14 时 44 分	陶泉乡（北纬 36.4 度、东经 114.0 度）	2.6 级
2012 年 5 月 6 日 9 时 17 分	磁州镇（北纬 36.4 度、东经 114.3 度）	1.7 级
2014 年 1 月 1 日 21 时 5 分	白土镇（北纬 36.41 度、东经 114.03 度）	2.3 级
2012 年 5 月 6 日 9 时 17 分	磁州镇（北纬 36.4 度、东经 114.3 度）	1.7 级
2017 年 5 月 6 日 12 时 27 分	岳城镇（北纬 36.4 度、东经 114.3 度）	1.7 级
2017 年 5 月 15 日 12 时 43 分	观台镇（北纬 36.3 度、东经 114.1 度）	2.3 级
2017 年 5 月 18 日 14 时 20 分	黄沙镇（北纬 36.33 度、东经 114.13 度）	2.6 级
2018 年 1 月 17 日 4 时 21 分	黄沙镇（北纬 36.19 度、东经 114.8 度）	2.0 级

第八节　气象观测与服务

机构

磁县气象站位于磁州镇五里铺村南，北纬 36°23′，东经 114°23′，海拔高度 69.7 米。1959 年建站，由县农林局代管。1981 年 6 月，改为气象部门与地方政府双重领导体制，以气象部门领导为主。1983 年 1 月，磁县气象站改称磁县气象局，1985 年 1 月改称磁县气象站，1991 年 6 月恢复磁县气象局名称。其级别于 2007 年由国家一般气象站调整为国家气象观测二级站；2009 年恢复原级

别，后于2011年将级别名称规范为磁县国家一般气象站。2016年1月1日，气象观测站迁至大营村村西，开始局站分离观测。

台站建设

1999年3月，经综合改造，建成建筑面积370平方米办公楼。经2013年、2018年两次翻修，建筑面积为931平方米。2002年和2005年，分别建成5个、6个雨情自动采集系统。2003年安装气象卫星单收站。2007年，建成5个区域气象观测站。2009年5月，省内各个台站统一安装自动气象站观测设备。2012年3月，建成省、市、县天气会商系统和自动土壤水分观测站。是年，建成12个暴雨站；每个乡（镇）建立气象服务站，完成乡（镇）、村300余个气象信息员信息登记；建成气象预警短信发布平台。2017年建成5个多要素全区域气象观测站。

气象观测

1999—2018年，主要进行国家一般站地面气象观测。每天8时、14时、20时进行3个时次定时地面观测，向省气象台传输3次定时地面气象观测数据，观测项目有风向、风速、气温、气压、相对湿度、能见度、降水、日照、浅层地温、雪深、冻土等；每天8—20时编发不定时重要天气报告；制作气象月报表和年报表，定时发送天气加密报、气象旬报和月报、汛期雨量报。

气象服务

天气预报　初期主要通过广播向公众发布天气预报。1980年始，在岳城镇建立气象信息双向警报系统，用警报接收机进行常规气象预报和突发灾害天气预警信息发布。1996年始，开通电视天气预报业务。1997年初，开通“121”天气预报自动答询电话。1999年起，县内预报上交市气象局以上部门统一制作。1999年和2003年两次对“121”系统进行升级。2004年3月，全市“121”电话实行集约经营，服务器由市气象局建设维护。2005年1月，“121”电话升位为“12121”。2010年，“12121”电话改为“96121”。2011年起，县气象局通过电子显示屏和短信平台发布天气预报。

1980年起，为县政府领导提供长、中、短期天气预报和专题服务材料；每月向县政府和县主要部门制作未来1个月天气预报；遇到重大天气情况，向县委、县政府报送气象预警信息和天气预报。1993年始，将旬、月天气预报材料送县委、县政府及县有关部门和厂矿企业。1997年创办《磁州气象》小报。2006年起，利用气象预警平台向县四套班子领导、各乡（镇）及时提供雨情信息、气象预警信息、重大天气过程和农时季节书面专题服务材料。2008年6月，在各乡（镇）、村建立气象信息员队伍。2011年始，建立重要气象信息专报制度，通过手机短信方式向县委、县政府主要领导报送气象信息；月初制作气象小报向县委、县政府主要领导做好当月气象预报服务。2016年“7·19”特大洪灾发生后，启动相应应急响应，及时向县委、县政府提供实时降水量及短时预报，制作雨情快报28份。

防雷减灾　1992年开始避雷检测工作。1998年成立磁县防雷中心，负责全县重点企业和易燃易爆设施的防雷安全监测。2006年开始防雷装置工程设计审核和竣工验收气象服务，对建筑物防雷设施进行验收，定期对全县加油站、炸药库、液化气站和移动、联通基站进行防雷安全检测。1999—2017年，检测加油站50余个、危险品库房30个、高层建筑物25栋、安装有避雷针的各类高层建筑60余栋，合格率95%；对检查中发现不合格者，及时下达整改意见通知书，并进行跟踪检测。

人工影响天气　1995年2月，成立磁县人工影响天气办公室。1996年，在西光禄镇建成人工增雨防雹炮点，配有“三七”高炮1门。1999年，

东武仕点人工影响天气作业（2018年9月18日　摄）

增设1台BL-1型火箭发射架，用于消雹和增雨作业。2003年起，实施有针对性的人工影响天气。是年，飞机增雨10次，火箭增雨6次，火箭发射架人工防雹10次；为增加东武仕水库存水量，在雨季利用火箭增雨3次；增建炮点1个。2005年5月16日，在城区北部增雨，发射火箭弹8枚，降雨18毫米，有效缓解旱情。2008年对火箭发射架的发控系统进行升级，提高发射质量和安全系数。2013年，在炉峰山安装远程遥控人工影响天气烟炉。是年，使用烟条5根。

2003—2018年部分年份磁县人工影响天气作业情况统计表

表25-14　　单位：次、发、根

年份	人工影响天气类型	作业地点	作业次数	炮弹用量	烟条用量	飞机次数
2003	增雨	西光禄村	16	24	0	10
	防雹	西光禄村	10	40	0	0
2004	防雹	东武仕村	12	24	0	6
2005	增雨	东武仕村	3	24	0	0
2006	防雹	东武仕村	6	120	0	0
2007	防雹	东武仕村	6	48	0	0
2009	增雨	东武仕村	5	40	0	0
	增雪	东武仕村	1	8	0	0
2010	增雨	东武仕村	2	16	0	0
	增雪	东武仕村	1	8	0	0
2011	增雨	东武仕村	8	128	0	0
	防雹	东武仕村	2	20	0	0
	增雪	东武仕村	2	32	0	0
2012	增雨	东武仕村	10	50	0	0
2013	增雨	东武仕村	13	40	5	0
	增雪	东武仕村	2	16	0	0
2014	增雨	东武仕村	4	16	2	0
	防雹	东武仕村	1	5	0	0
2015	增雨	东武仕村	10	42	18	0
	防雹	东武仕村	1	8	0	0
2016	增雨	东武仕村	8	44	9	0
	增雪	东武仕村	2	8	4	0
2017	增雨	东武仕村	2	16	0	0
2018	增雨	东武仕村	3	20	0	0
	增雪	东武仕村	2	16	0	0

第二十六编　文化　体育

磁县地处殷都、赵都、邺都三都交会之地，文化底蕴深厚、源远流长。殷商文化、赵文化、曹魏文化、北朝文化、磁州窑文化、府君文化、红色文化，交融渗透，相映生辉。讲武城遗址、北朝墓群、磁州窑遗址等文物遍布县内，成为全省第二文物大县。解放前，各种文物遭受自然和人为的破坏，毁损严重。中华人民共和国成立后，成立文化组织，开展文化活动，建设文化设施，加强文物保护，使各项文化事业蓬勃发展，人民的文化生活日益丰富。

1999—2018 年，磁县以加强文化设施建设推动文化事业快速发展，先后建成磁州窑博物馆及乡（镇）文化馆、村文化室，修缮北贾壁抗日民主政府旧址等文物场所，坚实文化事业发展的基础。县文化馆、图书馆、电影公司等文化单位充分发挥自身优势，抓住有利时机，延伸拓展服务渠道，建成县乡村三级服务网络，组织开展各项群众文化活动，丰富群众精神生活及培养专业人才方面取得显著成绩。磁州镇黄官营村成为“全国文化信息资源共享工程电子阅览室示范点”，磁县农家书屋普及率 100%。讲武城镇刘庄村农家书屋成为“河北省示范农家书屋”。先后申报非物质文化遗产项目国家级 1 个、省级 7 个、市级 25 个、县级 104 个。建立健全文艺组织，培育壮大创作队伍，在文学、美术、剪纸、书法、音乐、摄影、戏剧、地域文化研究等方面均取得突出成绩。2017 年，磁县被授予“中国楹联县”称号。有关部门联合行动，加强文物保护和文化市场管理，实现网格化全覆盖，保障辖区文物安全和文化市场演出、经营活动的依法开展，有效维护国家利益并满足群众的正当需求。

中华人民共和国成立前，磁县最早的体育设施是民国 29 年（1940 年）在县城修建的 1 处篮球场。当时，部分学校设有操场和简单的体育器材，开展篮球、田径等体育活动。农民体育活动主要是武术活动。体育事业呈自发状态。中华人民共和国成立后，1952 年 6 月毛泽东主席提出“发展体育运动，增强人民体质”号召，为全县的体育事业发展指明前进方向。体育组织成立、体育设施建设、体育活动开展、体育成绩提高等方面得到长足的进步。

1999—2018 年，磁县贯彻实施《中华人民共和国体育法》《全民健身计划纲要》《国家体育锻炼标准》《学校体育工作条例》等要求，促进体育事业继续快速发展。城乡、学校、厂矿企业体育设施建设明显加强。其中，至 2018 年，城乡体育健身器材安装 1543 套，场地面积达 7.91 万平方米。中小学生体育活动开展丰富多彩，坚持每年举办全县中小学生田径运动会和冬季长跑比赛等活动，增强学生体质。2009—2017 年，先后举办 5 届“县直乡（镇）机关干部运动会”，推动群众性体育活动深入开展，尤其是广场舞生动活泼，经久不衰。老年健身活动形式多样，成效显著。2009 年 1 月，磁县获国家“全民健身与奥运同行‘全国亿万老年人健步走向北京奥运会活动’先进地区”称号。

竞技体育成绩喜人。至 2018 年，磁县体育健儿在省级、国家级各种体育比赛中分别获 23 枚、4 枚金牌。

第一章 文化综述

第一节 文化场所与活动

文化场所

1999年，县文化馆、县图书馆、县电影公司及县剧场等文化单位发挥自身职能优势，拓宽服务领域，建成县乡村三级文化服务网络。2001年，磁县图书馆被文化部评为国家三级图书馆。2003年，磁县文化馆被评为国家三级文化馆；全县11个乡（镇）已建有乡（镇）综合文化站，做到阵地、人员、经费、活动“四落实”。2012年，磁州镇黄官营村被评为“全国文化信息资源共享工程电子阅览室示范点”，磁县农家书屋普及率100%，讲武城镇刘庄村农家书屋被评为“河北省示范农家书屋”。为进一步拓宽服务渠道和领域，县文化馆和县图书馆建立时村营乡时村营村、讲武城镇刘庄村、磁州镇乐善街3个基层图书服务点和磁州镇、白土镇、观台镇3个基层群众文艺辅导基地，满足群众的文化需求。

2013年，在全国乡（镇）综合文化站评估定级中，11个乡（镇）综合文化站进档升级。其中，磁州镇、讲武城镇、白土镇3个镇的综合文化站被评为一级综合文化站，岳城镇等7个乡（镇）的综合文化站被评为二级文化站，路村营乡综合文化站被评为三级文化站。同年8月，白土镇综合文化站被评为全省“百佳综合文化站”。

至2018年，全县267个村（社区）建有村级文化活动室230个，普及率达87.79%。形成以县文化馆为中心，以乡（镇）文化站、社区文化广场为枢纽，以村文化室、文化户为基础的布局合理、设施完善、城乡一体的文化活动格局。

节日文化活动

1999年后，在节假日和重大庆典活动中组织举办系列群众性文化活动。同时，结合“世界读书日”“文化遗产日”“燕赵少年读书”等国家和省市发起的活动，结合全县实际开展特色文化活动，并将节日文化活动常态化。

“中原民间艺术节”是邯郸市发起的一项文化部认可的重要文化事项。2006年举办第一届，磁县每年参加全市活动。2009年始，组织开展“邯郸市中原民间艺术节磁县分会场”活动。2010年“第五届中原民间艺术节”始，磁县连续4年获“中原民间艺术节活动优秀组织工作奖”称号。

2009年，县内举办“新中国成立60周年文艺演出”“春节文艺晚会”“新中国成立60周年书画摄影展”等大型文艺活动9次，开展“彩色周末”活动12期。

2015年，元旦、春节、“五一”“七一”、国庆节等重大节日期间，全县组织举办书法展和彩帷、高低跷、讶鼓、旱船、抬阁、背阁、竹马表演等活动1800多场次。

2017年6月10日是中国第一个“文化和自然遗产日”。磁县文化广电新闻出版局（简称“县文广新局”）在博物馆广场举行磁县第一个“文化和自然遗产日” 宣传活动。活动主题是“非遗保护——传承发展的生动实践”。此次活动邀请省级非物质文化遗产传承项目——磁县讶鼓、磁县坠子演员现场表演磁县讶鼓和磁县坠子节目。

2018年1月，由县文广新局、县书法家协会主办，美食林御美购物广场协办的“送万福进万家 走进美食林御美购物广场”送春联活动在美食林御美购物广场举行。来自全县书法界的20名专家为群众免费赠送春联800余副。

春节期间，各乡（镇）本着“小型分散、喜

热热闹闹过元宵（2016年2月22日 摄）

庆节俭”原则，开展多样化特色文化节目：白土镇上寨村和陶泉乡辉水村“九曲黄河阵”（“转地灯”）；都党乡、时村营乡、路村营乡、观台镇、黄沙镇等地锣鼓、舞狮、跑竹；北贾壁乡都马、太平车、秧歌、旱船、跑驴、坐摧、舞龙、舞狮、跑马和武术。从社区到农村，花会表演好戏连台。

扫二维码　观赏元宵节民间活动场景

主题文化活动

1999年始，每年在县城举办消夏激情广场彩色周末系列活动，以文艺演出、电影放映、歌咏演出等形式，把文艺活动和宣传党的政策、弘扬文明之风、构建和谐社会结合起来，节目形式有专业演员登台献艺、有群众自编自演。每年的消夏晚会持续两个多月时间，登台表演的群众超过600人，观众达20万人次。

依托“千村万户文化家园工程”“欢乐乡村”平台，积极开展形式多样的群众文化活动。2007年，磁县开展彩色周末活动12场，文化下乡活动25次。2008—2011年，全县开展彩色周末活动34期，文化下乡活动118次。

2011年3月31日，邯郸市2011“我爱我家”艺术家庭文化户大选秀在讲武城镇刘庄村文化广场举行，当地3000名群众观看演出活动。

2012—2017年，开展彩色周末活动45场，文化下乡活动179次。2015年5月，组织举办戏曲文化进校园活动。5月18日，由县委宣传部、县文明办、县教育局等共同举办的“磁县戏曲文化进校园活动启动仪式暨首场演出”在崇文学校举行。“戏曲文化进校园”活动用6个月时间重点开展10项活动（开设1节戏曲课程、观看1场戏曲演出、组织1次戏曲知识讲座、创排1批优秀戏曲作品、推介1批校园戏曲小明星、选取1批示范学校、组建1批戏曲文化兴趣小组、举办1场校园戏曲比赛、开展1次戏曲文化进校园主题征文活动、制作1批宣传品及教辅资料。）

2016年7月始，磁县组织举办“欢乐乡村·百花竞艳”等系列文化活动。7月5日下午，“欢乐乡村·百花竞艳”农村文艺团队风采展示大赛磁州镇赛区选拔赛在沙营村举行。这是该活动在县内首场比赛，来自磁州镇赛区的文艺团体为村民献上精彩的表演。自此拉开系列文化活动序幕。

2017年11月17日，为掀起宣传学习中共十九大精神热潮，县文广新局举办“宣传中共十九大书画交流会”。会上，书画界艺人现场挥毫泼墨，各展所长，创作出50余幅书画作品。

2018年，开展大型送文化下乡活动32次，送电影下乡3200余场，送图书下乡3000余册。同时，组织县、乡、村三级文艺工作者深入各村开展“文化培训”“文艺辅导”“文化帮扶”等文化活动30余场。各剧团在磁县农村演出100余场。同年，在“双创双服”活动中，开展“六进”（进企业、农村、机关、校园、社区、网站）演出和文艺骨干培训，累计开展“六进”演出182场次，培训音乐、舞蹈、戏曲业务骨干60场、500人次。

第二节　文化实体

县文化馆

1999年，县文化馆位于中山西路24号，编制12人。下设舞蹈、美术、创作、音乐、摄影组5个组。2009年，迁至仁和路132号，编制改为9人。是年5月，组织书画骨干参加“中国与马来西亚书展”活动；6月，组织时村营乡庆和峪村“马号”（响器班）参加央视“激情广场”大型文艺演出活动。10月，举办庆祝中华人民共和国成立60周年《祖国万岁》大型文艺晚会。2011年，在博物馆广场举办元宵节民间花会展演活动。

2012年，县文化馆迁至县城滏阳南大街39号，2016年迁至县城健康街1号。2017年，推荐鲁俊美参加中国·马街书会首届优秀传统长篇大书擂台赛，夺得“总擂主”宝座。2018年，她到央视《星光大道》栏目表演磁县坠子节目，获观众好评。是年，县文化馆组织邯郸市首届声乐、器乐、舞蹈大赛磁县选拔赛；获 2017 年度邯郸市首届戏曲票友大赛组织奖。

至 2018 年，累计举办书画展 150 期，声乐培训班 200 期，公益大讲堂 80 期，广场舞培训班 300 期；组织文化下乡演出 1600 余场，周末彩色文化活动 500 余场，戏曲演出 1000 余场。

乡（镇）文化站

1999 年，全县有 19 个乡（镇）文化站，345 个文化室，22 名从业人员。2006 年，磁县讶鼓、磁县怀调申报为河北省非物质文化遗产；2009 年，磁州镇文化站编排的《拔钉》获河北省“群众文艺汇演”第二名、《办卡》获河北 “群众文艺汇演”奖杯、《相亲》参加邯郸市“九月九重阳节”晚会。2014 年行政区域调整后，西固义乡文化站划归峰峰矿区。

2016 年，有 7 个乡（镇）文化站划归冀南新区，县内剩 11 个乡（镇）文化站、11 名从业人员，文化站设施完善，公共文化服务设施覆盖率达 100%。其中，白土镇、讲武城镇、磁州镇文化站获评省一级综合文化站，其余乡（镇）文化站获评省二级综合文化站。2018 年，白土镇综合文化站被省文化厅评为县域文化建设“百佳综合文化站”。

农村文化活动室

1999 年，全县 390 个村建有文化活动室 156 个，普及率 40%，且大多数与村两委办公室共用，制约基层群众的文化生活。随着国家、省、市、县对农村文化建设的推进，磁县农村文化活动室建设逐年取得成效。至 2005 年，全县 376 个村建有文化活动室 232 个。2013 年农村文化活动室建设达 330 个。2016 年区划调整后，全县 267 个村建有农村文化活动室 236 个。至 2018 年年底，建有文化室活动 262 个，覆盖率达 100%，且均实现农村文化信息共享，并建有农家书屋。

县图书馆

1999 年，县图书馆位于县城串海街 1 号，藏书约 6 万册，其中文学、历史和教育类占大半。设立综合阅览室、少儿阅览室、借书处和资料室（不对外开放）。每年除参加县文教局组织的文化下乡（赶会）外，还在馆内举办展览、少儿阅读等活动。2001 年，磁县图书馆被文化部评为国家三级图书馆。2008 年 7 月，馆舍因“三年大变样”拆除。2009 年，迁至仁和路 132 号。2011 年 7 月，迁至县城滏阳大街一民房内，面积约 200 平方米。2016 年 5 月，迁至县城健康街 1 号，设有阅览室和少儿阅览活动室，并走出图书馆开展各种延伸阅读活动。利用“六一”儿童节举办迎“六一”书画比赛，到学校和幼儿园举办赠书活动。利用世界读书日、清明节、国庆节等举办主题诵读活动。举办庆祝改革开放 40 周年等图片展活动。为方便群众阅读，至 2017 年，建立住房公积金分馆、东武仕分馆和小营店分馆，定期更换图书。至 2018 年，馆藏图书 8.5 万余册，期刊 30 余种，报纸 20 余种。年均接待读者 3000 余人次、参加各类活动达 8000 余人次。

农村公益电影放映队

为落实 2000 年《国家计委、广播电影电视总局、文化部关于进一步实施农村电影放映“2131”工程的通知》要求，达到 21 世纪初农村实现一村一月放映一场电影的目标，2007 年起，磁县组织 18 个公益电影放映队，为 376 个村（社区）每月放映一场公益数字电影，每年放映场次任务 4464 场。为保障实现放映目标，国家为每台放映机安装 GPS 卫星定位系统，要求每一场电影照 7 张照片、村委会和观众在每一场电影回执单上签字盖公章。是年为群众放映 12 部故事片和适合农村的种植、养殖科教片。

2008 年，国家给磁县配 10 套农村数字电影放映设备。2009 年 5 月，磁县又争取到国家资助农村数字电影放映设备 8 套，使磁县农村公益电影放映队实现放映设备数字化。同年，磁县举办迎国庆百部爱国主义影片展映活动，放映影片 180 部，农村电影放映达 4512 场次，超额完成“2131”工程目标任务。

2015 年，农村公益电影放映 4188 场，观众累计 108 万人次。2018 年，全县 244 个村享受国家公益电影补贴，放映 2928 场各类公益电影，观众达 80 多万人次。

电影放映公司

1978 年，县电影公司成立，位于县城太平

街1号。1999—2006年，电影市场滑坡，电影发行放映收入中断，靠租赁门面房维持日常开销。2006年后，传统电影逐渐被数字电影所取代。2011年6月，第一个数字放映厅“磁县文博电影放映有限公司”落成。2013年，磁县海润国际影城开张运营，位于磁县中盛国贸广场4楼，是由北京盛世东海连锁影院投资管理公司投资建造的国际化标准的全数字3D国际影城。影城总投资2000万元，面积2286平方米，内设6个放映厅。其中，4个标准放映厅、1个VIP奢华放映厅、1个浪漫情侣厅，座位744个。采用全球顶级数码视听设备和放映设备，集多功能放映厅、温馨咖啡厅于一体。

2016年，邯郸市美乐汇文化传媒有限公司成立，位于县城建设大街与友谊路交叉口东南角（美食林御美店4楼），面积1280平方米，注册资金200万元，设放映厅4个，座位662个。截至2018年，磁县有3家数字影院，可容纳1500余人。

新华书店

该店于1968年建立，位于县城鼓楼南大街1号。2001年前，磁县新华书店是县教育局的下属单位，单位性质为事业单位，内设财务、门店、教材科，编制25人。2001年，磁县新华书店由事业单位转为企业，隶属于邯郸市新华书店有限责任公司，更名为邯郸市新华书店有限责任公司磁县分公司。公司内设门店、库房、财务、业务、办公室，职工29人。

2017年，磁县新华书店投入100余万元对门店升级改造。2018年，装修改造后门店由一层改造成两层，使用面积由177平方米增至517.6平方米，一楼设置茶咖，二楼新增儿童阅读区、儿童游乐区及小桔灯绘本馆。

磁县新华书店（2018年3月9日　摄）

私营书店

1999年，磁县私营书店有6家，各店经营面积均在50平方米以下，从业人员18人，经营场所集中于县城中山南大街新华书店附近。

磁县私营书店以经营学生教材、辅导资料为主，个别书店开展网络经营。受网络销售的影响，图书零售市场竞争日趋激烈，不少私营书店倒闭、停业、整顿。截至2018年，全县有19家私营书店，从业人员61人。

群众演艺团体

1999年，全县有各类小剧团、吹歌班演出团体38个，主要活跃在磁县农村市场，全年演出累计约5000场次。2005年，有各类演出团体30个，全年演出累计约3000场次。2010年，有各类演出团体25个，全年演出累计约2000场次。2015年，有各类演出团体18个，全年演出累计约1200场次。至2018年，全县有各类演出团体12个，其中规模型的演艺团体有磁县金梦歌舞团、磁县金福歌舞团、磁县利霞歌舞团、磁县金豪歌舞艺术团、磁县梦越歌舞团、磁县鑫龙豫剧团、鲁俊美磁县坠子剧团，全年演出累计约800场次。

第三节　民间艺术与收藏

磁州花会

磁州传承至今的诸多民间艺术中，花会以其节目众多、异彩纷呈而久负盛名。每次的磁州花会活动中，上演抬阁、背阁、彩帷、龙灯、竹马、

跑驴表演（2016年2月22日　摄）

牛斗虎、高跷、秧歌、讶鼓、旱船、跑驴等数十种艺术形式。

跑驴　俗称“骑驴”（亦称老娘送闺女），是磁州镇明德社区的一个传统娱乐节目。主要道具驴制作多采用铁、木构架。经纸张糊裱后，头拴麻绳，脖系铜铃，如似活驴。黑、灰白色均可，黑色居多。赶驴的演员，多由能说会道、见人生词的男子充当。饰老娘、老爷、傻子、懒和尚的演员，打扮的越丑、越滑稽效果越好。饰骑驴的角色闺女装扮，打扮得花枝招展，美丽诱人。表演时，由锣、鼓、钗等打击乐伴奏。表演的节目内容随时代变化而变化。传统主要节目有《回娘家》《新郎赶驴》《新娘骑驴》等舞蹈。20 世纪 90 年代后，还创编《计划生育》《新事新办》《赶庙会》等。

民间吹歌　磁县的民间吹歌极具地方特色。它不但以器乐种类之多见长，且以形式内容不断充实翻新而著称。不但活跃在县内，而且足迹遍至周边县甚至到达河南、山东省等地。20 世纪 60 年代后，曾活跃在民间的吹歌班有台庄吹歌班、南关吹歌班、西固义吹歌班等。

牛斗虎　“牛斗虎”是一种由戏剧形式演变而成的民间舞蹈，20 世纪初在南城乡一带盛行。它表现的是古代一位媳妇因逆而不孝受到老虎惩戒的故事，有完整的情节内容。

“牛斗虎”除牛、虎外，还有媳妇、丈夫、公公和戴面具的土地爷 4 个角色。表演中既有虎与牛较量的穿行跳跃，又有表演者心态的显露，因而产生出既具浓厚乡土气息的娱乐又有教育功效的双重效果。

烟火　磁州生产烟火历史久远。20 世纪 80 年代初，经湖南省浏阳市行家指点，县内烟火生产由原品种单一、家庭作坊式迅速发展为品种多、厂家规模化。产地集中在陶泉、岔口乡等乡。一度有“南有浏阳、北有磁州”之说。

其工艺基础雄厚，配料巧妙，鸣放响亮，光束绚丽多彩，造型别致。品种有鞭、炮、两响、盒子灯、四门斗碰老杆、万家灯火、火马、火伞、火桌子、火床、铁树开花、起火城等。最具代表的是陶泉一带生产的礼花，以其高质量、色彩美、品种全而享誉县内外。每逢农历正月十五、十六夜晚，县内城乡有燃放烟火的传统习俗。

滏阳战鼓　“滏阳战鼓”是 2000 年后磁州镇发展起来的一种民间艺术形式。

磁州“滏阳战鼓”阵容庞大，气势磅礴，动作刚健，节奏紧凑，声音响亮。表演中，鼓手 4 人一组，相互对面。既可相互穿插、轮流击鼓，亦可单独表演。多是数十组鼓手同时上阵，配合大铙、大钗、扣钗、长号、大锣、小锣等乐器，配以数十面红黄战旗，组成庞大的表演阵容。随着鼓点的节奏变换，表演队形演变为仙童引路、蟒蛇出洞、二龙戏珠、青龙摆尾、二虎相斗、十字开花、霸王双鞭、珍珠倒卷帘、狮子滚珠、凤凰展翅等栩栩如生的场景。

踩火鏊　踩火鏊的“鏊”，是北方地区用作烙饼的工具，别名煎饼鏊子，用铸铁做成，平面圆形，中心稍凸。时村营乡上陈村“赤脚踩火鏊”绝活来自于齐天大圣坐马脚踩 48 面火鏊的民间传说，始于 20 世纪 30 年代。1995 年后中断。2016 年农历二月初二在上陈村再次上演。48 面火鏊直线排开，工作人员添柴烧烤，火鏊烧热。在阵阵锣鼓声中，表演艺人入场，光背赤脚进行舞棍、舞旗等热身表演。待 48 面火鏊烧得炙热，放上一张纸，瞬间即化为灰时，表演者赤脚从通红的火鏊上飞快跑过。脚底毫无损伤，而后在锣鼓声中返回。

上陈村踩火鏊表演（2016 年 3 月 10 日　摄）

民间工艺

民间童装　磁县的民间童装造型奇特、剪裁凝练、图案艳丽，多寓富贵祥和之意，流传民间的狮子帽、虎头帽、围咀裙、盖肚儿、猫头鞋、虎头鞋等，多为外婆送给外孙“满月”时的礼物。

民间陶瓷　（详见第二十七编磁州窑文化）

民间编织　明代以后，磁县盛产水稻、小麦、高粱、玉米等农作物及各种灌木，这是编织的好材料，磁州民间有编织的传统手艺。

秋收后，从玉米秸秆上取下玉米皮，经过特殊原料浸泡后烘干（或晾干），作为编织手提包等物品的基本原料。农具中的筐、篓等，多为植物荆条编织而成，另有高粱节插制的蝈蝈笼。因之取材容易，结实耐用，需求广泛，故世代沿用。

民间雕塑　北齐时开凿的响堂石窟和历代多处寺庙塑像堪称县内民间雕塑的代表作。民间还有形式多样的石雕、砖雕、木雕等。处所、器物多见于西部山区及古佛、史村一带，村民在屋脊侧壁和外门嵌以浮雕，图案多为人物、花卉、飞禽走兽等。较讲究的民宅多在门口的门楣部位和屋檐下装饰木制浮雕或透雕，古制的床头、椅背、屏风、花架等亦用浮雕或透雕形式加工制作。木窗棂上的花镂格子，有寿字形、葫芦形、花篮形、蝙蝠形等，既愉悦感官，又陶冶性情。

民间皮影　磁县皮影尤以花官营乡屯庄村为胜，在民间堪称一绝，被称作“冀南皮影”。（详见本编第六节非物质文化遗产）

面具吞口　面具俗称鬼脸，民间习俗中，跳舞驱鬼活动中使用。起源于兰陵王出战时所戴面具。2000年前后，受电视剧《西游记》影响，少儿多戴自制或购买的孙悟空面具模仿其动作追逐取乐。

吞口，是绘有狰狞怪兽的器物。或烧制成瓦当用作屋檐口，或雕刻于石柱立于道旁，或彩绘于木瓢背面悬挂于门楣之上，意在保佑平安、驱灾辟邪。旧时县内城乡多见。20世纪90年代后，只在院门锁孔门栓处保留。

戏剧脸谱　磁县怀调脸谱古朴、稚拙，色彩丰富，刻画人物细致，行当齐全，生旦净丑，角色完备。净中有大红脸、二红脸；黑脸分大黑脸、二黑脸；花脸分大花脸，二花脸、三花脸等。

民间剪纸　（详见本编第六节非物质文化遗产）

洋槐木板画　在洋槐木板上绘制各种人物、动物、山水、花卉等。画好后，涂刷两遍清漆。洋槐木板画不走形、不褪色、不虫蛀，便于长期保存。

根雕　根雕是以树根（树身、树瘤、竹根）自然形态为基础，构思雕刻出人物、动物、花卉、器物等形象。磁县丘陵地带传承此技艺较广，主要分布在观台镇、都党乡一带，取材于当地常见的灌木、乔木之根。观台镇二街村民孙九瑞自幼喜欢绘画，1992年，开始研习根雕，把普通的树根雕琢成各种人物形象有米芾爱诗、达摩面壁、贵妃出浴、根抱石寿星等，并刻有甲骨文和大、小篆等文字。20多年间雕刻出根雕作品100多件。其中寿星根抱石最为奇妙，七分天然、三分雕琢，恰到好处。周边村的根雕爱好者常登门学习交流根雕技艺，使其得以传承扩展。

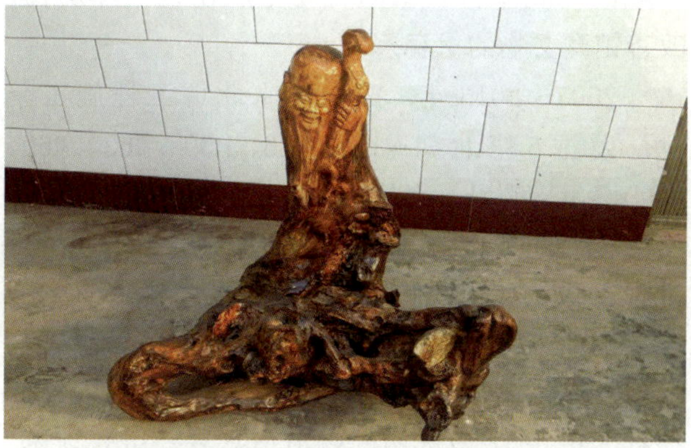

寿星（根抱石）（2020年1月26日　摄）

民间收藏

磁县民间收藏历史悠久，种类繁多，以磁州窑器物、古玩、字画、邮票收藏等较普遍。2000年前后，漳河沿岸村民兴起收藏奇石。其中，观台镇一街村民吴喜元的奇石收藏量较多。2001年，他应邀携150余枚奇石到河南省安阳市文化宫展出，受到观众好评。2003—2006年，到河南省林州市红旗渠景区举办“奇石馆”展览。而后又到涉县娲皇宫景区展出2个月，得到观众好评，并产生经济效益。至2018年，他收藏奇石已达300多枚。其中，艺术价值较高的有“中国地图”“月下扶琴”“奥运火炬”等。2001年，《邯郸晚报》报道他的事迹。2010年8月，县台把他的事迹拍摄成专题片宣传报道，并在省台播出。

第四节　文物保护与文化市场管理

文物保护

1999年，磁县把文物保护纳入城乡建设规划、财政预算、体制改革、领导责任制范围内。成立磁县文物保护工作领导小组，实行统一领导、协调联动的文物保护机制。各成员单位实行“横向到边、纵向到底”的安全责任体系，建立文物保护议事联席会议制度，定期研究文物保护中的重点、难点问题。利用县、乡、村三级文物保护责任制网络，保障田野古墓葬、古遗址等文物的安全。至1999年年底，收到基层文保员预警信息20余次，及时有效地制止古墓葬、古遗址被盗现象发生。

2006年，磁州窑博物馆建成投用，县文保所收藏的北朝墓群出土的文物存放在该馆库房内，改善馆藏文物的保存条件。

2007—2013年，配合南水北调工程施工单位，发掘5座北朝墓群（M26、M39、M63、M69、M72），出土数量众多的陶俑、墓志、壁画、瓷器。

2013年，按照邯郸市文物局《关于加快推进田野文物安全防范系统建设工程的实施意见》安排，省、市两级财政投资500万元启动磁县北朝墓群安全防范系统工程建设，在磁县建设5座监控站。安排10名专职文物保护员进行日常巡查，每周2次汇报巡查情况，县文物保管所定期或不定期对北朝墓群进行专题督导检查。5座监控站自运营后，监控站文保人员反馈各类信息100余条，有效遏制文物犯罪案件发生。

2018年，磁县组织人员对分散在田野的不可移动文物拉网式普查登记，全县有田野不可移动文物保护单位329处。其中，全国重点文物保护单位3处（北朝墓冢104个为其一，磁州窑遗址6个为其二，讲武城城墙遗址1处为其三），省、市、县级重点文物和一般文物保护单位分别有8处、82处、128处。为加强兰陵王墓碑的保护，申请国家资金139万元，专项用于兰陵王墓碑加固及碑亭扩建。对原有的监控设施设备升级改造，对重点文物保护单位崔府君庙、城隍庙大殿、天子冢和炉峰山等制订完善的安全应急预案。建立值班登记档案，做到制度明确、措施到位、责任到人，保障24小时值班通信联络畅通，增加人防、物防和技防力量，进行重点防范，做到“警钟长鸣、枕戈待旦”。

文物抢救工程案例

南水北调工程案例　2005年10月，国家大型重点建设项目南水北调中线渠道途经磁县，恰好从全国重点文物保护单位磁县北朝墓群重点分布区穿过。南至讲武城，北至西来村，全长15千米。为做到既保障国家重点工程顺利建设、又保护国家文物安全，受省文物局委托，省文物研究所、省文物保护中心和市文物研究所3家考古队同时进驻磁县，对南水北调渠线穿越的北朝墓群重点区域进行为时3个多月的文物勘探。发现除在编的M63、M72、M39三座北朝大墓需要抢救性保护发掘外，又新探出M001、M002、M003三座北朝时期墓葬。另外，还发现晚商和战国、两汉时期文化遗址10余处，战国、秦、汉、晋、唐、宋、金、元、明、清和民国等不同时期墓葬300余处。鉴于此情况，2006年、2007年，省文物局两次邀请中科院考古所、安排省文物研究所、省文物保护中心和邯郸市文物研究所4家考古队联合对2005年勘探出的墓葬和文化遗址进行考古发掘清理。

经发掘清理，出土大量丰富而珍贵的陪葬品，其中有石器、骨器、陶器、瓷器、铜器、金银器和壁画等，收集众多有价值的研究信息，取得丰硕考古成果。其中，以中科院考古所邺城考古队发掘清理的M003为最。该墓长25米、深10米，从斜坡墓道向下经过过洞、天井、甬道进入墓室。墓室近方形，地面大部铺青砖。墓室内东壁发现东魏时期的青龙图案。虽历经千年，但彩绘青龙仍栩栩如生。该墓未曾被盗，壁画下方出土190件陶、青铜、瓷、石等陪葬品，其中彩绘陶俑有145件。陶俑有的手握盾牌、有的骑在全副武装的战马上，是一幅行军出兵的场景图。墓室内发现清楚记载墓主人身份的墓志。墓志记载墓主人叫元祜，皇族，葬于东魏天平四年（537年），官至徐州刺史，卒年56岁。

南水北调双庙取土场工程案例　2011年8月，受南水北调中线干线工程建设管理局河北直管项目建设管理部工程管理四处委托，磁县文旅体局和省文物研究所组成联合考古队，于2011年8月25日至2013年7月30日，完成磁县南水北调双庙村取土场的文物考古勘探和发掘清理。此次勘探面积达72万平方米，探出两汉、北朝、唐、宋等时期的墓葬计37座，出土器物627件，包括陶器、瓷器、铜器、铁器、金器、银器、玉器、石器和贝壳等。器形有罐、壶、奁、灶、瓮、盘、箪、耳杯、魁、井、釜、匜、勺、案、灯、钵、水盂、刀、剑、带钩、铜镳、金钗、玉饰、墓志铭和壁画等60余种。双庙取土场古墓葬的发掘清理，为研究该地区汉代墓葬结构、葬俗文化、手工业发展状况以及当时的历史、文化和社会生活等提供翔实资料。北齐周超墓的发掘清理，不仅出土大量珍贵的器物，丰富同时期陪葬品的种类、造型和制式，更可贵的是墓主人墓志铭的出土，提供一个时代标尺，极具研究价值。4座唐代墓葬的发掘，特别是唐三彩小罐和两件黄绿釉鸳鸯形水盂的出土，填补磁县同类器物的空白，为研究唐代墓葬文化提供不可多得的实物资料。3座北宋壁画墓的发掘，虽出土陪葬品极少，但墓葬形制结构和壁画却十分宝贵，不仅保留当时木结构建筑的形制和样式，特别是斗拱构件制式和彩绘是罕见的实物佐证。同时，墓葬的壁画内容和绘画技艺也是当时社会生活、民俗文化和美术发展的重要体现，具有重要的研究价值。

崔府君庙拜殿修复工程案例　崔府君庙始建于唐代，原占地80余亩，有山门、戏楼、无梁殿、旱船、月台、拜殿、大殿、穿廊、东西厢房、后殿、饮马坑和饮虎坑等。因年久失修，大部分建筑毁失，现占地20余亩，仅存拜殿、大殿和穿廊等。该庙是祭祀滏阳县令的地方，是国内现存最大的府君庙之一。2001年，省政府公布其为省级重点文物保护单位。受“7·19”暴雨影响，拜殿屋顶受损严重。经省、市文物主管部门批准，启动维修加固工程，投资20万元，恢复拜殿原貌。

文化市场管理

1999年，制订《磁县文化市场集中整治实施方案》，成立全县文化市场整治工作领导小组，县宣传、县文化等成员部门通力协作，坚持一手抓繁荣、一手抓管理，加强文化市场监督检查，使全县文化市场经营逐步规范化发展。

2000年，根据上级有关要求，取缔县内6家不达标录像厅，保障全县文化市场健康发展。2003年，加强学校周边治理，出动执法人员50余人次，深入学校周边排查10余次，取缔流动书摊5家，收缴盗版学生教辅300余册。

2004年后，按照《文化市场管理条例》要求，加强文化市场管理，发放宣传卡3000多张，公开招聘文化监督员6名。出动人员500人次，收缴非法出版物1500本、光盘1300张，取缔“黑网吧”7家，扣押电脑81台，促进文化市场规范发展。

2009年，开展全县文化市场集中执法年活动，培训县内印刷企业、网吧和图书、音响行业人员100余人次，深入文化市场检查90多次，有关部门联合整治行动8次。2012年，根据上级“扫黄打非”有关要求，出动执法人员60余人次，对全县电视地面接收设施销售、安装、使用规范治理，收缴非法电视接收锅80余个。

2015年后，“扫黄打非”活动向社区、村庄延伸，县内文化市场管理实施网格化全覆盖管理。

至2018年，全县保留网吧21家、演出团体7家、图书销售5家、印刷企业8家。累计开展集中行动80余次，出动车100余辆（次），收缴各类非法出版物8000余册（盘），取缔无证流动书摊10多个，查处违规游戏厅8家、录像厅6家，取缔“黑网吧”30余家，规范整顿13家印刷企业。

第五节　非物质文化遗产与古建筑文化

国家级非物质文化遗产

冀南皮影　冀南皮影以花官营乡屯庄皮影为代表，造型独特，唱腔别具一格，清末传入，20世纪40年代开始在民间活动。屯庄村最先建立皮影班，班首闫兴组织带领演员活跃在周边乡村。20世纪50年代，冀南皮影戏以“中国童子戏”之称活跃在省内各地。2000年后，文化进一步繁荣，屯庄皮影戏随之活跃，先后到山西、河南省等地演出，受到群众欢迎。为继承保护这一古老艺术，县文化部门实施保护工作。2006年，成功申报为国家级非遗保护项目。2016年，区划调整，冀南皮影代表地屯庄划归冀南新区。

省级非物质文化遗产

磁县怀调　磁县怀调是个古老的板腔体剧种，上承隋唐时期《踏谣娘》艺术成就，下接明代弦索调艺术形式，形成于明万历年间至清初时期。成熟繁荣于清同治年间，得益于精通怀剧、进京赶考落榜的江南秦姓才子。他返乡途中因病落户临漳县，后迁居磁县西小屋村。吸收融合怀剧的长处，他大胆创新怀调并带领其后人走村串乡搭台唱戏，使怀调焕发新的生命力，从而成为怀调的鼻祖。在演出形式上，动作豪放，将帅出场常伴有墩子鼓、四大镲（俗称“四大扇”）。男唱腔苍劲豪放，悲壮激昂，一咏三叹。女唱腔刚柔相济，高昂明快又透出婉转妩媚。为增强表现力，改初期的脸谱为面部绘彩，更加生动形象。初期，乐器只有自制的大弦。明清至中华人民共和国成立期间，怀调剧团先后经历“板唱”“嗜好班”“化妆班”三个阶段。其后逐渐走上舞台，演出形式完备，表演艺术成熟，进入新的发展时期。伴奏乐器相应增加有大梆、二弦、三弦、板胡、唢呐和马号等。1947年，磁县西小屋村剧团成立。此后，吸取其他地方戏之长，推出20多段格调新颖的唱腔。1958年10月，县政府将西小屋村剧团改设为磁县怀调剧团。1969年磁县怀调剧团部分演员被分流，1977年西小屋怀调剧团重新组建，并邀请第六代传承人卢万春、第七代传承人张秀英等老艺人做剧团顾问。培养一批戏苑新秀脱颖而出，县怀调恢复艺术生机。《盔缨记》《战洛阳》等传统剧目再现于舞台，并被河北电视台录制播出。20世纪80年代中期至90年代初，一批怀调老艺人活跃起来，纷纷招收青年演员，相继组建庆和峪、黄鼠怀调剧团。1999—2018年，搜集82部怀调传统剧本；活跃在舞台上的演员有第八代靳富贵、王桂花、王长命、王少顺、王思印、孟朝芹等，第九代王纪军、谢竹青、胡海林、俎本新、王利民、靳永治等，第十代王美清、王凤霞、王永岗等。2018年8月，成立磁县怀调戏剧文化传习艺社。

扫二维码　赏怀调《路遇黑》选段

2006年，该项目入选第一批省级非物质文化遗产名录。

磁县剪纸　剪纸在磁县又称窗花、剪花、剪彩。磁县剪纸多用剪刀和刻刀裁或镂刻而成，主要材料有梅红纸、宣纸和电光纸、品色颜料、蜡台等，经设计画稿、雕刻、点染、裁剪等数道工序，采用阴阳、虚实相间的手法，刻画内部线条和花纹，通过虚与实、阴与阳的对比展现图案不同效果，裁剪出人物、花卉、鸟兽等各种吉祥图案，作为一种装饰营造气氛。

磁县剪纸分为染色剪纸和单色剪纸两种。染色剪纸色彩艳丽，品种繁多，已有300多年的历史，最初由民间刺绣演变而成，早期主要用于寺庙活动中各种装饰，后延展至婚丧之事。单色剪纸在县内各村都有能手、巧手，代表人物有张树梅、肖淑芹、宋秀珍、曹菊芳等。其中，张树梅的戏曲人物剪纸最具代表性，1984年中国美术馆收藏她400幅剪纸作品，“空城计”在《人民日报》《中国美术

磁县怀调演出（2019年10月12日　摄）

殷付云　剪纸

报》刊登。其弟子、第三代传承人殷付云在继承她的技艺基础上，大胆创新，作品构图意新，刀法大气，作品“二十四式太极拳”“吉祥如意”等分别在全国剪纸大展中获奖。2015年2月，殷付云被省文化厅确定为省级非物质文化遗产剪纸项目代表性传承人。2015年11月创作出9.28米长的大型长卷剪纸作品“圣贤图”，成功申报知识产权。“80后”（20世纪80年代出生者）剪纸爱好者殷玲玲，自幼酷爱剪纸艺术。2018年7月，作品“有福新时代”获全国第二届“中华杯”民俗文化艺术作品展特别金奖。

扫二维码　赏《剪纸》工艺

2012年，磁县剪纸入选第四批省级非物质文化遗产名录。

磁县讶鼓　经磁县东魏古墓中出土的“击鼓俑”文物证实，磁县讶鼓产生于南北朝时期。源于古战场上的助战鼓乐，后发展成为独特的民间鼓乐。清朝中后期至19世纪40年代，讶鼓在冀南豫北一带流行，尤以磁州镇兴仁街兴盛。磁县讶鼓呈扁圆形，牛皮双膜，鼓面直径48厘米，鼓身厚20厘米、刷红色油漆，鼓框佩有双吊环。鼓槌用柳木制成，长30厘米，直径6厘米，木质轻柔，富有弹性。表演时，用红绫4尺平系腰间。双手以槌击鼓，起声如雷，落音似铃。伴奏器乐有马锣、小钹，解放后增加大镲（齐钹）。讶鼓队员一般20人左右，演员服装白底粉色条，头系毛巾。既可单独演奏，又可与“跑帷子”配合演奏。演奏较为自由，可一人独奏，也可二人对敲，还可众人齐擂。原有鼓谱72套，现存20余套，主要有《大得胜》《小得胜》《二龙戏珠》《凤凰回头望牡丹》《凤凰展翅》《行军鼓》《张飞闯辕门》等，多在春节、元宵节等重大节日演出。

2006年，磁县讶鼓入选第一批省级非物质文化遗产名录。

磁县扎纸　磁县民间手工扎纸艺术源远流长。清同治、光绪年间，县内闫氏先人即用当地产的芦苇扎制成人物的骨架和器物的框架，外面纸张糊贴后用颜料彩绘，再用彩色剪纸装饰，扎制出造型精美、形态逼真的扎纸艺术品。磁县扎纸做工精细、造型逼真，用途广泛，如灯笼、风筝、宝塔、神像以及办丧事用的童男童女、纸马、纸人、纸房子等均属民间传统制品。磁县扎纸工艺品塑像以古装戏剧人物、民间传说人物居多，主要有《白蛇传》《夜读春秋》《抬花轿》《西游记》等。

2009年，磁县扎纸入选第三批省级非物质文化遗产名录。

磁县坠子　磁县坠子在清道光初年由河南开封曲艺形式三弦书衍变生成，因以小鼓、三弦改制的坠子弦伴奏而得名。有自拉自唱、二人一拉一唱、三人“鸳鸯档”（男女捧口）、多人群口唱等演唱形式。伴奏乐器有专职伴奏者使用的脚梆和坠胡，说唱演员使用的简板、铰子、矮脚书鼓与醒木等。其中，由道情改演坠子的艺人多用简板击节，由三弦书改演坠子的艺人多用铰子击节，由大鼓书改演坠子的艺人多用矮脚书鼓，醒木则多在说唱长篇书时使用。说书艺人通过说、唱、表（道白）塑造各种人物的艺术形象，刻画典型环境中的典型性格，反映作品的主题。其唱腔以叙述为主，兼有抒情。坠子曲目分小段（1小时为限）、中长篇大书两类。传统曲目内容一般是演义、公案、武侠及英雄史诗，如《小八义》《包公案》《刘公案》《海公案》《施公案》《薛仁贵征东》《蛤蟆传》《呼家将》《珍珠汗衫记》等。现代段子有《郭隆真》《菊花选婿》等。磁县坠子无道具布景装饰、灯光衬托、乐队渲染，是一种“满场风雷吼，全凭一张口”的特殊艺术种类。有说有唱，生动活泼，通俗易懂，具有浓厚的民族特点和地方色彩。

2013年，磁县坠子入选第五批省级非物质文化遗产名录。2015年，鲁俊美被省文化厅命名为第四批省级非物质文化遗产“磁县坠子”代表性传承人。

崔府君出城及传说　该项目2012年入选第四批省级非物质文化遗产名录。（详见第二十九编崔府君文化）

梅花拳　梅花拳古称梅拳，是传统武术拳种之一，于明末传入县内。梅花拳亦称梅花桩，分桩上梅花拳和落地梅花拳。布桩图形有北斗桩、三星桩、繁星桩、天罡桩、八卦桩等。桩势有大

势、顺势、抛势、小势、败势5势，套路无一定型，势如行云流水，变化多端，快而不乱。梅花拳主要功法：梅花桩功法、内外练功心法、打法、破法、擒拿法、点穴卸骨法、分筋错骨法、点拿穴祛病法、千斤坠、浑元一体等。

其主要器械：春秋大刀、单刀、双刀、剑、戟、斧、钺、钩、钗、棍、三节棍、梅花枪、梅花鞭等十八般兵器。还有该门独特的古老稀有兵器：一锛三枪、五虎锛、量天尺、群枪母、文棒、武棒、拐子、流星、落子枪、拍扒木、护身披、风火轮、提戟、大梢子等。

梅花拳练习者重修武德。武德主要以敬天地、孝双亲、尊师傅、爱徒弟、济众生、惩恶扬善。

2012年，梅花拳入选第四批省级非物质文化遗产名录。

磁州酒酿造技艺 大曲酱香型磁州酒酿造技艺引自于国酒茅台的生产技术。在磁县地理、环境、气候与茅台酒厂所在地明显不同的情况下，研制出一套适合华北生产大曲酱香型白酒的酿造技艺。以红粮为原料，优质小麦制成高温大曲为糖化发酵剂跨年度酿制而成。1年一个生产周期，2次投粮发酵，3种酱香型（酱香、窖底香、醇甜香），40天曲仓发酵和四高两长工艺（高温制曲、高温堆积、高温发酵、高温溜酒；生产周期长、贮存时间长），五月端午制曲，6个月贮曲，7次取酒，8次加曲入池发酵，9次蒸煮，终达酱香独特突出，回味悠长甘绵。

扫二维码　赏《磁州酒酿造技艺》

2019年12月28日，磁州酒酿造技艺入选第七批省级非物质文化遗产名录。

县级非物质文化遗产

2009年磁县第一批县级非物质文化遗产名录一览表

表26-1

类别	项目名称	项目代码	分布区域
民间文学	民间传说	022	磁县
	1. 磁州窑的传说	—	
	2. 滏阳河的传说	—	
	3. 漳河的传说	—	
	4. 崔府君的传说	—	
	5. 天子冢的传说	—	
	6. 观兵台的传说	—	
	民间故事	023	
	1. 刘子贤的故事	—	
	2. 刘秀的故事	—	
	3. 曹操的故事	—	
民间美术	绘画	—	—
	鸟型字、木板、年画、怀调脸谱	031	辛庄营乡李庄村
	雕塑	—	时村营乡庆和峪一带
	根雕、石雕、砖雕	032	北贾壁、陶泉、都党乡等地
民间舞蹈	岁时节令习俗舞蹈	—	—
	1. 磁县讶鼓	052	磁州镇兴仁街
	2. 磁县背阁	—	时村营乡庆和峪村
	其他	—	—
	兰陵王入阵曲	059	讲武城镇刘庄村

续表

类别	项目名称	项目代码	分布区域
戏曲	板腔体质的戏曲	—	—
	磁县怀调	062	西小屋村、庆和峪村、黄鼠村
	民间小戏剧种	—	—
	四股弦	065	陶泉乡北岔口村
	傀儡戏曲剧种	—	—
	冀南皮影	067	花官营乡屯庄村
曲艺	说书	071	磁县及周边地区
民间手工技艺	烧造	—	—
	磁州陶艺	093	—
	织染缝纫	—	磁州镇务本街
	蓝印花布	094	—
	编织轧制	—	磁县及周边地区
	1. 磁县扎纸	096	磁县
	2. 磁县剪纸	—	花官营乡阎家浅村 磁州镇张杨庄等周边村
消费习俗	服饰习俗	111	磁县
	饮食习俗	112	
	居住习俗	113	
	交通习俗	114	
人生礼俗	妊娠习俗	121	磁县
	分娩习俗	122	
	诞生、命名习俗	123	
	满月、百日、周岁	124	
	婚礼习俗	126	
	寿诞礼	127	
	葬礼	128	
岁时节令	汉族节日	—	—
	1. 送羊节	131	磁县及周边地区
	2. 乞巧节	—	
民间信仰	俗神信仰	142	—
	崔府君庙	—	磁县及周边地区
	庙会	144	—
	1. 高臾庙会	—	高臾镇
	2. 城隍庙会	—	磁州镇
民间知识	医药卫生	151	西光禄镇东黄鼠村
	数理知识	154	
	测量	155	

续表

类别	项目名称	项目代码	分布区域
游艺与竞技、传统体育	助兴游戏	164	磁县
	博艺游戏	165	
	光禄花会	17	西光禄镇

2011 年磁县第二批县级非物质文化遗产名录一览表

表 26-2

类别	项目名称	项目代码	分布区域
民间文学	民间传说	Ⅰ	磁县
	1. 兰陵王的传说		
	2. 炉峰山的传说		
	3. 龙王爷的传说		
	4. 贾璧的传说		
	5. 狐仙的传说		
	6. 观兵台的传说		
	民间故事		
	1. 民俗故事		
	2. 御官的故事		
民间音乐	1. 兰陵王入阵曲	Ⅱ	讲武城镇
	2. 磁县讶鼓鼓谱		磁州镇
	3. 奉神鼓鼓谱		陶泉乡
民间舞蹈	1. 跑竹马	Ⅲ	磁县及周边地区
	2. 彩帷		
	3. 抬阁		
	4. 跑旱船		
	5. 舞龙舞狮		
	6. 高跷		
	7. 二鬼摔跤		
	8. 牛斗虎		
	9. 大闺女打棒槌		
传统戏剧	1. 平调	Ⅳ	磁县及周边地区
	2. 坠子		
	3. 河北梆子		
	4. 豫剧		
	5. 太平落子		
杂技与竞技	1. 拍健筋	Ⅴ	磁县西部地区
	2. 民间摔跤		
	3. 投铁饼		
	4. 魔术		

续表

类别	项目名称	项目代码	分布区域
民间美术	1. 民间彩绘	Ⅶ	磁县
	2. 兰陵王面具		
	3. 面塑		
	4. 绒画		
传统手工技艺	1. 磁州窑烧造技艺	Ⅷ	磁县
	2. 磁州酒酿造技艺		
	3. 手工编织		
	4. 虎头鞋		
	5. 刺绣		
	6. 磁州熏鸡		磁州镇
	7. 磁州焖子		磁县
	8. 磁州芝麻烧饼		
	9. 磁州鲜粉皮		
	10. 磁州茶		磁县西部
	11. 炸盘		陶泉乡
传统医药	1. 民间接骨法	Ⅸ	磁县
	2. 民间偏法		
	3. 拔罐		
	4. 推拿		
民俗	1. 元宵方灯	Ⅹ	磁县西部
	2. 赵拔庄灯山		台城乡
	3. 高臾奶奶庙祭祀		高臾镇
	4. 大明寺祭奠仪式		磁州镇
	5. 黑龙爷出巡仪式		陶泉乡

2014 年磁县第三批县级非物质文化遗产名录一览表

表 26-3

类别	项目名称	项目代码	分布区域
民间文学	1. 唐子义的故事	Ⅰ	磁县及周边地区
	2. 活财神的传说		—
	3. 杨仙兄弟	Ⅰ	—
	4. 龙王爷出巡仪式		磁县西部地区

续表

类别	项目名称	项目代码	分布区域
传统手工技艺	1. 糖糕制作技艺	Ⅷ	磁县及周边地区
	2. 麻化制作技艺		
	3. 猫腻饺子制作技艺		
	4. 坨坨面制作技艺		
	5. 磁州原浆酒制作技艺		
	6. 手工粗布制作技艺		
	7. 粉疙瘩制作技艺		
	8. 马良烧鸡制作技艺		
	9. 百年孔氏烤卤蛋制作技艺		
传统美术	1. 木版画	Ⅶ	观台镇
	2. 磁州上水石雕刻		磁州镇
传统医药	镰疮膏药	Ⅸ	讲武城镇
传统戏曲	平调	Ⅳ	磁县西部地区

2018 年磁县第四批县级非物质文化遗产名录一览表

表 26-4

类　别	项目名称	项目代码	分布区域
民间文学	1. 烤百家火的传说	Ⅰ	磁县及周边地区
	2. 火神庙祭祀		
	3. 迎财神传说		
传统医药	民间腮腺炎膏药	Ⅸ	
手工技艺	1. 磁州卤面制作技艺	Ⅷ	
	2. 观台豆腐干制作技艺		
	3. 手工粉条制作技艺		
	4. 粉浆饭制作技艺		
	5. 贺记烧饼制作技艺		
	6. 清真八大碗制作技艺		
	7. 磁州扣碗制作技艺		
	8. 铁制品制作技艺		
传统美术	1. 瘦金体书法艺术	Ⅶ	
	2. 立体纸艺		
传统舞蹈	耍龙灯	Ⅲ	

古建筑文化

鼓楼　位于县城鼓楼大街与中山路交会处，坐北向南。楼基为长方塔形土台，长 46 米，宽 30 米，高 8 米，外用青砖砌成。中间有一条南北拱券，不仅可以通车马，而且夏季凉爽。券南、北石拱门上各刻有“景嵩”“拱极”二字，字体

端正，遒劲有力。楼基上，48 个陴垛环绕四周，中间建有鼓楼。楼分上下三层，每层高一丈有余，下两层外围回廊，古朴典雅。每层楼顶四角皆为昂垂斗拱心造，造型优美，如白鹤展翅。最上层为歇山顶，覆以琉璃筒瓦。南檐下有一匾，上书“畿南第一楼”。

鼓楼始建于明洪武二十四年（1391 年），后基存楼弃。弘治十二年（1499 年），知州章启建成鼓楼。据《磁州志》记载：“筑土垒石为高台，下留深弄通车马。台上建重楼三间，左右钟鼓楼各一间。为一城壮观。”当时地属河南彰德府，故名“天中第一楼”。清康熙二十四年（1685 年）、三十八年（1699 年），知州任塾和蒋擢先后修葺。雍正年间，因磁州改属直隶，鼓楼即改称“冀南第一楼。”民国 13 年（1924 年），县长刘孟扬劝募重修。民国 17 年（1928 年），鼓楼东西建平房共 6 间，改名为“中山楼”。随后于其上建中山图书馆、时闻简报社、无线电收音处。1937 年七七事变后，新民会在鼓楼上设新民茶馆。1945 年磁县解放后，因战局不稳，将鼓楼拆除，仅存楼基。至 1995 年，县政府拨款 130 万元重建鼓楼，使其重现昔日雄姿。2004 年修复基台、拓宽广场。2005 年 2 月 24 日，被公布为第二批市级重点文物保护单位。

城隍庙　位于县城中山西路北侧，鼓楼西侧，坐北朝南，始建于明洪武三年（1370 年），初时规模宏大，前有戏楼，中为大殿，后为奶奶殿。民国 17 年（1928 年），因城隍庙阻碍交通，将庙前半部拆除，仅存大殿。

城隍庙大殿为单体式建筑，是邯郸域内唯一保存完好的明代单体建筑。门楼由大理石砌成，过门楼是 5 间抱殿，建于清康熙三十九年（1700 年），雕梁画柱，琉璃脊顶，四檐飞挑，脊瓦雕有龙凤，如飞似舞。再进即大殿，其建筑形式为九脊歇山式琉璃瓦顶，梁架结构为面阔 5 间，进深 3 间，9 檩 8 椽 20 根朱红漆柱，两山侧檐中间用小柱二斗共承载，前后檐除柱头、转角外，有明次间 2 垛、梢间 1 垛，两山的补山 1 垛，为六铺作三下昂重拱斗心造。整个建筑构造奇特，外观雄伟，古朴典雅。1991 年，城隍庙被公布为河北省重点文物保护单位。至 2003 年 6 月 19 日，历时 1 年零 3 个月的城隍庙维修工程竣工，投资 80 余万元，用木料 120 余立方米，建筑面积 200 余平方米。2012 年城隍庙广场竣工，中有戏楼，前有牌坊。

云摩寨　位于陶泉乡索庄村北云摩山上，为元代建筑。四周寨墙高约 3 米，青石砌成，占地近 10 亩。寨上有 3 座殿：主殿、前殿和侧殿。主殿为天宫庙，正中塑有如来像，右侧为玉皇大帝，左侧为圣母。前殿为关爷庙，侧殿为药王庙。传说，此寨佛法无边，恶人登此寨，越登越高，永不及顶；善人上此寨，几步及顶。云摩寨后被毁坏，清康熙五十九年（1720 年）重建。后又毁。1987 年，当地群众集资重修。1987 年被公布为县级文物保护单位，1995 年被公布为市级文物保护单位。

滏阳桥　位于县城南关外滏阳河上，俗称南关大石桥，原名偃月桥，磁州八景之一的“滏桥秋月”即在此。桥长 40 米，宽 10 米，高 5 米左右，桥身、桥栏、桥面全部用青石筑成。桥身有三大券，远望如长虹卧波。券顶上各刻有龙头 1 个。桥上有 54 根石柱，石柱之间有挡马石，柱头上刻有桃子、石榴、葫芦等吉祥物。桥两头各有两个石狮子，形态逼真，惟妙惟肖。滏阳桥为磁县现存最完整最坚固的古代桥梁，表现出古代劳动人民的非凡智慧和高超技术，2005 年 2 月被公布为第二批市级文物保护单位，2008 年 10 月被公布为第五批省级文物保护单位。

滏阳桥历来为官道要地，直至解放后，京磁公路还穿过南关滏阳桥。清康熙《磁州志》载：“金泰和、元至正、明正德间屡加修治。”据考证，1161—1202 年，识觉、善仙师徒二人相继率众建成此桥。明嘉靖年间山洪暴涨，桥坏。到隆庆年间，知府申佐、萧大亨、晋应槐捐俸倡导重修石桥，“中为大券一，两端翼以耳券。筑堤上流，远杀怒悍；垒石傍岸，预防溃啮。敷以砾石，卫以植楯。”清道光十年（1830 年）地震，桥塌。光绪二十四年（1898 年），知州许之轼主持修建，极力增高，除去四耳券，改建三大券，改名为“涉利桥”。因桥过高，车马往来困难，后虽垫高桥南北两端，揭去桥顶石层，仍然无济于事。民国 24 年（1935 年），县长孙振邦召集人员，将桥拆掉重修，减低 3 米多，仍建三大券，为现状，更名为滏阳桥。

西闸 位于县城西龙王庙村和西槐树村之间的滏阳河上，闸总长70.4米，宽4米，高3～4米，共7孔6闸墩。闸门呈长方形，闸墩由6～8层石头砌成，两侧尖，由下往上逐渐变小。西闸坚固耐用，为滏阳河上游第一闸，至今人们赖以灌溉。1995年10月6日，被公布为第一批市级重点文物保护单位。

西闸始建于明万历十五年（1587年），初为横河流之石堰，长十有二丈，高五尺；堰之上流为副堰沙堤，堤广三尺；堰之下流为底石，广一丈五尺；堰之两端为台，台各广半亩，高一丈二尺。台之中闸为二孔。万历二十二年（1594年），增为7孔，又于闸板两端设立绞桩，启闭方便。清康熙年间，知州任塾、蒋擢先后重修，使闸完好如初。以后随坏随修，仍屹立于滏阳河上游。

第二章　文学艺术

第一节　文学创作

创作发展概况

从改革开放至2018年，磁县文学创作繁荣发展。

1978—1991年，县内一些文学创作者自发地向上级报刊投稿。县内未开辟作品发表园地，文学创作处于无组织分散状况。

1991年12月16日，县文教局主办的《磁州文化》创刊。1992年7月1日，县广电局主办的《磁州广播》发行。1993年元旦，《磁州广播》启用黄华题写的新报头。随之报纸发行量直线上升，成

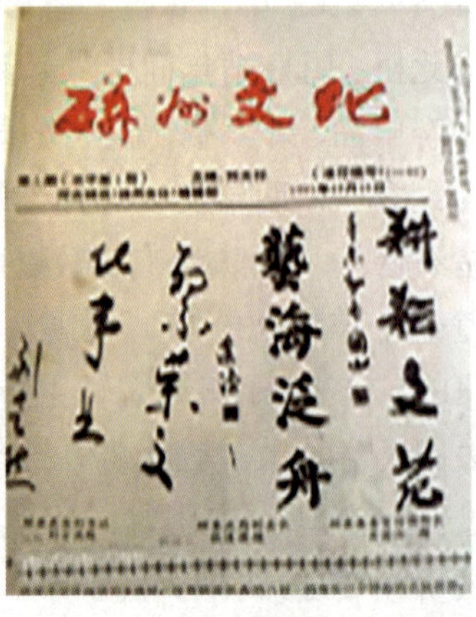

《磁州文化》创刊号

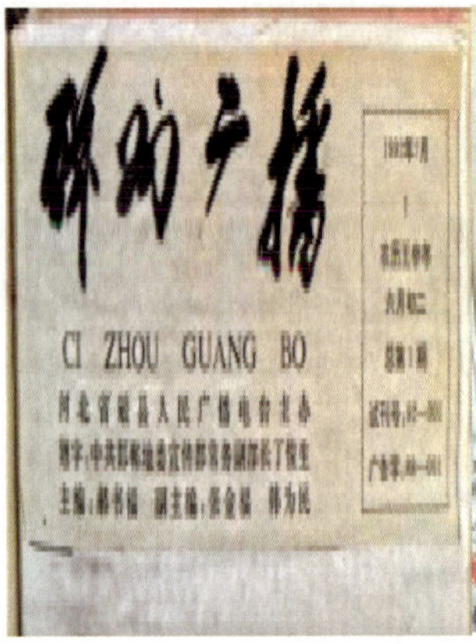

《磁州广播》创刊报头

黄华题写的报头

为冀南地区有名的新闻报纸。《磁州文化》《磁县广播》的创办，促进县内文学创作活动开展。创作队伍扩大，创作人员年龄趋向低龄化，创作交流活动日益密切，成立文学团体的条件逐渐成熟。2008年5月，由王柱民、王济民、赵培卿、韩红斌、乔书堂等发起成立“景嵩诗社”和景嵩文学沙龙，创办《景嵩》诗刊；2009年，县文联创办《滏泉雁鸣》杂志。

2010年前后，随着互联网技术发展普及，博客等网络交流平台便利大众参与文学创作条件，县内文学创作进入繁荣期。每日创作的文学作品少则过百、多则上千。县内的文学团体、文学刊物也因势推出自己的网络平台。“磁县诗词楹联协会”“景嵩诗社”“滏泉雁鸣文艺”“冀南文化创意研究中心”等微信群应运而生，除集聚县内的文学爱好者以外，还吸引外地的文学爱好者入群。个人作品出版数量日趋增多。

创作体裁

小说 1999—2018年，磁县小说创作队伍中，除袁会云等老作家笔耕不辍、佳作不断问世外，众多“70后”（20世纪70年代出生者）“80后”甚至“90后”（20世纪90年代出生者）作家在文坛崭露头角。累计创作发表小说1500余篇，长、中、短篇小说及小小说均有，题材广泛，风格以现实主义为主，艺术地反映磁县人民的生产生活情况。代表人物主要有袁会云、杨智俊等。

散文 1999—2018年，县内散文创作主题呈现多元化，主要有感悟哲理、唯美景物、乡土风情、历史文化等方面。地方特色文化成为散文创作的关

注点，以北齐名将兰陵王、溢泉湖、滏阳河南关石桥、跃峰渠等磁县本土文化为题材的散文作品多次出现在国家、省、市刊物及新浪看点等网站上。代表人物主要有黄玉成、刘天祥、乔书堂、秦冀、张红梅、贾银梅等。

诗歌　2008年春，景嵩诗社成立并创办《景嵩》诗刊，集结一大批诗歌创作的本土人士，磁县诗歌创作重现活力。2011年出版的诗集《滏河诗潮》，基本涵盖诗社百余名成员作品。与《景嵩》同期及随后创刊的《文苑》《溢泉雁鸣》《慈善天地》《磁州农情》《人文中原》等刊物，先后刊载大量诗词作品。诗歌创作题材广泛，现实主义创作倾向明显。2013年，成立磁县诗歌沙龙，通过举办诗歌讲座、采风、朗诵等活动，促进诗歌创作活动发展。2010年9月10日，河北省第三届青年诗会在溢泉湖召开，授予溢泉湖风景区“河北青年诗人创作基地”“邯郸市作协文学创作基地”称号。2017年10月11—12日，全国第31届中华诗词研讨会暨磁县“中华诗词之乡”授牌仪式在嵩景楼宾馆举行。

《景嵩》诗刊创刊　　《溢泉雁鸣》创刊

戏剧　1999—2018年，磁县戏剧创作方面，袁会云取得的成就最为突出。2003年5月，创作现代戏曲《白衣天使》；是年6月，新编历史故事剧《双燕璧》被中国京剧院留存；2005年创作现代戏曲《山村野姑》，被中国评剧院留存；2008年创作新编历史故事剧《文姬归汉》，经河南省剧作家李古娥改编后由河南豫剧院演出；2009年6月，为河南省海燕豫剧团创作现代戏曲《赵一曼》；是年，剧本《陈三两》（改编）由河南省海燕豫剧团演出，获河南省戏剧调演剧本创作奖；剧本《青蛇传》由磁县豫剧团首演；创作歌颂周恩来总理考察磁县的小戏曲《家常便饭》，由邯郸市东风豫剧团表演艺术家牛淑贤领衔演出，河北人民出版社出版单行本。

期刊和团体

《磁州文化》（详见第七编第二章第三节报刊）

《景　嵩》（详见第七编第二章第三节报刊）

《溢泉雁鸣》（详见第七编第二章第三节报刊）

景嵩诗社沙龙　2013年4月创建，发起人主要有王济民、王柱民、黄玉成、乔书堂、郭金泉等。景嵩诗社沙龙属于自发的民间文学组织，活动时间为每月末周日上午9点，参与活动者主要是县内爱好文学的各界人士，尤以诗词楹联爱好者居多，高峰期参与者达40余人。至2018年底，已办60余场。沙龙内，文学爱好者相聚一堂，各抒己见，讨论创作得失，有时开展讲座、采风、朗诵等活动，成为县内文学爱好者相互交流创作经验的平台。

作者作品

诗词类　王公蒲　1922年生，磁州镇阜才社区人。中国作家协会云南省分会会员，中国电影家协会会员。主要作品有小说《好丑你们说》《苦聪人的春天》；小说集《歌手》《绿色的底层》；电视剧本《那满山的火把果》《鲜花是你　清泉是你》；电影剧本《摩雅傣》《两个巡逻兵》《五朵金花》《金沙恋》等。《绿色的底层》入选中国新文艺大录（1949—1966年）短篇小说集，电影《五朵金花》久演不衰。

自　题

滏阳河边草，飘落彩云南。
从戎革旧弊，命笔创新篇。
书影五六部，忧乐八十年。
知足知不足，凄然亦陶然。

王学新　1948年12月生，邯郸市复兴区人。中华诗词学会理事，河北省诗词协会原会长。主要作品有《古赵新吟》《古韵新语》《诗海拾趣》《诗海探珠》等。

畅游溢泉湖

溢湖疑似是西湖，水榭亭台天镜图。
落霞生彩云去远，垂柳凝烟鸟不孤。

倾听响堂传暮鼓，跷看龙洞吐瑶珠。
佳肴当数鱼虾美，痛饮磁州酒一壶。

蔺国山　1944年生，时村营乡上七垣村人。先后创作诗词200余首。

如意湖放歌

美仑美奂境如仙，千客万旅脱尘凡。
高阁雄浑蓝天云，拱桥斜横曲水栏。
黄莺穿柳鸣妙音，白鹤放歌舞步翩。
冬梅春兰品自高，夏荷秋菊各领衔。
夜色灿烂现海市，空中楼阁月同悬。
月中嫦娥恨灵药，怀抱玉兔离广寒。

游新筑仿古园林

今人新筑古园林，景观如画喜煞人。
山高水低巧设局，亭妙阁耸接层云。
异花娇艳迷人眼，嘉木疏密洒清荫。
物移境迁多回首，驻足仰视觅鸣禽。
不效穆王赴瑶池，且倚老槐待丽人。

登雁语阁

雁语高阁拥翠微，一揽湖光天接水。
鸿飞鹤舞绿头鸭，快艇闪过白浪追。

黄玉成　1951年2月生，邯郸市复兴区人。河北省作家协会会员。主要作品有诗集《长歌行》；散文集《长风行》等。

贺跃峰渠兴建50周年

漳水西来，经海螺[①]。高歌扬波，上山坡千回百转，绕山盘过。太行伸手牵龙王，琼浆涓涓入田畴。群情奋，惊起睡美人，展宏图。

凿悬壁，洞无数。架飞虹，英雄渡。银河落泽崎岖山丘。人定胜天造天河，愚公移山换新颜。五十年跃峰披新装，富磁州。

注：①海螺，指漳河海螺渡口。

王柱民　1942年生，磁州镇台庄村人。中华诗词学会会员。主要作品有诗词集《凤篁集》《幽篁集》《竹语堂诗稿》。

水墨园诗二首

一

冰川遗迹地，嬗变水墨园。
游客留美语，景致赛江南。

二

春游水墨园，疑似到江南。
梅雪争春到，桃杏花争艳。
亭台楼阁秀，竹石山泉喧。
待到秋尽日，把酒观大雁。

王志坚　1956年8月生，邯郸市邯山区人。主要作品有小说《三尺讲台》《红花绿叶》《四季韵律》等；散文集《诗的语言—人生寄语集萃》；诗词集《逸闲集》被评为河北省诗词三十年优秀著作奖。

望海潮·长江情

群山巍立，冰雪云瀚，寒彻地老天荒。素被层叠，飞禽罕至，惟余遍野茫茫。烈日啸凌开，涤荡心向往，源远流长。敢问苍天，何时尽释走严凉？

条条暗隙潜淌。令磐石裂荡，涌动泱泱。千壑万溪，合拢义聚，宛如玉带盘梁。引泄奏凯歌，弃寒奔热土，滚滚骄狂。怒放心花，腾腾热浪跃九江。

注：
啸：拉长声音呼叫。
九江：江西省辖地级市。这里指长江入海口最宽处。

沁园春·南水北调

盛夏临桥，饮水丹江，岭啸湖鸣。眺层层楼起，领今携古，熏香名萃，火炬葱茏。银镜光泽，航拍闪闪，山水平添壮丽城。人民赞，铸辉煌盛世，一片欢腾。

初心大略宏图，调南水江北三线通。气魄惊环宇。伟哉领袖，幸哉民众，铭记心中。特色春风，兵强国兴，豪迈声声尽太平。新天地，望玉龙长带，

直泻津京。

注：

南水北调：1952年10月30日，毛泽东主席在视察黄河时，听取黄河委员会主任关于引江济黄设想汇报后，第一次提出南水北调设想。南水北调分别在长江上、中、下游，设置东、中、西3条调水路线。这里指路过磁县的中线。

刘天祥　1956年生，岳城镇东风寨村人。中国民间文艺家协会会员，中国散文诗学会会员，河北省作家协会会员。主要作品有散文诗集《故乡的诗情》《情感的塑像》；散文集《极目炉峰》；长篇报告文学《吴承先这几十年》；故事集《崔府君》；先后主编磁州文化丛书《磁州文化》和诗集《漳河诗潮》《滏河诗潮》等。

背　影

我没有注意过自己的背影
因为我看不到自己的背影
我的眼睛总是在看前面的背影
我忘掉了自己的背影也为别人构成了风景
我只知
有阳光的地方才会有背影
不清楚
没有阳光的时候背影去了哪里
是谁弄丢了我的背影
还是我的背影离开了这个世界
背影不会浪花四溅
然而，却不见了我的背影

张楠　1963年4月生，天津市南开区人。河北省作家协会会员。主要作品有诗集《洞穴之梦》《私想之舞》。

生命的无题

(1)

我们是生食汲血人的孩子
作为一种形象保存下来
一个姿态结束的时刻
我们是散落的化石
几个世纪以后
我们的骨骼仍是龙的图形
我们的血仍是一条摇滚的河

(2)

今天星期日
几十万年以前的人没有休息
一只剑齿虎引爆一场战争
人头骨头石头开始创世纪的强度实验
石斧剥下的不知是人皮还是虎皮
反正一个女人
睡在胜利者铺有那张皮的床上
另一只剑齿虎坐在山头告诫自己

刘爱虎　1961年7月生，讲武城镇前港村人。河北省作家协会会员。出版《刘爱虎诗文集》《刘爱虎诗选》。多首作品入选《中国诗歌精典》一书，与人合作的多首歌曲获奖，并被收入《河北省建国七十周年歌曲选》一书。

我是一朵七月的荷

我是一朵浴水的荷
开在这流火的岁月
哪里有我摇曳的婀娜
哪里就有一幅丹青水墨
我的心事芬芳了整个七月
姹紫嫣红每一朵
宛如仙子凌波
我的容颜绚丽了南来北往的客
任人指点，评说
任人吟诗，放歌
甚至留一帧倩影后绝尘而去
留给我无限寂寞
我正是美丽的时刻
出污泥不染的纯洁
可茫茫人流
谁是那个懂我的阿哥
只有你
怀抱五弦琴踏月而来
款款而来
与我深情诉说

一曲天赖之音
梁山伯与祝英台从指尖划过
让我的泪水
在一片片碧叶上滚落

张红梅　女，1972年2月生，磁州镇西城社区人。河北省作家协会会员。主要作品有作品集《红梅花儿开》；诗文集《心灵的旋律》；随笔《书法，是女子素心嫣然》；人物访谈《素毫翰墨倚光阴》。

只为滏泉湖边这片紫

着一袭紫色的落地纱裙。策马扬鞭，风尘仆仆
千里之外，月光之下
我如何翻山越岭？抵达你无尽的怀里
风中的浪漫符号，瞬间淹没了我所有的疲惫和抵抗
紫色的纱裙义无反顾投身于紫色的海洋
我，陶醉，窒息
纵算，世上有百媚千红。而独爱你一种
如果允许有一种形容
绝非单单是美丽
雍容，辽阔，恣肆灿烂
深邃，典雅，低调华美
端丽中透着温润，才是你真的颜容
尤为。坐在滏泉湖边，更显出那一抹抹
紫色的柔情，恬淡与妩媚
如果可以选择
宁愿用最凄美最浪漫的方式与你在此
绵延万年，生生不息
那一片片紫是世上至纯的颜色
最彻底的娇羞，奢华的没有理由
徜徉在花海里
你会宁静祥和，笑脸盈盈，手语翻飞——
我要在紫色的花海里挥毫写出思念
写出一株株薰衣草
蓬勃不息，蒸蒸向上的力量
写出白底黑花的轻轻呼唤
写出水墨磁州的永久记忆
就这么茂盛盎然，就这么任性顽皮
就这么高贵纯粹和铺天盖地
真想，做一个诗人
把所有的语言汇聚，铺就成一条相思的河
把纯粹的思念，甜蜜的惆怅
幸福的向往都藏身于紫色的河床上
从此，我不再是我，已化身其中一朵
只有这紫允许亲吻我的额
我的肌肤触到了风中的香
我的嗅觉闻到了片片的紫
无论怎样我们将晨暮相依
诱惑我一生，爱恋你一世
海角天涯也恍如咫尺，抛弃所有盟约
只为赴一场滏泉湖边的生死相约

田同翀　1967年3月生，邯郸市邯山区人。河北省诗词协会会员。主要作品有诗词集《梅园撷英》（与人合著）。

水调歌头·假日访滏泉湖水墨园

信步和谐路，炫目滏泉秋。天光云影摇曳，湖上有飞鸥。嵩景楼前凭眺，杨柳岸边环顾，何处雁回头。花岛长堤畔，芦荻隐轻舟。

论转型，说旅发，看磁州。建安人物老矣，谁可赋高楼。水墨园中锦鲤，青竹林旁芳草，胜日自风流。几盏兰陵酒，一醉笑王侯。

刘俊英　女，1970年7月生，讲武城镇讲武城村人。河北省诗词协会会员。主要作品有诗歌集《花月集》；小说《嫣城雨》《蒺藜颜》《第1221封书信》。

临江仙·磁州赏杏花

似雪偏非落雪，如云却在眉边。蜂逐香舞尽蹁跹。一枝沾宿雨，粉面胜江南。

忍看落英成阵，吟哦又至花前。常惜风景对流年。闲说三两句，字字是春天。

散文类　乔书堂　1960年1月生，都党乡中莲花村人。中华诗词学会会员、邯郸市作家协会会员、磁县诗词楹联协会主席。主要作品有文集

《心茶》；诗集《心月》。诗词《梦里水乡》获“全国第二届郦道元山水文学大赛”二等奖。

磁州赋

畿邑磁州，钟灵毓秀。西依太行，阶梯分畴；中原庶腹，沃野百丘。邺赵殷商，三都惠流；晋冀鲁豫，四衢枢纽。乘赵简之古筑，得开皇之赍州；宗泽城垣，恩泽春秋；御脉天临，遐古积厚。风物鳞萃于四野，商贾辐辏于街市。诚北国之江南，犹世外之桃源。

山水磁州，鱼米之乡。城荣昭懿之貌，地蕴天宝之光。春染嫩柳梳翠，夏熏芙蕖飘香；秋月桥影滏水，冬雪贺兰银光。远望炉峰紫气，近观龙洞珠泉；南赏漳渡晴澜，北眺台城柳烟。溢泉湖波光潋滟碧连天，雁阵唱晚；美人山风姿绰约韵丰乳，春梦绕峦。山幽幽兮，百草灵秀，层林尽染，品不尽柿子核桃山珍宴；地葱葱兮，五谷飘香，禽畜逐欢，尝不厌贡米莲藕鲤鱼鲜。

蕴太行之灵秀，沐滏漳之润染；磁州人文渊薮，世代辈出英贤；演义文治武功，历经沧桑巨变。赵国蔺相，不辱使命，回车避巷，羌村相冢，香火旺而聚民愿；魏武称雄，逐鹿中原，讲武练兵，观台鼓帆，风骨存而留遗篇；北齐高肃，骁勇善战，音柔貌美，鬼脸增威，敌寇降而遭妒陷。崔珏宰滏阳，神功护黎而立庙祀；岳飞战贺兰，母刺精忠而垂青史。金三坛盟主赵秉文，仕五朝兮官六卿，自奉如寒士；明兵部尚书张镜心，除叛兵兮救灾民，皇赐褒金绮。

君不见，东瀛弹兮入阵曲；北朝凿兮石窟群。磁州窑黑白韵，火烧窑中日，烟升天上云。讶鼓响，皮影转，怀调腔雄，马号声远；剪纸巧，抬阁颤，龙腾狮舞，彩帷跑船。妙哉，珠玑列市，箫瑟弄弦，兴衰付笑谈；壮哉，诗词文赋，人文璀璨，往事越千年。

滏漳东流，英雄血染。西小屋兮星火传；九个第一，红色经典。彭城鼓山风雷，平汉战役烽烟。英烈前赴后继，王子清、唐寿山、田裕民、李巨川——英才出而群星灿。

启宏图于盛世，开伟业于空前。凿峰峦兮银龙盘，甘霖子孙；拦滏漳兮碧湖春，恩泽中原。园林建而串珍珠，路纵横而织锦缎；嵩景别墅迎客，立交飞虹接天。蓝图绘兮大业兴，计民生兮百姓暖。

举杯把盏，咏吟千年盛世；笔走龙蛇，书写世纪华章。美哉，荷花之城，水清城丽兮人和景祥；伟哉，民窑之乡，薪火相传兮窑旺瓷昌。滔滔滏漳，孕古城勃兴之曙光；巍巍太行，铸磁州浩然之九阳！

秦冀　1974年生，魏县人。河北省散文学会会员，邯郸市作家协会会员。主要作品有散文集《冀望》，散文《那苇，那雀，那洼》获第十届河北省散文名作奖。

印象南王庄

心灵的向往，自然的天堂。南王庄到了，心灵找到了归宿。

南王庄是县内西部的一个山村。说是一个村，其实是一道沟壑，四面环山，泉水叮咚。村支部书记告诉我，这里山清水秀，古树繁茂，宜居住宜休养。

最先映入眼帘的是耸立村口的那株大槐树，高14米，胸围430厘米，树龄2000年以上，已列入国家一级古树，把本来够窄的路口堵了个近乎严实。

走过大槐树，拥挤的山坳间凸现一片静静的水塘，碧绿碧绿，清澈见底。哗哗的流水声和着悦耳的鸟鸣声在群山间显得格外地沉寂和安详。水塘由方方正正的石块砌成，呈月圆型。水塘的东、西两面分别是狭窄狭窄的石子铺就的路，路的边上紧挨着就是一户户山间人家，石块做成的院墙，石板垒成的台阶，石方砌成的屋子，石子点缀的院落，只有古老的木质院门显得格外显眼和另类。水塘的北面是从天而降的湾湾泉水，咕咕地流进眼前的水塘，融入水的碧绿之中。顺着泉水蜿蜒的方向是绵绵的群山，高高的炉峰屹立于群山之中，异常雄伟挺拔。横跨水塘的石板路平分一池的春色。站在石板路上向南远眺，一座座山峰耸入天际。一条蜿蜒曲折的石梯小道，伸向大山的缝隙，俗称七十二蹬，此为炉峰山的南天门。位于崖壁和山腰中的白龙洞，青榆树烟雾缭绕，隐约可现，使人疑入天上仙国，心旷神怡。人在山中，天在山外，水塘边洁净的石路成为双足唯一的选择。空旷的群山给了心灵躁动和不安。奔跑的心灵跃过天际，飞到天边，沐浴在山峦间。

沿着石板铺就的山路拾阶而上，心灵变得干净和单纯。石板路的左侧一行台阶顺势而下，伸向一处静怡的院落。干枯的葡萄架，参差错落的石块堆砌成一道道弯曲别致、不规则的石墙，一张石桌，两条石凳，一副棋盘，两位老者正享受对弈的快乐。院落正中有一株古树，不时传来阵阵鸟鸣。树杈上一对喜鹊正在筑巢。我不由得放慢脚步，唯恐打破这片宁静。“汪！汪汪！”寂静的山间传来狗吠声。顺着右侧的石阶抬头望去，一处院落点缀在山腰。院落古色古香，置身其中，如侧身闪进世外。院落“人”字型屋顶被大山压得深深地凹陷着，象一位耄耋的老者驼着脊背。屋顶裂开的瓦缝间长满野草，在春风中飘摇。院落前几个孩童在嬉戏玩耍，孩提般天真的笑声回荡在山间。几个大小不一的圆圆的石碾整齐有序地摆放在门前的石墙根儿，在太阳下显得格外夺目。

石板路延伸着，群山自然地把山与人的岁月融合在纯朴的山乡之间。

贾银梅　女，1970 年 3 月生，磁州镇敦化社区人。河北省散文学会、河北省诗词协会会员，邯郸市作家协会理事。主要作品有《磁州赋》《大美滏泉湖》；诗词集《梅园撷英》等。散文《寻找乡村的记忆》获河北省第二届网络优秀文化作品“五个一”作品奖。

大美滏泉湖

站在滏泉湖宽阔而平整的堤坝上，望着秋光云影下的一池碧水，望着远处宛若简笔画般的农家小船，庄子的这句话倏然闪现于脑海：天地有大美而不言，四时有明法而不议，万物有成理而不说。

自然之美　滏泉湖，位于磁县县城西约 7 千米处。这个美丽的名字源于一个古老的传说。相传，隋唐名将“冷面寒枪俏罗成”，有一次领兵打仗来到这里，马渴求饮，以蹄掘坑，有泉溢出。积水成湖，故名滏泉湖。而在这周围，高高低低的丘陵，植被蓊郁，姹紫嫣红，当地人称它滏泉岭。

秋光中的滏泉湖别有一番情致。碧绿的湖水恰似一块硕大的翡翠，润滑，柔和。微风过处，湖面上泛起层层涟漪。间或，一些不知名的水鸟在水面踏浪而行，仿佛在向游客们炫耀它们娴熟而高超的滑水技能。湖边的草木，依旧葱茏迷人，那些春天就已成“明星”的垂柳，依旧保持着曼妙矜持的仪态，静静地伫立湖边。

再有两个月，秋末的天光下，就能看见成群的大雁了。彼时，这片美丽的水域，将迎来一大批来自西伯利亚的“贵宾”，它们美丽的身影，它们清越的歌声，会把这里渲染成浪漫温馨的欢乐场。

奋斗之美　滏泉湖高大的堤坝是用很大的石块砌成的，有的石头上赫然镌刻着“某某公社”的字样，这让我想起它的另一重身份和另一个名字——东武仕水库。

东武仕水库是邯郸的母亲河——滏阳河上游的水库，蜿蜒 400 多千米的滏阳河，发源于邯郸市峰峰矿区滏山南麓，由元宝泉、黑龙洞泉、晋祠泉、广胜泉等 72 泉汇合而成。由于滏阳河流域降雨时空分布不均，加之流域地处太行山迎风坡，河流源短流急，洪水暴涨暴落，时常泛滥成灾。在 20 世纪 50 年代末，一座中型水库——东武仕水库开始修建。

那是个艰苦的年代，数以万计的民工和技术人员投入了那场兴水利除水患造福邯郸的大战。

为了 7 县 1 市人民群众的生产、生活，也为了京广铁路、京深高速、107 国道的防洪安保，千千万万的邯郸人民献出了他们的智慧和汗水。

抚今追昔，让人不禁感慨：半个世纪之前，这里上演的是怎样一场不畏艰苦、热火朝天的兴修水利之战！从他们身上，我看到了建设家乡、造福子孙的奉献之美，更看到了“敢叫日月换新天”的奋斗之美！

紧接着，20 世纪 70 年代、90 年代东武仕水库又迎来三次扩建、加固、除险。如今的水库已是一座以防洪和城市供水为主兼顾灌溉发电等综合利用的大型水利枢纽工程。前辈们留给我们的不仅仅是一座美丽的水库，更是一种不畏艰险和共建家园、闪耀着金子般光彩的创业精神！

生态之美　保护好生态，才能有更好的发展。十多年来，历届磁县县委、县政府一直非常重视对生态环境的保护。滏阳河上游，关停了好几家超标排污的企业。因为这里是邯郸市工业用水水源地和饮用水备用水源地。

2013年秋天，在十万只大雁即将从遥远的西伯利亚返回溢泉湖边时，这里正进行着一场清理网箱养鱼的战役。40个日日夜夜，近万名干部职工的艰苦奋战，修复与再造了20平方千米的生态水面，让这一片水域重现碧波荡漾、重现靓丽光彩。可爱的磁县人民用40天时间全面打赢了跨越30年的网箱清理战役，创造了一个新的磁县奇迹。

和谐之美　随着生态环境的改善，近年来，磁县溢泉湖已成为野生大雁等十几种候鸟栖息越冬的良好场所。每年的十一月到次年三月，这些可爱的候鸟在湖周围栖息长达五个月之久，最多时达十余万只，成为这里一大自然景观。

据专家介绍，大雁是水生候鸟，怕热喜凉，适宜栖息的温度是-4℃至8℃，与磁县近年来暖冬的气温正相适应。而溢泉湖水域广阔，鱼类资源丰富，湖区大片湿地陆草、水草丰富，为大雁等野鸟提供充足食物，这才使磁县出现了“十万大雁不南飞”的特殊景象。

良好的生态环境固然十分重要，但那么多的大雁在这里栖息过冬，给周围村民的生产生活一定带来不小的影响。但淳朴善良的磁县人民爱鸟、护鸟，与大雁和谐相处，共享蓝天白云。

或许是眷恋这一片省级湿地公园的美丽，或许是依赖这里淳朴善良的人民，白天鹅、大雁、野鸭、海鸥……这些美丽的精灵才会在每一个秋冬时节，在这里安家度日，不再南飞。

在溢泉湖北面的溢泉岭上，矗立着一座座或现代、或古典，建筑风格各异的亭台楼阁，这些漂亮的建筑在满含着丰收气息的秋光里，在苍翠而葳蕤的花木掩映中，显得格外典雅。它们似乎也深深沉浸在溢泉湖独特的美丽中。

（2014年9月曾刊载于新华社《瞭望东方周刊》）

戏剧、小说类　**袁会云**　1939年生，临漳县人。河北省作家协会和戏剧家协会会员。主要作品有长篇小说《麒麟峪》；长篇抒情诗《永恒的青春》；诗集《一束郁金香》；剧本《双燕璧》《山村野姑》《文姬归汉》《赵一曼》《陈三两》等。

《文姬归汉》节选

第三场　纵观沧海

【建安十二年，秋。

【渤海之滨，碣石山下。

【雄健浑厚的音乐声中启幕。

【晨曦初透，海涛拍岸。一侧可见旌旗迎风，营帐栉比。

【曹操（内唱）秉红烛读兵书通宵达旦——

【曹操软甲风帽健步上。

曹操　（唱）听惊涛如雷震扣人心弦，
出营帐临碣石曙光初现，
观沧海洪波涌白浪滔天。（行弦）

【值更军士持枪上。

军士　啊？（急跪）拜见丞相。

曹操　快快起来。

军士　谢丞相。（起）

曹操　（对军士，唱）值夜更冒风霜征战幽燕，

军士　多谢丞相关爱。

曹操　（唱）为解救十万汉民归中原。

军士　是啊，十万汉民重归乡梓，都说曹丞相是大救星呀！

曹操　哈……（挥手令军士下）
（唱）汉室危群雄起胡骑进犯，
好山河遭践踏断壁残垣。
曹孟德披盔甲南征北战，
逐胡虏伐奸雄重整山川！

【此时涛声大作，惊涛拍岸。

（白）哎呀——沧海，伟哉！沧海，壮哉！
（唱）举目望苍茫茫惊涛拍岸，
激起我雄心壮志冲云天！
（吟诗）日月之行，若出其中，
星汉灿烂，若出其里——
（唱）　幸甚至哉歌咏志，
纵马挥戈写宏篇。

唉，观沧海不由暗自叹，
怕只怕人生苦短韶华年。
秦皇汉祖冢成堆，
汨罗江内葬屈原。
希冀文章千古事，
得以文采雅韵万世传。
实可叹，人才凋敝毁战乱，
何处见金梁玉柱掌文坛！
【董祀拿披风与二等军士暗上。
曹操 （吟诗）山不厌高，海不厌深，
周公吐哺，天下归心……
董祀 （击掌）好，好诗！（为曹操披风衣）
曹操 多谢董大人。
董祀 丞相不必客气。
曹操 大人前来，有何见教？
董祀 丞相力挽汉室，平黄巾，灭董卓，削群雄，逐胡虏，消战乱，统一中原，救民水火。而今又平定乌桓，功业赫赫，又为何自叹？
曹操 你说我功业赫赫？
董祀 万民称颂。
曹操 董大人请看（指沧海）
董祀 浩浩沧海。
曹操 大人再看——（指山）
董祀 巍巍碣石山。
曹操 是啊，我等功业，可能如这沧海？可能比这碣石山么？！
董祀 这……
曹操 山不厌高，海不厌深，周公吐哺，天下归心。董大人，你说此诗好在何处？
董祀 丞相求贤若渴！
曹操 嗯，知我者，董祀也。
董祀 可是……
曹操 讲！
董祀 而今丞相部下，文有荀彧、荀攸、郭嘉、钟繇，武有张辽、许褚、夏侯诸将。可谓文臣如云，武将如海，人才济济呀！
曹操 唉，亏你还是读书之人，武功争权位，文治得民心呀！
董祀 噢——原来丞相欲求饱学之士呀。
曹操 唉，可惜蔡邕先生，蒙冤早逝，吾失之栋梁呀！
董祀 先师辞世已十年有余了。
曹操 一代名儒连同他的四百卷《后汉记》文稿，也毁于一旦了。
董祀 唉，若有她在，那就好了。
曹操 她？她？她是何人？
董祀 先师蔡邕之女，我的师妹……
曹操 哎呀呀，想起来了。你说的是那博闻强记、见多识广，妙于音律的女才子，女诗人，女鸿儒蔡琰，蔡文姬小姐么？
董祀 正是。可惜战乱之后，杳无音信了。
曹操 不！
董祀 她现在何处？
曹操 现为南匈奴左贤王王妃。
董祀 噢？！有才无德，她，怎么嫁与胡人！
曹操 哈……董大人可知，而今曹某部下谋臣武将之中，有的来自袁绍部下，有的来自吕布帐中。堂堂七尺男儿，战乱之中为求明主，方可朝秦暮楚，文姬乃一弱女子，烽烟之中没入匈奴，你如此责备于她，岂不有失公平么？
董祀 这……
曹操 董祀大人，请看这沧海——
（唱）沧海茫茫天地广，
笑纳百川汇巨洋。
夜洗皓月晨沐日，
波澜壮阔何辉煌！
蔡文姬学识渊博妙音律，
才华横溢冠群芳。
战乱之中家难归，
命运坎坷没异邦。
求贤何须记前嫌，
应效沧海图自强！
叫董祀——

董祀 在！

曹操 （唱）速备车马匈奴往，

赎文姬，归故乡。

继父业，著华章，

重修汉书继世长！

董祀 （无比兴奋地）好！

曹操 命你速备黄金千两，白璧一双，前去匈奴将文姬赎回！

董祀 遵命！（行大礼）

曹操 哈……

杨智俊 1981年6月生，时村营乡陈庄村人。河北省作家协会会员。主要作品有小说《酸杏》《青春正阳光》等，短篇小说《手》获省首届群众文学创作大赛小说类二等奖。

酸 杏

五月的热风吹起来的时候，酸杏就禁不住想起清泉洼老家院里种的酸杏来了。个头大，颜色匀，用手一掰就能掰成两瓣，含着汁液的果肉咬上一口，甜中带酸，令人回味无穷。

大街上也有卖杏子的，但怎么能跟老家院里的酸杏比呢？酸杏好想再尝一尝老家的酸杏。说起来容易做起来难，酸杏离开家乡到南方某省城打工已经有好几年了。因为心疼一千多块的往返路费，这些年里她一次家也没有回过。她想念还在家乡劳作的公婆，想念在异地打工的丈夫，更想念已上了小学六年级的儿子园园。

每次她提出想回老家看一看的时候，雇主李先生就露出十分为难的表情对酸杏说："我家老母亲可是一时一刻也离不开你呀！她半边身子都瘫痪了，没有你，我们一家几口可怎么过哇？"酸杏不愿意。李先生就百般讨好，又提出加薪加待遇，酸杏这才勉强同意。

晚上，酸杏独自躺在床上，不觉眼圈就红了。

她心里说："凭啥你说让我干我就得干呢？你一家老小瘫的瘫小的小，都需要人照顾，可俺家也上有老，下有小，又有谁去照顾呢？凭啥俺一家几口就得这么四离五散的？"酸杏想不通。翻来覆去想了大半宿，她总算想明白了，"凭啥，谁让咱就是个打工的呢？"

忙里偷闲，酸杏给儿子打了电话："园园，妈想你了！你想妈了没有？"电话那头儿子声音变得浑实了许多："妈，我也想你了！对了，咱家院里的酸杏熟了，今年结了好多！我先尝了尝，可甜了。隔壁的小涵想吃，我都没让他摘，我想等你回来一起吃！"酸杏的眼泪差点掉下来，哽咽着说："园园，我都多久没见过你了？好想看看你！"

儿子为难了半天，忽然一拍脑袋，说："我有办法了！老师教我们用电脑视频聊天了。隔壁小涵家有电脑，能上网，我们视频聊天吧！"

片刻后，儿子出现在电脑屏幕上的视频框里。酸杏坐在电脑桌前，看着屏幕上儿子的影像。几年光阴过去，儿子的相貌已逐渐褪出了稚气，显得更加魁实了。儿子在视频里向酸杏展示着院里结出来的酸杏。

"你看，个头这么大，可甜了！可惜你吃不到……"酸杏在这边说："园园，你吃一个，你吃一个！"

儿子说："我吃了好多了，不想吃了！"

酸杏坚持说："你再吃一个，再吃一个嘛！"

儿子不解地问："为啥？"

酸杏兴奋地说："你就像中央二台那些美食侦探一样，把你吃到的滋味给我说出来，不就等于是我吃了吗？"

儿子说："好"！拿起一颗酸杏，掂了掂，模仿着美食侦探的口吻说："嗯，咱院结的酸杏与别处最大的不同，就是个头特别大，果肉特别甜，咬在嘴里汁液迸涌，特别的甜……那种味道让你一辈子都忘不了！"

千里之外的酸杏，早已哭得趴倒在电脑桌上了……

此外，部分文学作者的作品未公开出版。如，沈宗伏 1957年4月生，磁州镇大营村人。主要作品有《滏漳烽火》《心碑》等，《滏漳烽火》获第二届河北省民俗题材创作奖一等奖。

媒体发表

1999—2018年，县内部分文学作者的作品散见于各级各类报刊中：陶泉乡中岔口村人、磁县文联音乐舞蹈协会名誉主席周礼林，讲武城镇双庙村人、中华诗词学会会员、磁县作家协会副主席郭金泉，磁州镇东驸马沟二街人、中华当代文学学会会员、中国诗词家协会理事李步棠，磁州镇西城社区人、《景嵩》诗刊主创之一的冯风朝，邯郸市作家协会会员、磁县诗词楹联协会副主席王天银，磁州镇东窑头村人、中国诗赋学会会员、邯郸市作家协会会员王建军，白土镇池上村人、中短篇小说被《短篇小说选刊》《小说精选》刊载的赵林志，磁州镇永旺村人、主创古体诗和现代诗歌的王永春，讲武城镇朝冠村人、创作小小说的女作者王素芳，磁州镇朱庄村人、常在网络媒体上发表小小说的赵海英，路村营乡西田井村人、磁县诗词协会副主席、网络微信诗词作者靳国新，磁州镇司前社区人张晓波，磁州镇司前社区人申伟，讲武城镇李庄村人李士文，磁州镇陈家庄社区人申嘉巍等。

其中，郭金泉发表诗词、曲赋、散文500余篇；赵林志的小说《下乡在潘家口》，获河北省“迈向新世纪短篇小说大赛”优秀作品奖；王永春的诗歌《忧郁的季节》，获第二届“中原杯”文学作品赛二等奖；申嘉巍的诗歌《江山之恋》获“闻一多”杯全国诗词大会二等奖。

在低门槛的网络媒体上，文学爱好者发表的文学作品不计其数。

第二节　书法　美术

书法

1999—2018年，磁县建立健全书法行业组织，推动书法活动丰富开展、艺术水平快速提高并取得显著成就。2018年9月29日，成立磁县硬笔书法协会。至2018年年底，磁县书法协会成员238人。其中，国家级会员5人，省级会员32人。1986年，创办磁县青年书画协会。1995年创办磁州书画院。

1999年后，县内20余家书法培训机构每年培训学员1000余人。为贯彻落实教育部关于“书法进课堂”要求，2010年，在乡（镇）、学校成立磁县书协书法教育基地3处。2013年起，连续5年与县教育局联合培训全县书法骨干教师，累计培训教师1000余人次。

2009年，磁县举办“首届中国·马来西亚书画名家作品展”。2010年，在磁州平安公园海峡两岸艺术碑廊雕刻两岸书法家作品100余幅，

磁州平安公园海峡两岸艺术碑廊书法雕刻一角

成为磁州独特的文化景观。2011年8月，邯郸市书法家协会采风创作基地在磁县鼓楼挂牌；是年9月，邯郸市首届南宫碑书法展在磁州窑博物馆举办，展出120余件作品；是年12月26日，“曹玉声书法作品展”在磁州窑博物馆举办。2012年4月8日，县文联在磁州窑博物馆举办“蔺国山书法作品展”。2014年10月3日，在磁州窑博物馆举办中国书法家协会培训中心“相约磁州”书法篆刻展。

扫二维码　赏《小学生书法赛》

书法作品入选中书协展赛30余次；入展、入选省市书协展赛100余次。

作者作品

国家级书协会员有桑宝林，解延龄，徐亚杰，龚海波，韩海旺。作品入选国展作者：杨为民、桑宝林、王洪峰、徐亚杰、解延龄、龚海波、韩海旺、张昌文、解长江、牛杰。

蔺国山　1944年生，时村营乡上七垣村人。

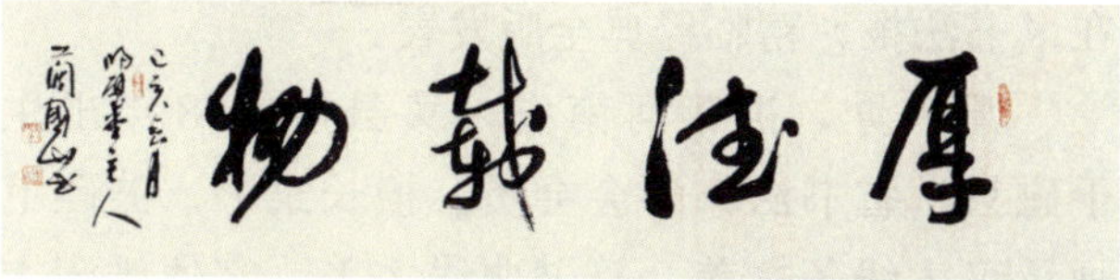

蔺国山 书

楷隶草书兼能，尤善草书。作品潇洒俊雅，稳劲刚健，兼蓄“二王”与“颜”体之长，自成一家。书作入展国内外大展，多次获奖，入选近10种书法集。《中国文化报》、香港文化艺术协会等10多种媒体刊发或专题报道。

白湘濂 书

白湘濂 1946年6月生，磁州镇白家庄村人，省书法家协会会员。其行书风格古拙老辣、沉雄大气，遒劲奔放，出存金玉之声，内含音乐和谐。20世纪80年代，因给县城多家商店书丹制匾而声名鹊起。

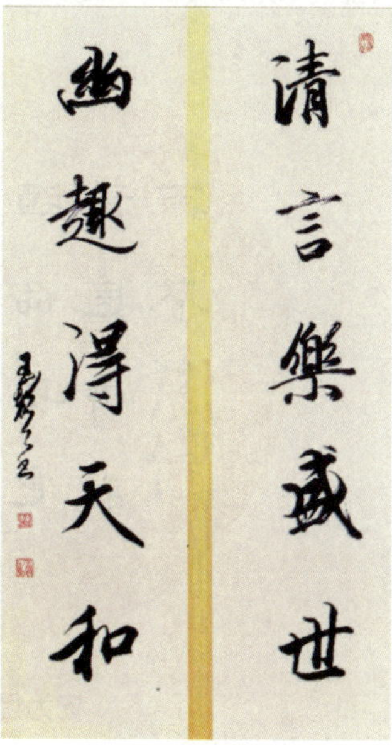

曹玉声 书

曹玉声 祖籍宁晋县，1948年出生于磁县。曾组建“磁州窑书画研究会”，是磁县有名的实力派书法家，在书法界独树一帜，主编出版《磁县当代书法作品选》《磁县当代美术摄影作品选》。

黄玉成 1951年2月生，邯郸市复兴区人，省书法家协会会员。出版书法集《祖国万岁》《黄玉成草书千字文》等。作品《脊梁》获北京墨都书画院金奖，榜书《万世师表》获上海第三届榜书展第三名。

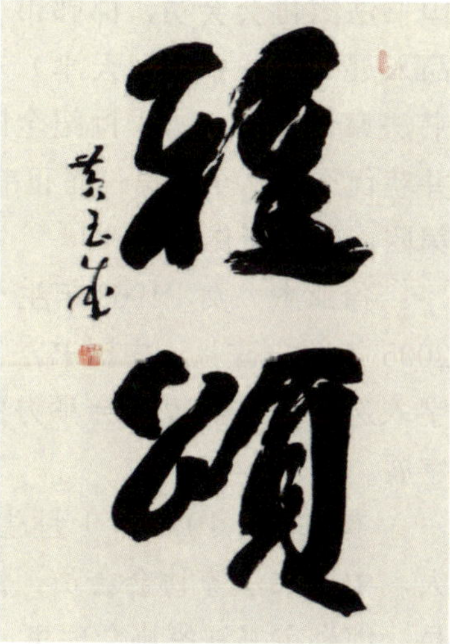

黄玉成 书

桑宝林 1964年生，磁州镇明德社区人，中国书法家协会会员，河北省书法家协会会员、隶书委员会理事，邯郸市书法家协会理事、隶书委员会副主任。作品入展：第四届中国书坛新人新作展，第七届全国书法篆刻展，中国书协龙年龙岗书法展，中国共产党诞辰八十周年展，参展并获国际赛克勒书法一等奖，第八届全国书法展，第八届全国中青年书法家作品展，全国首届隶书艺术展，获第二届楹联提名奖、第三届楹联书法展提名奖，第五届楹联展。

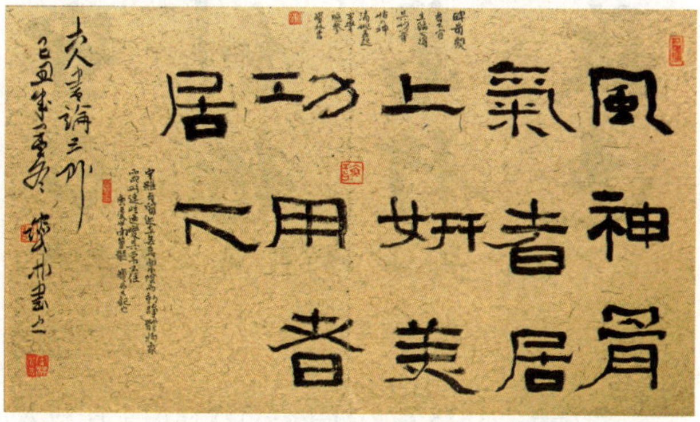

桑宝林 书

解延龄 1963年生，磁州镇滏阳社区人，中

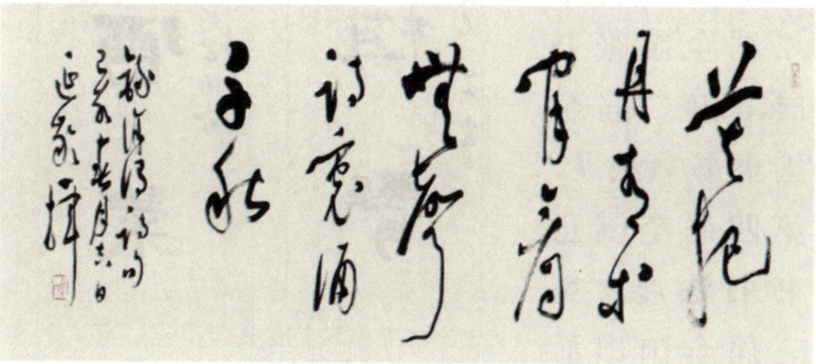

解延龄 书

国书法家协会会员，邯郸市书法家协会理事。作品入展：首届中国（天津）书法艺术节全国硬笔书法家作品展，二十世纪全国硬笔书法家作品展并获优秀奖，全国第三届正书展，第四届楹联展，第四届新人新作展。

徐亚杰　女，1963 年生于黑龙江省双鸭山市，2005 年落户磁县，中国书法家协会会员，书法刻字入选中国书法家协会举办的第四届、第五届刻字展。

龚海波　1975 年 1 月生，磁州镇阜才社区人，中国书法家协会会员，河北省隶书委员会委员，邯郸市书法家协会理事。作品入展：三晋杯”首届公务员书法展，第六届中国书坛新人新作展，全国第二届隶书艺术展，《书法》杂志百强榜百强并获奖。

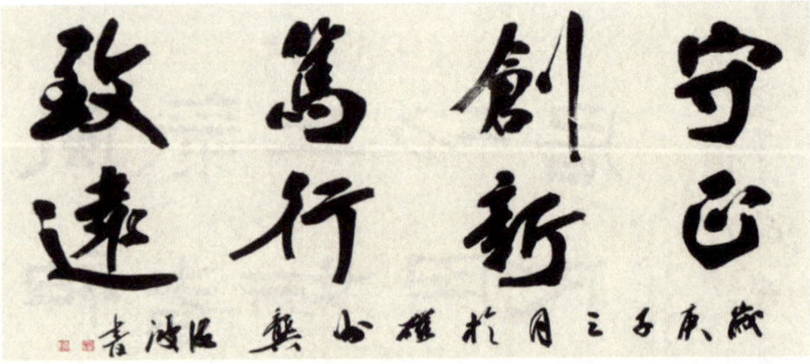

龚海波　书

韩海旺　1978 年 2 月生，黄沙镇南上庄村人，中国书法家协会会员，河北省隶书委员会委员，邯郸市书法家协会理事。作品入展：第七届全国楹联书法展，第二届全国篆书展，第二届全国隶书书法展，第四届全国正书书法展，第三届全国扇面书法展，作品

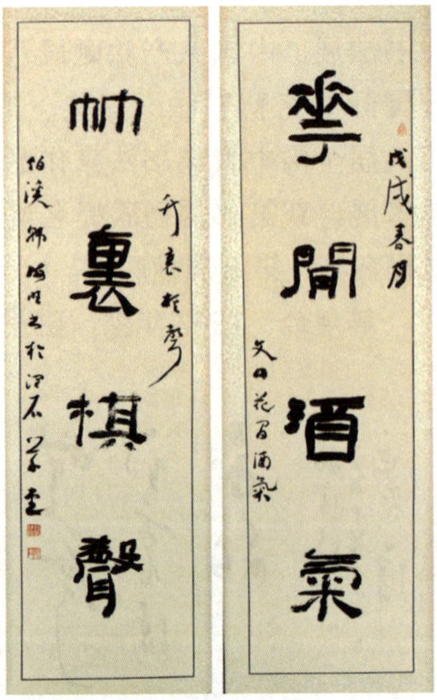

韩海旺　书

在《书法报》精临经典全版发表。

周　勇　祖籍河南省内黄县，1958 年出生于磁县，省书法家协会会员。擅长隶书，波磔笔画承汉隶线条之美、篆书曲线之美，字体雄浑古朴，篆隶结合，方圆兼具，淋漓酣畅。

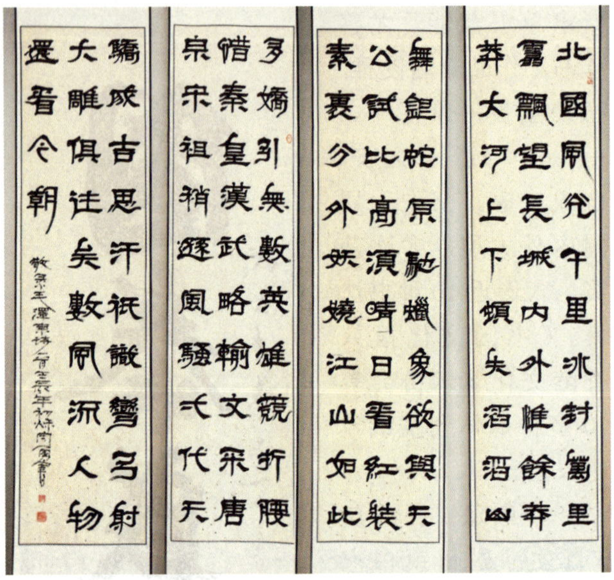

周　勇　书

杨为民　1964 年 9 月生，磁州镇西城社区人，作品入展：中国书协首届 cctv“杏花村汾酒集团杯”电视书法大赛，中国书协第三届正书展，北京首届电视书法大赛获三等奖，入围中国书协第四届正书展，第一、第二届“华艺风杯”河北省电视书法大赛获一等奖。

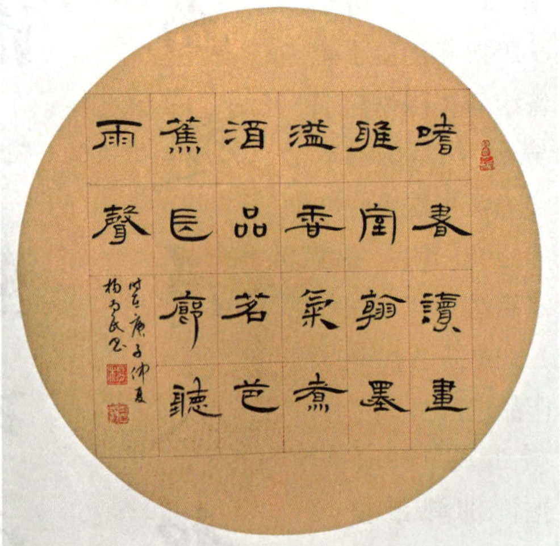

杨为民　书

王洪峰　1963 年 10 月生，北贾壁乡柳树池

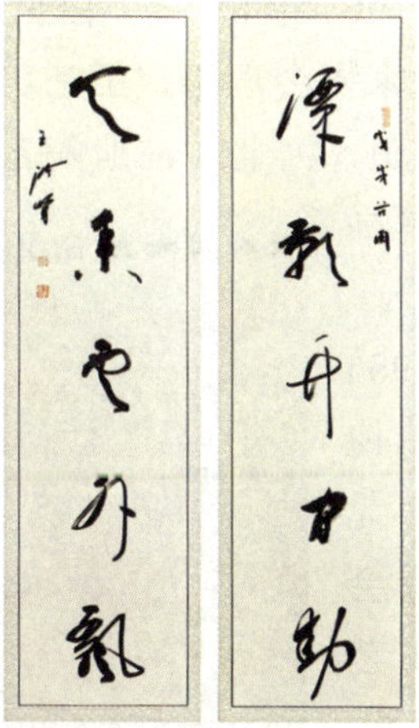

王洪峰　书

村人。磁县书法协会主席。先后创办磁县青年书画协会、磁州书画院。2009—2010 年，每年组织磁县书法界开展书法作品展览等活动。

郭守福　1954 年生，白土镇上寨村人。自幼酷爱书法，善榜书。

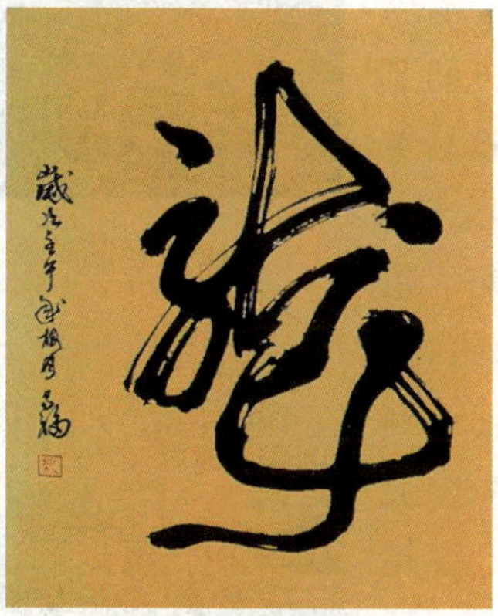

郭守福　书

美术

美术协会　1999—2018 年，磁县美术处于由个人自发创作上升为成立行业组织发展美术事业阶段。2010 年 5 月 18 日，磁县美术协会成立。有国家级会员 2 人、省级会员 8 人、市级会员 56 人。2014 年 1 月，磁县女子书画协会成立，会员 67 人。县美术协会先后组织“建党 90 周年邯郸市名家邀请展”“磁县一中建校 60 周年书画展”“中煤杯书画作品展”等活动 8 次；举办“董旭画展”等个人展活动 4 次。

美术培训班　此间，县内美术人才培训实行市场化模式，一些美协会员举办书画培训班向青少年爱好者传授技艺。据不完全统计，2018 年，有 20 余家。下面选介其中两家。

磁县新雨美术教育班　2005 年成立磁县新雨美术教育班（2019 年更名为磁县萌墨堂教育培训有限公司），创始人史晖为邯郸市美术家协会会员。常年班主要招收少年学员，每年还开办暑假短期班。至 2018 年，拥有分支教学点 4 个，累计培训学员 2 万余人。千余名学员在全国比赛中获奖。

磁县 A+ 美术培训中心　2014 年成立。招收 5 周岁以上儿童及成人，传授涂鸦、卡通、中国画、素描、水粉画等。2018 年，该中心学生作品获河北消防安全绘画大赛一、二等奖。至 2018 年，累计培训美术爱好者 2 千余人。

作者作品

2008 年，县内开展迎接“奥运会”活动。苑凌、刘会民、张玉亮合作《磁州八景图》，由世界人文出版社出版；《苑凌画集》《刘会民画集》《张玉亮画集》由世界人文画报社出版。2009 年，《杨振刚画集》出版。2017 年《常孟章速写集》出版。

董　旭（1941—2019），邯郸市复兴区人，中国美术家协会会员，中国版画家协会理事，中国美术家协会藏书票艺委会委员，海南省美术家协会理事。主要作品有藏书票《龙·书》《纪念丁玲》《木兰辞》；版画《补天之石》《黄天厚土》《黎寨秋韵》《造神的人》；风景素描《渡口》《雪》；个人专著《风景素描写生技法》；个人画册《董旭画集》《董旭速写精选》；合作出版《郭亮写生集》。

龙潭乡回民村　董 旭　画

组翠林　1953 年 6 月生，邯郸市邯山区人，中国美术家协会会员。擅长水彩、油画。主要作

洪水无情人有情　组翠林　画

品有《窗花之乡爱国情》(入选第九届全国美展)《团结万岁》(入选第十届全国美展)《三雄图》(入选第五届全国年画展并获二等奖)《甜》(入选晋冀鲁豫四省联展并获一等奖)《文姬归汉》《四美图》;油画《黄河风情》;剪纸《有福新时代》;编著《素描技巧新编》《高考水粉静物写生与默写》《少儿绘画基础练习》《怎样画铅笔画》。

张文成　1966年9月生，白土镇张二庄村人，中国美术家协会会员，全国公安美术家协会会员。主要作品有连环画《人车路》《交通安全漫画集》《张文成画梅集》;国画《浴血太行》《家乡新貌》《暖冬》《守护》《脊梁》《送暖，2018》。

家乡新貌　张文成　画

高山泉韵映朝晖　赵振宇　画

赵振宇　1964年6月生，白土镇张二庄村人，中国工艺美术家协会理事，工艺美术师，河北省美术家协会会员，河北省注册陶艺师。主要作品有《花好月圆》《高山泉韵映朝晖》。

王金华　1954年生，磁州镇槐树屯村人，河北省美术家协会会员，河北省工艺美术家协会会员，高级工艺美术师。主要作品有国画《大山交响曲》《春晓》《太行深秋图》《太行丰碑》《秋酣》;编著《磁州水石盆景艺术欣赏》《磁县民间蓝印花布》《磁县屯庄皮影》。

大山交响曲　王金华　画

索保峰　祖籍邯郸市，1957年生于磁县，河北省美术家协会会员，河北省摄影家协会会员。主要作品有《苗寨吊脚楼》《报情》《丘壑内容》《云壑清音》《太行颂》《春醒》《太行风骨》《秋染太行》《绿的希望》。

苗寨吊脚楼　索保峰　画

徐亚杰　女，祖籍黑龙江省，1963年生于双鸭山市，2005年落户磁县，中国书法家协会会员，

荷塘心趣　徐亚杰　画

河北省美术家协会会员。现代花鸟画家，教育家。擅长工笔画、小写意。主要作品有《清供图》《荷塘心趣》《雪姬》。

苑　凌　1953年生，岳城镇潘汪村人，职业国画人物画家。主要作品有《水浒人物》《秋韵》《太行山人》。

太行山人　苑　凌　画

张玉亮　1965年11月生，时村营乡时村营

葵心向阳　张玉亮　画

村人，河北省美术家协会会员。主要作品有《葵心向阳》《玖寿图》；出版《张玉亮画集》。

蔺富刚　（1967—2017），时村营乡上七垣村人，当代大写意花鸟画家。文化部中国书画艺术创作基地画家。其作品多次参展获奖、中外报刊发表，并被收藏。

王利民　1974年2月生，讲武城镇南白道村人，当代艺术家，中国工艺美术学会会员。主要作品有油画《中国玫瑰》。

中国玫瑰　王利民　画

尚海瑞　1981年生，邯郸市邯山区人，职业画家，电影导演。主要作品有《飞》《阿亮揽月》《迹》《磁州窑洞》等，中国民谣纪录长片《不在电影里的铅笔》，院线电影纪录片《岁月忽已暮》。

刘　根　1983年生，磁州镇滏阳社区人，河北画院版画院研究员。主要作品有《洗洗更健康》《集结号》《音》《白鸽》。

集结号　刘　根　画

邢　晨　1973年6月生，时村营乡陈庄村人，职业画家。主要作品有风景画《太行村落》；人物

太行村落　邢 晨　画

画《回忆七十年代》。

杨振纲　(1935—2018)，磁州镇西城社区人。习画70余载，山水、花鸟、工笔画皆通，尤善小写意花鸟画。主要作品有《野逸》《岁朝清供》。

岁朝清供　杨振纲　画

武铁弦　1940年2月生，磁州镇尹家桥村人。中国画小写意花鸟、大写意花鸟兼学魏碑。主要

富贵吉祥　武铁弦　画

作品有《富贵吉祥》《杨柳依依》。

史德武　1962年8月生，黄沙镇前辛安村人。主要作品有国画《国色天香》。

国色天香　史德武　画

第三节　摄　影

发展概况

1999—2018年，磁县摄影事业得到较大发展。2006年1月，省摄影家协会授牌滏泉湖风景区为河北省摄影家协会创作基地。2016年1月17日，磁县首届滏泉湖冬泳节时，举办滏泉湖风光摄影展；11月在磁州窑博物馆举办八人高原摄影作品展。2016年6月至2017年7月，联合举办“山水冀南　人文磁州”磁州酒杯全国摄影大奖赛，12个省、市200多位摄影者的2000多幅作品参赛，获奖作品在磁州窑博物馆举办“邂逅‘磁’境”摄影展。

2018年，磁县摄影协会会员253人。其中，国家级会员1人，省级会员32人，市级会员82人。

作者作品

韩为民　1969年11月生，都党乡台子寨村人，中国摄影家协会会员。主要作品有《太行绿化新愚公》《城隍出城》《放歌黄土地》。

何绍熙　1944年7月生，磁州镇司前社区人，河北省摄影家协会会员。主要作品有《磁县城标》《长江小三峡》。

阎洪图　1950年生，邯郸市邯山区人，河北

城隍出城　韩为民　摄

磁县城标　何绍熙　摄

炉峰云海　阎洪图　摄

省摄影家协会会员。主要作品有《炉峰云海》《磁州夜色》《荷花之争奇斗艳》《采莲藕》《观天佛》《为了母亲河——滏阳河综合治理纪实》《云中的高原天边的西藏》。

黄玉成　1951年2月生，邯郸市复兴区人，河北省摄影家协会会员。主要作品有《太行古槐》《甘泉》。

赵成轮　1951年9月生，都党乡中莲花村人，

太行古槐　黄玉成　摄

热气腾腾　赵成轮　摄

河北省摄影家协会会员。主要作品有《为了神圣的一票》《比试》《农家金秋》《热气腾腾》《救雁》。

陈　明　1953年7月生，时村营乡西小屋村人，河北省摄影家协会会员。主要作品有《金秋》《戏迷》《党抓武装》《节日漂流》《磁县讶鼓》《炉

炉峰红叶　陈 明　摄

峰红叶》《照相不出门》《喜悦》《晚年》《过年》。

王志江　1955年生，邯郸市邯山区人，河北省摄影家协会会员。主要作品有《炉峰山风光》《西海公园》。

西海公园　王志江　摄

刘海清　1964年11月生，磁州镇明德社区人，河北省摄影家协会会员。主要作品有《滏泉湖之鸟巢》《炉峰朝霭》《日子》《春到小镇》。

滏泉湖之鸟巢　刘海清　摄

索宇晓　1970年生，白土镇白土六街人，河北省摄影家协会会员。主要作品有《旋风起处》《葫芦熟了》《庆丰年》。

王志勇　1976年10月生，讲武城镇王家店村人，河北省摄影家协会会员。主要作品有《氤氲磁州》《磁州新貌》《冬雪罩水墨》。

旋风起处　索宇晓　摄

氤氲磁州　王志勇　摄

第四节　音乐　舞蹈

发展概况

1992年12月，磁县音乐舞蹈协会成立，会员210人。

1999年后，磁县音乐舞蹈事业较快发展，创作较为活跃。其中，围绕“海峡两岸中小企业合作发展论坛”“蓝天保卫战”“邯郸市第五届旅游产业发展大会”等活动，轩爱玲、袁会云、王天银、秦冀等先后创作歌词《我在磁州等你》《磁州水墨赛江南》《磁州蓝》等。此外，歌词还有《磁州欢迎你》《磁县颂》等，均被谱曲成歌传唱。同时，先后开展古筝、钢琴、吉他等乐器培训演出活动；舞蹈主要形式有广场舞、旗袍舞、国标舞、交谊舞、街舞、民族舞等。至2018年，累计创作歌曲300首；累计创作排

扫二维码　赏《古筝演奏》

练舞蹈作品 150 个，并在国家、省、市参赛中多次获奖。

2015 年 5 月，磁县文联青年音乐协会成立，会员 100 余人。其中，国家级会员 1 人，省级会员 3 人，市级会员 12 人。先后举办“2017 磁县元旦晚会”、白土镇上寨村扶贫慰问演出、“喜迎十九大三下乡慰问演出”“八一”建军节军民联欢晚会、春节慰问武警消防部队文艺演出、牛乐辉原创音乐作品晚会、“元宵晚会”、中秋晚会等。

扫二维码　赏《旗袍队表演》

获奖

个人奖　2011 年 6 月，王天银词、宋保民曲《刘庄之歌》获全国第三届“村歌献给党”优秀村歌；2011 年 9 月的王天银词、张保生曲《你跟百姓有多近　百姓对你就多亲》，2019 年 11 月的刘爱虎词、牛乐辉曲《磁州，可爱的故乡》先后在省、市获奖。2012 年，阜才中学学生刘铮横笛演奏《秦川抒怀》在全国校园才艺选拔赛上获金奖。2017 年，阜才中学 3 名学生在第二届全国中学生体育舞蹈锦标赛“单人恰恰”比赛中分别获得第二名、第四名、第五名。1999 年后，先后有 580 余名学生在国家、省、市音乐舞蹈比赛中获奖。

集体奖　2013 年，县一中的舞蹈《记忆》（徐艳创编）在全国第四届中小学艺术展演中获一等奖，并参加湖南卫视《奇舞飞扬》节目录播。2016 年，乐善学校的舞蹈《蒸蒸日上》获全国中小学艺术展演一等奖。2017 年，阜才中学代表队在第二届全国中学生体育舞蹈锦标赛邯郸市选拔赛暨第四届“震环国际·美丽邯郸”全国国际标准舞大赛中获市团体第一名、“优秀组织奖”。2017 年 12 月，县直机关幼儿园的舞蹈《中国舞》获中国艺术科技研究所考级中心省一级奖。

作者作品

牛乐辉　1958 年 3 月生，临漳县人，河北省音乐家协会会员。长于唢呐、横笛、单簧管、长笛吹奏，尤擅长作曲。主要作品有作曲《水墨园林赛江南》《跃峰逐梦》《蒲公英的春天》《太行美》。

王盼华　女，1986 年 9 月生，讲武城镇东小屋村人，河北省音乐家协会会员。邯郸市群众艺术馆从事音乐工作。演唱代表作有《太行谣》《窑火千年》《照眉池》《乡愁如画》《磁县颂》等。2012 年 12 月参赛获河北省首届声乐大赛金奖；2013 年 11 月 1 日参赛获文化部群星奖；2015 年 10 月、2017 年 6 月分别获河北省第七届、第八届音乐金钟奖优秀奖；2016 年 11 月，获河北省第二届民歌大赛二等奖；2017 年 4 月，获浙江省“诗画浙江”唱作大赛优胜奖；2018 年 1 月参赛获河北省第十二届燕赵群星奖特别奖；2018 年 3 月，获河北省首届园艺博览会“文化展演优秀节目奖”；2018 年 8 月，获北京市、天津市、河北省群艺馆颁发的京津冀百姓歌手大赛二等奖。

扫二维码　赏歌曲《水墨园林赛江南》

扫二维码　赏歌曲《磁县颂》

王天银　1970 年 7 月生，邯郸市邯山区人，河北省音乐家协会会员，邯郸市音乐家协会会员。主要作品有作词《我想回家》（获 2005 年河北省廉政歌曲创作一等奖）、《刘庄之歌》《你跟百姓有多近　百姓对你就多亲》《你是一颗火种》《乡里乡亲一家人》获国家、省级奖。

王增森　1954 年 6 月生，邯郸市邯山区人，河北省音乐家协会会员，邯郸市音乐家协会理事。主要作品有《秦川抒怀》《扬鞭催马运粮忙》。

徐　艳　女，1977 年 12 月生，磁州镇徐家沟村人，河北省舞蹈家协会会员。从事舞蹈创编和教育工作。2018 年被评为河北省“燕赵之星”。主要作品有《记忆》《讶鼓情》。

宋景霞　女，1970 年 10 月生，北贾壁乡西上庄村人，邯郸市音乐家协会理事，从事导演、节目策划及音乐创作工作。2002 年后，连续多年任磁县元宵节文艺晚会总导演，2017年任磁县春节联欢晚会总导演。主要音乐作品有《好公仆数不胜数》；舞蹈作品《兰陵王入阵曲》。

李润霞　女，1971年4月生，磁州镇人。创作歌曲《刘庄之歌》2010年获邯郸市首届“十佳村歌”、2011年获全国第三届优秀村歌。创作歌曲《你是一颗火种》获中国西安民间影像节“红色经典”主题单元优秀奖。

吝永强　1972年12月生，磁州镇司前社区人，中国音乐家协会古筝专业学会会员，中国民族管弦乐学会会员，从事音乐培训。1994年9月20日，获河北省声乐比赛第三名。主要作品有作曲《你我手牵手　处处都是家》。

苗树凯　1964年1月生，磁州镇人。其妻孙树玲，1969年1月生，磁州镇人。二人均为国标舞专业教师。2000年获“梨园春杯”国标舞全国公开赛单项冠军、双项亚军；2001年10月获“黑池杯”国标舞全国公开赛第五名。1992年起从事双人舞教学，1996年创办少儿拉丁舞学校。至2018年底，累计培训学员3万余人。2013年邯郸“新世纪杯”、2014年“洪习庄园杯”、2015年邯郸“新世纪杯”国标舞全国公开赛中，该校学员连续3年获单人冠军、亚军、季军；2013年获团体亚军。

王国杰　1970年5月生，陶泉乡北王庄村人。诗人，词作家。主要作品有作词《美丽的磁州人最美》《慈祥的妈妈我爱你》《草原，我心中的歌》。

郝　媛　女，1991年2月生，邯郸市复兴区人。2013年后，多次担任邯郸市大型晚会的舞蹈编导、磁县春晚的艺术指导。2011年，《窑火》作品获河北省大学生艺术展演一等奖。

第五节　楹联　民谣

楹联

1999—2018年，磁县组织开展楹联文化活动，推动楹联文化事业发展，并取得较好成果，受到县内外赞誉。2017年9月，磁县诗词楹联协会成立。2017年10月11—12日，“中国楹联县”授牌仪式在嵩景楼宾馆举行。

作者作品

于宝田　1932年2月生，北贾璧乡南贾璧村人。中国诗词协会会员，中国国家书画院副院长。主要作品有《晚节香诗词集》《红叶情》《太行之了》；书法作品集《甲骨文书法艺海拾贝》《甲骨文书周易》《甲骨文现代书法初探》《甲骨文图解》《翰墨缘》（行草）《翰墨情》（篆书）。

主要作品：

炉峰山联：

乡音如酒游子醉

青山依旧故土情

“磁州八景”联：

走官路过台城登炉峰纵瞰贺兰积雪

跨滏桥观龙洞看漳澜静听响堂晚钟

孔令德　1948年生，邯郸市复兴区人。河北省戏剧家协会会员、河北省诗词楹联学会会员、邯郸市诗词楹联学会理事、邯郸市国学研究会顾问、邯郸市地方文化研究会专家组成员。主要作品有《磁州文化》《经典磁州》《曹魏建安文化与邯郸》等。

主要作品：

西小屋直南党支部旧址联：

直南现曙光，任昏天暗地，长夜漫漫，自有小屋烛照，红旗引路，喜看星火燎原，摧枯拉朽；

磁州踏征途，穿腥风血雨，阴霾重重，又继白龙揭竿，平汉报捷，再谱人民革命壮举新篇。

贾璧民主抗日县政府旧址联：

卢沟月沉，磁州城陷，国难当头时喜抗日政府成立，一抹曙光临大地；

烽火天连，群情奋起，民族危亡际看逐倭序幕拉开，千里太行铸干城。

磁县城隍庙石坊门联（南面）：

庙貌肃千古，人蒙福佑崇世代；

威灵昭八方，民沛天泽颂神恩。

世事何须多计较，神天自有大乘除。

磁县城隍庙石坊门联（北面）：

逢尧风舜雨，文化广场增秀色；

矗古庙新台，碧水馥花宜民生。

畿辅福地物华天宝，古镇隆昌政通人和。

城隍庙文化广场戏楼联：

戏台欣重辉，看楼倚云霞，湖映荷柳，芳草吐翠，时花飞红，邑地初称民心意；

菊部传盛世，听和韵蔺相，壮歌兰陵，府君唱永，直南声早，青史常谱志士情。

倚月高歌，文武忠孝红尘内；

临风吐韵，抑扬褒贬天地间。

城隍庙大殿联：

名臣名将封城隍，俯仰天地，神鉴春秋，惩恶扬善传万古；

今世今生做人子，襟怀云水，心昭日月，利国利民自千秋。

蔺相如庙牌坊联：

精忠贯日月，一代名相安社稷；

肝胆照山河，千秋正气满乾坤。

滏泉湖联：

是谁洒一天烟雨，把滏泉湖淡抹浓妆，半似西子妩媚，半似洞庭浩荡；

看我遣盛世丹青，将度假地西饰东绘，尽享都市繁华，尽享村野风情。

如意湖门联、廊联：

看滏水一湾，筑堤围湖，云影天光盛世景；

逾往事千年，辟囿遣愁，花绽鸟翔如意园。

廊中多是故乡人，喜一榻烟茶，好同话风云北朝，窑火宋燃；

湖上别开名胜地，借二分明月，试凭眺绰约帆影，岸柳风摇。

天保寨联：

惊看古寨凌虚，殿宇矗顶，樵牧临壁，藤木遮岩元刻久；

喜览奇景入胜，峰峦叠翠，栈道横空，仰佛观天日月长。

李海风　1948年3月生，磁州镇西候召村人。

主要作品：

雄鸡报晓，唤来一片春色，鼓楼传古韵，广场展新容，一环二环三环，环环大道铺锦绣；

滏阳生辉，喜迎金色阳光，磁州遍画意，冀南皆诗情，六路七路八路，路路彩车奔小康。

王柱民　1942年生，磁州镇台庄社区人。

主要作品：

磁州窑联：

龙凤花草盆中绘

诗词曲赋枕上吟

人杰地灵漳滏儿女遍华夏

点石成金磁窑文化誉神州

民谣选录

小老鼠

小老鼠，上灯台，偷油吃，下不来，叫小妞，捉猫来，叽里咕噜滚下来。

小板凳

小板凳，摞一摞，里头住着个哥哥。哥哥出来买菜，里头住着个奶奶。奶奶出来烧香，里头住着个姑娘。姑娘出来磕头，里头住着个孙猴。孙猴出来打仗，里头住着个和尚。和尚出来念经，里头住着个悟空。

扯大锯

扯大锯，拉大锯，姥姥门上唱大戏。请闺女，叫女婿，小外甥也要去。没啥骑，骑上姥姥大黑驴。没啥戴，戴上姥姥大鳖盖。没啥穿，穿上姥姥家大布衫。

豆子青豆子红

豆子青，豆子红，豆子本是土里生。三天三夜发了芽，出来豆芽青咚咚。开的黄花黄澄澄，结的豆角弯整整。左手摘、右手拽，装满篮，洗干净。热水炸、冷水冰，端着条盘敬神灵。

保护环境

垃圾不能随手丢，废物不可随处排。水电资源要珍惜，山林不可乱破坏。废物利用要懂得，花草树木多培栽。携手共建好家园，保护环境大家来。

第三章　姓氏文化

6500年前，有先民在域内繁衍生息。商末，“启”“受”部落迁来，是进入最早的姓氏。数千年间，域内生活逾万家族，其姓氏多数无考。

截至2019年12月31日，全县户籍人口总计48.5765万人，姓氏计484个。

第一节　姓氏与人口

据人口数量多少，县内484个姓氏分为万人口姓氏（人数逾万），千人口姓氏（人数逾千但不足万），百人口姓氏（人数逾百但不足千），百人以下姓氏。

万人口姓氏

万人口姓氏9个，有25.6718万人，占全县人口52.85%。

王姓68946人，占全县人口14.2%。

张姓47904人，占全县人口9.86%。

李姓41747人，占全县人口8.59%。

赵姓28720人，占全县人口5.91%。

杨姓17070人，占全县人口3.51%。

刘姓15108人，占全县人口3.1%。

郭姓13042人，占全县人口2.7%。

陈姓12567人，占全县人口2.59%。

索姓11614人，占全县人口2.39%。

千人口姓氏

千人口姓氏64个，有196374人，占全县人口40.43%。依次为韩、孙、马、申、吴、杜、吝、宋、崔、朱、苗、周、武、白、曹、薛、贾、段、徐、范、靳、高、吕、霍、侯、郝、常、魏、胡、于、候、闫、齐、肖、尹、苏、黄、任、秦、谢、程、冯、史、梁、柴、田、辛、郑、付、孟、袁、董、石、未、许、柳、岳、路、尚、暴、叶、牛、姚、华。

百人口姓氏

百人口姓氏69个，占全县人口5.87%。依次为贺、解、纪、苑、林、司、康、唐、龚、蔺、蔡、温、何、沈、姜、耿、陶、巩、房、栗、汪、孔、邢、罗、游、冀、骈、龙、焦、平、师、连、和、乔、彭、姬、丁、安、明、邵、谭、卢、万、钱、关、屈、黎、左、葛、裴、邓、谷、潘、金、窦、江、樊、鲁、祁、雷、鹿、屠、俎、褚、庄（莊，繁简并存）、韦、桑、翟、邱。

百人口以下姓氏

百人口以下姓氏342个，其中：

两人以上姓氏215个，有28527人，占全县人口5.87%。依次为要、殷、代、席、兰、方、郜、原、蒋、庞、熊、成、郎、顾、邹、余、井、寇、毕、来、赫、智、戚、车、楚、严、褚、钟、阿、包、边、底、栾、卞、宗、鞠、毛、吉、芦、野、单、陆、艾、查、景、厉、商、倪、麻、祝、燕、曾、聂、封、冉、向、詹、夏、刁、尤、柏、豆、阴、卜、晁、穆、仁、时、戴、琚、颜、傅、洪、计、弋、甄、党、简、丛、甘、杭、宁、苌、农、欧、伏、怀、荣、喻、池、盖、化、梅、权、文、扬、鲍、廖、汤、宇、扈、莫、乞、潭、荆、娄、骆、盛、施、双、覃、章、勾、牟、慕、曲、爆、迟、丹、戈、弓、匡、赖、廉、米、蒲、饶、栗、伍、形、阎、易、芋、臧、但、狄、敦、苟、古、季、晋、洛、么、芈、民、绍、舒、诸、祖、菜、达、芳、费、丰、花、记、菊、蓝、满、南、全、阮、沙、腾、涂、宛、相、刑、荀、元、种、状、卓、佐、巴、鲍、步、陳（陈，繁简并存）、楮、储、笪、东、凡、酆、符、各、固、管、会、郡、力、历、逯、廬（庐）、门、母、郄、瑞、赛、佘、税、台、檀、佟、童、五、奚、鲜、雪、虞、玉、云、芸、允、支。

单人姓氏127个，有127人，占全县人口2.6‰。依次为百、傍、薄、辈、才、岑、呈、崇、锄、得、邸、懂、都、鄂、佴、奉、甫、岗、革、阁、艮、庚、共、贡、冠、贵、国、蒿、荷、黑、呼、户、惠、济、菅、将、骄、鲜、京、敬、靖、九、君、阚、亢、抗、柯、渴、邝、莱、朗、莉、莲、练、凉、疗、凌、零、录、禄、伦、买、梦、密、钮、皮、偏、漆、奇、杞、千、乾、黔、强、巧、卿、丘、染、戎、润、少、守、帅、水、思、睢、隋、随、泰、天、停、庹、望、伟、卫、翁、溪、习、霄、小、胥、续、血、芽、哑、宴、伊、奕、印、萦、沋、贠、远、院、月、郓、宰、展、占、仉、浙、仲、莊、资、紫、字、租。

第二节　姓氏迁播

史上历次民族大融合形成域内的姓氏迁播外，因自身地理位置特殊，磁县的姓氏迁播也具特色。

姓氏迁入

“五胡入华”迁入　魏晋时期，北方游牧民

族大规模进入中原地区，形成第二次大规模的民族融合。他们迁入包括磁县在内的北方地区。南北朝时期，鲜卑族拓跋氏建立“北魏”，推行汉化政策后，进入中原的少数民族基本汉化，形成域内新的姓氏。记载有元氏（拓跋氏）、高氏、尧氏等。拓跋氏庶支改称的汉姓有长孙氏、李氏、王氏、郑氏、金氏、赵氏等。另外，磁县北朝墓群出土的墓志载姓氏有李氏、赵氏、肖氏、尧氏、徐氏、张氏、侯氏、暴氏、窦氏、是连氏、乞伏氏、皇甫氏、司马氏、独孤氏、茹茹氏、土谷浑氏。

隋唐宋元迁入　隋唐时期，域内人口渐多，见于史书记载的有李杰、崔玄亮、张砺、梁晖等

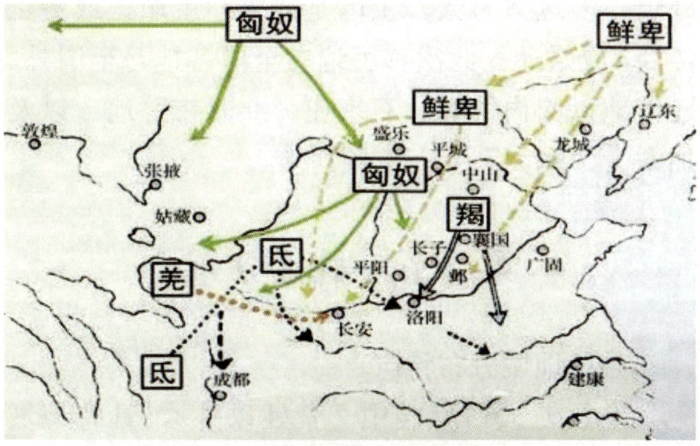

五胡入华示意图

家族。宋、金、元时期，随着磁州窑进入鼎盛时期，域内人口猛增，迁入姓氏见于史书记载的有苏（采）、张（君平）、赵（秉文）、曹（钰）、马（熙）、李（璋）、俎（祝氏）氏7个家族。

明代迁入　宋末、元末，因战乱、旱涝、蝗疫等灾害，域内人口大减，记载姓氏只有东、西槐树村俎氏、北贾壁村陆氏等。明初，山西移民大量迁入域内，计40个姓氏：王、张、李、赵、杨、刘、郭、陈、索、韩、孙、申、杜、宋、苗、武、白、曹、徐、范、霍、侯、常、胡、肖、尹、任、秦、梁、柴、田、董、巩、平、明、卢、阎、包、顾、章；而周姓来自山西省榆次县。另外，吝、蔺源自河南省安阳市科泉村，黄官营、大营、小营店黄姓源自安徽省太湖县太平庄。

明代移民形成的村落有56个：磁州镇15个，岳城镇6个，白土镇2个，高臾镇2个，黄沙镇1个，讲武城镇3个，路村营乡6个，北贾壁乡7个，陶泉乡11个，时村营乡3个。

清代迁入　清代，周边地区人口大量进入域内，新增姓氏计102个：马、吴、崔、朱、薛、贾、段、靳、高、吕、郝、魏、于、候、闫、齐、苏、谢、程、冯、史、辛、郑、付、孟、袁、石、未、许、柳、岳、路、尚、暴、叶、牛、姚、华、贺、解、纪、苑、林、司、康、唐、龚、蔡、温、何、沈、姜、耿、陶、房、栗、汪、孔、邢、罗、游、冀、骈、龙、焦、师、连、和、乔、彭、姬、丁、安、邵、谭、万、钱、关、屈、黎、左、葛、裴、邓、谷、潘、金、窦、江、樊、鲁、祁、雷、鹿、屠、俎、褚、庄、韦、桑、翟、邱。

近现代迁入　民国时，域内姓氏人口相对稳定。中华人民共和国成立特别是1978年改革开放后，因工作、婚迁、经商务工等原因，人口流动频繁，县内新增姓氏计335个：要、殷、代、席、兰、方、部、原、蒋、庞、熊、成、郎、邹、余、井、寇、毕、赫、智、戚、车、楚、严、褚、钟、阿、底、栾、卞、宗、鞠、毛、吉、芦、野、单、陆、艾、查、景、厉、商、倪、麻、祝、燕、曾、聂、封、冉、向、詹、夏、刁、尤、柏、豆、阴、卜、晁、穆、仁、时、戴、琚、颜、傅、洪、计、弋、甄、党、简、丛、甘、杭、宁、苌、农、欧、伏、怀、荣、喻、鲍、池、盖、化、梅、权、文、扬、廖、汤、宇、扈、莫、乞、潭、荆、娄、骆、盛、施、双、覃、勾、牟、慕、曲、爆、迟、丹、戈、弓、匡、赖、廉、米、蒲、饶、栗、伍、形、易、芋、臧、但、狄、敦、苟、古、季、晋、洛、么、芈、民、绍、舒、诸、祖、菜、达、芳、费、丰、花、记、菊、蓝、满、南、全、阮、沙、腾、涂、宛、相、刑、荀、元、种、状、卓、佐、巴、步、陳、楮、储、笪、东、凡、鄷、符、各、固、管、会、郡、力、历、逯、盧、门、母、郄、瑞、赛、佘、税、台、檀、佟、童、五、奚、鲜、雪、虞、玉、云、芸、允、支、百、傍、薄、辈、才、岑、呈、崇、锄、得、邸、懂、都、鄂、佴、奉、甫、岗、革、阁、艮、庚、共、贡、冠、贵、国、蒿、荷、黑、呼、户、惠、济、营、将、骄、鲜、京、敬、靖、九、君、阚、亢、抗、柯、渴、邝、莱、朗、莉、莲、练、凉、疗、凌、零、录、禄、伦、买、梦、密、钮、皮、偏、漆、奇、杞、千、乾、黔、强、巧、卿、丘、染、戎、润、少、守、帅、水、思、睢、隋、随、泰、天、停、庹、望、伟、卫、翁、溪、习、霄、

小、胥、续、血、芽、啊、宴、伊、奕、印、萦、沈、负、远、院、月、郓、宰、展、占、仉、浙、仲、莊、资、紫、字、租。

姓氏迁出

永嘉之乱迁出 西晋永嘉五年（311年）至东晋建武元年（317年），永嘉之乱，五胡入华，西晋亡，东晋立，定都建康（今南京），域内大量人口为避战乱南迁至江苏、湖南、湖北省等地。

安史之乱迁出 唐天宝十四年（755年）安史之乱后，中原地区陷入长达百年的藩镇割据混乱状态，相对安定的湖北省等南方地区再次成为域内居民避乱的首选之地。

靖康迁出 北宋靖康元年（1126年）始，金兵南下，域内再陷战火中，居民南迁，多迁往江苏、江西、浙江省一带。

解放战争迁出 民国35年（1946年）6月至1949年3月，县内人口大量外迁，主要情况三种：一是随刘邓大军南下，磁县籍军人落户到河南、湖北、贵州、云南、四川省等地，规模过千人。二是因国民党政府垮台，县内的国民政府军政人员、家属和富商逃离磁县，前往台湾、港澳地区甚至出国。三是1949年春天，暴占昌、曹学良、柴全璧、柴振家、常五元、陈爱芳（女）、程万贵、崔秀琴（女）、戴有义、单从营、董玉英（女）、杜玉荣、范之、冯金礼、傅子玉、高贵勤、高鸿举、高自然、谷起仓、郭信民、郭占贵、郝文年、侯保田、侯保银、侯法山、侯自荣、胡笛、华米山、霍成祥、霍玉玺、霍长清、纪渡江、纪玉梅（女）、季春敏、康鸣信、李仁、李宝泰、李福堂、李富琴（女）、李广库、李三旺、李玉合、李允富、李运明、梁富、梁子新、蔺成相、蔺发财、蔺慕贞（女）、刘朝金、马立功、马三聘、孟广伍、裴河则、乔成刚、任仕合、石继武、苏清云、索维、索庆祥、索守明、索文银、索耀宗、索有明、索子林、陶溪峰、王宝珍（女）、王秉周、王德秀、王贵玲（女）、 王鸿玉、王明文、王师曾、王太荣、王庭良、王万年、王昭璇（女）、吴玉香（女）、武珍、邢玉声、许成文、许振平、薛明斋、薛天文、杨德山、姚子俭、张琪、张勇、张怀书、张明新、张太珍、张毓华、张志伟、张子法、张自仑、赵河、赵祥、赵富林、赵华昌、赵灵会、赵明武、赵振海、郑福玉103名磁县籍干部参加“中国人民解放军长江支队”，接管福建并定居当地。

垦荒迁出 1956年4月19日，县内195户200人移居内蒙古自治区，身份是垦荒农民。城关镇62人安置于哲里木盟专区开鲁县建设区，其余人员安置于建华区。

修建岳城水库迁出 1958—1970年，因修建岳城水库，岳城公社、都党公社、黄沙公社等19个村约3万人成为移民，大多就近迁居，少数迁居峰峰矿区。

改革开放迁出 改革开放后，县内人口大量外迁，多达数万人，主因是或求学就职，或务工经商，或婚迁。此次移民遍布全国各地乃至国外。迁徙地以国内邯郸、石家庄、北京市等地，以及加拿大、澳大利亚、美国居多。

第三节 姓氏分布

姓氏地域分布特点

全县万人口姓氏中（索姓以外），具有地域分布的普遍性和相对集中性；千人口姓氏，相对集中性分布更明显;百人口及以下姓氏，零散分布。

改革开放后，县城外人口大量向县城所在地磁州镇集中，该镇不仅人口据全县各乡（镇）之首，且姓氏也最多，亦是大姓人口最多的区域。

规模姓氏地域分布

按逾5000人的姓氏为规模姓氏，磁县有19个，总体分布特点是“大分散小集中，遍布各乡（镇）”。依据乡（镇）、村两级分布状态可分3种：一是分布最广的姓氏，遍及全县11个乡（镇）262个村（社区）；二是分布较广的姓氏，遍及全县11个乡（镇）及大部分村（社区）;三是各乡（镇）都有分布的姓氏，遍及全县11个乡（镇），但较多的村（社区）无分布。

分布地域最广的姓氏（4个） 遍及11个乡（镇）262个村（社区）：王姓，磁州镇分布最多，20848人，白土镇最少，524人，其他9个乡（镇）均在千人以上；张姓，磁州镇最多，15066人，时村营乡最少，724人，其他9个乡（镇）均在

千人以上；李姓，磁州镇最多，16071人，陶泉乡最少，581人，其他9个乡（镇）均在千人以上；赵姓，磁州镇最多，7836人，观台镇、时村营乡人口相对较少，均不足千人，其他8个乡（镇）均在千人以上。

分布地域较广的姓氏（12个）　遍及全县11个乡（镇）的多数村（社区）：杨姓，县内东部乡（镇）人口多，西部乡（镇）人口少，主要集中在磁州镇、观台镇、讲武城镇、时村营乡；刘姓，县内东部乡（镇）人口多，西部乡（镇）人口少，主要集中在磁州镇、岳城镇、讲武城镇、时村营乡、路村营乡；郭姓，主要集中在磁州镇、讲武城镇、观台镇、岳城镇和都党乡；陈姓，主要集中在磁州镇、岳城镇、时村营乡、讲武城镇；索姓，主要集中在白土镇、陶泉乡、都党乡、磁州镇；韩姓，主要集中在陶泉乡、磁州镇、白土镇、路村营乡；孙姓，主要集中在观台镇、磁州镇、路村营乡、讲武城镇、黄沙镇；马姓，主要集中在白土镇、磁州镇、北贾壁乡；申姓，主要集中在讲武城镇、磁州镇、陶泉乡；吴姓，主要集中在观台镇、磁州镇；杜姓，主要集中在磁州镇、路村营乡；吝姓，主要集中在北贾壁乡、时村营乡、磁州镇。

各乡（镇）均有分布的姓氏：宋姓，主要集中在讲武城镇、岳城镇、磁州镇；崔姓，主要集中在岳城镇、讲武城镇、磁州镇、都党乡；朱姓，主要集中在磁州镇、时村营乡、讲武城镇。

单村超千人姓氏地域分布

王姓（12个村）：北贾壁乡双和村2064人、西上庄村1723人、新华村1255人，讲武城镇北白道村2024人，观台镇西艾口村1961人，岳城镇漳村1509人、岳城村1378人，磁州镇南开河村1483人、沙营村1179人，时村营乡西小屋村1492人、下七垣村1249人、时村营村1244人。

张姓（4个村）：都党乡冶子村1497人，白土镇青碗窑村1462人，讲武城镇东高录村1410人，磁州镇张庄村1269人。

赵姓（3个村）：白土镇张二庄村1407人，都党乡中莲花村1202人，北贾壁乡南贾壁村1044人。

李姓（2个村）：磁州镇北开河村1410人，时村营乡西李庄村1150人。

陈姓（2个村）：岳城镇界段营村1712人，时村营乡陈庄村1077人。

吴姓（2个村）：观台镇观台村三街1707人、一街1095人。

杨姓（2个村）：路村营乡上庄村1151人，观台镇西保障村1105人。

贾、崔、韩、霍、申、索姓（均1个村）依次为：讲武城镇孟庄村1119人，西固义乡西窑头村1152人，陶泉乡韩家沟村1094人、霍王庄村1118人、申家沟村1052人、索庄村1429人。

第四节　谱牒编修

县内各姓氏中，1949年前的老家谱、族谱存世很少。家谱轴在西部山区留存较多。2000年前后，县内居住地较集中的姓氏自发兴起新修家谱、族谱。新、旧谱牒相比，新谱牒情况：生卒时间按公历，女眷书姓名；男女平等，女子上家谱；普遍采用铅印本样式，一改传统谱牒的手写本、油印本或刊印本形式；印数多，族中每家均有，不再沿用仅族长掌管家谱；采用横排版装订本，不用竖排版线装本。

家谱族谱

《组氏族谱》　黄鼠村《组氏族谱》创修于咸丰六年（1856年），清光绪九年（1883年）首修，民国26年（1937年）重修，2005年再修，为16开印刷本，计227页，组氏多人收藏。《组氏族谱》载：组氏为岳飞姑父后裔，原姓祝，因岳飞遭陷害受牵连，故改祝为组。

《王氏族谱》　索井村《王氏族谱》线装式手抄本，有2册，分别于清光绪二十二年（1896年）、民国23年（1934年）续编。族谱呈黄褐色，保存比较完整，字迹清晰。据始迁祖王伯当第二十三代后人、保管者王如生讲述，该族谱一直由他家世代保管传承，并

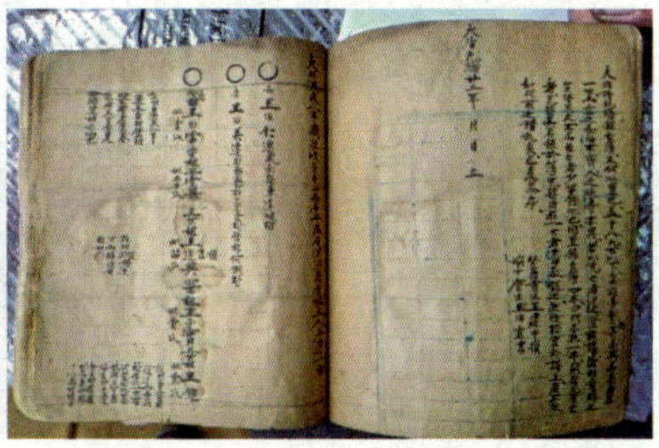

《王氏族谱》（2018年　摄）

负责续写。目前王氏后人已达28代，记载的成员近6000人，占该村人口的60%多；除3个祖传族谱（另1个为祖传谱轴）外，村中各王姓分支亦有该系的家谱。

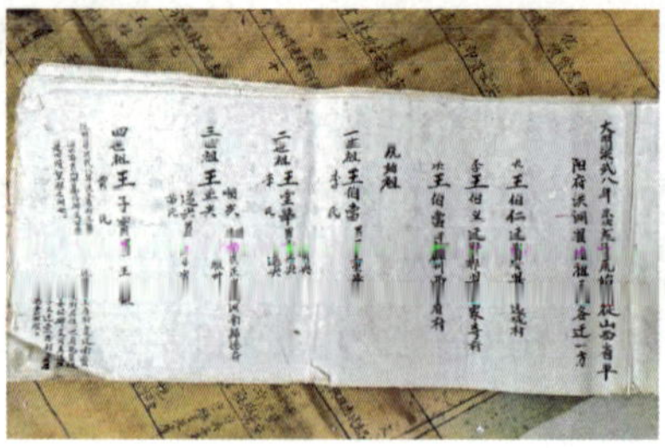
《王氏族谱》(2018年　摄)

《韩氏家谱》　2000年，韩志琦编修。明洪武二十一年（1388年），韩氏从山西省洪洞县迁入磁县后，分东、西老坟系，以西老坟系为脉络，撰修成家谱，录有韩氏宋代祖先的家训、格言。2018年，韩志琦编修出版邯郸域内《韩氏家谱汇编》，县内韩氏各支系收编其中。

《韩氏家谱汇编》

家训：和宗族明人伦崇祭祀崇学业供税役，
　　　谨婚娶行周恤别互混扶患难辨异端。

《赵氏宗系族谱》　2002年，白土镇南涧城村赵氏家族自发编修《赵氏宗系族谱》。该谱以头门、二门、三门为世系脉络编修成谱，记载家族成员的出生年月、学历、婚龄、工作单位、职务等信息，32开本。

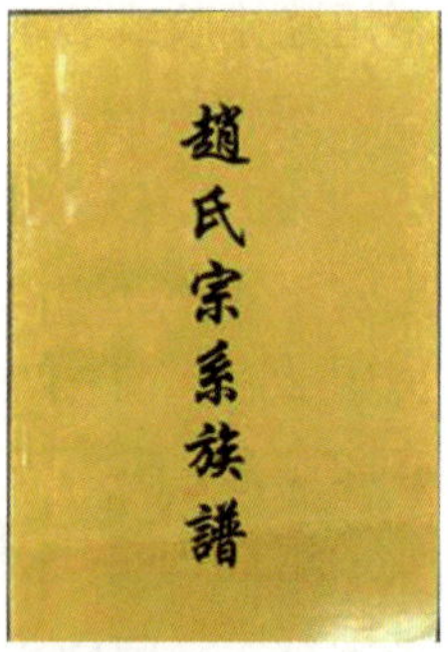

《赵氏宗系族谱》

《索氏谱系》　2011年，白土镇白土村索氏族人自发编修《索氏谱系》。以坟系为脉络分世系；以男性为主，个别女性入谱；编排以长先幼后、兄上弟下、由左至右、世辈相连为序，构成若树状。两次印书300册，大16开本，户均1册。与江苏省邳州市运河镇索氏族人合谱。

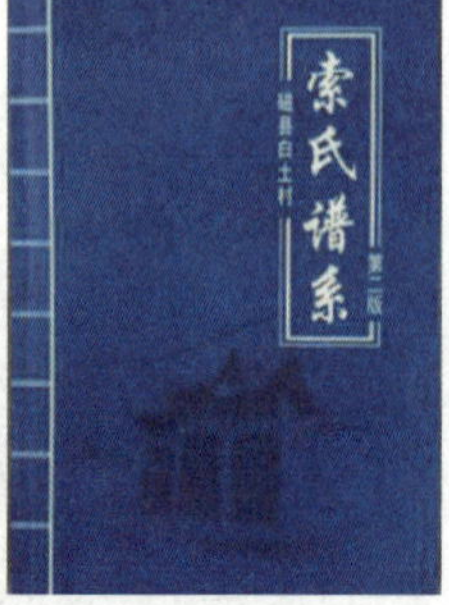

《索氏谱系》

家训：敬业知礼，崇德向善。忠厚谦让，孝悌勤俭。和睦邻里，诗书相传。遵循法纪，励志克难。铭刻座右，恪守训言。

谱轴

《蔺氏谱轴》　北贾璧村《蔺氏谱轴》为清末手抄本，布料质地发黄，但字迹清晰。记录670余年北贾璧村蔺氏宗族的渊源迁播、家规遗训、族人世袭、任职履历等内容。该谱轴工笔中楷、笔酣墨饱、字迹娟秀。蔺如功收藏。

《郭氏谱轴》　中莲花、北莲花村《郭氏谱轴》2013年重制，长3.1米，宽2.5米，棉布面料。该谱轴按辈分和宗属关系已记录6代过世郭氏族人。族内各家依次轮流保管谱轴。

《郭氏谱轴》(2020年　摄)

《王氏谱轴》　北王庄《王氏谱轴》即《中国北王庄王氏族谱》，长6米，高1.4米，布质。该谱轴底面为彩色印刷。

《王氏谱轴》(2020年　摄)

《乔氏谱轴》　1973年4月，彩色绘制中莲花村《乔氏谱轴》，棉布面料，长3米，宽3.5米。记载自清同治十年（1871年）后去世的乔氏族人。族人去世时，逝者的名字填写于谱轴中相应的预留位置，并悬挂在逝者灵堂。每年春节，乔氏子孙聚族长家中，面对谱轴，叩拜先人。谱轴由族长保管。保存在乔玉民家中。

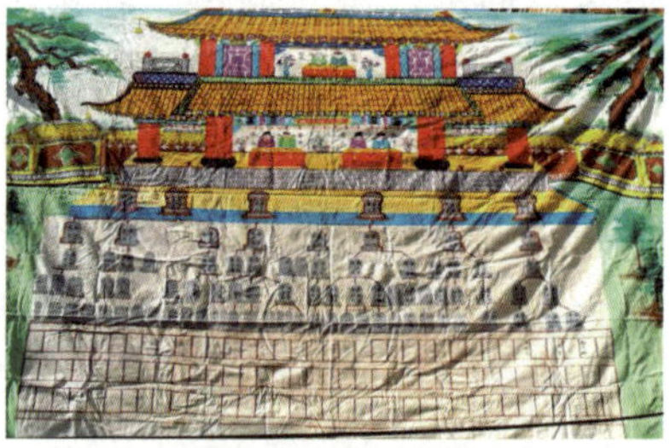
《乔氏谱轴》(2020年　摄)

《王氏谱轴》　清道光七年（1827年），编修索井村《王氏谱轴》。布料质地，长4米，宽3.5米，分上、下两部分。上部绘有供奉王氏宗祖牌位的彩色图案，下部为族谱内容，因年代久远族谱面料发黄，但字迹清晰，排列工整，楷书字体

索井村《王氏谱轴》（2018 年　摄）

苍劲有力。该谱轴内容涵盖家族谱系、家训、迁播等内容。该谱轴开宗明义部分写道：大明洪武八年，原始祖兄弟三人王伯仁、王伯当、王伯义从山西省平阳府洪洞县各迁一方。长子王伯仁迁至武安县东远城村，次子王伯当迁至磁州西王看村，三子王伯义迁至邯郸杜家寺村。五世祖王钜定居索井，嫡生四子，繁衍至今。谱轴上只记载过世之人，逢年过节，悬挂于祠堂之上，供族人敬拜。

该谱轴由始迁祖王伯当第二十三代后人王如生保管。

此外，观台镇西保障村数个大姓存有家谱轴，族长保存。北贾壁乡中贾壁村张氏有 10 多个分支，均有谱轴。

第五节　家庙　祠堂

明初，县内始建家庙祠堂。清代，家庙祠堂遍布城乡各村。20 世纪 60 年代，家庙祠堂多被毁坏。改革开放后，县内居住较集中的姓氏始重修，有的原址，有的新址；一般延用旧名称，规模不拘泥于原条框。

家庙

孔氏家庙　北城村孔氏家庙原位于村南大街西段路北，清康熙年间（1662—1722 年）建，20 世纪 60 年代毁。2012 年，北城村孔氏族人集资重建孔氏家庙，位于村主街南段路东，坐北朝南，占地 799 平方米，建筑面积 200 平方米；建筑主体为明清风格，由 4 部分组成：正殿“崇圣堂”3 间，内塑孔子圣像；东陪殿“朝祖堂”3 间，内设始迁祖孔克就等祖宗 3 代牌位，展陈村孔氏族谱；西陪殿“复兴堂”3 间，陈列该村史上和当代有成就的族人简介、代表物品；门楼上有“孔氏家庙”4 个字。

孔氏家庙门楼及内院（2019 年　摄）

每逢始迁祖孔克就诞辰日（农历正月十一），族人聚院内祭祖。

王氏家庙　清初，建下七垣村王氏家庙，占地 1300 平方米。坐北朝南，家谱堂院在前，佛堂院在后，正中建有传统的歇山式门楼，两侧有吉祥兽，周边灰砖围墙。佛堂内原供奉的 3 尊铜质佛像，毁于抗日战争时期；家谱堂内供奉王氏列祖列宗牌位。家谱堂院无存，佛堂毁坏严重，尚存。院内有“追□典型”碑刻 1 块。

王氏家庙后佛堂及残碑正面刻“追□典型”4 个字（2019 年　摄）

蔺氏家庙　清光绪年间（1875—1908 年），建北贾壁村蔺氏家庙。蔺广济出资，有建庙碑文 1 通，字迹清晰。位于杨家胡同，占地 30 平方米，坐南朝北，年久失修，主体倒塌，遗迹尚存。

郭氏家庙　北开河村郭氏家庙建于民国 4 年（1915 年），占地 260 平方米，建庙碑文保存完整，字迹清晰，遗迹尚存。2017 年，族人在原址重建郭氏家庙，并树有重建家庙碑文 1 通，坐南朝北，宽 9 米，长 28 米，周边灰砖围墙。院内有 3 间谱堂，内供谱轴。每逢春节前夕，族人聚家庙祭拜祖宗。

郭氏家庙及家庙碑（2019 年　摄）

祠堂

郭氏祠堂　清末，花驼村郭氏祠堂由族人郭振修建，位于村西，占地300多平方米，分两院。典型的磁县西部山区传统房屋结构。

郭氏祠堂门楼及内院（2019年　摄）

申氏祠堂　1989年，申家沟村申氏族人自发修建申氏祠堂，位于村西，占地520平方米，祠堂建筑单体3间，砖木结构。每年农历十月初八，族人聚祠堂祭祖。

申氏祠堂及堂内供奉祖先塑像（2020年　摄）

王氏祠堂　1998年，北王庄村王氏族人自发修建王氏祠堂。祠堂主体单间，建筑面积15平方米，内有“追远”碑1块。

王氏祠堂及堂内碑刻（2020年　摄）

崔家祠堂　清道光年间，建中莲花村崔家祠堂，位于村中，坐东朝西，仿民间崔府君庙建筑样式，前面3间为家谱堂，后面1间与前面家谱堂正中1间连为一体，供奉崔珏。家谱堂北山墙中嵌有1块石刻，记修建时间；对称的南山墙中嵌有1块石刻，为功德碑刻。

崔家祠堂正面与侧面（2020年　摄）

第四章　“三都”历代遗存

磁县位居“三都”交会之地。历史上，磁县南与殷都（河南省安阳市西北）为邻：公元前1300年，商王盘庚迁都于殷地小屯，商水是殷都附近最主要河流。商水即漳河古称，其流域含滏阳河、牤牛河、涧河流域，地肥水美，宜牧宜耕，先民沿河而居，遗留许多文化遗存。北与赵国都城邯郸接近，为京畿之地，这里山水秀美，成为赵国的避暑胜地，同时又是重要的军事要塞之地，留有许多与赵国相关文化遗迹。东与邺城（临漳县邺城古镇）毗邻，东汉建安九年至二十五年（204—220年），以曹操为中心的曹魏政治集团以邺城为国家政治中心，习文讲武，平定北方，屯驻此地16年；北朝时期，东魏、北齐两个朝代定都邺城，此处成为国家的政治、军事、经济、文化中心，这两个历史时期在磁县留有许多文化遗存。

第一节　殷商遗存

下七垣遗址

该遗址位于时村营乡下七垣村西南方0.5千米台地上。1974年，发掘商代墓23座、战国墓6座、陶窑4座、灰坑104个，灰层中散存人骨架19具，牛、鹿、猪架5具。出土石器481件、骨器304件、陶器304件、蚌器274件、角器34件、卜和铜镞124件。早商、中商、晚商时期的器物均有，特征明显。文物遗存量居邯郸域内同期文化遗址之最。

台城遗址

该遗址位于台城乡河北村北 1 千米处。2004 年 4 月发掘，总面积 637 平方米，遗址文化层上部多被汉魏及唐代等墓葬打破。主要遗迹为灰坑，是古人堆积遗存弃物之地，共计 28 个。出土文物有陶器、石器、骨器、铜器 4 类。石器中镰、铲较多，川、斧、凿、锛研磨器少许；陶器有鬲、甗等炊具，罐、盒、缸、瓮等盛储器，锛、杯、疆等饮食器以及纺轮等；骨器有刀、匕、簪、锥等；铜器仅发现 1 枚带铤箭头。器物所属年代均为先商至早商时期。

界段营遗址

该遗址位于岳城镇界段营村西 1 千米处，面积 1 万平方米。1959 年秋、1960 年春两次发掘调查，开探方 31 个，面积 1226 平方米，清理探方内外古墓 38 座。该遗址分 4 个文化层：仰韶文化、商代文化、西周文化与战国文化。其中，商代文化遗迹 29 个，早商灰坑 3 个，晚商灰坑 26 个。商代遗物 30 件：早商陶器 6 件；晚商 24 件：陶器 16 件（13 个种类），石器 2 件，骨器 6 件。出土的早商时期器物陶鬲、陶鼎、陶盆、陶罐的特征与潘汪出土器物相同。晚商时期的文化遗存丰富，其形成年代是殷为都城后的近期。

潘汪遗址

该遗址位于岳城镇潘汪村东南 0.75 千米的漳河北岸台地上。1959 年 10—12 月发掘。此遗址的文化层堆积上下年代涵盖仰韶、龙山、商、西周、东周 5 个时期。有古遗址 292 处，出土文物 1364 件。出土文物中，以仰韶文化时期为最早，数量西周时期最多、商代最少。商代有灰坑两处，陶器 8 件：鬲 4 件，鼎、瓿、豆、壶各 1 件，石器 3 件，铲 2 件，卜骨 1 件，系牛肩胛骨制成，有钻无凿，灼痕明显。这一文化层的特征与邯郸市丛台区涧沟村、龟台寺商文化层中的遗物类似，其时代属殷墟早期。

高庄遗址

该遗址位于讲武城镇高庄村地下。1957 年试掘 2 处，1 处在村西南的断崖上，1 处在村东的边崖处。遗址发现有商代鬲、尊、簋、甑残片及石铲、石镰、骨锥等遗物。村西挖的 4 米 ×3 米探方，在 50 厘米深处发现圆形灰坑 1 个，出土器物有乳状夹沙灰陶粗绳纹鬲足鬲沿残片、圈足豆片、扁平式纺轮、石铲、锛、镰、骨锥、笄和卜骨等。卜骨有灼痕、先钻后灼痕。均为晚商时期遗物。这与商王朝迁都殷地时期一致。

北城遗址

该遗址位于南城乡前北城村西南 0.5 千米处。为商代墓群遗址。2004 年 3 月抢救性挖掘，探明古墓 71 座，密集分布在约 700 平方米范围内，均为殷商晚期。该墓葬是 1 处有规则的“氏族墓地”。墓葬均为竖穴土坑结构，平面形状有圆角长方形、哑铃形、腰鼓形 3 种形式。墓室一般较小，多数无棺椁等葬具。腰坑内及培土中常见殉狗现象，出土随葬品 141 件（套）以陶鬲为主。因多数墓室仅随葬 1～2 件器物，故推断为平民墓葬。其中有 1 墓葬保存完好，形制复杂，使用单棺单椁葬具，随葬有 1 套以鼎、爵、觚的组合青铜礼器；另有戈、矛等兵器和两件铜铃。墓主人是小奴隶主。这一遗址对商代先民的葬制习俗研究提供新的资料。

吴庄黄飞虎祭祀地

吴庄天齐庙（2018 年　摄）

该祭祀地位于花官营乡吴庄村东，初称黄飞虎祠，后改称天齐庙。史料载：“扼鼓山，控衡漳，卫王宫而聘驰中原。”殷商末期，黄飞虎戎驭京师、守卫都城时，曾驻兵王畿近郊吴庄一带。后人在其驻兵地立祠纪念。

第二节　赵国遗存

磁州城

赵简子，姓赵，名鞅，又名志父，又称赵孟，谥号“简子”。春秋末晋陶人，为春秋末期的政治家、军事家、改革家，是战国时期赵国的奠基人和实际创立者。周敬王二十六年（公元前 494 年），因追讨卫国进贡的 500 户人家之事，赵简子派兵二围邯郸，于淇水畔、漳河南、滏河北皆筑土城。滏河北土城，即磁州城开端。

武城

即磁县讲武城。位于磁县城南10千米处讲武城乡讲武城村，在漳河北岸。龙山文化时期开始，讲武城就有人居住。战国时修建为城，是赵国漳河北岸重要军事城池和抵御韩魏、守卫都城邯郸战略要地。司马迁在《史记》中写到秦军“拔武城”而逼近邯郸。东汉建安十八年（213年），成为曹操屯兵讲武之所。据传城内有讲武堂、点将台、校兵场、曹操大帐等。唐代，该城被废。宋代后，改称讲武城。古城原是南北长、东西窄，因南部被漳河冲毁，现残存遗址则相反为东西宽、南北窄。南城墙因水冲全无。西城墙与东城墙各被冲毁一部分，西墙尚存1350米，东墙残存400米。北城墙尚存七段，城东北角到西北角长1340米。墙址残高2～9米，上宽6.5米，墙基宽为17～26米，全部为黄土夯筑而成。

北羊城城址

北羊城城址位于白土镇北羊城村西北角的土台上，南北长181.3米，北端最窄处4.6米，中段最宽处88米，南端宽72米。海拔最高处193.1米，最低处185.1米，占地1.29万余平方米。城址土筑而成，南北走向，北高南低，城墙上高低不一，属战国后期古关隘，村民称为“小寨地”。该城墙东至村中，南距漳河540余米，西距山脚约200米，北至田间路。

2013年，河北省长城保护考察队考证此地为“北羊城城址”。国家文物局认定赵南长城资源现存关堡4座。其中，涉县有西辽城城址、匡门口城址、西达城址3座，磁县有北羊城城址1座。均为土质，保存现状较差。

赵南长城，学术界也称漳滏长城。公元前333年，赵国沿漳、滏之滨修筑长城据险防守，从太行山东麓沿着漳水北岸东行，分布在涉县、磁县等境内，历史上全长“约四百里许”。

由于漳河频繁改道，泥沙淤积，加之年代久远，赵南长城损毁严重，墙体遗迹无存。城墙台面现种植花椒树、桐树和庄稼。按照省、市文物局要求，划定保护范围和建设控制地带。

台城

赵武灵王的避暑胜地。因建有赵王出祭的灵台而得名。沿城杨柳成林，晨昏烟锁，古有“仙城”之说。城内有灵台、坡坨。为宋时滏阳县（磁县）四大名镇（观台、昭德、台城、二祖）之一。古台城旧址的地势地貌向北延伸与赵王城连在一起。附近有蔺相如、廉颇墓。

蔺相如墓

该墓地位于南城乡前羌村南的相河北岸上。今存的蔺相如墓是在原核心遗址上重建。建筑物有戏楼院、庙院、墓院3个院落。是一处集墓地、庙堂、碑刻于一体的历史文化处所。

廉颇墓

该墓地位于台城乡赵拔庄村西北1.5千米处，墓冢占地2000余平方米，墓冢南坡建有廉颇祠。

赵拔庄

战国时建村，原村址在赵王计划建造皇城的地域内。因建皇城命其外迁，故建新村后得名赵拔庄。

第三节　建安北朝遗存

建安时期遗存

讲武城遗址　（详见本章第二节武城）

观兵台遗址　该遗址位于观台镇观台村北0.5千米的漳河北岸。相传，古代此台高5丈有余，占地20余亩，台上楼阁相连，古树参天。曹操以邺为都时，漳河是军事防御的天然屏障。沿河上下的观台、岳城、讲武城驻有重兵。并在此处筑台观兵，兼观漳水，以安王都。现为台地，东西长119米，南北宽111米，台顶高出四周六、七米，台面被当地农民开垦耕种。

天井堰遗址　天井堰，是曹魏邺下屯田时的大型水利工程。北魏郦道元《水经注》记载:“（天井堰）堨漳水，回流东注，二十里中作十二蹬。”宋·《相州图经·天井堰》记载：“天井堰，魏武帝所作，凡二十里，分十二蹬，相距二百丈，互相灌注，一源分为一流，皆悬水门。水所溉处名晏泽陂。”堰首在讲武城镇南、北白道村之间偏东南2千米与邺北城南约2.5千米交界处。经南白道、北白道、东陈、西陈村后，折向临漳县三台、邺镇、井龙、显王村，沿大堤流向东冀庄、西冀庄、三家村等地。

与曹魏有关的村庄　县内9个乡（镇）的41个村庄与曹魏活动有关。其中漳河流域18个：观台、东保障、西保障、东清流、中清流、西清流、时村营、东曹庄、西曹庄、武吉、朝冠、东小屋、西小屋、讲武城、孟庄、东陈、西陈、小寨村。滏阳河流域23个：韦武庄、湾漳营、固城、监上街、粮斗庄、三里屯、沙营、大营、小营、十里铺、甘草营、柳儿营、辛庄营、南豆公、北豆公、大马庄、小马庄、东城营、所坊营、兴小营、南佐良、北佐良、郭小屯村。

与曹魏有关的地名　跑马路：讲武城镇双庙村南通往从峰路之间的路称跑马路。相传，为曹魏骑兵训练的必经之路。练马场：讲武城镇双庙村西的卵石荒岗称练马场。相传，为曹魏骑兵训练的场所。

北朝遗存

主要是东魏、北齐两个朝代贵族墓葬群，即北朝墓群。密集分布于磁县东南部区域，南北绵延达15千米，东西约14千米，为中国A级重点文物保护单位（详见第二十八编北朝墓群）。

第五章　碑刻　碑文

第一节　碑　刻

白庄村烈士纪念碑

位于时村营乡白庄村南，青石质，通高162厘米，宽41厘米，厚10厘米，外部有新修碑龛保护。碑文记载内容是，大革命运动中（1924—1927年）庆和峪村朱伯玉领导村民，与压迫剥削人民的地主阶级勇敢斗争、争取翻身得解放的革命事迹。

刘屯头村烈士碑

位于岳城镇刘屯头村东南，碑南邻东西向公路、周围是民居。烈士碑存于碑亭内，由碑首、碑身、碑座3部分组成。碑通高270厘米，宽65厘米，厚26.5厘米，碑正面阴刻楷书张洪涛、彭如等烈士名字，均为解放战争时期英勇牺牲的刘屯头村籍烈士。

岗西村27烈士纪念碑

位于北贾壁乡岗西村东部烈士陵园内，是岗西村党支部、村委会为纪念该村在抗日战争、解放战争、抗美援朝战争中牺牲的27名烈士，于1997年4月5日所立。该碑大理石质、正面朝南，高220厘米，宽78.5厘米，厚15.4厘米，碑座长95厘米，宽53厘米，高40厘米。碑身正面中央镌刻楷书“烈士纪念碑”5个大字，顶镌“音容宛在”，左右镌“英雄风骨光照后人　烈士芳名永垂千古”。背面为碑记，记述27名烈士生平以及立碑时间、立碑人、撰写人、镌刻人等。该纪念碑上建有1座碑亭，呈六角形，南面亭梁上挂“永垂千古”匾额。

水峪村规矩碑

清代，此碑立在北贾壁乡水峪村十爷庙前。文化大革命时期，拆庙倒碑，移作生产队仓库窗台。改革开放后移至一村民家门前。该碑青石质，碑身高109厘米，宽59厘米，厚14厘米。碑面磨损较重、文字工整，依稀可辨，顶部刻阳文楷书“规矩碑”，底部雕刻花卉，左右边缘刻阳文楷书“贻留排矩传后世　制定罚规存古风”。

赵金魁烈士碑

位于北贾壁乡新华村中部，原小学门前西侧，砌于民房东山墙内，碑面朝东，下有水泥座。碑立于1942年，1990年索井村党总支附加水泥碑座立于此地。该碑大理石质，碑身高95.5厘米，宽41.5厘米，局部微残，有明显划痕，碑文清晰可辨，顶部刻阴文“流芳”；碑座长60厘米，高42.5厘米，正面雕刻荷花，做工精细，左侧刻“索井村党总支重修”，右侧刻“一九九〇年”。

岳城村修寨碑

位于岳城镇岳城村西侧民居旁，该碑青石质，长方形圭首，正面阴刻文字，碑文记载民国11年（1922年），众人捐款重修岳城村土寨环行围墙，以拒土匪一事。背面为捐款人员名单。碑高170厘米，宽60厘米，厚20厘米。碑记年代为民国11年。

东花园村修路护路碑

位于陶泉乡东花园村关帝庙门前台阶南侧。该碑青石质，碑身高135厘米，宽56厘米，厚13厘米。碑座长65厘米，宽48厘米，高34～48厘米。

吴家河村修桥功德碑

位于白土镇吴家河村龙王庙前。该碑青石质，碑身高145厘米，宽57厘米，厚17厘米。碑座长71厘米，宽27厘米，高57厘米。

中贾壁村上下庙地震碑

位于北贾壁乡中贾壁村村委会院内，记载清道光十年（1830年）闰四月二十二日戌时地震情形及重修上下庙情况。该碑高116厘米，宽55厘米，厚22厘米。底座长75厘米，宽46厘米，高58厘米。1997年，该村重刻加亮此碑。

观台六河沟煤矿烈士纪念碑

位于观台中学院内东南角。此碑设有亭高4米、柱高2.5米的六角形碑亭，坐东朝西，为青石质料，高205厘米，宽67厘米，厚21厘米。碑座长110厘米，宽57厘米，高40厘米。碑文主要记载李克保等烈士领导工人罢工事迹以及被日寇杀害的经过。此碑原在观台老村内，1958年因修建岳城水库迁于此处。

下七垣村金德三烈士碑

位于时村营乡下七垣村南。金德三是朝鲜国黄海道人，21岁参加八路军，1949年7月加入中国共产党。1950年1月参加修建漳河大桥时不幸负伤，经抢救无效，于1月28日牺牲。为纪念金德三烈士，特修墓立碑纪念。该碑青石质，高115厘米，宽45厘米，厚20厘米。中国人民解放军铁道兵团立。

乞伏村唐帝庙碑

位于观台镇乞伏村学校院内，原立于乞伏村老庙内。1958年，因修建岳城水库，村民迁碑于村内。1990年秋，迁碑于现址。1991年，修建碑亭加以保护。碑首为二龙戏珠雕饰，正面中下部刻“重修唐帝庙记”。碑座为石龟座，碑身高243厘米，宽77厘米，厚25厘米，碑阴、阳两面皆有文字，阳面文字不清晰，阴面文字较为清晰。碑刻时间为金明昌六年（1195年）。

第二节　碑　文

水峪村规矩碑

今夫井地不均者榖禄不平，为国班爵之典皆由此定，而乡田岂可慢此经界而不同井乎？即如我东火石岗，虽分四庄，实统一村。自古以来，四村轮流甲地，公办差遥。至今人户益多，地亩历久不均，于是四村公议排地，地已排清。同议：每庄以两顷地当差，即一顷六十亩亦当之；每庄办差，外三庄同到此庄，按地领差；倘有□官家公事、甲地进城，外三庄公助盘费京钱二百；各庄不足、有大小等事，各庄自办，不许牵挂外三庄；至于拨地，每庄各有小簿，每年劈差，外三庄各代小簿，与老簿上对照；老簿上各有地名、各有亩数，地名不对者不许拨，亩数不对者亦不许拨；若有以多作少、影昧地亩者，罚京钱拾千；甲地算账不明、横乱碑规者罚京钱拾千；炭驴，四村按牲口所出，有影昧牲口者，罚京钱一千；有砍伐□庙林、牧牛羊者，罚京钱四千，于捉户二千；至于门单，各办各村，倘有逃门绝户，各换各村，不许换外三村；又有菜树岭义总地二分，倘遇往来穷人死无所归者，计埋此地。凡此等事，若有不服者，四村社首甲地按地齐钱，票□官究治。

柴□书撰　周家庄　田家庄　水峪村　杨家堂　甲地　社首　仝立

大清同治十二年　月　日　穀旦

刻字匠　杨金丰

索井村赵金魁烈士碑

赵烈士金魁碑志／窃维／赵君烈士惨逝于民国廿七年吉历五月十三日晚九时距生于光绪廿六年二月／廿七日寅时享受三十九岁其生平事迹颇

可纪念不忍湮没是以略举大嵬刻／述于左籍资后世观鑑焉

赵烈士讳金魁字众先生平特性嫉恶如仇民国廿六年间村中少数公子趁／事变日寇铁蹄踏入我磁之际任意贪污不恤民命金魁同志愤然不平在八路军／协助之下毅然组织农会准备冲破黑暗势力为民谋出路孰料农会方具雏形／吾烈士金魁竟为贪污者所暗杀呜呼痛哉在此恐怖之下农会亦瓦解无存矣至／卅一年经王玉荣同志复继其志多方努力重新组织农会执行政府法令实行减／租减息铲除贪污与非法剥削至是吾广大被压迫民众始获解放而烈士未竟之／志亦得完成矣惟恐后世享自由平等幸福者不明烈士争取自由平等幸福之不／易牺牲流血之代价爰特勒石以垂不朽云尔

中华民国三十一年十二月吉旦

索井村农民救国会全体会员谨志

东花园村修路护路碑

修桥补路自古传为美谈实亦古今要务我村街道久欠修筑坑坎不平行者多感不便余／亦心焉悯之去年春商同弟兄召集村中父老子弟共议修筑村人皆异口同声极力赞成／时届秋后计口派工计亩派钱村人踊跃争先恐后公派者绝无拖欠公派外自行捐助者／亦多有其人经之营之不匝月而厥工告成慨自晚近人情凡遇公务每多推诿今兹之踊／跃足证我村人情和睦良可嘉也然凡事善于前尤贵善于后代远年湮遇有残缺尤望后之人随时修补勿坠前功用议保护之法教条刊列以垂不朽之

保护条规列后嗣后无论河水冲击或其他之摧残偶有缺陷公共修补若个人损坏则由个人修补修筑水道用土截堵不准移动石块以致高低不平违者罚洋五元路旁不准倾倒煤渣堆积粪土故意违反罚洋五元

中华民国二十三年七月下旬榖旦

观台六河沟煤矿烈士纪念碑

克保同志磁县石场村人幼孩且贫经赵春林介绍即在六河沟煤矿当童工民国十六年六河沟煤矿黄色工会制造职工内部矛盾认识工人阶级意义工人闻之有识者即成立朋友社为合法斗争之组织克保同志即为发起人之一朋友社成为代表工人利益之组织后即展开具体斗争既向矿主提出增资后又号召反对监工总管之打骂与剥削并在矿上领煤纪德贵同志领导下进行数次罢工增资斗争取得胜利使工人群众初步认识集体力量之伟大克保同志自实际斗争中深知无坚强政治领导工人将无法取得更大之胜利故于民国二二年正式参加中国共产党当时在反动势力统治下环境异常恶劣捕杀进步分子事件屡出不穷克保同志深感无武装力量工人运动易被摧毁乃从戎于石友三部但军阀武装以制造内战鱼肉群众为能事非有志之士存身处所不久克保同志又返回六河沟进行地下工作民国二六年日寇进犯迫近安阳国军溃退遗弃人民克保同志乃于本村组织壮丁保卫家乡十月间纪德贵同志成立游击队克保同志乃毅然参加协助扩大部队工作积极从未稍懈故被提升为支队司令部管理员民国二九年六河沟地下工作加强克保同志复被派向旧地工作在敌人严密监视之下工作异常艰苦但克保同志持大无畏精神英仑阵地即团结与教育工友且发展一部地下军解放观台之基础始得奠定民国33年冶子村女汉奸张麦芝甘心侍敌为虎作伥破坏抗日工作陷害无辜良善深为群众所痛恶克保同志乃暗将该女汉奸押送抗日民主政府被判处死刑因此致遭敌寇汉奸怀恨于阴历四月十一日克保同志夫妇被捕敌寇要挟谓如将女汉奸张麦芝放回即可释放伊夫妇但克保同志深晓民族大义坚不承允敌寇又施以严刑拷打克保同志虽遍体伤痕亦未承认其为共产党员与工作线索敌寇无法可施乃巧施阴谋佯谓如能供出他人亦可免去死刑但克保同志有高度之政治觉悟与共产党员之优良品质敌寇用尽鬼蜮伎俩仍毫不屈服敌寇羞愤之余于旧历六月十九日晚将其夫妇押至漳河桥畔先用狗咬继遭惨杀并将遗尸弃于漳河中流时年34岁而其妻被枪伤一次乘机跳河至保障村被人救起得免于难

中华民国三十五年五月一日建立

第六章 中央美术学院与磁县

1970年3月18日，执行上级指示，中央美术学院、美术研究所、中国雕塑工厂和美院附中人员（简称“美院人”）由军代表和中央美术学院

（简称“美院”）院长吴作人带队，到驻扎在磁县的1584部队（部队驻东陈村东）农场下放劳动（简称“劳动”），在磁县工作、学习、劳动、生活两年多时间。1972年夏初，转往黄壁庄水库农场（石家庄市鹿泉区）。

第一节　劳　动

驻地生活

1970年3月19日零时，美院人从永定门坐火车出发，中午抵达磁县讲武城车站，晚上到达驻地东陈村和西陈村。他们编为两个连：国画、油画、版画、雕塑和美术史5个系教授与美术研究所、中国雕塑工厂职工130余人编为第一连，进驻东陈村；行政人员和美院附中人员编为第二连，进驻西陈村。住东陈村的一连分为12个班。其中，第四、十二班是女教职工。他们以班为单位，散住在20余户公社社员（简称“社员”）家里。

吴作人和美院职工住过的民房（2018年　摄）

他们实行军事化管理，按班、排、连编制，过着半军事化生活；在集体食堂吃饭，按部队伙食标准供应，米、面、粗粮各三分之一，每人每月0.6千克食用油、交13.5元钱伙食费。每天轮流打扫房东的院子，并将水缸挑满水。

郑经文、王树村、司徒杰、金维诺、谭树桐、宋源文、毛凤德、张润凯、司徒兆光、赵双庆（木工）、闫淑琴等人在炊事班干过活；汤池担任炊事班长，赵域做刀削面拿手；陈金陵、洪波、李得春等负责饲养鸡、鸭；侯一民负责养猪；刘焕章负责料理菜地，他种的菜比东、西邻解放军、社员的菜都长得好。他们饲养鸡、猪、鸭，闲时下河抓鱼、鳖、河蚌等补贴伙食。社员对他们的印象是“吃的好，穿的破，一人一块大手表”。

闲暇时，女雕塑家张得蒂自备工具到各班给大家理发。

美院人驻磁县期间，有的夫妻同在一个连，有的分在两个连，也有从北京或外地赶来探亲的配偶。连里遵照上级指示，视情况安排住房让这些人团聚几日，但白天照常下地干活。

《宗其香家书》中探亲合影

工作活动

美院人的主要任务是接受贫下中农再教育，不允许创作；白天劳动，晚上开批斗会。有一阶段内进行阶级教育、开忆苦思甜会，吃忆苦饭，听战士忆苦，听当地申大娘诉苦难家史。

早上整装后，排着队，唱着歌，步行到1.5千米外的五七农场田里干活。春天、冬天，平整土地、打田埂；夏天，割猪草、割麦子、起稻秧；秋天，修稻场、拉肥、翻地、耕田、挖泥……有时，还依照连队战士的办法，组织劳动竞赛。过年时，为村里及老乡家写春联。

连里安排的福利活动：隔个把月，集体到县城里的澡堂洗一次澡；约每周看一场电影。去时，大家排成队，唱着歌，乘夜色到邻近的小寨、北白道村看露天电影。影片有《南征北战》《铁道卫士》等，每次必看的加片是《三口大锅闹革命》。

场地建设

1970年春，为解决连队办公场所问题，他们自已动手和泥、制坯，借用村上的土砖窑烧成青砖，在村东南方的土寨上建起20间房屋，组成一个院子，作为连队办公、开会场所。房屋分南北两排，南面一排红瓦房10间，北面一排平房10间；瓦房顶为木质构架，平房顶用水泥檩条、

美院教职工自建的红瓦房和瓦房顶部结构（2018 年　摄）

水泥板做成；断间墙中带有烟道，便于冬季取暖。其后，邯郸地区五七干校、县一中、县二中和县原种场相继使用此院。2011 年，因修建中华慈大街，两排房屋均拆去东头两间。到 2018 年，瓦房顶部及后墙年久失修，毁坏严重，还存 4 间平房尚可使用。

第二节　奉　献

专长发挥

进驻东陈村后，经县革委会与 1584 部队协商，由艺术家编成的一连帮助地方做文艺宣传工作。董希文、王式廓在东陈村街头复制一幅画报上的宣传画，内容是陆、海、空三军并肩保卫祖国。吴作人、董希文和王式廓绘大型墙壁画《生命不息　冲锋不止》。吴作人给村里和县新华书店分别绘制毛泽东主席像壁画。1970 年 6 月，薄松年与伍必端、彦涵、梁栋绘刻幻灯片；同年 8 月，梁树年、黄润华、张凭为毛泽东主席诗词《娄山关》等配画、李松配文。同年 9 月，姚有多等 6 人制作《天津三条石血泪史》幻灯片在邯郸域内各五七干校轮流放映；同年 11 月间，李松、张蔷、陶一清等 10 人为东陈村书写墙体标语 64 条。

驻村期间，他们制作的木偶戏《智取威虎山》在东陈村演出后受到欢迎。此后，常到邻近村、部队演出该戏。

技艺传授

1970 年冬，磁县文化馆馆长张子英从全县各行业中选出数十名学员，组办美术培训班，邀请邵晶坤、张大国、李桦、彦涵等美院教授到县文化馆（城隍庙前殿）讲课，传授幻灯木刻、国画、水粉画等，为期两个月。其间，美院教授每天骑自行车往返于东陈村至县城间。5 千米土路，

1970 年，磁县文化馆组办美训班合影。张大国（座排左五）、邵晶坤（座排左六）、张子英（座排左八）

本就坑坑洼洼，再加上下过一场雪，道路泥泞不堪。几位教授按时到场，在寒冷的课堂里照旧严谨授课。

1971 年春，县第一中学安排去年参加过培训班的学生俎翠林、王子锦、张子平到美院驻地深造，为期 1 年，由靳尚谊教授传技，地点设在东陈村美院自建的办公场所。是年，还组办培训班。

部分美训班学员欢送教授合影。前座排李桦（左三）、彦涵（左四）、张子英（左五）（1971 年　摄）

1972 年 4 月，邯郸市工人文化宫筹办美术创作培训班，美院教授李桦受邀讲素描课、苏高礼讲油画课。

文物保护

东陈村南水渠退水后，渠底和沟壁泥土中露出一些汉代随葬的陶屋、陶罐、骨针等。1972 年 1 月，连里派汤池和李松到县文化馆帮助工作，住在县招待所；让侯一民帮助修补陶鬲。他们将所捡文物捐献给县文化馆，还与县文化馆主管文

物者一同到土产公司，从废铜中收回铜镜、铜钱等文物。汤池和李松分别给文化馆工作人员讲述原始社会和夏商周时代的美术，协助县文化馆布置出土文物展，并撰写海报。是月25日，文物展在大雪中开幕。

附：海报原文

本館主辦，文物展覽，收集不多，意義不淺。祖國文化，五六千年，邯鄲磁縣，本是中原，文物遺存，品多種繁。原始時代，生產簡單，磨石做斧，骨錐石鐮，陶鬲三足，海貝當錢。奴隸制度，階級起源，諸侯封國，以鼎爲權，死後作塚，殉死成千，石室玉衣，還想昇天。封建社會，地主皇權，農民勞動，種地開山，燒瓷進貢，織錦養蠶，鑄銅煉鐵，金鑲玉嵌，血汗榨盡，餓死路邊。階級鬪爭，人類向前，人民革命，地覆天翻，巍巍太行，血灑平原，烈士英靈，人民懷念，珍藏遺物，子孫永傳。想想今天，勿忘從前；歷史見證，看看展览，展覽初辦，文物有限，全靠老鄉，大力支援，珍愛文物，積極捐獻，多提意見，擴大宣傳。

治病救人

20世纪60、70年代，农村缺医少药，看病困难。美院医生李慧文多次帮社员治病，其中两件事为社员称道。一是东陈村社员石大娘久患胃痛，痛苦不堪。她为石大娘开一剂药方，不日即愈；一齐姓男子，腿跌骨折，伤口久不愈合，她用药物涂抹，数日见好。

女雕塑家史超雄，无师自通，学会看病、配药，在村里当赤脚医生。社员有小灾小病，服用她开的药后迅速转好。

东陈村一个男孩掉进粪坑，被救出时已呛死

抢救男孩的女雕塑家张德华

过去。女雕塑家张德华正好路过，立即扑到满身脏物的男孩胸前，用嘴将男孩口腔、气管中的污物吮出，并做人工呼吸。

买书捐赠

东陈村小学校舍简陋，缺少图书。美院教授得知后，多次从县城新华书店买书捐赠该校，先后达200余册，且不留姓名。

第三节　作品选录

诗歌

村北有荷塘

村北有荷塘，地暖早飘香。田田覆碧漪，潋滟连三里。村西有太行，壑底生翠苍。嶙峋矗云外，绵绵万里长。山飚落平原，平原风走疾。黄叶下纷纷，墨叶翻飞急。莲子熟早收，梗叶劲且立。不自嫌秋老，犹堪任采摘。

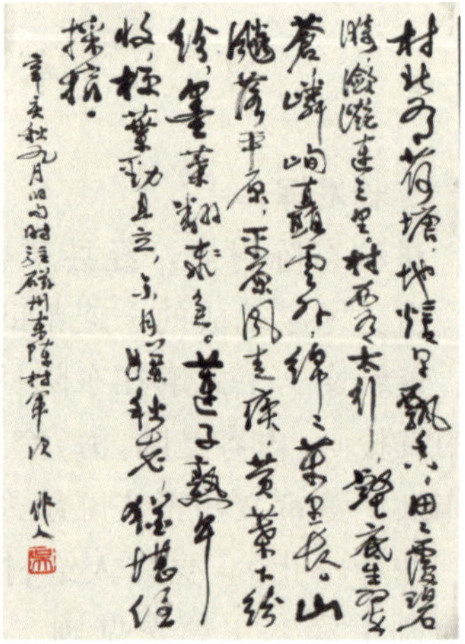

1971年吴作人手书《村北有荷塘》

（吴作人）

寐常少

长夜寐常少，临漳雁阵低。怕惊邻席梦，倚枕送星移。反侧终宵旦，逝韶叹难追。遽起外探场，白虎沉太行。乱云岂障日，天狗委尘荒。祸福相倚伏，理想终得偿。觜参西欲坠，曙色启东方。

（吴作人）

回王琦

踏歌玄武湖，谈艺荔枝湾，廿载烟云事，抚首忆华年。魏武铜雀地，齐写凤凰篇，胸怀寰宇志，方懂斗私难。汗滴似春雨，挥锹如移山，胸有朝阳红，挥手万顷田。“白发有期”乎，清流万里远。

（黄永玉）

注：“白发有期”语出《唐书·刘知几传》。

步陕北信天游体

未到过延安想延安，清令令的延河啊，宝塔山，
延水边啊信天游，枣园的灯火光闪闪。
一道道山梁杏花白，山沟沟里开遍红丹丹。
想起那延安的大生产，想起那当年的南泥湾。
羊肚子手巾头上那扎，蓝土布鞋脚上穿。
革命的胜利到今天，延安作风代代传。
今天来到了漳河岸，流不尽这漳河哪是源？
漳河的源头是延水，毛主席的教导记心间。
接过了延安的开荒镐，接过了延安的掘土锹。
汗水入土长出青苗苗，担担泔水挑在了肩。
蓝格莹莹的天哟雁北飞，给我捎信表心愿。
延河的水啊我未喝过，喝口漳水心也甜。

（李得春）

美术

《宗其香家书》　将白天的生产、生活场景及所见的风俗习惯等，晚上用图画形式记录，再图文搭配制成家书，寄回北京。

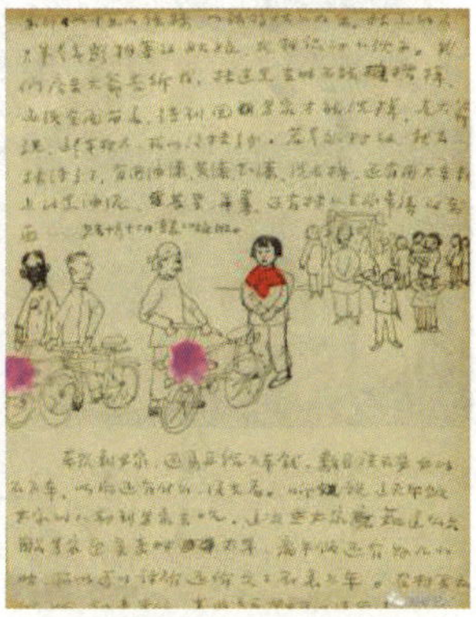

农村娶亲场景

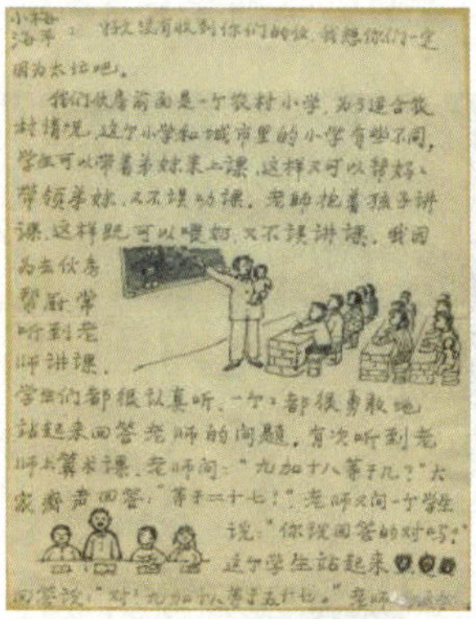

东陈村小学上课情形

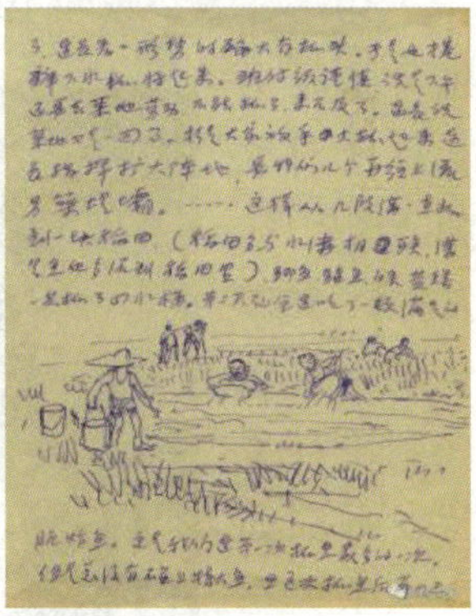

抓鱼改善生活

《春风杨柳万千条》　宗其香以岳城水库为背景创作。

《钓鳖图》　侯一民以东陈村生活感悟创作。

感谢信　汤池书写。村中人当字帖临摹，部分得以保存。

宗其香的《春风杨柳万千条》

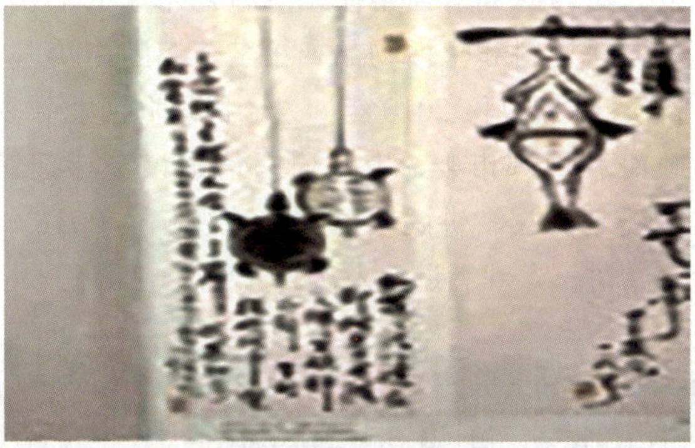

侯一民的《钓鳖图》

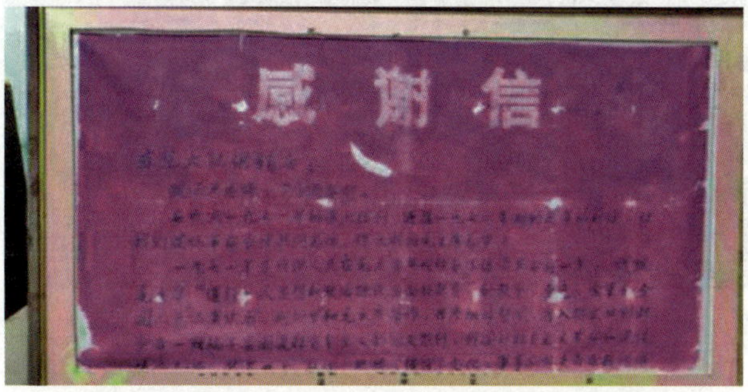

汤池写的感谢信残存上半部分（2018 年　摄）

《夜读》　苏高礼画作。这是他唯一一幅反映驻东陈村生活的水粉画。

小水粉画《夜读》

第四节　记　忆

东陈乡村记忆馆

2016年9月，为纪念1970—1972年美院人驻东陈村的往日深情，村民齐好珍、李文、李庆志和齐玉坤4人发起，在齐好珍的老宅——当年女十二班驻地建立东陈乡村记忆馆。

该馆占地500多平方米，馆舍面积200多平方米。馆内陈列有当年住东陈村艺术家的书画作品、书籍资料和生活物品。馆名、馆牌由美院老院长侯一民题写；2016年，侯一民还向河北省委、省政府和邯郸市委、市政府写信建议支持建馆。该馆受到磁县、讲武城镇领导重视。至2018年，接待寻访、参观者近万人次。

2018年侯一民（右三）在住宅为东陈乡村记忆馆题词

情谊延续

2017年后，在东陈村居住过的美院人，不顾年事已高，对记忆馆内的陈列积极支持：赠书、赠画、题词。他们有侯一民、李骏、李松、李化吉、刘焕章、潘世勋、蒋采萍、李玉兰、彭鸿远、戴泽、汤池、包于国、毛凤德、张得蒂、张润凯、邵晶坤、孙景波、闻立鹏与夫人张同霞等。其中，仅李松1人就捐书籍300余本。

东陈记忆馆受捐书籍

部分去世的老艺术家子女也慷慨支持记忆馆搞陈列：萧慧赠送父亲吴作人的著作，宗海平捐赠父亲宗其香的著作《宗其香家书》，李燕捐赠父亲李苦禅的教学音像光盘、10多本书籍等。

2019年，侯一民捐赠一幅长达20米的素描墙画《抗震壮歌》，把捐赠活动推向新的高度。

同样令人称道的是，美院宣传部部长秦建平代表美院向记忆馆捐赠《美院校史》等书籍物品。

1986年，侯一民（左二）、罗工柳和杨筠夫妇（左四、左三）参观磁县文化馆

回访磁县

1975年春、秋和1979年夏，汤池先后3次到磁县指导县文保所对北朝墓清理、发掘；1979年夏，王定理到磁县主持发掘茹茹公主墓大型壁画临摹；1984年，吴作人到磁县拍电视记录片。1986年6月9日，侯一民、罗

苏高礼（右二）在住过的老房子前留影（2018年　摄）

苏高礼（左三）一行在记忆馆内合影（2018 年　摄）

工柳及夫人到磁县参观民间美术陈列室。2000 年前后，刘焕章到东陈村拍摄纪录片。

2018 年 7 月，苏高礼夫妇等到东陈村参观东陈乡村记忆馆，并在住过的院子合影留念。苏教授欣然题写：东陈似家乡。

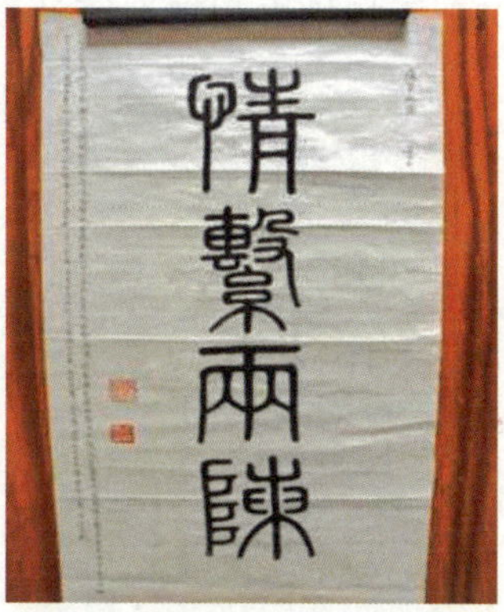

李松题词：情系两陈

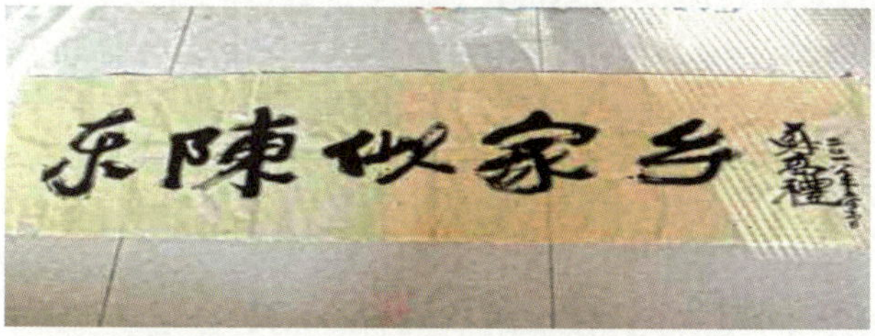

苏高礼题词：东陈似家乡 (2018 年　摄）

第七章　体　育

第一节　体育设施

体育馆

2014 年 9 月 15 日，磁县依托国家体育总局援助的“雪炭工程”项目，在滏泉湖风景区开工建设磁县全民健身活动中心，投资 2200 万元，占地 1 万平方米，建筑面积 6000 平方米。建有游泳馆、健身馆、壁球馆、瑜伽馆、乒乓球厅、羽毛球厅、运动员更衣室等设施，具备承办市、县级篮球、排球、乒乓球、羽毛球等赛事功能。是年 12 月 9 日竣工投用。

健身场所与器材配备

1999 年，群众健身主要在学校体育场、公园、广场等场所。2000 年后，群众体育基础设施建设逐步加强。2009 年，43 个村配发“农民体育健身工程”器材。2010 年“农民体育健身工程”稳步推进，争取国家级 25 套、省级 20 套“农民体育健身工程”器材发放到位，在平安公园安装一套健身路径。

磁县全民健身活动中心游泳馆

2014 年，争取 46 万元省级体育设施建设资金和配套器材，完成北黄沙等 4 个村的综合文体广场建设项目；配合农村面貌改造提升行动省级重点村“农民体育健身工程”建设工作，向磁州

全民健身工程一角

镇小营店村、纪庄村配发健身器材两套；2015 年，完成西王庄等 3 个村的“农民体育健身工程”建设。2016 年，向省体育局争取一套城市广场体育健身器材（16 件），安装在县政务服务中心健身广场；2017 年，21 个省级美丽乡村“农民体育健身工程”体育器材完成配发安装；争取中央集中彩票公益金支持地方体育事业专项资金 60 万元，为 72 个村安装“农民体育健身工程”体育器材；争取省“三下乡”扶持资金 100 万元，为 200 个村安装乒乓球台、45 个村安装篮球架、15 个村安装体育健身器材。截至 2018 年，全县 11 个乡（镇）中的 193 个社区、村体育健身器材安装 1543 套、场地总面积 7.91 万平方米。其中，多数社区、村体育健身器材配置 6～9 件，少数村达 10 多件。多数社区、村场地面积为 300 平方米，11 个村场地面积逾千平方米，其中以路村营乡东武仕村场地面积最大，达 1800 平方米。

2018 年磁县各乡（镇）健身器材配置场地面积情况统计表

表 26-5　　单位：个、套、平方米

乡（镇）名称	社区、村数	器材数	场地面积
磁州镇	56	543	24500
北贾璧乡	15	91	4500
陶泉乡	18	138	5400
黄沙镇	10	63	3700
都党乡	12	104	4100
讲武城镇	19	130	7400
岳城镇	16	102	4800
白土镇	10	60	3000
观台镇	8	54	2400
路村营乡	16	153	13950
时村营乡	13	105	5350
合　计	193	1543	79100

中小学校体育设施

1996 年前，除少数学校有运动场地外，大部分学校仅靠校园或校外空地进行体育活动。1996 年，普及九年制义务教育，全县 90% 中学建立运动场地，体育器材符合国家《中小学体育器材配备目录》标准，多数校内建有乒乓球台、篮球场。

1999 年，贯彻执行《国家体育锻炼标准》《学校体育工作条例》，学生每天锻炼 1 小时，开展阳光体育冬季长跑活动；按照《中小学体育配

磁县青少年活动中心

备目录》，全县各校配备体育器材；各学校建设中小学体育快乐健身园地。是年，磁县获“全国学校体育卫生工作先进单位”称号。2000年后，每年组织1次全县中小学体育节，将田径、乒乓球、篮球、足球等纳入比赛项目。组织学生参加国家、省、市体育比赛，并承办国家、省、市体育比赛活动。

2011年，开工建设磁县青少年活动中心，为中央彩票公益金扶持建设项目，位于县一中东侧，填补县域校外教育场所的空白；占地1.5公顷，建筑面积4082平方米；活动教室20多个、多功能放映厅1个、羽毛球馆1个、乒乓球室3个；总投资1966万元（含省配套资金240万元）。

2015年，全县开展校园足球、啦啦操活动，并将县一中、申庄中学、槐树学校、阜才中学、实验学校、兴善学校（2016年划出）、崇文学校、赵拔庄学校（2016年划出）、东二学校、职教中心、来村中学申报为全国足球特色学校。

经营性体育设施

20世纪90年代前，磁县体育设施大多由县体委、乡（镇）、学校置办，作为公益设施对外开放。此后，县内民办、机关单位自办各类经营性体育场所逐渐增多。2010年始，新建宾馆、酒店等经营性场所大多配备体育健身设施。2010年，全县有多家经营性体育场馆。其中，羽毛球馆1个、溜冰场1个、台球厅3个、游泳馆3个及健身房10多个。

第二节　社会体育

体育组织

1999—2011年，县内群众体育活动广泛而活跃，但社会体育组织建设滞后，群众基本上是自娱自乐。2012年起，县政府加强群众体育组织引导和社会体育市场培育，体育协会和社团建设逐步得到规范和强化。至2018年，有单项体育协会8个、单项体育运动俱乐部2个、体育类民办非企业组织（跆拳道馆）3家。团体体育活动增多。

磁县象棋协会　1997年成立，内设教练委员会、裁判委员会、培训委员会等分支机构。2011年，该协会组织延伸到乡（镇）、村，发展理事30余人、会员300余人。协会每年至少举行一次全县象棋比赛，并多次组队参加邯郸市农民运动会、河北省“农穗杯”农民象棋赛等。

磁县太极拳协会　2007年1月成立，设会长、副会长、理事、秘书长等，会员达500余人。2008年9月2日，选举磁县太极拳协会会长、副会长、秘书长。是年9月29日，在博物馆广场举办“迎国庆、庆中秋大型太极拳表演观摩暨磁县太极拳协会成立大会”；2011年8月15日，磁县太极拳协会换届。2017年春磁县太极拳协会第二次换届。是年，会员达800余人。2018年，会员增至1000余人。

2007年后，在全民健身日等重大活动时举办团体表演活动。2009年磁县县直乡（镇）机关干部职工运动会开始举办后，该协会组织会员出席团体表演活动。累计表演100余场次。

2018年磁县体育协会及体育类民办非企业组织一览表

表26-6

名称	地址
磁县太极拳协会	县城朝阳大街中行楼下
磁县太极文化拳友会	磁县商都二街1号
磁县户外运动健身协会	磁县创业孵化基地
磁县广场健身舞协会	县城振兴路79号

续表

名称	地址
磁县象棋协会	县城鼓楼南大街 51 号
磁县围棋协会	中盛国贸广场三楼
磁县篮球协会	磁县预备役驻地（职教中心内）
磁县健身气功协会	县城磁州路烟草局家属楼 1 单元 102 室
磁县仟帆水上运动俱乐部	东武仕水库管理处院内
磁县冠军青少年体育俱乐部	磁县体育运动学校
新超感跆拳道馆	县城朝阳北大街 86 号
通乾義跆拳道运动俱乐部	中盛国贸广场三楼
磁县武道跆拳道俱乐部	县城朝阳大街 28 号

群众体育活动

磁县体育团体组织是共同爱好者自发组织形成。篮球以代表队的形式组建，参与人数多，平常相互切磋活动频繁，职工篮球赛、国庆篮球赛、农民篮球赛在县内盛行。2018 年，全县 11 个乡（镇）有气功辅导站点 50 余处，1 万余人练习气功，习练“八段锦”“五禽戏”“易筋经”“六字诀”4 种。2018 年 9 月，按照省、市体育局成立县级健身气功协会的要求，县文旅体局批准成立磁县健身气功协会。

职工体育 解放前，磁县职工生活水平低，无暇锻炼身体。解放后，职工队伍逐渐扩大，生活水平逐渐提高，业余时间较为充裕。20 世纪 50 年代初和 70 年代初，磁县出现两次职工篮球热，各单位成立篮球队。20 世纪 80 年代后，全县每年在“五一”劳动节和国庆节期间举行职工体育比赛，比赛项目有篮球、长跑、乒乓球、羽毛球、象棋、围棋、拔河等。随着职工物质生活水平的提高，人们越来越重视对身体素质的锻炼。每天早晨，参加锻炼的职工越来越多，有跑步、打球、跳舞、练气功、打太极拳等多种运动方式。业余时间，职工打球、下棋等活动蔚然成风。参加体育锻炼的职工由 1988 年的 41% 增至 1998 年的 70%。1999 年后，各单位文体活动室增多，30% 的单位办起文体活动室，项目有乒乓球、台球、中国象棋、跳棋等。至 2018 年，大多数单位建立文体活动室。

农民体育 1991 年起，磁县坚持“开展全民健身，增强人民体质”宗旨，充分发挥协会等社会群体力量，推动农民体育运动发展，组织农民利用农闲时节开展群众性体育活动，在大型节假日举办群众喜闻乐见的体育活动。活动项目主要有象棋、篮球、羽毛球、广场舞、健步走等。2016 年元宵节期间，磁县 18 个乡（镇）开展传统文体活动，并组成 30 个代表队进城表演。2016 年 6 月，磁县组队参加邯郸市农民太极拳展示大赛，获 3 个第一名、4 个一等奖、3 个二等奖、5 个三等奖、集体项目一等奖，并被授予体育道德风尚奖和优秀组织奖。另外，磁县农民多次组队参加邯郸市农民运动会、健身展示赛、农民象棋精英赛、河北省“农穗杯”农民象棋赛等活动。2018 年 8 月 4—6 日，磁县组织太极拳协会 19 名选手参加邯郸市太极拳大赛，在集体项目和个人单项比赛中取得 1 枚金牌、4 枚银牌、21 枚铜牌的成绩。

老年人体育 20 世纪 80 年代初，县内老年人开始经常化体育活动。其后，随着物质文化生活水平的提高，老年人进一步重视锻炼身体。活

动项目主要有象棋、康乐棋、门球、赶球、太极拳、老年迪斯科、气功等。

1991—2005 年，磁县老年人体育事业受经济条件制约发展较缓慢。2006 年起，县政府推动老年体育事业快速发展，老年人参加体育活动人数不断增加，活动内容和形式不断丰富，项目包括木兰扇、太极拳、太极健身球、秧歌、健身舞蹈、象棋、气功等。

2000—2018 年，磁县每年开展老年人健步走、乒乓球、象棋、太极拳、太极健身球、健身操、健身秧歌、重阳登高等比赛活动。2005 年、2006 年，磁县组织老年人参加邯郸市门球比赛。2005 年 11 月 1 日，由县中老年人组成的冀南虹霞艺术团自编自演的“健身球”舞蹈在广东省韶关市举办的全国中老年健身球比赛中获二等奖。2006 年 10 月，县夕阳红老年秧歌队在河北省“华北油田杯”老年健身秧歌比赛中获第一名。2009 年 1 月，磁县获国家“全民健身与奥运同行‘全国亿万老年人健步走向北京奥运会活动’先进地区”称号。

全民健身运动　2000 年起，磁县加强社会体育指导员队伍建设，促进全县体育活动向规范化、常态化发展。先后举办全县农村社会体育指导员培训班 20 余期，累计培训学员 500 余人。至 2018 年，磁县有社会体育指导员国家级 1 人、一级 6 人、二级 96 人、三级 200 余人。2010—2018 年，市体育局审批磁县二级社会体育指导员 90 人、三级社会体育指导员 100 余人。

附一：“全民健身日”启动仪式暨千人健步行活动

2015 年 8 月 8 日上午，由市体育局和县政府主办、县林业局和县文旅体局联合承办的邯郸市 2015 年“全民健身日”启动仪式暨千人健步行活动在中华慈大街自行车慢行道举行。出席启动仪式的有市、县领导。市体育局局长曹淑霞为黄金时代健身俱乐部颁授“全民健身示范基地”牌匾；中华慈大街自行车慢行道被评为“河北省全民健身户外活动基地”并揭牌；来自市直、磁县县直和乡（镇）机关 1000 余名干部职工参加活动。

附二：“溢泉湖冬泳文化节”暨世界华人运动会（邯郸站）新年冬泳大会

2016 年 1 月 16 日上午，由国家体育总局游泳运动管理中心、中国游泳协会冬泳委员会和世界华人运动会支持，邯郸市体育局、冀南新区·磁县政府联合主办的首届“磁州酒杯”晋冀鲁豫“溢泉湖冬泳文化节”暨世界华人运动会（邯郸站）新年冬泳大会在溢泉湖开幕。

冬泳节开幕式

此次活动是区·县近期组织举办的规模最大、影响最广的体育活动，汇集来自全国 25 个省（市）33 个队、600 多名冬泳爱好者。还邀请到世界华人运动会执行主席陈志文，北京体育大学社会体育系主任、“中国横渡第一人”张健，冬泳网理事会主席“鱼王”李林和世界“冰火王”崔德益作为嘉宾到场助阵。此次冬泳大会以“畅游溢泉湖　共筑中国梦”为主题。开幕式举行太极拳、青春健美舞、泳装秀、冰火表演，还举办溢泉湖风景专题摄影展和体育名人奇迹展等活动。

与会冬泳队伍

冬泳进行时

勇敢的女冬泳队员

第三节　县直乡（镇）机关干部职工运动会

第一届县直乡（镇）机关干部职工运动会

2009年5月5—8日，磁县在县一中体育场举办第一届县直乡（镇）机关干部职工运动会。历时3天，全县122个代表队、近7000名运动员参加，角逐7个大项、11个小项项目，是磁县体育运动史上规模最大、规格最高、涉及面最广、参加人数最多的一次运动会。

首届县直乡（镇）机关干部职工运动会开幕式

第二届县直乡（镇）机关干部职工运动会

2011年5月30日至6月1日，磁县在县一中体育场举办磁县创建文明城动员暨第二届县直乡（镇）机关干部职工运动会。全县122个代表队、近7000名运动员参加。该届运动会比赛项目设田径、乒乓球、中国象棋、篮球、拔河、围棋、大众健身操、健身长跑等8大项、12小项。

第三届县直乡（镇）机关干部职工运动会

2013年5月28—30日，磁县在县一中体育场举办第三届县直乡（镇）机关干部职工运动会。全县122个代表队、近7000名运动员参加。该届运动会比赛项目设8个大项、18个小项，主要有田径、乒乓球、羽毛球、中国象棋、围棋、篮球、拔河、健身长跑等项目。

第三届县直乡（镇）机关干部职工运动会开幕式会场

第四届县直乡（镇）机关干部职工运动会

2015年5月20日至6月15日，冀南新区·磁县在县一中体育场举办区·县县直乡（镇）机关干部职工运动会。全县122个代表队、近7000名运动员参加。该届运动会主题："全民健身新常态　凝心聚力谋发展"。该届运动会竞赛项目：干部职工组有乒乓球、羽毛球、中国象棋、围棋、健身长跑、趣味运动（篮球三分球、跳绳、托球跑）、拔河、广播操（第九套）；嘉宾组（参赛人员为区·县副县级以上领导干部）有乒乓球、羽毛球。

第四届县直乡（镇）机关干部职工运动会开幕式

羽毛球比赛中

第五届县直乡（镇）机关干部职工运动会

2017 年 4 月 28 日至 5 月 26 日，磁县在县一

开幕式上的太极表演

中体育场举办县直乡（镇）机关干部职工运动会。全县 115 个代表队、6600 余名运动员参加。该届运动会主题："体育点燃激情　创新成就梦想"。比赛项目有竞技项目和趣味运动项目。竞技项目 8 个大项：乒乓球（男单、女单）、羽毛球（男单、女单）、健身长跑（男子组、女子组）、中国象棋、围棋、篮球、拔河、广播操（第九套）；趣味运动项目 4 个大项：篮球三分球（女子二分球）、托球跑、跳绳、踢毽（男子组、女子组）。

第四节　竞技体育

1999—2018 年，磁县体育健儿在各种体育比赛中取得较好成绩。其中，省级比赛中获 23 枚金牌，国家级比赛中获 4 枚金牌。2018 年，在第三届亚洲残疾人运动会女子举重比赛中，郭玲玲举重刷新世界纪录并夺冠。磁县体育运动学校 2001 年被国家体育总局评为"全国群众体育工作先进单位"、2011 年被国家体育总局评为"国家级青少年俱乐部"、2014 年被河北省体育局评为"四星级体校"。

1999—2019 年磁县参加体育比赛获奖情况统计表

表 26-7

年份	人员	比赛名称及参加项目	名次
1999	阎修强	泰国远南残疾人运动会男子标枪 F4 级	亚　军
2000	磁县代表队	河北省第十届中学生田径运动会田赛组	团体第三名，金牌 4 枚、银牌 8 枚、铜牌 5 枚
2001	阎修强	全国残疾人田径锦标赛男子标枪 A4 级	第一名
2004	朱丽芳	河北省第十届运动会田径比赛 100 米栏	第一名并破河北省青少年纪录
2007	磁县代表队	河北省县级市青少年田径锦标赛	男子团体第二名、女子团体第四名，金牌 3 枚、银牌 2 枚、铜牌 9 枚

续表

年份	人员	比赛名称及参加项目	名次
2008	郝　增	中国“飞跃杯”第十八届青少年田径运动会男子乙组标枪	冠　军
	磁县代表队	河北省县级市青少年田径锦标赛	男子、女子团体均为第三名，金牌2枚、银牌5枚、铜牌7枚
2010	廖权权	河北省第十三届运动会拳术、枪术	第一名
	王　鑫	河北省第十三届运动会女子柔道	第一名
	徐梦荣	河北省第十三届运动会标枪	第一名
	张少鹏	河北省第十三届运动会古典式摔跤	第一名
	吝少男	河北省第十三届运动会男子柔道	第一名
	王超超	河北省第十三届运动会400米、200米栏	第一名
2011	县一中代表队	全国第二十一届“飞跃杯”田径锦标赛	团体总分B组第一名
	李　珊	河北省田径锦标赛女子跳远	第一名
2013	刘金旗	河北省县级市田径锦标赛男子800米、1500米	冠　军
2014	陈　倩	河北省第十四届运动会女子柔道	第一名
	韩红杰	河北省第十四届运动会女子柔道	第一名
	陈旭辉 左利超	河北省第十四届运动会男子双人艇	第一名
	赵洋洋 苏丹阳	河北省第十四届运动会女子双人赛艇	第一名
	许春晓 苏春雨	河北省第十四届运动会女子双人皮艇	第一名
2015	程天亮	全国技巧冠军赛青少年组男子四人动力套	第一名
	王　鑫	全国大学生柔道锦标赛女子柔道	第一名
2017	王　鑫	全国第十三届运动会女子柔道	第二名
2018	郭玲玲	第三届亚洲残疾人运动会女子举重	第一名，刷新世界纪录
2019	王鹏飞	全国青年运动会中国式摔跤比赛	冠　军

附：磁县体育运动学校

磁县体育运动学校隶属磁县教育局管理，实行九年义务教育，学生食宿、文化学习、体育训练三集中，是磁县唯一一所专门培养体育后备人才的国办学校。原称磁县业余体校，始建于1980年，校址位于西海波广场（西海公园内）。1992年迁至县城迎宾西路93号，占地2.87公顷，建筑面积5千多平方米。

2018年，学校有教练、教师、职工34人，开设武术、柔道、摔跤、举重、田径5个项目，7个运动队，设置小学（4～6年级）、初中六个年级，在校生170余人。学校有3座标准场馆，以及物理、生物、化学实验室、图书馆、微机室。能够全面组织运动训练和文化学习，还具备承办田径、柔道、摔跤等项目比赛活动功能。已发展成为一所集训练、教学、科研、比赛、输送于一体，规模较大、实力较强的县级综合性体育运动学校。

第二十七编　磁州窑文化

磁州窑，因位于磁州域内而得名。域内煤炭（黑）瓷土（白）储藏丰富，漳河、滏阳河水资源丰富和水运条件便利成就磁州窑产业的发展壮大。

磁州窑创烧于北朝，窑场有位于东魏、北齐都城——邺城附近的曹村窑和漳河、滏阳河流域的临水村窑和北贾壁村窑。烧制品从汉魏时期的灰陶过渡为釉陶、青瓷。至唐代由青瓷向白瓷过渡，并出现白釉点彩装饰。

宋代是磁州窑的发展繁荣期，形成漳河流域以观台窑为中心、滏阳河流域以彭城窑为中心两个烧造区域。北宋前期，来自附近邢窑、定窑的压力和影响，磁州窑在传承自身优点的同时，学习他窑的长处。宋代后期，磁州窑已从众多窑场中脱颖而出，成为北方的一大民窑，生产的器物种类百余种，地位堪于当时的五大官窑“汝、官、哥、钧、定”相媲美。金代，磁州窑进入成熟发展期且成功地将中国传统的毛笔书法绘画技法嫁接于瓷器装饰，形成独特的“白地黑花”装饰技法，并开釉上彩装饰的先河。其后，此装饰技法一直成为磁州窑装饰的主流，并影响到河南、河北、山东、山西、内蒙古、安徽、江西等诸窑场，形成一个庞大的磁州窑系。磁州窑的技艺还传播到朝鲜、泰国、越南、日本以及中东和东非地区，又经阿拉伯人传播到欧洲。元代，磁州窑的装饰艺术进入繁荣鼎盛期。

明代，是磁州窑历史上的一个重要变迁时期。明初，受战争的影响，漳河流域的窑场停烧。滏阳河流域的彭城等窑厂虽坚持生产，但滑向低谷。直到明宣宗时期，北方经济得以恢复，磁州窑获发展机遇。生产规模扩大——彭城窑场接纳漳河流域窑厂大批的产业工人，并承担原有的市场生产需求，呈现出一片繁荣景象，获“南有景德，北有彭城”“千里彭城日进斗金”的美称。装饰上表现出“白地褐彩”的典型特色，画风上形成一种大写意的人物、花鸟绘画装饰风格，令人耳目一新。

清代，青花瓷受到皇家的推崇和消费市场的广泛认可。磁州窑在继承“白地黑花”装饰的基础上，适应市场需求，引进氧化钴材料，大量烧制青花瓷，从青花装饰上延伸出青花褐彩、青绿彩和五彩等装饰。同时，传统的毛笔绘画技艺更加娴熟，绘画装饰仍然呈现出异彩。民国时期，彭城为中心的磁州窑业生产保持发展态势。

中华人民共和国成立后，在当地政府及有关部门的支持下彭城瓷业蓬勃发展，成为“北方瓷都”。21 世纪初，陶瓷界掀起“磁州窑”热，磁县和峰峰矿区分别建立磁州窑博物馆，将磁州窑的研究和发展推向新的高度。1982 年，磁县成立工艺美术厂。1998 年，磁县恒昌瓷业有限公司成立，小规模生产磁州窑产品。

1999 年后，磁县继续加强对磁州窑的传承、交流和研究，打造磁州窑文化品牌。2006 年 12 月，磁县中国磁州窑博物馆建成开馆，磁州窑制瓷技艺入选第一批国家非物质文化遗产名录。2012 年，磁县成立冀南磁州窑艺术研发公司。2016 年 2 月 17 日，磁州窑博物馆成立磁州窑研究协会。2010 年 10 月至 2018 年 9 月，先后举办五届国际磁州窑论坛，推进磁州窑的传承、发展、传播与交流。

迄今 1500 年的烧造进程中，磁州窑成功地演绎从灰陶、釉陶到陶瓷的烧造过程，展示古代北方瓷窑发展的脉络，并逐步形成古代北方规模最大、影响力最广泛的窑场之一。千余年间窑火从未中断，成为中国古陶瓷烧造史上的奇迹。

第一章　古代磁州窑的形成和发展

古代，域内西部的太行山东麓山前丘区蕴藏的特有矿物质，为磁州窑的生产提供必要又丰富的胎料、釉料、化妆土以及燃料等资源。漳河、滏阳河两河流域宽广、水流量大，为磁州窑的生产、外销提供便利的水利资源。域内漫长的烧陶历史，为磁州窑的发展兴起打下坚实的技术基础。

第一节　地理成因

矿物地质条件

太行山东麓山前丘区的地质构造，属于石炭二叠纪煤田或含煤向斜（盆地）边缘部位，在含煤地层底部蕴藏有丰富的瓷土矿资源，如白干土、坩子土等。这些矿产资源就是大青土，是磁州窑瓷器的基本原料。它们广泛分布于域内的艾口向斜、申家庄向斜、都党向斜、白土向斜、贾壁向斜、和村—彭城向斜等含煤向斜构造边缘。南起观台村，北经都党、苏村、彭城村正西，直到拔剑、和村一带均有出露，且藏量达上千万吨，可供磁州窑长期使用。当地产有用于黑绘颜料的“斑花石”（高铁黏土岩）、用于白釉原料和黑釉原料的“釉土”（原生黄土）、用于粉饰胎体的白化妆土（白碱）。这些原料，为磁州窑的生产和形成独特风格的白地黑花（铁锈花）等装饰艺术提供物质保障。

水源水运条件

历史上的磁州窑两大中心都分布在河岸上：以观台窑为中心的诸窑场依傍漳河，以彭城窑为中心的诸窑场密布在滏阳河流域。观台窑位于漳河出太行山的山口拐弯处，窑场的西面和北面被漳水蜿蜒环围。观台窑对岸是背靠艾山的冶子窑，逆河而上 1.5 千米的漳河右岸是位于艾山之口的东艾口窑，顺河而下 3 千米的漳河左岸有申家庄窑场。该窑场沿漳河台岸而建，断续绵延 2 千米之长。与申家庄窑场对望的漳河右岸有观兵台窑。另外，在观台窑北方有一条漳河支流，从北贾壁窑上方顺流而下，汇入漳河。宋代以前，此支流可行船，逆流而上，有荣花寨窑、南莲花窑、白土窑、青碗窑、青碗河窑、北贾壁窑。在漳河流域内，这些窑场就像一个个贝壳，紧紧串穿在漳河这条水线上。以彭城窑为中心的诸窑场，今在峰峰矿区内。他们依滏阳河烧造瓷器：义井窑坐落于滏阳河上源头，常范庄窑、临水窑坐落于滏阳河左岸，彭城窑、富田窑、河泉窑、二里沟窑坐落于滏阳河右岸，也形成一个依河傍岸的分布格局。

古代陶瓷业对河流依赖性很强，一方面需要河流提供大量的生产用水，另一方面需要使用河流天然、平稳的水路。古代磁州窑每年生产出的大量瓷器，主要依托漳河、滏阳河水上运输。大量出土的瓷器证明，漳河南岸的河南省安阳市老城城区内和滏阳河北岸的磁县城内鼓楼四周，均是磁州窑瓷器的销售集散地，县城往北 15 千米处的马头镇，是滏阳河口岸上瓷器外运的水运码头。

第二节　发展过程

窑火渊源

磁州窑火的渊源，可追溯到 8000 多年前域内远古先民在磁山烧制陶器的仰韶文化时期。在磁山居住的先民烧制陶器以倒靴形支架为典型特征，有灰陶、红褐陶、夹砂红陶等，采用盘泥条的方法制作陶器。后来烧陶遍布域内沿河有人居住的定居点。漳河流域的下七垣、潘汪、界段营、高庄等遗址和滏阳河流域的邯峰电厂、富香、小屯、九侯城、北城、台城等遗址均出土大量的陶器，它们涵盖上至仰韶文化、龙山文化、商、西周，下到春秋、战国的漫长陶器发展史。秦汉时，域内已出现釉陶的生产，还出现白色陶衣，这是磁州窑使用化妆土的雏形。到北朝的北齐时，域内开始烧瓷器——青瓷。

磁州青瓷

北朝时期属于磁州窑的创烧期。北朝末期，邺城周围新兴起一批陶瓷窑场，主要分布在漳河流域和滏阳河流域。从东往西，依次是邺南城东墙外的曹村窑、临水镇窑和北贾壁村窑。如此排列，也显示出 3 个窑口制造的瓷器的差异，越向西瓷

器质量越差。

曹村窑是官窑，也是烧造中心，瓷器质量精致。磁县北朝墓群出土的褐釉陶器、青瓷器成分与曹村窑的相关器物成分相同。曹村窑在汉魏时烧灰陶，北朝末期的东魏、北齐时期开始烧制釉陶和青瓷，是古代北方最早烧制陶瓷的窑场，也是磁州窑的开端。

东魏时主要烧制褐釉陶器，为素面褐釉装饰。北齐时，始烧制青瓷。青瓷坯胎烧成温度高，胎质已瓷化。烧成后施铅釉二次烧成。以铅助融的釉子稀释性较好，称为玻璃釉；石灰釉稀释性较差，施釉不及底，且有釉滴，釉色发青；改进者把釉料直接施在坯胎上，有极少量的器物开始使用化妆土。

北齐青瓷多为实用性器物，如罐、壶、盘、碗、瓶、烛台、砚台等，也有一些是仿实用性的明器，如虎子、龙柄鸡首壶等。北齐青瓷的装饰工艺主要是雕塑和刻划，开创北方青瓷刻划装饰的先河。由于北齐皇帝高洋崇信佛教，青瓷也开始有佛教文化装饰。

北周大象二年（580年）八月，杨坚掘漳河、毁邺城，曹村窑被冲毁。次年，隋朝建立，磁州窑青瓷烧造中心转向西部的临水镇窑和北贾壁村窑，继续烧制青瓷。

临水青瓷窑位于峰峰矿区的临水镇。因紧临滏水故名。其青瓷器主要器形是钵和碗；其次有杯、高足杯、矮足盘和高足盘等；特点：釉为青绿色或黄色，胎质坚硬；青瓷碗口部均施用化妆土，然后罩以青黄色釉，化妆土部分明显呈黄白色。北齐茹茹公主墓出土的平足青瓷盏，釉色与临水的青瓷釉色相同。临水窑是北朝的窑址，和北贾壁青瓷窑属同一时期，它历经隋、唐及宋、元，一直延烧到金代，既是磁州窑的前身窑场之一，也是彭城磁州窑场的圣火之源。

北贾壁村位于磁县城西40千米处，青瓷窑在该村村南的寺沟台地上，自北朝开始烧造青瓷，属民窑，瓷器质量较粗。北贾壁窑窑场规模不大，窑炉也较小；瓷器品种单调，主要以碗、钵、壶、罐、砚、高足盘等器皿为主；烧制采用罗烧法，器内都有较大的疤痕；特点：造型浑厚凝重，器物件大不变形。釉色呈青褐或青绿色；瓷器胎色青灰，胎体分粗胎和细胎：粗胎色青灰，颗粒较粗，多有黑色斑点，胎面上施青褐色釉；细胎呈灰色，胎质细腻，瓷化良好，胎面施以青绿色透明釉，器内满施釉，器外则半截釉。生产热源来自烧柴。当时，青碗河窑也烧青瓷。

北贾壁青瓷窑创烧于北朝，历唐末五代，后逐渐停烧。

白地黑花形成

经过隋、唐、五代、宋的发展，到金代初期，真正完全意义上的磁州窑成型，以观台窑场为中心，形成“白地黑花（褐彩）”的独特装饰工艺，跻身中国古代著名窑场。

唐、五代时期，磁州窑场烧造白瓷。五代末到北宋初年，观台窑窑场开始烧瓷。受当时北方白瓷技术和“大青土”本身质地的影响，观台窑模仿各窑系技术，普遍使用化妆土：装饰上，仿定窑的划花和刻莲瓣；器型方面，模仿耀州窑；釉、彩使用方面，模仿长沙窑的彩斑和河南窑的花釉瓷、白釉绿彩、白釉酱彩；还模仿密县窑、邢窑等装饰技法。北宋中后期至金代前期，磁州窑依然博采众家之长：仿定窑的精瓷、低温绿釉和黄绿釉器和仿建窑的“兔毫盏”“油滴盏”，均获成功。北宋磁州窑适应士大夫阶层追求素雅清丽的艺术风格，以化妆瓷为主要产品，由于还没有形成独特风格，只能仿制定窑精品瓷。

模仿中，磁州窑不断创新出特有的瓷器特点和技艺：观台窑初期，吸收金银器上的鱼子纹地錾化装饰、金花银器的装饰手法，创造出珍珠地划花和剔花装饰；北宋中后期，磁州窑器形出现一些个体较大的器物，如花口长颈瓶、矮梅瓶、筒形罐、深腹钵等器物都是其特有的器型；瓷枕在数量和种类上也大增；装饰手法创制黑剔花、白地绘划花等磁州窑的典型技法。

北宋晚期，统治阶层对玩物和陈设饰品强烈追求，刺激各地窑场生产精品，创制新的装饰工艺。此时，磁州窑创烧出反差极为强烈的黑剔花，成为区别其他窑口的独特风格。这种反差极为强烈的黑剔花装饰方法，配合这一时期开始流行的大朵的花朵结合连续变形枝叶的缠枝花图案，造成一种既工整、又不拘谨，既明快生动、又朴素典雅的效果，极具魅力；磁州窑工匠受黑剔花强烈黑白对比的启发，采用中国水墨画技法，创造出白地黑花装饰技法：用毛笔将中国绘画和书法艺术融合到瓷器装饰方面。这种"白地黑花（褐彩）"的典型装饰风格标志着真正意义上的磁州窑形成。

第一次繁荣

宋与金的冲突、对峙、割据，使得代表庶民文化的磁州窑艺术大放异彩，甚至成为宫廷艺术风格中的主流。

观台窑所处位置偏僻，在宋、金战争中受到的影响较小；磁州窑是生产民用品的窑场，产品在生活中不可缺少，战后恢复期中又有广泛的需求。这为磁州窑的繁荣提供出充分的社会条件。

这时，磁州窑由早期的日常生活用瓷为主，开始出现艺术性陈设用瓷、宗教用瓷和建筑瓷，而且各类别和形式的器物种类繁多；窑的数量是前期的2、3倍，达到最高峰；釉色多样：低温釉的绿釉、黄绿釉大量出现，黄釉和红绿彩瓷也主要在这个时期流行；装饰技法丰富：除已形成的各种技法外，最典型的白地黑花装饰数量最多，绘制最精美、图案最丰富；带装饰的器物比重最高；观台窑最精美的黑剔花出现，白地绘划花等最为流行；纹饰图案丰富多彩：突破以花草类图案为主的格局，福寿题材、书法、山水、人物和动物题材的图案成为一种新的时尚;器物组合中精细的仿定瓷占较大比例;金代雕塑艺术，对观台窑瓷器的装饰、浮雕性模印花和模制器物产生重大影响。

衰落时期

蒙古军队占领磁州后，北方地区的制瓷业一蹶不振，观台窑的衰败尤为严重：产品变得单调，只生产日常生活用品；仿精致的定瓷逐渐停烧，颜色釉骤减，装饰草率简陋，产品质量急剧下降。元朝统一全国后，南方质优价廉的瓷器大批行销北方，强烈冲击磁州窑精品市场。漳河流域的磁州窑窑场呈现萧条景象，器类和釉色更加单调，装饰几乎只有简单、草率的白地黑花和黑釉酱彩、铁锈花数种，有些窑场则变成烧制仿钧瓷为主。

观台窑场

观台窑是磁州窑的摇篮。观台窑场位于磁县西南部，属太行山东麓山前丘陵地带，在漳河出山口右岸上1处河曲环抱的南北向"舌形"台地上。该窑址南北长约800米，东西宽约600米，总面积约50万平方米。在观台窑周围分布有1个窑址群:东艾口、冶子、申家庄、观兵台、南莲花、荣花寨、白土、青碗、青碗河、北贾壁窑等窑址。此窑址群以观台窑为主窑场，在宋、金时期，形成磁州窑的中心窑场。这里天然的"大青土"原料、"斑花石"（高铁黏土岩）和"釉土"（原生黄土）、煤炭、漳河共同孕育出以观台窑为中心的一代名窑——宋代磁州窑。

五代末到北宋初期，观台窑场开始烧制瓷器，是以日常生活用品为主的普通民窑，窑场范围很小。北宋中后期到金代前期，观台窑制瓷业得到巨大发展。以煤为燃料，窑温提高，窑炉扩大，匣钵普遍使用。在烧成方法上采用支圈覆烧法工艺。使用模范制坯且迅速普及，成为当时主要的成型方法之一。观台窑的范围和影响均有扩大。在漳河流域，沿河形成以观台为中心的一系列窑场。金代，是观台窑场的鼎盛时期，成为宫廷艺术风格中的主流，生产的龙、凤形象器物，一部分产品被宫廷御用。

元代以后，滏阳河流域的彭城窑场的制瓷业迅速发展，逐渐超越观台窑场。元末明初，由于易开采的制瓷资源枯竭和漳河水系的变化，观台窑和漳河流域的各窑场先后停烧。

第二次繁荣

明清时期是磁州窑以彭城窑为中心的第二次繁荣期。

彭城，位于磁州西部的滏阳河源头，距观台窑仅25千米，且共处在同一个含煤向斜的地质构造层上，出产有生产陶瓷用的"大青土"和易于开采的煤炭，另有滏阳河充足的水源和水运通道。宋时，它只是一个小村落。受观台窑影响，陶瓷业在彭城已悄然兴起。到元代，迅速发展起来，器皿征用入宫，还远销国外。元末明初，彭城窑和周围的盐店窑、二里沟窑、富田窑、小南河窑、九条洞窑、常范窑、新华窑、临水窑等，共同形成新的磁州窑烧造中心。明代，以彭城窑为代表的磁州窑再次繁荣，瓷器生产呈蒸蒸日上之势，品种繁多，产量大，销路广，故有"千里彭城、

日进斗金”“南有景德、北有彭城”之说。

明代磁州窑瓷器：器型上，梅瓶的底部加粗，瓶身更稳重安定；画风上，文人画的色彩更浓，出现“骑乘连行”“树下相连”等题材的绘画装饰；牙色、米色釉上绘折枝花，花朵挂粉、逸笔草草而生趣盎然，上承宋、金工艺传统，下启清代景德镇粉彩装饰技法。

清、民国时期，彭城窑继续生产并表现出旺盛的生命力。

民国前后，由于氧化钴的输入，磁州窑独特的白地黑花的装饰逐渐被青花所取代。中华人民共和国成立后，彭城虽享有“现代瓷都”美称，但生产工艺和装饰风格已多数不再是旧时的磁州窑风格。

20 世纪 60 年代，部分磁州窑艺人重建传统磁州窑工艺作坊，磁州窑工艺才得以重新挖掘和继承下来。20 世纪末 21 世纪初，陶瓷界再次掀起“磁州窑”热，峰峰矿区和磁县分别建立磁州窑博物馆，把磁州窑的研究推上更高境界，一些艺术家和企业也投入磁州窑的研发和创新中，一批批白地黑花、黑剔花、白地黑绘花、水墨山水等黑白装饰风格的磁州窑精美瓷器推向国内外市场，使磁州窑艺术得以发扬光大。

第二章　制瓷工艺

磁州窑在漫长的生产过程中，逐渐形成成熟的生产工艺和装饰风格。馒头窑、72 道烧造工序、黑与白的装饰风格、毛笔装饰技法、典型瓷枕器型及丰富的装饰题材为磁州窑所独有，流传千古，沿用至今。进入 21 世纪，随着科技的发展，在古法的基础上，磁州窑的生产工艺和瓷器的品质、装饰风格、器型有新的突破，在现代陶瓷界依然占有一席之地。

第一节　生产工艺

馒头窑

磁州窑烧制瓷器的窑炉一直沿用馒头窑，因其外形像馒头而得名。馒头窑起源于磁州先民早前的烧陶。到东周时期，馒头窑已具备现代陶瓷窑的基本条件：固定的窑墙，椭圆形的窑室，封闭的窑顶，火膛移到窑内，固定的窑门供装窑出窑之用；窑后墙有 1 个烟囱、底部有 1 个进焰口，火焰流动为半倒焰、半平焰的混合方式。馒头窑是磁州窑的标志。

窑场设备

原料加工设备：耙齿，用于耙泥；碱槽，用于轧制白碱；轧土设备，用于粉碎缸土、笼土等制坯胎原料。

坯胎成型设备：石轮；模型；窑具——匣钵，就是笼盔，用于装入除缸类大型器件之外的坯体以烧制，既可避烟火灰尘，又可垒列坯体，增加窑内容量；窑场建筑设施，由工作洞、简易房屋和围墙等构成。工作洞为半成品成型的工作坊，为隧道式半圆形长洞，半地下室式；简易房，用作账房和储藏室。

工艺流程

磁州窑生产瓷器有 72 道精细工艺：选矿，采掘，运输，检选，破碎，除杂，碾压，堆储，铺土，洒水，竖切，入池，耙泥，过筛，放浆，清耙，沉淀，干燥，炼泥（取泥），陈腐，铺场，碾土，堆筛，掺砂，和泥，踩泥（揉泥融泥），开模，托坯，拉坯，修坯，粘接，接口，吊里，安把，上碱，施种釉，利足，磨碱，碾月（拍月），打浆，起模，制笼，量比重，过箩，注浆（续浆摘浆），割口，洗坯，注套，锉刀（定刀），刮坯（验坯端坯），彩绘，刻坯，雕塑，除尘，扫笼，抹碱，抹笼，打垫，装坯，码笼，砌门，抹泥，点火，烧窑，封麻眼，拌炭，下梢（除炼掏灰），照温，住火，打门（开窑），烘干（搅笼素烧），验瓷（抛光分级包装）。

主要生产环节：原料加工，将生产坯料的青土、白土加工为制坯胎的泥料。泥料制练，对青泥和缸泥、笼泥用铁铲切块反复堆积敲打，使其匀致胶粘。成型，不同器型用不同的成型方法：碗盘类，石轮成型；缸、笼、盆等，双石轮成型。罐、坛、瓶、壶、枕、笔砚、羹匙、玩具等异型器件，模具成型。干燥，露天晾晒，渐渐干燥，阴雨严寒期停产。修整，对晾干的坯胎最后成型。施釉，施白器物时，在坯胎上施一层白色化妆土，再施一层白釉；黑器则直接施黑釉。方法有扑釉、蘸釉、浇釉和喷釉。装饰，有色釉和白釉装饰法及釉上彩绘和釉下彩绘装饰法；用毛笔蘸色料涂于坯上，形成简单花形、或草楷字体、或绘画为人物和山水等。烧成，经装窑、烧火、冷却、卸窑4个程序完成，碗窑须18天，缸窑须21天。

扫二维码　赏《磁州窑工艺》

第二节　装饰工艺

磁州窑独特的艺术魅力，集中体现在造型艺术、装饰技法、装饰纹样三方面。

器物造型

磁州窑器物的造型没有定式，按照民间百姓的生活习性生产实用性器皿，器物造型生活化、随意化甚至田园化。随着制瓷工艺的逐步提高，器物的造型也越来越讲究造型美感，完成从生活实用性向艺术欣赏性的飞跃。

枕：八角枕、长方形枕、腰圆形枕、如意形枕、叶形枕、虎形枕、猫形枕、狮形枕、美人形枕、童子形枕等，是磁州窑较突出的造型体现之一。

瓶：花口瓶、喇叭口长颈瓶、梅瓶、玉壶春瓶、四系瓶、酱釉旋纹瓶、葫芦瓶等。

罐：鼓腹罐、侈口瓜棱罐、鸡腿罐等。

钵：直壁钵、矮腹钵等。

建筑构件：迦棱频枷（妙音鸟）、力士像、倒立狮、摩羯（飞鱼）、佛龛、蹲立狮等。

模（范）造型：盘模、人物模、枕模。

红绿彩人物像：坐佛、菩萨像、童子像。

行炉：喇叭足行炉。

灯：狮子背驮灯。

盒：镜盒。

玩具：击鼓童子、骑鼓童子、坐佛、卧佛、卧狮。

装饰技法

装饰技法多种多样，以白地黑花为主题，将中国水墨画表现在瓷器上，黑白分明，装饰内容丰富，富有浓郁的乡土气息和迷人的艺术魅力。

白地类：白地黑绘花、剔兼划花、黑剔花、剔划填黑、划花、黑绘划花、篦划花、红绿彩、黑绘翠蓝釉。

釉类：白釉类，白釉的绿斑、褐彩、印花、珍珠地划花等及外黑釉内白釉划花；黑釉类，黑釉的凸线纹、玳瑁斑、素胎花心、油滴、白唇、素胎桃心、兔毫、铁锈花与褐点彩；绿釉类，绿釉的剔划花、黑剔花、黑绘花和纯绿釉；青釉类，青釉的剔划花、剔花；黄釉类，黄釉的印花和纯黄釉、棕黄釉瓷。

三彩类：三彩的雕塑镂空、印花、划花等以及纯三彩釉。

仿制类：仿紫定、仿钧瓷。

装饰纹样

磁州窑装饰纹样受宋金元时期文人绘画的影响及其参与，从最初尝试性的点彩、简单的草叶纹、梅花点装饰，转向文人的花鸟画、山水画、人物画等，使得磁州窑在古代陶瓷界独领风骚，饮誉海内外。

花卉纹饰　是磁州窑器物上最多的纹饰之一。采用绘、划、刻、剔等技法，把吉祥、美丽的牡丹、芍药、梅、菊、竹等数十种花卉描绘在器物上。而牡丹、芍药纹饰居多。白地绘花、白地刻花、白地剔花、铁锈花等最具特色，是磁州窑的代表作。

飞禽走兽纹饰　是磁州窑工匠绘图最多的纹饰之一。他们把人们心目中的飞禽走兽等动物绘到瓶、罐、枕等瓷器上，表达吉祥喜庆、福寿平安、勇猛威武等情感。

鱼藻纹饰　工匠精心构思，把生活中活灵活现的鱼藻绘于盆、枕、钵等器皿上。图案简单大方，生动活泼。鱼藻纹饰盆内盛上清水，水面轻荡，盆内草仿佛随之摇晃，鱼会摇头摆尾像在游动。

珍珠地纹饰　珍珠地纹饰是从金、银器上移植到瓷器上面的一种装饰技法。匠师把一个挨一个的圆圆珍珠图形以不同的技法装饰在各种花卉、文字等主体图案外的空白处，给人以赏心悦目、

珍珠满地的豪华富贵又自豪满足之感。

人物山水纹饰　是磁州窑传统的装饰技法，题材多为描绘大好河山、深山古刹、江河古渡、历史故事、田园风光、儿童游戏。儿童游戏画面生动地反映当时社会儿童的游戏活动场景。纹饰构图严谨，主题突出，画面简洁，笔法娴熟，乡土气息浓郁。

文字图案纹饰　是常用的一种装饰手法。根据器形的大小、形状绘制出各类图案，再点缀诗词、古语、警句、曲赋等，既美化器物又传承文化知识。但是，由于个别工匠文化程度有限，有时随意发挥，凭空臆造，从而使器物上的文字难免出错，也有一些字非字、花非花的图形，形成抽象的风格，表现出典型的民窑特点。

第三节　现代磁州窑工艺

1982 年成立的磁县工艺美术厂和 1998 年成立的磁县恒昌瓷业有限公司，小规模生产传统磁州窑产品，多为瓷质酒瓶，其他生活瓷、艺术瓷量很小。2011 年，磁县磁州窑携手台湾法蓝瓷推出“流光美影”瓷器，用的不是磁县当地的原料。直到 2012 年冀南磁州窑艺术研发公司成立，磁县才出现现代意义上的磁州窑。

“流光美影”瓷器器型及装饰

磁州窑博物馆获奖设计器型及装饰

生产工艺

冀南磁州窑艺术研发公司的生产工艺代表现代磁县磁州窑的工艺水平。它以磁州窑 72 道制瓷工艺为基础进行科学改进：放弃燃煤且固定不动的馒头窑，采用新材料制作的灵巧可移动的新式窑，占地少；以电、天然气为燃料，环保；窑温能精准控制，烧制时间由传统的 18 ～ 21 天缩短至 3 天，节能；成品率高，瓷器品质提升。原料、釉料加工电气化，实现精磨，比古代更细腻；用现代科技手段对原料进行去杂、铁等处理，产出的瓷器胎质比传统的瓷器胎质细致；对釉料作提纯处理，使瓷器内、外面光洁平整，黑釉通体黑亮。

黑釉提纯后通体黑亮的瓷器

装饰工艺

在传统装饰技法的基础上，通过借鉴别的窑口装饰技法，实现创新：用传统工艺拉造出独特器型。借用造型釉色技法，创造高温釉下彩技法。依靠厚实的美术功底将绘画、雕塑、剪纸等美术形式融合到瓷器上，把瓷器变成美术的载体。装饰主题鲜明宽阔，与时代潮流紧密结合。

另外，现代磁州窑改传统的工匠做生活用瓷为美术家做艺术瓷，产量虽小，但多为艺术品。

附：冀南磁州窑艺术研发有限公司

中华人民共和国成立后，受行政区划变动等因素的影响，县内磁州窑产业萎缩、人员减少。21 世纪初，从事绘画艺术多年的赵振宇受博大精深的磁州窑艺术感染，萌发为传承磁州窑艺术贡献力量的念头。他通过研读磁州窑有关典籍、走访磁州窑老艺人、远赴景德镇学习陶瓷制作等，终于迈出成功的第一步——于2009年6月18日烧造出第一窑磁州窑瓷器，使磁州窑艺术在磁县焕发生机，填补县内磁州窑火断烧多年的空白。为促使磁州窑的制瓷业规范化发展，赵振宇与其儿子赵英杰于2012年7月注册成立冀南磁州窑艺术研发有限公司，设有“赵家窑”坊制作展示车间和陶艺体验中心，为磁州窑瓷器研发、制作、展示、销售提供平台，并在烧制工艺、瓷面绘画等方面进行创新。

烧制工艺创新：旧时，磁州窑瓷器利用馒头窑烧制，燃料是煤炭。为执行环保政策，赵振宇通过优化制作工艺、改进陶瓷设备，直接采用天然气及电力烧制。经过多次试验，2010年后，明显提高瓷器的成品率和烧制效率，并申请8项专利和1项版权。

绘画技能创新：在磁州窑瓷器制作过程中，赵振宇把画家擅长的绘画技艺融入到瓷器绘画艺术中，将瓷器生产与绘画、书法、雕塑、刻绘等艺术融为一体，使瓷器画面的雄鹰展翅、金鸡报晓等场景栩栩如生，灵山秀水、亭台楼阁生动逼真，使每件瓷器成为艺术性较高的珍品。

冀南磁州窑艺术研发有限公司生产的“磁上水墨”系列瓷器色釉灿烂、造型独特、笔墨酣畅淋漓，得到社会的广泛认可。2013年，《富贵不改凌云志》在河北省第二届特色文化博览会上获铜奖；是年5月29日，产品参展“中国（北京）国际服务贸易交易会”。2014年，《陶艺系列产品》在邯郸旅游商品展销博览会上被评为“邯郸市最具影响力的旅游商品”，是年，《祖师传法》作品被中国台湾博物馆收藏。2015年，该公司被邯郸市文广新局授予“邯郸市文化产业示范基地”称号；是年9月，河北省品牌节组委会授予该公司“‘磁州窑’河北名片”称号。2016年，该公司被河北省非物质文化产品研发推广中心确定为“战略合作伙伴”。2017年，被河北省文化厅授予“河北省文化产业示范基地”称号。2018年，《磁州窑—邯郸成语系列》在“邯风郸韵文化创意设计大赛”中获铜奖。2019年，《鹏化九天》作品被南昌市中国工艺美术大师博物馆收藏。其产品多次选送到加拿大、美国、德国、韩国等国家参加国际文化交流。中央电视台、中国网、河北电视台、北京电视台、江西电视台、《邯郸日报》等媒体对其进行专题报道。

赵英杰在制坯

冀南磁州窑艺术研发有限公司生产的磁州窑瓷器

赵振宇在瓷坯上作画

2013年5月29日，第二届“中国（北京）国际服务贸易交易会”上赵振宇与巴基斯坦外交官进行交流

第三章　影响传播和交流

20世纪初，宋代北方最大的民窑被命名为磁州窑，是英国学者、古陶瓷研究专家霍普逊在民国14年（1925年）。其后，袁励准《骨董琐记》，吴仁敬、辛安潮《中国陶瓷史》，叶麟趾《古今中外陶瓷汇编》等陶瓷专著中均使用“磁州窑”这一名称，使其逐渐获得国内外的承认和广泛使用。

第一节　影　响

磁州窑系

磁州窑是以磁州为中心辐射北方各地民窑而发展起来的一个民窑体系。

磁州窑独特的装饰手法和艺术魅力，宋代以后产生很大影响。磁州窑烧造历史悠久，造型实用，纹饰生动，品种繁多，面向大众，深受北方地区民众的欢迎。因此各地窑场争相模仿，河南、山东、山西省等地出现同样类型的窑址，使磁州窑逐渐由一个地方窑场形成遍布各地的磁州窑系，乃至成为北方最大的民窑体系。考古界和陶瓷界把这些风格相近的窑场统称为“磁州窑系”，也有的学者称之为“磁州窑型”。

磁州窑系创烧后，其代表性的生产工艺和装饰技术，对许多窑场产生过重大影响，磁州窑的工艺技术也通过产品外销远播到世界各地。这一体系历经宋、金、元三个时期，到明代趋于解体。

磁州窑窑系分布

北宋后，以“白地黑花”和剔刻工艺为主要特色的磁州窑工艺在周围窑场传播，影响最大的当数河南、山西省诸窑场，其次山东、辽宁、内蒙古、安徽省等地窑场也受到影响，并在不同时期生产出具有磁州窑工艺特点的产品。在古代北方的晋、冀、鲁、豫等地形成一个有10多个产区、上千个窑场的庞大的磁州窑体系，以现在的区域划分看，范围达7个省19个市、县之多。

“磁州窑系”窑口有河北省的磁州窑（观台、东艾口、冶子、彭城）、河南省的西善庄窑、天僖镇窑、汤阴窑、鹤壁窑、辉县窑、修武县当阳峪窑、密县窑、登封曲河窑、禹县窑、郏县窑、宝丰青龙寺窑、鲁山段店窑，山西省的榆次窑、介休洪山镇窑、平定窑、高平八叉镇窑，安徽省的萧县白土镇窑。

此外，山东省的德州窑、辽宁省的辽阳江官屯窑、内蒙古自治区的赤峰缸瓦窑等，也是与磁州窑同一类的窑场。

第二节　传　播

宋代，作为民窑体系的磁州窑因其烧造地临近都城汴梁，交通便利，价格低廉，画面生动有趣，一些商家看中磁州窑瓷器，从而使磁州窑瓷器进入京都的勾栏瓦肆或店铺中。当时外国商人和使者云集京都，他们通过交换使部分磁州窑瓷器流传到国外。在瓷器广泛外销的同时，磁州窑的技艺也影响到高丽、日本、泰国、越南等国家。

瓷器外销

磁州窑器的外销主要集中在宋金元时期，而元代最显著，成为北方瓷窑发展的高峰期。考古发现的磁州窑外运的沉船大都发生在元代。元至正年间（1341—1368年），一条条满载磁州窑瓷器的货船，在滏阳河的源头整装待发，出口产品是窑场生产的精品。主要器物有大坛、大盆、深腹盆、盘、碟、梅瓶、器盖碗等。商船沿滏阳河而下，进入子牙河，然后经海河入渤海湾。由于运送磁州窑瓷器的船队为内河船，不能像其他船队一样走深海航线，为行驶安全，只好沿着海岸线航行，形成1条独特的固定航线。磁州窑的外销，主要以海运为主，除早期由陆路输入朝鲜、泰国外，主要通过近海输出。大批的专用船队首尾相贯，源源不断地将磁州窑瓷器运往国外。

技艺传播

唐代时，泰国出现过一种白化妆土上绘黑色纹的陶瓷制品，具有鲜明的磁州窑风格。元大德四年（1300年），泰国国王堪摩亨到大都拜见元朝皇帝。为发展泰国的制瓷业，经元朝皇帝许诺，回国时带去许多磁州窑工匠，创办著名的宋加洛制陶业，生产出一种被称之为“宋胡录”的泰国瓷器，使磁州窑工艺在泰国广泛传播。

约7世纪时，阿拉伯人把中国瓷器传到中东、东非等地。在埃及首都开罗的法斯坦达出土残缺的磁州窑瓷枕的梳篦纹瓷片。开罗南郊的福斯塔特遗址是当地人仿造中国陶瓷的一个大窑场，这里发现宋元时期的白釉刻花片、釉下刻花、莲池鸳鸯纹碗片等瓷器，均为磁州窑风格的器物。东非一些国家也发现少量磁州窑刻花瓷片。

10—14世纪，中国陶器传到马来西亚。在山猪墓河的布阿赫地区的火山铁矿砂堆积处，发现大量的宋瓷，并有磁州窑风格的刻花陶瓷、黑釉瓷等，这是磁州窑在这个半岛国留下唯一踪迹的地方。

12世纪时，磁州窑瓷器大量输入高丽，给高丽的制瓷业较大的刺激和启发。他们把磁州窑的黑釉刻花、堆线、铁锈花等高档技艺与当地制瓷工艺的民族风格融为一体，创造出一种被称作“绘高丽”的黑花制品，畅销全国各地。高丽人又将磁州窑的工艺传播到日本，他们很快将这一技法融入自己的陶瓷制作中，创造出被称作“绘唐津”“绘志野”的制品。

12世纪后，流行于伊朗的釉上描绘的装饰纹样以及釉下剔刻、釉下彩绘、釉上彩绘等技法，与中国宋代的陶瓷基本相同。赛尔桂时期的白釉陶器与磁州窑的白瓷极为相似。在伊朗和伊拉克均出土梳篦纹的磁州窑瓷片。

元代后，磁州窑的瓷器输入印度尼西亚。雅加达博物馆收藏的磁州窑制品有龙纹图案的白地黑花龙凤坛和红绿彩、兔毫纹大坛以及翠蓝釉黑花罐等。

15世纪时，欧洲人从阿拉伯人那里间接受到磁州窑的影响，使欧洲的制瓷业取得突破进展。

附：瓷器沉船

20世纪70年代后，通过多次发掘陆地和海下沉船，逐步揭开宋金元时期磁州窑瓷器外销传播之谜。

朝鲜新安海底沉船　1972年，在朝鲜新安海底发现1艘元代沉船，从船中打捞出6457件瓷器。其中，磁州窑出产的瓷器有2件白釉赭彩和白釉黑彩的罐及1件黑釉双耳小口罐，器型、釉色、纹饰题材、绘画技法均可推断是元代彭城磁州窑的产品。在朝鲜和日本出土的古代瓷器中，也随处可见磁州窑器的影子。

磁州镇南开河村沉船　1975年7月，磁州镇南开河村东发现煤炭和瓷碗等。经发掘，清理出木船6只，出土瓷器379件，其中磁州窑瓷器363件，大部分为元代瓷器。白釉碗、盘、碟的胎质、釉色及“王”字标识、铁锈花纹饰等，均与观台、冶子和艾口窑址的瓷片相似。器形有碗、盘、碟、盆、罐、盂等，釉色有白釉、黑釉、绿釉和青蓝色均釉，是研究磁州窑制品的宝贵资料。

大名县沉船　20世纪70年代，大名县东部发掘1条木船，船上满载瓷器。据鉴定，为金代磁州窑产品。宋金时，御河经过此地，此船在观台装满瓷器后，沿漳河向东，进入御河后遇难沉没。

辽宁省绥中县沉船　1990年前后，辽宁省绥中县大南辅村的渔民在渤海湾的三道岗海域捕鱼时，时常打捞出一些古代的瓷器和破碎的船板。县文物部门闻讯后，陆续征集到完整的陶瓷器物584件。据初步鉴定，这些瓷器为元代磁州窑的产品。1991—1994年，绥中沉船水下考古队先后进行4次水下发掘。发现1条沉船，出水的文物以瓷器为主，多达上千件，完整的磁州窑瓷器225件。此次水下考古开中国水下考古之先河，被评为“1993年全国十大考古新发现”之一。此沉船是一条长约20米、宽约7米的方头、方尾的平底木船，用于内河和近海的航行。

献县沉船　1997年夏，献县发掘出1条木船，船上装有观台窑瓷器。献县是滏阳河与滹沱河合流入子牙河之地，船是顺滏阳河北上途中至此地遇难沉没。

东光县码头镇沉船　1998年，在东光县码头镇出土1艘古沉船。船长15米左右，船中出土磁州窑瓷器及残片160件（片），完整器物30余件。主要器型有白地篦划花荷花纹大碗、棕黄釉篦划花鱼纹宽折沿大盆等。出土的碗部分是整药绳捆绑。其中最大的篦划花大碗直径达29.5厘米，器型硕大，刻划精美，实为罕见。依据器型、装饰技法鉴定，这批瓷器是北宋末年至金初时期观台

窑的产品。

第三节　文化交流

学术交流

1919年，巨鹿县古城出土大批装饰精美的磁州窑瓷器，在世界陶瓷界引起轰动，推动磁州窑文化的国际性研究。1980年，在美国印第安纳州举办由美国、日本、英国、加拿大等国参加的磁州窑国际研讨会，展出四国各大博物馆提供的磁州窑精品，会后出版磁州窑图录和《国际磁州窑讨论会论文集》。1982年，文化部部长朱穆之送给墨西哥总统1件磁州窑生产的黑花梅瓶，成为墨西哥博物馆永久性的陈列品。1985年，峰峰矿区召开中国磁州窑研究会成立大会暨第二次磁州窑学术研讨会；全国人大常委会副委员长黄华出席，并担任研究会名誉会长。会后，出版《磁州窑研究论文集》。1989年秋，磁州窑精品先后在土耳其首都安卡拉国家博物馆和伊兹密尔市展出。1992年和1993年先后有美国、日本、英国等多批专家学者和“磁州窑之旅”访华团参观磁州窑。1993年2月8日，在广州西汉南越王墓博物馆，杨永德伉俪捐赠200多方珍藏瓷枕。其中，多半为磁州窑或磁州窑系的产品。这些瓷枕先后应邀在日本、法国及中国台湾、香港等地展出。

1993年6月，河北省博物馆举办邢窑、定窑、磁州窑“河北三大名窑展”。“磁州窑”展位于第一厅，国家主席江泽民和李政道、黄胄等著名人士参加开幕式并观看展览。1997年，中国古陶瓷学会年会上，马忠理《磁州窑艺术及流行年代》、秦大树《简论磁州窑的兴衰史》，以及日本学者蓑丰《论磁州窑长方形绘画瓷枕》等论文引起强烈反响。这次会议成果由《文物春秋》杂志社集印成册。

2000年，邯郸市博物馆内设立的“中国磁州窑瓷器陈列展”专题展获全国“十大陈列精品奖”。

2002年10月，中日邦交正常化20周年之际，日本在大阪市立美术馆举办“白与黑的竞演—中国磁州窑系陶瓷世界展”，将日本各大博物馆的磁州窑精品汇集参展。2006年12月，磁县中国磁州窑博物馆建成并开馆，自此，县内具有磁州窑文化对内对外交流的专业平台。

实物展览

国内展览　2008年4月，磁县中国磁州窑博物馆和中国茶叶博物馆在杭州中国茶叶博物馆联合举办“黑白之美——磁州窑茶具展”。展出磁州窑茶具类文物102件。9月，又与邯郸市博物馆和西汉南越王博物馆在广州西汉南越王博物馆共同举办“磁州一枕梦邯郸——磁州窑精品展”，展出磁州窑瓷枕类文物精品190件，磁州窑“枕”文化一时轰动“羊城”。2009年3月，与邯郸市博物馆、深圳市博物馆在深圳博物馆老馆联合举办“黑与白的艺术——磁州窑精品展”，展出磁州窑精品瓷器190件（套）。9月，移至武汉市博物馆展出。2012年10月，与南宋官窑博物馆、耀州窑博物馆、龙泉青瓷博物馆、慈溪市博物馆在杭州官窑博物馆共同推出“宋金瓷话——五馆馆藏瓷器精品展”，这是国内首次多馆合作的瓷器精品展。磁州窑精品器参展45件。后又相继在5家博物馆巡回展出。2013年9月，由磁州窑博物馆和耀州窑博物馆在耀州窑博物馆共同举办“雅俗之间——磁州窑陶瓷珍品展”专题展览，展出磁州窑精品114件。2016年11月，与南宋官窑博物馆等11家博物馆联合在杭州南宋官窑博物馆举办“含

扫二维码　赏《磁州窑品：龙盆》

“宋金瓷话五馆馆藏瓷器精品展”开幕式（2012年10月摄）

英咀华——两宋名窑瓷器展”。2018年8月，磁州窑博物馆和吉安市博物馆在吉安市博物馆联合举办“黑与白的艺术——磁州窑瓷器交流展”，展出磁州窑精品瓷器98件，形象具体地展示磁州窑从北朝至民国时期1500多年的烧造历史。

国际展览　2002年，磁州窑瓷器标本参加日本国立大阪美术馆举办的“黑与白的竞演”磁州窑瓷器专题展览，在日本产生较大影响。2019年5月，磁州窑博物馆精品瓷器赴韩国国立光州博物馆举办交流展览——“中国磁州窑陶瓷精品展——黑白艺术盛宴”，展出磁州窑精品瓷器117件（套）、标本200件（片）。

友好共建

五馆联盟　2012年10月，在杭州南宋官窑博物馆举办“宋金瓷话五馆馆藏瓷器精品展”的同时，与南宋官窑博物馆、耀州窑博物馆、龙泉青瓷博物馆和慈溪市博物馆成立中国古窑址博物馆五馆联盟。中国古陶瓷学会会长、故宫博物院研究员王莉英出席开幕仪式。

缔结国际友好馆　2018年6月6日，为加强博物馆国际之间的学术交流，磁县中国磁州窑博物馆和韩国国立光州博物馆签订学术文化交流协议书，缔结为友好馆。韩国国立光州博物馆收藏的5万余件古陶瓷器物和磁州窑有很多内在联系。1972年，在韩国新安海底发现1艘元代沉船，打捞出水大量的磁州窑瓷器存放于该馆。2018年10月，韩国国立光州博物馆举办“中国化妆土陶瓷窑址的调查现状和性格”学术研讨会时，磁县中国磁州窑博物馆派代表参加。

国际磁州窑论坛

2010年，县委、县政府决定，2010年始，举办“国际磁州窑论坛”。每两年举办一次，为期3天。

首届国际磁州窑论坛　2010年10月24日，在滏泉湖嵩景楼开幕，参加论坛的有来自美国、日本、意大利、韩国等国家及中国台湾、香港等地区的专家、学者百余人。主题为“磁州窑面向国际”。出版学术论文集《磁州窑面向国际》和论坛特展图录《磁州窑藏珍》。

首届国际磁州窑论坛开幕式（2012年10月24日摄）

第二届国际磁州窑论坛　2012年10月，在滏泉湖风景区举办。主题为“宋元时期磁州窑与诸窑场工艺的相互传播和影响”。来自新加坡等国及国内的近百名专家、学者参会。出版《宋元磁州窑与诸窑工艺的相互传播和影响》论文集和《白地黑花的绽放》专题展览图录。

第三届国际磁州窑论坛　2014年10月，在滏泉湖风景区举办。主题为“磁州窑装饰题材研究”，参加会议的有来自全国古陶瓷界、文博界、文史界、美术界、民俗界以及高等院校的学者和陶艺领域的大师。集结出版《磁州窑装饰题材研究》《瓷枕上的故事》。

第四届国际磁州窑论坛　2016年9月，在滏泉湖风景区举办。主题为“磁州窑文化之传承与创新”。集结出版论文集《磁州窑文化之传承与创新》。

第五届国际磁州窑论坛　2018年9月，在滏泉湖风景区举办。主题为“磁州窑与吉州窑文化之交流、传承与创新”。来自国内外研究古陶瓷、文史、文化产业等相关领域的近百名专家、学者参会。特邀江西省吉安市博物馆到会举办《吉州窑精品瓷器展》。出版《磁州窑与吉州窑文化传承、交流之研究》论文集。

磁县磁州窑研究会

2016年2月17日，磁州窑博物馆成立“磁州窑研究协会”。该研究会是磁县唯一在县民政局登记注册的磁州窑研究机构，是各界人士磁州窑文化交流互动的平台。

第四章　磁州窑博物馆

第一节　馆　舍

馆舍建设与规模

磁州窑博物馆于2004年8月筹建立项，2005年3月动工，2006年12月竣工开馆。磁州窑博物馆是一个中型博物馆，建筑面积5000平方米，分上下两层，内设6个展厅，专题陈列磁州窑文物。陈展面积2524平方米，展出文物486件，图片278张，其他辅助展品186件，展线长450米。磁州窑博物馆“黑与白的艺术”以其精美的陈列，夺得全国博物馆界的最高荣誉——第七届（2005—2006年度）全国博物馆十大陈列展览精品奖。

附：磁州窑博物馆建设碑记

磁县，古称磁州，是磁州窑的故乡，亦是磁州窑文化的发祥地。

磁州窑是中国古代北方著名的民间瓷窑，它和当时的定窑、邢窑并称为河北的三大名窑。它的生产以古磁州这个行政区划为区域，包括现今的峰峰矿区，以磁州而得名，故有“磁州窑”之称谓。

磁州窑烧造历史悠久，它萌于北朝，兴于隋唐，臻于宋元，由明清延续至今，饮誉海内外。

磁州窑工艺风格独特。它以其“白地黑花”装饰风格和极其鲜明的民窑特色，在世界陶瓷史上独树一帜，并和宋代的五大官窑——汝窑、官窑、钧窑、哥窑、定窑并驾齐驱。

磁州窑生产规模宏大。它以古磁州为中心，辐射黄河南北广大地区，影响河南、山东、山西、内蒙古、江西、安徽等地窑场，形成一个巨大的磁州窑窑系，还影响朝鲜、泰国、越南、日本等诸多国家。所产器皿适于民用，品种繁多，还以其生产量极大的优势，占领古代中国北方市场，并远销海内外。

磁州窑文物是国粹珍品。它作为文物在美、英、日、法、德等三十多个国家的知名博物馆珍藏。日本为国外珍藏大国，磁州窑文物被当做重要文化财宝，而且还衍生出一代又一代磁州窑研究专家和学者。

磁州窑址是历史文化遗产。它的窑址最早建在北贾壁、青碗窑。宋、金、元时期，分布在漳河流域的观台、冶子、东艾口、申家庄等窑场成为磁州窑的烧造中心。元末，部分窑场迁往滏源里，现存有临水窑、富田窑等遗址。在两河流域的十七处遗址中，观台磁州窑遗址以其面积最大、地层最丰富、最具典型意义而蜚声中外。1988年，两河流域的磁州窑遗址被国务院公布为全国重点文物保护单位。

磁州窑窑火千年不熄，烧出古老磁州的文化之魂。她不但孕育磁州先民热爱生活，追求和谐，博采纳新，扬善尚美的品格，同时，她也洗励当代磁州人博古励今，传承文明，继往开来，再造辉煌的精神。磁州窑是磁州人民的骄傲，弘扬磁州窑文化更是磁州人民的企盼，磁县县委、县政府察民之心，顺民之意，应时造势，打造品牌磁县，故决定兴建中国磁州窑博物馆。

2003年，筹划建设中国磁州窑博物馆；2004年项目正式立项，磁县文化教育体育局为项目业主，河北省建筑设计研究院担纲工程设计。是年，主体工程由邯郸市第二建筑有限公司中标承建，并于2005年3月18日破土动工。博物馆的中央空调由北京大千地能中央空调有限公司施工，博物馆广场建设工程由磁县华通建筑有限公司施工，博物馆陈列设计制作由石家庄金大陆装饰有限公司承揽。2006年12月工程竣工。

中国磁州窑博物馆建筑面积5000平方米，广场占地100亩，总投资3000万元。在筹备和建设期间，受到河北省委宣传部、河北省文物局、邯

郸市委、市政府的大力支持，特别是河北省委原常委、宣传部部长张群生多次亲临现场调度指导，对磁州窑博物馆建设关怀备至。

中国磁州窑博物馆是国内县级最大的专题博物馆之一。它以其典型的馒头窑作为设计文化符号，构成一个传统形态与现代理念相结合的建筑艺术品。中国磁州窑博物馆是进行优秀传统教育的课堂；是进行爱国主义教育的基地；是磁州窑学术研究的殿堂；是对外宣传的一个重要文化窗口；它将成为让世界了解磁县，让磁县走向世界的纽带和桥梁！

中共磁县县委　磁县人民政府　立

撰文：郭守福　赵学锋

书丹：解延龄

二〇〇六年十二月

馆舍特征

磁州窑博物馆位于县城磁州路中段博物馆广场正中央，建筑体中心位置耸起的部位像一座古代烧造瓷器的馒头窑，建筑体上一面面匣钵装饰凸显磁州窑的符号，是传统形态和现代理念融合创造出来的一个建筑艺术品。

第二节　陈　列

第一部分：序厅（黑与白的艺术）

序厅外形为磁州窑典型的馒头窑形状，居于博物馆的中央位置。序厅弧形内墙以烧成色壁砖和匣钵为装饰，突出“窑”的氛围。正中墙体上绘观台窑遗址，上面有馒头窑、漳河、黄土地和陈列标题“黑与白的艺术”。照片前面为黑白两块相互连接的落地长方体块石，分别镌刻中英文前言。顶部装饰系两个层次构造的白地黑花大龙盆“龙纹”图案和龙凤罐“葵花纹”图案，外沿为放射状铝合金格栅吊顶，寓意磁州的泥土经过磁州窑的幻化，变为“黑与白的艺术”，上升到顶部，达到高度的升华并形成广泛的影响。悬挂于东壁的灯箱带和西壁的电视组合，与正面装饰共同构成序厅的第二层次。东壁灯箱带展示的是国际、国内各大馆的磁州窑藏品，点出磁州窑的价值和影响。西壁的电视滚动播放磁州窑的简介，引导

序厅全景

观众进入陈列。深色陶砖地面简洁、明快、精致、大气，主题突出，有很强的感染力。

一展厅全景

第二部分：窑火初燃（北朝隋唐时期）

唐《元和郡县志》载：“隋开皇十年……置慈州，以县西九十里有磁山，出磁石，因取为名。”磁县的北贾壁、峰峰矿区的临水自北朝就开始生产瓷器，创立北方最早青瓷窑场，是磁州窑的开端。贾壁瓷器胎体分粗、细两种，釉色青灰或青绿；临水瓷器胎质细腻，釉色青黄，半数口部有化妆土。两窑后期遗址均发现生产磁州窑典型品种白地黑花。

北朝褐釉瓷和北朝青瓷均出土于磁县北朝

北朝褐釉瓷

北齐青釉碗

墓群。

龙柄鸡首壶是北朝青瓷的一件代表性器物。器物造型：龙柄高于壶口成青龙探水之势，鸡首（又称凤首）昂立，与龙头相互呼应，给人一种灵动之感；器物塑有龙凤造型，应为皇宫贵族用品，此物体高46厘米，宽22.5厘米，体形硕大。

青釉龙柄鸡首壶

仰覆莲罐也是北朝青瓷的典型器物，它不仅反映出北朝的青瓷烧造艺术，更重要的是它还深切地反映出北朝时期佛教的盛行。莲花是佛的化身，该器物本身是对佛的赞美。这件青瓷仰覆罐是北齐社会宗教信仰的写照。

北齐青瓷仰覆莲罐

隋唐时期，磁州早期瓷窑多为生产白瓷、黑瓷、青瓷为主的北方民窑，器物品种多样。

唐代瓷器不再是前朝的褐瓷和青瓷，已演化成黑釉瓷和黄釉瓷。

隋青瓷三系盘口瓶

唐代黄釉钵，为僧人的生活用具，它体态丰圆，釉色光亮，品相大大好于民间社会用瓷，可见当时僧人在社会中的地位。

黄釉钵

黄釉席纹壶

黄釉盘

黑釉枕，高仅14厘米，宽9.5厘米。有人称它为袖枕，意为小可入袖。其用途是古时医生诊脉时垫在病人腕下的脉枕。

黑釉枕

小脉枕，有褐色和黄色相间的纹饰。这是一种特殊的绞胎装饰，即把胎土釉料掺搅在一起揉炼，成型后烧制成此效果。

小脉枕

第三部分：化境黑白（宋金元时期）

在磁州窑烧造历史中，宋金元是其繁荣期，金代达到鼎盛。

二厅全景

北宋的行炉造型基本一致，不同的是釉色和纹饰。釉色分白釉、棕黄釉和黑釉；纹饰有点绿斑、

宋代磁州窑行炉制品

精品展区

绘草叶纹、珍珠地和剔划花装饰等，这是磁州窑早期的工艺，亦是磁州窑装饰艺术开始从唐末五代的化妆白瓷向彩装饰和其他工艺装饰的过渡和尝试。

另外，从北宋早期开始，磁州窑生产的器物造型日趋多样化和实用化，同时，在造型上也突出生活趣味。

磁州窑还学习别的窑口的工艺，生产多样的茶具。其中有仿定窑的紫定盖碗、白釉斗笠碗，仿建窑的玳瑁盏、黑釉兔毫盏等。

黑釉玳瑁盏

黑釉兔毫盏工艺非常独特，兔毫的形成是因釉中心的铁质在高温中聚集，并向下流动，故产生流淌状的丝毛长条纹，其细密如兔毛，"毛"色呈枯黄、铁绣色，与建窑色稍异。

黑釉兔毫盏

白釉瓜棱罐是取型于农家又适用于农家的范例。

白釉瓜棱罐

白釉划花大碗是典型的民用器具，碗的最大口径可达 27 厘米。碗的装饰上，碗外壁施黑釉，以显朴实之气；碗内壁施白釉，但窑工巧妙地用竹木器的尖端在釉面上勾画出"花"的图案，再在空白处划出篦划纹图案。这样，一只普通的农家碗具，却具有鲜活的艺术魅力。

白釉划花大碗

北宋时磁州窑茶具，有黄釉、白釉点绿斑茶托，有白釉梅花点纹小钵，还有酱、白釉小碗。

北宋时磁州窑茶具

梅瓶，在金代已成为一种主要的生产制品。它的造型是一种小口、短颈、丰肩或溜肩、上腹较鼓、下腹内收的瓷瓶。梅瓶的称谓由来有多种说法，较为普遍的是因其口径小，仅能插梅枝而得名。明代以前并无"梅瓶"一词，在宋代则有"经瓶"之称。梅瓶的实际用途是盛酒的容器。梅瓶作为盛酒器，在民间使用很广。

北宋酱釉旋纹梅瓶

在磁州窑器物装饰绘画中，牡丹花纹是代表性纹饰。金代白地黑花缠枝牡丹纹梅瓶就是磁州窑牡丹纹装饰的经典之作。

金代白地黑花缠枝牡丹纹梅瓶

另外栀子花也是磁州窑的常用纹饰。金代白地黑花缠枝栀子纹梅瓶，溜肩修腹，体态秀美，缠枝芍药纹饰洒脱流畅，与器身神韵合一，堪称杰作。

金代白地黑花缠枝栀子纹梅瓶

磁州窑装饰中的芍药花自有它独到的魅力，其花婷婷娇娜，清香四溢，笑靥迎客，沁人心脾。这件金代白地黑花缠枝芍药纹长颈花口瓶，是磁州窑制品中的代表之作。首先，器物的造型别致，瓶通高 49.6 厘米，口沿为花瓣形，颈细长，中部平肩收腹，底部为喇叭足；整件器物给人的

金代白地黑花缠枝芍药纹长颈花口瓶

观感是挺拔而稳健，秀长而玉立。其次，瓶身上的缠枝芍药纹装饰，显示磁州窑窑工炉火纯青的绘画技艺。

白地黑绘龙纹大盆是磁州窑博物馆的镇馆之宝。它高20.5厘米，口径69厘米，底径39.5厘米，器形硕大，为磁州窑制品中之仅见。这件大盆外施白釉，口沿下镶一圈波浪形纹线；盆内绘龙纹图案，盆底绘一条团龙，盆壁对称绘两条行龙，腾云驾雾。这件龙纹大盆是1987年在观台磁州窑遗址发掘时从金代地层出土的，根据这件器物的造型和龙纹装饰推断，应为皇宫烧制的贡品，使用级别当是皇室贵胄，而非皇帝的御用品。这件出土器物表明，磁州窑在金代开始为皇宫烧制贡瓷。

白地黑绘龙纹大盆

金代，磁州窑创研出金三彩、红绿彩和绿釉器工艺。

三彩器是佛教建筑构建，梵音称“伽棱频枷”，翻译成汉语称“妙音鸟”。这件佛鸟的造型，头绾黑色的发髻，金代三彩伽棱频枷脊饰额点一只佛眼，慈眉善目，五官端正，神态安详，双手合十，礼视众生；肩举黄绿釉双翅，后翘绿色大尾，两只黄釉腿爪强劲地抓立在绿釉筒瓦上，完成一个优雅的艺术“亮相”。

金代三彩佛鸟

金代红绿彩童子像

除童子像外，还有佛教人物造像以及小碗、小盘等。像这组小碗，有的碗底绘红绿彩花卉，色彩浓烈鲜艳，有的碗底则书写文字，其中一个小碗碗底开光内用红彩题行书“有荷方饮酒，无月不登楼”诗句，既点明这种小碗作为酒具的用途，又把文人雅士登楼赏月、饮酒赏荷的情调表现得淋漓尽致。

金代磁州窑小碗

罩绿釉白地黑花折枝牡丹纹大口罐和白地黑花折枝牡丹纹大口罐。其器物造型相同，纹饰相同，但不同的是一件器物罩绿釉，另一件器物则是白地黑花。

罩绿釉白地黑花折枝牡丹纹大口罐

白地黑花折枝牡丹纹大口罐

元代，磁州窑生产器物造型和装饰工艺发生改进和变化。这时的主要器形除瓷枕外，有龙凤罐、鱼藻盆、玉壶春瓶、四系瓶、文字小盘和碗，以及不同于宋金时期的体态修长的梅瓶等。

从金代出现龙纹装饰开始（如白地黑绘龙纹盆），龙纹在元代开始普遍使用。

元代的代表性器物白地黑花龙凤纹罐，高34厘米，口径20.8厘米，底径17.5厘米，大口短颈，溜肩鼓腹，下部回收，底为平足。肩部绘一圈葵花纹图案，线条流畅，运笔娴熟；腹部对称开光，绘一龙一凤图案，构图粗犷，笔势逸脱，为元代的一种典型画风。和龙凤纹罐装饰相近的还有白

白地黑花龙凤纹罐

白地黑花双凤纹大罐

白地黑花葵花纹罐

白地黑花双凤纹大罐

地黑花双凤纹大罐。

元代大罐中还有一种代表性装饰是葵花纹。与上述几种罐装饰图案同时风行的还有一种“婴戏荷”图案。

元代鱼藻盆的造型、装饰具有独特的时代风格。从器形上看，它已没有金代的盆那样硕大，一般的盆高在10厘米左右，口径在30～50厘米之间，它的实际用途是和面、盛水。这件鱼藻盆是元早期观台磁州窑的制品，它与元中、后期彭城磁州窑的制品不同之处是，盆壁斜深而不外侈，盆壁内上沿处绘两道双线纹，下绘规则的竖行线条，盆底绘水草和游鱼图案。这件鱼藻盆是彭城磁州窑制品，盆壁向外斜侈，盆底较浅，盆底水草和游鱼的描绘，更注重动感的刻画。元代的盆器装饰，鱼藻纹占大项，而且鱼的种类和塑形又不尽相同；此外，元代的盆器装饰还有芦雁纹装饰、人物装饰等。

鱼藻纹装饰盆

鱼藻纹装饰盆

芦雁纹装饰盆

人物装饰盆

磁州窑瓶类的生产，在元代又增加一个新品种——玉壶春瓶，也是盛酒器，其造型：侈口，从口沿处迅速回收为细长瓶颈，然后从肩颈处逐渐下行缓放，形成斜肩、鼓腹下坠的形状，底足为矮圈足。这种瓶体的设计，多从盛酒装船外运时易于保持瓶身的沉稳考虑。为增加瓶体的美感，窑工故意将瓶颈拉细拉长，形成一个既墩实又修长且具柔和的曲线美造型。在装饰上从宋代的剔划工艺，到金元时期的绘画工艺，作不同的纹样装饰，把玉壶春瓶推向完美的艺术之境。

玉壶春瓶

元代的四系瓶也是一种酒器。它小口短颈，两端溜圆内收，肩颈处有四个扁系，中腹长圆，矮底圈足。四系瓶大小不一，高20～40厘米左

白地褐彩草叶纹四系瓶

白地褐彩“仁和馆”四系瓶

白地黑花文字纹四系瓶

白地黑花“龙凤”纹四系瓶

右，且装饰内容各不相同。但在装饰上有一个特点，就是瓶身的下三分之一处多为酱釉，装饰多在瓶身的中上部，装饰内容多为花草纹。有的四系瓶是酒馆定烧的，在瓶身上直接题写“××馆”名字，如这件白地褐彩题“仁和馆”四系瓶。此外，四系瓶装饰还有的题写诗文。这时的磁州窑也生产一批体型较大、釉色鲜亮、绘画精致的“龙凤”图案的四系瓶。如这件白地黑花龙凤纹四系瓶，高 57.5 厘米。

该组元代小盘，盘的口径 12 ～ 18 厘米，盘内绘两道或三道旋纹，旋纹内或绘花草纹，或题文字。

元代小盘

延续于金代的元代梅瓶发生两个方面的变化，一是造型，一是装饰。造型上，元代梅瓶较之金代梅瓶的瓶身变细长。

白地褐彩“招财利市”梅瓶

白地褐彩“牡丹”纹梅瓶

二者均小口，削肩溜腹，腹以下迅速回收下滑，腿部较长，近足处略微外撇如鱼尾翼状。因整个瓶体细瘦修长，如鱼尾立，故民间又称之为鱼尾瓶。装饰虽然继承“白地黑花、褐彩”技法，但金代常绘的缠枝花纹已不见，而是团状的花朵和随意的花卉草叶纹。装饰上，元代的梅瓶上出现文字，这件白地褐彩“招财利市”梅瓶就是一件代表性的器物。

瓷枕展厅

瓷枕是磁州窑器物中的一个独立门类，它造型多样，装饰技法繁多，表现题材广泛，涉猎内容丰富，最能代表磁州窑的艺术特色。

瓷枕展厅全景

瓷枕是夏季百姓休息纳凉用的枕头，具有最大的实用性，但随着瓷枕表面装饰艺术的不断变化，又具有一定的观赏性和陈设性。

瓷枕主要造型：亚腰形、元宝形、兽形、山形、腰圆形、八角形、如意形、豆形、长方形等。装饰主要技法：珍珠地划花、篦划花、白剔花、黑剔花、白地黑花、素胎、黄绿釉、模印花等。装饰主要题材：山水、花草、鱼虫、禽兽、人物、神仙志怪、诗词曲赋等。

珍珠地划云头、卷草纹亚腰形枕和珍珠地划花草纹枕是典型的宋代制品。亚腰形和元宝形的枕造型主要流行于宋早期。同时，珍珠地装饰也是这个时期的主要装饰特点，它沿袭唐、五代金银器上的珍珠地划花工艺，借用到磁州窑的瓷器装饰上。

珍珠地牡丹纹虎形枕

素胎虎形枕

兽形枕最早出现于宋代，仅见虎形、狮形。这两件均是虎形枕，不同的是一枕施釉，虎呈侧卧形，虎背为凹形平面，上饰珍珠地；一为素胎卧虎形枕。

叶形枕是宋代磁州窑瓷枕的一个代表性器形，宋代叶形枕的装饰主要采用白地篦划花技法。这两件枕一为白地篦划牡丹纹叶形枕，一为白地篦划花题“福德枕一只”叶形枕。另还有白地篦划花人物纹叶形枕残件，它表明宋代叶形枕装饰内容的多样性和丰富性。

宋珍珠地题“福德枕一只”叶形枕

宋白地篦划牡丹纹叶形枕

金、元时期，磁州窑的瓷枕生产进入艺术高峰期，一是造型、装饰艺术日臻成熟，二是生产量迅速增大。故瓷枕成为磁州窑最具代表性的产品。装饰内容为三类：花鸟鱼虫、人物故事、诗词歌赋。

宋白地篦划人物纹叶形枕残件

花鸟鱼虫类鉴赏

白地黑花“花竹”纹八角形枕的装饰图案非常有创意,用一个“花”字和几片竹叶组合成“花烛之喜”的意境。

金代白地黑花“花竹”纹八角形枕

白地黑花芦雁纹腰圆形枕的枕壁绘卷草纹，线条流畅奔放，粗犷大气；枕面黑色轮廓线内绘一只大雁口衔芦苇逆风飞行，构图简洁明快，工笔娴熟老到。

金代白地黑花芦雁纹腰圆形枕

白地黑花喜鹊登枝纹腰圆形枕的绘画装饰黑白对比非常强烈，喜鹊登枝图案除素划的两圈轮廓线以外，没有其它纹饰，画面洁净，白色的釉面尤如玉质，图案色泽黑亮凝重。

金代白地黑花喜鹊登枝纹腰圆形枕

除上述纹饰，其他如牡丹纹、莲花纹、水波纹等也是常见纹饰。

金代白釉剔折枝牡丹纹腰圆形枕

金代白釉篦划水波纹如意形枕

金代白地黑花束莲纹八角形枕

元白地黑花鹰击兔纹长方枕

人物故事类鉴赏

元白地黑花“司马题桥”长方形枕在磁州窑瓷枕中最具代表性，被誉为枕中之王。它器形较大，长44厘米，宽19厘米，高17.8厘米。元代的瓷枕装饰，多采用工笔画的画风，笔触细腻，线条明快，从构图到选材，都趋向于文人画。此“司马题桥”枕，前壁两端绘牡丹纹，中间开光内绘麒麟图案；两侧壁开光内绘牡丹纹；后壁开光内绘虎纹；枕底有“张家造”窑戳；枕面两端绘葵花卷草纹，图案繁密有致，层次分明，主题突出。中间开光内绘人物山水图案：远景，三山遥峙，烟云缭绕；近景，右侧大树下停一辆马车，左侧一座木桥，桥头一通牌坊，牌坊下，一书生在书僮陪同下向木柱上挥笔题诗。根据画意分析，此为汉代司马相如桥头题诗的故事。

元白地黑花“司马题桥”长方形枕

元白地黑花“僧稠释二虎”长方形枕的装饰

画面讲述一个佛教故事。画面中，一个僧人手持禅杖，将两只正在争斗的老虎分解开。

元白地黑花“僧稠释二虎”长方形枕

元白地黑花“便桥见虏”故事长方形枕的枕面装饰是在石榴纹的开光内绘一幅历史人物故事图案。该枕的画面描述的是唐太宗李世民与颉利可汗在渭水便桥歃血结盟、智退突厥兵的故事。

元白地黑花“便桥见虏”故事长方形枕

元白地黑花“火烧博望”三国故事长方枕绘画的是“火烧博望”后关羽、张飞羞愧难当、踟蹰不前，去向诸葛亮道歉的场面。

元白地黑花“火烧博望”三国故事长方枕

元白地黑花“升仙图”长方枕，枕面上绘一男子，双膝跪地，两手作拱于胸前，上方有一老者，驾着一缕青烟徐徐升天。这种升天图纹，按当地习俗，无疑是专门为死者制作的明器。

元白地黑花“升仙图”长方枕

诗词曲赋类鉴赏

在瓷枕展厅的醒目位置，悬挂有一块大型的文字枕枕面的放大版，它是收藏于广州南越王墓博物馆的一件以“赋”的形式直接描写磁州窑瓷枕的《枕赋》：

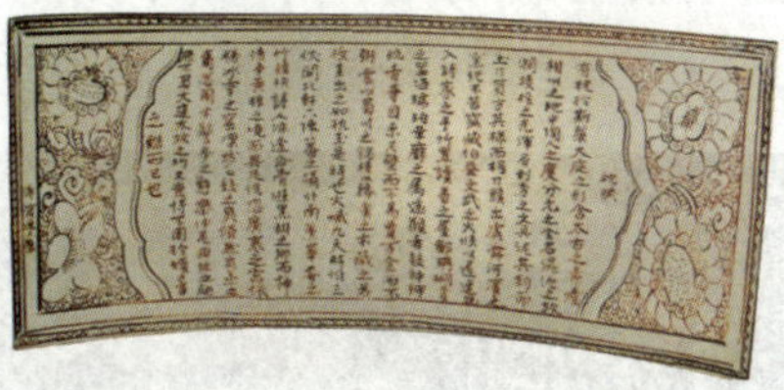

“有枕于斯，制大庭之形，含太古之素，产相州之地，中陶人之度，分元之全名，混沌之故。润琼瑶之光浑（辉），屏刺秀（绣）之文具。泥其均而土其质，方其样而枵其腹。出虞舜河滨之窑，绝不苦窳，减伯益文武之火，候以迟速。既入诗家之手，忻（欣）置读书之屋。鄙珊瑚（富）贵之器，陋琥珀华靡之属。远观者疑（凝）神，狎玩者夺目，来尺壁（璧）而不易，贾万金而不粥（鬻），囊以蜀川之锦，椟以豫章之木，藏之若授圭，出之如执玉。是时也，火炽九天，时惟三伏。开北轩下陈蕃之榻，卧南薰覃春之竹。睡快诗人，凉透仙骨。游黑甜之乡而神清，梦黄粮（粱）之境而兴足。恍惚广寒之宫，依稀冰雪之窟。凛然（皂）发之爽，倏然炎蒸之萧。思圆木警学之勤，乐仲尼曲肱之趣。庶不负大庭太故（古）之物，又岂持不困于烦暑之酷而已也。漳滨逸人制。”

金代 白地黑花题文字如意形枕

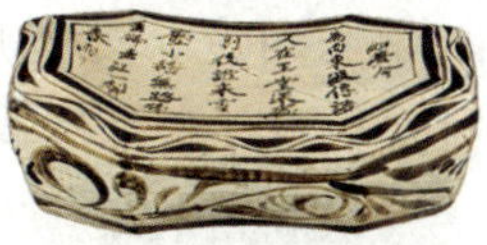

金代 白地黑花《如梦令》八角枕

金代 绿釉题文字八角形枕

金代 白地黑花篆书文字腰圆形枕

以下为不同内容文字的诗词曲赋类瓷枕。

这方白地黑花《山坡里羊》长方枕的装饰别具特点，一般的文字枕只在枕的正面书写文字，而这方枕则充分利用瓷枕的多面空间，在枕的正面、前立面、后立面三面均做文字装饰，这在磁州窑的瓷枕装饰上亦罕见。

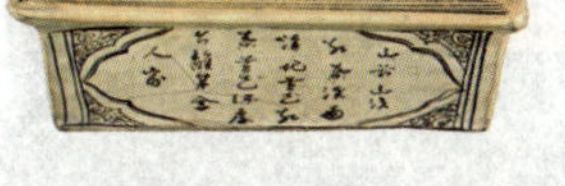

元白地黑花《山坡里羊》长方形枕

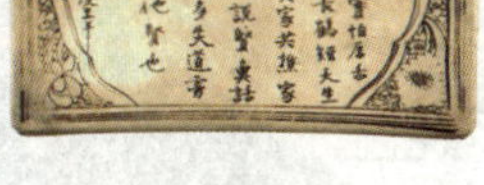

枕面文字

枕面文字：《山坡里羊》

风波实怕，唇舌休卦（挂），鹤长鹤短天生下。劝鱼（渔）家，共樵家，从今莫说贤鱼（愚）话。得道多助失道寡，渔（愚）也在他，贤在他。

前立面文字：山前山后红叶，溪南溆北黄花；

红叶黄花深处，竹篱茅舍人家。

后立面文字：春将暮，风又雨，满院落花飞絮。梦回枕边云渡事，一声声道，不如归去。

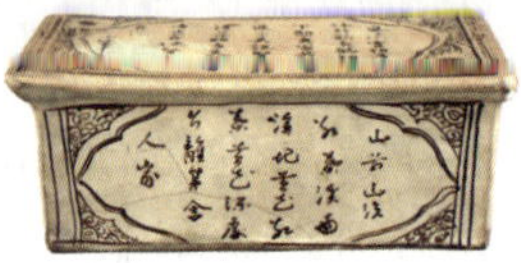

前立面文字

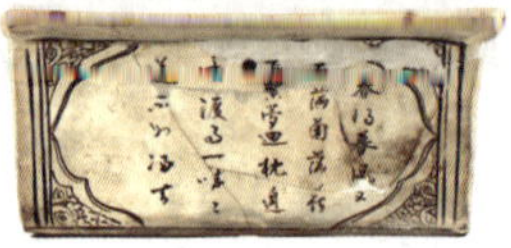

后立面文字

瓷片标本展示

磁州窑装饰技法、品种有 60 余种。

磁州窑的技法、品种分类（包括地层分期），是观台磁州窑遗址考古发掘最大的收获和成就，从学术角度、观赏角度为观众提供不同的视角。挑选数百件瓷片标本，运用五种方式展示：

展橱内展示

展橱内的瓷片均为精选出来的标本，放置在黑白对衬的壁龛橱内，诠释磁州窑装饰的艺术魅力。

地桌式展示

地桌式展柜的台面嵌有透明玻璃，四个侧面为可开启的拉板，桌内设计为可放置不同瓷片的框格，地桌四周安放有四条可供观众休憩的条凳。观众可一边休息，一边在展厅工作人员的服务下，打开地桌拉板，“上手”触摸瓷片，仔细观察瓷片的胎质、釉色，并体尝真切的感受。

地层瓷片墙展示

地层瓷片墙展示是复原在展线上的一面地层瓷片墙，它以观台窑考古发掘地层为依据，把观

台窑的生产分为四期七段，并按照这个分期，将瓷片标本与考古地层分期一一对应，嵌装成一面墙，使观众对瓷片标本的大致年代一目了然。

两面可观的瓷片架展示

磁州窑瓷片是陶瓷专家、爱好者研究的重要标本，瓷片上表现出的各种装饰技法和纹样不仅需要正面展示，而且有必要让观众从背面看到它的各种胎质，最大限度地满足观众的需求。

模拟遗址发掘场景展示

真实地反映磁州窑窑址地层构造和地层风貌。该场景的背景墙上喷绘的是大型的观台磁州窑遗址照片，远景是苍茫的艾山，近景有古朴的窑体、蜿蜒的漳河水及考古发掘的探方；模拟的遗址发掘现场是一个框架玻璃平台，面积为 12 米 ×7.5 米，高 12 厘米，玻璃平台下面布满瓷片

和草丛的遗址原始地表。

第四部分：余韵悠长（明清民国时期）

明代，磁州窑的装饰由“白地黑花”变成“白地褐彩”，呈现出一种独特的装饰色彩效果。

明代白地褐彩人物纹罐

明代白地褐彩人物纹鸡腿罐

明代磁州窑器物，除褐色的画彩表现明代的特点外，更主要的是它的绘画风格让人耳目一新。

明白地褐彩送子观音像

白地褐彩禹王锁蛟像

白地褐彩天官赐福像

白地褐彩寿星像

明代，民间百姓家庭设神位供奉、建祠堂祭祀现象普遍，磁州窑生产很多佛教、道教人物像，如：白地褐彩送子观音像、白地褐彩禹王锁蛟像、白地褐彩天官赐福像、白地褐彩寿星像等。

明白地褐彩虎形烛台

佛教、道教人物像及像前摆放的香炉、烛台诠释明清时期中国北方民间的民俗内涵和民俗风貌。

清代，磁州窑虽还生产一定数量且较为粗糙的白地黑花、褐彩的制品，但转向青花、五彩和粉彩装饰瓷器的生产。

这件清代黄褐釉梅花纹卷筒还基本保持白地褐彩的装饰风格，而且画功娴熟老到，寥寥数笔，神韵尽显，颇具文人画风范。

清黄褐釉梅花纹卷筒

这件清代白地褐彩花卉纹罐也坚持磁州窑的绘画风格，成为向青花装饰过渡中的代表作。

清白地褐彩花卉纹罐

清代磁州窑的文字装饰器物大量使用。有一件白地褐彩谜语罐饶有风趣，它用通俗的语言和不漂亮的书法，在器物表面设下一个文字谜，从它出窑的那一刻起，就吸引世人好奇的眼光；数百年后，它出现在展厅里，同样吸引观众，并令观众围观猜测。这首谜语是：“四个川字川连川，四个山字山靠山，有人对成一个字，两个鸡子一酒满——打一字”。

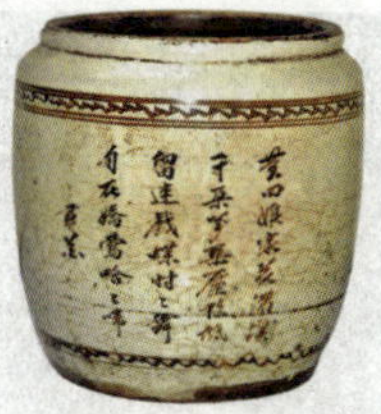

清白地褐彩文字罐

清白地褐彩谜语罐

白地褐蓝彩卧妇枕是磁州窑向青花装饰过渡的标本。在卧妇枕的色彩装饰上，既保留磁州窑明代以后的褐彩，又大面积使用氧化钴原料——青花，这两种色料的交叉使用完成磁州窑由白地黑花、褐彩装饰向青花装饰的过渡。

清白地蓝褐釉卧妇枕

磁州窑的青花瓷，器形有掸瓶、罐、枕、碗、盘、砚、笔洗、盂等；绘画题材多为山水、花卉、人物、鸟兽，款识内容包括纪年、画师名讳等，并多有“仿南田老人之法”“仿名（明）人之法”题记。

民国五彩花卉纹弧顶元宝形枕

民国五彩云龙纹弧顶元宝形枕

民国青花“二龙戏珠”纹将军盖罐

民国青花“梅兰竹菊”纹四方掸瓶

清末、民国初，磁州窑在青花的基础上出现青绿彩，即五彩。五彩技法受到唐山窑的影响，分釉上五彩、釉下五彩。将青花技法融入五彩之中，使磁州窑的装饰品种日趋丰富。

第五部分：美器由来（烧造工艺）

磁州窑的窑具是瓷器坯件入窑烧制时所用的

三足圆形垫饼、三叉支架、带支钉异形支垫

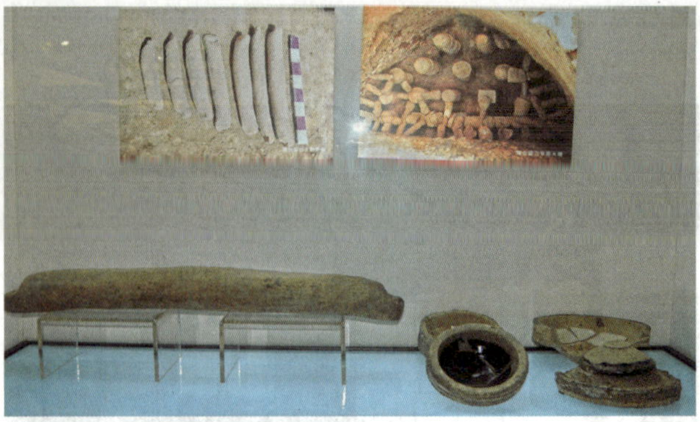

大炉条、带粘连残器的匣钵、烧粘连器物

工具，包括匣钵、窑柱、支钉、垫饼、垫圈、支架以及测温用的火照子等，多用耐火笼土制成。窑具的发展变化，反映制瓷工艺的变革，它是提高产品质量和产量的重要标志。

模具在制瓷过程中不可或缺，它分母范和模子，专门用来印制带纹饰的器物。首先用瓷土雕塑成实心的器物形象，烧制成型为母范；再用母范印塑出模子，经烧制而成模具。用模具模印器物胎体，经高温素烧后，最终施釉烧成瓷器。

蹲狮模范、蹲狮脊饰模范、立凤模范

瓷器的烧制过程是繁琐且非常程序化的过程，具体过程主要包括：取瓷土、碾瓷土、淘洗瓷土、练泥、拉坯成型、装饰绘画、上釉、晾干、入窑烧造等程序。这个制瓷工艺流程复原场景，占用726平方米的展厅空间，以远山、

窑场的窑洞、房屋为背景，用暖色烘托出窑场的整体氛围。

“美器由来”是整个展览的最后一部分，它采用实物、雕塑、模型、背景画、灯光、投影等表现手段，用1:1的比例再现当年制瓷场景。

第五章　考古与研究

1951年，中国古陶瓷之父——陈万里最早考察河北、河南省的古窑址，完成《调查中原、河北二省古代窑址报告》。1959年，故宫博物院陶瓷组组长冯先铭到磁县北贾壁村进行调查并发表《河北磁县贾壁村隋青瓷窑址初探》。这两篇文章掀起磁州窑考古与研究的新高潮。

第一节　考古发掘

1918年，巨鹿县古城打井时发现很多白地黑花的瓷器，引起考古界的注意，经考证确认，是宋城遗址淹没埋藏的珍贵文物。1920年和1921年，天津博物院、北京历史博物馆分别对巨鹿古城遗址作调查、发掘，出土大量瓷器。这些瓷器，白地上使用黑色铁颜料描绘纹样，和磁州的窑场烧制的瓷器很相仿。巨鹿遗址的发掘，引起西方陶瓷研究者P·L霍普逊，G·尤莫伐播勒斯及R·S维利阿母斯等对磁州窑的关注，并首次在学术论文中使用“磁州窑”这个词，在学术界确立这个窑口的概念，使磁州窑得以重新面世。

观台窑遗址考古

1958年，观台镇兴修引漳灌溉工程，省文物工作队对窑址进行小规模发掘，并发表简报。根据地层堆积的情况和各地层中出土的年号铜钱，将观台窑的遗址分为4期，即元代、金代、宋末金初和北宋元丰年以后。这是在北方地区对瓷窑遗址最早的考古发掘之一。1960—1961年，省文物工作队为配合岳城水库工程，再次对观台窑进行大规模发掘。发掘面积达2100平方米，发现一些瓷窑和作坊，出土遗物丰富。1962年12月18日，《光明日报》以“发掘观台宋元民办瓷窑的收获”为题报道。1963年，故宫博物院李辉柄对观台、冶子、东艾口3个窑址进行详细调查，并发表《磁州窑遗址调查》调查报告，基本上掌握3个窑的主要器型、釉色和装饰技法。

1987年观台磁州窑考古探方

1987年3月24日至7月25日，北京大学考古系、省文物研究所、原邯郸地区文物保管所联合对观台窑址进行第三次考古发掘。历时四个月，共开探方、探沟12个，总面积480平方米。发掘清理不同时期的窑炉遗迹10座，其中6座保存完好。清理加工原料用的大型石碾槽1座，及其他一些房屋、作坊、灰坑、墓葬等遗迹。发掘的地层基本覆盖观台窑从创烧到停烧的各个阶段，出土完整或可复原的瓷器和其他遗物9870件，瓷片30余万片。还出土数量众多的仿定窑的精白瓷、仿建窑的黑釉系列瓷器及大量建筑琉璃脊饰及模范等，为研究磁州窑的制瓷工艺和生产规模及水平等提供第一手、系统的科学资料。

曹村窑遗址发掘

2009年12月，磁县文物保管所和临漳县文物保管所对临漳县的漳河河道内一处遗址初步勘探和小面积试掘。勘探结果表明，该地为一处窑场。出土有窑炉、陶片、青釉陶（瓷）片、三岔形窑具支架、钱币等器物残件及标本。依据出土器物和标本判断，该处窑址既烧制灰陶，又烧造釉陶，并伴有早期青瓷出现，是北朝时期一处重要的青瓷窑场。

冶子村窑遗址发掘

2015年5月，都党乡冶子村旧村改造，开挖基础时大面积出现叠压的瓷片。接报告后，省文物研究所和县文保所联合对冶子窑遗址进行抢救

2015 年冶子村窑址考古探方

性发掘。共开挖探方 10 个，计 296 平方米，清理窑炉 1 座，出土可复原器物和瓷片标本 2 万件(片)。这次抢救性发掘的重要收获是发现唐代窑址的地层，出土唐代瓷片标本 2117 件（片）。其中，青釉瓷片 1383 片，黄釉瓷片 200 片，黑釉瓷片 534 片，完整器物 5 件，基本完整和可复原的器物 259 件。这个发现，将冶子窑烧造年代由北宋早期、五代时期前移到唐代。

第二节　学术研究

研究概况

继 20 世纪 50、60 年代的磁州窑研究高潮后，20 世纪 80 年代，国内外再次掀起磁州窑研究热潮。1981 年，外国学者在美国印第安纳州举行“磁州窑国际学术研讨会”，并将美国、日本、英国、加拿大四国收藏的磁州窑精品在美国举办专题性的巡回展览，出版图录。1985 年，由邯郸市陶瓷工业公司牵头，成立“中国磁州窑研究会”并不断举行学术研讨会，对磁州窑进行广泛研究。这些研究主要集中在对装饰技法的总结、各窑址器类的考查、各窑场之间的关系等课目上，并开始对制作工艺的理论分析、地质基础的研究及艺术特点的探讨，还介绍国外的研究成果。1985 年，全国人大常委会副委员长黄华作为中国磁州窑研究会名誉会长出席首届磁州窑研讨会。与会学者、专家 199 人发表专论 28 篇，在国内外产生重大影响，展示中华人民共和国成立后磁州窑研究最新成果。1997 年 3 月，由北京大学考古系、河北省文物研究所、邯郸地区文物保管所 3 家共同编写的观台窑发掘报告《观台磁州窑址》由文物出版社出版。20 世纪末，中国陶瓷界再次掀起“磁州窑”热，把磁州窑的研究推上新的高度。

研究成果

在磁州窑的研究中，日本、美国有专门研究中国磁州窑的机构和专家、学者。他们到磁州窑遗址顶礼膜拜，对磁州窑的研究颇有建树。

截至 2018 年，中外磁州窑研究专著达 42 部，研究领域涵盖磁州窑的各个方面。另外，各种刊物发表的磁州窑研究论文达 189 篇。

磁州窑文化研究书籍

1923—2017 年磁州窑学术研究专著情况统计表

表 27-1

专著名称	作者 / 编者	出版社	出版时间
巨鹿宋器丛录	李祥耆　张厚璜	天津博物院石印本	1923 年
宋代北方民间瓷器	陈万里	朝花美术出版社	1955 年
磁州窑	长谷部乐尔（日本）	平凡社	1974 年
磁州窑陶瓷	魏之瑜	河北人民出版社	1980 年

续表

专著名称	作者 / 编者	出版社	出版时间
磁州窑特展图录	蓑丰（日本）	印第安纳大学出版社	1981 年
磁州窑的传说	郑一民　孙万宝	中国民间文艺出版社	1986 年
磁州窑装饰图案	韩修竹　刘天鹰	河北美术出版社	1992 年
观台磁州窑址	北京大学考古学系、河北省文物研究所、邯郸地区文物保管所	文物出版社	1997 年
磁州窑纹样	张利亚	河北美术出版社	1999 年
磁州窑瓷枕	张子英	人民美术出版社	2000 年
中国水下考古报告系列（一）·绥中三道岗元代沉船	张　威	科学出版社	2001 年
磁州窑审美文化研究	蔡子谔	中国文联出版社	2001 年
磁州窑瓷鉴定与鉴赏	王建中	江西美术出版社	2002 年
磁州窑	张子英　张利亚	天津人民美术出版社	2003 年
磁州窑史话	王　兴	天津古籍出版社	2004 年
磁州窑诗词	王　兴	天津古籍出版社	2004 年
磁州窑四系瓶	马小青　李六存	天津古籍出版社	2004 年
中国磁州窑	赵学锋	重庆出版社	2004 年
磁州窑古瓷	郝良真　赵学锋 马小青	陕西人民美术出版社	2004 年
明代磁州窑瓷器	郭学雷	文物出版社	2005 年
中国磁州窑典籍	政协磁县九届委员会	中国文史出版社	2006 年
磁州窑茶具	王　兴　李六存 赵学锋	天津古籍出版社	2008 年
磁州窑文化	郭守福	新华出版社	2008 年
中国磁州窑	叶喆民	河北美术出版社	2009 年
近代磁州窑	郝良真	科学出版社	2010 年
磁州窑历代瓷器款识	赵立春	九州出版社	2010 年
磁州窑窑工信仰习俗	赵立春	九州出版社	2010 年
彭城磁州窑大遗址保护调查	赵立春	九州出版社	2010 年
磁州窑陶瓷文化发展史陈列纲要	赵立春	九州出版社	2010 年
磁州窑传统烧制技艺	赵立春	九州出版社	2010 年
带你走进博物馆·磁州窑博物馆	赵学锋　刘丽君	文物出版社	2011 年
磁州窑面向国际	赵学锋	河北美术出版社	2011 年
磁州窑藏珍	赵学锋	河北美术出版社	2011 年

续表

专著名称	作者／编者	出版社	出版时间
宋金瓷话——五馆馆藏瓷器精品展	杭州南宋官窑博物馆	中国国际出版社	2012 年
宋元磁州窑与诸窑工艺的相互传播和影响	赵学锋	河北美术出版社	2012 年
白地黑花的绽放	赵学锋	河北美术出版社	2012 年
童趣瓷话——磁州窑玩具清赏	赵学锋	河北美术出版社	2012 年
磁州窑青花五彩瓷器	郝良真	科学出版社	2012 年
磁州窑装饰题材研究	赵学锋	河北美术出版社	2015 年
瓷枕上的故事	赵学锋	河北美术出版社	2015 年
磁州窑文化之传承与创新	张丽萍　张美芳	文物出版社	2017 年
中国磁州窑	赵学锋	中国华侨出版社	2017 年

第二十八编　北朝墓群

北朝墓群是北朝时期东魏皇室元氏墓葬和北齐皇室高氏墓葬的合称，分布于域内县城南部和西南部，占地100平方千米，墓冢总数达134座。元氏陵墓以孝静帝元善见的皇陵（天子冢）及其父元亶的陵墓（东小屋村北）为中心埋葬，长辈在南，晚辈在北。高氏陵墓以齐献武帝高欢的义平陵（M1）为中心，长辈在南，晚辈在北。分布在磁州镇、讲武城镇、时村营乡、岳城镇、路村营乡5个乡（镇）36个村域内。

北朝墓群的发掘起始于20世纪70—80年代，经国务院批准，配合农业水利基础建设先后对14座墓冢进行抢救性发掘。其中，包括尧赵氏墓、尧峻墓、高润墓、高洋墓、茹茹公主墓等。1988年，磁县北朝墓群被国务院公布为全国重点文物保护单位。2007—2013年，配合南水北调中线工程，发掘M26、M39、M63、M69、M72这5座北朝墓冢。北朝墓冢出土的殉葬器物以各类陶俑为主，还有陶制禽畜、器皿、炉灶和铜制器以及金饰物等。这些文物除可补正史外，对研究北朝时期政治、经济、军事、雕塑、绘画艺术、仪表服饰、发式以及各民族的交融和文化影响都有重要的意义。

历史上，东魏北齐绘画的传世真迹现已无存。磁县考古工作中发掘的壁画对研究东魏、北齐时期的绘画艺术和研究中国绘画史至关重要。无论是壁画的用线与成色、形象的创作和整体的布局，还是艺术风格与艺术成就方面都得以充分的展示和体现。1999年后，天子冢景区、兰陵王景区已成为磁县北朝“文化品牌”的突出代表。

墓主人物中，以兰陵王高长恭的名气最大。究其原因，与其相貌出奇俊美、出征时面带狰狞面具、武艺高强和勇猛无比有关。尤其是邙山战役获胜后，兰陵王威名大振，将士们编排舞曲讴歌他的英勇善战，即流传至今的《兰陵王入阵曲》。

元善见墓封土北侧有1条高30米、宽5米的109阶蹬墓台阶，游人沿阶上下时会出现清脆悦耳的“叮咚”声，如在台阶上鸣放鞭炮，水声尤甚，形成罕见的“水声台阶”奇观。

第一章　墓葬及器物

第一节　墓群布局与墓葬结构

墓群布局

磁县北朝墓群包括东魏时期元氏墓葬和北齐时期高氏墓葬。从历年出土的墓志推断，东魏后期至北齐前期的高氏陵墓，是以齐献武帝高欢的义平陵（M1）为中心，长辈在南，晚辈在北；北齐后期，因义平陵东距漳河（今为故道）仅 2.5 千米，北邻滏阳河 1.5 千米，高欢第 14 子高润已葬“滏水之阴”，位于东槐树村西北，故高欢子孙陵墓逐渐转向西南；北齐皇陵和高氏陵墓的范围位于讲武城镇申庄村以北，磁州镇东槐树村以东、张杨庄村以南、魏庄村以西。

从各类文献和东魏出土墓志推断，东魏的陵墓是以孝静帝元善见的皇陵（天子冢）及其父元亶的陵墓（东小屋村北）为中心埋葬，长辈在南，晚辈在北；东魏后期至北齐时期，由于天子冢北面和东北面已有高氏陵墓，因此，东魏元氏陵墓则由向北转向天子冢之南，呈扇形地带埋葬；东魏皇陵和元氏墓葬范围在岳城镇岳城村以东，讲武城镇讲武城村以北、申庄村以南及以西的区域。在东魏元氏和北齐高氏两大陵墓区周围及夹杂其间的还有众多王公贵族、皇亲国戚、功臣名将的墓冢。有尧氏、司马、暴、垣、张、王、徐、乞伏、皇甫、叔孙等及其子孙的墓葬。

墓葬结构

北朝墓葬除少数为土洞外，多为砖室墓，用纹绳青砖砌成。墓室结构为单室墓，由墓道、甬道和墓室 3 部分组成，坐北朝南。墓道呈斜坡状，墓室呈长方形或椭圆形、顶部为穹隆形，四壁作弧状外凸，南北长而东西窄。墓室多彩绘壁画，随葬品多为陶俑、陶器及瓷器等。墓内分别有独葬、两人合葬、三人合葬。

第二节　陶　俑

陶俑种类

中华人民共和国成立后，县内配合基建工程或抢救性发掘北朝墓葬共 19 座，出土大量陶俑，计 4000 余件。陶俑胎有红色和灰色两种，俑身和俑头系分别模制后插合在一起。俑身外表先敷一层薄薄的白彩，然后彩绘服饰。出土时陶俑色彩鲜明，与空气接触后色彩变浅，有的甚至脱落。陶俑种类有侍从俑、胡俑、负箭俑、文吏俑、侍女俑、风帽俑、按盾武士俑、击鼓俑、女仆俑、骑马俑、笼冠俑等。除按盾武士俑在 50 厘米左右外，其余陶俑高度多在 20 ～ 30 厘米之间，东魏、北齐墓葬出土陶俑人物形象多深目、高鼻者。

北朝陶俑 （2013 年 12 月 12 日　摄）

东魏茹茹公主墓陶俑

1987 年，茹茹公主（北齐神武帝高欢之子高湛之妻、谙罗辰可汗之女）墓出土彩绘陶俑 1000 余件，数量居多个已发掘的北朝墓之冠。大文吏俑高达 142.5 厘米，这表明墓主人的身份地位之高。出土的陶俑组合，主要反映墓主人出行时的仪仗、文武侍从、奴婢、伎乐等场景。这些栩栩如生的陶俑体现北朝的时代风格，是研究当时雕塑艺术的重要标本。不同类型陶俑的穿戴服饰、甲胄、所持器物，对研究东魏、北齐时期社会经济、服饰制度具有重要价值。

第三节　墓壁画

东魏茹茹公主墓壁画

墓道壁画：抹白灰，灰面上有红、绿、黑等

色彩描绘的壁画。由于自然压力及人工挖渠等原因，墓道两壁的画面局部遭破坏。从残存画面来看，墓道入口处东壁画青龙，西壁画白虎。其后，两壁皆画有14人组成的仪卫行列。其中，8人作持械站立状，6人持盾坐于棨戟架后。墓道北段上层壁面自南而北画镇墓威神（方相氏）、羽人、凤鸟等形象，其旁缀以莲花纹。墓道斜坡路面的两侧绘花草纹图案，用黑色勾勒轮廓，内填红彩；从整个墓道壁画看，极似铺上一层地毯。

墓室壁画：墓室壁画残缺较重，且经盗墓者纵火烧烤，画面被烟熏成灰色。经仔细清刷北、东、西壁画面，尚依稀可辨：北壁上沿残存龟蛇缠绕图像，其下绘女子7人，居中著冠者似墓主人茹茹公主，两侧为侍女。西壁上沿残存白虎图像，其下绘女侍10人。东壁存少量人物头像，容貌服饰似为男子。南壁画面全缺。墓室壁画似重点表现墓主人的生前起居生活。

北齐高润墓壁画

墓室四壁有彩色壁画。北壁壁画保存较好。长约6米、高2.8米的壁画内容是一幅举哀图。墓葬主呈坐状位于画面帐中，头戴折上巾，身着直裙便服，眯双眼，如将冥目去世态。帐子两侧是两组男女侍从忧戚举哀的场面，每组6人，男侍均头戴巾子，身穿斜领窄袖长衣，腰系革带，佩挂香囊、宝剑，分别张举着翅葆、华盖之物；女侍紧靠帐子两侧，头挽高髻或裹纱巾，身着围领上衣，腰下系曳地长裙，东侧女童手执尘尾，西侧女侍捧物。画面构图严谨，在对称中参差变化。壁画以墨线勾出轮廓，再填以朱、青、黄、紫等色彩，人物的面目及帐子的垂幔采用晕染法；衣着的色彩采用平涂。东壁壁画残缺不全，绘有侍者一、车篷一、羽旌二、华盖一，车前侍者执鞭为导。此幅壁画似为乘坐牛车的出行图，较罕见。西壁壁画仅残存北端两名老年扈从形象，躬身南行。南壁壁画损坏严重，已无法辨认其具体内容。

湾漳墓壁画

墓道壁画：保存较完好，东西两壁总面积约320平方米。因墓道填土的挤压力，壁画出现折皱，略有损坏，但两壁画面构图基本对称，左右相参，可知画面的全部内容。两壁画面的中心内容是各由53人组成的仪仗出行队列。东壁的仪仗队伍前绘朱雀、神兽、青龙等，西壁与青龙相对的位置绘白虎。青龙、白虎通长4.5米。从透视角度看，每壁的仪仗出行队列应是两队，左、右共4列队伍，作向南徐徐前进状。仪仗出行队列中，均手执戟盾、鼓乐、旌幡、伞盖等。北端队列身后画一面阔5间的建筑。仪仗队伍上方天空的位置，绘有各种神兽等35个，计7种形象。其间缀以流云、莲花等。总体构图生动、严谨。墓道斜坡两侧图案分3纵列，中间绘八瓣仰莲，花径1.35米，共14朵；两侧较窄，画缠枝忍冬莲花，两处之间连续装饰纹带。3列图案以暗红色栏框相间，犹如一幅巨大地毯。路面图案面积约120平方米。

甬道壁画：甬道内的门墙正中绘1正视形象的大朱雀。朱雀展翅伫立，姿态雄健，色彩瑰丽。其通高近5米。朱雀左右各绘1神兽、羽兔，朱雀四周饰以莲花、流云。甬道内壁画内容所知很少，在石门南面两壁处还残留有侍卫形象，甬道顶部有零星可辨的莲花、流云等图案。

墓室壁画：壁画从残存画迹可知，墓顶绘天象图，用蓝灰为底色，绘有白色的银河，并有星宿散于天空。天象图下四壁各有1栏分9个方格，每格内画1动物形象。其下还有两栏壁画，上下栏以朱红色栏框相间。上栏壁画隐约可辨，有神兽、朱雀等形象；下栏壁画似以人物图像为主。墓室壁画破坏严重，详细内容无辨。

湾漳墓壁画（2013年12月12日 摄）

湾漳墓壁画气势宏伟，内容丰富。形态各异的众多人物栩栩如生，表现出高超画技，在同期墓壁画中是空前的，是研究当时礼制、社会生活、意识形态、绘画水平的重要资料。根据墓葬形制、出土器物及壁画内容，推断此墓是高洋墓，因暂无考古资料及历史文献证实，故称之为湾漳墓壁画。

第四节　瓷器和金器

瓷器

北朝墓群出土瓷器数量较陶器少，器型主要是罐、瓶、碗、盘等，类型有观赏性瓷和实用性瓷，釉色单一，主要为褐色釉、黄色釉等，胎质疏松、烧成温度一般在 900 至 1100 度之间。

东魏茹茹公主墓出土青釉仰覆莲带盖瓷罐，通盖高 25.5 厘米、底径 10 厘米。半球形盖面上凸塑仰莲两层，中央为方形钮，状若盛开的莲花。罐口直沿圆唇，肩部饰 6 个桥形系（每两个为 1 组），上腹周饰覆莲，平底。施釉不及底。

东魏尧赵氏墓出土瓷器 8 件：青瓷瓶 1 件、酱褐釉四系罐 2 件、酱褐釉双耳瓷瓶 1 件、酱褐釉壶 2 件、酱褐釉双系瓶 1 件、酱褐釉细颈瓶 1 件。

湾漳墓（推断为高洋墓）出土瓷罐 10 件，高 19 厘米，青釉，有细小开片，敞口，圆唇，束颈，鼓腹，底微凹。

北齐高润墓出土瓷器 17 件：鸡首壶 1 件、覆莲盖罐 2 件、青瓷罐 6 件、青瓷烛台 3 件、绿釉扁壶 1 件、青瓷碗 4 件。高润墓出土的青黄釉龙把鸡首壶，釉色莹洁，造型优美，与浙江省台州市黄岩区秀岭水库 49 号墓、南京市蔡家塘 1 号墓出土的鸡首壶接近，在北方墓葬中属稀见之物。此墓出土的Ⅰ式青瓷碗，其胎釉、器型特征等方面与北贾壁村旧窑址调查采集到的碗相似，也与冯先铭在北贾壁村隋青瓷窑址采集的碗相吻合。由于此墓有明确纪年，因此可确定北贾壁村青瓷窑址在北齐武平七年以前已烧造青瓷。Ⅱ式碗均有护胎釉，表明其既非北贾壁窑制品、又非安阳窑制品，因在北贾壁窑调查中和河南省安阳隋代瓷窑址的试掘中，均未发现施护胎釉瓷器。但曾有人认为唐代邢窑开始采用护胎釉。实物证明，北齐武平七年以前已经在瓷器上采用护胎釉。这是北朝时期中原地区制瓷工艺的新成就。

此墓出土的青瓷烛台中残剩一小块蜡，是 1400 多年前的蜡烛遗物，为古代照明燃料的研究工作提供宝贵的资料。

上述列举具有代表性的部分东魏、北齐墓葬出土瓷器。

金器

磁县北朝墓葬出土金器数量较少。其中，1979 年在茹茹公主墓中发掘：

东罗马拜占庭 1 号金币（正、反两面）

2 枚东罗马金币，分别是阿那斯塔修斯一世和查世丁尼一世时期的金币，被定为一级文物。拜占庭 1 号金币直径 1.6 厘米、重 2.7 克，系阿那斯塔修斯一世（AnastasiusI，491—518）所铸。正面为其胸像，四周有拉丁字铭文，由于剪边，铭文已不甚完整；背面是胜利女神像，侧身向右作前行姿态，右手持长柄十字架，八芒星在十字架外侧，四周有铭文。2 号金币直径 1.8 厘米，重 3.2 克，为查士丁尼一世（JustinusI，518—527）执政时所铸。正面为其胸像，四周有拉丁字铭文；背面是天使立像，四周有铭文。这两枚金币的出土，为研究东魏时代中国和拜占庭帝国的关系增添新的珍贵资料。

金饰 2 件，金质，镂孔。标本 1189，长 10 厘米，连同镶嵌物重 35.5 克；在花蔓间透雕莲花化生童子及伎乐天人各一，镶嵌珍珠、琥珀和宝石，颇为精美。标本 1190，长 2.8 厘米，重 1 克；顶端饰莲花图案，下部似花萼。

金簪柄 1 件，长 2.9 厘米、重 2.9 克。金带扣 1 件，长 2.2 厘米、重 4.7 克。金扣子 1 件，长 1.3 厘米、重 2 克。

金花片 45 片，形体单薄细小。

2013 年，南水北调磁县双庙取土场考古发掘 M17 墓，出土金钗 4 件，颜色金黄、成色较高。

其长度、重量分别为 4.9 厘米、7.9 克，5.5 厘米、9.72 克，5.6 厘米、8.42 克，5.6 厘米、9.60 克。

第五节　元善见墓

墓主简介

元善见（524—552），鲜卑族，北魏孝文帝元宏之曾孙，清河文献王元怿之孙，清河文宣王元亶之子，仪表瑰丽，沉雅明静，心怀大志。文武全才，力能挟石狮子以逾墙，射无不中，御猎时驰逐如飞，世人叹有孝文之遗风。喜好文学，每逢嘉辰宴会，多命郡臣赋诗，颇得朝望。东魏天平元年（534 年）十一月，被权臣高欢立为东魏皇帝，年号天平，登基即位于邺城东北，时年 11 岁。550 年，被高洋篡夺皇位，降封为中山王，后被高洋毒死，年 28 岁。北齐天保四年（553 年），追谥孝静皇帝，葬于邺郡漳河北。

墓地

在磁县一带，元善见墓俗称“天子冢”，又称“太上冢”“平顶山”。位于漳河北面的讲武城镇前港村东南 1 千米处，是东魏唯一的一个皇帝的陵墓，北朝墓群中的一座。封土高 50 余米、直径 120 余米，方圆 47 公顷，是北朝墓群中最高、最大的墓，全国重点文物保护单位。陵墓四周原有城墙，南北长 1400 余米，东西宽 1140 余米。仅存残基。从残基看出，城墙由中、小河卵石加红土夯筑而成，宽 3 米多，北墙个别处残存 0.8 米。今建为东魏西陵公园，并用青砖砌筑通向墓顶的台阶。台阶两侧有栏墙，雕刻有东魏风格图案，

东魏孝静帝陵（2020 年 3 月 16 日　摄）

增添古朴凝重氛围。

水声台阶

1994 年，在元善见墓北侧建成 1 条高 30 米、宽 5 米的 109 阶蹬墓台阶，两侧建护墙。1995 年在墓顶建成观音阁。此后，出现一种奇怪的声音。游人沿阶上下可听到清脆悦耳的“叮咚”水声；如在台阶上鸣放鞭炮，水声尤甚。形成罕见的“水声台阶”奇观。

台阶为青砖白灰砌成，毛面，未抹平处理，形成等距而均匀的石灰凹槽，犹如琴键，形成多个均匀的声波反射和折射面；台阶两侧 1 米高的毛面青砖护栏墙和位于台阶右上方的硬山飞檐、灰瓦覆盖的观音阁建筑屋顶也形成多个均匀的声波反射和折射面。上述 3 个独特的建筑结构，构成声波重复反射、折射的特殊环境，使台阶上的脚步声在传输过程中产生多种声波的合成，形成高频和声，遂使低频的脚步声转化为高频的水滴声。于是，出现步步登台阶、水声叮咚响的声音奇观。有音乐工作者发现，可在水声中分辨出七度音阶，故称其为“音乐台阶”。这段能发出水声的台阶，让这座本就令人唏吁慨叹、几多惋惜的千年古墓变得更加扑朔迷离。

水声台阶（2017 年 9 月 27 日　摄）

水声台阶名声远扬之后，许多游客慕名而至，部分专家也来探测研究。经实地考察论证，共认其成因主要是声音反射形成，属于声音的一种物理现象。但形成此效果的因素较复杂，细节性问题还有待考察。天子冢这座充满历史沧桑的皇陵，因水声台阶的出现，为游客增添意想不到的收获和感受。

第二章　墓志选介

第一节　东魏墓志选介

尧赵氏墓志

此墓位于讲武城镇东陈村西北，1974 年 5 月发掘出土。志石高、宽各 56 厘米，计 29 行，行满 29 字，志盖篆书“魏故尧氏赵郡君墓铭”。志石现存于磁州窑博物馆。

尧赵氏墓志铭

茹茹公主墓志

此墓位于讲武城镇大冢营村北，1978 年发掘出土。志石高、宽各 62 厘米，计 22 行，行满 22 字，魏隶书体，志盖篆题“魏开府仪同长广郡开国公妻茹茹公主闾氏铭”。志石现存于磁州窑博物馆。

茹茹公主墓志铭

第二节　北齐墓志选介

李尼墓志

此墓位于讲武城镇申庄村北，1975 年发掘出土。隶书体，志盖篆题“齐故济南愍悼王妃李尼墓铭”，李尼是北齐第二代皇帝高殷的妃子。志石现存于磁州窑博物馆。

北齐李尼墓志铭

高润墓志

此墓位于磁州镇东槐树村西北，1975 年发掘出土。志石高 68 厘米、宽 69 厘米，计 28 行，行满 29 字，隶书体。志石现存于磁州窑博物馆。

北齐高润墓志铭

元良墓志

元良墓志铭

此墓位于讲武城镇孟庄村南，1978 年发掘出土。志石高、宽各 43 厘米，计 26 行，行满 26 字，正楷体。志石现存磁州窑博物馆。

第三章　兰陵王高肃墓

墓主简介

兰陵王高长恭（541—573），本名高肃，族名高孝瓘，字长恭，祖籍渤海条（今河北省景县），神武帝高欢之孙，文襄帝高澄之三子，南北朝时期北齐宗室将领，温柔敦厚，貌柔心壮，音容兼美，生在邺，长在邺，葬在此地。早年仕途经历远不如其兄弟。北周明帝元年（557 年），授为通直散骑侍郎。北周明帝二年（558 年），方乐城县开国公，进上仪同三司。北周武成元年（559 年），加授仪同三司，开始出任地方官，一本官行肆州事。北周武成二年（560 年）三月二十一日，受封兰陵王，后升迁至并州刺史。历任尚书令、录尚书事、大司马、太保、太尉等。邙山之战时，拜中军将，因头戴面具，成功解围洛阳城，从此威名大振，士兵以《兰陵王入阵曲》讴歌赞颂。后联合段韶征讨柏谷、攻打定阳。段韶患病后，总领部众。凭借军功，历封巨鹿、长乐、乐平、高阳等郡公。兰陵王因战功卓著，功高盖主，受到北齐后主高纬的嫉妒和猜忌。北周建德二年(573 年),因言“国事即家事”，坐罪鸩死，时年 32 岁。追赠假黄钺、太师、太尉公，谥号忠武，北周建德三年（574 年），葬“邺西北一十五里”。

第一节　兰陵王功绩

晋阳之战

北齐太宁三年（563 年），北周联合突厥攻打北齐，攻入北齐的晋阳（今山西省太原市）。高长恭亲自参加击退北周和突厥军队的作战，将北周大将杨忠击退。

邙山大捷

北齐太宁四年（564 年）冬，北齐重镇洛阳被北周 10 万大军围困，形势岌岌可危。武成帝高湛急诏全国各地的军队前去解洛阳之围。北齐军队奉诏星夜兼程赶到洛阳城外，冲向将洛阳围成铁桶的北周军队，竭力拼杀，突破北周军队围城打援的第一道防线后，再也无力向前挺进。眼看着北周攻城军队逐步加快攻势，守军心里已经绝望。如洛阳城被攻下，再回身对付北齐援军，北齐援军将面临灭顶之灾。在这危急关头，高长恭与并州刺史段韶、大将军斛律光前往洛阳救援。高长恭带领 500 名骑兵冲进北周军队的包围圈，他在敌群中格外醒目，其原因不只是身上的铠甲和手中的利刃，而主要是面部戴着一个狰狞的面具，令人不寒而栗。因高长恭容貌出奇俊美，像个美丽的女子，所以在战斗中往往被敌人所轻视。于是，他命人打造一个狰狞的面具，用来震慑敌人。以后每次出战，他总是戴上这个面具。他带领 500 名骑兵杀出一条血路，冲到洛阳城下。此时城内守军已成惊弓之鸟，疑心有诈，不敢贸然打开城门。城内守军不确定是敌军或是北齐军，直到高长恭摘下面具，露出真容，城内顿时欢声四起。守城的士兵打开城门和高长恭的军队合力杀向敌军。北周军队大败，弃营逃散，从邙山到谷水的 30 里间的川泽之地，都是北周丢弃的兵器辎重。高长恭在此次战役中威名大振。将士们编排舞曲讴歌他的英勇善战，即后来知名的《兰陵王入阵曲》。

讨柏谷

北齐武平二年（571 年）二月二十四日，高长恭担任太尉。三月，北周齐公宇文宪带兵从龙门渡过黄河，右丞相斛律光退守华谷。宇文宪攻取斛律光新筑的 5 座城池。高长恭与太宰段韶、右丞相斛律光联合攻占跷谷后，又率军收复柏谷城。

攻定阳

北齐武平二年（571 年）五月，北周晋公宇文护派中外府参军郭荣在姚襄城南、定阳城西修筑城池。段韶率兵攻袭北周军队获胜。是年 6 月，段韶包围定阳城，由于北周的汾州刺史杨敷坚守而未能攻克。段韶加紧进攻，屠杀定阳的外城百姓。当时，段韶生病，安排本部军队归属高长恭指挥并对高长恭说："这座城池的三面皆有两道河壕，无路可走；恐怕只东南有一条路，贼寇一定会从这里突围。应当挑选精兵专门防守这条道路。"高长恭选派千余名壮士埋伏在东南涧口。宇文宪集中所有的兵力去救援，但因惧怕不敢前进。城中粮尽，杨敷率领士兵乘夜突围出城，被伏兵截击，全部被俘虏。

人物评价

史书评价

《北史》：文襄诸子，咸有风骨。虽文雅之道，有谢间、平。然武艺英姿，多堪御侮。纵咸阳赐剑（白起），歼覆有徵。若使兰陵获全，未可量也。而终见诛翦，以至土崩，可为太息者矣。

历代评价

北齐安德王高延宗："三兄非大丈夫，何不乘胜径入？使延宗当此势，关西岂得复存？"

段安节："戏有代面，始自北齐。忠武王有胆勇，善斗战，以其颜貌无威，每入阵即着面具，后乃百战百胜。"

崔令钦："兰陵王长恭性胆勇，而貌若妇人。"

叶廷珪："北齐兰陵王体身白皙而美风姿，乃着假面以对敌，数立奇功。"

蔡东藩："长恭一死，亲王中又少一勇将了。自折手臂，亡在日前。"

毛泽东主席对兰陵王的评价　《北朝文化》杂志记载：1962 年，毛主席在《七千人大会上的讲话》中，谈到"自古英雄出少年"，青年人要敢想、敢说、敢做时说："南北朝的兰陵王（北齐人），是高欢的孙子高孝瓘，也是个年轻人。他很能打仗，很勇敢。有个专门歌颂他的曲子，叫《兰陵王入阵曲》，据说这个曲子在日本还有。"

第二节　兰陵王墓园

兰陵王墓

位于县城南 4 千米刘庄村东兰陵王墓园内，是全国重点文物保护单位，磁县北朝墓群第 44 号墓冢，该陵墓占地 3 公顷，原规模较大，有享堂、神道、石像生、碑亭等建筑，因年代久远破坏严重，现仅存墓冢和碑亭。兰陵王墓冢封土高 13 米，周长 72.5 米，占地 1000 余平方米。

兰陵王墓园（2020 年 3 月 16 日　摄）

兰陵王墓碑

北齐武平六年（575 年），高肃的五弟安德王高延宗为其立墓碑，碑刻通高 340 厘米，宽 120 厘米，厚 34 厘米。此碑有很高的史料价值。同时，这块碑刻是由汉隶向魏碑转变时期的一种字体，因此也具有很高的书法艺术价值。墓南碑亭内的石碑正面篆有："齐故假黄钺太师太尉公兰陵忠武王碑"，是磁县著名的"三高"碑之一（三高碑：与北齐皇家高氏家族成员有关的碑，分别是高肃碑、高翻碑和高盛碑）。1976 年秋，河北省文化局拨款重修兰陵王碑亭。1980 年，兰陵王碑被列为省级文物保护单位。1988 年，被确定为全国重点文物保护单位。

兰陵王塑像（2017 年 9 月 7 日　摄）

碑额

齐故假黄钺太师太尉公兰陵忠武王碑

碑文

王讳肃，字长

兰陵王面具

恭，渤海条人，高祖神武皇帝之孙，世宗文襄皇帝之第三子也。神则龙首，元火师而成帝，兵称虎翼，拧水母而称雄。王命守巨宝，惟卿族均大名而复始，逾盛德之后昆。抚天潢而焕落，临地轴而彪明，祝祭孔明，史词无愧。王应含宝之粹气，体连譬之英精，风调开爽，器彩韶澈，譬兹尔不跨，玄指而扬荣，若彼高鸿，摩天霄而远翥。天保八年，起家通直散骑侍郎。王满观兵，实惟绮岁，扶风待谓，兆复黄中，落甚不明，虽容顾问，感兴恒贯，伦望允归。九年封乐城县开国公，食邑八百户。爰应利建，选荒邑社，求带厉之书，荷山川之锡。十年，除仪同三司。象服画龙，辎车倚厩，既钟犹予之爱，亦惟尚德之无。其年，进上仪同三司。游息绵组之味，云月沛辅，推其对易准安耻其传骚石。岭外河地穷虞汉，紫津玄塞，闲以边营，刃以屡惊。桔槔时动。将循条务，良在懿亲。仍以本官行肆州事。王少览治章，北闲敕术束经期，乃复著民谣。又进仪同三师。乾明元年，除领左右大将军，增邑一千户。陟降朱樨，统兹近习，去来青屋，勤深卫奉。其年三月，封徐州兰陵郡王，逾往上乘，更踈高宫，响白京而洧钺，振绦绶而交彩。皇建元年，增邑通南一千五百户，转中领军、加开府仪同三司。爰董荣戍，广命僚属，门有玳瑁之簪，庭蹑珠綦之履，雄儿抚剑，兆止莲花，交人荻藻，动成雪气，肃宗大渐，故托受遗，丧君有君，清宫夜拜，至乃龙，山作镇，俯瞰双流，虎落旁通神□珍思，屯营栉比，戍役相寻，筑逮能迩，咎难其选天。世祖武成皇帝践祚，除使持节，都督并州诸军事、并州刺史，余宫悉如故。而王乃勉其耕桑，又能均其劳逸，朝夕思念，哀矜勿喜，虽复宣光寒食之请，细饮犬马之谒，其为官效，无以过也。二年，别封钜鹿郡开国公，食邑一千户，进领军将军。令命在□□□武府契问，夷险在诚，弥亮既而斗驰。惶羯奔狐杂种肉阗，下都矢及离殿，天兵雷动，与羁□□往道，□□□□□□□剥□需而□也。

兰陵王墓碑（2017年2月6日　摄）

附：兰陵王弟弟高延宗祭典兰陵王的诗

兰陵王碑阴诗

夜台长自寂，泉门无复明。
独有鱼山树，郁郁向西倾。
睹物令人感，目极使魂惊。
望碑遥堕泪，轼墓转伤情。
轩丘终见毁，千秋空建名。

注：高延宗，北齐宗室，文襄皇帝高澄第五子，兰陵王高肃之弟。封安德王，幼为文宣帝高洋（其叔父）所养，长大后在齐为官，先后任定州刺史、并州刺史、总山西兵事。北齐末期，后主奔邺，延宗在晋阳即帝位，改元德昌。周军围攻晋阳，即帝位仅二日被擒，旋为周武帝所杀。此诗是兰陵王卒后第二年，高延宗从并州返邺时，途经兰陵王墓地祭奠时所作。后被刻于兰陵王墓碑之阴，现已漫漶辨认不清。

第三节　兰陵王入阵曲

流传

据《北齐书》记载，《兰陵王入阵曲》源于北齐河清三年（564年）邙山战役。此战中，兰陵王高长恭受命中军将，领500勇士攻入北周军包围圈内，使北齐军队反败为胜。在邙山之战胜利后，北齐皇帝亲到洛阳慰劳三军，庆功会上，能歌善舞的北齐将士以这场胜仗为背景创作歌颂兰陵王的舞乐《兰陵王入阵曲》。兰陵王去世后，歌颂其功绩的《兰陵王入阵曲》流传下来。兰陵王入阵曲也叫大面，中国古代著名的歌舞戏。是中国记载较早的戏曲之一，被普遍认为是传统戏曲“大面戏”的源头。隋朝时期，《兰陵王入阵曲》被列为宫廷曲目，在宫廷内部和朝廷仪式上为皇帝、妃嫔及朝廷大臣们演奏。唐朝初年，以《兰陵王入阵曲》的旋律为基础填上新词，改编为后来著名的《秦王破阵曲》，用以歌颂李世民。《兰陵王入阵曲》为军队武乐，属“健舞”，到中唐时期，渐渐被娱乐化，失去武乐色彩，逐渐偏离原版，成为“软舞”。

失传

唐朝时期对外开放，与亚欧多个国家均有往来。日本曾先后向唐朝派出10余次遣唐使团，古乐《兰陵王入阵曲》在此期间传入日本。唐玄宗李隆基登基后，定义《兰陵王入阵曲》为“非正声”，并下诏禁演。《兰陵王入阵曲》由此失传。

回归

《兰陵王入阵曲》远传东洋后，受到日本人的崇拜。直到今天，每逢重大节日，日本皇室庆典举行隆重仪式还演奏它。长期时间内，“兰陵王文化”成为中日文化交流的重要纽带之一，为中日文化的交流和传播起着重要的作用。1986年8月，中国考古工作者将失传1300多年的《兰陵王入阵曲》及木制假面照片和舞曲录音带回祖国。1992年9月6日，也就是该曲问世1428年后，在邯郸市文物考古工作者马忠埋邀请组织下，日本奈良大学教授笠置侃一等人率领的雅乐团在磁县兰陵王墓前供奉演出此曲，使中国失传千年的乐舞重返故土。2002年，日本山形县兰陵王雅乐代表团百余人远途专门来到兰陵王墓地祭祀，并进行拜谒演出。

兰陵王入阵曲词

吾等胡儿，吐字如雷。我采顶雷，蹈石如泥。右得士力，左得鞭迴。日光西没，东西若月。舞乐打击，录录长曲。

第二十九编　崔府君文化

崔府君，即唐初曾在滏阳县（今磁县）任过县令的崔珏（585—648），又名崔元靖，字子玉，祁州鼓城县人（今晋州市老城区人，也有山西人之说）。他为官清廉、公允、神断、惠爱，深受百姓拥戴和朝廷赏识，去世后被尊称为崔府君。历隋唐两朝为官。尤其唐朝为官时，他体恤民间疾苦，严惩邪恶，除虎毙蛇，重农桑，治水患。因政绩突出，官职累迁，直至逝于任上。至宋代，他的影响扩大到江南，并被封为真君。其后，金、元、明、清各代王朝对他推崇有加，设祠庙祭祀。其后世子孙繁衍兴盛，为官者不绝。

为官，崔府君树立清正廉洁、勤政公允、善政为民的官敬民崇的良吏形象，是中国历史上的良吏典范。为神，百姓将崔府君清廉、惠爱、公允、神断的良吏形象神化，让他身居阴曹地府首席判官之职，掌管人间生死善恶，把对社会公正的期盼寄托在他身上。其德撼及大江南北，河北、山西、浙江、山东、云南省等10余个省份建有他的庙宇、留有他的传说。

滏阳县，是崔珏生前为官、死后安葬之地，还是他的本庙首建之所，有关他的政绩记述更详细、传说更神奇，祭拜活动更有特色。磁县境内崔府君庙至少存有12处。其中，城内府君庙在县内规格最高、规模最大，也是全国3处尚存的官建崔府君庙之一。崔府君祠庙遍及大江南北，成为中国传统文化的重要组成部分。宋代以后，有关崔府君的碑刻、诗文、对联较多，大大丰富了崔府君文化的内涵。特别是磁县传承已久的祭祀仪式，集中体现出当地民间对崔府君的崇拜和敬仰之情。祭祀崔府君最隆重的仪式——府君出巡，其活动组织严密，排列有序，角色齐全。队前开路的是朱将军（唐封号为朱太岁），后为全仪仗执事：龙虎旗、五色旗、执事牌、锣鼓队、标枪对子马、金瓜玉斧、朝天灯、黄龙伞、府君銮驾和府君奶奶轿。府君和府君奶奶像均为木质雕刻。各社娱乐节目排于之后。围观民众多达数万，声势浩大。

2012年，磁县城祭祀崔府君最隆重的仪式——府君出巡，入选省级非物质文化遗产名录。

城内崔府君庙山门（王志江　摄）

第一章　崔　珏

第一节　生　平

崔珏，隋开皇五年（585年）六月六日生。因他的父母夜梦神人授玉而后怀孕，出生后，父亲给他取名为珏。幼即颖异，7岁入学，聪慧过人，日诵千言。

仁寿元年（601年），举孝廉；三年（603年）为太子府傅监，以隋太子失德辞官不任。

唐贞观元年（627年），累加征聘，始应诏，出任兵部员外郎；贞观十五年（641年），宰相房玄龄、杜如晦推荐，出任山西长子县令；次年（642年），迁滏阳县令；贞观十八年（644年），移卫州卫县令；十九年（645年），任蒲州刺史兼河北二十四州采访使；二十年（646年），奉命安边，出使吐蕃；贞观二十二年（648年）十月十日，逝于任上；遗命埋葬于滏阳县鼓山西侧和村（今峰峰矿区和村镇），享年64岁。

府君子崔敬嗣，官房州刺史；崔敬嗣生悦，官洛州司户参军；崔悦生光迪，官太子赞善；崔光迪生杭，官扬州司马；崔杭生元亮，官虢州刺史；崔元亮生易言，官昭义节度使判官；崔易言生贻孙，官吏部侍郎。

第二节　滏阳政绩

抗旱除涝

任滏阳令第一年春，大旱，春苗无法安种。崔府君到漳河边实地考察，见河里有一小股河水流过，于是让乡保组织百姓挖渠、筑坝，引漳水灌溉农田，播种。几天后，春苗破土。当年庄稼大丰收。第二年，漳河发大水，岳城村南农田、房屋被洪水冲毁。洪水退后，崔府君立即组织百姓生产自救，再拓宽挖深渠道，又疏通堵塞的河床，清理河道；组织村民在村南河堤处用大石块筑起3十米长的石岸，防止洪水进村；动员村民在漳河两岸广植杨、柳、桑树等，拦水防洪；从南方引进稻种，栽种水稻。磁州自此开始生产大米。因品质优良，后代历朝选为贡米。自此，岳城一带旱涝丰收。府君去世后，为纪念他，村民在村东北修建崔府君庙。

治税

靠近鼓山的滏阳县西侯村出产煤炭，用于铸农器，炉场应按例缴纳税款。以此为业的农户分两类：以冶铁为主的称炉头，以铸造农器为主的称炉户。官府规定：炉户按人口或户头把应征的税额交给炉头，由其转交官府。崔府君到任后，有人状告刘六等炉户串通炉头徐大鉴隐匿税钱。查获实情后，崔府君拘讯刘六、徐大鉴等人，并作出判决：一、刘六等逃税户按原征税办法补交此前隐匿的税款；二、炉头徐大鉴勾结炉户隐匿税款触犯国法，收监另判；三、改炉头向官府转交炉户之税为炉户直交；同时，废除炉户按人口或户头交税之法，改为按其从炉头处取铁的数量折算税额；对炉头单独征税。从此，西侯村炉场按例纳税成为常规惯例，各炉户对崔府君治税完全慑服。

按股分配

黄沙村周吴两姓因打炭窑发起争执，诉诸崔府君。府君命人下窑认真丈量二人炭窑所占面积，经过仔细核算，证实吴姓村民果然侵占他人地界。府君果断下令吴姓村民退还多占面积，并制订经营炭窑的分配制度，即按份出钱取炭、照股均分。崔珏由点及面，开创性地将按份出钱、按股分配这一模式谕立于民，人人称道。

煤炭断主

崔府君初到滏阳为令，从滏阳县与武安县搭界的淑村、胡峪一带，连续呈来数起村民挖煤炭打架致伤残的诉状。接诉状后，他一边派人赶到现场制止事态发展，一边详阅案卷，询问当事人，分析案情。

经过私访，他发现这一带盛产煤、炭，煤与炭的分界正好在滏阳县与武安县淑村、胡峪一带。窑主挖煤的窑井口虽打在自家的山地上，但到地下采煤时，巷道延伸到别户的地内。故凡有纠纷者，其地面煤堆里非煤中有炭，即炭中有煤。均为越界开采所致，也是双方纠纷的根源所在。情况摸清后升堂审理，他判定三条：一是正窑分界。“滏阳出炭、武安出煤”，不得乱采。滏阳域内地下是炭，而武安县地下是煤，今后不得越界开采；二是“地面煤炭相间的一律充公”。无论滏阳、武安窑主，其地面煤堆里，如有煤有炭，表明违规开采，理应承担责任，因搅在一起难以分清，只好一律充公；三是“任前积案，皆以此处，如有再犯，从重处之。”各方听宣判后心服口服，谢恩而去。此后果未发生因挖煤不规而引发争斗。

第三节　历代敕封

唐代敕封

唐贞观二十二年（648 年，即崔府君去世之年），敕封崔珏为护国嘉应侯，命有司（地方官员）建祠塑像。贞观二十三年（649 年），加封护国显应王。天宝十四年（755 年），敕封灵圣护国侯。会昌元年（841 年），加封护国威胜公。

宋代敕封

北宋大中祥符元年（1008 年），封崔珏为东岳岱山护国西齐王（泰山，古称“岱山”，至今存祠）。北宋景祐二年（1035 年），封护国显应公。北宋元符二年（1099 年），封护国显应王。北宋宣和元年（1119 年），封护国嘉应昭忠王。

南宋绍兴元年（1131 年），封崔珏为护国显灵真君。南宋淳熙十三年（1186 年），封崔珏为护国显应兴圣普佑真君。

金元敕封

金明昌三年（1192 年），封崔珏为亚岳，摄行南岳赐銮驾。元至元十五年（1278 年），封崔珏为齐圣广祐王，与五岳岁时同祭。元元贞元年（1295 年），加封灵惠齐圣广祐王。

明清敕封

明洪武四年（1371 年），赐封崔珏为神，敕令地方官每岁值府君忌辰，备牲帛物品致祭。清康熙帝指令地方官每岁从府库支银，为崔珏春秋致祭。

第二章　祠　庙

滏阳县，为崔府君最早立祠建庙之地。府君去世当年，岳城村、台城村、所葬地和村的民间就先后建庙宇。次年，官方建祠。

第一节　城内崔府君祠庙

唐代规模

贞观二十三年（649 年），唐太宗下旨在滏阳县城建祠并塑像，祭祀崔府君。开元六年（718 年），敕建为庙。该庙位于县城府君庙街北侧，为崔府君本庙，也是首座官庙。距今已 1300 多年。

该庙原占地 80 余亩，形制别具一格，规模宏伟。整个庙宇坐北朝南，一庙三院。有山门、戏楼、无梁殿、旱船、月台、拜殿、正殿、穿廊、东西厢房、后殿、饮马坑和饮虎坑等。正殿面阔 5 间，进深 2 间，圆柱 18 根，悬山琉璃瓦顶。后殿与正殿基本相同，附属文物有碑刻 8 通，均保存在拜殿内。两厢房位于东西两侧，坐落有序，比例适中。院内花草叠翠，碑石如林，为磁州庙宇之冠。

唐后规模

自唐以后，历朝对该府君庙均有修葺。1962 年，被县内一家企业占用，庙内建筑除拜殿、正殿、穿心殿和后殿外，其他建筑和所有塑像全部被拆。整座庙占地仅剩 20 余亩。20 世纪 80 年代，县政

城内崔府君庙正殿

府将庙内企业迁出。又重建山门、戏楼、东西配殿和殿内塑像，香火依旧旺盛。

该庙是国内现存最大的府君庙之一，2001 年，省政府公布其为省级重点文物保护单位。

2016 年受“7·19”暴雨影响，拜殿屋顶受损严重，经维修加固，已恢复原貌。

第二节 乡间庙宇

岳城村崔府君庙

该庙位于县城西南 20 千米的岳城村内，始建于唐代。占地 16 亩，分前后两院。前院为主殿，殿内供奉崔府君塑像；后院为崔府君奶奶殿。另有马厩 1 处、古井 1 眼。原庙山门朝西，后改朝南。长期香火鼎盛。有清同治十二年（1873 年）重修崔府君庙石碑立于庙前。解放前夕，该庙毁于战事。2003 年春，村民在原址重建正殿和奶奶殿，基本恢复原有规模。找回清同治年间重修岳城崔府君庙碑并立于庙前。庙山门前断腿的石狮子，已被用水泥补上。

岳城村崔府君庙山门及石狮子

岳城村崔府君庙

台城村崔府君庙

台城村崔府君庙

该庙位于县城西北 20 千米的台城村北，始建于唐代。后经宋、元、明、清数次修缮、扩建。占地 2000 多平方米，建筑面积 350 余平方米。其山门、钟楼、拜殿、大殿、后殿在“文化大革命”期间被毁。已恢复山门、拜殿和大殿。香火较盛。每年农历六月初六和每月初一、十五日祭祀。

漳村崔府君庙

该庙位于岳城水库北岸。据传，始建于宋末元初。整座庙宇坐北朝南，建筑有山门、正殿和奶奶殿。周围树木苍翠，花草异香，环境幽雅。自古至今香火不断。现存的崔府君庙为 20 世纪末重新修建，三进院，山门朝东。占地近千平方米。

漳村崔府君庙后殿

北豆公村崔府君庙

该庙位于县城东北 18 千米的北豆公村中，坐北朝南。据史载，始建于明代，原规模较大，占地 10 余亩，为二进院。建筑有山门、正殿和奶奶殿。后被学校占用。2000 年，在原址北面重建正

北豆公村崔府君庙

殿，面阔 3 间，殿内塑像逼真，彩绘具有浓郁的冀南民间特色。另外与正殿并排的殿：东为三官殿，西为九龙圣母殿。三殿规模同等，崔府君殿居中。整个院落 548 平方米，统称李爷庙，为县级文物保护单位。

义井村崔府君庙

该庙位于县城西北 25 千米的义井村内。始建年代不详。据该庙现存元朝至正年间重修碑记载，首建于唐代。庙为二进院落。原主体建筑有山门、正殿、奶奶殿和两侧厢房。正殿面阔 3 间，门旁立二柱，通体浮雕，造型巧妙，雕工精细，顶饰黄色琉璃筒瓦。殿内彩绘鲜艳，塑像逼真，近代被毁。已恢复重建。

义井村崔府君庙山门

和村崔府君庙

该庙位于县城西北 25 千米的和村内。原占地 10 余亩，建筑规模宏大，为二进院。解放后改作学校，沿用至今。今仅剩 1 殿。大殿为硬山灰瓦顶，面宽 3 间，进深 3 间，七架梁前出双步廊，

和村崔府君庙

后出单廊。大殿顶部的脊、兽、瓦当、滴水等无存，门窗等木构件亦被学校改变原貌。大殿内东墙壁上有金贞祐四年（1216 年）礼部尚书碑。碑中记载该庙当时称显应观，因崔珏曾经被封为显应王而得名。现为该校德育室。1995 年 10 月 6 日，被公布为邯郸市第一批文物保护单位。

北南城村崔府君庙

该庙位于县城西北 20 千米的北南城村内。始建年代不详。庙为单体建筑，规模较小，但香火极盛。今庙为近年重建。

陆开村崔府君庙

该庙位于县城西北 25 千米的东、西陆开村之间。有正殿 3 间。碑载清光绪二年（1876 年）榴月曾补建戏楼 1 座；大殿石柱上刻：乾隆十二年二月十六日立。

陆开村崔府君庙

白村崔府君庙

该庙位于县城西北 30 千米的白村内，为一进院。正殿面阔 3 间，前带拜殿，后正中带 1 间

白村崔府君庙侧后部（2019年 摄）

寝殿，供奉府君奶奶。其西北角近处有古槐1棵，水泥栏围护。

东二祖村崔府君庙

位于成安县商城镇东二祖村后千年古刹二祖寺山门前右侧路南70米处。原庙仅存遗址和元代重修灵惠齐圣广祐王庙碑刻1座。现庙为20世纪90年代建，占地1亩，有崔府君大殿3间和泰山奶奶大殿3间并列于北侧。每年农历六月十三为崔府君庙会。

东二祖村崔府君庙

元代重修灵惠齐圣广祐王庙碑

元代碑刻位于庙址南侧70米处村东西大街路北。该碑地面留存（碑座埋于地下）120厘米，碑首浮雕六龙盘绕，主额上方有火焰宝珠。主额内阴刻篆书“重修灵惠齐圣广祐王庙之碑”。碑阳题“重修灵惠齐圣广祐王庙之碑”。正文字迹漫漶，尾题元延祐五年立。碑身、碑首现保存完好。1995年，该碑被公布为邯郸市第一批市级文物保护单位。

边董村崔府君庙

位于成安县长巷乡边董村与大边董村交界处路北。该庙与磁县城崔府君本庙一脉相承。始建年代不详，相传，清道光十三年（1833年）重修，有大殿3间，为明清古建筑，雕梁画栋，气势恢宏，于解放初拆除。原址后建小房1间，香火旺盛。每年六月初六崔府君诞辰之日，当地民众集资在崔府君庙前搭台唱戏。

第三节 祠庙建制与分布

崔府君祠庙名称

崔府君祠庙在全国分布较广，各地称法不一：以尊称直接命名，如崔府君庙；以崔府君封号命名，如显应王庙、西齐王祠、景祐庙；以崔府君本人名字命名，如崔元靖庙；以他庙内神马命名，如白马庙、白马将军庙等。西安市广泰庙是全国唯一“判官庙”，为纪念崔珏所建。

崔府君祠庙建制

崔府君庙一般分为前院和后院。前院为正殿，供奉崔府君神像，后院为奶奶殿，供奉府君奶奶。民间单院的崔府君庙多在正殿正后建1间寝室，与正殿组成一个整体，用以供奉府君奶奶。但是，云南的府君庙没有后院。

民间建庙　以滏阳县（今磁县）为最早，因他的惠爱之政让滏阳县民受恩最深，对他怀念最切。故他死后当年（648年），滏阳县的和村、台城村和岳城村先后建庙宇。民间建庙多集中在河北、河南、山西、山东、云南省等省。

民间建庙多自发捐资而建，规模一般较小，多一进院，不少为单体建筑，且形制不统一，砖石、砖木、全砖和全石结构均有；彩绘不精细，多大红大绿，极具民间特色；庙内塑像多出自当地艺

陕西省万花山乡崔府君庙

人之手，造型、彩绘均不相同。

奉旨建祠庙　即为官庙。全国奉旨建造的崔府君庙有 10 余座。最早奉旨建庙的是滏阳县（今磁县），唐贞观二十三年（649 年），唐太宗命地方官在滏阳县建造崔府君祠堂，即今磁县城内的崔府君庙，也是其本庙。其后，有唐玄宗“安史之乱”后下旨在今西安市建庙，宋真宗祥符元年命地方官在东岳岱山建西齐王祠，南宋赵构命在今杭州市建白马庙（府君庙）等。

奉旨建造的祠庙，选址、占地、建造费用、祭祀等均有官府负担。一般规模宏大，形制讲究。至今尚存 3 处，即东岳岱山西齐王祠、山西省陵川县崔府君庙和磁县城内崔府君庙。论规模，岱山西齐王祠较小，陵川县崔府君庙虽是二进院，但建筑最雄伟宏阔。

府君祠庙兴建与分布

至清代，崔府君祠庙已遍布国内南北各地。从全国府君祠庙兴建时间看，主要有两个时期，一是唐代，崔府君祠庙建在长江以北；二是南宋，“泥马渡康王”后，江南开始兴建。就其分布，据不完全统计，北京、天津、云南、陕西、山东、山西、河南、河北、江苏、浙江省等地均有崔府君祠庙。其中尤以山西、山东、浙江、河北省为最。经考证：山西省建有府君庙的地方有陵川、长子、昔阳、潞城、平顺、壶关、长治等地；在浙江，因南宋建都于临安（今杭州）和有“泥马渡康王”之说，该地区的府君庙又称为白马庙和景祐庙。杭州、温州、宁波、金华等地都曾先后建有该庙；山东省聊城、芮城、德州、青州、乐陵、泰安等地建有该庙。今在泰山的岱庙仍有府君牌位，称其为东岳岱山护国西齐王或亚岳，摄行南岳；河北省内的府君庙，仅原磁州境内就遗存有不同时期的崔府君庙达 10 处之多。另外，磁县周边建有府君庙的还有成安县、肥乡县、临漳县、汤阴县等地。

山西省陵川县崔府君庙

第三章　文　录

第一节　碑　文

齐圣广祐王碑记

人之诚敬，油然而自不能已者，昭著于祷祠祭祀；不待教训政刑恳切齐一，费货财苦筋骨快乐而不为疲倦，原其由则生于报德酬功不能忘本。是故天子祭天地，诸侯祭境内名山大川，庶人则祭其祖祢，非所以徼求福利而苟免祸患也。圣人因人情而定礼，凡有德有功于生民，天地六宗以降，圣帝明王，圣师大贤，忠臣良吏，载于祀典，春秋香火血食，永永不绝。唐滏阳令崔府君，以聪明正直，诚一之德，形于政治，除暴虎，祛妖狐，苏旱捍水，惠泽一方。至于幽冥灵异福祐后人者，又不为不厚。宋祥符、景祐、元符、宣和、绍兴、嘉定增崇封爵，前贤纪言昭明详悉。金以江淮未庭，奉神代享衡山之祭，至元十五年中书省奏，先是南岳阻于长江不获致礼，以府君摄享。今宋灭，南北混一，五岳通祀，府君封号难袭，故常亦宜更新。奉旨增封齐圣广祐王，敕守土有司，备礼告庙，大书深刻门额，州民李仲信持乡士杜琪纂集王之神奇功惠之状，竭虔致敬踵门而言曰：自神灵之在礼典，皆有文以纪石，皇帝敬天地尊百神，凡为臣民者，可不歌颂皇帝之神功圣德？一六合五岳之气，不分裂隔限于南北，府君封爵极其崇高，广祐我朝，敢以文为请。谨斋沐再拜而献颂：

皇帝仁圣，克享天心。际天所覆，柔抚昭临。燎禋柴望，无紊咸秩。神之封爵，宜致其极。神之齐圣，德符于谥。神之威灵，民威而畏。洋洋在上，浩浩无外。岂惟是州，神独斯在。天锡皇祚，与天同寿。享我明禋，神助其祐。

至元二十九年岁次壬辰十月，磁州功德主中宪大夫侍御史马天骥立石。大中大夫江南浙西道提刑按察使武安胡祗遹撰并书。正议大夫陕中汉中道提刑按察使王博文篆额。

（元·胡祗遹）

磁州崔府君庙碑记

磁有神庙，峙于东门之内，曰：灵惠齐圣广祐王。由古及今，历代之君封加享祭，恩礼不衰；由近及远，四方之民奔走祈祷，敬信不怠。其灵验可知已。

王，姓崔讳珏，显名于隋唐之间，为滏阳令，有神政。太宗朝召拜蒲州刺史，卒于官。临终遗命归葬滏阳。滏阳隶磁州，为附郭县。磁人思其德，立祠，事之如生。

后唐天祐十二年，郡将靳侯迁神像于法观，其汛扫香火之事，道者主之。宋咸平元年，召守臣入京，盖有宣室之问，遂命刘蒙正大修神宇，榜曰：府君之庙。右正言、知制诰赵安仁奉敕文其碑。景祐二年，封护国显应公。元符二年，诏以神之威力变化，其爵弗称，乃即旧而王之，寻加昭惠兖冕仪卫，一遵礼秩。大观二年，太守韩景奉旨益崇庙貌，御笔书额以赐之，景勒之于石，覆之以阁，徽、钦板荡，阁尽石存。金有中原，以衡岳在宋境，命王权行南岳事，谓之亚岳。太和元年，郡幕官窦衍发所瘗墓志于西阁，得王之世系、灵异事为最详，因请上党簿潘希孟记之。潘亦磁人，文章德业为当时冠。金末兵乱，庙圮记完。

国初，以武功定天下，礼文未遑，时则有五路万户开府史公天泽首命本州长官杜旺、水军总管刘涉等力为修葺。迨于世祖皇帝百废并举，禋望祭秩，遍于群神。越至元十三年，赵宋告亡，地尽南海；十五年，归岳祀于衡山，改封王以齐圣广祐之号，与五岳岁时同致祭焉。今皇上登极以来，敬神保民，道被幽显，其自古圣帝明王、忠臣烈士祠宇所在，恩渥有加。元贞二年春，平章政事荣禄安公祐奏请加封，天子允之，诏曰：

有功则祀，古今之常经；无感不通，神明之至德。齐圣广祐王礼严祀典，名著史编。历代褒崇洋洋，阐灵之如在；生人嘉赖简简，垂惠以无疆。曾司衡岳之权，久重滏阳之镇。灵懿夫人夙称柔则，克配英风。玉烛均调，顺阴功而内助；翠帷俨肃，祐多福以旁周。宜并锡于嘉名，用茂扬于休闻。于戏！涣其大号，既遗尔室家之荣；享于克诚，益赞我山河之固。齐圣广祐王可加封灵惠齐圣广祐王，灵懿夫人可加封顺祐灵懿夫人，主者施行。

有司钦承，以牲牢备物宣读诏文，致告于庙，三献礼终，韬置神室。寻复奉御宝圣旨，护持禁约，毋或侵亵庙主。提点颐贞太师赵宗贵、提领纯和太师梁宗正因议摹勒贞石，金相蒙古本字于上，汉译隶字于中，记文于下，置诸殿前，昭神威而侈国赐礼也。

大德三年，州之耆老复以庙制未极崇贵，乞官为修理。州闻之广平路，路闻之中书礼部，部闻之省。今平章政事荣禄梁公德珪久歆神明，遥领外护，援据典理，奏从其请，爰降中统楮币一万缗，期于新完而后已。

是行也，提领梁纯和实来京师，因陕西行台治书侍御史滏阳安公祐遣诣史馆，言于王德渊曰：“子常居磁下，亲际耳目，于神为乡人，今载笔翰林，职掌纪述，于国为史氏，以公以私记，将安往？”余闻之悚然，不敢以芜陋辞，则应曰：“诺。”谨按《周官》曰：宗伯掌邦礼，治神人，和上下。《祀典》曰：御灾捍患，有功于民则祀之。倘有功不祀，是为慢神；无功祀之，乃为淫祀。非惟宗伯之失，神亦不以为荣。惟是王祠，雨旸疫疠，有祷辄应，福祐方面，功不为轻。神之受享，国之奉神，可谓两无愧矣。是碑之立，非徒衒目，实使人人瞻

诵而生敬心。违触不恭，国有显刑，神有冥祸，可不戒哉？其见于潘碑者，兹不叠出。

至大二年仲冬，承直郎广平路磁州知州兼管本州诸军奥鲁劝农事刘大本立石，翰林直学士奉政大夫知制诰同修国史王德渊撰，前集贤学士荣禄大夫平章政事预中书省事何荣祖篆额。

（元·王德渊）

崔府君墓碑文

府君，讳珏，字子玉，祁州古城县附郭村人。父公让，母刘氏，每以济贫为急，蒙活者众。隋开皇五年六月六日生府君，有瑞气盈室之异。即长，聪明过人，日记千言，且事亲至孝，接人有礼。娶卢氏。

仁寿元年，被举入朝，遂魁天下。三年，拜太子府傅监。至贞观元年，聘复旧职，加兵部员外郎。十五年，授长子县令。十六年，征迁滏阳令。十八年，迁卫县令。十九年，擢蒲州刺史，兼河北二十四州采访使。二十二年十月上旬，呼磁役郭宪、男敬嗣，曰：“今夕上帝有命，吾将逝矣。遵吾之言，葬吾于鼓山之侧。”遂卒，享年六十有四。宪同敬嗣扶柩归磁礼葬，且建祠祀之。

盖府君之生也，屡有异政，时称治行第一。化民成俗，兴利除害，功加穷壤，道被幽显。至如伏虎袪狐，斩妖降鼠，又公之正气有以格之，无足怪者。及其没也，唐太宗封“护国显应王”，宋真宗封“东岳岱山护国西齐王”，徽宗加封“护国显应昭忠王”，高宗加封“护国显灵真君”，金章宗封“亚岳之神”，元成宗封“灵惠齐圣广祐王”，皆所以报其如在之灵也。呜呼！府君生而官于磁，殁而葬于磁，远而祭祀崇奉于磁，则为我磁民敬仰而思慕之者何如也！

顾其栖神虽有所，而遗骸埋没于野田蔓草之中，无由以知其处。于洪武间，耕民得石刻，曰崔府君之墓于磁之属邑武安和村镇西北二里许，即其葬地也。去墓所二里许，有故庙存焉，盖前人因其墓之所在立以奉祀者耳。本镇民何名主庙事，每加修理。以其地路通秦晋，往往过客不知栖灵掩骨之处，无由起敬，遂捐资立石，请文以记。虽然府君之圣德大业，洪名显号，赫赫奕奕，照耀今古，故有不待言而传，亦有非言之所能传者。而此石之立，此文之镵，特在人心不能自已者耳，亦不可无也。诗曰：

赫赫府君，巨唐名臣。历典郡县，盘错囷轮。迎刃而解，匪怒以瞋。伏虎之异，除妖之神。惠在我磁，如天之民。岩岩大宇，载祀春秋；芊芊孤冢，勿俾牧薪。

（明·纪杰）

重修崔府君庙碑记

磁之祀崔府君由来久矣，初惟祠祀之，后唐始迁神像于法观。

宋咸平间，刘蒙正奉命大修神宇，榜曰府君之庙，制聿隆焉。自是崇礼至今礼秩有加，庙貌勿替，其间经兵灾之摧残，历风雨而倾圮，要皆随时兴筑，葺而新之。

最近修葺之者，为平陵施公，时道光四年也。工竣，规模宏敞，金碧辉煌，瞻仰者方谓数百年可保。讵料甫庆落成，旋遭地震之变，前后屋宇、周回墙垣莫不崩颓，惟正殿与灵光鲁殿，巍然独存。虽由工料之坚实，亦以见神之默为呵护也。磁人以力不逮未遑谋更新，就其未圮者补葺之，以妥神灵。

十三年，余来牧是邦四载于兹，知神之福磁人者备至，而磁人之戴神者甚深，捍患御灾惟神是赖。不急谋捐修，何以肃观瞻而昭诚敬？因以廉俸先之。磁人喜动颜色，踊跃相从，需费若干，不日毕集。辇木运砖者襁属于道。于是鸠工庀材，是断是度，历数月而工毕。雕梁霞复，绣撩云重，仰观府瞩崇报之意遂焉。

夫府君，固唐之滏阳令也！唐之去今千余年，而磁人之服教畏神者一如往昔，苟非生前之德泽浃洽于斯，身后之灵爽式凭于斯，乌有得此于斯民哉？苏文忠公曰：其生也有自来，其逝也有所为；不待生而存，不随死而亡者，其在是矣。余喜是役之速成而因述其所以致此者识之于石。知磁州事临湖卢兰馨撰。道光十七年岁次丁酉孟冬吉旦。

（清·卢兰馨）

重修崔府君庙碑文

盖开创建庙宇，非以壮观瞻，所以思旧德也。故而有功德于民者，后人莫不为之立庙焉。兹庙之立，不知始于何时。观其后院，则有皮场王大殿三间，南北祠各三间，神厩三间。前院又有

□□大殿三间，拜殿三间，以及山门垣墙无一缺失，固巍然其可观也。一经地震而庙宇全颓，见之者有感于斯庙之修诚非易事矣。社首尹文奎概一以重修自任。因此社有香火地十余亩积蓄，数□□□院一一修成。其子子平又积蓄数载。因邀请村众欲修庙之前院，而有志末逮。其孙龙现继之，同力捐资岑镇，捐化四方，极力修造。至同治十二年六月而功始告竣。因求序其事于予，予窃以为补修庙宇虽亦寻常之事，而祖孙相继数十年卒能有成，以祖□□□□□□□□□终者其贤否如□若何也？予是以乐为之序言。

清同治十二年

候选儒学训道□晓荃撰文

重修四明亭碑记

四明亭即神路中亭，俗所称没梁殿也。肇修于明之中叶，经今三百余年矣。光绪戊寅，予官莅是邑，得谒府君庙，仰见殿宇堂皇，阶除宏阔，楼阁连云，墙垣整饬，隐隐然有灵爽气。惟此亭檐摧柱朽，甓败瓦衰，大有倾圮之势。窃窥旧制，短梁鳞接、拱斗斜穿、四角飞扬、八脊相向、匠巧工奇，妙难仿佛。设一旦颓靡，正如简断编残，后有作者，古制无存，不可及焉矣。遂隐有复新之意，然恐五日京兆，有志未逮。岁辛巳，绅士请重修，深幸古亭继起，夙愿可酬，捐廉为倡，而任事诸公亦各努力，不辞劳悴，不数月规模仍旧而金碧增辉矣。屋广址高因旧基也，梁累柱叠仿旧制也，檐飞插角肖旧形也，脊若列眉照旧式也。惟就亭之东西创辟两门，取四明之义，盖谓神目远烛四旁，纤微不遗，庸以宏我府君之精灵普照，神妙感昭；使入庙焚香者，凛赏善罚恶之鉴，兴孝亲敬长之心。庶府君之所以惠教磁民者，历亿万斯年而愈无已时也。壬午春，复以余资统加润色，若圣像若大殿若戏楼若钟楼鼓楼，以及门墙台阶，焕然更新，乃大工甫毕而人且欣欣然乐观其成，始叹府君生为磁令，绩著灵奇；殁为磁神，德深呵护。古所谓惠及当时泽及后世者，于今确有明证矣。抚今思昔，敬对怀惭然，自恨不学，政教无术，诚不敢妄希万一矣。府君之实录俱在，正可为万世莅斯土者师。运同衔特授磁州知州张宝善撰文，花翎侭先留直磁州营千总喻高升督工，劝捐绅士张照张叙典王彻陈诗，住持道人杨理章陈理文，光绪八年，岁次壬午孟冬立

（清·张宝善）

第二节　诗　文

明代诗歌

曾于历代障山河，阴翊生民感惠多。
衡岳圣名垂祀典，滏阳碑敕照松萝；
威灵赫赫浑如在，功业昭昭竟不磨。
最我生平存敬畏，敢将俚句为神歌。

（沈府贤王　方目子）

巍巍庙祀已多年，圣德神功远迩传。
佑国庇民均仰赖，永膺血食自绵绵；
默运神机广大功，圣朝禋祀永无穷。
敕封徽号彰灵验，应感良由德业崇。

（沈府贤王　知微子）

令守荣官志已伸，每将忠爱效虞臣。
神机除害人难测，圣德陶愚众所亲；
滏水敕碑光冀域，蒲州弈庙镇西秦。
近时我祷无他望，时雨滋苗展至仁。

（磁州知州　张梦辅）

贤侯出处在隋唐，道被幽明治行长。
庙貌洋洋灵若在，神威简简惠无疆。
名高曾拟司衡岳，政异咸推重滏阳。
历代褒封崇祀礼，至今遗爱比甘棠。

（磁州同知　宋　琮）

显迹隋唐匪浪传，幽明政化孰窥权。
斩蛇降鼠殊神异，伏虎祛狐岂偶然；
历代褒封覃圣泽，四方景仰乐尧天。
官民岁岁崇禋祀，寿我皇图亿万年。

（磁州学正　刘　湜）

夙钟岳秀长名门，累任官荣荷主恩。
猛兽伏擒因殒命，妖狐就戮自消魂；
威灵流动千年在，王号封加百世尊。

庙宇春深烟雨霁，松篁掩映露孤根。

（磁州训导　杜　云）

当时作宰异寻常，历代加封显祐王。
神化扶君安大宋，威灵护国靖封疆；
阴功浩浩拯生类，圣像巍巍镇滏阳。
自是多方崇庙祀，英名应与海天长。

（磁州训导　张　密）

方寸公平契上天，居官端不重青钱。
魏征景仰施神政，唐帝常加赞化权；
清庙巍峨秋寂寂，断碑零落草芊芊。
摄司南岳荣何甚，血祀流今几百年。

（磁州训导　杨贵诚）

不依炀帝漫韬光，彩服娱亲献寿觞。
应聘展才官长子，除奸施爱福磁阳；
卫蒲仰慕昭神化，唐宋加封号显王。
树锁庙前秋月夜，乌啼鹊噪倍凄凉。

（守磁致政副千户　张　承）

清代光绪年间新增诗歌

于铄我王，载诞先唐。翁媪盛德，乃降嘉祥。仁人之粟，被乎景沧。

于铄我王，早登庙廊。出令长子，继则滏阳。谁其荐者？惟杜与房。

于铄我王，驱虎若羊。宏农九江，不得专长；百害俱熄，颂起循良。

于铄我王，讯鞫孔明。孝友廉节，正其纪纲；神道设教，以佑治方。

于铄我王，匪怪伊常。阴曹决狱，泥马渡康。凡是诡异，传之杳茫。

于铄我王，神返斯乡。作庙以祀，鼓山之阳；六言封号，钜典煌煌。

于铄我王，淑配是将。顺祐灵懿，累代褒扬。我庶蒙福，荐之响堂。

于铄我王，惠我畿疆。乃靖水患，乃驱旱蝗。神旂戾止，鼓舞轩甍。

（上书房行走太常寺少卿　高赓恩）

晋豫直东亿万氓，朝朝香供献丹楹。
争传神异空前后，共感灵威效敬诚；
邪祟权除当日患，崇封历受累朝荣。
区区也幸叨慈佑，顾藉流芳作式程。

（磁州知州　岳龄（寿同））

大德祀社为神明，至人自有千秋名。
诗称申甫由岳降，又闻传说为星精。
佛老转世具夙慧，迹临怪诞理至平。
功德及民应庙食，岁时报赛申民情。
崔侯去世逾千载，威灵赫濯常如在。
未偕房杜佐兴王，翻效龚黄普遗爱。
当年青史阙旌扬，没后黔黎恒爱戴。
分符磁卫展神奇，道贯幽明志济时。
蜿蜒破复饮锋刃，於菟俯首甘鞭笞。
安良除莠斩妖魅，惟凭浩气施仁慈。
渡虎驱鳄古多有，忠直自有神扶持。
善政流传不胜数，桐乡自愿归漳滏。
庙貌巍峨惊懦顽，崇封累代驰纶符。
秩斋南岳溯金源，昭代徽章悬殿宇。
水旱灾疫祷辄应，福佑磁民历今古。
我来瞻拜奠杯觞，祷祝联翩获福祥。
保我子女起沉疴，缘依杯珓得奇方。
勤民自古有封拜，列在祀典旌贤良。
敢请大吏奏天子，仰邀睿藻题堂皇。
更愧寒毡志难展，官卑敢有苍生感。
贪廉贤佞人自知，倚势济奸恐神谴。
果为循吏即明神，请仰崔侯应自勉。

（磁州学正　边守元）

滏水流芳崔府君，　阐扬异录仰奇勋。
神光普照垂青史，　浩气冲霄现紫云；
拘虎伏魔诚懔懔，　劝忠教孝志殷殷。
王灵赫濯隆禋祀，　至治馨香遐迩闻。

（磁州训导　王得春）

巍峨庙貌镇磁漳，循吏同声说有唐。
剑佩衣冠存古朴，频繁俎豆荐馨香；
精神到处无蛇虎，善政当年却旱蝗。
安得如君贤令尹，尽锁凶险化康壮。

贤宰神明孰与君，讼庭如水绝纷纭。
法施后世崇禋祀，狱决幽冥著异闻。
祈祷至今倾邑里，英灵自昔叱风云。
他时便道经祠下，誓洁溪毛荐苾芬。
（威县训导海阳　李棠）

嵩岳降天佐盛唐，神明作宰报君王。
斩除蛇虎功何壮，感格穹苍事岂常。
忠孝纯全成正果，威灵昭著祀馨香。
滏阳庙貌隆千古，福善祸淫道孔彰。
（诸暨增贡　陈敬基）

庙貌焕新祀典垂，前朝封号勒穹碑。
佳城常傍鼓山侧，惠政湛深滏水湄；
燕国栾公传旧社，桐乡朱邑有专祠。
功高自合馨香报，忠孝堪为百世师。
（威县举人　尚希宾）

天生圣人兮，佐有唐；历仕蒲卫兮，泽沛磁阳。亶聪明兮，直而刚；秉浩气兮，猛虎降。奸慝破兮，安所藏；惠黎庶兮，冠循良。生而眷顾斯土兮，死而名震八方；小民感报兮，洁蒸尝。隆封典兮，下天章；有功则祀兮，古今之常。糜山生色兮，滏水流香；表我王之德兮，逾万世而弥彰！
（成安举人　张永和）

庙宇壮观瞻，松篁交相映。
显迹在隋唐，流传多异政。
作宰莅滏阳，虚堂若悬镜；
剖昧与诛奸，化神由德盛。
护国靖封疆，群黎存畏敬；
公平契上天，居易以俟命。
威灵被远迩，抚绥及万姓；
遗爱比甘棠，薄海颂齐圣。
（前任蔚州训导磁州　张同佩）

聪明正直是为神，王政当年自有真。
唐史若曾编列传，何容奇异骇斯民。
（武林童子　钱大年）

太翁积德已多年，梦玉降生岂偶然。
总角千言书克记，成童百行孝为先；
宰官政绩空今古，刺史声华谱管弦。
犹恨前身功未竟，卫民保国补尘缘。
（诸暨童子　陈钟元）

第三节　楹　联

外地联

仙吏异政昼理阳间一方泰；真君奇谋夜断阴府四时安。

除虎触阶毙蛇消汛固本惜民普施惠；
拯兔罚戈遣马渡康严法护国广积德。

长子宰滏阳令蒲州守一生清政作良臣；
显应公护国侯圣广王几朝尊奉为真君。

生前功高留青史；逝后忠魂万古扬。

在阳间坐知州清明公正;在阴间查案件当日成功。

昼理阳间执法如山；夜断阴府明察秋毫。

生前忠义垂青史；精魂为神万古扬。

官居长子曾三次；福给磁州第一神。

在阳间断龙断虎；归阴曹无时无非。

春神入心意；乐道自事成。

遗爱千秋；风范永存。

宝殿重修新气象；真龙普化旧神通。

本地联　（依次为南街牌坊、东街牌坊、山门、四明亭、大殿联）

遥忆古滏阳，先贤理政，民安国泰；
喜看新磁州，时代催春，虎跃龙腾。

滏水东流，福田长润灵惠泽；
太行西峙，邑境遍涵天地春。

贤侯出隋唐，四地为官悬明镜，功绩万载；
政异推滏阳，九封其号倡盛德，俎豆千秋。

宦绩留青史，宰长子，尹卫邑，令滏阳，守蒲州，黎庶沛泽，奸宄敛迹，千秋长颂尧舜地；
威名遍神州，佑玄宗，渡康王，息妖祟，平冤狱，社稷定鼎，玉宇澄朗，万古不灭功德天。

冠古今吏治，为赤子夙兴夜寐，兴利革弊，除暴安良，留清风德政，悬前贤日月今鉴；
秉天地正气，主人间生死祸福，惩恶扬善，

护国佑民，有法网雷池，看后生天理良心。

（孔令德）

不畏强权，兴利革弊，永垂青史；
为政清廉，福佑磁民，万古流芳。

（段志军）

期寸心无愧，不鄙斯民，何妨署冷；
与百姓有缘，才来此地，但愿民安。

（宋杰锋　录）

第四节　其他文录

购存崔府君事录原板跋

道光庚寅夏，北直地大震，磁州祸尤烈，城垣、室庐、桥梁、祠庙无不毁者，独崔府君祠巍然独存。滢闻而心异之，及听鼓来直，询悉此事，无异辞，益生敬信。

辛未夏，承乏此地，敬奠椒酒，灵风肃然，询有记事书否，庙祝以一编进，则荒唐鄙俚，使人轩渠，因思生为循吏，殁为明神，赫濯声灵，彪炳千古，而传信无书，良足慨也。及晤乡人静垣黄君，始知乙丑岁，曾应祁州牧姜君之请，编削成书，尽除鄙秽，滢受而读之，精神焕发，即以重价购此版，永藏祠内，以广流传，而记其颠末于后。继自今磁之士民，过石室而思文翁，睹陈编而念朱邑，奋兴观感，俗美化行，而滢亦得沐神之余庥，以幸无得罪于百姓，无负疚于神明。老杜诗云:“闾阎儿女换，歌舞岁时新。”神听何平也，民气何厚也。神欢民乐，养瘠变醨。是则不佞之所，至心私淑者夫；是尤不佞之所，昕夕吁祝者夫。

（清·程光滢　磁州知州）

崔府君实录序

光绪甲辰，予奉檄调署滏阳，蒙崔府君慈佑，人和年丰。乙巳夏，雨泽愆期，忧心莫解，具疏自责。乞任罪遣，勿累百姓，并率诸同寅虔心徒步，齐诣府君神前，焚香叩祷。俄而阴云密布，立沛甘霖，得转灾歉而为丰稔。府君之惠爱吾磁民者，真千年如一日矣！庙有《神异录》一书，字多难辨，正欲翻刻，适幕友陈敬基明经姻弟乾元茂才，先得我心，遂重托陈君代为厘订。越四旬，正其亥豕，考其体例，分门别类，次序秩然。夫府君官于斯，葬于斯，立祠庙于斯，计至今千有余年。而磁人焚香献供者镇日不绝，要无非求府君福佑耳。岂知府君者，体福善祸淫之道，为聪明正直之神，凡孝子悌弟正士端人不必祈祷，靡不福之佑之，否则谁能以倖邀哉？当时府君抚磁不特循良，慈惠兼造其极，并使幽明冤抑俱极伸雪，至伏虎斩蛇驱狐等事，皆政绩之细焉浅焉者。彼仅兴利除弊功在一时者，殊不足语于斯也，神哉神哉，窃不禁馨香祝之。尤企凡抚兹土者，统斯民于酬献香供外，再教以相亲相让，俾共勉孝弟实行，当更为府君之所深慰矣。有不渥荷神庥者乎，是所望于后之君子。

大清光绪乙巳仲冬，赐进士出身威县知县调署磁州知州渤海岳龄谨序。

（清·岳龄）

祠祀·崔府君庙

崔府君庙在州治东北隅，唐开元六年敕建。府君姓崔氏，讳珏，字子玉，祁州人，已载旧志，其历代崇祀加封，元学士王德渊撰庙碑亦详叙之，而事实政绩皆阙略无闻，兹按祁州牧姜瀚文所辑事录一册载：

府君生于隋开皇乙巳年六月初六日，幼即颖异，七岁入学，聪慧过人，日诵千言。仁寿元年举孝廉，三年拜太子府傅监，引疾以归。

唐贞观十五年，以房、杜交荐，授长子令。邑有虎，频出伤人，樵者康孝和被啮死，其母何氏愬于官。府君移牒山神，令役田方拘虎。方赴庙焚牒，即有虎来，伏庙前。方惧甚，奔回禀闻，虎亦随至。府君命吏持诉词示之，虎伏不动，遂杖毙之，人咸以为神。在长子踰年，多异政。御史中丞高士廉以状闻太宗，命使持诏改授滏阳令。为政仁民爱物，事减刑轻，碑颂传于远近，其神异之迹亦如在长子时。十八年，迁卫县令；十九年，迁蒲州刺史。后殁于官，遗命葬于滏阳。今磁西和村有墓巍然，即当时奉安处也。

磁自庙祀以来，叠昭神异，永奉馨香，有感斯通，无求弗应，至今阖境老少赴庙焚香顶礼者，岁无虚日，明禋肃礼，咸尊为邑之福神云。

（清　同治《磁州续志》卷一）

第四章　传说与祭祀

第一节　传　说

崔珏，是中国道教神仙之一。民间多有他的故事传说。

神仙送子

传说，他的父亲崔让50岁还未生子，十分着急。于是，让他母亲去祷告于北岳。那天夜里，夫妇俩做了同一个梦，梦见有一位神人送来两颗美玉，让他夫人吞下。妻子怀孕10月，生一子，取名崔珏。

除虎驱蛇

崔珏任长子县令时，县内雕黄岭有1只老虎经常伤人害命。一天，被老虎咬伤的老妇到县衙告状。崔县令写了1个符牒派人送到山神庙。第二天，老虎便乖乖到了县衙。崔县令以“啖食人命”罪判它死刑，老虎领命当场“触阶而死”。到滏阳当县官，当时县内河水泛滥，淹没田地，崔县令“设祭坛祷告”，不久泛滥的河水里漂出一条巨蛇，河水也立即退去。

招为土地神

崔珏在蒲州任上时，一天，崔县令与人下棋时，忽然从天界降落几个持节的黄衣人。黄衣人拿出符牒宣读：“奉玉帝之命，召你为磁州土地神。”话毕，有100多人捧着玉珪、玉带、紫服碧冠、五岳位旗，吹笙奏乐前来迎接。他们还牵来一匹白马，请他上马起程。于是，崔子玉嘱咐他的两个儿子说：“我要走了，不要太悲伤。”遗命归葬滏阳鼓山西侧，然后去世。

托梦唐玄宗

“安史之乱”发生后，唐玄宗惊恐万分，离京外避，一直往南逃。有一天夜里，崔府君给唐玄宗托梦说：“陛下勿恐，贼当自灭。”果然，“安史之乱”不久平息。唐玄宗念他报信有功，封他为“灵圣护国侯”。

泥马渡康王

北宋末年，徽、钦二帝被金人俘虏，康王赵构（即宋高宗）北上媾和未成，连夜南逃，到滏阳河北岸时被阻。正在彷徨无计时，一位老人为其备好马匹，助他渡河。他问老人姓名，说是“崔府君”，再看马，是一匹泥马。这就是著名的“泥马渡康王”故事。南宋淳熙年间（1174—1189年），宋孝宗秉宋高宗之命，封其为“护国显应兴圣普佑真君”。

怒斩狮腿

清代中期，山西省一王姓商人在岳城村开商铺，以卖油为生。夜间，发现油被崔府君庙前的石狮子偷喝，便立即向庙内府君塑像陈述案情。梦里见府君查证后判决：砍去偷油石狮子的前右腿，并赔偿油钱20文。第二天，果然发现枕边有20文铜钱；到府君庙前一看，偷油的石狮子前右腿已无。

岳城村崔府君庙前断腿的石狮子

第二节　祭　祀

磁州境内重视对崔府君的祭祀。每月的初一、十五，每年农历三月十五日（传说，这天是宋高宗在临安建成崔府君庙后的开光之日）、六月六日（崔府君生日）、十月十日（崔府君去世日）均祭祀。

崔府君庙会

农历三月十五、六月六日、十月十日是传统的府君庙会，是较大的祭祀日，庙上唱戏。唱戏时间最长的是六月六日这次庙会，一般六月五日起唱，唱到六月十一府君奶奶生日，剧种多为山西上党

梆子。传说，府君生前爱看梆子戏。届时，县城的府君庙内，白天人山人海，香客如云，香烟袅袅，鞭炮震耳；入夜，灯火通明，善男信女打着扇鼓，跳独特的祭祀舞蹈，唱祈祷歌；午夜时分，祭祀进入高潮：众人戴上神鬼面具，演出请神、迎神、祭神、送神活动；之后为阎罗王、崔判官、众鬼神齐舞。

城内府君庙府君塑像

府君出城

磁县最隆重、最具民间文化特色的祭祀活动，是城内府君庙正月十五举行的府君出城巡游。

府君出城，以年景而定，多为风调雨顺之年；可相隔数年一次，也可连续几年。每年出城与否，均由民间世代相传的八大社首一起商定。出城的决定在春节之前作出。其后全部活动交与该庙道长负责。八大社首分头募集所需钱粮，张贴府君出城告示，通知各社参与人员。昔时，八大社还有个不成文的规定，城外朱庄、磨里两村负责出人，抬府君出城时的銮驾；社火节目、仪仗执事由城内各街道负责。每次府君出城的费用，均有府库支付。

出城路线：出南街进北街，不走回头路。出城时间可早可晚，回庙时间不得超过午时；全程活动时间一般要 6 ～ 7 个小时。

府君出巡中

出城前后数日，祭祀活动连续不断。城内府君庙人山人海，鞭炮声此起彼伏；夜间，庙内灯火通明，民众打扇鼓、跳祭祀舞蹈、唱祈祷歌，通宵达旦。全县各村的抬阁、背阁、皇杠、彩帷、花车、旱船、竹马、武术等团队前来助兴，参与演出。

府君出城前日，城内居民，无论男女，均到府君庙抢拿明日出城时的执事和仪仗。抢得执事和仪仗者，即为明日举此执事和仪仗之人。

出城时，所有参加人员凌晨 4 点到庙内集合。由道长负责指挥。出城之前，地方官员、社首及所有参加人员，以道长为领头，一起拜府君塑像。此后，道长发令，巡游队伍出发。

队前开路的是朱将军（唐封号为朱太岁），后为全仪仗执事：龙虎旗、五色旗、执事牌、锣鼓队、标枪对子马、金瓜玉斧、朝天灯、黄龙伞、府君銮驾和府君奶奶轿。府君和府君奶奶像均为木质雕刻。各社娱乐节目有序排列于后。

出城巡游队伍所到之处，锣鼓喧天，彩旗招展，笙管齐鸣；浩浩荡荡，绵延数里；街道两旁挤满围观之人。

2012 年，该项目入选第四批省级非物质文化遗产名录。

附：唐代先贤——崔府君

崔府君先后四地为官，成就“忠于事上，勤政爱民”初心，做出“兴利革弊、除暴安良”朽功绩，留下“德泽惠民、恩渥有加”清风德政，创造人生的最高价值而风范千秋。历代帝王多有褒封，使他神职之高、神权之大和神威之重，皆成为史上敕封之巅峰。

一、崔府君是千古良吏的光辉典范

古代县令的理政实绩主要表现在兴利革弊、除暴安良上。首先是兴利革弊（详见本编崔府君文化相关内容）。其次是除暴安良。《崔府君实录》载：“县民刘正生，因贫将园地典与陈雄，典价钞二十贯。陈雄当中人面将典价尽交正生。中人先去。雄欲赖典价，向正生说：‘尔取钞到家，他人必来借贷，不如存我家陆续支取为稳。’正生信之，仅支钞三贯，余寄雄家。后正生之母支取不与。一日，雄他出。正生母去取，与雄妻争论。

雄回妻诉之，雄怒率仆将正生园内屋拆毁。正生母拦阻被殴死。正生告於官府。崔府君接状后，亲往查看，调查陈雄四邻。方知陈雄系当地一霸。经查证实情后，传讯陈雄、陈妻、刘正生三方对质。最终判处陈雄退还典银，处以死刑。如数退还刘正生典银的同时，官府拨银五十两，助其葬母维生。

二、崔府君是德政化民的杰出代表

崔府君还把“人伦礼仪、仁民爱物”教育融入德政化民的全过程。一是断案倡孝。其在长子期间，曾下达过生日禁宰杀令。屠户申立违禁宰杀被拘后说，母亲有疾，曾到神前许愿，诺期今日牲祭，恐母疾复发，以致犯禁。为倡导百善孝为先，对其不予罚治，反赐银相助。申立用此金赈济贫民。二是问案扬悌。在滏阳期间，梧桐庄有陈洪、陈泛弟兄二人，素和睦。一日，陈洪惑于妻言而指责陈泛。待兄外出后，陈泛殴打其嫂冯氏。陈洪状告此事。接状后，崔府君传二人至大堂劝解。闻听后，陈洪当即跪地大哭不止。陈泛也大哭并求责己。崔府君免其罪。此后该家和好如初。三是泛爱自然。据载，滏阳禁捕生条令颁布后，城内居民宋赛哥邀刘七到野外射鸟。赛哥一弩射中栖树上的斑鸠，带箭而飞，到府君署前落下而死，拘讯宋赛哥、刘七，施以笞刑。

三、崔府君是民众对美好生活向往的精神寄托

传说中故事发生的地点、人物、情节均与其为政时的实情息息相关。脱去“神秘”色彩，看到多是对崔府君仁民爱物、清风德政之政绩的怀念和延续，也有对美好生活的向往在崔府君身上寄予厚望的精神折射。

一是护国。主要表现在增寿太宗，托梦玄宗，泥马渡康王三位帝王身上。增寿太宗是人们把对贞观之治的向往寄托予崔府君，让其增寿太宗，延续贞观之治。托梦玄宗折射出人们“厌恶战乱，盼望社会安定”的心理。泥马渡康王反映出处于金统治下的民众盼英主出世、收复失地的迫切心情。二是佑民。主要通过崔府君在治病、驱邪、降雨、送子四个方面的佑护体现出来。

上述对崔府君为官的施政之良与惠民之深、传说中折射的民众之望和意涵之殊、传承中流布之大及价值之重解读。同时也对“异政”神话点题，还原其千古良吏、传世先贤的高大形象。

（孔令德）

记录崔府君文献书目

1. 《事物纪原》
2. 《太平寰宇记》
3. 《宋会要辑稿》
4. 《宋人轶事汇编》
5. 《大元一统志》
6. 《宋史》
7. 《大明一统志》
8. 《文献通考·郊社考》
9. 《续文献通考·群祀考》
10. 《三教源流搜神大全》
11. 《续通典》
12. 《大清一统志》
13. 《全元文》
14. 《古今图书集成·神异典》
15. 《铸鼎余文》
16. 《崔府君实录》
17. 《都人避暑》
18. 《咸淳临安志》
19. 《中兴显应观记》
20. 《梦粱录·六月（崔真君诞辰附）》
21. 《北行日录》
22. 《列仙全传》

第三十编　红色文化

1919 年夏，河北省立第十三中学学生王子清参加五四新文化运动，带回《新青年》等马克思主义刊物，在家乡秘密传播。五四运动后，根据李大钊指示，他联合同乡学生利用农村庙会、集市作演讲、发传单，反对袁权辱国的“二十一条”，抵制日货，在磁县掀起第一次反帝反封建爱国高潮。

1921 年 12 月，李大钊介绍王子清加入中国共产党，成为直隶省南部的第一个中共党员。1922 年，王子清受委派回磁县创建党组织。从此，磁县的红色革命运动持续深入地开展并创直南党史上 9 个第一：中共党员、党小组、党支部、县委、共青团、工会、出席中共全国代表大会的代表、儿童团、华北地区第一个抗日民主县政府。1922 年组建共产党小组。此后，党员队伍壮大，党的影响扩大。通过《中国青年》《向导》宣传马列主义，在北京建立联络站加强与上级党组织的联系。

1925 年 5 月后，王子清在农村组织成立“穷人社”，提出“反压迫、反剥削、要吃饭、要土地、要政权”口号。单独并协助上级党组织人员到六河沟等煤矿和彭城瓷业工会中开展革命活动并取得胜利。此前后时期，刘少奇先后到六河沟煤矿指导罢工运动。上海“五卅”惨案发生后，磁县声援上海工人的爱国运动。1926 年，磁县党组织响应和支援北伐战争。6 月中旬，北伐军占领直南。

“四一二”反革命政变后，县委与上级组织失去联系。1928 年 5 月党的组织和工作恢复正常。县委 1930 年发动的反“插楼应差”、1932 年领导的彭城小车社罢工斗争取得胜利。磁县 1930 年 4 月举行二次暴动未果、1932 年 10 月组织小车社工人武装暴动失败。

抗日战争爆发后，1937 年 11 月 1 日磁县成立抗日民主政府，组织领导全县民众抗击日寇。是月，八路军一二九师部队进入磁县宣传抗日救国十大纲领，教民众唱抗日爱国歌曲，筹款、扩军并帮助组建游击队和开辟抗日根据地，与日军作战。1938 年 5 月 31 日，陈赓指挥部队击败偷袭的日军，史称“彭城大捷”。1938 年 6 月，县委开办训练班培养干部并组建地方党政军群组织。此后，训练班扩大为冀豫公学。8 月，建立磁县抗日革命根据地。县、区发起成立磁县各界抗日“救国会”。1937 年 10 月后，磁县组建 1.2 万余人的地方抗日武装，配合八路军作战，多次取得胜利。1941 年 9 月，晋冀鲁豫边区政府成立，磁县成为晋冀鲁豫抗日革命根据地的核心组成部分。

磁县积极支援全国解放战争。平汉战役支前民兵参战 1 万多人，自卫队参战 4 万多人，出动担架 6000 多副、骡马车 3000 辆、破击队和医务队 5000 余人。豫北战役支前 5000 多名群众切断敌军的运输补给线，出动担架 1100 副，转运伤员 1500 余人、机器和其他军用物资，被晋冀鲁豫边区政府授予“运输铁军”称号。适应形势要求，先后 4 次送 8959 名青年参军。1947 年 11 月 17 日《新华日报》报道磁县典型事迹。1945—1949 年，磁县先后派出南下北上干部 214 人。

中华人民共和国成立后，战争年代走出磁县、新中国成立后在外任职的多名领导干部以多种方式回馈养育恩情；老革命的后人继承红色基因，多次回访磁县。

1999 年前后，为缅怀革命先辈的功绩，传承红色基因，将县内 34 处革命文物设立为红色教育基地和爱国主义教育基地，这些积淀着深厚红色文化的宝贵资源在教育后人中发挥出独特的重要作用。至 2018 年，磁县形成以直南党史馆为主、其他多处革命纪念地为辅的红色文化教育群体，成为人们寻访红色历史、坚定理想信念的生动载体。

第一章　革命老区

第一节　直南革命发源地

背景

随着民族工业的建立和逐步发展，磁县的工人阶级队伍成长壮大。到1919年前后，在磁县煤矿、瓷业、手工业作坊从业的工人、店员、搬运工等达4万余人。

20世纪20年代，六河沟煤矿成为拥有5000余名工人的大型煤矿。1925年产煤炭55.35万吨，为当时全国十大煤矿之冠。（引自河北人民出版社《磁县革命老区发展史》）

1922年，彭城一带年产碗500万葤（每葤20个），缸70多万件，产品行销15个省市。煤炭、陶瓷业的发展，促进商贸的兴盛。马头镇作为冀南重要的水陆码头，每日有200余条船只装卸货物。作为全县政治、经济、文化中心的县城更繁华，有粮行、钱庄等250多家。

磁县工人阶级队伍的发展壮大，为中共磁县地方进步组织的建立和发展奠定基础。

组织

直南第一个共产党小组　1919年初夏，在河北省立第十三中学（校址在永年县）求学的岳城村少年王子清，在北京和同乡同学一起参加五四新文化运动，暑期带回《新青年》等马克思主义刊物，在家乡小学教师中秘密传阅。五四运动后，王子清根据李大钊的指示，组织外地的同乡学生暑期回乡时，利用农村庙会、集市演讲宣传、散发传单，反对丧权辱国的“二十一条”，抵制日货，在磁县形成第一次反帝反封建爱国高潮。为中共党组织在磁县的建立营造氛围，扩大影响，埋下革命的火种。

1921年12月，李大钊介绍王子清加入中国共产党，他是直南地区的第一位中共党员。1922年初，王子清受上级党组织委派回到家乡磁县创建磁县地方党组织。

1922年6月，建立“人生福利改进社”，王子清任社长，成员有50余人。是年，他在该社中发展赵迎和、王思孝、范志连3人加入中国共产党。1922年12月，在岳城镇组建“共产党小组”，王子清任组长，成为直南地区第一个共产党小组。磁县“共产党小组”“人生福利改进社”隶属中共北京区委领导。

1922—1925年，磁县党员队伍不断壮大，共产党的影响在直南大地迅速扩大。

为方便开展党的工作，同时保守党的秘密，王子清利用“人生福利改进社”和上级党组织保持联系。一方面与青年团中央刊物《中国青年》杂志社取得联系，寄送《中国青年》《向导》传播进步思想，宣传马列主义；一方面直接去北京找李大钊、杨景山听取党的指示。为拓宽与上级党组织的联系渠道，王子清还在北京建立秘密联络站。

1925年5月，王子清组织岳城一带穷人代表成立“穷人社”。同时还到六河沟煤矿、西佐煤矿、峰峰煤矿和彭城瓷业工会中开展革命活动。1925年上海“五卅”惨案发生后，根据上级指示，王子清把磁县的工人、农民和革命知识分子组成“磁县各界反帝大同盟”，召开数百名群众参加的大会，会后进行示威游行。与此同时，六河沟煤矿工会也组织上千人进行集会和示威游行，声援上海工人的爱国运动。

直南第一个共产党支部　1925年6月，在西小屋学校成立中共磁县特别支部委员会，成为直南第一个共产党支部，隶属中共北京市委领导。这时，磁县有共产党员20多名。

直南第一个共产党县委　1926年，全县共产党员已发展到30余人。是年4月12日，中共磁县特别支部在西小屋学校召开会议。决定建立中共磁县执行委员会（简称“执委”）。会议选举王子清任磁县执委书记，牛子温任团县委执委书记。县执委机关驻岳城镇，隶属中共北方区委领导。

中共磁县执委成立后，中共北方区委指示中共磁县执委接受河南省委领导。1926年冬，县执委在武吉小学召开会议，中共河南省彰德地区执委派郑英、韩冰如出席会议。会议宣布中共磁县执委归中共豫陕区彰德地区执委领导。

1927年4月，中共磁县执行委员会改称中共

磁县委员会。共青团磁县执行委员会改称共青团磁县委员会。

1927年8月初，奉党的指示，王子清退出国民党省党部回到磁县，及时组织中共磁县县委在岳城召开党团联席会议，宣布县委决定：凡是跨党的党团员，一律退出国民党。会后，共产党员李九思等人坚决执行县委的决定，但也有少数拒不执行。中共磁县县委分裂，县委活动遭遇挫折，党的活动转入地下。分裂后的磁县县委由王子清、张学孔、李相虞3人领导。磁县党组织与豫陕区彰德地委、天津党的组织失去联系，党的工作处于低潮中。

1928年初，县委派王子清到天津寻找顺直省委。几经辗转，终于和省委组织部部长彭真见面。彭真听取工作汇报并作重要指示，同时推荐王子清为顺直省中共六大代表。1928年6月，王子清和另一名磁县籍共产党员张兆丰出席在苏联莫斯科召开的中国共产党第六次全国代表大会。王子清出席会议期间，河北省委遭到破坏，磁县县委和上级的联系再次中断。是年5月，李相虞找到中共河南省委，河南省委指定李相虞任县委书记，张锡珩任团县委书记。同月，中共磁县第一次代表大会在谷驼村召开，大会选举产生新的县委。通过整顿组织和发展党员，使党的组织和工作恢复到正常状态。

1929年元月，磁县党组织动员彭城工会、商会、学校等社会团体联合起来，成立磁县西区民众反对苛捐杂税执行委员会，组织数千人举行游行示威，近3个月的反捐税斗争取得胜利。县委抓住时机，在瓷业工人中发展党员，建立瓷业工人支部，还组织成立工厂管理委员会，发展会员100多人。与此同时，在怡立、中和煤矿发展10多名共产党员，建立怡立煤矿党支部，为以后的煤矿工运储备力量。

1929年6月，磁县县委在彭城宣讲所召开会议。中央巡视员刘俊才（刘子久）参加会议并代表中央作出指示，会议决定：成立磁县临时县委，负责磁县、邯郸及豫北各县党的工作。11月，磁县党组织改归中共中央直辖。12月，党中央确定磁县中心县委改属顺直省委领导。此时全县有党员200多人。1930年4月，顺直省委决定磁县党团合并，成立五一暴动委员会。8月4日，顺直省委指示磁县中心县委和直南特委合并，改为行动委员会。10月，行动委员会撤销。直南特委决定磁县和安阳两县党组织合并，成立磁（县）彰（德）中心县委，辖磁县、邯郸县、成安县、彰德（安阳）等地的党组织。11月，天津北方局扩大会议上决定撤销直南特委，建立冀鲁豫边委。会后，取消磁彰中心县委，恢复磁县中心县委。

1932年6月底，原直南特委重新划分并建立4个中心县委：顺德、磁州（磁县）、大名、肥乡。武安的团组织归磁县党组织指挥。1936年5月，磁县中心县委遭到破坏。此后，县委处于瘫痪状态，直到抗战前夕。

发动工农革命

工人运动　1925年春，杨介人受党组织委派，到六河沟煤矿开展工人运动。在发动工人的同时，注意发现和培养积极分子。4月，六河沟煤矿赤色工会秘密成立。并在工人中发展党员10多名。为六河沟煤矿工人运动发展奠定坚实基础。

是年9月，随着支援上海“五卅”反帝爱国斗争的开展，党组织领导矿工向资本家提出增加工资的要求。杨介人发动数千名工人一起罢工。资本家慑于罢工威力，被迫接受工人提出的全部条件。

罢工胜利后，杨介人、罗宁一及时召开党员和工人骨干会议，研究成立工会的具体方案。决定工会代表由工人选举产生，每10名工人选举1名代表，称“十代表”；再由10名“十代表”中选出1人，称“总代表”；先开“十代表”会，再开“总代表”会，反复讨论开会议程和工会行动纲领。筹备工作就绪后，在观台镇南大街召开六河沟煤矿第一次工人代表大会，会上宣布工会行动纲领。会后，工人举行盛大游行，并在附近农村搭台演戏，庆贺工会成立。

工会在直南影响较大，越来越多的工人要求加入。年底，会员发展到2000多人。是时，全矿工人党员18人，团员7人，形成一个坚强的战斗堡垒。在六河沟工人运动的影响下，西佐、峰峰煤矿工人也相继效仿成立工会，开展各种斗争。

1926年3月，直奉联军入豫，反动势力卷土重来。六河沟煤矿资本家趁机将原来同工会签订的协议撕毁，迫害工会领导人，并强令解散工会。工人中的共产党员、工会积极分子再次组织工会。狡猾的资本家见工人的斗争热情高涨，态度坚决，就玩弄花招，欺骗蒙蔽部分工人，使六河沟煤矿第一次工人运动消沉。

1927年春，中共豫北区委派共产党员李春泉到六河沟矿搞工运。李春泉联系六河沟煤矿工人党员王法、胡金山、纪德贵等，继续坚持斗争。

1927年11月初，在观台镇老戏楼前召开工人大会，参与矿工三、四千人。会上散发《工人大会宣言》《告青年工人书》，揭露资本家剥削工人的事实和欺骗工人的阴谋。在共产党员的带领下，数千名工人将资本家住地围住。资本家不敢开门，也不准矿警队开枪。谈判中，李春泉代表工人驳得资本家哑口无言，资本家假意答应次日解决。矿工撤回。

当晚，突然有人报告，矿警队正前往观台镇四周的各主要路口。形势紧急，杨介人、李春泉等人迅速转移。六河沟煤矿工人运动转向低潮。

1930年8月、9月间，直南特委派安阳县委书记董汉（马存汉、马戴）到六河沟煤矿领导工人运动。1931年2月18日，成立六河沟煤矿党支部。党支部决定采用民间“拜把子”形式成立党的外围组织——朋友社。

支委和党员分头串连发动，确定张瑞堂、李克保等36人成为朋友社社员，不久发展到200多人。

朋友社接连教训几个监工和矿警后威名远扬，很快发展到700多人。六河沟、台子寨煤矿工人运动已逐步发展起来。其间前后，1924年至1927年（引自邯郸市档案馆编印的《邯郸大事记》）、1931年冬与1932年5月2日（引自河北人民出版社《王子清传》），刘少奇多次到此指导罢工运动。

1932年2月6日，党支部决定发动罢工，索要欠资。董汉起草《罢工宣言》。当晚，传单张贴到矿山的大街小巷和农村。

2月23日至7月，经先后3次罢工，资本家被迫答应矿工每人每天工资由4角增到4角5分，并偿还欠资，斗争取得初步胜利。

1932年9月24日，根据上级关于“发动大规模罢工，以牵制国民党进攻中央苏区的兵力，粉碎敌人第四次围剿”的指示，六河沟煤矿党支部、团区委和朋友社联合彭城瓷业工人、峰峰煤矿矿工举行万人大罢工。是日黎明，占据漳河北岸，绵延数里。

矿方电告河南驻军高桂滋部。9时许，第29集团军47军一部乘小火车到达漳河北岸，了解到是矿工要求增资而罢工后主动撤退。

观台煤矿矿工得知消息后，立即加入队伍，漳河南岸的工人也加入罢工行列，形成六河沟煤矿全体工人大罢工。经过4天的罢工和激烈的谈判，资本家被迫答应工人工资每日增至5角，并还清欠资，罢工取得胜利。

小车社罢工　小车社全称磁县小车运输工人总社。20世纪30年代，彭城所产瓷器需运输到20千米外的马头镇装船，通过水路运往天津、沧州等地。因此，资本家雇用沿途七、八十个村的农民推小车运货，小车社故此得名。

1932年灾荒不断，农民生活无计，推小车运输的人数比往年大增。资本家趁机加重剥削，工人无法忍受而罢工。抓住这一有利时机，磁县中心县委指示共产党员王维纲前往彭城组织领导罢工斗争。王维纲与工人共患难、同吃苦，受到小车工人的拥护。

小车社总社有18个分社，小车工人3000多。各村代表聚集李兵庄村，公举王维纲为小车社总社长，制定《罢工宣言》，各村组织武装纠察队。罢工期间，党组织发展党员，建立党支部，散发传单，鼓舞士气。

罢工4个多月后，彭城瓷货堆积如山，无法外销。资本家派人出面调解，王维纲一面与资本家谈判，一面让大家游行示威，不达目的不罢休。

当游行队伍冲破封锁行至彭城城门附近时，数十名民团兵丁卧倒作射击状。王维纲冲上前头，大呼：“乡亲们，跟我来！”众人蜂拥而上。团丁不敢贸然开枪。资本家再次派代表讲和并答应所有条件。小车社工人的罢工斗争取得胜利。

农民斗争　1924年冬，王子清在岳城周围的数十个村组织成立“穷人社”。在东小屋村召开穷人代表大会，成立总社，提出“反压迫、反剥削、要吃饭、要土地、要政权”口号。1926年秋，李巨川、唐寿山受党的委派，深入西光禄、路村营、

峰峰、古佛村等村宣传。全县先后有50多村建起农民协会，发展会员近2000人，统一制定农民协会组织简章。

经过精心策划，王子清和李欣然在岳城一带掀起一场反贪污清算斗争。他们将20多村的“贫民会”改建为农民协会，成立“算账委员会”，向约长和村长开展算账斗争。在此基础上，磁县县委决定进一步发动农民，从经济斗争转向政治斗争。1926年农历正月十五晚，王子清领导2000多人发起“提灯大会”。各村贫雇农手提灯笼，鸣放鞭炮，集中在岳城镇开会游行。会后，提出建立“三三制”政权（农村政权由贫农、中农、十大户3方代表组成），开展减租减息，取消不合理税款。这一带80%农民加入农民协会。提灯会后，全县农民斗争接连不断，如火如荼。

反“插耧应差”斗争　1929年前后，磁县县城周边一带村按地亩摊派负担，农民不堪重负。为进一步剥削农民，地主豪绅和反动政府又推行“插耧应差”——谁种地谁出差役。农民如不答应，地主就以收回租地相要挟。1929年10月，磁县县委决定发动反“插耧应差”斗争。

八里铺、甘草营、黄官营、小营店村等村土地大多集中在地主、富农手中。农民热烈响应反对“插耧应差”号召，引起地主豪绅的仇视和不满。

1930年1月19日上午，唐寿山、王合等带领八里铺、小营店村等8村500多名农民在八里铺村集会。几户地主凭借手里有10余支枪，恫吓佃农。由于众多农民的强大威力，加上党组织的巧妙斗争艺术，地主被迫答应提出的要求。八里铺村反“插耧应差”斗争取得初步胜利，提高了各村农民协会的威望。

1930年春，国民党磁县政府又摊派款项。县委委员唐寿山到甘草营村和农协会领导人苏合、常钧等人研究决定以农民协会的名义出面抗差。

2月初，国民党县政府巡警头目带50多名巡警，荷枪实弹，到甘草营村捕人。地主富农领着巡警逮捕苏合、常钧等人。早有准备的农协会员和佃农拿着粪钩、斧头、木棍齐集大街。八里铺农协领着40多人也拿着农具赶来，把巡警包围。巡警押着人夺路西逃，并向追赶的群众开枪，打死农协会员宋茂林。愤怒的群众追到光禄车站与巡警展开激烈搏斗，夺取手枪4支、步枪7支、马5匹，俘虏巡警头目等5人。回村后，又缴获地主枪24支。当天，在甘草营村召开群众大会，会后举行示威游行，并把中弹牺牲的宋茂林抬到伪乡长家的供桌上。

声势浩大的农民抗捐抗税斗争轰动全县。国民党县政府和地主豪绅非常惊慌，对农民协会提出的条件全部答应。

工农武装斗争

磁县党组织根据上级指示精神，着力发展工农自己的武装，并争取和改造红枪会组织，联合会道门反军阀，积极响应和支援北伐战争。

1926年，在党的秘密组织和宣传指导下，林县、临漳、涉县、磁县4县天门会联合与驻磁县的奉军第17师作战。战斗中，一举击溃驻岳城的骑兵第6旅两个营，缴获大批枪支、弹药和马匹。3月初，击溃奉军驻磁县车站的1个团。6月4日，磁县县委组织进攻临漳、磁县城。攻进临漳城后，号召民众拥护武汉政府，反对军阀。全县各地农协会在党的领导下，普遍成立自卫军，农民运动有新的发展，形成反奉军、迎北伐的热潮。6月中旬，在人民群众的支援下，北伐军迅速占领直南。

“五一”暴动　1930年4月，顺直省委指示，直南特委和磁县县委合并成立磁县“五一”暴动行动委员会。暴动委员会在小韩庄召开会议，研究决定于4月30日夜举行暴动。明确行动路线、口号、口令，以彭城东山烽火为信号行动。

各路暴动队伍事前做了大量准备工作。4月30日晚，原同意参加暴动的彭城民团团总冯某变卦并告密。致使东山烽火未燃，吕鸿安带领的队伍空等半夜，张学孔带领的工人队伍未到预定地点，李相虞、冯温、张兆丰、王世英等人在小韩庄空等一夜。只有唐寿山带领甘草营一带农民、王子清领导岳城一带农民共2000多人于5月1日黎明举行暴动。

次日，国民党县政府调集民团逮捕参加岳城暴动的各村共产党员和农协积极分子。马家坟村6人、庆和峪村12人、上陈村6人遭逮捕，其中9人被杀害。暴动领导人王子清等被迫出走躲避。

顺直省委决定举行第二次暴动，在彭城镇羊

角铺村成立革命委员会，在沙果园组建红二十军，整个队伍2000多人。暴动未果。直南特委决定转向开展群众性的日常斗争。

小车社暴动　1932年8月，河北省委决定在磁县组织武装暴动，设想组建以小车社为主体的工农红军。

9月17日始组织发动。10月1日在李家岗村开碰头会，决定4日黄昏暴动，暴动后各处队伍汇集九龙口村。

马头村下通知时，被地主获悉消息，报告国民党马头镇驻军营长。4日17时，敌人包围王庄捕去村长、甲长等18人。19时，敌人通知林坛村等地民团。

暴动开始后，除唐寿山领导队员成功缴获黄鼠村民团枪支外，其他处因行动迟缓夺枪未果。是夜，除马头暴动队伍外，各处队伍齐会于李兵庄，人员近100人，枪支50余支。开会研究决定转移到西部山区活动。6日上午，王维纲带领数十人到达白龙庙，唐寿山、马戴带领数十人到达上寨。立足未稳，遭到彭城等当地民团的包围，寡不敌众，王维纲、唐寿山、马戴等18人被捕，暴动失败。

第二节　晋冀鲁豫抗日革命根据地

磁县抗日民主政府成立

1937年11月1日，在北贾壁村水映寺召开全县村长大会，宣布成立磁县抗日民主政府。大会推选田裕民为县长。磁县抗日政府根据“钱多多出、钱少少出、没钱不出”原则，规定20亩地以下不出负担，烈军属适当照顾。颁发减租减息增加工资布告31条。民众的生产积极性提高。

八路军进驻磁县

1937年11月，八路军一二九师先遣团三支队进入磁县西佐村。他们宣传抗日救国十大纲领，教唱抗日爱国歌曲，群众到处传颂。通过宣传，西佐怡立公司、峰峰中和公司工人200多人自愿参军。至月底，除筹集军款外，扩军3000多人，并帮助台子寨、峰峰一带煤矿工人组建八路军第四游击支队。

12月中旬，八路军一二九师先遣团进入磁县开辟抗日根据地。20日，日军分两路进攻彭城。是日夜，八路军先遣团三营十三连袭击立足未稳的日军，日军撤离彭城。21日，先遣团三支队袭击马头火车站日伪军，毙伤敌40余人。

1938年1月1日，日军再次占领彭城。10日，日伪军千余人从彭城、武安分三路出发，袭击驻索井、贾壁一带的八路军三八六旅七七一团某部，均被击退。31日，磁县抗日政府在南岔口、北岔口村遭日军袭击，冀豫边特委和磁县抗日政府被迫撤往涉县。5月27日，八路军三八六旅旅长陈赓率八路军七七一团、七七二团进入磁县。29日，陈赓率部进驻彭城并指挥击败日军5月31日夜的偷袭，被称为“彭城大捷”（详见本编第四章将帅与战事第一节陈赓指挥彭城战役）。战后次日，陈赓部离开磁县，进入漳河南岸地带。

建立抗日根据地

1937年冬，磁县县委组建并秘密开展党的工作。成立水峪村党支部，成为磁县抗日战争时期的第一个农村党支部。1938年6月，中共磁县县委开办训练班培养党政军群干部，组建地方党政军群组织，吸收大量知识分子参加。此后，训练班扩大为冀豫公学。

1938年8月，全县划分为6个区，分别设区委、区公所，区辖中心村，区村干部多由冀豫公学毕业生担任。这标志着磁县抗日根据地的形成。

1939年1月，晋冀豫区冀豫边特委改称冀豫地方委员会（简称“冀豫地委”）、行政上设邢南办事处（同年夏改建为漳北办事处），磁县属之。1940年1月，冀豫地委改称第四地方委员会（简称“四地委”），磁县属之。同年8月，冀南、太行、太岳统一调整行政区划，四地委改建为太行区第五地方委员会（简称“太行五地委”，亦称漳北地委），磁县属之。1941年9月，晋冀鲁豫边区政府成立，统一调整行政区划，漳北办事处改称太行区第五行政督察专员公署（简称“太行五专署”），磁县属之并成为晋冀鲁豫抗日革命根据地的核心组成部分。

随着磁县抗日根据地的不断扩大，县委、县政府先后发起成立磁县各界抗日“救国会”：工人抗日救国会、农民抗日救国会、青年抗日救国会、妇女抗日救国会等。各区也先后成立相应组织。1938年11月，冀豫抗日公学毕业生、磁县青年抗

日救国会儿童部部长华青在北岔口村组建磁县第一个抗日儿童团，成为华北第一个抗日儿童团组织。

磁县地方抗日武装

河北民军十三支队　创建于1937年10月，成员主要为瓷业工人和青年学生、民团武装。司令员张锡珩。建队初期，出色完成筹粮、筹款、筹集枪支、扩军任务，迅速发展壮大成为具有四个区队（营）、1600余人的地方武装，为创建抗日根据地和保卫抗日政权屡建战功。

平汉游击总队　1939年8月，张锡珩由沙河县回到磁县，带回十三支队部分骨干组建平汉游击总队，张锡珩任司令，队伍2000余人。1940年3月编入八路军正规部队。

八路军第四游击支队　1937年组建，主要成员为煤矿工人，有400余人。纪德贵任司令。1939年12月编入八路军正规部队。

磁县抗战保卫总团　1937年11月成立，县长田裕民兼任总团长。下设3个团、1个警备队，计1000余人。1938年6月，改建为磁县人民抗日游击总队。下设12个大队、1个特务大队，有5000余人。1939年与沙河县地方武装合并，改为八路军先遣一大队，下设3个营。

独立三大队　1938年2月组建。大队长王维纲。同年5月至年底，将第五游击队、滏北游击队、正义游击队编入，人员近千人。后编入八路军正规部队。

河北民军磁县青年抗敌团　1938年2月，磁县岳城一带爱国青年蔺瑞丰、蔺兰英、王仁德自筹枪支组建，下属2个中队，100余人。同年7月编入河北民军十三支队。

平汉独立营　1940年5月，县委、县政府将一、二、三区区干队合并为独立营，有500余人。营长胡鸣德。后编入八路军正规部队。

冀豫抗日义勇军　1941年5月成立，田裕民兼任司令。活动于磁县白土、陶泉一带。1942年2月，有1000余人，后编入八路军正规部队。

反攻战斗选介

破击战　1945年3月18日、23日、26日，军民联合3次对水（冶）观（台）公路及沿线封锁沟、墙破击。群众手持铁镐、镢头、铁锨，边平沟、边喊口号。驻水冶、观台的日伪军慑于八路军威力，明知群众在平沟破路，却不敢出来阻扰。3天破击、拆毁碉堡4座、封锁沟墙3千米，割电线40余千克，收电杆、木料甚多。

光复马头镇　1945年9月24日夜，太行五分区34团、磁武独立营，配合太行警卫总队、磁肥大队攻击马头镇。激战一昼夜，于25日22时光复马头镇。此战击毙伪军百余人，俘虏伪军90多人，缴获战马19匹、轻机枪7挺、步枪200多支、掷弹筒6个、电话机10部、汽车2辆、粮食5.5万千克。

第三节　支援全国解放战争

支援平汉战役

1945年10月2日磁县县城解放后，至是月20日国民党军队抵磁县之前，磁县组织民兵拆除县城的城墙和城楼，填平城壕。

为迟滞敌人前进，磁县组织14个民兵连1400多人，配合主力部队阻击新乡北犯之敌，掩护战场附近的群众坚壁清野。

1945年10月24日，战役打响后，磁县组织4000多人的运输队，从涉县、林县转运粮食、弹药；民兵警卫兵站、带路、协同侦察、抢救伤员、看押俘虏、打扫战场。为阻击漳河以南的国民党军队增援和阻止漳河以北被围困之敌南逃，10月25日，配合参战部队破击漳河大桥，扼守漳河渡口。战斗中，磁县民兵歼敌1个团部，俘敌团长以下百余人。

平汉战役支前活动中，磁县民兵参战1万多人，自卫队参战4万多人，其中有近3万人的担架队，出动6000多副担架、3000辆骡马大车、5000余人的破击队和医务队。

支援豫北战役

1947年3月22日至5月25日，晋冀鲁豫野战军发起豫北战役。战役前夕，全县人民响应县委、县政府号召，完成扩兵任务2535名。

为切断国民党军队的运输补给线，磁县组织两个破击团5000多名群众破击南起汲县车站，北至丰乐、观台150余千米的铁路，还破击大小桥梁6座，收割电线3500余千克。配合主力部队收复淇县，掩护破路，扫清外围。还和林县民兵携手到淇县平汉线路东清剿还乡团，炸毁淇县大桥。参与攻打淇县县城。

战役中，磁县派出两批担架队，第一批500副，第二批600副。第一批担架队随晋冀鲁豫军区第六纵队追赶并消灭敌第二快速纵队的工兵连。完成任务返回后，又担任主攻部队的火线担架队，往后方转运伤员1391人。第二批担架队往后方转运伤员100余人，并抽调400副担架担负安阳纱厂的机器和其他军用物资运往河北的任务。磁县担架队被晋冀鲁豫边区政府授予"运输铁军"称号，获奖旗1面。

磁县担架队还破击汤阴县城门楼和张庄、董庄之敌工事，累计用工4240个。完成军事任务之余，协助刚解放区域32个村分地20多顷、分房508间及干农活等。

5月下旬战役结束后，磁县举行豫北前线参战人员立功总结表彰大会。县指挥部颁发奖金3.9万元；参战部队奖给磁县民兵机枪1挺，步枪70支，子弹500发；后勤指挥部颁发奖金2700元、小米50千克及其他物资。

征集兵员

1947年10月，适应解放战争进展的形势要求，全县再次征兵。上级分配数额1144人，磁县实际完成2004人。11月17日《新华日报》以"咱的天下咱来保，咱不参军谁参军"为题，对磁县扩军工作作典型报道。

解放战争时期，磁县先后4次有8959名青年参军入伍。每次扩兵均以质量高、数量足受到上级的表扬。

干部南下北上

随着全国广大地区的解放，中央及华北局给予太行区党委一项光荣而艰巨的任务：选调干部南下北上，去新区开展工作。1945—1949年，磁县县委多次抽调干部南下北上，支援新区解放工作。1945年10月，抽调12名干部，参加支援天津、接管东北的行动。1947年6月，抽调16名干部，随刘邓大军挺进大别山，在安徽省巢湖、潜山、望江一带建立新区。8月，又抽调干部63人，在湖北洪湖地区建立新区，开展游击战争。1949年1月，抽调15名干部北上天津、北平，开展接管工作。2月，又抽调103名干部加入长江支队，南下福建省，这是磁县南下北上支援新区干部人数最多的一次。同月抽调5名干部南下广东省。1945—1949年，磁县先后派出南下北上在职干部214人，为新中国的解放事业做出贡献。

第二章　革命旧址

第一节　白龙庙旧址

白龙庙革命旧址位于都党乡同义村西的琦宝山上，占地1200平方米。白龙庙始建于明永乐年间（1403—1424年），清光绪年间（1871—1908年）重修。整个建筑采用全石结构，无梁无柱。共产党成立初期，白龙庙成为早期革命领导人的主要活动地。老一辈革命家刘少奇、王子清、王维纲、纪德贵、杨介人、马存汉等曾在白龙庙从事过革命活动。白龙庙成为磁县革命斗争和六河沟煤矿工人运动的策源地，在这里成功组织领导六河沟煤矿的万人大罢工。在白龙庙及周边保存完好的革命旧址还有：党在白龙庙建立六河沟工人罢工的党支部和工会办公旧址，磁彰中心县委争取六河沟工人罢工胜利在白龙庙设立的办公旧址，磁彰中心县委在白龙庙创建武装游击队授旗旧址，王维纲率领直南游击队在白龙庙夺枪指挥部旧址和激战桃树脑旧址，抗日战争时期刘少奇在白龙庙石板坡壮大党的组织、发展党员23名会场旧址，

同义村白龙庙　（2009年5月19日　摄）

23名党员在白龙庙宣誓旧址，刘少奇在白龙庙工作时的住房旧址等。2020年8月28日，邯郸市政府公布该旧址为“直南党组织革命纪念地”，列为邯郸市文物保护单位。

第二节　中共直南第一个党支部旧址

该旧址位于时村营乡西小屋村，是一所有数间平房的院落，南北长30米，东西宽24米。革命烈士王子清于1925年7月在此领导创建中共直南第一个党支部。2000年，将其建成中共直南第一个党支部纪念馆，展示王子清成为直南的第一个共产党员后，在此发展党员、成立党组织、领导开展革命斗争、参加中共六大的场景，陈列着党支部成员王子清、张学礼、李巨川等革命先烈的照片和画像。是年，被邯郸市委、市政府列为邯郸市爱国主义教育基地。2002年，省委常委、组织部部长刘德旺为该馆题写“中共直南第一党支部纪念馆”牌匾。2004年，被县委党校列为磁县党员干部党性教育基地。2010年，被县国防教育领导小组列为磁县国防教育基地。

2020年3月，投资200多万元，开工扩建纪念馆主体建筑，面积至600平方米，并建设宽敞的纪念馆广场。是年9月竣工。纪念馆内展示各个革命时期的珍贵图片246幅、王子清的遗物35件。展厅分四个单元：第一单元是中心展厅，展现直南第一个党支部成立时，八名党员面向党旗庄严宣誓的场景；第二单元主题是漳畔火种，展示王子清生平、入党初期开展工作情况；第三单元主题是星火燎原，展示王子清在西小屋村发动群众、发展党员、壮大党组织等工作场面；第四单元主题是直南旗帜，展示王子清参加中共六大，以及发动工农群众开展革命斗争的场面。

磁县抗日民主政府旧址（2017年4月4日　摄）

第三节　磁县抗日民主政府旧址

磁县抗日民主政府旧址位于西部山区北贾壁乡北贾壁村中央漫水桥东的观音胡同。占地460余平方米，是一处明清建筑风格的四合院民宅。卢沟桥事变爆发后，为动员民众抗击日寇入侵，1937年11月1日，田裕民、王维纲等老一辈革命者在北贾壁村组织成立华北第一个抗日民主县政府，田裕民经民众推选任县长职务。其后，组织群众抗击日本侵略军，巩固红色政权。2000年，被列为县级文物保护单位，县委组织部、县委宣传部支持北贾壁乡10余万元修缮旧址建筑，并挂牌“磁县抗日民主政府纪念馆”。纪念馆保存完整，陈列馆分主展厅和两厢房附属展厅，馆内陈列民主县政府领导全县军民积极开展敌后抗日武装斗争的图文史料。展馆先后被县委组织部、宣传部，县教育局和解放军海军后勤部驻磁部队设立为爱国主义教育基地。

第四节　一二九师兵工厂旧址

一二九师兵工厂旧址位于陶泉乡花驼村，占地2.5万平方米，有子弹厂、枪支零部件加工厂、手榴弹厂、毛巾毛衣厂等。1937年，为摆脱“背着工厂打游击”的困境，党的六届六中全会决定把“提高军事技术，建立必要的军火工厂，准备反击实力”作为

手榴弹厂旧址（2018年9月30日　摄）

"全中华民族的当前紧急任务"之一。根据此决定，八路军总部运作发展太行区的军事工业。因花驼村地势险要、山高林密、群众基础好，所以，在这里秘密建立一二九师兵工厂。兵工厂主要生产机枪、手枪等武器和军衣、军鞋、毛巾、肥皂等后勤物资。兵工厂机器设备由刘少奇组织人员从六河沟煤矿运来。兵工厂有工人266人，工厂车间占用民房245间，年产的武器弹药可装备9个团。花驼村兵工厂是太行山地区最早、规模最大的"冀南第一兵工厂"。2018年8月，被中共磁县县委宣传部、磁县爱国主义教育基地建设领导小组命名为"磁县爱国主义教育基地"。

第五节　抗日地道旧址

徐家沟抗日地道旧址位于磁州镇徐家沟二街村，占地3800平方米。地道长2.5千米，8个地道口，高约1.3米，宽约1米，弯弯曲曲，有高有低，每隔200多米建1个储藏室，高2米多，面积20多平方米，有土炕，可容纳数十人。为防止日军往地道里灌水、放毒，地道里有数十个凸墩，安有防毒门。村民家中的灶底、树洞、水井、碾盘底等均是伪装的地道口。徐家沟村地处磁县东部平原与西部山区中间的交通要道。抗日战争爆发后，徐家沟村成立当地的第一个党支部，八路军与游击队的重要文件和情报经由该村地下交通站送往山区的抗日民主政府驻地。因其紧邻峰峰矿区，故村四周驻有日伪军，建有岗楼。为避免扫荡袭击的损失，在徐秀（当时村党支部书记）的组织带领下，村民开挖地道。利用地道作掩护，多次开展拆桥梁、割电线、掀铁轨、炸岗楼、摧毁日伪军通信和交通设施等活动。

抗日地道旧址（2018年7月12日　摄）

20世纪80年代后，村民建房对地道有所破坏。现保存完好畅通的地道有500米和4个水井、3个地道口。

附：挖地道记

1942年11月反"扫荡"期间，日军不断袭击根据地边沿村庄。边沿村民坚壁清野，协助民兵开展游击战。每天16时，群众进山躲避，民兵在山口处警戒。次日9时，经侦察如无敌人活动，民兵组织群众出山回村。一天上午10时左右，一区干部在山底村开会，突遭日伪军包围。来不及突围的同志藏进村民许鸿奎的地窖，安全脱险。此次脱险使区村干部受到启发。一区区委认为，群众每天晚出早归，往返数十里，影响生产生活，长期下去实难坚持。于是号召每家挖1个安全洞，以防万一。群众积极响应，家家挖有安全洞。

1943年8月，区委总结山底村挖地洞经验，决定在东王看、西王看、宿风、岗头村等村推广，并在推广中完善提高。到1943年秋，经5个月实施，各村地道大部完成。家家安全洞留有出口、封口，配置射击台、复洞以及防火防毒设施，安全洞变为作战洞，户与户之间打通后，形成地道网。在此基础上，村中修工事，村边建围墙，村外建瞭望楼和地堡，结合地道网，构成整体化的军事工程，多次击败日伪军的进攻、袭击。

第三章　直南党史馆

第一节　馆　舍

2012年6月，磁县直南党史馆筹建。位于县城仁和路中段路南县政务服务大厅西侧，总投资1600万元，建筑面积3600平方米，分上下二层。2013年6月下旬对外开放。直南党史馆先后被评为"磁县爱国主义教育基地""磁县人民武装革命传统基地""磁县国防爱国教育基地""邯郸市青

直南党史馆（2018年4月1日　摄）

少年爱国主义教育基地”“磁县廉政教育示范基地”“磁县国税局廉政教育基地”“邯郸市爱国主义教育基地”“邯郸市廉政教育基地”“邯郸市委青年文明号”。2013年4月，被省关工委列为“河北省青少年爱国主义教育基地”。2014年6月15日，直南党史馆被省委命名为“河北省中共党史教育基地”。2015年8月，被省政府、省军区列为河北省国防教育基地。

陈展面积1500平方米，展线长度200余米。展示革命、建设时期历史图片500余幅，雕塑9块，复原场景8处，沙盘1座，微缩景观1处。

第二节　展　览

馆内以“直南星火、建党先锋”为主题，展览分为直南火种、中流砥柱、烽火长歌、迎接解放、建设家园、走向复兴6个展厅。通过图片、文字以及场景搭配，加之铜雕、浮雕、绘画等立体方式展示，全面直观地反映直南地区中共党组织领导当地人民开展革命斗争以及建设家园的历程。

直南党史馆序厅（2018年4月1日　摄）

直南火种

展示1921—1927年史实。县内进步青年王子清在李大钊介绍下，成为直南第一个中共党员，回到家乡在西小屋村建立直南第一个党支部，播下革命火种，此后在磁县、邢台、大名等地创建党组织，为革命斗争的开展提供组织保障。

1925年6月，王子清在西小屋村成立直南第一个党支部场景

中流砥柱

展示1927—1937年史实。大革命失败后，直南党组织遭到严重破坏，以王子清为首的直南共产党人不惧风险，不畏牺牲，积极恢复和发展党组织，开展学生、工人和农民运动，掀起革命新高潮。

1930年3月，大名七师学潮雕塑

烽火长歌

展示1937—1945年史实。抗日战争全面爆发后，侵华日军大举南犯，直南党组织高举抗日旗帜，积极开展游击战争，创建以太行山为依托的敌后抗日根据地，取得抗日战争的一次又一次胜利。

1937年11月，华北第一个抗日民主县政府在北贾壁乡成立场景

迎接解放

展示1945—1949年史实。抗日战争胜利后，邯郸成为晋冀鲁豫边区首府和解放区的大本营，面对国民党反动派的进攻予以反击，粉碎国民党抢夺抗战胜利果实的企图，并组织领导人民开展土地革命，出动人力、物力支援前方，为全国解放做出贡献。

1945年10月，爱国将领高树勋率部在邯郸前线起义，加入人民解放军场景

建设家园

展示1949—1978年史实。伴随着中华人民共和国成立的步伐，直南进入崭新的发展时期，相继建成邯郸钢厂、邯郸纺织印染联合厂、岳城水库等厂矿、水利设施，展示直南人民战天斗地、

岳城水库建设场景

改革开放后直南地区取得成就图片展

勇往直前的豪情壮志。

走向复兴

展示1978年后史实。改革开放后，直南地区人民在党的领导下，锐意改革，拼搏进取，取得辉煌建设成就。

第三节　馆藏文物选介

馆内陈列革命文物30余件，选介如下。

王子清在中共“六大”大会上的发言稿

该发言稿为纸质复印件，纸张长42厘米，宽29.5厘米，2页，约1000字（原件存于中央档案馆）。

直南第一个党支部用过的油灯

该灯为王子清及直南第一个党支部工作时使用过的油灯。紫色瓷质，长10厘米，高4.5厘米。2013年由王子清曾孙

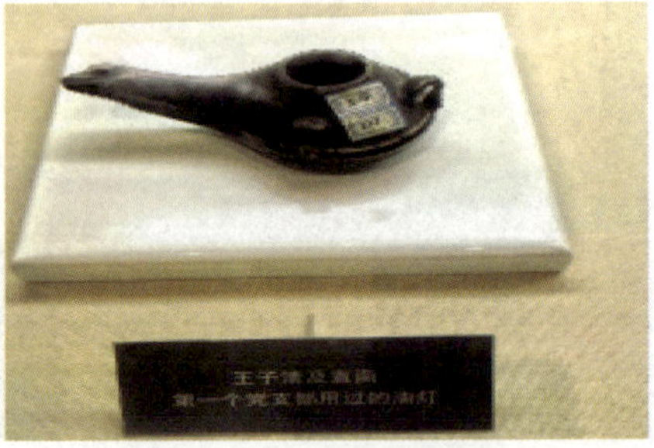

直南第一个党支部用过的油灯

王志强捐献。

直南第一个党支部用过的砚台

该砚台为王子清及直南第一个党支部起草文书时的办公用具。2013年，由西小屋党支部旧址移交直南党史馆。黑色，石材质，椭圆形，长13厘米，宽10厘米，厚3厘米。

直南第一个党支部用过的砚台

王子清用过的太极刀

1930年，王子清组织领导岳城一带农民“五一”暴动时用过的太极刀。2013年，由西小屋党支部旧址移交直南党史馆。该刀手柄为铁质，长18厘米，直径2.5厘米；刀刃铁质，长78厘米，宽4厘米。

太极刀

红枪会起义使用过的红缨枪

1927年3月，王子清领导红枪会起义时使用过的红缨枪。2013年，由王子清曾孙王志强捐献。该枪枪杆木质，已折断，留长30厘米，直径3厘米；枪头铁质，长32厘米。

红缨枪

田裕民任人民抗日游击总队总队长委任状

1938年8月10日，八路军给田裕民颁发的人民抗日游击总队总队长委任状原件。2013年，由田裕民女儿田贵勤捐献。该委任状纸质，长方形，长32厘米，宽28厘米。毛笔书写，字迹清晰。

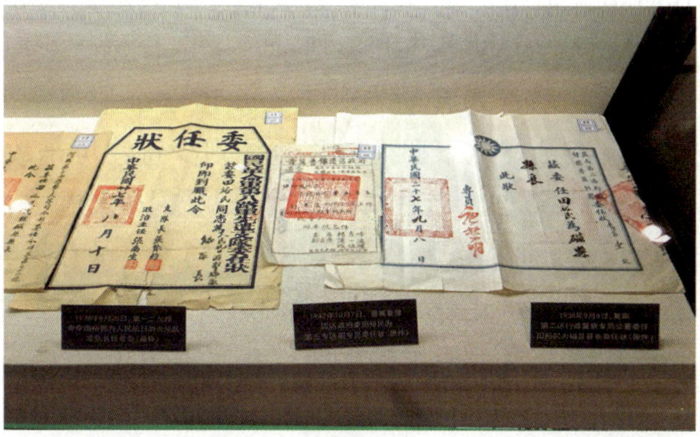

委任状

晋冀鲁豫边区游击总队部印制的《杀敌歌》《自由神》等抗战歌曲（原件）。

《杀敌歌》《自由神》纸张已变黄，长18厘米，宽12厘米。油印，宋体，词曲字迹清晰。

第四章　刘少奇在磁县

第一节　六河沟煤矿工人运动

六河沟煤矿第一次会议

中国工人运动的先驱者刘少奇，1924年至1932年夏，受上级委派多次到六河沟煤矿组织领导工人运动，被一起委派来的还有当时的中共安阳县委书记杨介人。为工作方便和自身安全，刘少奇和杨介人的住处安排在距离六河沟煤矿10千米外的白龙庙周边穷苦百姓家中。白龙庙院内的东、西厢房是刘少奇、杨介人和工人领袖开会议事的地方。在这里，先后成立六河沟煤矿党支部和六河沟煤矿赤色工会，召开六河沟煤矿工会第一次会议——这里成为六河沟煤矿工人罢工斗争的指挥部和根据地。白龙庙一带索活的家、索富明家、三龙的家、索文德家、王付保家、索清风老家窑洞等多处都有刘少奇、纪德贵、马存汉、王子清等老一辈革命家留下的足迹。

井下脱险

1927年冬，刘少奇在六河沟煤矿开展地下工作时遭人泄密，资本家矿老板得知有共产党领导人物深入他们的井下开展活动，于是开始严密搜查，以纪德贵为首的当班工人知道这个消息后，立即组织工友私下四处转移掩护刘少奇。可是敌人搜查严密，封锁井口，下班升坑要人人过关。万般无奈之时，纪德贵急中生智，同工友马存汉、王付保配合，迅速让刘少奇跳进升坑的渣罐内。人在罐底，身上用木板棍棒架起，上边填上大小不等的煤块，开到井上。敌人怎么也想不到大家用这种办法掩护刘少奇。事后，刘少奇为鼓励当时掩护他的工友，与纪德贵、马存汉、王付保三人拍1张合影照。普通工人王付保将这张合影照保存一生，直到临终前才交给儿子王生，让他保存好、传下去，只作纪念，不要给党和政府提任何要求。2011年，在纪念建党90周年活动中，都党乡在调查收集刘少奇等老一辈革命家在白龙庙开展工作的事迹材料时，经许多人做工作，王生才把他父亲王付保与刘少奇、纪德贵、马存汉（马戴）4人的那张合影照捐献出来，这张照片现陈列在白龙庙爱国主义教育基地，供人瞻仰。

指挥六河沟煤矿工人运动

1931年冬，刘少奇以中华全国总工会组织部部长的身份又一次来到白龙庙，指挥六河沟煤矿的工人运动。其间多次在白龙庙内召开党组织会议，研究部署工人罢工运动。当时参加会议的有直南特委书记王子清，磁彰中心县委书记李剑森、组织部部长王维纲、宣传部部长刘大风和工人领袖马存汉、纪德贵、索活的、张瑞堂等。1932年5月六河沟煤矿工人万人大罢工取得初步胜利，这是一次有组织、有领导、有计划的大规模工人运动。

召开地下党组织会议

1942年8月，刘少奇由南方返回延安途中，再次来到白龙庙交通站索富明家。听取地方党组织负责人张瑞堂和霍治才的汇报，主持召开白龙庙周边地下党组织会议，并吸收索木志等20多名群众入党，作抗战到底的动员报告，为冀豫漳河两岸的抗日战争指明正确的前进方向。

第二节 白龙庙发动群众

宣传马克思列宁主义

刘少奇在白龙庙一带开展地下工作、传播马列主义时，有时引经据典结合历史讲道理，有时深入浅出联系民间趣话打比方，鼓励大家在困难的时候要看到希望、看到光明，为大家鼓劲加油。刘少奇初到白龙庙时，工人群众由于受到“三座大山”的迫害，谁都不敢有非分之想，谁都不敢相信穷工人团结起来闹罢工能改变命运。为武装广大工人阶级和劳苦大众的头脑，刘少奇经常用形象的语言给工友壮胆鼓气。有一次，在索清风老家窑洞开会议事时说：“同志们，不要害怕，不要怀疑革命，我们一定能胜利，因为我们是正义的，一切帝国主义列强和反动势力必败，只要我们醒悟过来，在党的领导下团结起来，向他们作斗争，就等于关起门来打狗。因为是在人民的地盘上，我们的事业一定能胜利。我们的事业一定像松柏一样万古长青，或者说像老槐树一样长寿。咱们的老百姓经常说‘千年松，万年柏，赶不上老槐树歇一歇，休了500年，然后又重活’。来来来，拿锨来，我今天也为咱们的事业栽棵老槐树。给其培土浇水，祝其成活，尽快长大，祝我们的革命事业像槐树一样生机蓬勃、长命万年。”于是，大家找来1棵手指粗、两米高的小槐树苗栽到索清风的院子里。这棵当年的小槐

少奇槐 （2015年6月30日 摄）

树，已长成树围1米多粗、树冠10多米高的老槐树。村里的老年人称其为“少奇槐”，红色白龙庙管理处还给“少奇槐”挂上标志牌。

入乡随俗

同义村白龙庙旧址所在地位于太行山东麓，海拔500多米，山高坡陡，缺水少地，当地群众在解放前大都以糠菜充饥。当年刘少奇在此工作时，生活方面从来没有挑剔嫌弃过，柿糠疙瘩（当地食物）、野菜团子都能吃，群众吃啥他吃啥，群众穿啥他穿啥。为避免暴露身份，穿着也和当时工友们一样，粗布对门扣上衣，下身宽裆掩腿裤。这种装束，在白龙庙刘少奇当年办公的地方还留存1套。1962年，刘少奇在给老工友索富明回信时说，让他去北京时，把白龙庙的柿糠疙瘩也带上。1962年冬，索富明去北京给老伴看病时，将柿糠疙瘩带进中南海，刘少奇吃了两大块后风趣地说：“这是白龙庙人的口福。”

其后，索富明只要提起此事，就讲：“我和刘主席曾是六河沟煤矿工人大罢工斗争时的患难弟兄，他当主席以后从没有忘记我这个穷哥哥。还帮我解决生活上的困难，帮我们到北京看病住院做手术，费用都是刘弟（刘少奇）给的，不然我的家人早已不在人世了。”刘少奇重情重义、宽以待人的美德在磁县流传。（给刘少奇写信代笔人索清风，口述人索明虎为索清风之子）

附：索富明给刘少奇的一封信

1961年春天，索富明给刘少奇写信。信的内容：

刘弟你好：近年来，你嫂长期有病，我生活也很窘迫，想让你救济我一下，让我度过困难时期。等情况好了，我到北京看你去。盼你一切都好。

第五章　将帅与战事

第一节　陈赓指挥彭城战役

个人简介

陈赓（1903—1961），原名陈庶康，湖南湘乡人。中国无产阶级革命家、军事家、中国人民解放军大将、优秀领导者。新中国国防科技、教育事业的奠基者之一。

彭城战役

抗日战争时期，陈赓任一二九师三八六旅旅长，在磁县彭城指挥开展一次战役——彭城大捷，又称黄土岗大战。

彭城是磁县的第一重镇，有瓷窑250座、瓷器店20多家，商业发达，日进斗金。日军将其作为侵略磁县西部山区抗日根据地的据点和跳板，曾数次派兵侵占，均被磁县抗日武装击败。特别是探知抗日县政府驻在此镇后，敌人便调兵遣将，在观台大量增兵，企图再次偷袭彭城镇。当时驻在彭城镇的磁县抗日武装有十四游击支队和纪德贵的游击队，还有少数八路军先遣支队。1938年春末夏初，八路军一二九师三八六旅旅长陈赓率七七一团、七七二团及先遣支队东下太行，在邢台、武安一带打击日本侵略军。5月27日上午，陈赓率部队到达王看、宿风一带村庄。5月29日，部队全部进驻彭城。5月30日晚，驻扎观台的日军欲袭击彭城。陈赓命令游击4支队进入苏村警戒漳河方向。5月31日凌晨，彭城西南方传来枪炮声并接到敌情报告，陈赓立刻命令七七二团正面迎敌，其他参战部队进入指定位置，并将指挥部临时安扎在紧邻彭城的西纸坊村。是日，日军进至彭城西街口，七七二团一营为诱敌深入，边打边撤，把敌人引入镇内。八路军凭借屋顶、门洞、街巷杀伤敌人。随之，日军炮击镇区。此时，埋伏在东面山地的河州一营扑向敌人，杀声、喊声、枪声响成一片，杀得敌人晕头转向，乱作一团。镇内的八路军冲向敌人展开肉搏战。冲锋号响起，七七二团两个营从左右两翼向敌人包剿过来。日军不敢恋战，仓皇向镇外撤退。当退到彭城镇西南黄土岗时，又遭八路军伏兵堵截，日军丢盔弃甲，弃尸南逃，行至莲花山又遭八路军追杀，日军残部逃向观台。

彭城一战，从凌晨一直打到黄昏，歼灭日军200余人，并获枪支、马匹战利品。八路军伤亡百余人。此仗称“彭城大捷”，也叫“黄土岗大站”。为纪念该次战斗，磁县抗日政府在黄土岗立碑纪念。

附："十虎碗"

2015年5月，磁县在中国传统古村落北岔口村普查时，意外发现陈赓大将在抗日战争时期使用过的碗。

十虎碗（韩为民　图文）

北岔口村历史悠久，古迹众多，特别是红色遗迹遍布整个村落。中国第一所女子学校、第一个抗日儿童团、第一个宣传抗日救国的黎明剧团位列其中。1940年前后，陈赓任太岳军区司令员时经常在磁县活动，陈赓兵团司令部曾驻扎在此。

司令部旧址位于村南水池西侧，依山而建，独立成院，主房是建于清代的二层小楼，西厢房为平房。2015年，在此院东北角厨房内发现1只双釉瓷碗，该碗高7.9厘米，碗口直径15厘米，外面为酱色釉，内侧为乳白釉，是典型的磁州窑立式碗，碗内底部墨书"十虎"二字。

经考证，"十虎"是指：多彩将军——大将陈赓，虎胆将军——大将王树声，忠勇将军——上将杨勇，中原名将——上将陈锡联，再道之勇——上将陈再道，疯子战将——中将王近山，千岁军军长——中将秦基伟，佛光将军——中将张国华，傲骨铁汉——中将周希汉，武场将军——少将李德生，这10员虎将在抗日战争时期威震敌胆，被尊称为"十虎将"。

陈赓大将因性格乐观开朗，又有传奇的革命经历，所以被称为多彩将军。此碗底上方书写"十虎"二字，既便于区分餐具，又做到保密。中国磁州窑博物馆和中国军事博物馆有关专家推断，该瓷碗是陈赓当年使用过的餐具。《邯郸晚报》2014年11月29日、河北日报社《大国记忆》杂志2015年第一期对此曾经有过报道。

第二节　反摩擦之战

1940年1月26日，蒋介石调遣97军朱怀冰等部进驻涉县牧牛池和武安县南部的刘武、白庆、桃花山以及磁县南峧、花园、陶泉一带；国民党46军鹿钟麟部及独立旅占据磁县南岔口、北岔口、十步槽、北王庄以及涉县岭底等地；国民党河北省政府驻北王庄，于光辉和侯如镛（侯子固）的4纵队占据磁县青碗窑、青碗河、池上、张二庄一带，企图消灭八路军和共产党领导的抗日政府。为避免摩擦，中共磁县县委、磁县抗日政府和抗日部队被挤在磁县根据地东北角的贾壁、索井一带。

国民党军队仍继续进逼，所到村庄搜捕共产党员、民兵、干部，大肆掠夺民财，奸污妇女，毁坏树木，修筑工事和碉堡，制造紧张局势，并酝酿撤换抗日县长。为争取抗日缓和局势，县长田裕民前去谈判，没有效果。驻在苗庄的国民党部队为制造摩擦，在天壕南山上向抗日县政府架设机枪、炮位，血腥摩擦一触即发。中共磁县县委、县政府办公陷于停顿。

1940年1月31日，八路军一二九师师长刘伯承亲赴冀西与国民党97军军长朱怀冰、24师师长张东凯、冀察游击第2纵队队长夏维礼等进行谈判，晓以大义。但他们毫不接受八路军诚意，反认为八路军软弱可欺。2月28日调动两个团，围攻驻贾壁、大湾村的先遣支队第一大队、青年纵队二团和磁县抗日政府，造成八路军伤亡100余人，枪械、军用物资严重损失，青年纵队二团被迫撤至武安县徘徊镇，磁县抗日政府人员和后方机关撤至武安县阳邑镇。事后，朱怀冰颠倒黑白，电告师长刘伯承，诬蔑八路军青年纵队二团进攻国民党军队。刘伯承根据事实，立即复电予以驳斥。国民党军队无视忠告，继续向八路军挑衅。

八路军忍无可忍，根据《中央关于河北等地摩擦问题的指示》，发起磁（县）、武（安）、涉（县）、林（县））反对国民党顽固派（简称"反顽"）战役。战役由一二九师师长刘伯承、政委邓小平、一一五师政委聂荣臻指挥，青年纵队、独立支队、先遣支队、独立游击支队、师特务团及晋察挺进支队、南下支队（由晋察冀军区第一、第五两个主力团和冀中警备旅组成）等部共13个团参加。

国民党军队驻防情况：朱杯冰部24师驻在涉县石泊镇以南的张家庄、裨房至台华、关防、东达、西达地区；国民党军94师在武安县泽布峧、崔炉至涉县岭底，磁县十步槽、贾壁一带，师属补给团位于两师之间武安县庙庄、涉县前后牧牛

池一带；军部及鹿钟麟一部在两师以南至磁县南王庄、南北两岔口、东西花园一带，鹿钟麟在漳河南面的林县任村集以东山地；孙殿英部主力位于林县及其西南地区，一部在涉县东西达、林旺、固新一带；庞炳勋位于山西省长治以南地区。国民党军在上述地区构筑工事，扼制高地、切断交通、封锁八路军。

八路军反顽战役目的：集中主力消灭朱怀冰部，监视和争取鹿钟麟、孙殿英等部，牵制太南顽军。为此，分中路、左翼、右翼方面对朱怀冰部进行围攻。

3月5日凌晨2时始，八路军中央纵队由冶陶、安子岭向南，警备旅由涉县石泊镇经王金庄向东南，同时进攻驻守涉县西皎、庙庄、南坡、1415高地、1361高地、桃花山、前后李甲、前后牧牛池等国民党军阵地。战至下午4时，攻克碉堡50多座，歼灭国民党军大部。中路挺进队由石泊镇出发，经王金庄、刘家庄，与驻扎在前后何家庄、禅房、青阳山的国民党新24旅7团相遇，劝其保持中立让出道路，遭拒绝并开火。八路军还击，攻克碉堡40多座，俘虏100余人。该团向关防、岔口撤去。约晚10时，八路军中央主力会合于前后牧牛池。

朱怀冰主力遭到打击后，迅速龟缩于南北岔口、东西花园、南北贾壁一带。八路军中央纵队一部进至古台，一部继续向刘家坡、苏家庄攻击前进。同时，右翼部队在峪门口击溃国民党冀察游击第2纵队4支队700余人后，至5日清晨4时，攻占南王庄、齐家岭，歼灭敌1个营，3次击退敌反扑，以主力扼守齐家岭。余部绕过齐家岭经甘岭向北王庄方向推进。左翼部队一部进至新庄、马家庄、王井等村，袭击国民党军94师。另一部进至张二庄东南山地，阻止敌向南逃窜，并监视和村、峰峰、彭城的日军动向。

至8日凌晨1时许，八路军中央主力分别从古台、牧牛池、刘家坡、苏家庄等地向磁县南北两岔口、东西花园、南北贾壁一带猛攻，左翼部队从东南方向张二庄、青碗窑、青碗河、南北贾壁、陶泉兜击。将近拂晓，朱怀冰部丢下全部辎重和后方机关，抢渡漳河南逃。

磁武涉林战役于1940年3月5日2时始，至3月8日15时结束。激战4天，八路军于桃花山击溃朱怀冰部主力，共歼灭国民党军朱怀冰97军及其游杂武装1万余人，缴获长短枪数千支、轻重机枪120多挺、八二迫击炮24门，俘虏朱怀冰部94师参谋长蒋希文、鹿仲麟部参谋长王文武、兰衣社雷鸣远、武安自卫军军长胡象乾。此外，俘虏中还有1个法国牧师，是所谓“十字军”的军长；150多位军官太太，其中就有朱怀冰的一位太太。八路军对俘虏进行教育后，分批交还，对其家属还派人护送。迫使国民党军骑兵第4师放下武器投降、孙殿英部保持中立。

战役中，磁县地方抗日武装配合八路军正规部队参战，磁县县委、县政府发动群众踊跃支前，有力地消灭国民党在抗日根据地的反共势力，巩固和发展抗日根据地，磁县抗日工作得到恢复和发展。

第三节　平汉战役

1945年10月中旬，国民党胡宗南部第3、第16两个军经同蒲路（大同—风陵渡）、正太路（正定—太原）路开抵石家庄，后续部队第1军进至山西省闻喜以南地区；孙连仲部30军、40军、高树勋部新8军从新乡沿平汉路北犯，其后续部队4个军向新乡开进；沿津浦路北犯的国民党先头部队一个军从徐州进占济南；傅作义部东犯平绥，已迫近张家口。其中，孙连仲部30军、40军及新8军企图进占晋冀鲁豫解放区邯郸，控制平汉路。

10月17日，中共中央、中央军委发布命令，要求晋冀鲁豫中央局和军区集中力量，歼击沿平汉线北犯的敌人，指出“即将到来的新的平汉战役，是为着反对国民党主要力量的进攻，为着争取和平局面的实现，这个战役的胜负，关系全局，极为重大”。根据中央和军委的指示，晋冀鲁豫中央局和军区下达基本作战命令，命令一纵、二纵、三纵和地方武装6万人、边区民兵10万人，在漳河以北、邯郸以南、马头以东、商城以西的滏阳河河套沙区，预设战场，准备歼灭进犯解放区的国民党军队。刘伯承、邓小平率军区司令部进驻磁县峰峰煤矿，在鼓山庄设立指挥部。

10月20日，国民党11战区孙连仲（该战区司令长官，已飞往北平）部30军（军长鲁崇义）、40军、新8军等4.5万人，由副司令长官高树勋（兼新8军军长）、马法五（兼40军军长）率领，从新乡沿平汉线北进，在沿途解放军地方部队和民兵的不断袭扰抗击下，迟缓地进至安阳。先头部队占领漳河南岸的邺镇、丰乐镇等桥头阵地，掩护架桥，接应后续部队，直逼磁县、邯郸。22日，40军在左，新8军在右，30军在后，渡过漳河，占领磁县县城。23日，40军进占南北高庆、秦家营一带，新8军跨滏阳河占领马头镇、南北左良至阎家浅一带，30军占领滏阳河左侧的中马头、高母营及以南地带。

杨得志率领晋冀鲁豫军区一纵于20日先行抵达平汉路东阵地，立即展开运动防御战，顽强阻击，遏制国民党军前进势头，将其牵制在预定战场。24日，陈再道、宋任穷率二纵控制邯郸以南及东南、西南地带。陈锡联率三纵和太行军区两个支队集结于磁县车骑关、光禄一带。太行军区韦杰支队控制漳河渡口，对敌形成包围。当晚，参战部队发起攻击，歼灭马法武40军两个团；25日夜，参战部队攻克南横城、赵横城、中马头等地，马法五40军被迫收缩阵地，固守待援。26日，参战部队击退来自石家庄和安阳的南北援敌。28日，参战后续部队到齐，总攻开始。以一、二纵队及冀南、冀鲁豫、太行军区各一部为北集团，由王宏坤、陈再道、宋任穷统一指挥，作为总攻击队，割裂40军，并逐个歼灭；以三纵、太行军区两个支队、十七师为南集团，由陈锡联指挥，钳制30军，隔断其与新八军的联系。30日，参战部队攻克村镇30余处，歼灭40军106师大部，30军也遭到重创；经地下党员王定南（时任高树勋部参议）、晋冀鲁豫军区参谋长李达争取工作，高树勋新8军于当日在磁县马头镇宣布起义。造成国民党军队兵力骤减，部署出现缺口，军心崩溃，无心恋战。31日，马法五率部南逃至旗杆章（今临漳县章里集村）、辛庄、马营一带，落入伏击圈。至11月2日，除少数脱逃外，大部被歼。

平汉战役历时10天，共毙、伤敌3000余人，俘虏国民党第11战区副司令长官马法五、战区参谋长宋肯堂、40军副军长刘世荣以下1.7万人，争取新8军万余人起义，缴获各种美制火炮310门、高射机枪和轻重机枪1719挺、步枪9248支，以及大批弹药。解放军伤亡4700余人。平汉战役的胜利，粉碎了国民党反动派企图打通平汉路、堵住华北大门、割裂华北解放区、继而通过铁路运兵抢占东北的战略目标。

第六章　红色寻访

第一节　革命歌谣

大革命时期

（1925年上海发生五卅惨案，6月初，在岳城村召开声援大会。会上，齐唱他们自己编写的反帝歌曲。）

月亮出来照树梢，英日两国狗强盗，来我国真正不少。日本纱厂罢了工，杀死了工人顾正红。跪道轨轰轰烈烈，上海成了惨世界，大马路上无人烟，无呀人烟。切盼咱们中国人，三件事情记心间：一是不买仇国货；二要收回港界权；三是不做他们事，不论他给多少钱。等到兵强国又富，放歌同唱太平年，太呀太平年。

第一次国内革命战争时期

（1929年12月甘草营运动，在甘草营、光禄村一带流传的歌谣。）

老农结团体，就有吃的米。老农大联合，就有吃的馍。老农不结团，饿死也枉然。

抗日战争时期

根据地歌曲 《叫老乡》叫老乡，你快去到战场上，快去把兵当；莫等日本鬼子来到咱家乡，老婆孩子遭了殃；哎，才去把兵当。

《青纱帐》 夏天热，夏天长，遍地起了青纱帐，游击的队伍喜洋洋；青纱帐在平原上，青纱帐在铁路旁，青纱帐里安营房，青纱帐里作战场；带上手榴弹，扛上机关枪，东西南北打游击，打它几个大胜仗；任你鬼子多么凶，也要赶你回东洋。

晋冀鲁豫边区游击总队部印制歌曲 《自由神》 工农商学兵，大家一条心；不分男女性，合力奔前程；我们是中国的主人；中国的主人，中

国的主人。莫依恋你那破碎的家乡，莫珍惜你那空虚梦想；按住你创伤，挺起你胸膛，争回我们民族的自由解放；自由解放，自由解放。穿上意志武装，踏进人生战场，擎起自卫刀枪，制止敌人猖狂，争回我们民族自由解放；中国已经突破了，它黑夜茫茫；人民已经锻炼了，意志成钢；前途已经展现了，光明希望；看看自由烽火，燃遍了四方。

《杀敌歌》　日本强盗刽子手，他是我们死对头；压迫，杀戮，蹂躏我们好难受；刀儿在我手，杀敌正是这时候；一战再战，直至百战气不休；杀，杀，杀得气血横。

第二节　英雄模范

磁县人民在战争时期组成群众团体，积极配合，参军参战。在抗日战争、平汉战役、豫北战役中涌现出暴文生、刘玉珍、娄天朝等数千名杀敌英雄。

八年抗战英雄

1946 年 11 月 18 日，磁县群英大会召开。出席代表 177 名，共选出杀敌英雄 11 名，翻身英雄 20 名。19 日至 24 日，继续召开杀敌英雄座谈会，娄天朝、陈美金、柴天绥、王风岐、孙美、牛计荣、王润身、索进义、刘学、赵光荣等介绍英雄事迹。县长武梦溪作总结报告。

附：一等杀敌英雄

暴文生　磁县暴家屯村人，地方武装区干队队长。1944 年，出席晋冀鲁豫边区太行区党委群英大会，被选为一等杀敌英雄。

刘玉珍　磁县山底村人，村武委会主任。1944 年，出席太行区第一届群英大会，被评选为一等杀敌英雄。

娄天朝　磁县义井乡义井村人，锄奸组长。1946 年，出席晋冀鲁豫边区太行区党委第二届群英大会，被评选为太行腹地民兵一等杀敌英雄。

豫北战役英雄

1947 年 5 月 9 日，磁县举行豫北前线参战人员立功总结大会。选出吴喜清等一等英雄 40 名、二等英雄 80 名。

第三节　土改运动

反奸减租

1945 年 12 月，邯郸地委在黑龙洞召开县委书记和县长联席会议，确定减租减息、反奸清算，并推广武安“城乡联合斗争地主”的经验。1946 年 2 月，成立磁县减租减息委员会。2 月 21 日，县委在县城召开“城乡联合向城内地主减租斗争大会”，历时 6 天，参加农民由 5000 人增至 7000 余人，由 98 个村增至 120 个村。共清算大地主 17 人、小地主 43 人，退回土地 373.33 公顷，重订租约地 646.67 公顷，退租 105 万千克。此后，又在全县掀起村村联合行动、反奸减租热潮。

农民分地

1946 年 8 月 8 日，县委召开县区干部大会，贯彻中共中央“五•四”指示(没收地主土地给农民)，开展土地改革。8 月 20 日至 9 月 30 日开展土改“四十天运动”，充分发动贫雇农，团结中农，争取农村人口 90% 以上。县委还组织翻身队，分配到各区、村开展工作，并在二区搞“挖瓤子，换房子”试点，在城内召开由 5000 人参加的对汉奸牛光藻的申冤复仇大会，使土改运动迅速在全县掀起高潮。据统计，全县 315 个村农民共获得土地 10.4 万亩，全县 64% 的群众得到斗争果实，收缴地主枪支 1154 支，房屋 9.45 万间，冀钞 84.21 万元，粮食 4.06 万千克，牲口 3745 头（匹），银元 7.35 万块。群众运动中歼敌 113 人、处决恶霸 47 人。

土地调整

1947 年 9 月，《中国土地法大纲》颁布，县委根据中央文件精神，对土地改革工作进行复查，仅二区就查出漏网地主、富农 50 户，对土地重新调整。1948 年 1 月，县委组织区村干部认真学习《中国土地法大纲》，按政策平分土地、划分阶级成分、颁发土地使用证。至 1949 年春，全县土改运动结束。

第四节　回馈家乡

回访慰问

中华人民共和国成立后，王维纲、田裕民、

张兆丰的后人多次回访磁县，关心老区磁县的改革和建设事业。

2013年，原中共顺直省委军委书记、红二十军军长、磁县“五一”暴动总指挥张兆丰长孙张一华、重孙张劲松到磁县县委党史研究室，捐赠图书《中共北方局军委书记——张兆丰》。

2018年，清明前夕，华北地区第一个抗日民主县政府县长田裕民外孙女曾津津及家属一行5人先后到直南党史馆、抗日民主县政府旧址、磁县县长田公裕民抗战纪念碑等教育基地参观、指导工作。是年6月8日，田裕民外孙女曾津津再次到磁县直南党史馆缅怀革命先烈，并向直南党史馆捐赠由其母亲田贵勤撰写的《父亲田裕民的革命一生》一书。在捐赠仪式结束后，田裕民后代再次参观直南党史馆。

经济支援

捐资助教　王维纲　辛庄营乡王庄村人，早年在磁县参加革命，后任最高人民法院副院长。多次回到磁县都党乡白龙庙参观、指导工作。1958年，捐款500元，在都党乡南片建成第一所初级小学。1979年，捐款3000元，在白龙庙建戏楼。

捐献家产　李琦　磁州镇阜才社区人，早年参加革命，后任中央文献研究室主任。1976年，回乡探亲，将位于前仓街老宅房产交于基层政府，宅基面积1112.86平方米。2014年，磁县开展校安工程，将李琦院落扩建成阜才小学新校区并投用。

振兴酒业　王治　讲武城镇东小屋村人，南下干部，贵州茅台酒厂副厂长。1977—1989年，在引进茅台酒工艺初期为磁州酒厂牵线搭桥，多次回磁县指导磁州酒技术改良，为磁州酒工艺改进和生产提供支持。

兴业办厂　宗书阁　磁州镇黄官营村人，中国人民解放军总后勤部司令部副参谋长、物资部部长，大校军衔。1986年，牵线解放军后勤部一家下属单位出资300万元，与观台一街合办煤矿1座。同年，又出资500万元，与观台镇合办焦化厂1座，年生产能力10万吨，当年投产当年见效。

设立“田裕民家乡助学基金”　2018年，磁县抗日民主政府首任县长田裕民（1937年任，后任全国政协委员）的女儿田贵勤捐资10万元、其亲友捐资10万元，合计20万元，设立“田裕民家乡助学基金”。每年向西光禄镇籍考上大学的贫困学生提供2万元的助学基金。至2020年，累计提供6万元，先后资助16名学生。

第三十一编 卫 生

唐开元年间，域内发生牛疫。明嘉靖、崇祯和清光绪年间，域内发生3次大疫。其他时期个别村庄小范围发生的疫病从未断绝。民众医病主要靠中医、中草药，常出现病无所治现象，健康多无保障。鸦片战争期间，西医传入磁县，县城设第一家西医医院，即“欧洲医院”。

抗日战争期间，磁县抗日民主政府设立卫生所。1946年，设专人负责卫生管理工作，结束县内无专门卫生管理机构的历史；磁武县卫生所更名为磁县中西医院，1947年与磁县民兵医院合并称为磁县县立医院。解放前，域内有中医66人，中药人员49人，亦农亦医247人。

中华人民共和国成立后，县内先后建起医疗、保健、防疫三大公共卫生体系，培训壮大卫生队伍，健全各级卫生网络。作为全国的肿瘤高发区，磁县在获取上级支持的同时，充分发挥县内中草药资源丰富的优势，研制药剂积极治疗，在肿瘤防治方面取得突出成绩。改革开放后，医疗卫生事业得以快速发展。

1999—2018年，磁县不断加大资金投入，改善城乡医疗场所环境。加强医政管理，强化队伍建设，提高医务人员的责任感和患者的满意度。不断引进人才，加强医学研究，取得显著成果。至2018年，全县获省、市科技成果60余项，其中有12项获奖。引进先进医疗技术和设备，县级医院医疗技术不断提高，医治范围由普通常见病扩展到疑难病症；乡（镇）卫生院能够进行一般生化检验和普通外科手术。肿瘤防治方面，瞄准科技前沿，外派学习与专家培训并重，不断取得新成效。1974年磁县实行肿瘤病例登记报告制度，2000年后县内数据列入联合国世界卫生组织癌症研究中心统计范围。2018年，获“全国肿瘤登记工作杰出贡献奖”。2004年，县肿瘤医院成为全国“食管癌早诊早治示范基地”后，采取早发现、早诊断、早治疗措施，减轻患者负担，提高救治存活率。2018年，磁县被国家癌症基金会授予“上消化道癌症早诊早治示范基地”称号。疾病防控工作基础扎实，成效显著，2003年抗击“非典”中，阻止疫情流行传播，实现“零病例”“零传染”目标。2007年后，推行农村与城镇合作医疗改革制度，2010年基层医疗体制改革、2013年公立医院药品销售改革后，切实帮助群众走出“因病返贫”“看病难、看病贵”的困境。此外，社会办医、疾病预防控制、红十字救灾救助、卫生人才培训、卫生保健、卫生监督、爱国卫生等方面均取得较好成绩。

2018年，全县有医疗单位19家、医师740人、护士645人，床位2370张，充分保障全县人民的就医需求。

第一章　医疗卫生机构

第一节　县级医疗卫生机构

磁县人民医院

始建于1947年，时称磁县县立医院，1956年5月改称磁县人民医院，1959年11月迁至县城健康街19号。是一所集医疗、科研、教学、预防、保健于一体的国家二级甲等综合性医院。

1999年，医院新建4700平方米病房楼投用，增设骨科，配备床位20张。同时与石家庄糖尿病医院联合开办糖尿病专家门诊，与西安第四军医大学联合开办心血管专家门诊。投资110万元，购置日本产彩色B超、美国产电子胃镜、更新CT球管。是年，门诊数量22.59万人次，住院2248人次，手术890例，抢救危重病人739例，业务收入达662万元。2000年，增设诊疗科室泌尿科、内窥镜中心、皮肤科。建成中心供氧室，实现从自制氧到管道输送氧。2007年，投资52万元，新建国家食管癌早诊早治普查中心、ICU重症监护室、病房；建筑面积达633平方米。2008年，投资46万元，建立与解放军301医院远程会诊中心项目，引进优质医疗资源。2010年后，投资300余万元，新建建筑面积2520平方米、容纳100个床位的内科住院楼和100平方米的配套消洗设备中心。2011年，建立与解放军307医院远程会诊中心。2012年，引资230万元，率先在磁县推出门诊挂号“一卡通”新模式，简化就医程序。

2015年6月18日，磁县人民医院迁至县城滏阳北大街246号。医院一期占地6.14万平方米，投资4.2亿元，主要建筑有门诊楼、病房楼、后勤楼、洗衣房、污水处理站等。2016年6月16日，重症医学科开诊。

2017年8月29日，与首都医科大学宣武医院合作成立疼痛诊疗中心，使用微创治疗颈、肩、腰、腿痛等病症，填补全县医疗一项空白。

2018年，医院有专业技术人员617人。其中，正高级职称6人，副高级职称50人，中级职称92人，初级职称400人。本科学历190人，研究生学历10人。开放床位600张。开设科室：胸外科、普外科、神经外科、妇科、产科、产后康复中心、骨科、眼科、口腔科、耳鼻喉科、肛肠科、皮肤科、泌尿科、放疗科、麻醉科、手术室、ICU、肾内科、心血管内科、神经内科、消化内科、老干内科、儿科、急诊室、化疗科、病理科、内镜中心、放射影像中心、检验中心等临床、医技、职能科室69个。年门诊量35.13万人次，住院病人2.69万人次，手术例数5465例，好转率72.6%。

磁县中医院

是一家以中医为主的二级甲等综合性医院，位于县城朝阳南大街19号，占地0.36公顷，建筑面积3057平方米。1999年，全院职工116人。其中，专业技术人员88人，行管后勤28人。开放床位96张。2010年，扩建一层8间310平方米的行政楼。2015年8月，迁至健康街19号，设有门诊楼、国医堂、第一住院楼、第二住院楼，开放床位300张。2018年8月1日，邯郸市行政审批局准予在医疗机构执业许可证增加第二名称“磁县优抚医院”。医院有职工165人，其中卫生技术人员145人。卫生技术人员中副高职称6人，中级职称24人，初级职称94人。具有执业医师资格人员59人，注册执业护士22人，药剂人员14人。开设科室：急诊科、内科、外科、妇产科、儿科、骨伤科、针灸理疗科、推拿科、康复科、五官科、精神病科、肛肠科、肝病专科、传染性病毒科、泌尿科、口腔科等。辅助科室：放射科、CT室、生化室、化验室、病理科、心电工作站、脑电地形图、电子胃镜室、经颅多普勒室、体外碎石室、血流变、B超室、彩超室等医技科室。年门诊量6.81万人次、住院量4806人次、床位使用率70%。年收入1182万元。其中，经常性补助收入53万元、项目补助收入1091万元、其他收入38万元。

磁县肿瘤医院

1996年4月，迁至县城磁州路15号，占地0.7公顷，建筑面积1.2万平方米，对外开放床位200

张。职工220人。开设胸外、普外、腺体外科、骨科、内科、妇科、产科、放疗、化疗、急诊、ICU等临床、医技科室30余个。各种诊断治疗设备百余台(件)。1991年被卫生部、全国肿瘤防办确定为全国肿瘤防治现场。其后,相继承担国家"八五"至"十三五"食管癌防治研究课题以及与美、英、日等国家国际食管癌合作研究课题。2000年，磁县成为联合国世界卫生组织癌症研究中心统计范围的肿瘤研究单位之一、"全国肿瘤登记中心示范基地""食管癌早诊早治示范基地"。2004年4月，投资670万元、建筑面积6000平方米的病房楼落成并投用。2014年，增设南院区康复医学科、糖尿病科、体检科（眼科门诊、耳鼻喉科门诊、口腔科门诊）和中西医结合科。2016年，整体购置花官营乡科技文化服务中心，建立磁县肿瘤医院冀南新区分院。2017年1月9日，磁县肿瘤医院冀南新区分院开诊。10月28日，磁县肿瘤医院康养院开诊。2018年，门诊量4.1万人次，住院9000人次。

磁县妇幼保健院

1999年后，磁县妇幼保健站开展妇女病普查普治、妇科病诊疗、孕产妇保健、儿童保健体查和婚前检查，增设妇产科住院病区。2005年1月，迁至县城建设西路63号。设有妇产科、儿科、产房、妇保科、儿保科、乳腺科、不孕症科、外科、手术室、麻醉科、功能科、检验科等科室。开放床位80张。2009年，磁县妇幼保健站更名为磁县妇幼保健院。购置大型GE-730彩色多普勒诊断仪、新型GE-E6新生儿颅脑彩超和钼靶机、MyLab15彩超，为筛查胎儿畸形、浅表器官和新生儿颅脑损伤、乳腺疾病提供诊断依据。2013年1月，被省卫生厅评为国家二级甲等县级妇幼保健院。2014年6月，磁县儿童医院作为磁县妇幼保健院第二名称挂牌运营。2016年5月，磁县儿童医院迁到县城朝阳南大街16号。主要开展儿童群体保健、儿童康复、眼保健和口腔保健等业务。是年，妇幼保健医院与中国妇女发展基金会合作相继开展导乐分娩、超早期宫颈癌筛查、妇科ATP无创治疗项目，具有妇幼特色的早产超低体重新生儿及疑难杂症救治、小儿改进全麻和超体重全麻剖宫产、乳腺旋切术微创保乳治疗等新技术应用。

2018年12月，全院有职工303人。其中，卫生技术人员219人中，高级职称7人，中级职称35人，初级职称151人。编制床位99张、开放床位200张。大中型医用设备CT、宫腔镜、腹腔镜、阴道镜、乳腺内窥镜、婴幼儿高压氧舱、经颅磁治疗仪等100多台。孕产、儿童、妇女3个保健部下设科室46个，年门诊量9万人次。县孕产妇建册人数5161人，分娩量3034人次，出院量7171人次。全县0～6岁儿童健康管理5401人。

第二节　乡村医疗卫生机构

乡（镇）卫生院

1999年,全县有5所中心卫生院、32所乡(镇)卫生院,有医技人员565人。2003年,按照乡(镇)区划调整和实地卫生需求，将5所中心卫生院，32所乡（镇）卫生院合并为5个中心卫生院、16所乡(镇)卫生院。2015年,磁州中心卫生院获"全国群众满意乡镇卫生院"称号。2016年，磁县行政区划调整，7所乡（镇）卫生院209人划转到冀南新区。调整后，全县有磁州中心卫生院、岳城中心卫生院、白土中心卫生院3所中心卫生院和9所乡（镇）卫生院。2018年，乡（镇）卫生院有职工355人、床位475张。

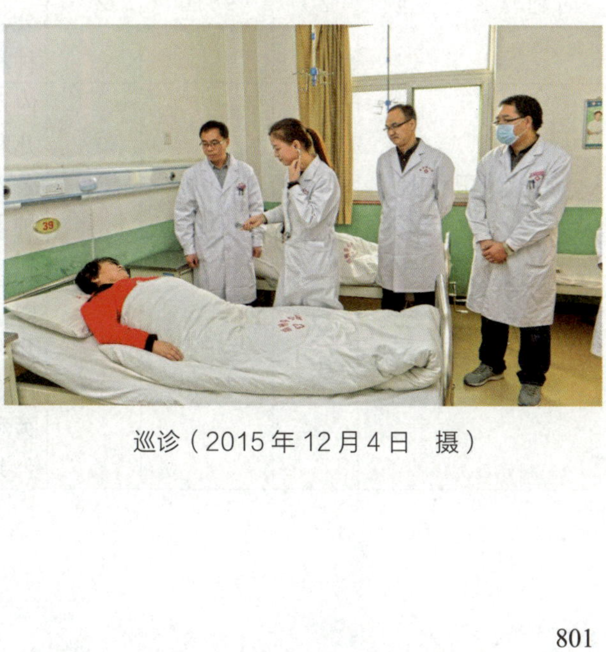

巡诊（2015年12月4日　摄）

2018 年磁县乡（镇）卫生院有关情况统计表

表 31-1　　单位：人、张、平方米

名称	床位	房屋面积	职工	主要科室	主要设备
磁州中心卫生院	60	4023	88	内科、外科、妇科、国医堂、理疗科	CT、彩超、X 光机、全自动生化分析仪、心电监护、麻醉机
岳城中心卫生院	50	3869	33	内科、妇科	DR、彩超、全自动生化分析仪
白土中心卫生院	50	2625	21	内科、外科、妇科、儿科、中医科、公共卫生科、居民医保科	全自动生化分析仪、彩超、高清摄像机、心电图机、心电监护、中医理疗、中频治疗仪、艾灸床
磁州镇来村卫生院	40	1160	40	内科、外科、精神科、中医理疗科、妇科、公共卫生科	DR、彩超、全自动生化分析仪、四维牵引床、心电工作站、血球分析仪
讲武城镇卫生院	40	3024	30	内科、外科、妇科、儿科、中医科、肛肠科、理疗科、疼痛科、心脑血管科、检验科、放射科、公共卫生科、预防接种科	CT、DR、四维彩超、B 超、全自动生化分析仪、血流变分析仪、血球分析仪、微量元素检测仪、尿分析仪、电解质分析仪、C 反应蛋白分析仪、免疫荧光分析仪、胶体金免疫分析仪、心电图机
路村营乡卫生院	50	2600	25	内科、外科、妇科、儿科、五官科、公共卫生科、预防接种科、院感科	四维彩超、全自动生化分析仪、动态心电图机、12 导联心电图机、微量元素检测仪、血常规、尿分析仪、动脉硬化仪、电解质分析仪、离心机、免疫荧光分析仪、中频治疗仪、艾灸床
时村营乡卫生院	30	9810	20	内科、外科、中医科、妇科、理疗科、放射科、公共卫生科、预防接种科、妇幼科	彩超、全自动生化分析仪、尿分析仪、血球分析仪、12 导联心电图机、微量元素检测仪
观台镇卫生院	40	906	33	内科、外科、妇科、儿科、中医科、理疗科、公共卫生科、预防接种科、功能科、放射科	CT、DR、彩超、碎石机、全自动生化分析仪
黄沙镇卫生院	15	1800	12	内科、外科、妇科、儿科、预防保健科、传染科、急诊科、中医科、检验科、影像科、公共卫生科	血球分析仪、支原体分析仪、全自动生化分析仪、尿分析仪，X 光、B 超、公卫体检一体机

续表

名称	床位（张）	房屋面积（平方米）	职工（人）	主要科室	主要设备
陶泉乡卫生院	40	2884	21	预防保健科、内科、外科、妇科、儿科、传染科、急诊科、医学检验科、中医科、公共卫生科	彩超、X线成像系统、三导心电图机、全自动生化分析仪、血细胞分析仪、尿分析仪
北贾壁乡卫生院	30	1600	18	内科、妇科、中医科、理疗室、预防接种室、肠道门诊、公共卫生科、卫生监督科、医保科	彩超、12导联心电图机、全自动生化分析仪、DR、X光机、血细胞分析仪、尿分析仪、心脏监护仪、制氧机、麻醉机、公卫体检一体机
都党乡卫生院	30	1250	14	内科、外科、妇科、中医科、预防保健科	X光机、B超、血球分析仪、全自动生化分析仪、尿分析仪、中医理疗仪、肛肠治疗仪

村卫生室

1999年，磁县按照一村一所、2000人以上村设两所的原则，合理规范村卫生所设置。2000年，村卫生所房屋设3室，实行诊断室、治疗室、药房“三隔离”。2010年，全县配备100余台心电图机。2012—2014年，全县开展标准化村卫生所建设。每个村卫生所建筑面积不低于60平方米，做到“四室”（诊断室、治疗室、观察室、药房）分开，相对独立，室容整洁，统一标识标牌，建设用地由村委会无偿提供，选址位于人口相对集中的地方，方便群众就医。2015年村卫生所改称村卫生室。2016年9月，磁县行政区划调整，移交冀南新区村卫生室、个人卫生室315家。至2018年12月，磁县共有村卫生室、个人卫生室686家。村卫生室助理医师以上资格人员由1999年5%增至25%。

第三节　民营医疗机构

个体诊所

1999年前后，全县未批准设立个体诊所。2005—2010年，全县批准设立各类个体诊所35家。个体诊所包括内科诊所、中医诊所、中西医结合诊所、口腔诊所等。科室设置有内科、中医科、中西医结合科、口腔科和预防保健科等。

2010年8月，县内有医疗机构执业许可证的个体诊所105家。此前，承担公共卫生项目的村级医疗机构为村卫生所；不承担公共卫生项目的个人开办加注个人姓名的村级医疗机构为个体卫生室。2015年8月，对县卫生局核发的各级各类医疗机构执业许可证的医疗单位进行换证，共换发村个体诊所103家。2016年9月，因行政区划调整，向冀南新区移交村个体诊所27家。2018年8月，磁县有村个体诊所76家。

民营医院

在国家放开民营医院设置审批后，2009年10月至2018年8月15日，全县先后批准设立的民营医院有磁县协和医院、磁县北大医院、磁县寅山医院、磁县济民医院、磁县中兴医院、磁县明仁医院、磁县慈爱医院、磁县华康医院、磁县同济医院、磁县东方医院、磁县顺康医院。因区划调整，2016年10月1日，磁县顺康医院、磁县寅山医院移交冀南新区。至2018年，全县民营医院9家。

附：磁县明仁医院

磁县明仁医院是磁县卫生健康局2015年9月批准成立的一家医保定点综合性民营医院，位于岳城镇马家坟村北玉皇庙前。建筑面积1.5万平方米、开放床位50张。有医技人员50人。其中，主治医师3人，执业医师24人，护师24人，药师2人。医院开设预防保健科、内科、外科、妇产科、儿科、口腔科、中医科、急诊医学科、医学影像科、医学检验科。主要医疗设备有16层24排CT、DR、西门子电化学发光免疫分析仪、彩超、全自动生化分析仪、血球分析仪、胃镜、呼吸机、麻醉机、各种监护仪、心电工作站等。

2018年，门诊量万余人次，住院2000余人次。占地8900平方米的医养结合病区投用。

第四节　其他医疗卫生机构

磁县疾控中心

1999年12月30日，经卫生部评定，命名磁县卫生防疫站为国家县级一等卫生防疫站。2004年4月1日，磁县卫生防疫站撤编改制为磁县疾病预防控制中心，不再承担公共卫生监督职责。同年12月2日，迁至磁县疾病预防控制中心实验楼（磁州路东段路南）。该实验楼建设投资来自于国债资金100万元、县政府配套资金100万元，占地2686平方米，建筑面积3739平方米。实验楼设有生物安全实验室、艾滋病初筛实验室、细菌培养室、致病菌培养室、霉菌培养室、毒物分析室、工业理化室、食品理化室、水质检验室、生化实验室、免疫室、痰检室、临床实验室、X光室、功能室等。2018年有职工46人。其中，高级技术职称人员3人，中级技术职称人员9人，初级技术职称人员15人。科室设有办公室、财务科、计划免疫科、防疫科、地方病慢性病科、公共卫生及宣教科、防痨科、艾滋病防治科、理化检验科、微生物检验科、信息科。

磁县卫生监督所

1999年，公共场所卫生由卫生防疫站监管。2004年4月，成立磁县卫生监督所，承担全县食品安全、传染病监督、公共场所卫生、生活饮用水卫生、医疗卫生、母婴保健、采供血等监督管理。借用磁县疾病预防控制中心四楼、五楼，办公面积360平方米，职工41人。其中，高级技术职称人员1人，中级技术职称人员2人，初级技术职称人员17人。科室设置：办公室、财务科、证照科、综合业务科、稽查科、医疗卫生监督科、公共卫生科、公共场所卫生监督科、岳城分所、白土分所、光禄分所。2009年，食品安全实行分段监管，卫生监督所承担餐饮服务环节监管。2010年7月，根据职能划分，将餐饮服务环节监管移交磁县食品药品监督管理局。2013年1月，撤销岳城分所、白土分所、光禄分所。2018年，县卫生局制定《卫生行政执法公示制度》《卫生执法全过程记录制度》《卫生重大执法决定法制审核制度》，进一步规范行政执法行为。为落实“互联网+”卫生监督模式，执法人员配备执法记录仪和执法视频采集站，利用执法终端开展监督执法。截至2018年，累计出动执法人员3万余人次，监督检查2万余户次，下达《卫生监督意见书》2000余份，取缔无证经营单位200余家，罚款200余万元。

磁县卫生学校

磁县卫生学校位于县城健康街19号，占地0.21公顷，房屋39间，建筑面积652平方米。1999年，县卫生学校人员编制18人，设有办公室、教务处、基础教研室、临床教研室、中医教研室、学生处、财会室、示教室、图书室、标本室、微机室、招生办、乡医培训中心等16个科室。在校生120人。2002年，按照《乡村医生从业管理条例》《乡村医生在岗培训基本要求》规定，开展全县乡村医生年度培训工作。至2012年，为基层单位和乡村培养各类卫生人才3000人。2015年，卫生系统资源整合，卫生学校办公地址产权整体移交磁县中医院。县卫生局协调卫生学校到磁州医院五楼办公，主要承担乡村医生培训工作。至2018年，累计培训3000余人次。

第二章　医疗卫生改革

第一节　体制改革

县级医疗体制改革

1999 年，县卫生局负责全县公费医疗管理、报销业务。2000 年，国家进行药品监督体制改革，药政管理职能由县卫生局划归县药品监督管理局。2001 年 7 月，适应医疗保险制度改革需要，公费医疗管理股人员、业务整体划转到县劳动人事局。2003 年，按照全市统一部署，进一步深化医疗卫生体制改革，按乡（镇）设置区划和当地卫生需求，将原 5 所中心卫生院、32 所乡（镇）卫生院合并为 5 所中心卫生院、15 所乡（镇）卫生院，实现一乡（镇）一院。按照“能者上、庸者下、公开招聘、公开竞争”原则，对合并后的 20 所中心卫生院、乡（镇）卫生院院长、副院长和职工进行逐级聘用。2011 年，确定乡（镇）卫生院为公益性事业单位，重新核定卫生院任务，工作岗位数、人员编制数。实行竞争上岗、双向选择、合同管理、定期考核的全员聘用制度。按照奖优罚劣、奖勤罚懒原则，制订《磁县基层医疗卫生机构绩效考核实施办法》《磁县乡镇卫生院绩效考核分配办法指导意见》，建立起以工作数量、工作质量和服务满意度为核心的综合绩效考核制度。同年，县卫生局设立乡（镇）卫生院财务集中核算中心。在县财政和审计部门的监管下，实行院财局管，规范乡（镇）卫生院收支行为。

2014 年，行政区划调整，西固义乡卫生院由峰峰矿区托管，局属医疗卫生单位由 8 个县直单位、20 个乡镇（中心）卫生院变为 8 个县直单位，19 个乡镇（中心）卫生院。2016 年 5 月，因医疗保障机构改革，磁县新型农村合作医疗管理中心业务、人员整体划转到县人力资源和社会保障局。同年 9 月，因行政区划调整，南城、林坛、台城、花官营、辛庄营、光禄、高臾中心卫生院 7 个乡（镇）卫生院，分别划归复兴区和邯山区，由冀南新区托管。磁县卫生局属医疗卫生单位剩 7 个县直医疗卫生单位、12 个乡镇（中心）卫生院。2017 年，全县启动家庭医生签约服务，人群覆盖率达 30%。调整新建“健康小屋”200 余家，实现居民就近就医。2018 年，实施现代医院管理制度。依据《磁县建立现代医院管理制度实施方案的通知》要求，县人民医院为全县现代医院管理制度试点医院，磁县北大医院为社会办医试点医院。

基层医疗体制改革

1999 年，县政府印发《磁县 1999—2000 年医疗机构设置规划》《整顿社会办医实施意见》，在全县整顿社会办医。至 2001 年，取缔无证行医 89 人，停业整顿 56 家，罚款 2 万余元。2002 年，县卫生局对全县乡村医生进行统一考核，合格者换发乡村医生资格证书。2003 年实施《乡村医生管理条例》后，为适应农民就医需要，进一步规范其执业行为，对全县具备资格的乡村医生进行统一考核认定，符合条件者换发河北省《乡村医生执业证书》。2010 年 4 月 28 日起，乡（镇）卫生院全部配备使用基本药物和省增补的非基本药物，实行零差率销售。2011 年 3 月 10 日，磁县印发《基层医疗机构财政多渠道补偿实施办法》，对基层医疗机构财务实行国库集中收入管理。2012 年 3 月 1 日，纳入全县乡村卫生服务一体化管理的村卫生所和新农合定点村卫生所对参加新农合的农民实行基本药物零差率销售。2015 年 8 月，对县卫生局原核发的村卫生室、个人卫生室医疗机构执业许可证换发 758 个。按照国家医疗机构改革要求，实行“一村一室”。村卫生所更名为村卫生室，个人卫生室名称不变。

2017 年，为提高基层医疗水平，推行分级诊疗制度试点。肿瘤医院与讲武城镇卫生院结成医联体，投入 20 多万元对讲武城镇卫生院手术室进行标准化建设，并每日派外科医生到卫生院坐诊。县妇幼保健院与岳城中心卫生院结成精准帮扶单位，捐助麻醉机、监护仪等价值 60 多万元的医疗设备，每天派出儿科、妇科医生各一名、护士一名到卫生院坐诊。使村民不出乡就能享受县级医院诊疗服务。2018 年，全县共组建“健康小屋”

团队237个。除大盆沟、花驼、齐家岭、后花园等21个村因居民分散、人口较少未设立“健康小屋”外，实现全覆盖。县直医疗机构依托乡（镇）卫生院、村卫生室、“健康小屋”，利用家庭医生签约服务，健全县、乡、村三级转诊体系。

公立医院药品销售改革

2013年4月18日，磁县人民医院被省确定为县级公立医院改革试点单位。7月1日，对县人民医院实行药品零差率销售。医院销售的所有药品（中草药除外）取消药品加成，实现按进价零差率销售。2014年5月8日，磁县被纳入县级公立医院综合改革国家第二批试点县。11月30日，县中医院实施药品零差率销售改革。2017年8月1日县妇幼保健院、8月11日县肿瘤医院分别实施药品零差率销售。8月始，全县公立医疗机构取消药品加成费用。

第二节　新型农村合作医疗制度改革

2006年11月14日，制订《磁县新型农村合作医疗制度实施方案》。同年12月28日，制订《磁县新型农村合作医疗定点医疗机构管理办法（暂行）》，公布第一批新农合定点医疗机构名单，主要包括县级医疗单位及乡（镇）卫生院、社区卫生服务站，共计27家。2007年1月1日起，全县农村推行以大病统筹为主的新型农村合作医疗制度。应参保农民54.41万人，实际参保45.03万人，参保率82.8%，筹集个人缴纳资金450余万元。

2011年5月1日起，实行为期4个月的新农合试点改革，全县678家村卫生所和新农合村级定点机构实行药品统一采购、统一配送、统一价格销售和收费方式改革取得成功。2012年，农合参合率98%，城合参合率95.5%。为扩大参合农民收益面，再次提升封顶线，由10万元增至12万元，其中门诊统筹由100元增至120元。乡级门诊补偿比由45%增至50%；乡（镇）卫生院住院补偿比由85%增至90%，县级医院住院补偿比由80%增至85%，县内民营医院住院补偿比由85%增至88%；市二级医院起付线由1000元降至800元，市三级医院起付线由1500元降至1000元。同时，增加重大疾病可报种类，由20种增至22种。增加特殊慢性病可报种类，由6种增至7种，封顶线由5000元增至8000元。提高正常分娩定补标准，由300元增至600元，白内障复明工程执行500元定补。将中药饮片补偿比例较基本药物提高5个百分点，在中医院实施住院吃中药饮片全部报销政策。

2015年，建立大病保险制度，为农民补偿2.58亿元。其中，住院5.8万人次，补偿2.15亿元，实际补偿比59%，县外转诊率26%。2016年5月28日，新型农村合作医疗管理中心整体建制由县卫生局划转县人力资源和社会保障局。2016年，农合、城合整合成居民医保，参保率95%。2018年，居民医保参保率95%。

第三章　医疗队伍与技术

第一节　医疗队伍

医疗队伍发展

1999年，全县医疗队伍有专业技术人员627人、管理人员142人。2014年，西固义乡卫生院由峰峰矿区托管。2016年，行政区划调整，7个乡（镇）卫生院209名职工和342个村卫生所450名乡村医生划转到冀南新区。2018年，全县有医疗专业技术人员2350人、管理人员220人。

医疗队伍职称结构

1999年，全县有中医执业助理65人、中医执业医师74人、执业助理93人、执业医师178人、药护技师（士）327人、主治（管）医师105人、副主任医师21人。至2018年，全县有中医执业助理86人、中医执业医师103人、执业助理医师149人、执业医师440人、药护技师（士）391人、主治（管）医师236人、副主任医师95人、主任医师10人；副主任中医师5人、主任中医师3人。

医疗队伍学历构成

1999年，全县卫生系统工作人员769人。其中，本科学历20人，专科学历120人，中专及高中学历349人，初中学历280人。从学历看，卫生系统卫生人才队伍中高学历人才较缺乏。2018年，县卫生系统工作人员2570人。其中，研究生学历2人，本科学历843人，专科学历859人，中专及高中学历819人，初中学历47人。从1999年与2018年的人才学历对比来看，卫生队伍中高学历人才大量充实进来，技术人员学历快速提升，从业人员由经验型向知识化转变。

第二节　医疗技术

中医

1999年后，磁县建立以县中医院为“龙头”、乡（镇）卫生院为“枢纽”、村卫生所为“网底”的中医药服务网络，构建县、乡、村三级中医医疗服务体系。

县中医院加强中医特色科室建设。2003年成立针灸科，设有专业的艾灸室、中药熏洗室、牵引理疗室、正骨推拿室、中医成人康复室等。主要治疗中风、颈椎病、腰椎病、肩周炎、关节病、面瘫、带状疱疹、神经性头痛、痛风及大部分内科常见病，充分发挥中医在预防疾病、调节神经及免疫系统、治疗亚健康等方面优势。2003—2006年，累计治疗患者1万余人次。2009年，开展“以病人为中心，以发挥中医药优势为主题”的管理年活动，中医药专业技术人员比例增加，使用中药专方和中药饮片患者增加。中药专方达30余种，通过不断增加专药品种，做到专病有专科、专病有专药。

为提升乡（镇）卫生院和村卫生所中医药服务能力，2009年后，实施基层常见病多发病中医药适宜技术推广，充实全县中医药人才队伍，中医药技术人员达382人。同年，首批41名乡村医生参加河北省乡村医生中医专业中专学历教育项目，有效提升乡村医生中医学历层次。2010年，为村卫生所配备TDP神灯、电针仪等设备。2015年，全县建成80个中医药特色示范村卫生室，并为每个卫生室配备价值1000余元的中频治疗仪、中药储存柜、火罐等中医诊疗设备，提升基层中医治疗能力。同年7月，县中医院成立小儿康复科。开展运动疗、作业疗、言语训练疗、脑瘫肢体综合训练疗、磁疗、水疗、灸法、低频脉冲电疗。

2016年，县中医院骨科成功开展腰腿痛及关节痛的中医钩活术的微创治疗，共治疗患者1500人次，治愈率80%以上。2017年，中医院针灸科被省卫计委评为省重点医学专科。2018年，全县中医诊所25所，主要设有眼科、按摩、五官科、针灸、外科、皮肤科、肛肠科、妇科等科室。县中医院肛肠科被评为省级中医重点专科。

西医

1999年，全县以西医为主的各类医疗机构43家。其中，县级医疗机构1家，乡（镇）卫生院37家，其他医疗机构5家，各类卫生技术人员804人。设有西医内、外、妇、儿、急诊、功能等基本科室。县医院是一家以西医为主的国办二级甲等医院。同年，县医院投资128万元购置日产利己B超1台，美国产电子胃镜1台；开设骨科，配置床位20张。胸外科抢救因胸外伤引起右心房破裂病人1例，属邯郸域内首例。2000年，县医院开设泌尿科、内窥镜中心、皮肤科，建成中心供氧室，实现从自制氧到管道输送。购置德国西门子全身环绕机、500maX光机、半自动生化分析仪和全自动生化分析仪各1台。8月31日，胸外科对1名咽部食管癌病人进行咽喉部全食管切除实行胃咽吻合术获得成功，填补邯郸域内医学史上空白。2001年，县医院本院外科医师主刀开展第一例颅内血肿清除术获得成功。同年，检验室开展细菌培养工作，病理科配备彩色显微病

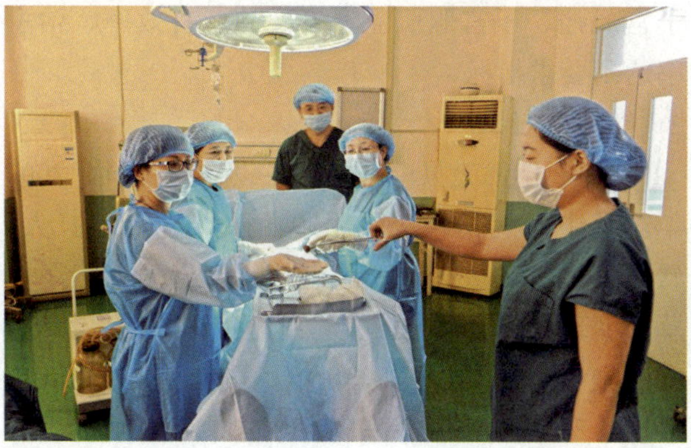

手术中（2015年12月14日　摄）

理图像分析系。2008年1月，与解放军301医院合作成立远程会诊中心，实现上级医院专家与病人、专家与医务人员之间“面对面”会诊的新型就诊模式。9月11日，由世界卫生组织、首都医科大学附属北京同仁医院和邯郸市政府共同启动磁县医院协作承担的国际合作项目：国家“十一五”支撑计划——青光眼循征诊治体系的建立项目。北京同仁医院、邯郸市第三医院和磁县医院的眼科专家组成普查循征团，深入乡村群众家中展开眼科普查工作。2009年3月，与中国红十字总会、北京307医院合作开展“先天性心脏病普查百城万里行”爱心救助工程；9月，在应对甲型H1N1流感疫情防控中，成立相关领导小组、专家治疗组、应急小组等组织，投资20.8万元，购置医疗设备11台，迅速启动发热门诊、肠道门诊、预检分诊、传染病区等应对措施。严防疫情蔓延及扩散。同年，县医院被指定为邯郸市“百万贫困白内障患者复明工程”项目定点医院。

2017年5月28日，县医院设立磁共振成像诊断专业。2018年，县医院完成全县首例体外循环心脏修补术，实现外科治疗先天性心脏病领域的突破；完成全县首例脑转移瘤开颅手术，在磁县脑积水治疗领域起到开创性作用；4月27日，建立标准化实验室和磁县区域检验中心，构建县、乡、村三级医疗卫生资源共享体系，填补基层医疗机构的生化检验空白。对于急性脑梗塞发病在3小时内的溶栓适应症病人开展阿替普酶静脉溶栓术疗效显著。开展肿瘤微波（射频）消融术，对肝癌、肝血管瘤、肾癌、肾上腺肿瘤、甲状腺及甲状旁腺的良恶性结节、甲状旁腺功能亢进、子宫肌瘤、子宫腺肌症患者实施，有效率、治愈率达到要求指标。

中西医结合

1999年，磁县中医院筹备设立精神科。2000年，县中医院精神科采用中西医结合治疗打人、骂人、毁物、放火等狂躁型精神障碍病。运用中草药调理、促进病情恢复，缩短疗程，提高疗效，减少复发率。1999—2018年，累计治疗9000余人次。2010年，中医院先后成立中西医结合肿瘤科、小儿康复科、血液透析科等科室。血液透析科采用中西医结合的方法治疗各种肾病，中医特色突出，治疗期间减少患者并发症及不良反应。治疗范围涉及急慢性肾炎、慢性肾功能衰竭尿毒症、肾病综合症、系统性红斑狼疮、紫癜肾及各种药物中毒的急救等，对于血尿、蛋白尿、肾性腰痛、肾性贫血、肾性高血压等病症拥有一整套科学规范的中西医治疗方案。2010—2018年，治疗患者100余人。2013年，中医院探索推进中医人员到西医科室进行会诊、查房、参与重症患者抢救等制度，不断拓宽中西医结合治疗的路径。2015年7月，中医院在儿科基础上成立小儿康复科，主要采用运动疗、作业疗、磁疗、水疗、低频脉冲电疗、手指点穴、小儿捏脊疗等康复疗法，治愈率80%以上。至2018年，共治疗脑瘫患儿200人次。

2016年，磁县人民医院与河北省人民医院合作成立康复医学联盟，运用传统中医与现代新康复技术辨证施治一体化的诊疗技术，相继开展点穴理筋、整脊、药疗、穴位注射等多种现代康复技术。针对偏瘫、截瘫、小儿脑瘫、儿童发育迟缓、儿童自闭症、各类风湿和类风湿性关节炎、肩周炎、颈椎病、腰椎间盘突出、三叉神经痛、运动性损伤等病症疗效显著，年均诊疗800余例，有效率96%，好转率80%；住院病例500例，有效率97%，好转率86%。2018年，磁县采取中医辨证口服中药和西药调理配合治疗精神疾病、肛肠疾病、妇科等疾病，疗程短，有效率均在95%以上。

第三节　医学成果

学术论文

2001年起，县内肿瘤研究课题方面在国家核心期刊发表论文及涉外重要会议提交论文60余篇，论文多为数人合作。2013年后，随着医疗知识、实验的丰富和医学水平的提高，个人完成的医学论文增多，不断在各级刊物发表。至2018年，全县在国家级、省级刊物上发表论文350余篇，参加各类学术交流论文300余篇。

2013—2018年磁县部分省级以上医学论文发表情况统计表

表31-2

作者	论文题目	刊登杂志	发表年份
刘晓静	小切口白内障手术截囊与撕囊联合应用	中华眼外伤职业眼病杂志	2013
杨　敏	孕妇对孕期补钙认识的调查分析	中国当代医药	2013
杨晓峰	肺癌三维适形放疗疗效观察	基层医学论坛	2013
张庆恩	肿瘤病人的心理护理	全国肿瘤护理论文汇编	2013
严金海	微创清除术治疗高血压性脑出血的临床应用	医学研究与教育	2013
	丁苯酞治疗糖尿病心烦脑梗死效果观察	中国乡村医药	2014
	探讨同型半胱氨酸与颈动脉粥样硬化斑块的临床意义	中国社区医师	2015
	干预高同型半胱氨酸血症150例的临床方法研究	中国社区医师	2017
李月芳	胎儿血流检测胎心监护对胎儿窘迫预测的临床研究	中国医疗管理科学	2014
李　旌	散结镇痛胶囊口服配合超短波治疗慢性盆腔炎的疗效观察	健康世界	2014
侯军奎	CT引导下靶位注射胶原酶治疗腰椎间盘突出症36例	中国药业	2014
	双肾盂、双输尿管伴输尿管口异位1例	疑难病杂志	2014
江　波	糖尿病肾病患者血液透析疗法探讨	健康之路	2014
	急性脑梗死患者血管内皮功能和同型半胱氨酸水平变化及治疗分析	中国实用神经疾病杂志	2014
	α-硫酸锌舒血宁联合甲钴胺治疗糖尿病周围神经病变的临床观察	中国实用神经疾病杂志	2015
	全民禁毒教育在构建和谐社会中的地位及有效策略浅析	医药卫生	2015
	河北工程大学医学院禁毒防艾教育策略途径浅析	医药卫生	2015
刘素梅	运动性肢体活动受限采用中药、针灸并用治疗的临床效果分析	中国社区医师	2015
王晓斐	用小剂量的左旋甲状腺素片联合厄贝沙坦氢氯噻嗪片治疗老年重症心力衰竭的效果研究	当代医药论丛	2015
李金辉	床旁彩色多普勒超声动态监测新生儿脑室周围—脑室内出血的价值	中华超声影像学杂志	2015
暴志芹	系统健康教育在胃溃疡患者护理中的实施效果	世界最新医学	2015
徐建华	老年人髋部骨折围手术期并发症的发生原因治疗及预防措施	健康世界	2015
张树荣	探讨老年缺血性脑血管病患者颈动脉超声特征	中国实用神经疾病杂志	2015

续表

作者	论文题目	刊登杂志	发表年份
马　茜	急慢性白血病行血液分析检验的价值分析	中国社区医师	2015
李　旌	针灸配合理疗和中药保留灌肠治疗慢性盆腔炎	中国农村卫生	2015
马宝红	宫环养血颗粒联合米非司酮治疗围绝经期功能失调性子宫出血的疗效观察	现代药物与临床	2016
李金辉	彩色多普勒超声在新生儿缺氧缺血性脑病早期诊断中的临床应用	中国当代医药	2016
赵栋莉	循证护理对高压氧治疗突发性耳聋副作用的影响	中华全科医学	2016
乔　艳	浅谈微波在耳鼻喉科的应用	医药卫生	2016
	非综合症性耳聋患者耳聋相关基因突变研究	中国处方药	2016
	鼻内镜手术治疗慢性鼻窦炎鼻息肉临床疗效分析	中国保健营养	2017
郭庆良	快速康复食管癌外科的麻醉管理分析	医药卫生	2016
	积极的肺外器官功能支持在改善 ARDS 患者预后方面的作用分析	医药卫生	2017
	肺部孤立性结节的诊断探讨	医药卫生	2017
	胸腔镜在普胸外科中的应用	医药卫生	2017
耿竹馨	单中心 73 例儿童 EB 病毒脑炎临床特征	中华实用儿科临床杂志	2016
	原发性 EB 病毒感染 3 岁以下儿童住院病例的临床特征	中华实用儿科临床杂志	2016
	儿童眶蜂窝织炎 23 例临床分析及文献复习	中国感染与化疗杂志	2018
宋海娜	彩色多普勒超声在宫颈癌盆腔淋巴结转移中的诊断价值分析	中国医疗器械信息	2017
	超声在诊断糖尿病患者颈动脉及下肢动脉硬化中的应用	中国继续医学教育	2017
杨利霞	孕妇长期吸入有害物质引起的子代睾丸畸胎瘤恶性变 1 例	医药卫生	2017
	长期口服抗过敏药引起的结肠黑变病 1 例	医药卫生	2017
	多器官发生的恶性肿瘤一例	医药卫生	2017
李美丽	助产护理干预对高龄产妇分娩方式及产程的影响	医药卫生	2017
吕怀智	血滞通胶囊联合阿昔莫司治疗高脂血症的临床研究	现代药物与临床	2017
刘晓静	不同手术方式治疗慢闭青光眼合并白内障临床效果观察	中国保健营养	2017
	急性区域性隐匿性外层视网膜病变 2 例	中国保健营养	2018

续表

作者	论文题目	刊登杂志	发表年份
马　茜	血液分析仪检验急慢性白血病的应用价值分析	中国医疗设备	2017
王鸿慧	医疗机构如何引进和留住专业技术人才	现代经济	2017
刘国良	a-硫辛酸治疗糖尿病肾病患者氧化应激及血管内皮功能的影响分析	医药卫生	2017
	探讨前列地尔联合贝那普利治疗糖尿病肾病蛋白尿的临床疗效分析	医药卫生	2018
李　旌	米非司酮联合米索前列醇用于早中孕药物流产的效果观察	中国误诊学杂志	2017
	膦甲酸钠联合重组人干扰素 a2b 治疗宫颈 HPV 持续感染的疗效及安全性分析	中国误诊学杂志	2018
	腹壁横切口剖宫产子宫切口单层缝合与双层缝合的疗效对比观察	医药卫生	2018
范海龙	浅析医学检验实验室生物安全防护的问题与对策	医药卫生	2017
郝成伟	阿格列汀联合坎地沙坦酯治疗早期糖尿病肾病疗效分析	医药卫生	2018
杨海霞	羟苯磺酸钙治疗糖尿病肾病的临床疗效及其安全性分析	医药卫生	2018
	前列地尔治疗早期糖尿病肾病疗效观察	医药卫生	2018
杨长波	腹腔镜手术中不同通气模式对肺功能的影响	中国误诊学杂志	2018
王文平	腓骨截骨术联合玻璃酸钠关节腔注射治疗膝关节骨性关节炎	医药卫生	2018
闫焰芳	改良经阴道闭孔无张力尿道中段悬吊术在女性压力性尿失禁治疗中的价值	健康之路	2018
李春红	彩超诊断前置胎盘并发胎盘植入的价值分析	中国医疗器械信息	2018
赵　峰	腓骨近端截骨联合关节镜下清理治疗中老年膝关节骨关节炎的临床疗效	医药卫生	2018
范海龙	孕妇妊娠不同时期血浆 D-二聚体和凝血四项变化及检验价值分析	现代医学与健康研究	2018
	妊娠期妇女 HbALc 水平测定及其在妊娠期糖尿病的早期筛查及诊断应用	智慧健康	2018
刘军芳	子宫压迫缝合术在产后出血治疗的临床观察	影像研究与医学应用	2018
	腹腔镜手术与开腹手术治疗异位妊娠失血性休克的对比研究	影像研究与医学应用	2018
	限制性液体复苏在产科失血性休克治疗过程中的应用	影像研究与医学应用	2018
张　亮	双顶径估计孕龄对孕中期唐氏综合症筛查效果的影响	中西医结合心血管病杂志	2018

科研成果

磁县是国内有名的食道肿瘤高发区，肿瘤研究方面领先于周边县（市、区）。20 世纪 90 年代后，县内医疗技术人员立志钻研推广治疗技术的同时，也取得较好的研究成果。1996 年 6 月，磁县肿瘤防治研究所唐书生“开梗合剂治疗食管贲门癌梗阻的临床研究”成果通过河北省科技委员会认证，并获河北省科技成果证书。2000 年，他研制的“癌瘤消肿止疼膏”获国家专利，并推广使用。2013—2018 年，全县获得省、市科研成果 60 余项，其中有 12 项获奖。填补磁县多项医学空白。

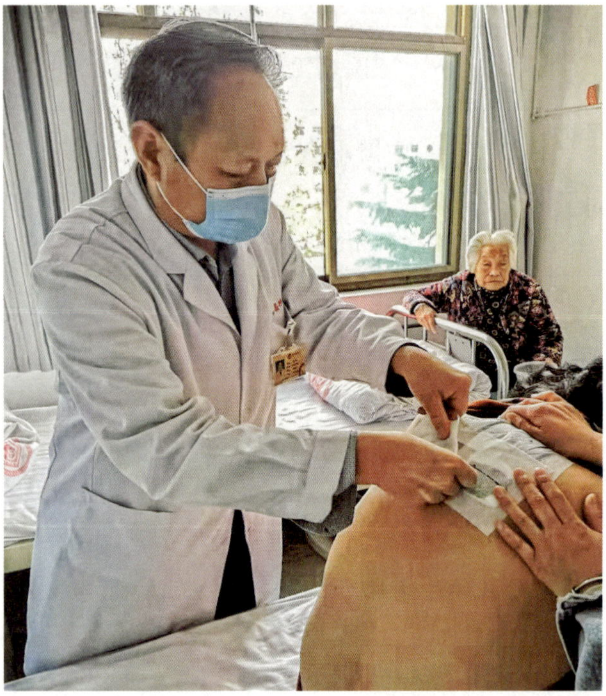

县肿瘤医院医生唐书生为患者贴敷止痛膏药（2020 年 4 月 8 日 摄）

第四章　疾病防治

第一节　传染病防治

防治机构

1999 年，县卫生防疫站负责疾病防治工作。2004 年 4 月 1 日，县卫生防疫站撤编改制，不再担负疾病防治。县内 4 个县级医疗单位、19 个乡（镇）卫生院设防保科，配备专职防保医生 20 余人，负责全县传染病防治工作。他们安排技术人员按要求对传染病实行网络直报。

病例报告

2004—2015 年，全县共报告法定乙类传染病 19 种、1.36 万例。2016—2018 年，全县共报告法定乙类传染病 21 种、4731 例，无暴发疫情。传染病总发病率呈下降趋势，无传染病死亡病例报告。

疫情管理

肠道门诊是疫情管理的重点科室。1999—2018 年，每年 5—10 月对肠道门诊进行采编，坚持“逢疑必检、有泻必检”原则。据统计学计算，肠道传染病发病率 11.3/10 万。县内各医疗单位均建立疫情管理档案，建档率 100%。建立健全规章制度，各医院、学校疫情报告实行专人负责，保障疫情报告的准确性。县疾控中心每年定期组织疫情报告检查，进行漏报调查，促使疫情报告规范化。2018 年，全县乙类传染病有 26 种，未发现甲类传染病。

2004—2018年磁县传染病情况统计表

表31-3 单位：例

年份	痢疾	乙肝	肺结（未核）	肝炎（分型）	其他感染性腹泻	甲肝	淋病	麻疹	流脑	戊肝	流行性腮腺炎	风疹	流行性感冒	布病	丙肝	猩红热	梅毒	百日咳	斑疹伤寒	伤寒+副伤寒	乙脑	手足口	艾滋病
2004	586	466	132	27	20	19	1	1	1	1	—	—	—	—	2	—	—	—	—	—	—	—	—
2005	436	315	393	12	166	11	3	29	—	1	58	14	24	4	1	—	2	—	—	5	—	1	1
2006	309	277	430	23	204	14	1	75	1	1	151	74	37	14	7	5	1	1	1	11	1	—	
2007	194	322	401	10	230	9	6	15	—	—	85	142	58	26	9	4	2	2	2	—	—	—	1
2008	205	347	487	31	265	49	5	2	1	2	129	37	163	15	22	3	2	2	9	4	1	124	3
2009	174	359	449	17	334	7	1	76	—	2	135	43	272	20	—	1	2	—	1	—	—	801	1
2010	189	237	312	6	306	7	1	—	—	2	208	50	249	32	10	3	1	—	—	—	—	950	
2011	172	207	248	7	301	1	—	1	—	3	—	50	217	18	14	16	2	—	1	1	—	348	3
2012	154	284	393	7	515	21	2	3	2	6	—	1	345	39	—	—	16	—	—	—	—	623	2
2013	134	399	370	14	485	1	3	4	—	6	82	8	311	24	28	10	17	—	4	2	2	289	3
2014	86	321	349	10	392	16	1	7	—	2	—	68	323	53	—	12	18	—	3	—	—	407	2
2015	54	414	371	16	353	1	4	1	—	2	163	5	254	47	41	9	24	1	1	5	—	157	6
2016	31	388	188	7	208	1	7	3	—	5	48	—	134	9	39	6	16	1	—	3	2	255	2
2017	26	386	204	2	372	1	8	1	—	2	43	—	319	4	37	4	30	2	—	4	1	66	1
2018	—	516	238	2	379	1	2	1	—	3	70	—	388	7	33	9	47	1	1	5	2	117	3

备注：出血热2004年、2010年各出现1例；甲流H1N12009年出现37例，2011年出现1例。

第二节　计划免疫

免疫概况

1999 年，全县保持每年 12 月 5—6 日和次年 1 月 5—6 日开展两轮脊灰疫苗强化免疫活动，对出生 2 个月至 3 岁儿童开展两轮脊灰疫苗强化免疫。强化免疫活动持续到 2015 年 12 月 5—6 日为最后一次。儿童日常可享受乙肝疫苗、卡介苗、脊灰疫苗、百白破疫苗、白破疫苗、麻疹疫苗免费接种。2005 年 6 月 1 日《疫苗流通和预防接种管理条例》施行后，加强疫苗流通和预防接种管理。儿童免费接种一类疫苗。2008 年 8 月，国家把麻腮风疫苗、流脑疫苗、乙脑疫苗、甲肝疫苗纳入免疫规划。至此，可预防 12 种相应传染病。

2017 年，遵循“区域规划，合理布局，定点接种，规范管理”原则，按规定开展预防接种，严格执行一类疫苗和二类疫苗接种，保障预防接种工作正常有序开展。全年完成标准化、规范化预防接种门诊建设 6 个，完成率 43%。

2018 年，完成标准化、规范化预防接种门诊建设 14 个，完成率 100%。完成一类疫苗接种 15 万剂次，二类疫苗接种 1.97 万剂次。

麻疹免疫

2010 年 9 月 3 日，县计划免疫落实全面消除麻疹强化免疫。县卫生局成立相应领导小组和技术指导小组。首次开始儿童入学入托接种证查验工作，全县 290 所学校和幼儿园参加查验。经过查验，应补证儿童 239 人，实补证 239 人。查出的漏种儿童 342 人次，于 2010 年 9—10 月补种。

2012 年是消除麻疹攻坚年，出生 8 个月至 14 周岁摸底人数为 139140 人，其中常驻儿童 139053 人，流动儿童 87 人，麻疹疫苗漏种第 1 剂次为 861 人，漏种第 2 剂次为 962 人，全部补种。4 月始，对 1 至 15 岁儿童开展抗体检测，4 至 12 月检测血标本 2145 份，其中，检测 2 项 2101 份，检测麻疹 1 项 44 份，麻疹抗体阳性 1946 份、阴性 199 份；抗体阳转率在 90% 以上。对抗体阴性者进行相应疫苗免费补种。

脊灰疫苗接种

2012 年，脊灰抗体阳性 1898 份、阴性 203 份，抗体阳转率在 90% 以上，对抗体阴性者进行相应疫苗免费补种。2013 年，根据疫苗接种疑似异常反应监测报告，全县 19 个乡（镇）均有病例报告，全年报告 83 例，其中一般反应 79 例，异常反应 4 例，所有病例均按要求进行调查处理与上报工作，全年无接种事故发生。2016 年，因受山东疫苗事件影响，造成部分群众接种疫苗积极性降低，致使多数疫苗的接种率明显降低，特别是 4 月、5 月影响最大。按照国家要求，脊髓灰质炎疫苗剂型转换，5 月 1 日起停用三价脊髓灰质炎减毒活疫苗。新剂型包括三价脊髓灰质炎灭活疫苗和 1 型、3 型二价脊髓灰质炎减毒活疫苗未能及时到位，影响脊灰疫苗的接种率。根据省、市要求，4 月 29 日，对三价脊髓灰质炎减毒活疫苗回收封存，封存疫苗针刺。“7·19”特大暴雨使磁县西部 6 个乡（镇）103 个村停电停水，造成 2000 剂次疫苗失效报废。

2017 年，据疫苗接种疑似异常反应监测报告显示，全县 14 个乡级接种单位均有 AEFI 病例报告，达 39 例，临床诊断一般反应是发热、红肿、硬结为主，异常反应为过敏性皮疹，无接种事故发生。

2005—2018 年磁县免疫接种情况统计表

表 31-4　　　　单位：人、%

年份	出生儿童数	乙肝疫苗			卡介苗			脊灰疫苗			百白破			白破		
		应种人数	实种人数	接种率	应种人数	实种人数	接种率	应种人数	实种人数	接种率	应种人数	实种人数	接种率	应种人数	实种人数	接种率
2005	10710	29392	29377	99.95	10743	10739	99.96	43573	43535	99.91	38712	38665	99.88	—	—	—
2006	12931	42977	42973	99.99	15602	15595	99.96	51368	51351	99.97	52703	52643	99.89	5409	5375	99.37
2007	12764	43181	43174	99.98	15957	15946	99.93	56150	51090	90.99	56850	55923	98.37	6848	6675	97.47
2008	13149	44187	44102	99.81	16372	16368	99.98	61411	61182	99.63	59063	58860	99.66	12515	11703	93.51
2009	13657	42954	42951	99.99	17030	17024	99.96	53887	53730	99.71	57997	57966	99.95	7593	7325	96.47
2010	12778	36829	36829	100.00	12591	12557	99.73	55087	55057	99.95	57421	57316	99.82	9483	8839	93.21
2011	13316	40998	40822	99.57	11709	11640	99.41	55173	55122	99.91	57222	57086	99.76	11721	11343	96.78
2012	13486	42327	42322	99.99	13496	13496	100.00	55998	55891	99.81	57118	57012	99.81	11735	11329	96.54
2013	12144	41298	41120	99.57	12702	12682	99.84	56968	56865	99.82	56859	56805	99.91	12162	12008	98.73
2014	11533	36479	36426	99.85	11052	11052	100.00	52624	52562	99.88	54262	54209	99.90	12946	12912	99.74
2015	7833	29124	29121	99.99	8543	8543	100.00	45124	45120	99.99	47025	47018	99.99	11816	11816	100.00
2016	9753	28317	28304	99.95	8909	8907	99.98	38297	38256	99.89	41695	41628	99.84	12423	12402	99.83
2017	5656	21298	21287	99.95	6678	6677	99.99	29009	28961	99.83	30778	30739	99.87	9168	9143	99.73
2018	4992	17521	17518	99.98	5681	5681	100.00	30403	30366	99.88	26576	26542	99.87	8051	8034	99.79

续表

年份	出生儿童数	含麻疹类疫苗			A 群流脑疫苗			A+C 群流脑疫苗			乙脑疫苗			甲肝疫苗		
		应种人数	实种人数	接种率	应种人数	实种人数	接种率	应种人数	实种人数	接种率	应种人数	实种人数	接种率	应种人数	实和人数	接种率
2005	10710	22489	22393	99.57	—	—	—	—	—	—	—	—	—	—	—	—
2006	12931	27155	27151	99.99	—	—	—	—	—	—	—	—	—	—	—	—
2007	12764	28769	28749	99.93	—	—	—	—	—	—	—	—	—	—	—	—
2008	13149	28378	26232	92.44	10907	8997	82.49	10907	5616	51.49	11477	9849	85.82	4216	3343	79.29
2009	13657	30656	28600	93.29	28924	23399	80.90	28924	21505	74.35	28288	27443	97.01	13655	11106	81.33
2010	12778	36604	36524	99.78	31868	31286	98.17	24903	24354	97.80	30480	19388	63.61	14754	14417	97.72
2011	13316	31769	29276	92.15	31050	30701	98.88	24813	24269	97.81	30676	30442	99.24	14226	12908	90.74
2012	13486	29308	28899	98.60	29026	28787	99.18	24689	24239	98.18	28062	27873	99.33	15178	15016	98.93
2013	12144	31993	31670	98.99	27866	27730	99.51	25260	25125	99.47	29596	29565	99.90	14628	14611	99.88
2014	11533	30281	30271	99.97	28190	28117	99.74	25848	25722	99.51	27034	26961	99.73	14806	14748	99.61
2015	7833	25402	25398	99.98	23564	23560	99.98	23616	23611	99.98	24470	24464	99.98	12757	12755	99.98
2016	9753	22187	22164	99.90	17649	17634	99.92	22746	22719	99.88	21097	21070	99.87	12026	12011	99.88
2017	5656	17999	17978	99.88	16101	16078	99.86	16070	16022	99.70	15948	15925	99.86	8248	8233	99.82
2018	4992	16171	16087	99.48	12382	12367	99.88	14036	14008	99.80	14264	14242	99.85	6218	5164	83.05

第三节　流感与结核病防治

甲型 H1N1 流感防治

防治措施　2009 年 2 月，面对突如其来的甲型 H1N1 流感疫情，磁县成立防控领导组织，安排县疾控中心及时制订各项技术方案，落实防控措施，加强培训工作，开展应急演练；加强疫情监测和分析，及时掌握疫情动态，监测发热病人，采样 364 份，监测出病例 35 例，按要求采取防控措施。做好密切接触者追踪，开展疫情调查处理，全县发现甲型 H1N1 流感病例 35 例。除 6 例住院隔离治疗外，其余均居家隔离治疗。对居家治疗轻症病例及时发放居家隔离治疗告知书，安排医生每日观察，测体温，了解病情状况。对学生病例及时向县教育局通报情况，发放学校防控告知书，指导学校落实防控措施。根据上级要求，全县选定 10 个接种点，于 2009 年 11 月 3—8 日，开展首批甲型 H1N1 流感疫苗接种工作。对重点人群、警察、教职工及医务人员 6400 人进行甲型 H1N1 流感疫苗接种。

防治过程　1999 年后，磁县医院为国家流感监测哨点医院。防疫期间，防疫人员每周两次到医院搜集发热病人咽拭子标本送往市疾控中心监测。共监测发热病人采样 364 份，测出甲型 H1N1 流感病例 35 例，按要求采取防控措施。病人居家或住院隔离治疗，对病人可能感染场所及物品消毒处理，密切接触人员进行医学观察，未出现疫情扩散和蔓延。2010 年，为应对流感疫情，县疾控中心人员分片深入辖区学校、托幼机构和医疗机构督导并主动搜集疫情。每周至少一次深入辖区学校、托幼机构和医疗机构，指导落实通风、消毒、晨检和院内防控等措施，监测发热病人 191 人，未监测出高致病性流感病例。2011 年，加强流感及不明肺炎病人监测，监测发热病人 399 人，反馈结果未监测出高致病性流感阳性病例。2012 年，磁县监测发热病人 203 人，未监测出高致病性流感阳性病例。

H7N9 禽流感防治

2013 年 4 月，人感染 H7N9 禽流感疫情在国内部分地区发生。按照国家、省、市防控工作方案要求，县疾控中心开展预防防控工作，做好病例排查和报告工作。组织技术人员对县级医疗单位的内科、儿科、感染科、急诊科等重点科室进行病例排查，登记各种病例 1350 余例，未发现人感染 H7N9 禽流感监测病例。同时，20 个乡（镇）卫生院的防疫人员排查辖区医疗单位，监测发热病人 301 人，亦未发现感染 H7N9 禽流感病例。2014 年，完成发热病人流感监测 425 份，未发现高致病性流感阳性病人。2015 年，根据全国流感监测方案，制定磁县监测工作计划。及时采取措施，监测发热病人 615 人，专人负责每周两次到医院搜集发热病人咽拭子标本送往市疾控中心监测，未发现阳性病例。同时，开展不明原因肺炎病例搜集。2016 年，开展不明原因肺炎和流感防控。加强监测，专人负责到医院搜集发热病人咽拭子标本送往市疾控中心监测。监测发热病人 697 人，未检出高致病性流感阳性病例。

2017 年，国内多地发生 H7N9 病毒感染疫情。磁县制定防控预案及工作方案，成立应急队伍，建立物资储备，开展人员培训，做好宣传及监测工作。是年 2 月 22 日，开展疾控中心职工 H7N9 防控知识培训，培训 H7N9 禽流感现场消毒及个人防护、人感染 H7N9 禽流感诊疗等方面知识。2 月 25 日，对全县防疫人员开展培训。2 月 28 日，联合县教育局对全县各学区主管校长及中小学保健医生 80 余人开展培训，4 月 10 日，县疾控中心疫情小分队举行应急演练。模拟 H7N9 病毒感染病例报告后，小分队人员演练现场穿戴防护用品，开展流调，确定消毒地点及范围，并判定密切接触者，消毒人员对病人家属及就诊场所进行终末消毒。演练结束后，由专家组对演练各个环节进行点评，指出不足之处，为实际应对疫情提供可靠保障。10 月 25 日，在全县防疫例会上，再次对县直医疗单位和各乡（镇）卫生院防疫人员开展防控知识培训，开展针对 H7N9 演练。加强监测，每周对磁县二级以上医院开展不明原因肺炎病例主动搜集。同时，专人负责到医院搜集发热病人咽拭子标本送往市疾控中心监测。2018 年，全县监测发热病人 629 人，未检出高致病性流感阳性病例。

结核病防治

1999 年，全县继续实施 1993 年 3 月开始的结核病控制卫五项目（世界银行贷款支持中国结核病控制项目），对涂阳肺结核病人实行免费治疗。至 2002 年 9 月结束。共接诊病人 9000 余人次，治疗管理肺结核病人 1300 余人，治愈率达 87% 以上。2004 年 6 月始，实施结核病控制卫十项目（卫十：世界银行贷款、英国赠款支持中国结核病控制项目）。至 2010 年，累计接诊病人 1.66 万人次，发现治疗并管理肺结核病人 2800 余人。2014—2018 年，磁县为中央转移支付结核病定点县，共诊结核病人 6941 人，病人追踪到位率 54%，病人家属筛查率达 100%。

2014—2018 年磁县结核病防治情况统计表

表 31-5　　单位：人、份

年份	接诊结核病人	涂阳结核病人	复治涂阳病人	涂阴病人	结核性胸膜炎	管理病人数	检查痰标本	X 线检查病人	检查快速诊断标本	培养痰标本	耐多药性高危痰标本	对定点痰涂片盲法复检	痰标本数	GENXPEIT 检测	GENXPEIT 质控检测
2014	1925	60	25	243	25	353	2560	1487	—	—	—	—	—	—	—
2015	1933	62	16	179	23	280	3210	2056	84	98	—	—	—	—	—
2016	1272	77	30	135	22	264	1511	—	—	—	103	216	3993	—	—
2017	969	47	18	107	7	179	1601	—	—	—	91	216	4380	67	10
2018	842	57	19	81	15	172	1362	—	—	178	—	—	—	—	—

第四节　地方病防治

布鲁氏菌病

1999 年，都党乡北莲花村首次发现布鲁氏菌病例。县防疫站组织有关人员进行研究后，熟悉和掌握布鲁氏菌病的病理特征及病源、传染途径、危害，制订布病防治措施，做好有效预防。其后对畜牧养殖行业人员进行咨询诊断，了解疫情；对辖区内牛、羊进行摸底调查，对患有疑似布鲁氏菌病的 35 个重点人进行全程布病疫苗接种。2000 年后，县防疫站加强人畜疾病监测，对全县 402 名养殖人员进行询诊。全县养殖户每年均有零散病例。至 2018 年，经规范治疗、合理用药后均已治愈，无复发病例。

地方性氟中毒

地方性氟中毒（简称“地氟病”），主要临床表现为氟斑牙和氟骨症。磁县地方性氟中毒主要是由于饮水氟含量超标引起。饮水型氟中毒根本预防措施在于降低饮水中的氟含量，使居民饮用氟含量符合卫生标准要求的水。其途径主要是选用新的氟含量适宜的水源（低氟水源）、采取饮水除氟措施，使水氟含量降到适宜饮用的范围，根本之策是饮用统一供应的自来水。台城乡东郝村、路村营乡南郭村为高氟村。经过多年饮用水改造，2010—2015 年，连续对重点高氟村水质抽样检测结果显示，台城乡东郝村、西郝村，路村营乡南郭村，花官营乡闫浅村饮用水源改造为深井，抽样检验结果为每升 0.48 毫克，达到生活饮用水标准，对降低饮水性氟中毒起到关键作用。至 2018 年，未发现氟骨症病例。

碘缺乏病

2009 年，在全县中小学校开展碘缺乏病防治知识教育，使在校学生掌握碘缺乏病基础知识率达 95% 以上，预防碘缺乏病行为正确率 95% 以上。是年 11 月，完成消除碘缺乏病目标自查工作。采集盐库盐 108 份，检测合格率 100%；居民户食用盐 288 份，碘盐覆盖率 98%。2010 年 9 月，完成邯郸市重点地方病防治规划（2004—2010 年）终期考核评估实施方案要求工作任务。2011 年，落实卫生部等 13 个部委关于开展 2011 年防治碘缺乏病日活动的通知要求。2018 年 5 月 15 日，开展第 18 个“全国碘缺乏病宣传日”活动。是年，碘盐监测 288 份，合格率 98.2%。儿童尿碘中位数每升 209.4 微克，育龄妇女尿碘中位数每升 203.4 微克。县内碘缺乏病已得到有效控制，居民碘盐食用率达 98% 以上。

第五章 肿瘤防治

第一节 肿瘤高发区

肿瘤统计上报

20 世纪中期，磁县是全国肿瘤高发区之一，与河南省林县、山西省阳城县构成太行山南端的肿瘤高发中心。常见肿瘤为食管癌、胃癌、肺癌、宫颈癌和肝癌，尤以食管癌的发病率和死亡率为最高。据 20 世纪 80 年代前调查，每年有 500 余人死于食管癌。食管癌的地理分布总的趋势是山区高于丘陵，丘陵高于平原。从年龄分布来看，40 岁以上较多，50 ～ 70 岁为高峰期。从性别死亡率来看，男性大于女性。

1973 年 3 月全国肿瘤工作会议后，磁县被确定为河北省食管癌防治研究试点县。1974 年，磁县建立肿瘤登记报告制度和三级肿瘤防治网。1983 年开始全死因登记报告。

2000 年 7 月，磁县向国际癌症登记处上报县内 1993—1997 年恶性肿瘤发病登记资料，被收录在《五大洲癌症发病率》第八卷。2002 年，磁县肿瘤登记数据列入联合国世界卫生组织癌症研究中心统计范围。

2010 年，磁县向国际癌症登记处上报 2003—2007 年恶性肿瘤发病登记资料，被收录在《五大洲癌症发病率》第十卷。2015 年，磁县向国际癌症登记处上报 2008—2012 年恶性肿瘤发病登记资料，被收录在《五大洲癌症发病率》第十一卷。

2018 年，磁县肿瘤防治研究所获国家癌症中心颁发的“全国肿瘤登记工作杰出贡献奖”。

食管癌发病登记

根据登记信息统计，磁县 1998—2002 年男性食管癌发病 1967 例，发病率 123.5/10 万，中国人口标化死亡率（简称“中标率”）122.3/10 万，世界人口标化死亡率（简称“世标率”）164.9/10 万，构成比 47.4%；死亡病例 1682 例，死亡率 105.6/10 万，中标率 107.8/10 万，世标率 149.7/10 万，构成比 50.1%。女性食管癌发病 1390 例，发病率为 90.7/10 万，中标率 77.8/10 万，世标率 104.6/10 万，构成比 50.5%；女性食管癌死亡 1036 例，死亡率 67.6/10 万，中标率 57.2/10 万，世标率 78.4/10 万，构成比 51.5%。

2012 年，男性发病 333 例，发病率 102.91/10 万，死亡 254 例，死亡率 78.50/10 万；女性食管癌发病 234 例，发病率 73.72/10 万，死亡 196 例，死亡率 61.75/10 万。比中国肿瘤登记地区男性食管癌发病率 31.62/10 万高出 3.25 倍；女性食管癌 13.55/10 万，相比较高出 5.44 倍。

2016 年，男性食管癌发病 317 例，发病率 97.67/10 万，死亡 225 例，死亡率 69.33/10 万；女性食管癌发病 187 例，发病率 58.57/10 万，死亡 151 例，死亡率 47.30/10 万。

第二节 肿瘤预防

致癌因素

根据各级肿瘤研究机构对全县的测定研究发现，地理环境条件与食管癌发生有密切关系，初步认为硝酸根、亚硝酸根、铅、二氧化硅、铁、锰、锌、铜、钼、氨等有致癌作用。在全县测定水井 300 多眼，在食管癌高发区地下水中的硝酸盐、亚硝酸盐和硝酸氨的含量较高。硝酸盐和亚硝酸盐在一定条件下能转化为亚硝胺，而亚硝胺是一种很强的致癌物。随后，又对食管癌高发区的土壤、粮食进行测定试验，证实粮食中也有致

癌物质存在。

防癌措施

饮用水改造　平原地区提倡打深水井。1974年，县内有深水井98眼。1984年增至282眼，2003年已达520眼，群众的饮水条件得到明显改善。尤其是改善山区群众饮水状况，实行晒水防癌。1977年，在中岔口公社建立晒水试点，先后建蓄水池18个。不适宜建池的地区，号召群众用水缸晒水，山区的窖水则普遍用漂白粉消毒。

饮食结构改善　20世纪70年代，山区农村调查研究事实证明，霉菌污染与食管癌发病密切相关。多年贮存食用的粮食不同程度被串珠镰刀菌、黄曲霉菌污染。而串珠镰刀菌、黄曲霉菌均为强致癌物。此后，通过晒粮消除霉菌病因，防霉去胺，不食用霉变粮食；多吃新鲜蔬菜、水果，提倡不吃酸菜。

投药预防　所用药物主要为苍术丸、苍豆丸、苍风丸、土大黄、山豆根、夏枯草、草河车等。1973—1978年，对白土、北贾壁、中岔口、西光禄、北来村、申庄和杜村7个公社500多名食管上皮增生者预防投药。中岔口公社59人中，28人转为正常；西光禄公社19人中，11人转为正常。

1984—1986年，先后在林峰、花官营、路村营、杜村、黄沙、观台镇6个乡（镇）普查出食管上皮重度增生者208人，预防投药后，114人转为正常。1987—1988年，先后在杨家堂、陶泉、中岔口、白土镇4个乡（镇）查出食管上皮重度增生者213人，预防投药后，121人转为正常。

防癌意识提高　20世纪90年代，县卫生局等部门编写食管癌防治常识科普读物、宣讲材料在城乡发放。通过办各种讲座、培训班和多媒体播放宣传片进行宣教，提高全民防癌意识，培养健康的生活习惯。

第三节　肿瘤检测

上级检测

1971年，卫生部组织医学专家对三省一市（晋、冀、豫、京）环太行山区食管癌发病、死亡情况进行流行病学调查。

1973年，省防办和新医大学病理教研组主持举办全县乡村医生为主的学习班，理论与实践相结合，对涂片过程和食管脱落细胞学诊断等进行重点培训，提高检测能力。1974年，食管脱落细胞与X线食管钡餐相结合，普查覆盖人群2.35万人，实际完成拉网普查3190人。1974年4月16日至1979年11月18日，河北省肿瘤防治研究办公室配备EF-B2纤维食管镜1台，检查食管病变500例，其中265例诊断为食管（贲门）癌，均是食管拉网普查中检出的阳性病例。

磁县检测

1987年秋，河北省肿瘤防办为磁县配备X4型光导纤维胃镜1台。1987—1988年，对杨家堂、陶泉、岔口、白土镇4个乡（镇）进行胃镜普查，共检出重度增生213例，并进行预防性投药。

1991年，磁县肿瘤医院承担国家“八五”“九五”“十五”食管癌攻关课题后，对县内各村40～69岁年龄组人群采用食管拉网、电子胃镜方式进行食管癌普查，并对食管轻度增生或癌前病变进行预防性投药工作，定期复查。2001年，对台城乡、西光禄镇14个村2.11万人群中40～69岁年龄组进行电子胃镜普查，检查3507例，筛查出鳞状上皮轻度增生363例、中度增生247例、重度增生92例、癌95例，为早期食管癌的发现、治疗提供有效的阻断和治疗方案。

2004年，磁县成为中国首批“食管癌早诊早治示范基地”，开展上消化道癌早诊早治普查工作，对全县40～69岁居民进行内镜碘染色普查，提高磁县上消化道癌症的早诊早治率及组织学诊断比例。

2005年始，开展食管癌内镜筛查。筛查人群为40～69岁居民，每年完成筛查人数2500例左右，并对上消化道癌前病变和癌症实行“早诊早治”措施。对食管重度增生和胃的高级别瘤变的病患精准治疗；不能实施食管重度增生和胃的高级别瘤变、中度增生和胃低级别瘤变治疗的进行6个月、1年、2年的随访复查；筛查出的癌症按照病理和医技检查的结果分别对症治疗、预后康复。

2006年12月，磁县提出“两个转变”（科研行为转变为推广行为，科学家行为转变为政府行

群众参加癌症普查

为）的思路，率先建立“癌症普查中心”，设县肿瘤医院和县人民医院2个普查点，配备日本奥林巴斯电子胃镜6台。先后对西固义乡、辛庄营乡、路村营乡、高臾镇、南城乡、林坛镇进行食管癌早诊早治内镜普查，累计覆盖80个村、20余万人，对40～60岁年龄段适龄人群进行免费普查，完成胃镜普查1.34万例。

2019年，磁县肿瘤医院完成覆盖人群5万人，涉及磁州镇11个村、白土镇13个村及高臾镇6个村，累计完成筛查2090例，完成率111%。检出率2.3%，早诊率91.67%，治疗率91.67%，随访率83.87%。

2005—2019年，完成磁县19个乡镇（含划出乡镇）普查工作，普查覆盖人群55万人。了解磁县食管癌高发区居民食管癌、贲门癌癌前状态及病变的分布情况，分析2005—2009年完成的1.14万例早诊早治筛查结果。食管各病变检出率情况：鳞状上皮轻度、中度、重度异型增生检出率分别为11.84%、2.66%、1.04%，原位癌检出率0.40%、鳞癌可能有浸润的患者检出率0.04%、黏膜内鳞状细胞癌0.37%，浸润性鳞癌0.17%。总体癌前病变及癌的阳性检出率2.01%。年龄组癌前病变及癌的检出率集中体现在50岁以上年龄组中，随年龄增高检出率提高。贲门低级别上皮内肿瘤检出率2.07%，高级别上皮内肿瘤0.30%，黏膜内腺癌0.23%、浸润性腺癌0.18%。各级别病变检出率男性均大于女性，并且随年龄的增高病变检出率提升。

治疗重度不典型增生是超前治疗食管癌的新概念，即铲除食管癌的后备群体，食管癌发病率显然会下降。治疗重度不典型增生，宜采用内镜下局部微创治疗，如各种黏膜切除、氩气等离子电烧和激光等方法。磁县对普查检出的阳性病例，对重度不典型增生和原位癌均进行及时治疗，治疗率83.3%。黏膜下及浸润癌采取手术或放射等治疗；普查阳性病例总治疗率85.8%。

2018年，磁县被国家癌症基金会授予“上消化道癌症早诊早治示范基地”称号。

2005—2019年，县内筛查人群覆盖7.3万余人，健康知识知晓率由78.06%增至93.01%；筛查食管重度增生和胃的高级别瘤变以上1000多人，检出率2.01%；筛查食管重度增生和胃的高级别瘤变880余例，早诊率88.37%；治疗750余例，治疗率85.33%。除县内经济条件的改善、居民生活水平提高因素有关外，大人群、大范围高危人群食管癌早诊早治项目的实施对降低磁县上消化道癌发病率和死亡率、提高生存率起到显著作用。

第四节　肿瘤治疗

治疗机构

1971年3月，磁县成立食管癌防治委员会办公室后，县医院分离出25名医疗卫生工作者成立食管癌防治研究队。1972年，县卫生局将岳城卫生院作为全县食管癌防治研究试点。1973年8月，磁县在县医院建立胸外科和病理科，积极采取食管癌预防早期诊断和手术治疗等综合措施。1978年8月1日，磁县建立肿瘤研究所，配备10名工作人员。1984年4月，肿瘤研究所改称肿瘤防治所。1984年8月，县肿瘤防治所建立化疗科和病房，开始专门的肿瘤临床工作。1986年11月，县医院拨给肿瘤防治所钴60治疗机，防治所开始肿瘤放疗工作。到1988年年底，肿瘤防治所有工作人员24人，建立内科、病理科、放疗科、护办室、胃镜室等7个科室，形成预防、临床、科研于一体的综合医疗科研单位。1991年，肿瘤防治所更名为磁县肿瘤防治研究所。1994年，开工建设磁县肿瘤医院。1996年，磁县肿瘤医院建成开诊，与肿瘤防治研究所合二为一，为二级肿瘤医院。全院工作人员110人。

治疗方法

手术治疗 1973年7月17日，进行第一例食管癌手术。至1975年上半年，住院患者325人，做手术271例，其中食管癌手术218例，死亡率2.75%。至1978年7月，已做食管、贲门癌手术616例，随访16例，早期食管癌切除患者术后3年全部生存。1979年7月，对手术后545例患者随访，食管癌、贲门癌术后5年生存率分别为31.5%、14.6%。1982年12月，对手术后1067例食管癌和贲门癌的总结课题报告《食管癌和贲门癌1067例外科治疗及远期疗效》获省科技进步奖三等奖，为国内先进水平。至1988年，食管癌、贲门癌手术达1872例，其他手术236例。食管、贲门癌手术后5年生存率33%以上。1989—2018年，治疗各种恶性肿瘤病例1.9万例，5年生存率35%。其中，上消化道早癌内镜治疗4500例，5年生存率95%。

放射治疗 1980年，县医院建立钴60机房。1983年12月始，开展肿瘤放疗工作。至1985年7月，放射治疗食管癌患者216人、贲门癌患者2人。1987年，省四院放疗专家到磁县开展放射治疗、培训工作。随后，放疗科医生先后分批次到省四院进修学习，作为当时邯郸域内唯一用于肿瘤高发现场的治疗手段，同时也填补邯郸域内肿瘤放疗领域的一项空白。1998年4月，磁县肿瘤医院购买山东省新华产7000居里钴60治疗机、模拟定位机，在治疗上更加准确规范，使该院的放疗水平进一步提升。

2008年10月更新直线加速器设备、2009年引进计算机适型放疗系统后，磁县肿瘤医院多种治疗方式联合应用，多种癌症三维放射精准治疗，更好地为患者服务，延长生命，降低死亡率。至2018年，共放射治疗食管癌患者439人、其他40人。手术后3年生存率45%以上。

药物治疗 一般对不适宜手术和放疗的肿瘤晚期患者适用。1970年3月，县医院开设肿瘤门诊，并研制出7014等7种复抗癌药品。仅5—6月就收治患者100多人。1971年研制出抗癌药品15种。根据县内外治疗经验，县卫生局先后两次印发治疗肿瘤的单验方60多个，基层医生分别用山葱、蜘蛛丸、自制415抗癌膏、皮癌净等治疗肿瘤。1973年，县食管癌防治办公室成立后，肿瘤药物临床治疗得到迅速发展。应用中草药、自制中成药、中西药并用等治疗食管癌。1973—1978年，应用中草药治疗食管癌700多例。生存3年、2年、1年以上者分别为52人、110人、240人。1990年后治愈7人。1991—2018年，治疗5000余例，5年生存率5%。

化学治疗 1984年8月，县肿瘤防治所成立化疗科，设病床30张。1988年改称肿瘤内科。化学治疗常用药物：丝裂霉素、平阳霉素、环磷酰胺、长春新碱、氟脲嘧啶、甲氨喋呤等。1996年，开展食管癌、贲门癌、胃癌、肺癌、肠癌等手术500余台。

2011年，磁县肿瘤医院内镜室开展内镜下黏膜切除术（EMR）、内镜下氩离子束凝固术（APC）。自此，该院普查中心检出的食管、胃高级别上皮内瘤变或原位癌、粘膜内癌不用送省四院进行内镜切除治疗，在该院内镜室即可进行EMR或APC治疗。2013年，该院医生到中日友好医院进修胸、腹腔镜技术后，手术创伤小，术后疼痛轻，对免疫功能、肺功能影响小，术后并发症少，患者体能恢复快。

2015年7月后，该院内镜室多名医生先后前往中国医学科学院肿瘤医院、河北省医科大学第四医院内镜中心学习内镜下黏膜剥离术（ESD）、多环套扎黏膜切除术（MBM）、射频消融术（RFA）等技术后，磁县内镜切除治疗技术在周边县（市、区）处于领先水平。是年，内镜切除手术100多台。患者花费少、损伤小、体力无影响，降低癌症发病率和死亡率。2016—2018年，治疗2.1万例，5年生存率15%。

上消化道癌前病变的低级别上皮内瘤变进行3个月、6个月、1年定期复查，同时服用增生平片等药物阻断癌变进程是提高上消化道癌生存率的有效方法。

第六章　卫生保健

第一节　妇女儿童保健

妇女病普查

1999—2005年，按照《河北省妇女常见病防治管理办法》要求，磁县妇幼保健所（简称“县妇幼所”）开展妇女常见病体检工作，负责县内城镇妇女每年、乡村妇女每两年进行一次妇女常见病体检和业务培训、技术指导、质量监督、资料收集和分析总结。为保障妇女病防治工作落实到位，县妇幼所选派医护人员下基层为全县企事业单位女职工和农村育龄妇女进行妇女常见病普查。项目有妇科检查、宫颈脱落细胞巴氏检查、子宫及附件B超检查、乳腺红外线扫描检查，并登记建册入档。2006年，县妇幼所落实市县民心工程，免费为全县农村妇女进行“两癌”（宫颈癌和乳腺癌）普查1000例。2008年后，该项目列为县民生工程。2013—2014年，为高发年龄段的农村妇女进行“两癌”免费普查。2015年，按照《邯郸市农村育龄妇女“两癌”免费筛查技术方案》要求，筛查县内30～60岁的农村妇女。2016年5月，与中国妇女发展基金会合作，开展超早期宫颈癌筛查项目。2013—2017年，妇女累计普查1.23万人。

2018年，妇女“两癌”筛查被纳入国家妇幼公共卫生项目，由省财政拨款。磁县被列为妇女“两癌”项目检查县，县内35～64周岁农村妇女，在4年时间内可享受一次免费宫颈癌（妇科检查、TCT检测、子宫及附件B超、组织病理学检查、阴道镜检查）和乳腺癌（触诊、彩超、钼靶）筛查。是年，全县筛查3487人。其中，查出宫颈癌4例、高级别宫颈肉瘤样病变3例、乳腺癌2例、妇科疾病1930例。

2018年磁县妇女病普查情况统计表

表31-6　　　　单位：人、%

数量	妇科病		乳腺病	
	病种名称	发病率	病种名称	发病率
3487	滴虫性阴道炎	2.86	乳腺增生	60
	外阴阴道假丝酵母菌病	0.61	乳腺导管扩张症	3
	细菌性阴道病	1.99	乳腺良性肿块	2
	粘液脓性宫颈炎	18.47	乳腺炎	1
	宫颈息肉	4.4	乳腺癌	0.04
	子宫肌瘤	14.38	—	—
	浸润癌	0.20	—	—

备注：普查人数——2013年2995人，2014年2204人，2015年1701人，2016年4952人，2017年1991人。未统计病种名称及发病率

孕产妇保健管理

2000年始，县内取消家庭接生。全县600名接生员转变为村妇幼保健员。县妇幼所对全县助产人员及乡（镇）妇幼医生进行保健知识强化培训。2004年后，建立健全县、乡、村三级医疗保健网络，每年两次对乡村两级妇幼医生培训。每月3日召开例会调度、督导及考核妇幼工作，实行统一管理，明确职责，做到以预防为主、防治

结合。减少孕产期合并症、并发症和难产发生率，降低孕产妇、围产儿死亡率。2008 年，孕产妇保健系统管理、产前检查、高危孕产妇筛查及专案管理、健康教育由妇保科负责，并开设孕妇学校和网络信息平台，提高孕产妇服务能力。2009 年至 2017 年 6 月，按要求对农村孕产妇住院实行分娩补助，共补助 5.54 万人次，补助金额 1850.86 万元。2017 年 7 月始，把符合条件的农村妇女住院分娩补助纳入城乡居民医保报销范围。2016 年始，全县孕产妇信息在县妇幼保健院登记编号，输入网络平台。全县孕产妇是年 7732 人次、2017 年 5377 人次、2018 年 5152 人次。

出生缺陷预防

1999 年后，县妇幼保健院按要求继续实施出生缺陷一级（婚前）、二级预防监测（孕期）。主要检查有无遗传性疾病和预防神经管缺陷。2002 年，开展三级预防监测（出生后），对新生儿“两病”（苯丙酮尿症、先天性甲状腺功能低下症）筛查，并汇总上报。2008 年，全县开展胎儿严重缺陷产前 B 超排畸。

2009 年，国家把预防神经管缺陷列为重大公共卫生项目开始实施，对孕前三个月和孕早期 3 个月免费发放叶酸。是年，磁县启动妇幼基本公共卫生项目，实施二级预防监测。全县实行孕产妇系统管理，为已建立孕产妇保健手册的孕妇免费开展孕早期（孕 13 周之前）血常规、尿常规、血型 ABO、肝肾功能检测。

2011 年 4 月，按照国家新生儿疾病筛查规范要求，开展新生儿听力筛查。2014 年 1 月，开展新生儿眼病筛查。2015 年，开展“艾梅乙”检测。

2016 年前，唐氏综合症检验属自愿自费。因县内医疗单位无资质，该业务由北京艾迪康检验公司承揽。2016 年，县妇幼院购置检验设备并开展该业务。

2017 年 7 月，唐氏综合症检验列为国家项目实施免费筛查。同时，与中国妇女基金联合会合作，开展孕期营养检测项目。

2016—2018 年磁县妇幼保健院出生缺陷三级预防监测情况统计表

表 31-7　　单位：人、瓶

项目 年份	婚前孕前				产前筛查 B 超排畸				新生儿筛查					
	婚检		发放叶酸		唐氏综合症		四维 B 超		“两病”		听力		眼病	
	人数	异常	人数	瓶数	人数	异常	人数	异常	人数	异常	人数	异常	人数	异常
2016	55	—	14860	61652	1296	48	3279	81	9328	3	4855	8	3736	154
2017	31	—	8198	35842	2086	106	2801	57	8195	8	3923	6	3794	154
2018	3574	165	9553	48385	3069	124	2644	88	6574	3	3005	5	3540	199

婚前检查

1999 年，县妇幼保健所设有婚检科、登记室、咨询室、主检室、男检室、女检室、化验室、放射科，配备相应检查设备。开展常规化验、透视、妇科、霉菌和淋菌涂片等多项检查，必要时做智商测定。2002 年，婚检工作实行主检医师负责制，负责审核男、女双方的体检结果，签发婚前医学检查证明，提出指导意见（可以结婚、暂缓结婚、不能结婚、可以结婚不能生育等）。全年婚检 3663 人，查出疾病和异常情况 758 人。2003 年，受“非典”影响和新《婚姻登记条例》颁布实施，县民政部门登记结婚时，不再查验婚前医学检查证明，婚前医学检查人数减少。全年婚检 1600 人，查出异常 318 人。2004 年，登记结婚不再强制婚检，婚检工作停滞。2016—2017 年，85 名服役军人参加婚检。2018 年，根据市卫生和计划生育委员会、市民政局、市财政局联合下发的《关于开展免费婚前医学检验、婚姻登记、孕前优生检查试点工作的实施方案》和县政府办公室《关于开展免费婚前检查和婚姻登记一站式服务工作的实施方案的通知》要求，推行免费婚

前医学检查和婚姻登记一站式服务。免费婚前医学检查和婚姻登记在磁县妇幼保健院合署办公，全县结婚人数4908人，婚检3574人，婚检率72.8%。发现异常情况165人。其中，传染疾病97人，严重遗传疾病6人，精神疾病13人，生殖系统疾病29人，内科疾病20人，疾病发生率4.61%。

儿童保健

儿童医院　2014年3月，县妇幼保健院向上级申请增设"磁县儿童医院"为该院第二名称。5月15日，市卫生局批准，6月1日挂牌运营。2016年5月12日，磁县儿童医院迁至朝阳南大街16号，开展儿科、中医儿科、儿保科常见病、多发病、眼保健和口腔保健等多项业务。被指定为磁县儿童康复救助定点机构，成为省儿童医院联盟单位、河北省儿童先天性心脏病筛查中心、先天性结构畸形救助项目协作医院、河北省中医医联体儿童康复联盟单位。

儿童保健概况　1999年，县妇幼所设立保健科，负责全县0～6岁儿童保健工作。在全县开展预防儿童常见病、多发病知识宣传的同时，实行"421"儿童体检制（出生后第1年每3个月体检1次共4次，1～3岁每半年体检1次每年2次，3岁后每年1次），预防小儿四病（佝偻病、贫血、肺炎、腹泻），使全县婴幼儿死亡率明显降低。组织托幼机构工作人员上岗前健康检查及定期体检。儿童入托体检，体检率100%。协助指导幼儿园保健教师进行集聚儿童的管理。每季度至少1次到幼儿园进行卫生保健指导。2009年，设立儿保科，承担全县0～6岁儿童系统管理和儿童健康管理，负责主城区儿童在园和小学生入学年度体检、幼儿园在职幼师体检、基层儿童保健工作督导、残疾筛查诊断、接受转诊、新生儿听力和视力筛查、儿童康复、儿童眼保健、口腔保健、儿童生长发育监测、儿童营养指导等儿童保健业务，形成多层次、长效的生长发育监测与健康管理服务链，数据建册存档。

2011年始，每年对主城区幼儿园3～6岁幼儿进行体检。体检项目包括视力异常、龋齿、扁桃体肥大、贫血、先天性心脏病等10项。

2018年，体检8632人次。其中，视力异常966人，龋齿3996人，贫血431人，先天性心脏病1人。

2011—2018年磁县主城区幼儿园3～6岁幼儿体检情况统计表

表31-8　　单位：人

年份	体检人数	视力异常	龋齿	肋外	鸡胸	贫血	扁桃体大	肥胖	矮小	低体重	先心病
2011	6303	112	2278	38	321	369	219	142	87	34	2
2012	6599	231	2614	46	297	428	413	112	69	28	1
2013	6745	212	2597	51	315	364	372	153	54	27	0
2014	6633	126	2647	46	426	589	458	147	39	19	3
2015	7601	1078	2642	67	281	691	359	120	42	25	1
2016	8123	1340	4081	441	246	624	462	118	38	24	1
2017	7622	1172	3657	47	482	495	987	122	66	30	2
2018	8632	966	3996	45	315	431	473	108	86	33	1

儿童康复

2013年后，县妇幼保健院儿童保健科开展儿童康复业务，配备医师、康复治疗师、护士共15人。有经颅磁治疗仪、生物反馈、经络导平治疗仪、低频脉冲治疗仪、听觉统合治疗仪、注意力与多动症训练系统、速肌力训练系统、婴幼儿高压氧舱等先进设备，采用针灸、穴位注射、捏脊、推拿、PT、OT、ST、物理因子加感统综合训练和引导式教育等方法。对发育落后、小儿脑瘫、孤独症、智力障碍、多动症、抽动症、注意力缺陷、感觉综合失调、缺血缺氧性脑病、脊髓炎、脑炎及外伤等后遗症的儿童进行康复，并上门技术指导精准康复。2013 年 4 月至 2018 年 12 月，累计康复 6586 人次。其中，993 名异常儿住院康复治疗。

第二节　公共卫生

公共卫生活动

1999 年，全县开展净化、绿化、美化环境工作，尤其注重改造机关食堂和营业饭店及增建、改建公共厕所。是年，被评为省级卫生文明县城。2003 年后，磁县逐步加强创建工作，加大基础设施投入，县城面貌发生显著变化。

2006 年后，加强城乡环境卫生整治。在县城环境卫生整治中，出动 5000 余人、垃圾清运车 50 余辆，清扫路面 30 余千米，清运垃圾 10 余吨。以生态文明村创建为龙头，开展“七乱”（垃圾乱倒、粪土乱堆、柴草乱垛、污水乱流、畜禽乱跑、广告乱贴、违章乱建）治理为重点的春季爱国卫生运动，净化村容村貌，规范村镇管理。

2010 年后，全面提升城乡环境卫生整体水平。在县城，开展卫生单位、卫生社区创建活动，彻底清除整治院内外、室内外环境卫生。在农村，组织各乡（镇）、村开展卫生乡（镇）、卫生村创建活动，全面整治环境卫生，清理积存垃圾和卫生死角，建立卫生管理长效机制。

2015 年后，城乡环境卫生整洁行动与美丽乡村打造形成一体化。各乡（镇）成立美丽乡村（社区）建设办公室和垃圾清运专业队；各村（社区）建立保洁队伍，完善垃圾池、垃圾箱、垃圾清运车、清扫工具、垃圾填埋场等环卫基础设施，使环境卫生整治实现常态化。

2017 年后，以爱国卫生月为契机，在全县开展全面扫除、清理、擦洗活动，集中整治城乡环境死角死面。出动 10 万余人次、垃圾清运车 1000 余辆，清理卫生死角 5000 处，清运垃圾 1000 余吨。城乡面貌焕然一新。

公共卫生应急事件

“非典”疫情　2003 年 4 月，国内多地发生“非典”疫情后，磁县按照“沉着应对、措施果断，依靠科学、有效防治，加强合作、完善机制”工作方针，迅速成立非典型肺炎防治工作领导小组和专家小组，加强全县“非典”防治领导和技术指导工作。组织县直单位干部进驻各村，加强对外出返乡及外来人员排查工作。2003 年 5 月 6 日，县内发现首例“非典”疑似病例。立即启动应急处置预案，根据病人活动、就医情况设立 3 个排查组，寻找其接触者并进行医学观察。由于措施得力，没有造成疫情扩散、交叉感染发生。做到对返乡、外出、过往车辆和复课学生监控、留观、体检、消毒 7 个百分之百，实现“五个零指标”（“非典”原发二代零感染、医务人员零感染、学校师生零感染、接触者流调零漏调、发热病人零漏报）的良好成效。“非典”过后，建立长效工作机制和县、乡、村三级疫情监测报告体系。投资 50 余万元，为各乡（镇）疾控站统一配备微机、传真机和疫情专报电话。落实乡（镇）、村两级疫情报告员、协调员的待遇，解决他们的后顾之忧。同时，投资 200 余万元，购置储备足够的应急消毒、救治药械和防护设施。于 9 月 1 日进入卫生系统“非典”疫情应急防控准备状态，实行疫情“日报零报”和网络直报及入院前测温分诊制度。建立和完善医院控制感染组织体系和各项管理措施。2003 年年底，全县 20 个疾控站、390 个疾控所和县医院发热门诊及各医疗单位的发热初诊室全部处于预警状态。有效监督重点行业、重点部位防控，医疗救治、流调、消毒等应急队伍培训、演练到位，应急队伍和值班人员 24 小时在岗在位。一旦疫情发生，能够在 2 小时内赶赴现场，迅速处置，有效控制疫情的发生。

西光禄镇甲肝疫情　2008 年 10 月 7 日，西光禄镇西光禄村出现首例甲肝病例，至 12 月 4 日报告最后 1 例甲肝病例，西光禄镇共有 44 例，分布在 5 个村：西光禄 22 例，东光禄 11 例，曲沟 8 例，李家岗 2 例，溢泉 1 例。年龄在 2 ～ 17 岁之间，主要为 2 ～ 11 岁儿童（占 93%）。除 3 例为居家儿童外，其他为幼儿园、学校在校生。经流行病学调

查分析，此次甲肝疫情排除饮水或食物传播，为人与人之间密切接触传播。对甲肝病人隔离治疗，家庭消毒，生活饮用水消毒；幼儿园停课，学校加强甲肝疫情监测，进行晨午检，定期消毒，加强食品卫生管理；全镇开展甲肝防治知识宣传，开展应急预防接种，共接种甲肝疫苗3.03万人份。自12月4日报告最后1例算起，经甲肝最长潜伏期45天无新发病例，这次疫情达到有效控制。此次疫情共造成直接经济损失219万元。其中，医疗救治27万元，疾病预防控制192万元；间接损失28万余元。

磁县朝阳学校学生食物中毒事件　2012年9月26日，磁县朝阳学校55名学生食物中毒。县政府领导立即赶到现场，安排县疾控中心立即组织流行病学和检验人员进行采样调查，及时查明原因并报告。采取预防控制措施，使事态得到及时控制，避免疫情扩散。此次食物中毒为一般突发公共卫生事件。造成直接经济损失3.5万元、间接经济损失5万元，无死亡病例。

西部山区特大暴雨事件　2016年7月19日，磁县山区遭遇特大暴雨洪灾。为做到大灾之后无大疫，磁县疾控中心迅速开展灾区卫生防疫工作，最大限度保障灾区人民身体健康。1个多月里，累计出动卫生应急人员2771人次，发放消毒药品6157千克、杀虫剂1680瓶，消毒面积891.8万平方米，消杀厕所7.61万个次、垃圾点4215个次，消毒水窖3.38万个；累计发放宣传单5万余份，宣教7.39万人次。加强疾病监测，实行日报零报制度。历时1月，经过各单位共同努力，实现大灾之后无大疫目标。灾情结束后，收集总结救灾防病经验，编印彩色画册1套，积累防疫灭病资料。

公共卫生服务项目

基本公共卫生服务项目　2009年，国家基本公共卫生服务项目启动9项内容，在基层医疗卫生机构普遍开展。2010年，磁县启动国家基本公共卫生服务项目，县内常住人口享受国家基本公共卫生服务。服务单位为县中医院、县妇幼保健院、乡(镇)卫生院、村卫生所。2012年，由9项增至10项。2014年，由10项增至11项。2016年，增至12项。至2018年，基本公共卫生服务项目增至14项：城乡居民健康档案管理、健康教育、预防接种、0～6岁儿童健康管理、孕产妇健康管理、老年人健康管理、慢性病患者健康管理、严重精神障碍患者管理、传染病及突发公共卫生事件报告和处理服务、卫生监督协管服务、肺结核患者健康管理、中医药健康管理、免费提供避孕药具、健康素养促进行动。其间，基本公共卫生服务项目所规定的服务内容由国家免费提供。

2018年，基本公共卫生服务经费由2009年人均补助标准15元增至55元。是年，为42.22万人建立居民健康档案，建档率97.8%；电子建档41.68万份，建档率96.5%。

重大公共卫生服务项目

补叶酸预防神经管缺陷项目　2009年启动实施，执行单位是县妇幼保健院，是重大出生缺陷首要干预目标任务。利用县乡村三级妇幼保健网络加强管理，畅通妇幼保健院（保健部、婚检科）→乡镇卫生院（妇幼医生）→村卫生所（保健员）→目标人群（备孕育龄妇女孕前3个月和孕后3个月免费发放叶酸片）管理渠道，并加大宣传力度，强化服用意识，使全县目标人群增补叶酸知识知晓率和服用率由2009年60%增至2018年90%以上。2017年停拨资金，改由县执行管理单位领取并下发叶酸片。

农村孕产妇住院分娩补助项目　2009年启动实施，执行单位是县妇幼保健院。户籍在县内的农村孕产妇住院分娩，根据参加新型农村合作医疗和家庭贫困程度给予不同程度的补助。2009年至2017年6月，共补助5.54万人次，补助金额1850.86万元。2017年7月后，该项目纳入城乡居民医保报销范围。

艾滋病防治项目　2014年启动实施，执行单位是县疾控中心。每季度免费对高危人员进行采血和艾滋病抗体筛查，加强高危行为干预工作。每月两次对高危场所通过发放宣传品、讲解艾滋病防治知识以及咨询等形式对高危人群进行干预。通过项目实施，至2018年，艾滋病处于低流行状态。

结核病防治项目　2014年启动实施，执行单位是县疾控中心。推行“三位一体”工作模式，对全县接诊疑似肺结核患者、新涂阳病人、确诊肺结核患者现场追踪1296人次。对阳性患者家属开展免费检查。至2018年，累计免费拍片8141人次、免费痰检1.02万人次。开展结核痰菌培养，管理活动性肺结核病人1248例，系统管理率100%；综合医疗机构报告率和转诊率100%；病人家属筛查率100%。

慢性病监测报告项目　2014年启动实施，执行单位是县疾控中心。开展高血压、糖尿病、肿瘤等疾病防治宣传活动，创建心脑血管事件监测报告项目。至2018年，各医疗机构累计规范、及时报告心脑血管事件卡片6930张；创建死因监测报告项目，各医疗机构累计规范、及时报告死因卡片1.53万张。2016年、2018年开展中国成年人慢性病与营养监测调查。通过两个阶段监测调查，掌握磁县山区居民主要慢性病、营养指标现状，为制订和实施慢性病防控与营养改善策略和措施、评价防控效果提供有效依据。

地寄病防治项目　2014年启动实施，执行单位是县疾控中心。地寄病防治项目属疟疾防治项目。至2018年，全县各医疗机构累计制作血片163张，县疾控中心复核血片53张，未发现本地病例。此外，掌握全县人群碘营养状况，引导做好科学补碘。

产前艾滋病、梅毒、乙肝筛查预防母婴传播服务项目　2015年启动实施，执行单位是县妇幼保健院。在磁县妇幼保健院建立母子保健手册的孕早期(12周)的孕妇实行免费筛查。2015—2018年，累计检测3.27万人次，检测率98%。

农村妇女“两癌”(宫颈癌、乳腺癌)普查项目　2016年启动实施，执行单位是县妇幼保健院。2018年11月27日重新定位。对县内35～64岁农村妇女进行“两癌”免费筛查，检查内容有TCT检测、乳腺和子宫B超、妇科检查。至2018年年底，筛查1954人。

农村癌症早诊早治项目　2005年启动实施。食管癌内镜筛查人群为全县40～69岁居民，每年完成筛查人数为2500例左右，并对上消化道癌前病变和癌症实行“早诊早治”。对食管重度增生和胃的高级别瘤变的病患精准治疗；不能实施食管重度增生和胃的高级别瘤变、中度增生和胃低级别瘤变进行6个月、1年、2年的随访复查；筛查出的癌症按照病理和医技检查的结果分别对症治疗、预后康复。

农村改厕

1999年，县内改善农村人居环境中以改厕为重点。农村改厕试点村有磁州镇北来村、尹家桥村，改建成双瓮漏斗式厕所。2005年，加强农村厕所改造工作，在磁州镇朱庄、辛庄营乡北豆公、西光禄镇曲沟、讲武城镇刘庄村4个村改造卫生厕所400座，2008年，花官营乡闫浅村改厕400座。2011年，林坛镇军营村改厕300座、杨洼村改厕450座、西固义乡东固义村改厕300座、西固义村改厕450座。2016年改造厕所5729座。分别是林坛镇林坛村714座，花官营乡兴小营村365座，高臾镇阿庄村123座、十里铺村592座，讲武城镇前港村225座、八里冢村75座、北白道村794座，时村营乡西小屋村637座、牛尾岗村324座，北贾璧乡北贾璧村1355座，白土镇吴家河村103座，陶泉乡辉水村120座。2018年，推行现场制作一体式三格化粪池为主、双翁和完整下水道为辅的改厕模式。年初在磁州镇、讲武城镇12个村改造厕所3000座。至12月底，全县共改造农村厕所1.89万座。

除“四害”

1999年起，县内每年夏季成立临时消杀服务队，对县城各机关、企业、学校、饮食场所的蚊、蝇、鼠、蟑螂等害虫进行捕杀。同时，还对下水道、公厕、护城河、垃圾点喷洒药物，消杀蚊蝇。每年春、秋两季对城乡的老鼠进行两次杀灭，控制鼠害。2006年，成立磁县消杀灭协会加强组织协调力量。病媒生物防制工作坚持以环境治理为主、药物防制为辅的综合防制原则，加大重点行业、重点场所、重点部位的消杀力度。每年在春夏两季组织专业消杀队伍，对县城的公厕、垃圾点、公共水域、绿化带等“四害”滋生场所进行循环杀灭。筹集5.6万元购进国家指定慢性鼠药和粘鼠板投用后，全县农村的鼠密度由12%降至2%，城镇的鼠密度降到1%，顺利通过市检查验收。2007年，为达到防病保粮效果，100余个单位、1000余户居民接受服务，售药300余千克，有效降低蚊蝇密度，减少传染病发生，保障全县人民身体健康。2017年，病媒生物防治继

续采取环境卫生整治与药物防制相结合的方法，组织专业队伍，分两组对县城绿化带、公厕、垃圾点、中转站、护城河等地循环消杀，鼠、蚊、蝇、蟑螂密度控制在国家规定标准内。保障民众身体健康和生命财产安全。

第三节　红十字会

机构

磁县红十字会成立于1990年9月1日，首任名誉会长由县政府副县长兼任，会长由县卫生局局长兼任，办公地址设在磁县卫生局。1999—2018年，县红十字会常务副会长由历任县卫生局局长兼任。2018年，基层红十字会组织22个，会员2215人，红十字志愿者500人。

社会服务

2006年6月10日，全县红十字会会员积极参加造血干细胞志愿捐献者血样采集活动。县红十字会常务副会长带头填写捐献志愿书。在各级领导的带动下，是年完成血样采集340余人。2011年，县人民医院医生陈淑刚1年捐献“造血干细胞”2次，救治白血病患者1名。2014年、2015年，磁州中心卫生院医生张超、李新明捐献造血干细胞。2006年河北省建立“中华骨髓库”河北分库后，至2018年，全县有1400余名干部职工的“造血干细胞”入库。

救灾捐助

救灾　1996年8月3—6日，磁县发生洪涝灾害。10月25日，县红十字会接受邯郸市红十字会转交的中国台湾红十字组织、国际联合会捐赠的漂白粉1吨、优氯净10箱。1997年2月4日，中国香港红十字会捐赠棉被200条。4月3日，国际联合会捐赠面粉2025千克、大米1600千克。县红十字会及时分发到灾民手中。

2000年7月3—6日，磁县受到暴风雨袭击，造成重大经济损失。县红十字会及时调查了解灾情，在上报上级红十字会的同时开展自救互救，先后派6支医疗队奔赴重灾区，协助灾民救灾、防病、灭病。

2003年，在抗击“非典”疫情中，县红十字会及时发出《关于开展全县抗击“非典”自愿募捐献爱心活动的倡议书》，动员全社会力量支援抗击“非典”斗争。其后把收到的69.2万元捐款转赠县政府，有力支援抗击“非典”斗争。2004年6月20日，县内部分乡（镇）遭受严重的风雹灾害。灾情发生后，市红十字会副会长率救助小组赴西光禄镇李家岗村将4.3万元的救灾物资送到灾民手中。

2005年1月，国家、省、市红十字会携带价值5万元的救助慰问物资250份（每份包括大米50袋、羽绒服和棉被各1件、糖果、春联等），专程到路村营乡南郭村进行慰问救助。

2016年1月15日，河北省2016年“红十字博爱送万家”活动启动仪式在邯郸举行后，省、市红十字会领导到韩金银等5户特困群众家中进行慰问，送去救助物资。

2016年“7·19”洪灾发生后，县红十字会接受社会捐款21.27万元。全部发放到陶泉、北贾壁、白土、都党、观台镇5个乡（镇），用于抢险救灾及重建家园。

捐助　1997年，省内北部地区旱情严重时，捐赠517元；1998年1月10日张北县发生强烈地震后，县红十字会援助1000元；此外，为下岗职工献爱心捐款8000余元，救助38户特困户款物6900元。

1998年10月9日捐赠衣物222件，转交市红十字会援助长江、嫩江灾区。

2002年，县红十字会系统为白血病患者捐款2万余元。

2004年9月27日，在全市红十字会开展的“捐一元善款为灾民解难”募捐活动中，县红十字会募集3200元，名列全市之首。

2005年1月，县红十字会为印度洋地区地震及海啸灾民捐款3.1万元，被评为全市“红十字系统海啸募捐工作先进集体”。此外，还向社会募捐2980元、爱心助残捐款1.1万元。

2005年第58个世界红十字日期间，县红十字会为白血病患者西固义乡韩庄村学生韩晓卿捐款1000元，帮助他治病。

2006年9月30日，省红十字会、河北省医科大学第一医院专家到磁县为20多名先天性心脏病儿童义诊，解决他们看病难的实际困难。磁州镇北开河村郭晓宇、郭旦通过县红十字会申请救助，得到河北省农村特困儿童医疗救助基金的救助，省红十字会和河北省医科大学第一医院免费为其姐弟俩做先天性心脏病手术，并将康复后的姐弟俩及家属送回家，患者家属向河北省医科大学第一医院赠送两面锦旗。

为使更多的农村特困儿童得到及时的医疗救助，2007年，县红十字会在县电视台播发红十字救助信息广告，宣传申请救助程序和办法。先后救助7名先天性心脏病特困患儿，救助资金19.1万元，进行手术治疗。

2008年“汶川地震”发生后，县红十字会把接受的27.14万元捐款及时送达灾区。2010年，为青海玉树震区募捐12.11万元。2015年，救助磁县籍贫困中小学生100余人、救助资金4.18万元。

2010—2018年，县红十字会组织开展“博爱送万家”活动。累计捐款279.03万元、救助3996个贫困户。其中，仅2018年，救助大病患者92人、儿童先天性心脏病患者3人、儿童白血病患者2人，捐助12.33万元。

无偿献血

1999年，县红十字会被省红十字会评为“全省无偿献血先进单位”。是年，县电视台在《磁州新闻》《卫生与健康》栏目播出无偿献血专题节目，提高公民无偿献血的积极性。2003年后，在县城繁华街道设立流动采血站。磁县六合工业公司组织职工无偿献血，连续7年超额完成献血指标，在市血源紧张的情况下，完成应急调血任务。2004年10月18日，为纪念《中华人民共和国献血法》实施6周年，市献血办公室、市中心血站联合主办的邯郸市“无偿献血千里行”大型宣传活动在博物馆广场举办，散发宣传资料5000余份。64人当场无偿献血，献血量达2.36万毫升。2002—2018年，县内无偿献血人数2.79万人，献血量1069.84万毫升。

献血（2015年12月4日 摄）

2002—2018年磁县无偿献血情况统计表

表31-9　　　　单位：人、毫升

年份	人数	献血量
2002	1246	250280
2003	1119	224080
2004	778	307270
2005	720	283590
2006	714	285600
2007	856	342400
2008	871	348400
2009	1225	490000
2010	1192	476800
2011	1738	695200
2012	1871	748400
2013	2253	901200
2014	2350	940000
2015	2192	876800
2016	2801	1120400
2017	2796	1118400
2018	3224	1289600
合计	27946	10698420

第七章　医政管理

第一节　医疗管理

服务管理

1999年，按照《中华人民共和国执业医师法》要求，在全县整顿社会办医，规范医疗机构注册和医疗服务活动。2002年，加强重点专科建设，开展创建“百佳医院”“爱婴医院”活动。县人民医院被评为全市首批“百佳医院”“爱婴医院”。2009年，县卫生局规范甲流的诊治流程，重点加强对定点医院和后备医院的医疗质量管理和院内感染控制工作指导。结合医院管理年、百日安全专项检查、医疗质量万里行活动，县卫生局对全县各医疗机构医疗安全和医院感染控制进行检查，共出动人员60余人次、车15辆次。

2010年，强化县、乡（镇）急救网络建设，对乡(镇)、村级技术人员进行急救培训，提高急救能力。并做好应对各类传染病疫情和其他突发公共事件的医疗救治准备和处置。2011年，落实《护士条例》《卫生部关于加强医院临床护理工作的通知》要求，完善护理工作规章制度、疾病护理常规和护理服务规范、标准，改善护理服务，加强护理管理。从各医院选派优秀护理人员参加省优质护理培训会。在县级医院各选择2个病区试点开展优质护理活动。通过在二级医院建立临床输血管理委员会，开展临床用血的教育、培训和检查活动，进一步规范临床用血管理，促进临床科学、合理用血，保障临床用血安全。健全完善医疗投诉机制及医疗纠纷事故预防预案，有效减少医闹现象。

2012年，县人民医院率先在县内推出门诊挂号“一卡通”新模式。2016年，按照帮扶协议要求，县级医院对分包乡（镇）卫生院开展卫生技术人员培训、赠送医疗设备活动。先后培训120余人，帮扶资金25万元、捐赠设备7台（件）。2017年2月下旬，在全县开展为期1个月的专项整顿活动，重点抽查4家县级医院及部分乡（镇）卫生院院感、毒麻药品、临床用血、核心制度、医疗文书书写等重点工作。2018年，先后3次对县级医疗单位优质护理、临床用血、核心制度、合理用药、院内感染、毒麻药品等工作进行督导检查。对乡（镇）卫生院医疗文书书写、核心制度落实、院内感染、技术操作规范等内容抽查，合格率达100%。

质量管理

1999—2000年，全县开展乡村行医正规化建设，建成一批标准化乡（镇）卫生院和村卫生所。开展基层卫生人员培训，对村卫生所实行“大输液”许可制度（村卫生所进行输液治疗需经过批准）。2001—2004年，在全县开展质量效益年活动，加强医疗质量监督检查，重点是临床用血、产科、合理用药、病历书写等方面，促进提高医疗质量。2005年，建立主要医疗质量监控指标评价体系，就评价指标的内容、要求、信息统计、公示等做出明确规定。2007年9月，县卫生局印发《关于进一步做好医疗纠纷和医疗事故防范处理工作的通知》，清理整顿乡（镇）卫生院诊疗技术服务项目：卫生院未经批准擅自扩大诊疗科目；使用非卫生技术人员从事医疗技术工作；卫生技术人员超范围行医；私招乱聘卫生技术人员，不按规定报批和办理执业注册；违反《医师外出会诊管理暂行规定》行为；不具备条件擅自开展较大手术或急救项目、违规开展助产技术服务和剖腹产手术等行为。通过整顿，卫生院诊疗活动日趋规范。2008年，全县医疗系统开展教育培训，先后培训卫生院院长和技术人员404人次，乡村医生1560人次。加强毒麻药品和临床用血、抗菌药物临床应用督查，保障临床用血和药物使用安全。2009年，建立医疗服务行为和医疗质量信息监测和预警制度，对可能发生的医疗服务、质量问题及时发现、及时解决，有效避免医疗隐患。通过对医疗服务行为和医疗质量监测，及时发现并妥善处置医疗纠纷3起。

2011年5月1日起，县级医疗单位成立矛盾纠纷处理接待室，明确专人负责接待处理工作。同时，以贯彻《河北省医疗机构不良执行行为记分管理办法（试行）》为契机，建立医疗机构不良执行行为记分管理制度，健全医疗机构日常监督管理和不良执行行为记分档案、台账和公示制度，有效保障医疗安全。2012年，以落实卫生部开展全国“医疗质量万里行”活动要求为载体，完善医疗质量安全控制制度、医疗管理评价体系和评价制度，推行主诊医生负责制，规范医院临床检查、诊断、治疗、使用药物和介入类医疗器械行为。以食管癌等6个病种为试点，开展临床路径管理。2015年，对严控院内感染、规范病历书写、加强临床用血管理、毒麻药品管理、规范医疗废物及污水处理、合理用药、诊疗规范及技术注入、依法执业等10个方面做出明确规定。规范各乡（镇）卫生院的诊疗科目、床位数量、科室设置、人员配备等工作，明确乡（镇）卫生院对村卫生室和乡医进行技术指导、药品和器械配送管理及绩效考核职责。开展创建“群众满意的乡（镇）卫生院”活动，建设布局合理、流程科学、功能完善、辅助设施齐全、院内环境整洁的卫生院。加强医疗质量管理，规范医疗行为，有效提高基本医疗服务。辛庄营乡卫生院、磁州中心卫生院顺利通过上级卫生计生部门验收。其中，磁州中心卫生院被市卫计委推荐为国家级创建单位，代表邯郸市接受并通过国家卫计委验收评审。2018年，继续实施医疗质量和医疗安全核心制度，推行首诊负责、三级医师查房、疑难病例会诊等有效做法，对照《病历书写基本规范》《手术安全核对制度》要求，逐项落实到位，保障医疗质量和医疗安全。

药品管理

1999年，药品管理职能移交县药品监督管理局，县卫生局负责行业业务管理。县级医疗机构健全药事管理委员会，完善临床用药质量管理；各乡（镇）卫生院健全药品管理领导小组，明确专兼职主管人员，保障临床用药安全。2004年后，县公立医疗卫生机构通过河北省医药集中采购平台统一实行网上药品阳光采购。省平台对药品目录、价格、配送企业统一招标，负责药品生产企业、配送企业资质审核。2017年11月1日起，县级公立医疗机构在药品采购中实行“两票制”，即药品生产企业到流通企业开1次发票，流通企业到医疗机构开1次发票。有效压缩药品流通环节，使中间加价透明化，改变药品价格虚高现象，减轻群众用药负担。2018年6月21日，磁县制订《关于改革完善短缺药品保障机制的实施方案》，按照“分级应对、分类管理、会商联动、保障供应”原则，完善短缺药品供应保障体系和机制。监控重点药品，每月进行双排序，开展处方点评。各医疗卫生单位的重点监控药品管理组织根据《医院处方点评管理规范（试行)》要求，结合本单位的“双排序、双公示、双监控”工作，将重点监控药品纳入专项点评范畴。提高短缺药品供应保障能力，满足医疗机构临床用药需求，解决群众用药问题。

集中采购

1999年，药品管理职能移交县药品监督管理局，县卫生局负责行业业务管理。2003年，县内率先在较大医院开展药品集中招标采购。招标品种350种、金额292万元，占医院购药总额86%，让利患者32万元。至2006年，县级医院临床使用招标药品达90%以上。癌症普查中心价值160万元的设备采取政府招标采购，卫生所标准化建设、新农合管理中心所需32万元设备进行集中竞价采购。2010年10月16日始，县公立医疗单位药品实行网上采购。按照省政府《关于基层医药卫生体制综合改革试点的实施意见》，由政府集中采购、统一配送，在药品采购价格整体降低的基础上，基层医疗机构取消15%的药品差价，最大限度让利于民。2014年，根据《医疗卫生机构药品集中采购工作规范》等有关要求，对各级各类医疗卫生机构药品集中采购工作进行监督管理，规范药品采购行为。除有明确规定的药品外，各级各类医疗卫生机构实行药品网上采购，不得进行线下交易。乡（镇）卫生院（含村卫生所）基本药物采购占比达采购额80%以上，二级医疗机构基本药物采购占比达采购额30%以上。基本药物及时入库率达90%以上。至2015年，县公立医疗机构实行药品集中采购，每家医院为一单独采购用户，基层医疗卫生机构实行集中管理。至2018年，县内医疗机构加强药品集中采购管理，规范采购程序，完善各医疗机构药事管理组织的工作职能，做到优先配备使用基本药物。

第二节　卫生监督

学校卫生监督

1999年，磁县卫生防疫站负责学校卫生监督工作，对全县中小学校建立卫生管理档案。此后，每年开展一次学生健康体检，及时掌握学生生长发育的健康状况，掌握学生常见病、传染病、地方病动态；并制订防治计划。建立健全各项卫生管理制度，加强学生健康教育，对学校卫生工作进行技术指导，保障学校师生身体健康和生命安全。2004年，卫生监督体制改革，学校卫生监管改由磁县卫生监督所负责。此后，每年对教室人均面积、环境噪声、室内微小气候、采光、照明等环境卫生质量、生活饮用水水质监测1次，发现问题及时出具卫生监督意见书，通报县教育行政部门，督促学校落实整改措施，保障师生身体健康。2018年，对全县80家教学机构进行卫生监督指导。

生活饮用水卫生监督

1999年后，每年对生活饮用水供应工作进行两次卫生检查，主要检查内容是水源防护、供水人员健康状况、水质检验等，检查结果均为合格。2015年，新建磁县南水北调水厂，水源为南水北调地表水，通过“过滤—沉淀—消毒”进入供水管网。2016年7月19日，磁县发生特大洪灾，饮用水卫生救灾队全面开展饮用水卫生和消毒防疫的巡查工作。对陶泉乡、北贾璧乡、都党乡、白土镇、黄沙镇、观台镇6个重点受灾乡（镇）逐村逐户进行巡查。累计巡查103个村、3.54万户、54个供水点、3.38万个水窖和储水池。快速检测水样9186个，组织卫生防病知识培训14场，发放宣传单1.7万份，卫生宣传1.97万人次。2018年，对全县175家供水单位逐一检查。抽检1000余用水户水源头、末端水样500余份，开展饮水快速检测350次，合格率均达100%。

职业卫生监督

1999年后，县卫生防疫站设立劳动卫生科负责劳动卫生监管。依据《职业病防治条例》等法规要求，对全县国有企业、乡（镇）企业和民营企业尘毒危害和职业病体检等实施监督监测。每年开展1次生产环境尘毒监测和接害人员职业体检。2004年改由县卫生监督所负责监管。至2011年，磁县有接尘接害企业64家。累计开展预防职业病健康体检和职业卫生培训5000余人，职业卫生建档率和健康监护建档率95%以上。每年检查1次，累计监督检查500余户次。对未正确使用和配备劳动防护用品、健康档案不规范、职业病防治制度不完善等企业，现场下达责令限期改正通知书100余份，有效预防和控制职业病发生。

2011年，《中华人民共和国职业病防治法》修改后，职业病防治监管移交磁县安监局。县卫生监督机构依法对未取得职业卫生服务资质医疗机构进行监管。2011—2018年，每年对取得职业病体检资质的县人民医院、县肿瘤医院进行1次检查，重点检查质量管理体系文件、设施设备和专业技术人员数量、职称、工作经历、工作能力等是否满足《国家安全监管总局关于印发职业卫生技术服务机构资质认可条件评审项目标准及认可工作程序的通知》要求。督促指导医院加强内部管理，依法规范执业，保护劳动者健康权益。

2018年，组织卫生监督人员对全县部分化工企业检查指导职业病防治工作，督促企业建立职业病管理组织、完善相关制度、主动开展职业病危害项目申报、危害因素检测，加强接害劳动者培训防护及体检工作。针对检查的40家企业中部分企业存在的未系统申报、未定期检测、档案资料不完整、员工防护用品佩戴不到位等20多个问题提出整改意见，保障职工健康权益。

医疗卫生监督

1999—2003年，医疗卫生监管由县卫生防疫站负责。2004—2016年改由县卫生监督所负责。此间，累计对全县1467家医疗机构监督2万户次，下达卫生监督意见书1000余份。2016年，磁县区划调整后，全县医疗机构剩769家。2017年后，在全县相继开展打击非法行医、整顿医疗美容、医疗欺诈等专项行动。先后查处超范围行医104家，取缔无证行医17家、使用非卫生技术人员52家，没收不规范牌匾28块，规范非法发布医疗广告的医疗机构2家，拆除违法医疗户外广告 30 块，没收药品、器械 35 台（件），罚款 20 余万元。

食品卫生监督

1999—2003 年，县卫生防疫站负责食品卫生监督工作，每年元旦、春节、国庆、中秋等节日期间对食品加工、销售和餐饮等进行集中整治。2004 年，县食品卫生监督改由县卫生监督所负责。2004—2007 年，对全县 1900 家食品加工、销售、餐饮、摊贩、小作坊进行卫生监督指导，先后出动执法人员 5000 余人次、检查万余户次。2008—2010 年，食品卫生分段监管。县卫生监督所负责餐饮方面的食品安全监管。每年对县内 500 余家餐饮单位检查 2 ～ 4 次，累计检查 5000 余户次。每年元旦、春节、中秋、国庆等节日期间，开展餐饮卫生专项检查，重点检查餐具消毒、从业人员健康状况、“三防”（防蝇、防鼠、防尘）措施、生熟分离、冷藏设备卫生等情况。对存在问题的单位下达责令整改通知书 500 余份，限期整改到位，保障就餐安全。

2011 年，食品卫生监管职能划归磁县食品药品监督管理局后，对全县餐饮单位调查摸底，建立餐饮单位信息数据库：大中型饭店 21 家、餐馆 430 家、学校食堂 39 家、建筑工地食堂 9 家、集体食堂 24 家。此后，严把餐饮单位市场准入关。2011 年受理、发放餐饮许可证 162 家。2018 年，食品监管步入常态化管理，以“三提升”（食品质量安全提升、农村食品安全提升、餐饮质量安全提升）为主线，持续开展学校食堂、油条铝含量超标、网络餐饮服务、“五毛食品”、亚硝酸盐、白酒等隐患排查专项整治行动。行动中，行政立案 106 起，向公安机关移交涉刑案件 2 起。

公共场所卫生监督

1999—2003 年，公共场所卫生由县卫生防疫站监管。2004—2010 年，改由县卫生监督所负责。其间，全县有公共场所经营单位 1000 余家，每年监督检查 5000 余户次。2010—2018 年，饭店、酒吧、茶座、网吧、体育馆等不再纳入公共场所卫生监督范围后，全县公共场所经营单位剩 176 家。对其实行量化分级卫生监督管理，其中 A、B、C、D 级单位分别为 2 家、14 家、74 家、86 家，从业人员办理健康证 522 人。其间检查 1000 余户次，查处违反《公共场所卫生管理条例》案件 314 件，罚款 10 余万元。

第三十二编　史志　档案

磁县修志历史悠久。明成化十五年（1479 年），磁州知州张梦辅主修首部《磁州志》后，明代续修 6 次，清代续修 4 次，民国时期续修 1 次。

中华人民共和国成立后，党史、文史、县志编修工作和档案工作进入新的发展时期。1959 年 4 月，磁县成立党史编辑委员会，下设办公室。是年 10 月建立磁县档案馆。1984 年 8 月，政协磁县委员会文史资料委员会（简称“政协文史委”）成立。党史办和政协文史委先后编辑出版《中共磁县党史资料》15 集，《中共磁县大事记》2 部，磁县党史资料丛书《文献集锦》《专题荟萃》《磁州文史资料》第一、第二辑。1986 年 6 月成立磁县档案局后，在档案整理、档案保管、档案利用等方面做出较大工作成绩。1984 年成立、1994 年调整磁县地方志编纂委员会成员及地方志办公室（简称“方志办”）工作人员后，开始编修中华人民共和国成立后首部《磁县志》，至 1998 年年底完成志稿征集任务。

1999—2018 年，县委党史研究室积极发挥党史资政育人作用，认真调研、搜集整理中国共产党地方组织史资料，先后编辑《人物传记》《革命回忆》《革命先烈王子清》《直南烽火》等书籍。2005 年始，编纂《中共磁县年鉴》。2013 年直南党史馆建成开放后，充分发挥党史馆宣传阵地的作用，每年接待 3 万余名参观者，党史宣传教育工作取得新的成效。

1999—2018 年，县地方志办公室作为县政府办公室的股级科室，克服规格低（全市其他县、市、区方志机构为科级机构）本身带来的人员、经费少等困难，充分发挥职能作用，高效率、快节奏运转，担负起方志系统同等的工作任务并出色完成。连续 20 年为《河北年鉴》《邯郸年鉴》提供县情资料、15 年为《中共磁县年鉴》提供县政府和政府办公室资料，指导 10 多部部门志和村志编修。编纂《磁县年鉴》4 部，其中两部分别获国家、省级奖励。于 2001 年印刷出版的《磁县志》获河北省志书成果评比一等奖。2018 年 4 月启动《磁县志》续修后，是年年底完成初稿搜集整理任务。

1999—2018 年，县档案局依法对档案工作加强执法监督、开展业务指导，积极改善馆舍环境并取得显著成绩。2009 年，县档案局（馆）获“河北省档案馆建设特别贡献奖”称号。从加强档案编征、开展信息化建设、保管设施配备齐全方面实现档案管理安全的目标。2012 年，被省档案局、省人力资源和社会保障厅授予“全省档案系统先进集体”称号。至 2018 年，馆藏档案达 12.09 万卷。其中，文书档案 4.46 万卷、2.9 万件，其他档案 7.64 万卷，图书资料 5000 余册。

第一章　党　史

第一节　党史资料征编与研究

党史资料征编

1999年，搜集、整理、编辑、出版《革命先烈王子清》，记录中共磁县党组织创建人王子清带领人民翻身解放的奋斗一生。2001年7月，县委党史研究室编写《王维纲狱中勇斗国民党》先后在《党史博采》《干部党员人才》杂志发表。2004年，整编出版《中共磁县年鉴》。

2011年，收集整理出版《中共磁县历史（1919.5—1949.10）》一卷。2013年，编辑出版画册《红色沃土　直南先锋》，该书图文并茂，分红色摇篮、峥嵘岁月、磁州楷模、党史纪事、领导名录五部分，展示革命先辈的丰功伟绩。

2014年，收集整理出版《中共磁县历史（1949.10—1978.12）》二卷，85万字。整编出版《直南烽火》，50余万字，分6个部分：星火燎原、苦海怒涛、武装暴动、热血抗战、迎接曙光、英烈春秋。2016年，征编出版抗洪救灾专题《7·19难以忘却的日子》。

2004—2018年，征编《中共磁县年鉴》共计15卷。全面反映15年间磁县县委带领全县党、政、军、民改革开放、经济建设、创建和谐社会、实现中国梦、建设美丽磁县的光辉历程。

党史编研成果（2019年9月30日　摄）

党史资料研究

2006年，县党史办开展抗日战争时期人口伤亡和财产损失课题调研，共走访3415户，采访当事人、知情人800余人，形成口述资料70多份、证人证言70多份。

2010年始，开展“红色文化”“红色革命旧址”研究工作。对红色白龙庙革命旧址、陶泉乡花驼村兵工厂旧址、北贾壁乡西苗庄村惩审处等红色旧址有关历史进行专题调研，整理调研资料3万余字。

长江支队历史研究会（2017年12月12日　摄）

2016年，开展《永远的长江支队》历史研究。2017年12月12日，“磁县长江支队历史研究会”成立大会召开。收集个人生平资料84份，图片资料300余幅、回忆录和纪念文章20余篇，累计达40余万字。2018年，通过走访长江支队健在者及其家属与后代，以及到当地党史、档案、老干局等部门查阅相关档案和书籍搜集有关资料。同年，编纂出版《中共磁县年鉴（2018)》。

截至2018年，县党史研究室人员先后到北京中央档案馆，省内石家庄、邯郸、邢台市，山东省菏泽市，河南省濮阳、安阳市等地党史部门查阅资料，征集到照片和影像资料1300余件，整理出版文字资料1350余万字。

第二节　党史宣传与教育

党史宣传

1999年始，每年在春节、清明节、五四青年节、七一建党节、国庆节等重大节日，开展党史宣传周活动。

2007年，联合县委组织部、县广电局在县电视台开办《先锋颂》专栏。2011年，与县委组织部联合拍摄电视教育片《火种》。与县电视台联合开辟《磁县红色记忆》专栏，播出30多期。联合县电视台到陶泉乡对全国第一个抗日儿童团采访挖掘，先后在省台《河北新闻联播》、央视《朝闻天下》以“六一儿童节里的红色风景”为题播出。

2013年6月下旬，县直南党史馆建成并对外开放。磁县党员、干部和中小学师生，全市各县（市、区）党史研究室人员等共计2万余人到馆参观。

2017年，在全省党史系统率先推出“磁县党史”微信公众平台，率先建设“全省党史微矩阵”，应用H5页面和小程序等新手段，开通党史馆手机网上免费预约参观功能，对“磁县党史网”进行全新改版上线，申请注册新域名和网站新名称，科学规划设计和更新网站版块内容，提高党史的宣传覆盖面。

2018年，举办“直南党史九个第一”主题图文展，并展览《7·19难以忘却的日子》《直南烽火》《中共磁县年鉴》《党史博采》等诸多党史书刊，发放党史宣传手册1.5万余份，累计接待省内外参观者20万余人次。借助新媒体，利用网络平台，网上全景参观直南党史馆。

党史教育

1999年，县委党史研究室举办迎“七一”书刊资料展阅、主题展览教育活动。

2010年后，开展“学党章、学党史、学党的基本知识”答题竞赛活动。2015年，在全县中小

迎“七一”党史宣传（2017年6月29日　摄）

学生中开展“践行社会主义核心价值观暨纪念抗日战争胜利70周年‘永安名都杯’”征文活动。2016年，与县直机关工委联合举办纪念建党95周年“两学一做”知识竞赛活动。全县86个单位200余人参加活动。

2018年，组织开展党史“五进”活动，组织全县党员干部到直南党史馆重温入党誓词，组织中小学生到党史馆进行党史知识学习教育。是年，接待中小学生2万余人。与武警邯郸支队和县教育局、县检察院、县老促会等单位合作共建红色教育基地。

第二章　方　志

第一节　首轮新编志书

中华人民共和国成立后的首轮《磁县志》，从启动编修到成书历时17年。工作启动后，推动力度不断加强，工作成果逐步显现。

启动阶段

1984年7月25日，成立磁县志编纂委员会，下设地方志办公室，与县民政局地名办公室合署办公。1994年5月，调整磁县地方志编纂委员会成员后，同年12月制订出首轮《磁县志》纲目提要，广泛征求意见。

推进阶段

1995年6月，召开全县修志工作动员大会，把首轮《磁县志》篇目内容按专业类别向各部门布置撰稿任务，并对撰稿人进行业务培训。1995年10月，以县政府名义在县电视台连续播出《关于征集县志资料的通告》，得到全社会对修志工作的支持。随后，还向全国各地发出数百份征集资料函件，广泛收集资料。1996年12月机构改革，县地方志办公室和县民政局地名办公室分开，地方志办公室归属县政府办公室，10名编辑分流后其中4名随同划转。

出版阶段

1998年年底，完成首轮《磁县志》稿征集任务。

1999 年 11 月，完成首轮《磁县志》稿总纂，送省、市评审。2000 年 1 月 20—21 日，首轮《磁县志》稿评审会在磁县宾馆召开。会毕梳理修改意见后，多次下部门搜集资料，力求更加完善。2000 年 10 月，首轮《磁县志》稿送省终审。其间，组织召开首轮《磁县志》终审稿老干部座谈会征求意见，并把志稿返回部门进行校对核定。之后，综合各方意见，认真修改志稿。2000 年 11 月底，首轮《磁县志》稿通过终审。2001 年 1 月，中华人民共和国成立后磁县第一部《磁县志》由新华出版社出版。

该志主编孙作家，编辑周自文、赵金元、魏润洪、郭红霞、陈占礼、于卫星、蔺祥军。志书共 24 编 168 万字，前有概述后有索引，目录、概述附以英文对照，印数 3000 册。2001 年 6 月，首轮《磁县志》获河北省志书成果评比一等奖。

第二节　志和年鉴

部门（专业）志

1983 年 10 月至 2014 年 9 月，县土壤普查办公室、县交通局等 7 个单位先后编印本部门志，均未公开出版。

2000 年 12 月至 2016 年 11 月，县水利局、县教育局等 5 个单位先后编印本部门志，均公开出版。

1983—2018 年磁县部门（专业）志编纂出版情况统计表

表 32-1　　单位：年、月、册、万字

书　名	编纂单位	主编	副主编	上限	下限	出版单位	出版时间	字数	印数
磁县土壤志	县土壤普查办公室	无	无	不详	1982	内部出版	1983.1	不详	不详
磁县交通志	县交通局	董云波	无	不详	1985	内部出版	1989.8	18	500
磁县人民法院志	县人民法院	吕震海	无	明代	1995	内部出版	1996.10	不详	不详
磁县公安志	县公安局	张文秀	无	1945	1996	内部出版	1997.10	不详	不详
磁县水利志	县水利局	徐怀平	无	有文字记载	1999	中华书局	2000.12	26	1000
磁县土地志	县土地局	崔尔康	王庆和 高文章	有文字记载	1996	内部出版	2001.6	29.2	200
磁县教育志	县文教体局	孔令德	李海风 程发龙 索学强	依资料而定	2000	中华书局	2002.1	40	1000
磁县民政志	县民政局	汪振海	王云峰	明代	2004	新华出版社	2005.11	80	1000
磁县政协志	县政协志编委会	周　勇	赵　霞 赵育和	1955.3	2008	内部出版	2009.9	60	1000
磁县军事志	县军事志编委会	李保平 张开山	唐亚龙 左玉新 唐宽伦 汪振海	公元前 1016	2005	内部出版	2014.9	68	1500

续表

书　名	编纂单位	主编	副主编	上限	下限	出版单位	出版时间	字数	印数
磁县供销社志	县供销社志编委会	孙作洲 刘天祥	魏润洪 李新军 王　琨	1941	2015	团结出版社	2016.7	71	1000
磁县国土资源志	县国土资源志编委会	刘武海	李洪武	事物发端	2015	团结出版社	2016.11	81	1000

村志

2001 年 5 月，《张二庄村志》编印，这是磁县第一部村志。2011 年 3 月后，索井、南王庄村等 8 个村先后编印村志，其中仅《陶泉村志》公开出版。

1999—2018 年磁县村志编纂出版情况一览表

表 32-2　　　　单位：年、月、册、万字

书　名	编纂单位	主　编	副主编	上限	下限	出版单位	出版时间	字数	印数
张二庄村志	张二庄村志编委会	张舟义	张汉贵 张敬武	有资料记载	1999	内部出版	2001.5	15	—
索井村志	索井村志编委会	李洪彬 王彦书	王文儒 周靖国	有资料记载	2008	内部出版	2011.3	60	1500
南王庄村志	南王庄村志编委会	王海军 杨天生	杨维超 杨文义	事物发端	2012.3	内部出版	2012.9	30	1500
陶泉村志	—	暴常青	李春社 索增贵	—	—	中州古籍出版社	2014.6	40	1000
白土村志	白土村志编委会	索润生	索良义 索兰银 索虎然 索宗堂	有资料记载	2012	内部出版	2014.12	25	400
韩家沟村志	韩家沟村志编委会	韩德顺	—	有资料记载	2013	内部出版	2016.9	40	100
高庄村志	高庄村志编委会	高同身	高文新 高世良 柴保民	村庄发端	2016.9	内部出版	2017.2	30	1000
都党村志	都党村志编委会	乔书堂	赵玉荣 赵增富 赵合金 赵俊成 赵保新 郭荣学	事物发端	2017.12	内部出版	2018	—	2000

续表

书　名	编纂单位	主　编	副主编	上限	下限	出版单位	出版时间	字数	印数
北王庄村志	北王庄村志编委会	王吉祥	王九宴 王九江 王清红 王新华	建村时	2014	内部出版	2018	30	1000

磁县年鉴

2004—2008年，每年以县政府办公室名义印发文件，安排征集《磁县年鉴》资料工作，多数年份编纂成稿，均未成书。

2009年12月，《磁县年鉴（2007—2008）》，由中州古籍出版社印刷出版，为磁县第一部综合年鉴。其后，逐年印发文件安排收集资料，但印刷出版中断7年之久。

2017年5月，《磁县年鉴（2016）》公开印刷出版。同年12月，《磁县年鉴（2017）》公开印刷出版。2018年12月，《磁县年鉴（2018）》公开印刷出版，实现上级“当年编纂当年出版”要求。

2019年，《磁县年鉴（2017）》获河北省地方志优秀成果县级地方综合年鉴二等奖。

2009—2018年《磁县年鉴》编纂出版情况一览表

表32-3　　　　单位：年、月、册、万字

书　名	主办单位	编纂单位	主审	主编	出版单位	出版时间	字数	印数	备注
			副主审	副主编					
磁县年鉴2007—2008	县政府	方志办	—	柳学清 孙作家	中州古籍出版社	2009.12	86	2000	全国地方志系统第二届年鉴评奖二等奖
磁县年鉴2016	县政府	方志办	褚秋玺 赵志强	李韶明	中州古籍出版社	2017.5	60.5	500	
磁县年鉴2017	县政府	方志办	褚秋玺 郭士杰	李韶明	中州古籍出版社	2017.12	77.9	550	获省二等奖
磁县年鉴2018	县政府	方志办	薛顺利 郭士杰	李韶明	中州古籍出版社	2018.12	65.8	500	

第三节　地情资料

文史资料

1992年9月至2002年3月，县政协文史委编印《磁州文史资料》3辑。2006年8月，《中国磁州窑典籍》由中国文史出版社出版。

党史资料

1992年至2013年6月，县委党史研究室编印《中共磁县大事记（1921.12—1949.9）》《中共磁县大事记（1949.10—1990.12）》《中共磁县大事记（1991—2012）》。1998年1月至1999年5月，编印《文献集锦》《专题荟萃》。2011年7月至2014年10月，编印《中共磁县历史（1919.5—1949.10）》《中共磁县历史（1949—1978）》。2013年4月，《红色沃土　直南先锋》（画册）印发。2004年6月，《中共磁县年鉴》创刊，至2018年出版15卷。

文化丛书

1992年12月至1998年3月，磁州文化丛书编委会编印《磁州风物》《磁州当代文化》《磁州北朝文化》。1998年3月，县文教体局编印《磁县当代教育》。2002—2008年，出版文化丛书《磁州文化》《崔府君》《磁州窑文化》。

其他资料

1998年5月，县民政局编辑《磁州博览》由中国财政经济出版社出版。2010年6月，刘天祥、李敬主编《极目炉峰》由北方文艺出版社出版。2016年8月，《磁州博览（2016版）》再版，仍由中国财政经济出版社出版。2017年9月，孔令德主编《经典磁州》由团结出版社出版。

第四节　社会用志

1999—2018年，全县社会用志在丰富内容、优化场所、增加途径、扩大群体和取得成果方面进步明显。

用志内容

1999年，用志内容仅限于明、清时期《磁州志》和民国时期《增修磁县县志》。随着2001年版的中华人民共和国成立后首部《磁县志》的出版发行，用志内容得到丰富。2007年，《磁县年鉴（2007—2008）》印刷出版，特别是《磁县年鉴（2016）》《磁县年鉴（2017）》《磁县年鉴（2018）》连年出版发行，用志内容得到空前丰富，基本满足读者的需求。

用志场所

20世纪90年代末，方志办人员办公与存放资料的3个文件柜共用1间10多平方米的房间，墙边还存放书籍，前来查阅资料的人也在这里拥挤着翻阅。随着方志工作的规范，2015年调剂出使用面积50平方米的办公用房建立方志馆，增配6个文件柜和4张办公桌，多数志书等资料存放入柜。同时，方志办工作场所迁至较原处宽敞的房间。接待来人、查阅资料均便利许多，能够更好为社会各界提供咨询和查找资料服务。

用志途径

1999年后，用志途径仅是翻阅纸质书籍。随着科技进步和落实上级要求，2013年11月25日在县政府公众信息网上开通“磁县地方志”栏目，于2017年11月27日，开办“方志磁县”微信公众号，拓宽用志渠道，广泛传播当地历史文化。

2017—2018年“方志磁县”微信公众号推送部分内容一览表

表32-4

期数	推发时间	题目
2	2017年11月23日	磁县有多大
3	2017年11月24日	磁县有多大（中华人民共和国成立后）
4	2017年11月27日	【磁县有多美】磁州八景之一：炉峰朝霭（附清朝手绘图）
5	2017年11月28日	【磁县有多美】磁州八景之二：滏桥秋月（附清朝手绘图）
6	2017年11月29日	【磁县有多美】磁州八景之三：台城烟柳（附清朝手绘图）
7	2017年11月30日	【磁县有多美】磁州八景之四：官路荷风　（附清朝手绘图）
8	2017年12月4日	【磁县有多美】磁州八景之五：贺兰积雪　（附清朝手绘图）
9	2017年12月5日	【磁县有多美】磁州八景之六：响堂晚钟　（附清朝手绘图）
10	2017年12月7日	【磁县有多美】磁州八景之七：漳渡晴澜　（附清朝、民国手绘图）
11		【磁县有多美】磁州八景之八：龙洞珠泉　（附清朝、民国手绘图）
13	2017年12月12日	【磁县有多幸】之红色圣地篇（一）
29	2018年1月5日	【磁县有多幸】之红色圣地篇（十七）

续表

期数	推发时间	题目
30	2018 年 1 月 9 日	【磁县有多幸】之古今名人：蔺相如
31	2018 年 1 月 16 日	【磁县有多幸】之古今名人：李杰、崔玄亮、苏宷
32		【磁县有多幸】之古今名人：赵秉文、马煦
33	2018 年 1 月 17 日	【磁县有多幸】之古今名人：父子双进士
34		【磁县有多幸】之古今名人：蔺从善
35	2018 年 1 月 23 日	【磁县有多幸】之古今名人：这个家族，四代名人，三代进士！（上）
36		【磁县有多幸】之古今名人：这个家族，四代名人，三代进士！（下）

用志群体

2015 年 10 月 27—29 日，宁夏回族自治区社科院、方志办一行 5 人到磁县考察宁夏贺兰山、磁县贺兰山及两者与岳飞《满江红》词中“贺兰山”的关系。实地考察后，双方座谈交流有关情况。

宁夏方在磁县考察座谈会（2015 年 10 月 28 日　摄）

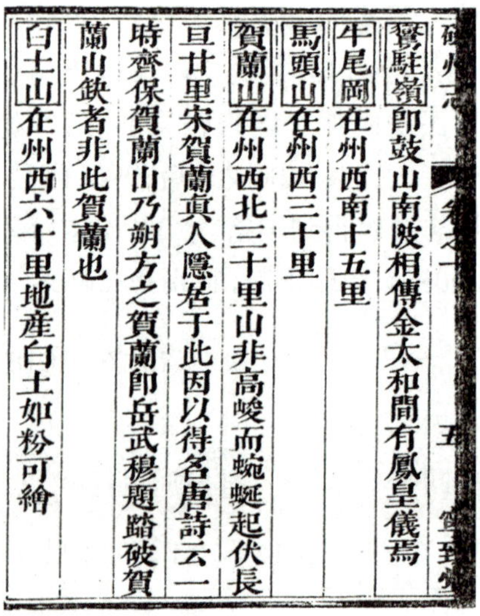

鸑駐嶺 即鼓山南陂相傳金太和間有鳳皇儀焉
牛尾岡 在州西南十五里
馬頭山 在州西三十里
賀蘭山 在州西北三十里山非高峻而蜿蜒起伏長亘廿里宋賀蘭真人隱居于此因以得名唐詩云一時齊保賀蘭山乃朔方之賀蘭即岳武穆題踏破賀蘭山缺者非此賀蘭也
白土山 在州西六十里地產白土如粉可繪

清康熙年间《磁州志》贺兰山记载

清康熙年间《磁州志》州境图

1999—2012 年，用志对象主要是县内、外个人，用于编修村志和家谱。2013 年后，上述人员比过去增多的同时，县直单位、乡（镇）工作人员前来查阅资料的逐渐增多，用于上级领导调研、外地客商考察和各单位的历史方面情况等。至 2018 年，接待来者 3500 余人次，远者达安徽阜阳和宁夏等地。

第三章　档　案

第一节　机　构

磁县档案馆始建于 1959 年 10 月。1986 年 6 月磁县档案局成立，局、馆合署办公，1996 年确定为县政府直属事业单位。2002 年，改为县委直属事业单位，编制 14 人。内设办公室、档案管理股、业务指导股、执法监督股。2019 年 1 月机构

改革，档案行政职能划归县委办公室，档案局撤销。1月10日，磁县档案馆挂牌，为县委直属事业单位，编制13人。

第二节　业务指导

业务培训

2000年前，档案整理以案卷为单位立卷归档。2001年后，依据国家档案局《归档文件整理规则》要求，改为以件为单位整理。2007年执行国家档案局8号令，保管期限由原永久、长期（50年）、短期（15年）调整为永久、定期（30年、10年）。为适应新的要求，提高全县档案工作人员的业务能力，每年举办全县档案人员培训班1～2次，截至2018年，累计办班60余期、培训6000余人次。

基层指导

1999年后，深入全县县直单位指导档案业务，发现问题及时整改，其文书档案整理合格率达95%以上，基本实现标准化、规范化。2006年始，开展家庭建档工作。至2018年，家庭档案1000余户，遍及11个乡（镇）200个村。2003年始，开展新农村建档工作。截至2018年，建档100余村，促进社会主义新农村建设。

目标认定

1999—2011年，按照上级要求，全县开展档案上等升级工作。县内省一级单位12家、省二级单位12家、省三级单位52家。2012年始，按照上级要求，对县内各单位档案工作进行目标管理认定。县环保局、县广播电视台成为第一批通过目标管理认定的AAAA单位。截至2018年年底，全县共认定11家单位。其中，AAAA单位4家：县检察院、县环保局、县广播电视台、县地税局；AAA单位2家：县老干局、县供电公司；AA单位5家：县人大常委会办公室、县法院、县党史办、县医院、县信用联社。

第三节　执法监督

普法宣传

1987年9月5日《中华人民共和国档案法》颁布实施后，每年9月5日颁布纪念日及全国12.4普法日之时，上街举办宣传活动。至2018年，累计发放材料1万份。2001年拍摄《前进中的磁县档案事业》专题片，在县电视台黄金时间播出，提高社会各界对档案工作重要性的认识。

2013年6月9日“国际档案日”确定后，每年纪念日在《磁县发展》上刊载宣传资料，举办“欢迎走进档案馆”参观活动，展示档案工作对社会的贡献，增强档案与社会各界的联系。

执法检查

1999年后，为保障档案的绝对安全，促进档案工作在法制轨道上运行，每年5月始，对全县各单位归档文件整理工作和安全度汛工作监督检查；12月，对各单位档案工作综合情况进行执法检查。档案材料收集齐全、整理规范的单位，发放立卷合格证书，每年发放合格证90多件；对存在问题的单位，发放限期改正通知书，责令限期改正。

第四节　档案管理

档案编征

20世纪80年代始，开展档案开发工作。先后编辑出版《磁县组织史资料》《革命先烈王子清》《党史荟萃》《磁县大事记》《磁县抗洪抢险大事记》《磁县档案馆指南》等15种书籍资料，丰富馆藏资料。1999年后，开展档案资料征集工作。每年12月制订次年接收计划，各单位按指定时间移交应入馆档案。接收档案以纸质为主，同时接收录音、照片等档案。先后依法接收土地证、土地延包合同、医保社保档案、婚姻档案、离退休干部档案、纪委档案、党和国家领导人视察磁县照片档案等。2011年，对重点档案进行抢救与保护。是年，抢救、修复重点旧政权档案30余卷、革命历史档案250余卷；抢救修复破损档案400多页。至2018年，馆藏档案达12.09万卷。其中，文书档案4.46万卷、2.9万件，其他档案7.64万卷，图书资料5000余册。

档案信息化

2000年始，开展档案信息化建设，购置档案管理软件，推进和规范电子档案工作。馆内档案接收整理、硬件配备、编研、微机著录同步进行。

馆藏档案实行档案文件级目录输入，并全文扫描，提高档案利用查全率和查准率。同时，县内各基层单位的室存档案进行微机录入，并对各部门的电子文件归档和接收制定相关标准。是年，完成档案数字化扫描1万幅、目录2000条。至2018年，累计完成档案数字化扫描13万幅、目录2.09万条。

档案安全

1986年县档案局成立后，实行领导带班，24小时双人双岗值班，档案保管安全常抓不懈。制定应急预案，每月定期检查馆库安全设施、查找安全隐患。1999年7月，县档案馆设在建设路原县政府（南院）东楼。2001年1月，被县委宣传部命名为“磁县爱国主义教育基地”。是年3月，通过省目标认定考评组验收，认定县档案馆为“省一级档案馆”。2005年，县档案局（馆）被省档案局、省人事厅授予“全省档案系统先进集体”称号。2007年，因旧城改造拆迁馆舍而筹建新馆。2008年4月，县档案局（馆）迁至县务本学校，安装防盗门窗，增加防盗、防火、防光、防尘、防潮、防有害生物和防污染安全设备设施。是年档案馆建设被批准立项。2009年作为磁县“十大城建工程”与县行政服务中心联合建设。是年，县档案局（馆）获“河北省档案馆建设特别贡献奖”称号。2011年3月迁至现址（县城仁和路132号）。新馆总面积3000余平方米，具备“四位一体”功能（档案安全保管基地、爱国主义教育中心、已公开现行文件和政府信息查阅中心、档案信息提供利用中心）。防盗、防火、防光、防尘、防潮、防有害生物和防污染安全设备设施配备齐全，消防器材定期检查。2011年后，防虫药具由原花椒改用专业防虫药包，半年投放1次。2012年被省档案局、省人力资源和社会保障厅授予“全省档案系统先进集体”称号，其后连年被市档案局评为“市档案工作先进单位”。

密集架存放档案（2020年3月25日　摄）

2018年4月，淘汰旧木质、铁皮档案柜，安装密集架近3000立方米，档案管理条件和办公条件得到显著改善。

档案利用

1999年后，定期开放馆内应开放档案，及时公开政务信息，供社会各界查阅利用。2003年，原民办、代课教师发放养老补贴一事涉及面广、情况复杂，提供原始证据难度大。县档案局及时提供3000余名原民办教师9000余卷档案，满足他们对档案信息的需求。2004年，建立已公开现行文件查阅利用中心，方便群众了解党和国家的方针政策，是年接待查询1000余人次。2005年，秉承藏用并重、管好用活档案的工作理念，档案平均年利用达800余人次、2200余卷次、1500件次，提供复印档案文件400余页。在干部职工办理退休和平息土地、房产、婚姻纠纷等方面做出重要贡献。

第三十三编　精神文明建设

磁县自古民风淳朴、从善积德。明代，磁州大学士蔺从善将皇赏巨银用于修筑乡道；清代，磁州平民杨进朝拾银四十两、钱三千文丝毫不昧归还失者，受雍正帝亲谕“今磁州杨进朝闻风兴起，克敦义让，甚属可嘉”嘉奖；当代，革命先辈李琦将千余平方米宅院捐献政府，用于扩建学校成为后人读书场所等故事在民间传为佳话。

中华人民共和国成立后，磁县将精神文明建设摆在重要位置。1966—1978年，磁县80%的村成立文艺宣传队，宣传身边好人好事；县剧团成立后，西小屋、庆和峪、北岔口、吴庄村等村也相继成立民间剧团，演出革命现代样板戏；各村中、小学利用元旦、春节等节假日，以“快板书”“三句半”等形式上街表演节目，有效丰富群众的精神文化生活。1983年后，磁县成立“五讲四美三热爱”办公室，组织开展“五讲四美三热爱”活动。1998年3月，磁县精神文明建设委员会改为磁县精神文明建设指导委员会（简称“县文明委”），下设办公室（简称“文明办”），负责全县精神文明建设的组织、协调、督导工作。

1999年始，磁县继续加强思想道德建设，着力开展精神文明创建活动。2000年，全县开展物质文明和精神文明（简称“两个文明”）建设工作。2003年，启动“诚信磁县、诚信立业”“爱磁州、建磁州”等主题教育活动，加强创建“五星级文明家庭”和文明窗口、文明行业力度，规范市民行为，增强市民社会公德、职业道德和家庭美德意识。2007年后，磁县先后开展“公民道德宣传日”大型宣传活动、制订《磁县市民文明公约》、组织全国农村精神文明建设观摩会、印发《磁县市民文明礼仪知识手册》、推行“崇文诚信，明理厚道，创新实干，开放融合”十六字全县公民行为准则、发出“革除婚丧陋习　树立文明新风”倡议。2014年，磁县被评为“省级文明城市创建工作先进县”。2018年，磁县把移风易俗工作列入全县五项改革之一。

1999—2018年，磁县精神文明建设成果丰硕、先进人物不断涌现。“见义勇为陈宝凤”“热心公益陈玉文”“拾金不昧赵增军”“和谐家庭成千珍”“报效桑梓崔伏喜”“敬业奉献吴世豪”“自强志坚郭玲玲”等30多位不同行业的模范人物，先后被评为“感动磁县”“感动邯郸”“感动河北”“感动中国”年度人物，有的入选“中国好人”榜，有的被评为“省市先进个人”，有的受到党和国家领导人接见，成为这一时期的模范人物代表。

第一章　思想道德建设

第一节　成年人思想道德建设

成年人思想道德教育

1982年2月,中共中央办公厅转发中宣部《关于深入开展“五讲四美”活动的报告》，确定每年3月为“全民文明礼貌月”。1983年3月30日，中央“五讲四美三热爱”(讲文明、讲礼貌、讲卫生、讲秩序、讲道德，心灵美、语言美、行为美、环境美，热爱党、热爱祖国、热爱社会主义）活动委员会成立，磁县相应成立“五讲四美三热爱”办公室，组织开展相关活动。1997年，中央成立精神文明建设指导委员会后，于1998年3月，磁县成立精神文明建设指导委员会，下设办公室，具体负责全县精神文明建设的组织、协调、督导工作。自1982年3月至1998年年底，县内精神文明呈现3方面明显变化：环境卫生明显好转、社会秩序明显改善、公民道德水平明显提高。1998年，全县评出文明单位193个、文明户5.5万户（含十星级文明户和五星级文明家庭)、11个“三杯”(文明执法杯、便民利民杯、优质服务杯）先进集体。

1999年后，磁县继续将公民思想道德教育作为精神文明建设的主要内容。2000年，成立县城市容执法队，对违反《市民基本行为规范》的不良行为进行监督、处罚，提倡说文明话、办文明事、做文明人。2001年9月20日，中共中央印发《公民道德建设实施纲要》后，磁县贯彻落实相关要求，组织开展以诚信建设为重点，以“三杯”竞赛、“五大创建”(创建文明城市、文明村镇、文明单位、文明家庭、文明校园）活动为载体的相关活动。每年开展“公民道德宣传日”“诚信磁县、诚信立业”“爱磁州、建磁州”等主题教育实践活动，提高人们的公德意识。同时，加强创建“五星级文明家庭”和文明窗口、文明行业力度，规范市民行为，增强市民社会公德、职业道德和家庭美德意识。2008年，开展“迎奥运、讲文明、树新风”礼仪知识竞赛和“金牌服务迎奥运”活动，宣传“绿色奥运、人文奥运、科技奥运”理念。制订《磁县市民文明公约》，利用电视台、《磁县发展》、公益牌匾等多种方式宣传，浓厚迎奥运氛围。2010年始，开展“喜迎海峡两岸论坛，争做文明使者”系列活动。组织100名志愿者对县城环境卫生进行集中清理。是年，开展“全县妇女学礼仪”“小手拉大手，文明交通行”“爱磁州、建磁州”等系列教育活动和“公民道德宣传日”大型宣传活动。2012年，印发《磁县市民文明礼仪知识手册》，征集并颁布新时期“磁县人文精神”——“崇文诚信，明理厚道，创新实干，开放融合”，作为全县公民行为准则。在博物馆广场举行“学习雷锋、善行河北、温暖磁县暨提升素质，共创文明”大型活动，倡导公民养成良好习惯，提升公民文明礼仪素质。2013年，继续开展“学习雷锋、善行河北、温暖磁县”系列活动，在汽车站、县敬老院等地集中开展学雷锋志愿服务活动。是年，在全县开展“讲文明，树新风”公益广告征集活动，新增公益广告20块。组织开展全县人文精神知识竞赛活动，并在县电视台、《磁县发展》开辟“磁县人文精神”专栏，引导活动广泛深入开展。2014年开通官方微信“磁县文明”，每日推送社会主义核心价值观、文明礼仪、磁县人文、磁县好人等相关文章。2016—2018年，挖掘并宣传一批见义勇为、孝老敬亲、助人为乐等好人好事，组织开展“展党员风采，做扛旗表率”、迎“七一”党员志愿服务月活动，2200多名党员志愿者走上街头广泛开展志愿服务活动。

评选活动

1999年起，磁县通过榜样带动加强公民思想道德建设。县内在组织开展评选活动的同时，多次向市、省、国家推荐先进个人和先进集体。2009年，张改花夫妇赡养孤老感人事迹被市、省级媒体宣传报道，被评为2009“感动河北”年度十大人物之一，推荐入选“感动中国”候选人物。2011年，组织开展首届“十大道德模范”评选活动后，组织模范获得者进村入厂宣讲20余场，受教育人员5000余人次。是年，开展“文明交

“磁县好人”表彰大会（2016年　摄）

通”评选活动，评选出“文明交通”市民120人。2012年，崔秀萍、张学科等8人获评“邯郸好人”称号。2013—2015年，每年组织开展“十大道德模范”“十大和谐家庭”“十大感动人物”评选活动。其间，朱宏岩、周贵英获评邯郸市第四届“道德模范”称号。2014年，涌现出一批先进典型：20多年奉献基层的人民调解员李文龙、致富不忘家乡的杨金海、“爱心代理妈妈”陈玉文、“46个老人的女儿”县敬老院院长张凤花，抚养残婴21年的善良夫妇曹中艮、吝思清等。深入县直单位、乡（镇）、企业举办道德模范巡讲5场。其中，曹中艮获评2014年“中国好人”称号，出席中国好人榜入选名单发布仪式，获奖金5万元，并得到县文明办、爱心企业和社会志愿者的慰问物品和救济款3000元。成千珍和陈玉文入围“中国网事·感动河北”2015年度网络人物。陈玉文获评“邯郸市第五届道德模范”称号。2016年，陶泉乡五里河村党支部书记赵金文、都党乡村民志愿服务队获评“最美河北人”称号。陶泉乡中岔口村村民韩振江、县财政局干部王爱斌、北贾壁乡青碗河村村医赵辛亥、黄沙镇南黄沙二街村村民叶贵忠获评“河北好人”称号。2017年，开展首届“磁县好人”“文明家庭”评选活动，继续挖掘宣传身边好人好事。是年，宣传推介敬老院老人心中的好人张喜云、捐献器官挽救他人生命的好人杨海燕等先进事迹。其中，杨金海、苗萍、刘红心获“邯郸市第六届道德模范”称号。2018年，开展第二届“磁县好人”“文明家庭”评选活动，宣传推介24年不离不弃照顾病瘫妻子的好男儿霍现金、见义勇为好“的哥”彭友等人的先进事迹。其中，5人获“邯郸好人”称号，3人获“河北好人”称号，彭友还入选“中国好人”候选人。首次举办“感动磁县人物”评选活动。索维国、霍现金、郭玲玲等10人获“感动磁县2018年度人物”称号。

第二节　未成年人思想道德建设

未成年人思想道德教育

磁县在抓好成年人思想道德建设工作的同时，注重抓好未成年人思想道德建设。2002年，磁县印发《关于切实加强未成年人思想道德教育的安排意见》，建立党委统一领导、党政群齐抓共管、文明委组织协调、有关部门各负其责、全社会积极参与的领导体制和工作机制，定期召开工作联席会，对职能部门实行“三定”（定任务、定标准、定时间）责任制。2004年，构建学校、家庭、社会“三位一体”未成年人思想道德建设网络，加强阵地建设、环境净化、宣传引导、师德教育、家长培训工作。发挥“五老”（老干部、老战士、老专家、老教师、老模范）队伍优势，共育“四有”（有理想、有道德、有纪律、有文化）新人。2005年，以纪念中国人民抗日战争胜利60周年为契机，对广大未成年人进行爱国主义、革命传统和理想信念教育，开展“爱国主义教育读书活动”“英雄励我快成长”歌咏活动。2006年，开展“八荣八耻”教育，引导青少年树立正确的社会主义荣辱观。是年，为纪念红军长征胜利70周年，组织全县未成年人开展“扬长征精神　做红军传人”主题教育实践活动。2008年，组织全县中、小学生参与河北卫视直播的全国“迎奥运、讲文明、树新风”礼仪知识电视竞赛河北区选拔赛。是年清明节，组织中、小学生参观西小屋直南第一党支部纪念馆、北贾壁磁县抗日民主政府旧址、田裕民抗战纪念碑，缅怀革命先烈。2009年，以“重德、崇文、强师、提质、均衡、创新、和谐”为中心，在全县中、小学生中实施“六爱”（爱党、爱国、爱家乡、爱父母、爱同胞、爱自然）塑魂、“双爱好”（一项艺术爱好和一项体育爱好）、“城乡少年手拉手”等教育活动，引导学生从小树立正确的人生观和价值观。聘请老干部、社会知名人士、老党员等到全县中、小学校开展专题讲座56次，发放宣传材料2400余份。是年起，以“我们的节日”为主题，每年组织中、小学生开展“中华美德故事”“中华传统经典”诵读活动。2012年，开展未成年人文明素养培育活动，以“在家庭孝敬父母、在学校尊敬师长、在社会奉献爱心”为主题，以“做一个有道德的人”道德实践活动为载体，在全县青少年中开展多种教育活动。2013年起，按照贴近实际、贴近生活、贴近未成年人教育原则，着力培养未成年人的爱心、责任心，每年开展“小手牵大手，文明你我他”思想道德教育系列活动，并发挥新媒体在培育爱国情怀方面的作用。以网络为平台，在全县中、小学校开展“文明小博客”“网上祭英烈”“学习雷锋，做美德少年”“向国旗敬礼”等系列主题教育和网上签名寄语活动。2016年，组织开展“争做美德少年”“核心价值观童谣传唱”等活动。举办“美德少年”夏令营，打造未成年人思想道德建设工作品牌。培育传承良好家风家教、企业精神和乡贤文化，组织慈善捐助、支教助学等公益活动。2017年，印发《未成年人思想道德建设工作测评体系操作手册》，将未成年人思想道德建设测评工作纳入规范化管理。是年，磁县实验小学学生薛铭贤获邯郸市“美德少年”称号。2018年，全县未成年人思想教育活动继续深入开展。

评选活动

1999年后，每年对各校“做一个有道德的人”主题实践活动进行评选。至2007年，先后评选出“品德高尚好学生”300余名，20余所学校获“优秀组织奖”。2008年，在全县中、小学生中开展“抗震救灾英雄少年”评选活动。使中、小学生在投票过程中，感知英雄行为，坚定理想信念。2013年，先后启动合格家长、文明家庭、学习型家庭、关爱弱势群体评选等特色活动，社会、家庭、学校三方互动，形成合力。2018年，以“扣好人生第一粒扣子”为主题，在全县中、小学生中组织开展“新时代好少年”宣传评选活动，全县评选出“新时代好少年”40名。是年，将开展文明校园评选活动与加强未成年人思想道德建设相结合，推动“社会主义核心价值观”教育进课堂。还开展中华传统文化进校园活动，组织评选出文明校园10所。其中，崇文学校、黄沙镇中学获2016—2018年度邯郸市“文明校园”称号。

第二章　文明创建

第一节　文明县城创建

1999年始，开展文明县城创建活动，推进基础设施、环境卫生、社区服务、社会秩序、城市面貌、文明服务、市民素质等整体水平提升。2007年，细化《磁县精神文明创建考核管理办法》，加强日常考核工作，开展公众评议、民主测评、暗访等活动，推动文明创建活动步入常态化、规范化轨道。2009年制订《磁县市民文明公约》后，文明县城创建活动得以进一步扎实推进。2012年，磁县县城首次被评为“省级文明县城”。2016年，磁县成立县委书记任政委、县长任指挥长的创建省级文明县城工作指挥部，下设创城办，加强组织领导，使文明县城创建工作更加有效开展。

城市环境整治

2003年始，开展“户外广告专项治理”活动。至2005年，清除非法乱贴小广告5600余处，取缔违法乱挂条幅300余条。其后，开展火车站、迎宾路、东海公园、鼓楼广场等重点区段形象工程建设，在县城主干道两侧安装电脑彩绘灯箱、大型霓虹灯、轮廓灯、瀑布灯帘、路灯等。2008年，开展“城乡面貌三年大变样”活动，文明县城创建与卫生城创建相结合，实施拆除违章建筑行动。2010年，把文化游园建设融入城市建设，打造街心文化游园“城市客厅”。投资1000多万元，建成滏苑、迎宾园、平安公园、粮油市场、职教中心小游园。2011年，实行“门前三包”（包卫生、包绿化、包秩序）和划分各单位责任路段相结合，集中整治环境卫生。2013年，修剪城区绿地草坪

26 万平方米、绿篱 30 万平方米，行道树修枝整形和粉刷描红 1.5 万棵。2014 年，采取多种整治措施，基本消除城区主干道渣土污染和扬尘污染。是年，被评为河北省 2014 年度“文明城市创建工作先进县”。2015 年，推行“定人、定岗、定责、定标准”管理模式，通过集中巡查、错时巡查和延时巡查等方式，清理违章占道 8500 余处，规范整顿摊位 5500 余个，清理店外经营 6400 余处。2018 年，组织实施“创城八大攻坚战”，开展城区主、次道路的便道维修、路灯修缮、违章建筑拆除、店外经营和占道经营清理等活动；加强交通秩序管理，加大对违章行驶、非法营运及违规停车等行为处罚力度；整治城乡接合部环境卫生，实现垃圾定点收集、定时清运。县城环境实现“净、洁、美”。

文化氛围打造

2009 年始，开展净化社会文化环境活动。对全县“黑网吧”、图书市场、校园周边环境开展专项整治，收缴非法音像制品 2000 余盘，取缔无证网吧 16 家。2010 年，在御景楼东侧开展“文化墙一条街”活动。2014 年，开展“播种文明、传承文化”活动，在平安公园和博物馆广场设立文化墙。建成 4 个文化社区、4 个特色文化学校。更换中华慈大街、107 国道、迎宾大道、成峰公路等路段公益广告牌 40 余块。2015 年，在中华慈大街实施“十里荷塘”绿化景观工程，再现磁州八景之一“御路荷花”景观。在中华慈大街高臾镇南 1 千米处的道路东侧藕塘内设置汉白玉荷花仙子雕塑，打造标志景观。2017 年，组织县城管局、县住建局、县教育局、县电视台等 15 家单位及重点窗口行业，定期开展公益广告宣传活动。2018 年，在公共场所设置“讲文明，树新风”“图说我们的价值观”等公益广告，在文化氛围打造中彰显磁县特色。

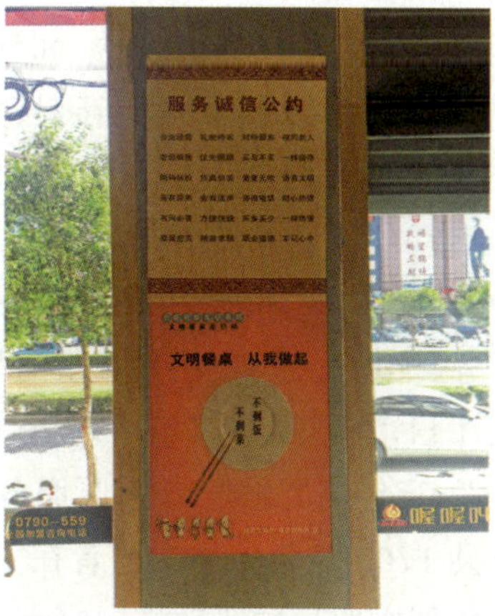

沿街商户诚信公约（2018 年　摄）

文明餐桌行动

2017 年 7 月，向餐馆、饮品店和酒店发放文明餐桌宣传资料，通过悬挂标语、制作宣传栏等多种方式开展文明用餐宣传活动。2018 年 7 月 31 日，在博物馆广场举办以“尚德守法，食品安全让生活更美好”主题宣传暨“无欺诈虚假宣传，行业企业在行动”签名活动，县工商食药监系统执法人员及餐饮、食品生产和经营企业代表 130 余人参加。在全县餐饮店醒目位置张贴“节俭养德”“光盘行动”“文明用餐”等宣传画，在餐桌放置“文明餐桌公约”“文明用餐”等桌签。同时，加强对餐饮经营人员健康证、后厨卫生环境等检

磁州路与中华慈大街交叉口处公益广告（2018 年　摄）

饭店宣传“光盘行动”（2017 年　摄）

查，多渠道宣传《消费者权益保护法》《食品安全法》及创建省级文明城市意义，动员全民参与创城行动。餐饮环境改善，文明用餐程度提升。

公益志愿活动

2016 年 7 月“创建省级文明县城”志愿服务活动启动后，推出创城公益片《文明磁县，我们在行动》、创城主题舞蹈《排排队》和创城主题曲《爱你在心上》。9 月 26 日，“争当磁县文明使者，携手共创文明县城暨磁县创建省级文明县城三大文明行动”启动仪式在博物馆广场举行，2500 余名机关单位干部职工、市民和餐饮服务行业代表投入文明服务、文明交通、文明餐桌等主题活动中。2017 年 7 月 1 日，在博物馆广场举行“党员当先锋，共创文明城”千名党员志愿者志愿服务活动月启动仪式，全县 1700 多名党员志愿者在主题背景板上签字，把共创文明县城活动推向高潮。

“争当磁县文明使者，携手共创文明县城暨磁县创建省级文明县城三大文明行动”启动仪式现场（2016 年 9 月 26 日　摄）

现场表演创城主题舞蹈《排排队》（2016 年 9 月 26 日　摄）

志愿服务活动月启动仪式（2017 年 7 月　摄）

第二节　文明单位创建

文明单位创建活动

2001 年 6 月，磁县出台《关于文明单位奖惩的有关规定》，推动全县文明创建活动开展。2003 年，制订《文明单位管理办法》《文明单位百分考核制度》，规范管理，细化考核内容。2006 年，在行政机关开展“创优评差”活动，减少办事环节、简化手续，提高办事效率。2009 年，围绕庆祝中华人民共和国成立 60 周年活动主题，组织开展“颂辉煌成就、建强大国防”全民国防知识竞赛、“申煤杯”职工乒乓球比赛、庆祝中华人民共和国成立 60 周年征文、“迎国庆颂祖国”诗歌朗诵会、爱国电影展等活动。同时，以全省“干部作风建设年”活动为契机，组织开展“转作风、强素质、提效能”活动。2012 年，组织开展“四个一”（有一支学雷锋志愿服务队、有一个道德教育课堂、有一套《文明公约》、有

县地税局文化道德讲堂活动场景（2015 年　摄）

一个网络传播渠道）活动。在全县窗口服务行业设立“党员示范岗”“星级示范岗”，发挥模范带头作用；在乡（镇）和县直机关开展“做表率、讲奉献、比贡献”活动。2015年，制订《磁县文明单位考核细则》，将开设道德讲堂、树立善行功德榜纳入考核内容，以“五个一”（唱一首歌曲、讲一个故事、诵一段经典、发一份善心、送一份吉祥）为流程，通过“身边人讲身边事，身边人讲自己事，身边事教身边人”形式，宣讲助人为乐、见义勇为、诚实守信、敬业奉献、孝老爱亲等先进事迹，营造文明单位创建的浓厚氛围。2016年，开展理想信念、职业道德为重点的思想道德建设活动，涌现出县交通运输局抗洪救灾道路抢修组、县肿瘤医院医疗小分队、县网络公司营业厅、县公安局巡特警大队4个邯郸市“文明行业创建标兵”。2017年，弘扬“奉献、友爱、互助、进步”志愿者精神，指导各单位干部职工在河北志愿服务网实名注册各类志愿者4万余人。通过“学雷锋”活动日、“国际志愿者服务日”等时间节点，定期在河北志愿服务网发布志愿服务项目，指导开展不文明行为劝阻、邻里守望、文明交通、“三关爱”（关爱留守儿童、关爱孤困老人、关爱残障群体）等志愿服务活动。通过开展入户走访、志愿服务、结对帮扶，推动家庭文明建设向学校、机关、企事业单位、社会组织拓展延伸。2018年，加强创建活动的日常监管，落实文明单位称号淘汰、退出机制，保障文明单位创建活动持续开展。

文明单位评选活动

1999年，全县“窗口单位”结合行业特点，对职工进行职业道德、职业纪律教育，规范行业行为，树立行业新风。是年，对县内8个红旗单位和41个文明单位进行命名表彰。其后，每年开展文明单位评选活动，并征求县纪委、县信访、县计生等部门意见后，对文明单位、行业标兵和先进个人进行表彰。2014年，开展“中国梦·赶考行·复兴路”百姓故事汇宣讲活动，由基层干部群众代表讲述先进事迹。通过本单位初赛、分赛区选拔赛和全县决赛3个阶段，评选出“争做焦裕禄式好干部”先进典型6人。至2018年，全县文明单位创建工作实现全覆盖。是年，全县90%的单位获“县级文明单位”称号，25%的单位获“市级文明单位”称号，县供电公司、县地税局和县财政局支付中心3个单位获“省级文明单位”称号。

第三节　文明村镇创建

文明村镇创建活动

1999年起，磁县农村精神文明建设重点任务是加强“十个一”（一个村民服务中心、一个文化广场、一条文明示范街、一批善行功德榜、一套村规民约、一个红白事理事会、一个道德讲堂、一支志愿者队伍、一支乡贤骨干队伍、评选表彰或复检一次“十星级文明户”或“五好文明家庭”）建设，推动移风易俗，树立文明乡风。“十星”指致富星、守法星、计生星、养教星、和睦星、科技星、文化星、义务星、卫生星、新风星；“五好”指爱国守法、热心公益好，学习进取、爱岗敬业好，男女平等、尊老爱幼好，移风易俗、少生优育好，勤俭持家、保护环境好。2000年3月，组织村民参与制订村规民约，实行自我管理、自我监督，建立健全红白事理事会、文明道德评议会、妇女禁赌会等群众性自治组织，抵制婚丧陋习、聚众赌博和各种形式的迷信活动。磁州镇、讲武城镇、西光禄镇、台城乡、花官营乡组织开展创建精神文明建设示范村活动。2001—2003年，各乡（镇）推动创建“十星级文明户”活动，村民参与率95%。其中，90%的农户为“十星”户。

磁州镇八里铺村好人榜公示（2017年　摄）

于家店村整洁的街道（2018年6月12日 摄）

小营店村文化长廊和文化礼堂（2018年 摄）

2004年，与“美丽乡村”相结合，全县实施“村村通”建设工程。2005年，组织13个乡（镇）党委书记、38个村党支部书记和22个县直有关部门主要负责人赴保定市涿州市、易县参观学习；确立辛庄营乡北豆公村至讲武城镇前港村、磁州镇朱庄村至台城乡中城基村为精品观光路线；确定磁县第二批文明生态村名单。是年，全县建成文明生态村44个。2006年，举办文明生态村工作培训班，分4期培训全县300个农村党支部书记。2008年7月，全市新民居奠基仪式在邯郸市首个新民居建设示范村——南城乡东南城村召开。是年，全市城乡文明生态创建现场会在滏泉湖度假村召开。2009年，举办“新农村新政策”知识竞赛活动、大型“三下乡”送温暖活动4次，发放宣传品3000余份，免费体检200余人，受益群众2万余人。是年，支持15个文明生态村资金723.7万元，硬化路面12.74万平方米，种植树木5.2万余棵，安装路灯1003盏。2010年，16个乡（镇）综合文化站被列入中央预算内投资项目，建成农村书屋134个。2011年3月31日，全国农村精神文明建设观摩会在磁县召开。省委宣传部副部长、省文明办主任白石，全国部分省市文明办主任出席，并深入到讲武城镇刘庄村、磁州镇北来村参观调研“欢乐乡村”和精神文明建设工作。2012年，全县集中开展以“四清四化五改”（清垃圾、清杂物、清残垣断壁和路障、清庭院，绿化、美化、亮化、净化，改路、改水、改厕、改圈、改垃圾处理）为主要内容的农村环境综合整治。是年，全县376个农村、社区建成文化活动室、农家书屋，其中348个村开通有线数字电视。以瓷砖喷绘、展板、绘画等形式，在全县51个面貌提升村和“基层建设年”帮扶村建成“村民活动中心”和每村40平方米的文化墙。2013年，绿化街道220条，绿化田间路、渠76千米，栽植树木、花卉19.7万棵（株）；评选出和谐文明村83个、和谐文明示范村19个，全县文明生态创建村均达到建设标准。2015年，打造特色品牌，开展农村“三个起来”（广场舞跳起来、好人榜树起来、文化墙建起来）活动。是年，全县农村广场舞队伍达467支，村村建立好人榜并发布“身边好人”734人。是年10月26日《农民日报》以“让‘身边好人’引领农村新风尚——河北省磁县评选农村‘身边好人’活动纪实”为题予以报道；11月9日《邯郸日报》以“磁县：让‘好人’在身边”为题刊登磁县做法。各乡（镇）综合文化站竣工投用。其中，白土镇综合文化站被评为“河北省百佳乡镇综合文化站”。2016—2018年，组织先进红白事理事会会长、节俭办事户代表、优秀村党支部书记作报告20场；组织创作快板、三句半、小品等文艺作品8个，深入田间地头巡演40余场。建成村级文化活动室323个，覆盖率88%；建成农村文化广场201个，覆盖率54.8%。

文明村镇评选

1999年起，磁县通过逐级推荐、实地验收、多方征求意见等环节，开展“和谐文明村”“和谐文明示范村”两项评选活动（2015年后两项活动名称改为“文明村”评选活动）。县文明办从申报乡（镇）、村中择优推荐，经县精神文明建设委员会综合考评合格后，由县委、县政府认定并颁发标牌。经复查审核，不具备文明村镇条件的，取消文明村镇称号，收回标牌。每两年向省、市推荐一次文明村镇名单。至2013年，农村文化信息资源共享工程基层服务点和农家书屋建设实现全覆盖。其中，磁州镇黄官营村被评为“全国文化信息资源共享工程基层服务点示范点”，讲武城镇刘庄村农家书屋被评为“河北省示范农家书屋”。2018年，开展“好媳妇、好儿女、好公婆”“最佳红白事理事会”评选表彰活动，推选出市级“三好一佳”先进典型7人。其中，好公婆、好媳妇各2人、好儿女1人、最佳红白事理事会2个。

2018年，县级文明乡（镇）11个，创建覆盖率100%；县级文明村121个，创建覆盖率46%。市级以上文明乡（镇）2个、文明村9个。

移风易俗

1995年后，磁县开展“革除陋习、倡导新风”活动。2000—2003年，各乡（镇）围绕此活动组织群众参与制订村规民约，建立红白事理事会、文明道德评议会、妇女禁赌会等村民自治组织，抵制婚丧陋习、聚众赌博和封建迷信不良风气。2014年，磁县发出“革除婚丧陋习，树立文明新风”倡议，倡导文明节俭办事。是年5月，县委召开动员大会安排部署，县文明委、县纪委联合印发《关于在全县开展“革除婚丧陋习，树立文明新风”活动的实施意见》，各村召开村民代表大会，制订婚丧喜庆村规民约，细化具体事项，明确办事流程、规模和处罚措施，与每户签订《自觉遵守婚丧喜庆村规民约承诺书》。县纪委、县委组织部、县文明办成立联合督导组，通过受理群众举报、现场检查、明察暗访、舆论监督等方法，加强对执行情况监督检查。2015年，全县实行新办、俭办的家庭800余户，节约资金210余万元。为巩固活动成果，将路村营乡东武仕村集中办事大厅的先进做法在全县推广，并建立长效机制。是年12月16日，省委常委、宣传部部长田向利对东武仕村的移风易俗情况进行专题调研并批示：请基层处、协调处将磁县移风易俗的好做法予以宣传报道。2017年1月13日，邯郸市文明乡风建设现场观摩会在磁县召开，省文明办副主任崔文武，市委宣传部副部长、文明办主任李彦力等参加。3月，磁县印发《关于在全县进一步推进“革除婚丧陋习，树立文明新风”

八里铺村村规民约（2017年　摄）

活动的工作方案》，确立“54321”工作思路。“5不”（不燃放烟花、不请歌舞团、不请响戏班、邻居不坐席、不发忙客烟）；“4宣传”（利用县电视台、《新十线》、“磁力磁县”官方微信、上级媒体报道）；“3类典型”（红白事理事会会长、节俭办事户代表、优秀村党支部书记先进典型）；“2项活动”（大型集体婚礼和适龄青年宣誓活动）；“1批文艺作品”（组织创作一批移风易俗快板、广场舞、小品、歌曲等）。2018年，磁县召开移风易俗工作专题推进会议，把移风易俗工作列入全县五项改革之一，对各村红白事操办提出具体的“红九条”“白八条”限制标准，遏制婚丧喜庆大操大办、天价彩礼行为。是年2月，发出“移风易俗迎新春、文明过节新风尚”倡议书。全县2万余名党员干部签订移风易俗承诺书，各社区、农村制订村规民约并上墙公示。各乡（镇）制订移风易俗奖励办法，表彰奖励先进典型；将移风易俗纳入县级目标管理和文明单位、文明村、星级文明户等文明创建考核体系。搭建全县公益相亲平台，举行大型公益相亲活动，建立县、乡、村三级未婚青年信息库，建立“红娘”志愿服务队，设立“红娘”志愿服务点，为适龄青年提供免费婚介服务。5月4日，举办首届“从‘磁’与你，一‘骑’同行”集体婚礼，60对青年男女集聚薰衣草庄园举办婚礼。8月14日，举办“相约七夕，幸福牵手”大型青年交友联谊会。11月2日举办第二届集体婚礼，6对金婚老人和16对新人践行移风易俗新风尚。是年，全县红白事登记413件，均按村规民约节俭操办，节省开销480余万元。涌现出移风易俗典型乡（镇）7个、典型村121个、零彩礼典型12个。都党乡冶子村新人张志红、宫雪娇，时村营乡撒谷村新人王鹏翔、尹祖鑫，陶泉乡辉水村党支部书记之女、陶泉乡南王庄村党支部书记之女为零彩礼典型，婚事新办、简办的文明新风初步形成。同时，移风易俗文艺节目《文明新风吹磁县》《暗访》入选邯郸市移风易俗优秀文艺节目。

“相约七夕 幸福牵手”大型青年交友联谊会（2018年8月14日　摄）

2017—2018年，中央电视台、《人民日报》《光明日报》《河北日报》、河北电视台、《邯郸日报》、邯郸电视台等媒体先后10多次报道磁县移风易俗做法。

“新时代新青年新风尚”第二届集体婚礼（2018年11月2日　摄）

附：文明新风吹磁县（快板词）

竹板打，响连天	文明新风吹磁县
移风易俗事简办	共筑精神好家园
好家园，在当前	过去之事不愿谈
婚丧嫁娶讲排场	奢侈浪费大操办
状元酒，满月宴	过生日，把家搬
各种由头胡乱编	礼债压头情不堪
你办我办他也办	陈规陋习恶循环
相互攀比穷摆阔	伤风败俗增负担
七凉八热十五盘	再上四个大扣碗
动辄就摆几十桌	只怕自己没脸面
对台戏，歌舞团	放烟花，忙客烟
一事就办好几天	花样百出坏习惯

累得头晕又目眩　半辈积蓄糟蹋完
风气变坏人心散　哪顾创业和发展
婚丧事宜不节俭　铺张浪费实难言
大操大办何时了　人民群众在期盼

众人盼，燃火焰　时间到了一四年
县纪委，文明办　连续三年发文件
先让干部和党员　典型引路帮带传
实行审批和备案　标杆引路火燎原
定标准，强规范　制度设笼关栅栏
报告公示加监督　事前中后有人管
办婚礼，报告先　车六辆，办一天
二十桌来是上限　彩礼适当作纪念
新事新办新婵娟　热热闹闹美名传
家族亲戚聚一起　节俭喜庆乐开天
丧葬事，后备案　停丧悼念三天限
不唱大戏放烟花　不请法师歌舞团
不收礼，不发烟　不再把那孝衣穿
不动酒，不上盘　大锅熬菜逝者安
开好头，抓拓展　以点带面推全县
革除婚丧陋习俗　树立新风转观念
除陋习，转观念　文化熏陶心向善
广发动，强宣传　践行新的价值观
健全组织定方案　教育引导走在前
成立红白理事会　村规民约逐户签
红白喜事要简办　其他事宜都不办
红九白八定标准　具体操办细把关
一家行，百家羡　人人争榜当模范
喜事简办倡文明　厚养薄葬不比攀
新风吹拂已三年　今非昔比风俗变
制度道德化春雨　思想观念自觉变
红白喜事都从简　节省金钱和时间
少要彩礼树新风　尊老爱幼比贡献
树新风，比贡献　社会各界齐称赞
中央省市众媒体　竞相报道夸磁县
夸磁县，人人赞　文明之花开满天
移风易俗和谐梦　幸福生活比蜜甜
移风易俗和谐梦　幸福生活比蜜甜
比蜜甜

（王天银）

第三章　文明新风

第一节　见义勇为

陈宝凤

陈宝凤，女，1957 年生，岳城镇东风寨村人。2002 年获“全国见义勇为英雄”称号。2001 年 5 月 20 日下午，歹徒因家庭问题携刀到磁州镇监上街姚某家闹事，并将姚某夫妇砍死。其间陈宝凤不顾个人安危上前制止，不幸腹部中刀，抢救无效牺牲。

彭　友

彭友，1966 年生，中共党员，磁州镇西王庄村人，出租车司机。2017 年 9 月 27 日下午，彭友驾驶出租车在京港澳高速磁县服务区接到两名怀抱婴儿的女乘客。他发现乘客怀中的婴儿啼哭不止且乘客言语间神色异常，不但不给婴儿喂奶、呵护，反将婴儿又遮又掩，甚至将婴儿的头蒙上。他顿生怀疑。谨慎起见，彭友行驶到磁县高速出口时，以询问收费情况为由下车，借机悄声向工作人员反映此情况。工作人员立即联系高速交警，随即两名女乘客被移交至磁县公安局。经讯问调查，确认女乘客为人贩子，欲将从广西壮族自治区拐来的孩子卖到邯郸。警方顺藤摸瓜，从该拐卖儿童团伙中又成功解救 9 名被拐儿童。2018 年，彭友先后被评为“邯郸好人”“河北好人”，并入围 2018 年“中国好人”候选人。

岳朝增

岳朝增，1960 年生，林坛镇西佛店村人（2016 年划归邯郸市复兴区）。2014 年获“河北省见义勇为英雄”称号。2013 年 6 月 16 日 16 时许，正在田间劳作的岳朝增听到有人高声呼喊：“快来人啊，有人掉到茅坑里了！”岳朝增迅速赶往出事地点，正当围观群众面面相觑不知如何施救时，岳朝增不顾熏天臭气和肮脏的粪便，毫不犹豫拨开人群纵身跳入坑池，用尽浑身力气依次将落坑的一家三口举起，让周围群众拽出，送医救治后

获救 人。

曹金贤

曹金贤，1961年生，讲武城镇东曹庄村人。2015年被授予“邯郸市见义勇为先进个人”称号。2015年6月12日10时许，曹金贤在地里收割小麦，突然发现邻地孟庄村麦田着火。为保护周围麦地，减少乡亲损失，曹金贤不顾生命危险，独自跑上前去灭火。不料，天气干燥，火势凶猛，转眼间，曹金贤被大火包围。幸亏消防员及时赶到扑灭大火，救出了严重烧伤的曹金贤。

肖荣希

肖荣希，1950年生，路村营乡肖家庄村人。2015年被授予“磁县见义勇为先进个人”称号。2012年4月14日下午，肖荣希在东武仕水库网箱清理九龙口村检查点值班时听到有人呼救，他立即向呼救声方向跑去，发现是1名儿童落水。当时，落水儿童已漂到离岸30米远的水面，情况万分紧急。肖荣希不顾水深寒冷和自己年迈体弱，毫不犹豫一头扎进水中，咬牙坚持从30米远的深水区中把儿童安全拖回。

柳长青

柳长青，1973年生，中共党员，都党乡辛庄村人。2017年被授予“磁县见义勇为先进个人”称号。2016年7月19日暴雨洪灾发生后，柳长青邻居的房屋被洪水包围，全家6口人被困房顶，水位不断上涨。危急中，顾不得被洪水冲走的危险，柳长青将邻居6人从房顶救下来，还将邻居的面包车拉至安全地带。

张海峰

张海峰，1979年生，磁州镇槐树屯村人。2018年被授予“磁县见义勇为先进个人”称号。2018年7月1日18时许，张海峰在滏阳河边钓鱼。突然，听到“噗通”一声，只见一名小女孩在水里正拼命挣扎。千钧一发之际，张海峰顾不得掏出身上的手机、钱包等物品，当即扎进水中。由于水太深，他双脚无法触到河底，第一次没能举起孩子。毫无水中救人经验的他，连续尝试多次后才成功将孩子救上岸。此时，筋疲力尽的张海峰见孩子并无大碍，便收拾起自己的物品默默离开现场。

第二节　热心公益

陈玉文

陈玉文，女，1965年生，中共党员，讲武城镇滏阳营村人，讲武城镇学区教师。2009年，她做了全县第一位“爱心代理妈妈”，自费11万余元，装修、改造自家的房屋院落，还购置家具、电脑、图书、儿童生活用品、玩具等，创办全省第一家“爱心小屋”。此外，她还将自家果园10多间房屋改造成适合孩子学习、生活、成长的留守孤困儿童爱心基地，成为河北省首位“爱心代理妈妈”。2009—2018年，“爱心小屋”先后收留26名孤儿、单亲、贫困儿童。在这里，孩子们能够正常上学读书、茁壮成长。2011年，她获“河北省首届优秀‘爱心代理妈妈’”称号。中共中央政治局委员、国务院副总理刘延东在她的事迹材料上批示：类似河北磁县开展“爱心代理妈妈”活动，为留守儿童送去温暖的做法可多宣传和推广。陈玉文先后获“邯郸市春雷计划先进个人”“邯郸市优秀巾帼志愿者”“邯郸市教师楷模”“邯郸市最美母亲”“河北省三八红旗手”“河北省燕赵榜样母亲”等称号，连续9年被县人大常委会评为“优秀县人大代表”。

刘晓丽

刘晓丽，女，1981年生，磁州镇前湾漳村人，磁县好彬农场负责人。2008年起，她每年春节前到磁县西部山区看望帮助贫困家庭，为其送去米、面、油、被褥、学习用品等。2016年“7·19”洪灾发生后，刘晓丽组织热心公益志愿者在博物馆广场开展募捐活动，并连续10余日驾车奔赴灾区运送救济物品。2014年看望“爱心小屋”孩子时，她主动申请加入“爱心代理妈妈”志愿活动，先后成为2名孩子的“爱心代理妈妈”。2019年3月8日，《邯郸日报》以《“邯”有我，不孤“郸”》为题，报道她的事迹。

张喜云

张喜云，女，1943年生，磁州镇李庄村人。2006年起，每月的20日这天她到敬老院、光荣院为老人洗脚、剪指甲，一做就是12年。是年，她照顾的老人有20余人。到2018年，她照顾的

老人多达300人。不论手指甲还是脚趾甲，她都细心修剪、用心护理。此外，她还为老人缝补衣物，自掏腰包为老人购置新袜子、买脚疾药等，还经常即兴编唱打油诗给老人逗笑解闷。有她在的地方，就有老人们的欢笑声、夸赞声。2015年她获评“磁县好人”称号。

任华荣

任华荣，女，1964年生，磁州镇固城社区人。2013年，她发起成立50余人的慈善爱心传递公益团队，开展扶弱助困、传递温暖活动。每逢节假日，他们走进敬老院、农村孤寡老人家中，给老人洗脚、理发、免费体检。志愿者还募集善款，资助贫困残疾人、大学生和患病儿童，慰问交警、环卫工人。截至2018年，先后救助困难群众达1000多人次，捐助善款达60多万元。2017年6月，她获评“磁县好人”称号。

第三节　拾金不昧

苗发海

苗发海，1954年生，中共党员，西固义乡西固义村人（2014年由峰峰矿区托管），磁县城管局职工。2014年8月18日，单眼残疾、腿脚不便的苗发海在县城仁和路菜市场一摊点乘凉时，发现旁边的椅子上长时间放着一黑色提包，疑似客人遗忘。他逐个询问周围的人，却无人认领。为尽快找到失主，他打开提包，发现里面有现金2000元、手机1部，还有身份证等证件。后几经周折，他联系到失主，原物奉还并拒绝失主的现金酬谢。2013年，他被评为“磁县十大道德模范”人物。2016年退休后，他自费为原工作单位商都市场管理所捐赠绿篱修剪机1台。2018年，他与县红十字会签订人体器官捐献协议。

许淑敏

许淑敏，女，1963年生，磁州镇西城社区人，退休职工。2016年9月15日中午，许淑敏因急事外出，途中偶然发现地上有1个灰色钱包，内有3900多元现金、10余张银行卡，还有身份证、驾驶证等重要物品。她顾不上自己的急事，抓紧把钱包和身份证部分信息拍照后发至朋友圈、微信群，并发动亲朋好友转发扩散，寻找失主。一个多小时后，她终于找到失主。许淑敏立即将钱包及里面的钱物如数交还。失主十分感动，紧紧握着她的手不停地说：“我真是遇到好人了！……”

赵增军

赵增军，白土镇顺丰快递员。2017年6月2日，赵增军在送快递途中，好心将一位错过班车的女士送达目的地，但女士钱包却遗落在他的车上。不知对方姓名和联系方式，几经周折才联系上失主，将钱包物归原主。是月5日，失主把印有“拾金不昧　品德高尚”的锦旗和感谢信送至白土顺丰快递门市部，对赵增军拾金不昧、物归原主的高尚行为表示感谢。

第四节　和谐家庭

成千珍

成千珍，女，1941年生，中共党员，南城乡中史村人，教师。成千珍作为姑妈，养育着娘家革命烈士成法魁的后人；作为妻子和母亲，辛勤操劳着自己的小家庭；大家庭成员达15人。成千珍作为1名教师，不仅传授文化知识，还给困难的学生做棉衣，照顾他们的生活。退休后，她以全票当选为村党支部书记，带领村民修排水沟、安装路灯，硬化道路3500米。她先后获“河北省优秀园丁”“燕赵榜样母亲”、磁县“三八红旗手”“三八妇女好干部”“优秀村党支部书记”等称号。2016年全国最美家庭揭晓暨全国五好文明家庭表彰大会在北京举行，75岁的成千珍作为“最美家庭”代表在会上作题为《传承烈士精神　撑“小家”谋“大家”》发言。是年12月12日，第一届全国文明家庭表彰大会在北京举行，中共中央总书记、国家主席、中央军委主席习近平亲切会见300个家庭代表，成千珍之子代母进京接受表彰。

曹中良

曹中良，1962年生，北贾壁乡北贾壁村人。1993年，曹中良母亲在路边抱回仅5个月大的先天性侏儒症弃婴，为其取名曹国兴。2004年曹中良母亲去世，由曹中良接替将曹国兴抚养成人。老实善良的曹中良起早贪黑，辛苦劳作，细心照顾，供其读书，将其养人。懂事的曹国兴在中专学校读书时，就开始独自摆地摊做手机贴膜；2013毕业后开手机维修门市自力更生。2014年，21岁的曹国兴不幸患上癌症。为给他治病，曹中艮夫妇用房产抵押贷款，背负一身债务也从不放弃。2015年，曹中艮女儿坚持“带弟出嫁”以照顾这个弟弟。25年间，曹中艮一家三代人爱心接力，给予曹国兴坚强的依靠和温暖的家庭。坚强不屈的曹国兴病情日益好转，2015年，他成为北京一家快递公司的挑件员，两年后他在一家手机维修店打工。多年间，除留下自己的生活费，剩下的钱他全部寄回家里，以报答家人的养育之恩。2014年10月，曹中艮入选“中国好人榜”。

张改华

张改华，女，1942年生，黄沙镇南黄沙一街村人，教师。1985年夏，她得知本村70多岁的孤寡老人房屋倒塌，失去安身之处，便主动把老人接到自己家中，为其购置新被褥和生活用品，还经常给老人零花钱。1987年张改华调至县城工作后，经常托乡邻给老人捎去生活用品和现金。1990年，老人做白内障手术，张改华和丈夫日夜轮流照顾，喂药喂饭、捶背按摩等无微不至，直至康复出院。为更好地照顾老人，张改华夫妇将老人接至县城共同生活。入冬前，她为老人做好棉衣棉裤；入夏前，为老人支起蚊帐；老人爱听戏，专门买台收音机；老人爱吃零食，瓜子和花生从没断过；每顿饭的第一碗总是先端给老人。在张改华夫妇的影响下，他们的儿女也经常为老人端水端饭，把老人当作亲人看待。2009年，她被评为“感动河北2008年度人物”。

杨海燕

杨海燕，女，1982年生，中共党员，磁州镇乐善社区人，邯郸市红十字会工作人员。“勤劳、朴实、和谐、向上”，这八字家训从小熏陶出她高尚的品质和情操。求学期间，她主动把助学金分给特困生；参加工作后，她生活朴素、工作勤奋，所负责项目连年在全省同行业中名列前茅。2017年5月20日，杨海燕突发疾病，是年6月9日不幸离世。按照她的遗愿，是日，杨海燕的1个肝脏、1对肾脏和两只眼角膜被成功移植，挽救3个人的生命，让2位双盲患者重见光明。她是中国红十字会系统工作人员中第一位器官捐献者。2017年6月，邯郸市红十字会向杨海燕丈夫颁发“中国人体器官捐献”荣誉证书，磁县文明委追授她为“磁县好人”，授予她的家庭为“磁县文明家庭”。

霍现金

霍现金，1971年生，都党乡辛四庄村人。1994年冬，刚结婚两年的妻子突生怪病，瘫痪在床，生活不能自理。从那时起，霍现金就带着妻子四处求医，先后跑遍邯郸、石家庄、北京等地医院，均未查出病因。本不富裕的家庭因治病外债累累。霍现金顶住压力，耐心、精心地伺候病妻，不离不弃坚持25年。同时，不辞辛苦打工挣钱，为妻子撑起一片天。2018年，他被评为“感动磁县2017年度人物”。

第五节　报效桑梓

崔伏喜

（详见第九编第六章第一节农业开发）

杨金海

杨金海，1966年生，中共党员，陶泉乡齐家岭村人。河北鑫坊建筑工程有限公司总经理。杨金海自幼家境贫寒，依靠诚实劳动、合法经营发家致富。2011年起，连续7年先后资助30余名家庭经济困难的大学生，资助金额达20余万元；每逢过春节、闹元宵、唱大戏、放烟花，只要是村里群众性的文化活动，他少则几千元、多则几万元出资捐助。此外，他还出资10万元为齐家岭村翻盖教学楼、为村里修路、为贫困家庭助学。乡亲们谁家遇到困难，他都不惜重金相助。20多年里，他先后帮助困难群众200多人，累计捐款200多万元。2016年，他为齐家岭村引进畅销花椒品种——大红袍，并免费向村民提供花椒苗2万多棵，还提供家畜幼崽50余头，是年每户增收2000余元。2017年，为村民发放柴胡药材种子200余千克，辅导数十户村民种植，并协助推销，是年每户增收1000余元。2018年，支持30名有能力的村民养羊、养猪、种植药材、建筑包工等，带动全村户均增收近万元。2013年，杨金海被评

为“善行河北草根好人”；2014年，他被评为“邯郸市精神文明优秀志愿者”；2015年获“邯郸好人”“感动磁县2014年度人物”等称号；2016年，获“邯郸市助人为乐道德模范”称号。

蔺凤琼

蔺凤琼，1926年生，中共党员，北贾壁乡北贾壁村人，天津市离休干部。1945年初，他参加磁武县抗日民主政府工作，后随军转战南北。直至天津解放，随军入城，定居天津。离乡60余载，无法割舍家乡养育之恩。1997年，了解到家乡有的孩子上学困难时，他决定以“义务捐书”的方式为家乡教育事业贡献一份力量。当时离休工资较低，他从省吃俭用存下的积蓄中一次性拿出3000元用于捐资助学。即使遭遇自己身患胃癌、老伴去世等打击，捐赠也未间断。此外，20余载，以他和爱人王绍华命名的“琼华赠书”累计达1万余册。每本捐书上都盖有“琼华赠书”字样，捐资额共计10万余元。2001年起，他开始资助北贾壁乡留守儿童。先后资助学生60余名。2013年，蔺凤琼被磁县授予“捐资助教先进个人”“尊师重教模范”称号。2014年，先后被评为“2012年感动天津和平区十大人物”“天津市文明市民”“优秀共产党员”等。

杜中兵

杜中兵，1973年生，观台镇乞伏村人。他于2001年创立巴奴毛肚火锅餐饮模式。至2018年，已覆盖北京、上海、西安、苏州、郑州、无锡等20个城市。2018年，他在乞伏村以“支部（党建）+基地+村民”模式，依托巴奴毛肚火锅平台，流转6.7公顷土地，带动30户村民种植绿色有机无公害蔬菜，人均年增收5000～6000元。全村800余人在外参与相关经营，遍布河北、河南、山东、山西、江苏省等地，人均年收入5万元左右。

第六节 舍己为公与敬业奉献

柳合清

柳合清，1922年生，都党乡辛庄村人。1947年参军入伍，成为太行军区五十二团一名战士，1948年11月随部队参加平津战役。

1949年4月安（阳）新（乡）战役中，其所在部队参与解放安阳的战斗。4月17日，包围安阳守军。至27日，攻占全部外围据点50余处。为减少攻城伤亡，解放军改强攻为爆破攻城。柳合清所在连队负责从护城河外挖地道。夜以继日地挖到一半时，柳合清几人听到敌方挖地道的声音并马上汇报，连长当机立断，经请示上级后及时爆破地道。敌方的地道被震塌，挖者被埋压地下。等他们再开挖地道时，敌方不敢再行此事。连续几日紧张挖掘中，每次轮换休息时，柳合清总是把休息的机会让给战友，自己靠着顽强的毅力和苦干的精神连续作战。最终提前2日完成挖掘任务，受到首长好评。战役结束后，柳合清被改编到华北军区后勤军械部任班长。

1951年3月，他带领22名战士连续从内地乘汽车、火车护送武器弹药运往黑龙江省齐齐哈尔地区。接近目的地时，铁路桥梁被敌特份子炸断，列车被困在冰天雪地的原野。上级指示他们守护待援。连续几日，他们忍饥受寒，既看护军用物资，又严防袭扰之敌。危难处境中，有两名群众送来窝头和米汤。若接受，违反军纪且不明食物底细，风险极大；若拒绝，20多人濒临饿死……经过激烈的思想斗争，柳合清毅然率先吃下食物，确认食物安全后，才让其他战士食用。他们先后克服多重困难，最终出色完成任务。柳合清被华北军区后勤军械部、政治部授予人民功臣奖章，荣立二等功。1955年9月，被授予解放奖章；1956年9月，被授予少尉军衔并按副排级安排他转业到磁县县直机关工作。

面对众人羡慕的转业单位和工作环境，他却以自己文化程度不高难以胜任为由，主动申请到峰峰矿务局三矿下煤窑。在井下挖煤，他一干就是20多年。其间，多次被该矿评为先进个人，并于1959年加入中国共产党。1980年退休。2012年转为离休，享受正科级待遇。

退休后，柳合清和老伴李秀芹在村外荒坡沟边开出5亩多荒地，每年生产小麦、玉米1000多千克。除留口粮外，全部出售给国家。1993年，柳合清听说一位到都党乡打工的四川农民工因找工作未果而被困多日后，他送上200多元路费让其返乡，在当地传为佳话。2010年，年近90岁高龄的他实在力不从心，才不情愿地放弃下地干活。

冯建民

冯建民，1960年2月生，中共党员，磁州镇阜才社区人，北京铁路公安局石家庄公安处马头站派出所副所长。

1979年12月至1984年12月服兵役期间，先后受到个人嘉奖四次。

1985年3月他被安排到武安站派出所工作，无论在哪个站，一直保持着三个习惯。一是巡线习惯。所里要求每周两次全程巡线，他主动加码到三至四次，做到快车通过时段必巡、雾天必巡、线路施工必巡、沿线村庄过会和办红白喜事必巡。二是宣传习惯。路外宣传教育进学校、到地头、入厂矿，把铁路安全隐患降到最低。三是查车习惯。每天有20多列货车进站待避保留，做到“一接、二查、三打、四守、五送、六报告”，保障铁路运输物资的安全。

在武安站、光禄站、讲武城站工作期间，先后抓获犯罪嫌疑人24人，查获雷管20枚、炸药5千克、导火索50米。2006年4月13—14日，检查发现从柏庄站开来的货车门连续被破封打开，他及时向上级汇报情况，经访问、蹲守，一举抓获一个4人的犯罪团伙，为国家挽回经济损失15万元。2011年7月，他担任马头站派出所副所长后，主动要求到最偏远的柏庄站负责驻站工作。

1985年5月的一天，列车上一名旅客因突发心脏病猝死。此后，他随身携带一盒速效救心丸，一带就是36年。助人行动长期延续。1992年11月22日17时，下班途中遇到一位抱孩子的妇女求救，当时孩子已休克，冯建民当即抱过孩子向曲沟卫生院猛奔，边跑边掐人中穴位，孩子最终醒来。大夫说，多亏来得及时，再晚些孩子就没命了。他还先后资助贫困学生4人，救助离家出走学生2人。

得知讲武城站附近的敬老院里住着4个老八路和2个五保老人后，冯建民便经常在工作之余前往帮助照顾。敬老院无澡堂，他便骑三轮车拉老人到镇上洗澡，为他们搓背。看他不停地忙前忙后，老人感动地说：“真是把我们当亲人对待啊！”

2006年1月始，他常去磁县光荣院看望老八路张明来、王相和等18名解放军老战士，送上毛巾、香皂、水杯等物品。

从警36年，他先后获“全国铁路公安系统优秀线路民警”“2008年全国孝亲敬老之星”“全国公安机关爱民模范”“全国优秀人民警察”等多项荣誉。

2010年3月，他被公安部评为“全国公安机关爱民模范”，在北京人民大会堂召开的全国公安机关爱民模范先进事迹报告会上，受到胡锦涛等党和国家领导人的接见。2012年4月7日至5月29日，他参加铁道部公安局组织的先进事迹报告团，赴全国18个铁路公安局巡回报告。

吴世豪

吴世豪，1970年生，中共党员，讲武城镇八里冢村人。2007年担任八里冢村党支部书记后，采用“支部+龙头企业+合作社+基地+农户”发展模式，牵头组建农业公司、专业合作社、种植养殖业协会、家庭农场等新型经济组织，建立一条“依托经济合作组织促进增收”的发展道路，推进农业产业结构调整。2010年，成立邯郸市鸿穗种植农民专业合作社，注册“鸿穗”牌商标，投资280余万元建设高标准反季节蔬菜大棚25栋，105户村民加入合作社，全程按照无公害标准生产。2007年，创办邯郸市金益农生物科技开发有限公司，开发养殖白玉蜗牛、秸秆蚯蚓、中华稻蝗、非洲大麦虫、宠物兔等，发展特色养殖业，年产值达1300余万元。为进一步提高农产品附加值，带领村民致富，2014年村党支部选定“蒲公英标准化种植及产品精深加工项目”，通过与华北制药集团、河北工程大学、邯郸职业技术学院、邯郸农科院等大专院校合作，建立产学研基地，于2015年陆续开发出蒲公英叶茶、根茶、红茶、含片、挂面、冻菜、茶点、提取物、速溶茶、蒲公英颗粒等系列产品，通过采用直营店+加盟店、电子商务+产品直销、展会+渠道、私域流量+会员制等模式进行产品销售，建成直营店3家、加盟店14家，在天猫、淘宝、微店、拼多多等电商平台开办网店，发展线下会员1200余人，使产品远销全国29个省（市、自治区）。还引导帮助村内外260户群众及6户贫困户种植蒲公英，提供技

术、种子、保价收购等配套服务，带动讲武城镇、时村营乡、路村营乡 100 余户贫困户入股蒲公英产业进行分红增收。2019 年，全县蒲公英种植面积达 67 公顷，年产蒲公英鲜品 6200 吨，年产值 3100 余万元。

2011 年，被授予“河北省优秀基层党组织书记”称号；2012 年，被授予“磁县发展功勋奖金奖”“河北省创先争优优秀党务工作者”称号；2013 年，被授予“河北省农村青年拔尖人才”“河北省优秀农村科普带头人”称号；2013 年当选为邯郸市人大代表；2014 年，被授予“河北省农村青年致富带头人”称号；2015 年，被授予“邯郸十大杰出农村青年致富带头人”称号；2016 年，被授予“磁县十佳优秀农村党组织书记”称号；2018 年，被授予“邯郸英才”称号；2019 年，被授予“感动磁县 2018 年度人物”称号。

梁　娟

梁娟，女，1972 年生，中共党员，磁州镇兴礼社区人，教师。1990 年到实验学校任教。为提高教学水平，2008 年，她参与邯郸市“十一五”课题“低年级口语交际能力培养及训练方式”“小学语文教学中渗透中华传统文化教育的途径和方法”两项课题的研究实验。2015 年初，她组织成立有 300 余名学生参加的国学社团，利用课余时间义务讲解《弟子规》《三字经》《千字文》《论语》《大学》《中庸》等。假期时，继续利用国学社团微信群，讲解并指导学生学习、朗读国学经典。2018 年，在新华书店二楼利用周末时间，义务为学生讲解中国优秀传统文化。2017 年，她主动进行教学改革，引进“课内海量阅读”，学生利用课堂时间阅读大量的文学作品，有效提高阅读水平。为进一步激发学生阅读热情，她运用盖印章、红花榜、激励卡等评价方式，激励学生自觉阅读、主动阅读，还自费购买拼音本、自动笔等 200 多件小奖品奖励学生，使学生养成进教室就读书的良好习惯。2005 年被评为邯郸市“优秀志愿辅导员”；2006 年被评为邯郸市“关心下一代先进工作者”；2010 年被评为邯郸市“三八红旗手”；2014 年 4 月被授予磁县五一劳动奖章；2015 年被评为“邯郸市师德标兵”；2016 年被评为“磁县最美教师”；2017 年被评为“邯郸市名师”；2018 年被评为“河北省骨干教师；2020 年被评为“邯郸市特级教师”。

杜东平

杜东平，1974 年生，中共党员，磁州镇西候召村人，县电视台编辑、记者。1994 年 7 月进入县电视台工作后，勤奋笔耕，坚守岗位，以单位为家，把绝大部分时间和心血都倾注到新闻采编事业中。2015 年 4 月，他组织创办“掌上磁县”公众号，不论寒暑或节假日，坚持每日推送文章，宣传党的路线、方针、政策，宣传县委、县政府的决策部署、县内各方面先进经验，宣传事关群众利益的大事小情等。2016 年 9 月，他筹划开办“精彩磁县”手机软件，仅 10 个月时间用户就超过 6 万人。10 月，“掌上磁县”更名为“精彩磁县”。截至 2018 年年底，“精彩磁县”关注人数超过 2.4 万人，累计编发、推送文章 7700 余篇。2017 年冬，他的妻子突然腹痛严重，打电话让他陪同去医院检查。可他因为不愿耽误工作，劝妻子忍一下。因疼痛难忍，妻子只好乘出租车独自前往医院，检查结果为急性阑尾炎，必须马上手术。得知消息后，他忧心如焚，自责内疚，但手头上正在编发一条重要的新闻稿件，容不得半点失误，他努力使自己镇定下来，继续工作半个小时成功编发后，才急匆匆赶到医院。2005 年，他被评为“全县十佳编辑（记者）”；2006 年被评为“全县十佳新闻工作者”；2017 年被邯郸市委宣传部、市新闻工作者协会授予“美丽邯郸　最美记者”称号；2019 年 3 月被授予“感动磁县 2018 年度人物”称号。

索维国

索维国，1971 年生，中共党员，陶泉乡索庄村人。河北申美集团天保寨景区开发部副部长。2017 年，他主动请缨到天保寨景区工作。到任后，为加快工作进度，他夜以继日，吃住在工地。1 年内，景区新栽树木 6000 余棵，管网检修维护 7000 多米，焊接栈道 1000 米，新建栈道 730 米，新建天保寨礼佛台 1 处，铺设供水管路 4.5 万米。在施工中，他认真负责，注重细节。特别是在最艰难、最危险的栈道施工中，亲力亲为，奋战在第一线。此外，还新建大棚 17 栋，均配套安装微喷设备；还协助林业小队完成树木浇灌任务、配合施工队伍完成物资提升及电路建设、安装调试绞车5处。截至2018年，他带队建设天保寨景区悬崖栈道2000余米、土持铺设山区公路2000余米、修建登山步道2000余米。2019年，被授予“感动磁县2018年度人物”称号。

第七节　自强志坚

索鹏飞

索鹏飞，1992年生，白土镇白土村人。2000年夏，因不慎碰到高压线导致双臂截肢。为继续上学，年幼的他经历千辛万苦学会用脚趾夹笔写字，生活能简单自理。为不给老师、同学添麻烦，无法自主如厕的他很少在学校上厕所。2010年高考时，他拒绝为其设立单独考场，坚持用双脚艰难完成各科目考试，最终以462分的成绩被河北科技大学理工学院国际经济与贸易专业录取。2010年，索鹏飞被评为2010年度“感动省城”人物。

索雅祯

索雅祯，女，1996年生，共青团员，磁州镇阜才社区人，学生。2008年的一场车祸，使她失去父亲，母亲也受重伤住进重症监护室，家庭陷入贫困。年仅12岁的她对母亲隐瞒父亲去世的事实，直到第二年春节，母亲才得知真相。然而，惨痛的生活并没有将索雅祯压垮，她始终刻苦学习，最终凭优异成绩被保送至磁县第一中学。2012年，她被学校公选为学生会主席。其间，她在生活和学习上主动帮助、鼓励其他困难的同学。2013年，她先后获“河北省优秀共青团员”“邯郸市优秀班干部”“磁县优秀五四青年”等称号。2014年4月，索雅祯被授予“河北省第二届青少年自强之星”称号、“感动磁县2013年度人物”称号。

郭玲玲

郭玲玲，女，1989年生，都党乡南岸花村人，国家级残疾人运动员。自小因小儿麻痹症落下残疾，靠双拐支撑走路。但她身残志坚，2010年冬，毅然选择练习体育比赛中的举重项目。此后，寒冬酷暑，她都坚持刻苦训练。2011年10月，在浙江省杭州市举办的第八届全运会中，以72公斤的成绩获40公斤级铜牌。2015年，在四川省遂宁市举办的第九届全运会中，以91公斤的成绩获41公斤级银牌。2017年3月，在迪拜举办的残疾人举重世界杯比赛中，以94公斤的成绩获45公斤级冠军；是年6月，在江西省南昌市举办的全国举重锦标赛中，以105公斤的成绩夺得50公斤级冠军，同时打破国内纪录；是年12月，在墨西哥举办的残疾人举重世锦赛中，以110公斤的成绩取得45公斤级冠军，并首次刷新世界纪录。2018年6月，在北京市举办的全国残疾人举重锦标赛中，以120公斤的成绩再次夺得45公斤级冠军，并以123公斤的成绩打破世界纪录；是年9月，在日本北九州举办的亚洲锦标赛中，以113公斤的成绩获45公斤级冠军，并以114公斤的成绩第二次刷新世界纪录；是年10月，在雅加达举办的亚洲残疾人运动会中，以115公斤的成绩获45公斤级冠军，并以115.5公斤的成绩第三次刷新世界纪录。2019年5月，在天津市举办的第十届全运会举重比赛中，以120公斤的成绩获45公斤级冠军，并以125公斤的成绩打破世界纪录；是年7月，在努尔苏丹举办的残疾人举重世锦赛中，以118公斤的成绩获45公斤级冠军，并第四次刷新世界纪录。

第三十四编 民俗 宗教 语言

磁县历史悠久，文化底蕴深厚。民间习俗以汉族习俗特点的表现形式最为普遍，西部山区、中部丘陵、东部平原习俗大致相近。中华人民共和国成立后，民俗文化得到巩固和丰富。1999 年后，随着社会交往扩大、科技的逐步普及和文化程度的提高，居民生活习惯、民风民俗也在进步与传承中演变。2017 年起，随着“移风易俗”“环境保护”政策的推进和城乡居民意识的提高，春节燃放鞭炮、上坟烧纸、正月十六点火“烤百病”“游百病”等传统习俗逐渐淡化，红白喜事铺张浪费、大操大办等陋习亦得到遏制。

域内有佛教、道教、基督教、天主教、伊斯兰教五种宗教。南北朝时期，佛教传入域内，始修佛寺、庙宇。著名的有南、北响堂寺和元符寺。民国时期，多数寺庙改做学校，“文化大革命”期间寺庙被毁，改革开放后佛教恢复。1995 年 8 月，经省、市宗教部门批准，路村营乡东田井村原鸿门寺、茶岗寺改建为龙泉寺，规模为 3 院 9 殿。唐代，提倡发展道教，逐渐普及全国。明、清时代，域内设道会司。道院以城内崔府君庙道院为主，有道士 20 余人常驻。解放后，道观解体改为他用。1998 年，县内仅有 1 名道士和百余名弟子。基督教于清光绪年间传入域内。民国 7、8 年间（1918—1919 年），县城南大街建教堂 1 座，占地 7 亩。1958 年，该教堂拆除。改革开放后，宗教活动步入常规。1988 年 8 月，成立“磁县基督教三自爱国运动委员会”“磁县基督教协会”。1993 年，在讲武城镇东李庄村东建立 1 座基督教堂，占地 867 平方米。1995 年 3 月，在滏阳北大街中段东侧建教堂 20 间。1995 年年底，基督教徒聚会点 58 个，有长老 1 人、信徒 3994 人。1997 年，县政府出资 10 万元，用于修建县城基督教堂。1920 年，磁县天主教在城内设教堂 1 座，另有公所 15 处。1952 年，天主教堂办起公教眼科医院。1998 年，有天主教教务活动点 8 个、教徒 2610 名、修女 1 名。清同治年间（1862—1875 年），信奉伊斯兰教的大名、邱县的回民迁至县城及南十里铺村。民国初年（1912 年），县城及南十里铺村各有 1 处简陋清真寺，教徒在宗教节日到寺内礼拜。20 世纪 50 年代中期，县内有教民 360 余人。1981 年，城内清真寺重修，建房 12 间。1985 年，南十里铺村清真寺重修，占地 600 平方米，建房 9 间。是年，县内教民 670 余人。

1999 年后，磁县全面贯彻落实党的宗教政策和国家有关法规，规范管理，加强引导，使广大教徒团结在爱国主义旗帜下，依法开展宗教活动，积极参加国家建设。2001—2007 年，县民族宗教事务局连续 7 年被评为“邯郸市民族宗教工作先进单位”，2011 年被评为“邯郸市民族宗教工作先进单位”。2018 年，县内有宗教团体 6 个、宗教活动场所 58 处、信教群众 9864 人，占全县总人口 2.1%。

域内方言经上千年演变，形成独具特色的磁县方言。磁县方言属北方方言、晋语语系，受邻省、市、县方言不同程度影响，发声直白，其中西部山区保留入声字较多，入声调急促重浊；丘陵地带和中部地区的入声调短促，不太重浊；平原地区的入声调短而不促，弱而轻微。1999 年后，普通话使用范围广泛并得到推广，新词语大量使用，青少年间韵调差异逐渐缩小，一些方言词汇逐渐消失。至 2018 年，县内 85% 的居民具备普通话应用能力，95% 以上的识字人口使用规范汉字。

第一章　生活习俗

第一节　服　饰

衣

20世纪90年代后期，服装制作由家庭自制逐步转向裁缝师订做，有的直接到服装店购买。1999年，县城有制衣裁剪门市10余个、服装门市上百个，全年服装样式、面料多样化且质量明显提高。2007年后，服装不再局限于普通款式，开始有“报喜鸟”“国人”“花花公子”“森马”“真维斯”“唐狮”“波司登”等品牌服装店入驻磁县。男士有西装、衬衫、polo衫、冲锋衣等；女士有打底衫、打底裤、喇叭裤、哈伦裤、连衣裙、半身裙、套装等。此外，服装样式还有夹克、羊毛衫、卫衣、风衣、皮衣、毛呢大衣、牛仔裤、保暖内衣等。冬季开始流行穿羽绒服，军大衣、自制棉袄等逐渐被取代。制衣店仍然存在，但数量不多。2009年后，随着网络普及，各类风格、款式、材质服装进入人们视野，大批中、青年人加入网络购物潮流，大众审美提高，服装样式翻新较快，尤其是女性服装。有些样式刚兴起数年就被淘汰，如宽喇叭裤被小脚裤、直筒裤、九分裤、破洞牛仔裤等取代，宽厚的羽绒服也被轻薄修身羽绒服取代。随着流行趋势变化加快，人们会根据个人喜好和场合的不同，选择品牌，讲究搭配，以提高个人品位。

帽

1999年后，各种样式的帽子开始出售。女士帽样式有渔夫帽、贝雷帽、大檐帽、棒球帽等，代替头巾。男士帽样式则以棒球帽、鸭舌帽为主，代替军装帽及老式呢子帽、棉栽绒帽。夏季，人们外出也流行戴帽遮阳，有空顶长檐遮阳帽、遮脸防紫外线面罩等。老式麦秸秆草帽在部分农村仍然是中老年男性的首选。

鞋

1999年后，男士流行穿皮鞋，女士流行穿高跟鞋、松糕鞋、雪地靴、高筒靴；冬季，男女老穿保暖功能好的高腰皮棉鞋。老人多穿老头鞋、一道脸鞋、绑带鞋等。2005年，旅游鞋、运动鞋以其舒适、休闲的特点，受到人们喜爱，年轻人还流行板鞋、帆布鞋。2010年后，鞋子流行变化速度加快，以女鞋最为明显，如雪地靴和高筒靴逐渐被低腰中跟皮鞋代替；比起细高跟鞋，女性更喜爱舒适的高防水台、粗跟凉鞋。2018年后，年轻人追求个性和时尚，流行马丁靴配工装裤、豆豆鞋配萝卜裤等，旅游鞋等重新受到年轻人喜爱。市面上鞋子花色丰富，样式繁多，可满足人们不同场合、季节的需求。

袜

1999年后，逐渐流行高腰棉绒袜、呢绒袜。冬季，人们普遍穿保暖的高腰棉袜。春、秋季节，男士穿高腰网眼透气薄袜，女士穿低腰丝袜。夏季，许多女士穿连裤丝袜。2010年后，低腰袜和船袜开始在青年人中流行，达到穿鞋少露袜或不露袜的清爽效果。如船袜搭配不露趾凉鞋，低腰袜搭配运动鞋。中年、老年人群仍然多选择高腰袜。2018年后，花色个性的高腰袜受到年轻人喜爱，脚踝露袜、堆袜，搭配七分裤，以彰显个性。另外，婴幼儿有学步袜、防滑袜，颜色与图案丰富。人们逐渐重视袜子颜色与场合的搭配，尤其男士多穿深色袜子来搭配深色西装、皮鞋。

配饰

1995年后，开始流行戴首饰，女士有戒指、耳坠、耳环、耳钉、项链、手镯，首饰品质以金银为多，其次有玉质、铜质、塑料等，做工精细、造型精美、样式繁多。塑料首饰多为儿童佩戴。城区女士流行戴颜色艳丽的头饰，如彩色发卡、造型别致的发夹、花色头绳等。此外，毛衣胸针、毛衣链等较为流行，多以塑料、金属质地为主。男士流行戴墨镜、戴机械手表。2010年后，中年女士头饰趋于简洁、深色，冬季则在颈部围一条彩色丝巾，既挡风又美观；年轻女士不再热衷黄金首饰，流行戴铂金、彩金、纯银、钻石材质首饰。耳饰则以简洁的耳钉、小圈耳环为主，耳坠逐渐淘汰。年轻男士流行戴造型时尚的电子手表、智能手环等。

第二节　饮　食

主食

磁县居民每日三餐以白面、大米、小米、玉米为主，间用豆类。早、晚餐西部山区以小米粥为主，中部及东部平原以玉米面粥为主，粥里有放菜叶的习惯，配以馒头、花卷、油条、糖糕、烧饼、玉米面窝头、烙饼、煎饼、荤素包子等。午餐多食大米饭配炒菜，拽面、抿曲子、擀面条或机器面条配汤卤，馒头配大锅菜，水饺等。

菜肴

1999年后，磁县人餐桌上菜肴逐渐丰富，人们更加注重食材与营养搭配，部分家庭还会讲究摆盘。蔬菜全年供应，品种齐全，但人们食用应季蔬菜较多；鸡蛋和肉类成为大部分家庭的家常菜；调味料也花样繁多、应有尽有。早、晚餐一般为主食配素炒菜或咸菜、酱菜；中午主食配炒菜、大锅菜和汤卤，肉类、蛋类、蔬菜均匀搭配，间有鱼类。随着网络普及，部分家庭上网搜索菜谱，学习制作其他地域特色及口味菜肴。1999年后，席面菜肴具备香、甜、麻、辣等口味，普遍为16个菜（七凉、八热、一汤），经济条件较好者菜品丰盛些，烟、酒、饮料随桌而配。

特色美食

磁州焖子　主料为猪肉泥、鸡蛋，辅料为蔬菜、葱、姜、大料、五香粉、盐、料酒、酱油等。将原料与淀粉搅拌，摊在薄鸡蛋饼上裹卷，再装笼蒸熟，待冷却凝固后切块装盘，蘸醋、芥末酱、香油佐食。根据肉糜的加工程度不同，焖子口感

磁州焖子

或筋道或软糯，食之唇齿留香，回味无穷。

鲜粉皮　以绿豆淀粉为原料，以槐树豆角汁染色，淡黄透绿，晶莹剔透，厚约1厘米，浸泡在凉水中可保鲜数日。烹饪前多切成菱形或条状，搭配蒜苗、蒜苔、豆芽、五花肉等炒制食用，清香扑鼻、爽嫩筋道，久煮不粘，是磁县家庭的主要菜肴之一。

炒鲜粉皮

粉浆饭　磁县地方风味小吃，多在早、晚食用，常见于早餐摊、铺，方言称为浑汤饭。红薯磨成糊状加水过箩后，滗出的稠汁经发酵形成浑汤。浑汤煮沸，加入小米、泡发的黄豆、花生米，倒入白面糊，熬至黏稠，加入盐、葱、香菜即可。浑汤饭酸咸适口、酸中夹香，令人开胃。

粉浆饭

岳城大银鱼　该银鱼产自岳城水库，每条长10至20厘米，洁白无鳞，浑体通透，色泽如银，故得此名。可与白萝卜搭配煲汤，是上好滋补佳品；

干炸岳城大银鱼

亦可裹面粉、蛋液炸至金黄，外酥里嫩，肉质筋道，满口鲜香，老少皆宜，是磁县人宴请宾客的上等菜肴。

胖妮熏鸡　由磁州镇滏阳社区焦明始创，已有百余年历史，是磁县人过节时酒席上必备菜肴之一。胖妮熏鸡由柳树锯末熏制而成，水分少、熏香味浓、色泽紫褐油亮，肉质外紧里嫩，十分鲜美。

胖妮熏鸡

马良烧鸡（清真）　以陈皮、肉桂、豆蔻、白芷、丁香等为佐料卤制而成，烧鸡油亮嫩黄，色泽诱人，鸡肉多汁鲜嫩，肥而不腻。鸡骨与鸡肉可轻松分离，食之满口留香。是磁县人逢年过节、招待宾朋的上好菜肴。

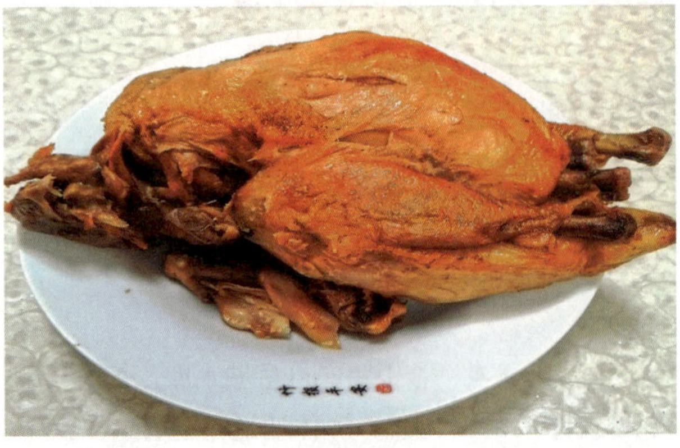

马良烧鸡

磁州扣碗　是磁县人宴席上必备菜肴之一，同时配馒头上桌。扣碗之后紧随鸡蛋汤，为宴席最后一道菜。将腌制并油炸过的肉类食材等分别置于不同小碗，上铺粉疙瘩（皮渣），盖深底盘蒸制，

磁州扣碗

出锅后迅速倒置，揭开小碗，食材如碗状扣在盘里，故称“扣碗”。扣碗主要包括腐乳肉扣碗、丸子扣碗、排骨扣碗和小酥肉扣碗。腐乳肉扣碗酱汁红润醇厚，肉片咸香软烂，肥而不腻，底部的粉疙瘩经汤汁蒸煮，软糯入味，配馒头吃满口留香；丸子扣碗中丸

蒸制扣碗

子外焦里嫩，筋道小巧，汤底加翠绿的香菜，撒上胡椒粉，清澈咸鲜，开胃暖胃；排骨扣碗与小酥肉扣碗均有汤底和粉疙瘩，排骨有嚼劲，酥肉爽滑嫩，几道扣碗下肚，这顿饭倍感“入实”（舒服之意）。

磁州酒　由河北三都酒业有限公司制造，为首个与茅台酒厂合作的河北省酒厂，其所生产的

水墨磁州酒

大曲酱香磁州酒以优质红粮为原料，采用茅台工艺酿造而成，有酱香突出、优雅细腻、醇厚丰满、回味悠长、空杯留香之特点。

“回头香”香油　即“芝麻油”，是磁县居民日常烹饪、佐餐必备调味料。磁县“回头香”香油为磁县上百年的本土品牌，民国时期由回族青年张恩殿始创。以纯石磨工艺研磨、礅碰，使芝麻油糊分离，析出的香油清澈透明、香味扑鼻。

附：行酒令

行酒令是磁县从古至今流行的饮酒游戏，极富竞争性，有增添酒兴、烘托气氛之效果，且技巧性颇强，是对饮酒者心、眼、口、手配合程度的一种综合考验，酒至半酣时的行酒令最有看头。一般人们在农闲、走亲、过节、聚会时玩行酒令。由于行酒令较为吵闹、醉酒者偶发安全事故，加之城乡文明不断提升，2010 年后，行酒令基本退出人们生活。仅在喜宴、家庭聚会时偶有玩者。

划枚　又称猜枚，猜拳，磁县人称搬（shǎi）枚。5 个手指分别对应各自数量（拳头表示 0）。两人各伸手，手指数相加必等于某数。出手的同时，每人口报一数字。如两人报的数都与双手的数相同或都不同，就继续划；如其中一人说的数正好是两手和数，则为赢家，输者罚酒。磁县枚讲究“双见双赢”，即双方开始划枚时，要先连伸两次大拇指，同时跟对方吆喝两次“哥俩儿好”（平辈间，不同辈分称“爷俩儿好”），然后正式开始划枚。赢者须说：“赢你！”（称“报枚”，如不“报枚”者视为不赢）第二次赢时，则收手闭嘴，表示胜利。搬枚从零到十的完整说法是：对宝（疙瘩），一心敬，两个好，三桃园，四季财，五魁首，六六顺，巧七枚，八匹马，九连环，满堂红。日常中多数划枚者不完整说，而只报数字。

扫二维码　赏《喝酒划拳》

掷骰子　又称唬豹子。时兴阶段，多数家庭和饭店都备有掷骰子工具。掷骰子通常是两人对“唬”，一人执 1 个小碗，碗里放 5 个骰子，用手捂住碗口，摇晃之后，把碗放下，看着自己碗里的骰子数字，猜测对方碗里的数字，开始报数。通常为“四档”起步，即至少要“四个一”，根据对方数字，结合自己数字，决定是否继续往上加数。一旦“开”了，若大于或等于双方的数字之和，则“开”方输；若小于双方的数字之和，则对方输。

压指头　磁县人称哑巴枚。玩法：大拇指、食指、中指、无名指、小指，依次循环相压，两人同时各伸手指，上者为胜，下者认输罚酒。

猜有没　“闯关”者执 1 小物件，如花生米、火柴棒等，将手背到身后，或隐至酒桌下部，快速握拳伸出，让对方猜有没。对方说：“有了我的，没了你的。”这时，伸开手掌，对错便知。也有人会在酒至半酣时，浑水摸鱼，说：“有了我不喝，没有了你喝。”对方倘若反应慢点，多半儿会上当。

猜单双　和猜有没基本类似，只不过手里换成两个小物件。

数七　传统的益智行酒令，适合多人玩。规则为，从 1 开始逐人报数，轮到数字含 7 或为 7 的倍数（暗 7）时，马上说：“过！”下一人则要马上接着报“过”之后的数字。其间报错者罚酒，然后从 1 开始重新“数七”。

石头剪刀布　磁县人称“交猜猜、猜估猜、钉钢锤”。两人握紧拳头，共同念出口令，在念到最后一个音节时，两人迅速出示手势（石头、剪刀或布），三种手势互相克制：剪刀剪不动石头，则石头为胜；布被剪子剪开，则剪刀为胜；石头被布包裹，则布为胜。若手势一致，则为平局。有时会三局两胜或五局三胜来定胜负。

虎棒鸡虫　虎棒鸡虫分别代表老虎、棒子、鸡、虫。玩时两人相对，各执一根筷子相击，同时喊其中一种，棒击虎，虎吃鸡，鸡吃虫，虫吃棒，负者饮酒。若棒子与鸡，虎与虫同时喊出，则不分胜负。

拼三张　酒桌上玩扑克牌的游戏。每人发6张扑克牌，先后出牌3次，每次根据不同规则比大小，最大者赢，最小者输。第一次出牌输者，喝1杯酒；第二次输者，喝2杯酒；第三次输者，则一次性喝3杯酒。具体规则为：第一次每人出牌1张，比点（数字），点最小者输。第二次每人出牌2张，花牌（JQK）为半点，除大小王以外其他牌是几则为几点，加起来和为10.5的数最大，加起来点最小的与数超过10.5的皆输。第三次每人出牌3张，磁县人称“抵牛”，3张点相同的称“豹子”，为最大；3张数相连的称“顺子”，次之；3张花色一样的称“同花”，再次之；有两张点相同的称“对子”，再次之；三张牌不论点数和花色均不同且不连贯的，称“单三张”，为最小。若人皆“单三张”，则数字最小的输。拼三张最大的特点就是三次酒令设置的“酒筹”越来越高，富有趣味性。

第三节　住房与配套器具

建房与买房

2005年后，农村建筑改为三大间、二层楼、三层楼、套间房、单元式别墅等样式，墙体建筑多为砖混结构，屋顶为钢筋水泥现浇顶，门窗多用铝合金。同时期，县城出现住宅小区，如滏西小区、滏苑小区等。随着人们生活水平日益提高，向往教育、医疗等优质资源，逐渐倾向于在县城买楼房。2010年后，县城里的住宅小区逐渐增多，房价也日趋涨高。

建新宅

1999年后，城乡居民建房开工择吉日、吉时，在施工场地竖立一面小红旗，直到房屋落成。一层房屋打顶时（相当于旧时立梁），人们多选择良辰吉日。屋顶浇筑完工时，贴对联、放鞭炮以示庆贺。除沿用旧时在屋内正中墙面贴“姜太公在此”外，还要张贴一张毛泽东主席的标准像。

镇物

1999年后，城乡居民建房时，如房、院直冲道路，房主在临路的墙面上镶一块石，刻有“泰山石敢当”字样，以图吉利。有的则用“老君砖”（窑口竖在火道头用于看火温度的砖），用朱砂题写“泰山石敢当”。

尹家桥村内“泰山石敢当”石（2019年　摄）

迁新居

1999年后，迁新居时择吉日、贴对联、放鞭炮，午时前发面蒸一锅发面馒头，意为“发家”“蒸蒸日上”。多在当日午时设席，小范围招待前来祝贺的至亲，并于其后的近期摆筵招待亲朋好友。

电器

20世纪90年代后期，电视机、洗衣机等家用电器进入城乡居民家中，经济条件较好的家庭购有组合音响、影碟机、空调、电冰箱等。2003年后，电脑逐渐进入居民家中。2010年后，厨房实现电器化，抽油烟机、电饭锅、电压力锅、电烤箱、豆浆机等应有尽有。同时，笔记本电脑、网络设备、全自动洗衣机在县城基本普及。2018年，智能家电，如智能冰箱、智能洗衣机甚至全屋智能家电，已出现在县城部分家庭。

家具

1999年后，家具样式增多，沙发、茶几、写字台、拐角沙发、电视柜、梳妆台、组合柜、挂衣柜、书架、高厢床、席梦思床垫、折叠床、阴凉椅、折叠椅等进入城乡居民家中。2010年后，县城出现定制家具，家装设计师根据房屋尺寸、业主意愿，设计制作出更加实用、美观的家具。2015年后，出现家具、室内装修一体化，在入住之前，人们通过设计的立体效果图可看到新家内景的模样。部分居民装修时选择包工包料，实现“拎包入住”。

灯具

1999年后，城乡居民家用照明灯具一般为节能灯，客厅多用吊灯，卧室、厨卫间则多用吸顶灯。2010年后，客厅多用能变换几种颜色的大华灯，少数人家的挑高客厅还用上2、3米长的大吊

灯。卧室改用外表华丽且能变换多种颜色的吸顶灯，厨卫间的吸顶灯亮度增加。

第四节　出行　旅游

出行

1999年，摩托车、自行车是城乡居民的主要交通工具，少数人拥有私家车。2001年，县内城乡公交车开通运行、2006年出租车投入运行，为城乡居民出行提供便利。2005年始，电动自行车以其轻便、快捷、低成本的优点迅速受到人们青睐，成为居民短途的主要交通工具，各种品牌、造型的电动车在县城均有出售。与此同时，以健身为目的的山地车、旅行车等款式自行车开始流行，老式横梁自行车较为少见。2010年后，私家汽车进入城乡寻常百姓家。至2018年，私家车遍布城乡街头，节假日及每天上下班高峰期，部分街道出现堵车现象。

旅游

1999年后，随着城乡居民生活观念的更新、交通工具的发达和交通的日趋便利，休闲旅游成为人们一种消费选择。自驾游、随团游，本地游、外地游、出国游等在磁县逐渐流行，大大小小的旅行社也应运而生。2010—2018年，域内天保寨、炉峰山、溢泉湖、岳城水库、农家采摘园等景点成为磁县居民就近游玩的好去处。“五一”“十一”长假期间，居民越来越多地选择随团国内游。经济条件较好的居民还出国旅游。

第五节　庙会　集日

庙会

庙会，磁县亦称“过会”，历史悠久。从农历正月初九前港村第一个会，到农历腊月二十观台一街、二街、三街村的最后一个会，全县共有202个庙会。庙会日子多集中在秋收之后和春耕之前的农闲时节，有的村一年一次，有的村一年数次。庙会主要是以临时的市场形式进行贸易，多在村街、村巷摆摊、架棚进行买卖。来自四面八方的商贩多于庙会前一天用做记号、摆物品的方式抢占摊位，以防庙会当天无摊位可用。庙会当天可买到各种生活用品，如衣物布匹、日用杂货、蔬菜水果、儿童玩具等，多数庙会还搭台唱戏。庙会中一项重要内容是“赶会”，村民的亲朋好友在当天从四面八方赶来家里做客，故村内人头攒动，热闹非凡。中午，主人设宴招待亲友、主客叙旧畅谈。一般家庭设2～3桌，亲友多的家庭设3～5桌。亲友“赶会”所带礼品，随着时间推移而变化。1999年前后，以烧饼、水果为主。2010年前后，以方便面、饮料为主。2015年后，以食用油、鸡蛋为主。礼品更趋向于易存放、实用。随着社会发展，农村群众采购商品更加便利，庙会的意义已转向于促进亲朋好友的联络走动、感情沟通。

磁县各村庙会时间表（农历）

表34-1

村　名	庙会时间	天数	村　名	庙会时间	天数
正月			南黄沙三街村	二十四	1
前港村	初九	1.5	东清流村	二十八	1
北岔口村	十六	1	龙王庙村	二十八	1
西小屋村	十八	1	二月		
永旺村	十九	1	塔湾村	初二	1
南黄沙一街村	二十四	1	同义村	初二	2
南黄沙二街村	二十四	1	下七垣村	初二	1

续表

村　名	庙会时间	天数	村　名	庙会时间	天数
东艾口村	初五	1	东保障村	初二	1
西曹庄村	初六	1	北王庄村	初三	1
尹家桥村	初六	1	大冢营村	初三	1.5
东风寨村	初九	1	申家沟村	初三	1
付屯头村	初九	1	柴庄村	初五	1
刘屯头村	初九	1	岗子窑村	初六	1
圣水洼村	初九	1	王家店村	初六	1.5
王屯头村	初九	1	大水头一街村	初八	1
西保障村	初九	1	大水头二街村	初八	1
张屯头村	初九	1	大水头三街村	初八	1
侯家沟一街村	十一	1	孟庄村	初八	1.5
侯家沟二街村	十一	1	观台一街村	初十	1
侯家沟三街村	十一	1	观台二街村	初十	1
里青村	十二	1	观台三街村	初十	1
路村营村	十五	1	下庄店村	初十	1
岳城村	十五	1	前岭村	十二	1
后湾漳村	十七	1	冶子村	十三	2
槐树屯村	十九	1	北羊城村	十五	1
十步槽村	十九	1	南贾壁村	十五	1
时村营村	十九	1	旺南村	十五	1
东陈村	二十	1.5	张庄村	十五	1
牛尾岗村	二十三	1	李庄村	十六	1.5
下庄村	二十三	1	辛庄村	十六	3
池上村	二十六	1	北黄沙村	十八	1
大庄村	二十六	1	南营村	十八	1.5
韩家沟村	二十七	1	南开河村	十九	1
索井村	二十八	1	小屯洼村	十九	1
三月			东田井村	二十四	1
大营村	初一	1	西田井村	二十四	1

续表

村　名	庙会时间	天数	村　名	庙会时间	天数
青碗窑村	二十六	1	杨花庄村	二十四	1
石场村	二十七	3	中贾壁村	十五	1
四月			申家庄村	十七	1
杳水村	初一	1	东田井村	十八	1
白土一街村	初四	2	西田井村	十八	1
白土二街村	初四	2	中清流村	十八	1
白土三街村	初四	2	观台一街村	二十四	1
白土四街村	初四	2	观台二街村	二十四	1
白土五街村	初四	2	观台三街村	二十四	1
白土六街村	初四	2	七月		
常凝村	初八	1	白庄村	初二	1
南峧村	初八	1	上陈村	初二	1
潘汪村	初八	1	北贾壁村	初七	3
观台一街村	初十	1	后港村	初十	1.5
观台二街村	初十	1	张二庄村	初十	1
观台三街村	初十	1	撒谷村	十一	1
东小屋村	十一	1.5	霍王庄村	十三	1
九龙口村	十三	1	上寨村	十六	1
南岔口村	十五	1	南王庄村	十八	1
北白道村	十八	1.5	上七垣村	十八	1
花驼村	十八	1	西槐树村	二十	1
五月			西清流村	二十三	1
梧桐庄村	初四	1	田庄村	二十五	1
时村营村	十八	1	八月		
牛尾岗村	二十五	1	西保障村	初一	1
关后社区	二十七	1	九月		
六月			磨里村	初六	1
朝冠村	初十	1.5	北莲花村	初九	2
双庙村	十三	1.5	北王庄村	初九	1

续表

村　名	庙会时间	天数	村　名	庙会时间	天数
南莲花村	初九	2	南白道村	初九	1.5
漳村	初九	1	小庄村	二十六	1
中莲花村	初九	2	岗西村	二十七	1
肖庄村	初十	1	小盆沟村	二十七	1
乞伏村	十三	1	小寨村	二十七	1.5
钟离村	十三	1	岗子窑村	二十八	1
东艾口村	十五	1	上庄村	二十九	1
滏阳营村	十六	1.5	十月		
讲武城村	十六	1.5	陈庄村	初三	1
泥河村	十六	1	东高录村	初三	1.5
监上社区	十七	1	索井村	初三	1
杨庄村	十七	1	西保障村	初三	1
界段营村	十八	1	西高录村	初三	1.5
庆和峪村	十八	1	下庄店村	初三	1
台子寨村	十八	2	中高录村	初三	1.5
西陈村	十九	1.5	押涧村	初四	1
观台一街村	二十	1	三里屯村	初五	1
观台二街村	二十	1	北来村	初六	1
观台三街村	二十	1	上庄村	初六	1
路村营村	二十	1	东槐树村	初七	1
甘草营村	二十一	1	水鱼岗村	初七	1
东驸马沟二街村	二十二	1	刘庄村	初八	1.5
申庄村	二十二	1.5	西李庄村	初八	1
西艾口村	二十三	1	马家荒村	初九	1
八里冢村	二十五	1.5	中岔口村	初十	2
北郭村	二十五	1	武吉村	十一	1
后岭村	二十五	1	南神岗村	十二	1
徐家村	二十五	1	马家坟村	十三	1
北开河村	二十六	1	索庄村	十三	1

续表

村　名	庙会时间	天数
南郭村	二十六	1
后辛安村	十五	1
前辛安村	十五	1
马水涧村	十六	1
十里铺村	十六	1
槐树屯村	十九	1
东武仕村	二十	1
观台一街村	二十	1
观台二街村	二十	1
观台三街村	二十	1
于家店村	二十	1
张家店村	二十	1
黄官营村	二十六	1
西窑头村	十三	1
东曹庄村	十四	1.5
柿园村	二十六	1
十一月		
北贾壁村	初三	3
观台一街村	二十	1
观台二街村	二十	1
观台三街村	二十	1
腊月		
路村营村	十三	1
观台一街村	二十	1
观台二街村	二十	1
观台三街村	二十	1

说明：本表按时间先后、数字顺序、汉语拼音音序3个层级排序，统计时间为2018年12月。索井村是一个自然村，包括西庄、西上庄、新华、双和四个行政村。

集日

集日为农村的物资交流会，以买卖生活用品为主，规模较庙会小，商贩数量及商品品种较庙会少，但次数较庙会多，有的村“逢几一集”，因此一个月内有三次集。可较大程度满足农村群众的物资需求。集日当天，亲友一般不带礼走动。

第二章　婚丧习俗

第一节　婚　嫁

媒人

专业媒人以介绍亲事、收取媒礼为生。1999年前，青年男女思想保守，主要靠媒人牵线。媒人介入后，方可提亲事。去女方家相亲时，男方与媒人同行。谈婚论嫁时，媒人主动圆场、说合，促成美事。1999年后，青年男女交往范围扩大，多选择自由谈恋爱，有意成婚时，男方从双方亲友中择一热心人作“媒人”，以完成结婚有关事宜，因此专业媒人数量减少，但媒礼数额已由20世纪90年代的300元、2000年后的500元、2010年后的1000元，到2018年时涨至2000～3000元。非专业媒人不收媒礼，新人婚后第一年春节，上门给媒人拜年、送礼品，以表谢意。

见家长

青年男女确定恋爱关系后，前去对方家中与其父母见面，登门礼物多投对方父母所好，一般为双数，家长则备酒菜招待。男方父母如果对女孩满意，便给见面礼，少则500元，多则上万元，其他男方主要亲属第一次见女孩也要送红包，多为100～200元。见面满意后，便会经常邀请青年男女来家做客，增进了解。

订婚

男女青年及双方家长一致同意后即进行订婚。订婚时，男方要举办订婚仪式，由男女双方亲友参加，根据参加人数确定席桌数量。县城多在饭店办理，农村多自找厨师在家承办。开宴前，男方将彩礼的一半或全部交于女方，订婚书男女各执一份，商议结婚典礼事宜，达成一致意见后亲朋好友入席开宴。宴席期间双方家长向客人祝酒道谢。当日下午，男方要带礼品到女方家认家门。部分人从认家门起就开始改口，女婿称岳父、母为爸爸、妈妈。彩礼是男方出钱由女方出面购买新人的嫁妆费用。彩礼除置办日用品外，主要物品在磁县有“四大件”之说。随着年代的不同，“四大件”内容有别：20 世纪 70 年代末 80 年代初是自行车、手表、收音机、缝纫机，彩礼钱一般为 100 ～ 200 元，1985 年增至 500 元，20 世纪 80 年代末增至 1000 元；20 世纪 90 年代是电冰箱、电视机、录音机和洗衣机，彩礼 10 年间从 1000 元增至 8000 元；2000 年是彩电、空调、电冰箱和洗衣机，彩礼涨至 1 ～ 3 万元；2010—2018 年为房子、汽车、电脑和手机，彩礼增至 6 ～ 10 万元。

领证

进入 21 世纪后，部分青年男女选在 2 月 14 日（西方国家的情人节）、5 月 20 日（谐音“我爱你”）、七夕、10 月 10 日（寓意“十全十美”）等日子领取结婚证。每逢这些节日，婚姻登记处从早晨就排起长队。有的则以二人纪念日或其他吉祥日期作为领证日期。多数男女在婚礼之前领证。

拍婚纱照

1999 年后，绝大部分青年男女婚前拍婚纱照，价位少则几千元、多则上万元。婚纱摄影店同时兼化妆、造型、包车等服务。20 世纪 90 年代，多在影楼拍摄室内场景。21 世纪后，外景婚纱照逐渐兴起。2010 年后，部分青年男女流行到海南岛、青岛等地拍摄海景、沙滩、游轮婚纱照。婚纱照一般挂于婚房。

择日期　下娶帖

择日期也称“看好儿”，男女双方根据属相、生辰八字择利月吉日成婚、确定下轿时间等。确定日期后便下娶帖，娶帖多为一长方形红纸，折为六折，意为“六六大顺”，用红纸袋装好，外书“百年好合”，由媒人送至女方。女方家便按娶帖上所定日期准备女儿出嫁事宜，包括购置嫁妆、准备衣服、梳妆用品、铺盖等，并安排送亲事宜。同时，男方准备婚礼事宜，布置新房，添置家具，订婚车、做铺盖、订婚礼摄影等。做铺盖一般找儿女双全的“全完人”妇女来做，被褥四角缝有红枣、花生，预祝早生贵子，且要“花生”，寓意儿女双全。

请忙客

忙客指帮助主人筹办婚礼的亲友。请忙客多安排于结婚前某个吉日夜晚，主人将忙客召集家中安排分工。一般设大经掌（也称管大事）、记账、保管、买办、厨师、领车、招客、音响等角色。安排毕即开席，吃席时间不长，规矩为“盘中菜，壶中酒”，吃饱、喝齐就结束。

担筛子

即拉嫁妆。婚礼前日下午，男方坐大轿（领亲）的长辈、兄弟、好友挑一只扁担去女方家将嫁妆提前拉回。扁担一头装连根藕和连根葱，寓意夫妻心连心，遂忌讳半路破损；另一头装一刀肉、一瓶好酒及一个床单，床单意为铺于嫁妆底下，以免弄脏嫁妆。女方给担筛子一行人每人一个红包。嫁妆装车后，女方往空扁担里回放一包盐（寓意“男女有缘”“对女婿有眼福”），以及一包发酵粉（寓意“发家、蒸蒸日上”）。随后，女方派 2 ～ 4 名男、女亲友（俗称“装柜”）随车护送嫁妆，并帮助安置，男方准备酒菜招待，并发红包感谢帮忙。

压炕

举办婚礼前日晚上，由新郎哥哥、弟弟在新房过夜，俗称“压炕”，意指“头天压炕，男女兴旺”。2010 年后，县内部分地区已简化，即由新郎哥哥、弟弟在新房床铺上小坐片刻即可。

迎娶

1999 年前，迎娶交通工具多为自行车，路远的用汽车。1999 年后，多用汽车，自行车少见。

出发　迎亲之日，男方家贴红对联、红门心；门前挂红灯笼，摆充气红拱门，拱门上书男方父母及儿子儿媳名字。新郎西装革履，胸前戴红花，

精神抖擞。大辈分妇女扫车、领亲长辈上车、新郎拜过父母双亲，即出门乘车出发。迎娶队伍阵容庞大，一般动用10至30辆轿车，有用一色奔驰、宝马或奥迪的，也有用头尾白车、中间黑车的，寓意白头到老。车的颜色数量和品牌视家庭条件而定，偏远农村也有用面包车、电动三马车的。婚车多由婚庆公司隆重装饰，其他车辆作简单装饰，多在后视镜各挂一个红色气球。迎亲路上讲究礼炮开道，过河、过桥、转弯点炮。结婚当日新娘家也作装饰，亲朋好友齐聚家中，客厅摆放水果、点心、茶水。新娘和伴娘很早起床由化妆师梳妆打扮，女方母亲也会精心打扮。新娘给父母施礼后，由嫂子、姐妹等陪同在屋里等待新郎迎娶。2000年后，婚纱一般为西式白纱。2010年后，新娘流行穿3套礼服，即出门纱（多为中式礼服）、主婚纱（多为白纱）、敬酒服（多为红色礼服）。

坐官席 娶亲队伍到女方家门口时，女方长辈早已迎候在外，新郎、领亲在女方长辈引导下到客厅落座，相互问候。女方设酒宴以示盛情与喜庆。

抹黑脸 新郎官到新娘家后，女方嫂子们纷纷往新郎脸上抹锅底黑，意为抹黑脸要“洗净”，意为新婚“喜庆”（与“洗净”谐音）。也有的图热闹，同时给男方父母抹黑脸、贴喜字。1999年后，涂料由锅底黑改为墨汁、鞋油。2005年后，改为黑面膜。

耍新郎 新郎到新娘家后，伴娘故意堵门不让新郎进门，其意有二：一是考验新郎；二是怕被嫂子们戏说新娘急着往婆家走。为此，伴娘们想方设法戏耍新郎和伴郎，有的藏鞋，有的藏包，有的让新郎表忠心、回答问题，有的直接让新郎做俯卧撑考验体力，有的则做游戏整蛊伴郎，引得众人捧腹大笑，气氛十分热闹。一般情况下，伴郎会全力协助新郎，与伴娘斗智斗勇，有的会提前“收买”伴娘作为“内应”，顺利把新娘迎娶出门，皆大欢喜。

抓钱 也称抓福钱。出门前，新娘母亲端上一盘现金，面额、总数大小不等，条件一般的家庭数千元，条件好的上万元，新娘扭头不看或背对母亲凭感觉伸手抓钱。抓的同时，母亲要说吉祥话，祝女儿以后生活富足、钱粮满仓等。

蒙头红 上轿前，新娘头上要蒙上一块红布，称“蒙头红”。其4角缝有硬币，以求吉利。由新郎牵手带新娘上车，此时鞭炮齐鸣。

返回 部分地区讲究婚车原路返回；部分地区讲究不走回头路，择另路返回。

下车

车至新郎家门，开始放鞭炮，男方婶子或嫂子用红纸包钱给新娘，俗称“下轿钱”。由新郎牵着新娘进入家门，此时早在一旁等候的亲友拉响礼炮，向新郎、新娘上方的空中喷红纸花和彩带，十分喜庆。

落座

新娘进男方家门后，按择日期时确定的吉利房间和方向，坐几秒便可起身。

吃生面条

新娘落座完毕，新郎嫂子特地端一碗夹生的面条给新娘吃，问道：“生不生？”若新娘照直说了“生”（意味着生孩子），则引发旁人大笑。一般新娘比较腼腆，闭口不答，新郎会替新娘说“生！”众人则拍手叫好。

拜天地

娶亲日为吉日，拜天地也需择良辰。吉时一到，司仪便高声宣布：“良辰已到，请新人拜天地！”新郎、新娘在众人簇拥下来到家中“天地爷”前站定，随着司仪的口令，一拜天地，二拜高堂，夫妻对拜，四拜亲友。

婚礼仪式

县城居民多在饭店举行，农村居民多在自家举行。但均需托专业婚庆公司装点、布置婚礼仪式场地，如搭拱门、支帐篷、搭舞台、置音响等。婚礼多由婚庆司仪主持，婚庆公司全程跟拍录像，制成光盘留作纪念。婚礼议程多为证婚人讲话、新郎新娘敬拜天地和双方父母、夫妻对拜、共饮交杯酒等环节。敬拜父母时，要给父母敬茶，并改口叫对方父母为爸爸、妈妈，父母要给新人红包，即改口费，金额根据经济条件而定，有666元、1001元、10001元不等，寓意为“六六大顺”“千里挑一”“万里挑一”。2015年后，越来越多的新人在婚礼仪式上表演唱歌、跳舞等才艺来烘托气氛。仪式结束后，管大事宣布开席，并带领新人及双方父母，逐桌敬酒，感谢大家的光临。一般先从女方亲戚开始，其次是男方亲朋好友。喜宴一般少则10桌，多则数十桌。席面标准不等。山区多为十大碗或八凉八热，沿漳河一带为一碗大锅菜，县城及周边各村多是七凉八热。鸡蛋汤一上桌便意味饭菜上齐。婚宴结束后，新人和双方父母要在门口送客并握手道谢。

闹洞房

结婚当晚，男女不分长幼聚入新房戏闹新郎、新娘，有“三日之内无大小”之说。人们往往别出心裁地想法戏逗新郎新娘，其中有夫妻过独木桥，即两人各立于条凳一端相对走，相遇时两人须想法绕至另一端，此游戏有意使新人当众拥抱。有的用绳子吊起苹果，故意晃动，让新郎、新娘一起咬，谓“狮子滚绣球”。旧时闹洞房不讲分寸，让新人十分尴尬。1999年后闹洞房多文明、欢乐，一般最后以新人给大家发喜糖而结束。

扫炕

结婚当天晚上，嫂子们还要拿新笤帚扫新房，先从炕里角扫，边扫口里还边唱歌：“扫扫炕角儿，生个女孩儿；扫扫炕边，生个男孩儿；扫扫窗户台，生一对双胞胎。”最后扫到新娘身上，就唱“扫扫屁股蛋儿，闺女小子连成串儿”等。

瞧闺女

婚礼后第二天，新娘父母携家人专程到新郎家探望闺女，新郎家备酒宴招待。

回门

婚礼后第三天，一对新人带上礼品到新娘的娘家看望父母，当日返回。

住九日

新婚之日起，新娘要在婆家住九天。第10日早上，由娘家长辈人将新娘接回再住九天后，再将其送至婆家。之后，新娘来往便不再受礼仪约束。21世纪后，许多人在外地工作，婚假仅三四天，不足九天就需返回工作地，因此多数家庭不再讲究。也有一部分年轻人直接选择旅游结婚或者结婚次日就直接蜜月旅行，有选择国内度蜜月，也有选择出国度蜜月。

拜年和住正月

婚后第一个春节前，新人割“一刀肉”，一般是5千克猪后座肉，给新娘亲戚一家一份，给娘家的略多，有的选择牛羊肉。正月初二或初四，新郎到岳父母家拜年后要住下，直到元宵节才返回，俗称“住正月”。其间，岳父的本家亲人轮流设宴请新女婿，并给新女婿拜年礼，多为100～500元。其意有二：一是体现岳父母家人对女婿的亲近和热情；二是利用住正月时间，让新女婿认识并熟悉岳父本家的亲人。元宵节当天，岳父母设宴请闺女、女婿并回请本家亲人。此后，每年春节前，出嫁的女儿都要送年货等礼品给娘家，大年初二或初四回娘家拜年。

追节

追节即娘家为新人准备婚后第一个夏天的清凉用品，一般在农历六月中旬进行。或购置空调，或购置凉席、电扇等，也有直接给现金，让新人自行购置。

第二节　生　育

分娩

1999年后，妇女多在医院手术生产或自然生产。提前住院待产的，婆婆或妈妈会在医院陪伴，以婆婆为多。生产前，产妇会接受一系列检查，以保障生产顺利；生产后护士会为新生儿沐浴、检查、建立档案，并指导家属正确照料母子。手术生产的须在医院住院7天，拆线后方可出院；顺产妇生产当天即可出院。

报喜

1999年后，无论城乡，外孙（外孙女）出生前，姥姥、姥爷已经在女儿身边忙前忙后。外孙（外孙女）出生后，更是忙里忙外。所谓“报喜”，即打电话告知亲友，亲友带礼品看望产妇和新生儿，并给新生儿见面礼钱，数额多少视经济条件等情况而定。

做满月

妇女生产后的第一个月称“月子”。新生儿无论男女都庆贺一番，磁县人称“做事记儿”“做生儿”，一般男孩做十二天，女孩做十八天；也有做满月的。确定日期后，便通知亲友参加宴会，亲友均“上礼”（随份子）。开席之前，人们先到家中看望母子，寒

暄一番。关系近的会给孩子塞钱。若在饭店招待亲友，则家中留一人照料母子。宴席根据参加人数而定，少则十几桌，多则数十桌。做满月当天，姥姥会为婴儿准备丰厚的礼物，如缝制虎头鞋数对、做棉衣棉裤数身。2010 年后，姥姥会购买婴儿生活用品、婴儿衣物、婴儿车、奶粉等，条件好的还会给婴儿一笔钱，少则几百、多则上万元。越来越多的人还会选择在家或影楼给孩子拍满月照、制作胎毛笔、胎毛印章、手足印、成长相册等，作为一生的纪念。

住满月

满月当天，娘家人将女儿和外孙（外孙女）接回住 3 ～ 6 天，也有特意住 5 天或 6 天的，俗称“五官六秀才”。也有住满一个月的。出发回娘家时，会给婴儿鼻尖抹“黑”，俗称“抹黑鼻尖”（黑鼻子去，白鼻子来，带回姥姥三分财），还会在脖子上挂一张烙饼。路上凡过桥、转弯都需往车外扔硬币，称为“买路钱”。返回时，婴儿鼻尖抹“白”，娘家人将女儿和外孙（外孙女）送回。

抓周

新生儿满周岁时（也有满 100 天时），人们将笔、书、剪刀、钱等物品随意摆在孩子面前，让其随意抓，以第一次抓的为准。抓住笔、书，便意味长大学习好、有学识；抓到钱，意味将来会挣钱；抓到剪刀意味长大能成为手艺人。一般都会放一些寓意好的，饱含长辈对子孙美好的企盼和祝福。

送羊

农历六月为磁县送羊的月份，借羊与“祥”谐音，取吉祥之意。生男孩（即外孙）后，姥姥便开始张罗送“羊”。有送活羊的，但大都送面粉蒸熟的面羊。前三年每年送 3 只大羊（每个面羊重约 5 千克），以后逐年变小。第四年送 2 只（各 4 千克）或 3 只（各 3 千克），另外还蒸 4 个圆馒头，称为“羊蛋”，再用面捏一些小羊、兔子、猪、猴子、青蛙等动物，以及茄子、辣椒等象征蔬菜的面食。有的送到外孙 12 岁止，有的送到外孙结婚、生子止。送羊有四个讲究：一是收羊后再回送一个最大的，意为回去生小羊，明年继续送，永不断羊；若不回，则表示明年不用再送。二是送去的面羊当天不能吃，第二天才能给孩子吃。三是吃面羊时父亲吃羊头，母亲吃羊脚，这叫“爹吃头，娘吃脚，孩子活到八十八”。四是吃面羊时要剩一点面羊，用红头绳拴挂墙上，直到第二年收到新羊才能扔掉，称作“陈羊见新羊，孩子寿命长”。2010 年后，这一习俗逐渐淡化。

第三节 丧 葬

土葬

穿衣 人过世后要穿新棉衣，俗称寿衣，不分季节。过去寿衣由子女缝制，1990 年后，多从寿衣店购买。家里人一般会提前为将逝者准备寿衣，过世后趁遗体未寒迅速换上寿衣。穿寿衣之事多由亲生子女所为，有的会请本家年长者协助穿衣。

报丧 人过世后，当日用白纸糊表街门。逝者儿孙到街上不论辈分大小见人就磕头。2000 年后，则以放哀乐、电话告知代替磕头。

入殓 人过世后一般当天入殓，夜里过世的第二天入殓。棺材里用新被褥、鸡形枕和五色粮（忌用黑豆）等铺垫。2010 年后，人在夏季去世后，用恒温棺存放遗体数日，出殡前移入棺材。

移灵 棺材移至在大街上设置的灵堂内。这一仪式，于埋葬日的头天下午举行。灵前供桌上置物品，灵棚前部两侧放纸扎，如童男、童女、纸马、电视、金山、房屋、花圈等。2017 年前的长时间里，晚上多请响戏班、歌舞团表演节目。此后，执行有关规定要求，简办丧事，不再请响戏班、歌舞团表演节目。部分人家灵柩停放室内，待出殡时移出，尤其冬夏为多。

守灵 灵柩停放期间，逝者晚辈日夜守灵，男孝子在棺材左侧，女孝子在棺材右侧，跪拜哭泣。

烧马 烧马时间安排在出殡下葬的前天夜里 0 时左右进行。烧马时还要烧两个纸人，称作牵马童。牵马童一男一女，均起名字。烧之前要给两个童男女口袋装点食物，一边装，一边嘱咐路上要牵好马。纸马、纸人到纸扎门店购置。

封口 无论停灵时间为三天、五天或七天，封口均在出殡前进行。逝者长女为其净面，没女儿的由侄女代替。洗罢脸，将棺材盖封闭，用铁钉、

木楔固定棺材盖、身，防止错位开缝。

起殡 起殡当日午前，亲戚、友人等到灵前吊唁，并上礼金、送花圈。已出嫁的女儿要“摆供”，供桌上放置烧鸡、鱼、馒头、水果、饼干、瓜子等祭品，由响器吹手引道，抬至灵前，行吊唁礼。午饭后，管大事喊道：“请后亲烧纸了。”后代（姻亲）听后即刻到灵堂前烧纸钱。逝者长子（无长子则由次子或长孙）肩抗领魂幡，手拿哭丧棒，端起“老盆锅”，在亲人的搀扶下，到距灵堂20米远的平地跪倒痛哭，依次是次子、三子、侄子、孙子等顺序。待棺材放入灵车后，长子用力摔碎“老盆锅”，鼓乐齐奏，众孝子嚎啕大哭，在转两道街后向坟地行进。

号丧 号丧须是女性，多是逝者长辈或同辈的嫂子。起殡后，将灵堂内守灵时所用的草料等铺垫物拢在一堆点燃后，坐地大哭一场。民间说法号丧的用意是下辈人不出哑巴。

下葬 到墓地后，将棺材放进墓穴，方向位置定好，将压食罐放置棺盖顶面中上端，用一块瓦压住，逝者长子执锨先扣三大锨土后，众人动手开始封土。墓堆封起后，烧纸钱、纸屋、纸轿车、纸电视等纸扎。烧纸时，女孝子席地痛哭。烧纸结束后，男女孝子对逝者磕头行礼，离开坟地，埋葬结束。

火葬

（详见第二十四编第一章第三节条目遗体火化）

祭奠

埋葬后三日称“复三”，孝男孝女仍穿孝服带祭品到坟前烧纸。之后，一七（日）、二七（日）、三七（日）、五七（日）、百日、一周年、二周年、三周年均到坟地祭祀。其中，以“五七”“三周年”最为隆重，孝子、亲戚参加。办“三周年”时，事主设礼账，请响戏，摆宴席。

逝者儿子家三年内过新年不贴春联。喜事除外，俗称“白事被红事冲了”。以上习俗适用于老年人。未成年男、女去世后，被称为“小口”，多在当日土埋，不入坟地，不用响戏，不大规模办理。

传统习俗，县内祭祖时间有清明节、中元节（农历七月十五）、十月初一、除夕日。此日，家中男性到祖坟墓地缅怀先祖、寄托哀思，烧纸钱、供食物、添土、洒酒、点炮、磕头。磁县西部山区女性也到坟地。无法回乡的人会在外地遥祭。2015年后，响应大气治理工作号召，人们祭祀时不燃放鞭炮。2018年环保意识提高，人们祭祀时不烧冥币，而是在坟前置放冥币或插置纸花。

第三章 节日习俗

第一节 传统节日

春节

腊八 即农历十二月初八。此日，人们习惯用醋泡蒜瓣。新年时，蒜瓣颜色翠绿、脆嫩酸辣，醋汁也酸中带辣，与水饺佐食，开胃爽口。此俗至今不衰。

办年货 进入腊月初八，新年气氛渐浓，集贸市场年货上市，家家户户张罗年货。俗语：廿一去赶集，廿二写对联，廿三祭灶神，廿四扫房日，廿五磨豆腐，廿六去割肉，廿七送闺女，廿八蒸馒头，廿九花溜溜，三十擀饼儿。2000年后，农村地区多遵循传统春节民俗，县城居民则去超市、集市购置年货。

除夕 当日，人们祭祀祖坟、贴对联、净院落、包饺子。当晚，置办丰盛的年夜饭。2010年后，条件好的家庭选择在饭店吃年夜饭。饭后举家收看央视“春节联欢晚会”。零时，随着新年钟声敲响，家家户户争相在门前燃放鞭炮，迎接新年到来。2015年后，县内有少数家庭外出旅游度假，在外地过年。

点火 县内城乡从古至今流传着点火的习俗，即家里主人在大年初一凌晨5时左右起床后，将预先准备好的干柴在院中点着，直到火燃至天亮自行熄灭。民间将火喻为“兴旺”，企盼来年生活红火、兴旺。1999年后县城多数人家、2010年后农村部分人家翻建新房或入住单元楼房而无处点火，此习俗淡化。

放鞭炮与敬神　磁县流传抢放头挂鞭的习俗。起床点火后，马上点鞭放炮。大年初一早上吃饺子，人们会将第一碗饺子敬给天地、家堂、灶王，企盼全家一年平安。1999 年后，随着城乡居民观念的更新、2016 年后环保空气治理工作的加强，放鞭炮、敬神习俗已淡化。

拜年　一般从正月初一始，正月二十四止。初一黎明，先给父母拜年，而后是本家族长辈，再后为邻居。拜年时，在家中正堂前摆好的席垫上，晚辈下跪磕头并同时说道："给爸拜年了。"起身后再次跪下磕头并同时说："给妈拜年了。"父母和长辈会给晚辈压岁钱，还拿糖果、花生、核桃、软枣、柿饼等给晚辈食用。然后，由年长或辈分高的成年人带领，成群结队去给远房长辈和邻居拜年。进入 21 世纪后，人们的拜年方式有所变化，由"起五更"走街串巷逐户拜年，逐渐变为天亮后只给本家族长辈和近邻拜年。除给家族长辈下跪拜年外，年轻人之间以"抱拳""口头祝福"的方式拜年。2008 年后，除给家中长辈登门拜年外，同辈、朋友间以电话、短信拜年；随着智能手机的普及，2012 年后年轻人逐渐通过微信等网络渠道拜年。2016 年后，年轻人热衷于手机拜年的同时以发、抢手机微信红包的方式增添欢乐气氛。

送穷灰　初四傍晚要送"穷"，即家家户户将煤灰倒向村外的路边，去时路上口念："穷走吧，穷走吧！"返途时念："富来吧，富来吧！"意为送走过去的穷时光，迎来新年的好时光。2010 年后，这一习俗逐渐淡化。

元宵节

正月十五元宵节吃元宵，此习俗在磁县流传已久。每逢元宵节，磁县多地开展丰富多彩的文娱活动：舞狮子、踩高跷、跑旱船、扭秧歌、荡秋千、耍龙灯、抬阁、背阁等。县城里挂花灯，办灯展，放烟花，挑灯笼，绚烂多彩，热闹非凡。

二月二

农历二月初二，民间称"龙抬头"。人们习惯在这一天理发，传说正月里理发"克"舅舅，因此整个正月不能理发。所以二月二这天理发的人非常多，理发店门庭若市。

清明节

俗称"寒食"节。县内城乡居民在清明节到祖坟祭祀，清理杂物、整理坟墓、上香、燃烧冥币、添土、摆供、磕头。2016 年前，清明节祭祀也流行在坟前放鞭炮。清明节前夕，学校和单位组织学生、工作人员到烈士陵园祭扫烈士墓，缅怀革命先烈。

端午节

农历五月初五端午节，县内城乡居民吃粽子、街门口放置艾草、给老人送礼品。1999 年前，送礼多为麻烫、菜角、糖糕。此后，改为送方便面、鸡蛋。2010 年后送食用油、肉、酒、牛奶、香烟等。

七月七

农历七月初七又称"七夕""乞巧节"。1999 年前，年轻女性会在晚饭后摆供焚香，向织女星乞求智巧。此后，此风俗淡化，逐渐被青年人视为中国情人节。当天，有情人之间会互赠礼物、见面约会以表爱意。

七月十五

农历七月十五，为道教"中元节"，佛教称"盂兰盆会"，民间称为"鬼节"。这天，县内城乡居民多到坟地祭祀逝去的先辈。

中秋节

农历八月十五日，出嫁的女儿多在中秋节前给娘家送月饼、礼品，奔波在外的人也要回家团圆。当晚，人们举家围坐吃月饼、赏月。1999 年后，月饼的品种、花样和馅料种类明显增多。中央电视台举办的中秋晚会也成为一道精神大餐。

重阳节

农历九月九日，晚辈要去看望老人，在一起共同进餐、饮酒，祝老人健康长寿。1999 年后，县内机关、单位组织本单位的离岗、退休老年人开展文娱活动。

十月一

农历十月初一，俗称"鬼节"。这一天，每家每户都要到祖坟祭奠，缅怀逝者，寄托哀思。

冬至

该日是一年中白天最短的一天，俗称"数九日"。从这天起进入"数九"的寒冷天气。民间有"冬至吃饺子不冻耳朵"之说，故当日家家户户吃饺子。

第二节　法定节日

元旦

1月1日是元旦，即新年的起始日。机关、团体、工矿和企事业单位多召开座谈会、茶话会。同时，升国旗、张贴“欢度元旦”的标语。文化部门和较大的单位多组织各种文艺活动和体育比赛，为节日助兴。国家规定元旦放假一天。

妇女节

3月8日为国际劳动妇女节，也称“三八妇女节”。机关团体单位多召开妇女干部、职工会议，表彰各界妇女中的先进代表人物，颁发荣誉证书，组织文体活动。有的单位为妇女发放慰问品和纪念品。有的单位为妇女职工放假半天或一天。

植树节

3月12日为植树节。节日前后，各机关企事业单位及学校组织开展义务植树造林活动。

国际劳动节

5月1日为国际劳动节。县内机关、团体、厂矿、学校等单位召开劳模、先进人物事迹报告会，或开展其他不同形式的庆祝活动。2008年国家调休成为3天小长假后，旅游人数增多。

青年节

5月4日为中国青年节。县内各级共青团组织开展庆祝、表彰、纪念活动。有的聘请老前辈开展革命传统教育，有的慰问孤残老人，有的参加义务劳动、组织文艺演出、举办各种联欢会、吸收新团员等。

儿童节

6月1日为国际儿童节。县内各小学和幼儿园组织开展文艺活动、吸收新少先队员入队等。各级有关领导到学校、幼儿园进行慰问，并为优秀少先队员颁发奖状、佩戴红领巾等。部分家庭在此日为孩子赠送纪念品表示祝贺。

建党纪念日

7月1日为中国共产党建党纪念日。县内各级党组织召开座谈会、表彰会，表彰优秀共产党员、举行接收新党员入党仪式等。党委领导上门慰问老党员。节日前后，电台和电视台播放中国共产党发展历史专题节目及反映英雄模范事迹的电影故事片，教育党员继续发扬光荣传统。

建军节

8月1日为中国人民解放军建军节。县委、县政府领导带领县人武部、县民政部门携带大米、白面、肉类食品及日用品看望、慰问驻磁部队官兵。此外，还登门慰问烈属、军属、复退的伤残军人。县内各级党委和政府组织开展拥军优属活动。社会各界也开展多种形式的拥军优属活动。

教师节

9月10日为中国教师节。每年教师节，县委、县政府召开全县教育工作会议，表彰先进教育工作者和模范教师。各乡（镇）党政领导到学校慰问教师，并一起参加庆祝活动。

国庆节

10月1日是中华人民共和国成立纪念日。县内各党政机关、社会团体、企业、学校升国旗，插彩旗，装扮彩灯。街道灯杆、商铺门前也插国旗，营造喜庆气氛。各行各业举行不同形式的座谈会、庆祝会，开展多种形式的爱国活动及比赛。城乡居民大都在此日设宴庆祝，还有的选择此日举行婚礼，企盼小家庭和国家大家庭一样祥和美好。县电视台、报刊等开设“庆国庆专栏”，许多家庭借此机会进行爱国主题教育，全县爱国氛围十分浓厚。实行7天长假后，人们多外出旅游、探亲和访友。

此外，1995年5月1日始，国家规定每星期由6个工作日改为5个工作日。自此，县内党政机关、团体、学校等实行“双休日”，每周休息日由1天改为2天。

第四章　交往习俗

第一节　问　候

打招呼

在磁县，街坊邻居、同事、熟人路途相遇打

招呼。进入21世纪后，物质条件极大丰富，大部分人不再频繁使用“吃了没有？”来问候。一般早晨相见打招呼会说：“早上好！”只有在用餐时间相见时才问：“吃饭了？”平时在自家门前遇见熟人会说：“来家坐会儿吧！”夏天时说：“来家凉快会儿吧！”冬天常说：“来家暖和暖和吧！弄俩菜，喝两杯！”相互道别时会说：“改天再来啊！”职工上班时相遇常说：“去上班呀？”下班时相遇则问：“下班了？”

尊称

人们日常交往中，为显示礼貌及尊重，常使用尊称。近年来，谈及姓名时，会问：“您贵姓？”对方回答：“免贵姓某”。外出需要和陌生男性说话，多称“同志”“师傅”。对朋友及同事父母的尊称，则多以“大爷”“大娘”代替，对方妻子多以“嫂子”“弟妹”相称。同事、熟人之间称名或姓，如称年轻人“李的”“小王”，称年长者“老杨”“老王”。在单位对有职务的人多称呼其职务，如“张乡长”“李医生”“王老师”“郭经理”等。

第二节　待客　交往

待客

家中来客，笑脸相迎，表示欢迎。客人落座后，敬烟、沏茶、陪同聊天，并以好酒好菜相待。2010年前，一般多在家中设宴招待，若去饭店招待，则表示十分尊敬。2010年后，因多数人待客都会选择饭店，反而关系十分亲密的才会邀至家中，亲自下厨招待。

邻里交往

邻里交往，以和为贵，生活上互相照应，红白喜事互相帮忙。在农村，早上睡醒即开家门，夜里睡觉方才关门，午休不关门。白天大门敞开代表家里有人，大门紧闭则代表主人出村在外，在村内串门给邻居招呼一声便敞开大门离去。平时村里妇女多聚在家门口聊天、吃饭、互相帮忙照看幼儿，晚上一起在门前跳广场舞。晾晒衣物一般在家门外，晾衣绳公用，遇刮风下雨，邻居会主动协助收衣服。此外，邻里之间还分享自家种的粮食和蔬菜、帮忙倒垃圾、互借生活用品，生活互相照应。但邻里之间朝夕相处，难免磕碰，一般会借办事随礼、春节拜年、孩子互相玩耍、互相帮忙自然化解。县城人口流动性大，街坊邻居之间的关系淡于农村。2010年后，随着商品住宅小区的增多，越来越多的人进城买房，小区里的住户各自生活、家门紧闭，几乎不串门，邻里交流大大减少，多止于见面打招呼之交，甚至有的上下楼邻居也互不相识。

走亲

在磁县又名“串亲戚”。亲戚之间，红白喜事、老人寿辰、小孩做满月、过庙会都要前去走动。逢年过节，如春节相互拜年和端午、中秋给长辈送礼等亦为重要走亲日。

第五章　宗　教

磁县信教群体主要为农民，年龄较大，学历较低。1999年，磁县信教人数8621人。其中，基督教4898人、天主教3065人、佛教490人、道教121人、伊斯兰教47人。2005年，信教人数增至20684人。其中，基督教7500人、天主教8500人、佛教2190人、道教1640人、伊斯兰教854人。2005年3月3日，磁县被列入全省宗教工作重点县。2012年，全县信教人数增至33708人。其中，基督教15800人、天主教9300人、佛教2600人、道教4600人、伊斯兰教1408人。2014年，西固义乡（宗教工作重点乡）划归峰峰矿区托管，辖区内信教人员多信基督教和佛教。2016年，磁县北部7个乡镇（其中5个是宗教工作重点乡镇）划归邯郸市复兴区、邯山区管辖，均为天主教、基督教及道教信教人员集中分布乡（镇）。截至2018年，磁县有天主教、基督教、佛教、道教、伊斯兰教5大宗教，信教人数9864人，占全县总人口2.1%。宗教活动场所58处，宗教团体6个，教职人员18人。县内除黄沙镇外，其他乡（镇）均为宗教工作重点乡（镇）。

第一节　管理机构

1996年12月，磁县民族宗教事务局挂靠磁县人民政府办公室，行政编制3人，科级职数2人。1997年12月，成立磁县民族宗教服务中心，为全额财政拨款的股级事业单位，编制2人，股级职数1人。2017年11月，磁县民族宗教服务中心增加编制3人。至2018年，编制5人，股级职数2人。2001—2007年，磁县民族宗教事务局连续7年被评为邯郸市“民族宗教工作先进单位”；2011年，被评为邯郸市“民族团结进步模范集体”“全市民族宗教工作先进单位”；2013年，获“全省民族宗教信息工作先进集体”称号。

第二节 佛 教

概况

2000年11月24日，磁县佛教协会成立。2013年8月，于磁州镇关后社区建立县佛教图书馆，占地300余平方米，建筑面积350平方米。2014年年底投入使用，存放佛教书籍5000余册。2018年，县内有信仰佛教群众3900人、比丘6人、比丘尼1人。

活动场所

平原寺，1994年3月始建，2000年建成，有大雄宝殿、观音殿、佛心殿、古佛殿等建筑。

龙泉寺，1996年建成，有大殿4座。

白塔寺，始建于唐代，有伽兰殿、三圣殿和大雄宝殿等建筑。

凤凰寺，始建于南北朝时期，重修于1997年。

惠安寺，始建于明朝正德年间，有大雄宝殿、观音殿、天王殿、藏经楼、地藏殿等建筑。

莲花禅寺，始建年代不详，历经唐代、清代、1999年三次重修，有圆通殿、大雄宝殿、古佛殿、释提桓因菩萨殿等建筑。

佛光寺，1999年始建，2000年建成，有大雄宝殿、菩萨殿等建筑。

金堂寺，始建于南北朝，1999年重建，有佛光殿、观音殿、天王殿、地藏菩萨殿等建筑。

圣佛寺，始建于元朝，至2017年间，历经8次重修，有念佛堂、大悲殿、天王殿、钟楼和鼓楼等建筑。

慈云禅寺，始建年代不详。21世纪初重建。

第三节 道 教

概况

磁县道教协会成立于2002年11月22日。2018年，县内有信仰道教群众3400人、道士1人。

活动场所

马王庙，始建于唐代，重建于1985年。

火神庙，始建于明代，重建于1981年，有奶奶殿、关公殿、财神殿等建筑。

第四节 伊斯兰教

概况

2003年12月1日，磁县伊斯兰教协会成立。2018年，县内有信仰伊斯兰教群众613人、教职人员4人。

活动场所

城内清真寺，始建于清朝末期，至1981年间重修2次，有大殿3间。

南十里铺村清真寺，始建于民国初期，1959年改为食堂、学校。1985年重建，有大殿、讲堂各3间。

第五节 天主教和基督教

天主教活动场所

县天主教总堂，于2007年12月落实教产。

林坛镇苗庄天主教堂，建于1998年，占地959.74平方米，建筑面积413.8平方米，是年9月落实教产，1999年进行登记。

林坛镇东岗天主教堂，位于东野狸岗村，建于2004年，占地1058平方米，建筑面积356平方米，2005年进行登记。

西光禄镇李家岗天主教堂，于2001年落实教产，建于2003年，占地1500平方米，建筑面积382平方米，2005年进行登记。

袁庄天主教堂，占地792平方米，建筑面积557平方米，于2004年11月落实教产。

2016年区划调整后，除县天主教总堂外，其

余划归邯郸市复兴区，由冀南新区托管。2018年，磁县有信仰天主教群众154人。

基督教（新教）活动场所

1988年8月，磁县成立“三自”（自治、自养、自传）爱国运动委员会和磁县基督教协会。截至2019年，共完成4次换届。2018年，全县有信仰基督教群众1797人、基督教长老4人、基督教堂点43个，分布在磁州镇、讲武城镇、岳城镇、路村营乡、北贾壁乡、白土镇、都党乡、陶泉乡、观台镇。

2018年磁县宗教活动场所一览表

表34-2　　　　单位：平方米

教　别	场所名称	类　别	地　址	占地面积	建筑面积
佛教（10个）	凤凰寺	固定处所	都党乡石场村	30000	575
	佛光寺	固定处所	岳城镇马家坟村	1300	750
	惠安寺	固定处所	磁州镇西槐树村	1300	250
	金堂寺	固定处所	观台镇西艾口村	5336	354
	莲花禅寺	固定处所	都党乡南莲花村	4000	1864
	平原寺	固定处所	讲武城镇孟庄村	6670	1834
	圣佛寺	固定处所	北贾壁乡西上庄村	1880	645
	慈云禅寺	固定处所	磁州镇溢泉村	13000	106
	龙泉寺	固定处所	路村营乡东田井村	3596	400
	白塔寺	固定处所	岳城镇岳城村	6023	640
道教（2个）	火神庙	固定处所	磁州镇兴仁街村	3200	425
	马王庙	固定处所	磁州镇明德社区	1209	260
基督教（43个）	八里铺村聚会点	固定处所	磁州镇八里铺村	234	36
	钟离村聚会点	固定处所	岳城镇钟离村	624	244
	北来村聚会点	固定处所	磁州镇北来村	207	36
	常迎村聚会点	固定处所	路村营乡常迎村	540	500
	陈庄村聚会点	固定处所	时村营乡陈庄村	450	195
	县基督教堂	寺观教堂	磁州镇滏阳社区	2000	1383
	东陈村聚会点	固定处所	讲武城镇东陈村	225	36
	东武仕村聚会点	固定处所	路村营乡东武仕村	336	202
	东小屋村聚会点	固定处所	讲武城镇东小屋村	96	36
	东窑头村聚会点	固定处所	磁州镇东窑头村	380	264

续表

教　别	场所名称	类　别	地　址	占地面积	建筑面积
基督教（43个）	付屯头村聚会点	固定处所	岳城镇付屯头村	294	67
	固城社区聚会点	固定处所	磁州镇固城社区	200	70
	里青村聚会点	固定处所	岳城镇里青村	400	360
	路村营村聚会点	固定处所	路村营乡路村营村	330	65
	南郭村聚会点	固定处所	路村营乡南郭村	357	130
	南来村聚会点	固定处所	磁州镇南来村	205	45
	南神岗村聚会点	固定处所	岳城镇南神岗村	300	40
	前港村聚会点	固定处所	讲武城镇前港村	336	82
	三里屯村聚会点	固定处所	磁州镇三里屯村	513	171
	水鱼岗村聚会点	固定处所	岳城镇水鱼岗村	375	36
	田井村聚会点	固定处所	路村营乡西田井村	550	440
	王家店村聚会点	固定处所	讲武城镇王家店村	270	120
	西槐树村聚会点	固定处所	磁州镇西槐树村	156	56
	西来村聚会点	固定处所	磁州镇西来村	238	36
	香水村聚会点	固定处所	岳城镇香水村	250	100
	押涧村聚会点	固定处所	路村营乡押涧村	500	400
	岳城村聚会点	固定处所	岳城镇岳城村	960	590
	张二庄村聚会点	固定处所	白土镇张二庄村	336	150
	尹家桥村聚会点	固定处所	磁州镇尹家桥村	290	60
	基督耶稣教堂	寺观教堂	讲武城镇东李庄村	2365	558
	八里冢村聚会点	固定处所	讲武城镇八里冢村	178	59
	北白道村聚会点	固定处所	讲武城镇北白道村	178	55
	徐家沟村聚会点	固定处所	磁州镇徐家沟二街村	185	60
	岗西村聚会点	固定处所	北贾壁乡岗西村	168	40
	圣水洼村聚会点	固定处所	路村营乡圣水洼村	175	45
	双庙村聚会点	固定处所	讲武城镇双庙村	210	67
	西王庄村聚会点	固定处所	磁州镇西王庄村	238	75

续表

教　别	场所名称	类　别	地　址	占地面积	建筑面积
基督教（43 个）	西窑头村聚会点	固定处所	磁州镇西窑头村	200	68
	阜才社区聚会点	固定处所	磁州镇阜才社区	80	53
	湾子村聚会点	固定处所	磁州镇湾子村	537	163
	下庄店村聚会点	固定处所	路村营乡下庄店村	270	103
	二里铺社区聚会点	固定处所	磁州镇二里铺社区	90	70
	南磨村聚会点	固定处所	磁州镇南磨村	274	70
伊斯兰教（2 个）	县清真寺	寺观教堂	磁州镇建设西路 33 号	260	180
	南十里铺村清真寺	寺观教堂	讲武城镇南十里铺村	300	100
天主教（1 个）	天主教总堂	寺观教堂	磁州镇西城社区	4660	1000

第六章　语　言

第一节　方　言

磁县方言属北方方言，晋语语系。显著特点是保留入声，并有一套喉塞音收尾的入声韵，所谓“入声短促急收藏”。入声所在区域和轻重程度不同，总趋势为由西向东逐渐递减：西部山区保留的入声字较多，入声调急促重浊；丘陵地带和中部地区入声调短促，稍重浊；平原地区入声调短而不促，弱而轻微。方言入声呈现山区重于平原，农村重于县城，老年人重于青年人，口头语重于书面语等状况。随着教育事业发展和人口流动，晋语区人与外地人交往增多，磁县入声韵有向舒声转化的迹象。磁县处河北、河南两省交界地，相邻省、市、县方言均不同程度影响或带入磁县，对磁县方言产生影响。在长期生活、生产活动中，磁县人民运用不同联想方式，不断发现、总结、创造出一批词语，形成磁县方言词语主体。方言词语从古代典籍中传承下来，经过上千年语言变迁，或口耳相传，或文献记载，至今仍运用在语言交际中。

一、语音系统

（一）磁县语音共有声母 24 个，零声母在内。

P 包步别八　　p‘怕盘皮泼
m 门母妹麦　　f 费风附发
v 喂危为屋　　t 到夺胆德
t‘太同替铁　　n 男女你宁
l 拉路六力　　ts 糟足在走
ts‘仓醋从曹　　s 散苏丝僧
tʂ 召主争桌　　tʂ‘昌潮虫吃
ʂ 书师生水　　ʐ 人若然绕
tɕ 精节家觉　　tɕ‘秋齐全去
ɕ 修旋虚线　　ĸ 贯古高割
ĸ‘开葵看哭　　ɤ 岸俺藕恩
x 河好化黑　　Ø 阿五言元

注：[v] 是唇齿浊擦音。本方言除 u 韵以外的零声母合口呼的韵头 u 大都由 [v] 来替代。

[ɤ] 是舌根浊擦音。本方言开口呼零声母字一律以 [ɤ] 作声母。

[Ø] 表示零声母。

（二）磁县方言共有韵母 43 个，儿化韵除外。

开口呼：ɿ 子词丝字　　ʅ 日是直事
1 儿耳二而　　ər 舌蛇车蔗

ɔ 爬马怕岔　ɤ 河合哥
ai 盖开海派　əi 倍妹飞赔
ao 包桃好毛　ou 收斗狗后
æ 山兰敢干　ən 根门本申
ɑŋ 桑党方刚　əŋ 崩孟成曾
ə^{ʔ} 辣割百木

齐齿呼：i 皮米地鸡　iɔ 家辖贾架
iɛ 姐野介协　iao 条吊鸟叫
iou 流球秀旧　iæ 连年间咸
in 宾贫民心　iɑŋ 江枪香娘
iŋ 兵平京青　ie^{ʔ} 急踢北习
iə^{ʔ} 接铁甲夹

合口呼：u 母土堵补　uɔ 夸寡抓刮
uo 活过左搓　uai 快坏揣
uəi 贵会对退　uæ 短宽关官
uən 昆浑准顺　uɑŋ 光矿荒装
uəŋ 工农红翁　uə^{ʔ} 出落鹿国

撮口呼：y 女吕举许　yɛ 靴瘸嚼绝
yæ 圆圈悬捐　yn 军云群熏
yəŋ 穷凶用雄　yə^{ʔ} 捋缺雪月
ye^{ʔ} 绿橘屈菊

注：[l] 韵母字“儿耳二而”等无卷舌动作。
[ər] 韵母字“舌蛇车蔗”等有卷舌动作。

（三）声调

磁县方言调类、调值情况见表。

表 34-3

调类	平声		上声	去声	入声
	阴平	阳平			
调值	31	312	42	44	3

二、语流音变

下列语流音变的描写，带[ ]号的为国际音标，不带则为汉语拼音。

（一）“啊”变

方言口语中，“啊”单独说为[ɔ]，用在句末时，“ɑ”前音节的末音素后增加 [ɛ]。

（二）同化

磁县方言中，某些音节相互影响，使其中一个音节改变它原有的声母、韵母，产生与前后音节声韵相同或相近的现象。

医院　yu　yuɑn

指甲　ji　jiɑ

扫帚　tiɑo　ru

气门芯儿　qi　mi　xier

纪律　jii　lii

几个　ji　ye

五个　wu　we

六个　liu　we

耳朵　[l]　duo

床上　chuɑng　rɑng

衣裳　yi　rɑng、yi　ɑng

爷爷　ye　e

把式　b[ɔ]　ri

（三）脱落

由于快速语流的影响，有些词语的音素脱落弱化，这种现象多出现在双音节的后音节上，脱落声母。如：

老虎　lɑo　u

笑话　xiɑo　uɑ[ɔ]

供享　gong　iɑng

豆腐　dou　u

家伙　jiɑ　uo

黄昏　huang　u

希罕　xi　iɑn

窗户　chuɑng　u

叫唤　jiɑo　uɑn

恶心　nge　in

地下　di　iɑ[ɔ]

互相　hu　iɑng

姐姐　ji　ie

姑姑　gu　u

簸箕　buo　i

电话　dian　ua [ɔ]

（四）合音

口语中把两个音节说成一个音节的现象称合音。语言中出现频率较高的词或短语多产生合音现象。合音一般取前字声母加后字韵母，酷似古时反切。如：

名词性：

布衫　buan 的

里头　liu

一下（的） ia

人家 nie

三个 sa［sɔ］

底下 dia[ɔ]

媳妇 xiur、xiu（的）

你们 nen

动词性：

出来 chuai

起来 qiai

停当 tiang

知道 zhao

不是 ber

没有 miu

（五）分音

磁县方言中把一个音节分说成两个音节的现象称分音。

表 34-4

例字	方言词	语音	词性	举例
精	机灵	ze ling	形容词	这孩子真机灵。
温	温多	we duo	形容词	表喝乌笃的水。
翘	圪料	ge liao	形容词	木头板子晒圪料啦。
蔫	圪奄	ge yan	形容词	花都晒圪奄啦。
啬	缩结	sue jie	形容词	他缩结得嘞。
瘦	壳娄	ke lou	形容词	瘦类都壳娄了。
卷	骨敛	gu lian	动词	连这个盖地骨敛到一边。
掂	搭连	de lian	动词	搭连着鱼就进厨房了。
搅	黑捞	he lao	动词	把水黑捞混啦。
抹	摸拉	mo la[ɔ]	动词	摸拉两把脸。
摆	泼跳	pe tiao	动词	驴以巴来回泼跳。
遛	模游	me you	动词	我去外面模游模游。
喊	呼叫	wu jiao	动词	你呼叫啥嘞？

（六）文白异读

某个字同时有读书音和说话音的现象称文白异读。读书音为文，说话音为白，以下例子文前白后，当中用斜线隔开，白音举例。

女 nü/nie 闺女

暖 nuan/nan 暖和

般 ban/man 一般高

去 qu/qi 你去不去

抱 bao/bu 抱住孩子

深 shen/chen 学问深

尾 wei/yi 尾巴

那 na/nang 那边

坯 pi/pei 拖坯

堆 dui/zui 土堆

胎 tai/dai 自行车里胎

避 bi/bei 避风

就 jiu/dou 就这吧

耽 dan/dang 耽误

寻 xun/xin 寻媳妇

溃 kui/hui 溃脓啦

输 shu/ru 打牌输啦

壁 bi/bei 影壁墙

殊 shu/chu 特殊

比 bi/pi 我比你胖

早 zao/dao 清早

馅儿 xianr/xuanr 包的馅

三、磁县方音特点

（一）开口呼零声母字，方言一律以舌根浊擦音［Y］作声母，如：癌 =［Y］ai，熬 =［Y］ao，怄 =［Y］ou。

（二）磁县方言将合口呼零声母字(u 韵除外)的 u 说成唇齿浊擦音 v，如：瓦 v [ɔ]，为 vei，外 vai。

（三）a、ia、ua 韵母字中的韵腹 a，方言是拢圆唇后发音，音属于舌面后列三号圆唇元音[ɔ]。

（四）on、ian、uan、üan 韵母字，方言将鼻尾音 n 脱落弱化，如：剪 jia，还 hua，轩 xua。

（五）er 韵母字(“二而耳”)，方言无卷舌动作，是舌尖后浊边音［1］。

（六）e 韵母的个别字(“舌蛇车蔗”)，方言有轻微卷舌动作，舌根发力有喉音。

四、磁县方音差异

（一）西部山区，包括陶泉乡、白土镇、岳城镇一带接近峰峰方音，其特点是前鼻音字说成后鼻音，如：盆子 = 棚子，棍子 = 共子，门子 = 蒙子。其他地方不存在此现象。

（二）边缘区域受相邻各县方音影响。漳河南岸观台镇一带与河南省相邻，语音接近河南省林县口音，其特点是部分舌尖前后音字相混，语言中儿尾词较多。花官营乡、台城乡与邯郸县交界，其语音接近邯郸县口音。林坛镇、南城乡与武安市交界，语音接近武安市口音等。

城区口音

我从上小学到上班，一直在县城里生活。我跟俺的老伴吧，这不，退休了，在家待着呢。这不，为了丰富自己的业余生活，找了几个姊妹们，成立了个模特队。这不，每天吧，前晌起来，就给孩子们赶紧煮饭、煮鸡蛋，还得给俺这个小孙子煎个火腿儿啥的，打发这孩子们上班了，送俺的小孙子上学了，有空了吧，我就去人家那个美容店再做做护理，还想拽拽（臭美）哩。有时候也去那个如意湖，跟着几个姊妹们走走秀。这不，走会儿秀就到晌午了，到人家这个新世纪超市，买点菜呀、肉啊、鸡腿儿，给孩子们改善改善生活，这就准备晌午饭。后晌了，跟着几个姊妹们又想转转商场哩，穿得拽瑟瑟哩（美美的）。哎！总之吧，现在这老百姓的生活呀，真是太好啦，太丰富多彩了。哎呀，咱得感谢党的政策好啊！这到啥时候也得拥护党的政策！

扫二维码　赏《城区口音》

县城周边口音

每天早晨五六点钟起床后，出去散散步，有时候走到中华慈大街，说不定往哪里转吧，转会儿，反正看着表哩，七点来钟就回来了。回来后，家里就做好饭了。喝碗米饭，吃个馍，就着自己腌的白萝卜咸菜。吃罢饭，七点半多点儿，就上班走。晌午时，下班回来，家里就做好饭了，一般是吃面条儿。有时也吃米饭，炒几个菜。吃罢饭，睡会儿觉。两点钟上班走。到傍晚六点钟就下班了。回来没啥事儿，就和几个弟兄们到村口小饭店儿里喝酒。话题是说说干活累不累，有时候也乱扯会儿，反正也是闲坐着。到那九点钟，就各自回家睡觉了。

扫二维码　赏《县城周边口音》

县域东北区口音

那早先种地时，俺孩子爹呀，三点钟就起床了。割麦子时，还得人捆、马车拉，一做啊，就是一天。从早起 3 点到夜里 10 点，按时吃不了晚饭。秋天掰玉米时，每一天起早贪黑。靠人工掰、人工收、人工装车，早先的日子是苦！你看，现在是机械化，大联合车到地里割麦子时，人光撑撑布袋儿口；掰玉米时装上车就给你送到家门口了，现在是真好！

扫二维码　赏《县域东北区口音》

小时候穿衣裳呀，做一件衣裳超不过 5 块钱。10 块钱就上下一身衣裳。如超过 10 块钱就不买了。现在穿衣裳啊，孩子们给我买衣裳，价儿高了，不要！ 50 块钱的衣裳啊，我就很喜欢。超过一、二百元的衣裳，咱就说，那是人家高级干部穿的，不是老农民穿的。

早先呀，外村人说咱屯庄村是小北京，这个房子盖得齐整，村四角有 4 眼井，村东还有个饮马坑。过去，都知道屯庄好。现在这方圆多少里的村庄，他们还比不上俺屯庄村好！

县域东部区口音

早起，给孩子梳梳头、洗洗脸、换换衣裳。吃饭后，往学校送孩子。晌午回来时，孩子说吃啥就吃啥。一般吃面条，对阵儿（有时候）

扫二维码　赏《县域东部区口音》

吃大米、吃炒饼。下午回来后，吃馍、喝米汤。哎，生活就是这个样，不容易！家里的小孩子花钱也多。家里，这不，光电费也不少花，你看，洗衣用洗衣机，做饭用电磁炉，小孩子看电视、耍电脑，一切等等，都是用电哩。

县域西北区口音

这时候的地里呀，不种麦子了，种成了红薯。刨回来的铲红薯，擦了一晌午，擦成红薯片子，拔到房顶上晒干。下来又掰玉米吧，咱这个玉米，在地里长时不上肥料，上猪粪。自已掰、自已磨、自已吃，觉得这是绿色食品吧。

扫二维码 赏《县域西北区口音》

这一天起来，这不，照看孩子，做做饭。俺这个孙子、孙女淘气淘得狠。这不啊，你在家时，他害（捣乱）得特别狠，光着脚，可（满）地跑，弄得身上“膈应得得”（表示脏）呀，浑身都是泥网鳖捉得（形容浑身是泥）。买啥东西啊，一出手就得一百、二百的，挤挤缩缩得就买不了个东西。上个星期天，我去邯郸买了个布衫子（上衣），花他娘个一二百块钱啊，穿上＊他奶奶也不吃劲（不舒服，下同）。哎，不吃劲那咋得呀？就这么吧，亏兑（凑合）着穿吧！

县域西部山区口音

就我一个人在家，孩子在外面上学，大人跟着人家在外地打工呢。我种点地，种点南瓜、萝卜。别的菜，在这缺水地方也种不了狠啥“那底”（磁县山区的泛语词，随语境不同表示不同的意思。此处指“好”）新鲜菜。清早起来，去地里干活。吃早饭后，去地里收了一点儿柿子，回来旋了旋（削皮），晒了晒。中午弄了点儿饭吃了吃，下午又去掰了点玉米。一个人在家吧，也是挺忙活。反正在家里，俺就这样吧，住的是老房子。在家吃的饭也是种啥吃啥，种南瓜，吃南瓜、萝卜。就这吧，也不买别的啥菜。

扫二维码 赏《县域西部山区口音》

县域岳城区口音

数昨天捣哩匀呢！昨天吃晌午饭后，去刨红薯。开个小翻斗车到地后，看到刨出来的红薯这么小，我说要不咱过两天再刨？俺家里（丈夫）说：“刨地鬼孙吧！还停两天呢，停两天还能给你长成啥哩？这天已经冷了，刨！刨地丈人！”就刨开了。刨完了，拾车上点的（一些，下同），这地上还有点的。找不到布袋时，一想，忘了拿布袋！你看这笑话不笑话？车斗子前面有1个布袋，就这样装上吧！装了一布袋，找口绳呢，我记得口袋装着个口绳，咋一掏，没有！原来，我换了布衫了。那这咋弄？就连这个布袋口压到布袋底下。就这样，走吧！掉了再说！往外走，刨红薯刨得地里都是坑，又叫我给他推车，还搭了个大天黑！错了（多亏）是村里修的公路平拓拓（形容路平），那路灯又明光光，要不，看这搭黑了咋弄？

扫二维码 赏《县域岳城区口音》

县域观台区口音

每天呀，在家也是不停事儿——有一个兜裤子学生。早晨起来后，八点半就得往学校送他，七点就得叫他起。俺这个学生啊，天天在学校顶着（淘气、不听话）呢，整天往地下“扑出”“扑出”（形容往地上滚的动作）的，不是打滚，就是磕住拨拉盖（膝盖），要不就是磕住嘴巴骨子（下巴），

扫二维码 赏《县域观台区口音》

成天淘人啊！把他送到学校后，我洗洗衣裳，就该做晌午饭。11点就接他，回来吃饭后，1点多就得往学校送他。送到学校后，还跟别人一起去地里拾点玉米、弄弄啥的、打打杂。天天晌午吃点面条饭。后晌回来搭黑了，急忙馏点馍、滚点米汤，一捏个（凑合）就是一顿儿。一天一天过得快着呢！现在比以前强多了，村里给老百姓办实事儿，老百姓有啥困难，村里也尽力给老百姓解决。总得来说吧，现在过得比以前好了！

五、磁县方言特点及语汇

磁县方言语汇非常丰富。相较普通话，磁县方言词大致分两种：一种是在普通话中可找到对应或大致对应词的；另一种是普通话中找不到对应词的，对第二种词，下文以短语或句子加以注释。比较普通话的常用语汇和磁县方言语汇，了解其对应关系，对磁县方言语汇的发展意义重大。

（一）构词特点

1. 磁县方言将“子”尾换成“的”尾。普通话带“子”的词，在方言里带“的”；普通话里不能带“子”的词，方言换个说法也能带“的”，如“蛐的”（蝈蝈），“外甥的”（外甥），“圪梁的”（山梁），“妗的”（舅妈），“媳妇的”（媳妇）等。

2. 虚词构型丰富，如副词里表示“一同”，方言里则有“相的、相跟的、先安的、一码齐儿、一齐儿”等说法。语气助词“着呢”，方言用“得嘞、的哩”与之对应，且使用广泛，如：“忙得嘞（的哩），疼得嘞（的哩）、热的嘞（的哩）”等等。

（二）句式特点

1. 方言中变“把”字句“把＋宾＋动＋补”结构为“动＋补＋宾”，如“把垃圾拎出去”，方言说“拎出去垃圾”。

2. 方言中的被字句不用“被”，而用“叫、换、让”等介词，多用于表示消极意义，如普通话“他被学校开除了”，方言说“他叫学校开除了”；普通话“他被人家打了”，方言说“他叫捏给打了”。

3. 疑问句中，磁县方言常用“不”“没有”等否定词语来表示，如：普通话“你是不是邯郸人”，方言说“你是邯郸人不儿？”普通话“还有饭吗？”方言说“还有饭没有？”

4. 程度补语句一般不用“很、极”作程度补语，而是采用其它句式与之对应，如“很热、极热”方言则说“瞎热”“热哩慌”“热得嘞”“热哩不行”“热哩没法儿”等。

（三）称谓差异

磁县称谓以北方白话方言为基础，与普通话语言大致相同，略有差别。

1. 亲属称谓

磁县亲属称谓普通话与方言对比一览表

表 34-5

普通话	磁县方言	普通话	磁县方言
曾祖父	老爷爷	妻之弟	小舅子、孩子舅、
曾祖母	老奶奶	妻之侄（侄女）	妻侄、内侄（内侄女）
祖父	爷爷	夫之父	公公、孩子爷爷、爸、爹
祖母	奶奶	夫之母	婆婆、婆的、孩子奶奶、妈、娘
父亲	白、爹、老的儿	外祖父	姥爷
母亲	娘	外祖母	姥姥
兄	哥	舅父	舅舅
弟弟	弟、兄弟	舅母	妗子
伯父	大爷、大大（幼儿语）	姨母	姨
伯母	大娘、大大（幼儿语）	姨父	姨父

续表

普通话	磁县方言	普通话	磁县方言
叔父	叔叔	岳父	老丈人、小孩姥爷、爸、爹
叔母	婶子	岳母	丈母娘、小孩姥姥、妈、娘
姑母	姑姑	姊	姐
姑父	姑父	妹	妹
妻子	媳妇（秀）的、家嘞、老婆的、小孩娘、孩子妈	儿媳	儿媳妇（秀）的
丈夫	男嘞、家嘞、老汉的、当家儿嘞、小孩爹、孩子爸	女婿	女娶
子女	孩子、小孩儿	连襟	调船、一条杠
男孩（儿子）	儿、孩子、孩儿、小子	义父	干爹
女孩（女儿）	闺女、妮儿	义母	干娘
夫之兄	大伯子、孩子大爷、哥	堂兄弟	叔伯兄弟
夫之弟	小叔子、孩子叔叔、弟	堂姊妹	叔伯姐妹
夫之姊	大姑子、孩子姑姑、姐	外孙（外孙女）	外甥（外甥闺女）
夫之妹	小姑子、孩子小姑、妹	继父	后爹、后爸
妻之姊	大姨子、孩子姨、姐	继母	后娘、后妈
妻之妹	小姨子、孩子姨、妹	继妻	补后
妻之兄	大舅子、孩子舅、弟	—	—

2. 一般称谓

大爷、老爷子：对年老男性的尊称。

老汉儿：对年老男性的一般称呼。

大娘：成年人对年老已婚女性的尊称。

老婆儿：私下对年老女性的一般称呼。

大嫂：对与自己年龄相仿已婚女子的尊称。

大姐：对与自己年龄相仿女子的尊称。

大哥：对比自己年龄稍大男子的尊称。

妯娌：兄、弟媳妇间互称。

小伙子：对未婚男青年的通称。

闺女儿、妮儿：对未婚女青年的通称。

小孩、小家伙儿：对幼童和少年的通称。

同志：人与人之间的通称。

先生：对医生、教师的尊称，也指对一般人的尊称。

师傅：对有技术人员的尊称，也是人们之间的尊称。

老某：姓前冠老字，是彼此年龄差不多的成年人之间互称。

某老：姓后加老字，是对年长者的尊称。

小某：姓前加小字，是对年龄较小及青年之间比较亲热的称呼。

乡亲、老乡：对乡邻的称谓。

汉们、男嘞：非正式场合对男子的通称。

娘儿们、女嘞：私下场合对女子的称谓。

弟儿们、弟兄们：男性之间对亲兄弟或男性朋友们的称呼。

姊妹们：女性对亲姐妹或女性朋友们的称呼；男性对同时包含男性和女性的亲属或朋友统称姊妹们。

（四）地名特殊语音举例

磁县部分地名名称与习惯说法对比一览表

表 34-6

村　名	习惯说法	所属乡（镇）	村　名	习惯说法	所属乡（镇）
时村营	营里、时的营	时村营	李　庄	李耶庄当	磁州镇
小屯洼	屯儿洼	时村营	白家庄	白耶庄儿	磁州镇
牛尾岗	牛意岗	时村营	张　庄	张阿庄儿	磁州镇
上　陈	上　阵	时村营	纪　庄	纪耶庄当、纪庄儿	磁州镇
上七垣	上　千	时村营	小营店	小营儿	磁州镇
庆和峪	庆阿峪	时村营	南开河	南开河的、南开的	磁州镇
西曹庄	曹庄儿	时村营	北开河	北开河的、北开的	磁州镇
王家店	王店儿、王阿店儿	讲武城	东玉曹	东入曹	高　臾
刘　庄	刘庄儿、刘阿庄儿	讲武城	西玉曹	西入曹	高　臾
东李庄	李庄儿、李耶庄儿	讲武城	北神岗	北城岗	西固义
前　港	前　蒋	讲武城	台子寨	台　寨	都　党
后　港	后　蒋	讲武城	东古佛	东古房	林　坛
小　庄	南庄儿	岳　城	西古佛	西古房	林　坛
马家坟	马坟儿	岳　城	东佛家店	东福家店	林　坛
南神岗	南城岗、南城昂	岳　城	西佛家店	西福家店	林　坛
水鱼岗	水儿岗	岳　城	洛　子	洛　的	林　坛
梧桐庄	梧当营	岳　城	前李兵庄	前李平庄	林　坛
潘　汪	旁　旁	岳　城	后李兵庄	后李平庄	林　坛
监　上	监　当	磁州镇	前　塔	前塔的	南　城
响水亮	亮　当	磁州镇	后　塔	后塔的	南　城

（五）部分普通话常用词与磁县方言词语对照

下面是普通话常用语词与磁县方言语词的对照，这些方言词多在口头上运用，书面语也偶有运用。

部分普通话常用词与磁县方言词语对照表

表 34-7

天象	打雷：响雷（音为 luei）、忽雷开啦	开始下小雨：合蒙开了、蒙森开了、合影开了、开始掉点儿了	晴空万里：晴呱呱、晴得啷啷嘞
	霰雪：雪糁儿、雪糁的	多云：阴圪叨叨嘞	冰雹：冷的、棱的

环境	稀泥：泥糊涂的	温水：呜都的水	土块：土坷垃
	田梗：田圪檩的、地圪檩的	脏：恶囊、恶应	僻处：背旮旯儿
时间	明年：过年、过老年儿	去年：年个儿、年时儿	前年：前年个儿
	今天：今儿嘞	明天：明儿老	后天：后儿老、过了明儿老
	大后天：大后儿、大过明儿	昨天：夜隔儿	前天：前隔儿
	大前天：大前隔儿	清晨：清早、早将起来	中午前：傍晌午
	傍晚：傍黑儿	晚上：黑来、黄恩	完成：弄停当了
	这时候：主为、主儿	什么时候：啥属儿、多旦	除夕：三十黑来、三十黄
村舍	胡同：过道儿、过通儿	柴门：栅落的	厕所：茅的
	台阶：圪台儿、圪腾儿、圪台的	门坎儿：门欠儿	地基：根脚
	门台：门圪台儿	洒水：哨水	胡同：骨墩儿
人物	单身汉：光棍儿、光棍汉的	厨师：掌勺儿嘞、做饭嘞、厨的	缺心眼儿的人：二半调的、二不撤的、三不掉的、撤鬼
	厚颜无耻的人：死皮赖脸、没脸僧	粗鲁莽撞的人：二百五、二杆的、二青杆的	久病不愈的人：病秧的、老病腔的、药罐的
	爱挑毛病的人：刺儿头	支撑门户的人：顶门棍	瘦小的人：瘦猴儿
	低胖的人：肉墩的、坐地炮、地牤牛	瘦高的人：电线杆的、细高条儿	鲁莽性急的人：麦秸火、炮筒
	不通情理、不爽快的人：圪拧头、圪拧蛋	唠叨碎语的人：碎嘴的、	吝啬小气的人：节余头、缩节头
	见什么想吃什么的人：吃嘴精	爱说善讲的人：话撇的	受人摆弄破费的人：捉大头
	一味沾便宜的人：红火柱	常办缺德事的人：缺一火	毛手毛脚的人：毛糙蛋
	嘻皮笑脸的人：水脸、水脸腔的	奉承巴结的人：溜沟的	两面讨好的人：两面光、四面光、八面净
	搞笑的人：捣件儿	不爱说话：不好吭	做作：出故事、得形嘞
身体	皱纹：骨细纹	耳光：耳巴的、耳刮的	腮：圪袋的
	全裸：谢不肚儿	齿龈：牙花的	肋骨：列巴支
	眼眵：眵麻糊	鼻屎：鼻圪渣	胸腔：胸壳朗的
	黑痣：黑曲的、候儿	搓泥：搓黑股绝	膝盖：波拉盖儿
	脚趾缝：厥么合栏儿	乳房：美美	咽喉：嗓窟窿眼儿
	臀部：独独	胳肢窝：胳老肢	下巴：下巴骨都、下巴壳的
疾病	血痕：血不临的	驼背：锅的、锅腰的	恶心：干若
	呕吐：若	定皮儿：定圪痂儿、定圪巴儿	贴橡皮膏：粘胶布
	烫伤：燎巴	打喷嚏：打嚏稳	病愈少运动：背捂

起居	被子：盖地	褥子：铺地	被单儿：单的、卧单儿
	背心儿：汗踏儿	非套头上衣：布衫的、褂的	短袖：短胳膊儿
	涎布：围嘴的，围嘴拍的	尿布：屎布	做满月：做事记儿
	钢丝球：擦锅圈儿	扫帚：条住	簸箕：搓斗儿
	抽屉：抽斗、抽抽	护肤品：香香、雪花膏	勺子：匙的、硕的
	锅刷：炊竹	板凳：杌的	图章：戳的、手戳儿、章
	肥皂：胰子	废纸箱：纸备的	凳子：杌的
	硬币：毛壳儿	单位为角的纸币：毛票儿	陀螺：忙牛的
	筷子：筷的	眼镜：镜的	一家子：垛家的
饮食	早饭：早起饭	午饭：晌午饭	晚饭：荒饭
	粉浆饭：浑当饭（音来自“浑汤饭”）	鲜粉皮：鲜片粉	馒头：馍、么么
	酵母：酵的、老面、面酵的	玉米面粥：糊度儿	小米粥：米汤
	柿饼：柿裹栾儿（lvan ‘er）	饸烙面（手搓）：抿决的	粉条馅：毛馅（xuan’er）
	皮渣：粉疙瘩	锅巴：饭圪巴	酱油：清酱
动物	牲畜：头物、头窝	公猪：牙猪、厥猪	公驴：叫驴
	半大猪：克髅、壳朗	公牛：牤的、犍的	乌鸦：老鸹、老哇
	母驴：草驴	公狗：牙狗	母鸡：草鸡
	公羊：夹的	麻雀：小吹儿、小冲的	蜻蜓：水灵灵
	蚯蚓：出串	蛇：皮掉	蝗虫：蚂蚱、扁担
	蝌蚪：蛤蟆圪蚪儿	螳螂：砍大刀	蝙蝠：夜百虎、夜拍虎
	蝉：知了、即了儿	蝉蛹：肉古龙	蜣螂：屎克螂、老牛
	蝈蝈：油的	蟋蟀：促织的	兔肉：毛肉
	蜥蜴：地出里的	啄木鸟：掇树虫	尾巴：以巴
	田鼠：地搬仓	猫头鹰：突叫的	下蛋：范蛋
	狐狸：狐的	孑孓：跟斗虫儿	蜈蚣：蚰蜒
	水蛭：麻鳖	壁虎：吸壁虎、吸老虎的	蚜虫：油旱、雨旱
	青蛙：蛤蟆	蟾蜍：芥蛤蟆、老的	鼠妇：潮虫、西锅虫
植物	麦子：麦的、蔑的	玉米：玉茭、玉硕、棒的、玉蜀黍	洋葱：葱头
	白菜：黄芽菜	莴笋：笋（音为 xǔn）	马铃薯：山蔓荆、迷糊蛋

植物	花生：拉恩儿	甘蔗：甜隔挡儿	垂柳：倒栽柳
	狗尾草：狗以巴草	蒲公英：布丁儿、布布丁儿	苍耳：刺儿阔
	香菜：盐翠	玉米秸秆：隔挡的	署葵：乌（ve）旦片
	棉花：花	荆棘：圪针	菜花：花菜
农事	篓：挎篓、箩头	浇地：洇地	翻地：剜地、镢地
	牛梭子：牛梭斗	粪钩：抓钩	锄把：锄桨
红白事	死了：不在了、老了	出嫁：过门儿、娶嘞	双胞胎：双生的
	棺材：寿木	娶媳妇：娶秀的、典礼嘞	烧金银箔（祭祀品）：点八（箔）
交际	酒菜：席面	请客吃饭：支个茬儿、支个茬的、坐会儿、正会儿	赴红、白事宴席：坐席、吃盘儿
	办事上礼：买饭票儿	行酒令：划枚、掇枚	逐人喝酒（酒桌）：见面儿、转圈儿、闯关儿
	劝酒：攀、攀酒	喝酒后吃菜：抄菜、抄、贺关儿	和友人吃饭：上场儿
方位	上面：上半儿、顶儿上、上都	下面：下半儿、底啊、底下	左面：左傍个、左半儿、
	右面：右傍个、右半儿、	中间：当中间、当心儿	里面：里半儿、里斗、留
	外面：外半儿、外斗	前边：前半儿	这边：这米儿、涨、涨嘞
	旁边：一边儿、挨得	转圈：转蒙蒙	那边：那米儿、囊、囊边、那儿嘞
称代	做什么：干啥嘞、做啥嘞、弄啥嘞	怎么办：咋办、咋的办、咋办耶	你：恁
	咱们：咱、咱几耶、咱都	你们：恁、恁几耶、恁都	他们：他都、捏、捏都
行为	生气不想搭理人：摆了	谈天儿：说闲话儿、闲拉嘞、匹啊会儿	不说话：不吭声儿、不吭气儿
	没关系：没事、没啥、不碍事儿	遇见某人：跟某人走碰了	遗失：掉了、没了、没影了、找不着（音为：zhuo 二声调）了
	找着了：找着（音为：zhuo 二声调）了、找见了	擦掉：擦老、密老、抹拉老	拎起来：掂起来、得连起来
	欠：争、差、该、短、少	称重：制制、得溜得溜	收拾：拾掇、安置、安插
	兑：搀、搅、配	估计：端量、约摸	散步：么游么游、转
	松手：丢手、丢老手	放：仗、搁、撂	休息：歇会儿、歇歇儿、歇的
	打吨：特蒙、眯瞪、切猛的	挂念：结记、结意	玩儿：耍的儿、耍哦
	说话多：硕道、硕道不叽叽嘞	打颤：得得、打得得、霍碎	完成了：停当了
	喜欢：相中、待见	抚养长大：紧张大、拉扒大	着急：淘急、扯急
	瞎说：瞎搭搭、瞎抡	折腾：出败	讽刺：差见

	给某人穿小鞋、坑某人：治败、吊败	扔：柔（音为一声调）	一滩：一铺摊
	不管怎样：不拣咋的、不管咋个儿	难住了：傻眼了	浪费：霍撇、费、扔了
	没成功：搭了	不行：不中、不沾弦、不办事	不懂事儿：不识号儿、不懂四六
	等一等：候嘞、候接嘞	打你：削（音为：xue 四声调）你、楔你一顿	握住：暖住、南住（动词音为四声调）
	批评：热砍	可不是：可不儿、可呗嘞、扣办	使直起、使竖起：撅起来
	算了：算吧	靠近：挨住	哄骗：哄咙
	两手指搓动：不捻	妨碍别人做事：碍事不拉脚	踩：扎、拆（音为三声调）
	往后倒：也后头了	眼皮眨动：格挤眼	捋动：摸拉
	娇生惯养：娇养	把东西弄乱：盘登	敲打：阔（音为一声调）
	接水：就水	因某事而争理：争揪	闹翻了：翻脸、闹别了、隔气了
	溜走、滑：出离	十分能干：里打外开、出莽	习惯：行意
行为	动物分娩：下了	赔偿：包	舀：挖（三声调）
	应付、伺候：支应	吃了就睡：蹲膘	眼发呆、发直：癔怔
	优秀：成点、有材料	不答理他：答理他坎、打支他嘞	潜泳：切猛的
	不利索、慢吞吞：木榆	眼中有活儿：有眼色（音为：shai’er）儿	不庄重：流样流气
	安排：铺排、铺摆	受委屈：背屈	勤俭勤快：勤谨
	原谅：担待	报到：打个卯儿	斜靠：崴
	摔跤：扳轱辘、扳跌、摔不郎的	不好意思：摸拉不下脸儿、下不来台儿	喊叫：呜叫
	炫耀：片（音为三声调）	闭眼：圪挤眼	捉迷藏：藏老母儿
	耍赖：搞圪赖	步行：地奔儿	AA 制：打平伙儿
	蹲下：圪就	往那边挪挪：往囊坑坑	欺负：刻薄
	撇折了：却（三声调，动词）折了	情投意合：对眼儿、说对老	不可靠：不打套儿
	待一会：正一会儿	倒晾：么晾么晾	撒娇：圪叠、圪情
	用筷子夹：抄	晾干：出干	提前看情况：打个瞄（māo）
	奇怪：怪厌	羡慕：眼气	结实：顶邦邦
性状	倔强、不讲理：圪料、肉拧、叫们	累：使嘞慌	差一点儿：差一圪尼儿、差一跟儿
	舒服：入实、得劲、出展、得的嘞、得（音为：dei，三声调）	陡峭：直陡陡	挨骂：挨贬贱

性状	顽皮：费	麻烦：腻败	乖：矮实、安生
	空旷：空壳郎郎、空不郎当	平：平展展、平拓拓、展过过	晕：头蒙、蒙不登嘞
	苦：苦不拉即、苦不即即	甜：甜不唧儿、恶脑的甜、甜丝丝	白：白念念、白不即即、白不撇撇
	黑：黑古洞洞、黑不撇撇、黑撇撇	红：红丢丢	咸：咸丝丝
	轻：轻飘飘、轻不撩挑	干：干忽拉拉儿、干巴巴、干撇撇	圆：圆去去、圆乎乎
	直：直不念念、直念念	瘦：瘦得得嘞、瘦溜溜嘞	绿：绿嗖嗖
	整齐、一般高：齐拙拙、一满高儿	洒了：扣了	喘不上气：窝嘞慌
	笨：泰（音为 tai，三声调）、不够点、不成点	光：光念念、光不念念	湿：湿不即即、湿不撇撇
	酸：酸溜溜儿、酸不拉儿、酸不溜丢	肉感：肉墩的、肉不拉即	斜：斜米掉线
	傻：傻不即、傻不拉即、傻不溜秋	沉：骨重	萎缩卷曲：古连
	偏僻而安静：背静	糊涂：阴阳	爱修饰打扮：好拽
	尘土飞扬：荡	老人不明事理了：咬由了	单个：圪零
	土气：村	得理不饶人：口（二声调）	不费力、轻松就能做到：利瑟瑟嘞
	得意洋洋：俏颠颠	甩开膀子干：大余余	乌烟瘴气：乌度狼烟
	烂透了：沤了	烧坏了：偶了	坏了：撂（三声调）了
	不结实了：摧了	完全打开：开嘞展撇撇	闪啊闪：合闪合闪
	面条坨成块：垛了	满的、紧的、严实的：圪结结	没理由推辞：没挪移
	不行：不中、不照、不沾闲	蔫：圪严	一堆：一锅最
修饰	经常：一直、总目、总门	故意：担意、胆门儿	关键时刻：搁节儿
	别：表、摒	幸亏：要不儿	吃完的时候：吃罢老
	最多一个：尽大一个	专门：胆门儿	一共：一满
	一块儿：相的、僧的、相跟的	马上、快速：忽里马缠	提前走：往头走
	这样：真（音为三声调）个儿、正（音为三声调）个儿	那样：恁（音为三声调）个儿、能（音为三声调）个儿	一起做：窜得做

第二节　普通话

普通话推广机构

2000 年，在县文教体局设语言文字工作办公室，重点宣传《中华人民共和国国家通用语言文字法》《河北省实施〈国家通用语言文字法〉办法》，同时开展各级各类推广普通话活动。2002 年，县文教体委以及各乡（镇）学区、各学校成立语言文字工作领导小组。

普通话推广活动

1999年始，磁县将普通话推广为党政机关和新闻媒体工作用语和中小学教师课堂用语。2002年1月25日，磁县语言文字工作委员会办公室制订《磁县语言文字工作长期规划（2002—2006)》，确定以创建普及普通话达标学校为基础，逐步开展创建普及普通话达标乡（镇），进而成为普及普通话达标县目标。是年，对全县教师进行培训，有针对性地纠正被磁县方言影响而产生的发音错误，并对各单位推广普通话工作进行检查评估。

2004年，县文教体局与全县各学校签订推广普通话目标责任书，指导全县学校组织开展形式多样的“说普通话，写规范字”活动。要求各校落实国旗下讲话活动，选派师生进行美文诵读和经典诗词诵读；每天上午、下午上课前唱两至三首宣传普通话的歌曲；组织开展“小小啄木鸟”纠错改错字活动；利用板报、橱窗、手抄报等开辟宣传栏，展示师生书写规范字情况；推选师生当推广普通话宣传员和监督员，引导和监督师生推广普通话工作。是年，组织“磁县教育系统首届教师普通话大赛”，县文教体委工作人员、各乡（镇）学区、国办中小学、评委等120余人参加，共评出小学组一等奖3人、二等奖5人、三等奖8人，中学组一等奖2人、二等奖4人、三等奖6人，在全县通报表彰。

2006年，磁县适龄（50周岁以下）教职工参加普通话培训，培训人数3950人。是年5月28日，磁县通过河北省创建中小学普及普通话达标县工作评估验收。

2007年3月4日，制订《磁县语言文字工作中长期规划》，确定以县城为中心，以学校为基础，以党政机关为龙头，以新闻媒体为榜样，以公共服务行业为窗口，强力推广应用普通话。是年，贯彻落实成员单位语言文字工作评估制度，开展达标校、示范校创建活动，改革和加强普通话培训和测试工作，强化推广普通话宣传周等措施，逐步拓展、延伸工作领域，增强县机关、学校等向社区、农村的辐射能力。经过3年推广，于2010年1月，磁县通过河北省三类城市语言文字工作达标县创建验收。

2016年9月24日，在博物馆广场举行磁县“迎国庆”中小学生规范汉字书写大赛，全县200余所中小学近600名师生参加。截至2018年，磁县连续开展第二届、第三届中小学生规范汉字广场书写大赛，并邀请国家级书法专家现场点评。

2017年9月，磁县完成县域普通话普及情况调查工作，涉及乡（镇）4个、样本600个。其中，磁州镇420个、讲武城镇60个、黄沙镇60个、白土镇60个。2018年10月，再次对磁州镇、讲武城镇、黄沙镇、白土镇开展县域普通话普及情况复查取样，进一步对全县普通话推广情况归纳和梳理分析。是年，在微信小程序上再次做相关调查与采样，综合分析结果表明，全县约85%居民已具备普通话应用能力，95%以上的识字人口可使用规范汉字，学前普通话推广已覆盖，中、小学校园普通话用语普及率90%以上。截至2018年，磁县成人交流以方言为主，儿童间、成人与儿童间交流则逐步向普通话过渡，以城区最为明显。在偏远农村，部分老人缺乏自如运用普通话能力，但具备听懂普通话能力。城区窗口单位及服务行业多使用普通话，农村服务行业仍普遍使用方言。教育行业普遍使用普通话。

第三十五编　人　物

磁县历史悠久，人才辈出。古代域内有许多名人志士被载入史册，受人敬仰。战国时代蔺相如的完璧归赵、将相和等故事，成为千古美谈；金代赵秉文官至资善大夫、上护军、天水郡侯、礼部尚书等职，写下《闲闲老人滏水文集》等著作，成为一代文豪巨匠；明代蔺从善身为两代帝师（明宣宗、明英宗），告老还乡后，用皇赏银钱修筑乡道受人称赞；明末张镜心曾任两广总督，官至兵部尚书，为官清廉，名垂青史。

在第二次国内革命战争、抗日战争、解放战争时期乃至抗美援朝中，数千名优秀磁县儿女为了民族的独立、人民的幸福，前赴后继，英勇奋战，为国捐躯。据统计，全县革命烈士共有 2240 人。王子清，直南第一个中共党员，组织成立直南第一个共产党小组，1928 年出席在苏联莫斯科召开的中共六大会议。田裕民，第一任抗日民主政府县长，领导磁县如火如荼的抗日斗争。王维纲，领导磁县“小车社”大罢工，中华人民共和国成立后任最高人民法院副院长。黄华，青年时期就参加“五四”运动，后奔赴延安参加革命，中华人民共和国成立后任常驻联合国代表、外交部部长、国务院副总理、第六届全国人大常委会副委员长等职务。李琦，中共中央文献研究室主任，编辑党的第一代领导人诸多著作，给后人留下许多珍贵的党史资料。

1999 年后，磁县人民开拓创新，实干敬业，不少人成为新时期的佼佼者。有被中共中央组织部追认为全国优秀共产党员的许帅；有带病坚持工作到生命最后一刻，被省委、省政府评为“河北省第五届人民满意的公务员”的姚明河；有带领农民致富的高级农艺师陈有田；有致富能手、利税大户吴承先；有全国文物先进工作者张子英；有被授予“全国民政系统先进工作者”的民政干部汪振海。此外，还有许多各个行业的先进人物，他们在各自岗位上做出突出贡献，成为各条战线的优秀骨干，助推磁县经济建设和社会事业又好又快发展，成为磁县人民的优秀代表，演奏出实干敬业的时代强音。

2001 年版《磁县志》人物传记 52 位，其中古代人物 25 位，近现代人物 27 位，表录烈士 2240 人，副厅（局）级以上干部及高级职称人员 110 人，省级以上先进人物 258 人。本志入传人物 57 人，其中古代人物 11 位，近现代人物 46 位。人物名表收录磁县籍在外担任副厅（局、师）级以上党政军领导干部 22 人；在外地正高级专业技术人员 10 人；获“全国劳动模范”称号人员 6 人、“省劳动模范”称号人员 18 人、“市劳动模范”称号人员 146 人；获省级以上先进人物 41 人次；县内任正高级专业技术人员 16 人、副高级专业技术人员 675 人；怀调传承人 24 人；省人大代表 14 人次；博士 40 人。

第一章　人物传

第一节　古代人物

高肃　（详见第二十八编第三章兰陵王高肃墓）

崔珏　（详见第二十九编崔府君文化）

韩令坤

韩令坤（923—968），北宋开国名将，磁州滏阳县仁风乡崇孝里（今磁州镇西来村）人。韩令坤出身将门，自幼精通武艺，后周世宗柴荣继位后，与赵匡胤同为柴荣手下得力大将，且交情甚密。因有才略、识治道，授殿前都虞侯，为统帅皇家御林军初级将领，后因功升任侍卫马军都指挥使，领定武军节度使。建隆元年（960 年）赵匡胤建立北宋王朝，对其予以重用，任天平军（今山东东平）节度使，加侍卫马步军都指挥使，同平章事。随宋太祖征反宋的周昭义军（今磁县）节度使李筠，平息后加官兼侍中。不久，又随宋太祖征讨、平息反叛的淮南节度使李重进。宋初，北方契丹族不断骚扰，对宋室构成威胁。建隆二年（961 年），任成德军（今河北省正定县）节度使兼兵马都部署，指挥北疆人马，坐镇常山七年，使北部边境保持安定。乾德六年（968 年），因背疽溃发而卒死任上，年仅 46 岁。北疆军民异常悲伤，宋太祖更是悲痛万分，罢朝三日，穿着素服亲自到讲武殿为其发丧，追封为南阳郡王。韩令坤埋葬于西来村村西。（2014 年 7 月，磁县文物保管所进行抢救性发掘，出土墓志一盒）

附：韩令坤墓志铭

大宋推诚奉义翊戴同德功臣、成德军节度、镇深赵等州观察处置等使兼北面沿边兵马都部署、特进检校太尉兼侍中、行真定尹、上柱国、开国公、食邑二千五百户、食实封四百户、南阳郡王韩公墓志并序

门吏节度掌书记　张维　撰

夫在天成象，台星有陨坼之期；在地成形，泰岳有崩颓之迹。通古所叹，载籍备陈。其或禀列宿之英粹，惟岳之灵。生为良辅，出佐明时。其进也，虎变鹰扬，功昭数代；其殁也，岳颓星陨，哀恸一方者，即南阳郡王谓欤！皇帝览飞奏，念勋臣，罢政万机，废朝三日。嗟邦国之不幸，痛股肱之云亡，素服举哀，礼越常等。

公讳令坤，字德顺，其先后稷之后，自姬姓分宗，桓万以灭翼之功，命氏于韩原之地，韩骞因避莽之患，遂家徙于南阳之垆。巨干分华，洪源析派。晋封列国，汉宠通侯。代有奇人，世跻厥美。

公七代祖，因官徙家于磁州滏阳县，乃为故里。曾讳检，皇任磁州军事判官，赐绯鱼袋。祖讳振，皇任大周赠左赞善大夫。父伦，见任亳州防御使。世德不衰，奇才间出，偶非常之运，罄拔俗之才，好爵爰加，丰功克著，授光禄大夫、检校司徒、磁州刺史。褰帏视事，昼锦行春。郡政肃清，与民受赐。藏孙将期于有后，于公必庆于高门。寻迁授亳州防御使。南阳郡王，即司徒长子也。抱忠孝纯和之德，负奇杰挺特之才，嫡早学于里人，射必穿于百步。少事周高祖，命吕者律，召云者龙。圣人以之韬光，贤者于焉遁世。爰行刈楚，显荷出蓝，得人者昌，于兹为盛。署厅头军使，洎乎龙蛇起陆，戎马生郊，汉祚将尽，奸臣构祸，潜行诛戮，害及忠良。高祖以天命有归，人心难遏，顺三灵而改卜，叶百姓之与能，爰拥义师，旋平多难，干戈再戢，辇毂克宁。乃议军功，公居其右。起家授银青光禄大夫、检校左散骑常侍、充□底都虞侯，兼赐效忠保节功臣，旌□命也。创业之后，策勋是先，以公事上忠勤，董军严肃，宜迁近密，用展腹心，转授散员都指挥使。位以才升，赏因功懋，宣力王室，尽粹邦家。诚多定国之劳，宜荷建侯之宠，授控鹤右厢第一军都指挥使兼遥授和州刺史。高祖以功成□定，岁丰民和，乃议升中。斯行告善，既虔郅于上帝，冀用答于天休。正月，有事南郊，公扈跸清尘，握兵卫社，大礼斯毕，宠命方行。值高祖奄弃万机，哀殒九有，星昏紫极，云惨苍梧。公定难安邦，扶天建业，致君墓嗣，送往事终，礼无违者。

世宗绍位之始，布政之初，以公先朝旧勋，亲荷顾命，冠时巨望，宜董上军，授殿前都虞侯兼龙捷左厢都指挥使，加遥授密州团练使。

其年秋，迁检校司空、泗州刺史、充本州防御使、南阳郡开国男，食邑三百户。道茂褒勋，恩兼锡壤，特进封食之赐，仍兼开国之荣。爰迁侮御之资，弥著清白之誉。

世宗皇帝以中原大定，华夷率服，顾彼并、汾，犹拒王化。将克清于八表，兼亲驭于六师。以公勇冠三军，武兼七德，抱铁石匪渝之节，怀雪霜不变之心。差充行营马军都指挥使，拥七艺以先登，指群凶而必克。我军才俟于褰旗，贼众已闻于奔命。穷鱼漏网以潜奔，狡兔投穴而不暇。横尸蔽野，弃甲如山。元凶遂入于孤城，大驾凯旋于丹辟。临轩议赏，惟公是先。爰加保傅之资，兼授节旄之寄。超授检校太保、持节洋州诸军事、洋州刺史，兼御史大夫、充武定军节度使、洋、蓬、辟等州观察处置使兼侍卫、亲军马军都指挥使。位布腹心，地居环卫。动皆师古，道必勤王。致君恒切于忘家，启志每坚于许国。世宗皇帝以寰中无事，淮海未归，念晋武之平吴，思汉光之命将。爰加慎选，乃议专征，乃□孟侯，时推良帅。驱万马以云崩，拥六师而雷动。我战则克，惟敌是求。授淮南道沿江行营副招讨，升府举全吴之师，恃大江之险，设犄角之援，陈水陆之兵。鼙鼓之音，震于千里，干戈之迹，迨兹数年。挥却日之戈，万夫皆靡；奋斩蛇之剑，只轮不回。斩将褰旗，献戎捷而甚数；摧城陷阵，筑京观以斯频。大功继达于宸聪，异宠旋移于上镇。授光禄大夫、检校太傅、持节陈州诸军事、充镇安军节度使、陈、颍等州观察处置等使，依前兼侍卫亲军马军都指挥使，进封开国伯，食邑四百户，兼镇淮军都部署。

明年秋，权扬州行府事。大军之后，地庶凋残。公自莅之，显有成绩，民各安堵，甚怀其恩。淮南以势迫兵穷，力殚向化，献淮南亿地之货，归江北十数之州。上念知非俯从纳款，刷累朝之前耻，复万里之封疆。公著大勋，帝实念赖，加依旧陈州节度使兼侍卫军马步军都虞侯。

明年秋，上以淮南初伏，狂胡尚炽，顾其侵掠，遂议遐征。出武库存之神兵，命文昌之上将。公韬铃术妙，战伐功高。汉用郅都，匈奴避境；赵用李牧，丑虏潜形。玉弩星高，金飚夜动。精兵十万，姿樊哙之横行；步卒五千，效李陵之深入。汉兵贯勇，尚七飞雪之边；虏骑吞声，深越积冰之塞。复地千里，夺兹数州。大驾归京，留公边上，加检校太尉、河北道沿边兵马都监。官崇掌武，志切枕戈。蠢尔北戎，罔敢南牧。

周祚告终而弃位，宋朝受禅以开基，化布于惟新，恩覃于革故。

公握大军于边上，述臣节于中朝。累奉殊恩，入觐丹辟，加卢绾之亲幸，升傅说之官资。环卫宸居，弥缝邦政，进公侯之秩，兼台辅之尊，改授大藩，仍加食赋，授特进检校太尉、同中书门下平章事、持节郓州诸军事、充天平军节度使、郓、济等州观察处置使，兼侍卫亲军马步军都指挥使。位既高而志弥下，荷宠若惊；禄既厚而施亦优，褒多益寡。黄金相印，入则秉国之钧；白玉兵符，出则握军之要。子房素深于韬略，寇恂深达于政经。时将庆于大同，运实资于明表。无何，建隆元祀夏四月，上党称兵，维扬构逆。顾其交乱，爰议亲征。以公雄望冠时，英才当世，长驱锐捻，先柸（挫）孤城，雨骤星驰，霄奔雷击，势如返掌，疾如走丸，恶党旋平，大功克著。

銮与归阙，明堂议功，加特进检校太尉兼侍中。俄自汶阳改授滹水，依旧特进检校太尉兼侍中、行真定尹、充成德军节度使，镇、深、赵等州观察处置等使，兼北面沿边兵马都部署，改赐推诚奉义翊戴同德功臣。仍增食赋之封，兼授褒功之号。常山重地，非贤不居。绰彼元戎，显有嘉绩。辍斯环卫，假之镇临。十乘启行，未改董戎之要；双旌届道，以观问俗之规。地控幽燕，境临汾、晋，下车政肃，猾民去而逋户还；料敌功高，邻境慑而边尘息。临下以简，驭众以宽，六条著求瘼之规，千里乐可封之俗。论道经邦之外，致君位政之余，郤谷早恃于诗书，王常素敦于金石。乾德三岁初春，以久辞丹辟，累贡飞章，倾恋主之忠诚。述爱君之贞节。寻奉宠诏，许朝上京。临歧之时，舆民遮截，攀辕卧辙，叠踵架肩，不放即途，遂致霄遁。汲黯必期于再至，何武徒系于去思。视履考祥，合享庄生之寿；隆年不永，徒求秦缓之医。既善恶之无渝，谅修短之定分，以乾德六年夏四月三日，寝疾，薨于府之公衙。鸣呼！人生至此，天实难悦，士庶断魂，相顾堕泪，所谓晾星落而泰山岳颓也。

公先娶陇西李氏，封陈国夫人，早亡。次娶故青□□□□□令汾阳公女，封郑国夫人。皆女质秾华，妇道贞白，显著从夫之义，咸光列国之封。有子二人，长曰庆朝，次曰恒哥，长女周兴等三人相次早亡，小□□顺姐五人皆台室钟华，闺门挺秀，咸来叩地，恨失所天。

矧兹积善之家，须及莫□之胤。弟令均，镇州衙内都指挥使；季弟令巽，亳州衙内指挥使。鹰序分荣，鸰原袭庆，显扬孝悌，克奉急难，以秋八月扶护丧事，归葬于磁州滏阳县仁风乡崇孝里，二夫人祔焉。

皇帝遣中使届外藩，追封南阳郡王，自恒山至于滏水，六亲缟服，千里嘉肴，亲宾卫兵，邮亭华馆，丧葬之事，□□之徒，息□省钱，皆用官物。铭旌前列，卤薄后随，韭露凄凉，周萧呜咽。素车白马，蒲□哀执绥之人；珠履玳簪，十载恸登门之容。路迢迢而离全赵，魂悠悠而归故乡。玄堂一开，佳城永闭。轻尘弱草，共非积岁之资；落照悲风，徒□终天之恨。维早□名弟，谬忝弓招徒叨，始隗之知须失，依刘之志。飞文染翰，纪盛德而本愧抑扬；摭实摛华，润鸿业而多惭漏略。悲然之际，乃作铭焉：

圣人龙飞，贤者虎变。乾兴再造，日月贞观。
功书竹帛，位邻霄汉。岳颓星陨，华夷兴叹。
哀哉郡王，功业昭彰。身谢明时，魂归故乡。
佳城白日，落照宏崗。千秋万古，为怨难忘。
镇州衙内指挥使　令均　子城使　令珏
亳州衙内指挥使　令巽　子城使　令宇

程珦

程珦（1006—1090），字伯温，号君玉。宋朝河南府洛阳（今河南省洛阳市）人，知磁州事，慈恕刚断。宋熙宁二年（1069 年）推行新法，他独抗议，指其未便。后晋官太中大夫。二子程颢、程颐皆大儒，从祀圣庙，世称二程夫子，少年时期曾随父在磁滏阳书院读书。

磁经五代蹂躏，邑井邱墟，民每午夜越井取水行露。是虞，于地内相度地形，穿井十三眼，旋获甘泉，磁民便之。磁西多山，滏水环城三面，每于夏秋霪雨泛涨，山涛助之，筑长堤亘西南数十里以障之，百姓安。时人称井为“程公井”、堤为“程公堤”，至今为利。宋哲宗元祐五年（1090 年）去世，终年 85 岁。凭儿功勋，追封赵王，谥号和。

贺铸

贺铸（1052—1125），字方回，又名贺三愁，人称贺梅子，自号庆湖遗老。宋卫州共城（今河南辉县）人。曾任右班殿直，元祐中曾任泗州、太平州通判。一生不附权贵，郁郁而不得志。晚年退居苏州，杜门校书。

元丰元年（1078 年），初迁滏阳（今磁县），任都作院监。元丰四年（1081 年）二月，罢官滏阳。贺铸在滏阳县为官期间，虽无政绩记载，但留下一大笔精神财富。据统计，他的诗集《庆湖遗老集》中，有涉邯郸的诗作 40 余首，而注中有涉滏阳的诗有 34 首，主题主要包括凭吊怀古、反映百姓疾苦和反映内心世界 3 类。

贺铸还是北宋著名词人。其词内容、风格兼有豪放、婉约二派之长，长于锤炼语言并善融化前人成句。用韵特严，富有节奏感和音乐美。部分描绘春花秋月之作，意境高旷，语言浓丽哀婉。其爱国忧时之作，悲壮激昂。南宋爱国词人辛弃疾等对其词均有续作，足见其影响。

宗泽

宗泽（1060.1.20—1128.7.29），字汝霖，婺州义乌（今浙江义乌）人，北宋末、南宋初抗金名臣。刚直豪爽，沉毅知兵。进士出身，历任县、州文官，颇有政绩。北宋靖康元年（1126 年）任磁州知州。

时金兵入侵，太原失守，官员借口不肯前去，仅宗泽率随从十余人赴任。到磁州后，积极修复

城墙，整治兵器，招募义兵，广集粮饷，防敌进扰。不久，任河北义兵都总管。金兵南下渡黄河，恐宗泽带兵追踪，遂遣骑兵数千直奔磁州。宗泽披甲立城楼之上，命弓手用神臂弓射箭，金兵逃跑，宗泽追击敌军，杀敌数百人。所缴羊马金帛，全犒赏士兵。

南宋建炎元年（1127 年）六月，宗泽任东京留守。招集王善、杨进等义军协助防守，又联络两河“八字军”等部协同抗金，并任用岳飞等人为将，屡败金兵。任东京留守期间，他曾二十余次上书宋高宗赵构，力主还都东京，制订收复中原策略，均未被采纳。因壮志难酬，忧愤成疾，次年七月，临终三呼“过河”而卒。死后追赠观文殿学士、通议大夫，谥号忠简。著有《宗忠简公集》传世。

祝靖

祝靖（?—1145），字奠宇，宋神宗年间，生于磁州黄鼠村。自幼机敏好学，博览诸子百家，精研《武经七书》，弱冠即闻名乡里。徽宗朝举进士，借补武经郎，累官殿前都统制。

祝靖娶岳氏，系武穆公岳飞姑母，夫妻相敬如宾，生育八子。居家躬耕期间，教子勤耕奋读，并立家训：勤力稼穑，首重博览。刻苦练武，精研战阵。谨奉孝悌忠信，恪守礼义廉耻。

在其精心管教下，八子个个研文习武，学业有成。其后，八子皆中进士，效力朝廷。“殿前都统制，父子九进士”在当地传为美谈。

他治军严明，爱兵如子；亲为教演，无间寒暑。金兵围开封，率部抗击。开封城陷后，率残部与金兵游击于冀、豫间。

赵构称帝，改元建炎（1127 年）。赵子湜（宋太祖六世孙）、宗泽、李纲上书高宗：祝靖有经文纬武之才，堪大用。高宗采其言，招为勤王师。他率部攻敌营、破敌垒，威震敌胆。一日，查看敌酋履历，获知粘罕生日。集帐下而语之：“明日粘罕生日，敌必大庆，军必松懈，可袭之。”众皆曰：“敌营距我五六百里，鞭长莫及。”他曰：“正因遥远，敌才松懈，有利于我。霍去病奔袭匈奴，唐李靖突袭颉利可汗王庭，岂止五六百里？”众然其言。翌日，选精壮将士百名，厉兵秣马，饱餐战饭，率八子与部属日晡出发，夜半抵敌营。果然，敌兵醉烂如泥。挥军劫其营寨，烧其粮秣。粘罕侥幸逃脱。天明班师，本部无一伤亡。

绍兴十二年（1142 年），岳飞风波亭遇害。奸相秦桧搜捕岳飞亲朋，祝家遭株连。祝靖率部据相州，听调不听宣，抗金兵，惩内奸，保家卫国。

连年战争，百业凋敝，加之漳、滏水时有泛滥，饿殍遍野。睹此惨状，决定整浚二水，消水患，辟良田，解民疾苦。亲登堤岸勘察地形，制订方案，督军施工。填土筑堤，植树造林，采石筑坝，建闸控流，百姓多有助者。河道得整，水灌田间，百姓种稻插秧。越明年，林茂粮丰，百姓箪食壶浆迎犒。民得温饱，军得粮秣。历三年，终因朝廷、金兵双重压力，加之连年征战致满身创伤，倍受折磨，感危局难撑，遂遣散部众，命八子改“俎”姓，亡命避难。长子景彦隐故里，次子景宏逃长垣县、后迁滑县，三子景清、四子景明负母渡黄河躲太康县，五子景行跑许州，六子景止奔真阳，七子景龙流落静乐，八子景燕流落枣强、后迁山东。自此天下始有“俎”姓。祝靖晚年寿终磁州，葬贺兰山之阳祝氏祖茔。

董抟霄

董抟霄（?—1358），字孟起，元朝磁州人。由国子生辟陕西行台掾。累迁泾阳县尹、户部主事，员外郎，拜监察御史，又出佥辽东肃政廉访司事，历江西行省左右司郎中，迁浙东宣慰副使。其历官所至，往往理冤狱、革弊政，才誉益著称于时。

至正十一年，调任济宁路总管，奉旨讨伐农民起义军。十二年，杭州陷落，旨命前往救援，出奇计收复杭州城。徽州、饶州出现暴动，上授抟宵为参知政事，再次提兵讨之。历经周折，屡出奇兵，义军大溃乱。十四年，任水军都万户，升枢密院判官，从丞相脱脱征高邮，又创战绩，朝廷嘉其功，升同佥淮南行枢密院事。十七年，义军攻陷益都、般阳等路，奉旨从知枢密院事卜兰奚前往攻讨，而济南又告急，又命他提兵援济南，董抟霄两顾不暇。此战义军多路进攻，经拼力搏击，终保济南安宁。十八年，旨命守河间之长芦，他以兵北行，对众人说："我去，济南必不可保。"不久，济南沦陷。他驻兵南皮县之魏家庄，营垒犹未完备，毛贵大兵已至。对众将士说："我受命至此，当以死报国耳。"因拔剑督兵以战。而义军突至面前，捽而问曰："汝为谁？"曰："我董老爷也！"众刺杀之。

朝廷赠宣忠守正保节功臣、荣禄大夫、河南行省平章政事、柱国，追封魏国公，谥号忠定。赠推诚孝节功臣、嘉议大夫、礼部尚书、上轻车都尉，追封陇西郡侯，谥号忠毅。

组琚

组琚（1489—1543），生于明弘治二年（1489年）六月二十九日，字佩璋，号新泉，磁州黄鼠村人。祖上本姓祝，为宋殿前都统制祝靖。正德十四年（1519年）中乡试，第二年中会试，第三年辛巳科中廷试，赐进士出身。磁州城内竖"连步登瀛"坊、"八科进士"坊以示旌表。

组琚在通政司供职期间，奉命出使辽东修武庙采野风。他秉笔直书，其中多反映民间疾苦。嘉靖帝阅后十分赏识，随颁旨嘉奖，授户部山西清吏司主事。嘉靖四年（1525年），组琚奉命九江分司监税。到任后，革除弊端，兴修学校，鼓励农民开荒种地；号召缙绅捐资修筑堤岸，防止洪水泛滥，方便航运；组织训练治安队伍，清剿匪患，四方平静，众望所归。九江出现庭有闲余、夜不闭户的景象。朝廷任命组琚为云南清吏司员外郎。赴任后，详查细盘，令湿烂少粮者查明责任、多粮者找出原因，互补余缺，均得平衡，而后粮斛出纳详明。擢为湖广清吏司郎中。嘉靖二十二年（1543年）正月二十二日，组琚因病去世，葬于黄鼠村北十里长岗之阳的组氏祖茔。

杨进朝

杨进朝（生卒年月不详），清朝磁州民人。据清雍正七年直隶总督唐执玉奏称，杨进朝在出外办事途中，拾得纹银四十两、钱二十文，立即告知地保，然后又返回原处，寻觅失主。一直等到天很晚，恰逢失主，二人均惊喜异常。他把银两如数交还，丝毫不昧。失主感激涕零，跪拜不起。杨进朝用力搀扶，直至跪搀，失主方起。雍正七年十月，雍正帝就唐执玉奏折，批发"褒磁州民人杨进朝谕"：数年以来，各省民人拾金不昧者甚多。今磁州杨进朝闻风兴起，克敦义让，其属可嘉。著该部察例加恩，以示旌奖。

宋大中

宋大中（生卒年月不详），字立甫，清朝磁州南城人（今邯郸市邯山区南城乡）。幼年丧父，母亲许氏纺织供其读书。乾隆五十年（1786年），乡试中举。嘉庆六年（1801年），大挑单列一等，先后任四川仪陇、开县、云阳、通江、万县等知县。初到通江县时，便首捐俸银，为民赈灾。布告全县，令当地富人舍粮熬粥，放饭济民，活者无数。在万县时，执法严明，奸民遁迹。对办案中的侦破、审理、判决均予以限期督办。发现有循情舞弊的官吏，立即除名。

宋大中为官清廉，自身简约，奉母极孝，卒于万县任所。因其两袖清风，清廉如水，家境贫到连棺材都不能运回故里。当地百姓流泪争相送钱送物，帮助料理丧事。其卸任之地不少人亦从千里之外赶来奔丧。其中，廪生魏士良拿来送灵柩的大绳，亲自送灵柩归葬。万县的绅士官民为其建祠城东，曰"遗爱祠"。前来哀悼的臣公文士题写的挽幛内容和颂扬的诗文辑印成书，曰《遗爱集》。朝中侍御史程次坡为该祠题写楹联，曰"使君原不死，廉吏苦多贫"。现万州市宋大中祠仍在，民间称"老爷庙"，为市级文物保护单位。

第二节　近现代人物

王欣然

王欣然（1880—1941），字向荣，磁州镇滏阳社区人，系黄华二伯父。幼年家贫上不起学，后得私塾老师资助方能读书，并考取清朝的拔贡。

1917年，应直隶省教育厅厅长邀请，到省会天津直隶第一女子师范学校（1929年改称河北省女子师范学院）任教。

1924年，因磁县教育落后，县长孙振邦恳请他回乡任县教育局局长，发展新教育。他不负重托，一方面在津不误授课，一方面把主要精力放在发展家乡的教育事业上。利用孔庙作为办公场所，着力创办磁县中等教育机构。1926年，磁县第一所初级中学成立，校址在县城南关（磁县二中兴礼校区）。

五四运动和一二·九抗日救亡运动中，他立场鲜明，支援爱国学生游行示威，并参与营救被捕师生。

日军侵占华北后，多次软硬兼施威逼他任磁县县长，他坚决拒绝。为躲避日军纠缠，他到磁县西部山区隐居。当时西部山区为抗日游击区，且其子也是抗日地下工作者，其间，他将积存的稿费和部分财产支援抗日政府。王欣然主张男女平等，动员妇女上学读书，改变妇女裹脚的陋习，让女儿担任磁县放脚会会长；提倡科教救国，强调学习要理论联系实际；他知识渊博，教艺精湛，毕生从事教育事业，培养出众多英才，且不少学生投身于抗日救国革命事业中。日军占领时期，他无论在天津还是磁县，逢年过节都不许家人燃放鞭炮和粘贴对联。看到官吏腐败，山河破碎，常闷闷不乐，对别人讲“国耻未雪，了无生趣”。后积郁成疾，在天津医治无效，被家人送回磁县。在生命弥留之际，嘱咐家人和挚友白辑五“后事简办”。

王欣然一生著述较多，部分流向中国港澳台地区及国外。藏于北京国家图书馆的有《论语要义》《论语二十讲》（上、下篇）、《四书研究》《山东财政一年来之重要工作情形》等。

张兆丰

张兆丰（1890.1.12—1930.10.16），名献瑞，字兆丰，彭城镇富田村（现属峰峰矿区）人。

1908年考入保定育德中学学习，加入同盟会，投身于辛亥革命。1912年夏，考入北京大学。因家庭经济困难被迫辍学，回乡任磁县第一高小英语教员。1915年7月，组织当地同盟会会员和哥老会、拳术界人士举行起义，夜袭磁县公安局半坡村分所，全歼警察，缴获枪械八支。不久，他投笔从戎，考进陕西陆军讲武堂（校址在保定）。毕业后加入靖国军，历任中下级军官。五四运动前后，先后任天津《河北日报》记者、保定育德中学教务主任等职。其间，带领工人、学生参加斗争，阅读进步书刊，促使他由一个民主主义革命者转变为一名共产主义战士。1920年，回到樊钟秀领导的靖国军第二路军。1924年1月，应邀列席国民党第一次全国代表大会，并担任国民党河北省党部执行委员。是年5月加入中国共产党，并负责河北省的农运工作。1924年11月，受李大钊和北方区委安排，到国民军做军运工作，相机建立“共产党军”。任国民军第三军第三混成旅参谋长和第三团团长。利用职务之便发展党员，建立党的旅支部委员会。

1926年年初，方振武部编为国民军第五军。李大钊和北方区委指示张兆丰部与方部建立合作关系，是年8月第三团编入第五军，因他战绩卓著，升任第五军第三旅旅长。1926年9月，冯玉祥的部队集体加入国民党，他被选为国民联军最高特别党部执行委员。为配合北伐军进取中原，冯玉祥率领国民军南下入陕。他在援陕作战中屡建战功，被晋升为第五军第三师师长。由于第三师在作战中英勇顽强，战功显赫，曾两次受到武汉国民政府的传令嘉奖。蒋介石、汪精卫叛变革命后遭通缉，被迫离开第三师。

1927年年底，作为正式代表出席在莫斯科召开的党的“六大”。会后，回国参加顺直省委的工作。1928年12月，当选为顺直省委（后改为北方局）委员兼军委副书记，不久担任军委书记。在他的领导下，北方地区的军委工作迅速恢复起来。在一些地区成立工人纠察队和农民武装小组，在华北的各派系军队里建立不少党的秘密组织。

1930年2月，到唐山组织领导革命兵变。3、4月，派回到磁县、武安一带组织暴动。8月，到博野、蠡县组织农民暴动。是年9月，中共北方局建立平汉铁路北段“兵暴”委员会，张兆丰为委员，被派到栾城县并化名王美成，组织山西军队李生达部第12师34团的“兵暴”工作。10月15日“兵暴”前夜，因团部一护兵王某告密，张兆丰被捕，至师部刑讯。敌人严刑拷打，继而软硬兼施均未使他屈服。敌人穷凶极恶，于第二天中午将他枪杀于栾城北门外，他临刑高呼“共产党万岁”，慷慨就义，时年40岁。他严守党的机密，就连他的真实姓名至死也未暴露。噩耗传来，正值北方局扩大会议开幕，各地代表闻讯泪下，大会决议指出：“张兆丰同志忠实勇敢，吃苦耐劳，是北方局党的军事领袖，是工农红军的将才。”1961年7月1日，张兆丰遗骨被迁葬于邯郸晋冀鲁豫烈士陵园，中共中央组织部和河北省委为张兆丰烈士建墓立碑。1990年10月21日，薄一波在《人民日报》撰文纪念张兆丰就义60周年，指出“他是第一次国内革命战争时期少数几个直接统率军队，指挥作战的共产党员、高级将领之一，他忠诚执行了李大钊同志关于创建‘共产党军’策应北伐的战略思想，为北伐战争作出了重大贡献。”

张学孔

张学孔（1899.2.22—1977.1.8），名儒林，字学孔，曾用名张百海，磁州峰峰村人（今峰峰矿区）。幼时崇拜孔子，得名学孔。1917年考入直隶省第十三中学，开始产生救国救民思想。1921年，中学毕业考入天津政法专科学校，除完成专业课外，还阅读大量进步书刊，开始接受马列主义，信仰共产主义。为了加入中国共产党，二次向《新青年》杂志索要中国共产党纲领。1922年夏，中共北方党派陈为人、张昆弟二人，以《向导》记者名义考察张学孔后，介绍他加入中国共产党，成为峰峰籍第一名共产党员。张学孔入党后，参与组织“天津青年学术社”，推动学生运动的发展。1923年年底参加天津中共全体党员会议，被选为出席国民党“一大”代表。

1924年12月，中共协助国民党成立直隶省临时省党部，张学孔任工农执行委员，负责宣传和组织工作。1925年年初，领导峰峰农民反对西佐怡立公司强行廉价购买农民土地的斗争，迫使资本家让步。1925年秋，张学孔从天津政法专科毕业，组织派他到苏联学习，在苏联参加反对托派的斗争。1927年春张学孔回国，组织派他化名张百海到冯玉祥部队做政治工作。不久冯玉祥政治态度右转，张学孔离开冯部到武汉。

国共分裂后，党中央决定南昌起义，周恩来指示江著源、张学孔等到张兆丰部队发动起义，张学孔任暴动委员会委员。当时师长张兆丰被撤职，新师长余亚农等背叛革命，该师起义未成，张学孔被迫离开该部。1927年年底，组织派张学孔到磁县工作。1928年5月当选中共磁县县委委员，兼峰峰区工作。1929年5月任中共磁县县委书记，1930年年初特委成立，任特委宣传委员，同年领导彭城“五一”暴动。省委军委拟建中国工农红军，张学孔任第三支队政治部主任。1930年暴动失败后，张学孔避难北平。抗日战争时期，1937年9月奉命到延安中央党校学习。1938年3月，任八路军磁县工作团副团长，后随一二九师开往太行山区，先后任平汉纵队政治部副主任、太行军区第五军分区政治部副主任、华北人民抗日义勇军政治部主任等职。

解放战争开始后转入地方工作，先后任峰峰利民煤矿股份有限公司理事会常务理事、中共太行区五地委副书记、太行区党校副校长等职。

中华人民共和国成立后，历任中共山西省委党校副校长，中共山西省委监察委员会副书记、山西省政协常委等职。“文化大革命”中张学孔遭

“极左路线”迫害。粉碎“四人帮”反革命集团后，为其恢复名誉和工作。1977年1月8日，因病逝世。

宗具臣 韩永梅

宗具臣（1901—1977），中共党员，磁州镇黄官营村人。韩永梅（1908—1992），陶泉乡中岔口村人，宗具臣妻子。两人于1929年结婚。宗书阁，1920年出生，系宗具臣与前妻王氏所生之子。

1930年，宗具臣毕业于直隶天津警官学校，在天津警察局工作，因为中国人力车夫鸣不平，被上司关禁闭，愤然辞职回乡，在磁县警察局任巡警。1939年9月，在中共地下党的授意下，出任峰峰煤矿伪“矿警队司令”，韩永梅协助从事地下抗日工作。日本侵占峰峰后，派驻400多人的中队对煤矿实行军管。敌人在矿区内设伪军警队10多个、约1000人，其中伪矿警队700余人。此外，还沿鼓山西侧挖掘纵贯南北的两条封锁沟，在鼓山上建炮楼5座，矿区内建炮台多座，交叉的火力网可覆盖整个峰峰。

1939年10月，其子宗书阁率领驻守磁县的伪军起义。因此，为监视宗具臣，日军派驻矿警队指导官32人统管一切军政事务，并派贴身指导官，与其同院住宿、同锅吃饭，还安插便衣特务。这时，韩永泉（韩永梅之弟）奉一二九师师长刘伯承之命，来到峰峰，加强对峰峰矿警队的工作。同时，磁县县委派中共党员韩永明（韩永梅二胞弟，磁县自卫游击队股长、公安局股长）化名韩亮彩潜入峰峰，以宗具臣私人小煤窑掌柜身份作掩护，帮助开展对敌斗争。小煤窑靠近鼓山，是理想的秘密联络点，小煤窑的收入也是宗具臣支援根据地和应酬敌人的主要经济来源。

1941年8月，敌人借口矿警队30多匹军马患病，命令全部杀死。此事引起宗具臣夫妇极大震惊，让韩永泉向刘伯承等首长汇报，请求准予起义。刘伯承说：“请你亲自告诉宗具臣，让他不要紧张，要设法应付敌人，尽可能取得他们的信任，解除怀疑，继续坚持下去。要减少联系，必需联系时，不要经过其他人，也不要写文字东西，以防泄密。如实在危急，不能坚持下去，可以起义。能带多少人就带多少人，实在不能，就是宗具臣一个人过来也可以。”夫妻经过巧妙周旋，终于安全潜伏下来。1942年秋，在日本军营赴宴时，宗具臣从日军日语对话中获悉，日军已下令，将于次日拂晓前偷袭七八十里外的磁县抗日政府。夫妻佯醉离场，随即命二弟韩永明火速送去情报。韩永明下午四点动身，闯出敌占区，及时将情报送到。政府机关在转移中虽受到敌人尾击，但未受任何损失。

宗具臣等还为五军分区司令员皮定均提供过一份自制的峰峰地区军事图。1939年秋，八路军一一五师六八八团敌工股长王树苗在彭城镇活动时被矿警逮捕，宗以罪证不确为由，趁日军指导官不知情时予以释放。地下交通员陈凤仪和向根据地运送物资的牛成安等都曾受到他的营救。

宗具臣和韩氏姐弟3人等曾向太行根据地多次运送物资，突出的有两起。一是运送一批子弹，二是运送数量可观的医药品。韩永梅巧妙地将子弹由磁县带进矿井队，把千余发高射机枪子弹和大量“七九”步枪子弹散装成13箱。韩永明潜入峰峰后创造了运出条件。八路军有关领导亲自制订武装押运计划。按计划，韩永梅、韩永明先把这批子弹运到野庄村堡垒户杨中和家藏匿。1940年夏秋之际的一天夜晚，太行五军分区派出一个拥有两挺机枪的加强排和一个手枪班，由韩永泉带领，韩永明做内应，把这批子弹安全运上太行山。

1942—1943年，太行根据地医药奇缺。韩永梅自筹资金，经常骑马到临水、彭城、磁县城、邯郸、安阳等地，以访亲探友为名购买药品。她还曾几次到北京“同仁堂”购买贵重奇缺药品。药品由韩永明、陈凤仪和几个至亲转给韩永泉，韩永泉再转给领导指定的人，最终转移到根据地。

1942年5月，韩永明被峰峰的日军宪兵队逮捕。日军宪兵队队长西川提着酒，带4个日军随从及两只狼狗闯进宗家，进行长达七、八个小时的“酒审”，威逼恫吓，诱骗许愿，以至搞酒后失言，均未起作用。韩永梅柔中带刚地对西川说：“还是那句老话，没有真凭实据，打死人不行，随便杀人不行，要不咱们就得翻脸。”韩永明被日军动大刑11次，最后用断食断水的办法，要把韩永明折磨死。宗具臣、韩永梅找日军头目满井，日军权衡利弊，还想利用宗具臣，终于在韩永明横遭劫难41天后，以允许“保外就医”为名释放。人们抬着韩永明上车离开宪兵队时，宪兵队队长西川拍着韩永明的胸脯说：“你的真正的，大大的英雄。没口供，不能处理。”

1945年8月，八路军发布对日本侵略军全面进攻的命令。太行五军分区向宗具臣传达指示：保护峰峰煤矿不被日军破坏，矿警队准备起义，武器不得被日军带走，配合八路军打击日军，解放峰峰。宗具臣立即对矿山要害处如火药库、电厂等采取加强警备和专人负责的保护措施。8月15日，日本政府宣布无条件投降。驻峰峰的日军要在撤退前对煤矿进行破坏。应宗具臣要求，五军分区派张大竹（团参谋长）、李佑平进矿协助工作，10多名战士进矿警队掌握重型武器。日军为求顺利撤退，极力拉拢宗具臣，拨给矿警队一批武器、弹药。日军妄图运走大批军用物资，向村民逼要大批马车，要求宗具臣催办。宗具臣让农民以“修车”为由拖延时间，结果一辆车也没拉出。日军表面拉拢宗具臣，背地却在加紧进行销毁火药库及煤矿主要设施的活动。宗具臣得到侦察报告后，亲自带矿警查看，布置周密防护措施。严令矿警：对于破坏者，不论是谁，坚决以武力对待！获悉日军在临水电厂布设炸雷消息后，立即命令驻电厂的矿警严格监守，随即增派力量加强保护。他和韩永梅宴请电厂的日军头目黑木，当面指出此事，劝告他不要做出对本人不利、对日军撤退不利的事情，又馈他以重钞，黑木不得不撤去炸雷。敌人想把医院的药品、器械全部运走，装满几十辆罐车，由于宗具臣亲自带领矿警坚决阻止，日军一辆车也没开出。

日军撤退前，矿警队虽未公开宣布起义，但已完全听从中共的指挥，担起保护矿山的任务。9月2日凌晨，日军突然涌出新兵营，向北盲射并出击一程后，调头向东逃跑。宗具臣命令集结待命的矿警队，每人左臂扎一红布条，立即出发尾追日军，以实际行动表明矿警队站在中国人民一边。此时，在野外设伏的独立团和地方武装突然给日军以伏击，日军丢下许多辎重，向马头逃去。与此同时，独立团在工人地下军的配合下，清理峰峰村的敌伪据点，“剿共武装队”头子张继先等4名特务和10余名汉奸被活捉。约10时许，宗具臣带领矿警队、工人群众队伍，在峰峰煤矿北门敲锣打鼓欢迎太行五军分区军政领导进矿。韩永梅把矿山各仓库的钥匙交给接管矿山的领导。矿警队改编为太行五军分区磁武总队（团建制），宗具臣任队长（司令），柴吉昌任副队长（副司令、后任政委），李佑平任政治部主任，胡鸣德任参谋长。

1945年9月14日，磁武县军民在峰峰村南召开庆祝胜利大会。太行五军分区向宗具臣赠送绣有“光荣义举”大字的锦旗。此后，宗具臣率队参加解放观台（六河沟煤矿）和马头战斗，后又率队参加解放磁县城、攻打安阳飞机场的战斗。在解放磁县城战斗中，宗具臣到城北门附近与敌旅长王云珊谈判（在宗具臣与日军斗争正激烈时，磁县城伪军旅长王云珊摇身一变成了中央军，并给宗具臣送来国民党委任其为旅长的委任状、官方印章，拉他投中央军），劝他放下武器，欢迎他到八路军这边来。王云珊因拒绝投降被消灭，磁县城解放，宗具臣任城防司令。

1945年10月中旬，上党战役结束，平汉战役即将开始。晋冀鲁豫军区平汉战役指挥部设在峰峰煤矿鼓山庄楼。刘伯承、邓小平到达峰峰后，同薄一波、李达、黄镇等一起宴请宗具臣全家。刘伯承司令员说：“祝贺你们全家团圆。整个抗战期间，你们能应付下来，不容易！这个煤矿能安全、

完整地保存下来，照常生产，电灯还亮着，你们是有功的！”邓小平政委特别表扬韩永梅：“是好内人，好夫人，好参谋长。是一个立下大功的人！”称赞韩永梅姐弟三人：“不仅是同胞姐弟关系，而且是革命关系！”

解放战争中，宗具臣任晋冀鲁豫军区九纵队二十七旅八十一团团长，在攻打鹤壁战斗中受伤，留驻邢台养伤。中华人民共和国成立后，一直在邢台工作。“文化大革命”中，宗具臣夫妻受到迫害，20世纪80年代平反。宗具臣于1977年在邢台去世。韩永梅曾任邢台市政协常委，于1992年在邢台去世。

李相虞

李相虞（1905.12—1969.8.1），曾用名李夔龙、李伯仁、李林、于林，磁州上拔剑村（现属峰峰矿区）人。1915年入磁县第二（彭城）高小读书，次年转入第一高小。五四运动中，在磁县参加青年学生的游行、演讲，强烈抨击丧权辱国的“二十一条”。1922年，考入北京中国大学附属中学，参加同乡学生组织的“协力维持会”，创办《维新》半月刊，致力于时政评论。此间与“人生改进社”“中国青年社”取得联系，阅读进步书刊。1924年暑假，在彭城宣讲所聆听张兆丰“谁是中国人民的最大仇敌”的演讲。深入学习《马克思主义浅说》《资本论入门》《社会科学概论》等书，开始信仰共产主义。

1926年加入中国共产党，参与组建中国共产党磁县县委。1927年4月任社会主义青年团磁县团委书记。1927年“四一二”反革命政变后，组织农民协会，开展政治、经济斗争。1928年1月，李相虞和张学孔等人整顿恢复磁县党组织。5月任县委书记，并直接领导彭城区的工作，发展党员20多名。1929年1月，组织领导全县开展反苛捐杂税的斗争，在彭城组织“磁县西区民众反苛捐杂税大会执行委员会”，发动市民、瓷业工人进行游行示威。1930年5月，李相虞领导彭城“五一大暴动”。

抗日战争时期，李相虞组织磁县西区“抗敌后援会”。抗日政府成立后任秘书、民运科科长和磁县人民抗日游击总队政治部副主任等职。此后历任漳北办事处粮食科科长、太行五专署粮食科科长、勤务处科长，后参加中共太行五地委整风学习。解放战争时期，参加平汉战役，任战后总指挥部兵役部部长、太行六专署和五专署秘书主任、中共太行五地委秘书长、太行区委秘书长等职。全国解放后，先后任安阳市副市长、市长等职。1952年任新乡师范学院总务长、副院长等职。“文化大革命”期间，遭极左路线的打击和迫害，于1969年8月1日逝世。

韩九林

韩九林（1907—1977），白土镇五合村人。少年时期，他给地主家放牛放马等出苦力。中华人民共和国成立后，上过扫盲班学习文化。

1958年，五合公社领导找到韩九林，动员他响应国家“发展畜牧事业，促进农业大干快上”号召，从事畜牧繁种养殖。他爽快地答应后，在公社领导、县畜牧局和村里的支持下，在家里开始喂养种公马、公驴。为饲养好种畜，把家里的两间西屋腾出改作养殖房。此后，他一门心思钻研业务，短期内成长为行家里手。他常说：“只有自己懂的多了，才能去帮助别人。”

当时，县内农业处于人工时代，耕地等田间作业主要靠马、牛等畜力，每头牲口被乡亲们看作是家中的宝贝。为能够多繁育一头小牲口，不管是吃饭时还是深更半夜，无论是严冬还是酷暑，只要乡亲们有需求，他第一时间赶过去，翻山越岭，来回数十千米是常有的事。为牲畜接生时，他耐心地操作，并嘱咐喂养户注意事项，直到完成后方才离去。有时，遇到难产或未临盆，得忙上几个小时，还需调理母牲口配合，经常累得满头大汗。20 年间，他跑遍西部山区五合、白土、北贾壁、陶泉、中岔口、杨家堂、黄沙、都党、观台 9 个公社的上百个村庄，经手繁育的牛、马、驴、骡 1000 多头（匹）。

1960 年后，他对这一带的情况已了如指掌，谁家养啥牲畜、适宜用啥种畜、用啥方式配种均一清二楚。同时，他也成为周边数十千米内群众心目中的专家，远近畜牧饲养户的大事小事都愿意找他。在有效解决山区农业生产中畜力不足问题的同时，也为集体增加相应的收入。

1961 年，为使群众更好地掌握畜牧繁育、疾病防治技术，他编制《畜禽繁殖管理要点》等教材，采取课堂授课和现场指导相结合方式，将实践中的经验以图片形式制成群众看得懂、记得住的课本，生动形象，便于接受，易于掌握。每次授课都受到欢迎。至 1962 年，先后举办畜牧繁殖班 10 多期，受训人员 120 余人，为磁县培养出一批技术人才。

1963 年，韩九林被县畜牧局认定为畜牧兽医师，成为磁县乃至邯郸地区有名的畜牧繁育专家。磁县畜牧局选调他到县畜牧局主持全县的畜牧繁殖工作。到任后，他自己仍饲养种马、驴、牛各 1 匹（头），在科研与创新方面不断实践探索，取得较大成果。主持和参与技术含量高、带动性强的科技繁殖项目 2 项，参与编制各类技术规程 10 余项。其中，参与全省实施的《人工繁殖种马集成示范教程》项目，填补磁县空白，获得省级表彰。是年，他加入中国共产党。

1964 年 4 月，韩九林出席在天津市召开的河北省劳动模范表彰大会，受到国家领导人李先念和省委书记林铁等领导的接见并合影留念。此后，他继续孜孜不倦地工作在畜牧繁育工作岗位上，直到 1977 年病逝。

吕鸿安

吕鸿安（1908—1984.5.5），路村营乡东田井村人。1928 年加入中国共产主义青年团，1930 年加入中国共产党。1931—1934 年，直南特委派他到濮阳、长垣、东明一带，以教员身份作掩护，从事党的地下工作。1938 年，参加磁县人民抗日游击总队。同年，担任磁县县委组织部部长，后任磁县县委副书记。1939 年，深入磁东敌占区组织磁东地下县委会，经常秘密出入日伪军盘踞的地方。12 月，任磁东县委书记。1941 年，调太行五地委工作，先后任五地委组织部部长、地委副书记、太行行署处长、行署副主任、行署主任等职。中华人民共和国成立后，先后任山西省委常委、省委秘书长、省财委副主任、太原二四九厂厂长、沈阳一一二厂党委书记、抚顺市委书记处书记等职。“文化大革命”中受迫害，粉碎“四人帮”后，任抚顺市委副书记、市纪委第一书记。1978 年，任抚顺市政协主席。1984 年 5 月 5 日，因病逝世。

刘之远

刘之远（1909—1977），原名清香，时村营乡田庄村人。先在正定县河北省立第七中学读书，后考入北京大学地质系，

1935 年秋毕业。在古生物学家盛莘夫的介绍下，到西湖博物馆（浙江自然博物馆前身）工作，参与挖掘过良渚文化遗址，著有《石器的形成与地层之探讨》。两年后，调往中央研究院与湖北省联合组建的鄂西地质调查队工作。1939 年 10 月在李四光的举荐下，应聘至浙江大学。后随校迁至遵义，先任讲师，后任教授。起初辅佐叶良辅教授，带领学生进行野外地质考察。1941 年化验团溪镇农民送来的铁矿样品时，发现其为高品位优质锰矿，随即赴团溪镇进行勘察，查明储量 5000 万吨的锰矿分布情况，报地质部参考。1946 年，《贵州经济建设》杂志发表其《遵义团溪锰矿概况》一文，引起有关方面重视，为遵义锰矿的开采、冶炼奠定基础，为重庆钢铁企业及西南的工业建设做出巨大贡献。1942 年，在中国历史地理学家、教授张其昀主持下，浙江大学史地系师

生用 7 年时间编纂《遵义新志》，刘之远参与编写《遵义新志》中首篇“地质”。

抗日战争结束后，他到南京国立中央研究院地质调查所工作。1949 年，国民政府节节败退，有意将研究院的人才带往台湾。刘之远和其他科学家一起进行抵制，并签下生死状，发誓不离开南京。南京解放后，刘之远在研究院的博物馆任资料处副处长，国家级工程师四级。

1957 年，被错划为“右派”。尽管遭受磨难，他依然作为地矿部 304 队的技术人员对江苏省徐州的贾汪煤矿和连云港的锦屏磷矿进行研究。其中，《从磷酸盐沉积条件研究我国大地构造》《中国磷灰岩矿床特点》《磷矿研究》成为日后磷矿挖掘的第一手资料。因为业绩突出，他当选为东海市（连云港市前身）政协副主席。20 世纪 60 年代初期，他到华东地质研究所工作（中国地质调查中心前身），付出毕生精力编写完成《矿物通论》。这本书后来成为大学不可或缺的教科书。

因患哮咳喘病，刘之远于 1977 年 8 月 16 日病逝于南京。1988 年夏被平反。

田静渊

田静渊（1909—1942），原名田俊清，字静渊，西光禄镇尧丰村人。少年时期先后在家乡和县城读书，十七、八岁时到峰峰煤矿的中和公司当小职员。其后，在其兄田裕民的影响下，阅读进步书籍，懂得革命道理，思想觉悟提高，积极协助筹措革命经费及开展党的地下工作。1935 年参加革命，1938 年 6 月，磁县抗日政府组建磁县人民抗日游击总队，下设 9 个大队和 1 个特务大队，他任第 9 大队副队长。1939 年部队整编，调到磁县抗日民主政府任秘书。1940 年调往武安，负责筹建培养抗日干部的文化学校（对外称抗日高级小学）。是年武北第一抗日高级小学建立，他任校长。该校开始设在西井村，由于距敌占区较近，时常遭受日伪骚扰，后迁址禅房村，时称“禅房抗高”。这里山高林密，环境优美，距敌占区较远，是个办学的理想之地。

1941 年暑期，因处于战争年代，山区群众生活艰苦，尽管抗日政府发出招生布告，但报名求学的寥寥无几。为保证学校生源，他和学校教师翻山越岭、走遍村庄，深入农户宣传办学意义，使山区群众了解这所学校以及上学的意义。在他的不懈努力下，经过考试，“禅房抗高”录取 100 多名新生。课程设有语文、数学、历史、地理、音乐、体育等，强调学以致用。各科所授内容一律结合抗战形势，不遗余力地宣传党的抗日纲领，使学生树立起救国救民的思想，培养一批爱党爱国抗日的进步青年。

在恶劣的环境下，为革命培养人才时不我待、兢兢业业。田静渊带领师生到深山中，敌人一来就分散隐蔽，敌人一走就回校上课，使学生能在战争环境下学到知识。1942 年夏初，日军对太行抗日根据地进行“大扫荡”，战火蔓延到校园，学习环境受到干扰。5 月中旬八路军总部转移到学校所在的管陶川地区后，这里的战斗更频繁、更残酷，师生只能藏在较隐蔽的山洞里，深夜派人出来打听消息或转移。由于不能点火做饭，师生只能忍饥挨饿，就这样熬过 20 多天。日军在撤退途中，发现师生隐蔽的山洞，于是向洞口射击。这时，田静渊对师生们说：“我去引开敌人！”话音未落就跳出洞外，向山坳跑去。紧接着安澄海老师、柴任平老师也相继跳出山洞，敌人向他们猛烈射击。安澄海在奔跑中不幸中弹牺牲，田静渊和柴老师继续奔跑着将敌人引向一处悬崖绝壁。奔跑中田静渊负了伤，强忍着伤痛对柴老师说：“我们至死不当俘虏！”说完纵身跳下悬崖。日军惟恐他还活着，追到悬崖下朝他的身上连刺数刀，流尽最后一滴血。

反“扫荡”胜利后，《新华日报》刊发田静渊、安澄海以身殉国的消息。晋冀鲁豫边区颁发褒奖令，武安县抗日民主政府为他俩举行隆重的追悼大会和安葬仪式，并在禅房学校立碑纪念。1944 年，在太行区文教工作代表大会上，追认田静渊为模范文教工作者，将武安县第一抗日高级小学命名为“静渊学校”，以示永世纪念。2013年，他的遗骨迁葬于武安市（原武安县）烈士陵园，河北省民政厅为田静渊烈士建墓立碑。

赵荣先

赵荣先（1910—1960），原名赵玉光，岳城镇南神岗村人。保定育德中学毕业后，考入北京大学，因凑不齐学费放弃就读。1928年，任岳城第五高级小学教师，后任校长。

七七事变爆发后，他辞去校长工作，与本村阎绍轲到县内西部山区的南大峪一带组织抗日武装，成立抗日战地动员委员会和磁县抗日保卫团，阎绍轲任团长，他任副团长。同年11月1日，磁县抗日民主政府任命他为二区区长兼磁县抗日总团第一团团长。其后，他认真执行党的统战政策，利用师生、同学、亲戚、朋友等多方面关系，并通过做深入的思想工作，争取部分伪乡长、报告员倾向于抗日，为八路军提供许多情报。因为他社会交际面广、群众基础好，适合开展敌占区工作，上级组织派他到前方办事处任粮棉股股长，负责从敌占区筹集粮、棉、盐等军需物资运回根据地。为此，他不断深入敌占区活动，常在村外的麦秸垛里过夜。即便回到家乡南神岗村，也不在家里过夜，而是悄悄到自家祖坟内的一个砖筑墓里休息。

随着在当地威信的提高和影响的扩大，日伪军多次派汉奸许诺高官厚禄拉拢他，均被当场回绝。鉴于当时情形，组织决定把他的家人接到根据地居住。形势稳定后，他的家人才返回老家。

日本政府宣布无条件投降后，他受命以磁县军方代表的身份，参加峰峰地区日军受降的谈判工作。1946年，参加解放区的土地改革工作，到时村营乡曹庄村蹲点搞示范，总结出土改工作经验，受到领导好评。县政府驻地迁到彭城后，任县政府建设科副科长。

1947年，按照上级要求，县政府开展“查阶级查思想查封建”运动。因中学时期班主任老师安排他所在的班集体加入国民党组织（毕业后脱离）及后来参加革命队伍后未加入共产党组织问题，一度被停止工作。上级组织得知情况后，及时恢复他的工作。1949年，安排他随徐香圃到河南省博爱县农场工作。徐香圃任场长，他先后任机械股股长、农场秘书、生产大队长。其后，调河南省农业厅任科员。1958年，被错划为右派，遣返原籍，于1960年病逝。1979年，河南省农业厅恢复其名誉。

张锡珩

张锡珩（1910—1969），原名张秉珩，曾用名张国均，彭城镇富田村（现属峰峰矿区）人，革命烈士张兆丰之子，幼喜拳术，受其父张兆丰影响，具有爱国忧民思想。1925年，被西北军察哈尔都统署宪兵连接纳，此间，经常阅读《向导》等一类革命书刊。1926年到国民联军速成政治学校学习，1927年3月，任国民军第一路军司令部政治处政治教员。不久随军北伐。“四一二”反革命政变后，共产党员遭清洗，随其父张兆丰等人到樊钟秀的建国军存身。

1927年5月，张锡珩回到彭城，10月，参加中国民主主义青年团，任磁县团县委委员，1928年9月任磁县团县委书记，同年转为中共党员，积极在瓷业工人中发展共产党员，其家泰兴缸窑成为省委、县委的秘密联络处。是年11月参加中共磁县第一次代表大会。不久，因叛徒出卖被捕，经多方营救出狱。

1929年，党组织派张锡珩打入彭城镇国民党民团任团长。夏初，因被敌人盯梢，避难天津。中共河北省委军委派张锡珩（化名张国均）到山东省烟台市“芝罘陆军军官学校”，曾介绍张霖之、

李菁玉等5人加入中国共产党，同时把校内分散的30多名党员组织起来建立党支部，张锡珩任书记。1930年4月，省军委又派他到平、津、唐一带做军运工作，先后任中共唐山市军委委员、北京市军委委员。仅一个月就建起3个秘密支部，受到北方局的表扬。5月张锡珩参加彭城武装暴动，随后又继续在平、津、唐一带搞军运。

抗日战争初期，奉中共冀鲁豫特委之命组建“河北民军第十三游击支队”，任支队长。1938年后，十三支队受八路军一二九师领导，与该师二大队合并，任二大队队长。又组建平汉纵队，扩充兵员数千人，任纵队队长。1940年纵队编为华北民军第一旅，任旅长兼第一团团长，率部参加“百团大战”。1942年任冀鲁豫区党委武装部部长。是年参加延安整风运动。

解放战争初期，任太行第五军分区副司令员，曾参加平汉战役。1946年任太行独立第一旅副旅长、豫西第三军分区副司令兼中共郑州地委书记。率部参加解放豫北和豫西的战斗。1948年率领豫西三分区全部武装在伏牛山区剿匪，毙、俘敌两千余人。

中华人民共和国成立后，先后任河南省军区副参谋长、河南省兵役局副局长、河南省经委副主任等职。“文化大革命”中，遭受迫害。1969年12月6日病逝于河南省三门峡五七干校。1979年河南省国防工办为张锡珩平反，恢复名誉。

胡鸣德

胡鸣德（1910.12.12—2009.6.16），曾用名胡风岐，磁州镇西来村人。自幼父母双亡，由叔、伯抚养，儿童时期学做家务、随成年人下地干活。

1926年，迫于生计，胡鸣德到直奉军阀混战旅当兵。山东济宁战败后，所在部队被解散。他回到家乡，受李巨川、王维纲等人影响，参加革命活动。

1927年2月，与李巨川、唐寿山一起带领农协会员在曲沟村西破坏铁路1.5千米、锯电话线杆50余根，阻断奉军后援，支持北伐战争。同年7月1日加入中国共产党，受组织安排，他在磁县城以开货栈为掩护，秘密收集、传递情报。

七七事变后，在磁县抗日民主政府县长田裕民领导下，投入兵运工作。1938年5月，争取并带领峰峰中和公司一个中队人员携带武器参加八路军，编入先遣支队三大队。1939年任先遣支队一大队侦察参谋，同年冬调任磁县抗日民主政府武装科长，负责训练民兵。

1940年5月，任磁县独立营营长，带领全营战士开展抗日活动。在夜幕掩护下，累计割电话线2800余千克，锯电话线杆1000余根，破坏铁路20余千米，炸毁桥梁8座，配合主力部队多次取得胜利。他带领锄奸队深入来村、光禄等区的12个村铲除汉奸23名，震慑投敌卖国分子，增强群众抗日信心，粉碎日军在磁县建设“兴亚灭共”示范县的阴谋。同年8月的一天傍晚，带领侦察员杨发祥在光禄火车站袭击日军的军用专列，致使该专列在防空洞内滞留一夜，有力策应友军的长沙会战。

1941年5月，磁县独立营与贾壁独立营合并为平汉独立营，胡鸣德任营长。1942年调任五军分区情报处侦察股股长，率部护送宋任穷带领的两个连战士、400名抗大学生，从太行根据地出发，跨过京汉铁路线，顺利进入磁东地区开展抗日活动。

抗日战争胜利后，任晋冀鲁豫野战军九纵二十七旅四十七团参谋长，率部先后参与解放观台、马头、磁县城、安阳飞机场、汤阴、淇县、辉县等地及平汉战役等。

1950年11月任二十一兵团一师六四九团团长，率部参加广西剿匪。其后参加解放海南岛战役。1953年，任水利工程第七团团长，率部修建海南岛国防公路。

1956年2月，调任纺织工业部工作，1968年12月离休，享受副部级待遇。

2009年6月16日，于北京逝世。

赵尚祥

赵尚祥（1911—1970.7.21），原姓尚名祥，路村营乡泥河村人。1930年，考入河北省第四师范学校。在校期间，加入中国共产主义青年团。1932年9月，被国民党逮捕，关押于北平“军委会”军法处。1933年，被中共地下党营救出狱后，以教员身份为掩护，回家乡从事地下工作。日本侵略军攻占邯郸后，心里充满对侵略者的仇恨，取邯郸古为赵国之意，以收复失地为己任，在“尚”姓前加“赵”，改名赵尚祥。

1938年5月，参加磁县人民抗日游击总队，任九大队下设的中队长。其间，受命带队天亮前赶到指定地点伏击路过邯长公路的日军。他们出发时天刚黑，急行至后半夜时，到达一处原野。下令短暂休息后，劳累的战士们聚集在附近的一棵大树下很快入睡。赵尚祥敏锐地环顾地形，只见四周空旷，仅此处有棵大树。他沉思片刻，感觉不妙，果断喊道：“快起来！马上离开这里！”战士们随他迅速走出不久，敌机投下几颗炸弹，大树瞬间被炸飞。战士们惊讶道：“真险！”

1942年7月，被任命为冀豫抗日义勇军司令部参谋。是年10月，加入中国共产党。

1945年8月，任晋冀鲁豫军区第六纵队18旅军政处主任。1947年6月30日，任18旅作战科科长的他指挥部队抢渡汝河。当时敌机不停地扫射、投弹，战士们拼命前奔。突然，一门山炮卡在浮桥上挡住去路，队伍挤成一团。他疾步上前，让连长刘占魁扬鞭猛赶牲口，自己和几个战士用力猛推，几下子，炮车起动，去路打通。至下午4时，4万多战士、200多辆车全部过河。

1949年4月21日，他带领第二野战军三兵团“渡江先遣队”率先渡江，一举突破敌人的长江防线。4月22日，安徽省贵池县全境解放，由他所在的部队接管。团长赵尚祥任贵池县代理县长。

1951年，随第十二军赴朝参战，任十二军随营学校教育长。1953年，在敌机轰炸中身负重伤。1955年9月，中国人民志愿军第十二军随营学校改编为中国人民解放军第六十六文化速成中学，他被任命为校长，授予上校军衔。1956年，被任命为中国人民解放军第十二军副军长。1957年，被任命为上海警备区后勤部副部长。1964年，兼任上海市公安局“四清”工作队负责人。1966年，兼任上海市警备区生产办公室副主任。

1970年7月21日，赵尚祥因病在北京逝世。

周书亭

周书亭（1911—1980），河南省内黄县人。周书亭出生于世医之家，自幼刻苦学医，少年时就为当地的百姓诊病用药，小有名气。家人希望他子承父业，光大门楣。然而，青年时期的他受抗日救国进步思想的影响，不顾家人反对，毅然于1938年8月投奔太行山区参加革命，1939年加入中国共产党。因有医学专长，在抗日政府太行卫校深造后，投身于抗日前线。两个小药箱成为他战斗的武器，无论是根据地崎岖的山路上，还是封锁严密的敌占区，都经常出现他身背小药箱走村串户的身影。当时，他一方面救治伤员、为群众治病，一方面以行医为掩护，从事党的地下工作。

1941年9月13日，日军突袭磁武县抗日政府所在地的独立营战斗中，磁武县抗日政府县长江东平被日军刺中腹部，当场昏倒。正在抢救伤员的周书亭闻讯后不顾个人安危，穿过封锁迅速协助其他同志把江东平转移到安全地方。在无手术室、器械不足的情况下，果断地采取应急措施为其缝合救治，后经一个月的精心治疗，江东平恢复健康。

1944年8月，磁武县设立卫生所，他被任

命为卫生所负责人。虽称卫生所，但并无固定地址。他依旧身背药箱，不分昼夜地活动在游击区。1945年日军投降后，周书亭受命到彭城镇代表抗日政府接收“太极堂”诊所并成立中西医院。建院后，他留用可靠的老店员。为保障支前药品和当地群众用药，他千方百计采购药品，壮大医院。仅两年时间，医院由原来的两个药箱发展到医务人员10多名，药品价值近千元，能开刀、能打针，成为远近闻名的中西医院。当时，群众中流传“有病用药不用愁，去街（彭城街）医院找老周”的顺口溜。

1945年10月，国民党军对晋冀鲁豫解放区大举进犯。他在积极备战的同时，为保护医院安全，对医生和司药人员中谁去谁留以及转移时谁押车、谁探路等作出周密安排。短短几天，将贵重药品和主要人员安全转移到西部山区北贾壁村，保全医院主要力量。

1947年，根据上级扩大卫生规模的指示精神，将中西医分设。中医留在彭城，西医于1948年4月随县人民政府迁至磁县城内与民兵医院合并，组建磁县县立医院，他被任命为院长。县医院创建后，医护人员由7名增至20多名，资金增加到1万多元，使医院得到较大发展。1949年5月，解放军解放安阳时，对每天从战场上抬下来的几十名伤员，他带领全院人员不分昼夜及时抢救，有力支援安阳的胜利解放。

1954年4月，他组织成立河北省卫生工作者协会磁县分会，为推动全县爱国卫生运动开展发挥较大作用。其中，县城西北侧的陈家庄村被评为全国卫生模范村。1954—1959年，在磁县医院先后设立医务股、卫生股、检验室、放射科、手术室，促进医疗水平提高，方便群众看病就医。多方努力扩建硬件设施，国家投资40余万元、建筑面积4000多平方米的岳城水库医疗综合楼选址县城，竣工后移交县医院，成为当时邯郸地区县级医院中最好的建筑物。在“文化大革命”期间，他受到迫害。平反后，仍兢兢业业工作，于1980年逝世。

霍衣茹

霍衣茹（1912—1972），陶泉乡霍王庄村人。13岁前在家乡读私塾，13—16岁在索家庄村读初小，后到贾壁上高小。1929年考上大名师范学校，1933年8月毕业后在大名师范附属小学教书。1937年9月，因日机轰炸，学校解散，他回到家乡。由于国民党败军南逃，骚扰百姓，他参与组织陶泉村所属几个村庄成立自卫民团，任副队长，韩兆祥任队长。

1938年春节前，磁县抗日民主政府同八路军游击队进驻北岔口村，讲解抗日形势，宣传抗日政策，他第一次接触到中国共产党。1938年4月，他参加革命，并担任抗日民主政府教育科科长，同年11月加入中国共产党，王维纲为其介绍人。1939年年初任民政科科长。1940年年初，由于国民党顽固派鹿仲麟部的反共磨擦，抗日民主政府退至武安县。同年到太行区党委党校学习，后任武安县政府教育科科长，10月任磁县政府民政科科长兼县政府党组书记。1942年年初精兵简政，到河南林北县任县长。1944年1月参加太行区党委党校整风，1945年4月整风结束后分配到太行区第六干部中学任校长，12月与邢台师范学校合并，他调任长治第三专署秘书主任。1946年2月任长治市副市长，10月任市长。1947年3月随刘邓大军南下到大别山，任霍山县县长，11月调六安专署任专员。1949年4月渡江参加南京市接管工作，任公共事业部部长，后任南京市民政局局长。不久，任西南服务团南京团第一支队政委，向西南进军，到达重庆，1949年12月任重庆市工商局局长。

1950年冬，他任重庆市财政经济委员会副主任，后任中共重庆市委委员、重庆市人民政府委员、市委财贸部部长。1953年8月到北京参加财经会议，由于高血压病发，回到重庆后即住进疗养院。出院后，市委任命他为市委党校代理校长，但由于身体不好，不管理具体工作。1972年病逝。

贾云标

贾云标（1912.12.16—2009.9.5），字众希，磁州镇敦化社区人。曾就读于磁县县立师范学校。1930年10月加入中国共产主义青年团，同年参加革命工作。1935年加入中国共产党。

历任磁县小学教员，共青团磁县城区区委，

磁县县委交通，直南特委交通，山西省黎城县委组织部部长，冀豫边区农联主席（书记），太行区武安县抗日民主县长，晋冀鲁豫边区政府卫生处处长，安阳县县长，太行五专署科长、副专员，四专署专员，太行区党委直属科科长，区党委太行干校副校长等职。1949年任平原省新乡市市委书记。1952年任平原省委统战部副部长。1953年任华北行政委员会统计局副局长，国家统计局办公室主任、党组成员。1954年任国务院城市建设部规划设计局局长。1958年任山西省政府计委、建委副主任。1964年任山西省政府副省长兼经委主任、党组书记。1970年任山西省计委副主任，山西省委工交建政治部、省革委工交建办公室副主任。1975年任山西省国防工办主任。1979年再次担任山西省副省长。

1983年经中共中央批准离职休养，2002年享受正省级医疗待遇。

青年时期，受进步思想影响，积极追求进步。1930年前后，参与领导学校学生自治运动和失业小学教员要求教学运动。1931年配合王维纲宣传组织上万名小车社工人与彭城资本家和旧警察开展面对面的斗争，取得维护工人利益斗争的胜利。1932年参加磁县农民武装暴动。担任中共直南特委交通后，严守党的秘密，躲避白色恐怖时的多次通缉，成为冀南地区党的早期领导人之一。

抗日战争时期，领导群众开展减租减息运动，负责筹建太行根据地卫生组织，配合八路军粉碎日本侵略军“大扫荡”，农民自卫武装队伍建设取得显著成绩。1943年到陕北延安，在中央党校参加近三年的整风学习和党的七大会议。

解放战争时期，领导太行五专区、四专区的政权建设，担负着繁重的支前任务，动员大量的随军民工，筹备成千上万的担架车，为主力部队筹集大量的粮食、支援刘邓大军作战，圆满完成解放安阳、汤阴的后勤工作任务，在支援战争、发展生产上发挥积极的作用。在任太行区党委行政干部管理学校副校长时，负责干部落实纠偏甄别工作，他坚持实事求是的原则，为200多名县区干部纠正处分，挽救一大批党的干部，使他们成为南下干部中的一批重要力量。

1954年后，在北京国家机关工作期间，他注重统计工作基础建设，协助万里抓好城市建设规划。在山西主持工业、交通和国防科技工作期间，团结干部职工，艰苦奋斗，发展生产，劳动生产率一度达到全国中等偏上水平。“文化大革命”期间，他受到迫害批斗，仍坚持排除动乱冲击，努力发展经济，为国家城市建设和山西经济发展贡献智慧和力量。

离休后，曾担任省老年体协名誉主席、老龄人才资源开发协会会长。90多岁高龄还经常到全省各地调研，宣讲党史，下基层看望工人，关心改革开放和社会主义现代化建设，为山西经济社会发展献计献策。

黄华

黄华（1913.1.25—2010.11.24），曾用名王汝梅，磁州镇滏阳社区人。少年时期在县立初级中学读书期间接受革命思想的启蒙。1929年考入东北交通大学预科，开始阅读科学社会主义经典著作。1932—1935年在北京燕京大学学习，曾任燕京大学学生会执委会主席。其间，加入中国共产主义青年团。1935年参与组织领导“一二·九”抗日救亡运动。1936年1月加入中国共产党，随后任中共北平市学生联合会党团书记、学生联合会主席。同年6月到陕北苏区，被分配到红军总部，任后方司令部秘书兼英文翻译。

抗日战争全面爆发后，1937年11月任中共中央组织部干事，负责接待和培训来自全国各地进步青年的工作。之后，先后在西安、武汉从事

青年工作，历任西北青年救国会组织部部长、中央青委委员、中共长江局青委、全国学联党团书记。1939 年返回延安，任延安青年干部学院教育长。1941 年 6 月到中共中央军委工作，任朱德政治秘书、中共中央海外工作委员会秘书长，参与党的对外交往的各项工作。1944 年任中央外事组翻译科科长、联络科科长，参与接待中外记者参观团和美军观察组的工作。

1946 年参加北平军事调停处执行处中共代表团，任叶剑英秘书、代表团新闻处处长。1949 年先后任天津市军管会外事处处长、中共南京市委委员、南京市军管会外事处处长，参与接管国民政府外交部，向各国原驻华使节宣布中共的建交原则。同年当选中国新民主主义青年团第一届中央委员。中华人民共和国成立后任中共上海市委委员、上海市军管会外事处处长，为解决涉外工商业劳资纠纷等做了大量工作。

1953 年调入外交部，先后任朝鲜停战政治谈判中方代表、外交部西欧非洲司司长等职。1954 年和 1955 年，随国务院总理周恩来出席日内瓦会议和万隆亚非会议，任中国代表团顾问和发言人。1958 年任华沙中美大使级会谈中方顾问。1960—1971 年，相继任中国驻加纳、埃及、加拿大大使。曾任中央三人小组成员，具体负责同美国总统国家安全事务助理基辛格谈判邀请尼克松访华公告文稿事宜。1971 年中国在联合国的合法席位恢复后，为中国首任常驻联合国及其安全理事会代表。1976 年任外交部部长，曾率中国代表团出席第 29、32、33、35 和 37 届联合国大会。1978 年和 1982 年先后率团参加联大讨论裁军问题的特别会议，阐述中国在裁军问题上的原则立场，并代表中国政府向大会提出《关于立即停止军备竞赛和进行裁军的主要措施的建议》。先后出访过加拿大、法国、英国、意大利、扎伊尔、伊朗、巴基斯坦、坦桑尼亚、联邦德国、印度、美国、尼日利亚、苏联等 30 多个亚、非、欧、美国家。1978 年 8 月与日本外相在北京签署《中华人民共和国和日本国和平友好条约》。1978 年主持与美国代表的建交谈判，1982 年与美国国务卿黑格签署关于解决美国售台武器问题的“八一七”公报。1979 年随国务院副总理邓小平访问美国。曾任国务院副总理兼外交部部长。1983 年任第六届全国人大常委会副委员长，多次以副委员长身份率人大代表团访问和出席各种国际会议。

他是中共第十、十一、十二届中央委员和第二届中央顾问委员会常委。1985—1995 年多次出席国际行动理事会年会。后从事人民团体工作，先后任中国福利会主席、宋庆龄基金会主席、中国国际友人研究会会长、中国国际友好联络会会长和中国长城学会会长，积极从事国际友好交流活动，增进中国人民和世界各国人民的友谊和理解。

许振平

许振平（1913—1983），磁州镇滏阳社区人。1927 年，在磁县第一高等小学读书。1928 年，在磁县简易师范学校学习。他家庭殷实，但未选择安享其成的生活，而是选择走上革命的道路。1929 年，河北省第七师范学校（大名师范）进步学生杨三朝、杨文华、王明等停课返乡，向磁县师范学生传播马列主义，协助组建以许振平、贾云标、贾伏田为首的“磁县师范学生读书会”，秘密传阅《拓荒者》《呐喊》《彷徨》《北方红旗》等革命刊物。1930 年在此基础上成立“磁县师范共青团支部”，许振平任组织委员，贾云标任宣传委员。同年秋，许振平毕业后开始任教。奉直南特委指示，利用同乡关系，奔赴武安县简易师范学校，创建武安县第一个“共青团支部”，戴荣章任书记。

1931 年加入中国共产党，作为甘草营村党支部主要成员，参与领导闻名冀南的甘草营农民运动，反对“插耧应差”，取得抗租减息胜利。1932 年 2 月，受直南特委派遣，与王维纲等到彭城镇开展磁州窑业 3000 余名工人“小车社大罢工”运动，并取得重大胜利。“磁县武装大暴动”失败后，直南党组织活动暂入低潮。1935—1936年，他先后在北涧沟村、钟离村以教员身份作掩护积极开展党建工作。

1937年10月18日，日军占领磁县县城。11月，磁县抗日民主政府在北贾壁村成立，他跟随县长田裕民转战太行山，创建抗日根据地。1938年10月，任磁县抗日民主政府司法科科长。1939年10月武安县抗日政府路南办事处成立（亦称武南办事处，县级），许振平任主任，张龙华（张华）任政委。因政绩突出，该办事处于1940年9月获“太行晋冀豫区农副产品展览会”亚军锦旗。抗日战争期间，长期活动在武安南部刘家庄一带，为太行山根据地建设做出重要贡献。

1945年10月磁县解放后，担任县公安局局长。1947年春任豫北安阳市公安处处长；同年秋任太行五分局局长兼五地委委员。在豫北战役中，他作为县市公安局局长，清剿残匪，维护后方治安。他大胆启用特情人员高世杰，不但捣毁安阳匪特组织，而且配合刘邓部队策反国民党王牌劲旅机械化第二纵队战场投降，缴获敌军汽车120辆、枪炮弹药不计其数。

1948年受命南下，先后任福建省厦门市公安局局长、福州市公安局局长、上海华东公安学校校长(上海市高等教育管理局)。1956年奉调北京，在中央高等教育部担任副司级职位，其间组织编纂出版《英汉大辞典》。之后调黑龙江省教育厅任副厅长。

因“文化大革命”冲击，1970年他在东北农场接受“管教”。其间，仍坚守党性，坚持实事求是原则，为太行五分局“特情人员”高世杰提供书证，为其撰写回忆录四千余字。

复职离休后，积极为安阳、武安、磁县、峰峰等地撰写文史资料，为长期从事地下工作的老党员、老干部提供回忆录和书信证明，纠正多起冤假错案。

李近仁

李近仁（1914.9.11—1968.6），马头镇人，幼时家境贫寒，9岁进入国民小学读书。12岁时，其父购买一台轧花机在乡里开起轧花作坊，自此他对轧花机机械原理产生浓厚兴趣，对其一生学习钻研兵工技术起到启蒙作用。

1930年在保定六中读书时，经同乡介绍参加党的外围组织“全世界社会科学家大联盟”，到街上和农村写标语宣传革命理论，动员农民反抗高利贷等。不久，因参与学潮被迫离校。后因国民党特务追捕，他于1932年离开保定到天津河北工学院高中部上学，从此与原组织失去联系。

七七事变前夕，他从天津转至西安，进入东北大学。1938年6月毕业后，到重庆华联炼钢厂和重庆二十一兵工厂工作。1944年赴美国留学，1947年回国后在重庆二十一兵工总厂动力所任工程师，直至中华人民共和国成立。

1950年，在四五六厂抢修被国民党军撤退时破坏的1250千瓦涡轮发电机时，他担任主管工程师。在时间急、器材缺乏、条件艰苦的情况下，连续苦战三个月，恢复发电，为工厂开工提供动力。为解决新安装2000千瓦涡轮发电机开车后产生的振动问题，他又刻苦钻研，进行多次反复拆装，找出原因后消除机械振动，受到周围群众与军管会的好评。

1952年，在四五六厂技术科任主任工程师期间，他负责把关7.62毫米重机枪的产品质量。坚决贯彻“六试六定”（试图纸、试技术条件、试工艺规程、试刀夹量具、试人员、试设备，定图纸、定工艺、定工装、定设备、定人员、定操作规程）要求，着力解决枪管质量、寿命等问题，从枪管材料成分、处理、加工、镀铬规范等方面层层检查把关，一丝不苟按图纸资料办事，使枪管寿命有所提高，但仍存在不稳定问题。为尽快解决这一难题，他决定改拉线为挤线。投产后，不但提高枪管内膛光洁度，而且产生挤线提高材料强度的效果。经过反复试验，均达到或超过技术条件的要求，攻克这项重大技术难关。

1962年1月至1967年12月，在担任国家重点项目“双130毫米岸炮”总设计师期间，开创出“大型复杂的兵工系统产品一次性论证、设计、试制、试验、定型、生产、列装成功”的范例。在当时的条件下，实现岸炮系统由火炮、炮车随动系统、坑道弹药室、输弹设备、雷达、指挥仪、三米测距机、中央指挥镜、瞄准具九大部件的科学精密组成，岸炮全重80余吨。1967年10—11月，由国家靶场主持对该型岸炮进行定型试验，达到设计定型要求，为军队提供一项重要武器装备。该项目于1986年12月获“部级科技进步一等奖”、1987年7月获“国家科技进步二等奖”。

中华人民共和国成立后，历任重庆四五六厂工程师，二机部一局技术处工程师，包头四四七厂总设计师，设计所第一副主任，北京三机部第一研究所第十一研究室主任、副总工程师，北京五机部机械科学研究院二处副处长，北京、包头五机部第一研究所副所长，包头国防科委第十一研究院1103所革命委员会副主任。作为兵工专家，长期从事兵器工程技术工作，为兵器工业的建设和发展做出贡献。其间培养出一大批科技人才，同时在相关领域取得不少成果。

1968年6月，他含冤受批，在内蒙古自治区包头市去世。

1978年12月，李近仁被平反。

李尚林

李尚林（1914—2001），磁州镇西城社区人。少年时期就读于磁县县立初级中学（今磁县二中），受当时“实业救国”“科技救国”等思潮的影响，发奋读书，考入天津的河北技术学院学习化学工程专业。1937年日本全面侵华战争爆发后，随校迁至重庆，继续攻读学士学位。

他毕业后应聘到国营化工公司工作，历任四川水泥厂、华北水泥公司本溪厂、台湾水泥舒阿厂、亚洲水泥公司、新达水泥公司公务员、工程师、总工程师等职。1948年后被调到台湾省，负责新达水泥公司在当地的业务。此后，他一直从事水泥行业，并成为行业技术专家。1983年退休，1985年他和妻子李盛伟迁往美国与子女团聚。

1986年10月，他携妻子第一次回乡探亲。走访交谈中，他深感家乡人才匮乏，遂产生设立奖学金之念。1988年第二次回乡探亲时，于5月15日成立“李祥符先生纪念基金会”。一为纪念父亲李祥符，二为培养人才、促进家乡经济建设。1988—1992年，每年拿出500美元奖给磁县二中在高考中取得优异成绩并考取国家名牌大学的前4名学生。同时，他建议，其近亲属不在受奖之列。在此基础上，于1994年出资2400美元又设立“李盛伟女士纪念奖学金”。磁县县委、县政府高度赞扬其设奖助教的爱国情操，向李尚林赠送“爱国爱乡爱教育赤诚可见，励学励志励英才高风尤佳”的锦旗。

2001年，李尚林逝世。磁县第二中学专门为他在校园内竖立1通石碑，以示永久纪念。

王有政

王有政（1915.8—2003.12.4），南城乡东野狸岗村人。1936年6月加入中国共产党。1937年毕业于保定师范学校，同年11月参加磁县抗日游击队。1938年任营教导员，1943年任磁县独立团政委。多次参加反扫荡战斗，并参加百团大战及敌沦陷区的武装斗争。抗日战争胜利后，先后参加陇海路战役、淮海战役。历任第一野战医院政委，华北总医院政治部副主任。

中华人民共和国成立后，曾任北京第八速成中学校长，青藏办事处政治部主任，解放军第七军医大学政治部主任，解放军“五三”研究院副政委兼政治部主任，北京军事医学科学院副政委、代政委，正军职。被授予二级独立勋章和二级解放勋章。2003年12月，因病在北京逝世，享年88岁。

陈世英

陈世英（1916—2007），时村营乡西小屋村人。少年时期入私塾读书，后随爷爷在安阳等地棉花店记账目，练就一手好“算盘”，在当地小有名气。

1945年，他被招入磁县民有渠水利委员会工作。1955年借调至县建设科，1959年调入县水利科，担负全县水利工程测量设计等任务，后任水

利工程股股长，人称“水利土专家”。

20世纪60年代，磁县计划在都党乡修建大型渡槽，经专家设计，需投资上百万元。由于资金短缺，政府决定将设计任务交给陈世英。接受任务后，他带队多次勘察地形，认真研究，反复考虑，精心设计，绘出多种图纸，细致审定，最终他的“土”法设计节省80%的资金。渡槽建成后，受到县委、县政府和群众的好评。

修建黄沙渡槽时，县政府提出“只投入10万元资金，10万个工，10万多斤粮食”三个要求。接到这一任务后，陈世英一边详细测量地形，一边查阅有关资料。所需书籍短缺，他就到太原、石家庄等地购买。经深入思考，他大胆提出修建“底下能排洪水、跃峰渠水能从中间通过、上面水泥盖板通公路”的三用式渡槽，既解决黄沙镇、都党乡交通，又解决黄沙矿的排水问题。靠着拼劲和韧劲，完成跃峰渠全线上下178座大小工程、牤牛河1处水轮泵站的设计。他始终坚持原料从简的原则，采用当地石料建造，用“土”办法攻克许多难关，为国家节省大量资金。

1976年退休后，他还为时村营村、前港村、后港村义务设计一条引水渠和两座小型水库。1986年，国家水电部向他颁发“水利功勋证书”。2007年，陈世英逝世。

赵克让

赵克让（1916—1995），陶泉乡五里河村人。幼年给地主做长工，后在村务农。1940年后，帮助八路军购买物资。1943年2月参加八路军，成为太行五军分区政治部的一名战士。1943年3月任太行五军分区运销合作社采购员，其间加入中国共产党。

1945年2月任太行五军分区运销合作社经理。1948年2月任二野四兵团九纵队二十七旅器材管理员。1949年6月在十五军军直工兵营任器材管理员。赵克让先后参加过淮海战役、渡江战役、解放两广战斗和抗美援朝战争等，6次立功受奖。1952年2月任十五军后勤部二兵站指挥股长。1952年7月任十五军炮训纵队供应主任，在上甘岭战役中身负重伤，回国养伤。1954年9月任十五军军直供给处供应主任。

1956年1月转业到湖北省农业厅任行政科长。1956年3月主动要求到龙感湖农场，任农场经理室主任。他到龙感湖农场工作后，面对农场的初建、开垦、种植任务，带领职工克服种种困难，很快投入到农场的生产建设中，保障农场顺利发展。

1957年4月任龙感湖农场四大队党支部书记。1958年1月任龙感湖四分场党总支书记。1961年4月任龙感湖农场副场长。“四清”运动中蒙冤，1965年下放到生产队劳动。1974年任农场招待所所长。1979年平反，恢复农场副场长职务。1985年4月，经黄冈地委组织部批准，离职休养。

贾晨林

贾晨林（1917—1991），磁州镇敦化社区人。在初中读书时参加革命活动，1930年加入中国共产主义青年团，1931年任磁县城关区团委宣传委员，1937年参加八路军。1938年加入中国共产党。抗日战争时期随部队转战太行山，先后担任连指导员、营教导员和三兵团政治部组织科科长等职，指挥攻打苏店、韩店、皋落、壶关等战斗。1942年5月反“扫荡”及南援友军作战中，他身先士卒，勇猛冲杀，使部队摆脱被包围的危险，取得以少胜多的胜利，军分区授予他“五月反扫荡及南援友

军战斗模范干部”称号。

解放战争时期，担任三兵团政治部组织科科长，参加解放磁县城战斗、邯郸战役、挺进大别山、淮海战役、渡江战役并进军大西南，在峭河、广济、羊山集、双堆集、襄阳等多次战斗中出色完成任务，为战斗胜利发挥重要作用。1950年1月，任第二野战军三分校一总队政治部副主任。1951年年初，任川东军区司令部人民武装部副部长。1952年10月奉调北京，任中央军委总干部专家处处长。1955年授予上校军衔，获国家三级独立自由勋章和二级解放勋章。

1958年12月转业到地方工作，受中国科学院党组委托，筹建中国科学院大连煤炭研究室，任大连石油所党委委员、煤炭研究室党总支书记、副主任。1959年在太原将中国科学院大连煤炭研究室扩建为中国科学院煤炭化学研究所，任该所党委书记、副所长（所长由大连石油所所长张大煜兼任），全面负责领导该所工作。他注意引进和重用中高级科研人员，更注重科研队伍的长远发展和壮大。他为此多方努力，往返于中国科学院和教育部，争取到7名留苏研究生；又选拔省内优秀高中生，部分送山西大学代培，部分在所内参加本科班、大专班、中专班进修，边学习边工作。使新的科技队伍发展到200余人，形成由高级、中级、技工科技人员组成的科研团队。

1963年兼任中国科学院华北办事处第一副主任，1964年兼任中国科学院山西地区科研单位联合党委书记。1965年煤炭化学研究所职工人数达680人，其中科技人员320人，在研课题30多项。

“文化大革命”中，他遭受磨难，研究所的工作几近停顿，但他一直钟爱着煤化科技事业。

1978年，改名为中国科学院山西煤炭化工研究所。经过数年的艰苦努力，他所领导创建的研究所在已有基础上有了新的长足发展，该所逐步拓展到“煤、炭、烃、气”四大学科领域，合成油、煤炭气化、新型碳材料等重大课题研究取得突破性进展，部分成果在工业生产、能源建设、神舟五号飞船方面得到应用。该所已成为科技力量雄厚、科研条件齐备、国内外知名的研究所，多项成果获国家和中国科学院奖励。

李琦

李琦（1918—2001.4.17），原名李尚杞，磁州镇阜才社区人。自幼受到良好的家庭教育，特别受到早期中共党员、外祖父李锡九革命思想的影响。1929年，李琦随家人迁入北平，1931—1934年就读于北平四中。入校时，正值日本侵略者发动九一八事变，在国破家亡的沉重感和危机感的强烈震撼下，年仅13岁的他在全校大会上慷慨激昂地发表演讲，大声疾呼“不当亡国奴！”1935年在北京师范大学附中读高中期间，积极投身到“一二·九”抗日救亡运动中。

1936年3月，参加中华民族解放先锋队，同年夏加入少年中国共产党，11月转为中国共产党党员。抗日战争爆发后，于1937年10月到西安，经与西安八路军办事处联系后赴延安陕北公学学习，任陕北公学“民先”队长。1938年2月至1940年年底，由党组织派往国民党新编第五军做统一战线工作，任工委书记。1941年初，赴华北敌后抗日根据地工作，任中共中央北方局宣传部编审科科长。同年冬，调八路军总部任彭德怀的秘书。1943年秋入延安中央党校学习，后任中共中央书记处办公室秘书。

1947年7月至1949年11月，任中共太行区党委安阳地委书记和安阳市军管会主任。

中华人民共和国成立后，1950—1956年，任政务院周恩来总理办公室副主任。1956—1964年，先后任中共太原市委第一书记、山西省委宣传部部长。任职期间，如实地向中央反映“大跃进”和调整时期当地存在的一些问题。1964年任文化部副部长兼中国对外友好协会副会长等职务。“文化大革命”中，他被下放到五七干校劳动。1972年在周总理关怀下回到北京。1973年夏始，任国务院科教组负责人、教育部副部长和部党组副书记、联合国教科文组织中国委员会主任等职。

1975年在邓小平领导全面整顿期间，他坚决拥护邓小平的整顿措施，同江青反革命集团进行斗争。在所谓“批邓反击右倾翻案风”中，再次受到江青反革命集团的残酷迫害。1976年，回乡探亲时，将位于前仓街占地1112.86平方米的祖宅捐献当地，后用于办学。

1979年4月调中共中央毛泽东主席著作编辑出版委员会办公室任第一副主任。1980年5月任中共中央文献研究室第一副主任，为清除“两个凡是”的影响，拨乱反正，为开创党的文献工作的新局面作出重要贡献。1982年4月任中央文献研究室主任。参加编辑与审定《朱德年谱》《周恩来年谱》《周恩来传》《周恩来》画册、《刘少奇》画册、《邓小平》画册、《彭真》画册。他是中共第十二、十三次全国代表大会代表，第五届全国政协常委会委员，第六届、第七届全国人大常委会委员。

1991年起，任中央文献研究室顾问。还应聘担任“全国关心下一代工作委员会”“中国延安精神研究会”“社会力量扶贫培训协调小组”“周恩来邓颖超纪念馆”“周恩来邓颖超研究中心”“淮安周恩来研究会”等机构和群众团体的荣誉职务。他不顾年迈多病，依然经常审阅稿件，直至在工作中突然倒下，于2001年4月17日不治去世。

冀尚增

冀尚增（1919—1995），磁州镇西候召村人。1945年8月参加革命，1947年8月加入中国共产党。历任特务大队队长、军事教官、作战参谋、训练参谋、参谋长。1951年参加抗美援朝。1953年8月1日，在朝鲜清川江大桥顶着美军飞机的轰炸奋起反击，击落一架美军F-86战机，迫使飞行员跳伞逃生，被志愿军俘虏。参军期间，先后立功6次，获解放奖章1枚。

1955年11月转业，先后在青海省农林厅水利局水文站、省水电厅水文处、海北铁迈煤矿、青海民族用品厂、西宁农牧机具厂、西宁市聋哑学校工宣队工作。其间曾担任厂长、处长、主任等职，后调西宁市政协任常委。1995年逝世。其生平事迹载入1993年中国老龄问题全国委员会编印的《共和国奠基人》丛书（青海卷）。

卢万春

卢万春（1919.8—1987.10），艺名合成，高臾镇柳儿营村人。幼时家境贫寒，14岁在“三义庙戏班”学艺，经过3年艰苦磨炼，在唱、念、做、打各个行当中均表现优异，人称“银娃娃小生”。17岁首次在《打八郎》剧目中扮演主角杨八郎，其字正腔圆的真假嗓音转换、干练细腻的表演，使其短期内成为戏班台柱子。1937年七七事变后，卢万春随戏班到河南一带谋生。

1943年，在安阳演出传统戏《盔缨记》时，卢万春扮演主角养由基。他以荡气回肠的唱腔，慷慨激昂的表演，将英雄的形象表现得淋漓尽致，引起台下爱国民众的强烈共鸣，因此当地日伪汉奸打算封闭台口，经日本宪兵队队长的一位姨太太说情，戏班才幸免于难。

1947年，卢万春带领戏班在西小屋村组建“西小屋怀调剧团”。主要演员有秦永现（金泉）、吴学昆（明贵）、武玉明、张宝善、李学堂、王明秀、程三义，后吸收张秀英、马贵卿、孙爱云、王少顺等人。卢万春和全团人员白天参加生产劳动，晚上排练新编剧目。常演剧目有《白毛女》《小女婿》《血泪仇》《兄妹开荒》等现代戏，成为磁县主要剧目。

卢万春还练就“单眼掉泪”的技术。在传统戏《收姬昌》中，刘秀访姬昌怕被发现，躲入庙中化装成神像，姬昌之母欲挖去神像眼睛作药引为姬昌治病，刘秀被姬昌母亲的爱子之情所感动而落泪。卢万春“单眼掉泪”且随锣鼓节奏下滴，

一时名声大噪。

1953 年，西小屋怀调剧团由业余剧团改为半职业剧团。其间，他积极倡导剧团成立“艺委会”，在怀调历来口授流传、没有文字剧本的状况下，将 60 多部保本戏、30 多种板式，从唱腔台词、表演技巧到文武场、锣鼓经及舞台经验全部记述下来，为怀调发展做出贡献。演出之外，把大部分精力花费到人才培养上，见苗心助，言传身教，合盘授艺，他的许多弟子成为漳河两岸各怀调剧团的骨干。

党的“百花齐放，推陈出新”文艺方针使他深受启发。在继承传统的基础上，吸取其他地方剧种之所长，反复推敲出 20 多段格调新颖、不失怀调风格的唱段，如《打八郎》中表现杨八郎对妻子爱慕之情的偷字闪板唱法，《盔缨记》中表现养由基英雄气概的大起板唱法等。尤其在创新编排现代戏中，努力改革传统唱腔的程式化，进行突破。至今各个怀调剧团仍沿用这些唱段。

1958 年，县政府决定将磁县怀调剧团转为职业剧团。卢万春积极配合筹备《苦菜花》《洪湖赤卫队》《潘杨讼》《孙庞斗智》《火焰山》等 50 多部现代戏、历史剧和神话剧，受到群众的称赞。在岳城水库建设现场慰问演出时，受到河北省委书记林铁的好评。“文化大革命”期间，磁县怀调剧团被解散。

1978 年，安阳县怀调剧团成立，邀请卢万春传技授艺，指导编排《潘杨讼》《收姬昌》《铡赵王》等多部怀调传统戏。他倾囊相授，使公演如期举行并获得成功。此后，卢万春在安阳县怀调剧团工作。

1980 年，卢万春受邀回到西小屋怀调戏校，精心培养怀调戏剧人才，使《盔缨记》《战洛阳》等怀调传统剧目再现舞台，并由河北电视台录制播出。

卢万春一生致力于传承发展怀调戏剧事业，除使磁县怀调剧团在表演艺术上日臻完善外，还先后扶持磁县庆和峪、黄鼠、十里铺和临漳县常家屯、东太平等 10 余个农村业余剧团，前后培养 5 代学员，组织起 700 余人的怀调队伍活跃在冀豫间的广大地区。

赵青

赵青（1919—1942.5.17），原名赵淑清，女，永年县人。1937 年 10 月，她从邢台七师投笔从戎，参加抗日战争。经晋城华北干校短期培训，分配到邢台八路军工作团。同年，加入中国共产党。历任磁县抗日民主政府妇女工作队队长兼磁县县委妇委书记、武安县妇委书记、晋冀鲁豫边区太行五军分区妇救会主席兼地委妇委书记。1942 年 5 月，侵华日军对太行山抗日根据地大扫荡。16 日，日军袭击设在北贾壁村的磁县抗日民主政府。赵青在掩护群众撤退的战斗中不幸胸部中弹，被抬回田家庄的后方医院，经抢救无效，于次日牺牲。

吴富山

吴富山（1920—1945），讲武城镇八里冢村人。幼时聪明好学。8 岁那年，他被送到磁县县立初级中学高等小学班读书。在校期间，学习成绩优秀，深受老师器重。1937 年七七事变后，他思想进步，积极抗日，同年 10 月加入中国共产党。与磁州镇南来村地下党员石景山（又名石宝珍）共同从事地下反日活动，积极为西部山区八路军办事。

1942 年前后，磁县西部山区的八路军食盐供给严重短缺。他同石景山一道，秘密组织村里人员，千方百计从沿海地带贩运食盐送给八路军，受到地下党组织的肯定。之后，他接受组织安排，学习日语，潜入日军内部，担任驻磁县城日军翻译。其间，他和石景山秘密联系，不断给西部山区的八路军提供有价值的情报。

由于吴富山经常不回家，其母担心，便委托家人找他。见到吴富山后，家人对其为日本人做事很是不满。他暗中告诉家人这是组织的安排，并嘱咐他们一定要绝对保密。

后来，他为八路军提供情报及夜晚测量县城周围护城河水位的事被日军获悉。1945 年 8 月日军投降撤退前，在县城南关外将吴富山杀害，牺牲时年仅 25 岁。石景山得到消息后，买来一口棺材，把他简单埋葬。

中华人民共和国成立后，党和政府多方调查，于 1978 年确认他的身份，追认其为烈士。

田宜之

田宜之（1921.6—1946），西光禄镇尧丰村人。1936 年，在磁县南关中学读书期间加入中国共产主义青年团。响应“一二·九”抗日救亡运动号召，在校组织领导学生开展罢课游行活动，被校方开除。1938 年，参加磁县人民抗日游击总队，同年加入中国共产党。他奉命带领几位战士深入日伪军占领的马头车站，用调虎离山之计取得敌人的电话机，解决八路军没有电话的困难，受到上级表扬。1939 年，为搞到八路军急需的马匹，他带领几位战士假扮日军到路村营一带活动，被发觉后，他们将伪军治安队队长和看马的护兵捆绑，然后骑马飞奔离去。待敌人出动追赶时，早已跑出老远，随后安全将马匹送到根据地。1940 年 8 月 20 日晚，八路军某部进攻平汉路，他带领 80 多人奉命配合作战，在西光禄、曲沟一带破坏铁路，切断电话线。驻马头镇的敌军发现后，出动 500 余人向八路军反扑，他们协助八路军激战数小时，毙敌 300 余名，胜利返回。其后，他带领战士到关东洼一带偷袭日伪军警备队的岗楼，缴获 40 多支枪械和部分弹药，为装备抗日队伍做出贡献。1941 年 7 月，调冀豫抗日义勇军任连指导员。1945 年 3 月，义勇军扩编为太行军区三十五团。8 月日军投降后，太行军区三十五团改编为晋冀鲁豫野战军第六纵队十六旅四十八团，他历任营教导员、团政委。1946 年，随刘、邓大军挺进大别山，在河南道口战斗中牺牲，部队派人护送灵柩运回原籍安葬。2005 年，迁葬于磁县烈士陵园，县民政局为其建墓立碑。

赵会元

赵会元（1921.11—2009.12.13），路村营乡九龙口村人。1938 年 3 月参加八路军，同年 11 月加入中国共产党。1940 年 3 月，毕业于华北财经学校，4 月调到冀南银行工作。历任磁县抗日游击队三大队供给处军械员，八路军一二九师随营学校学员，一二九师三八五旅二团青年干事，华北财经学校学员，冀南银行总行发行处营业部科员，林安县支行经理，汲淇县银行工商局主任、局长，中州农民银行襄县支行经理，豫西五支行金融科科长。1949 年 4 月调人行河南省分行任副科长、科长、办公室副主任。

1957 年任农行河南省分行办公室主任、副行长，1958 年 4 月任人行河南省分行副行长。1960 年 9 月调任人行青海省分行副行长。1975 年任人行青海省分行行长、核心小组组长。1978 年 9 月调回河南，任人行河南省分行副行长（正厅级），兼农行河南省分行行长。1983 年 3 月，他组织成立河南省钱币研究会。1983 年 11 月离职休养。

他离休后仍关心党和国家大事，关心金融事业的改革与发展，先后任河南省金融学会会长、河南省钱币学会会长（1984 年改名为河南省钱币学会）、河南省社会科学联合会委员、冀豫国际金融学会顾问、中国钱币学会理事、《中国钱币大辞典》总编。为主持编纂《中国钱币大辞典》一书，奉献余热和智慧，洒下心血和汗水。2009 年 9 月经中共中央组织部批准，享受副部长级医疗待遇。

霍成忠

霍成忠（1922.1—1984.11.28），陶泉乡霍

王庄村人。1936年至1937年在磁县彰德中学读书期间任学生会负责人，组织学生参加学校的抗日学潮。1938年5月参加八路军，同年11月加入中国共产党。抗日战争时期，历任晋察冀军区第一军分区一团排长、连政治指导员、连长、营副政治教导员、副营长、团参谋长，参加百团大战和晋察冀抗日根据地反“扫荡”作战。

在黄土岭战斗前夕，他奉命带领一名侦察员深入日军最前沿阵地，观察和监视日军动态，发现距南山小山沟大约100米的独院内，有日军进出，还有挎战刀、穿马靴的日军，看样子像高级军官，判断是日军指挥部。他立即将此事向军区前线指挥部报告，并在战斗开始时引导迫击炮向这里猛烈轰击。战后得知，在被当场击毙的日军中，样子像高级军官的就是日寇“名将之花”阿部规秀中将。

解放战争时期，他历任冀热辽军区第二十七旅七十团参谋长、副团长、团长，第四野战军第四十八军一四二师四十六团团长、四二四团团长，参加辽沈、平津和进军中南等战役战斗。1945年11月，霍成忠指挥攻打宁城的战斗。守备该城的国民党范汉杰部93军一部，全部为美式装备，此前曾有解放军部队几次攻打未果，军区把此艰巨任务交给七十团。身为团参谋长的霍成忠亲自带领有关人员到距离宁城不足500米的地方近距离察看地形，了解敌军的兵力部署。准备回撤时，敌人的炮弹突然在他们身边爆炸。霍成忠全身多处负伤，尤其是胸部和腿部的伤势最重。前线指挥部命令他退出战斗，但他坚持不下火线，就这样，带着重伤躺在担架上坚持指挥，直至攻下宁城。

中华人民共和国成立后，历任第四十八军一四四师参谋长、副师长，军政干部学校副校长、师长。1955年后，任陆军第五十五军副军长、第一副军长，广州军区副参谋长。1955年9月被授予大校军衔，获三级独立自由勋章、二级解放勋章。

他对军队战士要求非常严格，战士背地里称其为“霍阎王”。1965年，部队纪念强渡大渡河战斗胜利30周年，时任五十五军副军长的霍成忠陪同军长陈明仁上将到红一团检阅部队。全团干部战士为参加阅兵都穿着新军装。由于刚下过雨，地面有不少水坑。部队进场时有些战士看到小水坑就从上面跳过去。霍成忠见状立即下令:“立定！卧倒！”然后才下令起立。全团干部战士都趴在泥水里，崭新的军装满是泥浆，进行检阅时碰到水坑谁也不敢再跳，步伐踢得水花四溅。将军陈明仁连声称赞:“好作风！好作风！”

1968年8月至1970年4月，兼任广西壮族自治区革命委员会副主任。1975年12月，任第五十五军军长，广州军区前线指挥员，并参加广西边防保卫战。后任政协广东省第五届委员会常务委员。

李珍

李珍（1922.8—1947.4.6），曾用名李真，林坛镇后李兵庄村人。1935年参加革命，1938年加入中国共产党，调往八路军太行区委机关工作。1939年1月，任八路军先遣一大队政委。1941年6月，任中共磁东县委书记。1942年3月，任中共磁武县委委员、组织干事。1942年4月，调任鲁南抗日游击队政委(铁道游击队政委)，在山东枣庄、临城、苗庄、微山湖一带从事抗日活动，带领游击队深入敌占区，扒铁道、炸桥梁、抢军械、打兵车。

1944年年底，调任河南省安阳县委委员、安阳县二区政委（书记），在各村发展党员、建立民兵组织，创建区武工队，各项工作成绩显著，受到中共太行军分区党委表彰，被授予“模范区委书记”称号。1947年4月6日，在安阳县公光村的东山上侦察敌情时遭到敌人伏击，因寡不敌众，在激战中壮烈牺牲。

李珍牺牲后，河南人民为纪念他，将他牺牲地所在的公光村改名为李珍村，火车站命名为李珍火车站，一个铁矿命名为李珍铁矿，将李珍牺牲日（农历二月十五）定为烈士纪念日，并修建李珍纪念苑，成为安阳市红色教育基地。

王济民

王济民（1923—2019），磁州镇敦化社区人，大专学历。他出身书香门第，自幼受过良好教育。1942年，他在磁县中学教书，利用教师身份作掩护，秘密为山区八路军传递情报。中华人民共和国成立后，先后在峰峰中学、武安中学任教，晚年回到家乡磁县二中继续任教。

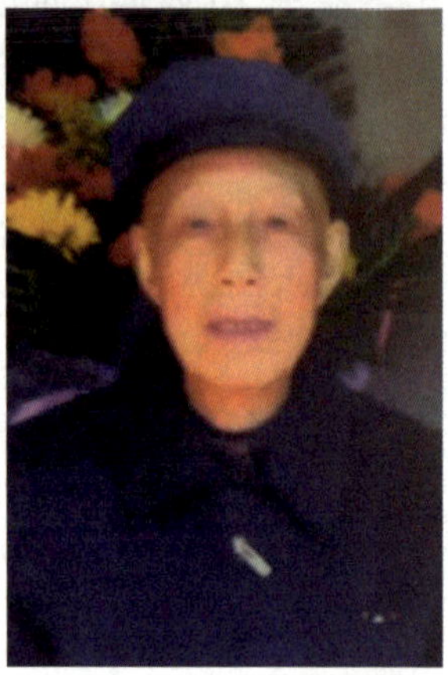

1988年退休后，积极为《磁州文化》撰稿，协助编纂《北朝墓志》《北朝文化》《磁州文化》丛书。1997年与诗友一道成立“萃藏诗社”，举办纪念周恩来总理诞辰100周年、香港回归、澳门回归、中华人民共和国成立50周年等大型活动。2008年创办磁县《景嵩》诗刊，任主编。

2008年汶川发生地震后，他号召诗友创作抗震诗篇声援灾区，以最快时间出版专集，连同他1个月的退休金，一并寄往灾区。2012年，89岁高龄的他再次到磁县慈善总会捐款200元。此后，他每个月都捐款200元，直至2019年去世。

周治家

周治家（1926—1953），岳城镇马水涧村人，小学文化。1945年参军入伍，历任战士、副班长、班长、排长，参加解放磁县城战斗。1947年，随刘邓大军千里挺进大别山，参加大别山战役。在战斗中，他英勇顽强，冲锋在前，多次负伤。1948年3月，在徽州战斗前线加入中国共产党。

中华人民共和国成立后，参加抗美援朝战争。周治家在大别山战役和抗美援朝战争中，先后多次立功受奖。

抗美援朝结束后，他进入华北军区第一学校（保定）学习。其间，妻子专门到保定看望他，受到部队首长聂荣臻的慰问。1953年，他回家探亲，因内伤复发去世。1954年9月，华北军区为其颁发“病故革命军人证明书”。

苗习武

苗习武（1927—1968.2.15），峰峰矿区大社镇磨屋村人。出身于革命家庭，少年时期站岗、放哨、送信，掩护常住家中的地下党员。1942年在磁县抗日民主政府第九区区干队任通信员，同年参加八路军后，因能手持双枪且百发百中，故战友称其“小八路神枪手”。战斗中凡遇有狙击和突围硬任务时，队里就把好枪交给他使用，多消灭敌人还节省子弹。

1942年9月的一天深夜，奉王维纲之命，带队去端掉河沟边的日军炮楼。他机智地将两个哨兵从炮楼引出干掉后，带领战友以迅雷不及掩耳之势攻进炮楼，没等4个日军反应过来，就被一举歼灭，缴获炮楼里所有的枪支弹药及其它物品。1944年加入中国共产党。

1945年随第二野战军南下，先后任班长、排长及六纵队十六旅四十八团炮兵连连长。8月24日夜，他带领炮兵连掩护第六纵队主力渡过汝河，胜利挺进大别山。1948年淮海战役中，其所在部队在太阳湖地区被敌军包围，他带队顽强反击，勇猛冲杀，最终突围。1949年冬，任第二野战军第三兵团十二军重炮营参谋长，先后参与掩护渡江、解放西南四省等重要战役。1951年春，参加抗美援朝战争，任该部重炮营营长。1952年在上甘岭战役中，他率领重炮营给敌军以重创。为阻止敌军坦克逃跑，他带重炮营顽强打击，激战中被敌军炮弹炸伤腹部，后送回国在大连后方医院接受治疗。

伤愈后转业至地方，任磁县南开河乡党委书记，响应党的号召，积极组织发展农业生产。后任磁县供销合作联社人事科科长，帮助寻找到失散多年的方志敏烈士四子方兰。并于1955年，作为磁县县委的特别代表一路护送方兰到江西省上饶市与母亲缪敏团聚。其后到岳城水库修建指挥部任职。

1968年2月15日晚，几名在土改中被分地的顽固分子将苗习武诱骗至峰峰小屯古庙对其进行人身攻击，并折磨致死。1968年3月，邯郸地区行署成立专案组调查落实此案，凶手被绳之以法。5月，磨屋村大队为其召开追悼会，追颂他一生的功绩。

武雪峰

武雪峰（1928—2019），涉县固新镇原曲村人。12岁担任原曲村抗日儿童团团长。在历次反扫荡中，为八路军送信、带路。1945年8月至11月，随八路军参加上党战役和邯郸战役。后考入太行区公立漳滨中学，入后师班学习。

1947年2月，参军入伍，随刘邓大军参加解放战争，历任太行军区独立二旅文化教员、宣传科干事、营部书记。他先后参加汝阳战役、洛阳战役、灵宝战役、安阳战役、焦作战役，多次立功受奖。

1949年5月，调任新组建的防空高炮部队任营参谋，随部队进驻北京南苑机场。1949年12月，毛泽东主席第一次访问苏联时，担任随专列的防空护送保卫任务。1950年8月，任北京军区高炮二十二团营参谋长，随志愿军入朝作战，击落、击伤美军轰炸机13架。1953年后，历任北京军区高炮八师二十二团营长、团参谋长。1955年6月4日，武雪峰加入中国共产党。1964年4月，所在营作为北京军区高炮部队代表队参加比武。在比武中，他沉着冷静，一举打下3个拖靶，立三等功。1966年8月，参加抗美援越战争，先后指挥所属部队参加越南的太原保卫战、克甫保卫战等战役，击落、击伤美机46架，主要铁路运输线畅通无阻。同时，在战时训练提高越南军队的防空力量。1968年年底回国后，调任兰州军区空军高炮十四师四十一团副团长、团长。后转战西北戈壁大漠，为国家核武器实验、导弹发射、卫星发射等军事基地的空中安全保障做出贡献。为保障国家核工业实验正常进行，中央指示对核工业工厂实行军事管制。他在担任中核404厂军管组组长3年期间，认真执行指示，制止派性揪斗，保护科研专家、科技人员，为维护正常的生产和生活秩序发挥作用。

1976年4月，转业到地方工作。先后任磁县革委会副主任，县委常委、组织部部长，县人大常委会党组副书记、常务副主任。在任县委常委、组织部部长期间，纠正冤假错案3000多件。在任县革委会副主任期间主抓交通和工业工作，修建107公路漳河大桥，结束107公路南行绕道岳城的历史。

退休后享受副地市级待遇。

杨子臣

杨子臣（1929—2019），磁州镇兴礼社区人。1945年至1948年在太行区公立漳滨中学简师班读书，1948年6月在高臾镇从事教育工作。1954年加入中国共产党。历任磁县人民政府办公室科员，磁县人民委员会人事科副科长，岳城水库党委办公室副主任、支部书记，磁县救灾办公室主任等职。“文化大革命”初期受迫害。1971年10月平反后，先后任磁县革委会政治部副主任、磁县县委组织部副部长、县政府副县长、县政协主席。

1986年，在河北省政协工作经验交流大会上，他介绍磁县政协《落实党的政策，挽留知识分子》的工作经验，受到省委书记邢崇智的肯定与接见。1990年6月离休后，他当选为磁县政协之友联谊会第一届、第二届会长。1992年春，被选为县人口协会会长。1993年，任磁县关心下一代工作委员会常务副主任。

陈有田

陈有田（1932.10—2013.3），讲武城镇滏阳营村人，高级农艺师，中共党员。长期时间，当地农民种植棉花产量低、收入少。20世纪70年代中期，陈有田开始潜心研究如何提高棉花产量，并多次到省农业经济作物研究所等单位咨询专家。经过10多年的研究、试验、种植、改良，他在自家责任田里摸索培育出适合丘陵地种植的抗旱、抗碱的棉花杂交新品种，亩产皮棉150千克以上。婉拒省里用其姓名命名新品种的好意，坚持用村名命名新品种为“滏阳1号”“滏阳2号”。他主动把种子、技术免费送给村民，1983年种植面积推广到1万余亩，使当地群众增收240多万元，轰动十里八乡及周边县。当时，该棉种推广到周边9个县。1984年1月，河北省科学技术协会为其颁发河北省科普奖证书。

1985年，他将所学的农作物杂交理论大胆在培育林果优质品种方面尝试，进行毛白杨杂交改良。利用两年时间，培育出木质好、生长快的杂交毛白杨，成活率达100%，填补国内此项空白，带动村内外100多户村民育树苗致富。之后，他又在自家承包地上种植果树，经过精心管理，葡萄、苹果、樱桃喜获丰收。为及时了解和掌握新信息、新技术，每年自费1000多元订阅多种报刊，学习先进林果知识，并在自家果园里搞试验。10多年间，他先后成功引进改良玫瑰香、巨丰葡萄品种和红元帅、红富士苹果品种，无偿向群众送果苗、送技术。在他的带动指导下，村民先后种植葡萄、苹果、樱桃等，年人均增收200多元。其中，仅葡萄1项收入就达15万元以上。

2001年8月，他投资20万元，在村西打成1眼150米深的水井，经省检测部门化验，水质达到国家优质饮用水标准，供村民饮用和灌溉。

30年间，陈有田作为县、市人大代表，坚持科技兴农，改良农作物品种，传授农林新知识，推广农林新技术，带领群众走共同富裕之路。先后获“河北省劳动模范”“邯郸市劳动模范”“邯郸市优秀共产党员”“磁县发展功勋奖”等30多项奖励、荣誉称号。中央电视台、河北电视台、邯郸电视台、《农民日报》《人民代表报》《河北日报》《邯郸日报》等媒体先后10多次报道他的先进事迹。

方兰

方兰（1933—2018.11.22），方志敏烈士之四子。方兰在国民党军队围剿赣东北苏区时与父母失散，被磁州镇南来村郝金梁、路玉茹夫妇收养，当时年仅3岁。养父母为他取名郝振忠，并精心抚养长大，还供其读私塾。他少年时期担任南来村儿童团团长。中华人民共和国成立后，他在北来村乡供销社工作。

多年里，无人知晓他的真实身世。其间，党中央及方兰的生母缪敏从未停止寻找方兰的下落。1955年肃反运动中，陕西省安康地区一在押犯交代，1935年围剿赣东北时抢得一男婴，当时被营长郝金梁（郝西城）所获，据说是方志敏之子，被其私下送往河北省磁县老家收养。得知消息后，周恩来总理十分重视，立即指示公安部部长罗瑞卿、副部长汪东兴到磁县调查此事。按照缪敏提供的相貌特征，经磁县县长郝健华、县公安局局长申金座和县供销合作联社人事科科长苗习武协助落实，确认郝振忠与缪敏的描述吻合。按中央指示，向郝振忠讲明其为方兰的身世。

1956年6月，经中共中央办公厅开具介绍信，方兰回到江西省上饶市与缪敏母子团聚。缪敏送给方兰的第一本书就是父亲方志敏在狱中的遗著《可爱的中国》，并题写：“亲爱的方兰儿，我希望你认真地将爸爸这本遗著多读几遍，那么，你将来的革命意志会更加坚强起来”。方兰在南昌市始终按照母亲的嘱咐，刻苦学习，勤奋工作。其间，他被安排至市橡胶厂工作，后被组织送到南昌市市委党校学习两年，“文化大革命”后期任市轻工业局局长。1977年5月他作为编剧之一参与电影《血沃中国》的编剧、拍摄。后筹建南昌市政府驻北京办事处，任南昌市人民政府驻北京办事处主任。于2018年11月22日在南昌病逝。

张子英

张子英（1934—2007），陶泉乡北岔口村人。1953年毕业于磁县南关师范学校。1956年7月加入中国共产党。1962年之前，从事教育工作。1964年至1984年任磁县文化馆馆长。1984年至1987年任磁县文物保管所所长兼磁县博物馆馆长。1994年被评为副研究员。先后被吸收为中国考古学会会员、中国古陶瓷学会会员、河北省考古学会会员、河北省书法协会会员，被选为磁州窑学会理事，邺城北朝史学会副会长，磁县第一届书法协会名誉主席。

他先后组织编创曲艺、戏剧著作20余部，其中《长岗红旗》《家常便饭》由河北人民出版社出版。书法作品于1979年赴日本富山县展出。他先后发掘、征集文物1.4万余件，名列邯郸市之首。撰写论文80余篇，先后在国家、省、市等14家刊物、3家报纸上发表。《磁州窑瓷枕》由人民美术出版社出版。北朝茹茹公主墓志、元诞墓志被选入河北人民美术出版社出版的《北朝墓志书法精选》一书。出版文集《磁州史话》《北朝墓志考略》《风雨岁月》。论文《短命的高家王朝》《兰陵王和他的入阵曲》被收入《中国当代社会科学论文选粹》《新华文摘》。1989年，他被评为全国文物先进工作者，先后被载入《中华魂·中国百业领导英才大典》《中国专家名人大辞典》《中国文化名人录》《当代艺术届名人录》等书，2007年因病逝世。

吴承先

吴承先（1938—2015），观台镇观台三街村人。1945年，在八路军创办的小学读书，后因八路军战略转移而中断学习。1950年起，他在观台镇文化夜校学习两年。1952年，到观台镇轧花厂当工人，负责设备安装和培训技术人员。1959年11月，在岳城水库工程指挥部工作。因吃苦耐劳、工作成绩突出，1962年岳城水库工程结束后，被分配到邯郸地区燃料公司，负责邯郸地区东部10个县的燃料调运工作。1964年，他辞职回到家乡，先后在观台公社机械厂、耐火厂担任采购员。1982年辞职后，他到河南省孟村做土炼焦生意。1984年年底，回观台镇与他人合伙经营土炼焦厂。

1985年，他投资60万元建成观台联营焦厂。1992年，他说服全家人把正红火的焦厂移交给村集体，加快父老乡亲共同富裕步伐。

1995年，他先后到山西省长治、介休等地进行考察，开扩思路，解放思想。1996年春，兴建红旗三号焦炉并投产。2001年乘势而上，将濒临破产的镇机械厂承包经营，发展为专业汽配企业。

2003年起，国家对环境保护的工作力度进一步加大，一系列环保法律、法规相继出台。他于2005年3月投资近亿元，建成一座占地70亩、年产50万吨焦炭、符合国家环保要求的现代化焦炉。同时，建成一座投资800万元利用回收煤气发电的电厂并运营。他的焦化厂步入规模型企业的行列。

2007年，与六合公司等6家企业合资1.6亿元在都党乡成立陆顺焦化有限公司，建成产能60万吨的焦炉。2009年，与六合公司等3家企业合资8.6亿元在磁县经济开发区建立鑫盛煤化工有限公司，年产焦炭108万吨。2011年，与山西省静乐县一家企业合资4000万元，在静乐县建成一家中型洗煤企业，年洗煤200万吨。他连续多年成为磁县的纳税大户。其中，仅2005年至2015年纳税10亿元。累计帮助就业近3000人、公益捐款逾千万元。在他的培育下，五个儿子在煤焦、铸造等领域也有建树。

汪振海

汪振海（1953—2018），路村营乡路村营村人。1971年10月参加工作，1976年10月加入中国共产党，1994年在中央党校学习党政专业，历任磁县县委宣传部新闻科科长、磁县县委宣传部副部长、黄沙镇党委书记。1996年11月至2008年2月任磁县民政局党组书记、局长。中共磁县第五、六、七、八届委员会委员。

他擅长新闻写作和摄影。在县委宣传部任新闻科长期间，大量新闻作品在国家、省、市报刊、电台、电视台刊播，从不同角度反映改革开放为磁县城乡带来的新变化、新成果。其新闻作品获1988年全国好新闻二等奖、省一等奖。1985年至1987年连续被评为"邯郸地区宣传文化战线先进工作者"，被县委、县政府记一等功。

1992年至1996年担任黄沙镇党委书记期间，硬化全镇村间道路，新建镇电视转播台、敬老院、中学、医院、商业村、汽修厂、加油站、农业服务中心等，推动全镇经济发展。全镇企业总产值由1991年6053万元增至1995年3.5亿元，增长5倍多，被市委、市政府授予"邯郸市乡镇企业明星乡镇"称号，连年被市评为文明镇。1995年，该镇经市、县两级验收成为全县第一个小康镇。同年，他被市委、市政府授予"十佳乡镇党委书记"称号。次年，被省委、省政府授予"优秀乡镇党委书记"称号。

1996年11月任磁县民政局局长后，带领局干部职工携带水和干粮，深入乡镇，走村串户，对全县3000多名民政对象进行普查摸底，为做好全县民政工作找准决策依据。在他的推动下，建成磁县革命烈士陵园。陵园内集中存放散落于全县30余处的烈士纪念碑的复制碑、移葬安置100多位平汉战役烈士的遗骨、纪念碑墙收录2308位革命烈士的姓名，成为磁县红色教育基地。

1998年7月18日，磁县西部山区发生洪灾。凌晨4时，他带领干部职工冒雨赶往灾区。不顾山洪随时爆发的危险，深入山村，探访农户，疏散群众，保障大灾面前群众的生命财产安全。

1999年，组织全县各村、旅游景点和县城各街道安装地名标牌和街标。此项工作被民政部等四部委评为"全国先进县"。利用业余时间，他组织编纂出版《磁州博览》《磁县民政志》，绘制《磁县地图》《磁县旅游图》，填补磁县4项空白。

2002年，他被人社部、民政部授予"全国民政战线先进工作者"称号，享受省部级劳动模范待遇。2003年，被民政部授予"全国民政信访工作先进个人"称号。

2005年，他组织实施对县光荣院进行改建、扩建，为革命伤残军人提供良好的居住、生活场所。次年10月，磁县光荣院被省民政厅命名为甲级光荣院。

姚明河

姚明河（1958—2012），花官营乡东城营村人。1979年12月河北武安师范学校毕业后从事教育工作。1983年7月加入中国共产党。其后，历任乡党委副书记、乡长（其间，进修获中央党校本科学历）。1998年12月调任南城乡党委书记后，聘请专家为技术指导，带领全乡群众突破传统发展模式，调整种养结构，实施"双千万"工程，即：种植千亩油葵、万亩红薯；养殖千只小尾寒羊、万只獭兔。加快

农业增效、农民增收步伐。先后修建道路35千米、桥梁8座，打机井5眼，修复病险水库1座，解决全乡群众的行路难、饮水难、浇地难问题。

2006年10月任磁县人口计生局局长。上任之初，为尽快掌握全县人口计生第一手资料，连续两个月时间，走遍全县376个村（社区），白天走村串户摸情况，晚上座谈研究想办法。深入调研后，姚明河实行一系列创新做法：出台乡（镇）B超员“异地普查、轮岗服务、责任追究”12字工作法；针对流动人口计生管理服务难题，推出“划线服务，归口负责、以房管人”三位一体机制；为解决出生人口性别比偏高问题，率先在全省成立专门办公室等。自2007年起，磁县连续5年被省、市评为人口计生工作先进县。2007年，县委、县政府采纳他的建议，出台帮扶独生子女家庭的七项优惠政策，使2000多户得到实惠、2.7万人次得到奖励、救助和扶助。2010年12月17日，在中国计生协第七次全国代表大会上，磁县被评为“全国计划生育协会先进县”。2011年被国家人口计生委评为“全国计划生育优质服务先进县”。《人民日报》、中央电视台、《中国人口报》《河北日报》、河北电视台等媒体宣传推广磁县人口计生工作的经验做法。姚明河被评为邯郸市劳动模范，被市委、市政府记二等功，并获第五届“河北省人民满意的公务员”称号。

2006年12月，姚明河被诊断患胃部肿瘤，三分之一的胃被切除。仅住院13天，他就坚持回到工作岗位，并主动分包全县最大的村——西光禄村，在村里一干就是7天，使该村由原不足5%的普查服务率升至90%以上。手术后5年多时间，他始终坚持带病工作。临终前几日，还躺在床上每天用手机安排、跟进工作。2011年9月任邯郸市人口计生委副调研员兼磁县人口计生局党组书记、局长。2012年2月26日去世。

2012年3月19日，邯郸市委作出《关于开展向姚明河同志学习活动的决定》并组织宣讲团深入全市各县（市、区）宣讲他的先进事迹；河北省委、省政府追授姚明河“模范基层领导干部”称号，国家人口和计划生育委员会党组决定在全国人口计生战线开展向姚明河同志学习活动；8月7日，中共中央政治局常委、国务院副总理李克强批示：姚明河同志对事业坚定信念和群众深厚感情，一心一意做好计生工作的优秀品行和奉献精神，请国家人口计生委商有关方面组织学习与宣传。《邯郸日报》《河北日报》、中央人民广播电台、中央电视台、《人民日报》《光明日报》《中国人口报》等媒体先后报道他的先进事迹。

许帅

许帅（1979—2016），磁州镇西城社区人。2001年大学毕业，2002年9月在安阳市地名委员会办公室工作，2005年12月加入中国共产党。2008年，放弃稳定的机关工作，主动向组织请缨到救助管理站工作。同年9月任安阳市救助管理站副站长。2013年5月任安阳市救助管理站站长。

在任期间，他积极帮助聋哑儿童重返校园，劝导流浪乞讨人员接受救助，并想方设法为受助人寻找亲人。累积救助1.5万余人。许帅还建立健全救助站各项管理及服务制度；组织干部职工进修学习，提高服务水平；加大救助管理站软、硬件等基础设施建设；增设心理咨询室、接待查询科，使受助人员在救助站期间的生活衣食无忧、冬暖夏凉、病有医治、求有救援、文娱丰富，使残疾人有专业场地进行专业训练，使智障儿童接受辅导读书学习。

2014年，他首创“医养结合”模式，以政府购买服务的方式在全国率先设立医疗安置区，引入第三方专业服务机构，对受助人员分级管理、精准救助，使其有生活保障的同时，还能得到医疗、康复训练等服务，改变之前代养机构照料生活条件差的状况。同年，许帅在河南省率先与公安部门对接，将114名救助对象的DNA血样输入“走失人口库和人口信息管理系统”，最大限度帮他们寻亲归家。2014年，安阳市救助站被民政部评定为“国家二级救助管理机构”。

由于长时间超负荷工作，2014 年 11 月，许帅被确诊为胃癌晚期，但他不顾病痛执意坚持工作。其间，他建立全市未成年人社会保护试点工作联系会制度，成立“蓝精灵志愿服务队”，对全市困难儿童进行一对一帮扶。2015 年 7 月，坚持在工作一线的许帅病情急剧恶化，他隐瞒家人申请了遗体和器官捐献。2016 年 9 月 1 日，许帅去世。当天，他的眼角膜分别移植给一名 17 岁男孩和一名 39 岁女性，器官由郑州大学附属医院接收用于医学研究，遗体于 2018 年 4 月 13 日火化。

中宣部、民政部、中共河南省委、河南省民政厅党组、中共安阳市委、安阳市总工会、安阳市民政局，先后授予他“时代楷模”“孺子牛奖”“优秀共产党员”“五一劳动奖章”等称号，并号召党员、干部及社会各界学习许帅的先进事迹。2018 年 6 月 27 日，中共中央追授许帅“全国优秀共产党员”称号。

第三节　前志人物简表

《磁县志》（2001 版）古代人物简表

表 35-1

姓名	生卒年	主要职务	姓名	生卒年	主要职务
蔺相如	公元前 329—公元前 259	上卿	纪 纯	1476—1550	陕西按察司副使
李 杰	？—718	扬州大都督府长史	武尚信	明代	陕西广阳府通判
崔玄亮	768—833	礼部尚书	孙 健	明代	磁州知事
张 砺	？—948	兵部员外郎	李 已	明代	都察院右佥都御史
苏 采	宋代	知审刑院事	王邦植	明代	都指挥佥事
张君平	？—1027	滑州钤辖	张仁声	明代	都察院右副都御史
赵秉文	1159—1232	礼部尚书	张镜心	1590—？	兵部尚书
曹 钰	1173—1246	教书先生	张 溍	1621—？	庶吉士
马 煦	元代	户部尚书	康霖生	？—1672	山东即墨县令
李 璋	元代	承务郎、抚州推官	张榕端	清代	内阁学士兼礼部侍郎
蔺从善	明代	翰林院学士	王覲宸	清代	安徽颍上知县
罗 绮	明代	副都御史	白湘浦	清代	学者
纪 杰	明代	南京监察御史	—	—	—

《磁县志》（2001 版）近现代人物简表

表 35-2

姓名	生卒年	主要职务	姓名	生卒年	主要职务
陈继虞	1869—1930	磁县财政所长	唐寿山	1891—1938	直南游击队第一大队长兼苏维埃主席
王纯儒	清末民初	磁县劝业所长	李巨川	1896—1980	北京农业机械化学院速成中学校长
白辑五	1880—1959	磁县政协副主席	申鸿升	1898—1975	国民政府国防部少将部员

续表

姓名	生卒年	主要职务	姓名	生卒年	主要职务
阎绍轲	1899—1955	安阳市政府、政协秘书长	孙浩会	1916—1986	西安红卫机械制造厂党委书记
田裕民	1901—1975	全国政协委员	王佑民	1916—1989	国家第八机械工业部农具局副局长
王子清	1903—1938	上海中央局联络委员会主任	秦永现	1918—1976	磁县怀调剧团教师
王维纲	1903—1984	最高人民法院副院长	要秉仁	1919—1964	某炮兵部队团政委
孙　仁	1903—1943	磁县岳东区长	郝健华	1920—1980	磁县县委书记
纪德贵	1903—1966	邯郸市政协副主席	宗书阁	1920—1994	解放军总后勤部司令部副参谋长
李贞元	1908—1945	国民党磁县特派员（被枪决）	段计雷	1922—1947	磁县香山区区长
韩永梅	1908—1992	邢台市政协常委	陈占楼	1922—1997	解放军总政治部组织部副部长
杨三朝	1910—1940	磁武邯区区干队总队长	杨惠民	1929—1985	磁县人民政府县长
李克保	1911—1944	六河沟煤矿党的地下工作者	龚爱书	1935—2000	邯郸市音乐家协会名誉主席
段景岳	1911—1994	黑龙江省军区副政治委员	—	—	—

第二章　人物名表

第一节　磁县籍部分在外干部和技术人员名表

本节收录1999—2018年磁县籍部分在外担任副厅（局、师）级以上党政军领导干部名单，部分在外地工作正高级专业技术人员名单。名单按年龄、汉语拼音音序2个层级排序。

磁县籍部分在外担任副厅（局、师）级以上党政军领导干部名表

表35-3

姓　名	性　别	出生年月	籍　贯	最高职务
张铁良	男	1938年3月	磁县响水亮村	河南省人民医院院长
常有银	男	1938年7月	磁县后辛安村	北京军区后勤部正军级干部
张思生	男	1939年2月	磁县北岔口村	山西长治258野战医院院长
靳立文	男	1943年10月	磁县南营村	邯郸市人大常委会副主任
常全忠	男	1945年2月	磁县东清流村	济南军区后勤部部长
刘志金	男	1945年7月	磁县辛五庄村	河北省社保厅厅长
李本富	男	1950年8月	磁县北莲花村	北京军区空军87491部队工程科工程师、技术上校

续表

姓　名	性　别	出生年月	籍　贯	最高职务
刘守华	男	1954年8月	磁县下七垣村	河北省人大常委会选举任免工作委员会副主任
苏法荣	男	1955年8月	磁县柿园村	北京军区司令部门诊部主任、政委
王建庄	男	1956年4月	磁县九龙口村	公安部警卫局副师职副处长、武警大校
刘志军	男	1956年6月	磁县辛五庄村	河北省政府督察专员
陈占青	男	1960年	磁县押涧村	解放军总后勤部师级干部
王有河	男	1961年5月	磁县东古佛村	河北省委办公厅副秘书长、信息中心主任
李太平	男	1963年9月	磁县李庄村	中国冶金地质总局副局长
白广玉	男	1963年10月	磁县白庄村	农业发展银行总行财务部总经理
索振威	男	1963年11月	磁县白土三街村	河北省安全厅副厅长
郝成岗	男	1965年9月	磁县小营店村	中华全国总工会机关党委副书记
平学堂	男	1966年4月	磁县里青村	空军95437部队主任
田玉水	男	1966年12月	磁县辛庄村	河北省医疗保障局副局长
张海英	女	1967年4月	磁县钟离村	河北省文学艺术界联合会副主席
郭守刚	男	1970年6月	磁县上寨村	工信部财政司副司长
吴世雄	男	1970年9月	磁县八里冢村	河北省武警总队副政委

磁县籍部分在外地工作正高级专业技术人员名表

表35-4

姓　名	性　别	出生年月	籍　贯	最高职务	职　称
李安贵	男	1949年9月	磁县五合村	北京科技大学数学力学系教授	教　授
李　兵	男	1954年2月	磁县北贾璧村	国防大学科研部编审	教　授
蔺朝国	男	1962年12月	磁县北贾璧村	邯郸职业技术学院招生就业处处长	教　授
贾海忠	男	1964年2月	磁县孟庄村	北京中日友好医院主任医师	主任医师
李学斌	男	1964年9月	磁县纪庄村	北京大学人民医院心血管内科主任、研究生导师	主任医师
张学林	男	1965年9月	磁县槐树屯村	曲阜师范大学体育科学学院教授	教　授
杜瑞雪	男	1971年12月	磁县岗西村	河北工程大学教授	教　授
韩志勇	男	1975年5月	磁县下庄店村	吉林大学系主任	教　授
张学文	男	1976年9月	磁县冶子村	河北师范大学商学院副院长	教　授
高　波	男	1980年11月	磁县高庄村	哈尔滨工业大学物理学院教授	教　授

第二节　1999—2018年磁县省人大代表名表

本节收录1999—2018年磁县当选的省级人大代表，按会议届次、汉语拼音音序2个层级排序。

1999—2018年磁县省人大代表名表

表35-5

届次	姓名	性别	民族	籍贯
九届（1998年1月至2003年1月）	葛金柱	男	汉	磁县王屯头村
	郭艳玲	女	汉	磁县北开河村
	刘学敬	男	汉	邯郸市肥乡区
十届（2003年1月至2008年1月）	郭艳玲	女	汉	磁县北开河村
	贾红军	男	汉	邯郸市永年区
	赵德勤	男	汉	磁县张二庄村
十一届（2008年1月至2013年1月）	郭艳玲	女	汉	磁县北开河村
	江明文	男	汉	成安县
	李德进	男	汉	邯郸市丛台区
十二届（2013年1月至2018年1月）	李德进	男	汉	邯郸市丛台区
	蔺宝斌	男	汉	磁县上七垣村
	杨建蕊	女	回	磁县南十里铺村
十三届（2018年1月至）	杨建蕊	女	回	磁县南十里铺村
	赵学锋	男	汉	磁县北岔口村

第三节　受表彰人员名表

本节收录1999—2019年磁县获全国、省劳动模范称号人员、1999—2018年磁县获市劳动模范称号人员、磁县部分获省级及以上荣誉称号人员名表。全国、省劳动模范按级别、评定时间、汉语拼音音序3个层级排序；市劳动模范和获省级及以上荣誉称号人员按评定时间、汉语拼音音序2个层级排序。

1999—2019年磁县获全国、省劳动模范称号人员名表

表35-6

姓名	性别	出生年月	单位	荣誉称号	评定时间
王俊杰	男	1947年8月	县申家庄煤矿	全国五一劳动奖章	2001年
尹玉新	男	1953年3月	县恒泰集团	全国五一劳动奖章	2002年
崔伏喜	男	1963年6月	邯郸市禾下土种业有限公司	全国售粮种粮大户（享受全国劳模待遇）	2011年
李　军	男	1963年3月	县申家庄煤矿	全国五一劳动奖章	2012年

续表

姓名	性别	出生年月	单位	荣誉称号	评定时间
王保圣	男	1952年7月	县科协	全国五一劳动奖章	2012年
赵俊楼	男	1963年4月	县六合工业有限公司	全国五一劳动奖章	2014年
李长春	男	1954年1月	县自然资源和规划局	河北省劳动模范	1999年
李建华	男	1952年3月	西固义乡	河北省劳动模范	1999年
王立明	男	1949年7月	县财政局	河北省劳动模范	1999年
许克义	男	1936年	县计划生育委员会	河北省劳动模范	2003年
常明堂	男	1961年11月	磁州镇	河北省劳动模范	2004年
董贵星	男	1963年1月	县供电公司	河北省劳动模范	2004年
宋守礼	男	1954年8月	磁州镇	河北省劳动模范	2004年
陶天顺	男	1963年6月	西光禄镇	河北省劳动模范	2004年
高俊亭	男	1951年7月	县卫生健康局	河北省劳动模范	2007年
陈金奎	男	1962年1月	河北中化滏恒股份有限公司	河北省劳动模范	2009年
韩增彬	男	1959年8月	县申家庄煤矿	河北省劳动模范	2009年
李贵江	男	1955年7月	邯郸市新迪佳炊具制品有限公司	河北省劳动模范	2009年
史国杰	男	1959年11月	讲武城镇	河北省劳动模范	2009年
张福林	男	1951年11月	县残联	河北省劳动模范	2009年
王海军	男	1970年9月	陶泉乡	河北省特等劳动模范	2014年
王秀红	女	1963年5月	河北省农业产业协会磁县基地	河北省劳动模范	2014年
李海蛟	男	1988年6月	讲武城镇	河北省劳动模范	2019年
朱大炜	男	1984年8月	邯郸黑猫炭黑责任有限公司	河北省劳动模范	2019年

1999—2018年磁县获市劳动模范称号人员名表

表35-7

评定时间	姓　名
2000年	戴玉华　高同身　霍永泉　琚银堂　龙　瑞　马富南　唐书生　王立明　王秀荣　杨　照
2001年	常明堂　杜学顺　段景学　靳英君　孔令德　李尊杰　刘会付　刘树玲（女）　刘树堂　孟凡书　苗　壮　乔尚德　汪振海　王保圣　王洪贵　王文选　王玉科　薛运华　杨茂林　杨汝银　张保岭　张庆和　张舟义

续表

评定时间	姓 名
2002 年	阿庭明 程建国 董贵星 贺长明 贺瑞田 胡金榜 李文生 李文有 李新田 沈 颖 孙怀峰 孙作家 闫庆希 杨玉河 杨兆刚 张锐锋 赵常田 赵海生 赵文慧 周新民
2003 年	郭守福 贾爱春 张海波 赵怀家
2004 年	陈金奎 郭竹林 尹春玲
2005 年	杜金平 郭振海 韩建文 侯好平 胡长春 刘付明 苗文玉 秦玉堂 孙怀峰 王爱玲 王子娟 谢丰江 闫桂林 张秀慧 赵红军 朱先贵
2009 年	陈延新 高培秀（女） 华福祥 黄秀斌（女） 纪伟清（女） 李建亮 李 军 李文有 李银荣 刘动科 刘 敏（女） 吕秀云 马爱平（女） 申德斌 王成丹（女） 王怀增 王银花（女） 王子峰 吴少波 袁玉玲（女） 张淑梅（女） 张书文 张树银 张玉田 赵俊楼 周子元
2011 年	黄志家 闫国海
2012 年	鲁贵生 徐鸿儒
2013 年	郭 军 李树洋 李研军 李彦明 吝运成 索宏峰 檀国仁 王海军 王建新 王秀红 王玉文 魏振峰 吴少清 赵国平 朱勤生
2014 年	尹福春
2015 年	白浩伟
2016 年	曹志海 杜海林 李海蛟 李庆丰 蔺宝斌 吕国华 马金良 孙作洲 索志军 谢丰勇 杨梅林 于新民 袁玉玲（女） 张铖炜 张贵林 张海刚 张如平 张玉英（女） 郑树梁
2017 年	李常伟
2018 年	韩士东 沈 彬 吴从江

1999—2018 年磁县部分获省级及以上荣誉称号人员名表

表 35-8

姓名	性别	出生年月	籍贯	荣誉称号	授奖机关	评定时间	工作单位
闫兴意（补）	男	1965 年 8 月	磁县南神岗村	河北省优秀教师	省教育厅、省人事厅、省教育工会	1997 年 9 月	县一中
王福山	男	1963 年 1 月	邯郸市邯山区	扫盲和农村成人教育全省先进工作者	省教育委员会、省人事厅	1999 年 2 月	县教体局
袁先锋	男	1952 年 2 月	邯郸市复兴区	河北省优秀教育世家	省教育厅、省教育工会	2000 年 5 月	县职教中心
孙作家	男	1967 年 3 月	磁县东小屋村	年鉴工作先进个人	省政府办公厅	2001 年 5 月	县政府办
申 瑛	女	1963 年 9 月	磁县东小屋村	河北省模范教师	省教育厅、省人事厅、省教育工会	2001 年 9 月	县一中

续表

姓名	性别	出生年月	籍贯	荣誉称号	授奖机关	评定时间	工作单位
杨金平	男	1965 年 1 月	磁县五里铺村	河北省优秀教师	省教育厅、省人事厅、省教育工会	2001 年 9 月	县一中
孙作家	男	1967 年 3 月	磁县东小屋村	修志先进个人	省政府办公厅、省人事厅	2001 年 12 月	县政府办
乔树新	男	1955 年 2 月	成安县	河北省先进工作者	省政府	2004 年 4 月	县人社局
吝守峰	男	1965 年 9 月	磁县北贾壁村	河北省优秀教师	省教育厅、省人事厅、省教育工会	2004 年 8 月	县崇文学校
刘伟彬	男	1971 年 3 月	磁县田庄村	河北省优秀教师	省教育厅、省人事厅、省教育工会	2004 年 8 月	县一中
朱冀东	男	1968 年 1 月	磁县朝冠村	河北省模范教师	省教育厅、省人事厅、省教育工会	2004 年 8 月	县二中
李树洋	男	1969 年 8 月	邯郸市复兴区	“优质夏大豆窄行密植栽培技术项目”获 2004 年全国农牧渔业丰收奖二等奖（第 12 完成人）	农业部	2004 年 9 月	县农牧局
李树洋	男	1969 年 8 月	邯郸市复兴区	冬麦田农药减量控害技术项目获全国农牧渔业丰收奖三等奖（第 5 完成人）	农业部	2006 年 9 月	县农牧局
程智涛	男	1970 年 1 月	磁县阜才社区	河北省模范教师	省教育厅、省人事厅、省教育工会	2007 年 9 月	县一中
李文昌	男	1977 年 2 月	磁县上寨村	河北省优秀教师	省教育厅、省人事厅、省总工会	2007 年 9 月	白土镇学区
胡长春	男	1974 年 1 月	磁县南来村	全国优秀法官	最高人民法院	2008 年 12 月	县法院
贾爱春	男	1959 年 3 月	邯郸市邯山区	河北省先进工作者	省政府	2009 年 4 月	县总工会
司翠芹	女	1970 年 4 月	磁县八里冢村	河北省优秀教师	省教育厅、省人社厅、省教育工会	2009 年 8 月	磁州镇学区
王　丽	女	1968 年 11 月	磁县台庄村	河北省优秀教师	省教育厅、省人社厅、省教育工会	2009 年 8 月	县一中
刘艳杰	女	1973 年 4 月	磁县滏阳社区	全国优秀教师、全国中小学优秀班主任	教育部	2009 年 9 月	县阜才中学
魏振峰	男	1970 年 10 月	磁县魏庄村	2010 年粮食生产工作先进个人	省政府	2011 年 4 月	县农牧局
刘春莲	女	1968 年 3 月	邯郸市复兴区	全国优秀教师	教育部	2014 年	县阜才中学
朱爱平	女	1978 年 2 月	磁县朝冠村	河北省特级教师	省政府	2014 年 3 月	县实验学校

续表

姓名	性别	出生年月	籍贯	荣誉称号	授奖机关	评定时间	工作单位
李树洋	男	1969年8月	邯郸市复兴区	邯郸市"吨粮市"建设综合技术集成与推广项目获省农业技术推广项目奖一等奖(第7完成人)	省政府	2014年4月	县农牧局
齐振河	男	1968年5月	磁县陈庄村	河北省先进工作者	省政府	2014年4月	县农业农村局
王　薇	女	1974年4月	望都县	河北省农业技术推广贡献奖	省政府	2014年4月	县农牧局
张国庆	男	1982年9月	磁县东花园村	火车头奖章	中华全国铁路总工会	2014年4月	中交第二航务工程局十淅高速项目
李华良	男	1974年1月	磁县监上社区	河北省优秀教师	省教育厅、省人社厅、省总工会	2014年9月	县槐树中学
李志英	女	1975年11月	邯郸市复兴区	河北省优秀教师	省教育厅、省人社厅、省总工会	2014年9月	县一中
孙　晶	女	1981年4月	磁县司前社区	河北省优秀教师、河北省中小学优秀班主任	省教育厅、省人社厅、省总工会	2014年9月	讲武城镇学区
徐小翔	女	1977年5月	邯郸市复兴区	河北省优秀教师	省教育厅、省人社厅、省总工会	2014年9月	县实验学校
张利红	女	1974年8月	磁县滏阳社区	河北省优秀教师	省教育厅、省人社厅、省总工会	2014年9月	县一中
赵彩红	女	1983年6月	磁县乐善社区	河北省优秀教师	省教育厅、省人社厅、省总工会	2014年9月	县崇文学校
李抒声	男	1968年10月	磁县石场村	全国先进工作者	中国地震局	2016年	县地震局
王海军	男	1970年	磁县南王庄村	河北省"7·19"抗洪救灾工作先进个人	省委、省政府	2016年10月	陶泉乡
赵金文	男	1970年6月	磁县五里河村	河北省"7·19"抗洪救灾工作先进个人	省委、省政府	2016年10月	磁县五里河村
郭美芹	女	1975年7月	磁县岳城村	河北省模范教师	省教育厅、省人社厅、省总工会	2017年6月	县一中
孙海金	男	1976年1月	磁县上寨村	河北省优秀教师	省教育厅、省人社厅、省总工会	2017年6月	县职教中心
王素芳	女	1970年11月	磁县朝冠村	河北省优秀教师	省教育厅、省人社厅、省总工会	2017年6月	讲武城中学
刘艳红	女	1974年8月	磁县滏阳社区	河北省特级教师	省政府	2017年9月	县皇才中学

续表

姓名	性别	出生年月	籍贯	荣誉称号	授奖机关	评定时间	工作单位
赵金文	男	1970年6月	磁县五里河村	河北省“7·19”灾后重建先进个人	省委、省政府	2018年6月	磁县五里河村

第四节　专业技术人员名表

1999—2018年，县内任正高级专业技术人员16人，副高级专业技术人员673人。副高级专业技术人员中，教育行业人员528人、卫生行业人员109人、工程技术人员15人、其他行业人员23人。本节收录1999—2018年磁县籍在县内任正高级专业技术职务人员、副高级专业技术职务人员名单。按评审通过时间、汉语拼音音序2个层级排序。

1999—2018年县内任正高级专业技术职务人员名表

表35-9

姓名	性别	出生年月	资格名称	专业名称	评定时间	工作单位
陈振江	男	1955年8月	正高级工程师	—	2001年2月	县林业局
程金库	男	1956年11月	农业技术推广研究员	—	2001年12月	县林业局
苗树华	女	1957年10月	主任医师	内科	2001年12月	县人民医院
申新华	男	1956年5月	主任中医师	中医	2002年11月	县卫生学校
郭金泉	男	1955年7月	正高级工程师	—	2002年12月	县供电公司
范增林	男	1959年11月	主任医师	外科	2003年12月	县人民医院
李世美	男	1959年10月	主任中医师	中医	2003年12月	磁州中心卫生院
唐书生	男	1963年8月	主任中医师	中医	2011年12月	县肿瘤医院
朱迪喜	男	1955年10月	主任医师	骨外科	2012年12月	县人民医院
李学民	男	1966年2月	主任医师	病理科	2014年12月	县人民医院
杨　智	男	1965年9月	主任医师	外科	2014年12月	县肿瘤医院
陈继理	男	1959年10月	主任医师	中西医结合	2015年11月	县人民医院
侯军奎	男	1964年9月	主任医师	放射医科	2016年12月	县人民医院
严金海	男	1967年5月	主任医师	内科	2017年11月	县人民医院
吕怀智	男	1965年3月	主任医师	医学	2018年12月	县人民医院
马宝红	女	1963年12月	主任医师	医学	2018年12月	县人民医院

1999—2018 年县内任副高级专业技术职务人员名表

表 35-10

技术职务	姓　名
中小学高级教师（515 人）	其中男教师 307 人： 阿世瀛　安少伟　白如江　暴付军　暴治文　蔡龙云　曹堂彬　常爱民　常连法　陈丁光 陈国璋　陈　军　陈上军　陈文有　陈向红　陈新军　程俊柱　程义德　程永刚　董海龙 董长生　杜　锋　杜建军　杜文海　杜拥军　段文明　范才栋　范文龙　范志强　高海兵 高培良　高艳伟　关静河　郭宝林　郭宝生　郭从文　郭付新　郭红旗　郭金军　郭叔义 郭四新　郭　耀　郭永刚　郭玉森　韩丙荣　韩进瑞　韩龙生　韩明武　韩守兵　韩文贵 韩玉平　韩玉泉　韩玉森　韩志如　和金刚　侯海栋　侯美林　侯希银　侯向军　霍跃宏 贾月敬　解伏良　孔凡涛　孔令山　李保林　李　波　李礴海　李丰森　李风春　李广慧 李海江　李海军　李合章　李和平　李洪学　李华良　李慧生　李金洲　李　锟　李明付 李明其　李勤学　李如攀　李绍君　李诗鸿　李世明　李树民　李　铁　李文昌　李文广 李习民　李先锋　李晓华　李要金　李增丰　李长生　李兆锋　李照明　李志光　梁　俭 梁树军　林广军　吝保成　吝海林　吝利生　吝良全　吝起云　吝祥军　吝祥增　蔺九全 蔺祥军　蔺忠锋　刘　彬　刘贵明　刘红祥　刘宏钧　刘士儒　刘树军　刘随年　刘天峰 刘伟彬　刘文海　刘玉海　刘增生　刘振奎　刘志兵　柳起林　路纯然　路宏勋　路永军 路　勇　吕俊中　吕文海　吕文民　马天祥　马云常　孟凡强　孟现付　苗发现　苗洪福 苗　雷　苗庆军　苗文玉　苗习龙　牛建华　牛志坤　彭朝阳　骈吉军　骈学民　齐丰元 齐风学　齐文龙　尚玉生　申河山　申青山　申胜元　申银明　沈　江　沈　颖　史海峰 宋保金　宋保龄　宋付忠　宋尚雪　宋喜平　孙计存　孙连杰　孙庆亮　索广新　索海义 索怀军　索培杰　索书买　索学刚　索增贵　索正清　索忠义　索子生　唐海兵　田金喜 田　科　田书林　田同翀　万忠杰　王　超　王保江　王　彬　王呈祥　王春良　王存国 王德平　王二希　王法齐　王　峰　王复生　王海文　王海新　王海洋　王海永　王海增 王红新　王建安　王建国　王巨臣　王　军　王军平　王利强　王龙安　王　录　王　平 王清海　王清红　王清华　王庆云　王瑞现　王树彬　王树海　王文浩　王喜军　王宪书 王学军　王彦斌　王永胜　王月林　王占清　王振峰　王振山　王志忠　王忠林　王子义 韦玉林　魏志强　温铜生　吴红章　武本金　武国振　武清元　武文学　邢立林　徐继红 许　臻　许治付　薛春山　薛好新　薛明天　薛玉才　闫福林　闫韶东　闫兴意　闫　勇 杨海红　杨金平　杨利明　杨汝银　杨树彬　杨西方　杨学谦　杨　志　杨志生　姚金良 姚伟建　叶志国　游运林　于东春　袁文山　袁　志　岳邦良　张　朝　张建国　张　军 张军民　张俊锋　张立全　张利伟　张明军　张锐锋　张　升　张树国　张文强　张文武 张文玉　张相斌　张学涛　张银廷　张永军　赵海河　赵怀斌　赵会州　赵克川　赵明武 赵　伟　赵文平　赵学会　赵学生　赵延彬　赵志刚　赵志刚　郑保栋　周书兵　朱付军 朱洪强　朱冀东　朱习晨　朱仲民　庄新亮　俎宏文　俎现宏

续表

技术职务	姓　名
中小学高级教师（515人）	女教师207人： 阿桂花 暴元英 蔡俊玲 曹爱花 曹丰玲 曹　芹 曹忠梅 常春玲 陈　洁 陈　超 陈红艳 陈　宏 陈俊芹 陈秀玲 陈玉文 程　黎 董彩霞 董梅芳 董香玲 董秀玲 杜新清 杜银荣 段梅凤 段新红 敦瑞清 范美玲 范振希 冯付兰 冯书梅 付海霞 付秋云 高　娜 高培秀 高秀丽 耿贵红 巩有凤 巩有丽 郭春玲 郭金玲 郭书兰 郭玉兰 韩素梅 韩亚亚 韩　昱 郝锦霞 何志华 侯丰美 胡冬梅 胡国华 黄秀斌 纪俊清 贾瑞芳 贾振兰 焦亚莉 康士红 孔德华 孔令华 李爱红 李德艳 李贵军 李贵玲 李海清 李红英 李　宏 李景云 李俊梅 李梅英 李密清 李明芳 李起芬 李秀丽 李秀平 李秀芹 李秀婷 李玉峰 李月红 李志英 吝爱军 吝红梅 吝丽文 吝林英 刘　颖 刘春莲 刘　芳 刘海燕 刘俊英 刘玲娟 刘新华 刘新文 刘艳芹 路海红 路树芹 路玉玲 吕海英 吕丽英 马爱萍 马天梅 马文芹 孟庆华 孟庆梅 孟　玮 苗　清 苗咏梅 牛爱霞 庞秀花 任文丽 邵美红 申广华 申秀玲 申　瑛 石新芳 司翠芹 司利敏 司梅荣 宋晓丰 苏润霞 孙彩云 孙秀丽 索彩云 索纯霞 索丰云 索　莉 索清梅 唐丽芳 唐文慧 汪梅珍 王　丽 王爱芳 王彩莲 王东芳 王飞燕 王　宏 王金芹 王俊玲 王俊燕 王丽霞 王美霞 王巧丽 王瑞玲 王树叶 王素芳 王素梅 王　伟 王文风 王　霞 王新荣 王新叶 王秀芳 王学芳 王艳霞 王银花 王永婷 王玉霞 王增娣 王　喆 王志花 魏国利 武素荣 徐秀清 薛广文 薛红霞 薛凌文 薛秀丽 闫爱芹 闫继红 闫菊芹 闫永利 严　洁 杨　枫 杨洪琼 杨文婷 杨秀兰 杨　燕 姚宏华 于美荣 苑　洁 张爱芹 张彩凤 张凤霞 张国芳 张红利 张红明 张俊丽 张利红 张美芹 张树芬 张文彬 张喜荣 张晓莉 张咏梅 张玉婷 张志红 赵春梅 赵德芹 赵　飞 赵丰花 赵红芳 赵俊霞 赵书刚 赵淑敏 赵淑文 赵引娣 赵玉霞 赵自兰 郑玉芹 钟晓芳 周海芳 朱喜芳
高级讲师（13人）	范文东 胡慧兰（女） 霍喜民 贾秀红（女） 孔俊梅（女） 李菊红（女）李全顺 刘改香（女） 王慧敏（女） 王香文（女）王志军 赵金利 赵文英（女）
副主任医师（89人）	其中男医师50人： 白新海 柴利军 陈继理 高志光 韩树俊 郝玉芳 贺润民 侯军奎 侯世信 胡庆林 李保旺 李巨龙 李绍森 李向平 李学民 李玉森 栗庆东 栗文学 梁保平 刘照平 吕志军 苗湿平 牛新强 司常春 唐书生 王世合 王　增 王振刚 王志滨 谢丰勇 徐丙星 徐路贵 许海涛 严振山 杨奇斌 杨文清 杨晓峰 杨新生 尹树国 张朝辉 张东海 张俊会 张清岗 张兴锐 张雁军 赵　琛 赵登平 赵广庆 赵贵生 朱迪喜 女医师39人： 白红芹 曹荣花 陈　彦 崔海峰 范菊明 高翠霞 高树玲 贾　琪 江　波 孔现芹 李金辉 李　旌 李秀苹 李彦芬 刘晓静 刘　岩 马宝红 孟淑琴 史慧茹 宋海娜 宋玉歌 苏红梅 王彩霞 王志宏 徐晓伟 徐艳伟 闫爱敏 闫晨明 闫翠芳 闫秀玲 严海莹 杨梅霞 杨　敏 张红香 张明玉 张树荣 赵　典 赵海霞 赵丽萍

续表

技术职务	姓　名
副主任中医师（5人）	杜林海　霍军民　李东方　刘素梅（女）刘照平
副主任护师（12人）	暴志芹（女）　董爱文（女）　高俊星（女）　李明蔚（女）　李月芳（女）　栗庆芳（女）　索海红（女）　唐小芳（女）　王素兰（女）　王艳义（女）王玉梅（女）　许秀芳（女）
副主任技师（3人）	盖红兵　宋巧云（女）　张文平（女）
高级工程师（15人）	董俊梅（女）范玉田　房德育　韩永勤　侯天素　刘建民　刘晓宁（女）马宝丽（女）马付南　申桂花（女）石玉岭　索学岩　王保圣　薛金秀　华文忠
高级农艺师（11人）	杜常山　郭艳玲（女）郝文雁（女）李树洋　王保军　王保圣　王秀荣（女）张东平　张日亮　张新文（女）赵金荣（女）
高级畜牧师（3人）	王　薇（女）　王　炜　马文斌
副研究馆员（3人）	李献英（女）　张文珍（女）　赵学锋
高级兽医师（2人）	胡志钢　曹伯才
高级会计师（2人）	董贵星　郝曙霞（女）
高级审计师（1人）	游　异
高级统计师（1人）	张树英（女）

第五节　博士名表

本节收录1999—2018年磁县籍获得学位和在读博士名单。按年龄、汉语拼音音序2个层级排序。

1999—2018 年磁县籍博士名表

表 35-11

姓名	性别	出生年月	籍贯	授予院校	学科专业	工作单位及职务
白广星	男	1956 年	磁县白庄村	北京农业大学	生物研究	美国科研工作者
王跃生	男	1958 年 9 月	磁县西小屋村	中国社会科学院	历史人口学、制度人口学	南开大学讲座教授
贾海忠	男	1964 年 2 月	磁县孟庄村	北京中医药大学	中西医结合内科	北京中日友好医院
刘京美	男	1969 年	磁县田庄村	不　详	不　详	北京 302 医院博士后副师级干部
高兰兰	女	1974 年 12 月	磁县南莲花村	中科院长春光机所	应用光学	长春理工大学理学院副院长
侯平魁	男	1975 年 4 月	磁县东窑头村	上海交通大学	工　学	华润集团总公司健康信息部副总经理
韩永强	男	1975 年 5 月	磁县下庄店村	吉林大学	动力机械及工程	吉林大学汽车工程学院动力工程系主任
刘文曙	男	1975 年 9 月	磁县北来村	北京大学口腔医学院	颌面外科	北京大学口腔医院
赵　乾	男	1975 年 9 月	邯郸市邯山区	西北工业大学（博士）、清华大学（博士后）	材料物理与化学、负折射率电磁材料	清华大学机械系副研究员
周新华	男	1978 年 5 月	磁县周庄村	北京大学	生物工程	美国西雅图华盛顿大学材料研究员
陈国庆	女	1979 年 1 月	磁县界段营村	中科院华南植物园	植物学	共青团邯郸市委书记
沈　抖	男	1979 年 10 月	邯郸市邯山区	香港科技大学	不　详	百度公司高级副总裁
王金良	男	1980 年 3 月	磁县北白道村	中国政法大学	政治学	华东政法大学政治学研究院副院长、副教授
王　东	男	1982 年 11 月	磁县石场村	中科院工程研究所	化学工艺	中科院工程所副研究员
曹海霞	女	1983 年 1 月	磁县南开河村	北京大学、美国伊利诺伊大学香槟分校图情学院联合培养	图书情报	中国传媒大学图书馆副研究馆员
索梅芹	女	1983 年 5 月	磁县北莲花村	华北电力大学、加拿大里贾纳大学联合培养	水文与水资源	河北工程大学水电学院副教授
周晓光	男	1983 年 5 月	磁州镇	德国海德堡大学	外科学	首都医科大学附属北京朝阳医院
齐致远	男	1983 年 9 月	磁县后湾漳村	美国科罗拉多大学博尔德分校	物　理	美国硅谷研究员
刘万利	女	1983 年 12 月	磁县新合村	中国矿业大学	大地测量学与测量工程	徐州工程学院数学与统计学院讲师
苗庆伟	男	1984 年 2 月	磁县押涧村	天津大学	供热、供燃气、通风及空调工程	中国市政工程华北设计研究总院有限公司博士后工作站
杨　炜	女	1984 年 9 月	磁县小侯召村	南开大学	生物技术	德国弗赖堡大学

续表

姓　名	性别	出生年月	籍　贯	授予院校	学科专业	工作单位及职务
王明生	男	1986 年 3 月	磁县北白道村	北京理工大学（在读）	新能源汽车	—
侯利明	男	1986 年 4 月	邯郸市复兴区	日本名古屋大学	教育社会学	西安交通大学助理教授
曹亚楠	男	1987 年 6 月	磁县北黄沙村	美国纽约州立大学（在读）	医学物理	—
王　洁	女	1988 年 10 月	磁县南黄沙三街村	天津大学数学专业	丈量优化计算理论与算法、丈量互补问题	中国计量大学讲师
武　韬	男	1988 年 10 月	邯郸市复兴区	新加坡南洋理工大学	力　学	西北工业大学六院副教授
郭雪燕	女	1989 年 1 月	磁县南莲花村	南开大学（在读）	数　学	—
刘　琰	女	1989 年 4 月	磁县前湾漳村	北京大学、美国加州大学旧金山分校联合培养	营养流行病学	北京协和医院
陈　骁	男	1990 年 3 月	邯郸市邯山区	美国纽约州立大学宾汉姆顿分校（在读）	电气工程	—
杨红明	男	1991 年 1 月	磁县杨家堂村	中国科学院大学（在读）	人工智能	—
叶会科	男	1991 年 2 月	磁县南黄沙二街村	天津大学（在读）	环境科学	—
王耀祖	男	1991 年 5 月	磁县南黄沙三街村	北京科技大学	冶金工程	北京科技大学人工智能研究院副教授
韩艾京	女	1992 年 4 月	磁县台子寨村	美国福特汉姆大学（在读）	国际金融	
朱慧敏	女	1992 年 5 月	邯郸市邯山区	清华大学	工业智能	北京震兑工业智能科技有限公司高级算法工程师
刘思辰	女	1992 年 8 月	磁县新合村	清华大学生命科学院（在读）	B 淋巴细胞基础免疫学	—
郭玉东	男	1992 年 12 月	磁县南莲花村	中国科技大学（在读）	数学	—
武　阳	男	1993 年 11 月	邯郸市复兴区	中国科学院大学（在读）	矿床学	—
贺晨阳	男	1996 年 2 月	磁县南贾璧村	陆军军医大学（在读）	临床医学	—
马振龙	男	1996 年 6 月	邯郸市邯山区	中国科学院大学（在读）	计算机系统结构	—
吴　珂	女	1996 年	磁县观台二街村	中国人民大学（在读）	西方经济学	—

第六节　怀调传承人名表

本节收录 1999—2018 年磁县怀调传承人名单。按年龄、汉语拼音音序 2 个层级排序。

1999—2018 年磁县怀调传承人名表

表 35-12

姓名	性别	籍贯	出生年月	擅长领域	所属剧团	主要作品
靳付贵	男	磁县小庄村	1942 年 8 月	花脸	磁县怀调剧团	《战洛阳》《潘杨讼》《铡陈霸》
王贵花	女	磁县小庄村	1943 年 6 月	小生	磁县怀调剧团	《盔缨记》《战洛阳》《潘杨讼》《铡陈霸》
王长明	男	磁县西小屋村	1947 年 6 月	红生	磁县怀调剧团	《梨花归唐》《珍珠衫》《吕布戏貂蝉》
谢竹青	女	磁县兴仁街	1962 年 5 月	小生	磁县剧团	《徐九经升官记》《盔缨记》《战洛阳》《潘杨讼》
俎本新	男	邯郸市邯山区	1962 年 5 月	红生	磁县黄鼠怀调剧团	《司马貌断阴》《哭头》《收陈朋》
艾秀云	女	邯郸市邯山区	1963 年 5 月	红生	磁县黄鼠怀调剧团	《闯幽州》《反长安》《反阳河》
袁佩秋	女	磁县西小屋村	1963 年 6 月	刀马旦	磁县西小屋怀调剧团	《梨花归唐》《王怀女》《嫁不出去的姑娘》
张慎玲	女	磁县西小屋村	1963 年 6 月	老生	磁县西小屋怀调剧团	《闯幽州》《反长安》《收武汉》
胡海林	男	临漳县	1963 年 12 月	净	临漳青春怀调剧团	《殷娇下山》《战洛阳》《李刚打朝》
朱凤亭	女	临漳县	1964 年 3 月	老生	庆和峪怀调剧团	《吕布戏貂蝉》《困铜台》《收姬昌》
李月娥	女	临漳县	1964 年 6 月	小生	临漳青春怀调剧团	《风仪亭》《姚刚征南》《困铜台》
焦布举	男	临漳县	1965 年 6 月	红生	临漳青春怀调剧团	《收陈朋》《投西川》《哭头》
魏红梅	女	磁县东驸马沟村	1965 年 8 月	青衣	临漳青春怀调剧团	《三上轿》《彩楼配》《爬堂》
谭月兰	女	磁县小庄村	1966 年 3 月	老旦	磁县西小屋怀调剧团	《收姬昌》《盘坡》《摔饭罐》
王梅清	女	峰峰矿区	1966 年 3 月	黑头	磁县西小屋怀调剧团	《铡郭淮》《见皇姑》《铡赵王》
王利民	男	磁县西小屋村	1966 年 4 月	武生	磁县西小屋怀调剧团	《挡马》《王怀女》《困铜台》
杜金荣	女	磁县庆和峪村	1966 年 12 月	青衣	庆和峪怀调剧团	《反西唐》《五凤岭》《爬堂》《三上轿》
王纪军	男	磁县兴仁街	1967 年 3 月	丑	磁县剧团	《战洛阳》《呼延庆打擂》《梨花归唐》
靳永治	男	磁县小庄村	1967 年 12 月	净	磁县西小屋怀调剧团	《战洛阳》《呼延庆打擂》《梨花归唐》《潘杨讼》
李日银	男	邯郸市邯山区	1968 年 2 月	红生	磁县日银剧团	《收陈朋》《投西川》《哭头》
俎书芹	女	邯郸市邯山区	1968 年 2 月	青衣	磁县日银剧团	《五凤岭》《樊梨花征西》《三上轿》
王凤霞	女	磁县西小屋村	1970 年 6 月	小生	磁县西小屋怀调剧团	《秦香莲后传》《挡马》《困铜台》
张日红	女	磁县小庄村	1970 年 10 月	黑头	磁县西小屋怀调剧团	《闯幽州》《黑遇路》《殷娇下山》
靳新亮	男	磁县小庄村	1972 年 6 月	武生	磁县西小屋怀调剧团	《潘杨讼》《反阳河》

附 录

一、名人域内要事选录

赵简子筑城

周敬王二十三年（公元前 497 年），赵鞅（赵简子）让封地邯郸的赵午归还卫贡五百户人家，赵午不许被杀。公元前 492 年，赵午之子赵稷在邯郸反叛。赵简子兵围邯郸，并向南追讨赵稷等人。途中，为防赵午残部从背后反扑，在滏水畔等处构筑军事城堡。使相关人员在此处得以聚集定居，成为磁州城的开端。

图：赵简子筑城 俎翠林 / 绘

简子筑城

孔令德

晋末三分王气来，封鞅踞邯赵始开。

追荀逐范滏水岸，首筑磁城传千载。

曹操讲武

东汉建安十八年（213 年）始，域内的武城一带成为曹操屯兵讲武之所。现存的讲武城遗址是全国重点文物保护单位。

图：曹操讲武　组翠林 / 绘

武城演兵

孔令德

一代枭雄重武城，但见水陆演六军。
威并诸侯龙虎地，奠基魏祚汉三分。

兰陵入阵

北周武帝五年（565 年），邙山大捷，兰陵王高肃威名大振，士兵以《兰陵王入阵曲》讴歌赞颂他。北齐武平四年（573 年），高肃坐罪鸩死。北齐武平五年（574 年），葬“邺西北一十五里”（今磁县城南 4 千米刘庄村东）。

图：邙山大捷　俎翠林 / 绘

兰陵入阵

孔令德

北周压境国势危，兰陵请缨突重围。

五百精兵安社稷，千里北国大名垂。

窦宗立逝

隋末，沧州刺史窦宗与窦建德义军较兵，寡不抵众，愤而解甲，立逝于域内苍鬼山（其后亦称脱甲岭）。

图：苍鬼山之战　俎翠林／绘

窦宗立逝

孔令德

隋末苛政民怨腾，二窦较兵沧州城。
谁能兵败撼天地，脱甲立逝万代雄！

宗泽抗金

南宋建炎元年（1127 年）五月，金兵屯境，知州宗泽连结忠义民兵卫城抗击金兵。

图：宗泽抗金　俎翠林 / 绘

宗泽抗金

孔令德

宗泽宦磁守危城，浚隍缮壁募义勇。
数度生死苦鏖战，难得老臣一片心。

试办煤铁

清光绪元年（1875 年），清政府准李鸿章、沈葆桢开采煤铁之请，命先在磁州、台湾试办。光绪二十三年（1897 年），北洋大臣李鸿章委派陈忠伻等创办磁州煤矿发展采煤业。

图：磁州试办煤铁　俎翠林 / 绘

洋务办矿

孔令德

物华天宝古滏阳，山山藏珍水流长。
煤铁自入洋务案，官办民采日夜忙。

二、历代地图选录

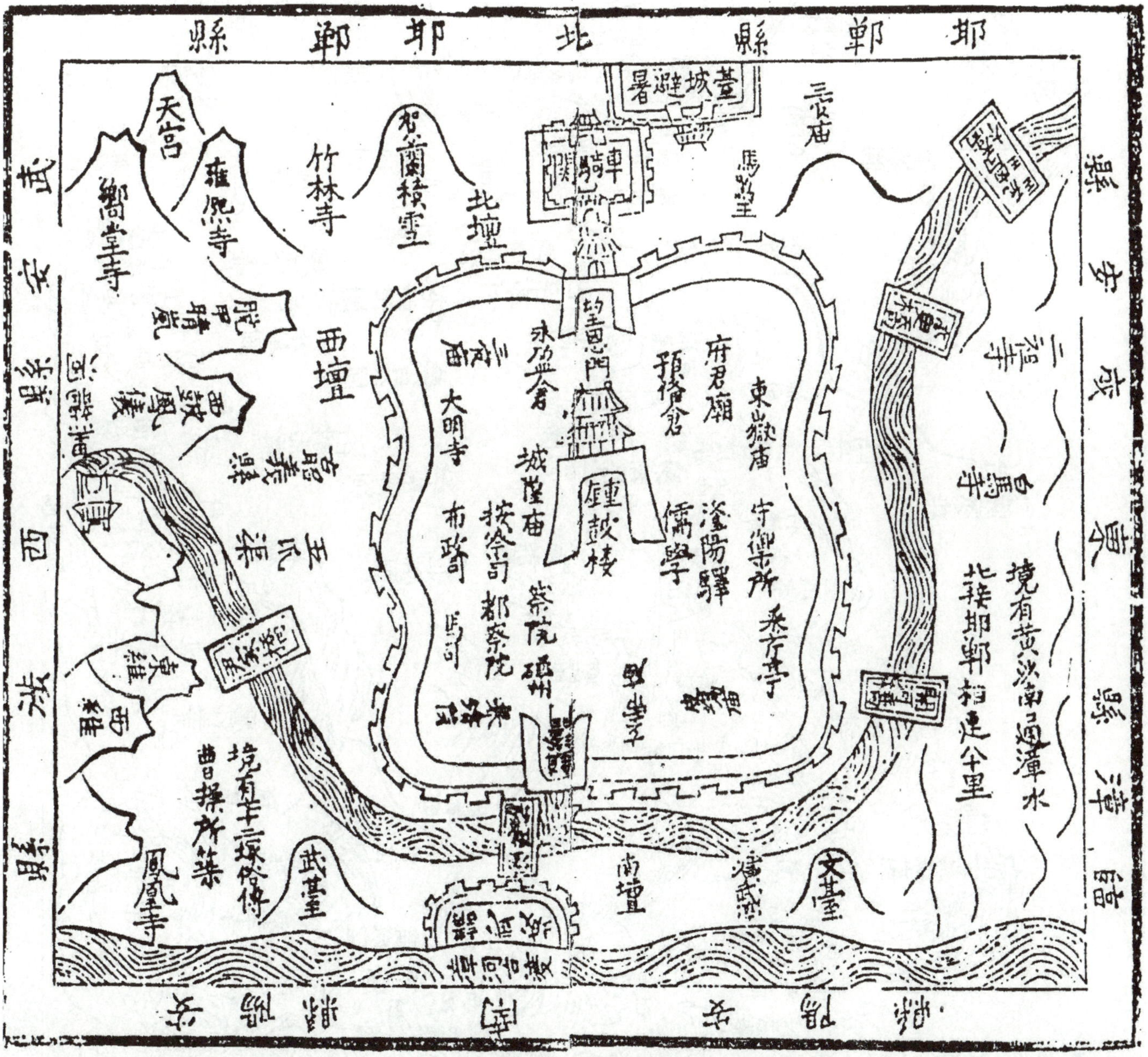

明嘉靖三十二年州境图

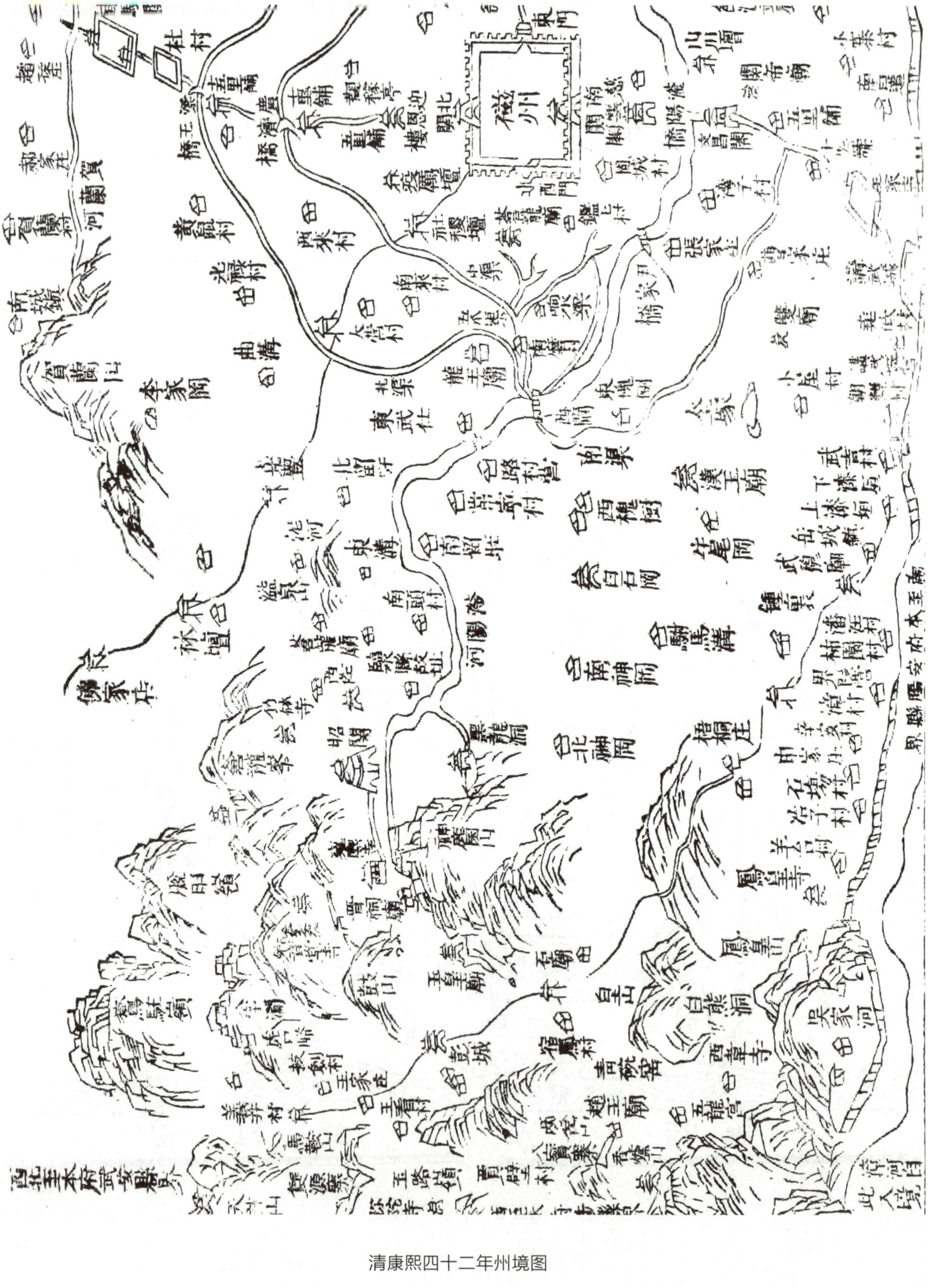

清康熙四十二年州境图

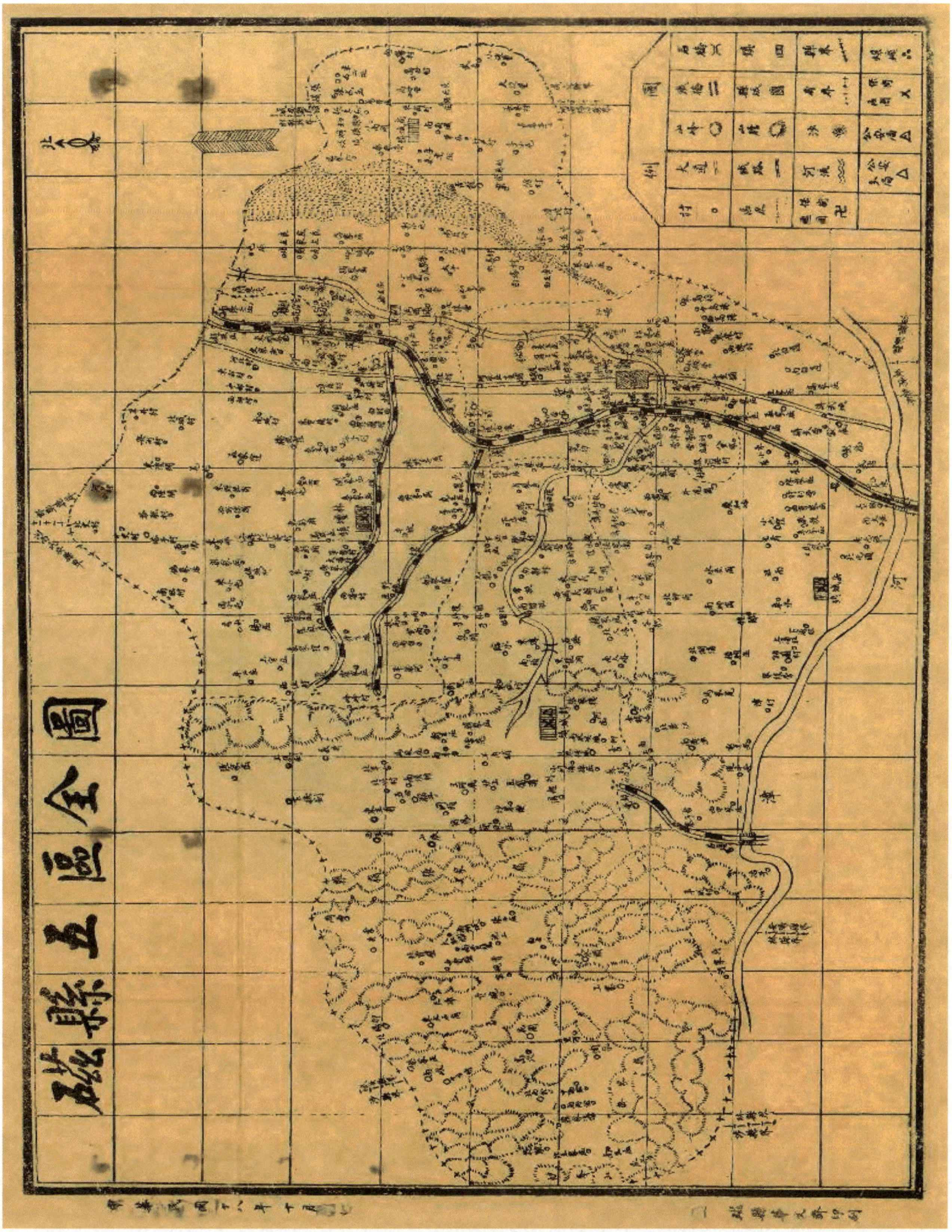

民国十八年磁县五区图

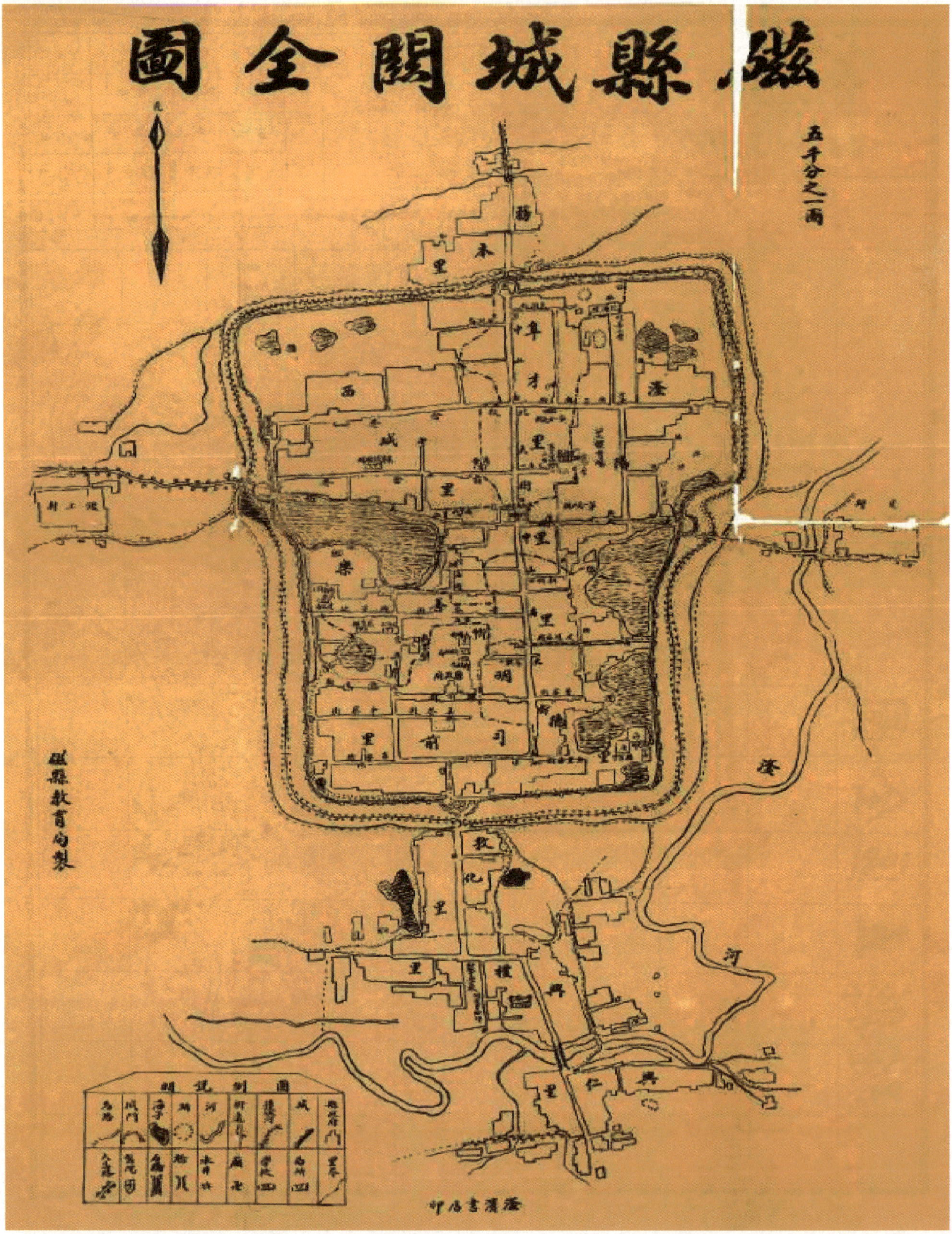

民国十八年磁县城关图

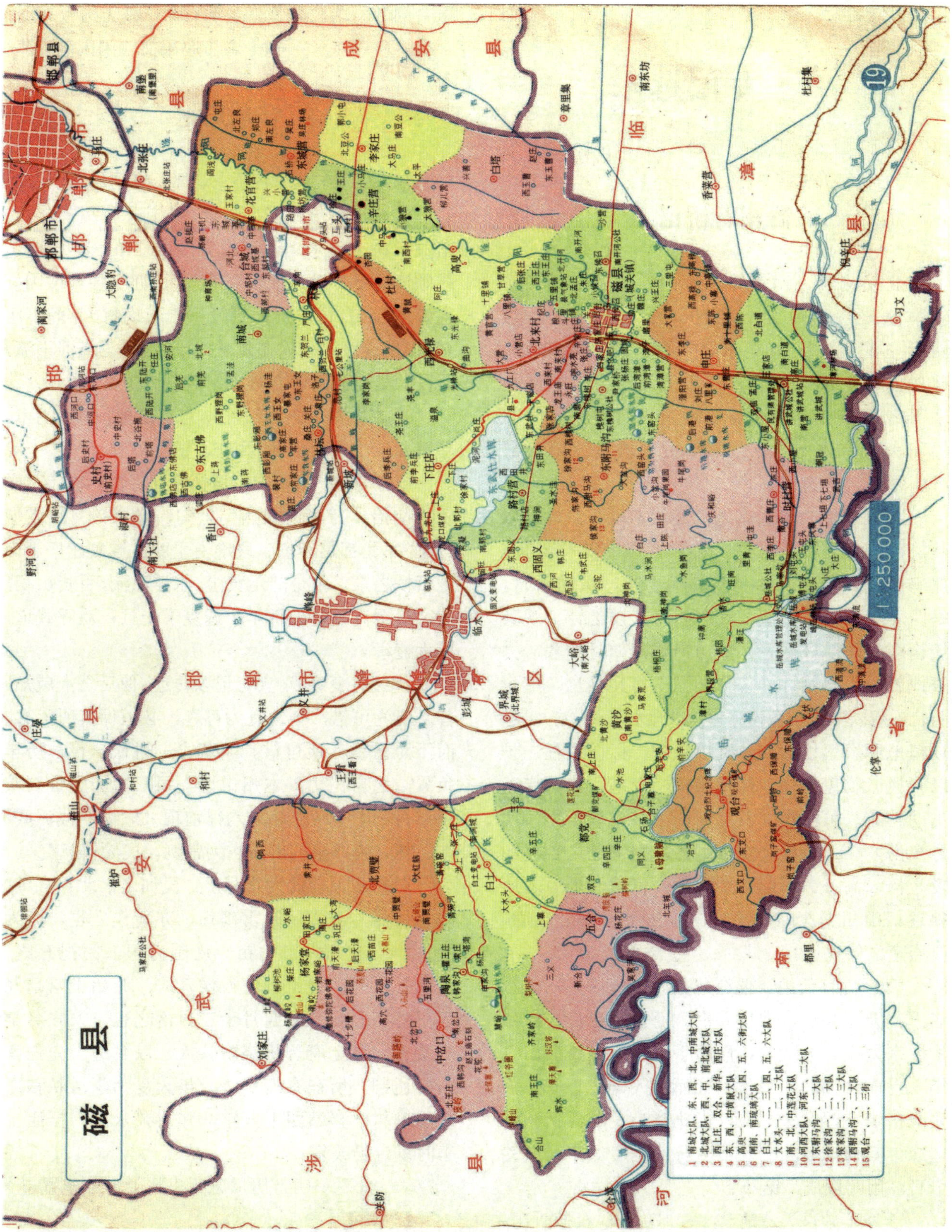

1984 年磁县地图

三、专记选录

磁州石桥记

北趋南都，南走梁宋，西通秦晋之郊，东驰海岱之会，磁为一要冲。滏水西来，距城四十里而近，又五里东合于漳。方夏秋霖潦，砯崖而下，漳水汹怒，则激流而上，汇于观鱼亭下者，三丈有奇。吞长堤，灭两涘。平时有梁而舆，有舟而方。岁刓时复，波荡水潏。居者病绎骚，行者叹滞留。

我唯识觉公和尚戚之，乃代木以石，易脆以坚，踵洨水之制而梁之。临终，以命其徒善仙，俾鸠厥功。仙日而不笠，毳而不褐，风经雨营，垂四十年，仅克有成，凡用石若工以亿计。观其缔构隆崇，砻嵌致密，如山斯屹，如月斯彀，力拔地勍，势与空斗，忽兮无楹，何其壮也。广容两轨，高以十丈。旁凿二室，以泄水怒；下洞九泉，以镇地脉。垩以白灰，制以铁键，标以华柱，护以崇栏。物鬼兽怪，蹲伏腾掷，变态百出，屹若飞动。嘘！可骇也。及夕阳西下，太行千里，明月东出，二川合流。徘徊近郊，则铜雀之台，西陵之树，高齐、石赵之所睥睨，信陵、平原之所驰逐。山川兴废，森乎目中，信乎天下之雄胜，而燕南之伟观也。

噫！自有天地，便有此川。黄轩以来，载祀亿千。天秘神造，弗度弗涓。而是桥也，盖经始于世宗龙飞辽东之初，而断手于圣上凤集鼓山之年。岂前修弗迨，将俟昭代而启人谋哉！非圣人先天格灵，昭太平之应，大雄遗身及物，弘利涉之缘，其何以臻兹。仆忝乡梓，逖聆颂声，敢铭金石，用昭厥成。铭曰：

于绎工妙，天造地设，窅神功兮。权插骈比，楞平嵌斗，滕穹崇兮。超崖截壑，蹑赵跨卫，亘长虹兮。憧憧往来，天下有道，津梁通兮。持斧衣绣，褰帷凭轼，观民风兮。舆琛辇币，鸟宿衡山，八会同兮。耽耽鳌负，永固石砌，幽几穷兮。

——[金]赵秉文《闲闲老人集》

官坛厂记

官坛厂，在南关石桥东。郡人纪副使纯①记曰：

磁州西彭城镇岁办缸坛，供国课②，既有年矣。南关石桥东滏水之阴，设官厂堆垛缸坛。自此装载顺流而下，以达于张家湾③，民亦良便。顷因奸毫媒孽④，有司偏听，改设厂于琉璃村⑤，商舟阻塞，旧厂遂废。琉璃在州北三十余里，为滏河下流，军民杂处，豪滑者专其利，武断者擅其权，

商旅失利，蛇豕⑥公行，官吏寡廉，倚以为市。嘉靖九年，饶阳张子⑦为守，铲剔弊蠹，

纤悉靡遗⑧。偶阅彭城镇雍熙寺⑨碑诗，有"磁桥积陶冶，万舸达幽燕"之句，锐意兴复。王城等里⑩军民都显李价、段淮奏于朝，遂复建厂于南关石桥之东。由是陆走黄尘，水浮浊流，百货山积，贾客纷至，废坠于百年，遽复于一旦，欢呼载道，以为盛举。

虑陵谷变迁⑪，宜有记以传远，俾后之人咸知。昔之废为可惜，今之复为可喜，必恒保其所可喜，而不至重踵其所可惜。斯若矣，缾坛一役，历年负累，悉自民出。本州申请上司，增加脚价石灰银二百三十七两，编入均徭前项；额银⑫改派武、涉、林、临四县代出，求为常例，民颇得息。

是厂也，前此为官马厂，民佃之。北为官道，西为民居，东为风云雷雨坛，亦新作之也。南为民田，广袤凡为田七亩。周围有垣，阅视有庭，为屋凡六间。督工者老人侯廷秀。经始于嘉靖九年三月初三日，至四月十三日落之也。太守名学字希古，真定府晋州饶阳县人，以乡进士先任南阳府通判，所在有能声，云年久复为豪滑私移厂于琉璃村。嘉靖四十五年，知州栗永爵⑬据店主李时夏告仍改复。

——明万历《磁州志》卷一〈建置志〉

【注释】

①纪副使纯：即纪纯，字一之，磁州讲武城人，明嘉靖二年（1523年）中进士。初授户部浙江司主事，后历任户部郎中、四川保宁知府、陕西按

察司副使。他自幼颖异，与安阳崔铣、林县马卿齐名，时称“邺下三俊”。

②国课：国家税收。

③张家湾：今北京市通州城区东南5公里张家湾镇，古为通往华北、东北和天津等地的交通要道，作为大运河北端码头达七百余年。

④奸毫媒孽：地方恶霸横行诬陷。媒孽，比喻借端诬罔构陷，酿成其罪。

⑤琉璃村：今邯山区高臾镇中马头村。该村位于磁县城北十公里，地处滏阳河畔，古代一度是运载瓷器的码头，故又名琉璃马头。

⑥蛇豕：比喻贪残害人者。

⑦张子：即张学，直隶饶阳（今衡水市饶阳县）举人，明嘉靖八年任磁州知州。（参康熙《磁州志》）

⑧纤悉靡遗：意谓一点都没有遗漏。

⑨雍熙寺：宋朝雍熙年间建，在今邯郸市峰峰矿区临水镇东、西纸坊村。

⑩王城等里：王城里，在今峰峰矿区王看镇一带。

⑪陵谷变迁：比喻世事变迁，高下易位。

⑫额银：规定（应征）的银钱。

⑬栗永爵：明山西长治举人，嘉靖四十一年任磁州知州。

四、鼓楼称谓

鼓 楼

在州治滏阳坊。明洪武二十四年千户陈泰建。今台基存，楼弃。

——嘉靖《磁州志》卷一〈地理志·亭楼〉

河北第一楼

在滏阳坊。旧名谯楼，弘治十二年知州章启[1]创建。砌砖石为台，下通车马，上建楼三间，左右钟鼓小楼各一座，候更漏房三间。记曰：

邺地北一区古滏阳也，唐崔君珏政出神异，州民祀之如生；宋宗君泽综核牧事南宋，藉之以安。我太祖高皇帝祛逐腥膻[2]，混一疆宇，崔嵬磁出，第因名之。其土地北连邯郸，其风俗矜式[3]王畿，其物产不让汴贡[4]。启由进士历户曹谪广川寻知厥事，虽樗栎[5]不名于当时，而驽骀[6]肯甘于自弃，使百孔千疮肇举，营治鳞次渐加。若疏修[7]沙粮，若蠲祛[8]杂派，若开五爪渠，尽力乎沟洫[9]；若分章程以订考乎诸士，若劝善以立伦理，若惩恶以剪强暴，若创都台以壮郡威，若整铺递[10]以便传命。他如粉饰府次，整列楼城，设立重门，以待暴客[11]。南北插柳千株，盖以挹清风而笑傲于车尘也。

案牍[12]既具不述，中有台名钟鼓，瓦砾倾圮，百草丛生，谋及郡耄，佥曰：“耸万姓之耳目，规百务之晨昏。粤若稽古[13]政治得失，胥此为见。”遂捐己俸，辐辏[14]州人，殆力畚插[15]齐兴，鸠工聚作，东西建楼，中建车道，不旬月告成。诸姓拭目佥曰：“传远纪久，无记不鸣。请予教说，以垂州民。”

尝维登斯台也、斯楼也，可以望南极、闻大观、瞰滏流、吊灵台。采朔气以观星斗，天光云影徘徊于怀。四围山色，囊括一掬，清泠之状举与目谋，万籁之声与耳谋，悠然而虚者与神谋，阒然[16]而净者与心谋。至于充拓[17]慈惠，同民好恶，不能不托物起兴。国序集事[18]以阅岁月，非耀土功以炫人目。亦足以踵后[19]之司守者，因并以识。

嘉靖三十八年，知州孙镃[20]撤旧楼高大之，匾名“河北第一楼”，自为长短句曰：

第一岑楼新落成，美哉轮奂雄磁城。左鼓雷轰夜气清，右钟鲸吼山岳鸣。时雨霁，芳尘轻，祥光瑞霭何充盈。阴阴翠色隐台榭，馥馥香风袭兰麝。朱帘高卷敞绯楹，辉翚旭日朝相射。汴梁锁钥[21]，燕赵喉襟。四方瞻盼，一郡皈心。政闲览胜时登临，乾坤皎洁无氛祲。凭彫阑[22]，豁尘目[23]，野菊黄，堤柳绿。睇东村，眺西麓。北极巍峨，南居稠簇[24]。滏水周旋，黄河九曲。

乐良时之太和，开中州之寿限。蒸黎安堵[25]日熙熙，使旅奔驰时遂遂[26]。楼前车马云边空，楼中寮友[27]坐生风。绮筵肆[28]，列笙簧[29]。涌潋滟，流霞琥珀红。主宾胥悦情，良好兴浓，饮剧[30]都倾倒满楼。有乐即神仙，何必蓬莱寻三高[31]。醉饱君恩何以酬，隐忍民瘼予心忧。省刑簿敛[32]迓天休[33]，高歌竞秀追前蔺。

——万历《磁州志》卷二〈建置志·楼阁〉

【注释】

①章启：字文亨，武功左卫（明代京师团营）进士，明弘治八年（1495年）任磁州知州。

②腥膻（shān）：牛、羊肉刺鼻的气味。借指入侵的北方游牧民族。

③矜式：取法示范。

④汴贡：出自汴梁（今河南开封市）进贡朝廷的优质物品。

⑤樗栎（chūlì）：樗和栎是两种乔木。古人认为这两种树的质地都不好，不能成材。后因以“樗栎”喻才能低下。用亦为自谦之辞。

⑥驽骀（nútái）：驽、骀都是劣马。比喻低下的才能。

⑦疏修：疏整和修治。

⑧蠲祛（juānqū）：除去祛除免除消除。

⑨沟洫：田间水道。借指农田水利。

⑩铺递：驿站。

⑪暴客：指强盗盗贼。

⑫案牍（dú）：旧指官府的公文案卷。

⑬粤若稽古：指顺考古代之道理。

⑭辐辏（fúcòu）：形容人或物聚集像车辐集中于车毂一样。

⑮畚（běn）插：一种挖运泥土的用具。

⑯阒（qù）然：形容寂静无声的样子。

⑰充拓：意思为扩充开拓。

⑱集事：成事，成功。

⑲踵（zhǒng）后：紧跟其后。踵，脚后跟；在后面跟着。

⑳孙镃：余姚县（今浙江省余姚市）举人，明嘉靖三十八年任磁州知州。

㉑汴梁锁钥：汴梁北部重镇。锁钥，成事的关键所在；喻指军事重镇。

㉒彫阑：雕花彩饰的栏杆华美的栏杆。同“雕栏”。

㉓豁尘目：视野豁然开阔。

㉔稠簇：稠密地聚集在一起。

㉕蒸黎安堵：百姓安居。安堵，安定；安居。

㉖遂遂：意谓安舒貌。

㉗寮友：同僚。

㉘筵肆：谓坐具排列。

㉙笙簧：指笙。代指笙的乐音。簧，笙中之簧片。

㉚饮剧：豪饮，痛饮。同“剧饮”。

㉛三高：指蓬莱仙岛的三位神仙，分别是寿星、福星、禄星。

㉜省刑薄敛：减省刑法，薄收赋税。

㉝天休：指天赐福佑；指天子的恩庥。

天中第一楼

即谯楼，在滏阳坊，明弘治十二年知州章启建。筑土垒石为高台，下留深拱通车马。台上建重楼三间，左右钟鼓楼各一间。为一城壮观，岁久倾圮。国朝康熙二十四年，知州任塾修；康熙三十八年，知州蒋擢重修。

——康熙《磁州志》卷五〈营建·楼亭〉

在县城北。《畿辅通志》本名谯楼，后改今名。明弘治十二年知州章启建。清康熙二十四年知州任塾、康熙三十八年知州蒋擢各重修。乾隆七年，知州方宏礼、马长淑复新之。

——民国《增修磁县县志》第五章〈古迹〉第二节〈楼台〉

畿南第一楼

鼓楼初名“天中第一楼”，在滏阳坊。明弘治十二年知州章启建。筑土垒石为高台，下留深拱通车马。台上建重楼三间，左右钟鼓楼各一间，为一城壮观，岁久倾圮。清康熙二十四年任塾重修。雍正年间以磁州改归直属，改名“畿南第一楼”。迄今二百余年，风侵雨蚀，脊瓦残缺，危险异常。

——民国《增修磁县县志》第三章〈营建〉第四节〈楼阁·鼓楼〉

中山楼

民国初年，鼓楼四壁不时倾圮，行人望而裹足。十一年冬，邑人省议会议员陈继虞及县议参两会会

员等发起募款重修，函请刘前知事孟扬广为劝募。十三年四月十二日开工，十月二十三日竣工。计共废洋四千九百余元。十七年，又改修一次，并于其上起盖东西平房各三间，改名为“中山楼”。中山图书馆、时闻简报社、无线电收音处均先后设立其上。事变后，新民会改设新民茶馆于其上。

——民国《增修磁县县志》第三章〈营建〉第四节〈楼阁・鼓楼〉

五、传说选录

炉峰山五龙宫的来历

炉峰山的半山腰有一座五龙宫，它是怎么来的呢？相传，真武大帝在未成仙体之前，曾修炼42年，才成真圣。他前期在湖北武当山修行，后期到磁州的炉峰山。就在修真即成之际，上天为了考验他的真性实行，便派一位仙女来到他修炼的地方，为他梳发、理冠、整衣。那仙女长得亭亭玉立，婀娜多姿，风情万种，而且真武大帝走到哪里她跟到哪里。真武大帝为了摆脱她，便找了一条一侧是悬崖峭壁的崎岖小路往前走。那仙女更是紧追不舍，并想靠在真武大帝的身旁，让他带着自己走。真武大帝到现在的五龙宫之处，他就劝那仙女说，你不要再追我了，这里已是悬崖，再追我就要跳崖了！那仙女不但不听劝告，反而向其怀中扑来，真武大帝见事已至此，只有向上天表白心迹了。于是，便纵身向悬崖跳下。这时，空中雷鸣电闪，云雾四起，五驾神龙便架着他飞上天空。这便是民间传说的五龙捧圣上天宫的故事。自此，真武大帝成为天生真圣，被封为北方玄武大帝。后来，人们便在炉峰山上建起金顶三殿，即八卦殿、拜殿、老爷殿，请真武大帝保护这一方平安。并在真武大帝跳崖处建起五龙宫，以示对五龙捧圣上天宫的纪念。同时，也请五条神龙在这里佑护山乡风调雨顺、五谷丰登，人民安居乐业。

（孔令德）

磁州城西门外黄龙庙的传说

相传很久以前，黄河神龙降错了雨，被上天打下凡间受苦。他来到磁州城西门外，变成一个后生，被一家大户人家收留下来当长工。因他不惜气力，又勤快干练，主人就把家里家外的活儿全靠给他。

这一年夏天，到了锄秋苗的时候，主人让他去锄高粱，并嘱咐他，咱这儿是水地，苗长得旺，不能稠了，否则收成不好。说时迟，那时快，几十亩的高粱地，黄龙一天就锄完了。主人到地一看，这么大的地块只有五棵苗，即四角四棵、中间一棵。他很生气。这时黄龙问主人：“这庄稼我锄的稠不？”主人没好气地冲了他一句：“稠！”黄龙一听，二话没说，提起锄头，把四角的四棵高粱锄掉，只剩下中间一棵。主人一见，更是生气，但他一想，种成啥算啥吧，反正今年已晚了，也没说什么就回去了。转眼到秋收季节，黄龙请主人套车去拉高粱，主人说行，就让家人准备了麻袋、车辆来到地里，看这个长工搞什么名堂。结果到地一看，那棵高粱长得像一棵大槐树，黄龙抱着树一晃，高粱就刷刷地一直往下掉。只见麻袋装了一袋又一袋，大车拉了一趟又一趟，而树上的高粱仍不减少。主人的仓满了，他就招呼乡亲们也用车来拉，直到人们都说高粱太多了，不要晃了，黄龙才停了下来。这时，人们都认为他不是凡人，一定是个神人。

后来，燕王扫北，正值隆冬，漳河已冰封，眼看就要踏着冰冻渡过漳河，进入磁州。黄龙怕官兵屠城，就用法术把漳河冰雪融化，滔滔河水挡住官兵的去路。为了过河，官兵便逼着老百姓赶制木船木筏。不料，黄龙又施展法术，突然刮起大风，河面风高浪急，根本不能摆渡。大风一连刮了好几天，风浪有增无减，官兵只好绕道而行，磁州城的百姓幸免于难。

黄龙在人间的行为，上天全知道。玉帝便传旨，让黄龙离凡上天，仍到黄河履职。离别时，黄龙把自己的身世告诉大家。人们怀念黄龙的恩德，痛哭失声，并在黄龙下凡之地——磁州西门外建起黄龙庙，立碑纪念，世代相传。到后来，磁州民间又盖起很多黄龙庙，以求龙神赐福避难，保佑风调雨顺，五谷丰登。

据说黄龙到黄河上任后，很想念这一方百姓。渡口有人上船，艄公就问过客是哪里人，只要说是磁州人，那黄河就风平浪静，渡船就平安无事。时间久了，这事儿一传开，为了摆渡平安，便成艄公开船前必问的一句话：“船上有没有磁州客官？”这时，不管船上有没有磁州人，只要有人回答“有”，黄河就会风平浪静，渡船平安无事。

（孔令德）

六、著述存目

磁县部分著述情况统计表

作者	著作名称	出版社	出版时间	备注
黄玉成	《长风行》	北方文艺出版社	2010 年 6 月	专著
	《长歌行》	北方文艺出版社	2010 年 6 月	专著
	《长翰行》	北方文艺出版社	2010 年 6 月	专著
	《滏阳笔谈》（五册）	团结出版社	2020 年 11 月	专著
孔令德	《曹魏建安文化与磁县》	大众文艺出版社	2006 年 12 月	
	《经典磁州》四卷	团结出版社	2017 年 9 月	
王志坚	《逸闲集》	团结出版社	2017 年 3 月	
	《古韵新语》	团结出版社	2020 年 11 月	
刘天祥	《炉峰山》	内蒙古人民出版社	2004 年 12 月	主编
	《崔府君》	大众文艺出版社	2006 年 12 月	主编
	《极目炉峰》	北方文艺出版社	2010 年 4 月	合编
王士录	《邯郸旅游》	大众文艺出版社	2007 年 6 月	合编
唐书生	《中华临床医学研究》	重庆大学出版社	1997 年 5 月	
	《中华临床医学研究进展》（第二卷）	四川科学技术出版社	1997 年 10 月	主编
	《中医学》	中医古籍出版社	2009 年 7 月	主编
辛慧宁	《梦的年华》	团结出版社	2017 年 3 月	

扫二维码　赏《磁县古景》

各单位资料提供人员一览表

资料提供单位	资料提供人员	资料提供单位	资料提供人员
县委办	常佳伟　刘　欢	城管局	郭　防　武萍萍
人大办	孙国强	招商局	宋冉冉
政协办	杜宏涛	公共资源交易中心	崔　岩
纪检委	付　铜　杜军民	事管局	段金贵　王　坤
组织部	梁博文	县　社	张晓宇　王　琨
宣传部	杨晓军　梁振宇	轻工业公司	—
统战部	徐　倩　贾和丽	进出口公司	胡鑫强
政法委	李　斌	移民办	李金昌
武装部	叶冬冬　左玉新	残　联	唐红彬
法　院	杨东风　赵东辉	磁州煤业公司	吕振栋
检察院	宋占岐　王　欢	六合公司	吴建房　杨　利
总工会	李　洋	申美集团	邓　渊　孔德志
党　校	范文东	供电公司	王　颉　张金奇
工　委	曹华中	网络公司	宋志霞　任　媛
信访局	郭　磊	税务局	李　涛　秦艳坡
编委办	靳汉秦	人　行	时晓阳　李旭东
电视台	索海星	建　行	李振国
档案馆	王可青	农　行	杨伟龙　刘凤美
团　委	史明元　陈利利	工　行	郝卫兵
妇　联	张　伟	中　行	许学成　申学峰
工商联	赵俊平	农发行	崔新宇　冯风朝
文　联	杨为民　乔书堂	信用联社	黄海波　关　峰
科　协	张金海　王江月	邮政储蓄银行	陈　燕
老干局	吝守志	财　险	王成海
党史办	张志萍	寿　险	杨林海　苗振荣
政府办	武东东　崔杰琼	邮政公司	李　昊　张海燕
农协办	李春波	移动公司	薛海英

续表

资料提供单位	资料提供人员	资料提供单位	资料提供人员
扶贫办	陈晓亮　孙玉光	联通公司	李　敬　张志敏
发改局	李万禄　樊欢欢	电信公司	李惠瑛
教育体育局	马志华	石油公司	樊春喜
科技工信局	卢建伟	烟草公司	王海红
公安局	郭志伟　霍立新	公积金管理部	赵晓桐
民政局	赵　亮　刘　强	漳河经济开发区	金珊珊
司法局	苗志杰　来艳彬	溢泉湖风景区	齐晓东
财政局	陈玉璋　岳志海	童装城管委会	孙金虎
人资社保局	李　捷	磁县经济开发区	王　燕　王远飞
自然资源和规划局	杨　勇　孙玉光	消防队	宋　建
住建局	贾海波　李志强	火车站	李国栋
交通局	王文川　王东方	邢台银行	杨亚飞　吴新丽
水利局	张文静　王荷花	河北银行	柳增国
农业农村局	申小军　李金良	磁州镇	梁　倩
商务局	董朝平　赵子柱	白土镇	索俊贵　杨振磊
文广旅局	王增州　宋　莎	黄沙镇	邵　楠　郝　琼
卫生健康局	贾艳龙　张国栋	观台镇	高　彬
退役军人事务局	孔小非　李红叶	岳城镇	李　磊　冀　斌
应急管理局	姚志良　闫振刚	讲武城镇	董润刚　靳小华
审计局	韩发伟　杨栋梁	北贾璧乡	岳占飞　豆雄伟
市场监管局	辛延军　陈　晨	陶泉乡	尹培森　孙红燕
统计局	白利强	路村营乡	韩艳龙　于　跃
行政审批局	白红燕	都党乡	李　钊
生态环境分局	李志英	时村营乡	霍　非　尹益民
气象局	王亚菲	—	—

索 引

说明：本志索引分表格索引、人名索引和音频视频二维码索引。表格索引以页码为序；人名索引为第三十五编人物传人名，以拼音顺序为序；音频视频二维码索引以页码为序。

表格索引

人名索引

音频视频二维码索引

编后记

《磁县志（1999—2018）》编修自 2018 年 4 月启动至 2021 年 4 月送省方志办终审，计三年时间，其间经历四个阶段：

一、供稿人员培训学习阶段（2018 年 4—8 月）。《磁县志》编辑部印发培训教材，采取专家授课与自学相结合的方式学习修志业务理论知识，解决“如何干”问题。

二、志稿素材搜集整理阶段（2018 年 9—12 月）。各单位供稿班子成员在修志理论的指导下，搜集并整理出志稿素材，经本单位领导把关后报送《磁县志》编辑部。其间，《磁县志》编辑部对口编辑深入各单位督促供稿人员配备、工作进度并现场指导业务，解决“人员少、进展慢”问题。

三、志稿质量提升阶段（2019 年 1—10 月）。各供稿单位针对提出的问题，补充完善相关内容；编辑对来稿的内容表述和体例方面规范加工，解决“内容不全面、表述不到位、体例不规范”问题。

四、志稿评审阶段（2019 年 11 月至 2021 年 6 月）。志稿分别于 2019 年 11 月底、2020 年 7 月底、2021 年 6 月通过市级、省级暨国家级专家评审和省级专家终审。其后，根据专家的指导意见，先后在内容补充、版块组合、体例规范、突出地方特色等方面再次下苦功夫向好迈进。一番努力之后，志稿产生脱胎换骨的变化，有了质的提升，得以更好地发挥其“资治、教化、存史”功能，能够为促进磁县经济建设和社会事业发展发挥重要作用。

能够在较短的时间内完成这项艰巨繁重任务，得益于四个方面的重要因素。

一、领导关心支持。2018 年 4 月 2 日，磁县召开高规格、大规模的修志工作启动会，以县委、县政府名义印发编纂工作通知，招聘、借调双管齐下拉起队伍成立《磁县志》编辑部，落实修志办公场所，配备办公设备，拨付必要经费，聘请专家培训指导等方面无不充分说明这一点。

二、《磁县志》编辑部发挥担纲牵总作用。领导提出：争取用一年半时间修出《磁县志》。对修志一班人来说，这就是吹响的冲锋号。整装出发！任前途荆棘丛生、坎坷不平。这班人有这个勇气、胆识和担当。克服时间紧迫、修志专业性强、涉及面广、工作环节多、人员短缺、生手上阵、工作难度高、工作量巨大等重重困难，打起十二分的精神，把这项工作看作是对个人智慧、工作魄力、意志韧劲的极限挑战和难得机遇，鼓起“人生能有几回搏”的豪情、发扬泰山压顶不弯腰的精神全身心投入地干起来。在工作中，分清轻重缓急，

统筹兼顾，科学应对。时间在推移，工作在进展。志书作为资料性文献，这就决定修志工作中的重点和难点除了编纂好志稿还是编纂好志稿，一切工作围绕它去安排推进。为不走、少走弯路，审稿时运用“三结合工作法”（结合修志理论要求、结合出版志书的实践经验、结合志稿内容情况）指导工作。为形成工作合力，在后来有几位离岗的老同志加入修志工作后，双方做到：先来的年轻编辑学习老同志的写作能力强、熟知地情和政策水平高的长处；老同志反过来学习对方修志理论掌握较多的优点。大家在边干边学、互帮互学中提高工作效率、加快审稿进度。

三、各部门单位提供志稿素材较为配合。2018—2019 年，对磁县来说，应对处理蓝天保卫、信访维稳、扶贫攻坚、招商引资、承办旅发大会等大事、难事时时处处牵扯县、乡及各部门单位领导和工作人员大部分的时间精力，有再多的人员力量投放进去也不嫌多。尽管如此，他们还是站在对历史负责的高度，看待修志工作并尽可能按要求配备供稿班子人员力量，先后程度不同地搜集整理报送志稿素材，为编纂工作奠定基础。

四、吸收专家的外援力量。修志工作中，磁县落实上级“编纂地方志应当吸收有关方面的专家、学者参加”要求。结合各阶段的实际需要，吸收专家的外援力量。外援之一是省方志办原副主任王广才。修志启动之初，取得联系后得到他的关心支持，专门到磁县深入了解情况后，从用人数量、结构组成、力量搭配等方面搞出顶层设计，并带队培训磁县的编、供稿人员，还全程关注指导编纂工作。外援之二是县内的几位离岗老同志，他们发挥懂地情等优势，推动志书记述内容向深度和广度进展。外援之三是成安县党史研究室主任姜海明。市级专家评审后，为明确前进方向、加快修志进度、提高志稿质量，经市方志办主任杨富中推荐，聘请姜主任帮助统稿把关。外援之四是聘请邢台市方志办原主任张西服等 4 人。2020 年 3 月份正值疫情期间，他们克服困难来到磁县与各位编辑并肩作战，帮助解决志稿内容缺失较多、体例不规范、语句表述不到位等问题，为统稿扫除障碍。外援之五是聘请省社会科学院社会学所专家帮助搞入志调研课题，提高志书的功能和价值。

回顾不平凡的修志历程，总结其中得失，在今后相关工作中扬长避短，实属必要。经验有二：一是组织用对了修志一班人。工作伊始，他们提出“作息服从任务与时间赛跑，上下齐心协力聚众手成志”的行动要求；修志后期，人员只剩 2 人时，做到“挑战身体极限，加班加点拼命干”的忘我地步。2020 年初始，全年不休节假日，夙兴夜寐，加班费分文未取，加班饭一餐未食。颈椎、腰椎、眼痛此等“不速之客”频频光临。身患感冒一日不休。到冲刺阶段，两人一个月之内完成终审稿专家提出的修改任务，为此次续志创造全省唯一、国内罕见的“三个奇迹”（攻坚时期两个人、三年成、质量一流）起到决定性作用。二是主编有一股百折不挠修好志的劲头。勇挑重担带头干以外，千方百计促成地方性特点明显的资料入志。如：姓氏文化内容，组织协调县公安局的同志上省公安厅、进市公安局、下乡（镇）派出所寻办法、搜资料，加班加点整理；中央美术学院在磁县时期的史实情况；刘少奇在

磁县组织领导工运活动情况及崔府君文化内容等。不足有二：一是供稿单位的供稿人员力量配备普遍不够强，提供的志稿素材质与量得不到保障，存“无米可炊”之难。编辑部的组织结构单薄。主编下面未设副主编，责任编辑少且业务功底不够深厚，一定程度上影响高效运转。二是未较好地培养锻炼出专业队伍。此次续志因实施快致使编纂人员未掌握业务理论就匆忙上阵，因进度赶得急致使编纂人员未能在干中学透业务理论，因在省级暨国家级专家评审前编辑部借调人员已返回原单位致使浅尝辄止难有收获。总之，未能储备下次续志的得力人才。需要尽快谋划实施整合相关组织人员、配强工作力量，推动磁县的史志工作不断取得更大成绩，有为于当今这个物尽其用、人尽其才的时代，服务于源远流长、文蕴深厚的磁县。

此外，教授蔺朝国撰写“姓氏文化”章内容，画家组翠林绘制名人域内要事选录关联图，专家康世民提供“崔府君文化”资料，摄影家韩为民、阎洪图提供大量入志照片，提供重要资料的还有王彦书、李品、姚国勇、王志强、齐好珍等人。同时，也对各位领导、专家、供稿人员及关心修志的县内外各界同仁一并致以诚挚的谢意！

因水平有限、时间仓促，《磁县志（1999—2018）》中难免存在一些缺点和疏漏，敬请广大读者指正。

《磁县志》编辑部

2021 年 7 月